제3판

교수설계·공학의 최신경향과 쟁점

Trends and Issues in Instructional Design and Technology

Robert A. Reiser, John V. Dempsey 지음 | 노석준 옮김

PEARSON 아카데미프레스

Trends and Issues in Instructional Design and Technology, 3rd Edition
Robert V. Reiser, John V. Dempsey

역자 서문

본 역서 『교수설계 · 공학의 최신경향과 쟁점』(제3판)은 Robert A. Reiser와 John V. Dempsey 교수들이 2012년에 편집 · 출간한 『Trends and Issues in Instructional Design and Technology』(3rd ed.)를 번역한 것이다.

제2판이 총7부, 32개의 장으로 구성된 데 반해, 본서 제3판은 편집자들이 서문에서 언급한 바와 같이, 제2판에 비해 상당히 다르며, 대폭적으로 수정되었다. 즉, 제3판은 총9부, 38장으로 제2판보다 부(部)와 장(章) 수도 증가했을 뿐만 아니라 전체 내용구성도 18개 장이나 새롭게 추가되었고, 제2판에서 다루었던 8개의 장들도 대폭적으로 수정되었다. 아울러, 제3판은 독자들에게 각 장의 핵심 아이디어들을 회상할 수 있도록 하기 위해 새롭게 각 장의 끝부분에 해당 장의 핵심원리들이 요약 · 제시되었고, 실재적인(authentic) 또는 실제세계(real-world) 문제들을 제시 · 해결하도록 함으로써 각 장에서 다루어진 내용들에 대한 독자들의 실무능력을 배양할 수 있도록 구성되었다. 한마디로, 제3판은 제2판과 비교해 볼 때, 거의 2/3 이상이나 될 정도로 대폭적으로 추가 · 수정되었다 하겠다.

각 부(部)에서 다루어진 내용을 간략히 제시하면, 제1부에서는 교수설계 · 공학(instructional design and technology: IDT) 분야의 핵심 용어와 그것의 역사를, 제2부에서는 IDT 분야의 기초라고 할 수 있는 행동주의, 인지주의, 구성주의 학습이론 및 학습과학(learning science)과 관련된 광범위한 관점들을, 제3부에서는 교수설계(instructional design: ID) 과정에서 간과되어 왔던 교수 프로그램과 프로젝트의 평가와 관리를, 제4부에서는 수행증진(performance improvement)과 관련된 핵심적인 아이디어들과 실제를, 제5부에서는 비즈니스와 기업, 군대, 보건, 유아원에서부터 고등학교(P-12 학교), 고등교육을 포함한 다양한 업무환경에서 IDT와 교수설계자의 역할을, 제6부에서는 유럽, 아시아, 아프리카 일부에서 활용된 ID의 실제와 테크놀로지들에 대한 통찰력을, 제7부에서는 IDT 분야에 취직하고자 하는 독자들을 위해 IDT 직책에 취직하고 성공하는 방법을, 제7부는 독자들이 IDT 전문가들로 성장하는 데 도움을 줄 수 있는 IDT 관련 기관들과 간행물을, 제8부에서는 소셜 네트워킹, 가상세계, 게임기반 학습과 같은 IDT 분야의 새로운 방향들을, 그리고 제9부에서는 IDT

분야에서 현재 쟁점이 되고 있는 다양성, 접근성, 직업윤리, 상이한 수준의 교수안내가 학습자들에게 주는 혜택 등을 다루었다. 이 역시, 제2판의 역자 서문에서도 밝힌 바와 같이, 한마디로, IDT의 기초에서부터 실무에 이르기까지 다루고 있는 내용의 폭과 깊이에 있어 실로 광범위하며 심오하다 하겠다. 따라서 본서는 IDT 전공자뿐만 아니라 해당 분야에 관심 있는 학습자들 모두에게 IDT의 전체 스펙트럼을 이해하고 적용할 수 있는 역량을 배양하는 데 매우 유용한 책이라 하겠다.

제2판의 역자서문에서도 밝힌 바와 같이, 제3판 역시 다음과 같은 크게 네 가지 점들에서 독자들에게 매우 유용할 것이다.

첫째, 본서는 IDT 전반에 걸친 내용이 선도적인 연구자들에 의해 다각적 · 구체적 · 심층적으로 다루어지고 있다. 따라서 학습자들은 이를 통해 해당 내용을 매우 충실히, 광범위하게 파악할 수 있을 뿐만 아니라 그것의 최신 경향 및 쟁점들을 보다 정확하게 파악할 수 있다.

둘째, 이미 언급한 바와 같이, 본서는 각 장에서 제시된 핵심 아이디어들에 대한 독자들의 회상을 돕기 위해 각 장의 끝부분에 해당 장에서 논의된 핵심 원리들을 요약 · 제시하고, 독자들이 IDT 관련 분야에서 접할 수 있는 다양한 실재적인 또는 실제세계의 문제들에 대한 실무적용 능력을 배양하기 위한 구체적인 응용문제들을 제시하고 있다. 따라서 독자들은 각 장의 핵심 아이디어들을 보다 쉽게 파악 · 이해하고, 그것들을 실무에 적용할 수 있는 역량을 배양할 수 있다.

셋째, 본서는 IDT 분야에 대한 이론적 · 학술적 측면뿐만 아니라 실제적인 측면에 이르기까지 광범위한 분야들, 내용들, 최신 경향 및 쟁점들을 다루고 있어, 독자들은 이 책 한 권으로 IDT 분야에 대한 상당한 깊이의 지식과 정보를 쉽게 얻고 활용할 수 있다.

마지막으로, 역자들은 특정 내용에 대한 추가적인 정보나 이해가 필요한 경우 각주를 활용하여 해당 내용에 대한 보다 구체적인 정보나 설명 등을 제공하였다. 이를 통해, 학습자들은 별도의 노력 없이 해당 내용을 보다 쉽게 이해할 수 있다.

제2판을 번역할 때와 마찬가지로, 본서를 번역하면서 역자는 문장이나 용어들을 가급적이면 독자들이 이해하기 쉽도록 쓰려고 노력하였다. 특히 제3판은 번역 지침에 따라 세 명의 역자들이 나누어 번역하였던 제2판과는 달리, 비록 번역하는 데 훨씬 더 많은 시간과 노력이 요구되었지만, 역자 혼자서 전체를 번역함으로써 전체적인 용어나 내용, 어투 등의 측면에서 일관성을 기할 수 있었다. 아울러, 극히 일부이기는 하지만, 역자는 제2판 번역 이후 당시 역자들이 번역 · 사용했던 용어들보다 좀 더 명료화된 용어들이 일부 나타남에 따라 기존의 용어들을 최신 용어들로 수정하였으며, 일부 불명료한 구절 역시 원저자의 의도를 최대한 살리면서 동시에 독자들이 좀 더 쉽게 이해할 수 있도록 수정하였다. 이러한 여러 가지 노력에도 불구하고, 여전히 역자는 다시 한 번 번역의 고충을 절감하였으며, 번역하는 것에 대한 부담감 역시 더욱 가중되었다. 이유가 어떠하든, 이번에도 오역 등에 대한 책임은 모두 역자에게 있으며, 제2판에서 보여 주셨던 독자 여러분들의 관심과 따가운 질책, 비판을 제3판에서도 겸허한 마음으로 수용하겠다. 아무쪼록, 역자의 이러한 미천한 노력이 IDT 분야에 관심을 가지고 있는 독자들에게 IDT 분야를 이해하고 실천하는 데 조금이나마 도움이 되기를 간절히 바래본다.

끝으로, 이 역서를 세상에 내놓기까지 도와주신 많은 분들께 감사의 말씀을 드린다. 특히 역자가 번역을 시작한 이후 상당히 오랜 시간 동안의 우여곡절을 경험하는 과정에서도 여러 번에 걸쳐 역자를 독려해 주시고 번역본을 꼼꼼히 읽고 피드백을 주신 아카데미프레스 홍진기 사장님 이하 관계자분들께 진심으로 감사의 말씀을 드린다. 아울러, 이번에도 마찬가지로, 바쁜 일정 때문에 상당 기간 동안 힘든 시간을 보냈지만 잘 이해하고 배려해 준 아내 안영옥과 딸 수민에게 미안한 마음과 함께 고마움을 전하고 싶다.

2014년 2월 아침에 성신여자대학교 수정관 연구실에서

노석준

편집자 서문

본서는 독자들에게 교수설계 · 공학(instructional design and technology: IDT) 분야에 관한 분명한 그림을 제시해 준다. 기존의 많은 IDT 책들은 교수설계자와 공학자에게만 한정되는 기술에 초점을 두고 있다. 그러나 편집자들은 IDT 전문가는 단지 자신의 분야와 관련된 기술만을 수행하는 것이 아니라 그 이상을 할 수 있어야 한다고 믿는다. 또한 IDT 전문가라면 IDT의 본질(nature)을 분명하게 기술하고, 논의의 역사적 전개와 당면 과제를 숙지해야 한다. 뿐만 아니라, 현 시점과 나아가 미래에까지 영향을 끼칠 수 있는 경향과 쟁점을 기술할 수 있어야 한다. 본서는 독자들이 이러한 목표를 달성할 수 있도록 도와줄 것이다.

본서의 장점

총 9부로 구성된 본서의 제1부는 **근본적인 쟁점들**, 즉 IDT 분야의 핵심 용어를 정의하고, 그것의 역사를 조망해 보는 데 초점을 둔다. IDT 분야의 기초로서 공헌해 오고 있는 **교수 · 학습이론과 모형**을 다루는 제2부는 행동주의와 인지주의적 관점에서부터 구성주의와 학습과학(learning science)과 관련된 교수 · 학습에 관한 몇 가지 견해에 이르기까지의 광범위한 관점들을 논의한다. 제3부인 ID 과정에서 종종 간과되어 왔던 단계들 중 두 단계들인 **교수 프로그램과 프로젝트의 평가와 관리**에서는 특히 투자대비회수율(return on investment)을 포함한 현행 평가방법들과 설계팀과 희소자원들을 관리하는 방법을 강조한다. 제4부에서는 **수행증진**(performance improvement)과 관련된 핵심적인 아이디어들과 실제를 연마하며, 수행지원(performance support), 지식관리(knowledge management), 비형식 학습(informal learning)과 같은 수행문제들에 대한 다양한 비교수적(non-instructional) 해결책들이 기술된다. 제5부는 **IDT 전문가들이** 비즈니스와 기업, 군대, 보건, 유치원에서부터 고등학교(P-12 학교), 고등교육을 포함하여 **다양한 업무환경에서 무엇을 하는지**를 기술한다. 제6부 **IDT에서의 세계적인 경향**은 유럽, 아시아, 아프리카의 일부에서 활용된 ID의 실제와 테크놀로지들에 대한 통찰력을 제공한다. 제7부는 **IDT 직책에 취직하고 성공하는 방법**에 초점을 둔다. 제7부는 또한 직업을 구하는 사람들에게 조언을 제공할 뿐만 아니라 IDT 전문가들로 성장할 수 있도록 촉진해 주는 몇몇 기관들과 간행물에 대해서도 기술한다. 제8부는 소셜 네트워킹(social networking), 가상세계(virtual worlds), 게임기반 학습(game-based learning)과 같은 최근 경향들의 영향을 포함하여, **IDT 분야의 새로운 방향**들을 탐색한다. 본서의 마지막 부(部)에서는 **IDT 분야의 현재 쟁점들** 중 몇 가지를 다룬다. 오늘날의 쟁점들 중 다양성(diversity), 접근성(accessibility), 직업윤리(professional ethics), 상이한 수준의 교수안내(instructional guidance)의 혜택과 같은 주제들이 다루어진다.

제3판에서 새롭게 추가된 것

제3판은 제2판과는 상당히 다르다. 한 가지 주요한 차이는 **제3판에 18개의 새로운 장들**이 추가되었다는 것이다. 이 장들 중 대부분은 제2판에서 다루어지지 않았거나 아주 간략하게 다루어진 주제들에 대해 심층적으로 고찰한다. 완전히 새로운 장들은 다음 내용에 초점을 두고 있다.

- 구성주의(제5장)
- 학습과학(제6장)
- 문제해결을 위한 설계(제7장)
- 후기산업사회를 위한 교수이론(제8장)
- 투자대비회수율(제11장)
- 수행지원(제15장)
- P-12 교육에서의 교수설계(제21장)
- 개발도상국가에서의 교수설계(제23장)
- 아시아에서의 교수설계(제24장)
- 유럽에서의 교수설계(제25장)
- 재사용성과 재사용가능한 설계(제30장)
- 웹 2.0(Web 2.0)과 소셜 네트워킹(제31장)
- 게임기반 학습(제33장)
- 가상세계(제34장)
- 직업윤리(제35장)
- 다양성과 접근성(제36장)
- 변화하고 있는 설계의 본질(제37장)
- 상이한 수준의 교수안내의 혜택: 논쟁(제38장)

이러한 새로운 장들과 더불어, **다른 많은 장들이 광범위하게 수정되었다**. 이러한 장들로는 다음과 같은 것들이 포함된다.

- 교수설계모형의 특징(제2장). 이 장에서는 ID 과정에 대한 전체과제 접근법(whole task approaches)을 다룬 완전히 새로운 주요 절(節)이 포함되었다.
- 교수설계 · 공학의 역사(제3장). 새로운 절(節)들에서는 다양한 교수환경에서의 디지털 매체와 비형식 학습 활용의 최근의 증가와 이러한 사태들(events)이 ID 실제에 미친 영향을 논의한다.
- 동기, 의지, 수행(제9장). 이 장에서는 의지(volition)에 관한 집중적인 논의가 추가되었다.
- 교수설계에서의 평가(제10장). 이 장에서는 이전에 논의되지 않았던 몇 가지 평가모형들(예: Brinkerhoff, Patton, & Rossi)에 관한 기술(descriptions)이 추가되었다.
- 비형식 학습(제17장). 이 장에서는 비형식 학습에 관한 의존이 웹 2.0과 소셜 네트워킹 도구들이 확대 · 사용됨에 따라 어떻게 증가되었는지에 관한 집중적인 논의가 포함되었다.
- 3개국 출신 설계자들을 위한 5개 대학의 역할(제22장)은 일본인의 경험을 기술한 일본출신 저자와 호주, 미국출신 저자들을 포함하고 있다.
- 교수설계 · 공학분야의 전문조직과 간행물(제28장)은 수정 · 갱신되었으며, IDT 공동체 구성원들에게 관심이 있는 20개의 전문조직과 50개의 간행물들을 포함하고 있다.
- 이러닝과 교수설계(제29장)에서는 융합(convergence), 가상사회학습공동체(virtual social learning communities), 퍼스널테크놀로지(personal technologies)와 같은 주요한 이러닝 동인들(drivers)을 탐색한다.

또한 제3판에는 새롭게 **각 장에서 논의된 핵심 원리들에 관하여 각 장의 끝부분에 요약**이 추가되었다. 이 요약들은 학생들이 각 장 전체에서 표현된 핵심 아이디어들을 회상할 수 있도록 도와주기 위해 설계되었다.

각 장의 끝부분에 제시한 **사례기반 적용질문들**(case-based application questions) 또한 언급될 필요가 있다. 이러한 유형의 몇 가지 질문들이 이전판들에서도 제시되었지만, 제3판의 적용질문들 중 대부분은 학생들에게 실재적인(authentic)("실제세계(real-world)") 문제들을 제시하고, 그들이 이러한 문제들을 해결하도록 요구한다. 편집자들은 이러한 종류의 적용문제들을 꽤 오랫동안 우리들의 수업에서 사용해 왔으며, 우리 학생들은 이러한 문제를 해결하려고 함으로써 자신들이 공부해 왔던 다양한 경향들과 관련된 핵심적인 원리들과 실제를 적용하는 방법을 학습하는 데 실제로 도움이 되었다고 이야기해 왔다.

새로운 것! CourseSmart eTextbook 이용 가능

CourseSmart는 돈을 절약하고자 하는 학생들의 경우 흥미로운 새로운 선택이다. 학생들은 인쇄된 교과서를 구입하는 것에 대한 대안으로서 전자버전의 동일한 콘텐츠를 구입할 수 있다. 학생들은 CourseSmart eTextbook을 사용하여 텍스트를 검색하고, 온라인노트를 작성하며, 강의노트에 통합되어 있는 읽기과제들을 인쇄하고, 추후검토를 위해 중요한 구절들에 북마크할 수 있다. 보다 더 자세한 정보나 CourseSmart eTextbook에 대한 접근권을 구입하려면, www.coursesmart.com을 방문하라.

감사의 글

본서는 각 장(章)을 써 주신 많은 공동저자들의 힘든 노고가 없었다면 발간되기 힘들었을 것이다. 그들은 독자들에게 IDT 분야에 관한 통찰력 있는 개관과 이 분야에 영향을 끼치고 있는 경향 및 쟁점들을 제공하기 위한 장을 준비하는 데 수백여 시간을 할애했다. 편집자들은 저자들 모두의 엄청난 노고에 충심으로 감사를 표한다. 그들은 훌륭한 일을 해냈으며, 편집자들은 독자 여러분도 각 장을 읽은 후 동일한 감정을 느낄 것이라 확신한다.

편집자들은 또한 Pearson Teacher Education의 편집자인 Kelly Villella Canton, Kelly의 편집보조인 Annalea Manalili, Pearson의 출판편집자인 Greg Erb, 그리고 S4Carlisle Publishing Services의 Nandini Loganathan과 출판사 직원들에게 충심으로 감사드린다. 이 원고를 수합하는 데 있어 그들의 도움은 값어치를 따질 수 없을 정도였다.

편집자들은 또한 본서를 읽은 IDT 분야의 독자들이 제공해 준 코멘트에 감사드린다. 우리의 검토자들(reviewers)에게도 진심으로 감사드린다: Walden University의 J. Ana Donaldson, University of Oklahoma의 Patricia L. Hardré, University of Central Missouri의 Odin Jurkowski, University of South Dakota의 Susan A. Santo, State University of New York Institute of Technology의 Pat Zawko.

머리말

Robert A. Reiser(Florida State University)
John V. Dempsey(University of South Alabama)

한동안 IDT 분야에 종사해 온 대부분의 사람들은 부모님께 우리 전문직에 관해 설명해 보려고 시도해 본 경험이 있을 것이다. 길게 설명하든 짧게 설명하든 결론은 동일하다. 부모님은 미심쩍은 눈으로 우리를 보면서 "그것 좋구나, 얘야!"라고 얼버무리신다.

여러분의 부모님은 어떠신가? 여러분이 공부하고 있는 이 분야, 즉 본서에서 다루고자 하는 분야에 대해 그분들은 얼마나 많이 이해하시는가? 그분들은 아마 이 분야를 잘 묘사하지 못하실 것이다. 그분들은 심지어 이 분야의 이름조차도 말씀하지 못하실 것이다. 그러나 이는 몇몇 저명한 사람들도 마찬가지다. 이 분야에 종사하고 있는 많은 전문가들도 이 분야를 설명하는 데 어려움을 겪어 왔다. 실제로 그들 중 많은 사람들이 이 분야를 정확히 무엇이라 부를 것인가—교수공학(instructional technology), 교육공학(educational technology), 교수설계(instructional design), 교수개발(instructional development), 교수체제(instructional systems), 또는 본서의 편집자들인 우리가 사용하기로 한 명칭인 **교수설계 · 공학**(instructional design and technology: IDT)—를 확신하지 못하고 있다. 실제로 실천가들(practitioners)이 그렇게 많은 이름들로 부르는 이 분야의 본질은 무엇인가? 이것이 본서의 여러 장들의 저자들이 답하고자 시도해 온 근본적인 질문이다.

본서는 우리 각각의 대학교에서 '경향과 쟁점(Trends and Issues)'이라는 강좌를 가르치면서 얻은 편집자들 각자의 경험에 바탕을 두고 있다(우리는 이러한 본질에 관한 강좌를 가르친 경험이 통틀어 거의 60년이나 된다). 여러 해 동안 편집자들은 다양한 자료들로부터 선별된, 지속적으로 변하는 읽을거리를 엮은 자료집을 사용했다. 편집자들의 두 강좌 간의 여러 가지 차이에도 불구하고, 거기에는 훨씬 더 많은 공통점이 있었다(어쨌든 Dempsey는 Reiser의 '경향과 쟁점'이라는 강좌를 수강한 학생이었다). 이러한 연유로, 편집자들은 그런 교재에 대해 몇 번 이야기할 기회가 있었다.

Pearson Education의 직원들이 편집자들의 망상(delusion)에 용기를 북돋워 주었을 때, 편집자들이 처음으로 했던 생각은 이 분야와 밀접한 관련이 있는 간행물에서 원고를 모아 책의 재판본을 만드는 것이었다. 그러나 계속 토론해 가면서, 편집자들은 이 분야에서 알고 있는 많은 가장 역량 있는 사람들에게 원고를 기고해 줄 것을 요청하기로 결정했다. 그 결과물이 『교수설계 · 공학의 최신경향과 쟁점(Trends and Issues in Instructional Design and Technology)』이었다.

본서에 공헌해 온 이 분야의 많은 재능 있는 저자들과 지도자들이 여러분이 본서를 모두 읽었을 때쯤이면 여러분이 교수설계 · 공학 분야의 본질, 과거, 현재, 미래의 IDT 분야에 영향을 미쳐 왔거나 미칠 경향과 쟁점들에 관하여 보다 명확한 그림을 가지게 될 것이라는 희망 속에 우리와 합류했다. 만약 우리의 노력이 성공한다면, 여러분은 여러분의 부모님이나 그 외 누군가에게 우리 분야에 대해 분명하게 설명할 수 있을 것이다.

차례

역자 서문 / 3

편집자 서문 / 7

머리말 / 11

제1부 교수설계 · 공학 분야 정의

제1장 이 분야를 무엇이라 일컫는가? ······ 17
Robert A. Reiser

제2장 교수설계모형의 특징 ······ 29
Robert M. Branch, M. David Merrill

제3장 교수설계 · 공학사 ······ 44
Robert A. Reiser

제2부 교수 · 학습이론과 모형

제4장 교수설계의 심리학적 기초 ······ 73
Marcy P. Driscoll

제5장 실제적 · 역사적 맥락에서의 구성주의 ······ 90
Brent G. Wilson

제6장 학습과학: 기원과 교수설계자들에게 의미하는 것 ······ 105
Christopher Hoadley, James P. Van Haneghan

제7장 문제해결을 위한 설계 ······ 124
David Jonassen

제8장 후기산업사회를 위한 교수이론과 테크놀로지 ······ 143
Charles M. Reigeluth

제9장 동기, 의지, 수행 ······ 160
John M. Keller, Markus Deimann

제3부 교수 프로그램과 프로젝트의 평가와 관리

제10장 교수설계에서의 평가: 평가모형 비교 ··· 181
R. Burke Johnson, Walter Dick

제11장 투자대비회수율 소개 ··· 197
Jack J. Phillips, Patricia P. Phillips

제12장 현장과 가상설계팀 관리 ··· 217
Brenda C. Litchfield

제13장 훈련조직에서 희소자원 관리 ··· 235
James J. Goldsmith, Richard D. Busby

제4부 수행증진

제14장 인간수행증진의 발달과 진화 ··· 251
Harold D. Stolovitch, Bonnie Beresford

제15장 수행지원 ··· 270
Frank Nyugen

제16장 지식관리와 학습: 완벽한 보완 ··· 289
Marc J. Rosenberg

제17장 비형식 학습 ··· 309
Allison Rossett, Bob Hoffman

제5부 다양한 환경에서의 IDT의 최신 경향과 쟁점

제18장 비즈니스와 산업체에서의 교수설계 ··· 327
Monica W. Tracey, Gary R. Morrison

제19장 군대교육과 훈련환경에서의 교수설계 기회 ··· 342
Mary F. Bratton-Jeffery, Arthur B. Jeffery

제20장 보건교육에서의 수행, 교수, 테크놀로지 ··· 358
Craig Locatis

제21장 교수설계자들과 P-12 테크놀로지 통합 ··· 376
Deborah L. Lowther, Steven M. Ross

제22장 3개국, 5개 대학교 교수설계자들의 역할 ··· 393
Brenda C. Litchfield, J. V. Demsey, Peter Albion, Jacquie McDonald, Junko Nemoto

제6부 IDT에서의 세계적인 경향과 쟁점

제23장 분리되지 않은 세계를 위한 복잡한 도전들을 해결하기 위한 학습개발 …… 413
Jan Visser

제24장 아시아 맥락에서의 교수설계 · 공학: 일본과 한국을 중심으로 …… 430
Katsuaki Suzuki, Insung Jung

제25장 유럽에서의 교수설계 …… 445
Phil Green

제7부 IDT 직책에 취직하고 성공하기

제26장 교수설계 직책에 취직하기: 개인사로부터의 교훈 …… 461
Robert A. Reiser

제27장 비즈니스와 산업체에 취직하기 …… 473
Gabrielle K. Gabrielli, Robert K. Branson

제28장 교수설계 · 공학 분야의 전문조직과 간행물 …… 493
James D. Klein, Nick Rushby, Yuyan Su

제8부 교수설계 · 공학의 새로운 방향

제29장 이러닝과 교수설계 …… 509
J. V. Dempsey, Richard N. Van Eck

제30장 학습객체 …… 525
Susan Smith Nash

제31장 네트워크, 웹 2.0, 연결된 학습자 …… 543
Terry Anderson

제32장 풍부한 매체의 현명한 사용 …… 561
Ruth Colvin Clark, Richard E. Mayer

제33장 게임…그리고…학습 …… 581
Valerie J. Shute, Lloyd P. Rieber, Richard Van Eck

제34장 가상세계에서의 설계 …… 604
J. V. Dempsey, Rebecca Reese, Stasia Weston

제9부 교수설계 · 공학에서의 현재 쟁점

제35장 직업윤리: 실제에 적용된 규칙들 ········ 621
Sharon E. Smaldino, J. Ana Donaldson, Mary Herring

제36장 다양성과 접근성 ········ 632
Joél P. Lewis, Stephen M. Sullivan

제37장 변화하고 있는 설계의 본질 ········ 649
Elizabeth Boling, Kennon M. Smith

제38장 상이한 수준의 교수안내가 갖는 혜택에 대한 논쟁 ········ 665
Richard E. Clark, Michael J. Hannafin

● 에필로그 / 693
Robert A. Reiser, John V. Dempsey

● 찾아보기 / 695

제1장

이 분야를 무엇이라 일컫는가?

교수설계 · 공학 분야를 정의하고 명명하기[1)]

Robert A. Reiser (Florida State University)

우리가 들어와 있는 이 분야의 경계는 무엇인가? 그것을 어떻게 정의해야 하는가? 실제로, 그것을 무엇이라고 일컬어야 하는가? 이러한 것들은 이 분야에 있는 전문가들이 대답할 수 있어야 한다는 점에서 또는 일반적으로 받아들여지는 '정답'이 없기 때문에 적어도 지적으로 논의할 수 있어야 한다는 점에서 중요한 질문들이다. 이 장은 여러분이 이러한 질문들에 대한 잠정적인 해답들을 공식화하는 데 도움이 되는 정보를 제공한다. 또한 이 분야의 정의가 여러 해 동안 어떻게 변화해 왔는지를 검토하고, 두 가지의 새로운 정의를 제시하며, 본서에서 저자들이 이 분야의 명칭으로 사용할 용어에 관하여 논의한다.

이 분야의 정의를 검토하기 전에, 정의도 변화해 왔을 뿐만 아니라 이 분야의 실제적인 명칭 자체도 종종 변해 왔음을 말해 둔다. 여러 해 동안 시청각교수(audiovisual instruction), 시청각통신(audiovisual communications), **교육공학**(educational technology)과 같은 용어들을 포함하여, 다양한 용어들이 사용되어 왔다. 그러나 가장 빈번하게 사용된 용어로는 교수공학(instructional technology)을 꼽을 수 있다. 이 용어는 다음 몇 개의 부(部)에서 사용되나, 적절한 명칭의 문제는 이 장의 끝부분에서 다시 한 번 살펴본다.

교수공학 분야란 무엇인가? 이것은 이 분야가 계속적으로 변화하기 때문에 답하기 어려운 질문이다. 새로운 아이디어와 혁신이 이 분야에 종사하는 개인들에게 실제적으로 영향을

---

1) 필자는 이전에 Educational Technology Research and Development(Reiser & Ely, 1997)에 실린 논문의 일부분인 이 원고의 초기버전들에 관하여 값진 피드백을 제공해 준 Walter Dick, Don Ely, Kent Gustafson에게 감사를 전한다.

미치며, 그들의 연구범위를 변화시키고 종종 넓혀 왔다. 더 나아가 많은 전문직의 경우처럼, 이 분야 종사자들은 제각각 다른 측면에 관심을 가지고 있고, 흔히 자신들이 하는 연구가 이 분야의 핵심이며 교수공학의 '정수' 라고 생각한다.

여러 해 동안 이 분야를 정의하기 위해 많은 시도들이 행해져 왔다. 이러한 노력 덕분으로 몇 가지 정의는 이 분야의 상당히 많은 전문가들에게 또는 적어도 그들이 속해 있는 전문조직들에게 받아들여졌다. 그러나 심지어 이 분야의 선도적인 조직이 특정 정의를 승인했을 때조차도, 이 분야의 전문가들은 다양한 조직들의 관점뿐만 아니라 다양한 개인들의 관점을 조작적으로 정의해 왔다. 이것은 실천가들뿐만 아니라 이론가들도 마찬가지였다. 따라서 이 분야의 전체 역사를 통해 볼 때, 상당한 수의 전문가들의 생각과 행동은 단 하나의 정의로 규정되지 않았으며, 앞으로도 결코 그렇게 되지 않을 것이다.

초창기의 정의: 매체로서의 교수공학

교수공학 분야에 관한 초창기의 정의는 교수매체(instructional media), 즉 교수(instruction)가 학습자에게 제시되는 물리적인 수단에 초점을 맞추었다. 이 분야의 뿌리는 최소한 이러한 매체들 중 하나인 교육용 필름이 처음 생산되기 시작한 20세기 초반에까지 거슬러 올라간다(Saettler, 1990). 20세기 초에 시작하여 1920년대에 이르기까지 공립학교에서 필름, 그림, 랜턴(lantern) 슬라이드와 같은 시각교수자료가 엄청나게 사용되었다. 이러한 활동들은 이후 시각교수운동(visual instruction movement)이라고 알려지게 되었다. 시각교수의 공식적인 정의는 교수를 제시하기 위해 사용된 매체에 초점을 맞추었다. 예를 들어, 시각교수에 관한 최초의 책들 중 하나는 시각교수를 "답사, 평면그림, 모델, 전시, 차트, 지도, 그래프, 입체사진(stereograph), 입체환등기 슬라이드(steropticon slides), 동화상과 같은 모든 유형의 시각보조물을 사용하는 것과 [관련된] '시각경험' 을 통해 교육의 질을 증진" (Dorris, 1928, p.6)시키는 것이라고 정의했다.

1920년대 후반부터 1940년대까지, 음성녹음, 라디오방송, 소리를 담고 있는 동화상과 같은 매체의 발달로, 이 분야의 초점은 시각교수에서 시청각교수(audiovisual instruction)로 바뀌었다. 이러한 매체에 대한 관심은 텔레비전의 성장과 함께 1950년대에도 계속되었다. 따라서 20세기 초에 오늘날 우리가 교수공학자라고 부르는 이 분야에 영향을 끼친 사람들 대부분은 교수매체에 관심을 집중했다.

오늘날 자신을 교수공학 전문가라고 간주하는 많은 개인들도, 전부는 아니지만, 여전히 교수매체의 설계, 생산, 활용에 관심의 초점을 두고 있다. 더 나아가, 교수공학 분야 안팎의 많은 개인들은 이 분야를 교수매체와 동일하다고 생각한다. 그러나 교수공학을 매체로 보는 견해가 여러 해 동안 지속되어 왔지만, 지난 50여 년 동안 교수공학에 대한 상이한 견해들이 나타났으며, 이 견해들은 이 분야의 많은 전문가들의 동의를 받았다.

1960년대와 1970년대: 과정으로서의 교수공학

1950년대가 시작되면서, 특히 1960년대와 1970년대 동안 교육분야의 많은 지도자들이 교수공학을 다른 방식으로 논의하기 시작했다—그들은 교수공학을 매체와 동일하게 보기보다는 과정(process)으로 논의했다. 예를 들어, Finn(1960)은 교수공학은 교육문제를 보고 그 문제에 대한 가능한 해결책을 모색하는 한 가지 방법으로 보아야 한다고 주장했다. Lumsdaine(1964)도 교육공학은 과학(science)을 교수 실제에 적용하는 것으로 생각해야 한다고 주장했다. 1960년대와 1970년대의 정의의 대부분은 과정으로서의 교수공학에 관한 이러한 견해를 반영한다.

1963년의 정의

1963년에 교육공학 분야 내 주요 전문조직이 승인한 최초의 정의가 공표되었다. 이 정의에는 교육공학 분야는 단순히 매체에 대한 것만은 아니라는 주장이 담겨 있다. 시청각교육국(Department of Audiovisual Instruction)[현재 미국교육공학회(Association for Educational Communications and Technology: AECT)로 알려진] 소속 위원회가 내린 이 정의(Ely, 1963)는 몇 가지 중요한 측면에서 '전통적인' 견해와 다르다. 첫째, 이 정의는 매체에 초점을 두기보다는 "학습과정을 통제하는 메시지의 설계와 활용"(p.38)에 초점을 두었다. 더 나아가, 이 정의문은 개인들이 그러한 메시지를 설계하고 활용하는 데 거쳐야 할 일련의 단계들을 규명했다—계획(planning), 생산(production), 선택(selection), 활용(utilization), 관리(management). 이 단계들은 종종 체계적 교수설계(systematic instructional design)[흔히 교수설계(instructional design: ID)라 일컬어짐]라고 알려진 것과 연계된 주요단계들과 일부 비슷하다. 더불어, 이 정의문은 교수(instruction)보다 학습(learning)을 더 강조했다. 여기에서 밝혀진 차이는 그 당시 이 분야의 지도자들 중 몇 명이 변화하고 있는 이 분야의 본질을 어떻게 보았는지를 보여준다.

1970년의 정의

교수공학 분야의 변화하는 본질은 교수공학위원회(Commission on Instructional Technology)가 1970년에 제출한 다음의 주요한 정의문을 검토해 보면 훨씬 더 분명하게 드러난다. 이 위원회는 학교에서의 교수공학의 활용증가와 연관된 잠재적인 이점과 문제점을 검토하기 위해 미국정부에 의해 설치되었으며, 재정지원을 받았다. 『학습을 증진하기 위해(To

Improve Learning)』(Commission on Instructional Technology, 1970)란 제목의 이 위원회 보고서는 교수공학에 관해 두 가지로 정의했다. 첫 번째 정의는 교수공학에 관한 보다 오래된 견해를 반영했다.

> 좀 더 익숙한 관점에서, [교수공학]은 교사, 교과서, 칠판과 더불어 교수를 목적으로 사용할 수 있는 의사소통 혁명에 의해 도출된 매체를 의미한다. … 교수공학 구성요소로는 텔레비전, 필름, OHP, 컴퓨터, 그 외 '하드웨어'와 '소프트웨어' 품목들이 있다. … (p.21)

이와는 달리, 위원회는 교수공학을 과정으로 기술하고 있는 두 번째 정의를 제시했다.

> 교수공학에 관한 두 번째이자 보다 낯선 정의는 어떤 특정 매체 혹은 장치를 넘어선다. 이러한 의미에서, 교수공학은 특정 매체나 장치라는 부분들의 합 이상이다. 교수공학은 인간학습에 관한 연구와 의사소통에 관한 연구에 기초를 두고 있으며, 보다 효과적인 교수가 이루어지도록 인적 · 비(非)인적 자원 모두를 이용하여 구체적인 목표를 가지고 체계적인 방법으로 교수와 학습의 전체 과정을 설계 · 실행 · 평가하는 것이다. (p.21)

위원회의 첫 번째 정의는 교육공학 분야에 대한 오래된 개념을 강화하는 것처럼 보이는 반면, 두 번째 정의는 이 분야에 관한 이전의 '공식적인' 정의들에서는 나타나지 않았던 다양한 개념들을 도입함으로써 분명히 이 분야를 다르게 규명한다. 두 번째 정의는 교수목표의 구체화와 이 분야의 전문적인 문헌들(예: Finn, 1960; Gagné, 1965; Hoban, 1977; Lumsdaine, 1964; Scriven, 1967)에서 논의되기 시작한 체계적인 ID 절차의 각 단계인 교수의 설계(design), 실행(implementation), 평가(evaluation)를 포함한 '체계적인(systematic)' 과정을 언급하고 있음을 주목할 필요가 있다. 또한 이 정의는 이 분야는 연구에 기초를 두고 있으며, 이 분야의 목적은 보다 효과적인 교수와 학습이 행해지도록 하는 것(이 개념에 관한 1963년의 강조점을 반영하고 있음)임을 명시했다. 마지막으로, 이 정의는 표면상 매체의 역할을 중시하지 않는, 교수목적을 위한 인적 · 비인적 자원의 사용에 관하여 논하고 있다.

1977년의 정의

미국교육공학회(AECT)는 1977년에 새로운 정의를 채택했다. 이 정의는 몇 가지 점에서 이전의 정의들과는 달랐다. 아마도 가장 두드러진 것은 그것의 분량일 것이다. 즉, 그것은 7페이지에 걸친 16개의 진술문과 보다 상세한 정보를 제공하는 9개 이상의 장(章)(120페이지 이상)뿐만 아니라 진술문에서 언급된 개념 중 몇 가지를 보다 자세하게 기술하고 있는 9페이지에 걸친 표들(tables)로 구성되어 있다. 비록 저자들이 하나의 진술문으로 정의를 이해하는 것은 적절하지 않으며, 16개 부분들을 하나의 전체로 보아야 정의를 제대로 이해할 수 있다고 분명하게 지적하긴 했지만, 다음에 보는 바와 같이, 첫 번째 정의문은 광의의 정의를 보여준다.

> 교육공학(educational technology)이란 인간학습의 제 측면에 포함된 문제들을 분석하고 그 문제들에 대한 해결책을 고안 · 실행 · 평가 · 관리하기 위한 인간 · 절차 · 아이디어 · 장치 · 조직을 포함하는 복합적 · 통합적인 과정이다. (p.1)

1977년의 정의는 교수공학위원회에 의해 제시된 1970년의 정의 중 두 번째 정의와 매우 흡사하게 체계적인 ('복잡적 · 통합적인') 설계과정을 상당히 강조한다. 즉, 정의의 많은 부분에서 가장 최근의 체계적 설계과정에 있는 단계(예: 설계, 생산, 실행, 평가)들을 언급했다. 특히 1977년의 정의문은 그 당시 이 분야의 전문가들에게 급격히 주목받기 시작한 계획과정의 분석단계를 언급한 최초의 정의문이었다. 또한 1977년의 정의는 얼마 안 되어서 이 전문직에서 상투어가 되어 버린 다른 용어를 통합함으로써 새로운 지평을 마련했다. 가령, 이 정의문은 오늘날 특히 수행공학에서 빈번하게 사용되는 인간학습문제(human learning problems), 해결책(solutions)과 같은 용어들을 포함했다.

1977년의 정의는 이 분야와 관련된 다양한 학습자원을 기술한 상세한 표를 포함하고 있다. 이 목록은 인간, 교수자료, 장치를 똑같이 강조하는데, 이것은 교수공학자들의 연구가 매체의 개발과 활용에 한정되지 않는다는 개념(notion)을 강화해 준다.

1994년의 정의: 과정으로서의 교수공학을 넘어

1977년부터 1990년대 중반 동안, 많은 발전이 교수공학 분야에 영향을 끼쳤다.[2] 이전에는 행동주의 학습이론이 ID 실제를 위한 기초로 많이 사용된 반면, 인지주의 학습이론과 구성주의 학습이론이 설계 실제에 상당한 영향을 끼치기 시작했다. 또한 이 분야의 직업도 마이크로컴퓨터, 상호작용 비디오, CD-ROM, 인터넷과 같은 기술의 진보로 큰 영향을 받았다. 의사소통기술이 엄청나게 확장됨에 따라 원격교육에 대한 관심이 급격히 일어나기 시작했으며, 협동학습과 같은 '새로운' 교수전략이 인기를 얻기 시작했다. 이와 같은, 그리고 그 외 많은 영향력들의 결과로, 1990년대 중반경, 교수공학 분야는 1977년에 정의된 것과는 매우 달라져서 재정의할 필요가 있었다.

새로운 정의에 관한 연구는 공식적으로 1990년에 시작되었으며, AECT가 『교수공학: 정의와 영역(Instructional Technology: The Definitions and Domains of the Field)』(Seels &

---

2) 이러한 발전들 중 상당수가 본서의 후속 장들에서 상세하게 논의될 것이다.

Richey, 1994)을 발간한 1994년까지 계속되었다. 이 책은 다음과 같은 간략한 정의문뿐만 아니라 이 분야에 관한 상세한 기술(description)을 포함하고 있다.

> 교수공학(instructional technology)이란 학습을 위한 과정과 자원의 설계, 개발, 활용, 관리 및 평가에 관한 이론과 실천이다. (p.1)

이 정의 속에 분명하게 드러나 있는 바와 같이, 이 분야는 다섯 가지 영역, 즉 이 분야 내에서의 연구와 실천에 관한 다섯 분야인 설계, 개발, 활용, 관리, 평가의 관점에서 기술된다.

이 영역들 간의 상호관련성은 주변의 각 영역이 '이론과 실천' 이라는 축에 연결되어 있는 수레바퀴 같은 그림으로 시각적으로 표현되었다. 이러한 표상지도(representation scheme)는 독자들이 이 영역들이 선형적으로 관련되어 있다는 잘못된 결론을 내리는 것을 막기 위해 설계되었다(Richey & Seels, 1994).

1994년의 정의는 1970년 정의의 두 번째 것과 1977년의 AECT 정의와는 달리, 이 분야를 과정지향적(process-oriented)인 것으로 기술하지 않는다. 사실, 1994년의 정의의 저자들은 구성주의적 접근법과 같은 대안적인 설계방법론에 관한 현재의 관심을 반영하기 위해 자신들의 정의 속에서 "체계적인(systematic)" 이라는 단어를 의도적으로 배제했다고 진술했다(Richey & Seels, 1994). 그럼에도 불구하고, 정의에서 확인된 다섯 가지 영역은 이전의 두 가지 정의들에서 기술된 '체계적인' 과정을 구성하는 단계와 매우 유사하다. 실제로, 다섯 가지 각각의 용어(설계, 개발, 활용, 관리, 평가)나 동의어는 이전의 두 가지 정의들 중 하나 혹은 두 가지 모두에서 직 · 간접적으로 사용되었다.

1994년의 정의문(definition statement)은 몇 가지의 다른 새로운 방향들로 나아갔으며, 몇 가지의 오래된 방향들을 재검토했다. 예를 들어, 1994년의 정의문은 1963년의 정의문과 매우 흡사하게 교수공학 분야는 실천의 영역뿐만 아니라 연구와 학습의 영역이기도 하다는 개념을 강조하는 이론과 실천의 관점에서 기술한다. 1970년과 1977년의 정의문을 보여주는 문서들에서도 또한 이론과 실천을 논의하지만, 이 두 가지의 정의문들 자체에서는 이 용어들을 언급하지 않았다.

1994년의 정의는 최소한 두 가지 측면에서 1970년과 1977년의 정의와 유사하다. 첫째, "학습을 위한 자원" 이라는 구절 속에 매체와 교수자를 통합함으로써 교수자를 매체로부터 분리하지 않는다. 둘째, 교수는 학습증진이라는 목표에 대한 수단으로 간주되며, 따라서 목적인 학습증진에 초점을 둔다. 저자들은 자신들의 정의에서 언급된 "학습을 위한…과정들" (Seels & Richey, 1994, p.1)은 설계과정과 전달과정 양자를 지칭한다고 말했다. 전달과정에 관한 그들의 논의는 다양한 교수전략을 중심으로 전개되었으며, 전통적인 강의식/토론식 접근법에서 개방형(open-ended) 학습환경에 이르기까지 다양한 교수기법들에 관한 전문가들의 현재 관심사들을 반영했다.

두 가지의 최근 정의

지난 몇 년 동안, 몇 가지의 새로운 정의들이 발표되었다. 이 절에서, 우리는 이러한 정의들 중 두 가지, 즉 AECT 위원회가 최근에 발표한 정의와 본서의 편집자들인 우리가 개발한 정의에 초점을 둔다.

가장 최근의 AECT 정의

2008년에, AECT 위원회는 교육공학 분야에 관한 새로운 정의를 제시한 책을 출간하였다(AECT Definition and Teminology Committee, 2008). 그 책에 제시된 정의문은 다음과 같다.

> 교육공학(educational technology)이란 적절한 공학적인 과정과 자원을 창출하고, 활용하며, 관리함으로써 학습을 촉진하고 수행을 증진시키는 것에 관한 연구와 윤리적인 실천이다. (p.1)

그 책의 많은 유용한 특성들 중 하나는 정의문에 있는 핵심 용어 각각을 설명하고 새로운 정의가 이전의 정의와 어떻게 다른지를 논의한 일련의 장(章)들이다. 저자들은 그 장들에서 논의한 핵심 용어들 중 몇 가지를 이하에서 기술한다.

새로운 정의 속에 담겨 있는 한 가지 핵심 용어는 '**윤리적인**(ethical)' 이라는 단어다. 이 용어는 전문직에 종사하는 사람들은 높은 수준의 전문가적 행동을 유지해야 한다는 사실에 주의를 집중시킨다. 이 분야의 전문가들이 준수해야 할 윤리적인 표준들 중 많은 것이 『AECT 윤리강령(AECT Code of Ethics)』에 기술되어 있다(Association for Educational Communications and Technology, 2007).

또한 이 분야의 전문가들에 의해 창출된 교수적인 해결책들(instructional interventions)은 학습을 **촉진**하기 위한 것이라는 개념에 초점을 둔다. 저자들은 이러한 관점을 이전의 정의 속에 표현된 관점과 대비시켰다. 이전의 정의는 산출된 교수적인 해결책들이 학습을 초래하거나 통제한다고 서술 또는 추측하였다. 그러나 새로운 관점은 학습자가 자신이 노출된 교수적인 해결책들에 상관없이, 학습을 결정하는 데 있어 중요한 역할을 수행한다는 것을 인정한다.

새로운 정의는 또한 이 분야에 있는 전문가들의 목적들 중 하나는 **수행을 증진**시키는 것이라고 주장한다. 저자들은 이 용어가 학습자가 내재적인 지식을 습득할 수 있도록 단순히 도와주는 것만으로는 충분하지 않음을 강조한다. 대신에, 그 목적은 학습자가 습득해 온 새로운 기능과 지식을 **적용**하는 데 도움을 주어야 한다고 주장했다.

또한 새로운 정의에서는 교육공학 전문가들이 수행하는 기능을 일컫는 설계, 개발, 평가와 같은 용어 대신, 이 분야 내의 주요한 과정 또는 영역을 나타내기 위해 이전의 정의들과는 달리 **창출**(creating), **활용**(using), **관리**(managing)와 같은 용어들을 사용한다. 창출(creation)기능은 분석 · 설계 · 개발 · 실행 · 평가를 포함하여, 교수적인 해결책들과 학습환경들을 생성하는 것과 관련된 모든 단계들을 포함한다. **활용**(utilization)기능은 교수방법과 교수자료의 선택 · 확산 · 제도화를 포함하며, **관리**(management)기능은 프로젝트 · 전달시스템 · 인사(personnel) · 정보관리를 통합한다. 저자들은 주요기능들을 기술할 때 이 분야에서 사용된 과정들이 보다 광범위함을 전달하기 위해 이러한 세 가지의 덜 기술적인(technical) 용어들을 사용했다.

이 정의는 또한 전문가들이 참여하는 과정과 생산하는 자원의 유형을 서술하기 위해 '**공학적인**(technological)' 이라는 형용사를 사용한다. 저자들은 Galbraith(1967)의 연구에 근거하여 공학적인 과정은 "실제적인 업무를 달성하기 위해 과학적인 지식이나 다른 조직화된 지식을 체계적으로 적용" (AECT Definition and Terminology Committee, 2008, p.12)하는 것과 관련된 과정들이라고 말한다. 저자들은 또한 공학적인 자원들(technological resources)이란 정사진(still pictures), 비디오, 컴퓨터 프로그램, DVD 플레이어 등과 같은 품목을 포함하고 있는, 일반적으로 이 분야와 관련되어 있는 하드웨어와 소프트웨어라고 말했다.

본서에서 사용된 정의

교육공학에 관한 새로운 AECT의 정의가 가지고 있는 많은 장점들 중 하나는, 이 정의가 **체계적 과정에 관한 초점과 공학적인 자원의 활용**이 이 분야의 통합적인 부분들임을 명시한다는 것이다. 본서에서 편집자들이 사용하는 정의는 인간수행공학운동(human performance technology movement)이 전문직에 끼친 최근의 영향뿐만 아니라 이 같은 두 가지 측면을 강조한다.

본서의 후속 장들(예: 제14장)에서 지적하겠지만, 최근 여러 해 동안 IDT 분야의 많은 전문가들, 특히 ID를 훈련받은 전문가들은 자신들의 노력을 현장에서 수행공학을 증진시키는 데 초점을 맞추어 왔다. 비록 수행공학의 증진은 교수적인 해결책들에 의한 결과이기는 하지만, 수행문제의 본질에 관한 주의 깊은 분석은 여러 가지 비교수적 해결책들을 이끌 수 있다—새로운 보상구조를 제도화하고, 학습자들에게 보다 분명한 피드백을 제공하며, 전자수행지원시스템(제15장)을 개발하고, 지식관리시스템(제16장)을 만들거나 비형식적인 학습기회를 증진시키고 확장시키는 것(제17장). 현장에서의 수행증진을 위해 교수적인 방법들뿐만 아니라 비교수적인 방법들도 적극적으로 사용해야 한다는 이러한 새로운 강조는 인간수행공학 혹은 수행증진운동이라 불려 왔다. 편집자들은 IDT 분야에서 논의된 어떠한 정의도 이와 같은 방향을 간과해서는 안 된다고 믿는다. 편집자들이 개발해 왔으며, 본서에서 사용하는 정의는 분명히 이러한 믿음을 담고 있다. 그 정의는 다음과 같다.

> 교수설계 · 공학(또한 교수공학으로 알려진)분야는 학습과 수행문제에 관한 분석과 다양한 환경들, 특히 교육기관과 현장에서 학습과 수행을 증진시키기 위해 의도된 교수적 · 비교수적인 과정들과 자원들의 설계, 개발, 실행, 평가, 관리를 포함한다. 교수설계 · 공학분야의 전문가들은 종종 체계적인 교수설계 절차를 사용하며, 교수목적 달성을 위해 교수매체를 활용한다. 더 나아가, 최근 전문가들은 몇몇 수행문제들에 대한 비교수적인 해결책들에도 집중적인 관심을 쏟고 있다. 앞에서 언급한 영역들 각각과, 관련된 연구와 이론 또한 이 분야의 중요한 부분들 중 하나다.

이미 언급한 바와 같이, 이 정의는 여러 해 동안 이 분야의 핵심을 형성해 온 두 가지의 실천들을 강조한다. 편집자들은 이 두 가지의 실천들, 즉 교수목적을 위한 매체의 사용과 체계적인 교수절차(흔히 **교수설계**라 불림)의 사용이 IDT 분야를 정의하는 핵심요소들이라고 믿는다. 이 분야에 영향을 끼친 연구자들은 매체 혹은 체계적인 ID 절차들과 관련된 과제들에 상당한 시간을 소요했다. 이 정의가 갖는 장점들 중 하나는 앞서 제시한 두 가지 측면들을 분명하고 뚜렷하게 인식하고 있다는 점이다. 더욱 중요한 것은, 이전의 정의들과는 달리 본서에서 시도한 정의는 이 분야의 많은 전문가들이 다양한 교수적 · 비교수적인 수단들을 통해 현장에서의 수행을 증진시키고자 노력해 왔다는 점을 분명하게 드러내 주고 있다. 또한 수행공학과 관련된 개념들과 실제들 중 많은 부분들이 미래의 IDT 전문가들이 받는 훈련(Fox & Klein, 2003)과 그 개인들이 전문직에 들어 왔을 때 맡게 될 활동들(Van Tiem, 2004)과 같은 분야들을 아우르고 있다. 우리가 제시한 정의는 이러한 실제를 명확하게 반영하고 있다.

왜 이 분야를 교수설계 · 공학이라 일컬어야 하는가?

이 장에서 제안된 정의는 이전의 정의들이 칭했던 **교수공학**(instructional technology)이라는 명칭 대신 **교수설계 · 공학**(instructional design and technology)이라는 용어로 구별한다. 왜 그러한가? 교수공학이라는 용어를 정의해 보라는 질문을 받으면 전공자이든 비전공자이든 대부분의 사람들은 컴퓨터, DVD, 모바일 기기, 그리고 일반적으로 **교수매체**(instructional media)라는 용어와 관련된 다른 유형의 하드웨어와 소프트웨어를 언급한다.

즉, 대부분의 사람들은 **교수공학**(instructional technology)이라는 용어를 **교수매체**(instructional media)라는 용어와 동일시할 것이다. 이것은 지난 30~40년 동안 출현한 모든 교수공학의 개념들이 확장되어 왔음에도 불구하고 그러하다. 이러한 사실에 근거해 볼 때, 교수매체, ID, 그리고 더 최근에는 수행증진분야를 포함하는 넓은 분야를 위해 우리가 사용하는 명칭을 재고해 볼 때가 되었다. 많은 용어들이 떠오르지만, 특히 적절해 보이는 것이 교수설계 · 공학(instructional design and technology)이다. 또한 우리 분야의 전문조직들 중 한 조직[교수설계 · 공학교수들(Professors of Instructional Design and Technology)]에서 사용되어 온 이 용어는 이전 정의들에서 초점이 된 분야들 양자를 언급한다. 이 분야에 영향을 끼친 가장 최근의 영역인 수행증진의 경우 **교수설계 · 공학**이라는 용어에 덧붙이는 것도 쉽지 않을 뿐만 아니라 최근에 ID 실제가 확장되면서 수행증진운동과 관련된 많은 개념들이 교수설계자라 칭하는 사람들에 의해 이제 일상적으로 사용되기 때문에 직접적으로 언급하지 않았다.

본서에서 우리 분야는 **교수설계 · 공학**이라 일컬어질 것이며, 편집자들은 이 용어를 위에서 언급한 바와 같이 정의할 것이다. 그러나 우리 분야를 명명하기 위해 사용되는 용어와 여러분이 어떤 정의를 선호하든 간에, 여러분은 이 분야와 관련 있는 아이디어와 실제, 그리고 이 분야에 영향을 미치는 경향과 쟁점을 이해하는 것이 중요하다. 본서의 목적은 여러분에게 이러한 아이디어와 실제, 경향, 쟁점을 소개하는 것이다. 우리는 여러분이 본서를 읽어 감에 따라 이 분야에 관한 여러분의 견해가 점진적으로 발전할 것이라 기대하며, 이 분야에 관한 이해도 넓어질 것이라 확신한다. 더 나아가, 편집자들은 여러분이 심사숙고한 의견을 가지고 교수설계 · 공학이라 부르는 이 분야에 대해 '적절한' 정의와 명칭에 관한 지속적인 논쟁을 이어갈 수 있을 것이라 기대한다.

핵심 원리 요약

1. 여러 해 동안, 많은 다양한 명칭들이 본서에서 우리가 **교수설계 · 공학**이라고 언급하는 분야의 이름으로 사용되어 왔다. 최근에 이 분야를 일컫기 위해 빈번하게 사용된 다른 이름들로는 **교수공학**(instructional technology)과 **교육공학**(educational technology)이 포함된다.
2. 이 분야의 정의들은 여러 해에 걸쳐 변화해 왔다. 정의들에 반영된 변화들은 새로운 아이디어들과 혁신들이 이 분야에 종사하는 개인들의 실제에 영향을 미침에 따라, 이 분야의 정의들도 그러한 새로운 실제들을 언급하기 위해 수정되어야 하기 때문에 적절하다.
3. 이 분야의 초기 정의들은 이 분야의 전문가들에 의해 산출된 교수매체에 초점을 둔 데 반해, 1960

년대와 1970년대에 시작했고 개인들 및 전문위원회의 구성원들과 함께 연구했던 이 분야의 많은 선도자들은 교수(또는 교육)공학을 하나의 과정, 특히 교수를 체계적으로 설계하기 위한 과정이라고 본 정의들을 개발했다.

4. 다양한 정의문들에서 구체적으로 언급된 목적들 또한 여러 해 동안 변화해 왔다. 초기의 정의들은 이 분야의 목적을 보다 효과적인 교수를 할 수 있도록 하는 것이라고 언급한 데 반해, 이후의 정의들은 주요한 목적은 학습을 증진시키는 것이라고 언급한다. 가장 최근의 정의문들은 이 분야의 목적을 학습과 수행을 증진(또는 촉진)시키는 것이라고 언급함으로써 이 목적을 확장했다.
5. 본서에서 편집자들이 사용하는 이 분야의 정의는 우리 분야의 기초를 형성해 왔고 여전히 형성하고 있는 두 가지 실천들인 교수의 체계적인 설계와 교수목적을 위한 매체의 사용에 초점을 두고 있다.

응용 문제

1. **이 분야 정의:** 이 장에서 언급된 다양한 정의들뿐만 아니라 여러분이 온라인이나 다른 자료들에서 찾을 수 있는 몇 가지 다른 정의들을 재검토해 보라. 그런 다음, 이 분야에 관한 여러분 자신의 정의를 준비하라. 이 정의는 여러분이 만든 것, 이 장이나 다른 곳으로부터 정의한 것들을 그대로 받아들인 것, 또는 기존의 정의들을 수정한 것 중 하나일 것이다. 어떠한 경우이든, 여러분의 정의를 준비하는 데 있어 사용했던 자료의 출처들을 밝혀라. 여러분의 정의를 준비한 이후, 여러분은 그것이 왜 훌륭한 정의라고 생각하는지를 기술하라.
2. **이 분야 명명:** 이 장에서 언급한 바와 같이, 여러분이 현재 공부하고 있는 분야를 일컫는 여러 가지 명칭들이 있다. 이러한 명칭들로는 **교육공학**(educational technology), **교수공학**(instructional technology), **교수설계·공학**(instructional design and technology), **교수설계**(instructional design), **수행증진**(performance improvement), 그리고 많은 다른 명칭들이 포함된다. 이러한 명칭들 중 몇 가지가 정의되고 논의된 몇 가지 외부자료들을 검토해 보라. 그런 다음, 여러분이 이 분야에 가장 적합하다고 생각하는 명칭을 밝히고, 왜 그렇게 생각하는지를 기술하라.

저자 정보

Robert A. Reiser는 플로리다주립대학교의 석좌교수(Distinguished Teaching Professor), Robert M. Morgan 교수체제교수, 그리고 사범대학(College of Education)의 연구부학장(Associate Dean for Research)이다.

참고 문헌

AECT Definition and Terminology Committee. (2008). Definition. In A. Januszewski & M. Molenda (Eds.), *Educational technology: A definition with commentary.* New York: Lawrence Erlbaum.

Association for Educational Communications and Technology. (1977). *Educational technology: Definition and glossary of terms.* Washington, DC: Association for Educational Communications and Technology.

Association for Educational Communications and Technology. (2007). *AECT: Code of professional ethics.* Retrieved November 21, 2010 from http://www.aect.org/About/Ethics.asp

Commission on Instructional Technology. (1970). *To improve learning: An evaluation of instructional technology.* Washington, DC: U. S. Government Printing Office.

Dorris, A. V. (1928). *Visual instruction in the public schools.* Boston: Ginn.

Ely, D. P. (Ed.). (1963). The changing role of the audiovisual process in education: A definition and a glossary of related terms [Special issue]. *AV Communication Review, 11*(1).

Fox, E. J., & Klein, J. D. (2003). What should instructional designers and technologists know about human performance technology? *Performance Improvement Quarterly, 16*(3), 87-98.

Finn, J. D. (1960). Technology and the instructional process. *AV Communication Review, 8*(1), 5-26.

Fox, E. J., & Klein, 1. D. (2003). What should instructional designers and technologists know about human performance technology? *Performance Improvement Quarterly, 16*(3), 87-98.

Gagné, R. M. (1965). The analysis of instructional objectives for the design of instruction. In R. Glaser (Ed.), *Teaching machines and programmed learning, II: Data and directions.* Washington, DC: National Education Association.

Galbraith, J. K. (1967). *The new industrial state.* Boston: Houghton Mifflin.

Hoban, C. F., Jr. (1977). A systems approach to audiovisual communications: The Okoboji 1956 keynote address. In L. W. Cochran (Ed.), *Okoboji: A 20 year review of leadership 1955-1974.* Dubuque, IA: Kendall/Hunt.

Lumsdaine, A. A. (1964). Educational technology, programmed learning, and instructional science. In E. R. Hilgard (Ed.), *Theories of learning and instruction: The sixty-third yearbook of the National Society for the Study of Education, Part I.* Chicago: University of Chicago Press.

Reiser, R. A., & Ely, D. P. (1997). The field of educational technology as reflected in its definitions. *Educational Technology Research and Development, 45*(3), 63-72.

Richey, R. C., & Seels, B. B. (1994). Defining a field: A case study of the development of the 1994 definition of instructional technology. In D. P. Ely (Ed.), *Educational media and technology yearbook: 1994.* Englewood, CO: Libraries Unlimited.

Saettler, P. (1990). *The evolution of American educational technology.* Englewood, CO: Libraries Unlimited.

Scriven, M. (1967). The methodology of evaluation. In *Perspectives of curriculum evaluation* (American Educational Research Association Monograph Series on Curriculum Evaluation, No. 1). Chicago: Rand McNally.

Seels, B. B., & Richey, R. C. (1994). *Instructional technology: The definition and domains of the field.* Washington, DC: Association for Educational Communications and Technology.

Van Tiem, D. M. (2004). Interventions (solutions) usage and expertise in performance technology practice: An empirical investigation. *Performance Improvement Quarterly, 17*(3), 23-44.

제2장

교수설계모형의 특징

Robert M. Branch (University of Georgia)
M. David Merrill (Utah State University)

교수설계(Instructional Design: ID)는 교육과 훈련교육과정을 일관성 있고 신뢰롭게 개발하기 위한 절차들에 관한 체제다. 체제(system)는 서로 상호작용하는 통합된 일련의 요소들이다(Banathy, 1987). ID 과정의 정확한 기원은 논란이 될 수 있지만, Silvern (1965)은 일반체제이론(general systems theory: GST)을 학습과제들을 달성하고 교수문제를 해결하기 위한 하나의 접근법으로 적용하기 위한 초기의 시도를 제시했다. Silvern의 모형과 실제적으로 다른 초기의 모든 ID 모형들은 행동주의에 기초했다. 행동주의는 B. F. Skinner 및 자극-반응이론과 흔히 연계되지만, 많은 초기의 행동주의자들은 훨씬 더 포괄적인 이론적, 철학적인 관점들을 주장했다. Burton, Moore와 Magliaro(1996)는 행동주의를 인간행동의 측정과 연구와 관련된 철학과 가치라고 폭넓게 정의했다. 특히 Gagné(1985)와 같이 정보처리 관점을 띤 인지주의 심리학자들은 ID의 기저이론(underlying theories)들에 크게 공헌해 왔다.

행동주의가 ID의 하나의 주의(tenet)로 인정을 받은 지 얼마 안 되어, 일반체제이론(Bertalanffy, 1968)이 ID의 또 다른 기초적인 주의로 나타났다. 일반체제개념은 체계적, 체제적, 수용적, 상호의존적, 중복적, 역동적, 인공두뇌학적, 상승작용적, 창의적이라고 특징지을 수 있다. **체계적**(systematic)이란 단지 규칙과 절차들을 하나의 과정을 통해 이동하기 위한 통로로 채택하는 데 동의하는 것을 의미한다. 그러나 체계적이 되는 것은 그 과정에 관한 성찰 없이 순서를 맹목적으로 따르는 것을 의미하지는 않는다. **체제**(system)는 창의적인 문제해결방법들의 적용을 강조한다. 어떤 것이 체제적이라는 증거는 여러분이 한 체제 내에 있는 하나의 구성요소가 자극을 받았을 때 그 체제의 모든 구성요소들이 반응하는 것을 관찰할 수 있을 때다. ID 맥락에서, **수용적**(responsive)은 어떠한 목적들이 그 방향으로 설정되든지 간에 받아들이는 것을 의미한다. **상호의존성**(interdependence)은 한 체제 내에 있는 모든 요소들이 그 동일한 체제 내에 있는 다른 모든 요소들과 연계되어 있으며, 그 결과, 모든 요소들이 그 체제의 목적들을 달성하기 위해 서로 의존함을 의미한다. **중복성**(redundancy)은 전체 체제의 실패를 방지하기 위해 과정들과 절차들을 복제하는 것을 말한다. **역동적**(dynamic)이란 그 체제가 변화하는 조건들에 적응할 수 있고 그 환경을 지속적으로 모니터링하는 것을 의미한다. **인공두뇌학적**(cybernetic)이란 요소들이 조정 · 제어 · 가이드하기 위한 목적으로 자신들 간에 효과적으로 의사소통함을 의미한다. 인공두뇌학은 자동화된 제어시스템들과 관련된 이론들과 아주 흔히 연계된다. **상승작용적**(synergistic)이란 통합했을 때 모든 요소들은 개별 요소들만으로 달성할 수 있는 것보다 더 많은 것을 달성할 수 있음을 의미한다. 따라서 전체의 부분들의 합보다 훨씬 더 크다. ID에서 **창의성**(creativity)은 교수설계자들이 어떤 체제의 한계를 확장할 수 있도록 해주는 독창적인 아이디어들을 생성하는 데 특별한 인간재능과 상상력을 사용하는 것을 말한다.

바로 위에서 기술한 아홉 가지 특징들은 체제 접근을 체제를 형성하는 다양한 구성요소들, 체제 내에서의 상호작용, 다른 체제들 간에 발생하는 상호작용들에 반응함으로써 교육적인 상황의 복잡성들을 촉진할 수 있도록 해준다. 다른 학습산출물들은 종종 일반체제개념을 다양하게 적용할 것을 요구한다. 그 결과, 체제이론(systems theory)은 다양한 ID모형들의 개발을 위한 기초로 사용되어 왔다. 이 장의 다음 절에서는 그러한 몇 가지 ID모형들에 관해 기술한다.

"전통적인" ID모형들

가장 널리 알려지고 영향력 있는 ID모형들 중 하나는 Dick, Carey와 Carey(2005)에 의해서 만들어졌으며, [그림 2.1]에 도식화되었다. ID는 전통적으로, [그림 2.1]에서 도식화된 모형과 비슷하게, 일방향 화살표들을 가진 직선들과 다른 직선들에 평행한 회귀선으로 연결된 직선으로 둘러싸인 네모상자들로 도식화되지만, ID의 실제적인 실행은 곡선으로 된 순서도로 표현하는 것이 훨씬 더 효과적일 수 있음을 주목할 필요가 있다. 쌍방향 화살표들을 가진 곡선들로 연결된 타원형의 곡선으로 된 구조들은 ID가 실행되는 복잡한 실제를 효과적으로 표현해 준다. ID모형들을 곡선으로 도식화하면 더 많은 순환들을 효과적으로 표현해 주는데, 이러한 순환들은 ID가 일반적으로 행해지는 실제 방식을 특징지어 준다(Branch, 1996). [그림 2.2]는 몇 가지 곡선으로 된 요소들을 사용한 ID에 대한 체제접근에 기초한 ID모형의

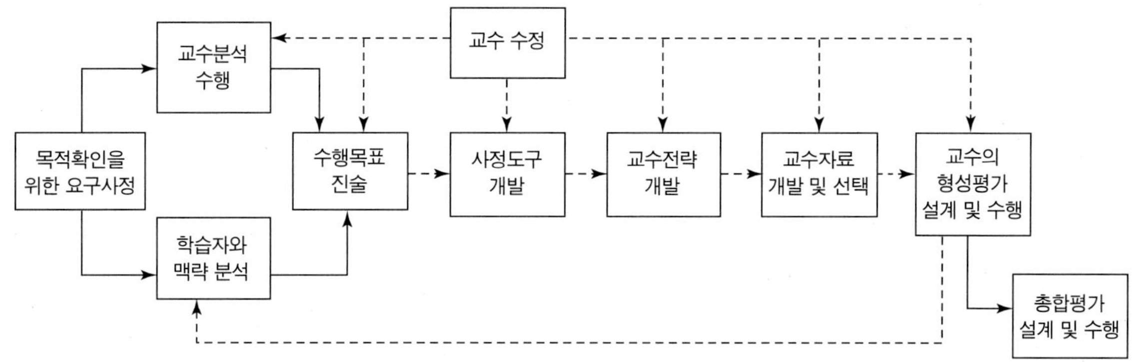

[그림 2.1] 널리 알려진 ID모형의 예

Dick, W., Carey, L., & Carey, J. (2005). (허락하에 재인쇄함)

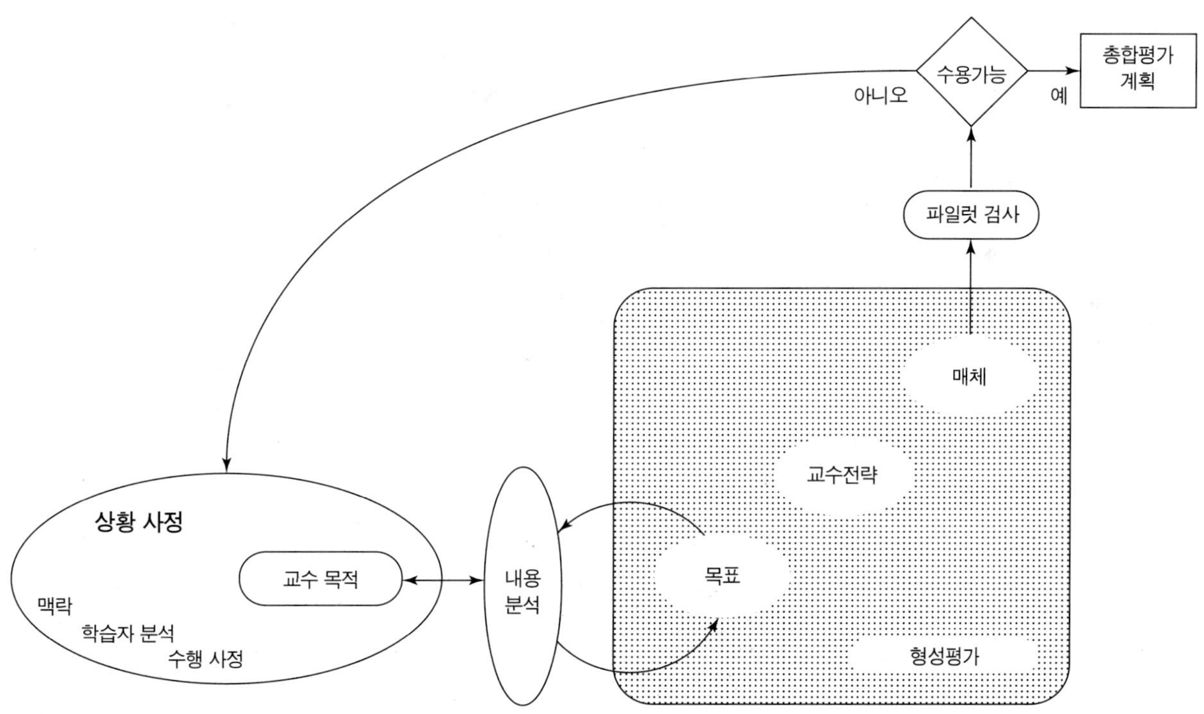

[그림 2.2] ID에 대한 체계적 접근에 기초한 ID모형(Branch, 1996)

또 다른 예를 도식화한 것이다.

1970년대 이후 개발된 다양한 ID모형들이 있지만(Gustafson & Branch, 2002), 실제로, 모든 ID모형들은 ADDIE의 핵심적인 요소들을 포함하고 있다([그림 2.3]). ADDIE는 분석(Analysis), 설계(Design), 개발(Development), 실행(Implementation), 평가(Evaluation)의 두문자어다. ADDIE는 체계적인 생산물 개발 개념에 기초하고 있다. 체계적인 생산물 개발

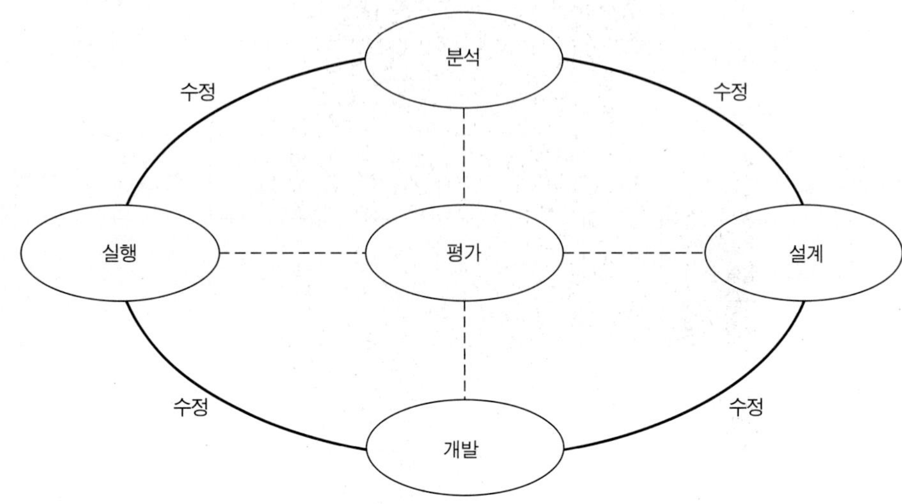

[그림 2.3] ADDIE의 핵심 요소들

개념은 사회공동체 형성 이후 존재해 왔다. ADDIE 과정을 사용하여 생산물들을 만드는 것은 오늘날의 가장 효과적인 도구들 중 하나다. 그러나 ADDIE는 그 자체가 하나의 구체적이고 완전히 정립된 모형은 아니며, 오히려 공통된 기저구조들(underlying structures)을 공유하고 있는 일련의 모형들을 지칭하는 패러다임이다.

Molenda(2008)에 따르면, ADDIE라는 명칭은 한 저자에 의해 하나의 용어로서 형성되어 왔다기보다 구두전승을 통해 비공식적으로 전달되어 온 것 같다. Molenda는 더 나아가 ADDIE는 ID에 대한 체계적인 접근을 기술하기 위해 사용된 구어적 용어가 되어 왔다고 주장한다.

분석은 흔히 요구사정(needs assessment)을 수행하고(Rossett, 1993), 비즈니스 환경이나 몇몇 다른 환경에 있는 수행문제들을 밝혀내며(Gilbert, 1978; Harless, 1975), 목적을 진술하는 것(Mager, 1984a)을 포함한다. 설계는 목표를 측정 가능한 용어들로 진술하고(Mager, 1984b; Dick, Carey, & Carey, 2005; Smith & Ragan, 1999), 학습을 유형(type)에 따라 분류하며(Gagné, et al. 2005; Merrill, 1983), 학습활동들을 구체화하고(Briggs, Gustafson & Tillman, 1991), 매체를 구체화하는 것(Reiser & Gagné, 1983; Smaldino, Lowther, & Russell, 2007)을 포함한다. 개발은 학생과 교수자용 자료들(인쇄자료와 비인쇄자료 모두)을 설계 동안에 구체화한 대로 준비하는 것을 포함한다(Morrison, Ross, & Kemp, 2004). 실행은 교수(instruction)를 그것이 설계된 환경에서 전달하는 것을 포함한다(Greer, 1996). 평가는 형성평가와 총합평가뿐만 아니라 수정까지를 포함한다(Dick, Carey, & Carey, 2005). 형성평가는 교수에 대해 요구된 수정을 확인하기 위해 자료를 수집하는 것을 포함하는 반면, 총합평가는 교수의 전반적인 효과성과 가치를 사정하기 위해 자료를 수집하는 것을 포함한다. 수정은 형성평가 자료에 기초하여 요구된 변화를 행하는 것을 포함한다.

ADDIE 활동들은, 비록 편의상 그것들이 다양한 저자들에 의해 그러한 방식으로 제시될 수 있지만, 일반적으로 선형적인 단계들 순으로 완료되는 것이 아님을 주목하는 것이 중요하다. 예를 들어, 프로젝트의 전 과정 동안, 자료들이 수집되고 개발팀이 통찰력을 얻음에 따라 흔히 설계, 개발, 형성평가와 수정활동들이 왔다 갔다 하면서 행해질 필요가 있다. 따라서 ID 과정의 순환적, 자기교정적인 특징이 가장 커다란 장점들 중 하나로 부각된다. 그러므로 ID모형들은 ID 과정의 시작부터 끝까지 순환적, 동시적인 설계활동들을 위한 기회를 보장해야 한다.

교수설계의 특징들

비록 앞에서 언급했던 ADDIE 활동들이 ID 과정의 기본적인 개념들을 나타내지만, 모든 ID 노력들에서 나타나야 하는 몇 가지 특징들이 있다.

1. 교수설계는 학습자중심적이다.
2. 교수설계는 목적지향적이다.
3. 교수설계는 유의미한 수행에 초점을 둔다.
4. 교수설계는 산출물을 신뢰할 수 있고, 타당한 방식으로 측정할 수 있다고 가정한다.
5. 교수설계는 경험적, 순환적, 자기교정적이다.
6. 교수설계는 일반적으로 팀의 노력으로 이루어진다.

교수설계는 학습자중심적이다

학습자중심 교수(student-centered instruction)란 학습자들과 그들의 수행이 모든 수업들과 학습활동들의 중심이 됨을 의미한다. 수업이나 기타 다른 형태의 교수는 단지 학습자의 수행목적에 대한 수단이다. 따라서 학습자가 진술된 교수목표를 달성하기 위해 반드시 실제 교사가 필요하다는 가정을 할 수는 없다. 자습이나 집단학습, 테크놀로지기반 교수, 교수자기반(instructor-based) 전략 등 모든 사항들이 고려될 수 있으며, 결과적으로 이 모든 전략들과 다른 전략들이 혼합된다. 학습자들은 또한 몇몇 경우 종종 자신의 교수목표 혹은 학습방법을 선택할 수 있는 기회가 주어질 수 있다. 효과적인 교육환경을 계획할 때, 이러한 수업(teaching)에서 학습(learning)으로의 관점의 변화는 엄청난 힘을 가진 패러다임의 전환(paradigm shift)을 나타낸다.

교수설계는 목적지향적이다

잘 정의된 프로젝트의 목적들을 설정하는 것은 ID 과정에서 핵심적이다. 목적들(goals)은 프로젝트에 대한 고객의 기대를 반영하며, 그러한 기대를 반영할 때 그것의 적절한 실행을 보장할 수 있다. 애석하게도, 더할 나위 없이 잘 짜인 프로젝트도 목적에 관한 동의가 결여되어 있거나 목적은 나중에 설정할 수 있다는 잘못된 믿음 때문에 이 중요한 단계를 뒤로 미루어 실패한다. 프로젝트 관리자가 고객의 기대를 확인하고 관리하는 것은 특히 중요하다. 그러나 팀 구성원도 프로젝트의 기대되는 산출물에 관한 비전을 공유할 필요가 있다. 교수체제를 위한 궁극적인 질문은 "프로젝트의 목적이 달성되어 왔는가?"다.

교수설계는 유의미한 수행에 초점을 둔다

ID는 학습자에게 단순히 정보를 회상하거나 연구하고 있는 과제에 규칙을 적용하도록 요구하기보다 학습자가 실제적인 문제를 해결하는 것과 같은 유의미하고 복잡한 행동을 수행하도록 준비시키는 데 초점을 둔다. 학습자의 교수목표는 학습자들이 습득한 지식이나 기능을 적용할 것으로 예상되는 환경을 반영할 수 있도록 진술되어야 한다. 따라서 학습환경과 실제 행동들이 수행될 환경 간에 일치도가 높아야 한다. 일반적으로 학교기반 학습을 위한 수행환경(예: 대학의 생물학 강좌)보다 훈련프로그램을 위한 수행환경(예: 천공기를 작동하는 것)을 확인하는 것이 더 쉽지만, 교수설계자들은 두 환경들 모두를 위한 실제적인 수행조치를 확인하고자 노력해야 한다.

교수설계는 산출물(outcomes)을 신뢰할 수 있고 타당한 방식으로 측정할 수 있다고 가정한다

타당하고 신뢰할 수 있는 평가도구를 만드는 것은 수행문제와 관련되어 있다. 예를 들어, 교수목표가 천공기를 안전하고 효율적으로 조작하는 것이라면, 선다형 지필검사는 타당한(실제적인) 수행척도가 아닐 수 있다. 이 경우라면 관찰자가 체크리스트를 통해 선택된 학습수행을 관찰하고 산출된 생산물의 질을 검사하는 방법 등이 더 적절할 것이다. 학교에서 타당도의 문제는 복잡한 경우가 많다. 그럼에도 불구하고, 교수설계자는 지식과 기능을 어떻게 적용할 수 있는지 또는 평가의 타당도를 높이기 위해서 어떤 다른 방법을 사용할 수 있는지를 끊임없이 자문해 볼 필요가 있다. 신뢰도는 시간과 개인들 간의 평가에 있어서의 일치도와 관련이 있다. 분명히, 평가가 안정적이지 못하다면, 그것의 타당도는 심각하게 손상될 것이다.

교수설계는 경험적, 순환적, 자기교정적이다

자료는 ID 과정의 핵심이다. 자료수집은 초기분석단계에서부터 시작하여 실행단계에 이르기까지 계속된다. 예를 들어, 분석단계 동안 학습자들이 이미 알고 있는 것과 그들이 알 필요가 있는 것 간의 차이를 비교하기 위해 자료를 수집할 수 있다. 교과전문가로부터의 조언과 피드백은 가르칠 기능과 지식의 정확성과 타당도를 보장해 준다. 연구와 선행경험의 결과는 어떤 교수전략과 매체를 선택할 것인지를 안내해 준다. 형성평가 동안 수집된 자료는 어떠한 수정이 필요한지를 알려주며, 실행 후 현장으로부터 얻어진 자료는 교수(instruction)가 효과적이었는지의 여부를 보여준다. 비록 자료가 항상 좋은 소식만 가져다주지는 않지만, 의사결정과 프로젝트를 성공적으로 완수하기 위한 합리적인 근거를 제공해 준다는 점에서, 자료는 항상 '유용'하다. 따라서 ID 과정은 통상적으로 대부분의 ID모형들이 암시하는 것처럼 선형적이고 순차적이지 않다.

교수설계는 통상 팀의 노력으로 이루어진다

한 개인이 ID 프로젝트를 완성할 수도 있지만, 통상적으로 그것은 팀의 노력으로 달성된다. 프로젝트의 크기와 범위, 기술적인 복잡성 때문에 대부분의 ID 프로젝트는 다양한 개인들의 전문화된 기능을 요구한다. 최소한 한 팀은 일반적으로 교과전문가, 교수설계자, 한 명 이상의 생산관계자, 사무지원, 프로젝트 관리자로 구성된다. 한 개인이 한 팀에서 하나 이상의 역할을 수행할 수도 있지만, 더 큰 프로젝트는 분명히 더 큰 전문성을 필요로 한다. 예를 들어, 고급공학기술을 요하는 프로젝트는 컴퓨터 프로그래머, 비디오 촬영자, 편집자, 그래픽 아티스트, 인터페이스 설계자가 필요하다. 프로젝트의 규모가 커지고 기간이 길어질수록 사무직원, 사서, 비즈니스 관리자, 시스템지원 형태의 지원이 제공되어야 한다.

교수설계에 대한 전체과제 접근법

지난 10여 년 내에, "전통적인" ID모형들, 특히 ID의 ADDIE모형과 같은 모형들은 이러한 유형의 접근법이 특히 교수가 학습자들에게 복잡한 기능들을 수행하는 방법을 가르치고자 할 때 교수를 위한 효과적이고 효율적인 방법인지에 대한 상당한 논쟁을 불러일으킴으로써 공격을 받아 왔다(예: Gordon & Zemke, 2000; van Merriënboer, 2007). 핵심적인 비판은 전통적인 ID 접근법들이 복잡한 기능들을 하위구성요소들로 나누고, 초기에 그러한 구성요소 기능들에 초점을 맞춘 교수를 설계하는 것을 강조한다는 것이었다. 그것은 분절화된 교수를 초래하며, 학습자들이 학습하고 있는 다양한 부분기능들을 통합하는 데 어려움을 초래할 가능성이 있다고 주장되어 왔다(예: de Croock, Paas, Schlanbusch, & van Merriënboer,

2002; van Merriënboer, 1997, 2007).

이러한 비판에 대한 대응으로, 몇 가지 "전체과제(whole task)" ID모형들이 제안되어 왔다. 일반적으로, 이러한 모형들은 교수 전체과정에서 학습자들은 교수적인 계열(sequence)의 끝부분에 해결해야 할 것으로 기대되는 유형의, 일련의 점진적으로 보다 더 어려운 전체과제 문제들을 제시받아야 한다는 것을 처방한다. 한 가지 핵심적인 아이디어는 그러한 과제계열들은 학습자들로 하여금 복잡한 전체과제를 성공적으로 수행할 수 있도록 할 가능성을 더 높여준다는 것이다. 이 장의 다음 두 절에서는 두 가지의 전체과제 ID모형들을 간략하게 기술한다.

물결모양 접근법

앞에서 언급된 문제들 중 몇 가지를 극복하기 위한 시도로, 그리고 제1 ID원리들에 관한 자신의 연구의 확장으로, Merrill(2002a, 2002b)은 물결모양(pebble-in-the-pond) ID모형[1], 즉 전체문제들 또는 과제들이 점차 확장됨으로써 구축되는 ID에 대한 접근법을 제안했다([그림 2.4] 참조). 이 모형은 ID를 위한 대체물(substitute)이 아닌 오히려 제1 교수원리들을 교수산출물에 통합하는 것을 촉진하는 보다 전통적인 ID의 내용중심적 수정(content-centered modification)이다.

전통적인 ID는 교수목표를 초기단계에서 구체화할 것을 주장한다. 이러한 전통적인 접근법이 지닌 문제점은 교수목표들이 지식 그 자체라기보다는 배워야 할 지식의 추상적인 표상이라는 것이다. 종종 실제적인 내용의 구체화는 ID 과정의 개발단계에 이르기까지 연기된

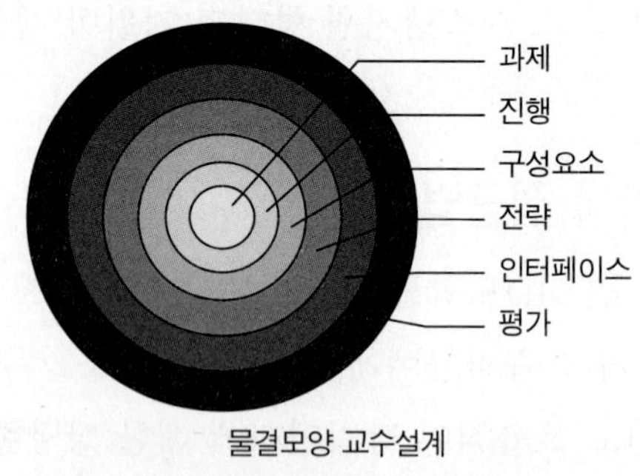

[그림 2.4] 물결모양 ID이론

1) [역주] 이 모형의 명칭은 조약돌을 연못 한가운데 던졌을 때 물결이 퍼져나가듯이 설계가 행해져야 함을 묘사한 것이다. 역자에 따라 pebble-in-the-pond model을 줄여 'pitpm' 또는 '페블인더폰드'라 칭하기도 한다. 본서에서는 물속에 던져진 조약돌을 중심으로 물결이 퍼져나가는 모습을 묘사하기 위해 '물결모양 교수설계모형' 또는 '물결모양 ID모형' 이라고 번역 · 사용한다.

다. 많은 교수설계자들은 설계과정의 초기에 유의미한 교수목표들을 작성하는 것이 어렵다는 것을 경험해 왔다. 종종 개발이 시작된 후에, ID 과정 초기에 쓰인 교수목표들은 최종적으로 산출될 내용과 보다 밀접하게 일치시키기 위해 버려지거나 수정된다.

물결모양 ID모형은 이러한 내용의 몇몇 추상적인 표상들(교수목표들)보다는 배워야 할 내용들(완료되어야 할 전체과제들)로부터 시작함으로써 이러한 문제를 피한다. 물결모양 ID모형은 교수설계자가 이미 교수목적(구체화된 교수목표들이 아닌)과 학습자들을 확인해 왔다고 가정한다. 첫 번째 단계인 조약돌은 학생이 교수(instruction)를 따름으로써 행할 수 있게 될 전체과제를 표상하는 전형적인 문제를 구체화하는 것이다. 단어 '**구체화한다**(specify)' 는 단지 문제나 과제에 대한 약간의 정보가 아닌 완전한 문제 또는 과제가 밝혀져야 함을 의미한다. 전체과제는 학습자에게 주어진 정보와 문제가 해결되거나 과제가 완수되었을 때 초래될 그러한 정보의 변형을 포함한다. 세 번째 구성요소는 문제를 연구하는 것이다. 즉, 문제의 해결이나 과정을 완수하기 위해 표상되는 모든 단계들을 상세하게 나타내는 것이다.

[그림 2.4]는 물결모양 ID모형이 처음에 조약돌이 던져짐으로써 시작된 일련의 확장되는 활동들, 즉 학습자들이 그 교수를 통해 성취하기 위해 학습할 유형의 전체과제들 또는 문제들로 구성되어 있다. 초기문제들을 설계 연못의 두 번째 물결에서 확인하는 것은 점점 더 어렵거나 복잡해지는 문제들의 진행을 확인하는 것이기 때문에, 만약 학습자들이 그렇게 확인된 전체과제들 모두를 행할 수 있다면 그들은 배워야 할 지식과 기능을 숙달한 것이 될 것이다. 설계 연못의 세 번째 물결은 진행에서의 각 과제를 완수하기 위해 또는 각 문제를 해결하기 위해 요구되는 구성요소 지식과 기능을 확인하는 것이다. 네 번째 물결은 학습자들이 문제들에 참여하기 위해 사용하게 될 교수전략을 결정하고, 그들이 과제들을 완수하기 위해 또는 그 문제들을 해결하기 위해 요구되는 구성요소 지식과 기능을 습득할 수 있도록 도와주는 것이다. 다섯 번째 물결은 인터페이스 설계다. 학습될 내용들과 학습자들을 참여시키기 위해 사용된 전략들이 학습상황이나 산출물의 전달체제와 교수구조(instructional architecture)에 맞추어지는 것은 ID 과정상 이 지점에서다. 물결들은 이제 교수자료들이나 상황의 생산에 참여할 정도로 충분히 확장되었다. Merrill은 아주 종종 학습될 교수자료들의 실제적인 구체화가 전통적인 모형들에서는 개발단계 때까지 연기되기 때문에 일반적으로 ADDIE모형에서 사용된 '개발(development)' 이라는 용어보다 '생산(production)' 이라는 용어를 선호한다.

물결모양 ID모형은 근본적으로 설계모형임을 주목해야 한다. 따라서 우리는 전단분석(front- end analysis), 실행, 평가와 같은 ID 과정의 다른 필요한 단계들을 제시하지 않았다. 이 단계들은 여전히 중요하며, 물결모양 ID모형을 사용하는 완전한 개발과정에서도 필요하다.

물결모양 ID모형은 또한 문제중심적(problem-centered) 또는 과제중심적(task-centered)

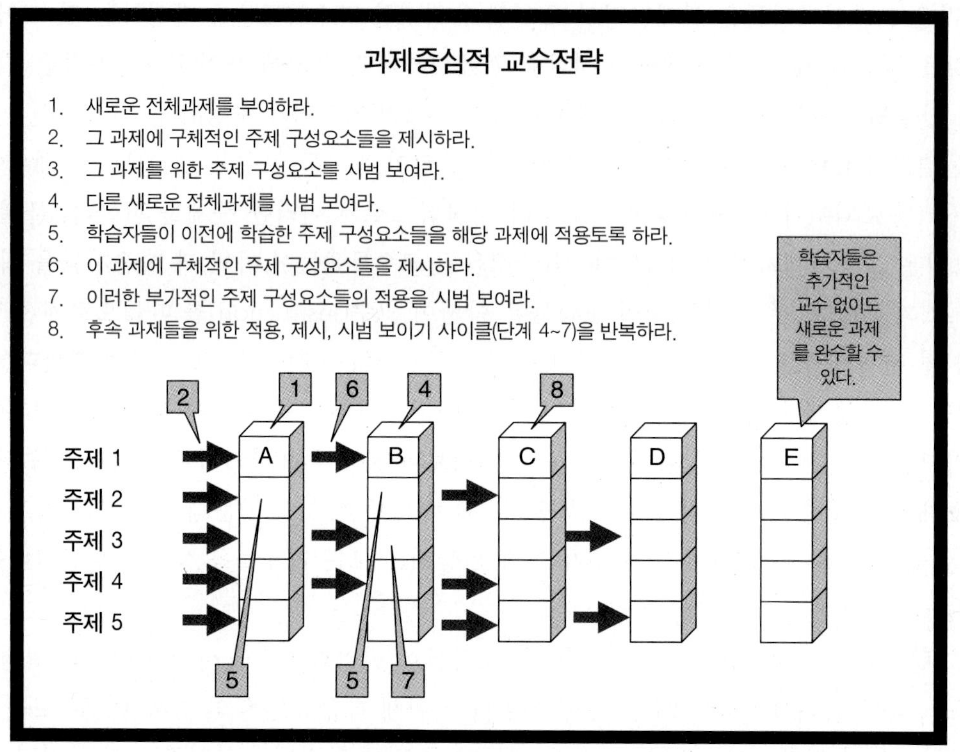

[그림 2.5] 과제중심적 교수전략

교수전략으로 나아간다. 그러한 과제중심적 전략들 중 한 가지 예가 [그림 2.5]에 제시되었다(Merrill, 2007).

[그림 2.5]에서 보여주는 바와 같이, 문제중심적 또는 과제중심적 교수전략은 문제해결과 요구되는 지식과 기능을 위한 직접교수(direct instruction)를 조합하며, 문제해결과정을 시범 보이고, 그런 다음 학습자들을 문제해결과정에 참여시킨다. 문제중심적 또는 과제중심적 전략에서, 학습자들은 교수계열의 초기에 실제 과제들을 수행하는 데 참여한다. 구성요소 기능들(주제들)은 학습자들이 진행에서 각 과제를 행하기 위해 그것들이 필요할 때 소개된다. 그림에 제시된 바와 같이, 교수전략에서 **말하기**(tell)(2), **보여주기**(show)(3), **행하기**(do)(5) 계열은 제1 ID원리들의 **시범**(demonstration)과 **적용**(application) 원리들에 대응된다.

흔히 프로젝트가 정점에 도달할 때까지 기능들의 적용이 연기되는 **주제중심**(topic-centered) 접근법과는 대조적으로, 문제중심접근법은 학습자들로 하여금 계열의 초기에 기능들을 전체문제들에 적용해 볼 수 있도록 해주고, 개별 구성요소 기능들의 적용을 전체문제의 맥락 속에서 시범 보이며, 학습자들에게 자신들의 새로운 지식과 기능을 적용해 볼 수 있는 다양한 기회들을 제공해 주는 문제들의 진행과정 속에 학습자들을 참여시킨다.

복잡한 학습에 대한 10단계 접근법

물결모양 ID모형과 그 결과로서 생겨나는 과제중심적 교수전략은 van Merriënboer(1997)에 의해서 처음으로 제안되고 나중에 『복잡한 학습에 대한 10단계(Ten Steps to Complex Learning)』 ID 접근법에서 Kirschner(van Merriënboer & Kirschner, 2007)와 함께 정교화한 4C/ID모형과 밀접한 관련이 있다. 물결모양 접근법과 관련하여, van Merriënboer와 Kirschner에 따르면, 10단계 접근법을 사용하는 교수설계자들은 교수를 따르면서 수행할 것으로 기대되는 복잡한 기술의 전형적인 일련의 학습과제들을 구체화함으로써 시작해야 한다. 이러한 과제들은 교수동안 학습자가 전체과제의 단순한 버전을 수행하는 것에서 시작하여 좀 더 복잡한 버전을 수행할 수 있도록 점진적으로 이동할 수 있도록 난이도를 높여야 한다.

물결모양 접근법과 같이, 10단계 접근법은 또한 교수설계자들에게 각 학습과제를 수행하기 위해 필요한 하위지식, 기능, 태도를 확인하도록 요청한다. 그 저자들은 교수설계자들이 이러한 하위기능들을 습득할 뿐만 아니라 복잡한 전체 기능의 수행을 성공적으로 익힐 수 있도록 도와주기 위해 사용할 수 있는 일련의 설계전략들과 교수기법들을 기술한다. 많은 경우, 이러한 제안들은 물결모양 접근법에서 제공하는 제안들 이상의 것들이다.

비록 앞에서 언급한 두 가지의 접근법들에 의해 제공되는 설계조언의 수준이 다르기는 하지만, 가장 중요한 것은 그 접근법들이 공통적으로 가지고 있는 것, 즉 그것들은 ID에 대한 **전체과제**(whole-task) 접근법들이라는 것이다. 즉, 그 접근법들은 교수계열의 매우 초기 단계에서부터 학습자들이 학습할 것으로 기대되는 복잡한 전체과제의 단순화된 버전들을 수행하는 데 참여해야 하며, 학습자들이 필요한 하위기능들을 수행하는 데 보다 유능해짐에 따라 복잡성의 수준도 높여 가야 한다는 것을 처방한다. 이러한 접근법들의 저자들은 이러한 접근법은 초기의 초점을 학습자가 교수계열의 끝부분까지 복잡한 전체과제를 수행하기 위해 함께 제시할 필요가 없는 일련의 하위기능들을 학습자들이 습득하는 데 초점을 두고 있는 ID에 대한 보다 전통적인 접근법들 중 몇 가지보다 더 효과적이라고 주장한다.

결론

지난 수년 동안, 학습이론, 개발테크놀로지, 학습관리시스템, 그리고 일련의 인증받은 교수설계자들 사이에서 정교화의 수준에서 많은 진전이 이루어져 왔다. 앞 절들에서 기술된 전체과제모형들은 오늘날의 교수-학습상황 내에서 학습경험의 효과성, 효율성, 참여를 증진시킴으로써 실제적인 문제들이나 과제들에 반응한다. **물결모양** ID모형과 **10단계** 접근법은 ID 과정 초기에 학습될 내용을 구체화하고, 그런 다음 문제들의 진전을 해결하거나 매우 복잡한 과제들의 진전을 행하는 전략들을 구축함으로써 제1 ID원리들과 4C/ID모형의 실행을 촉진한다. 그러나 원래 ID모형들 대부분에 포함되어 있는 통일된 변수들은 동일하게 남아 있다. 이러한 통일된 변수들은 ID는 일반적으로 전문가팀에 의해 수행되는 체계적인 과정이라는 것이다. 아울러, ID는 학습자중심적이고, 목적지향적이며, 학습자가 신뢰롭고 타당한 방식으로 측정될 수 있는 유의미한 기능들과 지식을 습득할 수 있도록 도와주는 쪽으로 나아가는 경험적 과정이다.

핵심 원리 요약

1. ID 과정은 교육과 훈련자료들을 체계적으로 개발하기 위한 일련의 절차들로 구성되어 있다. ID 과정의 "전통적인" 모형들(즉, 버전들) 대부분은 흔히 두문자어로 ADDIE라고 일컬어지는 분석, 설계, 개발, 실행, 평가의 다섯 단계 활동들을 포함하고 있다.
2. 비록 몇몇 기술들(descriptions)은 ID 과정을 선형적인 과정으로 표시하는 것처럼 보이지만, ID 절차들은 거의 선형적인 방식으로 수행되지 않는다. ID 과정을 순환적인 것으로 특징짓는 것이 더 적절해 보인다. 왜냐하면 교수설계자들이 업무수행 시, 그들은 흔히 ID 과정의 다양한 단계들을 왔다 갔다 이동하기 때문이다.
3. ID 과정은 흔히 학습자들이 의미 있고 종종 복잡한 행동들을 수행할 수 있도록 하는 잘 정의된 목적들을 달성할 수 있는 교수를 설계하는 데 중점을 두고 있다. 그 과정의 중요한 부분은 학습자들이 그러한 행동들을 수행할 수 있는지의 여부를 정확하게 사정하는 것을 필요로 한다. 이러한 사정을 통해 수집된 자료는 교수설계자들과 교수설계팀의 다른 구성원들이 산출하는 교수의 질을 증진시킬 수 있도록 도와주기 위해 그 교수설계자들과 교수설계팀의 다른 구성원들에 의해 종종 사용된다.
4. 전통적인 ID 접근법들에 관한 한 가지 핵심적인 비판은 복잡한 기능들을 구성요소 부분들로 분절화하고, 초기에 그러한 구성요소 기능들을 가르치는 데 초점을 둔 교수를 설계함으로써 그러한 접근법들이 학습자들로 하여금 자신들이 학습하고 있는 다양한 부분 기능들(part-skills)을 통합하는 데 어려움을 초래한다는 것, 즉, 복잡한 기능들을 수행할 수 있는 학습자 역량을 저해했다는 것이다.
5. 전통적인 ID 접근법들과는 대조적으로, 전체과제 접근법들(물결모양 접근법과 복잡한 학습에 대한 10단계 접근법과 같은)은 교수의 전 계열에서 학습자들이 그 교수계열의 끝부분쯤에 해결할 수 있을 것으로 기대되는 유형의, 일련의 점진적으로 보다 어려운 전체과제 문제들을 제시해야 한다는 것을 처방한다. 그러한 과제계열은 학습자들이 복잡한 전체과제를 성공적으로 수행할 수 있도록 해줄 가능성을 높여 준다.

응용 문제

1. 여러분은 고등학교를 졸업한 학생들에게 몇 가지 기본적인 배관공사 기능들을 수행하는 방법을 훈련시키기 위한 강좌를 설계하도록 거대한 배관공사회사에 최근 고용되었다. 여러분이 효과적인 강좌를 설계할 수 있도록 도와주기 위해 이 장에서 기술된 ID의 여섯 가지 특징들 각각을 어떻게 사용할 것인지를 기술하라.
2. 전체과제 접근법들은 "전통적인" ID모형들보다 증진되었다고 생각하는가? 그렇다고 생각하는 또는 그렇지 않다고 생각하는 이유를 설명하라.
3. 한 내용영역을 선택하고 시범과 적용을 둘 다 포함한 전체문제 또는 과제를 구체화해 보라. 어려운 점들은 무엇이었는가? 여러분은 전체과제를 설계하는 것이 학습자들이 이러한 과제를 수행하기 위해 또는 이러한 문제를 해결하기 위해 필요한 기능들을 습득하는 데 도움을 주기 위해 요구되는 교수를 확인하는 데 도움이 됨을 알았는가? 왜 도움이 되었는가? 왜 도움이 되지 않지 않았는가?

저자 정보

Robert M. Branch는 조지아대학교의 학습 · 설계 · 공학과 교수(Professor of Learning, Design, and Technology)이며, 교육심리 · 교수공학과(Educational Psychology and Instructional Technology) 학과장이다.

M. David Merrill은 유타주립대학교 명예교수(Emeritus Professor)이며, 교수효과성 컨설턴트(instructional effectiveness consultant)다.

참고 문헌

Banathy, B. H. (1987). Instructional systemes design. In R. M. Gagné(Ed.), *Instructional technology: Foundations.* Hillsdale, NJ: Lawrence Earlbaum Associates.

Bertalanffy, L. (1968). *General systems theory.* New York: Braziller.

Branch, R. (1996). Instructional design as a response to the complexities of instruction. In N. Venkataiah (Ed.), *Educational technology* (pp. 21-49). New Delhi: S. B. Nangia for APH Publishing Corporation.

Briggs, L. J., Gustafson, K. L., & Tillman, M. H. (Eds.). (1991). *Instructional design: Principles and applications* (2nd ed.). Englewood Cliffs, NJ: Educational Technology Publications.

Burton, J., Moore, D., & Magliaro, S. (1996). Behaviorism and instructional technology. In D. Jonassen (Ed.), *Handbook of research for educational communications and technology.* New

York: Macmillan.

de Croock, M. B. M., Paas, F. Schlanbusch, H., van Merrienboer, J. J. G. (2002). ADAPT[it]: Tools for training design and evaluation. *Educational Technology Research and Development, 50*(4), 47-58.

Dick, W., Carey, J., & Carey, L. (2005). *The systematic design of instruction* (6th ed.). New York: HarperCollins Publishers.

Gagné, R. M.(1985). *The conditions of learning*. New York: Holt, Rinehart and Winston.

Gagné, R. M., Wager, W. W., Golas, K. C., & Keller, J. M. (2005). *Principles of instructional design* (5th ed.). Belmont, CA: Thomson Wadsworth.

Gilbert, T. (1978) *Human competence: Engineering worthy performance*. New York: McGraw-Hill.

Gordon, J., & Zemke, R. (2000 April). The attack on ISD. *Training, 37*, 43-53.

Greer, M. (1996). *The project manager' s partner: A step-by-step guide to project management.* Amherst, MA: HRD Press.

Gustafson, K. L., & Branch, R. (2002). *Survey of instructional development models.* (4th ed.). Syracuse University: ERIC Clearinghouse on Information Resources.

Harless, J. (1975). *An ounce of analysis is worth a pound of cure*. Newnan, GA: Harless Performance Guild.

Mager, R. (1984a). *Goal analysis*. Belmont, CA: Management and Training.

Mager, R. (1984b). *Preparing instructional objectives* (2nd ed.). Belmont, CA: Pitman Management and Training.

Merrill, D. M. (1983). Component display theory. In C. M. Reigeluth (Ed.), *Instructional-design: Theories and models: An overview of their current status* (pp. 279-334). Hillsdale, NJ: Lawrence Erlbaum Associates.

Merrill, M. D. (2002a). First principles of instruction. *Educational Technology Research and Development, 50*(3), 43-59.

Merrill, M. D. (2002b). A pebble-in-the-pond model for instructional design. *Performance Improvement, 41*(7), 39-44.

Merrill, M. D. (2007). A task-centered instructional strategy. *Journal of Research on Technology in Education, 40*(1), 33-50.

Molenda, M. (2008). Historical foundations. In J. M. Spector, M. David Merrill, J. van Merriënboer, & M. P. Driscoll (Eds.), *Handbook of research on educational communications and technology* (3rd ed.). New York: Lawrence Erlbaum Associates.

Morrison, G., Ross, S., & Kemp, J. (2004). *Designing effective instruction* (5th ed.). Hoboken, NJ: Wiley & Sons.

Reiser, R., & Gagné, R. (1983). *Selecting media for instruction*. Englewood Cliffs, NJ: Educational Technology Publications.

Rossett, A. (1993). Needs assessment. In G. J. Anglin (Ed.), *Instructional technology: Past, present, and future* (2nd ed.) (pp. 156-169). Englewood, CO: Libraries Unlimited.

Silvern, L. C. (1965). *Basic analysis*. Los Angeles: Education and Training Consultants Company.

Smaldino, S. E., Lowther, D. L., & Russell, J.D. (2007). *Instructional technology and media for learning* (9th ed.). Upper Saddle River, NJ: Pearson Education.

Smith, P. L., & Ragan, T. J. (1999). *Instructional design Training*. (3rd ed.). Hoboken, NJ: Wiley & Sons.

van Merriënboer, J. J. G. (1997). *Training complex cognitive skills: A four-component instructional design model for technical training*. Englewood Cliffs, NJ: Educational Technology Publications.

van Merriënboer, J. J, G. (2007). Alternate models of instructional design. In R. A. Reiser & J. V. Dempsey (Eds.), *Trends and issues in instructional design and technology* (2nd ed., Vol. 2, pp. 72-81). Upper Saddle River, NJ: Merrill/Prentice Hall.

van Merriënboer, J. J. G., & Kirschner, P. A. (2007). *Ten steps to complex learning: A systematic approach to four-component instructional design.* Mahwah, NJ: Lawrence Erlbaum Associates.

제3장

교수설계 · 공학사[1)]

Robert A. Reiser (Florida State University)

본서의 제1장에서 지적한 바와 같이, 여러 해 동안 두 가지 실제들, 즉 체계적인 ID 절차의 사용(흔히 간단하게 **교수설계**라 일컬음)과 교수목적을 위한 매체의 사용이 IDT 분야의 중핵을 형성해 왔다. 이 장에서는 교수매체의 역사와 ID의 역사를 검토해 봄으로써, 이 분야의 역사를 살펴본다. 역사적인 관점에서 볼 때, 교수매체와 관련된 많은 실제가 ID와 관련된 발달과는 별개로 일어났다. 따라서 이들 두 실제들 각각의 역사는 분리되어 논의된다. 비록 IDT 분야의 역사에서 많은 중요한 사건들은 다른 나라에서도 일어났지만, 이 장은 미국에서 일어난 사건들에 초점을 맞추어 논의한다는 점을 밝혀 둔다.

교수매체사

교수매체(instructional media)라는 용어는 학습자에게 교수를 제시하는 물리적인 수단이라고 정의되어 왔다(Reiser & Gagné, 1983). 이 정의에서 볼 때, 실제 교사에서부터 교과서, 컴퓨터 등에 이르기까지 모든 교수전달수단들은 교수매체라고 분류할 수 있다. 이러한 관점을 실제 현장의 사람들이 채택하는 것은 현명할지 모른다. 그러나 교육매체사에 관한 대부분의 논의에서, 20세기 이전의 세 가지 주요한 교수수단들(오늘날에도 여전히 가장 흔히 사용되는 수단)인 교사, 칠판, 교과서는 다른 교수매체와 별도로 분류되어 왔다(Commission on Instructional Technology, 1970 참조). 이 장에서도 교수매체사를 명확하게 기술하기 위

1) 이 장의 일부 내용들은 이전 책의 장(章)(Reiser, 1987)으로 출간되었음.

해 이러한 관점을 채용한다. 따라서 본서에서는 교수매체를 교사, 칠판, 교과서와는 다른, 학습자에게 교수를 제시하는 물리적인 수단이라 정의한다.

학교박물관

미국에서 매체가 교수목적으로 사용된 것은 20세기 초반까지 거슬러 올라간다(Saettler, 1990). 학교박물관(school museum)이 생기게 된 것이 바로 그 때다. Saettler(1968)가 지적한 바와 같이, 학교박물관은 "이동가능한 박물관 전시물, 입체사진(3차원 사진), 슬라이드, 무성영화, 자습용 인쇄자료, 차트, 그 외 교수자료를 분배함으로써 시각교수를 위한 중핵적인 행정단위(들)에게 봉사하였다"(p.89). 최초의 학교박물관은 1905년에 세인트루이스(St. Louis)에서 개관했으며, 얼마 안 되어 펜실베이니아주 리딩(Reading, Pennsylvania)과 오하이오주 클리브랜드(Cleveland, Ohio)에서도 문을 열었다. 1900년대 초 이후, 몇 개의 그러한 도서관들이 설립되기는 했지만, 교육구 전체의 매체센터는 현대의 그것과 동일한 것으로 간주할 수 있다.

또한 Saettler(1990)는 학교박물관에 비치된 교수자료는 교육과정 보충자료로 간주되었다고 진술했다. 이러한 교수자료는 교사나 교과서를 대신하기 위한 것은 아니었다. 과거 수백 년 동안, 교수매체에 대한 이러한 초기의 시각은 교육공동체 전체에서 변함없이 널리 유지되어 왔다. 즉, 이 시기에 대부분의 교육자들은 교수매체를 교수(instruction)를 제시하기 위한 보조수단으로 간주했다. 이와는 달리, 교사와 교과서는 일반적으로 교수를 제시하기 위한 주요수단으로 간주되었으며, 일반적으로 교사에게 어떤 다른 교수매체를 사용할 수 있는지를 결정할 수 있는 권한이 주어졌다. 여러 해 동안, IDT 분야의 많은 전문가들(예: Heinich, 1970)은 1) 교사는 교수매체와 동일하게, 즉 교수를 제시하기 위한 여러 가지 가능한 수단들 중 단지 하나에 불과하다고 보아야 하며, 2) 교사에게는 교실에서 어떤 교수매체를 사용할 것인지를 결정할 수 있는 권한이 온전히 주어지지 않았다고 지적함으로써, 이러한 생각을 반박해 왔다. 그러나 공동체 전체에서 볼 때, 이러한 견해는 널리 일반화되지 않았다.

시각교수운동[2)]과 교수용 무성영화

Saettler(1990)가 지적한 바와 같이, 20세기 초반에 학교박물관에 비치된 대부분의 교수매체는 무성영화, 슬라이드, 사진과 같은 시각매체였다. 따라서 당시 학교에서 매체를 사용하는

2) [역주] 기존의 교육공학 관련 책이나 논문들은 이 '시각교수운동'을 '시각교육운동'이라 번역 · 사용하고 있다. 그러나 본서에서는, 이하에서 보는 바와 같이, '시각교수운동(visual instruction movement)' 또는 '시각교육운동(visual education movement)'을 다르게 표현하고 있다. 역자는 '교수(instruction)'와 '교육(education)'이라는 용어를 구

고양된 관심을 '시각교수운동(visual instruction movement)' 또는 '시각교육운동(visual education movement)' 이라 부른다. '시각교육운동' 이라는 용어는 키스톤뷰사(Keystone View Company)가 랜턴슬라이드와 입체사진에 관한 교사용 지침서인 『시각교육(Visual Education)』을 발간한 해인 1908년부터 사용되어 왔다.

19세기 후반에 몇몇 학교에서 사용되어 온 매직랜턴(magic lanterns; 랜턴슬라이드 프로젝터), 입체환등기(stereopticons; 입체사진뷰어)(Anderson, 1962)와 더불어 영사기(motion picture projector)는 학교에서 사용된 최초의 매체장치다. 미국에서, 교수용 무성영화의 최초의 카탈로그는 1910년에 발간되었다. 그해 후반에, 뉴욕주 로체스터(Rochester, New York)의 공립학교시스템이 최초로 무성영화를 정규교수용으로 채택했다. 1913년에, Thomas Edison은 "책은 곧 학교에서 쓸모없이 될 것이다. … 인간지식의 모든 부문을 무성영화를 사용하여 가르칠 수 있다. 우리 학교시스템은 다음 10년 내에 완전히 바뀔 것이다" (Saettler, 1968, p.98에서 재인용)라고 했다.

Edison이 언급한 10년 동안(1914~1923), 시각교수운동은 성장했다. 시각교수를 위한 다섯 개의 전국규모 전문조직들이 설립되었고, 시각교수에 초점을 맞춘 다섯 개의 학술지들이 발간되었으며, 20개 이상의 교사훈련기관들이 시각교수에 관한 강좌들을 제공하기 시작했고, 적어도 10개의 대도시 학교시스템들이 시각교육국을 설치했다(Saettler, 1990). 그러나 10년이 끝날 때쯤에, Edison에 의해서 예견되었던 교육에 있어서의 혁신적인 변화들은 일어나지 않았다. Cuban(1986)은 시각교수의 영향력은 변화에 대한 교사들의 저항, 교사들이 필름장치들을 조작하는 데 있어서의 어려움, 많은 교과영역에서 관련된 무성영화의 결핍과 빈약한 교수적인 질, 그리고 영화와 장비를 구입하고 유지하는 것과 관련된 비용을 포함하여 다양한 요인들 때문에 제한된 것이었다고 지적했다.

시청각교수운동과 교수용 라디오

1920년대 후반과 1930년대 대부분에 걸쳐, 라디오방송, 음향녹화, 유성영화와 같은 분야에서의 테크놀로지의 진보는 교수매체에 대한 관심을 고조시켰다. 음향을 통합한 매체가 진보함으로써 시각교육운동이 확장되었는데, 이 운동을 '시청각교수운동(audiovisual instruction movement)' 이라 일컫는다(Finn, 1972; McCluskey, 1981). 그러나 이 기간에 이 분야의 선구자들 중 한 명인 McCluskey(1981)는 이 분야가 지속적으로 성장하기는 했지만 교육공

별해 사용하고 있는 원저자의 의도를 좀 더 반영하는 것이 보다 적절하다는 판단하에, 이하에서는 'instruction' 을 '교육' 이 아닌 '교수' 라고 번역한다. 그럼에도 불구하고, 역자는 사실상 이 양자 간에 커다란 의미상의 차이는 없다고 생각하며, 따라서 독자는 최소한 이 장의 몇 개의 절에서 이 두 용어를 동일하게 보아도 큰 문제는 없을 것이다.

동체 전체의 성장에는 크게 영향을 주지 않았다고 지적했다. 그는 1930년경 대기업들이 시각교수운동과 관련된 분야에 많은 투자를 했지만 1,000만 달러 이상을 잃었는데, 그 이유들 중 하나는 1929년에 시작된 세계대공황(Great Depression) 때문이었다고 주장했다.

세계대공황의 경제적인 역효과에도 불구하고, 시청각교수운동은 계속 발전했다. Saettler (1990)에 따르면, 이러한 발전에서 가장 두드러진 사건들 중 하나는 1932년에 시각교수를 위한 기존의 세 개의 전문조직들이 하나로 합쳐졌다는 것이다. 이러한 합병의 결과로, 시청각교수운동의 리더십이 한 조직, 즉 당시 전미교육연합회(National Education Association: NEA)의 한 부분인 시각교수부(Department of Visual Instruction: DVI)에 통합되었다. 1923년에 설립되고 현재 미국교육공학회(AECT)라고 불리는 이 조직은 여러 해 동안 IDT 분야에서 지도적인 역할을 수행해 오고 있다.

1920년대와 1930년대에, 시각교수에 관한 주제에 초점을 둔 수많은 교과서들이 저술되었다. 이러한 교과서들 중 가장 중요한 것이 Charles F. Hoban, Sr., Charles F. Hoban, Jr.와 Stanley B. Zissman(1937)에 의해 저술된 『교육과정의 시각화(Visualizing the Curriculum)』다. 이 책에서 저자들은 시청각 교수자료의 가치는 현실성(realism)의 정도와 깊은 함수관계[3]가 있다고 주장했다. 저자들은 또한 교수매체의 위계를 제시했는데, 그것은 개념을 추상적인 방식으로만 제시할 수 있는 것에서부터 매우 구체적인 표상으로 제시할 수 있는 매체에 이르기까지 위계화되어 있다(Heinich, Molenda, Russell, & Smaldino, 1999). 이러한 생각들 중 몇 가지는 이전에 다른 사람들에 의해 논의되어 왔지만, 철저하게 다루어지지는 않았다. 1946년에, Edgar Dale은 유명한 '경험의 원추(Con of Experience)'를 개발할 때 이러한 생각을 보다 더 심화 · 정교화했다. 시청각교수운동사 전체를 통해 볼 때, 많은 사람들이 시청각 교수자료의 가치의 일부는 개념을 구체적인 방식으로 제시할 수 있는 능력이라고 주장해 왔다(Saettler, 1990).

이 기간에 많은 관심을 받은 교수매체는 라디오였다. 1930년대 초반경에, 많은 시청각지지자들은 라디오를 교육을 혁신할 수 있는 교수매체라고 찬양했다. 예를 들어, 라디오, 유성영화, 텔레비전의 교수적 잠재성에 관해 전미교육연합회 출판물의 편집자는 "그것은 내일 교과서만큼이나 흔하고 교수 · 학습에 관한 영향력도 강력할 것이다"(Morgan, 1932, p.ix)라고 주장했다. 그러나 이러한 예측과는 반대로, 그 후 20년 이상 라디오는 교수실제에 거의 영향을 미치지 못했다. Cuban(1986)은 빈약한 장비, 빈약한 라디오 신호 수신, 스케줄 문제와 변화에 대한 교사의 저항이 이러한 영향력의 결여를 초래한 많은 요소들 중 몇 가지

3) 현실성 혹은 실제성이 높을수록 시청각 교수자료의 가치는 높아지고, 현실성이나 실제성이 낮을수록 그것의 가치는 낮아진다.

라고 지적했다.

제2차 세계대전

제2차 세계대전의 발발로 학교에서의 시청각교수운동은 느리게 성장했다. 그러나 시청각도구들은 군사업무와 기업에서 엄청나게 사용되었다. 예를 들어, 제2차 세계대전 동안 미국공군은 400개 이상의 훈련용 유성영화(training films)와 600개 이상의 영사슬라이드(film-strips)를 제작했으며, 2년 동안(1943년 중반부터 1945년 중반까지) 미군요원들에게 훈련용 유성영화를 4백만 번 이상 상영했다. 이러한 훈련용 유성영화가 미군 요원들의 수행에 얼마나 효과를 미쳤는지에 관한 구체적인 자료를 수집할 수 있는 시간과 기회는 거의 없었지만, 군사교관들을 상대로 한 몇몇 설문조사들은 교관들이 전쟁 중에 사용한 훈련용 유성영화와 영사슬라이드는 효과적인 훈련용 도구라고 느꼈음을 보여 주었다(Saettler, 1990). 분명히, 적어도 적군들 중 몇몇은 이것에 동의했다. 전쟁이 끝난 1945년에 독일군 참모총장은 "우리는 미국이 국민을 훈련시킬 수 있는 속도를 제외하고는 모든 것을 완벽하게 계산했다. 우리의 치명적인 오판은 유성영화를 통한 교육의 신속성과 완벽함을 과소평가한 것이었다" (Olsen & Bass, 1982, p.33에서 재인용)라고 했다.

제2차 세계대전 동안, 훈련용 유성영화는 또한 기업에서 일할 미국시민을 준비시키는 데 중요한 역할을 수행했다. 1941년에, 연방정부는 '전쟁훈련을 위한 시각보조물국(Division of Visual Aids for War Training)'을 설치했다. 1941년부터 1945년까지, 이 조직은 457개의 훈련용 필름의 제작을 감독했다. 대부분의 훈련지도자들은 필름은 훈련의 효과성에 부정적인 영향을 미치지 않으면서 훈련시간을 단축시켰으며, 전통적인 훈련프로그램보다 더욱 재미있었고, 결석률도 더 낮았다고 보고했다(Saettler, 1990).

제2차 세계대전 동안 군대와 기업에서 훈련용 유성영화, 영사기와 더불어 다양한 시청각교수자료와 장비가 사용되었다. 집중적으로 사용된 장치들로는 제2차 세계대전 동안 처음으로 제작된 OHP(over-head projector), 항공기와 배의 식별법을 가르치는 데 사용된 슬라이드 프로젝터(slide projectors), 외국어를 가르치는 데 사용된 음향장비, 전투훈련에 사용된 시뮬레이터와 훈련용 장치들을 들 수 있다(Olsen & Bass, 1982; Saettler, 1990).

커뮤니케이션 이론

제2차 세계대전 이후 10여 년 동안, 많은 시청각교수운동 지도자들이 Shannon과 Weaver (1949)에 의해 제시된 모형과 같은 다양한 커뮤니케이션 이론들과 모형들에 관심을 보였다. 이러한 모형들은 커뮤니케이션 과정, 즉 메시지의 송신자와 수신자, 메시지가 보내지는 채널 혹은 매체와 관계된 과정에 초점을 맞추었다. 이 모형들의 저자들은 커뮤니케이션을 위한 계획 시 그 과정들의 모든 요소들을 고려할 필요가 있으며, 많은 시청각 분야에서처럼 교수매체에만 초점을 맞추어서는 안 된다고 주장했다. Berlo(1963)가 주장한 바와 같이, "커뮤니케이션 인간으로서 나는 핵심적인 것은 과정이며, 교수매체는 중요하기는 하지만, 부차적인 것이라고 강력히 주장해야 한다" (p.378). 또한 Dale(1953), Finn(1954)과 같은 몇몇 시청각운동 지도자들도 커뮤니케이션 과정의 중요성을 강조했다. 비록 초기에 시청각 실천가들이 이러한 생각에 크게 영향을 받지는 않았지만(Lumsdaine, 1964; Meierhenry, 1980), 이러한 견해의 표출은 결국 시청각운동의 초점을 확장하는 데 도움이 되었다(Ely, 1963, 1970; Silber, 1981).

교수용 텔레비전

아마도 1950년대에 시청각운동에 영향을 미친 가장 중요한 요인은 교수를 전달하기 위한 매체로서의 텔레비전에 관한 관심의 고조일 것이다. 1950년대 이전에, 텔레비전이 교수목적으로 사용된 많은 사례들이 있었다(Gumpert, 1967; Taylor, 1967). 1950년대에도 교수용 텔레비전이 엄청나게 활용되었다. 이러한 성장은 적어도 다음과 같은 두 가지 주요요인들에 의해 촉진되었다.

교수용 텔레비전의 성장을 촉진한 한 가지 요인은 교수목적으로 242개의 텔레비전 채널을 별도로 설정한 연방통신위원회의 1952년 결정이다. 이러한 결정으로 많은 공영(당시에는 '교육용' 이라 불림) 텔레비전 방송국들이 급격하게 발달했다. 1955년경, 미국에 17개의 텔레비전 방송국들이 있었으며, 1960년경에는 그 수가 50개 이상으로 증가했다(Blakely, 1979). 이러한 방송국들의 주요한 임무들 중 하나는 교육용 프로그램을 제공하는 것이었다. Hezel(1980)이 지적한 바와 같이, "초기부터 공영방송에 수업(teaching) 역할이 부여되었다. 특히 1960년대 이전에 교육방송은 전 국민의 교육적 요구를 충족시켜 주는 신속하고, 효과적이며, 저렴한 수단으로 간주되었다" (p.173).

또한 1950년대에 교수용 텔레비전의 성장은 포드(Ford)재단의 기금으로 촉진되었다. 1950년대와 1960년대에 포드재단과 그 대행기관들은 교육용 텔레비전에 1억 7천만 달러 이상을 지출한 것으로 추정된다(Gordon, 1970). 포드재단에 의해 후원된 프로젝트들로는 메릴랜드주 워싱턴 카운티(하거스타운)의 전체 교육시스템 내 모든 학년의 모든 주요 교과영역들의 교수를 전달하기 위해 사용된 폐쇄형텔레비전(CCTV) 시스템, 시카고에서 공영텔레비전을 통해 전달된 2년제 대학(junior-college) 교육과정, 펜실베이니아주립대학교의 CCTV를 통해 교수된 일련의 대학강좌들의 효과성을 평가하기 위해 설계된 대규모 실험연구 프로그램, 비행기에서 여섯 개 주에 있는 학교들에 원격수업을 동시에 전달하기 위해 설계된 프로그램인 에어본 텔레비전 교수에 관한 중서부 프로그램(Midwest Program on Airborne

Television Instruction) 등이 있다.

1960년대 중반경에, 교수목적으로 텔레비전을 이용하는 것에 관한 많은 관심이 수그러졌다. 이 기간에 개발된 많은 교수용 텔레비전 프로젝트들은 오래가지 못했다. 예를 들어, 1963년에 포드재단은 학내활용을 위한 교수용 텔레비전보다는 공영텔레비전을 지원하기로 결정했다(Blakely, 1979). 더불어, 프로젝트에 관한 외부기금이 중단되었을 때, 대부분의 교육구들은 교수용 텔레비전 시범 프로젝트를 중단했다(Tyler, 1975b). 더 나아가, 교수용 프로그램은 여전히 공영텔레비전의 중요한 임무들 중 하나지만, 그것의 임무는 이제 문화나 정보제공과 같은 보다 광범위하고 포괄적인 내용을 다루는 프로그램이 되었다(Hezel, 1980). 이러한 일련의 발달에 관하여, 1967년에 카네기교육용텔레비전위원회(Carnegie Commission on Educational Television)는 다음과 같이 결론지었다.

> 교수용 텔레비전이 형식교육에서 수행한 역할은 전체적으로 볼 때 미미했다. … 교수용 텔레비전의 잠재성으로 제시되었던 것 중 어느 것도 실제로 실현되지 않았다. … 극히 예외적인 경우를 제외하고, 교수용 텔레비전은 교육시스템에 근본적인 변화를 주지도 못한 채 사라져 버렸다. (pp.80-81)

왜 교수용 텔레비전이 크게 채택 · 활용되지 못했는지에 대해 여러 가지 이유들이 제기되었다. 그 이유들로는 변화, 특히 하향식 변화(교사들로부터의 입력이 거의 또는 전혀 없이 학교 행정가들에 의해 의무화된 변화)에 대한 교사들의 저항, 대부분의 텔레비전 프로그램의 2류 정도의 교수의 질(그것들 중 대부분은 교사가 강의하는 것을 보여주는 것에 불과함), 텔레비전시스템을 학교에 설치하고 유지하는 데 드는 비용, 교사들에게 교수용 텔레비전의 사용을 자신들의 교수실제에 통합하는 방법에 관한 적절한 지도를 제공하지 못한 것 등을 들 수 있다(Chu & Schramm, 1975; Cuban, 1986; Gordon, 1970; Tyler, 1975b).

컴퓨터를 교수목적으로 사용

교수용 텔레비전에 대한 관심이 퇴색된 후, 수많은 교육자들의 관심을 끈 차세대 테크놀로지 혁신은 컴퓨터였다. 비록 1980년대까지 교수용 도구로서의 컴퓨터에 대한 관심이 널리 확산되지는 않았지만, 컴퓨터는 훨씬 더 이른 시기에 교육과 훈련에 처음으로 사용되었다. 컴퓨터보조수업(Computer-Assisted Instruction: CAI)에 관한 많은 초기연구들은 처음으로 CAI 저작언어를 개발하고 공립학교에서 사용된 최초의 CAI 프로그램들 중 하나를 설계했던 IBM의 연구자들에 의해서 1950년대에 행해졌다. 이 분야의 다른 선구자들로는 컴퓨터공학을 활용한 적응적 교수기계(adaptive teaching machines)를 개발한 Gordon Pask(Lewis & Pask, 1965; Pask, 1960; Stolorow & Davis, 1965)와 1960년대에 공립학교와 대학에서 초창기 CAI의 활용에 관한 몇몇 연구들을 이끌었던 Richard Atkinson과 Patrick Suppes(Atkinson & Hansen, 1966; Suppes & Macken, 1978)를 들 수 있다. 또한 1960년대와 1970년대 초반에 행해진 주요한 노력들로는 PLATO, TICCIT와 같은 CAI시스템의 개발들을 들 수 있다. 그러나 이러한 노력들에도 불구하고, 1970년대 말경에 CAI는 교육에 거의 영향을 미치지 못했다(Pagliaro, 1983).

일반대중이 개인용 컴퓨터를 사용할 수 있게 된 1980년대 초, 컴퓨터를 교수목적으로 사용하고자 하는 관심 또한 급격하게 증가했다. 1983년 1월경, 컴퓨터는 미국의 40% 이상의 모든 초등학교와 70% 이상의 모든 중등학교에서 교수목적으로 사용되었다(Center for Social Organization of Schools, 1983).

많은 교육자들은 상대적으로 저렴하고, 데스크톱용으로 활용할 수 있을 정도로 소형이며, 이전에 대형컴퓨터로 처리해야 했던 기능들 중 대부분을 처리할 수 있었기 때문에, 교수도구로서 개인용 컴퓨터에 매료되었다. 다른 새로운 매체들이 교수분야에 처음 도입된 경우처럼, 많은 사람들은 이 매체가 교수실제에 커다란 영향을 미칠 것으로 기대했다. 예를 들어, 1984년에 Papert는 컴퓨터가 "교육시스템에서 매우 심층적이고 급격한 변화를 초래하는 기폭제"(p.422)가 될 것이며, 1990년경에는 학생당 하나의 컴퓨터를 갖는 것이 미국 내 학교에서 아주 흔한 일이 될 것이라고 주장했다.

우선, 컴퓨터가 교수실제를 바꿀 것이라는 정도에 대한 낙천적인 예측들은 잘못된 것으로 나타났다. 1990년대 중반까지 이러한 영향은 상당히 미미했다. 조사에 따르면, 1995년경 미국 내 학교들이 평균 9명 중 1명꼴로 한 대의 컴퓨터를 가지고 있었지만, 상당수의 교사들이 컴퓨터를 교수목적으로 거의 혹은 전혀 사용하지 않는 것으로 보고하여, 컴퓨터가 교육실제에 미친 영향은 그렇게 크지 않았다. 더 나아가, 대부분의 경우, 컴퓨터가 혁신적으로 사용되지 않았다. 초등학교의 경우, 교사들은 컴퓨터를 주로 반복연습(drill and practice)을 하는 데 사용했다고 보고했으며, 중등학교에서는 주로 워드프로세서와 같은 컴퓨터 관련 기능을 가르치는 데 사용한 것으로 나타났다(Anderson & Ronnkvist, 1999; Becker, 1998; Office of Technology Assessment, 1995). 그러나 다음에 논의되는 바와 같이, 21세기 초반 10여 년 동안 나타난 사태들(events)은 컴퓨터와 다른 새로운 테크놀로지들이 이러한 혁신들을 선도했던 대부분의 매체들보다 교육과 훈련에 더 많은 영향력을 미치고 있음을 보여준다.

최근의 발달 상황

지난 10여 년 동안, 인터넷을 포함하여 컴퓨터와 다른 디지털 테크놀로지에서의 급격한 진보는 교수목적으로 이러한 매체들에 대한 급격한 관심의 고조와 활용을 촉발했다. 이러한 결과는 비즈니스와 기업, 고등교육, K-12 교육, 군대를 포함한 광범위한 훈련과 교육환경에서도 그러한 것 같다.

비즈니스와 기업의 경우, 조사결과 지난 10여 년 동안 교수매체를 통해 제시되는 훈련의 비율이 상당히 증가한 것으로 나타났다. 미국에서 30개 이상의 회사들을 대상으로 한 최근의 조사결과, 2008년 동안 전체 훈련시간의 총량 중 30% 이상이 테크놀로지를 통해 제시되었으며, 그 훈련 중 24% 이상이 온라인으로 전달된 것으로 나타났다(American Society for Training & Development, 2009). 비교해 보면, 1999년에는 비즈니스와 기업에서 행해진 훈련의 10% 이하가 테크놀로지를 통해 제시되었다(American Society for Training & Development, 2004).

고등교육의 경우, 최근 몇 년 사이에 교수용 테크놀로지, 특히 보다 더 새로운 매체가 더 많이 사용되어 왔다. 예를 들어, 2010년 조사결과, 대학교원들 중 50% 이상이 교수목적으로 소셜 미디어를 사용하는 것으로 나타났다. 온라인 비디오를 보고, 팟캐스트(podcast)를 들으며, 블로그(blog)와 위키(wiki)를 읽거나 만드는 것이 학생들이 그러한 매체들과 관련하여 가장 흔히 하는 활동유형들이었다(Babson, 2010).

최근에, 고등교육에서의 원격학습의 사용 역시, 고등교육에서 온라인 등록 연간 성장세가 고등교육에서 학생인구에서의 연간 전체성장률보다 10배 이상이나 더 높게 나타나, 엄청나게 성장해 왔다. 2008년 가을학기의 경우, 460만 명 이상의 학생들이 미국에 있는 고등교육기관에서 제공한 온라인 강좌들을 수강하고 있었는데, 이는 전년도의 학생들 수보다 17%가 증가했음을 나타낸다(Allen & Seaman, 2010).

온라인 교수는 또한 K-12 환경에서도 널리 보편화되고 있다. 최근 보고서에 따르면, 미국의 경우 50개 주(州)들 중 45개 주에서 온라인 학교 계획(initiative)을 가지고 있으며, 그 주들 중 24개 주가 주 전체에 걸쳐 종일반(full-time) 온라인 학교들을 가지고 있는 것으로 나타났다. 더 나아가, 미국 내 공립중등학교의 57%가 학생들에게 온라인 학습에 접근할 수 있도록 제공하고 있다(International Association for K-12 Online Learning, 2009).

21세기의 초반 10년 동안, 미국 내 공립학교에서의 테크놀로지의 **이용 가능성**(availability) 또한 상당히 높아졌다. 예를 들어, 1999년에는 단지 전체 교실의 64%만이 인터넷 접속이 가능한 컴퓨터를 가지고 있었던 데 반해, 2009년에는 전체 교실의 93%에서 인터넷 접속이 가능하게 되었다(Gray, Thomas, & Lewis, 2010b; Snyder & Dillow, 2010). 더 나아가, 학교에서의 테크놀로지의 교수적 **활용**(utilization)도 그 10여 년 동안 상당히 변화한 것 같다. 이전의 보고서들에서 컴퓨터의 교수적 활용은 주로 학생들을 위한 반복연습형 활동들이 중심을 이룬 것으로 나타난 반면(SRI International, 2002), 2009년 조사에서는 많은 교사들이 훨씬 더 광범위한 교수활동들을 위해 자신의 학생들이 테크놀로지를 활용할 수 있도록 한 것으로 나타났다. 예를 들어, 그러한 교사들 중 24%가 학생들이 연구를 수행하기 위해 테크놀로지를 빈번히 사용하도록 하고 있으며, 다른 42%의 교사들은 학생들이 연구를 수행하기 위해 테크놀로지를 종종 사용하도록 하고 있는 것으로 나타났다. 아울러, 그 교사들 중 최소 25%가 학생들이 문제를 해결하고, 자료를 분석하며, 계산을 하고, 멀티미디어 프레젠테이션을 개발하며, 미술작품, 음악, 영화, 웹캐스트(webcast), 그래픽 또는 시각자료들을 만들기 위해 테크놀로지를 빈번히 또는 종종 사용하도록 하고 있는 것으로 나타났다(Gray, Thomas, & Lewis, 2010a).

오늘날, 테크놀로지는 또한 미군에서 테크놀로지기반 교수의 상당부분이 온라인으로 전달되고 있어 교수를 전달하는 데 주요한 역할을 수행하고 있다. 예를 들어, 육군 이러닝 프로그램은 실전근무 중인 병사들과 예비병사들, 사관후보생들, 육군에서 근무하고 있는 민간인 직원들을 포함하여 전 세계에서 근무하고 있는 전체 육군종사자들을 대상으로 2,600개 강좌 이상을 24시간 일주일 내내 제공하고 있다(Kring & Thomas, 2008). 군대에서 온라인 학습이 널리 활용되고 있음을 보여주는 또 다른 예는 군대의 모든 부서에 있는 직원들을 대상으로 온라인 연합군훈련(joint forces training)을 제공하는 JKO(Joint Knowledge Online) 시스템이다. JKO는 운영되기 시작한 처음 2년 내에 330개 이상의 강좌들을 제공했는데, 이는 100,000명 이상의 사용자들이 JKO를 사용하여 훈련을 받았음을 의미한다(Camacho, 2009). 또한 가상 시뮬레이션과 디지털 3D게임이 종종 사용됨에 따라, 오늘날 시뮬레이션과 게임 테크놀로지도 군대훈련에서 중요한 역할을 하고 있다(Erwin, 2009; Fletcher, 2009).

이 절(節)에서 제시한 증거들 대부분은 최근에 비즈니스와 기업에서부터 군대와 고등교육에 이르기까지 다양한 환경들에서 교수매체의 사용이 상당히 증가해 왔음을 분명하게 보여준다. 이렇게 교수매체가 증가되어 사용되는 이유들을 몇 가지 든다면 무엇인가? 비즈니스와 기업, 그리고 군대의 경우, 인터넷은 널리 분산되어 있는 학습자들에게 상대적으로 저렴한 비용으로 교수와 정보를 제공할 수 있는 하나의 수단으로 간주되어 왔다. 더 나아가, 많은 경우, 컴퓨터의 쉬운 접근성은 학습자들이 교수나 수행지원이 필요할 때와 장소에서, 종종 그들이 특정 업무과제들을 수행하고 있을 때 해당 교수와 수행지원을 받을 수 있도록 해준다.

고등교육의 경우, 인터넷을 통한 원격교육은 다양한 요인들(예: 일과 가족에 대한 의무, 지리적인 요인) 때문에 원격교육이 아니면 교수를 받지 못할 수도 있는 학생들에게 교수를 저렴하게 제공할 수 있는 방법으로 여겨져 왔다. 더 나아가, 고등교육기관들은 종종 온라인 강좌들을 상당한 부가수입을 올릴 수 있는 원천으로 본다.

보다 더 새로운 매체들이 훨씬 더 많이 사용되고 있는 또 다른 이유는 매체의 증가된 상호작용적인 역량 때문일 수 있다. Moore(1989)는 일반적으로 교수활동에 참여하는 행위자들(agents) 간에 나타나는 세 가지 유형들의 상호작용에 대해 기술했다. 이러한 상호작용들은 학습자와 교수내용 간, 학습자와 교수자 간, 그리고 학습자 자신들 간에 일어난다. 교수매체가 가지고 있는 속성들 때문에, 20세기 초반의 2/3 중 상당 기간 동안 널리 사용되었던 교수매체(예: 유 · 무성 영화와 교수용 텔레비전)는 주로 학습자들이 교수내용과 상호작용할 수 있는 수단으로 사용되었다. 이와는 달리, 이메일, 채팅방, 전자게시판과 같은 속성들을 사용함으로써, 인터넷은 흔히 학습자들이 교수자들과 다른 학습자뿐만 아니라 교수내용과도 상호작용할 수 있는 수단으로 사용되었다. 이것은 보다 더 새로운 몇몇 매체들이 Moore가 기술한 바와 같은 다양한 유형의 상호작용을 증진시키는 것을 얼마나 더 쉽게 해줄 수 있는지를 보여주는 하나의 예다.

아울러, 특히 컴퓨터의 증가된 멀티미디어 역량을 고려해 볼 때, 컴퓨터 테크놀로지에 있어서의 진보는 교육자들이 이전의 학습자들과 교수내용 간의 상호작용의 경우보다 양자 간의 훨씬 더 복잡한 상호작용을 수반하는 학습경험을 설계하는 것을 훨씬 더 쉽게 해주고 있다. 예를 들어, 컴퓨터에 의해 제시될 수 있는 정보의 양과 유형(예; 인쇄물, 비디오, 오디오)이 증가함에 따라, 학습자들에게 제시될 수 있는 피드백의 유형뿐만 아니라 문제들의 유형도 크게 확장되어 왔다. 이러한 증가된 교수적인 역량들은 많은 교육자들의 관심을 끌어 왔다. 더 나아가, 정보를 매우 다양한 형태로 제시할 뿐만 아니라 학습자들이 다양한 콘텐츠에 쉽게 링크할 수 있도록 해주는 능력은 구성주의적 관점을 지닌 교수설계자들의 관심을 끌어 왔다. 학습자들이 그들이 참여하고 있는 활동들과 그들이 사용하는 도구들과 자원들에 관한 상당한 통제권을 갖는 학습환경에서 실재적인(authentic)(즉, "실제세계(real-world)") 문제들을 제시하는 데 특히 관심을 갖고 있는 사람들은 디지털 테크놀로지가 이전의 테크놀로지들보다 훨씬 더 다루기 쉽다는 것을 알게 된다.

마지막으로, 최근에, 개인용 컴퓨터, 모바일기기들, 인터넷과 같은 테크놀로지들이 널리 사용되고 있으며, 소셜 네트워킹[예: 페이스북(Facebook)과 링크드인(Linkedln)] 및 소셜 미디어[예: 블로그(blogs), 위키(wikis), 유튜브(YouTube), 트위터(Twitter)]와 관련된 도구들과 테크놀로지들도 널리 사용되고 있다. 이러한 도구들과 테크놀로지들은 개인들이 정보를 공유하고 새로운 기능과 지식을 습득하기 위해 사용하는 평범한 기기들이 되었다. 이러한 사실에 근거해 볼 때, 교육자들이 이러한 기기들을 교수, 학습, 현장수행(on-the-job performance)을 지원하기 위한 수단으로 활용하는 것은 놀라운 일이 아니다.

교수매체사에 관한 결론

교수매체사를 검토해 봄으로써 배울 수 있는 많은 교훈들 중 가장 중요한 것은 교수실제에 대한 교수매체의 기대효과와 실제효과 간의 비교와 관련되어 있다. Cuban(1986)이 지적한 바와 같이, 지난 세기의 교수매체사를 돌이켜 보면, 기대와 결과가 반복적으로 일어남을 알 수 있다. 새로운 매체가 교육상황에 들어오면, 초기에는 그 매체가 교수실제에 가져올 효과에 대해 많은 관심과 열정을 쏟는다. 그러나 관심과 열정은 종국에는 사라져 버리고 해당 매체가 교수실제에 거의 영향을 미치지 못했음을 알게 된다. 예를 들어, 영화가 교육을 혁신할 것이라는 Edison의 낙관적인 예측은 빗나간 것으로 밝혀졌으며, 1950년대에 나타났던 교수용 텔레비전에 대한 열정은 그것이 학교에서의 교수에 거의 영향을 미치지 않음에 따라 1960년대 중반에는 크게 줄었다. 이러한 두 가지 예들은 교수매체의 활용이 매우 면밀하게 검토된 학교에서의 매체의 활용과 관련이 있다. 그러나 비즈니스나 기업에서의 교수매체 활용에 관한 자료도 이와 비슷한 결과를 보여준다. 즉, 비즈니스와 기업에서의 교수매체 활용에 대한 열정에도 불구하고 최근까지 교수매체는 그러한 환경에서의 교수실제에 거의 영향을 미치지 못했다.

1980년대에 처음으로 행해진, 컴퓨터가 교수를 혁신할 것이라는 예측은 어떠한가? 이전 절에서 언급한 바와 같이, 지난 10여 년 동안 컴퓨터와 관련 테크놀로지들은 교수과정에서 점점 더 큰 역할을 수행해 오고 있지만, 그것들은 아직도 몇몇 사람이 예측했던 교수적인 혁명을 가져오지는 못했다. 그러한 혁명이 종국에는 일어날까? 보다 더 새로운 매체의 증가된 사용에 대해 앞에서 언급한 이유들의 관점에서 볼 때, 저자는 다음 3~5년 이상 동안 컴퓨터, 인터넷, 그리고 다른 디지털 매체들은 교육과 훈련을 완전히 혁신하지는 못하겠지만 그러한 매체들 이전에 사용된 매체들보다 교수실제에 훨씬 더 커다란 변화들을 계속해서 촉발할 것이라 생각한다.

교수설계사

앞서 언급한 바와 같이, IDT 분야는 교수매체와 밀접하게 관련되어 왔을 뿐만 아니라 체계적인 ID 절차의 활용과도 밀접하게 관련되어 왔다. 제2장에서 지적한 바와 같이, 다양한 일련의 체계적인 ID 절차들(혹은 모형들)이 개발되어 왔으며, **체제접근**(systems approach), **교수개발**(instructional development), **교수체제설계**(instructional systems design: ISD), **교수설계**(instructional design)(저자는 이 장의 이하 부분에서 이 용어를 사용함)와 같은 용어들로 일컬어졌다. 비록 절차의 구체적인 조합들이 종종 ID모형들마다 차이가 있지만, 대부분의 모형들은 교수문제의 분석과 그 문제를 해결하기 위한 교수절차와 교수자료의 설계, 개발, 실행, 평가를 포함하고 있다. 이러한 ID 과정은 어디에서 유래하는가? 이 절에서는 이 질문에 답하는 데 초점을 둔다.

교수설계의 기원: 제2차 세계대전

ID 절차의 기원을 더듬어 보면, 제2차 세계대전까지 거슬러 올라간다(Dick, 1987). 제2차 세계대전 동안, 실험연구 수행훈련을 받거나 수행해 본 경험이 있는 많은 심리학자들과 교육학자들은 군인을 위한 연구를 수행하고 군사훈련용 교수자료를 개발하도록 요청받았다. Robert Gagné, Leslie Briggs, John Flanagan을 포함한 많은 사람들이 개발된 군사훈련용 교수자료의 특성에 상당한 영향력을 행사했는데, 그 연구들의 상당부분이 교수, 학습, 인간행동에 관한 연구와 이론을 통해 도출된 교수원리에 기초했다(Baker, 1973; Saettler, 1990).

또한, 심리학자들은 신병들의 기능들(skills)을 평가하고 특별한 훈련프로그램에서 가장 많은 혜택을 받는 사람들을 선정하기 위해 평가와 검사에 관한 자신들의 지식을 사용했다. 예를 들어, 전쟁 중 어느 시점에서 특정 비행훈련 프로그램에서의 실패율이 받아들이기 어려울 정도로 높았다고 하자. 이 문제를 해결하기 위해 심리학자들은 그 프로그램에서 배운 기능을 성공적으로 수행한 신병들의 일반적인 지적, 심리 · 운동적, 지각적인 기능을 검사한 다음, 이러한 특성을 측정할 수 있는 검사를 개발했다. 그런 다음, 이 검사는 그 프로그램을 위한 후보자들을 걸러내기 위해 사용되었으며, 검사에서 낮은 점수를 받은 신병들은 다른 프로그램에 배치되었다. 적격심사장치로서, 이러한 출발점 기능에 대한 검토를 함으로써, 군대는 해당 프로그램을 성공적으로 끝마친 신병들의 비율을 크게 높일 수 있었다(Gagné와 개별 접촉, 1985).

제2차 세계대전이 끝난 직후, 전쟁 중 군사훈련 프로그램을 성공적으로 완수할 책임을 맡았던 많은 심리학자들이 교수문제를 해결하기 위한 연구를 지속적으로 수행했으며, 이를 위해 미국연구협회(American Institute for Research: AIR)와 같은 기관들이 설립되었다. 1940년대 후반에서 1950년대까지 이러한 기관들에서 연구활동을 수행한 심리학자들은 훈련을 체제(systems)로 보기 시작했으며, 이때 많은 혁신적인 분석, 설계, 평가절차들이 개발되었다(Dick, 1987). 예를 들어, 이 기간에 Robert B. Miller는 군인들을 위한 여러 프로젝트들을 수행하면서 상세한 과제분석방법론을 개발했다(Miller, 1953, 1962). 그의 연구와 ID 분야에서 초창기 다른 선구자들의 연구물들이 Gagné(1962b)가 편집한 『체제개발에서의 심리학적 원리들(Psychological Principles in System Development)』이라는 책에 집대성되었다.

초창기의 발달상: 프로그램 교수운동

1950년대 중반부터 1960년대 중반까지 행해진 프로그램 교수운동(programmed instruction movement)은 체제접근(systems approach)이 발달하는 데 또 하나의 중요한 요인이 되었다. 1954년, B. F. Skinner의 논문 『학습의 과학과 수업의 예술(The Science of Learning and the Art of Teaching)』은 교육분야에서의 작은 변혁이라 불릴 정도로 반향을 일으켰다. 이 논문과 후기논문들(예: Skinner, 1958)에서 Skinner는 인간학습을 증진시키기 위한 제반 요건들과 효과적인 교수자료의 바람직한 특성들에 관한 자신의 생각을 기술했다. Skinner는 프로그램 교수자료(programmed instructional materials)라 불리는 교수자료들은 교수를 작은 단계(small step)로 제시해야 하며, 빈번한 질문에 대한 적극적인 반응을 촉구하고, 즉각적인 피드백을 제공하며, 학습자가 자기진도(self-pacing)에 맞추어 학습해 나갈 수 있도록 해주어야 한다고 주장했다. 나아가, 각 단계는 작기 때문에 학습자들은 모든 질문에 올바르게 답할 수 있을 것이며, 따라서 그들이 받는 피드백에 의해 긍정적으로 강화될 것으로 여겼다.

Skinner와 다른 연구자들(Lumsdaine & Glaser, 1960 참고)이 프로그램 교수를 개발하기 위해 기술한 과정이 교육적 문제들을 해결하기 위한 경험적인 접근법의 본보기가 되었다. 즉, 교수자료의 효과성에 관한 자료가 수집되고, 교수의 약점이 확인되며, 이에 기초하여 해당 교수자료가 수정되었다. 현재 형성평가(formative evaluation)라고 불리는, 이러한 시행과 수정과정과 더불어, 프로그램 교수자료를 개발하기 위한 과정은 오늘날의 ID모형에서 발견되는 단계들 중 많은 것을 포함했다. 이에 대해 Heinich(1970)는 다음과 같이 언급했다.

> 프로그램 교수는 체제접근을 교육에 도입함과 동시에 몇 가지 아이디어들을 차용했다. 교육내용을 구체적인 행동적 교수목표로 분석하고 나누며, 교수목표를 달성하기 위해 필요한 단계를 고안하고, 단계를 시행하고 수정하기 위한 절차를 설정하며, 프로그램을 교수목표의 달성도와 대비하여 평가해 봄으로써, 프로그램 교수는 작지만 효과적인 자체 교수체제(self-instructional system), 즉 교수공학을 형성할 수 있었다. (p.123)

행동적 교수목표의 번창

이미 언급한 바와 같이, 프로그램 교수자료 설계는 흔히 해당 교수자료를 사용하는 학습자가 성취할 것으로 기대되는 구체적인 교수목표를 확인하는 것으로부터 시작되었다. 1960년대 초, 교육자들이 교수목표를 진술하는 방법을 배울 필요가 있음을 인식한 Robert Mager는 『프로그램 교수를 위한 교수목표 준비하기(Preparing Objectives for Programmed Instruction)』(1962)라는 책을 썼다. 작고, 유머가 있으며, 프로그램화된 이 책[현재 2판(Mager, 1984)이 출간되었음[4]]은 매우 인기가 있었으며, 1,500만 권 이상이나 팔렸다. 이 책은 바람

4) [역주] 이 장의 저자 Reiser는 현재 2판이 출간되었다고 했으나, 이미 'Preparing instructional objectives: A critical tool in the development of effective instruction' 이라는 제목으로 전면 개정된 제3판이 1997년에 출간되었음.

직한 학습행동, 그 행동이 수행될 조건, 그 행동이 판단될 기준(준거)에 관한 기술을 포함한, 교수목표 진술방법에 관하여 기술하고 있다. ID 과정에 관한 많은 오늘날의 지지자들도 이 세 가지 요소들을 포함하고 있는 교수목표를 준비해야 한다고 주장하고 있다.

비록 Mager가 교수목표의 사용을 널리 보급시켰지만, 그 개념은 적어도 1900년대 초반부터 이미 교육자들에 의해 논의되었고 사용되었던 것이다. 명료하게 진술된 교수목표를 사용해야 한다고 주창한 초창기 옹호자로는 Bobbitt, Charters, Burk 등을 들 수 있다(Gagné, 1965a). 그러나 흔히 Ralph Tyler가 행동적 교수목표운동의 아버지로 간주된다. 1934년에, Tyler는 "개별 교수목표는 그 강좌를 개발하는 데 도움이 되는 행동의 종류를 명료화해 주는 용어로 정의되어야 한다"고 주장했다(Walbesser & Eisenberg, 1972에서 재인용). Tyler가 이끈 유명한 8년 연구(Eight-Year Study) 동안, 학교들이 교수목표를 구체화했던 예들을 검토해 본 결과, 일반적으로 교수목표들이 아주 불명료하게 진술되어 있는 것으로 나타났다. 그러나 그 프로젝트를 끝마칠 즈음, 교수목표를 행동적인 용어로 진술함으로써 교수목표를 보다 명료화할 수 있으며, 이 교수목표는 또한 교수의 효과성을 평가하기 위한 기초로 사용될 수 있음이 밝혀졌다(Borich, 1980; Tyler, 1975a).

1950년대, 행동적 교수목표는 Bloom과 그의 동료들이 『교육목표분류학(Taxonomy of Educational Objectives)』(1956)을 출간했을 때 또 한 번 활력을 얻었다. 저자들은 인지적인 영역 내에 다양한 유형의 학습결과들이 있으며, 교수목표는 그 속에 기술된 학습자의 행동유형에 따라 분류될 수 있고, 다양한 유형의 산출물들 간에는 위계적인 관계가 있다고 주장했다. 또한 그들은 검사는 이러한 다양한 유형의 산출물들 각각을 측정할 수 있도록 설계되어야 한다고 주장했다. 이 장의 다음 두 절에서 알 수 있는 바와 같이, 다른 교육자들에 의해 기술된 비슷한 개념들이 체계적 ID에 중요한 시사점을 주었다.

준거지향검사 운동

1960년대 초, ID 과정의 발달에 크게 영향을 미친 또 하나의 중요한 요인으로는 준거지향검사(criterion-referenced tests)의 출현을 들 수 있다. 그 당시까지, 규준지향검사(norm-referenced tests)라 불리는 대부분의 검사는 몇몇 학습자들은 검사에서 높은 성취도를 보이고, 그 외 학습자들은 낮은 성취도를 보이도록 학습자들의 수행을 분산시키기 위해 설계되었다. 이와는 달리, 준거지향검사는 다른 학습자들이 얼마나 잘 수행했는지에 상관없이 개별 학습자가 특정 행동 혹은 일련의 행동들을 얼마나 잘 수행할 수 있는지를 측정하기 위해 설계되었다. 1932년 초, Tyler는 검사는 후자의 경우와 같은 목적을 위해 사용될 수 있다고 주장했다(Dale, 1967). 그 후, Flanagan(1951)과 Ebel(1962)은 이 준거지향검사와 보다 익숙한 규준지향검사 간의 차이를 논의했다. 그러나 준거지향측정(criterion-referenced measures)이라는 용어를 처음으로 사용한 사람은 Robert Glaser(1963; Glaser & Klaus, 1962)였다. 준거지향측정에 관한 논의과정에서, Glaser(1963)는 이 준거지향측정은 학습자의 출발점 행동을 평가하고 학습자들이 교수 프로그램이 가르치기 위해 개발한 행동들을 얼마나 달성했는가의 정도를 결정하기 위해 사용될 수 있다고 역설했다. 이러한 두 가지 목적을 위해 준거지향검사를 사용하는 것이 ID 과정의 핵심 특성들 중 하나다.

Robert M. Gagné: 학습영역, 교수사태, 위계적 분석

교수설계사에서 또 하나의 중요한 의미를 갖는 사건으로는 Robert Gagné(1965b)가 1965년에 첫 출판한 『학습의 조건(The Conditions of Learning)』(1956)이라는 책의 출간을 들 수 있다. 그 책에서, Gagné는 학습을 증진시키기 위해 다른 조건들을 필요로 하는 학습산출물(learning outcomes)의 다섯 가지 영역들 혹은 유형들, 즉 언어정보, 지적 기능, 심리운동적 기능, 태도, 인지전략에 관해 기술했다. 또한 Gagné는 어떤 교수사태들(instructional events)가 어떤 유형의 학습결과에 특히 결정적인지 기술했으며, 특정 교수사태가 배제되어야 할 상황에 대해 논의했다. 제4판(Gagné, 1985)에서, Gagné의 다양한 유형의 학습산출물과 교수사태에 관한 기술은 여전히 ID 실제의 초석으로서 유지되고 있다.

학습위계와 위계적 분석분야에 관한 Gagné의 연구 또한 ID 분야에 상당한 영향을 끼쳤다. 1960년대 초반과 그의 생애 후반부(예: Gagné, 1962a, 1985; Gagné, Briggs, & Wager, 1992; Gagné & Medsker, 1996)에, Gagné는 지적 기능 영역 내에 있는 기능은 서로 위계적인 관계를 가지고 있기 때문에 상위기능을 수행하기 위한 기능을 쉽게 학습하기 위해서는 먼저 하위기능을 완전히 숙달해야 한다고 주장했다. 이 개념은 교수는 학습자들이 상위기능을 학습하려고 시도하기 전에 하위기능을 습득했는지를 확인할 수 있도록 설계되어야 한다는 중요한 아이디어를 도출했다. Gagné는 계속해서 하위기능을 확인하기 위한 위계적 분석과정(hierarchical analysis process)[또는 학습과제분석(learning task analysis) 혹은 교수과제분석(instructional task analysis)이라 일컬어짐]에 관하여 기술했다. 이 과정은 많은 ID모형들에서 핵심 특성으로 유지되고 있다.

스푸트니크: 형성평가의 간접적인 발사

소련이 인공위성 스푸트니크(Sputnik)를 발사한 1957년, ID 과정에 주요한 영향을 미친 일련의 사건들이 일어났다. 스푸트니크 발사로 소련의 노력이 성공한 것에 충격을 받은 미국 정부는 수학과 과학교육을 증진시키기 위해 수백억 달러를 쏟아 부었다. 이 기금으로 개발된 교수자료들은 일반적으로 교과전문가들에 의해 쓰였으며, 학습자들을 상대로 시험도 해보지 않은 채 생산되었다. 여러 해가 지난 후, 이러한 교수자료들 중 상당수가 거의 효과가 없다는 것을 알게 된 1960년대 중반, Michael Scriven(1967)은 교수자료가 최종형태로 나오기 전에 교수자료의 초안을 학습자들에게 시연해 볼 필요가 있다고 지적했다. 이 과정을 통해 교육자들은 교수자료를 검토해 볼 수 있으며, 필요한 경우 교수자료들이 아직 형성단계에 있을 때 그것들을 수정할 수 있다. Scriven은 이 시연과 수정의 과정을 형성평가(formative evaluation)라고 명명했으며, 이 용어를 교수자료가 최종형태로 도출된 후에 검사하는 총합평가(summative evaluation)라는 용어와 대비시켰다.

형성평가와 총합평가라는 용어는 Scriven이 처음으로 명명했지만, 이 두 가지 접근법들 간의 차이는 이미 Cronbach(1963)가 논한 것이었다. 더 나아가, 1940~1950년대에 Arthur Lumsdaine, Mark May, C. R. Carpenter와 같은 많은 교육자들이 여전히 형성적인 단계에 있는 교수자료들을 평가하기 위한 절차들에 관해 기술했다(Cambre, 1981). 그러나 이 교육자들의 저술에도 불구하고 1940~1950년대에 개발된 교수자료들 중 극소수만이 형성평가를 거쳤다. 이러한 상황은 1950년대 후반부터 1960년대에 다소 바뀌었는데, 이는 이 기간에 개발된 프로그램 교수자료들 중 상당수가 개발과정에서 검증을 받았기 때문이다. 그러나 Susan Markle(1967)과 같은 저자들은 검증과정에서 엄격성이 결여되었다고 비난했다. 이 문제를 해결하기 위해, Markle은 설계과정 동안과 후에 교수자료를 평가하기 위한 구체적인 절차들을 제시했는데, 이 절차들은 오늘날 일반적으로 권장되는 형성평가 및 총합평가와 매우 흡사하다.

초창기 교수설계모형들

1960년대 초와 중반에, 과제분석, 교수목표 구체화, 준거지향검사와 같은 분야에서 개발된 개념들은 교수자료들을 체계적으로 설계하기 위한 과정 혹은 모형을 형성하기 위해 함께 연계되었다. 이러한 모형에 관해 기술한 초창기의 연구자들로는 Gagné(1962b), Glaser(1962, 1965), Silvern(1964)을 들 수 있다. 이 연구자들은 자신들이 고안한 모형을 기술하기 위해 "체제개발(system development)", "체계적 교수(systematic instruction)", "교수설계(instructional design)", "교수체제(instructional system)"와 같은 용어들을 사용했다. 이 시기에 고안되어 사용된 다른 ID모형들으로는 Banathy(1968), Barson(1967), Hamerus(1968)가 기술한 모형들이 있다.

1970년대: 체제접근에 대한 관심 태동

1970년대 동안, ID모형의 수가 급증했다. 많은 연구자들이 선행연구자들의 연구에 기초하여 교수를 체계적으로 설계하기 위한 새로운 모형들을 만들었으며(예: Dick & Carey, 1978; Gagné & Briggs, 1974; Gerlach & Ely, 1971; Kemp, 1971), 그러한 모형들 중 몇 가지는 ID

분야에서 "표준(standards)"이 되었다. 실제로, 이러한 모형들 중 최소한 2개의 업데이트된 버전들(Dick, Carey, & Carey, 2009; Morrison, Ross, Kemp, R. Kalman, 2010)은 여전히 ID를 공부하고 있는 대학원생들에게 빈번하게 지도되고 있다.

1970년대 동안, ID 과정에 대한 관심이 다양한 부문에서 왕성하게 일어났다. 1975년에, 몇몇 미군지국(branches)에서 지국 내 훈련용 교수자료를 개발할 목적으로 ID모형(Branson et al., 1975)을 채택 · 사용했다. 학계에서는 1970년대 초반에 교수자들이 교수의 질을 증진시키기 위해 교수매체와 ID 절차들을 사용할 수 있도록 도와주기 위한 교수증진센터(instructional improvement centers)를 만들었다(Gaff, 1975; Gustafson & Bratton, 1984). 더 나아가, ID에 관한 많은 대학원 프로그램들이 생겨났다(Partridge & Tennyson, 1979; Redfield & Dick, 1984; Silber, 1982). 비즈니스와 기업에서는 훈련의 질을 증진시키기 위해서 ID를 사용하는 것이 가치 있다고 본 많은 기관들이 그러한 체계적인 ID 절차들을 채택 · 활용하기 시작했다(Mager, 1977; Miles, 1983 참고). 국제적으로는 한국, 리베리아, 인도네시아와 같은 많은 나라들이 자국에서의 교수문제를 해결하기 위해 ID를 사용하는 것이 효과적임을 알았다(Chadwick, 1986; Morgan, 1989). 이 국가들은 새로운 교수 프로그램의 설계를 지원했으며, ID의 활용을 지원하기 위한 기관들을 만들고, 이 ID 분야에서 훈련받기를 원하는 개인들을 지원해 주었다. 이러한 발달 중 상당수가 1970년대 처음 출판된 학술지인 *Journal of Instructional Development*에 연대기적으로 기술되어 있다.

1980년대: 성장과 방향 재설정

많은 부문에서, 1970년대에 태동된 ID에 관한 관심이 1980년대에도 지속되었다. ID 과정에서의 관심은 비즈니스와 기업(Bowsher, 1989; Galagan, 1989), 군대(Chevalier, 1990; Finch, 1987; McCombs, 1986), 국제분야(Ely & Plomp, 1986; Morgan, 1989)에서 강력하게 유지되었다.

앞서 언급한 부문들에서의 영향력과는 대조적으로, 1980년대에 ID는 다른 분야에는 크게 영향을 미치지 못했다. 공립학교의 경우, 몇몇 교육과정을 개발하기 위해 기본적인 ID 과정들을 사용했으며(예: Spady, 1988), 교사들을 위한 ID에 관한 교재들이 몇 가지 제작되었다(예: Dick & Reiser, 1989; Gerlach & Ely, 1980; Sullivan & Higgins, 1983). 그러나 이러한 노력에도 불구하고, ID는 공립학교의 교수에 거의 영향을 미치지 않았다(Branson & Grow, 1987; Burkman, 1987b; Rossett & Garbosky, 1987). 동일한 맥락에서, 몇 가지 예외들을 제외하고(예: Diamond, 1989), ID 실제는 고등교육에 거의 영향을 미치지 않았다. 고등교육에서 교수증진센터의 수가 1970년대 중반부터 증가했지만, 1983년경 이 센터들 중 1/4 이상이 해체되었으며, 남아 있는 센터들의 예산도 전반적으로 감축되었다(Gustafson & Bratton,

1984). Burkman(1987a, 1987b)은 공립학교와 대학에서의 ID 노력이 성공적이지 못했던 이유에 대한 통찰력 있는 분석을 제공하고, 이러한 조건을 비즈니스와 기업에의 보다 바람직한 조건과 대비했다.

1980년대 동안, 인지심리학의 원리가 ID 과정에 어떻게 적용될 수 있는지에 관한 관심이 고조되었으며, 많은 출판물들이 그 원리의 응용에 관해 기술했다(예: Bonner, 1988; Divesta & Rieber, 1987; R. M. Gagné의 인터뷰, 1982; Low, 1980). 그러나 이 분야의 몇몇 선도적인 인물들은 1980년대에 인지심리학이 ID 실제에 미친 실제적인 효과는 매우 적었다고 주장했다(Dick, 1987; Gustafson, 1993).

1980년대에 ID 실제에 주요한 영향을 미친 한 가지 요인으로 개인용 컴퓨터를 교수목적으로 사용하고자 하는 데 대한 관심의 고조를 들 수 있다. 개인용 컴퓨터가 도래하면서, ID 분야에 종사하는 많은 전문가들은 컴퓨터기반 교수(computer-based instruction)를 생산하는 데 관심을 쏟기 시작했다(Dick, 1987; Shrock, 1995). 다른 사람들은 컴퓨터의 상호작용적인 능력을 수용하기 위한 새로운 ID모형 개발의 필요성을 역설했다(Merrill, Li, & Jones, 1990a, 1990b). 더 나아가, 컴퓨터는 몇몇 ID 과제를 자동화하는 도구로 사용되기 시작했다(Merrill & Li, 1989).

1990년대: 수행의 중요성 부각

1990년대 시작부터 21세기에 이르기까지, ID 분야에 지대한 영향을 끼쳐 온 경향들 중 하나는 인간수행증진운동(본서의 4부 참조)이다. (학습보다는) 현장수행(on-the-job performance), 생산성(business results), 수행문제들에 대한 비교수적(non-instructional) 해결책을 강조하는 이 운동은 ID 분야의 범위를 확장시켜 왔다.

1990년대 동안, ID 분야에 지대한 영향을 미치기 시작했던 또 다른 요인으로는 교수와 학습에 관한 구성주의적 관점에 관한 관심의 고조를 들 수 있다. 예를 들어, '실재적인(authentic)' 학습과제들, 즉 학습자들이 자신들이 학습하고 있는 기능들을 사용할 수 있는 실제세계 환경의 복잡성을 반영하고 있는 과제들을 설계하는 것을 강조하는 구성주의적 관점은 ID가 어떻게 실행되고 지도되어야 하는지에 영향을 미쳐 왔다.

1990년대 동안, 교수설계자들은 또한 컴퓨터를 학습을 증진시키기 위한 교수도구로서뿐만 아니라 현장수행을 증진시키기 위한 보조물로 사용하는 데 관심을 갖기 시작했다. 특히 현장수행을 지원하기 위한 전자수행 지원도구들과 시스템들의 사용에 대한 관심이 고조되기 시작한 것은 바로 이 10여 년 동안이었다. 아울러, 이 10여 년 동안, 교수설계자들은 학습과 수행을 지원하기 위한 컴퓨터기반 지식관리시스템의 사용에 관해 논의하기 시작했다(즉, Schwen, Kalman, Hara & Kisling, 1998).

21세기 속으로: 이러닝과 비형식 학습

21세기 초반의 10여 년 동안, 몇 가지 발전들이 ID 분야에 상당한 영향을 끼쳐 왔다. 그러한 발전들 중 하나는 학습자들에게 교수를 제시하기 위한 수단으로서의 인터넷의 사용이 증가하고 있다는 것이다. 이전 절에서 언급한 바와 같이, 이 10여 년 동안, 비즈니스와 기업, 군대뿐만 아니라 K-12와 고등교육에서의 온라인 학습이 상당히 증가해 왔다. 이러한 성장과 더불어, 교수설계자들은 온라인 강좌를 개발하는 데 있어 핵심적인 역할을 수행하게 되었다. 이것은 ID 분야에 있는 사람들에게 새로운 일자리를 구할 수 있는 기회들을 열어 주었으며, 또한 ID 전문가들이 교수를 온라인으로 전달하기 위한 흥미롭고 효과적인 수단들을 밝혀내고자 노력함에 따라 새로운 도전들이 나타나고 있다.

ID 분야에 커다란 영향을 미쳐 왔던 또 다른 최근의 발전은, 형식적인 훈련(formal training)에 대비되는 것으로서, 일터에서 학습과 수행을 증진시키기 위한 수단으로서 비형식적인 방법들에 대한 신뢰가 높아지고 있다는 것이다. 예를 들어, 2008년에 비즈니스와 기업종사자들 중 75%가 자신들의 업무를 학습하고 수행하는 데 도움을 주는 지식기반(knowledge bases)을 사용했다고 보고했으며, 74%는 수행지원도구들을 사용하고 있고, 67%는 온라인 실천공동체(online communities of practice)를 사용하고 있다고 보고했다(American Society for Training and Development, 2009). 더 나아가, 앞에서 논의한 바와 같이, 지식과 기능을 공유하기 위한 소셜 미디어의 사용의 증가는 학습과 수행을 증진시키기 위한 비형식적인 방법들을 급격하게 사용하는 데 있어 신뢰를 증진시키는 또 다른 예라 하겠다. 이러한 비형식적인 메커니즘을 사용하는 데 관심이 고조됨에 따라, 많은 교수설계자들은 지식과 기능을 습득하기 위한 이러한 대안적인 수단들을 설계하고, 실행하며, 지원하는 방법을 학습해야 할 것이다.

결론

비록 이 장에서는 교수매체사와 교수설계사를 별도로 나누어 설명했지만, 이들 두 분야들 간에는 분명히 서로 겹치는 부분이 있다. ID 과정의 활용을 통해 도출된 많은 교수해결책은 이 장의 초반부에서 논의된 교수매체를 활용해야 한다. 더 나아가, 많은 사람들(예: Clark, 1994, 2001; Kozma, 1994; Morrison, 1994; Reiser, 1994; Shrock, 1994)은 교수목적을 위해 매체를 효과적으로 활용하기 위해서는 ID모형에 의해 처방된 계획과 같은 주의 깊은 교수계획을 필요로 한다고 주장한다. IDT 분야에서, 교수매체사와 교수설계사를 통해 배운 교훈의 영향을 받아 연구를 수행하고 있는 사람들은 이 분야에서 미래 발전에 긍정적인 영향을 끼칠 수 있는 위치를 점할 수 있을 것이다.

핵심 원리 요약

1. 1900년대 대부분 동안, 각각의 새로운 매체(즉, 유성/무성영화, 라디오, 텔레비전)가 교육계에 도입됨에 따라, 그 매체가 교수실제를 바꿀 것이라는 정도에 관한 상당한 낙천적인 시각들이 있었다. 그러나 기대와는 달리, 앞에서 언급한 매체들 중 어떤 것도 낙천주의자들이 예측했던 효과를 거의 거두지 못했다.
2. 왜 각각의 매체가 실제로 극히 적은 정도의 효과만을 보였는지에 관한 가능성 있는 이유들은 상당히 많다. 빈번하게 인용되는 이유들로는 변화, 특히 하향식 변화에 대한 교사의 저항, 필요한 매체 하드웨어(media hardware)를 구입하고 관리하는 것과 관련된 비용, 매체 소프트웨어(media software)의 빈약한 교수의 질(instructional quality), 그리고 교사들에게 새로운 매체를 교수실제에 통합하는 방법에 관한 적절한 지도를 제공하지 못한 것을 들 수 있다.
3. 최근에, 컴퓨터와 관련 테크놀로지들은 이전에 사용된 다양한 매체들보다 교수실제와 학습에 훨씬 더 커다란 영향을 미쳐 왔다. 이들 매체들의 상호작용적인 역량, 정보와 교수를 매우 다양한 형태로 제시할 수 있는 능력, 그리고 학습자들이 이러한 매체들을 통해 자신들이 소유한 지식과 기능을 만들고 공유하는 데 있어서의 용이성은 이러한 매체들이 교수와 학습에 훨씬 더 커다란 영향을 미쳐 왔던 주요한 이유들 중 몇 가지라 하겠다.
4. 1960년대와 1970년대에 구축되었으며, 오늘날에도 여전히 인기 있는 ID모형의 대부분은 1940년대에서 1960년대 동안 교육과 훈련에서의 발전에까지 거슬러 올라갈 수 있다. 제2차 세계대전 동안의 군대훈련에서의 진보, 프로그램 교수운동으로부터 도출된 새로운 방향들, 그리고 행동주의적 교수목표, 준거지향검사, 학습위계, 형성평가와 관련한 새로운 아이디어들은 종종 이러한 모형들 속의 다양한 단계들에 반영되어 있다.
5. 1980년대와 1990년대에, 많은 ID모형들과 실제들은 인지심리학과 구성주의와 연계된 교수와 학습에 관한 새로운 견해들에서 도출된 원리들로부터 영향을 받았다. 더 나아가, 이 기간 동안 수행증진운동은 많은 교수설계자들이 긍정적으로 영향을 미치고 있는 현장수행의 중요성을 생각하고 교수를 행하는 교수적일 뿐만 아니라 비교수적인 수단들도 확인하도록 유도했다.
6. 21세기 초기 10여 년 동안, 이러닝에서의 관심의 고조는 교수설계자들에게 새로운 기회들을 열어주었다. 동시에, 지식과 기능을 습득하는 비형식적인 방법들의 급격한 활용은 많은 교수설계자들로 하여금 비형식적인 학습기회들을 설계하고, 실행하며, 지원하는 방법을 학습하도록 할 것이다.

응용 문제

1. 이전 학년도 동안, 지방중학교 7학년을 지도하는 네 개 교과영역 교사들(수학, 국어, 사회, 과학)에게 할당된 모든 학생들에게 노트북 컴퓨터가 주어졌으며, 1년 동안 집과 학교에서 무선인터넷에 접속할 수 있는 접속권이 제공되었다. 학생들은 매일 저녁 집에 노트북 컴퓨터를 가져갔으며,

그것들을 매일 수업시간에 가지고 왔다. 교사들 또한 1년 동안 노트북 컴퓨터와 연중 내내 무선인터넷 접속이 가능한 접속권이 제공되었다. 아울러, 교사들이 학년도 동안 일상적으로 사용했던 모든 교육과정 자료들(교과서, 연습장, 학생용 학습지침서, 교사용 교육과정 지침서 등)이 노트북 컴퓨터에 설치되었다.

여러분이 위에서 기술한 프로젝트의 평가자들 중 한 명으로 할당되었으며, 1년 동안 이러한 혁신(교사와 학생들에게 노트북 컴퓨터, 교육과정 자료들, 무선인터넷 서비스에 24시간 일주일 내내 접속할 수 있도록 제공됨)이 프로젝트에 참여하는 네 명의 교사들의 교실에서 교수가 제공되는 방식을 어떻게 바꾸었는지를 조사했다고 가정해 보라. 더 나아가, 여러분의 연구결과가 그 혁신이 교수가 교사들의 교실에서 제시되는 방식에 매우 조금밖에 효과가 없었다고 가정해 보라. 이제, 다음과 같은 것을 해보라.

a. 위에서 기술한 프로젝트가 교사들에 의해서 적용된 교수실제에 매우 조금밖에 효과를 내지 못한 최소한 세 가지의 가능한 이유들(요인들)을 기술하라. 여러분이 밝혀 낸 요인들 각각은 이전의 교수매체 유형들(즉, 유성/무성영화, 라디오, 텔레비전)이 교수실제에 매우 제한적인 효과만을 나타낸 이유들에 관해 이 장에서 언급한 요인들과 관련되어야 한다.

b. 이 프로젝트가 교수실제에 최소한의 효과를 갖도록 하는 데 기여했다고 생각하는 요인들을 완화하는 데 도움을 주기 위해 사용해 볼 수 있을 것이라 생각하는 최소한 두 가지의 전략들을 기술하라.

2. 축하합니다. 여러분의 ID 컨설팅회사가 방금 미국전역의 6학년 학생들에게 분수를 곱셈하는 방법을 가르칠 인쇄기반 교수단원을 설계하게 되는 계약을 할 수 있는 최종계약회사들 중 하나로 선정되었습니다. 이제, 계약하기 위해서, 계약담당부서는 여러분에게 여러분의 회사가 이 과제를 수행하는 데 적합한 이유를 기술한 메모를 준비하도록 요구했다. 그러나 아래에서 볼 수 있는 메모처럼, 이 메모는 여러분의 일상적인 메모가 아니다!

계약담당부서의 계약담당부서장은 이 계약은 교수설계사(史)를 이해하고 있고 그 역사를 통해 얻은 아이디어들을 현재의 ID 과제들에 적용할 수 있는 사람에게 보상을 해주어야 한다고 생각한다. 그래서 그는 최종계약회사들 각각에게 아래에 열거된 여섯 개의 역사적인 기간들 중 네 개를 선정한 후 그 기간의 역사를 통해 얻은 ID원리가 분수에 관한 교수단원의 설계나 프레젠테이션에서 어떻게 사용될 수 있는지를 간략히 기술한 250~300단어로 된 메모를 자신에게 보내도록 요청했다. 메모를 작성하라! 역사적인 기간은 다음과 같다.

- 제2차 세계대전
- 프로그램 교수 운동
- 행동적 교수목표 운동
- 준거지향검사운동
- Robert M. Gagné의 초기연구
- 형성평가운동

저자 정보

Robert A. Reiser는 플로리다주립대학교의 석좌교수(Distinguished Teaching Professor), Robert M. Morgan 교수체제교수(Robert M. Mogan Professor of Instructional System), 그리고 사범대학(College of Education)의 연구부학장(Associate Dean for Research)이다.

참고 문헌

Allen, E. I., & Seaman, J.(2010). *Learning on demand: Online education in the United States, 2009.* Boston, MA: Babson Survey Research Group.

American Society for Training & Development.(2004). *2004 State of the Industry Report.* Alexandria, VA: Author.

American Society for Training & Development.(2009). *2009 State of the Industry Report.* Alexandria, VA: Author.

Anderson, C.(1962). Technology in American education: 1650-1900(Report No. OE-34018). Washington, DC: Office of Education, U. S. Department of Health, Education, and Welfare.

Anderson, R. E., & Ronnkvist, A.(1999). *The presence of computers in American schools: Teaching, learning and computing: 1998 national survey*(Report #2). Irvine, CA: Center for Research on Information Technology and Organizations.(ERIC Document Reproduction Service No. ED 430 548)

Andrews, D. H., & Goodson, L. A.(1980). A comparative analysis of models instructional design. *Journal of Instructional Development,* 3(4), 2-16.

Atkinson, R. C., & Hansen, D. N.(1966). Computer-assisted instruction in initial reading: The Stanford project. *Reading Research Quarterly, 2,* 5-25.

Babson(2010). *Sociable Professors.* Retrieved November 24, 2010, from http://www3.babson.edu/Newsroom/Releases/socialmediafaculty.cfm

Baker, E. L.(1973). The technology of instructional development. In R. M. W. Travers(Ed.), *Second handbook of research on teaching.* Chicago: Rand McNally.

Banathy, B. H.(1968). *Instructional systems.* Belmont, CA: Fearon.

Barson, J.(1967). *Instructional systems development. A demonstration and evaluation project: Final report.* East Lansing, MI: Michigan State University.(ERIC Document Reproduction Service No. ED 020 673)

Becker, H. J.(1998). Running to catch a moving train: Schools and information technologies. *Theory into Practice, 37*(1), 20-30.

Berlo, D. K.(1963). "You are in the people business." *Audiovisual Instruction, 8,* 372-381.

Blakely, R. J.(1979). To *serve the public interest: Educational broadcasting in the United States.* Syracuse, NY: Syracuse University Press.

Bloom, B. S., Engelhart, M. D., Furst, E. J., Hill, W. H., & Krathwohl, D. R.(1956). *Taxonomy of educational objectives: The classification of educational goals. Handbook 1: Cognitive domain.* New York: David McKay.

Bonner, J.(1986). Implications of cognitive theory for instructional design. *Educational Communi-*

cation Health, Education, and Welfare. and Technology Journal, 36, 3-14.

Borich, G. D.(1980). *A state of the art assessment of educational evaluation.* Austin, TX: University of Texas.(ERIC Document Reproduction Service No. ED 187 717)

Bowsher, J. E.(1989). *Educating America: Lessons learned in the nation's corporations.* New York: Wiley.

Branson, R. K., & Grow, G.(1987). Instructional systems development. In R. M. Gagné(Ed.), *Instructional Technology: Foundations*(pp. 397-428). Hillsdale, NJ: Lawrence Erlbaum.

Branson, R. K., Rayner, G. I., Cox, J. L., Furman, J. P., King, F. J., & Hannum, W. H.(1975). *Inter-service procedures for instructional systems development.* Fort Monroe, VA: U.S. Army Training and Doctrine Command.

Burkman, E.(1987a). Factors affecting utilization. In R M. Gagné(Ed.), *Instructional technology: Foundations*(pp. 429-456). Hillsdale, NJ: Lawrence Erlbaum.

Burkman, E.(1987b). Prospects for instructional systems design in the public schools. *Journal of Instructional Development, 10*(4), 27-32.

Camacho, J.(2009). Next generation JKO. *Military Training Technology, 14*(5). Retrieved November 24, 2010, from http://www.military-training-technology.com/mt2-home/197-mt2-2009-volume-14- issue-5-/1925- next-generation-jko.html

Cambre, M. A.(1981). Historical overview of formative evaluation of instructional media products. *Educational Communication and Technology Journal, 29,* 3-25.

Carnegie Commission on Educational Television(1967). *Public television: A program for action.* New York: Harper & Row.

Center for Social Organization of Schools(1983). *School uses of microcomputers: Reports from a national survey*(Issue No.1). Baltimore, MD: Johns Hopkins University, Center for Social Organization of Schools.

Chadwick, C. B.(1986). Instructional technology research in Latin America. *Educational Communication and Technology Journal, 34,* 247-254.

Chevalier, R. D.(1990). Improving efficiency and effectiveness of training: A six year case study of systematic change. *Performance and Instruction, 29*(5), 21-23.

Chu, G. C., & Schramm, W.(1975). *Learning from television: What the research says*(Rev. ed.). Washington, DC: National Association of Educational Broadcasters.

Clark, R. E.(1994). Media will never influence learning. *Educational Technology Research and Development, 42*(2), 21-29.

Clark, R. E.(2001). What is next in the media and methods debate? In R. E. Clark(Ed.), *Learning from media.* Greenwich, CT: Information Age.

Commission on Instructional Technology(1970). *To improve learning: An evaluation of instructional technology*(Vol. 1). New York: Bowker.

Cronbach, L. J.(1963). Course Improvement through evaluation. *Teachers College Record, 64,* 672-683.

Cuban, L.(1986). *Teachers and machines: The classroom use of technology since 1920.* New York: Teachers College Press.

Dale, E.(1946). *Audio-visual methods in teaching.* New York: Holt, Rinehart & Winston.

Dale, E.(1953), What does it mean to communicate? *AV Communication Review, 1,* 3-5.

Dale, E.(1967). Historical setting of programmed instruction. In P. C. Lange(Ed.), *Programmed instruction: The sixty-sixth yearbook of the National Society for the Study of Education, Part 11.* Chicago: University of Chicago Press.

Diamond, R. M.(1989). *Designing and improving courses and curricula in higher education: A systematic approach*. San Francisco: Jossey-Bass.

Dick, W.(1987). A history of instructional design and its impact on educational psychology. In J. Glover & R. Roning(Eds.), *Historical foundations of educational psychology*. New York: Plenum.

Dick, W., & Carey, L.(1978). *The systematic design of instruction*. Glenview, IL: Scott, Foresman.

Dick, W., Carey, L., & Carey, J. O.(2009). *The systematic design of instruction*(7th ed.). Upper Saddle River, NJ: Pearson Education.

Dick W., & Reiser, R. A.(1989). *Planning effective instruction*. Englewood Cliffs, NJ: Prentice Hall.

Divesta, F. J., & Rieber, L. P.(1987). Characteristics of cognitive engineering: The next generation of instructional systems. *Educational Communication and Technology Journal, 35*, 213-230.

Ebel, R. L.(1962). Content standard test scores. *Educational and Psychological Measurement, 22*, 15-25.

Ely, D. P.(Ed.).(1963). The changing role of the audiovisual process in education: A definition and glossary of related terms [Special issue]. *AV Communication Review, 11*(1).

Ely, D. P.(1970). Toward a philosophy of instructional technology. *British Journal of Educational Technology, 1*(2), 81-94.

Ely, D. P., & Plomp, T.(1986). The promises of educational technology: A reassessment. *International Review of Education, 32*, 231-249.

Erwin, S. I.(2009). In times of Pentagon budget gloom, sunnier outlook for simulation industry. *National Defense, 60*(673), 60.

Finch. C. R.(1987). Instructional systems development in the military. *Journal of Industrial Teacher Education, 24*(4), 18-26.

Finn, J. D.(1954). Direction in AV communication research. *AV Communication Review, 2*, 83-102.

Finn, J. D.(1972). The emerging technology of education. In R. J. McBeath(Ed.), *Extending education through technology: Selected writings by James D. Finn*. Washington, DC: Association for Educational Communications and Technology.

Flanagan, J. C.(1951). Units, scores, and norms. In E. T. Lindquist(Ed.), *Educational measurement*. Washington, DC: American Council on Education.

Fletcher, J. D.(2009). Education and training technology in the nilitary. *Science, 323*, 72-75.

Gaff, J. G.(1975). *Toward faculty renewal: Advances in faculty, instructional, and organizational development*. San Francisco: Jossey-Bass.

Gagné, R. M.(1962a). The acquisition of knowledge. *Psychological Review, 69*, 355-365.

Gagné, R. M.(1962b). Introduction. In R. M. Gagné(Ed.), *Psychological principles in system development*. New York: Holt, Rinehart & Winston.

Gagné, R. M.(1965a). The analysis of instructional objectives for the design of instruction. In R. Glaser(Ed.). *Teaching machines and programmed learning, II: Data and directions*. Washington, DC: National Education Association.

Gagné, R. M.(1965b). *The conditions of learning*. New York: Holt, Rinehart & Winston.

Gagné, R. M.(1985). *The conditions of learning*(4th ed.). New York: Holt, Rinehart & Winston.

Gagné, R. M., & Briggs, L. J.(1974). *Principles of instructional design*. New York: Holt, Rinehart, & Winston.

Gagné, R. M., Briggs. L. J., & Wager, W. W.(1992). *Principles of instructional design*(4th ed.). New York: Holt, Rinehart & Winston.

Gagné, R. M., & Medsker, K. L.(1996). *The conditions of learning: Training applications*. Fort

Worth. TX: Harcourt Brace.

Galagan, P. A.(1989). IBM gets its arms around education. *Training and Development Journal, 43*(1), 34-41.

Gerlach, Y. S., & Ely, D. P.(1971). *Teaching and media: A systematic approach*. Englewood Cliffs, NJ: Prentice Hall.

Gerlach, V. S., & Ely, D. P.(1980). *Teaching and media: A systematic approach*(2nd ed.). Englewood Cliffs, NJ: Prentice Hall.

Glaser, R.(1962). Psychology and instructional technology. In R. Glaser(Ed.), *Training research and education*. Pittsburgh: University of Pittsburgh Press.

Glaser, R.(1963). Instructional technology and the measurement of learning outcomes: Some questions. *American Psychologist, 18*, 519-521.

Glaser, R.(1965). Toward a behavioral science base for instructional design. In R. Glaser(Ed.), *Teaching machines and programmed learning, II: Data and directions*. Washington, DC: National Education Association.

Glaser, R., & Klaus, D. J.(1962). Proficiency measurement: Assessing human performance. In R. M. Gagné(Ed.), *Psychological principles in system development*. New York: Holt, Rinehmt & Winston.

Gordon. G. N.(1970). *Classroom television: New frontiers in ITV*. New York: Hastings House.

Gray, L., Thomas, N., & Lewis, L.(2010a). *Educational Technology in U.S. Public Schools: Fall 2008*(NCES 2010-034). Washington, DC: National Center for Educational Statistics.

Gray, L., Thomas, N., & Lewis, L.(2010b). *Teachers use of educational technology in U.S. Public Schools: 2009*(NCES 2010-040). Washington, DC: National Center for Educational Statistics.

Gumpert, G.(1967). Closed-circuit television in training and education. In A. E. Koenig & R. B. Hill(Eds.), *The farther vision: Educational television today*. Madison, WI: University of Wisconsin Press.

Gustafson, K. L.(1993). Instructional design fundamentals: Clouds on the horizon. *Educational Technology, 33*(2), 27-32.

Gustafson, K., & Bratton, B.(1984). Instructional improvement centers in higher education: A status report. *Journal of Instructional Development. 7*(2), 2-7.

Hamerus, D.(1968). *The systems approach to instructional development: The contribution of behavioral science to instructional technology*. Monmouth: OR: Oregon State System of Higher Education, Teaching Research Division.

Heinich, R.(1970). *Technology and the management of instruction*(Association for Educational Communications and Technology Monograph No. 4). Washington, DC: Association for Educational Communications and Technology.

Heinich, R., Molenda, M., Russell, J. D., & Smaldino, S. E.(1999). *Instructional media and technologies for learning*(6th ed.). Upper Saddle River, NJ: Prentice Hall.

Hezel, R. T.(1980). Public broadcasting: Can it teach? *Journal of Communication, 30*, 173-178.

Hoban, C. F., Sr., Hoban, C. F., Jr., & Zissman, S. B.(1937). *Visualizing the curriculum*. New York: Dryden.

International Association for K-12 Online Learning.(2009). *Fast facts about online learning*. Vienna, VA: Author. Retrieved November 24,2010, from http://www.inacol.org/press/docs/nacol_fast_facts.pdf

Interview with Robert M. Gagné, Developments in learning psychology: Implications for instructional design; and effects of computer technology on instructional design and development.(1982). *Educational Technology, 22*(6), 11-15.

Kemp, J. E.(1971). *Instructional design: A plan for unit and course development*. Belmont, CA: Fearon.

Kozma, R. B.(1994). Will media influence learning: Reframing the debate. *Educational Technology Research and Development. 42*(2), 7-19.

Kring, M., & Thomas, A.(2008). Learning the digital way. *Soldiers, 63*(5), 28-29.

Lewis, B. N., & Pask, G.(1965). The theory and practice of adaptive teaching systems. In R. Glaser(Ed.), *Teaching machines and programmed learning, II: Data and directions*. Washington, DC: National Education Association.

Low, W. C.(1980). Changes in instructional development: The aftermath of an information processing takeover in psychology. *Journal of Instructional Development, 4*(2), 10-18.

Lumsdaine, A. A.(1964). Educational technology, programmed learning, and instructional science. In E. R. Hilgard(Ed.), *Theories of learning and instruction: The sixty-third yearbook of the National Society for the Study of Education, Part 1*. Chicago: University of Chicago Press.

Lllmsdaine, A. A., & Glaser, R.(Eds.).(1960). *Teaching machines and programmed learning: A source book*. Washington. DC: National Education Association.

Mager, R. F.(1962). *Preparing objectives for programmed instruction*. Belmont, CA: Fearon.

Mager, R. F.(1977). The winds of change. *Training and Development Journal, 31*(10), 12-20.

Mager, R. F.(1997). *Preparing instructional objectives*(3rd ed.). Atlanta, GA: Center for Effective Performance.

Markle, S. M.(1967). Empirical testing of programs. In P. C. Lange(Ed.), *Programmed instruction: The sixty-sixth yearbook of the National Society for the Study of Education, Part II*. Chicago: University of Chicago Press.

McCluskey, F. D.(1981). DYI, DAYI, AECT: A long view. In J. W. Brown & S. N. Brown(Eds.), *Educational media yearbook: 1981*. Littleton, CO: Libraries Unlimited.

McCombs, B. L.(1986). The instructional systems development(ISD) model: A review of those factors critical to its successful implementation. *Educational Communications and Technology Journal, 34*, 67-81.

Meierhenry, W. C.(1980). Instructional theory: From behaviorism to humanism to synergism. *Instructional Innovator, 25*(1), 16-18.

Merrill, M. D., Li, Z., & Jones, M. K.(1990a). Limitations of first generation instructional design. *Educational Technology, 30*(1), 7-11.

Merrill, M. D., Li, Z., & Jones, M. K.(1990b). Second generation instructional design(ID2). *Educational Technology, 30*(2), 7-14.

Merrill, M.D., & Li, Z.(1989). An instructional design expert system. *Journal of Computer-based Instruction, 16*(3), 95-101.

Miles, G. D.(1983). Evaluating four years of ID experience. *Journal of Instructional Development. 6*(2), 9-14.

Miller, R. B.(1953). A method for man-machine task analysis(Tech. Rept. No. 53-137). Wright-Patterson Air Force Base, OH: Wright Air Development Center.

Miller, R. B.(1962). Analysis and specification of behavior for training. In R. Glaser(Ed.), *Training research and education*. Pittsburgh: University of Pittsburgh Press.

Moore, M. G.(1989, April). Three modes of interaction. In *Issues in instructional interactivity*. Forum conducted at the meeting of the National University Continuing Education Association, Salt Lake City, UT.

Morgan, J. E.(1932). Introduction. In B. H. Darrow, *Radio: The assistant teacher*. Columbus, OH: R. H. Adams.

Morgan, R. M.(1989). Instructional systems development in third world countries. *Educational Technology Research and Development, 37*(1), 47-56.

Morrison, G. R.(1994). The media effects question: Unsolvable or asking the right question. *Educational Technology Research and Development, 42*(2), 41-44.

Morrison, G. R., Ross, S. M., Kemp, J. E., & Kalman, H.(2010). Designing effective instruction (6th ed.). Hoboken, NJ: Wiley.

Office of Technology Assessment.(1995). *Teachers & technology: Making the connection*. Washington, DC: Office of Technology Assessment.

Olsen, J. R., & Bass, V. B.(1982). The application of performance technology in the military: 1960-1980. *Performance and Instruction, 21*(6), 32-36.

Pagliaro, L. A.(1983). The history and development of CAI: 1926-1981, an overview. *Alberta Journal of Educational Research, 29*(1), 75-84.

Papert, S.(1984). New theories for new learnings. *School Psychology Review, 13*(4), 422-428.

Partridge, M. J., & Tennyson, R. D.(1979). Graduate programs in instructional systems: A review of selected programs. *Journal of Instructional Development, 2*(2), 18-26.

Pask, G.(1960). Electronic keyboard teaching machines. In A. A. Lumsdaine & R. Glaser(Eds.), *Teaching machines and programmed learning: A source book*. Washington, DC: National Education Association.

Phipps, R. A.(2004). *How does technology affect access in postsecondary education? What do we really know? Report of the National Postsecondary Education Cooperative Working Group on Access-Technology*. Retrieved July 12,2005, from http://nces.ed.gov/pubs2004/ 2004831.pdf

Redfield, D. D., & Dick, W.(1984). An alumni-practitioner review of doctoral competencies in instructional systems. *Journal of Instructional Development, 7*(1), 10-13.

Reiser, R. A.(1994). Clark's invitation to the dance: An instructional designer's response. *Educational Technology Research and Development, 42*(2), 45-48.

Reiser, R. A.(1987). Instructional technology: A history. In R. M. Gagné(Ed.), *Instructional technology: Foundations*. Hillsdale, NJ: Erlbaum.

Reiser, R. A., & Gagné, R. M.(1983). *Selecting media for instruction*. Englewood Cliffs, NJ: Educational Technology Publications.

Reiser, R. A., Mackal, M., & Sachs, S. G.(2005). Textbooks used in graduate programs in instructional design and technology: Changes over the past twelve years. *Educational Technology, 45*(5), 53-61.

Rossett, A., & Garbosky, J.(1987). The use, misuse, and non-use of educational technologists in public education. *Educational Technology, 27*(9), 37-42.

Saettler, P.(1968). *A history of instructional technology*. New York: McGraw-Hill.

Saettler, P.(1990). *The evolution of American educational technology*. Englewood, CO: Libraries Unlimited.

Schwen, T. M., Kalman, H. K., Hara, N., & Kisling, E. L.(1998). Potential knowledge management contributions to human performance technology research and practice. *Educational Technology Research and Development, 46*(4), 73-89.

Scriven, M.(1967). The methodology of evaluation. In *Perspectives of curriculum evaluation*(American Educational Research Association Monograph Series on Curriculum Evaluation, No. 1). Chicago: Rand McNally.

Shannon, C. E., & Weaver, W.(1949). *The mathematical theory of communication*. Urbana, IL: University of Illinois Press.

Shrock, S. A.(1994). The media influence debate: Read the tine print, but don' t lose sight of the big picture. *Educational Technology Research and Development, 42*(2), 49-53.

Shrock, S. A.(1995). A brief history of instructional development. In G. J. Anglin(Ed.), *Instructional technology: Past, present. and future*. Englewood, CO: Libraries Unlimited.

Silber, K. H.(1981). Some implications of the history of educational technology: We' re all in this together. In J. W. Brown & S. N. Brown(Eds.), *Educational media yearbook: 1981*. Littleton, CO: Libraries Unlimited.

Silber, K. H.(1982). An analysis of university training programs for instructional developers. *Journal of Instructional Development, 6*(1), 15-28.

Silvern, L. C.(1964). *Designing instructional systems*. Los Angeles: Education and Training Consultants.

Skinner, B. F.(1954). The science of learning and the art of teaching. *Harvard Educational Review, 24*, 86-97.

Skinner, B. F.(1958). Teaching machines. *Science, 128*, 969-977.

Snyder, T. D., & Dillow, S. A.(2010). *Digest of Education Statistics: 2009*(NCES 2010-013). Washington, DC: National Center for Educational Statistics.

Spady, W. G.(1988). Organizing for results: The basis for authentic restructuring and reform. *Educational Leadership, 46*(2), 4-8.

SRI International(2002). *The Integrated Studies of Educational Technology: Professional Development and Teachers' Use of Technology*. Retrieved November 24, 2010, from http://policyweb.sri.com/cep/publications/SRI_Professional_Development_Report_2002.pdf

Stolorow, L. M., & Davis, D.(1965). Teaching machines and computer-assisted systems. In R. Glaser(Ed.), *Teaching machines and programmed learning, II: Data and directions*. Washington, DC: National Education Association.

Sullivan, H. J., & Higgins, N.(1983). *Teaching for competence*. New York: Teachers College Press.

Suppes, P., & Macken, E.(1978). The historical path from research and development to operational use of CAI. *Educational Technology, 18*(4), 9-12.

Taylor, B. J. (1967). The development of instructional television. In A. E. Koenig & R. B. Hill (Eds.), *The farther vision: Educational television today*. Madison, WI: University of Wisconsin Press.

Tyler, R. W.(1975a). Educational benchmarks in retrospect: Educational change since 1950. *Viewpoints, 51*(2), 11-31.

Tyler, R. W.(1975b). Have educational reforms since 1950 created quality education? *Viewpoints, 51*(2), 35-57.

Walbesser, H. H., & Eisenberg, T. A.(1972). *A review of the research on behavioral objectives and learning hierarchies*. Columbus, OH: Ohio State University, Center for Science and Mathematics Education.(ERIC Document Reproduction Service No. ED 059 900)

제4장

교수설계의 심리학적 기초

Marcy P. Driscoll (Florida State University)

이 장에서는 ID 분야의 기초가 되는 학습의 주요 심리학적 개념과 원리에 대해 개관한다. 예를 들어, B. F. Skinner의 행동주의 학습이론에서의 강화, 피드백, 행동적 교수목표, 연습과 같은 개념들은 ID에 공헌하였다. 정보처리와 스키마이론과 같은 인지이론들은 ID 분야의 초점을 학습자의 특성과 새로운 지식과 기능을 학습하는 데 있어서의 사전지식의 역할로 이동시켰다. 또한 상황학습이론은 ID 분야를 학습에 있어 사회 · 문화적 요인들을 고려하는 방향으로 나아가도록 했다. 마지막으로, Gagné와 최근의 구성주의적 접근법과 같은 교수이론들은 바람직한 지식과 기능, 태도를 습득할 수 있도록 촉진하는 학습환경을 설계하기 위한 지침을 제공해 준다.

학습에 관한 심리학적 관점들 간의 차이점에도 불구하고, 대부분의 관점들이 토대를 두고 있는 가정은 교수는 학습을 유발한다는 것이다. 이 가정은 ID 분야에 종사하는 사람들에게 중요한 의미를 지닌다. Gagné(1995/1996)는 다음과 같이 역설하였다. "교수(instruction) 없이 습득될 수 있는 몇 가지 유용한 인간활동들이 있으며, 자기교수(self-instruction)에 의해 획득되는 활동도 있다. 그러나 직업과 기술을 위한 훈련과 관련된 수행처럼 대부분의 실제적이고 유목적적인 활동은 교수가 사용된 상황에서 학습된다" (p.17).

학습의 정의

대부분의 사람들은 학습한다고 하는 것이 무엇을 의미하는지에 관해 직관적인 개념—자신들이 전에 할 수 없었던 어떤 것을 할 수 있거나 혹은 전에 알지 못했던 어떤 것을 아는 것—을 가지고 있다. 그러나 학습은 전에 나타나지 않았던 능력을 이끌어 주는 신체적 성장 혹은 성숙과는 구별되어야 한다. 예를 들어, 어린 아동들은 얼마 안 되어 근육에 대한 통제력과 협응력이 발달함에 따라 동시에 양손으로 물건을 쥘 수 있다. 인간 발달은 자연적인 과정으로 일어나며, 따라서 "심각한 장애를 지닌 사람들을 제외하고, 모든 사람은 성공하고 잘 성장한다"(Gee, 2004, p.11). 인간 발달의 익숙한 예들로는 걷는 것을 학습하고 모국어를 학습하는 것을 들 수 있다.

단지 일시적인 능력의 변화 또한 학습과 구별되어야 하는데, 왜냐하면 학습이란 연속성을 지닌 어떤 것을 의미하기 때문이다. 따라서 수행을 증진시키는 약물을 복용한 운동선수의 신장된 능력은 학습이라고 볼 수 없다.

마지막으로, 몇몇 학자들은 교수된 과정(instructed process)으로서의 학습과 문화적 과정(cultural process)으로서의 학습 간의 차이를 보다 심도 있게 구분한다(Gee, 2004). 인간은 자신들이 속해 있는 문화적인 집단 덕분에 사회적 규범, 의식, 그리고 게임과 같은 많은 것들을 학습한다. 이러한 것들은 일반적으로 교수의 목적들이 아닌 반면, 계산법이나 물리학을 학습하는 것과 같은 학교 과목들은 교수의 목적들이다. 앞에서 언급한 바와 같이, 명시적인 교수는 교수설계자들이 가장 관심을 갖고 있는 것이다.

대부분의 심리학이론들에서, 학습(learning)은 "인간수행 혹은 수행잠재성(performance potential)에서의 지속적인 변화"(Driscoll, 2005, p.9)라고 정의된다. 여기에서 수행잠재성이란 학습된 것은 항상 즉각적으로 드러나지 않을 수도 있다는 사실을 의미한다. 실제로, 여러분은 단원이나 기말시험을 볼 때까지 결코 학습한 것을 시범할 것을 요구하지 않는 경우들을 많이 기억할 것이다. 그러나 학습한 것을 시범하는 것은 교수설계자들이 교수의 효과성을 설정하는 데 중요하다는 것에 주목할 필요가 있다. 교수설계자들이 학습자들에게 무엇보다도 먼저 학습한 것을 수행해 보도록 요구하지 않는다면 교수의 효과가 있는지를 어떻게 결정할 수 있겠는가?

더 나아가, 학습은 그것이 어떻게 일어나는가에 의해서도 정의된다. 대부분의 심리학이론들에서, 학습은 "학습자의 세계에 대한 경험과 그 세계와의 상호작용"(Driscoll, 2005, p.9)의 결과로서 일어나며, 이러한 상호작용은 개인적인 과정으로 이해된다. 즉, 개인은 자신을 둘러싸고 있는 세계와 상호작용하며, 이러한 경험은 특정 방식으로 수행할 수 있는 능력을 증진시켜 준다. 개별학습자의 초점은 '그러한 역사적인 관심사에서 왜 개인들 간에 차이가 있으며, 왜 개별학습자들의 수행이 교수가 행해진 후에 평가되는가' 하는 것이다. 특정 학습이론들 간의 차이점은 각 이론들이 관찰된 학습결과를 기술하는 방식과 학습 과정을 설명하는 방식에 있다. 이러한 차이점 몇 가지를 이 장의 후반부에서 기술한다.

그러나 최근에 학습의 개별성(individuality)에 의문을 제기하는 관점이 나타났다. 이 관점의 옹호자들은 "[심리학적] 개별성은 공동체의 수준들이 요인별로 분해된 후에야 비로소 적절하게 확인되고 분석될 수 있다"(Lemke, 1997, p.49)고 믿는다. 즉, 학습은 특정한 사회문화적인 환경에서 살고 있는 사람들의 활동으로 이해할 수 있다. 이러한 관점에서 볼 때, 학습은 개개인의 수행의 변화 이상을 의미한다. 즉, 학습은 공통된 목적이나 의도를 공유하거나 공통된 실제에 참여하고 있는 개인들로 구성된 집단의 수행을 포함한다. 더 나아가, 학습은 단지 개별 학습자들 내에서의 과정뿐만 아니라 정의된 집단의 구성원들이 공유되고 영향을 주는 과정으로도 특징지어진다. 교수된 과정으로서의 학습이 문화적 과정으로서의 학습과 융합되기 시작하는 것은 바로 이러한 관점 속에서이다.

다음 절에서는 학습에 관한 주요 심리학적 개념들과 원리들을 탐색하며, 그 개념들과 원리들이 ID에 주는 시사점은 무엇인지 논의한다. 몇몇 경우, 그러한 시사점들은 이미 ID 분야에 영향을 끼친 것으로 밝혀졌으며, 다른 시사점들은 ID 분야에 잠재적으로 혹은 향후에 영향을 미칠 것으로 예측되어 제안되었다.

행동주의 학습이론

Skinner는 평생 동안 심리학과 행동에 초점을 둔 학습에 관한 연구에서 한 가지 접근법을 강조했다(예를 들어, Skinner, 1938, 1969, 1987 참조). Skinner의 급진적인 행동주의의 핵심에는 학습이란 관찰 가능한 사태, 즉 환경적인 선례와 결과에 따른 학습자의 반응에 기초하여 온전히 이해되고, 설명되며, 예측된다는 믿음이 있다. 여기에서 선례(antecedents)란 특정 행동의 적절성(appropriateness)을 알려주는 환경에서 일어나는 단서를 지칭한다. 예를 들어, 정지신호는 적절한 행동은 브레이크를 밟는 것이라는 것을 운전자에게 알려 준다. 마찬가지로, 교사의 "잘 들으세요!"라는 경고는 학습자들에게 잡담을 그만하고 주의집중을 해야 함을 알려 준다. Skinner에 의하면, 그 다음 행동의 결과는 그 행동을 반복하고 학습할 것인지를 결정한다. 예를 들어, 수업시간에 주의집중을 한 것에 대해 선생님이 웃어 줌으로써 보상을 받은 학습자는 그러한 행동에 대해 보상을 받지 못한 학습자보다 나중에 교사의 지시를 따를 개연성이 더 높아진다. 마찬가지로, 웹에 있는 정보를 찾기 위해 새로운 전략을 모색하고 있는 학습자는 그 전략이 찾고자 하는 정보를 쉽게 찾는 데 실패한 경우보다 성공한(그 결과, 강화가 된) 경우 해당 전략을 계속해서 사용하고자 할 것이다.

Skinner와 그의 학도들이 밝혀내고 교수실제에 적용한 행동수정의 원리들은 ID에 상당한 영향을 끼쳤다. 우선, 행동주의 학습이론은 경험에 기반을 두고 있는데, 이 말은 교수와 같은 해결책이 실행되기 전과 후의 행동이 관찰되고, 수행 시 관찰된 변화가 처치 동안 일어났던 것과 관련지어짐을 의미한다. 만약 행동에 아무런 변화도 없다면, 그 처치는 효과적이라고 할 수 없다. ID 분야에서, 이러한 관찰은 교수가 학습을 촉발하는지, 훨씬 더 나은 학습자의 수행을 촉발하기 위해 교수를 어떻게 증진시킬 것인지에 대한 정보를 수집하기 위해 행해지는 형성평가의 일부이다.

행동주의 학습이론에서 학습자의 행동을 강조하는 것은 행동적 교수목표(behavioral objectives)와 교수에서의 연습의 중요성과 같은 개념들에 기여했다. 예를 들어, 교수 전에 교사들과 교수설계자들은 학습자들을 관찰함으로써 그들이 이미 바람직한 행동을 습득했는지를 결정할 수 있다. 겉으로 드러나지는 않지만 바람직한 행동은 설계 · 개발될 교수에 반영되어야 할 교수목표 혹은 학습산출물(outcomes)로 구체화될 수 있다. 마찬가지로, 바람직한 행동을 교수목표로 구체화하는 것은 학습자들이 학습을 할 때 그 행동을 연습할 수 있는 충분한 기회를 가지고 있음을 확인하게 해준다.

마지막으로, 행동주의 학습이론은 교수피드백에 관한 초창기의 개념에 영향을 끼쳤다. 즉, 피드백은 본질적으로 강화와 대등한 것으로 간주되었다. 학습자들이 교수동안 올바르게 반응했을 때, 답이 맞았다는 즉각적인 피드백은 반응을 강화시킬 것으로 기대되었다. 마찬가지로, 답이 틀렸다는 피드백은 틀린 반응이 일어날 가능성을 줄일 것으로 기대되었다. 피드백의 기대되는 강화효과 때문에, ID들(프로그램 교수와 같은)은 교수를 작은 단계로 나누고 학습자들이 빈번하게 반응하도록 요구함으로써(예를 들어, Holland & Skinner, 1961 참조) 실수 없는 수행을 보장한다. 불행하게도, 이러한 설계는 반응하기 전에 대답을 미리 살짝 볼 수 있었던 학습자들에게는 재미없고 따분했다. 이는 피드백의 추정된 효과가 거의 없었음을 의미한다(Kulhavy, 1977).

인지적 정보처리이론

피드백의 정보적 가치는 연구자들과 실천가들이 정보처리이론(information processing theory)의 관점을 받아들이기 시작했을 때 분명하게 드러났다. 이러한 관점은 1970년대 심리학자들에게서 두드러지게 나타났으며, 오늘날에도 이에 관한 다양한 관점들이 모색되고 있다. 행동주의이론과 마찬가지로, 정보처리이론은 환경을 학습에 중요한 영향을 미치는 것으로 간주한다. 그러나 정보처리이론이 행동주의이론과 다른 점은 학습을 설명하는 학습자 내 내적 과정에 관한 가정에 있다. "제2차 세계대전 후 컴퓨터의 도래는 학습에 대한 구체적인 사고방식과 기억, 지각, 학습에 관한 초창기의 연구들을 해석하기 위한 일관성 있는 준거틀을 제공했다. 자극은 입력이, 행동은 출력이 되었다. 그 사이에서 일어난 것은 정보처리로 인식되었다" (Driscoll, 2005, p.74).

Atkinson과 Shriffin(1968)은 일반적으로 정보처리이론의 기초로 간주되는 기억에 관한 다단계(multistage), 다층(multistore)이론을 제안했다. 학습자에게 내재된 세 가지의 기억시스템(감각기억, 단기기억, 장기기억)은 환경으로부터 정보를 수용하고, 저장을 위해 해당 정보를 변형하며, 기억과 수행에서 사용하는 것으로 추측된다. 학습자들은 감각기억(sensory memory)을 사용하여 환경에 있는 조직화된 패턴을 인지하고, 인식하며, 부호화하는 과정을 시작한다. 단기(short-term) 혹은 작동기억(working memory)은 학습자들이 정보를 보다 심층적으로 느끼고, 그 정보를 이미 장기기억 속에 있는 다른 정보들과 연결하기 위해 잠시 동안 기억할 수 있도록 해준다. 마지막으로, 장기기억(long-term memory)은 학습자로 하여금 정보가 학습된 후 오랫동안 해당 정보를 기억하고, 활용할 수 있도록 해준다.

주의(attention), 부호화(encoding), 재인(retrieval)과 같은 과정들은 정보가 처리되는 단계에서뿐만 아니라 정보가 나중에 회상과 사용을 위해 수용 · 변형 · 저장될 때 활성화되는 것으로 가정한다. 예를 들어, 주의를 하지 못한 학습자는 무엇보다도 학습해야 할 정보를 결코 수용할 수 없을 것이다. 학습에 가장 크게 영향을 미치는 주의는 종종 학습자들이 학습해야 할 정보의 구체적인 측면에 신중을 기하도록 지도되어야 한다. 마찬가지로, 부호화과정은 학습자들에게 새로운 정보와 기존의 지식 간에 개인적으로 유의미한 관계를 만들 수 있는 수단을 제공한다. 끝으로, 재인은 학습자들이 기억으로부터 정보를 회상할 수 있도록 해줌으로써 정보를 적절한 맥락에 적용할 수 있도록 해준다.

정보처리관점에서 볼 때, 피드백은 학습하는 동안 두 가지의 기능들을 수행한다. 첫째, 피드백은 학습자에게 반응이 정확한지 혹은 수행이 적절한지에 대한 지식을 제공한다. 분명히 이러한 지식은 학습하는 동안 중요하지만, 잘못된 개념이나 수행에서 다른 오류들을 정정하는 데에는 충분하지 않다. 이 때문에, 피드백의 두 번째 기능은 학습자가 수행을 수정하기 위해 사용할 수 있는 교정적인 정보를 제공한다. 본질적으로, 피드백은 기억 속에 저장되어 있는 것을 계속적으로 변형하고 수행을 유도하기 위해서 사용할 수 있는 학습사이클을 완료한다.

정보처리학습이론은 피드백에 관한 개념을 바꾸었을 뿐만 아니라, 교수의 다양한 속성과 그러한 속성이 정보처리와 나아가 학습을 어떻게 촉진하거나 방해하는가 하는 방향으로 우리의 초점을 나아가도록 했다. 또한 새로운 지식과 기능을 학습하는 데 사전지식의 역할을 좀 더 강조하였다. 예를 들어, 이미 교수주제에 대해 상당히 알고 있는 학습자는 새로운 정보나 이를 처리하는 데 도움이 되는 많은 단서들을 떠올릴 수 있다. 그러나 사전지식이 거의 없는 학습자는 이미 알고 있는 것과 새로 학습해야 하는 것을 거의 연계하지 못할 수 있다.

실천가들은 학습자들이 정보를 처리하는 것을 도와주기 위해 주의를 끌고, 부호화와 재인을 촉진하며, 다양한 맥락에서 연습을 제공하는 교수전략들을 ID에 통합시켰다. 예를 들어, 도형이나 슬라이드에서 색깔을 사용함으로써 학습자들이 시각물들의 중요한 특성을 구별할 수 있도록 해주는 것과 같이, 인쇄물에서 글자를 진하게 하거나 이탤릭체를 사용함으로써 학습자들이 중요한 정보에 주의를 환기하도록 할 수 있다. 그래픽 도형과 심상(imagery)전략은 학습자들로 하여금 사전지식과 학습하고 있는 새로운 정보를 유의미하게 연계할 수 있도록 도와줄 수 있다. 마지막으로, 우리는 또한 상이한 맥락에서 다른 많은 종류의 예들이나 문제들을 제공함으로써 학습자들이 습득하고 있는 지식을 적절한 상황에 적용할 수 있도록 도와줄 수 있다.

스키마이론과 인지부하

무엇이 지식구조화 방식과 문제해결능력 면에서 전문가들을 초보자들과 구별시켜 주는가? 이러한 질문들은 여전히 지향성에 있어서는 인지주의적이지만 정보처리관점으로부터 갈라져 나온 학습이론의 발달을 촉발했다. 스키마이론(schema theory)[1]에 따르면, 지식은 스키마타(schemata)라고 불리는 정보의 묶음체(packages)로 장기기억 속에 표상된다. 스키마타는 정보를 체계적이고 예측 가능한 방식으로 관련 짓는 범주들 속에서 구조화된다. 예를 들어, '농장' 에 관한 지식 혹은 스키마는 거기에서 길러지는 동물의 종류, 재배되는 곡물의 유형, 사용되는 도구 등과 같은 정보의 범주들을 포함할 수 있다. 학습자들은 사태들을 해석하고 문제를 해결하기 위해 기존의 스키마타를 사용하고, 경험과 학습을 통해 새롭고 보다 복잡한 스키마타를 개발한다.

자동화(automation)는 스키마타를 구축하는 데 중요한데, 그 이유는 학습자들이 제한된 처리용량만을 가지고 있기 때문이다. "실제로 작동기억의 한계에 관한 지식은, 만약 우리가 사유(reasoning)하는 요소들의 대부분이 사전에 장기기억 속에 저장되어 있지 않다면, 인간은 복잡한 사유를 거의 하지 못함을 여실히 보여준다" (Sweller, van Merriënboer, & Pass, 1998, p.254). 보다 복잡하고 자동화된 스키마타는 이해와 사유와 같은 과정들이 일어나도록 해주기 때문에 학습자의 작동기억 용량을 자유롭게 해준다. 그러나 높은 인지부하(cognitive load)는 학습자들이 접근하기 위한 적절하거나 자동화된 스키마타를 가지고 있지 않을 때, 혹은 학습과제가 작동기억처리에 심한 요구를 할 때 발생한다.

Sweller, van Merriënboer, 그리고 그들의 동료들은 인지부하이론을 검토한 후, 교수전략은 교수자료에서 외적인 인지부하를 줄이기 위해 설계되어야 한다고 주장했다. 이러한 교

1) [역주] 학자에 따라 스키마(schema)를 '도식' 이라고도 번역 · 사용하고 있음.

수전략으로는 학습자들이 검토하거나 해결한, 풀이된 예들(worked examples)과 부분적으로 완성된 문제를 제공하는 것을 들 수 있다. 풀이된 예들은(대수학과 같은) 잘 구조화된 영역들에서뿐만 아니라 본질상 주로 휴리스틱한(heuristic)[엔지니어링에서의 문제해결(troubleshooting)] 복잡한 영역들에서도 효과적인 것 같다(Renkl, Hilbert, & Schworm, 2009). 멀티미디어교수의 경우, Mayer와 Moreno(2003)는 스크린상에 제시된 텍스트보다 내레이션이 애니메이션이나 도식(diagrams)과 함께 사용되어야 한다고 주장했는데, 그 이유는 이렇게 했을 때 학습자의 주의가 두 가지의 시각적인 입력원(sources of visual input)에 분리되지 않기 때문이다. 또한 학습자들로 하여금 심상으로 텍스트와 그림을 통합하도록 요구하는 것 대신에 도식 내에 설명을 통합함으로써 텍스트기반 교수에서 주의분산효과(split-attention effect)를 줄일 수 있다(Sweller, van Merriënboer, & Paas, 1998).

끝으로, 인지부하이론의 초점은 ID 분야에서 복잡하고 인지적인 기능의 학습으로 변천해 왔다. van Merriënboer와 그의 동료들은 복잡한 학습을 위한 4C/ID모형을 제안했는데, 이 모형은 학습과제들을 인지부하를 줄일 수 있는 방식으로 순서화할 것을 요구한다(van Merriënboer, Kirschner, & Kester, 2003; van Merriënboer & Kirschner, 2007). 즉, 학습자들은 일련의 과제계열(task classes)에 점진적으로 노출될 필요가 있는데, 각각의 과제계열은 단순한 것에서 복잡한 것까지의 연속선상에 있는 전체과제를 나타낸다. 이러한 계열은 학습자의 성장하고 있는 전문성과 자동화의 필요에 따라 적시(just-in-time) 정보와 부분과제(part-task) 연습을 보완해 준다.

상황학습이론

정보처리이론에서도 학습맥락이 중요하게 인식되었지만, 이 학습맥락은 상황학습이론(situated learning theory)에서 보다 중요하고 핵심적인 역할을 한다. 인지과학에서 최근에 생겨난 경향(Robbins & Aydede, 2009)으로서의 상황학습이론 또는 상황인지이론(situated cognition theory)은 지지자들에 의해 '진행 중인 연구'로 간주되고 있다(Kirshner & Whitson, 1997). 그러나 "학습은 항상 상황적이다"(Sawyer & Greeno, 2009)라는 말이 의미하는 바와 이것이 ID에 시사할 수 있는 바에 대한 합의가 도출되고 있다.

상황학습이론은 행동주의나 정보처리이론과는 달리 개인심리학보다 학습의 사회문화적 요인에 더 의존한다. 구체적으로, 지식은 "의미 있는 행동, 즉 어떤 문화적 시스템에서 볼 때, 의미가 서로 관계를 가지고 있는 행동 속에서 저절로 생겨나는 것으로 추정된다"(Lemke, 1997, p.43). 예를 들어, 브라질의 길거리에서 캔디를 팔고 있는 아이들은 환전과 관련된 수를 능숙하게 다룰 수 있는 기법을 개발한 반면, 그들 나이 또래의 학교에 다니는 아이들은 표준숫자 정사영법(standard number orthography)을 학습했다(Saxe, 1990). 캔디를 파는 아이들이 왜 환전관련 수를 능숙하게 다루는 특별한 수학적 지식을 습득했으며, 그것이 또래 아이들이 배운 것과 다른 이유를 이해하기 위해서는, 적어도 부분적으로, 캔디를 파는 '실제와 연계된 수학적 · 경제적 문제' 에 대한 준거(reference)를 요구한다(Saxe, 1990, p.99).

따라서 상황학습의 관점에서 볼 때, 학습은 학습자가 실천공동체, 즉 공동체의 구성원들에 의해 공동으로 조직된 실제에 참여함으로써 일어난다. 예를 들어, 직업을 실천공동체라고 해보자. 학생으로서, 공동체 신참으로서 여러분은 그 공동체의 모형(model)과 실제를 학습하는 데 참여하며, 이 실제에서 경험을 쌓아감에 따라 훨씬 더 유능한 사람이 될 것이다. 신참들은 점진적으로 참여함으로써 그 공동체에서 고참, 즉 자원을 통제하고 전반적으로 공동체의 실제에 영향을 끼치는 개인이 된다. 예를 들어, 프로그램에 참여하고 있는 교원들은 연구와 개발에 참여함으로써 그 분야의 실제를 바꾼다.

Wenger(1998)에 의하면, 참여로서의 학습(learning as participation)은 다음과 같이 정의할 수 있다.

- 개인적으로(individually): 예를 들어, 구성원이 공동체의 실제에 참여하는 경우
- 전체 공동체에 걸쳐(communitywide): 예를 들어, 구성원이 공동체의 실제를 다듬고 새로운 구성원을 모집하는 경우
- 조직적으로(organizationally): 예를 들어, 구성원이 "조직이 알아야 할 것을 알고, 조직으로서 효과적이고 가치 있게 됨으로써"(p.8) 상호 연결된 실천공동체를 유지하는 경우

예를 들어, 교수설계자들을 고용한 조직들은 설계가 그들 사업의 맥락에서 수행되는 방식을 구체화하는 자신들만의 실천공동체를 조직한다. 그러나 이 실천공동체는 교수설계자들을 모집하는 학문공동체의 영향을 받는다. 또한 상호 연계된 실천공동체의 영향력은 쌍방향으로 작동함에 틀림없다. 즉, 교원들은 해당 프로그램의 졸업생들이 배치되는 조직에서 체득한 것에 기초하여 때때로 자신들의 실제를 수정한다.

상황학습이론 지지자들은 이 이론의 장점으로 아는 것(knowing)과 행하는 것(doing)의 통합을 강조한다. 즉, 학습자는 특정 교과목의 전문가들이 하는 것을 행함으로써 해당 교과목을 학습한다(Lave, 1990/1997). 새로운 관점 혹은 '진행 중인 연구' 로서의 상황학습이론은 IDT 분야에 명확한 시사점을 제시하지는 못했지만, 그럼에도 불구하고, 몇 가지 시사점들을 제시했다.

Scardamalia와 Bereiter(1994, 1996a)는 컴퓨터지원 의도적 학습환경(Computer-Supported Intentional Learning Environment: CSILE)이라는 교수에 대한 학습자공동체 접근법(community-of-learners approach)을 15년 이상 동안 연구해 왔다. CSILE—또한 그것의 업그레이드 버전인 지식포럼(Knowledge Forum)(Scardamalia, 2004; Zhang, et al., 2009)—는 학생들이 교과목의 담론에 학자적인 방식으로 참여할 수 있도록 해주는 컴퓨터 도구다. 학생들은 문제에 초점을 맞추고, 그 문제에 대한 공동의 정보 데이터베이스 또는 "지식공간(knowledge space)"을 구축한다. CSILE/지식포럼은 현재의 웹 기술을 활용함으로써, 이제 서로 구축해 가는 지식형성 과정에서 해당 분야의 전문가와 교실에 있는 학습자를 연계할 수 있는 역량을 갖게 되었다(Scardamalia & Bereiter, 1996b). 학생들은 다른 학생들의 연구를 컨설팅하고 자신들의 지식에서의 차이들에 기초하여 다음 단계들을 공동으로 결정할 때 자신들의 아이디어들을 계속적으로 증진시킨다. 최근 연구들을 통해 도출된 증거들은 지식포럼 속에 내재된 도구들은 학습공동체 구성원들 간에 고차적인 집단 인지 책무성(high-level collective cognitive responsibility)과 역동적인 지식구축(dynamic knowledge building)을 촉진할 수 있음을 시사해 준다(Zhang, et al., 2009).

상황학습이론의 영향력은 앵커드교수(anchored instruction)를 위한 설계에서도 느껴진다. 밴더빌트의 인지공학그룹(The Cognition and Technology Group at Vanderbilt)(1990)은 문제해결을 위한 상황적인 맥락을 제공하는 수단으로 앵커드교수를 제안했다. 구체적으로, 그들은 시청자들이 문제를 해결하고자 할 때 보게 되는 일련의 내재된(embedded) 문제들을 담고 있는 비디오 모험 프로그램들을 개발했다. 비디오 모험 스토리는 문제를 확인하고, 가설을 설정하며, 여러 가지 해결책을 제안하는 것 등과 같은 활동을 위한 실제적인(realistic), 상황화된(situated) '앵커(anchor)'를 제공한다. 이를 통해 학습자들은 예를 들어 수학, 과학, 역사와 같이 주어진 문제들이 앵커하고 있는 교과목의 실재적인 실천(authentic practices)에 참여할 것으로 기대된다.

앵커드교수는 실천공동체의 시뮬레이션을 제공하고 학습자를 참여자보다는 관찰자로 만든다는 비판을 받아 왔다(Tripp, 1993). 그러나 밴더빌트그룹(Vanderbilt Group)은 학습자들이 비디오기반 문제로 시작했지만 다양한 지식자원을 찾아내고, 아이디어를 공유하며, 이해한 바를 수정하는 학습사이클(learning cycle)을 통한 접근법을 고안해 왔다(Schwartz, Lin, Brophy, & Bransford, 1999). 웹기반 소프트웨어는 학습사이클의 시각적인 표상(visual representation)을 제공하고 다른 사람들과의 상호작용뿐만 아니라 학습자의 행동과 성찰을 촉진한다. CSILE/지식포럼의 경우처럼, 웹기반 소프트웨어는 학습자들이 보다 넓은 공동체에서 협력하며 다른 사람들이 사용하고 조성할 수 있는 유산(legacy)을 남길 수 있는 기회를 제공한다.

Gagné의 교수이론

비록 많은 학습이론가들이 자신의 연구가 교수에 시사하는 바에 관심을 가질지 모르지만, 그들의 주요 관심사는 학습을 설명하는 것이다. 한편, Robert M. Gagné는 주로 교수와 학습에 대해 알려진 것을 어떻게 ID에 체계적으로 연계할 수 있는지에 관심을 두었다. 그는 주로 두 가지, 즉 인지적 정보처리이론과 교실에서의 효과적인 교사에 관한 Gagné 자신의 관찰에 기초한 통합된, 포괄적인 교수이론을 제안했다. 또한 Gagné의 오랜 협력자인 Briggs(1980)는 "Gagné에게 물어 본 적은 없지만, 공군[을 위한 훈련프로그램의 설계]에서의 그의 초기연구가 나중에 (a) 학습산출물들(learning outcomes)에 관한 분류, (b) 학습위계들(learning hierarchies)의 개념, (c) 교수사태들(instructional events)과 학습의 조건들(conditions of learning)과 관련된 개념을 도출하는 데 중요한 요인이 되었음에 틀림없다"(pp.45-46)고 기술했다.

Gagné의 교수이론은 점차 발전하면서 다음과 같은 세 가지의 요소들로 구성되었다.

- 인간이 학습할 수 있는 능력유형을 정의한 학습결과에 관한 분류
- 각 범주의 학습결과 습득과 관련된 내 · 외적 학습조건
- 학습하는 동안 각각의 구체적인 인지과정을 촉진하는 아홉 가지 교수사태

학습의 분류는 Gagné가 공식화하기 전후에도 논의되었지만, Gagné만이 학습할 것으로 추정되는 세 가지의 영역들, 즉 인지적 · 정서적 · 심리운동적 영역 모두를 포괄하였다. Gagné(1972, 1985; Gagné & Medsker, 1996; Gagné, et al., 2005)에 의하면, 다음과 같은 다섯 가지의 주요한 학습범주들이 있다.

- 언어정보(verbal information): '그것(that)' 혹은 '무엇(what)', 즉 정언적인 지식을 아는 것
- 지적 기능(intellectual skills): 지식을 적용하는 것
- 인지전략(cognitive strategies): 효과적인 사고와 학습방법을 사용하는 것
- 태도(attitudes): 개인의 행동선택을 조정하는 감정과 신념
- 운동기능(motor skills): 정확하고, 자연스러우며, 적시에 이동하는 것

학습결과를 다른 범주들로 정의하는 이유는 각 결과가 모두 다른 학습조건을 필요로 한다는 가정에 뿌리를 두고 있다. 예를 들어, 자전거를 타기 위한 학습(운동기능)은 곱셈구구표를 학습하는 것(언어정보)과는 근본적으로 다르며, 또한 곱셈구구표를 학습하는 것은 과학적인 문제를 해결하기 위한 학습(지적 기능)과는 근본적으로 다르다.

학습결과의 범주들 간 학습조건에 있어서의 차이는 조건이 구체적 교수목적을 확보한

교수 속에 포함되어야 한다는 지침을 준다. 예를 들어, '심폐기능소생(CPR)을 수행할 수 있다' (운동기능)라는 교수목적에 관한 교수는 해당 절차에 관한 시범과 그 절차들에 관한 개인연습, 각 단계를 설명하고 있는 업무보조물(job aid)을 포함할 것이다. 한편, ('다른 사람의 도움을 요청하기 전에 도움말 기능을 사용하는 것을 선택' 하는 것과 같이) 전자지원시스템을 활용한 업무태도지도가 목적인 교수라면 인간모델을 제공하고 바람직한 선택을 통해 얻을 수 있는 이점을 더 강조할 것이다.

각각의 학습결과에 필요한 개별 학습조건뿐만 아니라 일반적인 학습과정을 촉진하는 학습조건도 있다. Gagné는 아홉 가지 교수사태들을 주의, 부호화, 재인과 같은 내적 과정을 지원하는 학습조건이라고 생각했다. 이 교수사태들을 간략히 제시하면 다음과 같다.

1. 주의집중(gaining attention): 학습자를 자극하고 바람직한 특성에 주의를 기울이도록 하기 위한 자극 변화
2. 수업목표 제시(informing the learner of the objective): 학습자 내면에 있는 기대를 교수목표로 형성하도록 하는 문장이나 시범
3. 선수학습의 재생 자극(stimulating recall of prior learning): 학습자가 선수지식을 회상할 수 있도록 해주는 질문이나 활동
4. 자극제시(presenting the stimulus): 학습해야 할 내용을 제시하는 활동이나 정보
5. 학습안내 제공(providing learning guidance): 부호화를 촉진하는 단서나 전략
6. 성취행동 유발(eliciting performance): 학습한 것을 연습하거나 수행할 수 있는 기회
7. 피드백 제공(providing feedback): 학습자가 성취행동을 증진할 수 있도록 도와주는 교정적인 특성을 지닌 정보
8. 성취행동 사정(assessing performance): 학습해 온 것을 시범할 수 있는 기회
9. 파지와 전이 신장(enhancing retention and transfer): 학습자가 방금 전에 배운 교수내용을 뛰어넘어 학습할 수 있도록 해주는 예나 활동

Gagné의 이론을 적용하는 것은 매우 분석적이어서 교수의 세부적인 부분들을 다루는 동안 자칫 학습의 전체맥락을 놓쳐 버릴 수 있다. Gagné와 Merrill(1990)은 교수설계자가 다양한 교육목적을 교수에 통합할 수 있도록 해주는 수단으로 거대스키마(enterprise schema)의 개념을 제안했다. 거대스키마는 학습을 위한 맥락, 즉 특정 교수목적을 먼저 학습해야 하는 이유를 정의한다. 예를 들어, '레모네이드 음료가판대를 운영' 하는 것에 관한 거대스키마는 환전방법, 예상판매량에 기초한 공급량계산법 등을 학습하기 위한 유의미한 맥락을 제공한다.

구성주의

이 장에서 살펴볼 마지막 이론은 아직 단독의 이론이라기보다는 오히려 인식론, 즉 정보처리이론과 같은 이론들이 기반하고 있는 가정들과는 첨예하게 대비되는 학습에 대한 기본적인 가정들을 공유하고 있는 관점들의 집합체다. 대비는 다음과 같은 방식으로 행해질 수 있다. 정보처리이론에서 볼 때, 학습은 대부분 외부로부터 내부로 들어오는 문제(matter)다. 학습자는 정보를 환경으로부터 받아들이고, 그 정보를 다양한 방식으로 변형하며, 나중에 기억 속에 저장될 지식을 습득한다. 한편, 구성주의적 접근법에서 볼 때, 학습은 내부로부터 외부로 표출되는 문제다. 학습자는 환경을 둘러싸고 있는 조직과 의미에 적극적으로 관여하며, 그 과정에서 지식을 구안한다.

급진적 구성주의의 관점에서 볼 때, 지식구안(knowledge constructions)은 유의미한 실제(reality)와 일치할 필요는 없지만, 대부분의 구성주의 연구자들은 모든 지식구안이 똑같이 실용적이지는 않다는 데 의견을 같이한다. 학습자는 어떤 아이디어가 실용적인지 아닌지를 분류해 내기 위해 일반적으로 동료와 선생님과 같은 사람들의 이해와 대비하여 자신의 이해를 검토해 보아야 한다.

구성주의(constructivism)는 부분적으로 정보처리이론이나 Gagné의 이론과 같은 IDT 분야의 실제에 영향을 미쳐 온 다른 기반들과 첨예하게 대비되기 때문에 일반인에게 매우 예민하게 받아들여졌다. 이 구성주의적 관점들과 관련된 몇 가지 철학적 쟁점들이 제5장에서 논의되기 때문에 여기에서는 반복하지 않겠다. 여기에서는, 저자가 보기에, 구성주의가 IDT 분야에 가장 지대한 영향을 미친 것으로 여겨지는 몇 가지에 관하여 기술하고자 한다.

먼저, 구성주의 연구자들은 "설득적인 에세이를 쓰고, 비형식적 추론에 참여하며, 자료가 과학적인 조사에서 이론과 어떻게 관련되는지를 설명하고, 수학적 추론을 요구하는 상당히 복잡한 문제들을 공식으로 나타내고 해결할 수 있는 능력" (Cognition & Technology Group at Vanderbilt, 1991, p.34)과 같은 고차원적이고 복잡한 학습목표들에 초점을 둔다. 이와 같은 학습목표들은 Gagné의 분류학과 같은 분류학을 사용하여 명확하게 정의될 수 있지만, 그러한 접근법에서 볼 때 학습목표들은 구성주의자들이 목표들을 반드시 명시적으로 알 수 있도록 제시해야 한다고 주장하는 바와 같이 가정할 필요는 없다. 또한 광범위하고 복잡한 학습목표들을 다루는 것은 개인들 모두가 교수로부터 동일한 것을 학습하지 않는다는 구성주의적 신념과도 일치한다.

구성주의는 구성주의적 학습목표들을 뒷받침해 주는 학습조건 및 교수전략과 관련된 견해들에 상당한 영향을 미쳤다. 구성주의 연구자들은 학습자들이 지식구안에 참여하고, 이해에 관한 검사를 촉진하며, 지식생성과정을 성찰해 보기 위해 복잡한 학습환경을 생성하고

활용할 것을 권장해 왔다. 이러한 학습환경은,

- 학습자를 자신이 학습하고 있는 학문에서 실재적인(authentic) 활동에 참여시키며,
- 협동과 학습한 것에 다양한 관점을 포함시킬 수 있는 기회를 제공해야 하고,
- 학습자가 교육목표를 설정하고 학습을 규제할 수 있도록 지원하며, 학습해 왔던 것과 학습하는 방법에 관하여 성찰할 수 있도록 독려해야 한다.

급격한 컴퓨터 테크놀로지의 성장은 연구자가 이러한 전략이 실행되는 상이한 종류의 테크놀로지를 매개로 한 학습환경을 조성할 수 있도록 해주었다. 그러나 평가의 진보가 테크놀로지의 진보를 제대로 따라가지 못하기 때문에, 이러한 시스템의 효과성을 판단하기는 다소 어렵다. 더 나아가, 구성주의자들은 개별 학습자의 학습에 대한 평가는 학습하는 동안 관찰된 실재적인 실천(authentic practices)을 포함해야 하며, 반드시 학습자들 간의 획일적인 성취도수준을 밝혀낼 필요는 없다고 주장했다.

구성주의적 학습환경의 유행과 효과적인 학습환경을 설계하는 데 있어 어려움은 그것들이 그렇게 쉽게 작용하지는 않을 것이라는 최근의 비판을 초래해 왔다. Kirschner, Sweller, Clark(2006)은 "최소로 안내된(minimally guided)" 학습환경에 관한 분석을 수행했으며, "통제된 연구들로부터 도출된 증거에 기초해 볼 때, 초보학습자에서 중간수준의 학습자들이 학습하는 동안 구성주의기반 최소안내(constructivist-based minimal guidance)보다는 직접적이고 강력한 교수적인 지도가 더 효과적이라는 것을 거의 한결같이 지지한다"(p.82)고 결론지었다. 다른 사람들이 Kirschner 등의 분석에 이의를 제기해 왔지만(예: Hmelo-Silver, Duncan, & Chinn, 2007), 그것으로부터 얻을 수 있는 한 가지 중요한 요점은 구성주의적 학습환경들은 그것들이 학습자들을 위해 제공하는 교수적인 지원의 양과 종류에서 상당히 다를 수 있고 또한 달라야 한다는 것이다. 예를 들어, 과학에서 개념적인 변화에 관한 한 연구에서, Hardy 등(2006)은 모든 학생들은 "부양(floating)과 침하(sinking)"라는 주제에 관한 구성주의적 학습환경에 참여함으로써 혜택을 받았음을 알아냈다. 그러나 학생들은 교사가 학생들의 통찰에 관한 적절한 견해들과 촉진된 학습자 성찰을 강조하기 위해 과제들을 구조화했을 때 오개념들을 더 작게 가졌으며, 보다 더 나은 과학적인 설명들을 받아들였다.

결론

이 장에서는 ID 분야의 실제에 공헌해 온(계속해서 공헌할) 몇 가지 주요한 심리학적 원리들과 사고들(thoughts)을 간략히 소개하였다. 행동주의이론과 인지적 정보처리이론은 1960년대와 1970년대에 심리학을 지배한 연구프로그램들로부터 도출되었다. Gagné의 이론은

1960년대부터 1980년대까지 20여 년에 걸친 연구를 통해 점진적으로 발전하였으며 인지주의적 관점과 행동주의적 관점을 통합하였다. 이러한 이론들 모두가 ID 분야를 형성하고 개발시킨 토대를 형성하였다. 또한 이러한 이론들은 효과적인 교수를 설계하기 위한 유용하고 신뢰로운 지침을 제공했으며, 앞으로도 지속적으로 제공할 것이다.

스키마이론, 인지부하이론, 상황학습이론, 구성주의는 ID 분야에 학습에 대한 다른 사고방식을 제공해 준다. 이 이론들은 테크놀로지의 진보와 더불어 전보다 훨씬 더 복잡하고, 더 실제적이며, 더 흥미로운 학습환경을 구축할 수 있는 설계전략들을 제공해 줄 것이다. 이 이론들이 ID 분야에 장기적으로 어떠한 영향을 미칠 것인지에 대한 시사점은 아직 완전히 밝혀지지 않았지만, 이 이론들은 새로 입문하는 전문가들이 그 유산을 이어받아 새로운 것을 창출할 수 있는 기회를 제공할 것이다.

핵심 원리 요약

이 장에서 기술한 다양한 교수 · 학습이론들을 고려해 볼 때, 교수설계자들이 설계 과정에 참여할 때 염두에 두어야 할 몇 가지 핵심적인 원리들이 아래에 열거되어 있다.

1. 학생들이 알 필요가 있는 것, 실천이 필요한 곳, 그리고 원하는 수행기준을 충족했을 때를 확인하기 위해 학습자들의 행동을 관찰하라. 이것은 또한 여러분이 학생들의 학습을 촉진하는 데 있어 교수의 효과성에 대하여 판단할 수 있도록 도와줄 수 있다.
2. 학습자들의 관심을 유발하고, 그들이 관련된 정보를 개인적으로 유의미하게 만들 수 있도록 도와주며, 그들에게 전이를 촉진하기 위해 다양한 맥락들 속에서 실행해 볼 수 있도록 해주는 교수전략들을 사용하라.
3. 학생들이 복잡한 기능들을 학습할 수 있도록 도와주기 위해, 인지부하를 줄이기 위해 풀이된 예들(worked examples)과 부분적으로 완성된 문제들과 같은 교수전략들을 사용하라.
4. 학생들에게 그들이 복잡한 문제들을 다루고, 정보를 공유하며, 서로의 관점들에 대해 이의를 제기하고, 공통된 이해에 도달하는 학습공동체에서 학습할 수 있는 기회들을 제공하라.
5. 학습의 조건들을 학생들이 획득할 것으로 예상되는 학습산출물의 유형에 적합하게 배열하라. 학습의 전반적인 과정을 촉진하기 위해 아홉 가지의 교수사태들을 확실히 통합하라.
6. 학습자들을 실제적인 활동들과 협력적인 문제해결과정에 참여시켜라. 학생들이 자신들의 목적을 설정하고, 자신들의 진보를 모니터링하며, 자신들의 학습을 성찰할 수 있도록 해주는 교수전략들을 사용하라.

응용 문제

1. 여러분이 학습자들에게 동일한 제품의 다양한 크기와 상표에 관한 단위비용(예: 온스당 가격)을 계산하고 비교하는 방법을 가르치려고 한다고 가정해 보라. 이 장에서 논의된 학습이론들 중 세 가지를 선택하라. 세 가지 이론들 각각에 대하여, 만약 여러분이 교수를 계획할 때 해당 이론을 고수한다면, 여러분이 설계하고자 하는 교수활동들의 특징을 기술하라.
2. 간단한 학습산출물과 복잡한 학습산출물을 나타내는 두 가지의 교수목적들을 선택하라. 이 장에서 논의된 학습이론들은 여러분이 선택했던 목적들을 가르치기 위한 교수를 개발하기 위해 어떻게 활용될 수 있는가? 교수는 각각의 경우에 어떻게 다른가? 특정 이론이 특정 목적에 보다 더 적용 가능한가? 왜 그러한가?

저자 정보

Marcy P. Driscoll은 플로리다주립대학교의 Leslie J. Briggs 교육연구교수(Leslie J. Briggs Professor of Educational Research)이며, 사범대학장(Dean of the College of Education)이다.

참고 문헌

Atkinson, R. C., & Shriffin, R. M.(1968). Human memory: A proposed system and its control processes. In K. Spence & J. Spence(Eds.), *The psychology of learning and motivation*(Vol. 2). New York: Academic Press.

Briggs, L. J.(1980). Thirty years of instructional design: One man' s experience. *Educational Technology, 20*(2), 45-50.

Cognition and Technology Group at Vanderbilt.(1990, April). Anchored instruction and its relationship to situated cognition. *Educational Researcher, 30*(3), 2-10.

Cognition and Technology Group at Vanderbilt.(1991, May). Technology and the design of generative learning environments. *Educational Technology, 31*, 34-40.

Driscoll, M. P.(2005). *Psychology of learning for instruction*(3rd ed.). Needham Heights, MA: Allyn & Bacon.

Gagné, R. M.(1972). Domains of learning. *Interchange, 3*, 1-8.

Gagné, R. M.(1985). *The conditions of learning*(4th ed.). New York: Holt, Rinehart, & Winston.

Gagné, R. M.(1995/1996). Learning processes and instruction. *Training Research Journal, 1*(1), 17-28.

Gagné, R. M., & Medsker, K. L.(1996). *The conditions of learning: Training applications.* Fort Worth, TX: Harcourt Brace.

Gagné, R. M., & Merrill, M. D.(1990). Integrative goals for instructional design. *Educational Technology Research and Development, 38*, 23-30.

Gagné, R. M., Wager, W. W., Golas, K. C., & Keller, J. M.(2005). *Principles of instructional design*(5th ed.). Belmont, CA: Wadsworth/Thomson Learning.

Gee, J. P.(2004). *Situated language and learning: A critique of traditional schooling*. New York: Routledge.

Hardy, I., Jonen, A., Moller, K., & Stern, E.(2006). Effects of instructional support within constructivist learning environments for elementary school students' understanding of "floating and sinking." *Journal of Educational Psychology, 98*(2), 307-326.

Hmelo-Silver, C. E., Duncan, R. G., & Chinn, C. A.(2007). Scaffolding and achievement in problem-based and inquiry learning: A response to Kirschner, Sweller, and Clark(2006). *Educational Psychologist, 42*(2), 99-107.

Holland, J., & Skinner, B. F.(1961). *The analysis of behavior*. New York: McGraw-Hill.

Kirschner, P. A., Sweller, J., & Clark, R. E.(2006). Why minimal guidance during instruction doesn' t work: An analysis of the failure of constructivist, discovery, problem-based, experiential, and inquiry-based teaching. *Educational Psychologist, 41*(2), 75-86.

Kirshner, D., & Whitson, J. A.(Eds.)(1997). *Situated cognition: Social, semiotic, and psychological perspectives*. Mahwah, NJ: Lawrence Erlbaum Associates.

Kulhavy, R.(1977). Feedback in written instruction. *Review of Educational Research, 47*(2), 211-232.

Lave, J.(1997). The culture of acquisition and the practice of understanding. In D. Kirshner & J. A. Whitson(Eds.), *Situated cognition: Social, semiotic, and psychological perspectives*. Mahwah, NJ: Lawrence Erlbaum Associates.

Lemke, J. L.(1997). Cognition, context, and learning: A social semiotic process. In D. Kirshner & J. A. Whitson(Eds.), *Situated cognition: Social, semiotic, and psychological perspectives*. Mahwah, NJ: Lawrence Erlbaum Associates.

Mayer, R. E., & Moreno, R.(2003). Nine ways to reduce cognitive load in multimedia learning. *Educational Psychologist, 38*(1), 43-52.

Renkl, A., Hilbert, T., & Schworm, S.(2009). Example-based learnmg in heuristic domains: A cognitive load theory account. *Educational Psychology Review, 21*(1), 67-78.

Robbins, P., & Aydede, M.(2009). A short primer on situated cognition. In P. Robbins & M. Aydede(Eds.), *The Cambridge handbook of situated cognition*. Cambridge: Cambridge University Press.

Sawyer, R. K., & Greeno, J. G.(2009). Situativity and learning: A learning. In P. Robbins & M. Aydede(Eds.), *The Cambridge handbook of situated cognition*. Cambridge: Cambridge University Press.

Saxe, G. B.(1990). *Culture and cognitive development: Studies in mathematical understanding*. Hillsdale, NJ: Lawrence Erlbaum Associates.

Scardamalia, M.(2004). CSILE!Knowledge Forum®. In A. Kovalchick & K. Dawson(Eds.), *Education and technology: An encyclopedia*. Santa Barbara, CA: ABC-CLIO.

Scardamalia, M., & Bereiter, C.(1994). Computer support for knowledge-building communities. *The Journal of the Learning Sciences, 3*(3), 265-283.

Scardamalia, M., & Bereiter, C.(1996a). Adaptation and understanding: A case for new cultures of schooling. In S. Vosniadou, E. deCorte, R. Glaser, & H. Mandl(Eds.), *International perspectives on the design of technology-supported learning environments*. Mahwah, NJ: Lawrence Erlbaum Associates.

Scardamalia, M., & Bereiter, C.(1996b, November). Engaging students in a knowledge society.

Educational Leadership, November, 6-10.

Schwartz, D. L., Lin, X., Brophy, S., & Bransford, J. D.(1999). Toward the development of flexibly adaptive instructional designs. In C. M. Reigeluth(Ed.), *Instructional-design theories and models*(Vol. II). Mahwah, NJ: Lawrence Erlbaum Associates.

Skinner, B. F.(1938). *The behavior of organisms: An experimental analysis.* Englewood Cliffs, NJ: Prentice Hall.

Skinner, B. F.(1969). *Contingencies of reinforcement.* Englewood Cliffs, NJ: Prentice Hall.

Skinner, B. F.(1987). Whatever happened to psychology as the science of behavior? *American Psychologist, 42*, 780-786.

Sweller, J., van Merriënboer, J. J. G., & Paas, F. G. W. C.(1998). Cognitive architecture and instructional design. *Educational Psychology Review, 10*(3), 251-296.

Tripp, S. D.(1993). Theories, traditions, and situated learning. *Educational Technology, 33*(3), 71-77.

van Merriënboer, J. J. G., Kirshener, P. A., & Kester, L.(2003). Taking the load off a learner? mind: Instructional design for complex learning. *Educational Psychologist, 38*(1), 5-13.

van Merriënboer, J. J. G., Kirshener, P. A.(2007). *Ten steps to complex learning: A systematic approach to four-component instructional design.* Mahwah: Erbaum.

Wenger, E.(1998). *Communities of practice.* New York: Cambridge University Press.

Zhang, J., Scardamalia, M., Reeve, R., & Messina, R.(2009). Designs for collective cognitive responsibility in knowledge-building communities. *The Journal of the Learning Sciences, 18*, 7-44.

제5장

실제적 · 역사적 맥락에서의 구성주의

Brent G. Wilson (University of Colorado Denver)

여러분이 일선 교육자들—K-12 교사들, 교육학자들, 심지어 기업훈련가들—과 함께 시간을 보낸다면, 여러분은 구성주의(constructivism)라는 용어를 우연하게 접하게 될 것이다. 이 장에서는 ID 분야의 기초가 되는 학습의 명칭이 암시하는 바와 같이, 구성주의는 학습을 어떤 것을 구성하거나 만들어 가는 과정으로 본다. 구성주의는 사람들이 세계로부터 의미를 창출함으로써—그들은 자신들이 접했던 것으로부터 의미를 구축한다—학습한다고 말한다. 실제로 사람들이 어떻게 의미를 구성하는지는 학습이론가들의 쟁점이 되어 왔다. 몇몇 이론가들은 정보를 부호화하고 재인하는 상당히 기계적인 과정들이라고 주장하며, 다른 이론가들은 그 과정을 질적, 경험적인 관계로 본다. 정확한 의미구축의 과정이 무엇이든지 간에, 교수자들과 교수설계자들은 교실과 강좌, 그리고 업무 중에 발생하는 유의미한 학습을 위한 조건들을 조성하려고 노력한다.

구성주의는 "지식은 정신적인 활동에 기초한 식자(the knower)에 의해 구성된다는 아이디어에 기초한" (Skaalid, 연도 없음) 학습이론 또는 철학이다. 그것은 "개인들은 외적인 세계에 관한 자신들의 지식을 구성하며 그것에 의미를 부여한다고 하는 … 상황의 맥락 속에 뿌리를 둔 … **의미창출**(meaning making)" (Babb et al., 연도 없음)이라고 정의될 수 있다. 교육철학으로서, 구성주의는 1990년대 초반에 두각을 나타냈다. 그 당시의 저술들(Dunlap & Grabinger, 1996; Merrill, 1991; Savery & Duffy, 1996; Wilson, Jouchoux, & Teslow, 1995)에 기초하여 볼 때, 기본적인 인식결과들은 다음과 같다.

- 학습은 우리의 경험과 세계와의 상호작용 속에서, 그리고 그러한 상호작용을 통해 얻어진 적극적인 의미창출의 과정이다.
- 학습기회들은 사람들이 인지적인 갈등, 도전, 또는 당혹감에 접했을 때, 그리고 자연적으로 발생할 뿐만 아니라 계획된 문제해결 활동들을 통해 생긴다.
- 학습은 협력, 협상, 그리고 실재적인 실천공동체에의 참여를 수반하는 사회적 활동이다.
- 가능한 곳이면 어디에나, 성찰, 사정, 그리고 피드백은 학습활동들 내에 "자연스럽게(naturally)" 내재되어야 한다.
- 학습자들은 자신들의 학습에 주요한 책임을 지고, 가능한 한 그 과정에 대한 "통제권을 가져야(own)" 한다.

위에서 제시한 처음 몇 개의 기본적인 인식결과들은 본질적으로 기술적(descriptive)이며, 그 다음 마지막 두 가지는 처방적인 논조(tone)로 바뀜을 주목하라. 교수는 학습자들**에게 행하는 것**보다 **학습자들**이 탐구와 활동과정에 **참여하도록** 하는 것이 더 낫다. 교수자는 "무대 위의 현자(sage on the stage)"에서 "옆에서 안내해 주는(guide on the side)"—여전히 필요한 곳에 정보를 공유하지만 학습자들이 실제적이고 도전적인 학습활동들에 주로 참여하는—역할로 바뀐다.

구성주의적 수업은 학생들이 강의와 교과서에서 제시된 내용을 수동적으로 받아들이도록 하는 "강의식 접근법(lecture approach)"["지식 쏟아 붓기(knowledge dumping)"라고도 일컬어짐]과 종종 대비된다. 이러한 접근법은 행동주의자—행동주의적 학습은 무엇보다도 적극적인 반응을 요구하기 때문에 오류임—로 잘못 특징지어져 왔다. 그러나 학습자들은 K-12에 있든, 고등교육에 있든, 또는 훈련환경에 있든 아주 종종 덜 참여적이고, 덜 도전적이며, 수동적이고, 또는 정신적으로 그리고 신체적으로 유리되어 있다고 보는 것은 틀린 말이 아니다. 그래서 실제적인 참여를 통한 적극적이고 지속적인 의미창조를 강조하는 구성주의는 모든 교육과 훈련수준에 있는 학습자들과 교수자들에게는 유용한 아이디어다.

위에서 열거한 리스트는 상당히 거슬리지 않는 것처럼 보이지만, 그것은 구성주의가 가지고 있는 문제들 중 하나다. 구성주의는 몇 가지의 실제들이 배제될 수 있는 특수성이 결여되어 있기 때문에 어려움을 겪고 있다. 실제로, 구성주의를 매우 다른 방식으로, 매우 다른 신념에 기초하여 말한다. 아마도 그것의 애매성 때문에, 구성주의는 오늘날의 교육자들 사이에서 거의 공감을 얻지 못했다. 그리고 그것은 주로 의심되지도 않고 검토도 되지 않은 채 남아 있기 때문에 항상 위험하다.

이 장에서는 구성주의의 아이디어를 검토하고 IDT 분야에서의 그것의 위치를 모색해 본다. 이렇게 하기 위해서, 저자들은 구성주의가 IDT 분야의 역사와 진화 속에서 어디에 위치해 있는지를 간략히 보여준다. 저자들은 그 접근법이 가지고 있는 잠재적인 이점과 문제들을 제시하고, 그런 다음 이 분야에서 그것의 계속되는 역할에 대한 몇 가지 생각들로 끝을 맺는다.

역사적 관점

구성주의의 위치는 IDT 분야의 전체 역사 내에 배치될 수 있다. 다음과 같은 용어들 속에서 수십 년이 되었음을 간단히 살펴볼 수 있다.

***1960년대와 1970년대:* 교수이론의 탄생과 교수전략들에 관한 적극적인 연구.** 자극-반응이론과 일관성 있게, 우리는 교수전략들—교수(instruction)가 학습자에게 제공했던 것—은 학습을 가장 잘 설명했다고 생각했다.

***1980년대:* 인지적 학습이론과 관련된 교수이론들로의 전환.** 사람들의 머릿속에서 진행되고 있는 것은 학습에서 중요한 중재자로 간주되었다. 그래서 교수전략들은 사림들이 학습을 유발하는 정보를 처리하고 구조화하는 방법을 바꾸기 위해 설계되었다. 이와 관련한 진보들로는 전문가시스템, 지능형 튜터, 전문가-초보자 연구, 정신모형(mental models), 인지과제분석(cognitive task analysis), 인지부하이론이 포함되었다.

***1990년대:* 구성주의와 상황학습으로의 전환.** 정보처리와 기억구조에 관한 이전의 연구들을 보완해 주는, 인지에 관한 질적 측면들이 두드러지게 증가했다. 구성주의는 실재적인 실천과 공동체 참여를 보다 더 강조하고 그러나 선언적 · 절차적인 지식의 습득은 덜 강조했다. 연구자들은 지식에 관한 다른 이론들(인식론[1])과 이론과 실제에 관한 포스트모던 비평에 관해 더 잘 인식하게 되었다.

***2000년대:* 실제, 참여, 경험에 대한 관심 고조.** 학습자들뿐만 아니라 교수자들과 설계자들에게 상황화된 실제(situated practice)가 두각을 나타냈다. 교육용 게임, 미디어, 웹이 신장됨에 따라, 동기에 관한 오래된 모형들이 흥미, 집중, 참여, 학습경험에 관한 모형들에게 길을 내주었다.

위의 요약에서 볼 수 있는 바와 같이, 전반적인 경향은 유의미한 집중과 실재적인 실천으로

---

1) 인식론(epistemology)은 지식—우리가 어떻게 알며, 안다고 하는 것은 무엇을 의미하는지 등—에 대해 연구하는 철학의 한 부류다. 포스트모던 비평은 우리의 이론들, 아이디어들, 그리고 실제에 기반하고 있는 이야기들과 가정들에 대해 이의를 제기한다(Friesen, 2009).

지향되어 왔다. 1990년대 초반에 교수설계자들을 위한 주요한 전환은 실증주의 또는 객관주의 심리학에 대한 첫 번째 도전으로 표시되었다. 1991년에, *Educational Technology* 특별판은 구성주의에 대해 집중적으로 다루었다(Duffy & Jonassen, 1991). 구성주의 옹호자들(예: Cunningham, 1991; Perkins, 1991)뿐만 아니라 비판자들(Dick, 1992; Merrill, 1991)은 이러한 아이디어들이 ID의 실제와 모형들에 어떻게 융합될 것인지에 대한 대화에 열성적으로 참여했다.

구성주의에 대한 몇 가지 부정적인 반응들은 전통주의자들이 상식을 벗어난 것으로 당연하게 인식했던 "학습자들이 자기 자신의 실제(reality)를 구성한다"와 "사정(assessments)은 목적과 무관해야 한다(goal free)"와 같은 진술들 때문이었다. 그러나 일반적으로 그 논쟁은 계몽적이고 사고의 폭을 넓혀 주었다. 최근에 이데올로기적 분리는 다소 감소해 왔으며, 보다 다양하고 분열된 입장들과 관점들로 대체되었다. 보다 더 큰 사실은 실천가 자신들이 이론의 이러한 연속적인 타격에 거의 영향을 받지 않았다고 느낀다는 것이다. 사실, 실천가들의 지속적인 관심사들은 너무 이데올로기적인 논쟁들에 사로잡히지 않고 우리의 초점을 차이를 만드는 일들에 집중하도록 도와주는 일종의 정신적 지주로서 사용되고 있다.

구성주의와 연계된 교수모형

아래에 구성주의의 원리들 중 상당부분을 통합한 몇 개의 주목할 만한 교수모형들이 기술되어 있다. 이러한 모형들 각각은 ID 실제에 상당히 다른 정도로 영향을 미쳐 왔다.

문제중심학습. Howard Barrows(1988)는 의과대학 교수들과 공동으로 교수(instruction)를 문제의 핵심적인 진술들의 중심에 두고, 팀기반 탐구(team-based inquiry)와 문제해결과정들을 촉진하기 위한 모형을 개발했다. 문제중심학습(PBL) 모형은 수백 개의 프로젝트들과 다양한 학문분야에 걸친 연구들로부터 도출되었으며, 학습자의 학습 관점에서 볼 때 크게 성공적이었다(Hmelo-Silver, 2004).

앵커드교수. John Bransford와 동료들은 실제적이고 일상생활의 맥락에서 어떤 문제를 제시하며 그것을 해결하기 위해서는 수학(math)이 필요한 일련의 비디오디스크 수업들을 생산했다. 교실에서의 토론과 문제해결을 위한 이 실제적인 "거시맥락들(macrocontexts)"은 교수전략들로서 유용한 것으로 밝혀졌으며(Cognitive and Technology Group at Vanderbilt, 1990), 교수설계자들이 자신들의 교수와 훈련생산물 속에 통합하기 위해 이러한 사례들을 차용할 정도로 영향을 미쳐 왔다.

인지적 도제. Alan Collins와 John Seely Brown은 상황인지이론에 기초하여, 도제들이 작업 환경에서 자신들의 대가들(masters)로부터 학습하는 방법과 유사한, 비형식적 학습의 핵심적인 측면들을 포함하고자 하는 교수모형을 개발했다(Collins, Brown, & Newman, 1989). 이 모형은 실제적이지만 복제 가능한(replicable) 교수를 위한 프레임워크를 찾고 있는 교수설계자들 사이에서 인기를 얻었다.

의도적인 학습환경. Bereiter와 Scardamelia는 협력적인 문제해결, 사유(reasoning), 그리고 논쟁(argumentation)을 위한 일련의 모형들과 컴퓨터 도구들을 개발했다(Scardamalia & Bereiter, 1991). 이 시스템들은 중 · 고등학교 학생들에 의해 주로 사용되었지만, IDT 전문가들 사이에서 보다 더 널리 영향을 미쳐 왔다.

REALs. Joni Dunlap과 Scott Grabinger(1996)는 구성주의의 핵심적인 측면들이 설계를 위한 처방적인 모형 속에 통합되어 있는 REALs(rich environments for authentic learning; 실재적인 학습을 위한 풍부한 환경)라 불리는 실재적인 교수를 설계하기 위한 모형을 개발했다. 이 모형은 타당화와 연구의 측면에서 추수검증이 되지 않았지만, 구성주의적 요소들을 잘 통합하고 있다.

구성주의적 교수모형들에 대해 더 많은 정보를 얻으려면, Wilson과 Cole(1991, 1996), 그리고 Ryder(2010)를 참고하라.

구성주의의 잠재적 이점

구성주의 옹호자들은, 아래에 요약 · 제시하는 바와 같이, 그 입장에 관한 수많은 장점들을 강조한다.

사람들이 실제로 학습하는 방법에 대한 대응. 적극적인 참여와 유의미한 활동을 통한 학습에 관한 구성주의의 서술(depiction)은 일반적으로 신경과학, 인류학, 교육학에서의 연구결과들에 의해 확증된다. 서술은 전통적으로 심리학에 의존하는 것보다 더 광범위한 이론적 기반이며, ID를 위한 귀중한 지침들을 도출할 수 있게 해준다. 동시에, 서술의 애매성과 부정확성은 연구를 어렵게 만들 수 있다(Winn, 2003). 학습과학이라고 알려진 연구공동체는 구성주의에 모순되지 않는 아이디어들에 기초한, 그러나 보다 엄격한 연구방법을 사용한 중요한 연구의제들(agenda)을 계속 수행해 오고 있다(Sawyer, 2006).

고차원적인 학습산출물. 구성주의적 수업은 문제해결과 비판적인 사고, 고차원적인 인지적 산출물(higher-order cognitive outcomes)에 초점을 둔다. 이들 고차원적 학습형태들은, 교수에서 달성하기는 어렵지만, 교육과 훈련에서는 중요한 목표들이며 "실제세계(real world)"에서 요청하는 전문적인 지식에 보다 더 근접한 것들이다. 고차원적인 학습에 초점을 두면, IDT 전문가들이 흔히 관리자들, 선도자들, 전문가들이 비구조화된(ill-structured) 문제들을 분석하고 해결하는 방법을 학습할 수 있도록 도와주기 위해 설계된, 관리자들이나 선도자들, 전문가들을 위한 "보다 쉬운", 훈련을 포함하기 위해 기술적인 훈련 이상을 행할 수 있도록 도와준다.

정서와 감정의 보다 더 나은 통합. 구성주의적 학습은 감정(emotion), 정서(affect), 참여를 학습과 인지에 관한 논의 속에 통합하고자 노력한다. 이러한 총체적인 접근은 교수는 "학문적인(academic)" 것 이상이 되기 때문에, 일반적으로 우수하다—교수는 전인(whole person)을 육성하고, 전문지식(expertise)보다 실제적인 표상(realistic representations)을 유발한다.

업무와 교실 밖의 수행에 보다 더 적절. 구성주의적 학습은 실제적인(realistic) 환경들에서의 실재적인(authentic) 수행을 강조하기 때문에 잠재적으로 교실 밖의 요구에 보다 더 적절할 수 있다. 학습자들이 교수동안 보다 복잡한 문제들과 과제들을 접할 때, 그들은 그 지식을 작업환경들에 보다 쉽게 전이할 수 있어야 한다. 이것은 물론 교수의 질과 학습상황에서의 조건들이 학습자들이 업무상에서 경험할 조건들과 얼마나 근접하게 일치하느냐에 따라 달라진다. 물론, 어떤 종류의 업무요구들의 경우, 업무 중에 이용할 수 있는 데 매우 초점을 둔 매뉴얼이나 업무보조물이 업무조건들을 모방하고자 하는 별도의 자원보다 더 적절할 수 있다. 그러나 일반적으로, 구성주의적 원리들은 업무와 외부 세계에 대해 보다 더 적절하도록 해야 한다.

몇 가지 위기와 도전

모든 접근법들과 마찬가지로, 구성주의는 몇 가지 문제들을 해결한 반면, 아마도 다른 문제들을 만들고 있을 것이다. 구성주의적인 해결책이 완벽하게 들어맞는 몇 가지 상황들이 있다. 그리고 그런 다음, 그러한 해결책이 남용될 수 있는 다른 상황들도 있다. 이 절에서 우리는 구성주의적인 입장을 채택하는 데 있어 고려해 보아야 할 몇 가지 사항들을 검토한다.

교수자로부터 학습자로의 힘/통제권의 전환

우리는 가장 큰 관심사부터 시작한다. 대부분의 강좌들에서, 교수자들은 가장 힘든 일꾼들이다. 그들은 가장 적극적이고 열성적이다. 그들은 수업 중에 거의 졸지 않는다. 그들은 가장 힘들고 가장 흥미로운 결정들을 내리며 가장 문제가 되는 것들을, 그리고 통상적으로 가장 실제적이고 흥미로운 문제들을 해결한다. 그들은 또한 가장 잘 학습(처음 몇 번은 어떻든 가르침)하는 경향이 있다. 이러한 것은 구성주의적 교수에서는 뒤바뀐다. 즉, 학습자들은 자신들이 정말로 흥미 있어 하는 일을 해야 하는 상황에 처한다. 그들은 그렇지 않으면 교수자가 할지도 모르는 업무들, 즉 문제를 해결하기 위해 일해야 할 분야나 접근법을 선택하고, 팀 구성원들의 역할을 결정하며, 자원과 방법들을 판단하고, 해결책들의 질과 적절성을 평가하며, 다른 학습자들에게 피드백과 컨설팅을 제공하는 업무들을 맡는다. 이론상, 이러한 책무성들을 학습자들에게 넘기는 것은 매우 그럴듯해 보이지만, 교수설계자들과 교수자들에게 다음과 같은 수많은 문제들이 갑자기 제기된다.

- 학습자들은 이 새로운 일을 맡을 준비가 되어 있는가?
- 학습자들은 혼자 힘으로 일할 수 있고, 서로의 관심사들을 보살펴 줄 정도로 동기화되어 있으며, 정서적으로도 성숙되어 있는가?
- 학습자들은 복잡하고 실제적인 환경들을 다루기 위해서 필요한 사전지식을 가지고 있는가?
- 학습자들은 필요한 정보에 적절하게 접근할 수 있는가?

일반적으로, 양질의 구성주의적 수업은 전통적인 교수자주도 수업보다 더 많은 지원, 자원들에 대한 더 많은 접근, 세부사항에 대한 더 많은 주의 깊은 설계와 관심, 진행과정에 대한 더 많은 모니터링, 보다 더 주의 깊은 기교(craft) 지도를 요구한다. 구성주의적 학습경험을 설정하고 그것이 적절하게 작동하도록 하는 것은, 거의 항상 그것이 올바르게 작동되도록 하기 위해서 현장 검증을 요구하기 때문에, 교수설계자들에게는 엄청난 고통일 수 있다. 그러나 만약 그것이 잘 작동된다면, 그 투자는 상당한 학업성취, 그리고 마찬가지로 중요하게 학습자들의 일에 대한 보다 온전한 참여를 달성할 수 있다. 설계와 수정을 반복한 뒤에, 교수자는 종국에 정말로 개인들과 팀의 힘(energy)과 참여, 적극적인 학습을 즐기는, "옆에서 안내"하는 사람으로서의 역할을 수행할 것이다. 학습자들을 지켜보는 것을 책무성으로 받아들이고 정말로 관계를 맺게 되는 것은 엄청난 만족감을 줄 수 있지만, 그러한 지점에까지 도달하는 것은 힘든 체험이 될 수 있다.

교수설계자들과 교수자들이 힘과 일을 학습자들에게로 전환하는 교수를 계획할 때, 그들은 이러한 새로운 유형의 학습환경을 설계하는 것과 관련된 많은 다른 문제들에 직면하게 될 것이다. 예를 들면, 다음과 같다.

- 교수자에게 새로운 요구들이 주어졌다는 가정하에, 우리는 어떻게 교수자들이 다음과 같은 것을 할 수 있도록 도와줄 수 있는 학습환경을 설계할 수 있는가?
- 학생업무의 명백한 혼란과 불협화음 중에, 교실에서의 통제감(a sense of control)을 유지할 수 있도록
- 교수자와 학습자 양자가 어떤 학습양식(learning mode)에 있고 새로운 요구사항들을 조절하고 있을 때, 구성주의적 수업으로의 전환에서 살아남을 수 있도록
- 학생들의 계획(initiative)을 선매하지(preempting) 않고 학습을 안내하고 지도할 수 있도록
- 특히 어려움을 겪고 있거나 적극적으로 참여하지 않는 것으로 보이는 학습자들의 진척도를 모니터링할 수 있도록
- 오늘날 교수자가 더 이상 무대 위의 현자로서 대접받지 않는 상황에서 그들의 전문가로서의 만족감을 성취할 수 있도록
- 우리는 단지 프레젠테이션을 위해서가 아닌 의사결정에 도움을 주기 위한 의사소통과 계속적인 사정을 위해 테크놀로지를 어떻게 가장 잘 사용할 수 있도록 할 수 있는가?
- 우리는 여전히 학습목표들을 달성하면서, 어떻게 참여와 구매(buy-in)를 요청하고, 학습자들에게 소유권을 줄 수 있는가?
- 우리는 상이한 학습자들의 요구와 아마도 차별화된 학습산출물들에 대한 그들의 요구를 어떻게 수용할 수 있는가?

교실에서 통제권을 유지하고 전환에서 살아남는 것(위에서 언급한 처음 두 가지)이 아마도 대부분의 교수자들에게는 최상의 관심사들일 것이다. 수업을 하는 것은 미세조정된(fine-tuned) 안무와 같으며, 그래서 스텝들을 바꾸거나 새로운 과정들(routines)을 집어넣음으로써 춤을 뒤집어 엎으려고 시도하는 교수설계자들은 그 과정에서 청중들을 쉽게 잃어버릴 수 있다. 구성주의적 학습으로의 전환은 학생들과 교수자들에게도 모두 새로운 학습을 요구하기 때문에 정말로 중요한 결정이며 책무이다. 이러한 전환을 할 것을 요구받은 교수자들은 이러한 변화들을 성공적으로 만들기 위해 그들의 활동과정에서 지원을 받고, 유능한 멘토들, 정보자원들, 지원적인 인센티브/관리 구조에 접근할 수 있어야 한다.

어쨌든, 내가 답하고 있는 것보다 더 많은 문제를 제기하고 있는 것처럼 보인다면, 그것은 교수이론과 이데올로기들도 그러하기 때문이다. 모든 교수이론들은 심각하게 **덜 구체화되어**(underspecified) 있다. 즉, 그것은 실제로 여러분에게 여러분이 그와 같은 수업을 설계

하기 위해서 필요로 하는 어떤 것에 대해서도 말하고 있지 않다. 지엽적인 상황, 목적과 제한점들, 참여자들의 전문적인 지식들에 너무 많이 의존한다. 교수이론들은 불가피하게 추상적이고 일반적이어서 실제세계의 팀과 개인들에게 너무 많은 것을 남겨 놓는다. 그것이 설계자들에게 많은 돈이 지불되는 이유이며, 그들이 많은 돈을 "절약(save)"하기 위해 이론들에 기대하지 말아야 하는 또 다른 이유다.

학습을 올바르게 이해하기

George의 사례를 고려해 보자. George는 자기 자신을 구성주의자라고 생각한다. 그의 강좌들은 할당된 읽을거리로서 단지 몇 개의 논문만을 포함하고 있으며, 어떠한 교과서도 없다. 학생들은 단지 두 개의 중요한 프로젝트들만을 완수하면 되는데, 하나는 개인적으로 완수해야 하고, 다른 하나는 서너 명의 학생들로 구성된 집단에 할당되었다. 그는 거의 강의를 하지 않으며, 오히려 수업시간을 학생들이 자신들의 프로젝트들을 수행하도록 바꾸었다. 각 프로젝트는 학생들을 안내하기 위해서, 또한 점수를 매기기 위해서 사용될 준거들이 포함된 규정(rubric)을 가지고 있다. 학생들이 자신들의 과제에 대해 논의하기 위해 그에게 가져오면, 그는 조언을 해주고 그들이 자원들을 찾을 수 있도록 도와 주었다.

불행하게도, George의 학생들은 좌절감을 느낀 경험을 보고했다. 그들은 지식이 결여된 채 수업에 들어갔으며, 아주 종종 동일한 문제로 떠났다. 방향감을 상실(disorientation)했다는 느낌이 만연했다. 그들은 살펴보아야 할 곳을 알지 못하고, 전망이 밝지 않은 선두를 추구하며, 도움이나 안내를 기다리는 것에 지쳤다. 그들은 단지 일들을 서서히 처리했다. 그러나 자신들의 과제에 도움을 받기는 정말로 늦어 버렸다.

이 이야기의 교훈은 구성주의적인 학습의 인식결과들을 따를 수 있지만 여전히 그렇게 성공적인 교수(instruction)는 아니었다는 것이다. 이미 논의된 것들 이외에, 교수설계자들이 생각해 볼 필요가 있는 잠재적인 문제들로는 다음과 같은 것들이 있다.

- **비효율적인 활동으로 인한 저차원의 산출물.** George의 학생들은 복잡한 환경에서 "실재적인(authentic)" 과제들에 적극적으로 참여했을지 모르지만, 그들의 노력은 해당 일을 수행하는 것에 초점이 맞추어지지 않았다. 이득이 별로 없는(low-payoff) 활동들, 즉 애매한 정보를 검색하거나 중요하지 않은 과제들과 세부사항들에 정성을 들이고, 수단-목적(means-end) 전략들(본질적으로 경험에서 우러나온 추측, 그리고 다시 조사)을 사용하여 문제를 해결하려고 시도하는 등의 활동들을 수행하는 데 너무 많은 시간을 소비했다. 그들의 모든 활동들에도 불구하고(또는 그것 때문에?) 그들의 학습을 자세히 살펴보면 새로운 정보가 그렇게 많지 않고, 고차원적인 문제해결과 스

키마를 습득한 것도 충분하지 않아 실망스럽다.

- **표준(standards)과 목표의 불일치.** 구성주의적 학습접근법은 단지 몇 개의 프로젝트들과 사례들에 초점을 두는 경향이 있다. 보다 광범위한 학습요구조건들을 가지고 있는 교육과정들의 경우, 이것은 다른 목표들이 다루어지지 않은 채 남아 있기 때문에 시간과 관심을 적절하게 투자했다고 볼 수 없다. 일들을 엄격하게 정의된 교육과정 내에 적합하게 만들려면 전반적인 목적과 목표들에 관해 좀 더 포괄적으로 다시 생각해 볼 필요가 있을 수 있다.
- **목표한 학습을 위한 활동의 오류.** 많은 학생들, 교수자들, 교수설계자들은 부지런히 활동하는 것과 학습을 혼동하는 경향이 있다. 활동은 몇몇 일반적인 수준에서는 학습과 동일하지만, **목표한**(targeted) 학습목표를 달성했음을 보장해 주지는 않는다. **목표한** 학습에 관해 철저히 평가하면, 학생들의 적극적인 참여가 그 수업에서 요구된 지식과 기능들을 실제로 증진시켰는지의 여부를 증명할 수 있다. 아울러, 지속적인 평가와 총합평가, 공식적인 평가와 비공식적인 평가와 같은 여러 가지 평가들을 실시하면, 어떤 결정적인 학습목표들이 완전히 숙달되었는지를 여러 번에 걸쳐 확인할 수 있는 기회를 제공해 줄 수 있다.
- **매체/제품 가치의 유혹.** 웹상에 있는 다양한 도구들과 자원들을 통해 이용할 수 있는 스캐폴딩, 지원, 참여를 위한 어포던스(affordances) 때문에 구성주의와 테크놀로지는 함께 가야 한다. 많은 웹 자원들은 높은 프레젠테이션의 질(quality)을 가지고 있어 오락매체들과 잘 경쟁할 수 있다. 그러나 교수설계자들은 이러한 매체자원들을 선택할 때 주의를 해야 한다. 우리는 종종 매력적으로 보이고 들리는 멋진 비디오클립들에 끌리지만, 실제로 콘텐츠를 보다 더 심층적으로 이해하려고 하지는 않는다. 매체는 어떤 교과목에 처음 도입되었을 때 또는 실례 또는 지원으로서는 효과적일 수 있다. 그러나 학습자들이 보다 깊이 있게 이해하고 교과목과 해결책들을 연결 짓기 위해서는 용기가 필요하다. 때때로 더 풍부한 매체가 평범한 텍스트기반 페이지나 논문보다 덜 적절할 수 있다.
- **혜택을 측정하기 힘듦.** 구성주의적 수업 방법들을 통해 획득된 전체학습을 객관적인 평가를 통해 밝혀내기는 힘들 수 있다. 고정되고 제한된 학습대상을 가르치는 가장 쉬운 방법은 일반적으로 직접교수(direct instruction)일 것이다. 그러나 구성주의적 방법들은 보다 더 넓은 산출물들—교과목을 좋아하는 유능하고 신뢰로운 문제해결자—을 도출한다. 이러한 산출물들은 핵심적인 리터러시와 수학계산기능, 또는 업무역량들 중 기술적인 숙달이라고 볼 수 있다. 교수설계자들은 핵심적인 기능과 이러한 보다 더 측정하기 힘든 산출물들 양자를 적절하게 다룰 수 있는 평가기법들을 확인하거나 만

들기 위해 노력해야 한다.

- **특권과 접근에 의지.** 포스트모던 이론가들은 구성주의는 백인 중류계층에 의해 향유되는 또 다른 특권이라고 구성주의에 대해 비판해 왔다(Popkevitz, 1998). 하위계층과 소수자들이 많은 학교들은 이 분야에서 거의 혁신자들이 아니다. 작업환경에서, 저임금 근로자들은 종종 관리훈련(management training)과 비교해 볼 때 덜 매력적이고 덜 실재적인(authentic) 기술훈련(technical training)을 받는다. 가용한 테크놀로지들에 대한 접근 또한 계층, 인종, 문화에 따라 다양하다. 학습자들이 사전지식과 학문연구 기능들이 제대로 갖추어져 있지 않을 때 구성주의는 없어도 좋은 사치라고 볼 수 있다. 심지어 구성주의자들의 교훈들을 사용했을 때조차도 모든 학생들이 정말로 혜택을 볼 수 있는가? 특권과 힘에 관한 비판은 어떤 이데올로기나 해결책의 승자들 또는 패자들을 검토하는 경향이 있다. 그래서 구성주의도 동일한 검증을 해볼 필요가 있다.

결론

ID는 우수한 지식, 학습, 교수이론들에 의존한다. 많은 외관과 형태들이 있는 구성주의는 ID모형 기반에 기여하고 있다. 동시에, ID 분야는 우수한 이론을 사용하여 해야 할 것을 아는 유능한 전문가들에 의존한다—우수한 교수를 만들기 위해 우수한 이론을 해당분야 지식과 아이디어들을 통합하여 사용하기 위해. 더 나아가, 교수설계자들은 적합한 사람들, 특히 힘이나 영향력을 행사할 만한 위치에 있지 못할 수도 있는 사람들이 자신들의 노력을 통해 혜택을 본다는 것을 보장하는 도덕적인 토대가 필요하다(Wilson, 2005).

구성주의는 계속해서 교수설계자들의 담론과 실제의 일부분이 될 것이다. 어떤 면에서, 구성주의의 일반적인 원칙(또는 애매함)은 그것의 장점에 영향을 미친다—구성주의는 교수를 보다 더 의미 있고 실제적으로 만드는 데 목적을 둔 모든 전략들과 모형들을 상징한다. 그러한 전략들과 모형들 대부분이 가지고 있는 한 가지 핵심적인 특징이 구성주의를 "지식을 자신의 사전지식과 다른 사람들의 경험에 의해 매개된 경험의 산물이라고 보는 철학적 입장"이라고 정의했던 Martin Ryder(2008)에 의해 언급되었다. 경험, 특히 사람들이 자신들의 세계와의 만남을 강조함을 주목하라(Parrish, Wilson, & Dunlap, 인쇄 중). 그것은 많은 교수설계이론가들 사이에서 근본(root)으로 받아들여지는 것 같은 경험으로부터—자신들의 세계와의 만남으로부터—의 학습에 관한 보다 더 커다란 그림이다.

현재의 철학적 또는 과학적 이론으로서, 구성주의는 유행의 조짐들을 보여주고 있다. 그러나 보다 더 나은 "주의(ism)"가 나오고 성공을 거둘 때까지, 구성주의는 교수를 보다 더 유의미하고, 실제적이며, 문제중심적으로 만들기 위한 우리의 일반적인 목표들을 함축하는 훌륭한 약칭이다. 이러한 것들은 교수설계자들 사이에서 가치를 인정받고, 향후 여러 해 동안 우리의 담론에서 한 자리를 차지할 것이다.

핵심 원리 요약

1. 구성주의는 학습자들이 실재적인 문제들을 가지고 협력과 참여를 통해 의미를 창출하는 것을 강조하는 교수를 설계하는 것을 지향하는 하나의 입장이다.
2. 구성주의가 지니고 있는 주요한 장점은 사람들이 실제로 학습하는 방법—일반적으로 보다 더 유의미한 학습산출물들을 초래하는, 자신들의 세계에의 직접적인 참여를 통해—과 보다 더 잘 일치한다는 것이다.
3. 한 가지 주요한 관심사는 학습자들이 종종 부가적인 책임을 잘 완수하기 위한 사전지식과 의향이 결여되어 있을 때 그들이 자신들의 학습에 대해 더 많은 책임을 지도록 준비시키는 것이다.
4. 전통적인 접근법들과 비교해 볼 때, 구성주의적 설계는 학습자들에게 요구되는 안내와 지원을 제공하기 위해 일반적으로 더 주의 깊은 설계, 수행 모니터링, 스캐폴딩, 현장검증을 요구한다.
5. 성공적인 구성주의적 교수를 위한—실제로 모든 ID의—핵심은 최소한 적용되는 특정 이론이나 모형에 있어서만큼은 행하는 것의 세부사항들(details of the doing)에 달려 있다.

응용 문제

1. 한 지방병원의 훈련담당관이 여러분에게 간호사들을 위한 세 시간(최대)짜리 훈련프로그램을 설계하도록 요청했는데, 그것은 간호사들이 환자의 가족들과 상호작용할 때 더 호의적인 행동들을 보일 수 있도록 하는 것이다. 20명의 간호사들이 각 훈련프로그램에 참여할 것인데, 그 프로그램은 병원에 있는 모든 간호사들이 참석할 수 있는 기회를 가질 때까지 반복적으로 제공될 것이다. 아울러, 온라인 석사학위 프로그램에서 얼마 전에 '학습이론(Theories of Learning)' 강좌를 수강한 훈련담당관은 "여러분은 구성주의적 접근법을 사용하여 그 프로그램을 설계할 수 있습니까? 저는 간호사들이 단지 강의를 보거나 또는 일련의 규칙들을 배우는 것이 아니라 유의미한 어떤 것에 어떻게든 참여하도록 하고 싶습니다." 하고 제안한다. 그 시작으로, 훈련담당관은 다음과 같은 것을 간략히 기술하고 있는 한 페이지(약 400단어)짜리 메모를 요구했다.

   - 훈련프로그램 동안 행해지게 될 교수활동들
   - 그러한 활동들이 구성주의와 관련된 교수원리들 대부분을 구현하는 방법(그러한 원리들은 무

엇이며, 그 활동들이 그 원리들을 구현하는 방법을 분명하게 나타냈는지를 명확히 하라.). 그 메모를 작성하라!

2. 교원수업센터(Faculty Teaching Center)에 근무하는 교수설계자로서, 여러분은 심리학 전공자들에게 개설된 인간동기에 관한 수업을 다시 짜고 재설계하고 있는 정년을 보장받은 심리학과 교수인 Serge와 함께 일하고 있다. 이제 그 강좌를 온라인으로 가르친 것이 4년째에 접어들기 때문에, 그는 온라인으로 가르치는 것에 대한 경험이 있고 자질을 갖추었다고 느낀다. 그 강좌를 보다 더 참여적이고 유의미하게 만들기 위해서, 그는 한 단원을 개별 연구영역들에서 함께 연구하고 있는 서너 명의 학생들이 팀을 이뤄 프로젝트기반 과제를 하는 것으로 수정했다. 학생들로부터의 반응은 호의적이었다. 그들은 일반적으로 주별 읽기와 온라인 토론의 대체물인 해당 프로젝트를 좋아한다. 문제는 팀들이 제출한 연구의 질이 상당히 다양하다는 것이다. 그래서 해당 분반 학생의 약 1/3이 요구되는 성적보다 다소 떨어졌다. 강의일정 때문에, 학생들은 연구물을 제출하자마자 다음 단원으로 곧바로 진도를 나가서 서로가 제출한 것을 검토하지 못했다.

   Serge 교수는 여러분에게 "저는 우리가 지향하고 있는 방향은 좋아하지만, 몇몇 팀들이 그 단원에 대해 좌절감을 느꼈다고 했습니다. 그들은 그 단원을 더 잘 학습할 수 있는 방법에 대한 도움을 필요로 하는 것 같습니다. 제가 어떻게 그들에게 너무 부담이 되지 않으면서 안내를 제공해 줄 수 있습니까? 저는 그들이 제가 제공하는 템플릿이나 예를 단순히 복사하는 것을 원치 않습니다."라고 말한다.

   자문과정에서 다음 단계들은 무엇인가? 구성주의적 원리들에 근거하여, 여러분은 Serge 교수에게 어떤 질문들을 하겠는가? 또는 어떤 조언을 해주겠는가? 서로 간의 대화에서 주로 언급될 수 있는 구성주의 교수에 대한 장점과 관심사들과 관련하여, 여러분이 읽을 것으로부터 무엇을 얻을 수 있는가?

저자 정보

Brent G. Wilson은 콜로라도대학교 교수이며, 정보 · 학습공학(Information and Learning Technologies) 프로그램 책임자다.

참고 문헌

Babb, I. G., Scheifele, P. M., Brown, S., Lang, H., LaPorte, M., & Monte, D.(no date). *The classroom of the sea: Integrated science education for the deaf.* Retrieved January 22, 2010, from: http://www.connsensebulletin.com/class3.html

Barrows, H.(1988). *The tutorial process.* Springfield, IL: SIU School of Medicine.

Cognitive and Technology Group at Vanderbilt.(1990). Anchored instruction and its relationship to situated cognition. *Educational Researcher, 19*(6), 2-10.

Collins, A., Brown, J. S., & Newman, S. E.(1989). Cognitive apprenticeship: Teaching the crafts of reading, writing, and mathematics. In L. B. Resnick(Ed.), *Knowing, learning, and instruction: Essays in honor of Robert Glaser*(pp. 453-494). Hillsdale, NJ: Lawrence Erlbaum Associates.

Cunningham, D. J.(1991, May). Assessing constructions and constructing assessments: A dialogue. *Educational Technology*, 13-17.

Dick, W.(1992). An instructional designer' s view of constructivism. In T. M. Duffy and D. H. Jonassen(Eds.), *Constructivism and the technology of instruction: A conversation*(pp. 91-98). Hillsdale, NJ: Lawrence Erlbaum Associates.

Duffy, T. M., & Jonassen, D. H.(1991). New implications for instructional technology? *Educational Technology, 31*(3), 7-12.

Dunlap, J., & Grabinger, R.(1996). Rich environments for active learning in the higher education classroom. In B. G. Wilson(Ed.), *Constructivist learning environments: Case studies in instructional design*(pp. 65-82). Englewood Cliffs, NJ: Educational Technology Publications .

Friesen N.(2009). *Re-thinking e-learning research: Foundations, methods, and practices* [Chapter 6: Critical theory: Ideology critique and the myths of e-learning(pp. 173-199)]. New York: Peter Lang.

Hmelo-Silver, C. E.(2004). Problem-based learning: What and how do students learn? *Educational Psychology Review, 16*(3), 235-266.

Jonassen, D., Davidson, M., Collins, M., Campbell, J., & Haag, B.(1995). Constructivism and computer-mediated communication in distance education. *The American Journal of Distance Education, 9*(2), 7-26.

Merrill, M. D.(1991). Constructivism and instructional design. *Educational Technology, 31*(5), 45-53.

Parrish, P., Wilson, B. G., & Dunlap, J. C.(in press). Learning experience as transaction: A framework for instructional design. *Educational Technology* [special issue on transformative learning experience edited by George Veletsianos and Brendan Calandra].

Perkins, D. A.(1991). What constructivism demands of the learner. *Educational Technology, 31*(9), 19-21.

Popkewitz, T. S.(1998). Dewey, Vygotsky, and the social administration of the individual: Constructivist pedagogy as systems of ideas in historical spaces. *American Educational Research Journal, 35*(4), 535-570.

Ryder, M.(2008). The cyborg and the noble savage: Ethics in the war on information poverty. In R. Luppicini & R. Ladell(Eds.), *Handbook of research on techoethics*. IGI Global. Draft retrieved January 21, 2010, from: http://carbon.ucdenver.edu/mryder/savage.html#def_constructivism

Ryder, M.(2010, January 1). *Constructivist models*. Retrieved January 22, 2010, from: http://carbon.ucdenver.edu/-mryder/itc_data/idmodels.html#constructivism.

Savery, J. R., & Duffy, T. M.(1996). In B. G. Wilson(Ed.), *Constructivist learning environments: Case studies in instructional design*(pp. 135-148). Englewood Cliffs, NJ: Educational Technology Publications.

Sawyer, R. K.(Ed.).(2006). *The Cambridge handbook of the learning sciences*. New York: Cambridge University Press.

Scardamalia, M., & Bereiter, C.(1991) Higher levels of agency for children in knowledge building: A challenge for the design of new knowledge media. *The Journal of the Learning Sciences,*

1(1), 37-68.

Skaalid, B.(no date). *Definition of constructivism.* Retrieved January 22, 2010, from: http://www.usask.ca/education/coursework/802papers/Skaalid/definition.html

Wilson, B. G.(2005). Broadening our foundation for instructional design: Four pillars of practice. *Educational Technology, 45*(2), 10-15. Draft online: http://carbon.ucdenver.edu/~bwilson/Pillars.html

Wilson, B., & Cole, P.(1991). A review of cognitive teaching models. *Educational Technology Research and Development, 39*(4), 47-64.

Wilson, B. G., & Cole, P.(1996). Cognitive teaching models. In D. H. Jonassen(Ed.), *Handbook of research in instructional technology*(pp. 601-621). New York: MacMillan.

Wilson, B., Osman-Jouchoux, R., & Teslow, J.(1995). The impact of constructivism(and post-modemism) on ID fundamentals. In B. B. Seels(Ed.), *Instructional design fundamentals: A reconsideration*(pp. 137-157). Englewood Cliffs, NJ: Educational Technology Publications.

Winn, W. D.(2003). Beyond constructivism: A return to science-based research and practice in educational technology. *Educational Technology, 43*(6), 5-14.

제6장

학습과학: 기원과 교수설계자들에게 의미하는 것

Christopher Hoadley (New York University)
James P. Van Haneghan (University of South Alabama)

이 장의 목적은 학습과학(learning sciences) 관점을 기술하는 것이다. 우리는 이 관점이 어떻게 나타났고, 무엇이 그것을 독특하게 만들며, 그것이 학습에 관한 이전의 관점들을 어떻게 뛰어넘으며, 이 관점으로부터 교수설계자를 위한 연구결과들과 실제적인 도구들은 무엇을 취할 수 있도록 해줄 것인지에 대한 질문들에 답하고자 한다. 이 장을 시작하기 위해, 우리는 40여 년 전으로 돌아가서 여정을 시작한다.

그 당시에, 인지심리학(cognitive psychology)은 심리학의 주류로 이동하고 있었으며, 교육적인 적용에 크게 연관되게 되었다. 전반적으로, 교육과 관련한 인지심리학이 번성하도록 한 세 가지의 주요한 경향들이 있었다. 첫째, 심리학의 행동주의적 모형들로부터의 완전한 이탈은 인간학습을 이해하기 위한 대안적인 이론적 기반들을 구축할 수 있도록 해주었다. 둘째, 인지과학의 다학문적(interdisplinary) 분야의 출현은 컴퓨터과학, 인류학, 음성학, 철학과 같은 다양한 학문들의 접근법들로 하여금 최신의 맥락과 문화를 학습에서 핵심적인 요인들(학습자들의 개별적인 심리학 혹은 ID의 특색들은 제외하고)로 가져올 수 있도록 도와 주었던 전통적인 심리학적 이론들과 연구방법들과 혼합하고 조화시키는 것을 합법화했다. 셋째, 컴퓨터 테크놀로지의 진보는 수업과 교육심리학을 잘 매칭시킨, 아마도 심리학 내에서는 최초의 설계지향 영역들인 설계사고(design-mindedness)에 대한 문을 열어 주었다.

심리학에서의 다양한 학습이론들

1970년대경에 심리학은 두드러진 전환기에 있었다. 20세기 초반의 지배적인 패러다임은 변별적인 자극과 연합 또는 강화를 통한 반응의 연계에 중점을 둔 행동주의였다. 그러나 행동주의는 제2차 세계대전 후에 나타났던 많은 대안적인 패러다임들로부터 도전을 받았다. 음성학과 정보이론에서의 연구, 컴퓨터의 출현은 행동주의에 의문을 제기토록 했던 아이디어들을 유발했다. 가령, Chomsky(1959)는 행동주의적 개념들은 언어의 생성성(generativity)을 설명할 수 없다고 주장했다. "사고들(thoughts)"과 "아이디어들(ideas)"을 심리학적인 현상으로 진지하게 받아들이는 쪽으로 점점 확대된 운동은 "인지주의(cognitivism)"라 칭해졌다. 행동주의가 사고(thinking)에 관한 인지주의적 모형들로부터 도전을 받음에 따라, 인지과학자들은 인간인지에 관한 인공지능모형들을 구축했으며, 인지발달에 대한 아이디어들이 개발되고 연구되었다. 예를 들어, 인공지능과 사태들(events)에 대한 인간의 사고를 함께 융합시켰던 Shank와 Abelson(1977)의 책은 인간이 실제세계 맥락에서 이해하고 행동하는 방법(예: 어떤 사람이 레스토랑을 방문한 것을 개념화하는 방법)을 기술하기 위해 스크립트(script) 개념을 사용한 많은 연구들을 이끌어 냈다. 발달심리학자들은 Piaget의 인지발달이론의 설명적인 한계를 검증하는 데 열중했다.

Cole이 이끈 비교인지실험실(The Laboratory of Comparative Human Cognition: LCHC)(예: Cole & Means, 1981)은 연구자들이 인지기능의 지표라고 당연시했던 과제들 중 많은 것들이 다른 문화들에서는 어떻게 다르게 인식되는지를 열심히 검토하였다. 동시에, 인지심리학자들은 기억, 인식, 언어습득과 인간이 기능을 습득하고 자동화하는 방법을 연구함으로써 인간사고의 인지구조(cognitive architecture)에 관한 시사점들을 연구했다(Gardner, 1985). 전환기마다, 이 심리학적인 개념들은 교육과 학습에 대해 생각하는 새로운 방법들을 제시하고 있다.

컴퓨터과학(computer science)은 경험과학(empirical science)을 위한 도구로서, 그리고 해결책을 위한 플랫폼으로서, 이러한 학문적인 혼합과정에서 독특한 역할을 수행했다. 연구자들은 인지과학(심리학과 인공지능연구 모두)은 아마도 우리가 교육에서 오랫동안 유지해왔던 실제와 접근법들을 바꿀 수 있을 것이라고 전망했다. Anderson과 동료들은 대수학과 같은 영역에서 세심하게 구축된 문제해결에 관한 인공지능모형들이 학습자들에게 안내를 제공하기 위해 컴퓨터를 지시할 수 있는 "지능형 튜터링시스템(intelligent tutoring systems)"(Anderson, Boyle, & Reiser, 1985)을 연구하기 시작했다. 이 튜터링시스템들은 인간이 사고하는 방법에 관한 유도된 모형들(induced models)을 검증하고 정련하기 위해 사용되었지만, 그것들은 또한 그 시스템들을 사용하여 문제를 해결하고, 그런 다음 학생들의 문제해결이 옆길로 빗나가기 시작할 때 피드백을 제공함으로써 학생들을 자극하고 지원하기 위해 사용될 수 있다. Papert(1980)의 책 『마인드스톰(Mindstorms)』은 아동들이 LOGO 컴퓨터언어를 사용하여 어떻게 발명하고 만들 수 있는지를 보여 주었다. Papert가 제시한 전망(promise)은 학습은 구성을 위한 도구들과 상호작용하는 과정에서 일어날 수 있으며, 컴퓨터는 학습자들이 다양한 영역에 관한 자신들의 이해를 반영한 인공물들(artifacts)을 구축할 수 있도록 해주는 다목적 도구가 될 것이라는 것이었다. Bransford는 아동들이 학습하는 것을 도와주기 위해 테크놀로지(특히 비디오와 컴퓨터)를 활용하는 새로운 방법들을 개발하기 위해 1984년에 밴더빌트대학교(Vanderbilt University)에 학습테크놀로지센터(Learning Technology Center)를 만들었다. 그들의 해결책들(interventions)은 전문가들과 초보자들이 학습영역들에서 어떻게 다르게 생각하는가에 대해 알려졌던 것을 도출했을 뿐만 아니라, 학생들을 동기화하기 위해 실재적인 문제들을 사용하는 것과 같은 학습의 보다 맥락적인 측면들에 대한 아이디어들을 도출했다. 테크놀로지적 인공물과 도구들이 우리가 생각하고 학습하는 방식을 바꿀 수 있다는 인식은 인지적 혁명(cognitive revolution)과 긴밀한 관계가 있었다. 그래서 구성주의자들은 학생들에게 그들이 알아야 할 것에 대해서 정련된 메시지들을 단순히 전달하기보다 학습자들이 자신들을 둘러싸고 있는 세계에 관한 의미창출을 했을 때 그들이 어떻게 지식을 구안했는지를 탐색하기 시작했다. 새로운 학습이론과 함께, 연구과정은 더 이상 단순히 이론을 테스트하는 것이 아니라 새로운 인공물들과 아이디어들이 도입되었을 때 실제가 어떻게 바뀌는지를 알아보는 것이었기 때문에 새로운 연구방법들이 개발될 필요가 있었다.

맥락을 포함하는 학습에 관한 연구 확장

몇 개의 다른 선도적인 연구는 학습과 발달을 이해하는 데 있어 맥락의 중핵적인 역할을 지적했었다. 1970년대 초반에, Lee Cronbach(1975)는 개별적인 차이와 교육적인 해결책들 간에 쌍방향의 선형적인 상호작용에 대한 교육연구가 심리학 분야에서 줄어듦으로써 초래된 약점들을 강조했다. 이러한 관점이 제대로 이해하지 못했던 것은 고차원적(비선형적인) 상호작용과 학습맥락의 효과들이다. Cole의 LCHC집단은 맥락에 의존하기 때문에 지적인 행동은 다르게 구안될 수 있음을 발견했다. Piaget의 이론을 연구한 사람들은 논리적인 사고에 관한 과제들에서 아동들의 역량은 해당 과제의 맥락이 변경되면 달라질 수 있음을 발견했다(예: McGarrigle & Donaldson, 1974). LOGO와 같은 도구들을 사용하고자 하는 사람들은 성공은 아동들에게 컴퓨터 프로그램과 상호작용할 수 있는 기회를 주는 것 이상을 필요로 했으며, LOGO와 같은 도구의 효과는 사람들이 그럴 것이라고 생각했던 것만큼 널리 일반화되지는 않았음을 알았다(Pea, Kurland, & Hawkins, 1985). 인지과학자들이 교실에서는 효과적이었다고 생각했던 것을 실행하기 위한 다른 시도들도 또한 문제가 되었다. 기억을 연구하는 연구자들은 학생들이 왜 자신들이 가지고 있는 지식에 접근하지 못했는지를 궁금해 했으며, 그래서 그들은 학생들이 이용할 수 있는 지식에 접근하는 것을 도와주기 위해서 무엇을 할 수 있는지를 알아보기 위해 연구를 시작했다.

맥락의 중요성에 관한 인식은 학습을 이해하기 위한 분석단위가 개개인보다 더 규모가 커야 함을 시사해 주었다. 사람들은 사물들을 다른 사람들과 함께 학습했으며, 일반적으로 문화적으로 개발된 도구들과 인공물들도 함께 학습했다. 따라서 이러한 상호작용, 도구, 인공물들을 연구하는 것은 연구와 이론구축과정의 일환으로서 사회학과 인류학, 기호학과 언어학과 같은 분야들을 통해 도출된 개념들을 고려해야 함을 의미했다.

네 가지의 어느 정도 관련된 이론적인 개념들이 이러한 새로운 이해에 관한 뼈대를 구축하는 것을 도와주기 위해 나타났다. 첫째, 『마음과 사회(Mind and Society)』라는 편저(Vygotsky & Cole, 1978)에 제시된 바와 같이, Vygotsky의 이론적인 연구의 재발견이다. Vygotsky는 1934년에 죽었다. 그러나 그의 개념들은 소련연방 외부에는 널리 알려지지 않았다(그리고 그곳에서는 판매가 금지되었다). 따라서 그 개념들은 미국에는 거의 알려지지 않았다. 그러나 그 아이디어들은 미국 내에서 억제되기는 하였지만, 인지과학을 일상세계에 적용하는 개인들의 연구결과들과 함께 점차 널리 알려지게 되었다. 첫째, 문화와 인공물들은 부수적이 아닌 매우 중요한 것이 되었다. 개인의 학습과 그 인종들의 적응(adaptation) 양자는 문화적 인공물들 및 도구들과 결합되었다. 인간의 인지과정들은 그 문화의 도구들과 함께 생성되며, 동시에 그 문화의 도구들은 사람들과 사회의 사고(thinking)에 의해 신장된다. 아울러, Vygotsky의 "근접발달영역(zone of proximal development: ZDP)"의 개념은 사람들로 하여금 학습, 평가, 발달에 대해 다르게 생각하도록 이끌었다. ZPD의 개념은 학습의 최첨단(cutting edge)은 어떤 학생이 개별적으로 할 수 있는 것이 아니라 그가 보다 유능한 타인의 도움으로 달성할 수 있는 것이라는 것이다.

이러한 개념들, 특히 "근접발달영역"의 개념으로부터, Brown과 Campione(1994)은 과학을 가르치기 위한 학습자공동체강화(Fostering Community of Learners: FCL)모형을 개발했다. 이 접근법은 (a) 학생들 사이에 분산되어 있는 전문지식과 (b) 어휘암기와 "진부한(canned)" 실험에 초점을 둔 전형적인 교실에서 하는 과학보다는 과학자들이 하는 것처럼 보이는 주제들에 관한 담론을 만드는 활동들을 특징으로 하는 주제별 과학단원들에 관한 집단프로젝트를 개발할 수 있도록 해주었다.

또한 Vygotsky에 대한 사고의 부흥에서 나온 것이 분산지능(distributed intelligence) 개념이었다(Pea, 1993). Pea가 언급한 바와 같이, Vygotsky이론에서 인간문화로부터 생겨난 역사적으로 변화하고 있는 사고를 위한 도구들의 개념은 테크놀로지들이 사람들 속에 있는 사고과정들을 바꾸었던 도구를 제공했다는 개념과 잘 맞아떨어진다. Pea와 다른 사람들은 최근에 생겨나고 있는 새로운 형태의 테크놀로지의 변형적인 잠재력은 활동들을 더 쉽게 만들었을 뿐만 아니라 실제로 그 활동들이 수행되는 방법을 바꾸었다. 즉, 지능이었던 것이 사고를 위한 도구들을 바꿈으로써 실제로 변경되었다. 따라서 Vygotsky의 모형은 또한 새로운 테크놀로지의 변형적인 영향력(transformative impacts)을 개념화하는 방법을 제공했다.

두 번째는 상황학습의 개념이다(Greeno & The Middle School Mathematics Through Applications Project Group, 1998; Kirshner & Whitson, 1997; Lave, 1988; Lave & Wenger, 1991). 예를 들어, 비교문화적으로, 그리고 식료품 쇼핑과 같은 일상생활의 맥락에서 연구했던 Lave(1988)는 이러한 비형식적인 환경에서의 학습은 널리 일반화된 어떤 것은 아니었지만, 연관된 사람들에게 활동맥락과 그것의 의미가 매우 끈끈하게 결합되는 경향이 있었음을 발견하였다. 그러한 분석은 형식적인 교실환경에 있는 학생들의 학습이 일상생활세계의 새로운 맥락으로 전이되는 것으로 알려져 있는 전통적인 학교교육에 대해 심각한 질문들을 제기했다. 이와는 대조적으로, 상황학습의 기본적인 견해는 기능(skill)이 학습상황에서 그 기능들이 사용될 것으로 기대되는 "실제세계" 상황들로 전이하는 것을 촉진하기 위해 그 학습환경에 있는 조건들이 그 학습자들이 실제세계에서 접하게 될 조건들과 가능한 한 유사해야 한다는 것이다.

세 번째 개념은 앵커드교수라는 개념이었다(the Cognition and Technology Group at Vanderbilt, 1990). 앵커드교수모형은 지식에 접근하기 위해서 사람들은 그 지식을 경험할 필요가 있을 뿐만 아니라 그 지식을 사용할 때를 알 수 있도록 해당 지식을 경험할 필요가 있다는 개념으로부터 나왔다. 그것은 특정한 일련의 사태들에 "조건화(conditionalized)" (National Research Council Committee on Learning Research and Educational Practice, Bransford, Pellegrino, & Donovan, 1999)된다. 그 지식을 해당 지식의 목적이 명확한 상황들에 앵커하지 않으면, 그 지식은 비활성화될 개연성이 있다. 이와 같은 개념들과 지식을 실제 맥락에 적용하는 것에 대한 관심은 연구자들로 하여금 새로운 관점들을 살펴볼 수 있도록 유도했다. 앵커드교수에 관한 연구로부터 학생들이 흥미를 가질 수 있도록 설계된 시뮬레이션화된 실제세계 맥락에서 학생들에게 문제들을 제공함으로써 중학생들이 복잡한 수학적인 문제들을 해결하는 기능들을 개발할 수 있도록 도와주는 일련의 비디오디스크들(후에 CD-ROM)인 '재스퍼 우드버리의 모험(Adventures of Jasper Woodbury)' (Cognition and Technology Group at Vanderbilt, 1992)이 나왔다.

넷째, 사람들이 실제세계에서 사고하는 방식에 관한 자신의 컴퓨터모형들로부터 얻어진 통찰력(예: Riesbeck & Schank, 1989)에 의해 힘을 얻게 된 Roger Schank는 전문성개발과 훈련에 대한 유사한 혁신적인 접근법들을 개발하는 데 중점을 둔 학습과학센터를 개설했다. Schank는 일반적으로 **학습과학**(learning sciences)이라는 용어를 처음으로 사용한 사람으로 여겨져 왔지만, 학습과학에 관한 그의 개념은 오늘날 그 분야를 구성하고 있는 관점들의 다양성을 포함하지 못했다(Hoadley, 2007). 1991년에, *Journal for the Learning Sciences*가 발간되기 시작했으며(Kolodner, 1991), 나중에 국제학습과학학회(International Society for the Learning, Sciences)가 구성되었다.

이와 같은 계획들(initiatives)이 나타났으나, 그 계획들은 전통적인 연구방법들을 의심쩍게(problematic) 했던 몇 가지 공통요소들을 포함하고 있었다. 그러나 연구자들은 여전히 자신들이 학생들이 학습할 수 있는 방법에 대한 기초적인 어떤 것을 학습하고 있다고 느꼈다. 무선실험(randomized experiments)과 같은 전통적인 연구와 평가방법들은 변수들을 통제하고 한 번에 단지 몇 가지 것들만을 조작할 것을 요구한다. 전통적인 프로그램 평가방법들은 이러한 해결책들을 설계하는 과정 동안 연구자들로 하여금 학습에 대해 충분히 관심을 쏟도록 하지 않고 산출물들에만 주로 초점을 두었다. 연구자들은 자신들이 새로운 교수접근법들을 개발했을 때 기초적인 어떤 것을 학습하고 있다고 느꼈으며, 그 결과 새로운 방법론적 접근법들을 개발할 필요가 있다고 느꼈다. Brown(1992)과 Collins(1992)는 초기에는 설계실험(design experiments)이라고 일컬어졌지만 나중에 설계기반연구(design-based research)라고 보다 더 일반적으로 기술된 것을 만들었다(Design-Based Research Collective, 2003). 기본적인 방법은 적용되는 상황에서 무슨 일이 벌어지고 있는지를 문서화하고 복잡한 교수실행들이 설계와 개발의 다른 국면들을 거쳤을 때 그것들의 영향력을 검토하는 것을 포함했다.

설계기반연구의 한 예가 제2저자인 James P. Van Haneghan이 참여했던 프로젝트다. 그 프로젝트는 중학교 학생들을 위한 엔지니어링 설계와 관련한 도전들의 개발을 포함한다. 그 프로젝트에서, 모듈들(modules)을 개발하는 과정과 그것들의 효과성의 검토 양자가 학습된다. 초기의 분석들은 실행 중인 설계모형의 효과성을 살펴보기 위해 비디오 녹화된 관찰들을 프레임별로 검토하는 것을 포함한다. 나중에, 그 모듈들이 수정될 때, 그 모듈들에 새로운 종류의 교수도구들이나 평가들을 첨가함으로써 어떠한 결과들이 발생하는지가 검토될 것이다. 이 프로젝트의 전 과정에서 초점은 학교나 다른 맥락들에서 새로운 교수 창출의 일환인 혁신적인 교수과정들과 도구들에 주어질 것이다. 그 프로젝트는 초점이 되는 교수의 과정들과 생산물들과 함께 설계와 검증기간들을 필요로 한다. 어떤 엔지니어가 다양한 활용 분야들에서 사용될 수 있는 어떤 생산물의 설계를 생각해 낼 수 있고 우리에게 어떤 것의 특성에 대한 기초적인 어떤 것을 말할 수 있는 것처럼, 교수설계자들도 또한 다양한 맥락들에 적용될 수 있고 우리에게 학습에 대한 기초적인 어떤 것을 알려 줄 수 있는 어떤 과정이나 생산물을 만드는 과정에 참여할 수도 있다.

비록 학습과학의 개념이 『파스퇴르의 4분면(Pasteur' s Quadrant)』이라는 제목의 Stokes의 책이 출간되기 전에 나왔지만, Stokes의 책은 학습과학자들이 수행할 필요가 있는 것을 잘 구조화해 주었다. 과학에서의 일차원적인 "응용(applied) 대 순수(pure)"의 차이를 일축하면서, 그는 응용타당성(application-relevance)과 이론사고(theory-mindedness)라는 두 가지 차원들을 제안했다. 기초연구에서 응용연구까지의 연속성(continuum)에 관한 전통적인 관점은 엄격하게 통제된 실험연구에 대한 이론적인 진보를 제한했다. Stokes가 지적했던 것은 응용 대 기초의 연속성은 일차원적, 실제적인 활용만을 다루었다는 것이었다. 그것은 이론적인 타당성에 관한 다른 차원을 다루지 않았다. Pasteur는 엄격한 실험실의 통제들 중 몇 가지가 없이 연구된 실제적인 문제들을 사용했지만, 그의 연구는 미생물학분야의 기초이론들을 위한 중요한 시사점들을 지니고 있다. 학습과학자들은 또한 학생들을 도와주고 학습과 ID 분야에 기초적인 지식을 제공하는 응용연구를 수행하려고 노력한다. Stokes의 책은 연구자들에게 응용연구는 구체적인 맥락을 넘어 전체상황들에 적용될 수 있는 일반화 가능한 연구결과들을 도출할 수 있음을 상기시켰다.

설계과학으로서의 학습과학의 도래

인지과학의 여러 학문에의 의존과 맥락을 고려하고자 하는 의지 이외에, 학습과학은 또한 교육을 실제적인 맥락들 속에서 행하고자 하는 그것의 책무(commitment) 측면에서 주목할 만하다. 이러한 책무는 몇 가지 시사점들을 가지고 있다. 첫째, 실행요건은 학습과학을 중재적인(interventionist)(그리고 순수하게 설명적이거나 예측적인 것과는 거리가 먼) 목적들 쪽으로 이동시킨다. 둘째, 연구를 맥락 속에서 수행하는 번거로움 때문에, 학습과학자들은 엄격한 실험적인 통제에 의존하지 않는 방법들을 고려해 보도록 강요된다. 그 결과, 학습과학자들은 설계기반 연구방법들을 개발하는 연구를 수행해 왔다.

학습과학에서 설계의 역할을 탐색하기 위해, 하나의 학문으로서의 교육사(history of education)로 되돌아가 보는 것이 도움이 될 것이다. 학습은 인간역사의 전 과정에 걸쳐 널리 퍼져 있지만, 특히 교실에서 행해지는 형식적 수업은 보다 최근의 발명품이다. 기본적인 읽고 쓰는 능력(언어적이고 수학적인)을 배양하는 것을 지향하는 보편적, 형식적인 초등교육이 오늘날과 같이 실행되기 시작한 것은 불과 몇 세기밖에 되지 않았다. Lagemann(2000)은 20세기 사람들이 하나의 학문 영역으로서의 수업(teaching)의 강화를 어떻게 보았으며 새롭게 설립된 사범대학들이 학문적인 정통성을 위해서 어떻게 싸워야 했는지를 기술했다.

문예부흥기 이후, 학교는 탐구와 지식의 과학적인 형태들[인간주의적이거나 기교기반적(craft-based)인 형태들과는 대조되는 것으로서]을 점점 더 중요시해 왔다. 20세기에, 두 사고학파들(schools of thought)은 이 새로운 사범대학들을 설립할 수 있도록 도와 주었다. John Dewey가 이끈 한 사고학파는 철학적으로 견문이 넓지만 실천과 밀접하게 결합되어 있는 실용주의적 탐구를 강조했다. 그의 다른 업적들 중에서, Dewey(1896, 1929)는 자신의 실용주의의 개념들을 통해 철학분야를 진보시켰을 뿐만 아니라 교수와 학습의 개념들이 실제로 훈련될 수 있는 최초의 "실험학교(lab school)"를 설립했다. 한편, 심리학자 E. L. Thorndike(1910)는 그 분야를 통제된 실험, 정신측정, 그리고 동물연구를 강조하는 행동주의적 패러다임 속에 있는 심리학적 연구의 부산물로 보는 관점을 제안했다.(공정하게 말하자면, 이 두 학자들 간의 차이점들은 강조하는 바에 있었다. 두 학자들 모두 실험의 중요성을 인정했고, 두 학자들 모두 실천가들에게 듣는 것의 중요성을 인정했지만, 이러한 활동들에 관한 그들의 상대적인 강조점은 극명하게 달랐다.) 이러한 두 관점들, 즉 실천기반 직업으로서의 교육과 심리학의 한 영역으로서의 교육은 20세기 내내 경쟁을 해왔지만, 심리학적 관점이 20세기의 대부분을 지배했다고 말할 수 있다. 여러 가지 측면에서, 그 분야의 정의의 정략(politics)은 연구와 실천 간의 관계, 다른 사회과학들과 대립되는 것으로서의 심리학의 인식론과 기본적인 가정들, 그리고 Thorndike의 관점 속에 구체화되어 있는 것으로서의 현대, 실증과학과 Dewey의 관점과 다소 유사한 포스트모던적 관점 간의 긴장이라는 세 가지 핵심적인 문제들에 집중되었다.

다양한 기원들에 뿌리를 두고 있다고 전제할 때, 학습과학의 관점이 기존 관점들과 다른 점이 무엇인가? 학습과학의 한 가지 요소는 학습에 관한 다양한 관점들에 대한 개방성(openness)이다. 그 개방성은 학습과학이 학습이 상황화된 복잡한 생태들을 이해하기 위해 다양한 관점들을 수용하기 때문에 필요하다. 전통적인 교수설계자들이 이해관계자들과 함께 일하는 것처럼, 학습과학자들은 세계를 사회학과 인류학뿐만 아니라 심리학의 관점에서 보는 실천가들과 개인들이 필요하다. 따라서 아주 종종 학습과학자들은 개인으로서보다는 팀의 구성원으로서 일한다. 비록 학습과학자들이 학습과 교수를 살펴볼 때 심리학 이상의 것에서 살펴보려고 하지만, 그들은 학습에 관한 하나의 창으로서 심리학적인 관점을 선호하곤 한다.

중요한 두 번째 요소는 학교 내와 학교 밖의 교수와 학습상황에서 발생하는 문제들에 대한 해결책들을 구축하고자 하는 책무성이다. 학습과학자들은 학습에 대해 영향력을 갖기를 원하는데, 그것은 실제세계와 그것의 복잡성들을 수용해야 함을 의미한다. 이것은 종종 이러한 복잡한 맥락 속으로 들어오는 다른 사회화 단계에 있는 학생들을 위해 이러한 맥락들의 의미를 연구해야 함을 의미하며, 그렇게 함으로써 전문지식이 실제세계에서 어떻게 개발되는지를 이해할 수 있다.

세 번째 요소는 일반화 가능하고 유의미한 교수와 학습에 관한 지식은 설계과정을 연구함으로써 습득할 수 있고 단순히 실험실 상황에서 행해지는 실험적인 기초연구분야는 아니라는 것이다. 이것이 교수설계자들에게 의미하는 바는 그들 또한 설계과정에 관해 문서화하고 성찰을 함으로써, 그리고 이론을 구축할 수 있는 정보를 수집하기 위한 수단으로 사용함으로써 지식기반에 잠재적으로 기여할 수 있다는 것이다. 분명히 교수설계자가 참여한 모든 프로젝트가 그러한 통찰력을 제공하지는 않지만, 설계과정을 유의미한 방식으로 문서화하고 성찰하면 인간이 학습하는 방법에 대한 새로운 통찰력을 개발할 수 있다.

학습과학 관점의 네 번째 요소는 비형식적, 비전통적인 교수맥락의 가치를 인정한다는 것이다. Bell, Lewenstein, Shouse, Feder(2009)가 언급한 바와 같이, 만약 누군가가 자신이 평생 동안 해왔던 학습의 맥락에서 학교교육을 본다면, 자신의 삶의 매우 많은 부분을 학교맥락 밖의 업무와 다른 상황들에서 보냈음을 분명하게 알 수 있다. 엔지니어가 허리케인에 더 잘 견딜 수 있는 건물들을 짓기 위해 새로운 재료를 사용할 수 있는 것처럼, 학습과학자들은 우리가 이용할 수 있는 테크놀로지들이 우리가 가르치고 학습하는 방법을 어떻게 변형할 것인지에 관심에 가지고 있다. 그것은 테크놀로지들과 도구들을 이미 존재하는 구조들에 적합하게 하는 것뿐만 아니라 그러한 구조들을 급격하게 변형하거나 심지어 새로운 구조들을 만드는 것을 의미한다(Collins & Halverson, 2009).

학습과학의 연구결과와 설계에 주는 시사점

이전 절들에서, 우리는 학습과학이 심리학에서 도출된 여러 가지 학습이론들을 어떻게 이용하고, 학습맥락들에 관한 문제들을 보다 더 잘 해결해 주는 심리학 외부에 있는 학문들을 흡수하며, 형식적 · 비형식적인 학습맥락들 양자를 위한 해결책들을 설계하기 위해 어떻게 "실습(hands on)"의 자세를 유지했는지를 살펴보았다. 이 절에서, 우리는 교수설계자들의 연구에 적용되었던 지난 30년 이상된 학습과학에 관한 연구로부터 도출된 연구결과들 중 몇 가지를 요약한다.

우리는 주요한 연구결과들과 시사점들을 세 가지 분야들, 즉 사고(thinking)에 관한 연구, 학습과정에 관한 연구, 학습환경에 관한 연구로 나눌 수 있다.

사고(thinking)와 지식(knowing)에 관한 연구

사고에 관한 연구는 마음(mind)의 구조와 그것의 작용을 밝히고자 하는 인지심리학의 약속을 이행하는 데 도움을 주어 왔다. 오래되었음에도 불구하고, 잘 견디고 있는 우수한 요약

(summary)이 Newell과 Simon의 통합인지이론(Unified Theories of Cognition)(Newell, 1990)이다. 가장 강력한 연구결과들 중 하나가 마음은 엄청나게 융통적이기는 하지만, 그것은 시각, 주의, 기억, 운동기능, 언어, 계획과 같은 기능들을 수행하는 뇌에서 상대적으로 특수화된 시스템들에 의존하는 정보를 처리할 수 있는 방법 측면에서 구체적인 한계들을 가지고 있는 것 같다는 것이었다. 어떤 것을 아는 것이 무엇을 의미하는가에 관한 풍부한 아이디어를 포함하여, 핵심적인 연구결과들은 단기기억과 장기기억, 언어, 지식 속에 있는 기능의 역할에 대한 것이었다. 오늘날의 학습과학자들은 지식을 사실을 올바르게 회상할 수 있는 능력이라고 가정하기보다 명제적 지식(propositional knowledge), 기능, 그리고 더 심층적인 개념적 지식(conceptual knowledge)을 구별한다. 더불어, 개인별 차이들에 관한 연구는 많은 개인들은 "동일한" 내용을 다르게 학습할 수 있다는, 즉 자신들의 심상적인 편중에 따라 생각들이 다르게 표상될 수 있음을 보여준다. 유용한 교수이론들은, 피상적인 형태의 지식과 심층적인 형태의 지식 간의 차이를 강조하는 Bloom의 분류학을 포함하여, 이러한 넓은 범위의 지식에 연결된다(L. W. Anderson, Krathwohl, & Bloom, 2001). 마찬가지로, 다중지능이론은 어떻게 사람들이 감각이나 학습선호도에 기초하여 자신들의 이해를 매우 다르게 부호화할 수 있는지를 보여준다(Gardner, 1993).

학습과학으로부터 도출된 또 다른 핵심적인 연구결과는 전문가의 사고의 속성들에 관한 통찰이다(Chi, Glaser, & Farr, 1988). 체스경기자들에 관한 연구들은 전문 체스 경기자들은 체스전략들에 대해 더 많이 알고 있을 뿐만 아니라 체스판에 관한 지각도 초보자들과 질적으로 다르다는 것, 즉 전문 체스 경기자들은 해결책들에 대해 더 효율적으로 사고할 수 있고, 자신들에게 재빠르게 제시된 체스판 위에 있는 말들의 위치들을 더 잘 기억할 수 있도록 해주는 방식으로 문제들을 볼 수 있음을 보여주었다. 더 많은 연구들은, 초보자들과 대비해 볼 때, 전문가들은 연구된 모든 학문영역에서 많은 강력한 정신적인 자원들을 가지고 있음을 보여주었다. 전문가들은 즉흥적으로 소위 "빈약한 방법들(weak methods)"을 사용하여 문제들에 대한 해결책들을 찾으려고 할 수 있지만, 알려진 해결책들을 사용하는 데 더 능숙하다. 문제들을 해결하기 위해 요구되는 기능들 중 많은 것이 "자동화되어(automatized)" 있는데, 그것은 그러한 기능들이 의식적인 사고 없이(예를 들어, 처음에 운전을 할 때와 여러 해 운전을 한 이후에 요구되었던 정신적인 노력을 비교해 보라) 쉽게 실행될 수 있음을 의미한다. 이러한 자동화된 기능들은 문제해결의 다른 부분들에 주의를 집중하고 기억하도록 하는 것을 자유롭게 해준다. 많은 경우, 전문가들은 지식, 날렵한 지각, 기능을 가지고 있을 뿐만 아니라 때때로 그들이 문제를 해결하려고 시도하기 전에 사물들이 세계에서 작동하는 방법을 예측하거나 시뮬레이션할 수 있도록 해주는 "심상모형들"을 가지고 있다. 마지막으로, 전문가들은 흔히 자신들의 문제해결을 모니터링하고, 자신들의 목적을 달성하기 위해 성찰과 계획을 사용하는 데 매우 능숙하다(Gentner & Stevens, 1983; Schoenfeld, 1983).

이러한 연구가 교수설계자들과 교사들에게 주는 주요 시사점은 전문지식의 복잡성을 인식하고 지식이 공유되고 검증되는 방식들을 심화시키는 것이다. 사실적인 회상을 강조하는 것은 "부서지기 쉬운" 지식을 산출하도록 한다. 이에 반해, 복잡한 패턴인식을 개발하고 "원대한 생각(big ideas)"과 메타인지 과정들을 지원하는 데 초점을 둔 지식구조들을 구축하는 교수해결책의 개발에 초점을 두면 보다 더 영속성이 있는 학습을 산출할 개연성이 더 높아진다.

학습과정에 관한 연구

아마도 학습과학에서 가장 획기적인 진전들 중 하나가 개념적인 변화에 관한 검토였을 것이다(Vosniadou, 2008). 연구자들은 기억, 기능, 지각, 아이디어의 배열들은 인간이 사고하고 문제를 해결하는 방식을 결정했음을 발견했다. 학습자들은 백지상태에서 시작하기보다 문제들을 통해 생각할 수 있는 자신들의 초기개념들을 사용한다. 많은 학습은 초기개념들을 이해하거나 조정하는 것을 용이하게 해주지만, 그것은 또한 세계에 대한 아이디어들과 사고하는 방식들의 심층적인 재조직화를 요구했다. 예를 들어, 열과 온도에 관한 과학적인 개념들을 구별하려면 에너지에 대한 복잡한 새로운 개념들을 필요로 하며, 높은 온도를 가지고 있는 물건들은 필연적으로 높은 열에너지를 가지고 있다는 개념을 잠재운다(Carey, 1985). 이러한 복잡한 재사고(rethinking)는 쉽지 않으며, 학습자에게 많은 정신적인 에너지뿐만 아니라 교사들로부터의 세심한 지원을 요구했다. 그래서 일어났던 그 전환은 종종 언어에서의 전환을 반영했다(또는 전환에 의해 반영되었다)(Driver, Leach, Millar, & Scott, 1996).

또한 리터러시(literacy)가 학습에서 어떠한 역할을 하는지를 이해하는 데 있어 진보가 있었다. 심리학적인 측면에서, 연구는 예를 들어 학생들이 텍스트를 해독하고 그것을 세계에 대한 자신들의 개념들에 대응시키거나(Kintsch, 1998) 이미지와 텍스트와 같은 여러 가지 소스들로부터 세계에 관한 이해를 통합하고자 하는(Mayer, 1993) 과정들을 보여 주는 데 도움을 주었다. 다른 영역들에서, 학습자들은 다른 종류의 리터러시, 즉 수학이나 화학의 개념들과 같은 특정 영역의 전문가들에 의해 사용되는 특수한 표상들을 찾아내는 리터러시를 개발함으로써 공동으로 이해를 개발할 수도 있다(Kozma, Russell, Jones, Marx, & Davis, 1996). 이러한 리터러시들을 학습하는 것은 자료들(materials)을 심리학적으로 해독하는 것 이상을 의미하며, 그것은 또한 감각창출(sense making)과 의미창출(meaning making)의 사회적 과정이다(Schoenfeld, 1991). 오랜 시간 동안, 표상을 사회적으로 사용하는 학습자들은 형식적인 의미뿐만 아니라 사회적인 의미도 가지고 있는 공유된 이해에 집중하기 시작할 것이다(Roschelle, 1992).

많은 경우, 이러한 실제적인 의미로의 연결은 학습을 발달시키거나 붕괴시켜 버릴 수 있다. 연구자들은 관련성(relevance)과 실제성(authenticity)이 이러한 의미창출 과정에서 핵심적인 요소들임을 발견했다(the Cognition and Technology Group at Vanderbilt, 1990). 개인적으로 꽤 가치 있고, 실제적인 전문지식을 필요로 할 만큼 풍부하고 복잡한 문제들을 연구하는 학생들은 학습할 가능성이 훨씬 더 높다. 실제성이 없으면, 학생들은 장난감 같은 문제들의 경계 내에서 학습하도록 동기화될 수 있지만, 그 후 그들의 지식을 다른 영역에 적용하는 데 있어 어려움, 소위 전이문제를 겪을 수 있다(Bransford & Schwartz, 1999). 학습과정에 관한 이러한 연구의 교수적인 시사점들에는 학습자들과 관련되고 적절한 과제들에 초점을 두고, 어려운 개념적인 변화의 과정에 초점을 두는 것이 포함된다. 개념적인 변화를 강화하기 위해, 학습자들은 심지어 기존의 개념들 위에 구축하는 동안 자신들의 개념들을 급격하게 변화시킬 수도 있는 방식들로 주제들에 깊이 참여할 필요가 있다. 그리고 학습은 학습자들이 개별적으로 그리고 다른 사람들과 함께 의미를 창출할 수 있도록 해주는 리터러시와 표상을 통해 이루어질 필요가 있다(Donovan, Bransford, & Pellegrino, 1999).

학습환경에 관한 연구

학습을 이해했다고 하는 것은 항상 가르치는 방법을 알게 되었음을 의미하지는 않는다. 1980년대와 그 후의 학습과학에 관한 연구결과들은 종종 구성주의에 관한 새로운 관점—인지적 구성주의(심리학적인 학습과정을 수행하는 주체로서의 학습자에게 초점을 둠)나 사회적 구성주의(사회문화적 학습과정 참여자로서의 학습자에게 초점을 둠)—에서 수업(teaching)을 이해하는 방법들과 관계있었다. 교육자들이 형식 학습과 비형식 학습 양자에 대해 생각할 때 "학습자중심 학습환경(learner-centered learning environments)"이라는 용어가 더 정확할 수 있지만, Bransford 등(1999)은 이것을 "학습자중심 교실(learner-centered classroom)"이라고 명명했다.

아마도 학습과학에서 보다 더 견고한 원리들 중 하나는 사람들은 직접교수적 정보전달에 의존하지 않고도 지원적인 학습환경을 구축할 수 있다는 것일 것이다. 비교수적 수업을 기술하기 위해 학습과학 분야에서 사용된 주요한 은유는 "스캐폴딩(scaffolding)"이다(Wood, Bruner, & Ross, 1976). "구성주의"와 마찬가지로, 이 용어는 실제로 많은 것들을 의미하게 되었지만, 공통적인 생각은 자전거의 훈련 바퀴(training wheels)와 같이 탐색과 자기주도적 학습을 위한 기회가 제공되지만 여전히 비생산적인 몸부림을 최소화하기 위해 가능성들을 제한하는 방식으로 지원된다는 것이다.

스캐폴딩은 과제들을 지원하는 컴퓨터화된 도구들에서부터 활동구조들, 학습을 지원하는 보다 더 큰 사회적 구조들에 이르기까지 많은 형태들을 취한다. 예를 들어, 지능형 튜터링시스템은 학습자가 대수학 검증과정을 통해 진전해 나갈 때 단지 특정 이동들만을 할 수 있도록 허용할 것이다. 컴퓨터는 학습자가 "따라야 할" 인간인지에 관한 모형을 사용할 수도 있다. 컴퓨터가 그 학습자가 합리적인 문제해결 순서를 따르지 않는다는 것을 감지할 때, 그 컴퓨터는 조언이 제공되는 곳으로 이동하거나 그 학습자가 취할 수 있는 가능한 단계들을 간단히 제한할 수 있다(Koedinger, 1998). 또는 온라인 실험실 노트북은 학생들이 데스크톱 실험에 관해 이해할 수 있도록 도와주기 위해 힌트, 시각화, 그리고 구조화된 단계별 지원들이 통합된 것을 사용할 수도 있다(Linn & Hsi, 2000). 또는 스캐폴딩 스키마는 테크놀로지를 전혀 사용하지 않을 수도 있다. 예를 들어, "상보적 수업(reciprocal teaching)"이라 불리는 기법은 리터러시교육에서 사용된다(Palincsar & Brown, 1984). 학생들은 텍스트를 이해하기 위해 차례를 바꾸어 가며 전략들을 사용한다. 처음에 교사는 이러한 전략들을 시범 보이며, 계속해서 학생들은 그러한 전략들을 연습하도록 안내된다. 심지어 그러한 간단한 기법도 학생들이 읽기기능을 잘 학습하는 방법을 엄청나게 증진시키기 위해 Paliscar와 Brown(1984)에 의해 발견되었다. 마지막으로, 보다 더 큰 사회적 구조들이 학습을 지원하기 위해 사용될 수 있다. 이 분야에서 뛰어난 이론들 중 하나가 전문가들이 생각하는 방법을 시범 보이고, 학습자들이(맥락 속에서) 문제들을 연습할 때 그들에게 피드백과 함께 코치를 하며, 학습자들이 보다 더 자율적이 되도록 돕기 위해 지속적으로 자신들의 지원과 피드백을 줄이는 전문가들의 "도제들"이 된다는 개념을 가진 "인지적 도제"다(Collins, Brown, & Holum, 1991; Collins, Brown, & Newman, 1989). 인지적 도제는 특정 활동을 구체화하기보다 전문지식의 전이를 가능하게 하고 학습을 지원하는 초보자들과 전문가들 간의 관계를 해석한다. 그러한 이론들은 학습자들이 이해를 구성할 수 있는 사회적 환경을 설계하기 위해 사용될 수 있다. 예를 들어, "컴퓨터지원 의도적 학습환경"은 학습자들이 자기 자신의 질문들을 제기하고, 그런 다음 교사의 안내하에 공유된 지식레포지토리를 만들고, 확장하며, 타당화하는(학자들이 연구를 수행하고 공유하는 방법과 비슷한) 특수한 교실구조다. 그러한 환경의 핵심적인 측면은 특정한 사회적 맥락이 구축되어야 하며, 그렇게 하기 위한 수단은 종종 미리 구체화되지 않고 오히려 기존의 문화들과 사회적 맥락들과의 상호작용과 그러한 문화들과 사회적 맥락들에 대한 교육자들의 목적과 관계들에 의해서 결정된다(Tabak, 2004).

결론

앞에서 언급한 바와 같이, 이 장의 목적은 학습과학 관점을 기술하고 교수설계자들에게 유용할 수 있는 몇 가지 통찰력을 제공하는 것이었다. 학습과학으로부터 도출된 핵심적인 통찰력들 중 몇 가지를 요약하는 데 있어, Bransford 등(1999)은 학습자중심적, 지식중심적, 피드백/평가중심적, 공동체중심적인 교실설계의 중요성에 초점을 두었다. 그리고 보다 더 최근에, Sawyer(2006b)는, 학습과학분야의 핵심적인 원리들 중 몇 가지를 요약하는 데 있어, 교수를 설계하는 사람들은 (a) 학습자들의 개념적인 이해의 개발에 초점을 두고, (b) 학습과정들을 수업과정들과 동등하게 놓아야 하며, (c) 교수의 실제성에 목표를 두고, (d) 학습자들의 사전이해 위에 구축하며, (e) 학습자들에게 성찰에 참여할 수 있는 기회들을 제공할 필요가 있음을 지적했다.

요컨대, 학습과학 연구는 사고와 지식에 대한 우리의 생각을 심화하고, 개인들이 경험하는 학습과정들을 설명해 주며, 학습을 지원하기 위해 학습환경들이 어떻게 설계될 수 있는지를 강조함으로써 교수설계자들에게 시사점을 제공해 준다. 이 장에 모든 것을 포괄할 수는 없지만, 우리는 가장 유용한 것이라고 볼 수 있는 몇 가지 주요한 통찰력들을 밝히고자 시도했다.[1)]

핵심 원리 요약

1. 학습은 단지 심리학적 현상이라기보다 다학문적 현상으로 이해되어야 한다.
2. 교수와 학습에 관한 우리의 이해는 실험실 상황에서 수행된 실험연구조사를 통해 우리가 학습한 것에 제한되지는 않는다. ID 과정은 우리로 하여금 인간이 학습하는 방법에 관해 보다 더 명료하게 이해할 수 있도록 해줄 수 있는 인공물들, 도구들, 전략들, 개념들을 산출할 수 있다.
3. 학습의 대부분은 사람들이 다른 사람들과 상호작용하는 곳에서 발생하는 사회적 과정이다. 따라서 학습맥락과 학습자들에게 주는 그것의 의미를 분석해 보는 것은 개별 학습자의 특성들을 분석해 보는 것만큼이나 중요하다.

---

1) 보다 더 심층적인 독서를 하고자 하는 사람을 위해, 우리는 *Journal of the Learning Sciences, International Journal of Computer-Supported Collaborative Learning, Cognition and Instruction, Mind, Culture, and Activity*와 같은 학술지들과 *How People Learn*(Bransford et al., 1999), *the Cambridge Handbook of the Learning Sciences*(Sawyer, 2006a), *Knowing, Learning, and Instruction: Essays in Honor of Robert Glaser*(Resnick, 1989)와 같은 우수한 책들을 추천한다. 학습과학과 ID 간의 관계에 대하여 좀 더 알고 싶은 사람을 위해, 우리는 *Educational Technology*(2004, vol.44, no.3)의 해당 주제에 관한 특별판을 추천할 수 있다.

4. Vygotsky의 근접발달영역의 개념은 교수설계자들은 초보학습자들의 발달을 지원하기 위해 전문가들과 초보자들 간의 상호작용을 어떻게 구축할 수 있는지에 주의를 기울이는 것이 중요함을 시사해 준다.
5. 학습환경은 수업을 단지 지식을 전달하는 것이라고 보는 전통적인 강의기법들에 의존하지 않고 스캐폴딩을 통해 학습을 구조화하고 지원할 수 있도록 설계될 수 있다.
6. 상황학습이론가들에 의해 주장되고, 앵커드교수와 같은 접근법들 속에 구체화된 것처럼, 실제적이고 적절한 학습환경을 구축하는 것은 학생들 속에 전문지식(단지 사실적 또는 절차적인 학습이 아닌)을 개발시키는 것만큼이나 중요하다.
7. 테크놀로지(컴퓨터 테크놀로지와 다른 형태의 테크놀로지 둘 다)는 사고와 학습을 변경할 수 있는 도구들을 만드는 것이라고 생각할 수 있다.
8. 한 분야 내의 전문지식을 탐색하면 그 속에서 교수를 설계하는 방법에 대한 중요한 정보를 산출해 낼 수 있다.

응용 문제

1. 교수설계자인 여러분은 전기기사들을 위한 도제프로그램을 설계하는 것을 요청받았다. 학습과학 관점을 취하는 것이 여러분이 이 과제를 수행하는 데 도움을 줄 수 있다고 생각하는 몇 가지 점들은 무엇인가? 여러분이 그 과제를 수행하는 데 도움을 받을 수 있는 학습과학의 요소들을 기술하라. 전문지식을 개발하는 방법에 관한 지식은 어떻게 여러분이 효과적인 도제프로그램을 만들 수 있도록 도와줄 수 있을까?
2. 우리가 학교에서 과학을 가르치는 전통적인 방법들은 아동들에게 주로 강의를 통하여 과학적인 개념과 어휘를 가르치는 것이었다. 여러분은 한 교육구청에 의해 7학년을 위한 물리학 교육과정을 재설계하도록 고용되었다. 그 교육구청은 강의와 정형화된 실험실습과는 다른 어떤 것을 원하지만, 또한 학생들이 자료들을 탐색하는 실습활동들을 제공하는 것은 그들에게 학습할 수 있는 충분한 경험을 제공하지 못할 것이라고 생각한다. 여러분이 개발할 교육과정을 기술하는 학습과학에 대해 알고 있는 것을 사용하라. 여러분이 그 교육과정에 적용할 몇 가지 학습과학의 원리들은 무엇인가? 여러분은 어떤 종류의 교수활동들을 포함시키려고 하는가? 여러분은 어떻게 학습환경을 설계하고자 하는가? 그것은 전통적인 교실환경과 얼마나 다른가?
3. 학습과학의 한 가지 측면은 테크놀로지들을 작업부하(workload)를 분산하고 학습을 촉진하기 위한 도구들로 본다는 것이다. 한 가지의 테크놀로지적 진보 또는 도구를 선택하고 그것이 학습과학 관점에서의 학습을 촉진할 수 있도록 어떻게 도와줄 수 있는지를 기술하라. 사람들이 학습하는 방법을 변환할 수 있는 잠재성을 지니고 있는 맥락의 예를 제공하라. 가능한 테크놀로지의 예들로는 이메일, 블로그, 토론 집단, 화상회의, 상호작용 비디오, 이동형 컴퓨터, 아이팟, 스마트폰 등이 포함된다.

저자 정보

Christopher Hoadley는 뉴욕대학교 교육통신공학과(Department of Educational Communication and Technology) 부교수이며, 학습, 협동, 경험의 설계를 위한 연구실인 dolcelab의 소장이다.

James P. Van Haneghan은 사우스앨라바마대학교 사범대학(College of Education) 사정과 평가(Assessment and Evaluation) 소장이며 전문적인 연구학과(department of Professional Studies)의 교수다.

참고 문헌

Anderson, I., Boyle, C., & Reiser, B.(1985). Intelligent tutoring systems. *Science, 228*, 456-462.

Anderson, L. W., Krathwohl, D. R., & Bloom, B. S.(2001). *A taxonomy for learning, teaching, and assessing: A revision of Bloom' s taxonomy of educational objectives*(Complete ed.). New York: Longman.

Bell, P., Lewenstein, B., Shouse, A. W., & Feder, M. A.(Eds.).(2009). *Learning science in informal environments: People, places, and pursuits.* Washington, DC: National Academies Press.

Bransford, J., & Schwartz, D.(1999). Rethinking transfer: A simple proposal with multiple implications. *Review of Research in Education, 24*, 61-100.

Brown, A. L.(1992). Design experiments: Theoretical and methodological challenges in creating complex interventions in classroom settings. *Journal of the Learning Sciences, 2*(2), 141-178.

Brown, A. L., & Campione, J. C.(1994). Guided discovery in a community of learners. In K. McGilly(Ed.), *Classroom lessons: Integrating cognitive theory and classroom practice.* Cambridge, MA: MIT Press.

Carey, S.(1985). *Conceptual change in childhood.* Cambridge, MA: MIT Press.

Chi, M. T. H., Glaser, R., & Farr, M. J.(1988). *The Nature of expertise.* Hillsdale, NJ: Lawrence Erlbaum Associates.

Chomsky, N.(1959). Review of B. F. Skinner, Verbal Behavior. *Language, 35*, 26-58.

Cognition and Technology Group at Vanderbilt.(1992). The Jasper Series as an example of anchored instruction: Theory, program description, and assessment data. *Educational Psychologist, 27*, 291-315.

Cole, M., & Means, B.(1981). *Comparative studies of how people think: An introduction.* Cambridge, MA: Harvard University Press.

Collins, A.(1992). Toward a design science of education. In E. Scanlon & T. O' Shea(Eds.), *New directions in educational technology*(pp. 15-22). New York: Springer-Verlag.

Collins, A., Brown, J. S., & Holum, A.(1991). Cognitive apprenticeship: Making thinking visible. *American Educator*, 6-11, 38-46.

Collins, A., Brown, J. S., & Newman, S. E.(1989). Cognitive apprenticeship: Teaching the crafts of reading, writing, and mathematics. In L. B. Resnick(Ed.), *Knowing, learning, and instruction: Essays in honor of Robert Glaser*(pp. 453-494). Hillsdale, NJ: Lawrence Erlbaum.

Collins, A., & Halverson, R.(2009). *Rethinking education in the age of technology: The digital revo-*

lution and schooling in America. New York, NY: Teachers College Press.

Cronbach, L. J.(1975). Beyond the two disciplines of scientific psychology. *American Psychologist, 30*(2), 116-127.

Design-Based Research Collective.(2003). Design-based research: An emerging paradigm for educational inquiry. *Educational Researcher, 32*(1), 5-8, 35-37.

Dewey, J.(1896, Spring). [Original letter to the Trustees of the University of Chicago arguing for the creation of a Laboratory School].

Dewey, J.(1929). *The sources of a science of education.* New York: H. Liveright.

Donovan, M.S., Bransford, J.D., & Pellegrino, J. W.(1999). *How people learn: Bridging research and theory.* Washington, DC: National Research Council.

Driver, R., Leach, J., Millar, R., & Scott, P.(1996). *Young people' s images of science.* Philadelphia: Oxford University Press.

Gardner, H.(1985). *The mind' s new science: A history of the cognitive revolution.* New York: Basic Books.

Gardner, H.(1993). *Frames of mind: The theory of multiple intelligences*(10th anniversary ed.). New York: BasicBooks.

Gentner, D., & Stevens, A. L.(1983). *Mental models.* Hillsdale, NJ: Lawrence Erlbaum Associates.

Greeno, J. G., & The Middle School Mathematics Through Applications Project Group.(1998). The situativity of knowing, learning, and research. *American Psychologist, 53*(1), 5-26. [doi: doi:10.1037/0003-066X.53.1.5]

Hoadley, C.(2007). Theories and methods from learning sciences fore-learning. In R. Andrews & C. Haythomthwaite(Eds.), *Handbook of e-learning research*(pp. 139-156). Thousand Oaks, CA: SAGE Publications.

Kintsch, W.(1998). *Comprehension: A paradigm for cognition.* Cambridge, MA: MIT Press.

Kirshner, D., & Whitson, J. A.(1997). *Situated cognition: Social, semiotic, and psychological perspectives.* Mahwah, NJ: Lawrence Erlbaum.

Koedinger, K. R.(1998). Intelligent Cognitive Tutors as Modelling Tool and Instructional Model: Position Paper for the NCTM Standards 2000 Technology Conference. Retrieved September 6, 2000, from http://www.carnegielearning.com/nctm2000.html

Kolodner, J. L.(1991). The Journal of the Learning Sciences: Effecting changes in education. *Journal of the Learning Sciences, 1*(1), 1-6.

Kozma, R. B., Russell, J., Jones, T., Marx, N., & Davis, J.(1996). The use of multiple, linked representations to facilitate science understanding. In S. Vosniadou, E. De Corte, R. Glaser & H. Mandl(Eds.), *International perspectives on the design of technology-supported learning environments*(pp. 41-60). Mahwah, NJ: Lawrence Erlbaum Associates.

Lagemann, E. C.(2000). *An elusive science: The troubling history of education research.* Chicago: University of Chicago Press.

Lave, J.(1988). *Cognition in practice: Mind, mathematics, and culture in everyday life.* Cambridge: Cambridge University Press.

Lave, J., & Wenger, E.(1991). *Situated learning: Legitimate peripheral participation.* New York: Cambridge University Press.

Linn, M. C., & Hsi, S.(2000). *Computers, teachers, peers: Science learning partners.* Mahwah, NJ: Lawrence Erlbaum Associates.

Mayer, R.(1993). Illustrations that instruct. In R. Glaser(Ed.), *Advances in instructional psychology*(Vol. 4, pp. 253-284). Hillsdale, NJ: Lawrence Erlbaum Associates.

McGarrigle, J., & Donaldson, M.(1974). Conservation accidents. *Cognition, 3*(4), 341-350.

Miller, G. A.(1956). The magical number seven, plus or minus two: Some limits on our capacity for processing information. *Psychological Review, 63*(2), 81-97. [doi:10.1037/h0043158]

National Research Council Committee on Learning Research and Educational Practice, Bransford, J., Pellegrino, J. W., & Donovan, S.(Eds.).(1999). *How people learn: Bridging research and practice.* Washington DC: National Academy Press.

Newell, A.(1990). *Unified theories of cognition.* Cambridge, MA: Harvard University Press.

Palincsar, A. S., & Brown, A. L.(1984). Reciprocal teaching of comprehension-fostering and comprehension-monitoring activities. *Cognition and Instruction, 1*(2), 117-175.

Papert, S.(1980). *Mindstorms.* New York: Basic Books.

Pea, R.(1993). Practices of distributed intelligence and designs for education. In G. Salomon(Ed.), *Distributed cognitions: Psychological and educational considerations*(pp. 47-87). New York: Cambridge University Press.

Pea, R. D., Kurland, D. M., & Hawkins, J.(1985). LOGO and the development of thinking skills. In M. Chen & W. Paisley(Eds.), *Children and microcomputers: Research on the newest medium*(pp. 193-212). Beverly Hills, CA: Sage.

Resnick, L. B.(1989). *Knowing, learning, and instruction: Essays in honor of Robert Glaser. Hillsdale,* NJ: Lawrence Erlbaum Associates.

Riesbeck, C. K., & Schank, R. C.(1989). *Inside case-based reasoning.* Hillsdale, NJ: Lawrence Erlbaum.

Roschelle, J.(1992). Learning by collaborating: Convergent conceptual change. *Journal of the Learning Sciences, 2*(3), 235-276.

Rousseau, J.-J.(1979). *Emile: or, On education*(A. Bloom, Trans.). New York: Basic Books.

Sawyer, R. K.(2006a). *The Cambridge handbook of the learning sciences.* Cambridge: Cambridge University Press.

Sawyer, R. K.(2006b). Introduction: The new science of learning. In R. K. Sawyer(Ed.), *The Cambridge handbook of the learning sciences*(pp. 1-16). Cambridge: Cambridge University Press.

Schank, R. C., & Abelson, R. P.(1977). *Scripts, plans, goals, and understanding: An inquiry into human knowledge structures.* Hillsdale, NJ: Lawrence Erlbaum Associates.

Schoenfeld, A. H.(1983). Episodes and executive decisions in mathematics problem solving. In R. Lesh & M. Landau(Eds.), *Acquisition of mathematics concepts and processes*(pp. 345-395). New York: Academic Press.

Schoenfeld, A. H.(1991). On mathematics as sense-making: An informal attack on the unfortunate divorce of formal and informal mathematics. In J. F. Voss, D. N. Perkins & J. W. Segal(Eds.), *Informal reasoning and education*(pp. 311-343). Hillsdale, NJ: Lawrence Erlbaum Associates.

Stokes, D. E.(1997). *Pasteur' s quadrant: Basic science and technological innovation.* Washington, DC: Brookings Institution Press.

Tabak, I.(2004). Reconstructing context: Negotiating the tension between exogenous and endogenous educational design. *Educational Psychologist, 39*(4), 225-233.

The Cognition and Technology Group at Vanderbilt.(1990). Anchored instruction and its relationship to situated cognition. *Educational Researcher, 19*(6), 2-10.

Thorndike, E.(1910). The contribution of psychology to education. *Journal of Educational Psychology, 1*(1), 5-12.

Vosniadou, S.(2008). *International handbook of research on conceptual change.* New York: Routledge.

Vygotsky, L. S., & Cole, M.(1978). *Mind in society: The development of higher psychological processes.* Cambridge, MA: Harvard University Press.

Wood, D., Bruner, J. S., & Ross, G.(1976). The role of tutoring in problem solving. *Journal of Child Psychology and Psychiatry and Allied Disciplines, 17*(2), 89-100.

제7장

문제해결을 위한 설계

David Jonassen (University of Missouri)

머리말[1)]

지난 15년 동안, 나의 연구와 설계는 문제해결(problem solving)에 관한 이론과 다른 맥락에서 다른 종류의 문제들을 위한 문제중심 학습환경을 설계하기 위한 모형들을 접목하는 데 초점을 두어 왔다(Jonassen, 1997, 2000, 2001, 2002, 2003a, 2003b, 2004, 2006a, 2007a, 2007b, 2008, 2010a, 2010b; Jonassen & Hung, 2006, 2008; Jonassen & Kim, 인쇄 중; Jonassen, Shen, Marra, Cho, Lo, & Lohani, 2009; Jonassen, Strobel, & Lee, 2006). 그러한 여정은 문제를 해결하기 위한 학습의 중요성과 병행되는 문제해결을 다루고 있는 ID에 관한 문헌의 결여로 인해 동기화되었다. 문제들은 우리의 일상생활 속 도처에 존재하지만, 문제해결은 일반적으로 형식교육에서 단지 피상적인 수준에서만 다루어진다. 내 경력의 나머지 동안의 목적은 그 상황을 수정하는 것이다. 이 장에서, 나는 문제해결은 모든 교육에서 중심초점이 되어야 한다는 것을 주장하며, 그런 다음 문제중심 학습환경의 구성요소들과 그 구성요소들이 인지적인 스캐폴딩을 통해 어떻게 통합될 수 있는지를 기술한다.

1) 이 간략한 장(章)은 문제중심 학습환경을 설계하기 위한 전체 이론과 모형을 상당히 요약하였다. 이 이론과 모형은 2010년에 Routledge에서 출판된 *Learning to Solve Problems: A Handbook*에 보다 완전히 기술되어 있다.

문제해결의 중심성

나는 한동안 대부분의 학습맥락에서 학습은 문제중심적이어야 한다고 주장해 왔다. 즉, 교수와 학습의 중심초점은 문제를 해결하는 데 두어야 한다. 그 주장을 지원하는 몇 가지 근거들이 있다. 첫째는 실제성(authenticity)이다. 일상생활과 업무 속에서, 문제해결은 도처에 편재되어 있는 활동이다. 고용인들은 문제들을 해결하기 위해 고용되고, 유지되며, 보상이 주어진다. 나는 어떻게 그 새로운 계약을 따낼 수 있는가? 우리는 자금흐름을 최대화하기 위해 이 신제품을 어떻게 판매해야 하는가? 나는 이 회사에서 인정을 받기 위해 무엇을 해야 하는가? 우리의 일상적인 삶은 문제들로 가득 차 있다. 나는 오늘 저녁만찬을 위해 무엇을 만들어야 하는가? 이 교통체증을 피할 수 있는 가장 좋은 경로는 어느 것인가? Karl Popper(1999)는 "모든 인생이 문제해결이다"라고 주장했다. 생산적인 시민이 된다고 하는 것은 사회가 엄청난 문제들을 해결할 수 있도록 도와주는 것을 의미한다.

두 번째 근거는 관련성(relevance)이다. 아주 종종, 학교에서의 수준 이하의 학업성적은 학습한 것에 관한 인지된 비관련성 때문에 초래된다. 문제들, 특히 학습자들에게 관심이 있는 상황들을 제시하는 문제들은 목적과 학습을 위한 내재적인 동기를 제공한다.

셋째, 문제해결은 심층학습을 유발하며, 그 결과 의미창출을 신장한다. 지식은 문제를 해결하는 것이 더 유의미하며, 더 통합적이고, 더 잘 유지되며, 더 전이가능할 때 구성되었다.

끝으로, 문제를 나타내기 위해 구성되는 지식은(문제해결의 존재론) 보다 더 유의미하다. 비록 인간은 개념의 주제기반 위계들(topic-based hierarchies)을 이해할 수 있지만, 그들은 문제해결 활동들에 참여함으로써 얻은 경험들을 더 잘 이해하고 전이한다.

문제해결에서의 쟁점들

이 장에서는 문제해결학습과 관련된 네 가지의 쟁점들을 간략히 다룬다.

- 학생들은 어떠한 종류의 문제들을 해결하기 위해서 학습하는가?
- 학생들은 어떠한 종류의 문제들을 해결하기 위해서 학습해야 하는가?
- 문제중심 학습환경의 구성요소들은 무엇인가?
- 문제해결을 지원하기 위한 인지적 스캐폴딩은 무엇인가?

학생들은 어떠한 종류의 문제들을 해결하기 위해서 학습하는가?

형식교육에 있는 학생들은 아주 종종 수학과 과학에서 스토리문제들(story problems)[2)]을 해결하기 위해 학습한다. 스토리문제들은 일반적으로 피상적인 스토리 맥락 내에 내재되어 있는 일련의 값들을 제시한다. 스토리문제들은 일반적으로 학습자들이 짤막한 시나리오 속에 있는 핵심 값을 확인하고, 적절한 알고리즘을 선택하며, 양적인 대답을 생성하기 위해 그 알고리즘을 적용하고, 그들의 응답들을 희망을 걸고 검토해 봄으로써 해결된다(Sherrill, 1983). 스토리문제들을 해결하고 전이하기 위한 요건들에 관한 우리의 이해에도 불구하고, 학습자들은 통상적으로 다음과 같은 과정들을 포함한 단어문제들을 해결하기 위한 보다 전술적인 문제회피전략을 사용한다.

- 키워드 검색
- 키워드에 기초한 알고리즘(공식) 선택
- 알고리즘 적용(Sherrill, 1983)

과학에서, 학생들은

1. 미지수를 문자들로 표시하고,
2. 미지수들에 대한 관계를 방정식으로 나타내며,
3. 미지수의 값을 찾기 위해 방정식을 풀고,
4. 값들이 원래 문제에 적합한지를 알아보기 위해 계산된 값들을 검증하거나 검토한다.

학생들이 이러한 직접적인 변환전략을 사용할 때, 그들은 보다 더 빈번하게 오류를 범한다. 왜 그러한가? 스토리문제들을 해결하기 위해서는 값들을 공식으로 변환하는 것보다 더 많은 것을 요구한다. 오히려 성공적인 문제해결은 적절한 텍스트정보에 관한 이해, 그 자료를 시각화할 수 있는 역량, 문제의 심층구조를 인식할 수 있는 역량, 해결활동들을 올바르게 순서 지을 수 있는 역량, 문제를 해결하기 위해 사용된 절차를 평가할 수 있는 역량과 의지가 요구된다(Lucangeli, Tressoldi, & Cendron, 1998). 문제해결은 값들을 공식에 집어넣고 미지수를 해결하는 것보다 더 복잡하다. 스토리문제들을 일관성 있게 해결하기 위해서, 학습자들은 문제의 상황적인 속성, 문제의 구조적인 모형, 문제해결을 위한 알고리즘을 포함한 개념적인 모형을 구안함으로써 문제유형에 관한 개념적인 이해를 증명해야 한다(Reusser, 1993). 학생들은 일반적으로 문제에 관한 어떠한 종류의 개념적인 모형도 구안하고자 노력하지 않기 때문에, 그들은 오류를 범하며, 어떠한 올바른 문제해결책들도 유사한 문제들에게로 전이할 수 없다.

---

2) [역주] 수학이나 과학에서 수식을 사용하여 제시된 문제가 아닌 스토리형태의 서술형으로 문제를 제시하고 제시된 문제에서 단서(들)을 찾아 수식으로 변환하여 문제를 해결하도록 되어 있는 문제를 지칭하는 것으로, 언어추리문제라고도 함

학생들은 어떠한 종류의 문제들을 해결하기 위해서 학습해야 하는가?

학생들이 해결하기 위해 학습해야 할 문제의 종류는 그들이 배우고 있는 것에 달려 있다. 다른 상황과 학문영역에서, 사람들은 다른 종류의 문제들을 해결한다. 예를 들어, Lehman, Lempert, Nisbett(1988)은 다른 대학원 학문영역들에 있는 학생들은 그들이 해결하는 문제의 종류들에 기초한 다른 종류의 사유(reasoning)를 개발함을 발견했다. 심리학과 의대 학생들은 그러한 형태의 사유를 학습하지 않았던 법학과 화학전공 학생들보다 통계적, 방법론적, 조건적인 사유문제들을 더 잘 수행했다. 다른 조직에 있는 동일한 직원도 그 조직이 정의하는 사회적, 역사적, 문화적 측면으로부터 나온 다른 종류의 문제들을 해결한다.

그래서 학생들이 해결하기 위해서 학습할 필요가 있는 문제의 종류들은 그들의 학습목적에 달려 있다. 일상의 엔지니어링 문제들에 관한 연구에서, Jonassen, Strobel, Lee(2006)는 작업장에 있는 엔지니어들은 다음과 같은 문제들을 해결함을 발견했다.

- 더 작은 잘 구조화된 문제들을 복잡한 비구조화된 문제들로 한데 모으는
- 비엔지니어링(non-engineering)에 제약을 가하는
- 비엔지니어링 표준으로 성공을 측정하는
- 중복되고, 종종 충돌하는 목적들에 의해 유발된
- 다른 엔지니어들 및 비엔지니어들과 협력을 요구하는
- 거의 항상 예기치 못한 문제들을 야기하는

그래서 엔지니어링 학생들은 어떠한 종류의 문제들을 해결해야 하는가? 교육과정의 어딘가에서 그들은 중복되고 충돌하는 제약들과 기준들을 조정하고, 여러 가지의 하위문제들을 관리하며, 다른 엔지니어들과 비엔지니어들과 의사소통하고 협상하며, 프로젝트의 조건들과 예기치 않은 문제들을 바꾸기 위해서 그들에게 요구하는 문제들을 해결하기 위해 학습을 해야 한다. 불행하게도, 엔지니어링 학생들은 아주 종종 스토리문제들만을 해결하기 위해 학습한다.

선행연구에서, 나는 수수께끼, 알고리즘, 스토리문제, 규칙사용문제, 의사결정, 진단-해결문제, 트러블슈팅(troubleshooting), 딜레마를 포함한, 잘 구조화된 것에서부터 비구조화된 것까지 연속선을 따라 다양한 문제의 유형학(typology)을 기술했다(Jonassen, 2000). 이 유형학은 종류들 내에 문제해결을 위한 인지과정들에 유사성들이 있음을 가정한다. 기술한 문제의 각 범주 내에서, 문제들은 추상성, 복잡성, 역동성의 측면에서 다양할 수 있다. 나는 이러한 문제유형들 중 몇 가지를 간략히 기술한다.

스토리문제. 이 장의 앞부분에서 기술되었다.

의사결정문제. 의사결정문제는 개인이나 사회 집단들이 추구해야 할 해결책, 쟁점, 또는 행동의 진로를 결정하기 위해 필요하다. 우리는 어느 건강보험을 선택할 것인가? 어느 전략이 더 높은 이익을 창출할 것인가? 비록 이러한 문제들은 제한된 수의 해결책들을 가지고 있지만, 그러한 해결책들 중에서 결정할 때 고려해야 할 요인들의 수뿐만 아니라 그것들에 할당된 가중치들은 매우 복잡할 수 있다. 비록 의사결정의 규범적, 합리적 선택모형들은 대안적인 해결책들의 장 · 단점들을 비교 · 대조하며, 비교 고찰하는 것을 강조하지만, 보다 더 자연주의적인 의사결정이론들은 사전경험과 스토리들(stories)의 역할을 강조한다(Jonassen, 2010a 참조). 즉, 의사결정자들은 종종 의사결정을 할 때 대안들을 합리적으로 분석하기보다는 가능한 산출물들을 기술한 스토리기반 시나리오들(story-based scenarios)을 구성한다.

트러블슈팅문제. 자동차, 항공기, 또는 어떤 복잡한 시스템들을 관리 · 유지하려면 트러블슈팅(진단)이 필요하다. 컴퓨터 프로그램을 디버깅하거나 위원회가 함께 일할 수 없는 이유를 찾는 것 또한 트러블슈팅이 필요하다. 트러블슈팅의 주요목적은 오류상태를 진단하고 대체하거나 잘못된 부분이나 하위시스템을 수리하는 것이다. 시스템의 어떤 부분이 적절하게 작동하지 않을 때, 그 증상들은 다양한 오류상태들에 관한 사용자의 지식을 사용하여 진단되고 찾아져야 한다(Jonassen & Hung, 2006). 트러블슈터들은 다른 오류상태들에 대한 가설들을 세우고 검증하기 위해 증상들을 사용한다.

전략적 수행문제. 전략적 수행(strategic performance)은 수행자들이 통상적으로 상당한 시간적인 압박이 주어진 상황하에서 매우 복잡하고 비구조화된 문제를 해결하는 데 목적을 둔 수많은 전술적인 조치들을 적용하는 실시간적, 복잡한 활동들을 수반한다. 상업용 비행기를 비행하거나 프로 미식축구의 공격을 지휘하는 것과 같은 전략적인 목적을 달성하기 위해, 수행자는 전략적인 목표들을 달성하기 위해 설계된 일련의 복잡한 전술적인 활동들을 적용한다. 전문 전술적인 수행자의 특징은 비구조화된 문제를 해결해야 할 그 지점에 새로운 전술을 즉석에서 만들거나 구성할 수 있는 능력이다.

정책문제. 신문이나 소식지의 앞 페이지들에 기술되어 있는 대부분의 공공의 문제들은 여러 가지 입장과 관점들이 존재하는 복잡하고 많은 측면들을 지닌 문제들이다. 국가수준에서의 외교정책문제들, 주(州)수준에서의 법적인 문제들, 지역수준에서의 경제적 문제들과 개발문제들은 정책문제들의 예들이다. 전형적인 상황적 정책문제들 또한 "소련연방에서 작물의 생산성이 떨어지고, 해결자가 소련연방농무부의 국장으로 재직하고 있다면, 그는 작물의 생산성을 증진하기 위해 어떻게 할 수 있는가?" 와 같은 국제관계 속에서 존재한다(Voss and

Post, 1989, p.273).

설계문제. 아마도 가장 비구조화된 종류의 문제는 설계일 것이다. 그것이 전기회로이든, 기계의 부품이든, 또는 새로운 제조시스템이든, 설계는 많은 영역지식을 독창적인 설계를 할 수 있도록 해주는 많은 전략적인 지식에 적용하는 것을 요구한다. 주어진 제한 내에서 최적의 해결책을 찾아야 하는 분명한 목적에도 불구하고, 설계문제들은 일반적으로 설명되지 않은 제약들을 포함하고 있는, 애매모호하게 정의되거나 불명료한 목적들을 가지고 있다. 그것들은 해결경로와 함께, 다양한 해결책들을 가지고 있다. 설계문제들 중에서 아마도 가장 짜증나게 하는 부분은 그것들이 해결책들을 평가하기 위한 다양한 기준들을 가지고 있으며, 이러한 기준들은 종종 알려져 있지 않다는 것이다.

딜레마. 딜레마는 일반적으로 그 문제에 의해 영향을 받는 사람들 중 상당수에게 받아들여질 수 있는 어떠한 해결책도 없기 때문에 가장 비구조화된 종류의 문제다. 동성결혼에 대한 오늘날의 논쟁은 딜레마다. 그 상황에 관한 많은 중요한 관점들(헌법적, 정치적, 사회적, 윤리적, 진화론적, 종교적)이 있지만, 그것들 중 어느 것도 그 갈등에 대해 일반적으로 수용가능한 해결책을 제공할 수 없다. 그 상황은 매우 복잡하고 예측할 수 없어 어떠한 최상의 해결책도 있을 수 없다. 딜레마는 종종 갈등하는 관점들과 복잡하고 사회적인 상황들이 얽혀 있으며, 그것들은 일반적으로 가장 귀찮은 문제들이다.

학생들에게 이러한 종류의 문제들 중 어느 것을 가르칠 것인가를 결정하는 것은 복잡한 교육과정 설계문제다. 이러한 설계들을 결정하는 것은 요구사정과 내용분석에 대한 보다 더 활동기반적인 접근을 요구할 것이다. 교육과정 설계자들은 학생들에게 어떤 주제를 공부해야 하는지를 묻기보다는 생물학자나 회계사, 생산적인 시민, 또는 독립적인 문제해결자가 되기 위해서 학습자들이 무엇을 할 수 있어야 하는지를 물어야 한다.

문제중심 학습환경의 구성요소들은 무엇인가?

이 절에서 나는 문제해결교수의 구성요소들을 추천한다. 나는 구체적으로 의과대학이나 대학원에서 인기를 얻고 있는 탐구중심교수모형인 문제중심학습(PBL)을 언급하지는 않는다(Hung, Jonassen, & Liu, 2008 참고). 내가 추천하는 것은 PBL교수에 적용되지만 또한 어떠한 종류의 문제해결교수에도 적용될 수 있다. 만약 여러분이 학생들이 문제를 해결하는 것을 학습하기를 원한다면, 내가 문제중심 학습환경이라고 일컫는 교수나 학습 계열 속에 다양한 종류의 사례들을 포함시킬 필요가 있다. 그러한 환경은 교실기반 또는 웹기반, 직접적 또는 탐구적일 수 있다.

문제중심 학습환경의 기초는 사례(case)다. 많은 선행연구들이 사례설계에 대해 언급했지만, 그것은 사례의 목적이나 기능이 아닌 사례의 형태에 초점을 두었다. 이 장에서 나는 각기 다른 교수목적을 지닌 일곱 가지 유형의 사례들을 소개할 것이다. 무엇이 사례를 구성하는가? "사례"라는 개념은 여러 가지로 해석된다. 전문가들에게 있어 사례는, 내과의사에게 있어 "식사의 사례"나 검사에게 있어 "명예훼손의 사례"와 같이, 자신들의 실제로부터 도출된 "실제세계"의 예들을 말한다(Shön, 1983). 문제중심 학습환경을 구축하는 것을 목적으로 하는 경우, 사례(case)는 한 문장수준의 예부터 복잡하고, 여러 페이지 또는 비디오기반 사례연구에 이르기까지 무엇으로든지 구성될 수 있는 어떤 것의 실례(instance)다. 그러한 사례들은 해결되어야 할 문제들, 즉 풀이된 예(worked examples)와 사례연구를 포함하는 문제의 예들, 사전경험으로서의 구조적인 유추(structural analogues)와 사례를 포함하는 유추적인 문제들, 대안적인 관점으로서의 사례들, 그리고 시뮬레이션으로서의 사례들일 수 있다. 교수 구성요소로서, 이러한 사례들 대부분은 학습자들이 해결해야 할 문제를 이해할 수 있도록 도와주기 위해서 제공된다.

나는 모든 교수설계자들이 다른 종류의 문제들은 다른 교수 구성요소들을 필요로 한다고 가정해야 한다고 본다. 이 장의 끝부분에서, 나는 사례의 종류들과 앞에서 기술한 다른 종류의 문제들에 주의를 갖도록 하고 그것을 지원하기 위해서 요구되는 인지적 스캐폴딩을 위한 권고사항들을 열거할 것이다.

해결해야 할 문제로서의 사례

어떠한 문제중심 교육과정에서도 초점은 해결해야 할 문제다. 문제들을 학습의 초점으로 사용하는 것은 문제중심학습 원리들에 의해 지지되어 왔다. 그러한 원리들에 따르면, 학습은 해결해야 할 실재적인 문제에 정착(anchored)된다. 전통적인 교수모형들은 학습자들이 문제를 해결하기 위해서 자신들의 배워 왔던 것을 적용하기 전에 내용을 습득해야 한다고 가정한다. 문제중심학습은 그 순서를 뒤집으며, 학생들은 유의미한 문제를 해결하는 동안 내용을 습득한다고 가정한다. 대부분의 교육적인 논거에서, 그것은 패러다임의 전환을 의미한다.

학습이 문제에 초점을 둘 때, 학습자들은 일반적으로 어떤 실재적(authentic), 비구조화된(ill-structured) 문제에 관한 시뮬레이션을 다루는 것으로 학습을 시작한다. 봉사학습(service learning) 프로젝트에서, 학생들의 참여에 초점을 두는 실재성(authenticity)에 관한 다른 개념들이 있다. 문제의 출처에 상관없이, 학습해야 할 내용과 기능들은 주제들이 위계적으로 나열되기보다는 문제들과 관련되어 조직되기 때문에 지식과 문제 간에는 상보적인 관계가 있다. 학생의 학습과정은 문제에 의해서 시뮬레이션되고 해당 문제에 다시 적용된다. 대부분의 문제중심 노력들은 학생중심적(student-centered), 자기주도적(self-directed)이다. 즉, 학생들은 개별적으로, 그리고 집단적으로 (a) 자기평가와 동료평가를 통해 학습 쟁점들과 과정들을 생성하고, (b) 자신들이 생각하는 학습자료들이 자신들이 해당 문제를 해결하는 데 필요한지를 평가하는 책무성을 가지고 있다고 가정한다. 해결해야 할 문제는 흥미로운 것이어야 하지만, 또한 교육과정에 의해서 요구되는 교육과정적 쟁점들을 다루어야 한다. 문제는 학습의 목적을 제공한다. 예를 들어, 지도의 사용에 초점을 둔 지리학강좌에서, 우리는 학생들이 세 번째 교차로의 교통문제를 완화하기 위해 두 개의 교차로로부터 하나의 경로를 설계하라는 도전과제를 주었다. 학생들은 지도의 한 섹션에서 다른 섹션까지의 경로를 설계하고 충분한 근거를 제시하기 위해 지형도, 부동산지도, 항공지도, 토양지도들을 사용할 필요가 있다. 두 번째 문제는, 다양한 관점들에서 복잡한 결정을 해야 하는, 새로운 쓰레기 매립지 배치 장소를 다루었다.

풀이된 예로서의 사례

모든 ID모형들은 교수(instruction)에 예들(examples)을 포함해야 한다고 주장한다. 어떤 개체(entity)가 정의된 후, 학습자들에게 예들이 제시되어야 한다. 예들은 추상적으로 표현된 아이디어들의 모델로서 사용된다. 어떤 문제에 대한 스키마는 문제의 종류, 문제의 구조적인 요소들(예: 물리학 문제에서 가속도, 거리, 속력), 그러한 문제들이 발생하는 상황들(예: 기울어진 비행기, 자동차), 그리고 그 문제를 해결하기 위해서 요구되는 처리작업으로 구성된다(Jonassen, 2003a).

스키마구축을 지원하기 위한 가장 흔한 방법은 풀이된 예(worked examples)를 활용하는 것이다. 문제를 해결하기 위해 학습을 할 때, 풀이된 예의 형태 속에 있는 사례들은 일반적으로 교수의 기본적인 형태로 제공된다. 풀이된 예들은 일반적으로 문제진술문과 비슷한 특성을 지닌 다른 문제들이 어떻게 해결될 수 있는지를 보여주는 문제해결 절차를 포함하고 있는 교수방책들(instructional devices)이다(Atkinson, Derry, Renkl, & Wortham, 2000). 문제유형과 문제해결 과정에 관여하는 하위절차들에 초점을 둔 풀이된 예들은 인지적으로 매우 많은 것을 요구한다. 그러한 까닭에, Gerjets, Scheiter, Catrambone(2004)은 복잡한 해결책들을 별도로 전달할 수 있는 보다 더 작은 유의미한 해결책 요소들로 나눈다. 풀이된 예들은 각각의 문제 종류를 위한 다중양식(multiple modalities)의 다양한 예들로 제시하고, 문제의 개념적인 구조를 강조하며, 문제 유형들 내에서 형식(formats)을 다양화하고, 문제의 심층적인 구조를 나타낸다(Atkinson et al., 2000). 풀이된 예들을 사용한 연구는 항상 수렴적인 해결책들과 해결방법들을 가지고 있는 잘 구조화된 문제들(통상적으로 스토리문제들)에 초점을 두어 왔기 때문에 그러한 예들이 다른 유형의 문제들에게로 얼마나 일반화 가능한지는 알려지지 않았다.

사례연구

사례기반학습(case-based learning)을 가장 흔하게 적용한 것은 사례연구(case studies)다. 사례연구에서, 학생들은 이전에 경험한 문제에 관한 보고서(통상 1~3페이지 정도의 스토리)를 학습한다. 종종 문제들에 의해 유도되면서, 학생들은 그 상황과 과정들을 분석하고 방법들과 해결책들을 평가한다. 대부분의 사례연구에서, 학생들은 문제들을 해결하는 것이 아니라, 단지 다른 사람들이 그 문제들을 푸는 방식을 분석하고 "만약 ~한다면(what-if)" 이라는 사고에 참여하는 책임이 있다. 사례연구는 토론을 촉진한다. 사례연구방법의 목적들은 학습을 학생들이 지식을 습득하기보다 그 지식을 활용하기 위해서 요구되는 실재적인 맥락 속에 구체화하는 것이다. Mayo(2002)는 사례 스토리들을 공부하는 심리학개론 수업에 참여하고 있는 학생들이 이론적인 이해와 적용의 측면에서 강의기반 수업에 등록한 학생들보다 더 잘 수행했음을 발견하였다. 사례연구방법의 예들로는 하버드비즈니스사례들(Harvard business cases)(Barnes, Christiansen, & Moore, 1994)과 교사교육에서의 사례연구(Shulman, 1992; Sudzina, 1999)가 있다. 사례연구들은 보다 복잡하고 비구조화된 문제들을 위한 문제스키마를 구축할 수 있도록 도와주기 위해 사용될 수 있는 보다 더 비구조화된 문제들의 예들이다.

유추로서의 사례

문제를 해결하기 위한 학습은 또한 유추적인 문제들을 제공함으로써 지원될 수 있다. 학생들이 자신의 구조들과 유사한 문제들을 검토할 때, 그들은 그 문제들에 대한 보다 더 확고한 개념적인 지식을 획득한다. 유추로서의 사례를 사용하는 것에 대한 두 가지의 이론적인 접근법들, 즉 유추적 부호화(analogical encoding)와 사례기반 추론(case-based reasoning)이 있다.

유추를 해결해야 할 문제에 매핑하는 것은 예와 해결될 문제 간의 대상의 유사성, 특히 줄거리와 대상의 조화(즉, 유사한 대상이 유사한 역할로 채워져 있는지의 여부)에 따라 영향을 받는다(Ross, 1984, 1987, 1989a). 즉, 자신의 재인(retrieval)이 대상문제(target problem)의 구조적인 특성들이 아닌 그 대상문제를 지닌 예의 표층적인 특성의 비교에 기초하기 때문에, 학습자는 종종 예를 적절하게 회상하거나 재사용하지 못한다. 대상문제가 그 예와 공유되는 구조적인 특성을 강조할 때, 일반화가 증진된다(Catrambone & Holyoak, 1989; Reed, Ackinclose, & Voss, 1990). 요구되는 유추적 추론을 가장 잘 기술하는 이론이 구조매핑이론(structure mapping theory)(Gentner, 1983)인데, 그것은 유추를 문제에 매핑하기 위해서는 유추의 구조를 양자에서 표층대상(surface objects)에 독립적인 문제의 구조와 관련시킬 것을 요구한다. 그렇게 하기 위해서, (빈약한 문제해결자들의 관심을 끄는) 표층구조들은 폐기되어야 한다. 그런 다음 고차원적, 구조적 관계들은, 유추적 부호화(analogical encoding)라고 알려진 과정인, 예와 문제를 일대일로 비교해야 한다.

사전경험으로서의 사례

사례를 문제해결을 지원하기 위해 사용하는 또 하나의 방법은 스키마를 구안하려고 시도하지 않고 원천문제(source problem)를 통해 직접 유추하는 것이다. 문제해결은 주석이 달린 문제사례들의 조직화된 라이브러리에서 가장 근접한 사례를 찾아 그것을 재사용하거나 수정하는 것으로 구성되어 있다. 새로운 문제를 접했을 때, 대부분의 사람들은 옛날 사례를 재사용하기 위해 기억으로부터 이전에 해결했던 문제들의 사례들을 재인하려고 시도한다. 만약 이전 사례로부터 제안된 해결책이 제대로 작동하지 않는다면, 그때 옛날 사례는 수정되어야 한다(Jonassen & Hemandez-Serrano, 2002). 둘 중 어느 하나의 해결책이라도 유효하다면, 학습된 사례는 나중에 사용하기 위해 유지된다. 사례기반 추론은 스크립트 형태 속에 있는(Schank & Abelson, 1977) 에피소드나 경험적인 기억들이 기억 속에 부호화되고 필요할 때 재인되거나 재사용된다(Schank, 1990; Kolodner, 1993)는 기억이론에 기초한다.

사례기반 추론은 학습자들이 이용할 수 있도록 만들어진 이야기들의 사례 라이브러리의 형태로 교수에서 활용된다. 라이브러리에 있는 이야기들은 학습자들이 어떤 문제를 접했을 때 그들이 그 사례들에 접근 가능하도록 인덱스된다. 그러한 인덱스들은 공통된 맥락적 요소들, 시도된 해결책들, 위배된 기대들, 또는 학습된 교훈들을 확인할 수 있다. 사례 라이브러리는 교수적인 조언의 주요한 형태로서의 목표기반 시나리오(goal-based scenarios)(나중에 기술됨) 속에 포함된다. 그러한 환경은 학생들에게 이론을 가르치기보다 학생들이 학습할 수 있도록 적절한 사례들을 재인시켜 준다. 식료품 개발과정을 해결하는 동안 이전의 적절한 사례들을 재인할 수 있도록 허용해 주었을 때, Hernandez-Serrano와 Jonassen(2003)은 (문제를 떠올리고, 확인하고, 인식하며, 실패를 확인하고 설명하며, 해결책들을 선택하고, 수정하며, 성공이나 대안적인 해결책들을 설명하고, 필요한 정보를 확인하는 것과 같은) 문제해결기능들을 평가하는 검사들에서 이야기들에 접근했던 학생들은 이야기 대신에 해설적인 도움말을 검토했던 학생들보다 훨씬 더 잘 수행했음을 밝혀냈다.

대안적 관점으로서의 사례

비구조화된 문제들은 잘 구조화된 문제들보다 더 복잡한 경향이 있다. 복잡한 지식영역이나 문제들에서, 근원적인 복잡성은 문제에 관한 대안적인 관점을 고려하는 학습자에게 인지되어야 하는데, 학습자는 이를 통해 해당 문제에 대한 개인적인 의미를 구성할 수 있다(Spiro, Coulson, Feltovich, & Anderson, 1988). 인지적 유연성이론(cognitive flexibility theory)은, 학생들이 다양한 개념적인 표상의 사용을 통해 학습하고 있는 사례들을 종횡으로 이동할 수 있게 하고, 추상적인 개념을 상이한 사례들과 연계하며, 그 사례들 간의 주제와 관련된 관계들을 통해 상호관련된 지식의 본질을 강조하고, 학습자들이 모든 사례들뿐만 아니라 그것들과 관련된 정보를 일관성 있는 지식기반 속에 통합하도록 독려하는, 다양한 관점과 내용의 주제와 관련된 표상에 대한 무작위접근을 제공하기 위해 하이퍼텍스트를 사용할 것을 권한다(Jacobson & Spiro, 1995). 구체적인 사례들과 관점들과 추상적인 주제와의 상호연계는 학생들이 훨씬 더 복잡하고 일관성 있는 지식기반을 개발할 수 있도록 해준다(Jacobson, Maouri, Mishra, & Kolar, 1995). 대부분의 비구조화된 문제들은 사례를 대안적인 관점으로 사용할 것을 요구한다.

시뮬레이션으로서의 사례

일반적으로, 문제중심학습은 실천기반적(practice based)이다. 즉, 학생들은 문제를 해결하는 것을 실천해야 한다. 여러분은 실천해 보도록 하고 피드백을 받지 않고서는 학생들에게 문제해결에 대해 효과적으로 가르칠 수도 없고 그들이 문제를 해결할 수 있다고 기대할 수도 없다. 시뮬레이션은 어떤 시스템의 구성요소들이 학습자들에 의해서 조작될 수 있는 환경이다. 이용할 수 있는 조작(manipulations)은 그 시스템의 어떤 기저모형, 즉 "그 시뮬레이션의 기저를 이루고 있는 모델의 특성들이 실험을 통해 추론되는 학습자의 주요 과제" (deJong & van Joolingen, 1998, p.179)에 의해 결정된다. 학습자들이 시뮬레이션과 상호작용할 때, 그들은 어떤(입력) 변수의 값을 바꾸고 다른(출력) 변수의 값에서의 결과를 관찰할 수 있다. 이러한 탐색적인 환경은 학습자들에게 해당 문제 속에 있는 요인들 간의 인과적인 관계들을 테스트해 볼 수 있는 기회들을 제공한다. 시스템에 의해 제공되는 피드백은 그 문제에 관한 학습자의 심상모델 속에 있는 관계에 관한 학생의 이해가 옳았음을 증명하거나 기각한다.

가장 흔한 종류의 시뮬레이션에는 과학에서의 실험실 연습이 포함된다. 시뮬레이션은 또한 보다 복잡한 종류의 수행을 제공할 수 있다. 예를 들어, 학생들의 합의형성기술을 증진시키기 위해 설계된 문제중심 학습환경은 학생들에게 여섯 명의 위원들과 한 명의 코치에 관한 시각적인 이미지들이 포함된 가상적인 "위원회 회의실"을 제시한다. 학생들은 위원들에게 말할 것을 선택하기 전에 위원회 구성원들 각각에 관한 배경정보와 코치로부터의 조언을 구하기 위해 그 회의실에 "들어온다". 이 시뮬레이션화된 환경에서의 상호작용은 학생과 가상의 위원들 간에 이루어진다. 시뮬레이션의 각 시간 프레임마다, 학생은 자신이 위원들에게 말할 수 있는 것을 선택할 수 있다. 각각의 선택은 일반적으로 그 위원들 중 몇 사람을 기쁘게 하고(그들은 웃는다) 다른 위원들은 기분 나쁘게 한다(그들은 눈살을 찌푸린다). 각 위원회 구성원의 관심도, 화남, 또는 만족도 수준을 나타내는 계량기들이 또한 이 시뮬레이션 속에 구축될 수 있으며, 그것은 훨씬 더 실제적인 학습환경을 만들어 준다. 이러한 시뮬레이션은 학생들의 합의형성기술을 증진시켜 줄 뿐만 아니라 학생들의 학습과정에의 참여 수준을 높여준다.

문제해결을 지원하기 위한 인지적 스캐폴딩은 무엇인가?

사례는 문제중심 학습환경의 기초적인 요소를 구성한다. 사례들을 해결해야 할 문제들과의 관계 속에서 연구하도록 하면, 문제에 관한 학생들의 이해와 그 문제를 해결하기 위한 그들의 능력이 신장된다. 이 절에서는 상이한 종류의 사례들에 관한 학생들의 분석과 비교를 도와주기 위해 상이한 형태의 인지적 스캐폴딩들에 대해 기술한다. 이러한 인지적 스캐폴딩은 문제요소들 간의 중요한 관계에 학생들의 주의를 집중시킨다. 이러한 스캐폴딩은 학생들이 문제를 더 잘 이해할 수 있도록 도와준다.

유추적 부호화

유추적 부호화(analogical encoding)는 여러 가지 유추들 간의 구조적인 속성들을 매핑하는 과정이다. 하나의 예에 기초한 스키마를 유발하고 전이하려고 시도하기보다, 이해, 스키마 유발, 그리고 맥락들 간의 장기적인 전이는 구조적인 배열을 위해 두 가지의 유추를 비교하는 유추적 부호화에 의해 크게 촉진될 수 있다(Catrambone & Holyoak, 1989; Gentner & Markman, 1997; Gentner & Markman, 2005; Loewenstein, Thompson, & Gentner, 2003). 학습자들이 두 가지 예들을 직접적으로 비교할 때, 그들은 구조적인 유사점들을 확인할 수 있다. 만약 단 하나의 예만 제시된다면, 학생들은 유사한 표상적인 특성들을 가지고 있는 문제들을 회상할 가능성이 훨씬 더 많다. 유추적 부호화는 유추가 공통된 원리들과 스키마들을 포함하여 공통성들(commonalities)에 대한 주의를 증진시켜 주기 때문에 학습을 촉진한다(Gick & Holyoak, 1983). 유추적 부호화 동안, 학생들은 그들의 구조적인 배열을 위해 유추적인 문제들을 비교해야 한다. 문제들은 문제요소들 간의 관계(논쟁)가 일치할 때 구조적으로 배열된다(Gentner & Markman, 1997).

인과적 추론

사례들의 구조들을 비교할 때, 설계자와 학생들은 그 문제 속에 있는 요소들 간의 기저가 되는 인과적 관계(causal relationships)를 검토해야 한다. 문제 속에 있는 요소들 간의 인과적 관계를 이해하는 것은 이해와 전이를 위해 필수적이다. 인과적 관계를 이해하는 것은 학생들이 그 문제 속에 포함되어 있는 예측(predictions)과 추론(inferences)을 할 수 있음을 의미한다. 어떤 사태의 한 가지 조건 혹은 일련의 조건들 또는 상태들에 관한 기술(description)로부터 그러한 상태들로부터 초래될 수 있는 가능한 결과를 추정해 내는 사유는 예측이라 불린다. 예측은 어떤 사태를 예보하고(예: 경제적 또는 기상예보) 과학적인 가정들이 정확한지를 확증하거나 반증하기 위해 가설을 검증(예: 호르몬이 동물의 성장률에 미치는 영향을 예측)하기 위해 사용된다. 인과적인 행위자(causal agent)가 알려지지 않은 산출물이나 상태가 존재할 때, 추론이 필요하다. 추론의 주요한 기능은 의학 분야에서처럼 진단하는 것이다. 증상, 역사적인 요인들, 환자들에 관한 검사결과들에 기초하여, 의사는 질병상태의 원인(들)을 추론하려고 시도한다.

예측과 추론하기에 충분한 인과관계를 이해하기 위해서, 학생들은 관계의 공변량적, 메커니즘적 속성들을 이해해야 한다(Ahn, Kalish, Medin, & Gelman, 1995). 공변량(covariation)은 한 요소가 다른 요소에게 일관되게 영향을 미치는 정도나 범위로서, 확률과 공변량으로 양적으로 표현된다. 메커니즘은 인과관계를 질적인 효과로 기술한다.

질문하기

질문하기(questioning)는 여러 가지 측면에서 문제해결을 도와준다. 심층추론적인 질문들에 답하기 위해서는 인과적인 과정뿐만 아니라 목적, 계획, 행동, 논리적인 정당화를 분명히 말해야 하는데(Graesser, Swarner, Baggett, & Sell, 1996), 그러한 모든 것들은 문제해결을 위한 필수적인 과정들이다. 문제해결 동안, 질문들은 학생들이 문제를 이해하고 해결책을 생성하기 위해 노력할 때 학생들의 추론을 유도하는 데 필수적이다. 질문주도 설명적 사유(question-driven explanatory reasoning)는 학습이 학습자들이 설명적인 추론을 요하는 질문들을 생성하고 답하는 정도를 증진시킨다고 예측한다(Graesser et al, 1996). 질문들은 문제중심 학습환경 속에 필요한 순간에 사고를 지원하기 위해 삽입된 질문들의 형태들로 포함될 수 있다. 질문들을 학습환경 속에 내재화함으로써, 학생들은 자기 자신의 심층적인 수준의 질문들을 생성하기 위해 연습하고 학습할 수 있는데, 그것은 문제해결능력의 예측치다. 끝으로, 질문들은 "질문시스템(ask system)"에서 주요한 인터페이스를 형성할 수 있다. 질문시스템은 상이한 정보에 대한 링크로서 기능하는 일련의 질문들로 구성된 인터페이스다.

논쟁

비록 문제들은 다르지만, 논쟁(argumentation)은 전부는 아니지만 대부분의 종류의 문제들을 해결하기 위해 학습하는 데 있어 필수적인 기능일 뿐만 아니라 비구조화 문제들과 잘 구조화된 문제들을 위한 문제해결능력을 평가하기 위한 효과적인 방법이다(Jonassen, 2010b). 학생들이 잘 구조화된 물리학문제들을 틀리게 답했고 나중에 과학적으로 올바른 답을 위한 논쟁을 구성했을 때, Nussbaum과 Sinatra(2003)는 그 학생들이 그 문제들에 대한 증진된 추론을 보임을 밝혀냈다. 그 학생들이 1년 뒤에 재검사를 받았을 때, 그들의 추론의 질은 상당히 유지되었다. 이 전략은 학생들이 오개념들을 논박하는 데에도 사용된다. Nussbaum과 Sinatra(2003)의 사례에서처럼, 학생들은 자기 자신의 오개념들을 논박한다.

논쟁은 비구조화된 문제들을 해결하는 데 있어 훨씬 더 명확한 역할을 수행한다. Cho와 Jonassen(2003)은 해결책과 행동을 정당화하기 위해 일관성 있는 논쟁을 산출하는 것은 잘 구조화된 문제들보다 비구조화된 문제들을 해결하는 데 훨씬 더 중요한 기술이라는 것을 보여 주었다. 비구조화된 질문들은 일상의 실제에서 우연히 접하게 되는 그러한 종류의 문제들이다. 그러한 문제들은 대안적인 해결책들, 애매모호하게 정의되거나 명확하지 않은 목적들과 제한점들, 여러 가지 해결경로들, 해결책들을 평가하기 위한 다양한 기준들을 가지고 있다. 그래서 그러한 문제들은 해결하기가 훨씬 더 어렵다(Jonassen, 2000). 비구조화된 경제학 문제들을 해결했던 집단들은 보다 더 다방면에 걸친 논쟁들을 도출했다. 비구조화된 문제들은 수렴적인 답변들이나 일관성 있는 해결기준들을 가지고 있지 않기 때문에, 학습자들은 자기 자신들의 가정들, 해결경로들, 제안된 해결책들을 정당화하기 위해 논쟁들을 구안해야 한다(Jonassen, 1997; Voss & Post, 1989).

모델링

"과학적인 실천은 과학적 모형들을 구인, 타당화, 적용하는 것을 수반하기 때문에, 과학수업은 학생들이 모형을 만들고 사용하는 데 참여할 수 있도록 설계되어야 한다" (Hestenes, 1996, p.1). 동일한 가정이 모든 학문영역에도 적용된다. 이 장 전체에서, 나는 문제공간(problem space)에 관한 심상모형들(mental models)의 구축을 강조해 왔다. 심상모형들은 외적 모형들의 구축에 의해 신장되고 확증된다. 그 모형들은 양적(공식)이거나 질적일 수 있다. 둘 다 문제를 이해하고 해결하는 데 필수적이다. 데이터베이스, 개념지도, 전문가 시스템, 시스템 역동성 도구들, 그래픽도구들을 포함한, 몇 가지 유형의 모델링도구들은 외적 모형들을 구안하기 위해 사용될 수 있다(Jonassen, 2006b). 학생들이 문제를 분석하는 동안, 그들은 문제 속에 있는 구성요소들과 관계들에 관한 모형들을 구안해야 한다. 이 모형들은 학생들이 그 문제에 대한 해결책에 대해 가설을 세우고 옳은지를 확증할 수 있도록 도와줄 수 있다.

〈표 7.1〉 문제 유형별 사례와 스캐폴딩 요구사항

문제 유형	사례 구성요소	인지적 스캐폴딩
스토리	문제, 사례, 유추	유추적, 인과적, 질문하기, 논쟁, 모델링
규칙 사용/도출	예, 문제, 유추	유추적, 인과적, 질문하기
의사결정	문제, 사례연구, 사전경험, 대안적인 관점	인과적, 논쟁, 모델링(시나리오 구성)
트러블슈팅	문제, 사전경험	인과적, 논쟁, 모델링
정책 분석	사례연구, 문제, 사전경험, 대안적인 관점	유추적, 질문하기, 논쟁, 모델링
설계	문제, 사전경험, 대안적인 관점	인과적, 논쟁, 모델링
딜레마	사례연구, 대안적인 관점	논쟁

어떤 구성요소와 스캐폴딩이 상이한 종류의 문제해결을 지원하는가?

학습자들이 상이한 종류의 문제를 해결하는 방법을 학습하는 것을 지원하기 위해, 우리는 학습자들에게 어떠한 종류의 사례들과 인지적 스캐폴딩들을 제시해야 하는가? 〈표 7.1〉은 상이한 종류의 문제해결 학습환경들을 위해 권장되는 구성요소들의 리스트를 제공해 준다. 비록 권장되는 교수 구성요소들과 스캐폴딩들 중 몇 가지에 대한 경험적인 지지가 있지만, 내가 추천한 것들 대부분은 경험적인 타당화가 필요하다. 이러한 권장사항들이 사실이라고 주장하기보다, 나는 오히려 그러한 것들이 지지되기 위해서는 여러 가지 연구들이 필요한 가설들이라고 믿는다. ID 분야는, 이 장의 서두에서 진술한 바와 같이, 일상생활과 업무 속에서 문제해결은 여기저기에 만연되어 있는 활동이기 때문에 문제해결에 관한 연구와 개발 노력에 더 초점을 두어야 한다고 믿는다.

핵심 원리 요약

1. 문제해결은 가장 자연스럽고, 복잡하며, 유의미한 종류의 학습/사고활동이다. 문제들은 우리의 일상과 전문적인 삶에 가득 차 있다.
2. 문제의 본질은 구조성(structuredness), 복잡성, 역동성, 문제들이 발생하는 맥락의 측면에서 볼 때 다양하다.
3. 상이한 종류의 문제들을 해결하기 위해서는 상이한 교수모형들을 요구하는 상이한 종류의 인지적 전략들이 요구된다.
4. 문제해결 학습환경은 해결해야 할 문제들, 풀이된 예들, 사례연구들, 구조적인 유추, 사전경험들,

대안적인 관점들, 시뮬레이션들과 같은 몇몇의 구성요소들을 포함한다.

5. 모든 문제들은, 문제 스키마구축, 유추적 비교, 인과적 추론, 질문하기, 모델링, 논쟁하기, 메타인지를 포함한 일련의 인지적 전략들을 요구한다.

응용 문제

1. 교사들은 다양한 문제들을 매일 해결하는 문제해결자들이다. 교사들이 자신들의 일상 수업활동들의 일환으로 해결해야 하는 문제들을 찾아내라. 이러한 지식의 관점에서, 교사훈련 프로그램 속에 통합되어야 하는(이 장의 앞부분에서 기술한) 두세 가지 유형의 문제들을 찾아내라. 어떤 사례 구성요소들이 각 유형의 문제들에 통합되어야 하는가? 어떠한 종류의 인지적 스캐폴딩이 필요한가?
2. 앞에서 기술한 바에 따르면, 설계문제들은 제한점들과 개인적인 편견에 기초한 의사결정의 사이클들과 관련되어 있다. 만약 이러한 설계과정의 개념이 맞는다면, 여러분은 ID 수업을 어떻게 재설계하겠는가?
3. 여러분이 미국남북전쟁에 관한 수업을 설계하고 있다면, 어떠한 사례 구성요소들이 필수적인가? 그 환경 속에 어떠한 종류의 주제와 관련된 관점들이 표현되어야 하는가?

저자 정보

David Jonassen은 학습테크놀로지와 교육심리학을 가르치고 있는 미주리대학교 큐레이터의 석좌교수다.

참고 문헌

Ahn, W., Kalish, C. W., Medin, D. L., & Gelman, S.(1995). The role of covariation versus mechanism information in causal attribution. *Cognition, 54*, 299-352.

Atkinson, R., Derry, S. J., Renkl, A. & Wortham, D.(2000). Learning from examples: Instructional principles from the worked examples research. *Review of Educational Research, 70*, 181-215.

Barnes, L. B., Christiansen, C. R., & Moore, J. F.(1994). *Teaching and the case method.* Cambridge, MA: Harvard Business School.

Catrambone, R, & Holyoak, K. J.(1989). Overcoming contextual limitations on problem-solving transfer. *Journal of Experimental Psychology: Learning, Memory, and Cognition, 15*(6), 1147-1156.

Cho, K. L., & Jonassen, D. H.(2003). The effects of argumentation scaffolds on argumentation and problem solving. *Educational Technology: Research & Development, 50*(3), 5-22.

DeJong, T., & van Joolingen, W. R.(1998). Scientific discovery learning with computers simulations of conceptual domains. *Review of Educational Research, 68*(2), 179-201.

Gentner, D.(1983). Structure mapping: A theoretical framework for analogy. *Cognitive Science, 77*, 155-170.

Gentner, D., & Markman, A. B.(1997). Structure mapping in analogy and similarity. *American Psychologist, 52*(1), 45-56.

Gentner, D., & Markman, A. B.(2005). Defining structural similarity. *Journal of Cognitive Science, 6*, 1-20.

Gerjets, P., Scheiter, K., & Catrambone, R.(2004). Designing instructional examples to reduce intrinsic cognitive load: Molar versus modular presentation of solution procedures. *Instructional Science, 32*(1-2), 33-58.

Gick, M. L, & Holyoak, K. J.(1983). Schema induction and analogical transfer. *Cognitive Psychology, 15*(1), 1-38.

Graesser, A. C., Swarner, S. S., Baggett, W. B., & Sell, M.A.(1996). New models of deep comprehension. In B. K. Britton, & A. C. Graesser(Eds.), *Models of understanding text.* Hillsdale, NJ: Lawrence Erlbaum Associates.

Hemandez-Serrano, J., & Jonassen, D. H.(2003). The effects of case libraries on problem solving. *Journal of Computer-Assisted Learning, 19*, 103-114.

Hestenes, D.(1996, August). Modeling methodology for physics teachers. *Proceedings of the International Conference on Undergraduate Physics Education*, College Park, MD.

Hung, W., Jonassen, D. H., & Liu, R.(2008). Problem-based learning. In J. M. Spector, J. G. van Merri?nboer, M. D., Merrill, & M. Driscoll(Eds.), *Handbook of research on educational communications and technology*(3rd ed., pp. 485-506). New York: Lawrence Erlbaum Associates.

Jacobson, M. J., Maouri, C., Mishra, P., & Kolar, C.(1995). Learning with hypertext learning environments: Theory, design, and research. *Journal of Educational Multimedia and Hypermedia, 4*, 321-364.

Jacobson, M. J., & Spiro, R. J.(1995). Hypertext learning environments, cognitive flexibility, and the transfer of complex knowledge: An empirical investigation. *Journal of Educational Computing Research, 12*(4), 301-333.

Jonassen, D. H.(1997). Instructional design model for well-structured and ill-structured problem-solving learning outcomes. *Educational Technology: Research and Development 45*(1), 65-95.

Jonassen, D. H.(2000). Toward a design theory of problem solving. *Educational Technology: Research and Development, 48*(4), 63-85.

Jonassen, D. H.(2001). Can you train your employees to solve problems: If so, what kind? *Performance Improvement, 40*(9), 16-22.

Jonassen, D. H.(2002). Engaging and supporting problem solving in online learning. *Quarterly Review of Distance Education, 3*(1), 1-13.

Jonassen, D. H.(2003a). Designing research-based instruction for story problems. *Educational Psychology Review, 15*(3), 267-296.

Jonassen, D. H.(2003b). Using cognitive tools to represent problems. *Journal of Research in Technology in Education*, 35(3), 362-381.

Jonassen, D. H.(2004). *Learning to solve problems: An instructional design guide.* San Francisco, CA: Pfeiffer/Jossey-Bass.

Jonassen, D. H.(2006a). Typology of case-based learning: The content, form, and function of cases. *Educational Technology, 6*(4), 11-15.

Jonassen, D. H.(2006b). Modeling with technology: Mindtools for conceptual change. Upper Saddle River, NJ: Prentice-Hall.

Jonassen, D. H.(2007a). A taxonomy of meaningful learning. *Educational Technology 47*(5), 30-35.

Jonassen, D. H.(Ed.).(2007b). *Learning to solve complex, scientific problems.* Mahwah, NJ: Lawrence Erlbaum Associates.

Jonassen, D. H.(2008). Instructional design as a design problem solving: An iterative process. *Educational Technology.*

Jonassen, D. H.(2010a). Assembling and analyzing the building blocks of problem-based learning. In K. H. Silber & W. R. Foshay(Eds.), *Handbook of training and improving workplace performance.* San Francisco, CA: Wiley /Pfeiffer.

Jonassen, D. H.(2010b). *Learning to solve problems: A handbook.* New York: Routledge.

Jonassen, D. H., & Hernandez-Serrano, J.(2002). Case-based reasoning and instructional design: Using stories to support problem solving. *Educational Technology: Research and Development, 50*(2), 65-77.

Jonassen, D. H., & Hung, W.(2006). Learning to troubleshoot: A new theory-based design architecture. *Educational Psychology Review, 18,* 77-114.

Jonassen, D. H., & Ionas, I. G.(2008). Designing effective supports for reasoning causally. *Educational Technology: Research and Development, 56*(3), 287-308.

Jonassen, D. H., Shen, D., Marra, R. M., Cho, Y. H., Lo, J. L., & Lohani, V. K.(2009). Engaging and supporting problem solving in engineering ethics. *Journal of Engineering Education, 98*(3), 235-254.

Jonassen, D. H., Strobel, J., & Lee, C. B.(2006). Everyday problem solving in engineering: Lessons for engineering educators. *Journal of Engineering Education, 95*(2), 1-14.

Kolodner, J.(1993). *Case-based reasoning.* New York: Morgan Kaufman.

Lehman, D., Lempert, R., & Nisbett, R. E.(1988). The effects of graduate training on reasoning: Formal discipline and thinking about everyday-life events. *Educational Psychologist, 43,* 431-442.

Loewenstein, J., Thompson, L., & Gentner, D.(2003). Analogical learning in negotiation teams: Comparing cases promotes learning and transfer. *Academy of Management Learning and Education, 2*(2), 119-127.

Lucangeli, D., Tressoldi, P. E., & Cendron, M.(1998). Cognitive and metacognitive abilities involved in the solution of mathematical word problems: Validation of a comprehensive model. *Contemporary Educational Psychology, 23,* 257-275.

Mayo, J. A.(2002). Case-based instruction: A technique for increasing conceptual application in introductory psychology. *Journal of Constructivist Psychology, 15*(1), 65-74.

Nussbaum, E. M., & Sinatra, G. M.(2003). Argument and conceptual engagement. *Contemporary Educational Psychology, 28,* 384-395.

Popper, K.(1999). *All life is problem solving.* London: Routledge.

Reed, S. K., Ackinclose, C. C., & Voss, A. A.(1990). Selecting analogous problems: Similarity versus inclusiveness. *Memory & Cognition, 18*(1), 83-98.

Reusser, K.(1993). Tutoring systems and pedagogical theory: Representational tools for understanding, planning, and reflection in problem solving. In S. P. Lajoie & S. J. Derry(Eds.), *Computers as cognitive tools*(pp. 143-178). Hillsdale, NJ: Lawrence Erlbaum Associates.

Ross, Brian H.(1984). Reminding and their effects in learning a cognitive skill. *Cognitive Psychology, 16*(3), 371-416.

Ross, B. H.(1987). This is like that: The use of earlier problems and the separation of similarity effects. *Journal of Experimental Psychology: Learning, Memory, and Cognition, 13*(4), 629-639.

Ross, Brian H.(1989a). Distinguishing types of superficial similarities: Different effects on the access and use of earlier problems. *Journal of Experimental Psychology: Learning, Memory, and Cognition, 15*(3), 456-468.

Schank, R. C.(1990). *Tell me a story: Narrative and intelligence.* Evanston, IL: Northwestern University Press.

Schank, R. & Abelson, R.(1977). *Scripts, plans, goals, and understanding: An inquiry into human knowledge structures.* Hillsdale, NJ: Lawrence Erlbaum Associates.

Schulman, J. H.(1992). *Case methods in teacher education.* New York: Teachers College Press.

Shön, D. A.(1983). *The reflective practitioner: How professionals think in action.* New York: Basic Books.

Sherrill, J. M.(1983). Solving textbook mathematical word problems. *Alberta Journal of Educational Research, 29*(2), 140-152.

Spiro, R., Coulson, R., Feltovitch, P., & Anderson, D.(1988). *Cognitive flexibility theory: Advanced knowledge acquisition in ill-structured domains.* Paper presented at the The Tenth Annual Conference of the Cognitive Science Society, Hillsdale, NJ.

Sudzina, M. R.(1999). *Case study application for teacher education.* Boston: Allyn & Bacon.

Voss, J. F., & Post, T. A.(1989). On the solving of ill-structured problems. In M. T. H. Chi, R. Glaser, & M. J. Farr(Eds.), *The nature of expertise.* Hillsdale, NJ: Lawrence Erlbaum Associates.

제8장

후기산업사회를 위한 교수이론과 테크놀로지

Charles M. Reigeluth (Indiana University)

실제로 교육과 훈련분야에 종사하는 모든 사람들이 동의하는 것들 중 하나는 인간은 상이한 속도로 학습하고 상이한 학습요구를 가지고 있다는 것이다. 여전히 우리의 학교와 훈련프로그램들은 일반적으로 사전에 결정되고, 고정된 양의 내용을 정해진 시간 내에 가르친다. 그 결과, 불가피하게 학습진도가 느린 학습자들은 그 내용을 완전히 습득하기 전에 강제로 진도를 나가야 하며, 그들이 미래에 관련된 내용을 학습하는 것을 훨씬 더 어렵게 만드는 학습 결여가 축적되었다. 또한 학습진도가 빠른 학습자들은 욕구불만 때문에 지치고 자신이 속한 집단이 진도를 나갈 때까지 기다려야 하기 때문에 많은 값진 시간들을 낭비하는, 즉 우리의 공동체, 회사, 사회가 매우 필요로 하는 재능의 상당부분을 헛되이 쓴다. 학습을 극대화할 수 있도록 잘 설계된 시스템은 학습자들이 현재의 교수자료를 학습하기 전에 진도를 나가도록 강요하지 않으며, 학습진도가 더 빠른 학습자들이 자신이 속한 학급의 나머지 학생들을 기다리도록 강요하지도 않는다.

교육과 훈련에 관한 현재의 패러다임은 산업화시기 동안에 개발되었다. 그 당시, 우리는 모든 사람을 높은 수준까지 교육하거나 훈련을 시킬 수가 없었으며, 그럴 필요도 없었다.

지배적인 작업형태는 육체노동이었다. 사실, 만약 우리가 모든 사람들을 높은 수준까지 교육을 시켰다면, 소수만이 별로 중요하게 생각하지 않는 과업을 계속해서 수행하는 조립라인에서 일하고자 했을 것이다. 그래서 우리가 산업화시대에서 필요했던 것은 학생들을 **분류하는**(sorted) 교육시스템, 즉 육체노동을 해야 하는 아동을 관리자나 전문가가 되어야 할 아동들로부터 분리하는 교육시스템이었다. 그래서 "덜 영리한" 학생들은 퇴학당하고,

더 영리한 학생들은 더 높은 수준의 교육을 받을 수 있도록 진급되었다. 이것이 우리 학교들이 준거지향평가보다 규준지향평가를 사용한 이유였다—학생들을 분류하는 것을 도와주기 위해. 동일한 것이 우리의 훈련시스템에도 적용되었다. 우리는 우리의 교육과 훈련 시스템이 가지고 있는 주요한 문제가 교사들이나 학생들이 아니라 시스템, 즉 학습보다는 분류하는 데 더 적합하게 설계된 시스템이라는 것을 인식해야 한다(예를 들어, Reigeluth, 1987, 1994 참고).

나는 다른 곳에서 후기산업화시대의 교육시스템은 어떠해야 하는지에 관한 비전들, 즉 학습을 극대화하기 위해 설계된 시스템을 제시해 왔다(Reigeluth, 1987; Reigeluth & Garfinkle, 1994). 그 비전은 조금만 수정하면 우리의 훈련시스템들에도 적용될 수 있다. 이 장의 목적은 그러한 후기산업화시대의 교육과 훈련시스템들을 지원하는 교수이론과 테크놀로지에 대해 기술하는 것이다. 특히, 다음과 같은 것들이 기술된다.

- M. David Merrill의 "제1교수원리(first principles)"에 기초한 **보편적인 교수방법**(universal methods of instruction)에 대해 기술한다.
- 교수방법들을 특정한 **상황**(situations)에 적합하게 수정하는 것의 중요성을 기술하고, 보편적 교수방법이 지니고 있는 명백한 모순을 해결한다.
- 후기산업화시대 교수패러다임의 "**핵심개념들**(core ideas)"을 기술한다.
- 후기산업화시대 교수의 **비전**(vision)을 제시하고, 몇 가지 주요한 **교수전략들**(instructional strategies)을 완성한다.
- 새로운 패러다임에서 "교사(teacher)", 학습자, 테크놀로지에 의해서 수행되어야 할 **역할**(roles)을 기술한다.

보편적 교수방법

David Merrill은 모든 상황에서 교수(instruction)의 질을 증진시키는 다섯 세트의 처방적 교수원리들["제1교수원리(First Principles)"]이 있음을 제안해 왔다(Merrill, 2007, 2009). 그러한 원리들은 과제중심성, 활성화, 시범, 적용, 통합이다. 그 원리들을 간략히 제시하면 다음과 같다.

과제중심원리(Task-centered Principles)

- 교수는 **과제중심**(task-centered) 교수전략을 사용해야 한다.
- 교수는 매우 복잡한 전체과제의 **진행**(progression)을 사용해야 한다.

시범원리(Demonstration Principles)

- 교수는 기능에 관한 시범을 제공해야 한다. 시범은 기능이나 구성요소 기능의 유형, 즉 본질(kinds-of), 방법(how-to), 또는 사건경과(what-happens)와 **일치해야** 한다.
- 교수는 시범을 일반성과 관련 짓는 **조언**(guidance)을 제공해야 한다.
- 교수는 학습자를 **동료토의**(peer-discussion)와 **동료시범**(peer-demonstration)에 참여시켜야 한다.
- 교수는 학습자가 내용에 적합한 **매체**(media)를 통해 관찰할 수 있도록 해야 한다.

적용원리(Application Principles)

- 교수는 학습자가 기능을 적용할 수 있도록 해야 한다. 적용은 기능이나 구성요소 기능의 유형, 즉 본질, 방법, 또는 사건경과와 **일치해야** 한다.
- 교수는 내재적 또는 교정적 **피드백**(feedback)을 제공해야 한다.
- 교수는 적용을 증진시키기 위해서 점진적으로 철회해야 하는 **코칭**(coaching)을 제공해야 한다.
- 교수는 학습자를 **동료협업**(peer-collaboration)에 참여시켜야 한다.

활성화원리(Activation Principles)

- 교수는 학습자가 관련된 **사전지식**(prior knowledge)이나 경험을 회상, 기술, 또는 시범 보일 수 있도록 함으로써 학습자 속에 있는 관련된 인지구조들을 활성화해야 한다.
- 교수는 학습자가 이전의 경험을 서로 공유(share)할 수 있도록 해야 한다.
- 교수는 학습자가 새로운 지식을 조직화하기 위해 **구조**(structure)를 회상하거나 습득할 수 있도록 해야 한다.

통합원리(Integration Principles)

- 교수는 학습자가 새로운 지식이나 기능들을 **성찰**(reflect)하고, 논의하며, 또는 변호하도록 함으로써 새로운 지식을 학습자의 인지구조에 통합할 수 있도록 해야 한다.
- 교수는 학습자가 **동료비평**(peer-critique)에 참여할 수 있도록 해야 한다.
- 교수는 학습자가 새로운 지식이나 기능을 **사용할 수 있는 개인적인 방법들**을 만들고, 고안하며, 또는 탐색할 수 있도록 해야 한다.
- 교수는 학습자가 자신의 새로운 지식이나 기능을 **공개적으로 시범 보일 수 있도록** 해야 한다.

이러한 원리들은 모든 교수상황들[보조학습(aided learning)과 연관이 있는 상황들]에 보편적으로 적용될 수 있지만, 교수가 양질이 되기 위해서는 각 원리가 실행되는 구체적인 방법들은 상황마다 달라야 한다(Reigeluth & Carr-Chellman, 2009a). 가령, "교수는 **과제중심** 교수전략을 사용해야 한다."는 교수원리의 경우, 과제중심전략의 본질은 상황마다 상당히 달라질 필요가 있다. 마찬가지로, "교수는 코칭을 제공해야 한다."는 교수원리의 경우, 코칭의 본질은 상황마다 상당히 달라야 한다. 따라서 이러한 변화들 또는 "상황성들(situationalities)" 에 대해 알아보자.

상황적인 교수방법

교수의 원리와 방법들은 여러 수준의 정밀도(precision) 측면에서 기술될 수 있다(Reigeluth & Carr-Chellman, 2009b). 예를 들어, 가장 낮은 정밀도 수준에서, Merrill은 교수는 코칭을 제공해야 한다고 주장한다. 매우 높은 정밀도 수준에서, 사람들은 "절차를 가르칠 때, 만약 학습자가 그 절차를 수행하는 동안 한 단계를 건너뛴다면, 그 학습자가 건너뛴 것을 인식할 수 있도록 자극해 주는 질문을 학습자에게 물어 봄으로써 해당 학습자가 그 단계를 기억해 내도록 해야 한다."고 주장한다. 우리가 교수원리나 방법을 더 정밀하게 제공할 때, 우리는 항상 상이한 상황에서는 달라져야 한다는 것을 발견한다. Reigeluth(1999a)는 교수방법들의 효과에 영향을 미치는 맥락적 요인들을 "상황성(situationalities)" 이라고 언급했다.

교수행위자들(그리고 그 결과 교수이론가들)에게 있어 도전은 각각의 교수방법을 선택하는 데 있어 어떤 상황성이 중요한지를 밝혀내는 것이다. 더 나아가, 교수방법들은 상호관련되고 상호의존적인 일련의 교수방법들로 구성된 "일괄거래"로 통합될 수 있는데, 그 경우 우리는 각각의 "일괄거래"(교수방법 세트들)를 선택하는 데 있어 어떤 상황성이 중요한지를 밝혀낼 필요가 있다.

Reigeluth와 Carr-Chellman(2009a)은 근본적으로 상이한 교수방법 세트들을 요구하는 다음과 같은 두 가지의 주요한 상황성 유형들이 있다고 제안한다.

1. 상이한 교수접근법에 기초한 상황성(수단)
   - 1.1 역할놀이
   - 1.2 시넥틱스(synectics)
   - 1.3 완전학습
   - 1.4 직접교수
   - 1.5 토론
   - 1.6 갈등해소
   - 1.7 동료학습
   - 1.8 경험학습

1.9 문제중심학습
1.10 시뮬레이션기반 학습
2. 상이한 학습성과에 기초한 상황성(목적)
2.1 지식
2.2 이해
2.3 적용
2.4 분석
2.5 종합
2.6 평가
2.7 정서발달
2.8 통합학습[주제학습(thematic learning), 문제중심학습, 과제기반학습, 그리고 많은 프로젝트기반 학습에서처럼, 교과영역이 통합된 학습]

Reigeluth와 Carr-Chellman(2009c)은 그러한 교수방법 세트들 중 아홉 가지에 대해 현재 일반적으로 동의된 지식["일반지식기반(common knowledge base)"]을 기술한다.

이 장의 나머지에서, 나는 후기산업화시대의 교수패러다임은 어떠할 것인지에 관한 보다 총체적인 비전을 제시한다. 나는 한 가지의 가능한 비전에 의해 추구되고 있는 "핵심개념들"에 관한 기술로 시작해서 이러한 교수패러다임을 위해 핵심적인 수행자들의 역할에 대한 서술로 마무리한다.

후기산업화시대의 교수패러다임 핵심개념들

다음은 후기산업화시대의 교수패러다임을 위한 몇 가지 핵심개념들이다. 이 핵심개념들은 산업화시대의 교수패러다임을 특징 짓는 핵심개념들과 대조하기 위해 이분법적으로 제시되었다. 그러나 이분법은 일반적으로 옳지 않다는 것과 후기산업화시대의 사고(thinking)는 "둘 중 하나(either-or)" 보다 "둘 다(both-and)" 로 더 잘 특징지어진다는 점을 이해하기 바란다.

학습에 초점 대 분류에 초점. 이 핵심개념은 이 장의 앞부분에서 논의되었다. 다음의 핵심개념들은 이 중요한 개념을 지원하기 위해 선택되었다.

학습자중심 대 교사중심 교수. McCombs와 Whisler(1997)는 학습자중심을 다음과 같이 정의한다.

> 개별 학습자들에 관한 초점(그들의 유전, 경험, 관점, 배경, 재능, 흥미, 욕구)과 학습에 관한 초점(학습과 학습이 어떻게 일어나는지, 그리고 모든 학습자들의 동기, 학습, 학업성취도를 최상의 수준까지 증진하는 데 있어 가장 효과적인 교수실제에 대한 최상의 이용 가능한 지식)을 연결하는 관점(p.9)

이외에 나는 교수방법들은 각각의 학습자에게 주로 적합하게 맞추어져야 하며, 교사에 의해서보다는 학습자에 의해서 수행되어야 한다는 것을 추가한다. 학습자들은 또한 학습에 관한 성찰과 학습에서의 성찰을 포함하여 자기 자신의 학습을 주도해 가는 데 있어 더 큰 역할을 수행한다.

행함으로써 학습 대 교사 제시. 어떤 학생의 시간의 대부분은 교사에게 듣기보다는 실제적인 과제들을 수행(예: 문제중심학습, 프로젝트기반 학습, 수행기반 학습)하는 데 소비된다. 몇몇 사람들은 노동자로서의 교사(teacher as worker)보다는 “노동자로서의 학생(student as worker)”, “관리자로서의 교사(teacher as manager)”의 관점에서 그러한 과제기반 교수에 대해 이야기한다(Schlechty, 2002). 다른 사람들은 이러한 교사를 “무대 위의 현자”라기보다는 “옆에서 안내”해 주는 사람이라 부른다. 어떤 사람들은 그것을 학습에 대한 구성주의적 접근이라 일컫는다. 핵심은 과제기반 교수는 능동적, 학습자중심적, 그리고 주로 자기주도적이라는 것이다.

목표달성기반 대 시간기반 진도. 개별 학생들은 자신이 일정량의 시간이 경과했을 때가 아닌 성취 표준을 달성했을 때 새로운 주제나 역량으로 이동한다. 학생은 표준에 도달하기 전에 이동하도록 강요되지 않으며, 그 표준이 달성되자마자 이동하는 것이 허용된다. 이것은 산업화시대 교육패러다임에서 존재했던 방대한 양의 학생시간의 낭비를 방지한다. 이것은 그 용어가 지닌 진정한 의미에서의 교육에 대한 표준기반 접근법이다. 완전학습(mastery learning)(Block, 1971; Bloom, 1968, 1981)과 개별화교수체제(personalized system of instruction)(Keller, 1968)는 이러한 핵심개념의 초기실행 예들이다.

맞춤형 대 표준화된 교수. 새로운 패러다임은 표준화된 학습경험보다는 맞춤형 학습경험을 제공한다. 이것은 **맞춤형 교육내용**(customized content)과 **맞춤형 교수방법**(customized methods)을 포함하는 목표달성기반 진도(progress)[그것은 진척속도(pacing)가 맞춤화되어 있다] 이상을 의미한다. 모든 학생들이 학습하는 핵심적인 지식, 기능, 태도들이 있지만, 학생들이 자신들의 특별한 재능, 흥미, 장점들을 계발하기 위해서는 상당한 시간이 걸린다. 또한 Howard Garder는 학생들은 일곱 가지의 주요한 지능들에서 차이가 있음을 보여 주었으며, 어떤 학생의 가장 강한 지능은 지식, 기능, 태도를 학습하기 위한 "출발점(entry points)"으로서 매우 효과적으로 사용될 수 있다고 주장해 왔다(Gardner, 1999). 교수방법들은 학습자의 특성들과 선호도에 따라 맞춤화된다. 개인별 학습계획(personal learning plans)(IEP[1]와는 중요한 측면들에서 상이한)과 학습계약(learning contracts)은 학습을 맞춤화하는 데 있어 유용한 도구들이다.

준거지향 대 규준지향 검사. 새로운 패러다임에서 학생을 평가하는 두 가지의 목적들은 학생의 학습을 안내하고(형성평가), 학생의 목표달성도를 보증해 주는 것(총괄평가)이다. 규준지향평가(총괄평가의 또 다른 형태)는 더 이상 사용되지 않는다. **형성평가**(formative assessment)는 개별 학생에게 수행에 관한 즉각적인 피드백과 그 학생이 실수로부터 학습할 수 있도록 도와주기 위해 힌트 또는 다른 형태의 안내를 제공한다. **총합평가**(summative assessment)는 학생이 주어진 목표달성을 위한 표준에 도달했을 그것을 보장하기 위해 제공된다.

협력적 대 개별적. 일터에서 대부분의 지식노동(knowledge work)은 팀으로 행해진다. 협력은 노동생활, 시민생활, 가족생활에서 중요하다. 따라서 학생들은 소규모 팀들에서 협력하는 경험이 필요하다. 과제에 관한 팀기반 학습은 학생들이 자신들의 협력기술을 개발할 수 있는 좋은 기회들을 제공하지만, 학생들이 서로로부터 학습할 수 있는 값진 기회도 제공한다. 더 나아가, 그것은 사회적 구성주의에 의해 강력하게 지지되고 있다(Palincsar, 1998; Scardemalia & Bereiter, 1996).

즐거운 대 불편한. 지식노동의 시대에서, 평생학습은 우리의 삶의 질과 공동체의 건강을 위해 필수적이다. 평생학습은 학습을 좋아하는 것에 의해서 크게 신장된다. 산업화시대의 교육패러다임은 많은 학생들로 하여금 학습을 좋아하지 않도록 만들었으며, 그 결과 우리 학교의 문화는 학습에서 탁월한 학생들을 가치절하하고 조롱하는 문화로 바뀌어 왔다. 그러한 사고방식과 문화는 평생학습을 저해한다. 비록 평생학습은 여러 해 동안 교육에서 유행어가 되어 왔지만, 산업화시대의 패러다임은 본질적으로 그것을 방해한다. 후기산업화시대의 패러다임은 학습을 좋아하는 것을 학생들 속에 심어 줌으로써 이러한 문화를 바꾸고 있다. 이것은, 학생들의 수행을 비교하는 점수에 기초한 동기로부터 값진 과제를 달성함으로써 얻는 만족감에 기초한 동기로의 전환과 같은, 외재적 동기에서 **내재적 동기**로의 전환을 요구한

1) 특수교육에서 주로 사용되는 개별교육계획(Individualized Education Plans) 또는 개별교육프로그램(Individualized Education Programs)

다. 그것은 또한 일반적으로 문제중심학습과 프로젝트기반 학습에서 행해지는 것처럼, 실제적이고 흥미로운 과제들을 통한 학습을 요구한다.

이러한 핵심개념들은 후기산업화시대 교육과 훈련시스템의 핵심적인 특성들, 즉 Merrill의 제1교수원리가 모든 교수패러다임에 적용되는 것처럼, 후기산업화시대 교수에 보편적으로 적용될 수 있는 개념들을 나타낸다. 그러나 그러한 개념들이 실행되는 방식은 각각의 교육시스템마다 상당히 다양한 것 같다. 다음은 이러한 핵심개념들을 실천할 수 있는 실행가능한 교수에 관한 한 가지 비전이다.

후기산업화시대 교수패러다임에 관한 한 가지 비전

과제공간과 교수공간. 두 개의 "공간들", 즉 과제공간(task space)과 교수공간(instructional space)을 비교해 봄으로써 학습환경에 관해 생각해 보자. 과제공간에서, 학생들은 일반적으로 소규모 팀에서 실제적인 문제나 프로젝트를 접한다. 그들은 학습결여(지식, 기능, 이해, 가치, 태도, 경향 등)를 접할 때까지 그 과제를 수행한다. 그 지점에서, 각각의 학생들은 과제공간을 떠나 자신들이 놓친 것을 습득하기 위해 일할 수 있는 개별화된 교수공간으로 들어간다. 가령, 선행연구는 어떤 기능을 학습하면 교수(instruction)는 학생들에게 그 기능을 행하는 방법을 **알려주고**(tell), 그들에게 다양한 상황에서 그 기능을 행하는 방법을 **보여주며**(show), 그들에게 즉각적인 피드백과 함께 또다시 다양한 상황에서 **실천**(practice)할 수 있을 정도로 촉진시켜 주어, 그 결과 학생들은 그 기능을 자신들이 실제세계에서 접할 수 있는 일련의 상황들로 일반화하거나 전이하는 것을 학습할 수 있다는 것을 보여준다. 개별 학생들은 자신이 그 기능의 완성도 표준(standard)에 도달할 때까지 계속해서 연습한다. 표준에 도달하면, 그 학생은 자신이 배웠던 것을 그 프로젝트에 적용하기 위해 "프로젝트 공간(project space)"으로 되돌아오며, 다음 학습결여를 접할 때까지 그것을 계속해서 수행한다. 그래서 이 학습사이클은 반복된다. 타당화가 잘된 교수이론들은 과제공간과 교수공간의 설계를 위한 안내를 제공하기 위해 개발되어 왔다(예: Reigeluth, 1999b; Reigeluth & Carr-Chellman, 2009c).

팀 평가 대 개별 평가. 과제기반학습을 실행할 때 그것이 가지고 있는 문제들 중 하나는 학생들이 팀의 "산출물(product)"의 질에 의해 평가된다는 것이다. 이것은 여러분에게 누가 어떤 역량을 습득했는지에 관한 어떠한 것도 알려주지 않는다. 그것은 또한 여러분에게 개별 학생이 자신의 역량을 그러한 역량이 요구되는 다른 상황들로 전이할 수 있는 능력이 있는지에 관한 어떠한 암시도 제공해 주지 않는다. 팀 평가는 중요하지만, 여러분은 또한 개별 평가도 필요하며, 교수공간은 이러한 것을 할 수 있는 좋은 기회를 제공해 준다. 과제공간과 마찬가지로, 교수공간은 수행지향적(performance oriented)이다. 학생이 표준에 의해 요구되는 적절한 수행기준에 도달할 때까지 그 학생에게(즉각적, 맞춤형 피드백과 실제성을 위해 주로 컴퓨터 시뮬레이션으로 제공되는) 연습기회가 계속해서 제공된다. 기능의 자동화(Anderson, 1996)가 중요할 때, 또한 충족되어야 할 수행속도 기준도 있다. 이러한 방식으로, 학생의 평가는 교수 속에 완전히 통합되고, 개별 평가를 수행하는 데 어떠한 시간도 낭비되지 않는다. 더 나아가, 학생평가는 개별 학생이 그 역량이 요구될 수 있는 모든 상황들에 적용할 수 있을 정도로 해당 표준을 달성했음을 분명히 해준다.

과제공간을 위한 교수전략. 과제공간을 위한 보편적, 상황적인 원리들을 포함하여, 과제공간의 설계를 위한 많은 타당화된 안내들이 있다(종합적인 요약은 Savery, 2009 참고). 그러한 안내들은 적절한 수준이 복합된 좋은 과제를 선정하고, 소규모집단을 형성하며, 자기주도적 학습, 교사가 해야 할 것, 보고(debriefing)하는 방법 등에 대한 안내를 포함하고 있다. 컴퓨터기반 시뮬레이션은 종종 과제환경을 조성하고 지원하는 데 있어 매우 효과적이지만, 과제공간은 실제세계에 있는 공간, 물체, 사람들로 완전히 구성될 수 있으며, 컴퓨터 시뮬레이션과 실제세계 환경의 조합일 수도 있다.

교수공간을 위한 교수전략. 여기에서 교수전략의 선택은 주로 관련되는 학습유형(교수목적)에 기초한다(Reigeluth & Carr-Chellman, 2009c의 Unit 3 참조). 기억의 경우, 반복연습이 가장 효과적이다(Salisbury, 1990). 기능 적용의 경우, 일반성(generality)을 가지고 있는 튜토리얼, 연습, 즉각적인 피드백이 가장 효과적이다(Romiszowski, 2009). 개념 이해의 경우, 새로운 개념들을 학생의 인지구조 속에 있는 기존의 개념들에 연결하기 위해서는 유추, 맥락(선행조직자), 비교와 대조, 부분과 본질의 분석, 요구되는 이해의 차원들에 기초한 다양한 기법과 같은 방법들을 사용할 필요가 있다(Reigeluth, 1983). 이론 이해의 경우, 인과관계는 원인(설명), 결과(예측), 해결책(문제해결)의 탐색을 통해 가장 잘 학습된다. 또한 자연적 과정들(natural processes)은 자연적 과정에 있는 사태들의 순서 기술을 통해 가장 잘 학습된다(Reigeluth & Schwartz, 1989). 이러한 종류의 교수전략들은 효과성, 효율성, 호감도가 잘 연구되어 왔다. 그리고 그것들은 종종 컴퓨터기반 튜토리얼, 시뮬레이션, 게임을 통해 가장 잘 실행된다.

다시 한 번, 이것은 후기산업화시대 교수패러다임의 한 가지 비전에 불과하다. 나는 여러분이 후기산업화시대의 핵심개념들을 실행하는 추가적인 비전들에 관해 생각해 보기를 촉구한다. 그렇게 하기 위해서, 역할들이 새로운 교수패러다임하에서 바뀔 가능성이 있는 방식들을 고려해 보는 것이 도움이 될 수 있다.

후기산업화시대 교수패러다임에서의 핵심 역할들[2)]

교사들에게 적합한 새로운 역할들

새로운 교수패러다임에서 교사의 역할은 "무대 위의 현자"에서 "옆에서 안내"해 주는 사람으로 급격하게 변천해 왔다. 나는 현재 안내자와 관련된 세 가지의 주요한 역할들을 볼 수 있다. 첫째, 교사는 **학생학습의 설계자**(designer of student work)다(Schlechty, 2002). 학생의 학습에는 과제공간과 교수공간 양자에서 행해지는 것들이 포함된다. 둘째, 교사는 **학습과정의 촉진자**(facilitator of the learning process)다. 이것에는 개인학습계획(personal learning plans)을 개발할 수 있도록 도와주고, 적절할 때 학생의 학습을 코칭하거나 스캐폴딩하며, 토론과 성찰을 촉진하고, 다양한 인적 자원과 교수자원들이 이용 가능하도록 준비하는 것 등이 포함된다. 셋째, 아마도 공교육분야에서 가장 중요한 것은 교사는 **돌보아 주는 멘토**(caring mentor), 즉 학생이 완전히, 원만하게 성장하는 데 관심을 가지고 있는 사람이다. 이것은 교사들이 행해야 하는 가장 중요한 새로운 역할들 중 단지 세 가지에 불과하다. 그러나 모든 교사들이 그러한 역할들 모두를 수행할 필요는 없다. 상이한 종류와 수준의 훈련과 전문적인 자질을 가지고 있는 그 외 교사들도 예외는 아니다(교사로서의 학생을 포함).

학생들에게 적합한 새로운 역할들

첫째, 학습은 능동적인 과정이다. 학생은 학습하기 위해 노력해야 한다. 교사가 학생을 대신하여 학습할 수 없다. 이것이 Schlechty(2002)가 새로운 패러다임을 **학생은 노동자**(the student is the worker)라고 한 것, 그리고 교사는 학생의 학습의 설계자라고 특징지었던 이유다.

둘째, 학생이 평생학습을 준비하도록 하기 위해, 교사는 개별학생이 **자기주도적이고 자기동기화된 학습자**(self-directed and self-motivated learner)가 되도록 도와 주어야 한다. 학생들은 자신들이 처음에 학교에 갈 때 학습하기 위해 동기화된다. 산업화시대 패러다임은

2) 이 절의 대부분은 Reigeluth(2009)와 Reigeluth, Watson, S., Watson, W., Dutta, Chen, Powell(2008)에 기초하고 있다.

모든 자기주도성을 없애 버리고 학생들에게 자신의 삶과 관련이 없는 재미없는 일거리를 줌으로써 그러한 자기동기화를 체계적으로 파괴한다. 이와는 대조적으로, 후기산업화시대의 시스템은 자기주도성과 능동적인 학습을 통해 자기동기화를 진흥하도록 설계되었다. 학생의 동기는 교육 생산성에서 핵심이며, 학생들이 잠재력을 실현할 수 있도록 도와준다. 그것은 또한 훈육 문제, 약물 사용, 그리고 훨씬 더 많은 것들을 크게 줄여 준다.

셋째, 종종 어떤 것을 학습하는 가장 좋은 방법은 그것을 **가르치는**(teach) 것이라고 한다. 학생들은 아마도 우리 학교 시스템에서 가장 덜 활용되고 있는 자원일 것이다. 더 나아가, 방금 배웠던 사람은 오래전에 배웠던 사람보다 다른 누군가가 그것을 학습하도록 더 잘 도와준다. 더 어린 학생들을 가르치는 조금 더 나이 든 학습자들뿐만 아니라, 동료들은 협동 프로젝트에서 서로로부터 배울 수 있고, 동료튜터로서의 역할을 수행할 수도 있다. 따라서 새로운 학생의 역할에 노동자, 자기주도적 학습자, 교사로서의 역할이 포함된다.

테크놀로지에 적합한 새로운 역할들

현재 새로운 교수패러다임을 실행가능하고 비용효과적으로 만들어 주는 테크놀로지에 적합한 네 가지의 주요한 역할들이 있다(Reigeluth & Carr-Chellman, 2009c; Reigeluth et al., 2008). 이것들 각각은 공교육분야에 초점을 맞추어 다음에 기술되지만, 그 역할들은 고등교육, 기업훈련, 군대훈련, 그리고 그 외 맥락들에서의 교육과 훈련에도 동일하게 적합하다.

학생학습에 관한 기록유지. 성취목표달성 기반 학생진도를 활용하기 위해서는 개별 학생의 성취목표달성에 관한 개인적인 기록이 필요하다. 테크놀로지는 교사들이 이러한 작업을 하는 데 소비되는 엄청난 시간을 절약해 준다. 이러한 역할에서, 테크놀로지는 현행 보고카드를 대체하며, 세 부분을 가지고 있다. 첫째, 테크놀로지는 교사, 학생, 학부모들이 접근할 수 있는 필수교육표준[국가수준, 주(州)수준, 지역수준]과 선택교육표준을 담고 있는 **표준목록**(standard inventory)을 가지고 있다. 영역이론(domain theory)(Bunderson, Wiley, & McBride, 2009)은 이러한 테크놀로지적 도구를 설계하는 데 매우 유용하다. 영역이론은 각 목표달성이 학습될 수 있는 수준이나 표준, 기준과 더불어, 학습되어야 하거나 학습할 수 있는 목표달성목록을 제시한다. 둘째, 테크놀로지는 개별 학생이 알아야 할 것에 관한 기록을 담고 있는 **개인별 목표달성목록**(personal attainments inventory)을 가지고 있다. 본질적으로, 테크놀로지는 개별 학생의 진척도를 표준목록에 열거된 목표달성들(그리고 아마도 거기에는 아직 열거되지 않은 어떤 것)에 매핑시킨다. 테크놀로지는 각 목표달성에 도달될 때, 어떤 목표달성이 요구되는지, 각 영역에서 다음의 필수목표달성은 무엇인지, 그리고 각 목표달성에 관한 증거에 대한 링크들(요약자료나 원래의 인공물 형태로)을 보여준다. 셋째, 테크놀로지는 학습스타일, 다중지능 프로파일, 학생의 흥미, 주요 인생사(life events)와 같이 학습에 영향을 미치는 개별 학생의 특성들을 지속적으로 추적하는 **개인별 특성목록**(personal characteristics inventory)을 가지고 있다(Reigeluth & Carr-Chellman, 2009c; Reigeluth et al., 2008).

학생학습을 위한 계획. 교사들이 자신들의 학생들 모두에게 적합한 개인별 학습계획 또는 계약을 개발하는 것은 매우 어려울 수 있다. 여기에서 다시 한 번, 테크놀로지가 그러한 역할을 수행하는 데 이상적임을 알 수 있다. 테크놀로지는 학생, 학부모, 교사가 (a) **장기목적**(long-term goals)을 설정하고, (b) 학생이 현재 도달할 수 있는 범위 내에 있는 전체기능들을 확인하며, (c) 그러한 옵션들로부터 요구사항, 장기목적, 흥미, 기회와 같은 것에 기초하여 학생이 지금 추구하기를 원하는 옵션들을 선택하고, (d) 단기목적을 달성하기 위한 **과제들**(tasks)을 확인하며, (e) (만약 협력이 바람직하거나 필요하다면) 동일한 과제들을 행하는 데 관심을 가지고 있는 다른 학생들을 확인하고, (f) 교사, 학부모, 그 외 사람들이 학생이 그 과제로부터 학습할 수 있도록 지원하는 데 있어서 수행할 필요가 있는 역할들을 구체화하며, (g) 목적, 과제, 팀, 학부모, 교사의 역할들을 구체화한 계약을 만드는 것을 도와준다(Reigeluth et al., 2008).

학생학습을 위한 교수. 만약 교사들이 산업화시대 패러다임에서 일반적이었던 것처럼 항상 교수행위자가 되어야 한다면, 시간상 언제든지 다른 것들을 학습하고 있는 25명의 학생들을 "교수하려고" 시도하는 것은 교사들에게 있어 매우 어려울 수 있다. 그러나 테크놀로지는 과제를 해당 과제공간 속에 있는 학생(또는 소규모 팀)에게 소개하고, 과제수행 동안 학습을 지원하기 위해 교수공간에서(시뮬레이션, 개인학습서, 반복연습, 연구도구, 의사소통도구, 학습객체와 같은) 교수도구들을 제공하며, 그 과제에 관한 학생의 진척도를 모니터링하고 지원하기 위한 도구들을 제공하고, 심지어 교사들과 다른 사람들이 새로운 과제들과 교수도구들을 개발할 수 있도록 도와줄 도구들을 제공할 수 있다. 교수이론은 이러한 도구들의 설계를 안내하는 데 있어 엄청나게 중요하다(Reigeluth et al., 2008).

학생학습을 위한(그리고 학생학습의) 평가. 한 번 더, 학생들에 관한 형성평가와 총괄평가를 수행하는 것은 학생들이 모두 주어진 테스트를 동시에 받지 않기 때문에 교사들에게는 악몽일 수 있다. 그리고 다시 한 번, 테크놀로지는 커다란 안도감을 제공해 줄 수 있다. 첫째, 앞에서 언급한 바와 같이, 평가는 **교수와 통합되어** 있다. 역량개발을 위해 사용되는 많은 수행기회들은 형성평가와 총괄평가를 위해 사용된다. 둘째, 평가는 학생들이 자신의 지식, 이해,

기능을 보여주는 **실재적인 과제**들을 제시한다. 셋째, 시뮬레이션, 튜토리얼, 또는 반복연습에서든, 테크놀로지는 각각의 수행에서 기준이 달성되었는지의 여부를 평가하고 학생들에게 즉각적으로 커다란 충격을 주기 위한 **형성적 피드백**을 제공하기 위해 설계된다. 성공적인 수행기준들이 마지막 *y*의 수행으로부터 *x*를 달성했을 때, **총합평가**가 완료되고 대응되는 기능들이 학생의 개인별 기능목록들에서 자동적으로 점검 완료된다. 테크놀로지가 수행을 평가할 수 없는 몇몇 경우, 관찰자는 평가기준표를 담고 있는 휴대용기기를 가지고 있어 학생 수행에 관하여 즉각적인 피드백을 개별적으로 제공한다. 휴대용기기에 담겨 있는 정보들은 학생의 개인별 목록이 담겨 있는 컴퓨터시스템에 업로드된다. 마지막으로, 테크놀로지는 교사들이 평가를 개발하고 그것들을 표준에 링크시킬 수 있도록 도와주는 도구들을 제공한다(Reigeluth et al., 2008).

이러한 네 가지의 역할이나 기능들은 완벽하게 통합되어 있음을 유념하라(Reigeluth & Carr-Chellman, 2009c). 기록유지도구들은 계획도구에 자동적으로 정보를 제공한다. 계획도구는 이용가능한 교수도구들을 확인한다. 평가도구는 교수도구 속에 통합되어 있다. 또한 평가도구는 정보를 자동으로 기록유지도구에 전달한다(Reigeluth et al., 2008; Watson, Lee, & Reigeluth, 2007). 우리의 이전연구에서, 우리는 이러한 통합적이고, 개별적이며, 통합적인 도구를 표현하기 위해 "학습관리시스템"이라는 용어를 사용했지만, 그 용어는 종종 강좌관리시스템을 기술하기 위해 사용된다. 따라서 혼동을 피하기 위해, 우리는 이것을 개별화통합교육시스템(personalized integrated educational system: PIES)이라 부르기로 결정했다.

또한 PIES를 위한 많은 다른 역할들이 있다는 것에 주목할 필요가 있다(Reigeluth et al., 2008). 이러한 "부수적인" 역할들에는 의사소통(이메일, 블로그, 웹 사이트, 토론방, 위키, 화이트보드, 인스턴트 메시지, 팟캐스트, 비디오캐스트 등), PIES관리(정보에 대한 접근과 역할과 정보유형에 기초한 정보 입력을 위한 권한 제공), 일반적인 학생정보(학생의 주소, 부모/보호자 정보, 멘토-교사와 학교, 학생의 출신지역/출석, 건강 정보), 학교직원정보(주소, 자격증과 포상, 출신지역, 할당된 학생, 저작된 도구들, 그들이 수행하고 있는 학생평가, 교수도구의 저장소, 그들의 학생들이 수상한 상) 등이 포함된다.

테크놀로지가 후기산업화시대 교육패러다임의 성공에 결정적인 역할을 할 것이라는 점은 분명하다. 그것은 학생의 학습에 엄청난 증진을 가져올 것이며, 현행 산업화시대 패러다임에서보다 연간 학생 1인당 비용이 더 적게 들 것이다. 전자 스프레드시트가 회계사의 업무를 훨씬 더 신속하고, 더 쉬우며, 비용도 더 적게 들고, 훨씬 더 즐겁게 할 수 있도록 해준 것처럼, PIES는 교사의 업무를 훨씬 더 신속하고, 더 쉬우며, 비용도 더 적게 들고, 훨씬 더 즐겁게 할 수 있도록 해줄 것이다. 그러나 테크놀로지가 그것의 잠재적인 기여를 실현하기 위해서는 교수이론이 매우 필요하다.

결론

많은 교수이론이 새로운 교수패러다임의 설계를 안내하기 위해 통합되어 왔지만, 여전히 많은 것을 학습할 필요가 있다. 우리는 학습의 강력한 정서적인 기초를 더 잘 해결하고 (Greenspan, 1997), 정서와 사회성 발달을 강화하며, 무엇보다 긍정적인 태도, 가치, 도덕성, 윤리의 발달을 증진하는 방법을 학습할 필요가 있다. 나는 여러분이 그러한 도전들을 제기하고 모든 학생들이 자신의 잠재력을 실현할 수 있도록 도와주기 위해 우리의 능력을 크게 증진시키는 데 요구되는 지식을 훨씬 더 진전시킬 수 있도록 도와줄 수 있기를 희망한다.

핵심 원리 요약

1. 후기산업화시대에, 우리는 교육과 훈련시스템들 대부분을 학생들을 분류하기 위해 설계된 시스템들로부터 학습을 극대화하기 위해 설계된 시스템들로, 학생의 진도가 시간에 기초한 시스템들에서 그것을 달성했는지에 기초한 시스템으로 전환할 필요가 있다. 이러한 전환은 교수이론과 교수공학의 발전을 필요로 할 것이다.
2. Merrill의 제1교수원리(과제중심성, 활성화, 시범, 적용, 통합)는 비록 일반적이기는 하지만 양질의 교수를 위한 대부분의 중요한 특성을 잘 요약해 주고 있다. 상세한 안내를 위해, 우리는 교수가 상황마다 달라져야 하는 방식을 결정하는 "상황성"을 살펴보아야 한다. 최근의 연구는 이러한 것들은 주로 수단(교수에 대한 다른 접근법들)을 다르게 하고, 목적(다른 학습산출물 또는 다른 종류의 학습)을 다르게 하는 데에 기초함을 나타낸다.
3. 새로운 교수패러다임이 어떠할 것인지에 관한 총체적인 비전을 살펴보는 것은 도움이 된다. 나는 그것을 다음과 같은 핵심적인 개념들, 즉 학습에 초점, 학습자중심적, 행함으로써 학습, 목표달성 기반 진도, 맞춤형 교수, 준거지향검사, 협력학습, 즐거운 학습으로 특징지을 수 있다.
4. 나는 이러한 핵심적인 개념들의 가능한 실행을 위한 교수에 관한 한 가지 비전을 제안해 왔다. 그것은 과제공간과 교수공간, 팀 평가, 개별 평가, 과제공간을 위한 교수전략들, 교수공간을 위한 교수전략들로 표현된다.
5. 새로운 교수패러다임의 일부로서, 교사의 새로운 역할에는 학생학습의 설계자, 학습과정의 촉진자, 돌보아 주는 멘토가 포함되며, 학생의 새로운 역할에는 노동자, 자기주도적 학습자, 교사가 포함된다.

6. 새로운 패러다임하에서, 테크놀로지는 네 가지의 주요한 역할들로 학생학습에 관한 기록 유지, 학생학습을 위한 계획, 학생학습을 위한 교수 제공, 학생학습을 위한 평가가 있다.

응용 문제

1. 거대한 제약회사의 인적자원개발부 부회장이 최근에 후기산업화시대 교육과 훈련패러다임에 대해 언급하고 있는 이 장을 읽었다. 그녀는 자신의 회사에서 새로운 패러다임을 사용하는 것을 탐색해 보고 싶었다. 그래서 그녀는 여러분에게 새로운 패러다임의 핵심적인 개념들이 회사에서 어떻게 실행될 수 있는지를 기술한 교수 비전을 제시하는 한 페이지(약 400단어) 분량의 진술문을 준비하도록 요구했다. 해당 진술문을 준비하라.
2. 이 장의 저자는 다른 책을 위한 장(chapter)의 확장판을 준비하도록 요구받았다. 그는 그 장에 핵심적인 개념들을 실행하는 교수에 관한 두 번째 비전, 즉 이 장에서 제시한 비전과는 가능한 한 다르지만 여전히 모든 핵심적인 개념들을 포함하는 비전을 갖고 싶어한다. 그는 여러분에게 공동 저자가 되어 줄 것을 요청했으며, 여러분이 여러분의 새로운 비전에 관한 한 페이지(약 400단어) 분량의 요약문을 준비하기를 원한다. 해당 요약문을 준비하라.

저자 정보

Charles M. Reigeluth는 인디애나대학교 사범대학(College of Education)의 교수체제공학과(Department of Instructional Systems Technology) 교수다.

참고 문헌

Anderson, J. R.(1996). *The architecture of cognition.* Mahwah, NJ: Lawrence Erlbaum Associates.

Block, J. H.(1971). *Mastery learning: Theory and practice.* New York: Holt, Rinehart and Winston.

Bloom, B. S.(1968). Learning for mastery. *Evaluation Comment, 1*(1), 1-12.

Bloom, B. S.(1981). *All our children learning.* New York: McGraw-Hill.

Bunderson, C. V., Wiley, D. A., & McBride, R.(2009). Domain theory for instruction: Mapping attainments to enable learner-centered education. In C. M. Reigeluth & A. A. Carr-Chellman(Eds.), *Instructional-design theories and models: Building a common knowledge base*(Vol. III, pp. 327-347). New York: Routledge.

Gardner, H. E.(1999). Multiple approaches to understanding. In C. M. Reigeluth(Ed.), *Instructional-design theories and models, vol. II: A new paradigm of instructional theory*(pp. 69-89). Mahwah, NJ: Lawrence Erlbaum Associates.

Greenspan, S. I.(1997). *The growth of the mind and the endangered origins of intelligence.* Reading, MA: Addison-Wesley Publishing Company.

Keller. F. S.(1968). "Goodbye teacher...". *Journal of Applied Behavior Analysis, 1*, 78-89.

McCombs, B., & Whisler, J. S.(1997). *The learner-centered classroom and school: Strategies for increasing student motivation and achievement.* San Francisco: Jossey-Bass Publishers.

Merrill, M. D.(2007). First principles of instruction: A synthesis. In R. A. Reiser & J. V. Dempsey(Eds.), *Trends and issues in instructional design and technology*(2nd ed., pp. 62-71). Upper Saddle River, NJ: Merrill/Prentice-Hall.

Merrill, M. D.(2009). First principles of instruction. In C. M. Reigeluth & A. A. Carr-Chellman(Eds.), *Instructional-design theories and models: Building a common knowledge base*(Vol. III, pp. 41-56). New York: Routledge.

Palincsar, A. S.(1998). Social constructivist perspectives on teaching and learning. *Annual Review of Psychology, 49*, 345-375.

Reigeluth, C. M.(1983). Meaningfulness and instruction: Relating what is being learned to what a student knows. *Instructional Science, 12*(3), 197-218.

Reigeluth, C. M.(1987). The search for meaningful reform: A third-wave educational system. *Journal of Instructional Development, 10*(4), 3-14.

Reigeluth, C. M.(1994). The imperative for systemic change. In C. M. Reigeluth & R. J. Garfinkle(Eds.), *Systemic change in education*(pp. 3-11). Englewood Cliffs, NJ: Educational Technology Publications.

Reigeluth, C. M.(1999a). What is instructional-design theory and how is it changing? In C. M. Reigeluth(Ed.), *Instructional-design theories and models: A new paradigm of instructional theory*(Vol. II, pp. 5-29). Mahwah, NJ: Lawrence Erlbaum Associates.

Reigeluth, C. M.(Ed.).(1999b). *Instructional-design theories and models: A new paradigm of instructional theory*(Vol. II). Mahwah, N.J.: Lawrence Erlbaum Associates.

Reigeluth, C. M.(2009). Instructional theory for education in the information age. In C. M. Reigeluth & A. A. Carr-Chellman(Eds.), *Instructional-design theories and models: Building a common knowledge base*(Vol. III, pp. 387-399). New York: Routledge.

Reigeluth, C. M., & Carr-Chellman, A. A.(2009a). Situational principles of instruction. In C. M. Reigeluth & A. A. Carr-Chellman(Eds.), *Instructional-design theories and models: Building a common knowledge base*(Vol. III, pp. 57-68). New York: Routledge.

Reigeluth, C. M., & Carr-Chellman, A. A.(2009b). Understanding instructional theory. In C. M. Reigeluth & A. A. Carr-Chellman(Eds.), *Instructional-design theories and models: Building a common knowledge base*(Vol. III, pp. 3-26). New York: Routledge.

Reigeluth, C. M., & Carr-Chellman, A. A.(Eds.).(2009c). *Instructional-design theories and models: Building a common knowledge base*(Vol. III). New York: Routledge.

Reigeluth, C. M., & Garfinkle, R. J.(1994). Envisioning a new system of education. In C. M. Reigeluth & R. J. Garfinkle(Eds.), *Systemic Change in Education.* Englewood Cliffs, NJ: Educational Technology Publications.

Reigeluth, C. M., & Schwartz, E.(1989). An instructional theory for the design of computer-based simulations. *Journal of Computer-Based Instruction, 16*(1), 1-10.

Reigeluth, C. M., Watson, S. L., Watson, W. R., Dutta, P., Chen, Z., & Powell, N.(2008). Roles for technology in the information-age paradigm of education: Learning management systems. *Educational Technology, 48*(6).

Romiszowski, A.(2009). Fostering skill development outcomes. In C. M. Reigeluth & A. A. CarrChellman(Eds.), *Instructional-design theories and models: Building a common knowledge base*(Vol. III, pp. 199-224). New York: Routledge.

Salisbury, D. F.(1990). Cognitive psychology and Its implications for designing drill and practice programs for computers. *Journal of Computer-Based Instruction, 17*(1), 23-30.

Savery, J. R.(2009). Problem-based approach to instruction. In C. M. Reigeluth & A. A. Carr-Chellman(Eds.), *Instructional-design theories and models: Building a common knowledge base*(Vol. III, pp. 143-165). New York: Routledge.

Scardemalia, M., & Bereiter, C.(1996). Computer support for knowledge-building communities. In T. Koschmann(Ed.), *CSCL: Theory and practice of an emerging paradigm*(pp. 249-268). Mahwah, NJ: Lawrence Erlbaum Associates.

Schlechty, P.(2002). *Working on the work*. New York: John Wiley & Sons.

Watson, W. R., Lee, S. K., & Reigeluth, C. M.(2007). Learning management systems: An overview and roadmap of the systemic application of computers to education. In F. M. Neto & F. V. Brasileiro(Eds.), *Advances in Computer-Supported Learning*(pp. 66-96). Hershey, PA: Information Science Publishing.

제9장

동기, 의지, 수행

John M. Keller (Florida State University)
Markus Deimann (FernUniversität in Hagen)

24세인 Ashley는 멀티미디어교육 석사과정 첫 학기생이다. 그녀의 개론 강좌는 캠퍼스에서 킥오프 단계, 학기 동안 필요한 경우에 만나는 모임, 그리고 많은 양의 독습(independent study)으로 구성된 혼합형태다. 학습활동 중 상당부분은 웹로그(Weblogs), e-포트폴리오, 위키와 같은 혁신적인 테크놀로지를 사용할 것이다. Ashley는 그것들 중 몇 가지는 익숙해서 그 강좌가 시작되기를 기대하고 있다. 결과적으로, 그녀의 동기는 매우 강하며, 그녀는 초기과제들을 커다란 문제없이 해결할 수 있다. 그러나 얼마 후에 독습과제들은 더 많은 것을 요구하며, 다른 강좌들은 더 많은 관심을 필요로 하고, 그녀는 석사과정 중에 있는 새로운 친구들과 어울리는 데 점점 더 많은 시간을 소비한다. 그 결과, 이 강좌에 관한 Ashely의 동기는 이전만큼 크지 않아 그녀는 진도가 뒤처지게 된다. 강좌가 끝나 감에도 불구하고, 그녀는 여전히 동기문제를 가지고 있으며, 비록 자신이 잘 하기를 원하지만 과제들을 잘 수행하기 위해 강력한 노력 수준을 유지하는 것이 어렵다는 것을 알게 된다.

강한 동기를 다시 얻고, 학기 동안 전개되어 왔던 혼란을 피하며, 업무에 초점을 맞추기 위한 Ashley의 노력은 동기와는 다른 특별한 형태의 에너지를 요구한다. 그것은 동기 이상의 것이며, 학습과정 동안 장애와 방해들을 극복하는 데 목표를 두고 있다. 이 "특별한 형태의 에너지"와 관련된 개념들에 대한 지식은 이러한 개념들이 동기과정과 지속 및 수행에 미치는 영향에 관한 지식을 신장시키는 구체적인 지식을 제공하기 때문에 교수설계자들과 매우 관련이 높다. 이 장의 목적은 Ashley의 조건들과 관련된 요인들에 관한 개관을 제공하는 것이다. 그런데 Ashley의 조건은 모든 학생들이 때때로 직면하는 동기와 지속에 대한 도전을 반영한다.

학습자 동기와 동기설계 과정에 대한 관심은 Keller의 논문(1979) "동기와 교수설계: 이론적인 관점(Motivation and Instructional Design: A Theoretical Perspective)"이 출간된 이후 교수체제설계 분야에서 지속적으로 증대되고 있다. 확실히, 동기에 관한 많은 기존의 심리학적 선행연구들이 있지만, 기존 선행연구들은 많은 별개의 동기개념들과 동기원리들이 설계과정에 통합되지 않았기 때문에 동기를 ID에 통합하는 방법에 관한 적절한 이해를 제공하지 못했다. 1979년 이후, Wlodkowski(1999), Brophy(1998), Keller의 지속적인 연구(J. M. Keller, 1999, 2008b, 2010)와 학습자의 지속을 촉진하거나 방해하는 요인들에 관한 동기설계 조사에 의지(volition)나 자기규제(self-regulation)의 개념을 포함한 결과, 이 주제에 대한 관심이 점차적으로 증대되어 왔다(Astleitner & Hufnagl, 2003; Deimann & Keller, 2006; Kim & Keller, 2008).

이러한 증가된 활동이 있었지만, 교수설계자가 이러한 선행연구와 그것의 관련성에 관해 개괄적으로 알기는 여전히 어려울 수 있다. 따라서 우리는 이러한 활동분야의 현재 상황, 동기, 의지 및 동기설계의 주요 특성, 경향을 이해할 수 있는 구조를 제공해 주는 여섯 가지 질문들을 만들었다.

동기설계 이해하기: 여섯 가지 질문들

1. 동기와 의지에 대해 내가 알 필요가 있는 것은 무엇인가? 나는 IDT에 주안점을 두고 있는데, 나는 왜 동기와 의지에 대해 알아야 하는가?

고용주들은 때때로 컴퓨터기반 교수와 웹기반 교수를 설계해 주는 다양한 저작프로그램이나 그래픽프로그램에 상당히 정통한 IDT 졸업생들이 종종 (실제로는 지루하지 않지만) 단조롭고 효과적이지도 못한 교수를 생산한다고 불평한다. 교수설계자는 양질의 생산물을 생산하기 위해 동기설계와 ID 양자의 과정에 철저하게 기초해야 한다. 이에 관한 인식은 동기설계에 관한 절에 포함된 몇몇 ID에 관한 책들에 잘 설명되어 있다(Dick, Carey, & Carey, 2009; Medsker & Holdsworth, 2001; Smith & Ragan, 2005).

동기설계에 관한 역량을 개발해야 하는 또 다른 이유는 ID에 관한 관점에서 더 넓은 인간수행공학(HPT)에 관한 관점으로 이동하고 있는 IDT 분야의 경향 때문이다. 이러한 관점에서 볼 때, 교수설계자는 인간수행에 영향을 끼치는 모든 요인을 이해하고 확인할 수 있어야 하며, 단지 훈련이나 교육이 아닌 수행을 증진시키기 위한 시스템을 설계하는 데 팀접근법을 사용할 수 있어야 한다. 또한 동기, 사회분위기, 인센티브, 자원, 리더십 방법, 그리고 이러한 것들과 조직의 목적들 간의 상호작용도 중요하다.

이러한 준거틀 내에서 볼 때, 동기는 세 가지 수준들에서 매우 중요하다. 첫째는 학습동기이며, 둘째는 업무동기이고, 셋째는 의지 또는 자아동기와 자기규제다. 학습동기(motivation to learn)는 학습자의 동기에 영향을 미치는 외적 전술(tactics)과 환경적 요인이 결합된 구체적인 목적을 달성하기 위한 학습자의 내적 욕구를 지칭한다. 학습동기를 달성하기 위해서는 동기원리에 관한 지식, 학습자의 동기분석방법, 적절한 동기전술 설계방법이 필요하다. 업무동기(motivation to work)는 정의적 측면에서는 학습동기와 동일하지만, 작업요건, 자원, 인센티브, 관리기법을 고용인들의 동기적인 요구와 욕구에 일치하는 업무환경을 설계하는 데 초점을 둔다.

나머지 관심사는 의지 또는 자아동기(self-motivation)인데, 이것은 성격과 사회심리학(Kuhl, 1984)과 관련지어, 학교학습과 수행(Corno, 1989, 2001)의 맥락에서 공식적으로 연구되어 왔다. 따라서 동기와 지속에 관하여 완전히 이해하려면 학습동기와 업무동기에 관한 중요성뿐만 아니라 의지와 자기규제적 전략들에 관한 지식이 필요하다.

2. 동기란 무엇인가?(그리고 동기가 아닌 것은 무엇인가? 양자의 차이는 무엇인가?)

인간수행개발 분야에 종사하는 대부분의 연구자들(Gilbert, 1978; Porter & Lawler, 1968; Rummier & Brache, 1990)은 수행에 영향을 미치는 세 가지 범주들을 밝혀냈다. 그 세 가지 범주들은 능력, 기회, 지속 또는 의지를 포함하는 광의의 동기로 분류될 수 있다(J. M. Keller, 2008b). 여기에서 능력(capability)이란 어떤 사람이 할 수 있는 것을 결정하는 그 사람의 지식, 기능, 태도를 지칭하며, 기회(opportunity)는 어떤 사람이 과제를 수행하는 데 필요한 자원과 정보를 지칭한다. 이러한 자원과 정보에는 분명한 목적진술문, 해당 목적과 일치하는 교수내용과 시험, 도구와 장비의 이용 가능성, 과제를 수행할 수 있을 정도의 충분한 시간, 과제를 수행하기 위한 지침이 포함된다. 끝으로, 동기는 어떤 사람이 어떤 목적을 추구하거나 어떤 과제를 수행하고자 하는 욕구를 지칭하는 것으로, 목적을 추구하는 데 목적과 노력(인내력과 정력)의 선택에 의해 드러난다.

교수설계자는 효과적인 학습환경을 설계하기 위해 혹은 인간수행개발에 관한 총체적 프로그램을 개발하기 위해 노력, 수행, 만족에 미치는 영향력의 관계 속에서 이러한 세 가지 영향력들 모두를 이해하고 통합해야 한다(J. M. Keller, 1983a, 2009b). 동기요소는 어떤 과제에 대한 책임을 받아들이고 어떤 목적을 추구할 것인지의 여부에 관한 개인의 기본적 의사결정과 관련되어 있기 때문에 특히 중요하다.

3. 동기설계 원리와 과정에 관한 몇 가지 핵심 쟁점들은 무엇인가?

동기에 관한 연구에서의 쟁점들. 동기적 개념들에 관한 연구에서 널리 퍼져 있는 세 가지 쟁점들은 내재적 동기 대 외재적 동기, 특성 대 상태, 정의적 영역 대 인지적 영역이다.

내재적 동기 대 외재적 동기. 내재적 동기(Deci, 1975)는 어떤 사람이 활동에 참여하는 즐거움을 제외하고는 어떠한 외적 보상도 없는 과제에 참여할 때 일어난다. 이와는 대조적으로, 외재적으로(extrinsically) 동기화된 개인들은 성공적인 성취를 했을 때 보상이 주어지는 과제에 참여한다. 특정 상황에서는 당연히 두 요소들의 혼합이 있을 수 있지만, 외재적 보상이 학습자의 학습을 위한 내재적 동기를 감소시키는 것과 같은 충돌을 빚는 경우도 있을 수 있다(Deci, 1971; Lepper, Green, & Nisbett, 1973; Lepper & Greene, 1978). 그러나 주의 깊게 처방되었을 때 외재적 동기는 학습자들의 내재적 동기를 형성하기 위해 사용될 수 있다(Kruglanski et al., 1975). 피드백과 강화를 효과적으로 활용하려면 이러한 관계들을 고려해야 한다.

특성 대 상태. 다른 심리학적 특징(characteristics)과 마찬가지로, 동기적 특징은 특성과 상태로 개념화되어 왔다(Brophy, 1983; J. M. Keller, 1983; Rotto, 1994). 상태(state)는 상황적 자극이나 과정에 의해 촉발된 조건인 반면, 특성(trait)은 안정적인 심리적 욕구나 동인이다. Berlyne(1965)은 예를 들어 호기심은 특성일 수 있지만 또한 상태 특징을 가지고 있다고 지적했다. 즉, 특성수준의 정도에서 차이가 있지만, 사람들은 호기심의 안정적인 몇몇 상황은 다른 상황보다 더 많은 상태 호기심을 불러일으킨다. Rotto(1994)도 내재적 동기와 다른 동기적 변수들에 관하여 동일한 주장을 했다.

이러한 쟁점은 ID에 몇 가지 시사점들을 준다. 안정적 특성이 있어 교수의 구체적인 에피소드에 의해 바뀌지 않을 것으로 여겨지는 능력과 마찬가지로, 특성이 있는 동기적 특징은 쉽게 바뀌지 않을 것이다. 이러한 상황에서, 교수설계자의 목적은 적절한 특성을 확인하고 그러한 특성을 수용하기 위한 동기적 전술을 설계하는 것이다. 그러나 많은 동기적 요소는 상태 수준에 있기 때문에, 그러한 요소가 당면한 상황적 요인에 의해 영향을 받으며 교수 동안 때때로 바뀔 것이라고 가정하는 것은 타당해 보인다(Visser & Keller, 1990).

정의적 영역 대 인지적 영역. 몇몇 이론가들은 동기를 정의적 영역에 포함되는 것으로 간주해 왔으며(Martin & Briggs, 1986; Tennyson, 1992), 동기 요인들을 "비인지적(non-cognitive)" 변수라고 불렀다(Messick, 1979). 정의적 영역은 동기의 필수적인 부분인 감정(emotions)을 포함한다(Astleitner, 2001). 그러나 동기는 또한 인지적인 구성요소들을 가지고 있다. 예를 들어, 동기에 관한 속성 이론들(Rotter, 1966; Weiner, 1974)은 주로 인지적이다. 이러한 이론들은 산출물(outcomes)의 원인에 관한 인간의 해석과 인간이 추구하는 목적에 주요하게 영향을 미치는 인간의 인식된 가치에 초점을 둔다.

의지에 관한 연구에서의 쟁점들. 의지는 인간행동에 관한 연구에서 오래된 변수로서, 과학심리학(scientific psychology)의 초창기에까지 거슬러 올라갈 수 있다(James, 1890). 의지는 지속과 같은 목적지향적 과정에 관한 현상을 설명하는 데 목표를 둔다. 의지의 궁극적인 목적은 사람들이 과제를 지속하고 어려움을 극복할 수 있도록 도와주는 것이다. 이러한 점에서, 의지는 목적을 달성하기 위해 노력하는 행동을 촉진하는 몇 가지의 상호관련된 통제(control) 과정으로 개념화되어 왔다(Kuhl, 1984). 그것들 중 하나가 주의통제 또는 선택적 주의인데, 그것은 현재의 의도를 다른 경쟁적인 자극들에 맞서 방어하는 것이다. 이러한 체제를 설명하기 위해, 우리는 다음 두 시간 내에 에세이를 쓸 예정인 우리 학생 Ashley를 언급한다. 위키시스템에 로그인한 후, 그녀는 몇 가지 생각들을 하기 시작했으며, 흥미로운 주제에 몰입되어 간다. 그러나 잠시 후, 그녀는 갑자기 절친한 친구의 다가올 생일파티에 대해 생각한다. 그 생일파티는 친구가 한 동안 보지 못했던 많은 사람들이 참석하는 큰 잔치이기 때문에, 그녀는 친구가 그것을 준비하는 것을 도와주기로 약속했다. 이것은 두 가지의 매우 값진 목적들, 즉 에세이를 만족스럽게 완성하는 것 대 생일파티 준비를 위해 시간을 소비하는 것 간에 내적 갈등을 유발한다. 이것이 의지가 작동하기 시작하고 사람들이 자신의 주의를 과제관련 쟁점들에 집중하고 무관한 생각들을 차단함으로써 그러한 종류의 갈등들을 극복할 수 있도록 도와줄 수 있는 시점이다.

의지적 또는 의도적인 활동들은 은유 "조타수와 같은 의지"로 표현될 수 있다. 소설 『모비딕(Moby Dick)』에서 유명한 선장인 아합(Ahab)과 비교해 볼 때, "의지적인" 조타수는 궁극적인 목적을 달성하기 위해 거친 물결을 뚫고 항해를 하며 유혹으로부터 배(여기서는 인간 행동)를 보호한다. 앞에서 언급한 주의통제원리와 더불어, Kuhl(1984)에 의해 소개되고 조사되었던 몇 가지 다른 통제전략들이 있다. 이러한 전략들은 현재의 행동이 의도와 경쟁함으로써 위험에 처할 때마다 적용될 수 있다. 따라서 이 전략들은 부가적인 에너지원을 제공하고 감소된 동기를 보충한다(Kehr, 2004).

의지에 관한 분석에서 또 한 가지 중요하게 언급될 필요가 있는 것은 자존감 감소효과(ego-depletion effect)와 관련이 있다(Muraven & Baumeister, 2000). 경험적인 자료에 기초해 볼 때, 의지통제를 연습하는 것은 근육을 훈련시키는 것과 같다. 그것은 제한된 시간 동안 엄청난 에너지가 가해질 수 있지만 그 후 지쳐 버려서 힘을 재충전하기 위해서는 휴식이 필요하다. 따라서 의지적인 조치들은 오랫동안 적용되어서는 안 된다. 실제적인 정도는 개개인의 차이에 따라 달라진다. 다시 말해서, 가령 "의지적인 근육은 하루에 세 시간 동안만 작동할 수 있다."와 같은 어떠한 일반적인 명세사항(specification)도 없다. 교수설계자는 학습자료와 환경들을 방해를 최소화하고 의지적인 노력에 관한 부하를 줄이는 방식으로 설계해야 한다. 이것은 관계없거나 비과제(non-task)지향적인 인지부하를 최소화하기 위해 학습자료에서 불필요한 복잡성 또는 애매모호성을 피하는 것과 비슷하다(Pass, Tuovinen, Tabbers, & vanGerven, 2003).

요컨대, 이러한 동기적이고 의지적인 쟁점들은 이들 주제들에 관한 많은 선행연구들에서 제시되지만, 그것들은 동기설계를 위한 충분한 기초를 제공해 주지 않는다. 동기설계에 대한 체계적인 접근을 확립하기 위해서는 두 가지의 주요한 요건들이 있다. 첫째는 인간동기와 의지의 주요요소들을 이해하는 것이며, 둘째는 학습자의 동기 요건들을 진단하고 적절한 전술들을 처방하는 것을 도와주는 설계과정을 사용하는 것이다. 이 장의 다음 두 절에서는 동기와 의지에 관한 주요 개념들과 이론들에 대해 간략히 소개하고 설계접근법들에 관해 개괄적으로 제시한다.

4. 동기와 의지에 관한 주요 개념과 원리, 특히 내가 알아두면 유용한 것은 무엇인가?

동기와 의지를 이해하는 데 있어 고려해야 할 인간의 특징들이 많이 있으며, 선행연구들을 직접 읽음으로써 완전한 변수들을 이해하는 것은 매우 도전적일 수 있다. 도움이 되는 몇 가지 종합적인 연구물들(J. M. Keller, 1983b; J. M. Keller & Burkman, 1993; Wlodkowski, 1999)과 책들(Brophy, 1998; Pintrich & Schunk, 2002; Weiner, 1992)이 있지만 사람들은 여전히 광범위한 개념들, 이론들, 연구들을 접하고 있다.

그러나 Keller(2008a)는 동기와 의지구인에 관한 연구결과들을 통합한 결과물로부터 도출된 동기에 관한 "제1원리들"을 제안했다. 이것들 중 처음 네 가지는 1979년에 처음으로 소개되고(J. M. Keller, 1979), 1983년에 상세하게 언급되었으나(J. M. Keller, 1983b), 그 당시에는 "제1원리들"이라고 불리지도 않았으며, 현재처럼 학습동기에 관한 기본적인 원리들로 분명하게 진술되지도 않았다(J. M. Keller, 1983a). 현행 표현에는 다섯 가지 원리들이 있으며, 각각은 핵심적인 동기와 의지개념들에 이론적인 기초를 두고 있다(J. M. Keller, 2010). 다섯 가지 원리들은 다음과 같다.

1. 학습동기는 학습자의 호기심이 현재 지식에서 인식된 차이(perceived gap)로 인해 야기될 때 증진된다.

   포괄적으로 말해, 호기심은 불확실성이나 대답되지 않은 질문이나 해결되지 않은 갈등과 같은 것에 기인된 어떤 사람의 지식에서의 인식된 차이를 줄이고자 하는 욕구에 의해 야기된다. 이 분야에서 가장 잘 알려진 연구자들 중 한 사람이 지각적 호기심

(perceptual curiosity)과 지적 호기심(epistemic curiosity) 간의 차이를 소개했던 Berlyne이다(Berlyne, 1965). 지각적 호기심은 커다란 잡음이나 말초적인 시각에 감지된 예기치 않은 움직임과 같은 예기치 않고 갑자기 끼어든 자극에 대해 반사적으로 반응하는 특징이 있으며, 자극의 원인이 인식되고 위험하지 않은 것으로 판명되자마자 사그라져 버린다. 지적 호기심은 자신의 이해에서 차이가 나는 원인들이나 어떤 것이 왜 그러한 방식으로 일어나는지("내 차 엔진은 왜 그러한 잡음이 발생하는가?", "아인슈타인에게 있어 E = mc2는 무엇을 의미하는가?". "시험에 나올 것 같은 지리학적 위치들을 기억하기 위해 나는 어떤 기법을 사용할 수 있는가?")를 설명하기 위해 지식을 얻고자 하는 욕구를 지칭한다.

또한 호기심을 이해하기 위해서는 지루함(boredom)의 역동성을 이해할 필요가 있다(Geiwitz, 1966; Vodanovich, 2003). 지루함은 반드시 호기심과 반대되지는 않다. 지루함은 부드럽고 억양이 없는 목소리로 강의를 하고 있는 강사가 있는 따스한 교실과 같이 획일적이고 변화가 없는 자극으로 가득 찬 환경에 있을 때 초래된다. 그것은 주제에 대해 호기심은 있지만 졸음이 올 수밖에 없는 전달방식으로 인해 지루할 수 있다. 지루감(boredom susceptibility)에 영향을 미치는 또 다른 특성은 감각추구(sensation seeking)다(Zuckerman, 1979). 사람들은 흥분과 자극에 대한 요구에서 차이가 있다. 더 높은 감각을 추구하는 사람들은 더 높은 수준의 지루감을 가지고 있어서 학습과정에 지속적으로 관심을 갖도록 하기 위해서는 주제, 교수적인 전술들, 또는 교수매체를 훨씬 더 빈번하게 바꿀 필요가 있다.

2. 학습동기는 학습할 지식이 자신의 목적들과 유의미하게 관련되어 있다고 인식될 때 증진된다.

목적은 여러 가지 형태를 띨 수 있다. 목적은 특정 강좌에서 A를 받고, 회계회사에 취직하거나 텔러해시(Tallahassee)에서 휴스턴(Houston)까지 11시간 이내에 운전하여 가는 것과 같이 명확하고 구체적일 수 있다. 목적은 또한 자신에 대해 괜찮다고 느끼기를 원하거나, 다른 사람들과 우호적인 상호작용을 즐길 수 있는 기회를 갖거나, 도전적 활동들에 성공적으로 참여하는 것과 같이, 구체적이지도 않고 심지어는 감정적일 수도 있다. 이러한 모든 목적들은 학생들 사이에서 관련성(relevance)에 관한 감정을 만드는 자원이 될 수 있다. 이것은 학생들이 교수(instruction)가 관련성을 가지고 있다고 인식하도록 하기 위해서는 교수가 유용한 것으로 인식되어야만 한다고 하는 빈번하게 주장되는 가정과 대조된다. 학습과제에서의 유용성 또는 "실재성"에 관한 인식은 관련성에 기여하지만, 그러한 인식은 유일하게 중요한 구성요소들은 아니다.

관련성은 또한 특히 높은 성취욕구를 지닌 사람들을 위해 유의미한 도전을 만들며, 그들에게 자신들의 목적들을 설정하는 것에 대한 통제척도와 그것들을 달성할 수 있는 수단을 제공함으로써 달성될 수 있다(Alschuler, Tabor, & Mcintyre, 1971; McClelland, 1984). 하나의 관련된 요인은 보다 일반적인 흥미(interest)에 관한 개념이다. Dewey가 지적한 바와 같이, 노력 자체가 성취를 초래할 수도 있지만, 만약 Dewey의 개념에서 내재적 동기의 한 유형인 높은 수준의 흥미가 없으면 그것은 동기화된 목적을 추구하도록 하지는 않는다(Dewey, 1913). 오늘날의 흥미에 관한 연구들은 학습을 지원하고, 학습으로부터 혼란을 초래하지 않는 방식으로 자극을 통합하는 방법에 초점을 두고 있다(Harp & Mayer, 1998; Hidi, Baird, & Hildyard, 1982). 관련성을 산출하는 데 도움을 주는 다른 요인들 중 역량감(feeling of competence)을 증가시키는 데 기여하는 활동들이 있다(White, 1959).

3. 학습동기는 학습자들이 학습과제를 완수할 수 있을 것이라고 믿을 때 증진된다.

학습과제를 완수하는 데 있어서 자신감(confidence) 형성과 관련된 핵심적인 개념은 통제(control)에 관한 개념이다. 어떤 상황을 통제하고 있다는 믿음 또는 사실은 통제권(locus of control)(Rotter, 1966) 또는 속성이론(attribution theory)(Weiner, 1974)과 같은 이러한 범주에 속하는 많은 심리학적인 구인들을 뒷받침한다. 이러한 개념들은 사람들이 자신들의 성취는 자신의 능력과 노력 대 운 또는 다른 통제할 수 없는 영향력의 결과라고 믿는 정도를 의미한다. 다른 관련 개념은 자기효능감(self-efficacy)인데, 그것은 사람들이 성공적인 목적 달성을 초래할 수 있는 행동들을 계획하고 실행할 수 있는 정도를 의미한다(Bandura, 1997).

사람들이 성공에 대한 긍정적인 기대를 가지고 있지 않을 때, 또는 그들이 어떠한 통제권도 가지고 있지 않아 실패와 파멸을 피할 수 없을 때, 그들은 무력감(feeling of helplessness)이 생길 수 있다. 학습된 무력감(learned helplessness)(Seligman, 1975)이라 불리는 이 상태는 사람들이 심지어 자신들이 충분히 노력하면 성공할 수 있는 과제에서도 성공할 수 없다고 절대적으로 믿는 것을 말한다. 이것은 여러분이 실제로 무기력하고 무엇을 하든지 성공할 수 없다는 것을 깨닫는 상황에 처해 있는 결과로 인해 발생한다. 따라서 여러분은 여러분의 행동과 그것의 결과 간에는 어떠한 연관성도 없다는 것을 알 수 있다. 그러므로 만약 상황이 바뀌고 성공이 잠재적으로 가능하다면, 실패는 성공할 수 있을 것이라고 믿지 않는 결과 때문에 계속된다. 이것은 변화에 매우 저항적인 강력한 부적응적 조건형성의 한 가지 형태다(Dweck, 1975). 수학에 대한 불안수준이 줄어들고 있는 사람들의 경우에서처럼, 심지어 부분적인 무기력 조건형성도 극복하기 어려울 수 있다(Wieschenberg, 1994). Dweck에 의하면, 그 상황은 사람들이 자신의 성공을 자신들이 통제할 수 없는 외적 요인들 대신에 자신들의 노력과 능력에 귀인한다는 것을 학습하는, 능력은 고정된 것이 아니라 성장할 수 있다는 입장을 취하는 능력의 실체적인 개념에 관한 사람들의 신념을 증진시키기 위한 전략들이 통합된, 재귀인(reattribution) 훈련의 과정을 통해 경감될 수 있다(Dweck, 2006).

4. 학습동기는 학습자들이 어떤 학습과제에 대해 만족스러운 결과를 기대하고 경험할 때 증진된다.

   성취에 대한 호감과 성공하지 못했을 때 부적절하게, 나쁘게 느끼지 않는 것은 몇 가지의 내 · 외적 요인들의 결과다. 외적 요인들에는 성취에 대한 적절한 보상을 제공하는 강화유관성(reinforcement contingencies)의 사용이 포함된다. 조작적 조건형성 원리에 따른 보상과 처벌의 체계적인 사용에 기초한 행동관리전략(Gardner et al., 1994)은 오랫동안 사용되어 왔다(Beck, 1990). 이러한 원리들은 또한 토큰강화시스템(token reinforcement systems)(Jenson, Sloane, & Young, 1988; Kazdin, 1982)과 개별화교수체제(personalized system of instruction)(F. S. Keller, 1968)와 같은 ID에 통합되어 왔다.

   외재적 강화는 종종 내재적 흥미에 손상을 입히는 결과를 초래할 수 있다(Condry, 1977; Deci & Porac, 1978; Lepper & Greene, 1975). 이에 대한 주요 이유는 다른 사람의 행동들을 관리하기 위해 강화유관성을 사용하는 것이 그 사람으로부터 개인적인 통제를 박탈하여 그것을 수행관리자의 손에 넘겨주는 경향이 있기 때문일 수 있다(deCharms, 1968; Harlow, 1953; Hunt & Sullivan, 1974; White, 1959). 따라서 학습동기의 유지와 관련하여, 통제하는 것 대신에 유용한 정보를 제공하는 피드백을 사용하는 것이 통상적으로 가장 효과적이다. 즉, 성공을 위한 내적인 귀인과 함께 축하의 코멘트를 포함함으로써 학생이 최적의 도전과제를 성공적으로 완수할 수 있도록 강화하는 피드백을 사용하면 내재적인 만족을 유지하는 데 도움이 된다. 예를 들어, "이 우수한 보고서에서 세부적인 사항에 주의를 기울이고 구체적인 예들을 사용한 것을 축하한다"와 같이 말하는 것은 성공을 학습자의 능력과 노력에 귀인시킨다. 여러분의 교수(instruction)를 정확하게 따르는 것에 대해 학생을 칭찬하는 것은 지배적인 영향력을 가지고 있는 것으로 인식될 수 있다(Brophy, 1981).

5. 학습동기는 학습자들이 자신들의 의도들을 보호하기 위해 의지적인(자기규제적인) 전략들을 사용할 때 증진된다.

   학습자들이 항상 목적설정에서부터 목적달성까지 직접적이고, 방해를 받지 않는 경로를 따르는지는 의심의 여지가 있다. 학생들은 학습뿐만 아니라 다양한 긍정적인 경험들을 목표로 하는 하나가 아닌 많은 목적들을 추구한다. 따라서 상이한 목적들은 다양한 방식으로 상호작용하며 시간이 경과함에 따라 변화한다. 예를 들어, 성장목적(예: 지식 기반을 심화하는 것)에 우선순위를 둔 유형이 있으며, 정서적인 안녕의 유지(예: 영리해 보이고 자아를 보호하는 것)에 우선순위를 둔 유형이 있다. 그러한 목적들이 충돌을 일으키는 경우, 의지적인 전략들은 학생들이 자신들의 목적들에 우선순위를 매기고 특정 순간에 덜 중요한 목적들에 의해 혼란을 겪는 것을 피할 수 있도록 도와줄 수 있다(Kuhl & Kraska, 1989). 그러나 이것은 학생들이 의지적인 전략들을 사용하는 데 솜씨를 가지고 있을 것을 요구한다. 학생들이 상당 기간 동안 의지적인 전략들을 가지고 있고, 그것들을 사용할 때, 이러한 전략들은 "좋은 업무습관"으로 내면화된다(Corno, 2004).

의지적 전략들과 개념들을 교육적인 맥락에 적용하게 될 때, 세 가지의 기본적인 단계들이 유용해 보인다(Kuhl, Kazen, & Koole, 2006). 첫 번째 단계는 개인의 동기와 의지적 특성들에 관한 총체적인 평가를 포함한다. 학습자의 자기규제전략들과 동기전략들의 사용정도를 알아낼 수 있는 '자기규제학습 면접표(Self-Regulated Learning Interview Schedule: SRLIS)' (Zimmerman & Martinez Pons, 1986)와 '학습동기화전략검사(Motivated Strategies for Learning Questionnaire: MSLQ)' (Pintrich, Smith, Garcia, & McKeachie, 1991)와 같은 몇 가지 도구들이 있다. 교수설계자의 관점에서 볼 때, '교수자료 동기 조사(Instructional Materials Motivation Survey: IMMS)' (J. M. Keller, 1993)는 네 가지의 기본적인 ARCS범주들(즉, 주의집중, 관련성, 자신감, 만족감)의 관점에서 학습환경의 동기적인 질을 평가한다.

그와 더불어, Kuhl과 Fuhrmann(1998), 그리고 McCann과 Turner(2004)에 의해 의지적 전략들을 평가하기 위한 측정법이 개발되었다. 최근에 Deimann과 Bastiaens(2009)는 앞에서 언급한 "조타수와 같은 의지" 모델에 기초한 온라인 질문지인 '의지인격검사(Volitional Persona Test: VPT)' 를 제안했다. 2007년 2월부터 시작된 이래, 독일어를 사용하는 다양한 교육기관들 출신의 약 25,000명의 학습자들이 VPT를 완료했다. 이 질문지의 의도는 의지전략의 사용에 관한 현재 수준인 실제 학생의 학습행동에 관한 통찰력을 얻는 것이라는 것을 주목할 필요가 있다.

두 번째 단계는 해결책(intervention)과 관련이 있으며, 학습자들의 동기적, 의지적인 프로파일들에 관한 주의 깊은 조사를 필요로 한다. 초기에, 전반적인 프로파일을 해석하는 데 도움을 줄 수 있는 중요한 패턴을 발견할 필요가 있다. 그러한 패턴은 실패를 경험한 이후 다음 과제들에 대한 부적절한 목적설정과 유사하기 때문에 감정을 통제하기가 어려울 수 있다. 자신들의 기대수준을 낮추는 것 대신에, 그들 학습자들은 자신들의 목적들을 터무니없이 높게 설정한다. 그러한 패턴이 형성된 이후, 프로파일의 구체적인 기능적 특성은 그 패턴에 기초하여 해석될 수 있다. 그러한 접근법의 궁극적인 목적은 복잡성을 줄여서 코치와 상담사들이 변화를 필요로 하는 학습자들의 그러한 결정적인 측면들을 재빨리 감지할 수 있도록 하는 것이다.

마지막 단계는 처치(treatment)의 평가에 관한 것이다. 이것은 어떤 사람의 동기와 의지 기능을 처치 전과 후에 어떻게 변화되었는지를 비교함으로써 상대적으로 쉽게 수행될 수 있다.

요컨대, 의지적인 전략들을 활용함으로써 얻을 수 있는 긍정적인 효과들은 수많은 연구들에서 보고되어 왔다. Pintrich와 Garcia(1994)는 “잘하는 것에 대해 매우 동기화되어 있고 관심도 있지만, 대학생활에서 직면하는 모든 내 · 외적 혼란들이 주어졌을 때 종종 자신들의 의도들을 실제로 행하는 데 매우 힘든 시기를 보내는”(p.126f) 대학생들에게 있어서의 의지의 중요성을 강조한다. 또한 Wolters(2003)는 학생들이 학업을 적절하게 완수하는 것을 저해할 수도 있는 혼란이나 다른 문제들을 관리하는 방법을 설명하는 데 있어서의 의지의 유용성을 강조했다. 이러한 점에서, 동기적인 신념(예: 과제의 가치, 학습목적 지향성)은 의지규제적인 전략들(예: 환경통제, 흥미증진)을 설명하기 위해 사용될 수 있음이 분명해지고 있다(Wolters & Rosenthal, 2000).

이 장의 주요목적은 동기와 의지의 차이를 강조하는 것이다. 비록 양자는 목적지향적 행동을 촉진한다는 동일한 전반적인 원리와 관련이 있지만, 특히 ID에 주는 시사점의 측면에서 볼 때 주목할 만한 차이들이 있다.

5. 동기와 의지에 관한 지식을 어떻게 교수설계와 인간수행공학의 맥락에 적용할 수 있는가?

동기에 관한 활용모형을 구축하기 위한 노력은 새로운 것은 아니지만 그것의 강조점은 바뀌어 왔다. 초기모형들은 성취동기와 같은 하나의 구체적인 동기특성에 초점을 맞추는 경향이 있었지만, 최근의 모형들은 매우 다양한 관련 개념들을 하나의 총체적인 접근법 속에 통합하려고 시도하고 있다.

이렇게 하기 위해서, 교수자는 학습자의 동기특성을 예측하고, 그런 다음 학습자의 동기요건을 충족할 수 있도록 학습환경을 설계해야 한다. 이는 교수자가 동기를 총체적으로 고려해야 하며 한두 가지의 구체적인 동기특성으로 제한해서는 안 된다는 것을 시사한다.

총체적 동기설계에 관해 널리 알려진 두 가지의 모형으로는 Wlodkowski(1999)의 시간-계속성(time-continuum)모형과 Keller(1984)의 ARCS모형이 있다. Wlodkowski의 모형은 동기전술의 범주를 포함하고 있으며, 교수동안 그러한 범주를 사용해야 하는 시기에 관해 알려준다. 여섯 가지 범주 각각에서 얼마나 많은 혹은 구체적으로 어떠한 종류의 전술을 사용해야 하는지에 관한 문제는 교사의 판단에 달려있다.

ARCS모형은 Wlodkowski(1999)의 모형과 비슷하지만 다음과 같은 두 가지 측면에서 다르다. ARCS모형에서 전술선택은 문제해결 접근법을 사용함으로써 덜 직관적이고 보다 체계적으로 행해진다. 전술의 선택은 포함해야 할 적절한 전술들의 수와 유형을 결정하기 위해 학습자의 동기를 분석하는 것을 포함하는 체계적인 설계과정에 기초한다.

ARCS 설계과정을 완전히 적용하기 위해서는 분석에서 설계, 개발, 평가에 이르는 10단계를 거쳐야 하며, 수업계획(lesson planning)과 ID 과정을 잘 통합해야 한다. ID 과정은 확장되어야 할 수업이나 강좌, 교사(만약 교수자주도 강좌라면), 학습자에 대한 정보로부터 시작한다. 그런 다음, 해당 강좌의 학습자(audience)와 현행 교수자료에 관한 분석을 한다. 이러한 정보에 기초하여, 교수설계자나 교사는 동기교수목표를 작성하고, 동기전술을 선택하거나 만들며, 그 후 그러한 전술을 개발 · 검사할 수 있다(Keller, 2010).

Wlodkowski(1999)의 모형과 Keller(1984)의 모형은 둘 다 처방적인 요소를 가지고 있지만, 다음과 같은 점에서 다르다. Wlodkowski의 접근법은 교사에게 교수사태의 각 단계(시작, 중간, 끝)에서 어떠한 유형의 전술을 사용해야 하는지를 알려준다는 점에서 처방적이다. ARCS모형의 경우, 처방은 분석이 전술을 위한 처방을 산출하는 시점인 학습자 동기분석이 행해질 때까지는 일어나지 않는다(Keller, 1987c). "처방(prescription)"이라는 단어의 의미를 엄격히 적용해 볼 때, 이들 두 모형은 처방적이라기보다는 발견적(heuristic)이다. 즉, 두 모형들은 동기전술의 선택과 적용을 위한 조언을 제공해 주지만, 그러한 전술을 나타내는 활동을 선택하고 만들기 위해서는 교사 혹은 교수설계자의 개인적인 판단이 필요하다. ARCS모형은 체계적인 학습자분석과 문제해결에 초점을 둠으로써 전술선택을 위한 합리적 기초를 제공하는 데 도움이 된다.

두 모형들은 학습과정이 종료될 때까지 지속을 유지시키는 방식에 중점을 두기보다 동기의 개시(initiation)에 더 중점을 둔다는 점에서 유사하다. 학생지원에 관한 연구는 학생들이 강하게 흥미를 돋구는 혼란에 직면한 상황에서 노력을 지속적으로 유지할 수 있도록 도와주는 ARCS모형의 맥락에서 행해져 왔지만, 이러한 연구는 접하게 될 수도 있는 동기적인 동요를 관리하기 위한 원리들과 전술들을 체계적으로 통합하지 못했다. 예를 들어, Ashely는 다음 과제가 자신이 처음 생각했던 것보다 훨씬 더 많은 시간과 노력이 요구됨을 알 수 있다. 이것은 그녀에게 갈등과 압박을 초래하여 그녀는 그 과제를 완수할 수 있을지에 의문을 갖기 시작한다. 그 결과, 동기는 약해지고, 그녀는 자신의 노력을 유지하는 데 문제를 겪게 된다. 그러한 상황은 학습에 집중하려고 할 때, 특히 많은 원격학습강좌들의 경우에서처럼 높은 수준의 자기규제가 요구되는 상황에서 매우 특이한 것은 아니다.

그러나 동기설계모형들은 이러한 상황들을 적절하게 설명하지 못한다. 그 결과, 전형적인 동기문제들을 효과적으로 설명할 수 있는 통합적인 프레임워크를 갖기 위해 의지적인 개념을 동기설계에 통합해야 한다고 주장되어 왔다(Deimann, 2007; J. M. Keller, 2008b). 통합에 대한 Deimann(2007)의 접근법의 주요 측면들은 의지적인 역량과 개인의 프로파일과 학습환경의 조건들에 기초하여 활용할 수 있는 일련의 의지적인 전략들을 평가하기 위한 도구에 관심을 갖고 있다.

6. 학습환경설계에 대한 동기 및 의지연구와 활용에 있어서 경향이나 미래방향은 무엇인가?

동기와 의지에 관한 연구와 개발은 이 주제들에 관한 주요학술지들의 지속적인 증가와 논문수에 기초해 볼 때, 널리, 그리고 표면적으로는 성장하고 있는 관심영역이다. 그러나 교수설계 · 공학분야와 구체적으로 관련된 몇 가지 경향들이 있다.

첫째, 웹기반 교수, 컴퓨터기반 교수, 원격학습에서 동기에 관한 관심과 연구가 증가하고 있다. 대부분의 원격학습 맥락들에서, 강좌 미이수율은 받아들이기 힘들 정도로 높으며, 일반적으로 학습자의 동기문제들이 그것의 주요원인인 것으로 여겨지고 있다. 그러나 그 수가 증가하고 있기는 하지만, 이 분야에 관해 공식적으로 연구를 수행한 연구물의 수는 매우 적다(L. Visser, 1998). 컴퓨터기반 교수와 관련하여, Astleitner와 Keller(1995)의 연구에 토대를 두고 있는 Song(1998)은 교수자가 동기적으로 적응적인(adaptive) 컴퓨터기반 교수를 어떻게 산출할 수 있는지를 보여 주었다. 그는 수업에 동기적 자기점검을 포함시켰다. 학습자의 반응에 기초하여, 컴퓨터는 해당 수업의 후속부분에서 사용할 동기전술의 양과 유형을 결정했다.

둘째, 통제되고 자기주도적인 튜토리얼기반 컴퓨터환경에서부터 보다 개방적인 온라인 학습시스템으로 이동할 때, 학습에 유해할 수 있는 많은 혼란들이 있다(Deimann & Keller, 2006). 이러한 환경에서, 의지적인 원리들과 자기주도적 학습전략들은 학습자의 동기적인 목적들만큼이나 중요하게 된다.

셋째, 특히 수강생 수가 많은 강좌들에서 동기적인 도전들이 있는 혼합학습환경의 설계에 점점 더 많은 관심이 쏠리고 있다. 이러한 맥락에서 취해 왔던 한 가지 접근법은 강좌의 온라인 측면의 일부로서 이메일로 전달되는 동기적인 메시지들을 사용함으로써 학생들에게 동기적, 의지적인 지원을 제공하는 것이었다(J. M. Keller, Deimann, & Liu, 2005; Kim & Keller, 2005).

넷째, 학습 및 수행과 관련하여 인지부하 연구에 대한 관심이 고조되고 있으며, 이것은 학생의 인지부하 특성에 영향을 미칠 수 있는 동기와 의지에 시사점을 제공한다. ID 맥락에서, 이 변수(인지부하)에 관한 연구는 주로 관계없는(역기능적인) 인지부하를 최소화하면서 적절한(유용한) 인지부하를 최대화하기 위해 자극과 수행요건들을 관리하는 방법들에 관한 것이었다(Sweller, 1994). Fleming과 Levie(1978)는 행동과학 선행연구들을 종합적으로 검토한 결과로부터 도출된 일련의 메시지설계원리들에서 비슷한 지적을 했다. 그들은 "학습은 결정적인 단서들이 두드러진(지배적인, 분명한, 눈에 띄는) 곳에서 촉진된다. 만약 필요하다면, 그리고 필요한 경우에만 결정적이지 않은 단서들을 추가하라" (원리 2.12, p.115)라고 진술한다. 즉, 이 원리는 결정적이지 않은 정보가 개인의 인지처리(인지부하) 요건에 이롭지 못하다고 말한다. 이 분야에 관한 대부분의 연구는 이와 같은 인지부하에 관한 인지적 측면들에 중점을 두어 왔지만, 최근 몇 년간 연구자들은 보다 더 응집력 있는 준거틀을 갖기 위해 동기적 변수들을 통합하고자 시도해 왔다(Paas, Tuovinen, van Merriënboer, & Darabi, 2005). 이에 관하여, Morrison과 Anglin(2005)은 향후 연구는 예를 들어 실재적인 이러닝 자료들을 사용함으로써 동기의 잠재력을 탐색해야 한다고 추천한다.

동기와 인지부하 간의 관계는 또한 여전히 Fleming과 Levie(1978)의 또 다른 원리에 의해 암시된다. 원리 2.19는 "학습자가 더 성숙하고 더 동기화될수록 교수단원의 크기는 더 커질 수 있다" (p.123)라고 말하는데, 그것은 더 높은 동기는 인지부하용량을 증가시킴을 시사한다. 또 다른 최근의 발전은 부가적인 차원으로서의 메타인지부하의 통합을 주장해 온 Valcke(2002)의 연구에서 나타난다. 이러한 관계들 모두는 의지와 정보처리 변수들을 ARCS모형에 통합한 Keller의 최근 연구에서 기술되었다(J. M. Keller, 2008b, 2010).

다섯째, 인간의 내적인 정서적 특성(Astleitner, 2000)과 기계기반 학습환경의 정의적인 속성들(Baylor, 1999; Picard, 1997) 양자와 관련하여 동기의 정의적인 구성요소들을 이해하고자 하는 관심이 고조되고 있다. 정서가 접근과 회피행동에 매우 높게 관련되어 있다는 것은 의심할 여지가 없지만, 학습동기와 관련하여 이러한 동기의 측면을 어떻게 이해하고 그것이 어떻게 체계적으로 영향을 미치는지에 관한 연구는 거의 없다. Astleitner(2000)의 FSEAP모형은 이 분야에서 유망하게 발전할 것으로 보이는 개념적인 구조와 적용지침들을 제공한다. Picard(1997)는 컴퓨터를 정서적인 속성들에 투입하는 방법들을 조사하고 있는 반면, Baylor(1999)와 다른 연구자들(Atkinson, 2002)은 다양한 유형의 애니메이션화된 행위자(animated agents)들이 학습과 동기에 미치는 영향을 탐색하고 있다.

결론

심지어 오늘날의 ID와 교육심리에 관한 연구현황을 15년 전의 ID와 교육심리에 관한 선행연구와 간단히 비교해 보는 것만으로도 학습과 수행에서의 동기와 의지적인(또는 자기규제적) 요인에 관한 관심이 엄청나게 증가하였음을 알 수 있다. 인간학습과 수행에 관한 어떤 분야의 연구에서와 마찬가지로, 배워야 할 것도 많지만 또한 배운 것도 많다. 과거에, 동기는 일반적으로 파악하기 어렵고 변하기 쉬워서 총체적인 설명과 처방이론이나 모형에 포함시키기 어려운 것으로 간주되었다. 그러나 몇몇 연구와 발달분야는 학습자의 동기를 이해하고 영향을 미치기 위한 타당하고 체계적인 접근법을 구축하는 것이 가능하며, 이는 학습환경설계와 인간수행 발달에 관한 더 큰 현상을 이해하는 데 상당히 공헌할 것이라는 것을 보여 주었다.

확실히 ID 분야는 동기에 관한 현재의 연구와 실제로부터 혜택을 받을 수 있다. 무엇이 어떤 사람을 학습하도록 하는지는 결코 따르기 쉬운 지침을 가지고 있는 정밀과학(precise science)은 아니지만, 동기기법을 통합하는 것은 학습을 최대화하는 데 필수이다. 진술한 바와 같이, 동기는 개인적인 경험과 기대에 내재된 내적 구인(internal construct)이다. 교수설계자는 활용할 수 있는 동기방법과 모형 전체를 완벽히 인식하고 있어야 할 뿐만 아니라 그러한 방법이나 모형을 다양한 교수상황에 통합하는 방법을 알아야 한다. 심지어 가장 정확한 내용, 관련된 활동과 부지런한 준비도 동기와 의지적인 전략들을 체계적으로 통합하지 않는다면 비효과적일 수 있다.

핵심 원리 요약

1. 학습동기는 학습자의 호기심이 현재 지식에서 인식된 차이로 인해 야기될 때 증진된다.
2. 학습동기는 학습할 지식이 자신의 목적들과 유의미하게 관련되어 있다고 인식될 때 증진된다.
3. 학습동기는 학습자들이 학습과제를 완수할 수 있을 것이라고 믿을 때 증진된다.
4. 학습동기는 학습자들이 어떤 학습과제에 대해 만족스러운 결과를 기대하고 경험할 때 증진된다.
5. 학습동기는 학습자들이 자신들의 의도들을 보호하기 위해 의지적인(자기규제적인) 전략들을 사용할 때 증진된다.
6. 교수설계자들과 교사들은 체계적인 설계과정을 적용함으로써 동기와 의지를 긍정적인 방식으로 예측 가능하게 영향을 미치게 할 수 있다.

응용 문제

1. 여러분은 학습자들이 웃고 있고 행복해하며, 교수자가 즐거워하는 한 교실을 본다. 여러분은 다음 교실에 들어가고, 학습자들은 얼굴에 심각한 표정을 지으며, 손에 든 연필들로 책상 위를 찌른

다. 여러분은 첫 번째 교실에 있는 학습자들은 긍정적인 수준의 학습동기를 가지고 있고, 두 번째 교실에 있는 학습자들은 그렇지 않다고 가정할 수 있는가? 여러분은 위에서 언급된 지표들(증거) 이외에 어떠한 지표들(증거)을 찾아야 하는가? 어떠한 증거가 한 교실 또는 양 교실에서 높은 수준의 학습동기가 있다는 결론을 지지해 주는가? 참여 대 즐거움의 개념들이 여기에서 어떻게 어울리는가?

2. Ashley는 지방주립대학의 LPN(licensed practical nurse, 면허실무간호사) 프로그램에 받아들여져서 의기양양하다. 그녀는 이 목적을 여러 해 동안 추구해 왔기 때문에 신이 났다. 그녀의 의도는 해당 프로그램을 성공적으로 마치는 것이지만, 그것 이외에, 반에서 상위 5%의 순위로 프로그램을 마치기를 원한다. 그녀는 그 학기에 매우 열심히 노력했으며, 교수자들로부터 인정뿐만 아니라 모든 것에서 상위점수를 받았다. 학기 중간쯤에, 한 친구가 친구들과의 "퍼그"[1]하는 동안 그녀의 뛰어난 기술을 살펴본 후 여자배구팀에 들어오라고 초청했다. 그녀는 거의 즉각적으로 대학대표팀에 들어갔고 다른 학교들과 게임을 하기 위해 경쟁하고 실지 견학을 가는 것이 재미있고 즐겁다는 것을 알았다. 이 새로운 목적이 LPN 프로그램에 관한 그녀의 이전의 목적들에 어떠한 영향을 미쳤는가? 그녀는 자신의 원래의 의도들을 지키기 위해 무엇을 할 수 있는가? 여러분의 답을 작성하는 데 이 장에서 습득한 핵심 개념들을 사용하라.

3. "arcsmodel"과 "arcs model"이라는 두 가지 기술어(descriptors)를 사용하여 웹을 검색하라. 두 단어들 주위에 인용부호를 사용하라("arcs model"). 사람들이 ARCS모형, ARCS모형의 ID에의 적용, 또는 ARCS모형을 통합한 연구프로젝트를 기술하는 포스팅(posting)에 관한 두 가지 예를 찾아라. 각각의 예를 그것이 ARCS모형의 핵심요소들을 얼마나 정확하게, 온전히 통합했는지의 관점에서 기술하고 비판하라.

저자 정보

John M. Keller는 플로리다주립대학교의 교육심리 · 학습시스템학과(Department of Educational Psychology and Learning Systems), 교수체제 프로그램(Instructional Systems Program)의 명예교수다.

Markus Deimann은 하겐(독일)에 있는 페른대학교의 교수공학과 매체(Instructional Technology & Media)의 연구 및 교수 조교(Research and Teaching Assistant)다.

---

1) 퍼그(Pick-Up Game: PUG)는 미리 팀이 정해지지 않은 상태에서 즉석으로 팀을 이루어 경기를 하는 것을 지칭함.

참고 문헌

Alschuler, A. S., Tabor, D., & McIntyre, J.(1971). *Teaching achievement motivation: Theory and practice in psychological education.* Middletown, CT: Education Ventures.

Astleitner, H.(2000). Designing emotionally sound instruction: The FEASP-approach. *Instructional Science, 28*, 169-198.

Astleitner, H.(2001). Designing emotionally sound instruction-An empirical validation of the FEASP approach. *Journal of Instructional Psychology, 28*(4), 209-219.

Astleitner, H., & Hufnagl, M.(2003). The effects of situation-outcome-expectancies and of ARCS strategies on self-regulated learning with web lectures. *Journal of Educational Multimedia and Hypermedia, 12*(4), 361-376.

Astleitner, H., & Keller, J. M.(1995). A model for motivationally adaptive computer-assisted instruction. *Journal of Research on Computing in Education, 27*(3), 270-280.

Atkinson, R. K.(2002). Optimizing learning from examples using animated pedagogical agents. *Journal of Educational Psychology, 94*(2), 416-427.

Bandura, A.(1997). *Self-efficacy. The exercise of control.* New York: Freeman.

Baylor, A.(1999). Intelligent agents as cognitive tools for education. *Educational Technology, 39*(2), 373-382.

Beck, R. C.(1990). *Motivation: Theories and principles*(3rd ed.). Englewood Cliffs, NJ: Prentice Hall.

Berlyne, D. E.(1965). Motivational problems raised by exploratory and epistemic behavior. InS. Koch(Ed.), *Psychology: A study of a science*(Vol. 5). New York: McGraw-Hill.

Brophy, J. E.(1981). Teacher Praise: A Functional Analysis. *Review of Educational Research, 51*, 5-32.

Brophy, J. E.(1983). Conceptualizing student motivation. *Educational Psychologist, 18*(3), 200-215.

Brophy, J. E.(1998). *Motivating students to learn.* New York: McGraw-Hill.

Condry, J.(1977). Enemies of exploration: Self-initiated versus other-initiated learning. *Journal of Personality and Social Psychology, 35*, 459-477.

Corno, L.(1989). Self-regulated learning: A volitional analysis. In B. J. Zimmermann & D. H. Schunk(Eds.), *Self-regulated learning and academic achievement. theory, research and practice*(pp. 111-141). New York: Springer.

Corno, L.(2001). Volitional aspects of self-regulated learning. In B. J. Zimmerman & D. H. Schunk(Eds.), *Self-regulated learning and academic achievement. Theoretical perspectives*(2nd ed., pp. 191-226). Mahawah, NJ: Lawrence Erlbaum Associates.

Corno, L.(2004). Work habits and work styles: Volition in education. *Teachers College Records, 106*(9), 1669-1694.

deCharms, R.(1968). *Personal causation.* New York: Academic Press.

Deci, E. L.(1971). The effects of externally mediated rewards on intrinsic motivation. *Journal of Personality and Social Psychology, 18*, 105-115.

Deci, E. L.(1975). *Intrinsic motivation.* New York: Plenum Press.

Deci, E. L., & Porac, J.(1978). Cognitive evaluation theory and the study of human motivation. In M. R. Lepper & D. Green(Eds.), *The hidden costs of reward.* Hillsdale, NJ: Lawrence Erlbaum Associates.

Deimann, M.(2007). *Entwicklung und Erprobung eines volitionalen Designmodells [Development and examination of a volitional design model].* Berlin: Logos.

Deimann, M., & Bastiaens, T.(2009, April 13-17). *The role of volition in distance education: An exploration of its capacities.* Paper presented at the AERA Annual Meeting: "Disciplined Inquiry: Education Research in the Circle of Knowledge," San Diego, CA.

Deimann, M., & Keller, J. M.(2006). Volitional aspects of multimedia learning. *Journal of Educational Multimedia and Hypermedia, 15*(2), 137-158.

Dewey, J.(1913). *Interest and effort in education.* Boston: Houghton Mifflin Co.

Dick, W., Carey, L., & Carey, J.(2009). *The systematic design of instruction*(7th ed.). Upper Saddle River, NJ: Merrill.

Dweck, C. S.(1975). The role of expectations and attributions in the alleviation of learned helplessness. *Journal of Personality and Social Psychology, 31*, 647-695.

Dweck, C. S.(2006). *Mindset.* New York: Random House.

Fleming, M., & Levie, W. H.(1978). *Instructional message design: Principles from the behavioral sciences.* Englewood Cliffs, NJ: Educational Technology Publications.

Gardner, R., Sainato, D. M., Cooper, J. O., Heron, T. E., Heward, W. L., Eshleman, J. W., et al.(Eds.).(1994). *Behavior analysis in education: Focus on measurably superior instruction.* Pacific Grove, CA: Brooks/Cole Publishing.

Geiwitz, J.P.(1966). Structure of boredom. *Journal of Personality and Social Psychology, 3*(5), 592-600.

Gilbert, T. F.(1978). *Human competence: Engineering worthy performance.* New York: McGraw-Hill.

Harlow, H. F.(1953). *Motivation as a factor in the acquisition of new responses.* Lincoln: University of Nebraska Press.

Harp, S. F., & Mayer, R. E.(1998). How seductive details do their damage: A theory of cognitive interest in science learning. *Journal of Educational Psychology, 90*(3), 414-434.

Hidi, S., Baird, W., & Hildyard, A.(1982). That' s important but is it interesting? Two factors in text processing. *Discourse Processing*, 63-75.

Hunt, D. E., & Sullivan, E. V.(1974). *Between psychology and education.* Hinsdale, IL: Dryden.

James, W.(1890). *The principles of psychology*(Vol. 2). New York: Henry Holt.

Jenson, W. R., Sloane, H. N., & Young, K. R.(1988). *Applied behavior analysis in education: A structured-teaching approach.* Englewood Cliffs, NJ: Prentice Hall.

Kazdin, A. E.(1982). The token economy: A decade later. *Journal of Applied Behavior Analysis, 15*(3), 431-445.

Kehr, H. M.(2004). Implicit/explicit motive discrepancies and volitional depletion among managers. *Personality and Social Psychology Bulletin, 30*, 315-327.

Keller, F. S.(1968). Goodbye Teacher. *Applied Behavior Analysis, 1*, 78-79.

Keller, J. M.(1979). Motivation and instructional design: A theoretical perspective. *Journal of Instructional Development, 2*(4), 26-34.

Keller, J. M.(1983a). Investigation of the effectiveness of a learned helplessness alleviation strategy for low aptitude learners. In G. Zeeuw, W. Hofstee & J. Yastenhouw(Eds.), *Funderend Onderzoek van het Onderwijs en Onderwijsleerprocessen*(pp. 191-202). Lisse, The Netherlands: Swets & Zeitlinger B. V.

Keller, J. M.(1983b). Motivational design of instruction. In C. M. Reigeluth(Ed.), *Instructional design theories and models: An overview of their current status.* Hillsdale, NJ: Lawrence Erlbaum Associates.

Keller, J. M.(1984). The use of the ARCS model of motivation in teacher training. In K. S. A. J.

Trott(Ed.), *Aspects of educational technology, Volume XVII: Staff development and career updating*. London: Kogan Page.

Keller, J. M.(1987). The systematic process of motivational design. *Performance & Instruction, 26*(9), 1-8.

Keller, J. M.(1993). *Instructional materials motivation survey.* Unpublished manuscript, Tallahassee, FL: Instructional Systems Program.

Keller, J. M.(1999). Motivation in cyber learning environments. *Educational Technology International, 1*(1), 7-30.

Keller, J. M.(2008a). First principles of motivation to learn and e3-learning. *Distance Education, 29*(2), 175-185.

Keller, J. M.(2008b). An integrative theory of motivation, volition, and performance. *Technology, Instruction, Cognition, and Learning, 6*(2), 79-104.

Keller, J. M.(2010). *Motivational design for learning and performance: The ARCS model approach.* New York: Springer.

Keller, J. M., & Burkman, E.(1993). Motivation principles. In M. Fleming & W. H. Levie(Eds.), *Instructional message design: Principles from the behavioral and cognitive sciences.* Englewood Cliffs, NJ: Educational Technology Press.

Keller, J. M., Deimann, M., & Liu, Z.(2005). Effects of integrated motivational and volitional tactics on study habits, attitudes, and performance. In *Proceedings of the Annual Meeting of the Association for Educational Communications and Technology.* Orlando, FL.

Kim, C. M., & Keller, J. M.(2005). Using motivational and volitional messages to promote undergraduate students' motivation, study habits and achievement. In *Proceedings of the Annual Meeting of the Association for Educational Communications and Technology.* Orlando, FL.

Kim, C. M., & Keller, J. M.(2008). Effects of motivational and volitional email messages(MVEM) with personal messages on undergraduate students' motivation, study habits and achievement. *British Journal of Educational Technology, 39*(1), 36-51.

Kruglanski, A. W., Riter, A., Amitai, A., Margolin, B., Shabtai, L., & Zaksh, D.(1975). Can money enhance intrinsic motivation?: A test of the content-consequence hypothesis. *Journal of Personality and Social Psychology, 31*(4), 744-750.

Kuhl, J.(1984). Volitional aspects of achievement motivation and learned helplessness: Toward a comprehensive theory of action control. In B. A. Maher & W. B. Maher(Eds.), *Progress in Experimental Personality Research*(pp. 101-171). Orlando: Academic Press.

Kuhl, J., & Fuhrmann, A.(1998). Decomposing self-regulation and self-control: The volitional components inventory. In J. Heckhausen & C. S. Dweck(Eds.), *Motivation and self-regulation across the life span*(pp. 15-49). Cambridge: Cambridge University Press.

Kuhl, J., Kazen, M., & Koole, S. L.(2006). Putting self-regulation theory into practice: A user's manual. *Applied Psychology: An International Review, 55*(3), 408-418.

Kuhl, J., & Kraska, K.(1989). Self-regulation and metamotivation: Computional mechanism, development and assessment. In R. Kanfer, P. L. Ackermann & R. Cudeck(Eds.), *Abilities, motivation and methodology. The Minnesota Symposium on Learning and Individual Differences*(pp. 343-374). Hillsdale, NJ: Lawrence Erlbaum Associates.

Lepper, M. R., Green, D., & Nisbett, R. E.(1973). Undermining children's intrinsic interest with extrinsic rewards: A test of the overjustification hypothesis. *Journal of Personality and Social Psychology, 28*, 129-137.

Lepper, M. R., & Greene, D.(1975). Turning play into work: Effects of adult surveillance and extrinsic rewards on children's intrinsic motivation. *Journal of Personality and Social Psychology, 31*, 479-486.

Lepper, M. R., & Greene, D.(1978). *The hidden costs of reward: New perspectives on the psychology of human motivation.* Hillsdale, NJ: Lawrence Erlbaum Associates.

McCann, E. J., & Turner, J. E.(2004). Increasing student learning through volitional control. *Teachers College Record, 106*(9), 1695-1714.

McClelland, D. C.(1984). *Motives, personality, and society: selected papers.* New York: Praeger.

Martin, B. L., & Briggs, L. J.(1986). *The affective and cognitive domains: Integration for instruction and research.* Englewood Cliffs, NJ: Educational Technology.

Medsker, K. L., & Holdsworth, K. M.(Eds.).(2001). *Models and strategies for training design.* Silver Spring, MD: International Society for Performance Improvement.

Messick, S.(1979). Potential uses of non-cognitive measurement in education. *Journal of Educational Psychology, 71*, 281-292.

Morrison, G., & Anglin, G.(2005). Research on cognitive load theory: Application to e-learning. *Educational Technology Research and Development, 53*(3), 94-104.

Muraven, M., & Baumeister, R. F.(2000). Self-regulation and depletion of limited resources: Does self-control resemble a muscle? *Psychological Bulletin, 126*(2), 247-259.

Paas, F., Tuovinen, J. E., van Merrienboer, J. J., & Darabi, A.(2005). A motivational perspective on the relation between mental effort and performance: Optimizing learner involvement in instruction. *Educational Technology Research and Development, 53*(3), 25-34.

Pass, F., Tuovinen, J. E., Tabbers, H., & vanGerven, P. W. M.(2003). Cognitive load measurement as a means to advance cognitive load theory. *Educational Psychologist, 38*(1), 63-71.

Picard, R. W.(1997). *Affective Computing.* Cambridge, MA: MIT Press.

Pintrich, P.R. & Garcia, T.(1994). Self-regulated learning in college students: Knowledge, strategies, and motivation. In P. R. Pintrich, D. R. Brown, & C. E. Weinstein(Eds.), *Student motivation, cognition, and learning.* Hillsdale, NJ: Lawrence Erlbaum Associates.

Pintrich, P. R., & Schunk, D. H.(2002). *Motivation in education. theory, research, and applications*(2nd ed.). Upper Saddle River, NJ: Merrill Prentice Hall.

Pintrich, P. R., Smith, D. A., Garcia, T., & McKeachie, W. J.(1991). *A manual for the use of the motivated strategies questionnaire(MSLQ).* Ann Arbor, MI: University of Michigan, National Center for Research to Improve Postsecondary Teaching and Learning.

Porter, L. W., & Lawler, E. E.(1968). *Managerial attitudes and performance.* Homewood, Ill.: Richard D. Irwin.

Rotter, J. B.(1966). Generalized expectancies for internal versus external control of reinforcement. *Psychological Monographs, 80*(1, Whole No. 609).

Rotto, L. I.(1994). Curiosity, motivation, and "flow" in computer-based instruction. In M. R. Simonson(Ed.), *Proceedings of selected research and development presentations at the 1994 National Convention of Association for Educational Communication & Technology.* ERIC Document Reproduction Service No. ED373 774.

Rummler, G. A., & Brache, A. P.(1990). *Improving performance: How to manage the white space on the organization chart.* San Francisco: Jossey-Bass.

Seligman, M. E.(1975). *Helplessness.* San Francisco: Freeman.

Smith, P. L., & Ragan, T. J.(2005). *Instructional Design*(3rd ed.). Hoboken, NJ: Wiley.

Song, S. H.(1998). *The effects of motivationally adaptive computer-assisted instruction developed through the arcs model.* Unpublished doctoral dissertation, Florida State University, Tallahassee.

Sweller, J.(1994). Cognitive load theory, learning difficulty, and instructional design. *Learning and Instruction, 4*, 295-312.

Tennyson, R. D.(1992). An educational learning theory for instructional design. *Educational Technology, 32*(1), 3~1.

Valcke, M.(2002). Cognitive load: updating the theory? *Learning and Instruction, 12*(1), 147-154.

Visser, J., & Keller, J. M.(1990). The clinical use of motivational messages: an inquiry into the validity of the ARCS model of motivational design. *Instructional Science, 19*, 467-500.

Visser, L.(1998). *The Development of Motivational Communication in Distance Education Support.* Unpublished doctoral dissertation, Educational Technology Department, The University of Twente, The Netherlands.

Vodanovich, S. J.(2003). Psychometric measures of boredom: A review of the literature. *The Journal of Psychology, 137*(6), 569-595.

Weiner, B.(1992). *Human motivation.* Newbury Park: Sage Publications.

Weiner, B.(Ed.).(1974). *Achievement motivation and attribution theory.* Morristown, NJ: General Learning Press.

White, R. W.(1959). Motivation reconsidered: The concept of competence. *Psychological Review, 66*(5), 297-333.

Wieschenberg, A.(1994). Overcoming conditioned helplessness in mathematics. *College Teaching, 42*(2), 51-54.

Wlodkowski, R. J.(1999). *Enhancing adult motivation to learn, Revised edition.* San Francisco: Jossey-Bass Publishers.

Wolters, C. A.(2003). Regulation of Motivation: Evaluating an underemphasized aspect of self-regulated learning. *Educational Psychologist, 38*(4), 189-205.

Wolters, C. A., & Rosenthal, H.(2000). The relation between students' motivational beliefs and their use of motivational regulation strategies. *International Journal of Educational Research, 33*, 801-820.

Zimmerman, B. J., & Martinez Pons, M.(1986). Development of a Structured Interview for Assessing Student Use of Self-Regulated Learning Strategies. *American Educational Research Journal, 23*(4), 614--628.

Zuckerman, M.(1979). *Sensation seeking: Beyond the optimal level of arousal.* Hillsdale, NJ: Lawrence Erlbaum Associates.

제10장

교수설계에서의 평가: 평가모형 비교

R. Burke Johnson (University of South Alabama)
Walter Dick (Florida State University)

ID 모형들의 기본적인 구성요소들 중 한 가지는 평가다. 이 장의 목적은 가장 영향력 있고 유용한 평가모형들 중 몇 가지를 기술하는 것이다.

1950년대 및 1960년대의 교육혁신평가는 주로 실험집단과 통제집단을 사용하는 연구설계로 구성되었다. 사후검사는 실험집단이 교수를 받지 않은 통제집단보다 유의미하게 나은지를 결정하기 위해 사용되었다. 이러한 방법은 교육방송 및 컴퓨터보조 교수와 같은 새로운 교수적 혁신의 효과성을 결정하는 데에도 사용되었다. 이러한 연구에서 혁신을 통해 전달된 교수의 효과성은 교실에서 교사에 의해 전달된 '전통적 교수'의 효과성과 비교된다. 평가의 주요목적은 혁신의 가치 및 유용성을 결정하는 것이었다.

1960년대, 미국에서는 중요한 교육과정개혁이 일어났다. 새로운 교과서와 교수방법을 위해 수백억 달러가 사용되었다. 새로운 교과서의 발행과 더불어 전통적 평가방법도 사용되었다. 즉, 전통적 교육과정을 사용한 학습자의 수행과 새로운 교육과정을 사용한 학습자의 수행을 비교하였다. 몇몇 결과들이 모호했음에도 불구하고, 새로운 교육과정을 사용한 다수의 학생들이 거의 학습하지 못했다는 점은 확실하였다.

Lee Cronbach와 Michael Scriven을 포함한 교육심리 및 평가분야의 많은 지도자들은 교수에 대한 이러한 접근법이 지닌 문제점이 좀 더 빨리 발견되었어야 했다고 인식하였다. 뒤를 이은 논쟁은 교육평가에 관한 이분법적인 재개념화를 초래했으며, 1967년에 Michael Scriven에 의해 **형성평가**(formative evaluation)와 **총합평가**(summative evaluation)라는 용어가 만들어졌다. Scriven(1991)이 내린 형성평가와 총합평가의 정의는 다음과 같다.

> **형성평가**는 증진과정을 뒷받침하기 위해 개발 · 실행 · 의도된 평가로, 일반적으로 증진시킬 수 있는 사람에게 위탁 또는 실행 · 전달된다. 나머지 평가는 **총합평가**다. 즉, 의도의 측면에서 볼 때, 총합평가는 개발 외에 어떤 평가적 결론을 필요로 하는 관찰자 또는 정책결정자(개발자에 대비해서)에 의해 또는 이들을 위해 실행되는 평가다. (p.20)

1960년대 후반과 1970년대 초에 교육에서 평가의 역할에 대한 토론의 결과, 교과서를 사용자에게 배포하기 전에 몇 가지 형태의 평가가 실시될 필요가 있다는 것에 대한 합의가 이루어졌다. 그 목적은 교과서의 전반적인 가치나 효과성을 결정하는 것이라기보다는 교과서가 발간되기 전에 어떻게 증진될 수 있는지에 관한 것이었다. 이러한 개발 또는 형성평가 기간에, 학생이 얼마나 잘 학습하고 교수를 어떻게 좋아하고 반응하는지에 관심을 두었다. 1960년대 후반과 1970년대 초에 처음으로 출판된 ID모형은 모두 평가요소를 가지고 있다. 대부분이 형성평가와 총합평가의 차이를 포함했고, 학습자가 학습한 교수자료의 초안을 점검하며, 교수설계자가 학습자의 시험결과와 교수에 대한 반응에 관한 자료를 수집하는 활동에 참여할 것을 제안하였다. 이러한 정보와 자료는 수정에 사용되었다.

초기 ID모형들에서 기술된 평가과정들은 두 가지의 핵심적인 특성들을 포함하고 있었다. 첫째, 평가(testing)는 교수(instruction)에 명시된 교수목표에 초점을 두어야 한다. 이것을 **준거지향** 또는 **목표지향** 평가라고 한다. 이러한 주장은 학습자에게 교수에서 배울 것이라고 말한 기능에 초점을 둔 것으로 교수를 체계적으로 평가해야 한다는 것이다. 평가의 목적은 학습자를 성적에 따라 분류하는 것이 아니라 각 교수의 교수목표가 완전히 학습되었는지에 관한 정도를 결정하는 것이다. 선다형 문항, 에세이 또는 학습자가 개발한 생산물이든, 평가는 학습자가 교수목표에서 기술된 것처럼 해당 기능을 증명하도록 요구해야 한다.

두 번째 특성은 교수에 대한 의사결정을 위한 주요한 자료원(source of data)으로서 학습자들에게 초점을 둔다. 교과전문가들(SMEs)은 일반적으로 교수설계팀의 구성원들이지만 어떤 교수전략이 효과적인지를 항상 정확하게 예측할 수는 없다. ID에서 형성평가는 SME의 검토, 편집자의 검토를 포함해야 하지만, 이 과정에 관한 주요 입력원(source of input)은 학습자이다. 형성평가는 교수를 통해 학습자가 학습하고 교수를 즐길 수 있는 능력에 초점을 둔다.

평가의 정의

우리는 ID에서 평가의 역사적 발달을 살펴보기에 앞서 평가(evaluation)의 형식적 정의를 내리고자 한다. 우리는 교육평가에서 두각을 나타낸 Scriven의 『평가백과사전(Evaluation Thesaurus)』에 실린 정의를 인용하고자 한다(Scriven, 1991).

평가는 사물의 장점, 중요성, 가치를 결정하는 과정이자 그런 과정의 결과물이다. (p.139)

Scriven에게 있어 **장점**은 평가대상이나 **평가대상자**(evaluand)의 '내재된 **가치**(intrinsic value)' 를 말하며, **중요성**(worth)이란 평가대상자의 '시장 가치(market value)' 또는 이해관계자, 조직이나 다른 공동체에 대한 그것의 가치를 말하고, **가치**(value)란 평가는 항상 가치판단을 하는 것과 관련된다는 생각을 염두에 두어야 함을 의미한다. Scriven은 이러한 가치화 과정은 형성평가와 총합평가 모두에서 행해진다고 주장한다.

Scriven은 또한 네 가지 단계를 포함하는 '평가의 논리(logic of evaluation)' 를 제공한다. 첫째, 장점이나 중요성의 기준을 선택하라. 둘째, 기준에 따른 구체적인 수행기준(즉, 요구되는 수행수준)을 정하라. 셋째, 수행자료를 수집하고, 관찰된 수행수준과 수행기준에서 요구된 수행수준을 비교하라. 넷째, 평가적인(즉, 가치) 판단을 하라. 요컨대, 평가는 가치와 중요성의 기준을 확인하고, 기준을 정하며, 자료를 수집하고, 가치판단을 하는 것이다.

프로그램 평가모형

1970년대와 1980년대에 많은 평가모형이 개발되었다.[1)] 이러한 평가모형들은 교수설계자가 평가과정을 어떻게 사용하는지에 많은 영향을 주었다. 새로운 평가모형들은 집중적 개발 작업, 다수의 조직 및 기관, 교수전달의 다양한 형태를 포함하는 프로젝트에 사용되었다. 이러한 프로젝트들은 거대한 비용과 많은 단계를 가지는 경향이 있었으며, 종종 대학교에서 진행되었다. 또한 이러한 프로젝트들은 장기간에 걸쳐 성취될 여러 가지의 목적들을 가지고 있었다. 그러한 예들로는 교사교육개혁을 위한 교사단체프로젝트(teacher corps projects)와 학생들이 수학에서 무엇을 어떻게 학습하는지를 재정의하기 위한 수학프로젝트(math projects)를 들 수 있다. 이러한 프로젝트는 종종 새로운 평가모형을 사용했다. 아마도 그 시기에 가장 영향력 있는 모형은 Stufflebeam(1971)에 의해 개발된 CIPP 모형일 것이다.

Stufflebeam의 CIPP 평가모형

약자 CIPP는 맥락(Context), 입력(Input), 과정(Process), 산출(Product)을 의미한다. 이것은 네 가지의 독특한 평가유형들이며, 모두 하나의 포괄적인 평가모형 속에서 행해질 수 있거

1) 추가적인 평가모형들이 현재도 개발되고 있으며, 이전 모형들 중 대부분이 계속적으로 갱신되고 있다. 이 장에 제시되지 않은 중요한 모형들의 일부 리스트들을 보려면, Chen(1990), Patton(2008), 그리고 Stufflebeam, Madaus, & Kellaghan(2000)을 참고하라. 만약 공간이 허용된다면, 우리가 포함하고 싶은 두 가지 모형들은 Chen의 "이론으로부터 도출된 평가(theory driven evaluation)" 와 Patton의 "활용에 초점을 둔 평가(utilization focused evaluation)" 다.

나 단일 유형은 독자적인 평가로서 행해질 수도 있다.

맥락평가(context evaluation)는 혁신이나 프로그램이 혁신을 위한 요구와 목표를 결정하며, 그것의 사용의 성공에 영향을 주는 환경요인을 확인하기 위해 사용될 환경에 관한 평가다. 이 분석은 종종 **요구사정**(needs assessment)이라 불리며, **프로그램 계획 결정**(program planning decisions)을 하는 데 사용된다. Stufflebeam의 CIPP모형에 따르면, 평가자는 프로젝트 초기부터 있어야 하며, 요구사정을 수행하는 것을 도와야 한다.

CIPP모형의 두 번째 단계 또는 요소는 **입력평가**(input evaluation)다. 여기서는 혁신/프로그램을 개발하고 수행하기 위해 사용될 자원에 관한 평가질문이 제기된다. 어떤 사람, 자금, 공간, 기계가 프로젝트에 사용될 수 있는가? 이러한 것들은 원하는 결과를 산출하는 데 충분한가? 프로그램의 개념화가 적절한가? 프로그램설계가 원하는 결과물을 생산할 것 같은가? 프로그램의 장점이 전망되는 혁신이나 프로그램의 비용보다 큰가? 이러한 유형의 평가는 **프로그램 구조화 결정**(program structuring decisions)에 도움이 된다. 평가자는 입력평가에서 핵심적인 역할을 수행해야 한다.

CIPP의 세 번째 단계 또는 요소는 **과정평가**(process evaluation)다. 이것은 **형성평가**(formative evaluation)와 매우 일치한다. 과정평가는 혁신이 개발되고 실행되는 방식과 혁신의 최초 효과성, 그리고 수정 후의 효과성을 점검하는 데 사용된다. 자료들은 프로젝트의 지도자(그리고 다른 프로그램 관계자)에게 프로젝트의 상태, 그것이 실행되는 방식, 그것이 법적 · 개념적 지침을 충족하고 있는지의 여부, 그 혁신이 실행목표들을 충족하기 위해 어떻게 수정되어야 하는지를 알려주기 위해 수집된다. 과정평가는 **실행 결정**(implementation decisions)을 하기 위해 사용된다.

CIPP의 네 번째 요소는 원하는 산출물을 산출해 내는 데 있어 혁신/프로그램의 성공에 중점을 두는 **산출평가**(product evaluation)다. 산출평가는 프로그램 목표들 속에 구체화된 산출물 변수들을 측정하고, 의도되지 않은 산출물을 확인하며, 프로그램의 장점을 평가하고, 투자비용분석을 수행하는 것을 포함한다. 산출평가는 **총합평가 결정**(summative evaluation decisions)(예: 프로그램의 전반적인 장점과 중요성은 무엇인가? 프로그램을 계속해야 하는가?)을 할 때 사용된다.

CIPP모형의 ID에의 도입은 개발 과정에서의 평가자의 참여를 변화시켰다. 평가자는 프로젝트 팀의 구성원이 되었다. 더 나아가, 평가는 더 이상 프로젝트 막바지에 일어나는 일이 아니며, 프로젝트 전체에 걸쳐 지속되는 공식적인 과정이 되었다.[2)]

---

2) CIPP모형은 오늘날 지속적으로 인기 있는 평가모형이 되고 있다. 이 모형(모형에 대한 갱신을 포함하여)뿐만 아니라 여기에서 논의된 다른 모형들 중 몇 가지에 대하여 좀 더 알고 싶으면, 웨스턴 미시건대학교(Western Michigan University)의 평가센터(The Evaluation Center) 웹사이트 http://www.wmich.edu/evalctr/checklists/check list-menu.htm#models를 방문하라.

Rossi의 다섯 가지 영역 평가모형

1970년대 후반에 시작하여 오늘날까지 계속해서, Rossi와 그의 동료들은 한 가지 유용한 평가모형을 개발해 왔다(Rossi, Lipsey, & Freeman, 2004). 이 모형에 따르면, 각 평가는 지역의 요구, 자원, 프로그램의 유형에 적합하게 개발되어야 한다. 이것은 평가질문(평가목적이 무엇인가? 구체적으로 무엇이 평가되어야 하는가?), 방법과 절차들(실행가능성과 엄격성이 균형을 이루는 방법과 절차들을 선택), 평가자-이해관계자 간의 관계의 본질(누가 참여해야 하는가? 어느 정도의 참여수준이 바람직한가? 내부 또는 외부의 독립적인 평가자가 사용되어야 하는가?)에 맞게 개발되는 것을 포함한다. Rossi에게 있어, 평가질문은 핵심을 구성하며, 그것으로부터 평가의 나머지가 개발된다. 그러므로 여러분과 핵심 이해관계자들이 분명하고 동의된 일련의 평가질문들을 구성하는 것이 필수적이다.

Rossi 모형은 다섯 가지의 주요한 평가영역들을 강조한다. 어떤 또는 모든 영역들은 하나의 평가 속에서 수행될 수 있다. 첫 번째는 **요구사정**(needs assessment)인데, 그것은 다음과 같은 질문, 즉 "이 맥락에서 이러한 유형의 프로그램에 대한 요구가 있는가?" 라는 질문에 답하는 것이다. **요구**(need)는 실재적인 상황과 바람직한 상황 간의 차이다. 두 번째는 프로그램 **이론사정**(theory assessment)인데, 그것은 다음과 같은 질문, 즉 "프로그램은 그것이 작동해야 하는 방식으로 개념화되었는가?" 라는 질문에 답하는 것이다. 만약 이론이 현재 문서화되어 있지 않다면 고객이 그 이론(프로그램이 바람직한 산출물들을 조작하고 산출하는 방법과 이유)을 해석할 수 있도록 도와주는 것이 평가자의 업무다. 만약 어떤 프로그램이 건전한 사회적, 심리학적, 교육적 이론에 기초하지 않으면, 그것이 잘 작동할 것이라고 기대할 수 없다. 이 문제는 **이론실패**(theory failure)라고 불린다.[3] 세 번째는 **실행사정**(implementation assessment)인데, 그것은 다음과 같은 질문, 즉 "이 프로그램은 적절하게 프로그램 계획에 따라 실행되었는가?" 라는 질문에 답하는 것이다. 만약 어떤 프로그램이 적절하게 조작되고 전달되지 않으면, 그것은 계속될 기회가 전혀 없다. 이 문제는 **실행실패**(implementation failure)라고 불린다.

네 번째 평가영역은 전통적인 사회과학 평가모형과 동일하며, 다섯 번째 영역은 경제적인 평가모형과 동일하다. 네 번째 영역인 **영향력사정**(impact assessment)은 다음과 같은 질문, 즉 "이 프로그램은 그것이 의도한 대상들에게 영향력을 미쳤는가?" 라는 질문에 답하는 것이다. 이것은 원인과 결과에 관한 질문이다. 원인과 결과를 설정하기 위해, 여러분은(만약

3) Chen과 Rossi의 "이론으로부터 도출된 평가(theory driven evaluation)" (대략 1980년까지 거슬러 올라가는)는 프로그램 이론을 평가의 핵심 개념으로 만들었다. 우리는 이 모형에 대해 추가적으로 연구하기를 강력히 권한다(대부분은 Chen(2005)에서 최근에 개괄적으로 제시되었다).

가능하다면) 강력한 실험연구설계를 사용해야 한다. 다섯 번째 영역인 **효율성사정**(efficiency assessment)은 다음과 같은 질문, 즉 "이 프로그램은 비용효과적인가?"라는 질문에 답하는 것이다. 어떤 특정 프로그램은 영향력은 있지만 비용효과적이지는 않을 가능성이 있다. 예를 들어, 투자대비회수율이 마이너스이거나 비용이 이익을 초과하거나 또는 프로그램이 경쟁적인 프로그램보다 효율적이지 못할 수도 있다. 이러한 유형의 분석에서 사용되는 효율성 비율은 아래 각주에 설명해 둔다.[4)]

Kirkpatrick의 훈련평가모형

Kirkpatrick의 모형은 1959년에 네 편의 논문들에 처음으로 발표되었다. 자신의 모형을 제안한 Kirkpatrick의 목적은 훈련관리자에게 평가의 중요성을 깨달을 수 있도록 동기화하고 훈련프로그램을 평가하기 위한 노력을 증진시키는 것이었다. Kirkpatrick은 특별히 **훈련**(training)평가를 위해 모형을 개발하였다. 처음에 그가 단계(steps)라고 말했던 것은 나중에 평가의 **4수준**(four levels)이 되었다. 평가자는 처음 단계의 평가만을 실시하거나 4수준 모두를 평가할 것이다. 평가의 초기 수준들은 그것 자체로 유용하지만, 상위수준의 평가결과 해석에도 도움을 준다. 예를 들어, 훈련전이(수준 3)가 일어나지 않은 한 가지 이유는 기능학습(수준 2)이 결코 일어나지 않았기 때문이다. 마찬가지로, 만족(수준 1)은 종종 학습(수준 2)과 다른 결과(수준 3과 4)가 일어나기를 요한다.

수준 1: 반응. Kirkpatrick의 첫 번째 수준은 학습자들의 학습경험에 관한 반응이나 태도에 관한 사정이다. 학습자들로부터 훈련에 대한 솔직한 반응을 얻어 내기 위해 무기명 설문지가 사용된다. 이러한 반응은 훈련관리자의 반응과 함께 교수(instruction)를 평가하기 위해 사용되지만, 평가의 유일한 형태로 사용되어서는 안 된다. 일반적으로, 학습자가 교수를 좋아하지 않으면 학습이 이루어지지 않는다고 여겨진다.

---

4) 비즈니스에서, 재정적인 결과는 흔히 **투자대비회수율**(return on investment: ROI) 지수를 사용하여 측정된다. ROI는 총이익으로부터 해당 프로그램과 관련된 총비용을 뺀 것으로 계산된다[이 차액은 순이익(net benefits)이라 불린다.]. 그런 다음, 그 차액을 총비용으로 나누고 그 결과에 100을 곱한다. ROI 값이 0보다 크면 긍정적인 투자대비회수율을 의미한다. **비용-편익분석**(cost-benefit analysis)은 정부프로그램에서 흔히 사용된다. 이것은 **편익비율**(benefit-cost ratio)에 의해 결정되는데, 편익비율은 총이익을 총비용으로 나누어 계산된다. 편익비율이 1이면 손익분기점이며, 1보다 큰 값은 이익이 비용보다 더 큼을 의미한다. 훈련과 다른 해결책들로부터 도출된 이익들을 달러 단위(dollar units)로 바꾸는 것이 어렵기 때문에(예: 태도, 만족감), **비용효과성분석**(cost-effectiveness analysis)이 비용편익분석보다 더 흔히 사용된다. **비용효과성비율**(cost-effectiveness ratio)을 계산하려면, 평가자는 훈련프로그램 비용을 달러 단위로 바꾸지만, 측정된 이익은 원래(달러로 환산되지 않은) 단위로 그대로 둔다. 비용효과성비율은 훈련이 얼마나 많은 "비용 대비 가치(bang for the buck)"(예: 훈련에 투자한 1달러당 얼마나 많은 업무 만족도에서의 증진이 일어났는가?)를 제공해 주는지를 알려준다.

수준 1 평가는 훈련프로그램 참여자의 반응을 알기 위해 사용되지만, 자료는 해당 프로그램에 대한 단 하나의 **전반적인**(overall) 반응(예: 여러분은 훈련사태에 얼마나 만족하고 있는가?) 이상의 것이 수집될 수 있음을 이해하는 것이 중요하다. 프로그램 구성요소(교수자, 주제, 발표 형식, 스케줄, 시설, 학습활동, 훈련사태 동안 참여자들이 느낀 참여도)에 대한 상세한 수준 1 정보도 수집되어야 한다. 또한 자유문답식 문항(즉, 미리 정해진 반응에서 선택하기보다 자신의 말로 반응할 수 있는 문항)을 포함시키는 것이 유용하다. 두 개의 유용한 항목은 (1) "여러분이 느끼는 프로그램의 가장 중요한 세 가지 취약점들은 무엇인가?" (2) "프로그램의 가장 중요한 세 가지 장점들은 무엇인가?" 다. 수준 1 평가를 실시할 때 자유문답식(위에 제공된 두 문항들처럼)과 단답식(진술문항이나 "프로그램에서 다룬 자료가 내 직업에 적합했다" 라는 문항을 제공하거나 반응자에게 '매우 만족, 만족, 불만족, 매우 불만족' 과 같은 네 가지 평가들을 사용하도록 요구하는 것) 문항을 혼합하여 사용하는 것이 일반적으로 가장 좋다. Kirkpatrick(1998)은 평가에 사용되거나 수정될 수 있는 실제 설문지의 다양한 예제를 제공하고 있다. 수준 1 평가를 위해 전형적으로 사용되는 연구설계는 단일집단 사후검사 설계다(〈표 10.1〉 참조).

수준 2: 학습. 수준 2 평가에서, 목적은 훈련프로그램에서 참여자가 무엇을 학습하였는지를 결정하는 것이다. Kirkpatrick(2006)은 학습이란 "참여자가 프로그램 참여의 결과로 태도를 바꾸고, 지식을 증진시키고, 기술을 증가시키는 정도" (p.20)라고 말한다. 어떤 훈련사태는 **지식**(knowledge)에, 어떤 것은 **기능**(skills)에, 어떤 것은 **태도**(attitude)에, 그리고 어떤 것은 이들 세 가지 산출물들의 조합에 초점을 둘 것이다.

수준 2 평가는 훈련사태에서 구체적으로 다루어진 것을 측정하는 데, 그리고 구체적인 학습목표에 초점을 두어야 한다. Kirkpatrick은 검사는 발생한 학습량을 타당하게 측정하기 위해 학습자들에게 제시된 자료를 다루어야 함을 강조한다. 지식은 일반적으로 **성취도검사**(achievement test)(즉, 어떤 사람이 특정 학습경험에 노출된 후 발생한 지식학습의 정도를 측정하기 위해 설계된 검사)를 통해 측정되고, 기능은 **수행검사**(performance test)(즉, 검사를 받는 사람들이 제품을 만들거나 과정을 수행하는 것과 같은 어떤 실제적인 행동을 시범보이는 검사 상황)를 통해 측정되며, 태도는 일반적으로 **설문지**(questionnaires)(즉, 이 경우에는 훈련사태에서 변화의 대상이 되는 태도를 측정하기 위해 설계된, 연구참여자들에 의해 기입되는 자기보고식 자료수집 도구)를 통해 측정된다.

단일집단 사전-사후설계는 흔히 수준 2 평가에 적절하다. 〈표 10.1〉에서 볼 수 있는 바와 같이, 이 설계는 관심을 갖고 있는 산출물(들)에 관한 훈련집단 참여자들의 사전검사와 사후검사 측정을 포함한다. 그런 다음 학습증진에 관한 추정은 사전검사와 사후검사 점수들 간에 차이가 있을 것이라고 간주한다. Kirkpatrick은 통제집단 또한 수준 2 평가에서 가능할 때 사용할 것을 권장하는데, 그 이유는 그것이 인과관계에 대한 보다 더 강력한 추론을 가능하도록 해주기 때문이다. 형성평가에서, 이것은 일반적으로 여러분이 학습이 교수의 결과로서 일어났음을 보여주기 위해 〈표 10.1〉에서 제시한 비균등 비교집단 설계를 사용할 것이라는 것을 의미한다. 학습자료는 학습을 문서화하는 데 도움이 될 뿐만 아니라 훈련관리자들이 기관에서 자신들의 훈련기능을 정당화하는 데에도 도움이 된다.

수준 3: 행동(훈련 전이). 여기에서 평가자의 목적은 훈련프로그램 참여자들이 훈련프로그램에 참여한 결과로서 실무행동(on-the-job behavior: OJB)을 변화시켰는지를 결정하는 것이다. 단지 학습이 교실이나 다른 훈련상황에서 일어났다고 해서 그 사람이 실제 작업상황에서도 동일한 기능들을 보일 것이라고 보장할 수 없다. 따라서 훈련관리자는 훈련 후 수개월이 지난 후, 학습된 기능이 업무에서 사용되고 있는지를 결정하기 위한 추수평가를 실시해야 한다.

Kirkpatrick(2006)은 다음과 같은 훈련전이에 영향을 미치는 다섯 가지 환경들을 밝혀냈다. (1) 예방(preventing)환경(예: 훈련생의 감독자가 훈련생의 새로운 기술, 태도, 지능의 사용을 허락하지 않는 환경), (2) 단념(discouraging)환경(예: 감독자가 새로운 지식, 태도, 기능의 사용을 격려하지 않는 환경), (3) 중립(neutral)환경(예: 감독자가 훈련이 일어났다는 사실조차 인정하지 않는 환경), (4) 격려(encouraging)환경(예: 감독자가 새로운 지식, 태도, 기능을 업무에서 사용하도록 격려하는 환경), (5) 요구(requiring)환경(예: 감독자가 공식적으로 새로운 지식, 태도, 기능이 작업환경에서 사용되는지를 모니터링하고 요구하고 환경)이 그것들이다.

지식, 기능, 태도가 업무에서 사용되고 있는지와 얼마나 잘 사용되고 있는지를 결정하기 위해서는 학습자와 상사, 동료, 부하직원을 접촉할 필요가 있다. Kirkpatrick은 훈련전이를 측정하기 위해 **회고설문지설계**(retrospective survey design)(현재와의 관계 속에서 과거에 대해 질문하는 것)의 사용에 만족해하는 것 같다. 회고설문지는 훈련생들이 학습한 것을 적용했는지의 여부에 대한 자신의 지각을 측정하기 위해 훈련 후 몇 주나 몇 달이 지난 후에 훈련생, 상사, 동료, 부하직원이 설문지에 응답하거나 면담에 참여하는 것이다. 현장으로의 전이에 관한 좀 더 타당한 증거를 제공하기 위해, Kirkpatrick은(〈표 10.1〉에 제시된) 설계 2, 3, 4를 사용할 것을 제시한다. 수준 3 평가는 일반적으로 더 낮은 수준의 평가들보다 수행하기가 훨씬 더 어렵지만, 그 결과로 얻을 수 있는 정보는 의사결정자들에게 중요하다. 교실에서 실시되는 평가보다 실시하기 어렵다. 만약 어떤 전이도 일어나지 않았다면 훈련을 실시하는 본래 이유였던 수준 4 산출물을 얻을 것이라는 것은 기대할 수 없다.

〈표 10.1〉 훈련평가에 자주 사용되는 연구설계

설계 강도	설계 묘사	설계 명칭
1. 아주 약함	× O_2	단일집단 사후검사 설계
2. 중간 정도로 약함	O_1 × O_2	단일집단 사전검사 설계
3. 중간 정도로 강함	O_1 × O_2	비균등 비교집단 설계
	O_1 O_2	
4. 매우 강함	RA O_1 × O_2	사전-사후검사 통제집단 설계
	RA O_1 O_2	

* ×는 처치(즉, 훈련사태)를 나타낸다. O_1은 사전검사 측정을 나타낸다. O_2는 사후검사 측정을 나타낸다. RA는 참여자를 집단에 무작위 배정하는 것을 나타낸다. 설계 3은 통제집단을 가지고 있으나 참여자가 집단에 무작위 배정되지 않는다. 따라서 집단은 '비균등' 하다. 설계 4는 무작위 배정을 하므로, 원인과 결과에 관한 증거를 제공하는 데 좋은 표준이다. 연구 설계에 관하여 좀 더 자세한 정보를 얻고 싶으면, Johnson과 Christensen(2010)을 참고하라.

수준 4: 결과. 여기에서 평가자의 목적은 훈련이 '최종결과' 를 도출하는지를 밝혀내는 것이다. 수준 4 산출물에는 조직의 수행에 영향을 미치는 모든 산출물들이 포함된다. 몇 가지 바람직한 조직적, 재정적, 그리고 고용인(employee) 결과들로는 절감된 비용, 양질의 업무, 증가된 생산성, 더 낮은 고용인 이직률, 더 낮은 결근율, 더 작게 낭비된 자원, 증진된 업무생활의 질, 증진된 인간관계, 증진된 조직 의사소통, 증가된 판매, 더 적은 불만, 더 높은 노동자의 사기, 더 적은 사고, 증가된 업무만족도, 그리고 중요하게 증가된 이익이 포함된다. 수준 4 산출물은 근접적(proximal)이라기보다는 더 말초적인(distal) 산출물이다(즉, 효과가 나타나는 데 시간이 걸린다).

Kirkpatrick은 훈련과 수준 4 산출물 간의 관계를 타당화하는 것이 어렵다는 것을 인정한다. 훈련과는 다른 매우 많은 외적인 요인들이 수준 4 산출물에 영향을 미칠 수 있기 때문에, 보다 더 강력한 연구설계가 요구된다(〈표 10.1〉의 설계 3과 4 참조). 불행하게도, 이러한 설계들을 실행하는 것은 어렵고 비용도 많이 들 수 있다. 그럼에도 불구하고, Kirkpatrick은 훈련관리자들이 온전한 수준 4 평가를 수행하고 그렇게 함으로써 훈련프로그램의 상태를 증진시키고자 시도하기를 희망했다.

Brinkerhoff의 성공사례 방법

여기에 제시된 다음의 평가모형은 이전의 모형들보다 더 특수화되어 있다. 그것은 훈련이나 다른 조직적 해결책들이 어떻게 작동하는지를 밝히는 데 중점을 두고 있다. 이 모형의 창시자인 Robert Brinkerhoff에 따르면, 성공사례방법(success case method: SCM)은 "어떤 조직의 계획(예: 훈련프로그램, 새로운 작업방법)이 얼마나 잘 작동하는지를 밝혀내기 위해 … 극단적인 집단들을 사례연구와 스토리텔링으로 분석하는 것이 통합된 신속하고 간단한 과정이다"(p.401, Brinkerhoff, 2005). SCM은 "효과적으로 작동한 것"을 결정하는 효과적인 방법은 성공적인 사례들을 검토하고 그것들을 성공적이지 못한 사례들과 비교하는 것이라는 상식적인 생각을 사용한다. SCM은 프로그램의 조직적인 내재화를 강조하며, 효과적인 프로그램의 사용과 결과로부터 비효과적인 프로그램의 사용과 결과를 차별화하는 개인적 요인과 맥락적 요인을 분석하고자 한다. SCM은 훈련과 비훈련 해결책들에 잘 작동하기 때문에 인간수행공학에서 인기가 있다(Surry & Stanfeld, 2008).

SCM은 5단계들을 따른다(Brinkerhoff, 2003). 첫째, 여러분(즉, 평가자)은 성공사례(success case: SC) 연구에 초점을 두며, 그것을 계획한다. 여러분은 평가될 프로그램을 정의하고, 그것의 목적을 분석하며, 평가에 대한 SC접근법의 본질을 논의하기 위해 이해관계자들을 확인하고 그들과 함께 일해야 한다. 여러분은 이해관계자들의 관심사와 우려들을 결정하고, 연구를 위한 예산과 시간 계획에 관한 동의를 획득하기 위해 이해관계자들과 함께 일해야 한다. 마지막으로, 이것은 연구설계가 구안되고 동의되었을 때 행해진다.

둘째, 시각적인 **영향력모형**(impact model)을 구성한다. 이것은 주요한 프로그램의 목적들을 분석하고 그 프로그램으로부터 도출되기를 희망하거나 기대하는 모든 영향력/산출물들을 열거하는 것을 포함한다. 전형적인 영향력모형의 묘사에서 왼쪽에 "역량(capabilities)"(즉, 프로그램에 의해서 제공되어야 할 지식과 기능)을 열거한다. 이것들은 Kirkpatrick의 수준 2 학습 산출물들과 유사하다. 오른쪽에는 프로그램으로부터 도출될 것으로 기대되는 "비즈니스 목적들(business goals)"을 묘사한다. 이러한 것들은 Kirkpatrick의 수준 4 결과 산출물들과 유사하다. 전형적인 영향력모형의 중간 칼럼들은 바람직한 비즈니스 목적들을 달성하기 위해 제시되어야 하는 행동과 조직적, 환경적 조건들을 포함한다. 이러한 것들은 결정적인 조치들(즉, 역량의 적용)과 핵심적인 중간결과물들(즉, 감독적인, 환경적인, 고객 산출물들)을 포함할 수 있다. 영향력모형은 다음 단계에서 사용될 여러분의 질문지에 포함해야 할 것을 아는 데 도움이 된다.

셋째, 최상의(즉, 성공) 사례들과 최악의 사례들을 확인하기 위한 조사연구를 수행한다. 대부분의 조사연구와는 달리, 응답들은 그 목적이 개별적인 것들을 확인하는 것이기 때문에 익명이어서는 안 된다. 자료는 만약 모집단이 100 이하인 경우 모든 사람들로부터 수집된다. 그렇지 않은 경우, 무선표집에 의해 추출된다.[5)] 조사도구(즉, 설문지)는 여러분과 고객

5) 샘플크기를 결정하는 것에 관한 좀 더 많은 정보는 Johnson과 Christensen(2010) 또는 Christensen, Johnson, Turner(2010)를 참고하라.

이 추가적인 평가정보를 수집하기로 결정하지 않는 한 일반적으로 매우 간결하다.[6] 질문지를 위한 두 가지의 핵심질문들은 다음과 같다. (a) "여러분은 [비즈니스 목적]에 관한 성공을 달성하기 위해 [프로그램 이름]을 어느 정도나 사용할 수 있는가?", (b) "누가 [프로그램 이름]을 사용하는 데 있어 많은 성공을 거두어 왔는가?", (c) "누가 [프로그램 이름]을 사용하는 데 있어 최소한의 성공을 거두어 왔는가?" 조사 자료로는 여러분이 성공사례들을 위치시키는 데 도움이 될 수 있는 수행기록과 어떤 다른 정보(예: 구두보고서, 고객만족도 보고서)가 추가될 수 있다.

넷째, 심층인터뷰(통상 인터뷰당 약 45분 정도, 전화로) 스케줄을 잡고, 여러 가지 **성공사례**들에 관한 심층인터뷰를 수행한다. 때때로 여러분은 몇 개의 성공적이지 못한 사례들을 인터뷰하기를 원할 것이다. 네 번째 단계의 목적은 경험적인 증거와 함께 성공사례 이야기들을 문서화하기 위해 필요한 상세한 정보를 얻는 것이다. 인터뷰 동안, 여러분은 성공적인 사용의 범주들을 논의하고 활용을 촉진하거나 저해하는 요인들을 확인해야 한다. 성공사례를 인터뷰하는 동안, Brinkerhoff(2003)는 여러분이 다음과 같은 정보 범주들에 답하기를 권장한다.

a. 작동되어 사용되었던 것(즉, 어떤 정보/전략/기능, 언제, 어떻게, 누구와 함께, 어디에?)
b. 어떤 성공적인 결과/산출물들이 달성되었고, 그것들은 어떻게 차이를 만들었나?
c. 그것은 얼마나 잘 행해졌나(즉, 가치)?
d. 어떤 요인들이 성공적인 결과들을 산출하는 데 도움이 되었는가?
e. 인터뷰를 한 사람은 증진을 위해 어떤 추가적인 제안들을 가지고 있는가?

성공적이지 못한 사례를 인터뷰할 때는 프로그램에 의해 제공될 것으로 기대되었던 것을 활용하지 못하게 한 장애물과 이유들에 초점을 둔다. 여러분은 또한 향후의 활용성을 높이기 위한 제안들을 받는다. 모든 인터뷰 동안, 그리고 인터뷰를 끝낸 후 **증거**(evidence)를 획득하고 연구결과들(findings)의 타당도를 주의 깊게 문서화하는 것이 중요하다.

다섯째, 평가결과를 작성하고 의사소통한다. Brinkeroff의 말로, 이것은 여러분이 "이야기하는(tell the story)" 것이다. 보고서는 상세한 자료와 증거뿐만 아니라 그 프로그램이 얼마나 성공적이었고 향후에 어떻게 훨씬 더 성공적이 될 수 있는지를 알려주는 풍부한 이야

6) 조사도구(survey instrument)가 "조사(the survey)"라고 불리는 것은 적절하지 않다는 점에 주목하라. "조사"는 실행되는 연구방법이다. 조사도구들에는 질문지(지필, 웹 기반), 인터뷰 프로토콜(직접, 전화상으로, 또는 스카이프나 원격화상통신과 같은 테크놀로지를 통해 사용되는)이 포함된다.

기를 포함할 것이다. 다시 한 번, 이야기가 신뢰롭게 받아들여질 수 있도록 충분한 증거를 제공한다. Brinkerhoff(2003, pp.169-172)는 여러분이 최종보고서에 다음과 같은 여섯 가지의 결론들에 답하기를 권장한다.

a. 만약 있다면, 그 프로그램은 어떤 값어치 있는 행동과 결과들을 산출하는 데 도움이 되는가?
b. 프로그램의 어떤 부분들이 다른 부분들보다 더 잘 작동하는가?
c. 어떤 환경요인이 성공을 지원하는 데 도움이 되고 어떤 요인이 방해가 되는가?
d. 성공의 범위는 얼마나 넓은가?
e. 새로운 프로그램의 투자대비회수율(ROI)은 어떠한가?
f. 프로그램으로부터 얼마나 더 많은 부가가치를 도출할 수 있는가?

Brinkerhoff는 만약 장기적이고 회사차원의 성공이 결과로서 일어나는 것이라면 성공사례 평가결과들이 사용되어야 한다고 강조한다. 고용인의 "주식 구매"를 보장하고 평가결과와 권고를 사용하도록 하기 위한 가장 중요한 전략은 고용인을 평가의 모든 단계에 참여할 수 있도록 하는 것이다. 평가활용에 영향을 미치는 많은 요인들을 보여주는 모형을 좀 더 자세히 살펴보려면, Johnson(1998)을 참고하라. 평가의 중요성 때문에, 다음의 그리고 마지막 평가모형은 평가활용의 개념을 중심으로 구성되었다.

Patton의 활용에 초점을 둔 평가(U-FE)

평가과정과 연구결과들(findings)은 그것들이 **사용되지** 않으면 아무런 가치도 없다. 만약 어떤 평가가 어떤 방식으로든 사용될 것 같지 않다면, 평가를 수행해서는 안 된다. 1970년대에, Michael Patton은 활용에 초점을 둔 평가모형(utilization-focused evaluation model: U-FE)을 소개했으며, 현재 이 모형은 제4판에 실려 있다(그것은 이전 버전들보다 훨씬 더 확장되었다)(Patton, 2008). U-FE는 "구체적인, 의도된 사용을 위해 구체적인, 의도된 사용자들을 위해, 그리고 그들과 함께 행해진 평가"다(Patton, 2008, p.37). U-FE에서 철칙은 평가의 효용은 그것이 사용되는 정도에 의해서 판단된다는 것이다. 평가자는 시작부터 평가가 끝날 때까지 사용에 중점을 두며, 그 시간 동안 계속적으로 사용과 조직적인 학습 또는 평가결과들이 일단 평가자가 그 조직을 떠날 때에도 계속해서 사용될 것이라는 것을 보장하는 데 도움이 되는 어떤 다른 과정을 촉진한다. **과정사용**(process use)은 고객들이 평가의 "논리"를 학습하고 조직에서의 그것의 사용을 이해할 때 일어난다. 과정사용은 조직구성원들에게 능력을 부여할 수 있다.

U-FE는 몇 가지 단계들을 따른다. U-FE는 참여적인 평가접근법이기 때문에, 고객과 주

요 사용자들은 평가와 그 결과를 구조화하고, 수행하며, 해석하고, 사용하는 데 적극적으로 참여할 것이다. 주요한 단계들을 제시하면 다음과 같다.

1. **준비도 사정을 수행한다**(즉, 조직과 그 조직의 관리자들이 U-FE를 수행할 준비가 되어 있고 수행할 수 있는지를 결정한다).
2. **"의도된 주요 사용자들"을 확인하고 그들**(즉, 의도된 주요 사용자들은 평가에서 지분을 가지고 있고 평가를 수행하고 그 결과들을 사용하는 데 있어 U-FE 평가자와 함께 일할 수 있는 능력, 신뢰도, 힘, 학습능력을 지니고 있는, 조직에서 핵심적인 사람들이다.)**과의 업무관계를 개발한다.**
3. **상황분석을 수행한다**(즉, 사용을 위한 정치적인 맥락, 이해관계자의 관심사, 잠재적인 장애물들과 지원을 검토한다.).
4. **"의도된 주요 사용"**(예: 프로그램 증진, 주요한 의사결정, 지식생성, 과정사용 또는 이해관계자들이 평가자가 떠났을 때 평가를 수행하는 방법을 알 수 있도록 역량증진)**을 확인한다.**
5. **평가에 초점을 둔다**(즉, 이해관계자들이 높은 우선순위를 두는 쟁점들과 문제들을 확인한다.).
6. (신뢰로우며, 믿을 만하고, 타당하며, 실행가능한 결과를 산출할 수 있는) **평가를 설계한다**.
7. **평가자료를 수집하고, 분석하며, 해석한다**(그리고 다양한 방법들과 증거자료들을 사용하는 것을 기억한다.).
8. **평가사용을 지속적으로 촉진한다.** 예를 들어, "최종적으로 작성된 보고서"를 기다리는 대신에, 중간결과들이 조직에 배포될 수 있다. U-FE는 최종보고서로 끝나지 않는다. 평가자는 결과들이 사용될 때까지 해당 기관과 함께 일해야 한다.
9. (a) 의도된 사용이 달성된 정도, (b) 추가적인 사용이 발생했는지의 여부, (c) 어떤 오용이나 의도하지 않은 결과들이 발생했는지의 여부를 결정하기 위해 **메타평가**(metaevaluation)(즉, 평가의 평가)**를 수행한다.** 평가는 결과가 효과적으로 사용되는 경우에만 성공적이다.

활용에 초점을 둔 평가는 개별적으로도 온전한 평가접근법이지만(Patton, 2008), 이 장에 제시된 다른 평가모형들 중 어떠한 모형도 보완해 주는 우수한 접근법이다. 다시 한 번, 사용되지 않는 평가는 조직에게는 거의 쓸모가 없다. 그러므로 U-FE에서 제공한 원리들을 고려하는 것이 현명하다.

효과적인 **활용에 초점을 둔 평가자**(utilization-focused evaluator)가 되기 위해서, 우리는 여러분이 인간수행공학, 리더십과 관리, 산업-조직 심리학, 조직개발, 조직 의사소통, 조직행동 강좌들을 수강하기를 권한다. 만약 여러분이 활용에 초점을 둔 평가자가 되면, 여러분이 기관에 입사하는 순간부터 시작해서, 사용을 지속적으로 촉진하는 것이 여러분의 업무가 될 것이다. 여러분은 조직의 상태를 바꾸도록 도와주어 조직의 상태가 여러분이 입사했을 때보다 퇴사할 때 더 나은 모습을 갖출 수 있도록 사용을 촉진하고자 할 것이다.

결론

평가는 ID에서 오랜 역사를 가지고 있다. 또한 평가는 (a) 모든 주요한 ID모형들의 일부이며, (b) 인간수행공학자들에게 요구되는 기능이고, (c) 프로그램과 생산물에 대한 가치판단을 할 수 있는 체계적인 절차를 제공하며, (d) 고용인과 기관의 수행을 증진할 수 있도록 도와줄 수 있기 때문에 중요하다. 몇몇 교수설계자들은 평가에서 전문화되도록 선발되며, 전임 프로그램 평가자들이 될 것이다. 전문분야로서의 평가에 대해 좀 더 알고 싶으면, 미국평가학회 웹사이트(http://www.eval.org/)를 참고하라.

핵심 원리 요약

1. 평가는 사물의 장점, 중요성, 가치를 결정하는 과정이자 그러한 과정의 결과물이다.
2. **형성**평가는 평가대상을 증진시키는 데 초점을 두며, **총합**평가는 평가대상의 전반적인 효과성, 유용성, 또는 중요성을 결정하는 데 초점을 둔다.
3. Rossi는 넓게 볼 때 평가는 요구사정, 이론사정, 실행사정, 영향력사정, 효율성사정을 포함할 수 있음을 보여준다.
4. Kirkpatrick은 훈련평가는 참여자들의 반응, 그들의(지식, 기능, 태도에 관한) 학습, 그들이 일터에 돌아왔을 때 학습의 사용, 그리고 비즈니스 결과들을 검토해야 함을 보여준다.
5. Brinkerhoff는 조직의 이익은 성공사례로부터의 학습과 그러한 사례들을 학습함으로써 획득한 지식을 적용함으로써 증대될 수 있음을 보여준다.
6. 연구결과들(findings)은 "정리하여 보관해 두는(filed away)" 것보다 사용하는 것이 더 중요하며, Patton은 구체적으로 평가사용을 산출하는 데 초점을 둔 평가모형을 개발했다.
7. 평가결과의 사용을 증대할 수 있는 한 가지 효과적인 방법은 평가과정에 고용인/이해관계자를 참여시키는 것이다.

응용 문제

1. 최근 연구에서 대부분의 회사들이 수준 1 평가를 수행하며, 많은 회사들이 수준 2 평가를 수행하는 것으로 나타났다. 그러나 기관들은 수준 3과 수준 4의 평가는 거의 수행하지 않는다. 회사들이 상위수준의 평가들을 거의 수행하지 않는 몇 가지 가능한 이유들을 기술하고, 여러분이 수준 3과 수준 4 평가의 사용을 증진시킬 수 있는 방법을 설명하라.
2. 여러분이 일해 온 최근의 ID나 수행공학 프로젝트를 확인하라. 만약 그러한 어떤 프로젝트도 하지 않았다면, 그러한 일을 한 사람을 면담하라. 여러분이 이 장에서 설명한 평가모형들 중 한 개 이상을 사용하여 해당 프로젝트를 어떻게 평가했는지(또는 평가할 것인지)를 기술하라.
3. 이 장에서 제시된 아이디어들을 사용하여, **여러분 자신의** 평가모형을 구축하라.

저자 정보

R. Burke Johnson은 연구방법론자이며, 사우스앨라바마대학교의 전문성연구학과(Department of Professional Studies) 교수다.

Walter Dick은 플로리다주립대학교의 교수체제학과(Department of Instructional Systems)의 명예교수(Emeritus Professor)다.

참고 문헌

Brinkerhoff, R. O.(2003). *The success case method: Find out quickly what' s working and what' s not.* San Francisco: Berrett-Koehler.

Brinkerhoff, R. O.(2005). Success case method. In S. Mathison, *Evaluation*(pp. 401-401). Thousand Oaks, CA: Sage.

Chen, H. T.(1990). *Theory-driven evaluation.* Newbury Park, CA: Sage.

Chen, H. T.(2005). *Practical program evaluation: Assessing and improving planning, implementation, and effectiveness.* Thousand Oaks, CA: Sage.

Christensen, L. B., Johnson, R. B., & Turner, L. A.(2010). *Research methods and design*(11th ed.). Boston: Allyn & Bacon.

Johnson, R. B.(1998). Toward a theoretical model of evaluation utilization. *Evaluation and Program Planning: An International Journal, 21*, 93-110.

Johnson, R. B., & Christensen, L. B.(2010) *Educational research: Quantitative, qualitative, and mixed approaches*(4th ed.). Los Angeles: Sage.

Kirkpatrick, D. L.(2006). *Evaluating training programs: The four levels.* San Francisco: Berrett-Koehler.

Patton, M. Q.(2008). *Utilization-focused evaluation: The new century text.* Thousand Oaks, CA:

Sage.

Rossi, P. H., Lipsey, M. W., & Freeman, H. E. M. W.(2004). *Evaluation: A systemic approach.* Thousand Oaks, CA: Sage.

Scriven, M.(1967). The methodology of evaluation. In R. W. Tyler, R. M. Gagné, & M. Scriven(Eds.) *Perspectives of curriculum evaluation*(pp. 39-83). Chicago: Rand McNally.

Scriven, M.(1980). *The logic of evaluation.* Inverness, CA: Edge Press.

Scriven, M.(1991). Beyond formative and summative evaluation. In M. W. McLaughlin & D. D. Phillips(Eds.), *Evaluation and education: At quarter century*(pp. 19-64). Chicago: University of Chicago Press.

Stufflebeam, D. L.(1971). *Educational evaluation and decision making.* Itasca, IL: F. E. Peacock.

Stufflebeam, D. L., Madaus, G. F., & Kellaghan, T.(2000). *Evaluation models: Viewpoints on educational and human services evaluation*(2nd ed.). Boston: Kluwer Academic.

Surry, D. W. & Stanfield, A. K.(2008). Performance technology. In M. K. Barbour & Orey(Eds.), The Foundations of Instructional Technology. Available at http://projects.coe. uga.edu/itFoundations/

제11장

투자대비회수율 소개

Jack J. Phillips (ROI Institute)
Patricia P. Phillips (ROI Institute)

"나에게 돈을 보여 달라." 이 말은 특히 비즈니스에서는 새로울 것이 없다. 모든 유형의 조직들은 자신들의 투자를 가치평가한다. 새로운 것은 조직들이 가치를 평가하기 위해 사용할 수 있는 방법이다. "나에게 돈을 보여 달라."는 가치(value)의 최종보고서가 될 수 있지만, 조직의 지도자들은 가치는 보는 사람에 따라 달라질 수 있음을 알고 있다. 따라서 돈을 보여주기 위해 사용된 방법은 또한 모든 이해관계자들에 의해 인식될 수 있는 가치를 보여주어야 한다.

가치의 변천

과거에, 프로그램, 프로젝트, 또는 과정이 성공하였는지는 활동, 즉 참여한 사람의 수, 지출한 돈, 완수하기 위해 걸린 기간에 의해 측정되었다. 이러한 활동들에 의해 도출된 이익(benefits)은 거의 고려되지 않았다. 오늘날 가치의 정의는 변하고 있다. 즉, 가치는 결과(results) 대 활동(activities)에 의해서 정의된다. 보다 더 흔히, 가치는 비용 대비 금전적인 이익으로 정의된다.

학습과 개발에서 수행증진에 이르기까지, 조직들은 이 장에서 기술될 총체적인 평가과정을 사용하여 가치를 보여주고 있다. 비록 이 방법론은 학습 및 개발과 함께 1970년대 초반에 사용되기 시작하였지만, 확장되어 오늘날에는 프로젝트의 투자가치를 보여주는 가장 총체적이고 광범위한 접근법이 되었다.

금전적인 가치의 중요성

금전적인 자원은 한계가 있다. 조직과 개인들은 이러한 자원들을 투자해야 할 곳에 대한 선택권들을 가지고 있다. 금전적인 자원이 가장 잘 사용될 수 있도록 하기 위해, 그것들은 최대의 회수(return)를 거둘 수 있는 프로그램, 과정, 프로젝트들에 할당되어야 한다.

예를 들어, 만약 학습프로그램이 효율성을 증진하기 위해 설계되었고 그러한 결과를 거두었다면, 그 프로그램은 성공적이었을 것이라고 가정할 수 있다. 그러나 만약 그 프로그램이 효율성을 거둠으로써 얻을 수 있는 가치보다 더 많은 비용을 지출하였다면, 그것은 조직에게 가치를 더해 주는가? 더 저렴한 과정이 긍정적인 투자대비회수율(return on investment: ROI)을 거둘 수 있는 비슷한 또는 훨씬 더 나은 결과들을 산출할 수 있는가? 주요한 프로그램들은 이와 같은 질문들을 정기적으로 물어야 한다. 활동(activity)은 더 이상 결과의 측정치로서는 충분하지 않을 것이다. 새로운 세대의 의사결정자들은 가치를 새로운 방식으로 정의하고 있다.

"나에게 보여 달라(show-me)" 세대

[그림 11.1]은 새로운 "나에게 보여 달라" 세대들의 요건들을 구체적으로 설명하고 있다. "나에게 보여 달라"는 이해관계자들이 프로그램이나 프로젝트의 가치를 설명하기 위해 실제 데이터(숫자와 측정치)를 보기를 원함을 의미한다. 종종 학습과 개발, 가치 간에 연관성이 있다고 가정되지만, 그러한 가정은 곧 실제적인 연관성을 보여주고자 하는 욕구에 꺾이게 된다. 그러므로 "나에게 실제 돈을 보여 달라(show me the real money)"는 신뢰도(credibility)를 구축하기 위한 시도다. 이것은 "모든 금전적인 이익들이 프로젝트에 연계되어 있는가?"라는 답해지지 않은 질문에 답하는 것이다. 이 질문은 새로운 보여 달라 세대에서 "나에게 실제 돈을 보여주고, 그것이 훌륭한 투자라는 것을 믿게 해 달라."로 바뀌어 가고 있다. 이것은 프로젝트의 비용과의 비교를 요구한다.

가치의 새로운 정의

가치에 관한 관점의 변화와 조직들에서 일어나고 있는 엄청난 변천들 모두가 가치에 관한 새로운 정의를 초래해 왔다. 가치는 하나의 수치로 정의되지 않는다. 오히려 가치의 정의는 다양한 자료(data)로 구성되어 있다. 가치는 양적 자료와 질적 자료뿐만 아니라 재정적 관점과 비재정적 관점과 균형을 이루어야 한다. 자료는 때때로 활동과 같은 전술적인 문제들뿐만 아니라 ROI와 같은 전략적인 문제들을 초래한다. 가치는 상이한 시간구조를 사용하여 도

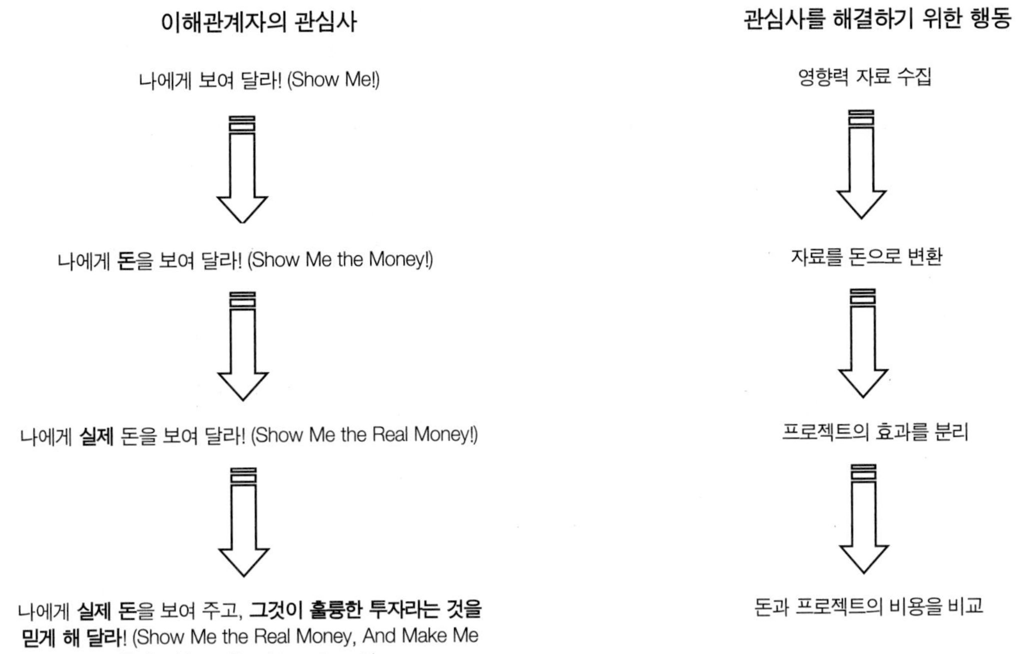

[그림 11.1] 이해관계자의 관심사들과 그것들을 해결하기 위한 행동들

출되어야 하지만, 반드시 시간상의 한 지점을 나타내지는 않는다. 가치는 이해관계자들에게 중요한 가치체계를 반영해야 한다. 가치를 구성하고 있는 자료는 신뢰할 만한 출처로부터, 비용효과적인 방법을 사용하여 수집되어야 한다. 그리고 가치는 개인들이 조절하고 변화하도록 하는, 행동지향적인 것이어야 한다.

가치를 계산하기 위해 사용되는 과정들은 프로젝트마다 일관성이 있어야 한다. 표준이 설정되어 있어서 결과들이 비교될 수 있어야 한다. 이러한 표준들은 의사결정자들에게 가정을 남겨놓는 보수적인 산출물을 지원해야 한다. 이 장에서 제시한 ROI방법론(Phillips & Phillips, 2007)은 이러한 기준들 모두를 충족한다. 그것은 가치에 관한 새로운 정의 속에 담겨있는 문제들을 나타내는 여섯 가지 유형의 자료들을 획득한다.

자료의 수준

ROI방법론의 풍부성은 특정 프로젝트를 실행하는 동안 점검되는 자료의 유형으로부터 도출된다. 이 자료들은 수준별로 범주화된다. [그림 11.2]는 자료의 수준을 보여주고 자료 측정의 초점을 기술하고 있다. 각 수준에서 수집되고 분석된 자료는 참여자들, 촉진자들, 프로젝트 관리자들, 프로그램 개발자들, 관리자들, 고위집행자들, 행정가들을 포함하여 모든 이해관계자들에게 중요한 정보를 제공한다.

수준 0: 보유 자료

수준 0은 프로젝트에 투입되는 보유 자료(input)를 나타내며, 사람수와 시간량, 초점, 프로젝트의 비용을 상술한다. 이 자료는 프로젝트의 기여가 아닌 프로젝트를 위한 활동을 나타낸다. 수준 0 자료는 노력의 범위, 위임의 정도, 그리고 특정 프로젝트나 프로그램을 위한

수준	측정의 초점	전형적인 측정치
0: 보유 자료와 지표	프로젝트의 범위를 나타내고, 지표를 포함하며, 프로젝트에 투입되는 보유 자료	• 프로젝트의 유형 • 프로젝트의 수 • 사람 수 • 참여 시간 • 프로젝트의 비용
1: 반응과 인식된 가치	프로젝트의 인식된 가치를 포함한 프로젝트에 대한 반응	• 관련성 • 중요도 • 유용성 • 적절성 • 공정성
2: 학습과 자신감	프로젝트, 콘텐츠, 자료, 시스템을 사용하기 위한 학습; 학습한 것을 사용하기 위한 자신감 획득	• 기능 • 지식 • 능력 • 역량 • 자신감 • 접촉
3. 적용과 실행	작업 환경에서의 프로젝트 콘텐츠, 자료, 시스템의 사용; 실행에 따른 진보	• 사용의 정도 • 과제 완성도 • 사용 빈도 • 완수된 행동들 • 성공적인 사용 • 사용 시 장애물 • 사용 시 가능변인
4: 영향력과 결과	비즈니스의 영향력 척도로 표현된, 프로젝트 콘텐츠, 자료, 시스템의 사용 결과	• 생산성 • 세입 • 질 • 시간 • 효율성 • 고객 만족도 • 고용인 참여
5: ROI	프로젝트의 금전적인 이익과 프로젝트의 비용 비교	• 편익비용비율(BCR) • ROI(%) • 원금회수 기간

[그림 11.2] 자료수준

지원을 나타낸다. 이러한 자료는 (벤치마킹 자료의 사용에 있어서와 같이) 한 조직의 활동을 다른 조직의 활동과 비교할 때 유용하지만, 그러한 자료는 해당 조직이 비용을 고려해 볼 때 가치를 창출하고 있음을 나타내는 증거는 아니다.

수준 1: 반응과 인식된 가치

반응(reaction)과 인식된 가치(perceived value)(수준 1)는 프로젝트 가치의 연속선의 시작을 표시한다. 반응자료는 프로젝트에 참여한 참가자들과 다른 이해관계자들이 호의적 또는 비호의적으로 반응한 정도를 나타낸다. 핵심은 유용성, 관련성, 중요도, 적절성과 같은 문제들에 초점을 둔, 프로젝트의 콘텐츠를 반영하는 측정치를 도출하는 것이다. 이 수준에서의 자료는 프로젝트의 성공이 달성가능할 것이라는 첫 번째 신호를 제공한다. 이 자료는 또한 프로젝트 지도자들에게 긍정적인 결과를 확보하기 위해 실행 시 조절할 필요가 있는 정보를 제공한다.

수준 2: 학습과 자신감

수준 2는 학습(learning)과 자신감(confidence)이다. 모든 과정, 프로그램, 또는 프로젝트는 학습요소를 가지고 있다. 새로운 테크놀로지를 위한 프로젝트들과 같이, 몇몇의 새로운 시스템, 새로운 역량, 새로운 과정들의 경우, 이러한 요소는 중요하다. 새로운 정책이나 절차와 같이 다른 경우, 학습은 그 과정의 조그마한 부분일 수 있지만, 여전히 성공적인 실행을 보장하기 위해서는 필수적이다. 둘 중 어느 사례에서나, 학습을 측정하는 것은 성공을 위해서 필수적이다. 이 수준에서의 측정치는 기능, 지식, 능력, 역량, 자신감, 네트워크화된 접촉(contacts)에 초점을 둔다.

수준 3: 적용과 실행

적용(application)과 실행(implementation)(수준 3)은 프로젝트나 프로그램이 적절하게 적용되고 실행되는 정도를 측정한다. 효과적인 실행은 만약 영향력 가치가 목적이라면 필수적이다. 이것은 가장 중요한 자료범주들 중 하나다. 대부분의 실행 실패는 이 수준에서 발생한다. 프로그램 평가와 다른 연구는 프로젝트를 실행하기 위해 습득된 지식의 약 절반 정도가 실제로 적용되었음을 보여준다. 수준 3에서, 자료수집은 정보활용, 과제달성, 기능사용 빈도, 지식의 성공적인 사용, 완수된 행동들의 정도를 측정하는 것을 수반한다. 자료수집은 또한 성공적인 적용을 하는 데 있어서의 장애물과 가능변인들을 점검하는 것을 필요로 한다. 자료는 시스템이 지식, 기능, 태도 변화의 성공적인 전이를 얼마나 잘 지원해 주는가에 관한 상황을 제공한다.

수준 4: 영향력과 결과

영향력(impact)과 결과(consequences)(수준 4)는 프로젝트의 비즈니스 결과를 이해하는 데 중요하다. 이 수준에서 수집된 자료는 프로젝트와 연계된 생산성, 세입, 질, 시간, 비용, 효율성, 고객의 만족도 수준이다. 이러한 유형의 자료는 일반적으로 후원자와 다른 집행자들의 관심을 끈다. 몇몇 이해관계자들의 경우, 이 수준의 자료수집은 프로젝트가 존재하는 궁극적인 이유, 즉 조직 내의 다양한 집단과 시스템에 긍정적인 비즈니스 영향력을 갖는 것을 반영한다. 이 수준의 자료 없이, 프로젝트는 종종 그 조직에게는 성공적이지 못한 것 또는 어떠한 가치도 기여하지 못한 것으로 인식된다. 일단 이 수준의 측정치가 달성되면, 구체적인 측정치에서의 프로젝트의 효과를 분리해 낼 필요가 있다. 이 단계는 프로젝트와 비즈니스 측정치 간에 연계가 분명하지 않음을 보여준다. 이 단계가 없다면, 보고된 결과를 타당화하는 양자 간에 연계가 지어지지 않는다.

수준 5: 투자대비회수율(ROI)

다음으로, ROI(수준 5)가 계산된다. 이 단계는 프로젝트의 비용과 비교한 영향력 측정치의 금전적인 이익을 보여준다. 이 가치는 일반적으로 편익비용비율(benefit-cost ratio: BCR), 즉 퍼센티지로서의 ROI나 원금회수 기간(payback period) 중 하나로 진술된다. 이 측정 수준은 두 가지의 중요한 단계를 필요로 한다. 첫째, 영향력 자료(수준 4)가 금전적인 가치로 변환되어야 한다. 둘째, 프로젝트의 전체비용이 산출되어야 한다.

무형의 이익

때때로 영향력(수준 4) 측정치는 금전적인 가치로 변환되어서도 안 되며, 또한 변환될 수도 없다. 이 여섯 번째 유형의 자료—여섯 번째 수준의 결과는 아님—는 무형의 이익(intangible benefit)이다. 다섯 가지 수준의 결과에 어떤 무형의 이익(최소한의 자원으로 신뢰롭게 변환될 수 없기 때문에 명확하게 금전적인 가치로 변환되지 않은 영향력 자료)이 합해져서 완전한 프로젝트의 성공스토리를 보고해 준다.

ROI과정모형

일단 어떤 프로젝트가 구체적인 목표에 기초하여 전개되면, 많은 프로젝트 지도자들에게 있어 다음 도전은 그것의 성공을 평가하는 것이다. 이것을 달성하기 위해, 프로젝트가 실행됨에 따라 발생하는 일련의 영향력과 더불어 다양한 자료가 수집된다. [그림 11.3]은 다섯 가지 수준의 결과들에 따라 범주화된 자료들을 도출하는 열 개의 순차적 단계들을 보여준다. 프로젝트의 요구를 정의하기 위해 적절한 분석이 수행되었다고 가정할 때, ROI방법론의 첫 번째 단계는 계획단계다. 그 다음에, 모형은 자료수집, 자료분석, 보고의 순으로 이동한다. 다음 절들은 그 방법론에 관한 개요를 보여준다.

평가계획

ROI방법론의 첫 번째 단계는 평가계획(evaluation planning)이다. 이 단계는 목표의 명료화와 평가 프로젝트 계획의 개발로 시작한다. 이 계획들은 자료수집계획, ROI분석계획, 프로젝트계획을 포함한다.

목표들. 초기분석을 통해 도출된 프로젝트 목표들은 참가자들과 다른 이해관계자들에게 프로젝트를 성공적으로 달성하기 위해 필요한 방향을 제공해 준다. 앞에서 설명한 바와 같이, 이러한 목표들은 초기분석과 동일한 다섯 가지 수준들뿐만 아니라 다섯 가지 수준의 결과들에 따라 정의된다. 프로젝트 목표들은 다음과 같은 것을 포함한다.

- 반응목표(수준 1)
- 학습목표(수준 2)
- 적용목표(수준 3)
- 영향력목표(수준 4)
- ROI목표(수준 5)

구체적인 목표들은 프로젝트가 달성해야 할 것에서 이해하기 어려운 부분을 없애준다. 그것들은 또한 평가기간 동안 질문될 문제들을 위한 기초로서 사용된다. 초기분석은 지식, 기능, 또는 정보요구(수준 2)만을 반영할 수도 있다. 요구가 이 수준에서만 정의될 때, 프로젝트 목표들은 여기에서 멈춰버려, 보다 높은 수준의 평가를 이끌기 위해 요구되는 적용과 영향력목표들을 배제한다. 만약 적용과 영향력목표들이 프로젝트의 설계 이전에 개발되지 않았다면, 그것들은 업무 재직자들, 분석가들, 프로젝트 개발자들, 교과전문가들, 촉진자들, 현업팀 지도자들과 같은 집단들로부터의 정보를 사용하여 평가 이전에 개발되어야 한다.

평가목적이 명료화된 후에, 평가프로젝트의 실행가능성이 결정되고, 프로젝트의 목표들이 정의된 후, 평가계획들의 개발이 시작된다. 이 계획들은 자료수집계획, ROI분석계획, 평가프로젝트 계획을 포함한다.

자료수집계획. 개발되어야 할 첫 번째 평가계획 문서는 자료수집계획인데, 이것은 (여기에서는 그림으로 제시하지 않았지만) 여러 칼럼으로 된 표를 사용하여 개발될 수 있다. 목표와

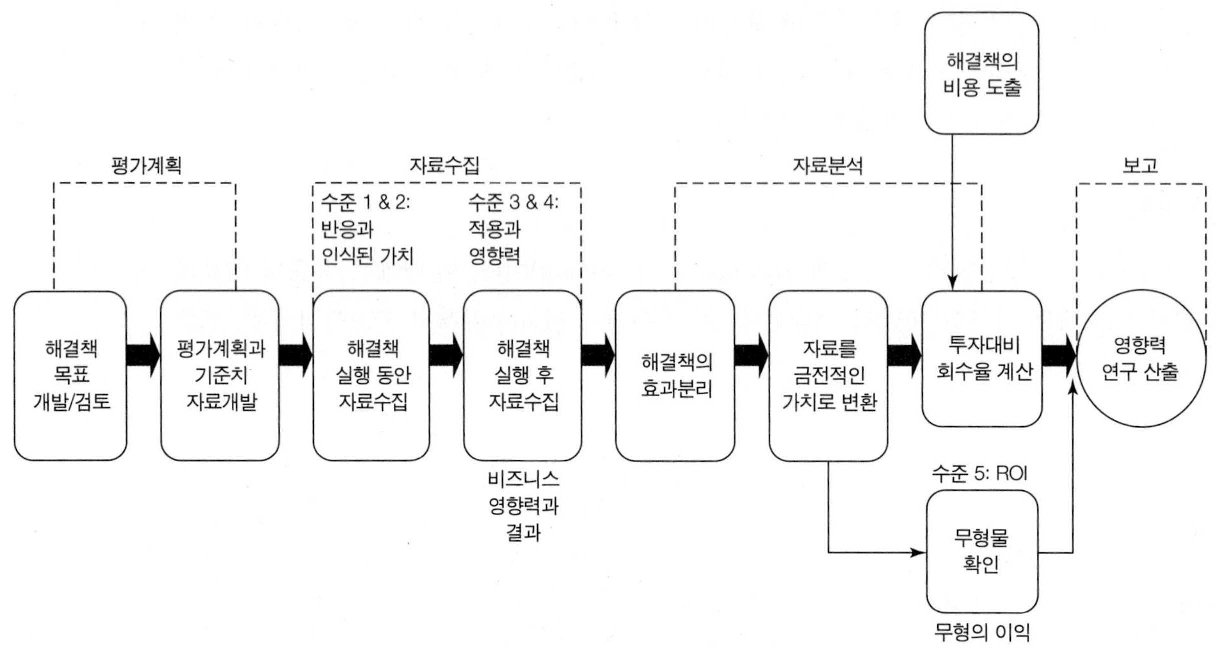

[그림 11.3] ROI과정모형

측정치 칼럼들은 각 목표에 대한 구체적인 측정치를 정의한다. 방법/도구 칼럼에 기재하는 사항들은 자료를 수집하기 위해 사용된 기법을 기술한다. 자료의 출처는 출처 칼럼에서 확인할 수 있다. 측정시간(timing) 칼럼은 자료가 수집된 시점을 나타내며, 책임 칼럼은 누가 자료를 수집한 것인지를 보여준다.

ROI분석계획. 또한 표 형태([그림 11.4] 참조)로 개발되어야 하는 ROI분석계획(ROI analysis plan)은 실제 ROI를 계산하기 위해 필요한 핵심항목들에 관한 정보를 담고 있다. 첫 번째 칼럼은 수준 4 영향력 자료항목들을 열거한다. 몇몇 사례들에서, 이 칼럼은 수준 3 항목들을 포함할 수도 있다. 두 번째 칼럼은 각 측정치에서 프로젝트의 효과를 분리해 내기 위한 기법들을 열거한다. 방법은 첫 번째 칼럼에 열거된 각 측정치를 확인한다. 자료를 금전적인 가치들로 변환하는 방법은 세 번째 칼럼에 포함된다. 어떤 측정치가 돈으로 변환되지 않을 때, 이 칼럼은 빈 칸으로 남겨지게 되며, 그 측정치는 무형의 이익으로 보고될 것이다. 비용범주 칼럼은 프로젝트의 비용을 포함한다. 일반적으로, 비용범주는 프로젝트마다 일관성이 있어야 한다. 무형의 이익 칼럼은 명확하게 돈으로 변환되지 않을(그러나 프로젝트로부터 분리될) 첫 번째 칼럼으로부터의 측정치를 포함한다. 이 칼럼은 후원자들, 프로그램 소유자들, 그리고 평가팀이 증진된 것으로 밝혀졌지만 돈으로 변환될 수 없는 그 외 측정치들을 포함할 것이다. 의사소통대상은 여섯 번째 칼럼에 표시된다. 마지막으로, 프로

프로그램: ________________ **책임:** ________________ **날짜:** ________________

영향력 자료항목	효과분리 방법	자료변환 방법	비용범주	무형의 이익	의사소통 대상	그 외 이익들	비고

[그림 11.4] ROI분석계획

그램 실행과 그것의 산출에 영향을 미칠 수 있는 그 외 문제들이나 사태들은 일곱 번째 칼럼에서 강조된다.

프로젝트계획. 평가계획단계 동안 개발된 마지막 계획은 프로젝트계획(project plan)이다. 프로젝트계획은 계획단계에서부터 결과를 최종적으로 전달하는 것까지의 프로젝트의 스케줄(timeline)을 보여준다. 그것은 또한 기간, 대상독자, 참가자 수와 같은 프로젝트에 관한 기술(description)과 간략한 상세정보를 포함할 수도 있다.

종합적으로, 자료수집계획, ROI분석계획, 프로젝트계획은 ROI영향력 연구를 위해 필요한 방향을 제공한다. 평가와 관련한 대부분의 결정은 이러한 계획도구들이 개발됨에 따라 행해진다. 계획은 시간을 줄이고 평가가 일어날 때 자원을 관리할 수 있도록 도와준다. 의도적인 계획을 가지고 있으면, 프로젝트는 방법론적, 체계적인 과정이 된다.

자료수집

자료수집(data collection)은 ROI방법론에서 핵심이다. 각 수준에서의 결과측정치를 얻을 수 있는 것은 바로 자료수집과정을 통해서다. 자료는 두 가지의 상이한 시간 동안, 즉 프로젝트 실행 동안과 프로젝트 실행 후에 수집된다.

프로젝트 실행 동안. 프로젝트를 실행하는 동안, 자료는 수준 1과 2(반응과 학습)에서의 결과를 보고하기 위해 수집된다. 이 자료들은 향후 실행을 위해 조절하기 위해, 또한 프로젝트가 실행될 때 잠재적인 산출물들을 예측하기 위해, 초기에 수집된다. 만약 수준 1과 2의 결과에 기초하여 조절이 필요한 것으로 나타난다면, 프로젝트를 성공적으로 실행하기 위해 그러한 조절들을 즉각적으로 행하는 것이 중요하다.

반응과 학습자료는 다음에 열거하는 가장 일반적인 것들을 포함하여, 다양한 기법들을 사용하여 수집된다.

- 조사
- 질문지
- 검사
- 관찰

프로젝트 실행 후. 프로젝트 실행 동안에 수집된 자료도 중요하지만, 실화(real story)는 참가자들이 프로젝트를 성공적으로 만들기 위해 행해야 할 것이라고 가정했던 것을 행할 때 일어난다. 측정치는 참가자들이 처음에 프로젝트에 참가할 때 계획했던 대로 지식, 기능, 정보가 적용되었음을 확인하기 위해 프로젝트 실행 후에 수집된다. 자료는 또한 프로젝트가 비즈니스에 끼친 영향력을 보여주기 위해 수집된다. 영향력 자료는 고정자료(hard data: 예컨데 산출물, 질, 비용, 시간)와 유동자료(soft data: 예컨데 직무만족도와 고객만족도) 둘 다를 포함한다. 프로젝트를 실행한 후의 자료는 다음과 같은 방법들을 사용하여 수집된다.

- 조사
- 질문지
- 관찰
- 인터뷰
- 초점집단(focus groups)
- 실행계획(action planning)
- 수행계약(performance contracts)
- 비즈니스 수행 모니터링

자료를 수집하는 데 있어 어려운 점으로는 자료수집을 위해 가장 적합한 측정치를 선정하고, 가장 믿을 만한 출처를 확인하며, 실행 후에 적정 기간 동안 자료를 수집하는 것 등을 들 수 있다.

자료분석

자료분석(data analysis) 동안, 프로젝트의 결과들이 드러나기 시작한다. 분석은 적합한 통계

기법들을 포함하지만, 프로젝트의 효과를 분리하기 시작하면서, 비즈니스 영향력과 ROI 결과를 도출하기 위해 핵심적인 단계들을 거쳐야 한다.

프로젝트의 효과분리. 평가에서 흔히 간과되는 문제는 증진에 관한 특정 측정치에서 프로젝트의 효과를 분리하는 과정이다. 이 단계는 필수적인데, 그 이유는 많은 요인들이 수행자료에 영향을 미치기 때문이다. 이 단계의 구체적인 전략들은 프로젝트와 직접적으로 관련된 증진의 양을 정확하게 지적하는 것인데, 이는 ROI를 계산하는 데 있어 정확도와 신뢰도를 증진한다. 다음은 이러한 중요한 문제를 해결하기 위해 기관들에 의해 사용되어 온 기법들이다.

- 통제집단
- 추세선분석
- 예측모형
- 참가자추정
- 관리자추정
- 고위관리자추정
- 전문가정보
- 고객정보

몇몇 도구들은 다른 것들보다 더 신뢰로운 것으로 인식될 수 있지만, 비즈니스 영향력 결과를 보고할 때는 언제든지 최소한 하나의 접근법을 선택하는 것이 중요하다. 이 단계가 없으면, 평가자와 프로젝트 소유자는 가장 중요한 질문, 즉 "여러분은 여러분의 프로젝트가 그러한 결과를 초래했다는 것을 어떻게 알 수 있는가"에 답할 수 없을 것이다.

자료변환. 투자대비회수율(ROI)을 계산하기 위해서는 수준 4(영향력) 자료가 금전적인 가치로 변환되고 프로젝트 비용과 비교되어야 한다. 자료변환(data conversion)은 프로젝트에 연계된 각 자료의 단위에 가치를 부여할 것을 요구한다. 이러한 과정을 달성하기 위해 많은 기법들이 사용될 수 있다. 선택된 구체적인 방법은 자료의 유형과 상황에 따라 다르다. 자료변환을 위한 기법들로는 다음과 같은 것들이 포함된다.

- 표준화된 가치 사용
- 산출물 자료
- 질(quality)의 비용
- 임금과 고용인 이익으로 변환된, 절약된 시간

- 역사적인 비용(historical costs) 분석
- 내 · 외부 전문가 활용
- 외부 DB 활용
- 참가자 추정치 활용
- 관리자 추정치 활용
- 고정측정치에 수학적으로 연계된 유동측정치

프로젝트에 대한 ROI가 보고된다면, 자료변환은 필수적이다. 그 과정은 특히 유동자료인 경우 어렵지만, 이러한 전략들 중 한두 가지 이상을 사용하여 방법론적으로 완수될 수 있다.

프로젝트 비용. ROI등식에서 또 하나의 필요한 부분이 모든 프로젝트 비용을 계산하는 것이다. 포함되어야 할 비용 항목들은 다음과 같다.

- 초기분석비용
- 프로젝트 설계 · 개발비용
- 모든 프로젝트의 자료비용
- 프로젝트팀을 위한 비용
- 프로젝트를 위한 시설비용
- 참가자들과 팀 구성원들을 위한 여행, 숙박, 식사비용
- 참가자임금(고용인 혜택을 포함하여)
- 약간 임의적인 방식으로 할당된, 행정 · 경상비용
- 평가비용

보수적인 접근법은 이 모든 비용들을 포함하여 합계가 온전히 산출되도록 하는 것이다.

투자대비회수율 계산. ROI는 프로젝트의 이익과 비용을 사용하여 계산된다. 편익비용비율(BCR)은 프로젝트의 이윤을 프로젝트의 비용으로 나눈 것을 나타낸다. 공식 형태로 제시하면, 다음과 같다.

$$\text{BCR} = \frac{\text{프로젝트의 이익}}{\text{프로젝트의 비용}}$$

ROI는 순이익을 프로젝트의 비용으로 나눈 것에 기초하며, %로 보고된다. 순이익은 프로젝트의 이익에서 프로젝트의 비용을 빼면 계산된다. 공식 형태로 제시하면, ROI는 다음과

같이 계산된다.

$$\text{ROI} = \frac{\text{프로젝트의 순이익}}{\text{프로젝트의 비용}} \times 100$$

이것은 다른 투자를 평가하는 데 사용되는 공식과 동일한 기본공식이며, ROI는 전통적으로 이윤을 투자로 나눈 것으로 보고된다.

무형의 이익. 대부분의 프로젝트에서는 금전적인 이익뿐만 아니라 무형의 이익(돈으로 명확하게 변환되지 않는 이익)도 확인된다. 일반적으로 무형의 이익이라고 보고되는 프로젝트의 이익은 다음과 같다.

- 증가된 고용인 참여
- 증진된 상품
- 증가된 조직수행
- 신장된 이미지
- 증진된 팀워크
- 신장된 명성
- 증진된 고객서비스
- 신장된 의사소통
- 증진된 협조
- 증가된 업무/삶 균형
- 더 적은 불만
- 줄어든 갈등

자료분석 동안, 모든 자료를 금전적인 가치로 변환하기 위한 시도들이 행해진다. 산출물, 질, 시간과 같은 모든 고정자료는 금전적인 가치로 변환된다. 각각의 유동자료 항목도 변환하고자 시도된다. 그러나 만약 변환을 위해 사용된 과정이 너무 주관적이거나 부정확하고, 그 결과로 도출된 가치가 그 과정에서 신뢰도를 잃어버린다면, 그 자료는 적절한 설명과 함께 무형의 이익으로 열거된다. 몇몇 프로젝트의 경우, 무형의 이익은 매우 값어치 있어서 고정자료 항목들만큼이나 영향력을 가지고 있다.

보고

ROI과정모형에서 마지막 국면이자 단계는 결과를 보고하는 것이다. 이 단계는 영향력 연구와 다른 간략한 보고서를 위해 적절한 정보를 개발하는 것을 필요로 한다. 이 단계의 핵심에는 고위집행자들을 포함하여 매우 다양한 대상청중들(target audiences)과 의사소통하기 위해 사용되는 상이한 기법들이 있다. 대부분의 ROI연구에서, 몇몇 청중들은 정보에 관심이 있으며, 정보를 요구한다. 메시지가 이해되고 적절한 행동들이 행해지도록 하기 위해서는 의사소통방법을 청중들에게 적합하도록 주의 깊게 계획해야 한다.

운영표준과 철학

영향력 연구의 일관성과 반복을 보장하기 위해서는 과정모형을 적용할 때 운영표준(operating standards)이 개발되고 적용되어야 한다. 연구결과들은 그것 자체로서 온전해야 하며, 연구를 수행하는 사람에 따라 달라져서는 안 된다. 운영표준은 그 과정의 각 단계와 문제가 어떻게 다루어질 것인지를 상세하게 기술한다. [그림 11.5]는 운영표준의 기초를 형성하는 12개의 규준 원리들을 보여준다. 이 규준 원리들은 각 단계를 일관성 있게 다룰 수 있도록 해줄 뿐만 아니라 분석에 대해 훨씬 더 많이 요구하는 보수적인 접근법을 제공해 준다. 보수적인 접근법은 실제 ROI 계산을 더 좋지 않게 할 수도 있지만, 대상청중에게 신뢰성을 구축하며, 그 결과 실행을 위해 받아들여질 가능성이 높아진다.

1. 상위수준의 평가를 할 때, 하위수준에 있는 자료를 수집하라.
2. 상위수준의 평가를 계획할 때, 이전수준의 평가를 포괄적으로 할 필요는 없다.
3. 자료를 수집하고 분석할 때, 가장 믿을만한 출처의 자료만을 사용하라.
4. 자료를 분석할 때, 계산을 위해 가장 보수적인 대안을 선택하라.
5. 프로젝트의 효과를 분리하기 위해 최소한 한 가지 방법을 사용하라.
6. 전집을 대표하여 또는 특정 출처로부터 어떠한 증진자료도 이용할 수 없다면, 어떠한 증진도 일어나지 않았다고 가정하라.
7. 잠재적인 추정의 오류를 위해 증진의 추정치를 조정하라.
8. ROI를 계산할 때 극단자료항목과 지지되지 않는 주장을 사용하는 것을 피하라.
9. 단기해결책의 ROI분석에서 첫 년도 연간이익만을 사용하라.
10. ROI를 분석할 때, 해결책, 프로젝트, 또는 프로그램의 모든 비용을 온전히 산출하라.
11. 무형의 측정치는 명확하게 금전적인 가치로 변환되지 않는 측정치로서 정의된다.
12. ROI 방법론의 결과들을 모든 핵심이해관계자들과 의사소통하라.

[그림 11.5] 12개의 규준적인 ROI원리들

실행과 지속성

다양한 환경적 · 조직적 문제들과 사태들이 ROI 과정의 성공적인 실행에 영향을 미친다. 이러한 문제들은 성공을 보장하기 위해 초기에 해결되어야 한다. 구체적인 주제나 행동들에는 다음과 같은 것들이 포함된다.

- 결과기반(results-based) 프로젝트에 관한 정책보고서
- 평가과정의 다른 요소들과 기법들을 위한 절차와 지침들
- ROI과정에서 직원의 기능을 개발하기 위한 공식적인 학습 시간
- ROI과정에 대한 관리책임과 지원을 증진하기 위한 전략들
- 질문지 설계, 자료분석, 평가전략을 위한 기술적인 지원을 제공하기 위한 메커니즘
- 결과에 더 많은 주의를 기울이게 하는 구체적인 기법들

ROI과정은 이러한 실행문제들로 인해 실패하거나 성공할 수 있다. ROI사용을 실행하고 지속하는 것뿐만 아니라, 그 과정은 정기적으로 검토되어야 한다. 그 과정은 가치를 더하고 있는 정도를 결정하기 위해 1년에 1회씩 검토하는 것이 권장된다. 이 마지막 요소는 그 과정에 대한 만족도를 점검하고 그것이 얼마나 잘 이해되고 적용되었는지를 결정하는 것을 수반한다. 이 검토는 ROI과정을 사용하는 것에 관한 투자대비회수율을 결정하기 위해 이 장에서 기술된 과정을 따른다.

ROI를 사용함으로써 얻는 이익

이 장에서 제시된 방법론은 지난 10여 년간 수천 개의 조직들에서 지속적 · 정기적으로 사용되어 왔다. 그것은 몇몇 회사들에서 더 두드러지게 사용되었다. 이 방법론의 성공과 그것이 조직에 가져다줄 수 있는 것에 대하여 많은 것을 알게 되었다.

비즈니스와 정합

ROI방법론은 다음과 같은 세 가지 단계들을 준수함으로써 비즈니스와의 정합(alignment)을 보장한다. 첫째, 심지어 프로젝트가 계획되기 전에, 그 방법론은 정합이 최우선적으로, 즉 프로젝트가 적절한 해결책으로서 타당화되는 시점에 이루어짐을 보장한다. 둘째, 영향력 수준에서 구체적이고 명확하게 정의된 목표들을 요구함으로써, 프로젝트는 궁극적인 산출물에 초점을 두는데, 그것은 본질적으로 비즈니스 측정치를 그것의 설계, 전달, 실행을 따라가도록 한다. 셋째, 추수자료에서, 비즈니스 측정치들이 변화되거나 증진될 수 있을 때, 그 자료에서 프로젝트의 효과를 분리하기 위한 방법이 사용되는데, 그것은 궁극적으로 그 비즈니

스 측정치에 대한 연계(즉, 프로젝트에 직접적으로 연계된 증진의 양을 보여주고 그것에 비즈니스 정합이 있다는 것을 보장함)를 제공한다.

과정 증진

ROI는 설계와 실천측면에서 볼 때 과정증진도구다. 자료는 일들이 어떻게 작동되는지 또는 작동되지 않는지를 평가하기 위해 수집된다. 프로젝트가 기대하는 대로 진행되지 않을 때, 자료는 해당 프로젝트를 성공적으로 만들기 위해 변경해야 할 것을 지적하기 위해 이용할 수 있다. 일들이 잘 진행되고 있을 때, 자료는 그것들을 더 잘 하기 위해서 어떤 다른 것을 행할 수 있는지를 보여주기 위해 이용할 수도 있다. 프로젝트를 수행해 감에 따라, 그 결과들이 수집되고 증진을 위한 구체적인 행동을 위해 다양한 이해관계자들에게 피드백이 제공된다. 이러한 변화는 그 과정이 진행되는 동안 측정되는 결과들을 증진시킬 수 있도록 프로젝트를 이끌어 준다. 이러한 지속적인 피드백 사이클은 과정을 증진시키는 데 있어 매우 중요하며, ROI방법론에 내재되어 있다.

이미지 신장과 존경심 형성

많은 직능들, 그리고 심지어 전체 전문직들이 기대하는 것을 전달할 수 없다는 것 때문에 비판을 받는다. 이 경우, 그들의 이미지는 상처를 받는다. ROI방법론은 어떤 직능이나 전문직이 필요로 하는 존경심을 확립할 수 있도록 도와주는 한 가지 방법이다. 그 방법론은 단지 공격을 받고 있는 직능뿐만 아니라 어떠한 직능에서도 변화를 가져올 수 있다. 많은 집행자들이 주요한 프로젝트와 프로그램의 가치를 보여주기 위해 ROI를 사용해 왔는데, 아마도 그로 인해 활동에 기초한 프로젝트에서 믿을 만한 가치를 부여하는 프로젝트에 이르기까지 프로젝트에 대한 인식이 바뀌어 가는 것 같다. 핵심가치를 보여주면, 프로젝트나 프로그램에 대한 이미지가 더 좋아지고 존경심도 증진된다.

지원 증진

프로젝트를 위한 지원을 보장받는 것은 특히 중간관리자 수준에서는 매우 중요하다. 많은 프로젝트들은 프로젝트를 실행가능하도록 하기 위해 자원을 할당하는 최고위수준의 관리자들의 지원을 받는다. 불행하게도, 몇몇 중간관리자들은 가치를 자신들이 인지하고 이해할 수 있는 관점에서 보지 못하기 때문에 어떤 노력을 지원하지 않을 수도 있다. 프로젝트나 프로그램이 관리자의 비즈니스 목적들과 목표들과 얼마나 연계되어 있는지를 보여주는 방법론을 사용하면 지원이 증가할 수 있다. 중간관리자들은 어떤 프로젝트가 구체적인 수행지표나 부서목적들을 달성하는 데 도움이 될 것이라는 것을 이해할 때, 통상적으로 그 과정을 지원하며, 또는 최소한 그 과정을 덜 반대할 것이다. 이러한 점에서, ROI방법론은 관리자의 지원을 실제로 증진시킬 수 있을 것이다.

예산 정당화 또는 확충

몇몇 조직들은 계획된 예산을 지원하고 기존의 예산을 정당화하기 위해 ROI방법론을 사용해 왔다. 그 방법론은 특정 프로젝트에서 기대되거나 달성된 금전적인 가치들을 보여주기 때문에, 그 자료는 흔히 예산요청을 확충할 수 있다. 특정 직능에 예산이 배정될 때, 그 예산액은 흔히 그 직능에 부여되는 가치와 정비례한다. 만약 기여도를 뒷받침해 주는 믿을 만한 자료가 거의 또는 전혀 없으면, 그 예산은 흔히 축소되거나 적어도 확충되지는 않는다. 조직들은 전년도 동안 추진해 온 ROI프로젝트들에 기초해 볼 때, 전체 직능에서 상당한 예산증대가 있었다고 보고했다.

핵심 경영진과의 파트너십 구축

거의 모든 직능은 그 조직에서 경영진 및 핵심 관리자들과 파트너가 되고자 노력한다. 불행하게도, 몇몇 관리자들은 파트너가 되기를 원치 않을 수도 있다. 그들은 자신들이 성공하는데 도움이 되지 않는 관계에 시간과 노력을 낭비하는 것을 원치 않을 수도 있다. 그들은 자신들에게 의미 있는 방식으로 가치를 더해주고 도와줄 수 있는 집단과 개인들과만 파트너가 되기를 원한다. 프로젝트의 결과를 의사소통할 수 있는 능력은 이러한 관리자들과의 강력한 파트너십을 구축할 수 있는 개연성을 높여준다.

결론

이 장에서는 어떤 직능이 “돈을 보여주어야 할” 때 활용할 수 있는 전반적인 접근법을 제시한다. 이 장은 ROI방법론, 표준, 그리고 ROI가 어떻게 작동하는지를 이해하기 위해서 필요한 다양한 개념들에서의 여러 요소들과 단계들을 설명하였다. 이 방법론을 사용함으로써, 프로그램은 엄청나게 증진되고, 학습과 개발을 위한 지원이 증대되며, 새로운 프로젝트와 기존 프로젝트를 위한 자금지원을 정당화하고, 학습과 개발과정에 관한 이미지를 신장시킬 수 있다.

핵심 원리 요약

1. **학습의 가치에 대한 측정치가 바뀌어 왔다.** 우리는 더 이상 보유자료(inputs)를 측정하고 그것들을 산출물로 대체할 수 없다. 산출물 측정치는 상이한 이해관계자들을 기쁘게 해주는, 질적인 것과 양적인 것, 재정적인 것과 비재정적인 것을 보여주는, 균형 잡힌 일련의 측정치를 포함해야 한다.
2. **학습의 성공은 학습을 구체적인 비즈니스와 수행요구에 연결시키기 위해 초기분석부터 시작한다.** 이 초기단계는 비즈니스와 정합시키고, 어떤 해결책이 필요하다는 것을 타당화하며, 증진하기 위해 적절한 해결책이 선택되었음을 보장한다.
3. **목표들은 상위수준에서 개발되어야 한다.** 학습목표들은 과거부터 개발되어 왔지만, 참가자들이 자신들이 학습한 것을 가지고 무엇을 할 것인가(적용)와 그 적용에 대응되는 결과(영향력)에 초점을 둔 보다 더 많은 적용목표와 영향력 목표들이 필요하다.
4. **자료를 수집하고, 분석하며, 보고하기 위해서는 체계적인 과정이 필요하다.** 이 단계별 과정은 측정과 평가가 일관성이 있음을 보장하며, 그 과정에서 각 단계를 다루기 위해 다양한 옵션들이 개발되었다.
5. **영향력 측정치에서 학습의 효과를 분리하는 문제는 아마도 가장 중요한 신뢰도의 문제일 것이다.** 어떤 학습해결책의 경우, 영향력과 ROI수준에서의 측정은 영향력 자료에서 프로그램의 효과를 분리하는 절차를 포함해야 한다.
6. **자료를 금전적인 가치로 변환하는 것은 대부분의 사람들이 생각하는 것만큼 어렵지는 않다.** 영향력 자료가 생성되었을 때, 프로그램에 의해서 교부된 "돈"을 알아보기 위해 금전적인 가치를 계산해 보는 것이 중요하다. ROI를 계산할 때, 이 단계는 절대적으로 필요하다. 희소식은 중요한 자료를 금전으로 변환하기 위한 작업의 대부분이 조직 내에서 완수되어 왔다는 것이다.
7. **조직에서의 오용과 남용을 피하기 위해 ROI 자료가 적절하게 보고되고 사용되어야 한다.** ROI는 감정적일(emotional) 수 있지만, 평가가 하나의 자료항목에 좌지우지되지 않도록 균형 잡힌 일련의 자료들을 통해 검토되어야 한다.
8. **영향력과 ROI 평가가 수행될 때, 일관성, 방향, 신뢰도를 제공하기 위해 일련의 표준들이 있어야 한다.** ROI방법론을 위한 표준은 보수적이며, 평가를 위해 요구되는 자원을 최소화하도록 도와준다. 표준들은 수백 명의 전문가들의 조언과 함께 주의 깊게 개발되어 왔다.

응용 문제

1. 한 거대 제약회사가 의약품이 팔리고 전달되는 방식의 엄청난 위상변화와 변천에 직면하고 있다. 이러한 도전에 직면하기 위해, 그 회사는 운영팀을 위한 변환적인 리더십 프로그램을 운영하기

시작했다. 그 프로그램은 논의와 변화가 필요할 수도 있는 몇몇 분야들을 제안했던 경영진들에 의해 개념적으로 개발되었다. 유명한 경영대학이 그 프로그램을 설계하고 전달하기 위해 참여했다. 그 프로그램은 대규모적이고 광범위하였다. 프로그램이 시작되고 여섯 달 후에, 임직원들이 그 프로그램에 대한 책임을 물었다. 그들은 이 프로그램의 가치를 비즈니스 용어로, 아마도 심지어 ROI수준에서 보기를 원했다. 상황에 관하여 검토해 본 결과, 몇 가지 흥미로운 문제들이 드러났다. 그 프로그램은 비즈니스 요구와 분명하게 연계되어 있지도 않았으며 참가자들이 학습하곤 했던 역량에 초점을 두지도 않았다. 프로그램의 목표들은 분명하게 학습에 초점을 두었지만 역량과 그에 따른 영향력의 사용(비즈니스 요구) 문제를 해결하지 못했다. 더 많은 책임에 대한 요구들은 학습과 개발팀을 좌절하게 했으며, 리더십개발 제공자를 우려하고 걱정하게 만들었다.

a. 비용도 많이 들고 남의 시선을 끄는 프로젝트들이 비즈니스 요구에 분명하게 연결되지 않는 것이 일반적인가?
b. 왜 리더십개발은 흔히 행동과 기능의 관점에서 거의 배타적으로, 그리고 영향력과 기여의 관점에서는 거의 표현되지 않는가?
c. 왜 목표들은 참가자들이 자신들이 학습한 것을 가지고 무엇을 할 것인가(적용)와 대응되는 결과(영향력)에 대해 말하도록 거의 설정되지 않는가?
d. 컨설턴트의 관점에서 그 상황을 해결하기 위한 여러분의 접근법은 무엇인가?

2. 잘 알려져 있고 존경받는 비정부조직(NGO)의 학습과 개발예산이 엄청나게 줄었다. 원래 예산수준은 고용인의 학습과 개발에 집중적으로 투자되어야 한다고 느낀 해당 조직의 장(長)에 의해 설정되었다. 최상위부서의 새로운 경영진은 학습과 개발에 관한 지출에 문제를 제기했다. 학습과 개발(L&D)에 배정된 상당히 많은 지출이 어떤 기여를 했는지를 물었을 때, L&D에 관한 보고서는 얼마나 많은 사람들이 훈련받았고, 어떤 주제들이 다루어졌으며, 소비된 전체시간 수, 그리고 그 과정에 투여된 비용을 상세하게 기술한 과정에 대한 보유정보만을 담고 있었다. 실망감에 최고경영진은, NGO의 전체예산이 실제로 그대로 유지되었지만, 예산을 1/3 정도 삭감했다. 이러한 조치는 학습과 개발 부서장과의 어떠한 논의도 없이 취해졌다. 그 대신에, 대표이사는 학습의 영향력을 모니터링하는 임무와 함께 학습과 개발의 책임을 다루기 위해 훈련위원회를 구성했다.

a. 학습과 개발이 기여하는 바에 대해 물었을 때, 조직들이 보유정보 항목에 있는 사항들을 주로 기술한 보고서를 갖는 것이 특이한가? 이것을 바꾸기 위해서는 무엇을 해야 하는가?
b. 학습과 개발 부서장은 학습과 개발의 가치가 문제가 될 수도 있다는 것과 보유정보가 반드시 최고경영진에 의해 평가되는 가치는 아니라는 것을 예상했어야 했는가?
c. 최고경영진은 바람직한 결과와 학습과 개발을 위해 요구되는 책임에 대하여 학습과 개발팀과 더 많은 대화를 나누었어야 하는가?
d. 학습과 개발 부서장은 무엇을 해야 하는가?

3. 주요 복사기회사의 판매훈련팀은 한 공급자로부터 세간의 관심을 끄는 몇몇 기존의 콘텐츠를 사용하여 판매대리인들을 위한 종합적인 판매훈련을 개발해 왔다. 그 프로그램은 사전업무(pre-work)로서 사용되는 이러닝 모듈인 사전읽기(pre-reading)와 집중적인 4일간의 교실훈련 후 판매

관리자에 의한 판매코칭으로 질이 높여졌다. 그 집단에 따르면, 훈련 후 6개월이 지나자 판매량이 실제로 14% 증가하였다. 아울러, 고객불만도 14% 정도 줄었으며, 고객만족도는 30% 정도 상승한 것으로 추정되었다.

이를 판매부사장에게 보고할 때, 판매훈련부서장은 그 증진을 상세하게 기술하면서, 즉 모든 세 가지 자료 범주들의 금전적인 가치를 보여주면서 자료를 제시하였다. 부서장은 계속해서 프로그램의 비용을 보여주었고, 매우 인상적인 450%의 ROI를 보여주었다. 발표 후, 판매부사장은 이러한 모든 결과들이 그 훈련에 의해서 발생했는지를 물었다. 대신에, 이 시간 동안 판매를 증진시킨 어떤 다른 과정들이나 요인들이 있지는 않았는가? 아울러, 판매부사장은 그 자료가 어떻게 돈으로 변환되었는지에 관한 세부사항들을 요구했으며, 또한 총비용에 어떤 비용들이 포함되었는지를 알고 싶어 했다. 이 일련의 질문들은 판매훈련부서장을 약간 혼란스럽고 당혹스럽게 했다.

a. 자료에서 훈련의 효과를 분리하지 못한 것은 흔히 발생하는 문제인가? 이 문제는 언제 다루어져야 하며, 심지어 그것은 일련의 사태들 중 이 단계에서 어떻게 행해질 수 있는가?
b. 자료를 돈으로 변환할 때, 어떤 단계나 주의를 해야 하는가? 어떤 규칙들이 필요한가?
c. 어떤 비용이 등식의 비용부분에 포함되어야 하는가?
d. ROI자료를 제시할 때, 어떤 관심이나 주의를 하여야 하는가?

저자 정보

Jack J. Phillips는 ROI연구소(ROI Institute)의 회장이자 공동 설립자이며, 50권의 책을 저술했다.

Patricia P. Phillips는 ROI연구소(ROI Institute)의 사장 겸 대표이사이며 공동설립자이고, 20여 권의 책을 저술 및 편집했다.

참고 문헌

Phillips, P. P. and Phillips, J. J.(2007). The value of learning: How organizations capture value and ROI. San Francisco: Pfeiffer.

제12장

현장과 가상설계팀 관리

Brenda C. Litchfield (University of South Alabama)

시나리오 1: 레스토랑 관리자를 위해 직원, 예산, 음식서비스 관리 등과 같은 주제에 관한 온라인 강좌를 개발하는 계약이 체결되었다. 다른 지역에 살고 있는 8명의 온라인 강좌개발자들이 강좌들을 설계 및 개발하기 위해 고용되었다. 그들은 프로그래머, 작가, 그래픽 아티스트들과 함께 일해야 한다. 모든 강좌는 동일한 모양과 느낌을 주는 유사한 형태를 유지해야 한다. 이 프로젝트는 7개월 안에 완성되어야 한다.(팀 구성원: 15명)

시나리오 2: 상습 음주운전 위반자들은 처음 위반자들과 동일한 프로그램에 필수적으로 참여하고 있는데, 그것은 효과가 없었다. 여러분은 상호작용적, 그룹활동이 포함된 20시간 분량의 프로그램을 개발할 것을 요구받았다. 그 활동들은 그 출처를 밝히는 한 원작일 필요는 없다. 그것은 3개월 안에 개발되어야 한다.(팀 구성원: 3명)

시나리오 3: 4백만 달러짜리 국립과학재단(NSF) 멀티미디어개발 프로젝트 제안서가 세심하게 작성·제출되어 승인을 받았다. 여러분은 이 프로젝트의 관리자로 고용되었다. 여러분이 해야 할 일은 스케줄을 작성하고, 스케줄에 따라 진행하며, 3년간 프로젝트 내내 여러분의 팀을 관리하는 것이다!(팀 구성원: 35명, 5명은 타 지역에 있음)

여러분은 위의 각 시나리오에 어떻게 반응할 것인가? 여러분은 가장 먼저 무엇을 할 것인가? 교수 프로젝트 관리자로서, 여러분은 어떤 리더십과 관리, 의사소통기술이 필요한가? 그 프로젝트를 제때에, 예산범위 내에서 완료하기 위해, 여러분은 어떻게 다른 팀들을 동기화하고 동일한 방향으로 나아가도록 할 것인가? 여러분은 어떻게 가상팀(virtual team)을 관리할 것인가?

위의 각 시나리오는 교수 프로젝트 관리를 필요로 하는 상황의 한 예다. 이 프로젝트들은 여러 측면에서 상당히 다양하다. 어떤 프로젝트는 모든 직원이 한 지붕 아래에서 일하겠지만, 다른 프로젝트는 다양한 지역에 있는 개발자들을 활용할 것이다. 몇몇 프로젝트들은 모든 절차와 산출물을 상세하게 기술한 완전한 설계문서를 가지고 있다. 다른 프로젝트들의 경우, 모든 계획은 여러분 손에 달려있다. 몇몇 시나리오들은 단지 몇 명의 팀 구성원들만이 필요한 반면, 다른 시나리오들은 30~40명의 직원을 필요로 한다. 한 시나리오의 스케줄은 3개월인 데 반해, 다른 시나리오의 스케줄은 3년이 걸릴 것이다.

각 프로젝트의 공통점은 여러분의 팀을 관리하고, 동기부여하며, 이끌어 가기 위한 프로젝트 관리자로서의 여러분의 능력이다. 흔히 소규모 교수개발 프로젝트가 대규모 교수개발 프로젝트보다 훨씬 더 쉽다고 생각한다. 규모에 상관없이, 여러분은 진척도를 모니터링하고, 문제를 해결하며, 동기화할 수 있어야 하고(Keller, 1999), 지시와 원하는 바를 의사소통함으로써 팀이 앞으로 나아가도록 해야 한다. 팀원들은 다양한 방법으로 보상을 받는 과제들과 프로젝트들에 헌신할 것이다(Clark, 1999). 여러분의 임무는 원하는 보상이 무엇인지를 찾아내고, 이것을 프로젝트와 여러분의 장점으로 사용하는 것이다. 모든 팀원들은 프로젝트의 목표들을 달성하기 위해, 프로젝트와 고객의 기대를 충족시키기 위해 노력한다(Dinsmore, 2006). 여러분이 여러분의 목표들과 기대들을 더 분명하게 하면 할수록, 여러분은 더 좋은 결과들을 얻을 것이다. 모든 팀원들은 개성을 가지고 있으며, 애인으로서 그리고 팀원으로서 다른 이익분배에 의해 동기화된다. 여러분의 업무는 바람직한 이익분배와 동기가 무엇인지를 찾아내고 그것들을 프로젝트와 여러분의 이익을 위해 사용하는 것이다.

예산, 스케줄, 문서작성, 프로젝트 평가방법을 다루고 있는 프로젝트 관리에 관한 수많은 책과 논문들이 있다(Berkun, 2008; Fuller, 1997; Gardiner, 2005; Greer, 2001). 이 장은 프로젝트 관리의 도구들로 간주되는 영역들에 초점을 두지 않을 것이다. 이 장은 양질의 교수산출물을 생산해 내면서 여러분을 효과적인 프로젝트 관리자이자 팀의 지도자로 만드는 데 도움을 줄 수 있는 기본적인 개인적 자질과 관련된 프로젝트 관리 및 리더십 측면들에 중점을 둘 것이다. 성공적인 프로젝트 관리를 위해 특히 중요한 것으로 간주되는 영역들은 효과적인 리더십 기술과 효과적인 팀 개발, 그리고 팀과의 의사소통이다.

관리와 리더십

관리(management)에 관한 상이한 정의들이 있다. 가장 흔히 되풀이되어 나타나는 관리의 정의는 관리자는 팀이나 개별 직원들과 함께 특정 조직의 목적들을 달성하기 위해 업무를 수행한다는 것이다. 특정 과제들(tasks)이 수행되고, 이것들이 성취되었는지 확인하는 것은 관리자에게 달려있다. Hersey, Blanchard와 Johnson은 많은 관리 측면들을 아우르는 하나의 정의를 제안하였다. "관리는 조직의 목적들을 달성하기 위해서 개인과 집단, 자원들(장비, 자본, 테크놀로지)을 사용하여 그리고 그러한 것들을 통해 일하는 과정이다" (2001, p.8). 따라서 뛰어난 대인관계 기술은 관리자의 성공에 있어 매우 중요하다.

프로젝트 관리는 많은 일반관리(예: 프로그램 관리와 행정관리)의 요소들을 사용한다. 그러나 그것은 프로젝트들의 특징 때문에 차이가 있다. 프로젝트란 무엇인가? Lewis(1995)에 의하면, 프로젝트는 확실한 시작과 종결지점, 분명하게 정의된 목표들, 사전에 기술된 업무범위, (통상적으로) 예산을 가지고 있는 일회성 작업이다. 이것은 부적절한 예산뿐만 아니라 불명확한 목표들과 범위 때문에 몇몇 프로젝트들은 결코 종결되지 않을 것처럼 보인다는 점에서 이상적인 정의라 할 수 있다. 서두의 시나리오에서 보여준 바와 같이, 각 프로젝트는 상이하며, 그것 자체의 생명을 취할 수 있다. 교수 프로젝트가 종결되기까지, 여러분의 개인적인 관리스타일은 팀이 기한을 맞추고 산출물들을 창출해 내는 것을 확실히 하는 데 결정적인 요인이 될 것이다.

성공적인 프로젝트 관리는 또한 리더십도 필요로 한다. 관리와 리더십은 흔히 동시에 사용되는 용어들이지만, 조작적으로 볼 때 두 가지의 다른 행동과 철학이다. 리더십은 목적들과 목표들을 달성하는 것에 관한 보다 광범위한 측면을 다룬다. 지도자들은 사람들 중에서 혁신가들, 이상가들, 신뢰형성자들, 영향자들로 더 잘 기능한다. 효과적인 지도자들은 개인들 속에서 최상의 것을 끄집어 냄으로써 자신들의 팀원들을 동기화한다(Wong, 2007). 지도자들은 또한 카리스마와 획득한 존경을 통해 사람들에게 영향을 끼친다. 관리자들은 계획을 실행하고, 가장 근접한 목적을 계속적으로 주시하며, 생산과 기한에 초점을 둔다. "관리자들은 일을 올바르게 하고, 지도자들은 올바른 일을 한다" (Bennis, 1994, p.12).

관리기술(기한준수, 직원관리 · 감독, 예산범위 내에서 유지 등)은 통상적으로 리더십기술보다 더 쉽게 이해할 수 있기 때문에, 리더십의 몇 가지 중요한 측면들에 대해 논의하겠다. 과거에, 몇몇 사람들은 '지도자들로 태어나고' 다른 사람은 그렇지 않다는 것이 널리 받아들여졌다. 그러나 오늘날 개인들은 업무경험, 기회, 교육, 역할모델, 멘토들을 통해서 성공적인 지도자들이 될 수 있다. 이러한 상황들은 지능, 신체적 에너지, 사회적 잠재성과 같은 개인적 특성들을 통해 훨씬 더 증진될 수 있다(Conger, 1992).

Hersey 등(2001)에 의하면, 리더십은 인지적, 행동적, 과정적 기술이라는 세 가지의 상호연관된 역량영역을 포함한다. 현재 상황을 평가하고 문제를 해결하기 위해 무엇을 할 수 있는가를 계획함으로써 환경을 진단할 수 있는 것은 인지적 기술이라 간주된다. 문제를 해결하기 위해서 어떠한 행동들이 요구되든지 간에 행동과 그 외 자원을 그에 부합하게 하는 것은 행동적 기술이다. 과정적 기술은 의사소통이다. 직원들과 의사소통하고 그들이 계획과 목적들을 이해할 수 있도록 하면서 동시에 그들의 제안과 관심사에 귀 기울이고 반응하는 것은 효과적인 지도자의 세 번째 필수적인 역량이다.

확실히, 진단하기, 적응하기, 의사소통하기의 다양한 측면들이 있으며, 그러한 것들은 좀 더 연구할 만한 가치가 있다. 기억해야 할 중요한 점은 여러분이 프로젝트의 최종적인 성공 또는 실패에 대한 책임을 지고 있기 때문에, 여러분의 일상생활 속에 이러한 기술들을 통합해야 한다는 것이다. 여러분은 항상 프로젝트의 상황을 알고 있어야 한다. 만약 스케줄보다 뒤처져 있거나 직원들이 프로젝트의 목표들을 이해하지 못한다면, 여러분은 이것을 인지해야 할 뿐만 아니라 그 문제의 해결책을 설계하고 그것을 효과적으로 의사소통할 수 있어야 한다.

교수 프로젝트를 지도하는 직책에 있는 사람으로서, 여러분은 관리자와 지도자가 되어야 한다. 여러분은 관리와 리더십기술 모두를 요하는 특별한 자리에 있다. 이 장의 서두에서 기술된 시나리오들과 같은 교수 프로젝트들에서, 한 프로젝트에 적게는 3명, 많게는 35명의 인원이 있을 수 있다. 만약 여러분이 많은 팀원들과 수많은 프로젝트들이 동시에 진행되는 대규모 ID 혹은 훈련조직을 위해 일하지 않는다면, 여러분은 아마도 상대적으로 소규모의 팀원과 일할 것이다. 이러한 경우들에서, 프로젝트 관리자로서 여러분의 목적들, 스케줄, 예산을 충족해야 하는 책임을 맡게 될 것이다. 동시에 여러분은 에너지와 통찰력, 격려를 통해 팀원들을 지도하고 동기화하는 사람이 될 것이다.

여러분의 팀에 영향을 미치는 능력은 여러분의 성격과 행동에 따라 크게 좌우된다. Maslow(1998)는 현명한 관리자는 좀 더 원만한 고용인들을 배출할 수 있다고 단언한다. 만약 관리자가 공평하고, 보상도 잘 해주며, 이해심도 있다면, 고용인들은 서로 간에, 그리고 그들이 알고 있는 사람들과 함께 보다 더 긍정적인 행동들을 나타낸다. Lewis(1995)는 성공적인 프로젝트 관리자가 되기 위해서 지녀야 할 것에 대하여 워크숍 참석자들을 조사하였다. 참여자들은 자신들이 관리자에게서 원하는 단지 몇 가지 특성들로서, 귀 기울여 들어주고, 팀을 구축하며, 피드백을 제공하고, 유머감각을 갖고 있으며, 상호존경심을 보여주고, 위임하는 방법을 알고 있으며, 훌륭한 의사결정자이고, 팀에게 일을 잘하도록 독려하며, 융통성이 있는 것이라고 답변하였다.

이 목록을 보면, 성공적인 프로젝트 관리를 위해 가장 중요한 것으로 간주되는 기술들은 스케줄을 작성하고, 목표들을 정의하며, 예산을 작성하거나 또는 형성평가를 실시할 수 있는 능력들이 아님을 명확하게 알 수 있다. 그러한 기술들은 팀을 지시하고 동기화하는 대인관계기술들이었다.

1960년대 후반에, Hersey 등(2001)은 상황적 리더십(situational leadership)이라는 리더십모형을 개발했다. 그 이후, 그것은 수정을 거쳐 리더십기술을 개발하고 개인에게 영향을 미치는 4단계의 모형으로 발전하여 왔다. 이 모형은 다음과 같은 세 가지 요인들, 즉 (1) 지도자가 제시하는 안내와 지시의 양, (2) 지도자가 제공하는 사회 · 정서적 지원의 양, (3) 특정 과제, 기능 또는 목표를 수행하는 데 있어 추종자들(followers)이 보여주는 준비도 수준에 기초하고 있다. 여러분의 기본적인 개성과 행동을 토대로 자신만의 리더십스타일을 개발한다. 여러분의 리더십스타일은 일관성 있게 유지되어서는 안 된다. 이 말은 이상한 조언으로 들릴 수도 있지만, 모든 상황과 사람들을 동일하게 다루면 어떤 상황에서는 효과적이지만 다른 상황에서는 비효과적일 수 있다. 특정 상황의 정확한 분석에 기초하여 리더십스타일을 적응시킴으로써, 여러분은 좀 더 효과적인 지도자가 될 수 있다.

상황적 리더십 접근법을 사용하는 것은 프로젝트팀의 성숙에 기초한 단계의 순환을 포함한다. 만약 팀이 경험이 부족하고 명확하지 않다면(흔히 프로젝트의 초기에)(단계 1), 여러분의 리더십스타일은 너무 지배적이거나 요구적이지 않으면서 지시적, 세부적, 감독적일 것이다. 팀이 좀 더 자신감을 얻었지만 여전히 학습하고 있다면(단계 2), 여러분은 지시적 역할에서 결정을 설명하고 확신하며 방향과 지식의 증진에 보상을 주는 역할로 옮겨갈 수 있다. 여기에서, 여러분은 과정과 산출물에 관한 팀의 "수용(buy-in)"을 보장하고 있다. 팀원들이 더 많이 배울수록 그들은 자신의 의지로 더 많이 기능할 수 있다. 이제 여러분의 리더십 역할(단계 3)은 결과에 초점을 두고 팀이 노력과 창출에 대한 보상을 받도록 하는 것으로 바뀐다. 마지막 단계(단계 4)에서는 지도자로서의 여러분의 참여는 줄어들고 멘토로서의 참여는 증가한다. 팀은 산출물을 생산하기 위해 함께 일하는 방법을 배워 왔으므로, 여러분은 프로젝트 초기에 필요했던 관리를 할 필요 없이 한 걸음 물러서서 팀원들이 일하도록 놓아두면 된다.

각각의 네 단계마다 효과적 관리와 비효과적 관리 간에 미세한 경계가 있다. 예를 들어, 여러분은 팀을 신뢰하고 있다는 신호로 지시적, 관찰적인 모니터링을 줄일 수 있지만, 팀원들은 이것을 관심 부족으로 볼 수도 있다. 각 단계에서 중요한 것은 여러분이 팀과 어떻게 의사소통하는가다.

의사소통

모든 개인들 간의 효과적인 의사소통은 우리가 좀 더 많은 직원들을 접하고 좀 더 넓은 비즈니스로 나아갈수록 더 중요시되는 필수적인 기술이다(Tosca, 1997). Cobb(2006)에 따르면, 디지털 테크놀로지와 더불어 세계화가 증대되면서 훨씬 더 많은 의사소통 문제들이 나타난다. 팀 구성원이 같은 건물에 있건 다른 주(州)나 나라에 있건 상관없이, 그들과 의사소통하는 것은 힘들 수 있다. 모든 사람들은 열정, 동기, 수용뿐만 아니라 구체적인 지시도 필요로 한다. 여러분의 팀은 여러분이 무엇을 기대하고, 언제 기대하며, 어느 정도의 질을 원하는지를 정확하게 알기를 원할 것이다. **여러분**이 기한, 예산, 산출물에 대한 최종적인 책임을 지고 있을 때, 의사소통에 있어서의 실수는 용납되지 않는다. 사람들이 여러분이 생각하는 것을 알고 있다고 가정하지 말라. 얼마나 많은 사람들과 의사소통하는지에 관계없이 확실하게 의사소통하라. 소수의 사람들과 일하는 소규모 프로젝트에서도 심각한 의사소통 문제가 일어날 수 있는데, 이는 모든 이들이 똑같이 생각하고 있다고 믿기 때문이다.

대부분의 프로젝트에서 몇몇 팀 구성원 간의 규율문제는 피할 수 없다. 많은 상황에서, 여러분은 부적합하고 적절하지 못한 행동들을 인지하고 몇몇 팀 구성원들과 진지한 회의를 해야 할 것이다. 여러분이 이러한 상황을 처리하는 방식은 여러분의 리더십에 관한 다른 팀 구성원들의 지각에 강력한 영향을 줄 수 있다. 모순되는 상황을 인식하고 신속하게 행동을 취하지 않는 것은 여러분이 관심이 없거나 관여하는 것을 원치 않거나 편파적인 것으로 비춰질 수 있다. 관리 분야에서 고전인 『1분 관리자(The One-Minute Manager)』(Blanchard & Johnson, 1982)는 '1분 징계' 의 중요성을 강조한다. 즉각적으로 징계하고, 잘못된 바와 그것에 대해 어떻게 느끼는지를 정확하게 설명하며, 징계를 받는 사람이 아니라 행동에 초점을 두고, 여러분이 가치 있게 생각한다는 것을 상기시키면서 끝내라. 극단적 직면보다는 요점에 정확하게 초점을 둔 의사소통을 하라.

교수 프로젝트 관리자로서, 여러분은 다양한 사람들과 개인적 또는 집단으로 의사소통해야 할 것이다. [그림 12.1]은 프로젝트 관리자의 전형적인 의사소통 패턴을 보여준다. 화살표의 굵기는 각 개인 및 집단과 갖는 의사소통의 빈도를 나타낸다. 여러분은 또한 회의에 참석하지 않고 개인과 직접적으로 상호작용해야 하더라도 집단과 개인과의 의사소통을 협상하고 해석해야 할 것이다. 이 경우, 여러분은 프로젝트가 원만하고 일정에 맞게 진행되도록 하기 위해서 필요한 중요한 기능인 집단 간의 중개자로서 행동할 수도 있다.

팀 의사소통

ID 프로젝트팀은 교수설계자, 보조 프로젝트 관리자, 작가, 아티스트, 비디오촬영 기술자, 스크립트 작가, 프로그래머와 같은 기술담당자들을 포함한다. 여러분의 의사소통의 대부분은 팀 자체와 이루어질 것이다. 팀에서 여러분의 주요임무는 진척도를 동기화하고 모니터링하는 것이다. 팀 구성원들이 바로 여러분이 가장 많이 관여하게 될 사람들이다. 팀원이 3명이든 35명이든 간에, 팀과 정확하고 적시에 성실하게 의사소통하는 것은 교수 프로젝트를 성공적으로 완성하기 위한 가장 중요한 요소다. 의사소통의 대부분은 프로젝트의 방향

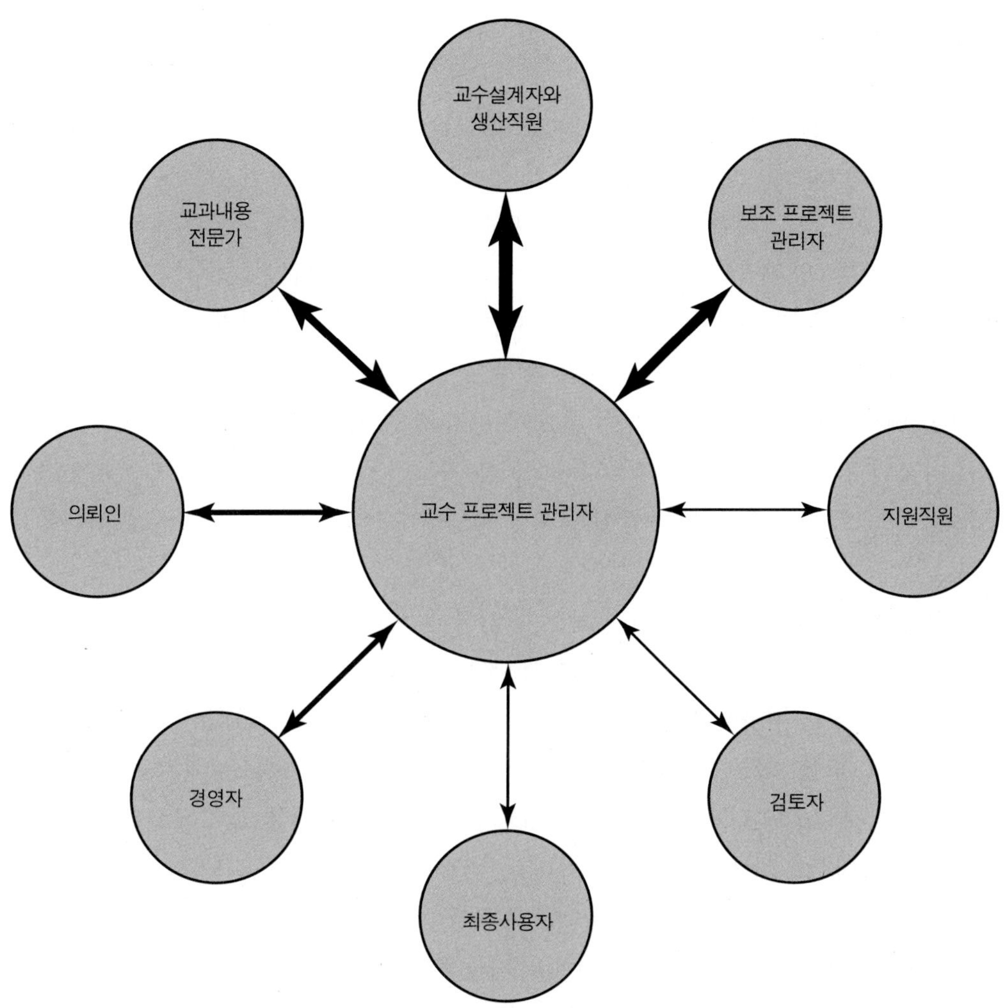

[그림 12.1] 프로젝트 관리자의 의사소통 패턴

과 동기에 초점을 둘 것이다. 여러분의 열정을 의사소통하고 진척도를 정기적으로 모니터링해야 한다. 각 개인이 자신의 분야에서 전문가라 하더라도 특정 교수 프로젝트에서 개성의 특별한 조합은 새로운 문제를 야기할 수 있으며, 여러분은 이러한 모든 것을 처리해야 한다.

생산직원

생산직원(production staff)은 작가, 편집자, 그래픽 디자이너, 아티스트, 웹설계자, 그 외 매체 전문가들일 수 있다. 흔히 교수 프로젝트 관리자에게 가장 흥미로운 도전들 중 하나는 생산직원인 창의적인 사람들과 일하는 것이다. 만약 여러분이 전통적인 관리자가 접근하는 방법과 동일한 접근법으로 창의적인 사람들에게 접근한다면, 여러분은 저항과 오해를 불러일으킬 수 있다. 대부분의 관리자의 시각은 기한과 예산 등을 맞추는 것이다. 창의적인 사람들은 흔히 이러한 동일한 목적에 따라 움직이지 않는다.

주문형(on-demand) 창의성은 성취하기 힘들다. 흔히 창의적인 사람들이 필요로 하는 것은 융통성 있는 근무 시간과 스케줄이다. 다른 직원들은 과제가 처방적이기 때문에 지시받은 대로 일한다. 창의적인 사람들은 생각이나 표현 속에 자아가 표출되기 때문에 자신들의 업무를 진지하게 받아들인다. 이러한 문제들 때문에 창의적인 사람의 일을 비판하는 것은 좀 더 민감해야 한다. 대부분의 직원들의 경우, 어떤 것이 감독자의 취향에 맞게 행해지지 않았을 때, 그들은 "그것이 당신이 나에게 하라고 한 것이잖아요" 라고 말하기 쉽다. 그러나 창의적인 팀 구성원은 그렇지 않다. 그들은 지도안을 개발하고, 페이지 디자인을 하거나 스크립트를 쓰기 위해 어떤 방법을 탐색할 때마다 자신과 자신의 창의성을 위태롭게 내놓는다.

창의적인 사람들은 반드시 금전적 보상에 의해 움직이지는 않는다(Stevens, 1992). 이들에게 더 중요한 것은 새로운 아이디어를 시도하는 것에 대해 비판받을 것이라는 두려움 없이 창의적일 수 있는 자유와 더불어 자신들의 노력에 대한 감사다. 창의적인 사람들은 자신의 반영이라고 볼 수 있는 자신들의 "산출물" 을 만들기까지 거쳐 온 과정들에 관한 감성(sensitivity)과 지식으로 접근되어야 한다. 때때로 창의적인 사람들의 기질적이고 완고한 측면은 실제로 창의적으로 제한되었다는 오해나 느낌에서 비롯된다. 그들은 설계나 접근법에 대한 아이디어들을 가지고 있으며, 최소한 여러분이 그것이 잘 작동하지 않을 것이라거나 완전히 잘못된 방향에 있다고 말하기 전에 듣기를 원한다.

창의적인 사람들이 다른 팀 구성원에 비해서 특별한 처치를 요구하고 책임을 덜 지지는 않으며, 단지 다른 접근법이 필요하다. 그들은 꼭 같이 일하기가 힘든 것은 아니다. 만약 여러분이 교수 프로젝트를 성공적으로 완수하기를 원한다면, 그들에게 단지 약간의 특별한 보살핌과 이해를 제공하면 된다.

교수설계자

아마도 팀의 가장 중요한 구성원은 교수설계자(instructional designers)일 것이다. 이들은 교수산출물을 연구하고, 설계하며, 개발하는 책임을 지고 있는 사람(들)이다. 프로젝트의 규모가 작다면 여러분이 관리자이면서 동시에 교수설계자일 수도 있으며, 대규모 프로젝트의 경우 다수의 교수설계자가 있을 수 있다. 교수설계자와 여러분과의 관계는 아마도 여러분이 가져야 할 가장 친밀한 관계일 것이다. 공통적인 배경 때문에, 여러분은 의사소통을 가장 잘 할 수 있어야 하는 팀 구성원이다.

교수설계자들에 관한 여러분의 관리에서 고려되어야 할 두 가지의 중요한 변수들은 표현되는 경험 및 기술수준, 역할의 차별화다. 만약 여러분의 기술수준이 여러분이 관리하고 있는 사람들보다 더 높다면, 여러분은 그들의 개발을 도와주는 코치의 역할을 할 수 있다. 여러분의 기술수준이 관리하는 사람들보다 더 높거나, 낮거나, 또는 단지 다르거나에 상관없이, 여러분은 그들이 하는 일의 질을 점검하고 피드백을 제공해야 하는 책임을 지고 있다. 둘째, 여러분은 "행위자(doer)"로부터 관리자의 역할을 분리해야 한다. 만약 여러분이 설계자들을 관리하고 있다면, 그들의 스타일과 산출물이 여러분이 행해왔던 것과는 다를 수 있고, 가능하다면 그것을 여러분이 직접 하고 싶어 할 것이라는 사실에 익숙해지기가 어려울 수 있다. 그러나 여러분이 그 일을 직접 하는 것이 아니라 그들의 개발에 책임을 지고, 기대와 코치 및 피드백의 정확한 의사소통을 통해서 여러분이 원하는 산출물을 획득해야 함을 기억하는 것이 중요하다. 심지어 여러분이 교수설계자라 하더라도, 팀 구성원들은 여전히 여러분을 먼저 지도자나 관리자로 보고 그 직책에 맞는 지도와 지시를 기대할 것이다.

보조 프로젝트 관리자

대규모 프로젝트의 경우, 많은 팀들이 필요하고, 보조 프로젝트 관리자(assistant project managers: APMs)도 필요할 것이다. 이들을 동기화하고, 지시하며, 알려주는 것이 여러분의 주요 임무이다. 지시와 절차들은 보조 프로젝트 관리자를 거치기 때문에, 각 의사소통은 특히 명확하고 정확해야 한다. 정확한 의사소통을 위해 보조 프로젝트 관리자에게 지시사항과 메모를 적어서 주는 것이 가장 좋을 수 있다. 교수개발은 특히 세부사항에 신경을 써야 하므로, 세부사항들은 적합한 사람이 맡도록 해야 한다.

만약 여러분이 보조프로젝트 관리자들을 두고 있다면, 그들 팀의 진척도에 관한 주별보고서를 준비하고 팀상황보고서를 작성토록 하는 것이 유용하다. 보고서는 개발의 각 단계(예: 연구, 쓰기, 편집, 사진촬영)와 그들이 현재 어떤 단계에 있는지로 구성된다. 대규모 프로젝트에서는 진척도에 영향을 미치는 특정 활동, 장애물, 성취를 지속적으로 파악하여 알기가 쉽지 않다.

교과내용 전문가

여러분과 교과내용 전문가(subject matter expert: SME), SME와 팀 간의 의사소통은 여러 형태를 취한다. 프로젝트 관리자로서 여러분의 주요업무는 제한점과 역할을 설명하고, 필요와 요구를 해석하며, 논쟁을 해결하는 것이다. SME는 ID 과정이 무엇이며, 그것이 어떻게 작동하는지를 거의 알지 못한다. 흔히 SME는 어떤 프로젝트에서 일하도록 "임명되고", 때때로 이것은 그들이 어떠한 보상 없이 추가적인 일을 해야 함을 의미한다. 때때로 이러한 상황들에서는 몇몇 SME의 부정확한 지각과 덜 긍정적인 태도로 인해 문제가 될 수도 있다.

여러분과 여러분의 팀이 할 수 있는 것과 최종 산출물은 어떠해야 하는지에 관한 제한(limits)은 SME가 프로젝트 초기부터 알아야 하는 것이다. 여러분은 교수설계자들이 SME와 함께 일하는 기법들과 제한에 대해 종종 두 사람이 다른 말을 하기 때문에 힘든 과제라는 것을 이해하기 위해 교수설계자들과 함께 일해야 한다. SME는 변화의 결과(더 많은 돈, 시간)를 깨닫고 특정 종결(signoff) 절차를 개발할 필요가 있다. 문제와 신속한 해결책을 밝혀내는 것은 이러한 중요한 관계를 주의 깊게 모니터링하는 데 있어 핵심이다.

Greer(1999)는 SME를 과정의 매우 초기단계에서부터 참여시키는 것은 나중에 많은 문제들을 방지할 수 있다고 주장한다. 그는 또한 여러분이 SME가 하는 일을 이해하는 데 도움을 줄 수 있는 그들 분야에 관한 개요나 정보를 요구할 것을 권한다. 이러한 정보를 요구하는 것은 여러분이 SME의 전문적 판단을 존경한다는 것을 명확하게 보여주기도 한다. 여러분은 SME가 프로젝트에서, 특히 기한을 맞추는 데 중요한 역할을 하기 때문에 그들과 밀접한 관계를 구축해야 한다.

의뢰인

여러분이 의뢰인(client)과 가지는 의사소통의 양은 프로젝트의 규모에 따라 다르다. 대규모 프로젝트의 경우, 여러분이 일상적인 운영을 하는 동안 해당 프로젝트의 일반적인 구성요소들을 감독하는 별도의 프로젝트 관리자가 있을 수 있다. 때때로 프로젝트 관리자는 의뢰인과 더 많은 직접적인 접촉을 할 것이다.

여러분이 의뢰인과 직접적인 접촉을 할 것이라고 가정할 때, 여러분의 임무는 아이디어를 해석하며, 제한점을 설명하고, 동의와 서명을 받으며, 그리고 가장 중요한, 의뢰인을 만족시키는 것이다. 이상적인 프로젝트에서, 모든 일이 스케줄대로 진행된다면, 여러분은 의뢰인과 많이 접촉할 필요가 없을 것이다. 여러분의 의사소통은 주로 여러분이 스케줄상 어디에 위치해 있으며, 어떠한 진척도를 보이는지에 초점을 둘 것이다. 정해진 계획에서의 변화가 심각하고 시간과 금전적인 결과에 문제가 발생할 수 있음을 의뢰인과 의사소통하는 것이 중요하다. 초기에 이러한 문제점을 정확하고 직접적으로 이해해야 차후문제를 예방할 수 있다.

여러분은 의뢰인과 SME 간의 의사소통을 중재할 필요가 있을 수도 있다. 만약 SME가 교수설계자가 할 수 없는 어떤 것에 대해 화를 낸다면, 의뢰인과의 회의가 종종 소집된다. 그때 여러분은 해석하고, 분석하며, 해결해야 할 난감한 상황에 처할 수도 있다. 의뢰인을 지속적으로 기쁘게 하는 것은 좋은 의사소통 때문이며, 이것은 놀랄 일도 아니다. “이 부분을 마치려면 3주가 더 필요합니다.” 또는 “여러분이 이것을 변경했기 때문에(영수증을 건네면서) 5,000달러가 더 필요합니다"라고 의뢰인에게 말하는 것보다 더 나쁜 일은 없다. 의뢰인과의 의사소통의 비결은 일정 간격을 유지하고 적합한 세부사항을 제공하는 것이다.

경영자

이 맥락에서 경영자(management)란 여러분의 상사를 말한다. 상사와의 의사소통은 진척도와 의뢰인과의 문제들에 대한 정보에 초점을 둔다. 잘못된 상황이 발생하지 않는다면, 이 의사소통은 정기적으로 예정된 회의나 상황보고서의 형태로 전달된다. 경영자는 팀이 당면한 구체적인 문제들에 대해 알 필요가 없으며, 이는 여러분이 해결해야 할 부분이다. 여러분이 더 많은 문제를 스스로 해결할수록, 여러분은 더 유능한 사람으로 보인다. 경영자와 의뢰인은 동일한 정보, 즉 진척도 면에서 여러분이 어디에 있는지를 알기를 원하는 경향이 있다.

의뢰인이 부적절한 요구를 하거나 중요한 변화를 요구하는 것과 같이 어떤 것이 여러분의 통제를 벗어난다면, 경영자는 자문을 받아야 한다. 여러분이 이러한 결정을 할 모든 권한을 가지고 있지 않을 수도 있다. 그럴 경우, 여러분은 모든 것을 문서화하고, 모든 사람들이 새로운 스케줄과 과정에 서명하도록 해야 한다.

최종사용자

언뜻 보면, 교수 프로젝트 관리자로서 여러분은 최종사용자(end users)와 의사소통하지 않을 것 같다. 그러나 실제로 프로젝트의 초기단계들 동안에 최종사용자들과 의사소통하는 것은 필수적이다. 가능하다면, 초기단계에 면대면 회의를 시행하라. 만약 이것이 가능하지 않다면, 설문지를 보내라. 회의나 설문지의 목적은 방향과 접근법이 특정 대상에게 적절하고 현실적인지를 확인하는 것이다. 비록 최종사용자와 여러분의 초기 의사소통이 집중적이지 않다 하더라도, 이것은 교수산출물의 수용에 지대한 영향을 미칠 수 있다. 그 이후에, 교수설계자는 최종사용자와의 상호작용의 대부분을 수행한다.

어린이나 청소년을 대상으로 한 교수를 계획하고 설계할 때, 교수설계자가 최종사용자와 의사소통하는 것이 특히 유용하다. 설계에 집중한 나머지 전체적인 접근법을 간과하며 대상자들이 흥미 없어 하는 것을 생산하기 쉽다.

검토자

검토자(reviewers)와의 성공적인 의사소통에서 가장 어려운 점은 시의적절한 반환(turnaround)의 중요성이다. 여러분은 개인적으로 검토자를 만나지는 않을 것이다. 그들과의 접촉은 통상적으로 과정과 여러분이 행할 것으로 기대하는 바를 설명하는 설명서나 이메일을 통해 행해진다. 모든 이들이 바쁘고 검토자는 다른 일과 더불어 이 임무를 맡고 있기 때문에, 여러분이 정해진 날짜까지 모든 검토를 받는 경우는 거의 없을 것이다. 그 중 몇 개는 결코 받지 못할 것이다. 특히 여러분의 의뢰인이 관리자일 경우, 검토자의 관리자로부터 지원을 받는 것이 가장 유용하다. 이것은 검토자들에게 그들의 시의적절한 협력이 기대됨을 이해시키는 데 도움이 될 것이다.

몇몇 검토자들은 평가를 끝마치기 위해 다른 요구가 필요할 수도 있다. 팀이나 직원들과 일하는 모든 다른 경우와 마찬가지로, 여러분은 요구를 단정적으로 그러나 도전적이지 않도록 해야 한다. 검토자에게, 특히 이들이 금전적 대가 없이 검토를 할 때, 할 수 있는 중요한 의사표시는 시간을 내어 감사 표시를 보내는 것이다. 그들은 이를 잊지 않고 앞으로도 여러분과 함께 일하기를 원할 것이다.

지원직원

지원직원(support staff)은 문서작성자, 편집자, 저작권 전문가, 그리고 프로젝트가 시의적절하게 기능하도록 하는 데 있어 필수적인 연구원들과 같은 다수의 개인들로 구성된다. 지원직원은 주로 개발팀과 의사소통을 하겠지만, 여러분은 일이 원만하게 예정대로 진행되고 있는지 알아보기 위해 지원직원을 정기적으로 체크해야 할 것이다. 여러분은 항상 바쁜 일정에 있으므로 지원직원이 일정을 맞추는 데 도움을 주거나 그렇지 못할 수도 있다. 지원직원은 일을 잘 수행하기 위해 명확하고 모호하지 않은 지시와 충분한 시간을 필요로 한다. 이들과 좋은 관계를 형성하고 유지하기 위한 의사소통의 중요성을 간과해서는 안 된다.

생산적인 팀 구축

교수 프로젝트 관리자로서 여러분은 관리자이자 지도자이며 또한 팀이 동시에 동일한 목적을 향해 나아가도록 잘 의사소통해야 한다. 여러분은 팀이 여러분과 의뢰인 및 관리인들이 정한 목표와 목적을 성취하기를 원하도록 안내해야 한다. 이것은 재능을 가진 개인으로 구성된 다양한 집단에게는 쉬운 임무가 아니다. 팀을 동기화하는 것은 복잡한 문제다.

마감일과 압력 속에서 팀이 여유를 가지고 행복해하도록 하는 것은 사람들이 양질의 산출물을 생산하도록 동기화되었음을 확신하는 한 가지 방법이다. 팀 구성원들은 만약 팀 규범, 역할, 목적들과 관련된 논의가 초기에 그리고 프로젝트 내내 행해진다면 그러한 요인들에 관해 훨씬 더 잘 이해하게 될 것이다(Cobb, 2006). 대부분의 노동자들은 가족구성원들보다 더 빈번하게 상호작용할 수 있는 하나 이상의 작업집단의 구성원들이다(Vroom, 1995). 여러분은 일상적인 프로젝트 계획과 공식적인 의사소통뿐만 아니라 사기와 참여를 높이고 모든 이들이 지속적으로 일을 잘 할 수 있도록 하는 몇 가지 흥미로운 방법들을 개발해야 한다. Garstang(1994)은 팀에서 일했던 사람들을 대상으로 프로젝트에서 일할 때 가장 즐거웠던 것이 무엇인지를 조사하였다. 그가 밝혀낸 범주들 중 두 가지들, 즉 개인적인 자질과 사기는 팀응집력을 구축하기 위해 추가적인 노력을 하는 것과 직접적으로 관련된다. 개인적인 자질의 범주에서, 그는 프로젝트 관리자는 질문을 받아들이고, 명확한 피드백을 제공하며, 감사함을 보이고, 팀 구성원에게 공간을 제공하며, 팀 구성원들이 서로를 돌보도록 격려해야 하다고 제안했다. 사기범주로부터의 조언은 팀으로서의 전통을 만들고, 유머감각을 유지하며, 직장 밖에서 함께 모이거나, 다양한 임무를 만들고, 도전을 제공하는 것이었다.

프로젝트 관리자로서 여러분은 팀의 업무 관계를 개발하고 양성하는 것뿐만 아니라 "현재의 팀의 문화, 개성, 습관을 설명할" 수 있어야 한다(Berkun, 2008, p.196). 여러분은 또한 성장단계에 따라 팀을 이끄는 데 능숙해야 한다. 여러분의 목표는 팀이 위에서 열거한 핵심적인 요인들의 최종단계들에 도달하도록 하는 것이다. 이것은 빠르게 일어나지는 않는다. 팀개발에서 명확하지만 종종 겹치는 단계들이 있다. 간단히 말해서, 그 단계들은 시작, 중간, 결말이다. 이 단계들은 Hersey와 Blanchard(2001)의 상황적 리더십의 4단계와 유사하다. 여러분의 리더십스타일은 팀이 역할에 점점 더 능숙하게 됨에 따라 변한다.

교수 프로젝트 관리의 미래

교수 프로젝트 관리의 향후 주요영역들 중 하나는 원격관리다. 여러분은 전화기, 팩스, 이메일, 비디오 화상회의 등을 통해 팀 구성원을 직접 만나지 않고도 프로젝트를 선택, 지시, 관리할 수 있다. 팀 구성원은 컴퓨터와 전자접근과 더불어 그들의 지식 및 기술을 위해 선택될 것이다. 원격관리는 관리자로서 여러분에게 전혀 새로운 도전을 제공할 수 있지만, 기본적으로 개인 의사소통에서 전자 의사소통으로의 연장을 필요로 한다.

원격관리는 의사소통의 절차와 경로가 다르기 때문에 심지어 경험 있는 프로젝트 관리자에게도 도전이 될 수 있다. 리더십기술은 이메일을 기초로 하고, 의사소통은 비인간적일 수 있으며, 효과적인 팀개발은 사이버공간에서 이루어진다. 기대를 분명히 하고 모든 팀 구성원들이, 프로젝트가 야기할 수 있는 갈등을 포함하여, 프로젝트의 모든 측면들을 다루는 방법을 이해할 수 있도록 명확히 하기 위해 구체적인 노력들이 행해져야 한다(Project Management Institute, 2004; Wysocki, 2003).

Duarte와 Snyder(2001)는 가상팀을 성공적으로 관리하기 위한 실용적인 제안들을 제공한다. 심지어 팀 구성원들이 매우 유능한 개인들이라 하더라도, 여러분은 모든 구성원들과 아주 긴밀한 관계를 유지하는 것이 중요하다. 종종 가상팀의 관리자들은 유능한 사람들을 고용하고, 그들은 많은 안내를 필요로 하지 않는다고 생각한다. 안내와 상호작용 간에는 차이가 있다. 여러분은 만약 팀 구성원들이 진실로 유능하고 자기주도적이라면 그들에게 안내를 제공할 필요 없이 그들과 상호작용할 수 있다. 누군가를 혼자 남겨두는 실수를 범해서는 안 된다. 여러분은 여전히 개별 팀 구성원들과 코치하고 의사소통할 필요가 있을 것이다. 여러분의 격려, 피드백, 인정은 팀 자신감 구축의 통합적인 부분이 될 것이다.

모든 사람들이 피드백을 제공하는 것에 능숙하거나 편안한 것은 아니다(Wong, 2007). 그것은 연습을 해야 하며, 여러분은 여러분의 전달과 메시지 수용자의 지각을 인식해야 한다. 일관성 있고, 빈번한 피드백이 매우 중요하다. 자발적 피드백은 중요하며 매우 동기적일 수 있다. 동기적 피드백(motivational feedback)은 중요하며, 프로젝트가 어떻게 전개되고 있는지에 관한 피드백과 더불어, 종종 제공되어야 할 것이다(Gardiner, 2005). 원격지에서 전달되는 피드백을 여러분의 팀과 사무실 주변을 "걸으면서(walking)" 이야기하는 것처럼 생각하라. 여러분은 마치 사무실에 있는 것처럼 컴퓨터를 통해 잠깐 들를 수 있다. 많은 가상 프로젝트 관리자들은 원격화상이나 Skype와 같은 덜 비싼 수단들을 통해 지속적으로 접촉한다.

Second Life의 전체영역은 원격화상보다 훨씬 더 가상적이다. 주요회사들(IBM, CISCO)은 뛰어난 결과를 산출하는 이 복잡한 매체를 통해 대규모 회의와 훈련세션을 소집하고, 프로젝트를 갱신하고 있다. 요지는 의사소통이 빈번하게, 실시간으로 행해질 수 있으며, 상당량의 자금을 절약할 수 있다는 것이다. 고용인들이나 팀 구성원들을 만나기 위해 현장까지 여행하는 시대는 과거의 유산이 되고 있다.

신뢰감을 구축하고 가상팀 구성원들에게 지속적으로 공지하는 것은 현장기반(site-based)팀과 일할 때보다 훨씬 더 중요하다. 이메일과 인스턴트 메시징을 통한 의사소통은 효율적이고 신속하지만 현장기반팀이 가질 수 있는 인간적인 상호작용은 부족하다. 전자메시지들은 또한 다양한 방식으로 해석될 수 있다는 점에서 구체적인 맥락이 부족하다(Mersino, 2007). 예를 들어, 농담처럼 보일 수도 있는 것을 수신자는 빈정거린다고 받아들일 수 있다. 여러분은 메시지에서 쌀쌀하게 들리지 않도록 주의해야 한다. 어떤 다른 감정이나 정보를 덧붙이지 않고 질문에 신속한 한두 문장의 답변을 보내기 쉽다. 이것을 피하려고 노력하라.

모든 상세한 사항을 계획하고 모든 과정을 통제하는 것은 가상팀을 숨 막히게 할 수 있다. 이는 모든 일을 조직화 · 체계화하기를 좋아하는 프로젝트 관리자에게는 직관적이지 않게 들릴 수 있다. 여러분은 팀 구성원들의 지역, 문화, 배경 출신이 서로 다를 수 있다는 것을 염두에 두어라. 애틀랜타에서 효과적이었던 것이 뉴욕, 파리, 또는 도쿄에서는 효과적이지 않을 수도 있다. 가상팀은 소비자의 요구에 따라 변해야만 할 수도 있는 유동적 · 역동적인 집합체다. 융통성 있는 표준 절차를 갖는 것이 최상이다.

현장기반팀과 마찬가지로, 집단응집력을 구축하는 것은 중요한 요소다. 사진과 이력서를 포함한 팀 홈페이지를 만들어라. 얼굴에 이름을 표시하면, 이것은 모든 이들에게 다른 구성원이 누구인지에 대한 아이디어를 준다. 이것은 정교할 필요는 없으며, 비형식적이고 정보제공 차원일 수 있다. 여러분이 가상팀의 공동체 의식과 팀의 사기를 진작시키기 위해 사용할 수 있는 많은 기법들이 있다.

새로운 미디어와 가상팀의 관리에 상관없이, 교수 프로젝트 관리는 현장기반 프로젝트 관리자에게 요구되는 지각, 민감성, 문제해결 기술을 항상 필요로 한다. 만약 이러한 것을 직접 효과적으로 할 수 있다면, 여러분은 그러한 것들을 원격관리에도 잘 활용할 것이다.

결론

교수 프로젝트 관리는 심리학, 경영학, 과학, 상담학을 요구하는 복잡한 인간노력이다. "이러한 상황에서는 이렇게 하라"라고 말하기는 거의 불가능하다. 사람들은 개별적이고 예측불가능하기 때문에, 관리는 이러한 방식으로 작동하지 않는다. 이것은 의뢰인과 관리자뿐만 아니라 팀 구성원에게도 적용된다. 때때로 여러분은 지도자가 되어야 하고 또 다른 경우에는 관리자가 되어야 한다. 여러분은 단호하고 지시적이면서 동시에 민감하고 공정한 방법으로 사람들과 생산에서 야기되는 문제를 판별, 진단 및 해결할 수 있어야 한다.

오늘날 가상적인 리더십과 관리가 훨씬 더 흔해지고 있다. 여러분이 현장에서 사용하는 기술들은 문화와 관점에서 다양성과 차이를 책임지기 위해 연마되고 조절되어야 한다. 세계화는 리더십과 지도에서 차별화되는 유능한 개인들로 구성된 팀들을 널리 빈번하게 구성하고 있다. 가상팀을 위한 전자적인 의사소통은 효과적이지만, 만약 여러분이 어법이나 의미에 주의를 기울이지 않으면 항상 효과적이지는 않을 것이다.

여러분은 어떻게 프로젝트 관리기술을 배울 수 있는가? 읽고, 관찰하며, 이야기하고, 들으며, 연습하라. 각 교수 프로젝트는 고유한 목적, 팀, 의뢰인을 가지고 있기 때문에 독특하다. 그러한 차이에 상관없이, 성공적인 프로젝트 관리자들은 항상 팀들에게 지도와 동기를 제시하면서 모범으로 이끌어야 한다. 교수 프로젝트 관리자들이 팀들을 이해하고 그들이 최상의 산출물을 생산할 수 있도록 안내해 주는 것은 대인관계 기술을 완전히 습득하는 것이다.

핵심 원리 요약

1. **리더십과 관리는 상이하며, 상이한 기술을 필요로 한다.** 지도자들은 혁신, 비전, 신뢰, 영향력을 통해 사람들을 동기화한다. 관리자들은 계획을 집행하고, 목적을 지속적으로 주시하며, 산출물과 기한에 초점을 둔다.
2. **프로젝트 관리에서 가장 중요한 기술은 팀을 지도하고 동기화하는 대인관계 기술이다.** 스케줄을 작성하고, 예산을 확보하며, 목표들을 정의하고, 평가를 수행하기 위한 능력들도 중요하지만, 팀을 이끄는 대인관계 기술은 가장 중요하다.
3. **다양한 노동자들과 효과적으로 의사소통하기 위해서는 세심한 고려와 연습이 필요하다.** 오늘날의 노동자들은 과거보다 더 다양하다. 팀은 다른 나라와 문화적인 배경을 가진 사람들로 구성될 수 있다. 여러분은 여러분의 메시지를 가장 효과적이고, 최대한 방어적이지 않은 방식으로 전달하는 방법에 능통해야 한다. 때때로 간결함은 효과적이지 않다.
4. **창의적인 사람들을 관리하는 것은 몇 가지 흥미로운 도전들을 제시한다.** 만약 여러분이 창의적인 사람들의 관리를 여러분이 전통적인 관리에서 사용한 것과 동일한 방식으로 접근한다면, 여러분은 저항과 오해에 접하게 될 수 있다. 창의적인 사람들은 자신들의 개별 아이디어와 발표 속에 자신들의 자아를 담기 때문에 다른 사람들보다 업무를 더 진지하게 받아들일 수 있다.
5. **가상프로젝트 관리는 더 많은 구체적인 기술을 필요로 한다.** 의사소통, 지도, 상호작용, 동기는 전자적인 수단을 통해 행사될 때 더욱 중요시된다. 문화와 다양성은 프로젝트의 모든 단계들에서 고려되고 설명되어야 한다.

응용 문제

1. 시(市) 고용인들을 위한 8개 강좌의 CBT프로그램을 개발하는 100만 달러의 프로젝트가 6개월 동안 파행을 겪고 있으며, 2명의 프로젝트 관리자들이 있었다. 해당 프로젝트는 일정보다 뒤처져 진행되고 있으며, 의뢰인은 불만을 토로하고 있다. 아무 것도 산출되지 않았다. 해당 프로젝트 팀은 버둥거리며 진행하고 있고, 개인들은 사이좋게 지내지도 못하고 있으며, 어떻게 진행해야 할 것인지에 대한 방향도 거의 없다. 여러분은 세 번째 프로젝트 관리자로 고용되었다. 여러분은 이 상황을 어떻게 접근할 것인가? 여러분은 여러분이 보여줄 리더십기술의 관점에서 무엇을 할 것인가? 여러분은 어떠한 리더십 측면들에 첫 번째, 두 번째로 초점을 둘 것인가? 여러분은 어떻게 이 팀을 화합하게 할 것인가?
2. 여러분은 프로젝트 관리자로 고용되었으며, 어떤 병원에 고용된 간호사들을 위한 5일짜리 오리엔테이션 프로그램을 설계하고 개발하기 위해 10명으로 구성된 팀을 꾸렸다. 4명은 시내에 살며, 3명은 한 주(州) 정도 떨어진 곳에 살고, 3명은 전국에 분산되어 거주하고 있다. 몇 명은 여러분들이 만날 수 있지만, 몇 명은 만날 수 없다. 여러분은 의학 SMEs, 간호사들, 교수설계자들, 한 명의

작가, 한 명의 그래픽 아티스트를 두고 있다. 여러분은 어떻게 프로젝트의 목표들과 열정을 전달할 것인가? 여러분은 어떻게 사람들과 산출물들을 모니터링할 것인가? 여러분은 어떻게 피드백을 제공할 것인가? 마지막으로, 여러분은 어떻게 성공적인 프로젝트의 결과를 축하할 것인가?

저자 정보

Brenda C. Litchfield는 사우스앨라바마대학교의 교수설계(Instructional Design) 교수이며, 교수설계 석사와 박사학위 과정 코디네이터다.

참고 문헌

Bennis, W.(1994). The differences between leadership and management. *Manage*, November 1994, p. 12.

Berkun, S.(2008). *Making things happen.* Tokyo: O' Riley.

Blanchard, K., & Johnson, S.(1982). *The one-minute manager.* New York: William Morrow and Co.

Clark, R. E.(1999). Motivation systems. In D. G. Langdon, K. S. Whiteside, & M. M. McKenna(Eds.), *Intervention resource guide.* San Francisco: Jossey-Bass.

Cobb, A.(2006). *Leading project teams.* Thousand Oaks, CA: Sage.

Conger, J. A.(1992). *Learning to lead: The art of transforming managers into leaders.* San Francisco: Jossey-Bass.

Dinsmore, P. C.(2006). Studies in human resource management: Interpersonal skills. In P. C. Dinsmore and J. Cabanis-Brewin(Eds.), *AMA handbook of project management*(pp. 144-154). New York: Project Management Institute.

Duarte, D. L., & Snyder, N. T.(2001). *Mastering virtual teams.* San Francisco: Jossey-Bass.

Fuller, J.(1997). *Managing performance improvement projects.* San Francisco: Jossey-Bass.

Gardiner, P. D.(2005). *Project management: A strategic planning approach.* New York: Palgrave.

Garstang, M.(1994). Checklist for training project management: The team' s perspective. *Journal of Instruction Delivery Systems, 8*(1), 29-33.

Greer, M.(1999). *Project management.* Amherst, MA: HRD Press.

Greer, M.(2001). *The project manager' s partner.* Amherst, MA: HRD Press.

Hersey, P., Blanchard, K., & Johnson, D.(2001). *Management of organizational behavior.* Upper Saddle River, NJ: Prentice Hall.

Keller, J. M.(1999). Motivational systems. In H. D. Stolovitch & E. J. Keeps(Eds.), *Handbook of human performance technology*(2nd ed.). San Francisco: Jossey-Bass.

Lewis, J. P.(1995). *Project planning, scheduling & control.* Chicago: Irwin Publishing.

Maslow, A. H.(1998). *Maslow on management.* New York: Wiley and Sons.

Mersino, A.(2007). *Emotional intelligence for project managers.* New York: AMACOM.

Project Management Institute.(2004). *A guide to the project management body of knowledge*(3rd ed.). Newtown Square, PA: Project Management Institute.

Stevens, L.(1992). Do traditional management techniques work with creative types? *CBT Directions*, Jan./Feb., 10-14.

Tosca, E.(1997). *Communication skills profile.* San Francisco: Jossey-Bass.

Vroom, V. H.(1995). *Work and motivation.* San Francisco: Jossey-Bass.

Wong, Z.(2007). *Human factors in project management.* San Francisco: Jossey-Bass.

Wysocki, R. K.(2003). *Effective project management.* Indianapolis, IN: Wiley.

제13장

훈련조직에서 희소자원 관리

James J. Goldsmith (Accenture)
Richard D. Busby (Illinois Mathematics and Science Academy)

어떠한 효율성도 없는 곳에는 어떠한 경제도 있을 수 없다.

—Benjamin Disraeli, 1st Earl of Beaconsfield

경제적인 변화는 조직이 작동하는 방법을 바꾼다. 회사경영진은 자신들의 회사가 지속적으로 변화하고 있는 시장에서 생존하거나 더 좋게는 번영하기 위해 예산을 조절하며, 성장계획을 조정하고, 비용수준을 **지속적으로**(continuously) 수정하도록 강요한다. 어느 누구도 경제적인 조건들(그리고 그에 따른 집행부의 결정들)이 교육이나 훈련부서에 어떻게 영향을 미칠 것인지를 정확하게 예측할 수는 없지만, 만약 교수설계자들이 직업에서 성공한 직책을 원한다면, 특히 자신들이 행하고 있는 업무의 맥락에서, 핵심적인 경제적 동인들(drivers)을 이해할 필요가 있다.

세계경제는 지난 몇 십 여 년 동안 몇 번의 극적인 격동을 경험했다. 그에 따라, 많은 훈련부서들도 그들의 서비스에 대한 요구에서 동일하게 극적인 격동을 경험했다. 그런데 그것은 고용, 해고, 그리고 더 최근에는 아웃소싱의 순환에서 최고조에 달하였다. 침체기에 일에 대한 수요가 감소함에 따라 지도자들은 직원을 줄여야 한다는 압박감을 느낄 수 있다. 반대로, 번창기에 그러한 경향은 더 많은 사람들을 고용할 수도 있다. 올바른 결정은 무엇인가? 훈련부서에게 단기적으로 무엇이 가장 좋은가? 장기적으로 무엇이 가장 좋은가?

효과적인 관리자들은 **자원희소성**(resource scarcity)과 관련된 개념들에 관한 철저한 이해를 기초로 의사결정을 한다. 자원의 희소성은 크건 작건 간에 모든 훈련조직 내에 존재하는 현실이다. 이 장의 목적은 자원희소성을 설명하고 훈련조직에서 이러한 일상적인 상황을 효과적으로 관리할 수 있는 지침을 제공하는 것이다. 우리는 "자원(resources)"의 정의를 시작으로 훈련관리자가 효과적으로 조작하기 위해 이해할 필요가 있는 핵심 개념들을 검토할 것이다. 또한 우리는 "공급(supply)과 수요(demand)", "경제순환(economic cycle)"과 같은 다른 핵심 개념들도 설명하고, 자원희소성의 맥락에서 이들의 영향력도 설명할 것이다.

"자원"의 정의

훈련개발의 관점에서 볼 때, 비즈니스, 학문, 그 외 어떤 분야의 맥락에서든, 자원에 관한 세 가지의 광범위한 범주들이 있다.

1. **인력**(people): 훈련을 계획, 개발, 전달하는 사람들
2. **시간**(time): 훈련 프로젝트를 완수하는 데 필요한 기간
3. **자금**(money): 훈련에 투자하는 데 사용할 수 있는 자본

확실히 제한된 인력, 시간 또는 자금 자원으로만 훈련 프로젝트를 완수하기는 불가능하고, 따라서 자원을 어떻게 효과적으로 투자할 것인가에 대해 생각해 볼 필요가 있다. 이러한 결정은 프로젝트 산출물들과 제한된 자원 간의 타협점(tradeoff)을 요구한다. 사실 산출물과 자원 사이의 상호작용에는 두 가지 측면이 있다.

1. 산출물은 자원요건을 결정한다.
2. 자원의 제약은 프로젝트의 산출물을 결정한다.

첫 번째의 경우, 프로젝트의 기간, 심도, 범위, 복잡성, 전반적인 질의 요건[규모(scope)라고도 불림]은 처음부터 정의된다. 그런 다음, 이러한 요건을 맞추기 위해 적합한 사람(수)과 시간, 재정이 배당된다. 예를 들어, 다양한 주제와 복잡한 학습환경 내의 국제 워크숍을 개발하기 위해서는 많은 자원이 필요하다. 각각의 독특한 주제 영역에 많은 교수설계자, 내용전문가, 실행자원이 필요할 것이다.

이 사례에서, 할당된 자원의 수는 요구되는 콘텐츠 영역에 따라 달라진다. 다시 말해서, 프로젝트의 요건은 자원이 어떻게 할당되는지를 결정한다. 다른 모든 것들이 동등할 때, 이것은 프로젝트를 계획하는 가장 합리적인 방법일지 모른다. 그러나 프로젝트는 종종 자원에 의해 제한되기도 한다.

이는 우리로 하여금 자원계획의 두 번째 고려점, 즉 구체적으로 희소자원이 프로젝트 규모를 어떻게 형성하는지에 대해 생각해 보게 한다. 앞의 예제에서 회사의 CEO가 새로운 주

〈표 13.1〉 인력, 시간, 또는 자금의 감소로 인해 촉발되는 변화

만약 ~가 감소한다면,		
인력	시간	자금
더 많은 시간을 필요로 하거나 프로젝트의 규모를 축소하거나 질을 떨어뜨릴 수 있다.	더 많은 인력을 필요로 하거나 프로젝트의 규모를 축소하거나 질을 떨어뜨릴 수 있다.	인력의 수를 줄이거나 시간을 줄임으로써 프로젝트의 범위나 질을 떨어뜨릴 수 있다.

요 의뢰인의 위탁업무를 맡았다고 가정해 보자. 뜻밖에, 내용전문가와 후원자의 50%가 새로운 위탁업무를 수행하기 위해 훈련 프로젝트를 떠나야 하지만, 훈련을 전달하기 위한 임무는 그대로 남아 있다. 이러한 요구를 해결하기 위한 한 가지 옵션은 팀이 이용할 수 있는 남아 있는 자원에 기초하여 해당 강좌의 규모를 줄이는 것이다. 이 경우, 자원희소성은 최종 훈련 산출물의 규모를 제한하게 된다.

특히 프로젝트 산출물과 희소자원 간의 가능한 합의점을 고려할 때, 인력, 시간, 자금 간의 상호작용은 매우 복잡해질 수 있다. 예를 들어, 자금 자원의 증가는 프로젝트에 더 많은 사람과 시간을 투자하는 것을 가능케 한다. 반대로, 자금의 축소는 더 적은 수의 사람과 시간이 프로젝트에 할당될 수 있음을 의미한다. 〈표 13.1〉은 핵심 자원이 감소할 때 초래될 수 있는 시나리오들 중 몇 가지를 예를 들어 설명해 준다.

물론 무제한적인 자원이 있다면, 이러한 관계는 상당히 변할 수 있다. 그러나 기업훈련 환경에서, 자원의 공급은 일반적으로 제한적이거나 '희소' 하며, 〈표 13.1〉에 나타난 바와 같이 실행될 가능성이 있기 때문에 주의 깊게 고려되어야 한다. 이 개념에 대해 좀 더 살펴보자.

"희소성"의 정의

포괄적으로 말해서, 희소성이란 수요가 공급을 초과하거나 초과할 가능성이 있을 때 일어난다. 이것은 어떤 목표를 성취하기 위해 사용 가능한 인력, 시간, 자금의 양이 제한적일 때 일어난다. 희소성이란 풍요의 심리(abundance mentality)를 유지하는 것이라기보다는 사물의 정상적인 상태라고 할 수 있으며, 경험 있는 관리자는 잘 해도 자원이 제한될 것으로 추정된다고 말할 수 있다.

이러한 가정하에, 효율적인 비즈니스 관리자나 학교행정가의 목적은 필요를 충족하기 위해 딱 맞는 양의 자원이 적용될 수 있는 선을 찾는 것이다. 이것은 도전이라는 말을 삼가서 말한 것이다. 필요(수요)와 요구를 충족하기 위한 능력(공급) 양자는 수시로 변하고, 때

때로 거세게 요동하는 경향이 있어, 양자를 정확하게 예측하기도 힘들 수 있다.

이러한 도전으로, 희소성은 자주 나쁜 것으로 받아들여진다. 그러나 희소성이 반드시 나쁜 것만은 아니다. 그 이유를 이해하기 위해서 공급과 수요에 대해 좀 더 살펴보자.

공급과 수요

공급(supply)과 **수요**(demand)는 경제상황을 설명하기 위해 사용되는 포괄적인 두 가지 척도들이다. 간단히 말해, 공급은 사용 가능하거나 접근 가능한 자원이고, 수요는 충족해야 하는 요구를 말한다. 기업훈련 환경에서, 자원의 공급은 일반적으로 개발예산, 훈련개발자팀, 시간, 자료, 도구들을 포함한다. 수요는 훈련 프로그램을 위한 요건에 의해 표현된다. 일반적으로 수요척도는 훈련받을 사람의 수, 이용 가능한 시간, 요구되는 수행 산출물 등을 포함한다.

수요와 공급의 관계는 경제 맥락 내에, 그리고 맥락 간에 조건들을 기술할 때 인용되는 편리한 준거점이다. 이를 위해, 훈련 맥락에서 공급과 수요의 영향에 대해 살펴보자. 우리는 [그림 13.1]에 묘사된 세 가지 조건들을 살펴볼 것이다.

- A지점: 수요가 공급을 넘어섬(희소성)
- B지점: 공급이 수요를 넘어섬(비효율성)
- C지점: 공급과 수요가 동일함(균형)

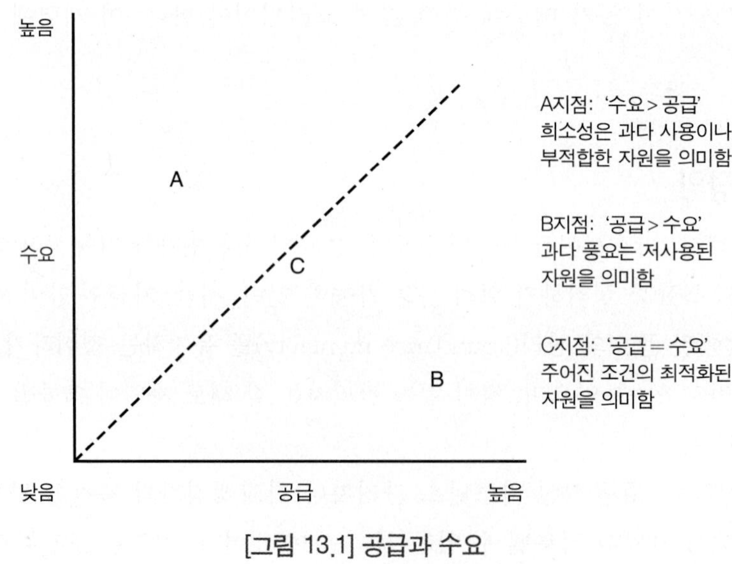

[그림 13.1] 공급과 수요

"전형적인" 희소성

수요가 공급을 초과하는 상황(A 지점)은 '전형적인(classic)' 희소성 중 하나다. 기업환경에서, 이것은 현재 다루고 있는 임무를 완수하기 위한 훈련자원이 적절하지 않은 상황일 것이다. 예를 들어, 신규 비즈니스 서비스를 위해 처음부터 끝까지의 기업회계("Corporate Accounting") 훈련 프로그램에 대한 높은 수준의 수요가 있다. 그러나 회사의 어떤 부서들도 코스웨어를 개발하거나 훈련을 전달하기 위해 기꺼이 숙련된 회계사를 일상업무에서 제외하지는 않는다. 이 경우, 강사수준(공급)은 훈련전달요건(수요)보다 낮다. 결국, 수요가 공급을 초과한다면, 수요의 몇몇 요건들은 만족될 수 없으며, 그 결과 조직의 수행은 타격을 입는다.

비효율성

공급이 수요와 가장 어긋날 때의 상황([그림 13.1]의 B지점)은 "비효율성(inefficiency)"[흔히 "과잉공급(overabundance)"이라 불림]이라 명명할 수 있다. 자원들이 비싸서, 이러한 상황은 비즈니스 환경에서 지속되지 않을 것이다. 일반적으로 비효율성은 다음과 같을 때 초래된다.

1. 수요가 기존의 공급수준 이하로 떨어질 때
2. 공급이 요구되는 수준 이상으로 증가할 때

여기에 훈련과 관련된 비효율성의 예가 있다. 테크놀로지 컨설팅회사는 네트워크소프트웨어회사인 NetSmart와 5년간의 훈련계약을 맺기로 동의하였다. 이 계약으로 컨설팅회사는 NetSmart에서 개발한 네트워크소프트웨어를 사용하여 많은 수의 공학자들을 빠르게 고용하고 훈련시킨 후 프로그램을 개발하도록 할 수 있다. 계약 체결 후 1년, 컨설팅회사는 기술을 지닌 많은 컨설턴트를 보유하고 있고, NetSmart 프로그램에 기초한 개별화된 네트워크 소프트웨어를 판매하고 있다. NetSmart 프로그래밍 기술의 수요는 기대를 넘어섰다. 1년 후인 계약 2년째가 될 때, 새로운 회사 Budget Network Inc.가 저비용의 좀 더 안전한 네트워크 관리프로그램을 출시하였다. 이것은 NetSmart 프로그래밍 기술수요의 급격한 하락을 초래하였다(상황 1). 컨설팅회사의 판매가능한 프로그래밍 기술의 공급은 이제 수요와 맞지 않게 되었다. 또한 NetSmart와의 계약에 명시된 5년간의 재정약속에 따라 훈련예산이 줄어들었다. 컨설팅회사 임원들은 회사가 수요가 거의 없는 기술의 컨설턴트를 대량으로 공급하고 있다는 점을 걱정하고 있다(상황 2). CEO는 훈련부서에 컨설턴트들이 Budget Network Inc.의 소프트웨어를 사용하도록 재훈련하는 데 얼마나 비용이 들어가는지 문의하였다. 이 질문을 예상하고 있던 기업 훈련책임자는 전체 훈련비용을 낮추기 위해 가상훈련 방법의 사용을 제안하였다.

이 예제는 수요가 훈련된 인력의 공급에 영향을 준다는 점과 관련된다. 비효율성의 또 다른 예제를 살펴보자. 이번에는 훈련부서 자체 내의 비효율성의 영향을 살펴볼 것이다. 방대한 국제적인 훈련조직을 가진 한 세계적인 회사가 비즈니스에서 장기적인 하락을 경험하고 있다. 경제적 침체는 관리자들이 이윤을 유지하기 위해 비용을 줄이도록 하였다. 그 결과, 새로운 훈련개발 비용도 일격을 맞았으며, 더불어 훈련스케줄도 엄청나게 줄었다. 이는 훈련팀을 제대로 활용하지 못하게 했다.

위의 사례에서, 훈련부서 직원의 수준(공급)이 개발될 새로운 훈련의 양과 실행될 훈련 코스의 수(수요) 양자보다 매우 높다. 전형적인 비즈니스의 응답은 상급집행팀이 지시한 비율로 훈련비용을 낮추는 것이다. 이 비율은 최소훈련요건에 관한 면밀한 분석보다는 전반적인 이윤대상에 기초할 것이다. 요지는 비효율성의 상황들은 기업환경에서는 묵인될 수 없기 때문에, 훈련관리자로서 여러분은 훈련 자원의 비효율성을 피할 수 있도록 노력하는 것이 중요하다. 희소성에 관한 여러분의 이해는 여러분이 그 문제점들을 피하는 것을 도와줄 것이다.

균형

"균형(equilibrium)"은 공급과 수요가 동일한 상황이다([그림 13.1]의 C지점). "근접균형(near equilibrium)"은 공급수준이 수요보다 상당히 높거나 낮지 않은 경우다. 균형은 비즈니스가 추구하는 이상적인 상황이다. 근접균형은 좀 더 현실적인 목표다. 기업훈련 환경에서, 균형은 할당된 자원으로 요구되는 강좌를 개발하고 배포할 수 있을 때 일어난다.

예를 들어, 훈련책임자가 일 년간 400명의 직원을 훈련하기 위해 기업회계 교육과정을 개발하고 배치하는 데 50만 달러를 받았다고 하자. 과거 개발팀과 훈련내용의 경험을 바탕으로, 책임자는 목표로 하는 16시간의 코스웨어개발에 20만 달러가 필요할 것이라고 예측하였다. 나머지 30만 달러는 6개월의 훈련기간 동안 강사들이 훈련을 전달하는 데 필요한 지원과 여행에 쓰인다. 예측을 점검한 뒤, 관리자는 프로젝트의 성공을 가능하게 하는 자원이 충분하다고 확신하였다. 요지는 관리자들은 할당된 자원의 공급이 언급된 자원의 수요와 동일해지는 상황을 선호하는 쪽으로 결정한다는 것이다. 따라서 훈련관리자로서 여러분은 여러분의 기관이 균형상태로 나아가도록 노력해야 한다. 만약 자원 과잉 상태가 존재하면, 비균형상태를 피하기 위해 모든 초과자원들을 신속하고 효율적으로 할당하는 것은 바로 관리자의 책임이다.

이 시점에서, 여러분은 "성공하기 위해서 자원 공급과 수요가 일치하는지만 확인하면 되죠. 그렇죠?"라고 생각할 것이다. 그러나 보다 더 광범위한 "경제순환(economic cycle)"도 고려해야 하기 때문에 꼭 그러한 것만은 아니다.

"경제순환"에 관한 설명

경제순환(economic cycle)이란 비즈니스 환경의 상태를 평가하기 위한 개념적 모형이다. 경제순환을 이해함으로써, 관리자는 공급과 수요결정의 장 · 단기적 결과에 대해 정보에 근거한 판단을 할 수 있다. 이러한 점을 논의하기 위한 목적에서, 경제순환이란 경제활동에서의 상당한 개선과 하락이라 말할 수 있다. 경제순환의 지점들은 많은 경제지표들의 종합적인 척도에 기초하고 있다. [그림 13.2]에서 볼 수 있는 바와 같이, 이러한 명확한 척도들을 시간에 따라 배열하였을 때, 그 결과 그래프는 경제의 순환적 성향을 분명하게 보여준다. 그렇다면 왜 경제순환이 훈련전문가들에게 적합한가? 순환을 좀 더 자세히 분석해 보면 그 이유들을 알 수 있다.

경제순환 단계

훈련관리자는 경제의 순환적인 특성을 적절하게 관찰하고 반응할 필요가 있다. 이러한 능력은 다음과 같은 경제순환의 네 가지 중요 단계들에 관한 이해를 필요로 한다.

- 상승
- 정점
- 하강

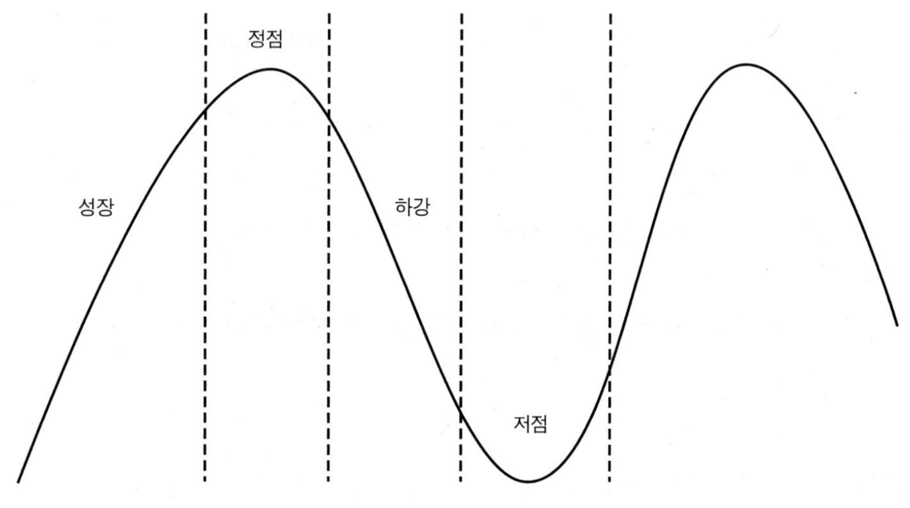

[그림 13.2] 경제순환

- 저점

한정된 상승경향선은 '상승(growth)' 을 나타낸다. 이 단계는 일반적으로 시장활동이 증가되는 것이 특징이다. 이 단계 동안, 기업체는 흔히 새로운 비즈니스를 시작하며, 기대되는 높은 수요수준을 만족시키기 위해 공급수준을 증대하기 위해 투자를 한다. 소비자들 또한 새로운 기업들이 시장에 대안적인 생산물들을 소개함에 따라 더 많은 생산물을 선택할 수 있는 혜택을 누릴 수 있다.

그러나 성장이 지속되지는 않는다. 경제순환이 성숙해 감에 따라, 곡선은 마침내 최고점 ['정점(peak)']에 이를 때까지 직선으로 나아간다. 이 시점에서도 아직 높은 수준의 일이 있다. 훈련개발의 관점에서 볼 때, 경제가 더 이상 팽창하지 않으므로 일에 대한 경쟁이 있다. 이 시기는 또한 과도한 성장단계 동안 행해진 공격적인 비즈니스 투자가 기대한 이익을 산출하지 못함에 따라 위기의 시기가 되기도 한다. 예를 들어, 비훈련(nontraining) 비즈니스에서, 재고품이 창고선반에 쌓이기 시작할 것이다. 기업훈련 환경에서, 훈련직원들은 일의 수준이 낮아짐에 따라 새로운 프로젝트에 참여할 수 있는 기회가 점차 줄어듦을 알 것이다.

정점단계 이후에, 경제순환은 수요가 상당히 감소함에 따라 '하강(decline)' 하기 시작한다. 이 시점에서 비즈니스에 끼치는 영향이 명확해진다. 예를 들어, 제품주문이 급격하게 줄어듦에 따라 창고보관료가 상승한다. 훈련비즈니스에서, 행정팀에서 승인한 예산긴축요구를 충족하기 위해 직원들이 현격하게 줄게 된다. 순환의 하락단계에서는 많은 비즈니스가 통합되거나 존재하지 못하게 한다. 긍정적인 면은 하강하는 시장의 압력으로 인해 살아남은 기업들이 운용비용을 최소화하기 위해 매우 효율적으로 변모하게 된다는 것이다.

'저점(trough)' 단계는 하강단계를 지나서 '저점 치기(hit bottom)' 를 시작한 후에 일어난다. 이 단계는 높은 실업률과 평균수준 이하의 수요로 상징된다. 이 순환의 단계쯤에, 회사의 과도한 재고는 손해를 보면서 팔리고 새로운 주문은 거의 없게 된다. 훈련부서가 저점단계 동안 영향을 받을 수 있는 몇 가지 측면들에는 (1) 해당 부서가 최소한의 직원으로 운영되며, (2) 핵심직원이 외부계약자들로 대체되거나 보충되고, (3) 업무가 완전히 또는 부분적으로 아웃소싱되며, (4) 해당 부서가 폐쇄되는 것 등이 포함된다.

결과적으로, 일정 단계의 영향수준은 변화의 정도와 얼마나 많은 시간이 경과했는가에 따라 달라진다. 다음과 같은 두 가지의 척도가 특정 경제순환의 영향을 결정하는 데 도움이 된다.

- 규모
- 기간

"규모(magnitude)"란 순환의 높이와 깊이를 말한다. 성장단계의 시작점과 정점 간의 차이는 순환의 규모가 된다. 예를 들어, 한 훈련부서는 10명의 인원과 각 분기에 평균 5개의 새로운 프로젝트로 성장단계를 시작한다. 비즈니스는 40개의 새로운 훈련 프로젝트가 각 분기마다 요구되는 정점단계까지 증대된다. 그 결과, 훈련부서의 직원채용 모형은 새로운 수요수준을 충족시키기 위해 변화한다. 어떤 경우, 직원이 추가적으로 고용될 것이다. 이것은 훈련관리자가 수요의 규모에 근거하여 어떻게 수정하는지를 보여주는 한 가지 예다. 대안적으로, 업무를 아웃소싱하는 결정은 가장 신중한 행동조치일 것이다. 각 상황은 사례별로 거기에 적합한 관리결정을 확보하면서 검토될 필요가 있다.

"기간(duration)"이란 순환이 처음부터 끝까지 지속되는 시간의 길이다. 짧은 기간의 순환은 그 속성상 끊임없이 변화한다. 그 결과, 가파른 하강이 있을 때 훈련관리자가 이러한 상황의 부정적 영향을 최소화하기 위해 할 수 있는 일은 거의 없다. 예산, 직원규모 등에 대한 필요한 수정을 할 만한 충분한 시간이 없다. 역으로, 똑같이 가파른 상승기에는 이러한 상황이 가져다준 기회의 장점을 취하기 어려울 것이다. 더 많은 훈련생산물들을 전달할 필요가 있을 때마다 예산과 직원 수준을 신속하게 증가시킬 만한 충분한 시간이 없다. 따라서 상승이든 하강이든 상관없이 기간이 짧을 때는 효과적인 관리결정을 내리기가 어렵다.

한편, 좀 더 긴 순환은 관리하기가 더 쉽다. 그 이유는 관리자가 순환의 영향을 이해하고 그에 따라 환경에 적응하기 위해 신중한 관리결정을 할 수 있는 시간이 더 많기 때문이다. 예를 들어, 점진적인 상승기에 관리자는 계약자나 팽창하는 시장의 장기적 성장의 예측을 바탕으로 정규직원을 고용할 것이다. 또 다른 선택은 해당 업무를 완전히 또는 부분적으로 아웃소싱하는 것이다. 관리자는 시간프레임이 좀 더 완만하고 상황이 수정을 덜 요하기 때문에 좀 더 자신감을 가지고 이러한 결정을 내릴 수 있다.

그러나 단기와 장기기간에 대한 이러한 가정들에도 예외가 있다. 정통한 관리자는 이러한 예외들에 대해 알 필요가 있다. 예를 들어, 좀 더 많은 금전적인 자원을 가지고 관리자는 자원에 대한 어떠한 수정도 없이 어려운 단기적인 경향을 견뎌 내는 것을 선택할 수도 있다. 그러나 이것은 미래 프로젝트에 투자되었어야 할 금전적인 자원을 사용해야 하기 때문에 반드시 좋은 결정은 아니다. 미래를 위해 희소한 훈련부서의 자원들을 보존하기 위해 현재 기간에 훈련 운영을 줄이거나 개발노력을 아웃소싱하는 것이 더 현명할 수 있다.

지금까지 우리는 자원의 공급과 수요에 있어서 광범위한 경제순환의 각 단계에서 경제순환이 미치는 영향에 대해 살펴보았다. 이러한 개념들이 훈련관리 결정에 대한 충분한 기초를 제공하는가? 여전히 고려해야 할 몇 가지 다른 변수들이 있기 때문에 꼭 그러한 것만은 아니다.

경제순환의 특성

경제순환은 역동적이다. 실제로 경제순환은 다음과 같을 수 있다.

- 불안정함
- 예측하기 힘듦
- 완만하지 않음

경제순환은 어떤 단계도 고정되지 않는다는 점에서 **불안정**(unstable)하다. 변화는 순환의 어느 지점 또는 시기에나 일어날 수 있다. 광범위한 환경에서 예측하지 못한 변화는 경제순환의 동요 또는 급격한 변화를 자극할 것이다. 2001년 9 · 11 테러공격의 영향이 한 가지 예다.

순환은 **예측하기 힘들다**(difficult to predict). 만약 예측이 쉽다면, 더 많은 회사들은(그리고 개인들은) 쉽게 성공하고 부를 얻을 것이다. 이러한 점에서, 성공한 비즈니스는 순환의 전체 단계에서 융통적으로 적응하고 운영할 수 있는 능력을 지닌 비즈니스들이다.

순환은 **완만하지 않다**(not smooth). 경제경향선은 종종 상승과 하강의 속도가 일정한 것처럼 보인다. 이것은 움직이는 평균을 그래프화해서 생긴 결과다. 실제로 좀 더 정확한 차트는 매일 일어나는 경제지수의 동요를 보여줄 것이다. 주식시장은 더 큰 경제순환의 한 요소임에도 불구하고, 다우존스산업평균지수(Dow Jones Industrial Average)의 들쭉날쭉한 움직임은 변화성을 효과적으로 잘 형상화하여 제공해 준다.

관리자들은 경제순환의 변화하는 특성뿐만 아니라 각 단계에 대해 인식할 필요가 있다. 이러한 개념들은 앞서 논의한 인력, 자금, 시간 자원에 지대한 영향을 미치기 때문에 훈련관리자들에게 의미가 있다.

그렇다면 이러한 경제순환의 개요가 주어졌을 때, 기업 훈련부서에 주는 몇 가지 시사점은 무엇인가?

경제순환의 시사점

지체. 경제순환과 자신의 부서에서 일어나고 있는 상황을 올바르게 예측하고 정확하게 매칭할 수 있는 비즈니스 관리자나 학교행정가는 아주 재능이 있거나 운이 좋거나, 또는 타고난 축복이 있을 것이다. 그러나 대부분의 경우, 우리가 아무리 노력을 해도 우리는 항상 일반경제에서 일어나는 것보다 다소 뒤처져 있는 것 같다. 우리의 목적은 사전에 대비하고 변화를 예상하는 것이지만, 아주 종종 우리가 할 수 있는 최선의 것은 반응하는 것이다. 일반경제에서 일어나고 있는 것과 우리의 비즈니스와 훈련부서 간의 차이를 "지체(lag)"라고 한다. 비록 지체는 피할 수 없지만, 관리할 수 있고 관리되어야 한다. 지체가 얼마나 잘 관리되느냐는 지체가 '좋은' 또는 '나쁜' 시사점을 가지는지의 여부를 결정한다. 다음은 좋은 지체와 나쁜 지체에 관한 몇 가지 예들이다.

좋은 지체. '좋은 지체(good lag)'는 훈련부서의 관리모형이 최소한의 지체로 경제순환에 적합하게 조정될 때 일어난다. 부서는 순환에 신속하게 적응함으로써 위험을 최소화할 수 있다. 좋은 지체는 훈련부서의 자원수준이 경제순환의 각 단계에 따라 조절될 때 일어난다. 따라서 일반경제가 정점에 있을 때, 훈련부서의 자원수준도 그러하다. 역으로, 경제가 저점에 도달할 때, 훈련부서는 그에 맞게 자원 수준을 감소시킬 것이다. 경제순환과 평행하게 움직이는 것은 순환으로 인한 변화의 영향을 최소화하는 데 도움이 된다. 예를 들어, 만약 30명의 훈련부서가 다음 6개월간에 걸쳐 e-러닝 자산 생산을 33%까지 증가하도록 요구받았다면, 그들은 직원채용 모형을 조정하거나 개발 노력을 아웃소싱하는 것을 고려해 볼 필요가 있을 것이다. 이러한 상황에서, 훈련관리자는 다음과 같은 몇 가지 중요한 질문들을 해야 한다.

- 고용을 해야 하는가?
- 아웃소싱을 해야 하는가?
- 계약을 체결해야 하는가?
- 그 자원은 임시직 또는 정규직이어야 하는가?
- 몇 명?
- 어떤 기술?
- 얼마 동안?
- 여유자원은 무엇인가?

만약 회사가 하강을 경험한다면, 그 때 그 자원들은 새로운 수요에 맞게 조정되어야 한다. 그러나 비록 직관에 어긋나는 것처럼 보이기는 하지만, 이러한 변화들은 반드시 핵심 인물을 고용하거나 해고하는 것을 의미하는 것은 아니다. 실제로 인사 동요(한 부서에 있는 사람의 수가 재빠르고 빈번하게 증가하고 감소하는 것이 특징임)는 관리자나 행정가가 경제순환의 맥락에 처했을 때 공급/수요선의 시사점을 이해하지 못하고 있으며 관리결정을 제대로 하지 못할 가능성이 있다는 신호다.

한 가지 예로, 잘 운영되고 있는 훈련부서는 자원의 공급을 적절하게 조정하기 위해 수요 수준을 모니터링하고 예측할 수 있는 능력을 가지고 있을 것이다. 아울러, 그 부서의 제한적인 자원들은 최고로 가치 있는 프로젝트에 할당될 것이다.

지체에 관한 인식은 또한 긍정적인 결과들도 가지고 있다. 예를 들어, 훈련관리자는 새로운 시장 경향에 의도적으로 뒤처져 있을 수 있다. 몇몇 경우에, 시간의 지체는 잘 작동하고 있는 것과 그렇지 못한 것을 볼 수 있는 기회가 될 수 있다. 어떤 새로운 시작의 초기에 진입한 사람들은 소비자들이 새로운 아이디어를 시험해 보기 때문에 최고의 위험에 처하게 된다. 관리자들은 위험을 줄이기 위해 초기 진입자들 뒤에서 뒤처지기를 선택할 것이다. 이 경우, 관리자들은 다른 사람들을 관찰하여 배운 교훈을 통해 보다 더 나은 입장에서 경기에 들어갈 수 있다.

나쁜 지체. "나쁜 지체(bad lag)"는 훈련부서에서 구체적으로 일어나고 있는 것과 일반경제 상황에서 일어나고 있는 것 간에 차이가 있을 때 일어난다. 극단적인 경우, 부서의 자원수준은 일반경제가 저점으로 향함에도 정점을 유지할 수 있다. 역으로, 일반경제가 정점일 때, 부서의 자원은 저점일 수 있다. 이것은 6월에 겨울 코트만을 팔고 있는 의류점을 갖는 것과 같다. 몇몇 사람들은 겨울 코트를 사길 원할 수도 있지만, 대부분은 다른 제품들을 찾을 것이다. 경제순환과 엇갈려(극한 경우에는 반대방향으로) 움직이는 것은 순환으로 인해 초래되는 변화의 영향을 증가시킬 것이다. 이것은 비효율성을 나타내며, 기회를 상실하게 한다.

경제순환이 자원에 미치는 영향

경제순환의 주기적이고 피할 수 없는 상승과 하강은 자원에 상당한 영향을 미칠 수 있다. 이것은 자원의 요구가 시간에 따라 고정되지 않고 역동적이기 때문이다. 예를 들어, 경제순환이 상승할 때, 일반적으로 기존 직원이 과대사용되는 '희소자원(scare resources)'의 환경을 만드는 직원(인력)에 대한 수요보다 더 많다. 이러한 상황에서, 잔업은 일반적이고, 사람들은 자신의 전문영역을 벗어나는 일을 맡게 되며, 인력은 곧 지치고, 좌절감을 느끼며, 비효과적이 된다.(물론, 이 상황은 개발 노력을 아웃소싱함으로써 능동적으로 해결될 수 있다.) 역으로, 경제순환이 하락할 때, 자원이 충분히 활용되지 않는 상황을 만드는 직원에 대한 수요는 줄어든다. 이는 기업 문화에 치명적 · 장기적으로 영향을 미칠 수 있는 재구조화, 통합, 직원 감축을 초래한다. 두 가지 경우 모두, 최종결과는 피할 수 있는 것이다. 부정적 효과를 최소화하기 위해 순환적 성장과 하락이 주의 깊게 모니터링되고 적절한 조절이 행해져야 한다.

〈표 13.2〉는 자원들이 프로젝트의 요건들을 결정할 때 세 가지 변인들 간의 상호작용을 보여준다. 특히 시간과 자금의 역관계를 주목하라. 순환이 계속됨에 따라 모든 성실한 관리자와 행정가들은 이러한 변인들의 영향에 관심을 가져야 한다.

〈표 13.2〉 경제순환이 자원에 미치는 영향

	상승	정점	하강	저점
인력	직원채용에 대한 요구 증가	직원채용에 대한 요구 최대	직원채용에 대한 요구 감소	직원채용에 대한 요구 최소
시간	더 적은 시간 소요	사용 가능한 시간 최소	더 많은 시간 소요	사용 가능한 시간 최대
자금	더 많은 자금 사용	사용 가능한 자금 최소	더 적은 자금 사용	사용 가능한 자금 최소

결론

우리는 희소자원과 관련된 경제와 관리개념에 대해 이야기하였다. 우리가 이 장에서 소개된 개념을 요약하기 전에, 훈련부서 관리결정에 관한 한 가지 예를 검토해 보자. 한 기업 훈련부서의 관리자인 Kirk Scofield와 그의 상사인 Josephine("Jo") Bouvier 간의 다음과 같은 논쟁을 고려해 보자. 그들의 생산물에 대한 수요는 결코 높지 않았으며, Kirk는 일할 만큼의 충분한 인력을 확보하지 못한 것을 우려한다. Kirk는 정규직 개발자들을 몇 명 더 채용하라고 Jo를 압박하고 있으며, 그녀가 더 채용하는 것을 꺼리고 있다는 데 깜짝 놀랐다. Jo는 "내가 현재 누군가를 채용하기를 원치 않는 이유는 내가 나중에 그들을 해고해야 할지도 모르기 때문이다. 우리가 현재의 업무량을 처리하기 위해서는 너무 적은 인력을 확보하고 있다는 데 동의하지만, 나는 그 일을 아웃소싱하거나 계약자들로부터 도움을 받아 처리할 수 있다. 내가 걱정하는 것은 송유관이 바짝 마르고 우리가 할 것을 충분히 가지고 있지 않을 때다."라고 설명한다.

Kirk는 "옳습니다. 훈련은 별개의 문제입니다. 훌륭한 관리자는 수요와 공급을 모니터링하고, 현재 환경에서 나타나는 제약들을 인식하며, 그에 따라 조정할 것입니다."라고 답한다.

이 예에서, Jo의 결정은 다음과 같은 두 가지의 중요한 개념들에 기초한다.

- **공급과 수요:** 최선 또는 차선일 수 있는 우세한 경제 상황들을 기술하기 위해 사용된 포괄적인 두 가지 척도들. 그런데 이 척도들은 전반적인 경제 상황들에 따라 달라진다. 이 척도들은 현재의 상황들을 보여주기 위해 좌표에 표시되고, 그런 다음 미래 상황을 예측하기 위해 추정될 수 있는데, 이는 훈련관리자들이 적합한 조절을 할 수 있도록 해준다.
- **경제순환:** 비즈니스 환경의 상황을 측정하기 위한 개념적인 모형. 이 모형은 훈련관리자들이 단계들(성장, 정점, 하강, 저점), 척도들(규모, 기간, 변화), 속성(좋은 지체와 나쁜 지체)을 포함한 많은 특성들뿐만 아니라 그것의 현재 상태를 이해할 수 있게 해준다.

이는 관리자가 효율적인 훈련부서를 운영하는 데 필수적인 조절을 할 수 있게 해준다.

Jo와 Kirk 간의 논의가 주는 다음과 같은 시사점들에 주목할 필요가 있다.

- 자원결정에서 훈련기관이 효율적으로 운영되고 있음을 보장하기 위해 현재와 미래 상황 모두를 고려할 필요가 있다. 현재 일어나는 것에만 기초하여 결정하는 것은 위험부담이 있다. Jo가 지적한 바와 같이, 추가고용은 부서의 현재 수요가 겉으로는 옳지만 직원 해고를 초래하고 훈련부서에 다른 위험을 초래하는 실수일 수 있다.
- 관리자들은 제한된 자원을 투자하기 위해 계산된 위험을 감수할 필요가 있다. 미래를 알 수 없기 때문에, 관리자들은 모형과 법칙을 적용하여 위험을 완화시키고 효과적인 자원 투자를 결정할 수 있다. 관리자들은 공급과 수요, 경제순환의 요건을 관찰하고 적극적으로 관리함으로써 위험을 줄이고 훈련부서를 효과적으로 운영할 수 있다.
- 모든 훈련자들은 제한점(constraints)과 한계(limitations)에 직면할 것이다. 실제로, 일정 수준의 자원희소성은 예외적인 것이라기보다는 정상적인 것이다. 그러나 희소자원이 나쁜 것만은 아니다. 관리자들은 희소성이 현실이라는 점을 수용할 필요가 있다. 희소성을 이해하는 것은 관리가 잘 되었을 때 경쟁적인 장점이 될 수도 있다.

결론적으로, 효과적인 훈련관리자는 희소성에 당황하기보다는 좋은 결정을 가능하게 하는 정보에 근거한 관점에서 희소성을 바라볼 것이다. 우리는 여러분이 자원결정을 할 때 여기서 논의된 개념들을 고려하고, 개념의 적용이 훈련개발이 요구되는 영역에서 유용하게 사용되기를 희망한다.

핵심 원리 요약

훈련부서에서 희소한 자원을 관리하는 것은 어려운 것처럼 보일 수 있지만, 훈련관리자는 이러한 문제를 해결하기 위해 활용할 수 있는 많은 전략들을 가지고 있다. 핵심전략들 중 몇 가지를 아래에 요약하였다.

1. **세계적인 것에서 지역적인 것(global-to-local)으로의 접근법을 채택하라:** 훈련 비즈니스에 영향을 미치는 광범위한 경제와 비즈니스 상황에 대한 인식을 증대하라.
2. **풍요보다는 희소성 쪽으로의 편향을 가져라:** 만약 여러분이 불확실한 시기에 자원의 증가를 지연하거나 피할 수 있다면, 여러분은 고용의 복잡함, 예산 부족, 다른 문제점들은 피할 수 있는 더 좋은 위치에 있을 수 있다. 그러나 이는 현재의 자원에 미치는 영향과 비즈니스의 의무를 만족시킬

수 있는 능력을 고려하여 주의 깊게 평가되어야 한다.

3. **자원을 주의 깊게 선택하라:** 훈련 자원은 귀중하기 때문에, 그것들을 연구하고 현명하게 선택하라. 적합한 인적 자원을 고용하고 재훈련을 하는 것은 훈련관리자가 할 수 있는 가장 중요한 자원 결정이다. 강력한 핵심팀은 번영할 때뿐만 아니라 피할 수 없는 어려운 시기에도 적응할 수 있는 능력을 가질 것이다.
4. **자원희소성을 전략적인 문제로 다루어라:** 훈련 자원들은 전술적인 용어(예: 책, 컴퓨터, 칠판 등)로 자주 생각된다. 대신에, 자원 관리를 경쟁자를 이길 수 있는 전략적인 기회로 생각하라. 요컨대, 여러분의 조직은 훈련 관리 결정 시 희소성을 고려하지 않은 경쟁자에 비해 더 효율적으로 운영될 것이다.
5. **자원들 간의 상호작용을 고려하라:** 관리자들은 수요에 관한 요건을 충족하기 위해 인력, 시간, 자금 자원을 조절하는 많은 선택사항들을 가지고 있다. 고용결정을 하기 전에 모든 선택사항들을 고려하라.

응용 문제

1. 전반적인 경제하강기에, 대기업의 훈련개발에 대한 요구가 30% 정도 감소하였다. 아이러니하게도, 지난 2년 전에 새로운 개발에 대한 요구가 동일한 양, 즉 30% 정도 증가했었다. 2년 전에, 8명의 유능한 훈련개발자들이 고용되었다. 그 결과, 해당 그룹의 훈련전문가 총 인원은 25명이 되었다. 현재의 수요하에서, 해당 부서의 관리자는 의무적으로 따라야 할 회사예산지침을 준수하기 위해 최소한 7명을 방출하기로 결정했다. 이 회사에서, 역사적으로 인원감축을 하는 방법은 고용기간이 최소인 직원을 방출하는 것이다. 예산에서 어느 정도의 우발적인 사태에 대처할 수 있도록 하기 위해, 해당 관리자는 2년 전에 고용했던 8명 모두를 방출하기로 결정했으며, 상사인 HR 부서장에게 이를 건의하였다. 이러한 상황을 검토한 후, HR부서장은 이러한 상황이 해당 관리자에게 얼마나 어려운 일인지를 공감하지만, 그는 또한 어떻게 이 지경에 이르게 되었는지와 향후에 이러한 상황을 피하기 위해 무엇을 할 수 있는지에 대해서도 관심을 갖고 있다.

   HR부서장은 해당 관리자에게 다음과 같은 것을 포함한 몇 가지 질문들을 했다.

   - 8명을 방출하는 것이 적정한 수인가?
   - 확인된 사람들이 방출하기에 적절한 사람들인가?
   - 만약 그렇게 한다면, 나머지 팀 구성원들에게 미치는 영향은 무엇인가?
   - 만약 서비스에 대한 요구가 향후에도 줄어든다면 어떻게 되는가?
   - 만약 수요가 되살아난다면 어떻게 되는가?
   - 2년 전에 적정한 직원 수준을 가졌다고 생각하는가?
   - 장기적으로, 팀에 얼마나 많은 정규직원들이 있어야 하는가?

- 일반적으로, 팀에 주는 영향을 최소화하면서 시장에서의 변화를 완화할 수 있는 방법은 없는가?

여러분은 이 질문들에 어떻게 답하겠는가?

2. 어떤 대기업이 어떤 소기업을 막 인수하려고 한다. 역사적으로, 해당 대기업은 훈련을 핵심적인 전략적 장점이라고 봄으로써 훈련을 상당히 중요하게 여겨왔다. 해당 대기업은 업체에서 지도적인 위치를 점하고 있고 매년 자신들이 상당량의 새로운 훈련과 역량자산을 개발하고 있다고 자부하는, 수상한 경력이 있는 학습전문가들 중 실력이 있는 한 명의 직원을 고용하고 있다. 소기업의 경우, 훈련은 이따금씩 행해졌으며, 현 집행부는 용하기는 하지만 회사가 제공하고 있는 핵심서비스에는 필수적이지 않은 것으로 간주해 왔다. 그 결과, 해당 소기업의 훈련부서는 단지 몇 사람밖에 없다.

인수 이후, 모회사는 규모를 25% 정도 늘릴 계획이다. 합병 계획의 일부로서, CEO는 모회사의 훈련담당 이사에게 두 훈련부서를 합병하고 어떻게 바꿀 것인지를 건의하라고 했다. CEO는 훈련을 전반적인 변화 관리 과정의 중요한 부분으로 사용할 계획이다. 그는 훈련을 통해 새로운 조직을 위한 공통된 문화를 신속하게 조성하고 모든 고용인들이 공통된 목적들에 초점을 맞추기를 희망한다. 아울러, 그는 인수한 회사의 콘텐츠 지식을 활용하고 그들의 전문지식을 회사 자산으로 신속하게 이용할 수 있기를 원한다. 현재 그리고 인수된 훈련전문가들에 관한 통합명부를 검토한 후, 훈련담당 이사는 통합된 팀의 현재 수준에서 부서인력을 유지하기로 결정했다. 회사는 인력이 몇 천명이나 증가했고 훈련과 밀접하게 연계되어야 할 몇 가지 야심찬 목적들을 가지고 있기 때문에, CEO는 이 결정에 깜짝 놀랐다. 그는 훈련담당 이사에게 다음과 같은 것들을 포함하여 몇 가지 질문을 했다.

- 서비스를 위한 수요가 확실히 통합 전뿐만 아니라 통합 후에도 상당히 증가할 것이다. 이러한 증가추세를 어떻게 다룰 것인가?
- 현재 진행하고 있는 모든 계획들을 계속적으로 지원할 것인가?
- 새로운 팀에서 어떤 기능들이 대표적인가? 이것은 적절한 혼합인가?
- 인수된 팀 출신의 인력은 어떤 역할을 하게 되는가?

여러분은 이 질문들에 어떻게 답하겠는가? 여러분의 가정은 무엇인가?

저자 정보

James J. Goldsmith는 Accenture의 선임관리자다.

Richard D. Busby는 일리노이수학 · 과학원(Illinois Mathematics and Science Academy: IMSA)의 전문현장서비스(Professional Field Services) 운영이사(Director of Operations)다.

제14장

인간수행증진의 발달과 진화

Harold D. Stolovitch (HSA Learning & Performance Solutions)
Bonnie Beresford (Capital Analytics)

인간수행증진(human performance improvement: HPI), 얼마나 멋지게 들리는 용어인가! 어떤 식으로든 '증진' 하기를 원하지 않는 사람이 한 사람이라도 있겠는가? 이것은 또한 매우 많은 자기 개발(또는 조직 개발) 프로그램의 미션이 아닌가? HPI만의 고유한 것과 특별한 것은 무엇인가? 그 연원은 어디인가? 어떻게 세계적으로 사람들의 입에 오르내리는 전문분야로 성장하게 되었는가? 그 기원과 성장을 통해 끊임없이 복잡성을 더해가는 오늘날 직장에서 성공하고자 하는 개인과 조직에 어떻게 영향을 미치고 있는가? 마지막으로, HPI 또한 그동안 믿기 힘든 결과를 약속하며 우리의 바쁜 업무환경 속으로 혜성처럼 나타났다 사라져 버린 무수한 기적의 만병통치약들 중 하나에 지나지 않는 것은 아닌가? 또는 이것은 여기에서 머물러 있어야 할 개념인가? 이러한 것들이 이 장에서 다루어질 질문들이다.

HPI의 정의

단어가 갖는 의미가 명확하게 이해될 때 그 단어는 힘을 갖는다. 따라서 우리가 해야 할 일은 인간수행증진(HPI)이라는 용어를 비전, 개념, 그것이 추구하는 목적이라는 세 가지 관점에서 정의하는 것이다. 그 다음, 우리는 이 용어를 구성하고 있는 각각의 단어들을 살펴봄으로써 해당 용어를 정의한다.

HPI: 비전, 개념, 추구하는 목적

HPI의 비전은 상대적으로 간단하다. 즉, 사람들을 통해 모든 조직의 이해관계자들이 가치 있다고 여기는 성공적인 수행을 크게 증진시키는 것이다(Kaufman, 2006).

개념적으로, HPI는 위에서 기술한 비전과 밀접하게 관련 있는, 즉 **사람들을 통해 수행 당사자들, 그들의 관리자들, 그들의 동료들, 조직 전체, 이해관계자들, 규제기관들과 심지어 사회 자체를 포함한 모든 이해관계자들이 가치 있게 여기는, 조직의 목적과 직접적으로 연계되어 있는, 성공적인 성취를 크게 증진한다는** 매우 명확한 임무를 가지고 있다. 수행차이의 분석에서부터 적절하고, 경제적이며, 실현가능하고, 조직적으로 수용가능한 해결책(interventions)의 설계 및 개발을 거쳐 이러한 해결책의 실행과 장기적인 모니터링 및 유지에 이르기까지의 체계적인 수단은 조직의 목적을 비용효과적이고 효율적으로 달성하기 위해서 사용된다. 비슷한 목적을 가진 다른 움직임들과는 달리, HPI는 막강한 과정, 도구 및 자원, 과학적 근거, 값진 결과의 성취를 문서화한 전례들을 가지고 있는 HPT라는 독특한 모(母)학문에서 비롯되었다.

HPI는 값진 성취라는 HPI의 '목적(end)'에 대한 조작적 정의를 제공하고 있다. Gilbert(2007)는 자신이 사용한 용어인 '가치로운(worthy)' 수행(P_w)과 고비용 행동(B_c)에 대한 가치로운 성취의 비율(A_v)에 대해 다음과 같이 기술했다.

$$P_w = \frac{A_v}{B_c}$$

HPI의 세계에서, 바람직한 목적은 결과의 가치보다 비용이 상당히 적게 드는 수행을 뜻한다. 최근에, 비용과 가치의 문제는 이것들을 계산하기 위한 매우 확실한 수단에 관한 논의로 이동해 왔다(Bassie & McMurrer, 2007; Echols, 2008; Hubbard, 2007).

HPI: 각 단어는 무엇을 의미하는가?

HPI라는 용어의 의미를 살펴보기 위한 또 다른 방법은 이 용어를 구성하고 있는 세 단어 각각을 정의해 보는 것이다.

인간(human). HPI의 원리들이 다양한 교육적 또는 사회적 상황에 적용되고 있는 예들이 늘어나고 있기는 하지만, HPI는 업무환경에서 일하고 있는 사람들의 노력과 결과에 중점을 두는 전문분야다(예: Harless, 1998; Kaufman, 1995).

수행(performance). 이 단어는 두 가지 관점에서 어려움을 야기한다. 이 단어를 처음 듣는 이들은 극적인 의미의 공연을 떠올린다. 따라서 이를 심각하게 받아들이기보다는 무대적인 의미로 여길 수 있다(Stolovitch & Keeps, 1999, p.4). 그럼에도 불구하고, 이 단어가 수량화된 결과 혹은 성취, 업무의 성취를 포함하여 지시받거나 떠맡은 어떤 것의 실행을 의미할 때, 수행은 적절한 용어라 할 수 있다. Nickols(1977, p.14)는 수행을 "행동의 산출물(outcomes of behaviors)"로 정의하고, "행동은 개인적 활동인 데 비하여 행동의 산출물은 행동하고 있는 개인의 환경이 그 개인의 행동의 결과와는 다소 다른 방법이다."라고 주장한다. 산출물들, 체제에서 가치를 인정받는 성취 혹은 업적이야말로 HPI의 초점이다(Stolovitch & Keeps, 1999, p.4). 수행이 가지고 있는 두 번째 어려움은 이 단어가 거의 전적으로 영어식 용어라는 점이다. 많은 언어들이 이 용어와 정확히, 또는 동등한 의미를 지닌 단어를 가지고 있지 않다. 해당 용어의 정확한 의미를 전달하기 위해 다양한 유사 단어들 또는 구문들을 사용하는 경우, 흔히 번역과정에서 무언가를 상실하게 된다. 이러한 불편함에도 불구하고, Gilbert(2007)가 제안한 바와 같이, 그 용어의 조작적인 의미는 분명하게 유지되고 있다. 수행이란 값비싼 행동으로부터 도출된 값진 성취다. 행동적인(활동) 비용을 절감하고 가치로운 결과 또는 혜택을 크게 증진시키는 것이 바로 HPI다(Corrado, Hulten, & Sichel, 2004).

증진(improvement). 이 단어의 의미는 거의 자명하다. 그것은 행위를 보다 낫게 만드는 것을 뜻한다. 업무환경에서, 증진은 여러 가지 방식으로 조작적으로 정의된다. 보다 일반적인 것들 중 몇 가지만을 열거하면, 매출 또는 시장점유율의 확대, 시장으로의 빠른 진출, 낭비 또는 비용 감소, 규제요건에 대한 보다 성공적인 준수, 보다 더 나은 안전과 건강 자료 등이 그것들이다(Robinson & Robinson, 2008).

요컨대, 이러한 세 단어들은 조직들로 하여금 그들과 모든 이해관계자들이 중요시하는 성취를 증진시킬 수 있는 변화를 가져오는 경영상의 중요한 움직임을 만들어 냈다.

HPI: 왜 오늘날 HPI 시대가 오고 있는가?

최근에 여러 사상(ideas)과 사태(events)의 합류는 HPI의 성장을 가능케 하였다. 이러한 것들로는 인간자본에 대한 새로운 관심, 인간자본분석학 분야의 도래(Bassie & McMurrer, 2007; Davenport & Harris, 2007), 체제적 사고의 중요성에 대한 인식, 조직적 복합성에서의 급격한 격동, 수행에 초점 두기 등이 있다.

인간자본

노벨상 수상자인 Theodore Schultz(1981)와 Thomas Becker(1993)는 거시경제적인 관점에

서 인간자본(human capital)의 중요성에 대한 인식 기반을 마련하였다. 그들은 믿을 만한 자료에 근거하여 인구의 지식과 수행능력이 증진됨에 따라 그 국가와 민족의 경제적 성공 또한 증가한다는 가설을 입증하였다. 보다 더 최근에, Corrado, Hulten과 Sichel(2004)은 미국에 집중적으로 초점을 둔 비슷한 연구결과들을 제공했다. 이 논제의 타당도를 증명하기 위해, 우리는 단지 일본, 이스라엘, 네덜란드와 같이 제한된 천연 자원과 국토를 지닌 엄청나게 성공적인 더 작은 국가들을 살펴볼 필요가 있다. 이 국가들의 다양하고도 엄청난 성취는 인간자본증대의 엄청난 힘(power)을 입증하고 있다.

인간자본의 힘은 또한 조직수준에서도 입증된 바 있다(Crawford, 1991; Davenport, 1999; Edvinsson & Malone, 1997; Fitz-enz, 2009; Halal, 1998; Pfeffer, 1998; Stewart, 1997). Lickert와 Pyle(1971), Stewart(1994), 그리고 Bradley(1996)는 기업환경에서 인간자본이 물리적 자본보다 더 높은 수익률을 산출한다는 것을 경험적으로 보여주었다. HPI는 인간자본 성취의 극대화를 그 핵심에 두고 있다.

체제적 사고와 행동 대 직선적 사고와 행동

일터에서 직선적 사고 및 행동(linear thinking & acting)과 대비되는 체제적 사고와 행동(systemic thinking & acting)에 대한 요구가 증대되고 있다(예: Senge, 1990). 일반체제이론(general systems theory)(예: Rosnay, 1975)은 경영업계로 하여금 조직을 상호작용하는 하부체제로 구성된 유기적 개체로 인식하도록 하는 계기를 마련하였다. 인적자원개발 분야에서, 개별 유형의 해결책들[예: 과학적 경영, 목표에 의한 경영, 현장경영(management by walking around)]은 보다 체제적이고 통합적인 접근방식들[예: 품질분임조(quality circles), 리엔지니어링, 팀워크, 6-시그마]에게 자리를 내주었다. 이는 수행성과를 분명한 기대, 시의적절하고 구체적인 피드백, 필요한 정보에 대한 접근, 적절한 자원, 적절하게 정렬된 정책, 효율적인 절차, 적절한 인센티브와 결과, 목표가 분명한 훈련, 종합적인 선택 체제, 가치의 소통, 지식공유, 다양한 관리지원 활동들뿐만 아니라 많은 다른 것들과 같은 수많은 상호작용 요소들 간의 목표 결과로 보는 HPI와 같은 움직임들을 촉진해 왔다(예: Binder, 2009; Marker, 2008). 수행증진을 위한 개별적 혹은 기적적인 해결책이 비효과적이라는 것은 '이달의 유행(flavor of the month)' 류의 해결방안에 대한 불신을 가져왔으며, HPI의 체제적 접근방식에 대한 수용을 가능케 했다.

조직적 복합성의 증대

세계를 가로지르는 즉각적인 의사소통, 세계시장, 24시간/7일 서비스가 우리의 현실이 됨에 따라, 의사결정과 고객만족에 관한 부담 중 더 많은 부분이 개별 근로자에게 맡겨졌다. 기업들은 더 이상 단일 제품을 생산하지 않는다. 개별 제품라인은 수명주기가 짧아졌다. 근로자들과 경영자들은 엄청난 속도로 정보와 지식에 접근하고 공유해야 한다.

이러한 기업들 간의 잦은 통합 · 합병으로 인해 수반되는 계속적인 압박과 변화의 분위기 속에서, 사람들은 유연성을 증진시켜 주고, 독자적 활동을 고무시키며, 도움, 전문지식, 안전감을 얻기 위해 다른 사람들에게 활용하기 쉬운 연계를 제공해 주는 환경으로부터 지원을 받아야 한다. 여기에서 HPI의 필요성이 강조된다. 수행컨설턴트(performance consultant: PC)(Robinson & Robinson, 2008, 1998; Rummier, 2004; Stolovitch, 2004b)라 불리는 HPI 전문가는 본질적으로 고객집단과 밀접한 관련을 맺고 있는 내부 회계 관리자다. 변화가 계획되거나 일어날 때, 또는 문제들이 발생했을 때, PC는 바람직한 수행과 실제 수행 간의 차이를 밝혀내고 분석하며, 그러한 차이들에 영향을 미치는 체제의 요인들을 분리하며, 그것들을 신속하고 효과적으로 제거하기 위한 일련의 통합된 적절한 해결책들을 추천한다. PC의 도구함(toolbox)은 HPI가 제공하는 자원, 과정, 업무보조도구들의 세트다(예: Rossett, 2009).

수행에 초점 두기

훈련 및 다른 해결책 전문가집단들이 가지고 있는 조바심은 이들이 요구되는 반응에 초점을 두기보다 개별적으로 분리되어 있는 해결책들에 초점을 둔다는 것이다. Gilbert(2007)는 자세히 살펴보기 전에 첫눈에 상식에 어긋나 보이는 몇 가지 원칙과 원리들을 다음과 같이 제시했다.

- 개인과 환경이 경쟁하도록 하면, 최종적으로 환경이 이길 것이다.
- 가치로운 성취를 이끌어 내지 못한다면, 근면한 업무태도, 위대한 지식, 높은 동기수준도 가치 없는 수행에 불과하다.
- 업적에 대한 책임을 묻지 않은 채 성실한 업무태도나 지식, 동기수준과 같은 행동에 대한 보상을 제공하는 체제는 결국 무능을 야기한다.
- 행동에 대한 책임을 묻지 않은 채 업적에 대한 보상을 제공하는 체제는 낭비를 불러온다.

이러한 것들과 그 외 원칙들은 사람들이 업무를 수행하고, 비즈니스가 값진 결과들을 성취하며, 업무과정들을 적용하고, 행동들을 보여주는 방식에 영향을 미치는 많은 환경적인 요인들을 설명할 필요가 있음을 강조한다. 사업적인 성공을 달성하기 위한 대안적인 수단들의 이용 가능성과 그러한 성공을 구체적으로 보여주기 위한 경영진의 요구가 증대되면서(Van Buren & Erskine, 2002, p.4), HPI의 유용성을 널리 알릴 수 있는 기회가 확대되었다.

HPI와 HPT의 관계

인간수행증진(human performance improvement: HPI)과 인간수행공학(human performance technology: HPT) 간의 관계를 살펴볼 수 있는 몇 가지 방법들이 있다. 어떤 의미에서, HPI는 우리가 성취하고자 하는 것이며, HPT는 그 목표를 달성하기 위해 사용하는 수단이다. 그러나 다른 의미에서, 두 용어는 동의어로 간주될 수 있다. HPI란 용어가 상대적으로 최신의 것이다. 엄격한 의미에서, HPI는 완곡한 표현(공격적인 것으로 고려되어 대신 사용된 덜 직접적인 표현)이다. 이 용어는 1990년대에 등장했으며, 대부분은 HPT보다 HPI가 더 부드럽게 들리기 때문에 그것을 더 선호한다.

HPT는 1970년대에 형성되기 시작하여 1980년대에 독자적인 명성을 얻게 된 전문적인 실천(professional practice)의 한 분야다. 이것은 조직에 적용된 일반체제이론의 소산이다(Stolovitch & Keeps, 1999). 1980년대 중반, Geis(1986)는 오늘날까지도 유효한 HPT의 기저가 되는 여러 가지 가정들을 진술했다. 핵심적인 가정들 중 몇 개를 제시하면 다음과 같다.

1. 인간수행은 특정한 법칙을 따르며 예측되고 통제될 수 있다.
2. 인간 행동에 관한 지식은 (비록 급속히 성장하고 있기는 하지만) 제한적이다. 따라서 HPT는 과학적인 연구뿐만 아니라 실제적인 경험에 의존해야 한다.
3. HPT는 독자적 연구기반(research bases)을 형성함과 동시에 다른 여러 연구기반으로부터 도출되었다.
4. HPT는 사이버네틱스, 행동심리, 커뮤니케이션이론, 정보이론, 체제이론, 경영과학, 그리고 보다 최근에 인지과학 및 신경과학과 같은 여러 지식기반의 산출물이다.
5. HPT는 특정한 전달체제나 대상 집단, 교과내용 영역에 국한되지 않는다. HPI는 인간수행을 다양한 맥락에서 다룰 수 있지만, 조직, 업무, 사회적 환경에 가장 보편적으로 적용된다.
6. HPT는 경험적이다. 그것은 분석과 해결 노력 양자의 결과에 관한 체계적인 검증을 요구한다.
7. HPT는 계속 진화하고 있다. 안내하는 원칙들에 기초하기는 하지만, 그럼에도 불구하고, 광범위한 혁신과 창의성을 허용한다.
8. 비록 HPT가 아직 확고한 독자적인 이론적 토대를 마련했다고 보기 어렵지만, 이 분야를 이끄는 이론과 경험에 기반한 원칙들은 문서화되고 체계적인 실천의 결과로서 축적되어 온 경험적인 자료에 의해 형성되었다. 여러 가지 측면에서, HPT는 다른 응용학문들(예: 경영, 조직개발, 의학, 정신의학)과 공통된 속성들을 가지고 있다.

이러한 가정들은 여러분이 이 분야를 기술하기 위해 HPI 또는 HPT 용어를 선호하느냐에 상관없이 유효하다고 할 수 있다.

HPT와 HPI는 상호 교환적으로 사용될 수 있는 용어들이라는 인식은 이 두 용어들에 관한 공식적인 정의들 중 몇 가지를 살펴보면 더 분명해진다. Harless(1995, p.75)는 HPT를 "수행의 차이를 판단하고 비용효과적이며 효율적인 해결방안을 설계함으로써 수행자로부터 원하는 성취를 얻기 위한 테크놀로지적 접근법"으로 정의하고 있다. Stolovitch와 Keeps(1999)도 HPI를 매우 동일한 방식으로 정의하였다.

관련 분야

앞 절을 읽은 독자들은 HPI와 HPT에 관한 설명이 인적자원개발(human resource development: HRD)에도 쉽게 적용될 수 있다고 생각할지 모른다. 대부분은 그렇다. Gilley, Maycunich, Quatro(2002)가 기술한 바와 같이, HRD 전문가들의 전통적인 역할들은 주로 훈련해결책에 초점을 둔 교류적(transactional)인 역할들이었다. 그들은 이러한 역할들이 보다 변형적(transformational)이고 수행에 초점을 둘 수 있도록 변해야 한다고 강조한다. "조직이 직면하고 있는 어려움은 HRD전문가들로 하여금 확고한 수행, 경쟁에 대한 준비, 역량과 능력에 대한 충분한 보상을 증진시키기 위한 역할을 수행토록 한다"(p. 25)는 그들의 주장에서, 그들이 HPI의 목적들을 면밀히 접근하고 있음을 알 수 있다.

업계의 끊임없는 변화 속에서 이러한 수렴현상은 예상되었던 것이다. 혹자는 건전한 경영, 강력한 통제, 성과를 이루려는 일관된 의지를 통해 조직의 사명을 달성할 수 있는 능력을 강조한다는 점에서, 조직 효과성(organizational effectiveness: OE) 분야와의 유사성을 지적하기도 한다. 여기에는 끊임없이 변화하는 사업 환경에 적응하고 발전하는 것과 함께 조직과 이해관계자들의 (즉각적인 혹은 장기적인) 목표를 달성하는 것도 포함된다. OE전문가들은 조직의 전반적인 기능에 중점을 둔다. HPI는 효과적인 인간수행을 구체적인 방식으로 엔지니어링하는 것에 관한 것이다. 양자 간의 관계는 분명하면서도 자연스럽다.

OE에 관한 설명은 조직개발(organizational development: OD)에도 적용된다. 조직의 거시적인 수준에서 활동하면서, OD전문가들은 조직과정 혹은 운영에 있어서 계획된 처방을 통해 조직의 효과성과 안정을 증진시키기 위한 업무에 초점을 둔다. OD는 엔지니어링 초점보다는 고유한 의사소통 및 촉진자 유형으로 특징지어진다. 그럼에도 불구하고, HPI와 유사하게 OD의 목표는 사람을 통해 가치 있는 조직적 성과를 이루어 내는 것이다. 양자 모두 인간수행의 증진에 중점을 둔다.

수행증진의 초기 선도자들

처음에는 도제식 훈련방식이 있었다. 장인-도제모형(master-apprentice model)은 업무와 관련된 수행능력을 습득하기 위한 기초를 형성하였다. 학습자가 도제라는 공식적 명칭을 가지든, '사동(page)', '종자(squire)', '부엌데기(scullery maid)' 라는 이름으로 불리든, 기본적인 생각은 젊은이들을 데려다 기술을 가르친다는 것이다. 학습자는 끊임없는 관찰, 교수, 연습, 피드백을 통해 학습한다. 이는 또한 오랜 시간이 걸린다.

업무현장에 문해(literacy)의 개념이 도입되면서, 업무에 관한 독해능력을 가진 이들은 경쟁적 우위를 점하게 되었다. 19세기 산업혁명은 읽고 쓸 수 있는 근로자에 대한 수요를 야기하였다. 기본적인 읽기와 산술능력을 제공하기 위해 대중교육이 생겨났다. 읽고 쓸 수 있으며 기본적인 산술능력을 갖춘 근로자들은 나날이 복잡해지는 산업사회에서 더 높은 생산성을 갖게 되었다. 인쇄매체, 삽화, 그림과 문자의 결합은 학습의 효과성과 효율성의 측면에서 엄청난 차이를 불러왔다.

이는 시청각교육의 직접적인 원동력이 되었다. 처음에는 사진, 이어서 영사이미지, 영화, 텔레비전이 직접 체험할 수 없는 내용에 생명을 불어넣었다. 교육자들은 세계를 교실 속으로 불러올 수 있었다. 산업체 훈련자들에게도 이러한 문명의 이기는 엄청난 차이를 가져왔다. 물리적으로 '그곳에 가지' 않고도 각종 물건, 제품, 성과, 심지어는 과정을 보여줄 수 있게 된 것이다. 기존의 훈련방법을 사용할 때보다 더 많은 훈련생들이 더 짧은 시간 내에 훈련을 받을 수 있게 되었다.

제2차 세계대전의 시작과 함께 수만 명의 병사들을 신속하게 훈련시킬 필요성이 대두하면서, 시청각교육은 급속히 성장하고 있던 행동주의 심리학과 결합되었다. 그 결과는 학습내용을 구조화하여 새로운 지식과 기술의 습득을 촉진하도록 설계된 시청각 훈련자료였다. 학습자들에게 사물의 작동원리를 시연하고 그들이 학습한 내용을 지도 · 자극한 뒤 수행을 감독하였다.

제2차 세계대전이 끝날 무렵, 행동주의에 기반한 시청각 훈련 프로그램은 군수산업과 뗄 수 없는 관계가 되었다. 병사들이 학교와 일반 직장으로 복귀하여 학교, 대학, 사업조직으로까지 그 수요가 확대되었기 때문이다.

그러나 여기에는 뭔가 빠진 것이 있었다. 시청각 훈련매체는 오직 훈련을 위한 도구 혹은 보조도구로만 인식되고 있었다. 시청각자료의 사용은 근본적으로 전술적인 것이었다. 1950년대와 1960년대에 일반체제이론이 훈련공동체에 알려지면서 교수공학의 탄생을 가져오게 된 주요변화가 일어나게 되었다. 모든 조각이 제자리를 찾았다. 학습자 특성, 학습맥락, 과제, 명확히 정의된 학습목표, 평가준거, 매체 및 전달체제와 같이 학습에 영향을 미치는 일련의 요소들에 초점을 맞추면서 학습시스템에 대한 보다 종합적인 관점이 대두되었다.

이는 지식의 생성과 국제적 서비스, 지식기반경제를 지향하는 움직임과도 맞아떨어졌다. 이제 학습은 단순히 직업을 얻고 업무를 수행하기 위한 선행조건이 아니다. 평생에 걸친 계속적 학습은 근로자와 조직 모두의 생존을 위한 필수조건이 되었다.

교수공학은 다시 교수체제설계(instructional systems design: ISD)로의 발전으로 이어져 효과적인 학습을 엔지니어링하는 기준이 되었다. 이와 같은 체계적 · 체제적인 접근방식의 장점은 학습의 핵심변인들을 고려한다는 것이다. ISD는 학습을 설계, 개발, 실행, 평가하기 위한 명확히 정의되고 문서화된 경로를 제공하였고, 경로의 제공은 반복 및 전이가 가능하며 입증 가능한 성공기록을 자랑하는 것이다.

그러나 인문과학과 자연과학이 제공하는 최고의 지식에 기반한 효과적인 훈련-학습공학을 달성하였다는 도취감 속에서도 훈련전문가 공동체는 동요하고 있었다. 실제로, 새롭게 설계된 학습시스템들은 성공적이었다. 사람들은 학습했다. 그러나 교수체제설계자들이 이러한 학습이 업무로 전이되었는지의 여부, 또는 비즈니스 준거들 측면에서 작업들이 변화하거나 증진된 정도를 검증하고자 했을 때, 그들은 종종 실망하게 되었다(Esque & McCausland, 1997).

새로운 사상의 출현: HPT/HPI

Thomas F. Gilbert는 일반적으로 HPT의 아버지로 여겨진다. B. F. Skinner의 대학원생이었던 Gilbert는 행동주의 원리와 실천에 열중하였다. 그는 Skinner가 교수기계(teaching machine)의 연구 및 개발을 통해 주창한 프로그램 교수(programmed instruction: PI)의 열렬한 추종자이며 유능한 실천자가 되었다.

Gilbert는 Skinner의 원리들을 업무현장에 도입하면서, 곧이어 '학습하다(to learn)' 를 뜻하는 그리스어 mathein에서 비롯된 mathetics라는 새로운 학문분야를 개척하였다(Gilbert, 1962). 그의 『Journal of Mathetics』는 여러 학습연구 실험실과 미군을 포함하여 비슷한 생각을 가진 사람들의 주목을 받게 된다. 학습과학이 제공하는 새로운 가능성에 매료된 이들은 전국프로그램교수학회(National Society for Programmed Instruction: NSPI)를 설립하였다. Gilbert는 Geary Rummler와 함께 학습이라는 주제를 뛰어넘어, 1970년대에는 업무현장의 수행에 영향을 미치는 여섯 가지의 주요변인을 분류한 행동수정모형(behavior engineering model)을 개발한다(Gilbert, 2007)([그림 14.1] 참조). 이 모형은 중요한 기념비적 업적이며 아직까지도 기본적인 분석을 위한 HPI 도구로 사용되고 있다.

비슷한 시기에, Gilbert의 제자였던 Joe Harless는 독자적인 수행증진과정(performance improvement process: PIP)모형을 개발하고 있었다. 1970년대 Harless는 『1온스의 분석(이

자극	반응	결과
cell 1: 환경 정보	cell 2: 환경 자원	cell 3: 환경 유인
• 기대되는 수행에 대한 기술 • 업무 수행에 대한 명확하고 적절한 안내 • 수행의 적절성에 관한 타당하고 빈번한 피드백	• 수행 요구를 달성하기 위한 도구, 자원, 시간 및 교수자료 • 지도자들에 대한 접근 • 풍부한 인적 자원 • 조직화된 업무 과정	• 수행에 대한 충분한 금전적 보상 • 비금전적 보상 • 경력개발 기회 • 낮은 수행에 따른 결과의 명시
cell 4: 개인적인 지식	cell 5: 개인적인 역량	cell 6: 개인적인 동기 수준
• 모범적 수행의 요건에 따라 체계적으로 설계된 훈련 • 훈련 기회	• 직원과 업무 간의 조화 • 효과적인 선발 과정 • 직원들의 최대 역량에 부합하는 융통성 있는 스케줄 조정 • 역량를 결정하기 위한 보조/시각자료	• 별도의 보상을 위해 일하고자 하는 직원 의지의 인식 • 직원들의 동기 수준 평가 • 현실적인 업무여건에 걸맞은 직원 채용

[그림 14.1] Gilbert의 행동수정모형

출처: Gilbert, T. F.(1996). *Human competence: Engineering worthy performance*(ISPI Tribute Edition). Washington, DC: International Society for Performance Improvement의 발행인의 허락하에 재인쇄함.

1파운드의 목표보다 중요하다)[An Ounce of Analysis(Is Worth a Pound of Objectives)]』라는 제목의 저서에서 유명한 전단분석(front-end analysis) 방법론을 소개한다. 이는 훈련전문가들, 특히 ID 전문가들에게 중대한 영향을 미쳤다. Harless는 훈련 후 후속평가를 통해 "비록 훈련이 제공 당시의 기준으로 잘 설계되었다 하더라도"(Dean & Ripley, 1997, p.94), 그리고 비록 학습자들이 평가에서 좋은 성적을 얻었다 하더라도, 그러한 지식과 기술이 업무현장으로 전이되는 것은 아니라는 사실을 발견하였다. 전단분석을 도입한 그의 PIP모형은 이후의 수많은 수행증진모형의 초석이 되었다.

얇지만 즉각적인 인기를 얻게 된 또 다른 저서인 Robert F. Mager와 Peter Pipe의 『수행문제 또는 '진정으로 알아야 할 것' 분석하기(Analyzing Performance Problems Or 'You Really Oughta Wanna')』(1970) 또한 이 무렵에 출간되었다. 이 책은 ID 전문가, 훈련전문가, HRD 전문가, 교육자들에게 엄청난 영향을 끼쳤다. 업무현장의 수행문제를 해결하기 위한 이들의 매우 상식적인 접근방식은 실천가들과 훈련관리자들의 공감을 이끌어 냈다. 이는 업무와 관련된 수행을 바라보는 관점에 있어 중요한 변화를 가져오는 계기가 되었다.

이 모형들은 업무현장에서 훈련—학습해결책—의 효과에 불만을 가지고 있던 사람들 사이에 상당한 논란(과 지지)을 불러일으켰다. 심지어 더 중요한 점은 이 모형들은 중요한 두 가지의 근본적인 사고전환에 영향을 미쳤다는 점이다. 이러한 사고전환들 중 첫 번째는 훈련 및 HRD전문가들로 하여금 많은 인간수행 문제들은 공식적인 훈련/교수와는 다른 방법들을 통해 해결될 수 있으며, 인간수행을 증진시키기 위해서는 무수한 가능한 해결책들이 있다는 사실에 마음을 열게 했다는 것이다. 이러한 해결책들로는 새로운 인센티브시스템, 고용인들에게 피드백을 제공하기 위한 증진되고 보다 더 시의적절한 방법, 더 나은 직원 선발절차, 수행문제들을 해결하기 위한 일련의 다른 잠재적인 수단들이 포함된다.[1] HRD전문가는 약간은 긴장하고("도대체 우리가 그러한 것들까지 신경 써야 하는가?", "우리가 그런 일을 할 수 있는 적임자인가?"), 약간은 흥분되고 고무되어서, 훈련 및 HRD전문가들은 자신들의 영역이 확대되고, 새로운 어려움이 나타나며, 동시에 핵심적인 비즈니스 결과들에 훨씬 더 커다란 영향을 미칠 가능성이 증대되는 것을 볼 수 있게 되었다.

두 번째의 사고전환은 HRD/훈련공동체가 고위관리자들에게 그들의 업무를 비용이 아닌 조직적인 투자로 인식해 줄 것을 보다 강력하게 요구할 수 있게 되었다는 점이다. 이는 자연스럽게 평가, 입증가능한 조직적인 인간자본과 인간수행의 증진, 투자대비회수율 산정을 강조할 수 있도록 했다(예: Phillips, 2003; Stolovitch & Keeps, 2004a).

HPI의 진화에 있어서 가장 중요한 기념비적 사건들 중 하나는 종합적인 수행증진모형을 제시하고 초기 접근방식보다 전략적이며 구체적 실행기법을 제시한 『수행증진: 조직구성도의 공간을 어떻게 관리할 것인가(Improving Performance: How to Manage the White Space on the Organization Chart)』(Rummler & Brache, 1995)라는 책의 출간이다. Rummler와 Brache는 이 책에서 조직을 하나의 전체로 파악하고 조직, 과정, 개별 근로자 수준에서 수행에 영향을 미치는 여섯 가지의 주요변인을 제시하고 있다. 이들의 모형은 수행의 설계라는 단일한 목적을 위해 모든 수행수준을 치밀하게 통합하고 있다.

Stolovitch와 Keeps(1999)는 매우 처방적이고 다양한 수행보조도구를 제공하는 효과적인 수행설계(Engineering Effective Performance)모형을 제시하였다(Stolovitch & Keeps, 2004a). 이 모형의 독특한 점은 매우 실질적이고 절차적인 안내 지침과 도구를 제공함으로써 훈련, OD, OE, 또는 HRD전문가들이 쉽게 적용할 수 있도록 한 것이다. 이 모형은 조직 내에 PC가 자리 잡을 수 있는 중요한 계기를 마련하는 데 일조하였다.

마지막으로, HPT/HPI의 변화과정을 요약하기 위해, 우리는 [그림 14.2]에 아마도 세계적으로 가장 널리 알려진 일반화된 HPT 모형을 제시한다(Van Tiem, Moseley, & Dessinger, 2004). 이 모형은 전 세계적으로 많은 HPI 전문가들이 직업적인 모태로 여기고 있는 전문가

1) 제4부의 다른 장들 각각은 수행 문제들을 해결하기 위한 **비교수적**(non-instructional) 방법들(즉, 공식적인 훈련/교수에 주로 의존하지 않는 수행증진을 위한 방법)에 초점을 두고 있다. 이러한 비교수적 방법들에는 수행지원(제15장), 지식관리(제16장), 비형식 학습(제17장)이 포함된다.

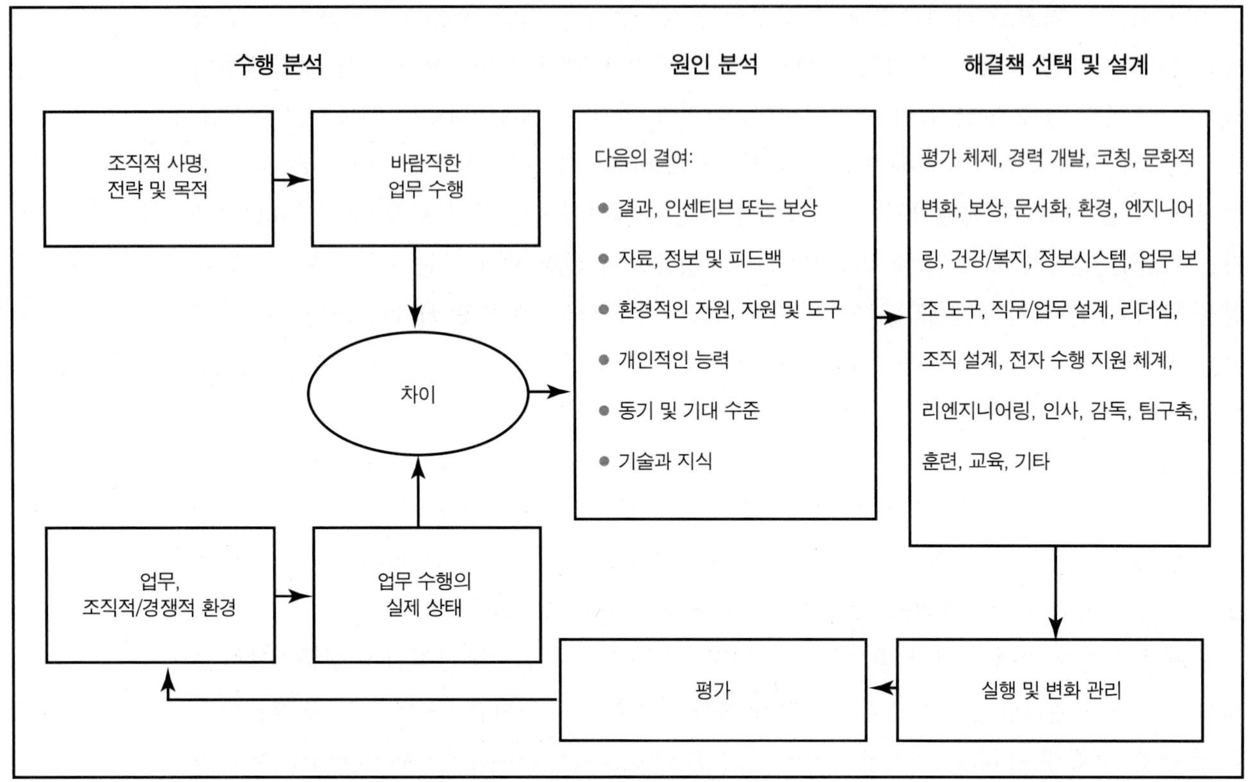

[그림 14.2] 국제수행증진학회(ISPI)의 HPT 모형

출처: Van Tiem, D. M., Moseley, J. L., & Dessinger, J. C.(2004). *Fundamentals of Performance Technology: A Guide to Improving People, Process, and Performance*, (2nd Ed.). Washington, D.C.: International Society for Performance Improvement로부터 발행인의 허락하에 재인쇄함

협회인 국제수행증진학회(International Society for Performance Improvement: ISPI)가 채택한 모형이기도 하다.

HPI의 진화에 있어서 전문학회의 역할

"회사나 다른 업무조직 내의 훈련부서가 HPI 부서가 될 수 있습니까?" 라는 질문에 대한 짧은 답변은 "예" 다. 이것은 ISPI가 전 세계적으로 수년에 걸쳐 노력해 온 바다. ISPI 스스로의 변화는 이러한 가능성의 산 증인이다.

ISPI는 프로그램 교수(PI)를 통해 학습혁신을 이루고자 한 집단에 의해 1962년 전국프로그램교수학회(National Society for Programmed Instruction: NSPI)라는 이름으로 설립되었다. 연구실험실, 대학, 군대조직, 방위기업에 속해 있던 설립자들의 관점에서 보면 마침내 교수-학습의 과학이 그 존재를 드러낸 것이었다. 그들은 행동주의이론과 원칙, 엄정한 연구자료에 기초하여 잘 정의되고 행동적으로 구체화된 과제야말로 과학적으로 설계된 교수를 통해 빠르고 효과적으로 학습될 수 있다고 믿었다. 그 협회와 협회 믿음은 1960년대에서 1970년대 초반에 이르기까지 번창하였다. 그러나 연구결과와 실제 적용사례 모두에서 PI의 학습 성취에 대한 효과성에 관한 문제점들이 제기되면서 PI의 황금빛 명성은 그 빛이 바라게 된다. 이러한 문제 중에서도 가장 치명적이었던 것은 업무와 사업성과로의 전이가 일어나지 않았다는 점이다. 이는 NSPI로 하여금 관심의 폭을 넓히도록 하였고, 1973년, 전국수행학습학회(National Society for Performance and Instruction: NSPI)로 명칭을 바꾸기에 이른다. Robert Mager, Thomas Gilbert, Joe Harless, Geary Rummler, William Deterline, Roger Kaufman과 같은 영향력 있는 연구자들에 의해 교수에 대한 관심은 줄어들고 수행에 대한 강조로 그 움직임이 확대되었다. 흥미롭게도, 명칭의 변경은 경영업계 회원의 증가, 국제사회의 관심 확대와 함께 일어났다. 1995년, NSPI는 국제수행증진학회(International Society for Performance Improvement: ISPI)로 다시 한 번 개명하였고, 세계 40개국, 55지부에 회원 수는 만 명 이상에 이른다.

ISPI는 학습을 위한 단체로 출발하여 수행을 위한 단체로 변모하였다. 간행물, 학회, 세미나, 기타 현지나 온라인 행사 등을 통해 ISPI는 훈련과 HPI의 역할에 대한 조직의 사고에 중요한 변화를 가져오는 데 기여해 왔다. 미국수행개발학회(American Society for Training and Development: ASTD)는 1990년대 중반부터 HPI에 관한 세미나를 개최하기 시작하였다. 2002년, ISPI와 ASTD는 (수행공학자에 대한) 인증을 위해 협력하여 자격 인증을 위한 엄격하면서 수행지향적인 프로그램을 완성하였다. 마찬가지로, 2003년에 학회와 출판물로서 오랫동안 알려져 온 Training은 매년 학회에서 PC 인증 프로그램을 제공하기 시작하였다.

우리는 결론에 이르게 된다. 첫 번째 결론은 끊임없이 성장하는 전문직으로서의 HPI에 관한 것이다. HPI는 건재한 수준을 넘어 융성하고 있다. 지금까지 설명하였듯이, HPI의 사명과 의미는 명확하고 널리 알려져 있다. HPI와 관련된 간행물이 넘쳐나고 있다(최근 제목들을 보려면 http://www.ispi.org, http://www.astd.org, http://www.amazon.com을 방문하라). 점점 더 많은 대학들[예: University of Southern California의 현장수행공학(Human Performance at Work) 박사과정, Boise State University at Idaho의 수행과 교수공학(Performance and Instructional Technology) 석사과정, Florida State University의 수행증진과 인간자원개발(Performance Improvement and Human Resource Development) 석사과정)]이 HPI와 관련된 학위과정을 제공하고 있으며, 최소한 이 주제와 관련된 강좌를 개설하고 있다(예: Indiana University, Florida State University, Concordia University, San Diego State University). HPI를 지향하는 전문협회들 또한 성장 추세에 있다. 인증 프로그램들이 운영

중이며 수요도 엄청나다. 예를 들어, ISPI가 공인 수행공학자 프로그램(Certified Performance Technologist program: CPT)을 실시한 첫 해인 2002년, 170명의 지원자들이 해당 프로그램에 등록했다. 2009년 후반에 CPT 인증을 받은 사람들은 거의 2,000명에 이르렀다. 전미훈련 · 개발학회(The American Society for Training & Development)는 2006년에 수행 · 학습전문가인증프로그램(Certified Performance & Learning Professional program)을 운영하기 시작했으며, 전 세계적으로 거의 1,000여 명이 인증을 받았다. 마지막으로, 무수한 대기업들이 전문적인 내부 훈련과 몇 가지 형태의 인증을 제공하는 HPI에 관심을 기울이고 있다. 이러한 조직들로는 소프트웨어 업체들(예: Microsoft, Adobe), 첨단 테크놀로지 회사들(예: Sun Microsystems, Hewlett-Packard), 금융기관들(예: Wells Fargo, Nationwide Insurance), 일련의 다른 기초가 튼튼한 산업체들(예: 원격통신, 부동산, 유통, 제조업)이 포함된다.

HPI의 미래

HPI를 둘러싼 모든 상황은 HPI와 조직 내에서 점점 더 중요한 역할을 담당하고 있는 해당 전문가들에게 건강하고 번창하는 미래를 약속하는 듯하다. 이를 뒷받침하는 가장 중요한 지표는 HPI와 HPT의 꾸준한 성장과 발전이다. 이 분야는 어느 날 갑자기 등장한 것이 아니다. 이 분야는 인간을 통해 중요하면서도 근본적인 변화를 이룩하고자 하는 여러 분야들과 경쟁하며 지난 40여 년에 걸쳐 느리지만 상당한 성장을 이룩해 온 분야다. HPI는 북미지역뿐만 아니라 유럽에서도 활발한 활동을 보이고 있다[예를 들어, 유럽 및 세계 각국에서의 HPI 적용사례들을 집중 조명한 *Performance Improvement Journal*의 특집호를 참고하라(Mueller & Voelkl, 2004)]. 학습과 수행에 있어 투자 대비 수익률에 점점 더 많은 관심이 집중됨에 따라(예: Phillips, 2003; Stolovitch & Keeps, 2004b), HPI 전문가들에 대한 수요도 증가할 것이다. 이 모든 것들은 이 분야의 밝은 미래를 잘 예측해 준다.

결론

HPI는 지나가는 유행도, 극단적인 변화도, 즉흥적인 흐름도 아니다. 오히려 그것은 힘들고 경쟁적인 요구에 부응하기 위한 조직의 필요에 의한 인적자원경영의 체제적 정비를 향한 자연스러운 진화 과정이라 할 수 있다. 인간을 통해 모든 이해관계자들이 가치를 두는 성공적인 성취를 증진시키고자 하는 HPI의 비전은 오늘날 매우 시의적절한 것이다.

비록 HPI가 북미지역에서 비롯되어 급격한 성장을 이룬 것은 사실이지만, 그렇다고 이

지역에만 국한되는 것은 아니다. HPI에 대한 필요와 흥미는 전 세계적인 현상이다. 훈련, HRD, OE, OD를 담당하고 있는 전문가집단이 호주, 유럽, 아시아, 그 외 개발도상국으로부터 함께 모여 HPI의 비전과 실천을 촉구하고 있다(Stolovitch & Keeps, 1999).

이 장에서는 그러한 노력의 초기단계에서 제기되는 핵심적인 질문들에 답하였다. 또한 HPI의 특수성과 고유성, 기원, 전 세계를 향해 신호하는 전문분야로의 성장과정에 관하여 설명하였다. 또한 이 분야가 어떻게 개인과 조직으로 하여금 업무환경에서 성공을 달성할 수 있도록 도와주는지 그 기원과 진화과정을 알아보았다. 마지막으로, HPI가 또 다른 불연속적 유행에 그치는 것이 아니라 가치로운 인간수행을 이룩하기 위한 이성적이고 합리적인 선택이며 오늘날 한치의 오차도 허용하지 않는 업무환경에 가장 잘 어울리는 것임을 설명하였다.

핵심 원리 요약

1. **요컨대, HPI는 사람들을 통해 모든 이해관계자들이 가치 있게 여기는 성공적인 성취를 크게 증진한다는 상대적으로 명확한 비전과 임무를 가지고 있다.** HPI실천가로서, 먼저 가치 있게 여기는 수행과 바람직한 상태와 현재 상태 간의 차이에 영향을 미치는 요인들을 정의하라. 여러분은 이것을 완료한 후에, 차이를 줄이기 위한 방법을 검색하기 시작해야 한다.
2. **HPI의 바람직한 목적은 값비싼 행동으로부터 도출된 값진 성취라고 정의되는 "가치로운" 수행인데, 그것의 비용은 성취의 가치보다 상당히 적게 든다.** HPI실천가로서, 여러분이 제안했던 해결책들이 조직에 부과하는 비용과 그것으로 인해 얻는 가치 양자를 구체적으로 보여주어라.
3. **인간 자본은 물리적인 자본보다 더 높은 회수율을 산출한다는 것을 경험적으로 보여주었다.** HPI 실천가로서, 인간자본을 최대화하는 것을 여러분의 전반적인 목적으로 채택하라.
4. **인간수행의 차이를 줄이기 위한 간단한 해결책은 거의 항상 비효과적이다.** HPI실천가로서, 우선순위를 두어야 할 수행 차이들(시급성, 가치, 규모)을 밝혀내고, 그러한 차이들에 영향을 미치는 일련의 요인들을 밝혀내기 위해 그러한 것들을 체계적으로 분석하며, 그 차이들을 신속하고 효과적으로 제거하기 위해 통합된 일련의 적합한 해결책들을 제안하라.
5. **HPI는 조직개발, 인간자원개발, 조직효과성과 같은 다른 분야들과 비슷한 점들을 지니고 있다.** HPI실천가로서, 여러분의 자원을 증대하고 여러분의 HPI의 노력에 대한 지원을 획득하기 위해 관련 분야 출신의 전문가들과 파트너십을 형성하여 일하라.

응용 문제

1. 학과장이 학과에 입학하기 위한 학생들의 지원과 관련된 모든 서류를 책임지고 있는 사람과 회의를 하고 있다고 가정하라. 문제에 대한 이유들을 설명하는 데 있어, 입학담당자는 "사무관리자는 한 번도 이 업무에서 무엇을 해야 하는지에 대해 제게 정확하게 말해준 적이 없었으며, 그녀는 결코 저에게 어떠한 도움도 또는 제가 일을 잘하고 있는지에 대해서도 말해주지 않았습니다. 그녀는 또한 제가 생각하기에 우리 사무실의 응접계원이 답해야 한다고 생각하는 전화도 저에게 답하도록 했다. 무엇보다도, 대학입학처로 학생지원서류를 팩스로 보내려면 건물 끝까지 걸어가야 하는데 시간이 너무 많이 소요됩니다. 또한 교수님들은 종종 제게 수업교재 복사를 부탁하시는데, 그럴 때마다 저는 하고 있던 일들을 다 미뤄놓고 복사를 할 수밖에 없습니다." 이 직원의 발언에 나타난 수행문제의 유형을 밝혀라. 각 수행문제별로 적절한 해결책을 기술하라.
2. 여러분이 Global Airlines의 어떤 문제를 해결하도록 요구받은 HPI컨설턴트라고 가정하라. 탑승수속 담당직원들은 매우 분명한 고객대면 역할을 가지고 있으며, 여러분의 항공사에 대한 고객만족도에 강력하게 영향을 끼친다. 승객들이 비행기에 탑승수속을 할 때, 그들은 무게를 초과한 수하물을 가지고 온 모든 승객들에게 초과비용을 청구할 것이다. 이것은 매우 중요하다. 조종사는 연료 적재량과 요구되는 이륙 속도를 계산하기 위해 이륙 시 비행기의 전체 중량을 알아야 한다. 안전을 위해 매우 중요한 정보다. 또한 초과비용 청구는 더 무거운 비행기를 비행하기 위해 요구되는 추가연료비를 차감계산하는 데에도 매우 유용하다.

   어떤 승객에게 초과수하물에 대한 비용을 청구하기 위해, 직원은 탑승수속시스템과는 별개의 시스템에 로그인해야 한다. 발권시스템과 탑승수속시스템은 연동되어 있지 않다. 직원들은 초과표를 발권하고 그런 다음 승객의 지불을 처리하기 위해 고객의 이름과 집 주소를 입력해야 한다. 지불은 거의 현금으로 이루어지지 않는다. 지불은 통상 신용카드로 이루어졌으며, 이러한 거래는 지연될 수 있는데, 특히 신용카드 인증이 지체되는 피크타임 동안에는 더욱 그러하다. 종종, 승객의 신용카드거래가 거절되기도 한다. 이것은 지연을 부추긴다.

   이것과 승객들이 탑승하기 전에 초과비용을 지불해야 하기 때문에, 초과수하물에 대한 비용을 청구하는 것은 고객들에게 평판이 좋지 않다. 탑승수속 담당직원들은 종종 화가 난 승객들을 다루어야 한다. 또한 고객에게 초과비용을 청구하는 데 걸리는 초과시간은 카운터에 도착하기 전에 다음 승객의 신경을 거슬리게 한다.

   탑승수속 담당책임자들은 핵심적인 고객만족도 측정규준인 승객들이 탑승수속 대기선에서 기다리는 시간을 측정한다. 그들은 고객들을 가능한 한 신속하게 수속처리하도록 직원들에게 상당한 압력을 준다.

   한편, 운항담당이사는 매우 경쟁적인 시장에서 수익성 문제들을 초래하는 연료비용이 상승하고 있기 때문에 비난을 받고 있다. 운항팀은 전체 문제를 조사하고 탑승수속 담당직원들이 규정대로 초과수하물을 지닌 모든 승객들에게 초과비용을 청구하고 있지 않기 때문이라고 결론지었다. 운항담당이사는 모든 탑승수속 담당직원들에게 의무적인 탑승수속처리 훈련강좌를 수강하도록 요구하고 있다.

HPI전문가로서, 여러분은 어떻게 처리하겠는가? 운항담당이사는 훈련을 요구할 권리가 있는가? 이것으로 충분한가?

저자 정보

Harold D. Stolovitch는 몬트리올대학교 일터학습과 수행학과(Department of Workplace Learning and Performance)의 명예교수이며, 전 세계 학습과 수행컨설팅 회사인 HSA LEARNING & PERFORMANCE SOLUTIONS LLC의 사장이다.

Bonnie Beresford는 측정과 평가 컨설턴트이며, Capital Analytics, Inc.의 고객서비스담당 부사장이다.

참고 문헌

Bassie, L., & McMurrer, D.(2007). Maximizing your return on people. *Harvard Business Review, 85*(3), 115-123.

Becker, G. S.(1993). *Human capital: A theoretical and empirical analysis with special reference to education*(3rd ed.). Chicago: University of Chicago.

Binder, C.(2009). *The six boxes approach: A fast on-ramp to HPT.* Paper presented at the annual conference of the International Society for Performance Improvement, Orlando, FL.

Bradley, K.(1996, October). *Intellectual capital and the new wealth of nations.* Lecture delivered to the Royal Society of Arts, London.

Corrado, C., Hulten, C. R., & Sichel, D.(2004). *Intangible capital and economic growth.* Washington, DC: National Bureau of Economic Research Working Paper No. 11948.

Crawford, R.(1991). *In the era of human capital: The emergence of talent, intelligence and knowledge as the worldwide economic force and what it means to managers and investors.* New York: Harper Business.

Davenport, T. O.(1999). *Human capital: What it is and why people invest in it.* San Francisco: Jossey-Bass.

Davenport, T. O., & Harris, J.(2007). *Competing on analytics: The new science of winning.* Boston: Harvard Business School Publishing.

Dean, P. J.(1994). *Performance engineering at work.* Batavia, IL: International Board of Standards for Training, Performance and Instruction.

Dean, P. J., & Ripley, D. E.(1997). *Performance improvement pathfinders: Models for organizational learning systems*(Vol.2). Washington, DC: International Society for Performance Improvement.

de Rosnay, J.(1975). *Le macroscope, vers une vision globale.* Paris: Le Seuil.

Echols, M.(2008). *Creating value with human capital investment.* Wyomissing, PA: Tapestry Press.

Edvinsson, L., & Malone, M. S.(1997). *Intellectual capital: Realizing your company' s true value by finding its hidden brainpower.* New York: Harper Business.

Esque, T. J., & McCausland, J.(1997). Taking ownership for transfer: A management development case study. *Performance Improvement Quarterly, 10*(2), 116-133.

Fitz-enz, J.(2009). *The ROI of human capital: Measuring the economic value of employee performance*(2nd ed.). New York: American Management Association.

Geis, G. L.(1986). Human performance technology: An overview. In M.E. Smith(Ed.), *Introduction to performance technology*(Vol. 1). Washington, DC: National Society for Performance and Instruction.

Gilbert, T. F.(1962). Mathetics: the technology of education. *Journal of Mathetics, 1*(1).

Gilbert, T. F.(2007). *Human competence: Engineering worthy performance*(Tribute ed.). San Francisco, CA: Pfeiffer.

Gilley, J. W., Maycunich, A., & Quatro, S.(2002). Comparing the roles responsibilities, and activities of transactional and transformational HRD professionals. *Performance Improvement Quarterly, 15*(4), 23-44.

Halal, W. E.(1998). *The infinite resource: Creating and leading the knowledge enterprise.* San Francisco: Jossey-Bass Publishers.

Harless, J.(1970). *An ounce of analysis(is worth a pound of objectives).* Newman, GA: Harless Performance Guild.

Harless, J.(1995). Performance technology skills in business: Implications for preparation. *Performance Improvement Quarterly, 8*(4), 75-88.

Harless, J.(1998). *The Eden conspiracy: Educating for accomplished citizenship.* Wheaton, IL: Guild V Publications.

Hubbard, D.(2007). *How to measure anything: Finding the value of "intangibles" in business.* Hoboken NJ: John Wiley & Sons, International Society for Performance Improvement.

Kaufman, R.(2006). *Change, choices and consequences -A guide to mega thinking and planning. Amherst*, MA: HRD Press.

Kaufman, R.(1995). *Mapping educational success.* Thousand Oaks, CA: Corwin Press.

Lickert, R., & Pyle, W. C.(1971). Human resource accounting: A human organizational measurement approach. *Financial Analysis Journal, 101-102*, 75-84.

Mager, R. F., & Pipe, P.(1970). *Analyzing performance problems or "you really oughta wanna."* Belmont, CA: Fearon Publishers.

Marker, A.(2008). *Synchronized cause analysis: Expanding Gilbert' s BEM to fit your environmental analysis.* Paper presented to the annual conference of the International Society for Performance Improvement, New York.

Mueller, M., & Voelkl, C.(Eds.).(2004). Sustaining performance [Special issue]. *Performance Improvement Journal, 43*(6).

Nickols, F. W.(1977). Concerning performance and performance standards: An opinion. *NSPI Journal, 16*(1), 14-17.

Pfeffer, J.(1998). *The human equation: Building profits by putting people first.* Boston: Harvard Business School Press.

Phillips, J. J.(2003). *Return on investment in training and performance improvement programs.* Burlington, MA: Butterworth-Heinemann.

Phillips, P. P.(2002). *The bottom line on ROI: Basics, benefits and barriers to measuring training and performance improvement.* Atlanta, GA: CEP Press.

Robinson, D. G., & Robinson, J. C.(1998). *Moving from training to performance: A practical guidebook*. San Francisco: Berrett-Koehler/Alexandria, VA: American Society for Training and Development.

Robinson, D. G., & Robinson, J. C.(2008). *Performance consulting*(2nd ed.). San Francisco: Berrett-Koehler.

Rossett, A.(2009). *First things fast: A handbook for performance analysis*. San Francisco: Pfeiffer.

Rummler, G. A.(1983). Technology domains and NSPI. *Performance and Instruction, 22*(9), 32-36.

Rummler, G. A.(2004). *Serious performance consulting-According to Rummler*. Silver Spring, MD: International Society for Performance Improvement.

Rummler, G. A., & Brache, A. P.(1995). *Improving performance: How to manage the white space on the organization chart*(2nd ed.). San Francisco: Jossey-Bass Publishers.

Schultz, T. W.(1981). *Investing in people: The economics of population quality*. Berkeley and Los Angeles: University of California Press.

Senge, P. M.(1990). *The fifth discipline: The art and practice of the learning organization*. New York: Doubleday.

Stewart, T. A.(1994). Your company' s most valuable capital: Intellectual capital. *Fortune*(March 10), 68-74.

Stewart, T. A.(1997). *Intellectual capital: The new wealth of organizations*. New York: Doubleday Dell Publishing Group.

Stolovitch, H. D., & Keeps, E. J.(1999). *Handbook of human performance technology*. San Francisco: Jossey-Bass Publishers.

Stolovitch, H. D., & Keeps, E. J.(2004a). *Front-end analysis and return on investment toolkit*. San Francisco: Jossey-Bass/Pfeiffer/Wiley.

Stolovitch, H. D., & Keeps, E. J.(2004b). *Training ain' t performance*. Alexandria, VA: American Society for Training & Development.

Van Buren, M. E., & Eskine, W.(2002). *State of the industry: ASTD' s annual review of trends in employer-provided training in the United States*. Alexandra, VA: American Society for Training and Development.

Van Tiem, D. M., Moseley, J. L., & Dessinger, J. C.(2004). *Fundamentals of performance technology: A guide to improving people, process, and performance*(2nd ed.). Washington, DC: International Society for Performance Improvement.

제15장

수행지원

Frank Nyugen (American Express)

시나리오 1: XYZ 회사의 판매대리인은 다음 해의 생산라인에 관한 개요를 요청했던 주요고객을 위해 발표를 준비하고 있다. 불행하게도, 바쁜 여행일정 때문에, 그 판매대리인은 전체 XYZ 판매 및 마케팅팀에게 새로운 제품정보를 제공해 주는 데 목적을 둔 지난주의 훈련프로그램에 참석하지 못했다.

시나리오 2: 한 검사자가 오늘 아침에 배에 승선하여 세 개의 상업용 어선들을 조사하도록 배정되었다. 주말 동안, 비슷한 배가 북극에서 침수되었다. 그 검사자는 자신의 세 어선에 승선해 있는 제한된 시간 동안 잠재적인 안전 문제들을 모두 밝혀내기 위해 가장 최근의 조사 절차들이 필요하다.

시나리오 3: 한 교직원이 자신의 강의실에 설치된 수강생 반응시스템 장치로부터 직접적으로 점수를 수신할 수 있도록 강좌의 Blackboard 사이트를 설정하고 있다. 이러한 기능이 없으면, 그녀는 내일 지필중간고사를 실시해야 하고, Blackboard 성적표에 수동으로 점수를 입력해야 할 것이다.

시나리오 4: 식수처리시설에 근무하는 기술자가 결코 접해본 적도 없고 서비스 훈련을 받은 적도 없는 오래된 송수펌프를 수리하려고 하고 있다. 그가 펌프를 고칠 때까지, 처리된 식수는 살균을 위해 오존반응기를 거쳐 지역 주민들에게 배급될 수 없다.

이러한 상황들은 무작위적이고 관련이 없어 보일 수 있지만, 그것들 모두는 강한 공통성을 공유한다. 즉, 각각의 상황에서, 개별 수행자들은 자신들의 업무에 몰두하고, 지식이나 기술의 결여 때문에 그들은 특정 업무를 성공적으로 완수하는 데 어려움을 겪을 가능성이 있다. 각 사례는 **수행지원**(performance support)을 위한 이상적인 후보자다. 이 장에서, 우리는 수행지원에 관한 역사적 그리고 오늘날의 정의들, 수행지원시스템의 핵심적인 특성들과 가능성들, 그것이 수행해결책으로서 가장 효과적으로 사용될 수 있을 때, 그것이 어떻게 활용되어 왔는가에 관한 실제 사례들과 실행을 위한 실제적인 지침들을 검토할 것이다.

수행지원이란 무엇인가?

수행지원은 Gloria Gery의 획기적인 책 『전자수행지원시스템(Electronic Performance Support Systems)』(1991)에서 처음으로 나타났다. Gery는 1980년대 후반에 Aetna에서 소프트웨어 훈련관리자로 일할 때, 학습해결책들은 흔히 고용인들이 지원이 필요할 때, 필요한 곳에서 그들을 도와주기 위해 주의 깊게 설계된 업무 인터페이스와 지원의 도입을 피할 수 없는 "훈련응급조치(training band-aids)" 임을 목도했다(O' Driscoll & Cross, 2005, p.5). Gery는 부적절한 도구들과 과정들에 대처할 수 있도록 하기 위해 고용인들을 사전에 훈련시키기보다는 수행자들에게 "업무수행을 할 수 있는 전체 … 시스템들에 대한 개별화된 온라인 접근"을 제공하는 것이 더 효과적이라고 주장했다(Gery, 1991, p.21). Gery는 이 접근법을 **전자수행지원시스템**(electronic performance support system: EPSS)이라고 일컬었다.

Gery는 원래 소프트웨어 및 그것과 관련된 절차들을 해결하기 위한 해결책으로서의 수행지원을 대상으로 하였지만, 그 이후 많은 연구자들은 수행지원의 범위와 잠재적인 적용을 확장해 왔다. Raybould(2000)는 메뉴, 대화상자, 화면상의 지시와 같이 업무 자체 속에 포함되어 있는 것들에서부터 개인학습서(tutorials), 컴퓨터기반 훈련, 동료지원(peer support), 상담창구(help desks)를 포함하여 해당 업무와는 분리되어 있는 것들에 이르기까지의 산출물들이 포함된 일련의 것들이라고 주장했다.

Villachica, Stone, Endicott(2006)는 "수행자들에게 필요한 것을, 그들이 그것을 필요로 할 때, 그들이 그것을 필요로 하는 형태로 제공하는, 온라인 및 오프라인 방법과 자원들이 통합된 최적으로 것"(p.540)을 포함하기 위해 수행지원을 보다 광의로 정의하기를 제안했다. 이것은 Raybould에 의해서 밝혀진 것들과 같은 전자자원들과 매뉴얼, 핸드북, 업무보조물(job aids)과 같은 인쇄된 자원들을 포함하기 위해 수행지원의 범위를 확장했다. 그들은 또한 정의들과 용어[수행지원(performance support), 전자수행지원시스템(electronic performance support systems), EPSS, PSS, PST]는 다양하다는 것을 인정했지만, 수행지원의 목적, 즉 "첫째 날부터 조금의 또는 어떠한 훈련도 없이 전문가와 같은 수행"(Villachica et al., 2006, p.540)은 공통적이었다고 주장했다.

Rossett과 Schafer(2007)는 필요한 때에 수행자들을 지원하는 도구들뿐만 아니라 수행 순간 전후에 사용할 수 있는 지원도구들을 포함하기 위해 수행지원에 관한 훨씬 더 확장된 관점을 제공했다. 수행지원에 관한 전통적인 개념은, Rossett과 Schafer가 **동료들**(sidekicks)이라 일컬었던, 업무 동안의 지원에 초점을 두었다. 그들은 자신들이 **계획자들**(planners)이라 일컬었던 다른 시스템들은 수행자들이 행동하기 위해 준비하거나 완료된 조치에 대해 성찰할 때 지원을 제공한다고 주장했다.

이러한 정의들에 의해 분명히 알 수 있는 바와 같이, 수행지원의 범위는 Gery가 1991년에 해당 용어를 소개한 이후 다음과 같은 여러 가지 방식으로 확장되어 왔다.

1. 수행지원에 의해 해결될 수 있는 문제들과 과제들의 유형들이 확장되어 왔다.
2. 그 분야를 언급하기 위해 사용된 용어들과 축약어들이 증가해 왔다.
3. 지원이 수행자에게 실제로 제공되는 때에 관한 상이한 관점들이 제공되어 왔다.

이 장의 후반부에서 보다 상세하게 기술되겠지만, 수행지원은 Gery가 처음에 소프트웨어 지원에 초점을 둔 것을 넘어 다양한 환경에서 신뢰할 만한 해결책인 것으로 검증되고 있다. Gery 자신도 수행지원이 소개된 이후 그것은 투자와 재무계획, 부동산, 여행과 정부 애플리케이션을 포함한 다양한 환경에서 성공적으로 활용되어 왔다고 언급했다(2003). 특히, 수행지원은 더 이상 컴퓨터를 통해 수행되는 업무뿐만 아니라 수행자들이 지원에 접근하기 위한 어떠한 종류의 전자장치도 갖지 못할 수 있는 물리적, 공간적 과정들과 절차들에 한정되지는 않는다. Villachica 등이 언급한 바와 같이, 어떤 유형의 업무는 업무보조물 또는 매뉴얼과 같은 비전자적, 인쇄자원들을 사용하여 지원하는 것이 더 나을 수 있다. 실제로, 작업장에 수행지원(전자적, 비전자적)을 제공하는 데 관심이 계속적으로 증가하고 있지만, **전자수행지원시스템**이라는 용어의 사용은 크게 감소해 왔다.

Villachica 등(2006)은 이 분야를 기술하기 위해 전자수행지원시스템(electronic performance support systems), 수행지원(performance support), 수행지원시스템(performance support systems), 수행지원도구(performance support tools)와 같은 다양한 용어들이 상호교환적으로 사용되어 왔다고 지적한다. 그 결과, 또한 EPSS, PS, PSS, PST를 포함한 다양한 약어들이 존재한다. 의도는 좋지만, 비슷한 용어는 잠재적으로 혼란을 초래하고 실천가들과 연구자들이 우수사례와 지침들에 쉽게 접근할 수 있는 지식체(body of knowledge)를 만드는 것을 어렵게 한다.

이 장의 목적상, 우리는 **수행지원**(performance support)이라는 용어를 사용하며, 그것을 수행자들에게 **필요한 순간에**(at the moment of need) 정보와 도구를 지원하기 위해 다양한 수준의 접근을 제공하는 시스템이라고 정의할 것이다. 이 정의는 소프트웨어 영역을 넘어 Gery의 원래의 수행지원 개념의 진화를 인정하지만, 수행자가 지원을 필요로 할 때와 필요한 곳에 지원을 제공한다는 핵심적인 초점을 유지한다.

핵심적인 수행지원 특성

수행자들에게 필요한 순간에 지원을 제공하기 위해, 대부분의 수행지원시스템들은, [그림 15.1]에서 볼 수 있는 바와 같이, 다음과 같은 특성들을 포함하고 있다.

- 수행자가 과제를 완수하기 위해 사용하는 **업무 인터페이스**(work interface)(또는 인터페이스들). 업무 인터페이스는 본질적으로 전자적일 수도 있고 그렇지 않을 수도 있다. 판매대리인의 경우, 그의 주요한 업무 인터페이스는 그가 매일 고객의 요구를 추적하고 대응하기 위해 사용하는 고객관계관리(customer relationship management: CRM) 도구일 수 있다. 검사자의 업무 인터페이스는 종이기반 안전 체크리스트일 수 있다. 교직원의 경우, 그것은 강의실에 있는 학생응답시스템을 조절하는 제어판이거나 또는 Blackboard 강좌관리시스템에 있는 해당 교직원의 홈페이지일 수 있다. 기술자의 업무 인터페이스는 송수펌프나 송수펌프와 같은 장비들을 수리하기 위해 사용되는 도구일 수 있다.
- 수행자는 과제를 성공적으로 완수하기 위해 필요한 자원들과 정보를 찾기 위해 **수행**

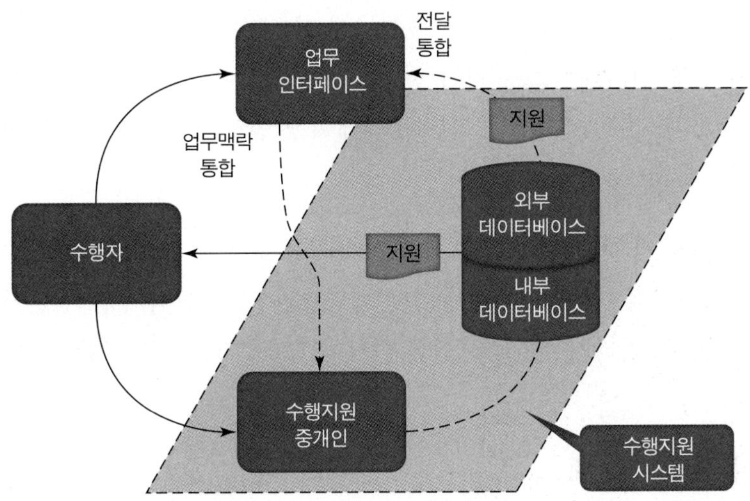

[그림 15.1] 수행지원시스템의 주요 특성

지원중개인(performance support broker)을 사용할 것이다. 흔한 유형의 중개인들로는 웹기반 검색엔진, 비즈니스 과정을 지원하는 적절한 콘텐츠에 연결되어 있는 자주 묻는 질문 페이지와 업무흐름도가 포함된다. 수행지원은 또한 작업장에 게시된 인쇄된 작업보조물, 공장에 있는 장비에 연결되어 비치되어 있는 종이기반 매뉴얼, 백화점 현금인출기에 있는 판매단말기의 지점(point) 또는 운송트럭 운전사에 의해 전달된 무선모바일장치를 통해 접속될 수 있다.

- 수행지원시스템은 또한 일반적으로 지원 콘텐츠와 자원들을 저장할 수 있는 **내부 데이터베이스**(internal database) 기능을 갖추고 있다. 자원들은 간략한 사실적인 정보, 구조화된 절차, 기관의 정책, 교수용 비디오, 또는 수행자를 필요한 때에 지원할 수 있는 특정 유형의 콘텐츠나 산출물 형태일 수도 있다.

수행지원시스템은 또한 다음과 같은 특징들의 조합을 포함할 수도 있다.

- 수행지원시스템은 지원 콘텐츠의 내부 데이터베이스뿐만 아니라 수행자들에게 **외부 데이터베이스**(external database)에 있는 자원들을 분류하고 접근할 수 있도록 하는 기능을 가지고 있다. 그러한 예들로는 마케팅 데이터베이스에 저장되어 있는 제품정보, 상담창구의 지식관리시스템에 저장되어 있는 문제와 해결책, 심지어 학습관리시스템에 저장되어 있는 훈련콘텐츠 등을 들 수 있다.
- 수행지원시스템은 수행자가 수행하고자 하는 과제를 지능적으로 인지하고 수행자에게 적절한 지원 콘텐츠를 자동으로 알려줄 수 있는 방식으로 업무 인터페이스와 통합될 수 있다. 그러한 **업무맥락통합**(work context integration)은 정보를 찾고 있는 수행자가 수행지원중개인에서 소비해야 하는 시간량을 최소화하거나 없앨 수 있다.
- 일단 콘텐츠가 업무맥락을 통해 또는 수행자에 의해 수동으로 찾아지면, 지원 콘텐츠는 수행자의 업무 인터페이스로 직접 전달될 수 있다. 이러한 유형의 **전달통합**(delivery integration)은 흔히 소프트웨어 애플리케이션 인터페이스에서 팝업이나 통합된 텍스트로 제시된다.

수행지원시스템은 또한 콘텐츠 영역에 대한 전문가들을 찾을 수 있는 기능, 전문가들이나 다른 수행자들과 토론할 수 있는 토론방이나 채팅방과 같은 협력기능, 전문가나 수행자들을 위한 저작과 콘텐츠 관리기능들을 포함한 다양한 그 외 기능들을 포함할 수도 있다.

수행지원을 사용해야 할 때

수행지원을 해결책으로 선택할 것인지를 결정할 때 고려해야 할 다음과 같은 두 가지의 주요한 요인들이 있다.

1. **빈도**(frequency): 수행자들이 지원 대상이 되는 과제들을 얼마나 빈번하게 수행할 것으로 기대되는가?
2. **중요도**(criticality): 수행자들이 첫 시도에서 과제를 성공적으로 완료하는 것이 중요한가? 만약 과제가 정확하게 또는 특정 수준의 정확도 내에서 수행되지 않으면 기관이나 사회적인 충격이 있는가?

비록 Gery의 수행지원에 대한 열망은 거의 또는 어떠한 훈련도 없이 "곧바로 수행(day one performance)" 할 수 있는 것이었지만, 수행지원은 의사소통, 변화 관리, 그리고 특히 훈련과 같은 다른 정보해결책들과 함께 사용되는 것이 일반적이다(Gery, 1995, p.47). 위에서 확인된 요인들을 고려할 때, 수행지원에 의해서 해결되지 않는 영역들은 그러한 해결책들을 통해 처리됨을 명확하게 하는 것이 중요하다.

[그림 15.2]에서 볼 수 있는 바와 같이, 수행자들이 빈번하게 행하지 않거나 기관들에게 중요하지 않은 과제들과 정보는 수행지원을 하기에 이상적인 것들이다. 그들은 수행지원을 통해 전적으로, 안전하게 전달될 수 있으며, 만약 훈련이나 다른 정보해결책을 통해 전달된다면 틀리게 선택한 것이 될 가능성이 있다.

높은 빈도/낮은 중요도 또는 낮은 빈도/높은 중요도가 있는 과제들은 또한 수행지원에 의해 전달될 수 있다. 그러나 수행자들은 그러한 과제를 매일매일 수행하거나 사용빈도는 낮지만 실수의 결과가 상당히 크기 때문에, 수행자들에게 훈련이나 비슷한 해결책을 통해 필요한 시점 이전에 학습할 수 있도록 해주는 것이 중요하다. 높은 빈도/낮은 중요도 또는 낮은 빈도/높은 중요도가 있는 과제들의 경우, 수행자들이 작업장에 들어오기 전에 익혔던

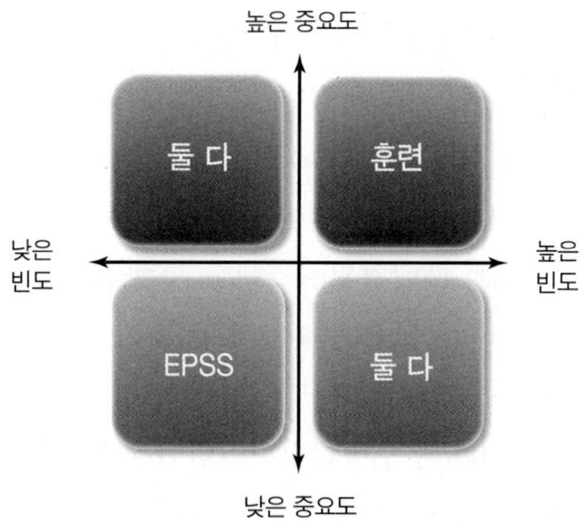

[그림 15.2] 훈련과 수행지원 모형 (Nguyen, 2009)

정보들을 잊어버렸다면, 수행지원은 필요한 시점에 해당 수행자들의 기억을 되살리는 매체로 활용된다.

빈번하게 사용되고 본질적으로 중요한 과제들과 정보는 업무수행 전에 수행자를 준비시키는 데 중점을 둔 훈련이나 다른 해결책들을 통해 주로 전달되어야 한다. 만약 그러한 콘텐츠가 필요한 시점 이전에 습득되지 않으면, 수행자는 과제를 올바르게 완수할 수 없으며, 잠재적으로 자기 자신들, 다른 사람들, 또는 심지어 기관 전체를 해롭게 할 수 있다.

수행지원이 적절한 해결책인지를 결정할 때 고려해야 할 다음과 같은 몇 가지 부차적인 요인들이 있다.

- 수행지원은 업무 인터페이스나 비즈니스 과정이 빈약하게 설계되거나 인적 요인들 또는 비즈니스 과정 리엔지니어링을 통해 쉽게 고칠 수 없는 상황에서 보다 더 긍정적인 효과가 있을 수 있다.
- 과제수행은 방대한 양의 정보에 접근하는 것을 필요로 한다. 예를 들어, 법률기관 직원은 소송사건을 준비할 때 수천 페이지에 달하는 주(州)와 연방법규를 빈번하게 참고할 필요가 있을 수 있다.
- 지원정보는 변덕스럽고 빈번하게 바뀐다. 예를 들어, 판매대리인은 매주 바뀌는 신제품소개와 판매홍보를 따라잡는 것이 어렵다는 것을 알게 될 것이다.

수행지원은 어디에서 실행되어 왔는가?

거의 20여 년 전에 수행지원이 소개된 이후, 실천가들은 수행지원을 기업에서 정부, 교육에 이르기까지 다른 많은 환경에 적용해 왔다. 교육 분야에서 많은 예들 중 단지 몇 가지를 들면, 시골 공동체에서 교사들 간의 협력을 증진시키기 위한 수행지원시스템(Brush, Knapczyk, & Hubbard, 1993), 예비교사들이 웹기반 e-포트폴리오를 개발하는 것을 도와주기 위한 시스템(Bennett & Lockyer, 2007), 그리고 석사과정 학생들이 분석과 교수를 설계하는 것을 도와주기 위한 시스템(Darabi, 2004) 등이 있다.

수행지원은 또한 산업체에서 널리 사용되어 왔다. Dorsey, Goodrum, Schwen(1993)과 Cole, Fischer, Saltzman(1997)은 판매지원시스템을 판매직원들을 지원하는 데 활용했다. Huber, Lippincott, McMahon, Witt(1999)는 내재적, 외재적, 그리고 외부 수행지원시스템들이 자동차 생산업체, 보험, 토목 공학에서 어떻게 활용될 수 있는지에 관한 세 가지 예들을 제공했다. Kasvi와 Vartiainen(2000)은 수행지원시스템이 공장에서 활용하기 위해 도입된 네 가지의 방법들을 보여주었다. Gery(2003)는 수행지원이 투자와 투자와 재무계획, 부동산, 여행과 정부 애플리케이션에서 어떻게 사용되어 왔는지에 관한 예들을 제시했다. McManus

와 Rossett(2006)에 의해 수행된 설문조사 결과는 수행공학자들이 수행지원을 미국해안경비대에서 배를 추적하는 것에서부터 레스토랑 관리자들을 코칭하는 것에 이르기까지의 다양한 문제들에 적용해 왔음을 보여주었다.

의학분야에 종사하는 수행공학자들도 또한 수행지원을 방대하게 사용해 왔다. 그러한 시스템을 검토한 연구에 관한 메타분석 결과, 수행지원이 약물복용, 환자진단, 예방관리(preventive care)에도 사용한 것으로 나타났다(Hunt, Haynes, Hanna, & Smith, 1998). 더 나아가, 대부분의 연구들은 그러한 시스템을 사용하는 것이 긍정적인 효과가 있다고 지적했다. 사용자의 수행은 검토된 연구들 중 42개 연구에서 증진되었으며, 19개의 연구에서는 유의미하게 변화하지 않았고, 단지 7개의 연구에서만 감소한 것으로 나타났다. 진단과 어떤 유형의 복용에 대한 수행지원에 관한 연구들은 일관성 있는 결과를 내놓지는 못했지만, 연구자들은 예방관리와 같은 다른 영역들을 위한 시스템들은 응급차, 진료소, 병원에 있는 수행시스템들에도 긍정적인 결과를 보여주었다고 언급했다.

수행지원은 어떻게 사용되어 왔는가?

수행지원이 그러한 방대한 문제들에 어떻게 적용되어 왔는지를 보여주기 위해, 우리는 몇 가지 다양한 환경에서 수행지원의 적용을 보여주는 세 가지의 실제세계 사례연구에 초점을 둘 것이다. 대부분의 사례에서, 기관의 실명은 요청에 의해 변경되었다.

사례연구 1: ACME 제조사

ACME 제조사는 소비자와 상업용 전자기기를 생산하는 전 세계에 네트워크화된 공장들을 보유하고 있다. ACME는 구체적으로 ACME의 공장을 운영할 수 있는 장비를 설계, 감독, 개발하는 일련의 제품 제조업자들과 함께 일한다. 이 제품 제조업자들은 해당 장비를 사용하고 수리하는 방법에 관하여 처음에 고용인들을 훈련시키기 위해 ACME와 함께 일하지만, 대체로 지속적인 유지관리는 ACME 공장의 기술자들이 책임진다. 역사적으로, 이 기술자들은 장비 제조업자들이 발간하는 주별 기술공지에 뒤처지지 않으려고 노력해 오고 있다. 아울러, 다른 공장에서도 흔히 공통된 문제들이 발생하지만 기술자들은 미리 대비되었을지도 모르는 수리 절차들을 공유하거나 접근할 수 있는 방법이 없다.

ACME는 최근에 아시아, 유럽, 북미에서 차세대 전자기기를 생산하기 위해 공장들 중 세 곳을 개선했다. 이러한 개선의 일환으로, ACME는 위에서 언급한 문제들 중 몇 가지를 해결하기 위해 전 세계적인 수행지원시스템을 도입·운영했다.

기술자들은 공장의 여러 곳에 있는 장비들을 관리하기 위해 빈번히 여기저기 이동하기 때문에, ACME는 각 기술자들에게 각 공장에서 이용 가능한, 보안처리된 WiFi 연결을 사용하여 회사의 인트라넷에 있는 자료들에 접근할 수 있는 태블릿기반 고급 모바일 컴퓨터를 제공했다.

기술자들은 추가적인 지원정보가 필요한 곳에서 어떤 수리문제가 발생할 때마다, 그 모바일 컴퓨터를 사용하여 공장에 있는 장비에 관한 시각 설계도를 제공해 주는 내부 웹사이트에 접속할 수 있다. 그런 다음, 기술자들은 문제가 된 특정 부분을 찾기 위해 시각 설계도를 "자세히 살펴보고", 제품 제조업자들이 제공하는 수리절차들을 검토하며, 다른 기술자들이 게시한 글이나 현장노트를 살펴보거나 심지어 교체 부분을 주문할 수도 있다.

문제확인과정을 가속화하기 위해, 몇몇 장비는 공장에 설치되기 전에 신속대응(quick response: QR)코드가 붙여진다. QR코드는 장비의 중요한 부분에 부착되어 기술자들이 관련 콘텐츠를 신속하게 접속하기 위해 모바일 카메라를 사용하여 해당 레이블을 스캔할 수 있도록 해준다.

사례연구 2: 주립대학교

교수지원부는 주립대학교(State University)에 있는 교실들이 장비를 갖추고 지속적으로 작동하도록 하는 책임을 맡고 있다. 주립대학교가 최첨단의 교수 테크놀로지를 유지하기 위한 노력의 일환으로, 지난해 다섯 개의 강의실에 교수자가 질문을 던지면 학생들은 그 질문들에 대해 실시간으로 응답할 수 있도록 해주는 전화자동 응답시스템(audience response systems: ARS)을 설치했다.

교수들과 강사들은 ARS를 사용하기 위해 각자의 개인용 컴퓨터에 소프트웨어를 설치하고 환경을 설정해야 한다. ARS를 사용한 첫 학기 동안, 교수지원부는 소프트웨어를 자신들의 특정 강의실에 있는 ARS와 인터페이스로 연결할 수 있도록 설정하기 위해 도움을 요청하는 교수자들로부터 많은 요구들을 받았다. 몇몇 교수자들은 또한 시험을 치르기 위해 ARS를 사용했지만 그 데이터를 자동으로 대학의 학습관리시스템(LMS)으로 보내는 데 어려움을 겪었다.

이러한 문제들을 처리하기 위해, 교수지원부는 각 강의실에 ARS소프트웨어를 설치하기 위해 필요한 단계들과 구체적인 정보를 담고 있는 종이기반 업무보조물을 제작했다. 이 업무보조물은 일반적으로 ARS장비가 연결되어 있는, 각 강의실에 있는 연단 위에 게시되었다.

교수지원부는 또한 시험데이터의 업로드에 대한 요구를 해소하기 위해 LMS를 커스터마이즈했다. 구체적으로, LMS에 있는 기존의 맥락에 민감한(context-sensitive) 도움말 시스템은 지원정보를 성적부 기능에 포함하기 위해 사용되었다.

이러한 지원은 교수자에게 ARS 데이터를 LMS 성적부에 업로드하는 구체적인 절차들을 제공했으며, 그 결과 성적과 데이터를 입력하는 지루한 시간들을 없애 주었다.

사례연구 3: 해안경비대

해안경비대(Coast Guard) 해상조사자들은 해상에서의 부상과 사망의 원인들을 결정하고 향후 생명을 잃는 것을 피할 수 있는 규칙과 예방을 확인하는 책임을 지고 있다. 이 업무의 중요한 특성 때문에, 조사요원(investigating officer: IO)들은 집중적인 3주간의 훈련 프로그램을 이수해야 한다.

해상조사를 지원하기 위해, 해상경비대는 각 요원들에게 기본적으로 때때로 전자적이고 자동적이지만 다른 때에는 그렇지 않은 구조화된 업무보조물인 현장가이드(field guide)를 제공한다. 현장가이드는 IO들이 해상에서 발생한 부상을 조사할 때 조사가 철저하고 완료되었음을 명확하게 하기 위해 사용되었다. 예를 들어, 현장가이드는 IO가 사고에 연계된 배의 수, 그 배들이 상업용인지 레크레이션용인지의 여부, 배의 속도와 방향, 부상자의 수와 특성과 같은 표준 조사 데이터를 수집하도록 알려준다. 아울러, IO가 사고와 연계된 쪽이 취해져야 할 조치들을 확인하고 그 큰 해상 공동체에게 알려야 할 일반적인 안전 경고를 확인할 수 있도록 해준다.

현장가이드는 조사 동안 IO 수행을 지원하기 위해 사용될 뿐만 아니라 훈련 프로그램 동안 안내된 실습활동의 일환으로서 집중적으로 사용된다. 그렇게 함으로써 훈련이 실제 문제해결에 중점을 두도록 하며, 일단 IO들이 임무에 복귀하면 그 현장가이드를 채택하고 사용하도록 독려한다.

수행지원의 장점과 단점

여러 연구에서 증진된 수행, 증진된 사용자 태도, 그리고 금전적인 비용의 감소를 포함하여 수행지원시스템을 사용함으로써 많은 혜택들을 얻을 수 있다고 보고하였다(Altalib, 2002; Nguyen & Hanzel, 2007). 가시적으로 보기 힘든 혜택들로는 수행자들에게 특히 빈번하지 않은 과제에 대한 기억을 지원해 줄 수 있는 능력, 광범위한 수행자 집단들에게 갱신된 정보를 신속하게 제공할 수 있는 능력, 수행자들을 훈련을 통해 가능하거나 실제적인 것보다 더 넓은 범위의 지원 콘텐츠에 노출시킬 수 있는 능력 등이 포함된다.

그러나 수행지원도 단점들이 있다. 최근까지 매우 소수의 업체들만이 수행지원에 전문화되어 있기 때문에, 초기 채택자들은 흔히 맞춤형 시스템을 개발하도록 강요받는데, 이것은 비싼 실행과 유지비용을 초래한다. 그러나 수행지원시스템이 점점 더 복잡해지고 경쟁도 심해짐에 따라 수행지원을 실행하기 위한 비용도 줄기 시작했다.

아울러, 수행지원시스템은 흔히 더 큰 기관의 인프라구조 내에 있는 많은 훈련과 지원 관련 시스템들 중 하나다. 예를 들어, 대부분의 조직들은 훈련을 전달하고 추적하기 위해 사용되는 학습관리시스템을 가지고 있다. 다른 조직들은 또한 훈련자들이나 교과내용 전문가들이 학습 콘텐츠를 개발하는 것을 지원하는 학습콘텐츠관리시스템이나 지식관리시스템을 가지고 있을 수 있다. 수행지원에서 개발된 콘텐츠는 일반적으로 이 시스템들과 분리되어 있어서, 종종 중복된 콘텐츠를 개발하도록 하고 있다. 몇몇 연구자들은 수행자들이 수행지원에 의해서 전달된 콘텐츠를 학습하거나 완전히 체득하도록 강요되지 않는다고 비판해 왔다. 어떤 의미에서, 수행자들은 지식을 완전히 체득하고 전문지식을 기르기보다 실시간 지원도구들에 의존하게 될 수 있다.

수행지원을 가장 잘 활용하는 방법

수행지원을 해결책으로 사용하기 위해 선택할 때, 수행과 비용 양자의 관점에서 최대의 성공을 보장하기 위한 몇 가지 지침들이 있다.

수행지원과 훈련을 보충 해결책들로 결합

이미 언급한 바와 같이, 대부분의 상황에서 수행지원은 다른 해결책들과 함께 사용되어야 한다. 빈번하게 수행되거나 잘못된 과제 수행으로 인해 심각한 결과가 초래되는 과제들을 포함하고 있는 수행문제들은 직접적인 훈련을 통해 가장 잘 전달된다. 아울러, 일단 수행자들이 업무에 돌아온 후 수행지원을 채택하도록 도와주기 위해서는 훈련프로그램 속에 수행지원을 사용하는 것을 통합하는 방법들을 고려해야 한다. 수행과 훈련을 통합할 때, 수행자들이 현업에서 이용할 수 있는 수행지원은 훈련실습활동들, 특히 수행자가 실제적인 문제들을 해결하기 위해서 요구할 수 있는 활동들 속에 통합되어야 한다. 이는 수행자들에게 해당 수행지원시스템을 안전한 환경에서 사용하는 방법을 학습할 수 있는 기회를 제공하며, 수행자들이 문제들을 해결하기 위해서 해당 시스템을 사용함으로써 직접적으로 얻을 수 있는 가치들을 경험할 수 있게 됨으로써 잠재적으로 현업에서 사용하기 위한 채택 가능성을 높여줄 것이다.

수행지원을 업무에 통합

수행지원 콘텐츠는 가능한 한 업무 속에 깊게 내재되어야 한다(Bailey, 2003; Carroll & Rosson, 1987; Gery, 1995; Nguyen, Klein, & Sullivan, 2005; Raybould, 2000). 그렇게 함으로써, 과제를 수행하는 데 필요한 올바른 정보를 찾기 위해 수행자에게 요구되는 업무량은 줄어들고, 수행자가 올바른 정보를 찾을 수 있는 가능성은 높아지며, 수행자의 업무흐름을 방해하는 것은 줄어들거나 없어진다(Bailey, 2003). Nguyen 등(2005)은 정보를 검색하기 위해 수행자에게 요구하는 덜 통합된 형태의 수행지원과 비교해 볼 때, 보다 더 통합된 형태의 수행지원이 더 많이 사용된다고 보고했다.

수행자들의 전문지식 수준에 기초하여 수행자들에게 제공되는 지원 유형 다양화

[그림 15.3]에서 볼 수 있는 바와 같이, Gery(1995)는 통합되지 않은 수행지원을 업무 인터페이스에 **외부적인**(external) 것으로 기술한 반면, 보다 더 통합되어 있는 시스템들은 업무 프로세스에 **외재적인**(extrinsic) 또는 **내재적인**(intrinsic) 것으로 간주했다. 초보학습자들에게 검색엔진과 같은 통합되지 않은 외부의 수행지원을 제시했을 때, 그들은 흔히 어디에서부터 시작해야 하는지를 알지 못하며, 올바른 지원정보를 찾으려고 애쓴다(Bailey, 2003; Nielsen, 2001; Spool, 2001). 수행자들이 전문지식을 획득하고 그들의 업무영역을 위한 정신모형(mental models)이 형성되어 감에 따라, 정보를 찾고 그러한 통합되지 않은 시스템들의 요구를 따라잡기 위한 그들의 능력 또한 증가한다. 그러한 고급 수행자들은 여전히 보다 더 통합된 수행지원으로부터 혜택을 받을 수 있지만, 이러한 통합된 시스템과 관련된 추가비용은 정당화되지 못할 수도 있다. 이와는 반대로, 통합된 시스템이 초보자들에게 제공하는 혜택들은 추가적인 비용 지출을 더 값어치 있게 할 가능성이 높다.

현직훈련(OJT) 동안 수행지원시스템을 1차 수준의 지원으로 강조

수행자들이 작업장이나 기존의 업무환경에서 새로운 과제에 들어왔을 때, 수행하는 방법을 학습할 수 있도록 도와주기 위해 그들에게 직관적이고 통합된 수행지원에 대한 즉각적인 접

유형	정의	예
외부적인	노동자를 업무맥락으로부터 완전히 분리하기 위해 필요한 사용자의 작업공간 속에 통합되지 않은 수행지원	■ 상담창구 ■ 업무보조물 ■ 매뉴얼 ■ 검색엔진
외재적인	시스템과 통합되어 있지만 주요한 작업공간 속에 있지 않는 수행지원	■ 맥락에 민감한 도움말 ■ 온라인 도움말
내재적인	시스템 자체에 내재되어 있는 수행지원. 매우 잘 통합되어 있어서 근로자들에게 있어 시스템의 일부다.	■ 인간요인공학 ■ 사용자중심 설계 ■ 위저드

[그림 15.3] 수행지원시스템의 유형들(Gery, 1995, p.51을 수정 · 보완)

근을 제공해야 한다. 코치와 멘토와 같은 일반적인 현직훈련(on-the-job training: OJT) 지원 해결책들이 계속적으로 존재해야 하지만, 수행자들이 수행지원을 그들의 지원을 위한 첫 번째 자원으로 사용하도록 독려한다. 그렇게 함으로써, 수행자들은 부가적인 지원이 제거된 후 수행지원을 더 오랫동안 활용하는 것을 학습하게 될 것이다.

수행지원을 통한 광범위한 콘텐츠와 자원 제공

수행자들은 지원정보가 어디에서 유래하는지에 관심을 갖지는 않는다. 그들은 단지 자신들의 당면한 요구들을 해결하기 위해 가장 적절한 콘텐츠를 신속하게 찾는 데 관심이 있다. Nguyen(2009)은 수행자들은 과제수행 이전 훈련 동안에는 더 적은 양의 콘텐츠에, 그러나 업무 동안에는 더 광범위한 지원들에 접근할 수 있어야 한다는 것을 밝혀냈다. 결과적으로, 현직수행자들에게 지식관리시스템으로부터 도출된 콘텐츠에 대한 접근을 제공하거나, 즉각적인 접근을 위해 인쇄된 업무보조물을 온라인에 게시하거나, 또는 이러닝 강좌들에 적절한 정보 링크들을 제공하는 것과 같은 전략들을 사용하는 것을 고려해 본다. 그렇게 함으로써 수행자가 요구하는 지원을 업무에 더 가깝게 연계할 수 있고, 다른 시스템들 간에 발생할 수 있는 콘텐츠의 중복을 없앨 수 있을 것이다.

핵심적인 성공 요인

최대의 성공과 수행지원시스템을 해결책으로 채택하는 것을 보장하기 위해서 고려해야 할 몇 가지 요인들이 있다.

사회적

우리는 수행지원시스템을 실행하는 것뿐만 아니라, 그것을 사용할 사람들을 고려해야 한다. 수행지원은 시의적절하며, 현행의 콘텐츠를 제공하는 경우에만 효과적이다. 비록 수행자가 과제 수행을 위해 필요한 정보를 재빠르게 찾을 수 있다 할지라도, 그 정보가 올바르지 않으면 그 수행자는 해당 과제를 올바르게 수행할 수 없을 가능성이 높다. 그 결과, 그 시스템에 대한 신뢰감과 미래 활용 가능성은 낮아지게 될 것이다. 수행자들이 올바르지 않은 정보를 확인하고, 그것을 즉각적인 수정을 위해 보고하거나, 심지어 블로그, 팟캐스트, 위키와 같은 웹 2.0 도구들을 가지고 있을 때 그 자체에서 해당 콘텐츠를 편집할 수 있는 도구들과 과정들을 제공해야 한다. 그러한 장치들이 제공되지 않으면, 수행자들이 미래의 지원 요구를 위해 수행지원시스템을 사용할 가능성은 낮아지고, 자신들의 부정적인 경험에 대해 다른 사람들에게 말할 가능성은 더 높아질 것이다. 어떠한 단일요인도 수행자들 간의 시스템에 관한 빈약한 인지보다 수행지원시스템의 채택을 낮추지는 못할 것이다.

정치적

강력한 수행지원시스템이 구축되어 있고 지원 자원들을 유지하기 위한 과정이 확고하게 설정되어 있으면, 수행자들 간에 채택을 독려하는 과제는 상대적으로 쉬워야 한다. 그러나 수행자들이 그 시스템과 그것을 사용하는 방법뿐만 아니라 그 시스템이 그들과 조직에게 제공할 수 있는 혜택을 알게 하기 위해서는 여전히 의사소통, 마케팅, 훈련을 포함하는 전이변화관리(transition change management: TCM) 계획을 수립하고 실행하는 것이 중요하다.

변화관리전략은 문제들뿐만 아니라 훈련자들, IT관리자들, 소프트웨어 관리자들, 비즈니스 분석가들, 유능한 수행자들에게 도구나 정보를 제공하는 것과 관련된 핵심 이해관계자들도 대상으로 해야 한다. 예를 들어, 기관의 소프트웨어를 만드는 IT 관리자들과 개발자들은 수행지원을 업무 인터페이스에 통합하는 것이 어떻게 노동자 수행증진, 훈련 시간 감소, IT 지원 비용감소와 같은 혜택들을 제공해 주는지에 관하여 알아야 한다. 변화관리전략의 일부는 학습자들로 하여금 이용 가능한 수행자원을 주요 자원으로, 그리고 다른 자원들을 부수적인 자원으로 활용할 수 있도록 독려해야 한다. 이것은 IT상담창구들, 관리자들, 또는 동료들과 같이 자원들이 매우 제한적인 경우에는 특히 그러하다. 이러한 강조 없이는 수행자들은 이웃에게 물어보거나, 상담창구에 전화를 걸거나 하는 것이 더 쉽다고 느낄 수 있으며, 소수의 수행지원도구들만이 실제로 채택되게 될 것이다.

경제적

수행지원을 해결책으로 선정하는 데 있어 가장 명백한 비용은 시스템 자체와 관련된 하드웨어와 소프트웨어 비용이다. 수행지원시스템은 구입하거나 맞춤 제작의 일환으로 개발될 수 있는 소프트웨어를 호스팅하기 위한 서버들이 필요하다. 그러한 비용은 기준선(baseline)보다 더 낮게 하기 위해 계산되고 투자되어야 한다. 또한 고려되어야 할 더 장기적인 비용이 있다. 지원 콘텐츠의 지속적인 수정과 유지와 관련된 시간 또는 비용이 배정되어야 한다. 아울러, 만약 수행지원설계가 업무맥락이나 수행자의 업무 인터페이스로의 전달통합을 요구한다면, 개발자들이 기존 시스템을 수정하기 위한 자금이 확보되어야 한다.

법률적

지원 콘텐츠의 현재성(currency)은 사회적 · 경제적 요인일 뿐만 아니라 몇몇 경우에는 법적 요건이다. 2002년의 Sarbanes-Oxley Act(SOx)와 같은 다양한 정부 법규로 인해, 많은 기관들은 데이터 질과 지적소유권과 같은 문제들에 대한 정부의 명령을 준수하는 데 추가적인 강조를 두어 왔다. 수행지원 데이터베이스에 저장되어 있는 콘텐츠의 유형에 따라, 그러한 콘텐츠는 SOx나 다른 법적인 통제와 법규의 적용을 받을 수 있다. 아울러, 정부기관에 의해 제공되는 어떤 수행지원시스템은 1998년 재활법의 적용을 받는다. 508조로 더 잘 알려져 있는 이 법은 수행지원을 포함하여 전자와 정보 테크놀로지를 장애를 지닌 사람들이 접근 가능하도록 만들 것을 요구한다.

기술적

이 장의 서두에서 언급한 바와 같이, 수행지원에 관한 협의의 정의는 수행자들이 몇 가지 유형의 전자장치를 사용하여 현직(on-the-job) 지원을 받아야 한다는 것을 시사한다. 소프트웨어 절차에 관한 Gery의 원래의 초점은 다음과 같은 요건, 즉 초점의 대상인 수행자들이 컴퓨터 앞에서 일할 것이라고 가정한 요건을 중요하지 않게 만들었다. 그러나 수행지원이 공장에서 장비를 수리하고 있는 기술자들, 지게차를 운전하고 있는 보관창고 고용인들, 또는 비행기를 관리하는 군대 기술자들을 지원하는 것과 같은 환경으로 확대되었을 때, 우리는 수행자들이 그러한 접근을 할 수 있을 것이라고 가정할 수 없다. 이러한 경우들에서, 우리는 수행자들이 전자적으로 기반되지 않은 수행지원시스템에 접근하거나 그 수행자들을 위한 전자장치들을 선택하고, 조달하며, 배포할 수 있도록 해야 한다. 그러한 전자장치들로는 공장 전체에 전략적으로 배치되어 있는 컴퓨터 워크스테이션, 현장에 있는 판매대리인들에게 지급된 랩톱컴퓨터, 심지어 스마트폰, PDA, 이동형 게임기기, MP3 플레이어와 같은 모바일 장치들이 포함된다.

결론

지난 20여 년 동안 수행지원시스템은 낮은 빈도와 낮은 중요성을 지닌 과제들에 관해 수행자들을 지원하기 위한 효과적인 해결책인 것으로 증명되었다. 그러한 시스템은 또한 빈도와 중요도가 더 높은, 특히 업무수행 이전에 수행자들을 준비시키는 데 초점을 둔 훈련과 같은 해결책들과 통합되었을 때, 과제들을 지원하는 데 효과적일 수 있다. 더 나아가, 수행지원시스템은 원래 수행자들이 컴퓨터기반 과제들을 성공적으로 달성할 수 있도록 도와주는 것을 목표로 하였지만, 오늘날의 수행지원은 유연한 기술, 물리적 · 공간적 과제들, 다양한 활동들의 수행을 돕는 데 사용되고 있다. 비록 수행지원이 원래의 별칭(수행지원시스템)을 넘어 진화해 왔을지라도, 그것의 영향력은 테크놀로지가 증진되고 수행지원이 제공할 수 있는 기능들의 이점을 취하는 방법을 더 잘 이해할 수 있게 됨에 따라 불과 몇 년 내에 크게 증가할 것이다.

핵심 원리 요약

1. 수행지원은 수행자들에게 정보와 도구를 필요한 순간에 지원하기 위해 다양한 수준의 접근을 제공하는 시스템이라 정의할 수 있다.
2. 수행지원시스템의 구성요소들에는 일반적으로 수행자가 과제를 달성하기 위해 사용하는 업무 인터페이스, 과제를 성공적으로 달성하기 위해 요구되는 자원과 정보를 찾기 위해 활용되는 수행지원중개인, 그리고 지원 콘텐츠와 자원들이 저장될 수 있는 내부(그리고 아마도 외부) 데이터베이스가 있다.
3. 수행자들이 빈번히 행하지 않고 조직에게도 중요하지 않은 과제들과 정보는 수행지원을 하기에 이상적인 것들이다. 수행지원은 또한 높은 빈도/낮은 중요도 또는 낮은 빈도/높은 중요도가 있는 과제들을 위해 사용될 수 있으며, 이러한 과제들에 관해 이전에 훈련을 받은 수행자들에게도 제공될 수 있다.
4. 수행지원을 가능한 한 업무 인터페이스와 근접하게 통합하라.
5. 수행지원과 훈련을 수행문제들을 해결하기 위한 보충적인 방법으로 함께 혼합하라.
6. 수행지원은 수행자들에게 그들이 훈련 동안 받는 것보다 더 광범위한 콘텐츠와 자원들에 접근할 수 있도록 제공해야 한다.
7. 수행지원 콘텐츠의 시의적절성과 질을 높이기 위해 웹 2.0으로 업그레이드하고, 전자장치에 쉽게 접근할 수 없을 수도 있는 수행자들에게 접근성을 높여주기 위해 모바일 테크놀로지들을 사용하라.

응용 문제

1. 여러분은 신규직원 훈련프로그램을 능률적으로 처리하는 것을 도와주기 위해 한 주요 항공사와 계약을 했다. 많은 조종사들이 지난해에 정년퇴임을 하거나 정년퇴임이 다가오고 있다. 항공사는 활용할 수 있는 조종사들이 심각하게 부족한 상태이며, 이 문제는 다가오는 여러 해에 더욱 심각할 것으로 예측하고 있다. 집행부는 훈련기관이 새로운 조종사들을 훈련시키는 데 소비되는 시간량을 줄여서 그들이 은퇴하는 조종사들의 빈자리를 메꿀 수 있도록 하라고 명령했다.

   신규직원 훈련프로그램에 관한 콘텐츠 분석을 실시한 후, 여러분은 훈련에 소비되는 시간은 새로운 조종사들에게 훈련 동안 약간의 기술과 지식, 수행지원을 사용함으로써 현직에서 다른 기술들과 지식을 제공하여 줄일 수 있다고 믿는다. 다음은 기존의 신규직원 훈련프로그램에서 발췌한 교수목표들의 예다. 여러분은 당면한 훈련을 사용하여 어떤 목표들을 제공하겠는가? 다음 중 어느 것이 수행지원을 사용하여 현직에서 더 잘 전달될 수 있는가? 그 이유는?

   a. Primus 2000 내비게이션 소프트웨어에 비행 계획을 입력하라.

   b. Primus 2000 ILS 모듈에 관한 진단을 수행하라.

c. 비상 착륙을 수행하라.

d. 기내 커피메이커의 필터를 교체하라.

2. Muzik Corp.은 호텔, 리조트, 테마파크용 오디오 하드웨어, 소프트웨어, 콘텐츠를 전문으로 다룬다. 전 세계 고객들을 지원하기 위해, Muzik은 마닐라, 마이애미, 뉴델리에 위치한 전화기반 상담창구를 두고 있다. 그 회사는 다음 몇 개월 내에 새로운 제품라인을 도입할 계획이어서, 여러분은 이 새로운 제품라인을 지원하는 방법에 관하여 500명의 상담창구 직원들을 준비시키는 과제를 맡았다. 지리적으로 분산된 대상과 새로운 정보량에 기초하여, 여러분은 수행지원시스템이 유용할 것이라고 예정한다.

약간의 조사 후에, 여러분은 Muzik 상담창구 직원들은 이미 기존 수행지원시스템에 대한 접근권을 가지고 있음을 알았다. 여러분은 또한 추수 인터뷰를 통해 비록 상담창구 직원들은 도구에 관하여 알고 있지만 그것을 적극적으로 사용하지는 않는다는 것을 발견하였다. 그들이 싫어한다고 코멘트한 것 중 상당수가 그들이 각 지원문제를 문서화하기 위해 사용하는 애플리케이션인 TrackIt!과 고객이 가지고 있는 문제들을 고장수리(troubleshooting)할 때 사용하는 다른 애플리케이션 간을 왔다 갔다 하는 것이었다. 다른 사람들은 수행지원 정보가 시대에 뒤떨어졌다고 했다. 여러분이 직접 검토한 후에, 여러분은 시스템에 있는 정보들 중 대부분이 마케팅부에서 제공한 고수준의 제품 정보임을 알게 되었다. 더 나아가, 여러분은 그 수행지원시스템은 원래 2년 전에 한 인턴에 의해서 구축되었으며, 그는 시스템에 콘텐츠를 추가하거나 갱신할 수 있는 유일한 사람이라는 것을 알게 되었다.

여러분이 현재의 수행지원 솔루션을 개선하기 위해 무엇을 해야 하는지를 기술하라. 수행자, 업무 인터페이스, 수행지원중개인, 내부 데이터베이스와 다른 선택적인 특징들을 포함하여, 여러분이 만들게 될 증진된 수행지원시스템의 핵심적인 구성요소들을 명확하게 확인하라.

저자 정보

Frank Nguyen은 아메리칸익스프레스(American Express)의 학습혁신부(Learning Innovation) 이사다.

참고 문헌

Altalib, H.(2002). ROI calculations for electronic performance support systems. *Performance Improvement, 41*(10), 12-22.

Bailey, B.(2003). Linking vs. searching: guidelines for use [Electronic version]. Retrieved January 17, 2006, from http://www. webusability.com/article_linking_vs_searching_2_2003.htm

Bennett, S., & Lockyer, L.(2007). A web-based e-portfolio support system for teacher education students. In T. Bastiaens & S. Carliner(Eds.), *Proceedings of World Conference on E-Learning in Corporate, Government, Healthcare, and Higher Education 2007*(pp. 7010-7020). Chesapeake, VA: AACE.

Brush, T., Knapczyk, D., & Hubbard, L.(1993). Developing a collaborative performance support system for practicing teachers. *Educational Technology, 33*(11), 39-45.

Carroll, J. M., & Rosson, M. B.(1987). Paradox of the active user. In J. M. Carroll(Ed.), *Interfacing thought: Cognitive aspects of human-computer interaction*(pp. 80-11). Boston: Bradford Books/MIT Press.

Cole, K., Fischer, O., & Saltzman, P.(1997). Just-in-time knowledge delivery. *Communications of the ACM, 40*(7), 49-53.

Darabi, A.(2004). Contributions of an electronic performance support system to learning a complex cognitive skill. In K. Morgan & M. J. Spector(Eds.), *The Internet society: Advances in learning, commerce, and security.*(pp. 215-225). Billerica, MA: WIT Press.

Dickelman, G. J.(2003). *EPSS revisited: A lifecycle for developing performance-centered systems.* Silver Spring, MD: International Society for Performance Improvement.

Dorsey, L. T., Goodrum, D. A., & Schwen, T. M.(1993). Just-in-time knowledge performance support: A test of concept. *Educational Technology, 33*(11), 21-29.

Gery, G.(1991). *Electronic performance support systems.* Tolland, MA: Gery Associates.

Gery, G.(1995). Attributes and behaviors of performance-centered systems. *Performance Improvement Quarterly, 8*(1), 47-93.

Gery, G.(2003). Ten years later: A new introduction to attributes and behaviors and the state of performance-centered systems. In G. J. Dickelman(Ed.), *EPSS revisited: A lifecycle for developing performance-centered systems*(pp. 1-3). Silver Spring, MD: International Society for Performance Improvement.

Huber, B., Lippincott, J., McMahon, C., & Witt, C.(1999). Teaming up for performance support: A model of roles, skills and competencies. *Performance Improvement Quarterly, 38*(1), 10-14.

Hunt, D. L., Haynes, R. B., Hanna, S. E., & Smith, K.(1998). Effects of computer-based clinical decision support systems on physician performance and patient outcomes. *Journal of the American Medical Association, 280*(15), 1339-1346.

Kasvi, J., & Vartiainen, M.(2000). Performance support on the shop floor. *Performance Improvement, 39*(6), 40--46.

McManus, P., & Rossett, A.(2006). Performance support tools delivering value when and where it is needed. *Performance Improvement, 45*(2), 8-16.

Nguyen, F.(2009). The effect of performance support and training on performer attitudes. *Performance Improvement Quarterly, 22*(1), 95-114.

Nguyen, F., & Hanzel, M.(2007). LO + EPSS = just-in-time reuse of content to support employee performance. *Performance Improvement, 46*(6), 8-14.

Nguyen, F., Klein, J. D., & Sullivan, H.(2005). A comparative study of electronic performance support systems. *Performance Improvement Quarterly, 18*(4), 71-86.

Nielsen, J.(2001). Search: Visible and simple [Electronic version]. Alertbox. Retrieved January 23, 2011, from http://www.useit.com/alertbox/20010513.html

O' Driscoll, T., & Cross, J.(2005). In her own words: Gloria Gery on performance. *Performance Improvement, 44*(8), 5-7.

Raybould, B.(2000). Building performance-centered web-based systems, information systems, and knowledge management systems in the 21st century. *Performance Improvement, 39*(6), 69-79.

Rossett, A., & Schafer, L.(2007). *Job aids and performance support: Moving from knowledge in the classroom to knowledge everywhere.* San Francisco: Pfeiffer.

Spool, J. M.(2001). Users don' t learn to search better [Electronic version]. Retrieved January 23, 2011, from http://www.uie.com/articles/learn_to_search

Villachica, S. W., Stone, D. L., & Endicott, J. E.(2006). Performance support systems. In J. Pershing(Ed.), *Handbook of human performance technology: Improving individual and organizational performance worldwide*(3rd ed., pp. 539-566). San Francisco: Jossey-Bass/Pfeiffer.

제16장

지식관리와 학습: 완벽한 보완

Marc J. Rosenberg (Marc Rosenberg and Associates)

지식관리(knowledge management: KM)는 우리가 정보를 관리, 공유, 사용하는 방식에 있어서의 혁명이다. 보다 구체적으로 훈련/학습 전문가들의 경우, KM은 우리가 사용하는 도구와 과정들로부터 조직 내에서의 영향력에 이르기까지 우리가 우리의 실제(practices)의 한계를 보는 방식을 변화시킨다.

이 장[1]에서, 우리는 KM의 세 가지 측면, 즉 KM의 잠재가능성, 주의해야 할 오류, 그리고 이 모든 것이 조직학습(organizational learning)에 의미하는 바를 탐색해 볼 것이다. 우리는 또한 웹 자체의 변화하고 있는 특성과 웹 2.0이 KM에 어떻게 영향을 미치는지를 살펴볼 것이다.

지식관리란 무엇인가?

조직은 고객, 금융, 직원, 제품, 시장 등에 관한 데이터를 포함하여 온갖 종류의 데이터로 넘쳐나고 있다. 이 모든 데이터를 이해하기 위해서, 우리는 데이터를 우리에게 의미 있는 방식으로 조직화한다. 우리는 데이터가 정보로 변환되는 표와 관계성, 문서와 발표자료, 데이터베이스, 웹사이트를 만든다. 사람들이 의사결정을 하거나, 관점을 바꾸거나, 또는 어떠한 조

1) 이 장의 일부분은 2005년 11월에 Pfeiffer사에 의해 발간된 Marc Rosenberg의 책 『이러닝을 넘어서: 조직 지식, 학습과 수행을 확충하기 위한 접근법과 테크놀로지(Beyond E-Learning: Approaches and Technologies to Enhance Organizational Knowledge, Learning and Performance)』의 내용에 기초하고 있다.

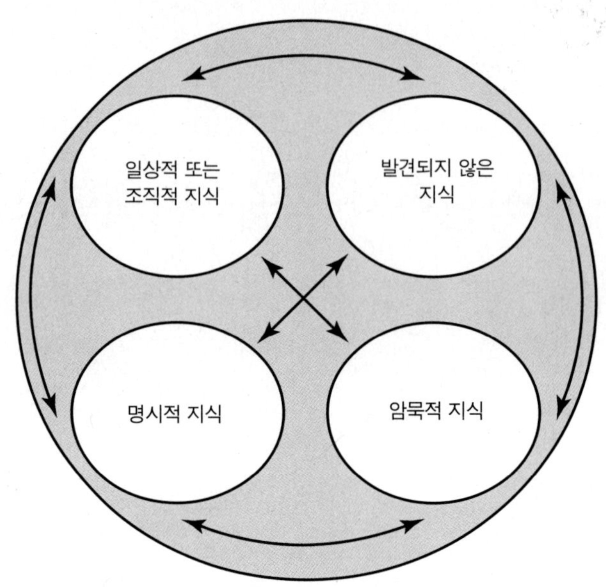

[그림 16.1] 지식의 네 가지 유형

치를 취하기 위해 이러한 정보를 사용할 때, 그 정보는 지식으로 내면화된다.

지식의 유형

대부분의 조직에는 네 가지 유형의 지식이 존재한다. 즉, 명시적, 암묵적, 일상적, 발견되지 않은 지식이 그것이다([그림 16.1] 참조).

명시적 지식(explicit knowledge)은 교재, 잡지, 신문, 웹사이트, 절차에 관한 지침서, 사용자 안내서, 오디오 및 비디오 프로그램, 훈련이나 기타 매체 등에 명문화하거나 기록될 수 있는 지식을 의미한다.

암묵적 지식(tacit knowledge)은 경험이나 직관에서 비롯된 지식을 뜻한다. 통상적으로 조직 내에 존재하는 지식은 명시적인 것보다는 암묵적인 것이 더 많으며, 후자의 지식이 더 높은 가치를 지닐 때가 많다. 그러나 암묵적 지식의 경우 파악, 정교화, 관리가 어렵다. 주변에서 업무수행이 가장 뛰어난 사람들을 보며 스스로에게 "그들이 남들에 비해 보다 생산적이고 직관적이며 현명한 비결은 무엇인가?"라고 묻는다면, 여러분은 종종 그들의 암묵적 지식에 관해 묻고 있는 것이다. 그들의 업무수행 과정을 한 단계 한 단계 그대로 따라한다고 하여 그들의 수행을 따라잡을 수 있는 것은 아니며, 따라서 이는 단순히 과정에 대한 질문이 아니다. 여기에는 무엇인가가 더 있다. 따라서 여러분은 여러분이 알고 있는 유일한 방식으로 이러한 암묵적 지식을 추출해 내게 된다—찾고자 하는 직관과 전문성의 '보고'에 이를 수 있기를 바라며 오랜 시간에 걸쳐 질문하고 지켜보는 것이다. 이것이 바로 암묵적 지식이 지니고 있는 난점이다.

명시적 지식과 암묵적 지식은 가장 일반적인 지식유형의 구분법이다. 대부분의 경우, 이러한 구분의 목적은 후자를 포착하여 기술하고 명문화하는 것이 근본적으로 어려움에도 불구하고 가능한 한 많은 암묵적 지식을 명시적 지식으로 변환하는 데 있다. 이 밖에도 조직에서의 KM의 중요성을 결정하는 데 도움이 될 만한 또 다른 두 가지 견해가 있다. 지식을 일상적인 것과 발견되지 않은 것으로 나누는 견해들은 정보를 필요로 하는 모든 이들에게 그것을 **알리고 이용 가능하게** 만든다는 점에서 KM의 궁극적인 사명의 핵심에 해당한다.

어떤 업무환경에서든 표준화한 작업절차, 규칙 및 규제, 훈련강좌, 지침서 등이 무수히 많다. 그러나 어떤 특정 정보를 필요로 하지만 그 정보가 어디에 있는지 알 수 없을 때, 그 정보는 처음부터 공개되지 않은 것과 다를 바가 없다. 세 번째 유형의 지식은 모든 조직구성원들이 알 필요가 있는(또는 알고 있는) 명시적 지식, **일상적**(또는 **조직적**) **지식**[common(or organizational knowledge)]이다.

마지막으로, 네 번째 유형의 지식은 **발견되지 않은 지식**(undiscovered knowledge)이다. 발견되지 않은 지식은 어떤 사업체에서건 가장 커다란 골칫거리이다. 아무도 생각지 못하고 있는 제품의 개선가능성, 주목받지 못하고 사라지는 혁신, 혹은 수천 개의 이메일 속에 묻혀버린 새로운 아이디어 등은 모두 누군가에게 그 존재가 알려지기만 한다면 조직에 엄청난 이익을 가져다줄 수 있는 지식의 예이다. 때로는 발견되지 않은 지식이 여러분의 코앞에 있는데 여러분은 그것을 그냥 지나쳐 버린다. 어떤 때에 그러한 지식은 복잡한 업무 및 의사소통 활동 속에 묻힌 채 발견되기를 기다린다.

지식관리의 정의

지식관리(KM)는 명시적 지식을 보다 쉽고 체계적으로 창조하고 이를 널리 확산시키는 데 주력한다. 또한 암묵적이거나 발견되지 않은 생각을 표면으로 끌어올려 가치를 더할 수 있게 하는 협력의 기회를 만들어 내고자 한다.

KM이란 **경쟁적 우위**(competitive advantage)를 구축하는 데 목적을 둔, 유사한 흥미와 요구를 가진 개인, 조직의 **공동체들**(communities) 안에서와 공동체들 간에 **가치 있는 정보**(valued information), 전문지식, 직관의 창조, 저장, 공유를 의미한다. 궁극적으로 이는 정보를 가진 이들로부터 그 정보를 필요로 하는 이들에게 전달하는 것이다.

KM은 확실한 과정, 유의미한 관리 및 조직적 리더십, 독특한 소프트웨어 도구를 요하지만, 삼발이 의자와도 같이 이 가운데 하나라도 제 기능을 수행하지 못하면 KM이라는 의자는 스스로를 지탱할 수 없게 된다. KM과 정보보다 교수에 치중하는 훈련을 혼동해서는 안 된다. KM은 단순한 웹사이트 혹은 검색엔진—비록 이들이 필수요소인 것은 사실이지만—이 아니다. 또한 KM은 단순히 테크놀로지가 아니며, 더 적절하게는 테크놀로지를 KM의 핵심적인 **능력요인**(enabler)으로 보아야 한다.

지식관리에 대한 오해

KM이 실패하는 이유는 KM의 설계 및 실행을 담당하는 책임자들이 종종 다음과 같은 오해를 하기 때문이다(Rosenberg, 2002).

- **KM은 지식의 저장에 관한 것이 전부이다.** 정보를 저장하는 것은 좋은 일이지만 그것만으로는 충분하지 않다. 우리는 이윤창출, 소비자만족, 제품신뢰도 증진, 수행증진과 같이 가치 있는 목적의 지식을 연마하기 위해 KM시스템을 구축하는 것이다. KM을 단순히 지식의 저장과 인출에 관한 것으로 국한시키는 것은 지식이 어떻게 부가가치를 창출하는지에 관한 사고를 제한하는 것이다.
- **KM은 항상 테크놀로지에 관한 것이다.** 우선 KM 관련 테크놀로지를 구입하고, 그런 다음 이를 어떻게 사용할 것인지를 결정하는 것은 주객이 전도된 것이다. 이와 같은 접근방식은 많은 후원자들을 실망시키며 여러 KM 시도들을 좌절시켜 왔다. KM이 하나의 해결책이 될 수도 있는 사업상의 혹은 수행 실제 문제들을 우선적으로 파악하고, 그런 다음 신중하게 문제를 해결하기 위한 테크놀로지 및 도구를 선택하는 것이야말로 성공적인 KM 실행을 위한 보다 나은 접근법이다.
- **KM처방은 항상 거창하다.** 많은 KM프로젝트들은 주어진 (인적, 금전적) 자원에 비해 너무 많은 것을 성취하고자 한다. KM프로젝트를 바라보는 보다 바람직한 방식은 생각은 크게 하되 시작은 (호의적인 지지자와 함께) 작게 하고, 프로젝트의 성공에 따라 규모를 키워가는 것이다.
- **KM은 지식의 통제에 관한 것이다.** 일부 조직에서는 KM을 지식에의 접근을 통제하는 수단으로 사용한다. 보다 나은 대안은 그 반대의 방법, 즉 사업상의 혹은 기술된 핵심 내용에의 접근을 민주적으로 허용하는 방법을 사용하는 것이다. 물론, 어떤 정보는 항상 접근에 제한을 두어야 하지만, 성공적인 KM 시스템하에서의 정보제한은 절대적으로 필요한 경우에만 행해진다.
- **만약 여러분이 KM시스템을 구축하면, 사람들은 그것을 이용할 것이다.** e-러닝이 사람들의 훈련방식을 근본적으로 변화시켰으나 이를 위해서는 특별한 관심과 주의를 요하며, 심지어 KM은 더 많은 노력을 요한다. KM을 효과적으로 활용하기 위해서는

종합적인 변화관리의 노력이 필수적이다.

지식관리의 구성요소

종합적인 KM 시스템은 명문화, 협력, 접근성이라는 세 가지 구성요소로 이루어진다([그림 16.2] 참조).

명문화

명문화(codification)는 기본적으로 명시적 지식의 문서화 및 편리한 인출을 위한 저장에 중점을 둔다. 아마도 가장 잘 알려진 명문화된 KM시스템은 공공도서관일 것이다. 대부분의 사람들은 처음 가보는 도서관에서도 원하는 자료를 쉽게 찾을 수 있다. 어떻게 이러한 일이 가능한가? 첫째, 모든 도서관들은 Dewey 십진법체제라는 공통적인 조직방식(대학 도서관들의 경우에는 국회 도서관체제)으로 구성되어 있다. 이와 같은 분류방식은 정보제공자와 탐색자에 관계없이 비슷한 내용은 비슷한 방식으로 저장되고 인출될 수 있도록 **메타데이터**(metadata) 혹은 '정보에 대한 정보(information about the information)' 에 의존한다. 문서, 웹사이트, 매체 등 모든 내용 '객체(object)' 에 체계적으로 부여되는 **메타태그**(metatag)는

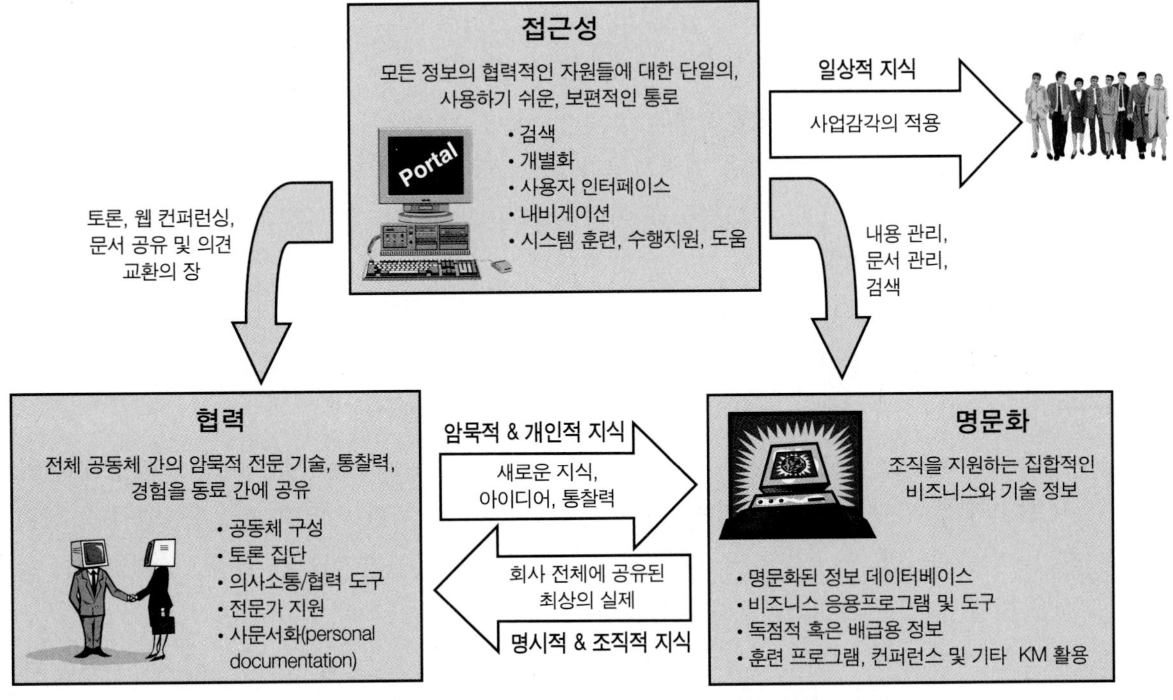

[그림 16.2] KM의 구성요소: 명문화, 협력, 접근성

팽창하는 지식기반의 효율적인 관리를 가능하게 하는 동시에 고품질의 정보를 빠른 시간 내에 검색, 연결, 탐색할 수 있도록 해준다. 우편번호가 메타태그의 좋은 예다. 다섯 숫자로 된 코드, 예를 들어, '12345' 에서, 우편 시스템은 주소의 주(州), 시, 구(區)를 확인할 수 있고, 그렇게 함으로써 셀 수 없는 분류와 재분류 시간들을 절감할 수 있다(이 사례에서, 우편번호 '12345' 는 뉴욕주, 스케넥타디시(Schenectady)를 지칭한다.).

훈련자료는 명문화된 명시적 내용을 담고 있다. 책, 지도, 사용자 안내서, 문제해결 팁, 자주 묻는 질문들, 제품안내서 등도 마찬가지다.

협력

KM의 또 다른 측면은 협력(collaboration)이다. 협력은 사람들이 알고 있는 내용을 표면화하고 공유할 수 있는 방법을 제공함으로써 암묵적 지식에 중점을 둔다. 시간이 흐름에 따라 이러한 암묵적 지식은 검증을 거쳐 명문화되고 문서화된다. 그것이 우수사례가 탄생하는 방법이다.

적절한 환경에서, 협력은 호흡만큼이나 자연스러울 수 있다. 지식의 점유보다는 공유를 보상하는 유인책, 사람들로 하여금 협력할 수 있는 시간적 여유를 허락하는 리더십, 협력을 장려 · 관리 · 고무하는 촉진자들, 이 모든 것을 보다 편리하게 도와주는 도구들은 성공의 핵심 요소다. 보다 중요한 것은 구성원들의 진지한 관심과 필요를 반영하는 주제에 대한 협력이 이루어질 때나 협력을 통해 기존의 방식보다 편리하고 믿을 수 있는 방식으로 업무를 달성할 수 있을 때 성공적인 협력이 가능하다는 사실이다.

이것이 **공동체** 또는 **실천공동체**(communities of practice)의 형성이 매우 중요한 이유다. 단순한 토론집단이나 토론방을 제공하고자 하는 시도가 대부분 실패로 끝난 이유는 사람들이 유의미한 문제해결에 이 도구들을 어떻게 사용해야 하는지, 어떻게 도움을 구해야 하는지를 몰랐기 때문이다. 따라서 이들은 자신들이 가장 친숙하게 느끼는 기존의 방법, 즉 해결책을 알고 있을지도 모르는 동료에게 전화를 걸거나 절박한 심정으로 모든 사람들에게 이메일을 보내거나, 해결책에 다다를 때까지 시행착오를 거듭하는 방법에 의존하게 된다. 이것은 실망스럽고, 극도로 소모적이며, 비용이 많이 드는 방법이다.

실천공동체는 비슷한 흥미, 요구, 직무를 가진 이들로 하여금 시간과 장소의 구애를 받지 않고 함께 일할 수 있도록 협력을 촉진한다. 프로젝트 집단, 강사와 학생들, 영업팀, 위원회 및 업무전담반, 연구자들, 중역들, 사용자 집단, 소비자들은 이러한 실천공동체로부터 혜택을 받을 수 있는 자연스러운 후보들이다.

모든 사람들이 개인적으로, 모임에서, 점심시간 동안, 또는 업무 현장 내외의 우연한 대화 속에서 협력할 수 있다면 좋을 것이다. 그러나 방대한 지식량이나 그 정보를 필요로 하는 사람들의 증가, 이러한 자원의 분산은 협력을 가능하게 해주는 테크놀로지적인 해결책을 필요로 한다. 온라인 공동체와 네트워크의 등장으로 교실학습을 뛰어넘어 이메일, 토론집단 및 대화방, 인스턴트 메시지 교환, 동시적 컨퍼런스 도구, 그 외 테크놀로지(이에 관해서는 뒤에서 좀 더 자세히 다룬다.)를 포함한 "소셜 소프트웨어(social software)"라는 새로운 유형의 협력 도구를 정의하기에 이르렀다. 이러한 새로운 테크놀로지는 사람들이 실시간으로 연락을 취할 수 있도록 해준다. 또한 필터를 사용하여 필요한 전문지식을 언제, 누구로부터 얻을 수 있는지를 알 수 있게 해주며, 궁극적으로 이러한 상호작용을 문서화하여 명시적 지식으로 명문화할 수 있게 해준다.

협력은 또한 외부전문가들에게도 도움이 된다. 흔히, 정보를 필요로 하는 사람들은 단순히 질문에 대한 답을 원한다. 그들은 몇몇 사람들, 아마도 사무실에 있는 동료, 전 세계의 다른 반대쪽에 있는 다른 사람, 전화상담센터의 대리인, 또는 웹사이트의 참고인(reference person)에게 질문한다. 협력을 통해, 전문가들은 전문지식으로부터 혜택을 받을 수 있는 사람들에게 알려질 수 있다. 아울러, 전문가들은 자신들의 지식을 보다 명확하게 게시하기 위해 실천공동체를 사용할 수 있는데, 그러한 것을 통해 자신들이 덧붙인 가치를 더 쉽게 관리하고, 더 많은 사람들이, 더 많이 이용할 수 있도록 할 수 있다.

접근성

명문화와 협력 간의 상호작용이야말로 KM의 가치를 이끌어 내는 원동력이다. 그러나 문서, 웹사이트, 전문가, 공동체 등과 같은 지식에의 접근(access)이 우연적이고 어려우며 많은 시간이 소요된다면, KM시스템은 사용자를 압도하게 될 것이다. 중요한 것은 모든 지식을 잘 정의된 공동의 접근 전략으로 **동기화하여**(synchronize) 지식탐색자로 하여금 그들이 찾는 정보를 신속하게 찾을 수 있도록, 지식제공자로 하여금 정보와 전문지식을 쉽게 찾을 수 있게 제공할 수 있도록 하는 것이다.

웹상에서, 포탈(portals)은 사용자를 위해 지식을 일원화하는 한 가지 방법이다. 사용자로 하여금 그들이 보고자 하는 내용 및 방식을 개별화하도록 한 'My Yahoo' 및 다른 웹사이트들은 이러한 포탈들의 예다. 포탈들이 성공하는 데 있어 핵심은 두 가지다. 첫째, 포탈들은 실제로 많은 콘텐츠를 담고 있지는 않다. 오히려, 그들은 다른 사이트들에 있는 콘텐츠에 연결되어 있다. 이러한 방식으로, 콘텐츠의 소유자들은 그것을 지속적으로 갱신하고, 포탈들은 단지 해당 콘텐츠의 위치만을 알려준다. 둘째, 포탈들은 항상 자신들에게 관련되고 유용한 콘텐츠 정보원(sources)을 가지고 있는 포탈의 최종 사용자들에 의해 항상 커스터마이즈될 수 있다.

지식을 검색하는 사용자가 필요한 내용이 어디에 있고 어떻게 찾아야 하는지를 알 수 없다면, 정보를 웹사이트, 온라인 훈련, 공유 드라이브에 탑재된 문서 혹은 수많은 이메일 문서함에 포장하는 것만으로는 불충분하다. (메타태그를 이용하여) 사용자가 찾는 지식의 요건과 지식 자원을 일치시키고 그 결과를 포탈을 통해 제시하는 새로운 검색 테크놀로지는 조직의 지적 자산으로의 출입구가 되었다. 이는 지식을 모든 사람들에게 접근 가능하도록 하는 과정이다.

업무의 분산이 심화되고 사무실 중심 일변도에서 멀어지면서, 시간과 장소에 구애받지 않고 지식에 접근할 수 있는 능력이 점점 더 중요해지고 있다(Gotta, 2004). 이로 인해 교실 기반 훈련을 보완하기 위한 e-러닝으로의 움직임이 확대되고 있다. 그러나 온라인 교수를 제공하는 것만으로는 불충분하며, 이동성이 높은 업무인력의 수행을 지원하기 위해 온라인 상의 정보에 대한 접근성을 높일 필요가 있다.

지식관리의 관리

KM이 제 역할을 다하기 위해서는 후방에서 수많은 테크놀로지들을 필요로 한다. 콘텐츠 및 문서관리 도구들은 다양한 유형의 방대한 정보를 분류하고 저장하게 해준다. 정교화된 검색엔진들은 특정 정보를 찾아 그것을, 예를 들어, 사용자가 원하는 수준의 세부내용, 최신정보 여부, 출처 등에 맞게 제공해 준다. KM시스템은 통상적으로 특정 수준에 있는 사람만을 허용하거나, 특정 콘텐츠를 특정 부서에 근무하는 사람들만 볼 수 있거나, 또는 누구나 어떤 문서를 읽을 수는 있지만 해당 문서를 변경할 수 있는 능력은 제한하는 것과 같이, KM시스템이 각각의 사용자와 관련된 **자격**(entitlements)을 확인할 수 있도록 해주는 자격을 갖춘 사용자들에 관한 전사적인(organizationwide) 데이터베이스를 포함하고 있다. 조직 내 이메일 시스템으로의 연결을 통해 사용자들이 관심을 가질 만한 새로운 내용이 첨가될 때마다 통보해 주기도 한다. 마지막으로, 공동체 도구는 직원, 소비자, 혹은 동업자와 같은 회원중심의 그룹을 생성하여 공동의 관심사, 프로젝트나 목표와 관련된 상호작용을 가능하게 해준다.

정보제공자가 내용을 작성하게 해주는 문서작성 프로그램으로부터 문서를 분류하여 저장하는 문서관리 프로그램, 이를 검색하고 배포하도록 해주는 검색엔진에 이르기까지, 이러한 모든 테크놀로지들의 원활한 작동은 빈틈없는 과정을 만들어 내어 조직과 조직 구성원들이 알고 있는 지식의 가치를 대폭 증진시킨다.

지식관리의 적용

KM의 기회는 조직의 종류와 업무유형을 막론하고 무궁무진하다. 사람들이 정보를 공유하고자 할 때, 공동으로 업무를 수행하거나 프로젝트의 효율성을 증진시키고자 할 때, KM은 중요한 도구가 될 수 있다. 다음은 열 가지 대표적인 예들이다.

1. **전화응답센터**(call centers). 호텔 객실을 예약할 때, 컴퓨터 사용자가 서비스 지원을 받을 때, 혹은 소비자가 구매를 위해 특정 제품에 대한 정보를 얻고자 할 때, KM이 활용되고 있다. 전화응답센터의 안내원들은 분명히 충분한 훈련을 받아야 하지만 훈련만으로는 거의 매일같이 변화하는 제품의 세부사항, 가격, 일정을 소화해 낼 수 없다. 오늘날, 이들에 대한 보편적인 기대 수준은 안내원들이 소비자에게 암기된 정보가 아닌 다양한 정보 데이터베이스에 의거한 정보를 제공할 수 있어야 한다는 것이다. 서비스의 수준이 저하되는 것은 이들이 필요한 정보를 찾기까지 너무 많은 시간을 소요하거나 부정확한 정보를 제공하거나 혹은 모두가 두려워하는 "잘 모르겠는데요"라고 말하기 때문이다. 효과적인 KM 시스템은 전화안내원들에게 보다 잘 조직된 정보를 신속하게 전달함으로써 고객과의 상호작용을 보다 쉽고 원활하게 하여 이러한 문제들을 해결해 준다.
2. **고객관계관리**(customer relationship management: CRM). CRM 시스템은 최초 거래로부터 (과거 혹은 예상되는) 구매습관에 이르기까지 방대한 양의 고객관련 자료를 수집한다. 그러나 이러한 정보가 신속하게 담당자에게 전해지지 않는다면 모든 것이 무용지물이다. 훈련만으로는 변화하는 소비자의 인구학적 특성, 구매 형태, 흥미를 따라잡을 수 없다. KM은 이에 대한 실시간 접근방식을 택하며 "누가 이 정보를 필요로 하는가? 언제 이 정보를 필요로 하는가? 이 정보는 '어제의' 정보와 어떻게 다른가? 이 정보는 어떻게 구조화되어야 할 것인가?"와 같은 질문을 던진다. KM시스템은 CRM 정보를 수집하여 구조화하고, '적재적소'에 나누어 저장하고, 그 정보를 필요로 하는 이들에게 필요로 하는 시간에, 사용가능한 형태로 전달한다. 예를 들어, 영업담당자에게 고객의 구매행동에 관한 정보를 적시에 전달하는 것은 재고관리, 제품설계 및 배치, 영업상으로 엄청난 경쟁적 이점을 제공한다.
3. **전자상거래**(e-commerce). 웹이 거의 모든 기업의 시장전략에서 확고한 위치를 차지하게 됨에 따라, KM은 영업 이상의 보다 중요한 역할을 담당하고 있다. 구매가 이루어진 후 고객에 대한 사후관리는 향후 그 고객이 같은 회사에서의 추가적인 구매를 결정하는 주요요인으로 보고되고 있다. 소비자가 전자상거래에 점차 익숙해짐에 따라 기업들은 사용자 지침서, 제품 소개, 문제해결 및 지원자료, 사용자 공동체, 온라인 훈

련, 기타 유용한 지식을 제공하는 환경을 온라인상으로 제공함으로써 소비자의 충성도를 높여가고 있다. 내용조직, 검색, 개별화라는 KM의 원칙을 적용함으로써 소비자의 만족도를 높일 수 있는 고품격 사용자 경험을 창조하는 것이다.

4. **정부**(government). 정부가 다양한 시민들을 위한 서비스를 제공하는 것은 기업이 다양한 소비자를 상대하는 것만큼이나 중요하다. 문제는 사용자를 압도하지 않으면서 방대한 양의 공적 정보를 제공하는 것이다. 효과적인 KM 실제(practices)는 이를 가능하게 함으로써 정부기관으로 하여금 보다 나은 대민서비스를 제공할 수 있도록 돕는다. 오늘날 대부분의 지방관공서들은 웹을 통해 엄청난 양의 정보를 제공하고 있다. 미 연방정부는 보다 빠른 속도로 이와 같은 움직임에 편승하고 있으며, 이는 (국세청, 식품 및 약품 관리부처 등과 같은) 독립부처 수준에서 더욱 두드러진다. 그러나 KM의 가장 핵심적인 사용자는 의심할 여지 없이 군대 부처이다. 미군의 정보에 대한 요구는 너무도 엄청나서 그들의 KM 시스템인 Army Knowledge Online은 6조에 달하는 문서들을 포함하는 세계 최대 규모의 온라인 저장소다. 체계적인 KM접근방식 없이 이 모든 정보를 관리한다는 것은 분명 불가능하다.
5. **인적자원**(human resources). 인적자원개발(HR) 부서는 온라인 정보의 초기 사용자였다. 1990년대 웹이 등장하면서 HR은 일찌감치 정보를 온라인상으로 제공하는 것의 이점을 깨닫고 직원들로 하여금 셀프서비스 방식으로 급여 혹은 보험을 온라인으로 청구하도록 하였다. 오늘날, 내부적인(외부적인) 직업시장과 수행관리시스템은 웹으로 옮겨가고 있으며, 이는 단순히 서류나 과정의 차원을 넘어 관련 도구와 훈련까지도 포함한다. 직원들은 자연스럽게 이러한 유형의 정보를 선호하고 온라인 세계에 편안함을 느끼게 되었으며, 이는 기업들로 하여금 다른 사업기능과 관련된 정보들도 웹에 기반한 형태로 제공하도록 유도하고 있다.
6. **정보공학**(information technology). 어느 조직에서건, IT보다 더 복잡하고 위험부담이 큰 주제는 없을 것이다. 오늘날, 테크놀로지의 지원 없이 성공할 수 있는 조직은 없으며, 테크놀로지가 실패하면 조직 전체가 흔들린다. 시설, 하드웨어 및 소프트웨어 자산으로부터 과정에 관한 문서, 사용자 지침서, 모든 업무를 원활히 수행하기 위한 훈련에 이르기까지, 기업의 엄청난 IT 투자현황에 대한 정보를 주의 깊게 살펴보는 것은 매우 중요하다. 테크놀로지가 제대로 작동하지 않을 때, 서비스 중단과 사업장 폐쇄 사이의 짧은 시간 내에 재난복구, 시스템 회복, 문제해결과 같은 정보에 빠르고 안정적으로 접근할 수 있는지의 여부가 모든 것을 결정하게 된다.
7. **동업자-공급자 관계**(partner-supplier relationship). 기업이 동업자 및 공급자들과 장기적이고 강력한 유대관계를 형성할 때, 공생적 관계가 발생하고 이들 간에 정보를 공유

해야 할 절대적 필요성이 생기게 된다. KM을 통해 기업은 기밀정보에의 접근은 차단하면서 특정 정보를 동업자와 공급자들과 공유할 수 있다. 예를 들어, 기업은 물품공급 과정을 증진시키기 위해 공급자들과 물품조달에 관한 정보를 공유할 수 있다. 혹은 영업실적을 증진시키기 위해 소매업자들과 시장정보를 공유할 수도 있다. 또한 이들 동업자나 공급자들은 제품/서비스 관련 수행, 비용, 소비자정보를 기업에 제공할 수 있다. 이러한 방식의 지식의 공유는 참여자들이 서로의 이익을 최대화하기 위해 지식을 창출하고 공유하는 방법을 배워나감에 따라 생산성 증진에 기여하게 된다.

8. **전문서비스**(professional services). 컨설팅 혹은 기타 전문서비스 관련 기업들은 직원의 전문성에 크게 의존하며, 때때로 이러한 전문성은 그들의 유일한 자산이다. 컨설턴트들은 대부분의 시간을 고객이 위치한 현장에서 보내게 되므로, KM이 없다면 이들이 필요한 정보에 접근하고, 협력하며, 학습할 수 있는 능력은 심각한 타격을 입게 될 것이다. 원격으로 정보 데이터베이스에 접근하고 협력을 위해 각종 테크놀로지를 사용함으로써 이들은 지식 혹은 동료들과의 물리적인 고립감을 극복할 수 있다. 잘만 사용된다면 KM은 개별사용자로 하여금, 지구 반대편이라기보다는 마치 사무실 복도 끝에 있는 동료를 부르듯, 조직의 '인재(smarts)' 집단에 도움을 구할 수 있게 해준다. 그들의 업무가 이와 같은 인재집단의 전문성을 반영하게 되면 이들의 가치는 증진되는 것이다.
9. **영업**(sales). 영업사원들은 대부분의 시간을 고객과 함께 보내며, 따라서 사무실 근무와 교실기반 훈련을 비생산적이라 여기는 경향이 있다. 여러 영업조직들은 KM을 활용하여 이들이 고객을 상대하는 시간에 지장을 주지 않으면서 영업현장에 흩어져 있는 영업팀들로 하여금 소비자의 특성, 제품의 세부정보, 경쟁자들의 움직임, 기타 주요 사항들에 대해 빨리 따라잡을 수 있다는 사실을 깨닫게 되었다. 무엇보다도, 영업사원들이 고객이나 업계에 대해 더 많은 것을 배워나감에 따라, 이러한 지식을 소수의 KM핵심팀에 전달하여 더 많은 직원들에게 확산시키는 것이 가능해진다. 이는 개별 영업사원의 암묵적 지식을 명시적 지식으로 전환하여 궁극적으로는 이 정보가 모든 영업부서에 확산되어 일상적 지식이 되는 것이다.
10. **훈련**(training). 이러한 사업 기능들이 명백히 보여주는 것은 각각의 사례가 소비자/직원/동업자-공급자의 학습을 지원하기 위해 다양하면서도 독특한 방식으로 KM을 도입하고 있다는 점이다. 이처럼 훈련프로그램도 KM의 원리들을 도입할 수 있다. 훈련이 KM에 비해 학습 혹은 수행문제의 해결에 적절하지 못한 경우도 있을 수 있다. 다음 단락에서는 이러한 맥락에서 어떻게 KM의 기회를 포착하고 이용할 것인가에 대해 알아본다.

지식관리와 훈련

훈련이 수행문제를 해결하기 위해 사용되는 것은 **교수적**(instructional) 해결책이 필요하다는 전제하에서다. 즉, 학습자들은 그들이 알 필요가 있는 것을 **배워야 한다**(must be taught). 많은 경우, 이러한 전제는 타당한 것이다. 수많은 사람들이 참고문헌이나 별도의 지원 없이 특정 기능을 자동적으로, 게다가 완벽하게, 수행할 것을 요구받고 있다. 외과의사, 조종사, 군인, 미식축구의 쿼터백이 여기에 해당된다. 수행을 위한 선수조건으로 훈련이 요구되는 역할도 많이 있다. 그러나 그 시점을 벗어나면 대부분의 학습은 교수에 관한 것이라기보다는 정보에 관한 것이다. 영업사원은 계약을 성사시키기에 앞서 제품 설명에 관한 훈련을 마쳐야 한다. 그러나 일단 영업현장에 투입되면, 변화하는 제품의 세부정보 혹은 고객선호도에 관한 지식은 교육보다는 접근을 통해 보다 효과적으로 전수된다. 전화응답센터의 안내원들은 고객상담기술과 함께 시스템에 대한 훈련을 필요로 한다. 그러나 업무현장에서 이들이 의존하는 것은 제품정보 및 소비자 구매습관에 관한 정보를 제공할 수 있는 지식 데이터베이스다. 훈련은 신규매니저들로 하여금 코칭기술을 개발하도록 도울 것이다. 그러나 업무현장에서, 이들은 관리감독과 관련된 특수한 문제 상황에 접했을 때 온라인상의 전문정보에 접근할 수 있다.

모든 상황을 교수적인 것과 연관시킨다면 잠재적으로 KM을 통해 얻을 수 있는 기회를 상실하게 되며, 이는 전반적인 학습의 효과성을 저해할 것이다. 반대로, 학습전략에 KM을 도입하면 수행증진을 위해 사용할 수 있는 선택의 범위를 확대시킬 수 있다.

혼합학습의 딜레마

컴퓨터기반 훈련(computer-based training: CBT)이 가능해진 지도 10여 년이 지났지만, 최근까지도 교실기반 훈련이 학습의 장을 주도해 온 것이 사실이다. CBT는 인터넷과 웹의 등장으로 테크놀로지기반 학습의 고질적인 병폐이던 접근성과 호환성의 문제가 해결되면서 비로소 주목받기 시작하였다. 웹 덕분에 온라인 훈련은 경제적 논리에 입각하여 훈련 혁신의 전면으로 부각될 수 있었다. 웹기반 학습이 언젠가는 교실학습을 완전히 대체할 것이라는 오해는 교실학습을 통해서만 제공되는 가치와 온라인 학습의 장점 간의 **균형**(balance)이 필요하다는 인식에 의해 점차 줄어들고 있다. 그 결과로 대두된 것이 바로 두 학습 형태의 장점만을 혼합한 교수 접근방식인 "혼합학습(blended learning)"이다.

그러나 혼합학습에 대한 위와 같은 견해는 다음의 네 가지 이유 때문에 불충분하다.

1. 정보적 접근방식이 보다 적절하고 비용 효과적일 수 있음에도 불구하고, 모든 학습처치는 교수적인 접근방식을 요구한다고 전제하고 있다.

2. 교실 혹은 온라인 환경과 같은 형식적인 교수환경에만 집중하고 있다. 현실적으로 학습의 대부분(약 90%)은 업무현장이나 일상생활 속에서 비형식적으로 이루어진다. 비형식적인 업무현장에서 학습에 영향을 미칠 기회는 종종 간과되어 버린다.
3. 보다 저렴한 비용의 대안을 고려해 보지 않고 가장 값비싼 해결책, 즉 훈련으로 모든 행동을 유도하고 있다.
4. 다른 비교수적 대안을 제외한 훈련해결책에만 집중한 결과, 개발된 훈련프로그램은 문제해결에 적절치 않으며 예상치 못한 결과를 가져올 수도 있다.

혼합학습으로부터 학습과 수행의 구조로

진정한 혼합학습은 형식학습과 비형식 학습의 경계를 넘나든다. 이를 위해서 사람들의 학습 요구는 그들이 형식교육을 통해 배운 것을 업무에 적용시키고자 할 때 더 커진다는 사실을 인식해야만 한다. 따라서 훈련전문가들은 단순히 교수적인 해결책들을 혼합하는 것 이상의 방법을 찾아야 한다.

e-러닝은 온라인 훈련을 포함하는 훨씬 더 큰 개념이다. e-러닝의 정의는 수행지원과 함께 KM을 포괄함으로써 보다 광범위한(혹은 혼합된) 도구와 접근방식을 포함하게 되는 것이다.

지식관리와 웹 2.0

오늘날의 KM은 인터넷이 없이는 불가능하다. 웹은 정보를 언제, 어디에서나 접근할 수 있고 제공할 수 있게 해준다. 그러나 웹 자체가 변하고 있고, 그와 더불어, KM의 실제도 또한 변하고 있다.

1990년대의 "초창기 웹(early Web)"은 주로 수동적인 경험인 정보를 저장하고 보는 것에 초점을 두었다. 많은 콘텐츠들이 있었지만, 상호작용성은 많지 않았다. 1998~2001년경에, 전자상거래(e-commerce)[아마존(Amazon), 이베이(eBay) 등]가 생겨나면서, 웹을 통해 보다 많은 거래들이 이루어졌다. 우리는, 개인 데이터를 포함하여, 데이터를 입력하고 어떤 과정을 온라인으로 처리하는 것을 편리하게 느끼게 되었다. 인터넷은 이제 쌍방향의 도로가 되었다. 오늘날 웹은 정적인 정보를 제공하고 거래를 촉진하는 것으로부터 역동적인 협력 쪽으로 재빠르게 이동하고 있다. 흔히 "웹 2.0(Web 2.0)"이라고 일컬어지는 것은 보다 상호작용적이고, 개인적이며, 사회적인 경험을 제공한다.

웹 2.0이 도래함에 따라 웹 컨퍼런스와 소셜 네트워크뿐만 아니라 팟캐스트(podcasts), 블로그(blogs)와 위키(wikis)를 지원하는 간단하고, 저렴하며, 널리 이용 가능한 도구들도 도래하였다. 웹이 사용되는 방식에 있어서의 이러한 근본적인 변화는 모든 사람들에게 놀라운 것이 아니다. 오늘날 **유튜브**(YouTube)에는 1억 개 이상의 비디오, **위키피디아**(Wikipedia)에는 1,300만 개의 논문, 거의 모든 주제에 관하여 2억 개 이상의 블로그가 있다. 최근 9개월 동안 **페이스북**(Facebook)에는 1억 명의 신규멤버들이 가입했으며, 10억 개의 **아이팟**(iPod) 앱이 다운로드되었다.

이러한 사실들이 학습에 의미하는 바는 무엇인가? 아주 많다. 첫째, 그것은 학습이 이전보다 훨씬 더 사회적(social)이 되고 있다는 것을 의미한다. 오늘날 블로그, 위키, 그리고 소셜 네트워크에 의해 촉진되는 실천공동체를 통해 서로로부터 학습하는 사람들이 다수가 되고 있다. 둘째, 그것은 학습이 거의 즉시적(instantaneous)이어서, 사람들은 순간적인 통지로, 자신들이 어디에 있든, 자신들이 필요로 할 때는 언제든지, 정보와 전문지식을 구할 수 있음을 의미한다. 셋째, 그것은 훈련의 역할에 관하여 재고(rethinking)해 보아야 함을 의미한다. 콘텐츠를 만들기 위한 수단들이 이용 가능하게 되어 개발은 더 이상 훈련부서만의 전유 영역이 아니다. 오늘날, 모든 사람들이 콘텐츠 생산의 생산자며 동시에 콘텐츠 소비자다.

확실히, 형식적인(formal) 교수해결책들은 전반적인 학습전략의 토대가 되고 있지만, 웹 2.0 도구들을 사용하는 비형식적인(informal) 작업장 협력(workplace collaboration)은 이제 그 과정에서 필수적인 파트너이며, 임박한 상황에 따라 때로는 형식적인 훈련보다 더 중요하고, 때로는 덜 중요하기도 하다. 비형식적인 작업장 학습과 보다 형식적인 훈련 시나리오들 간에 차이가 없어짐에 따라, 정확하고, 완전하며, 가치 있는 정보에 접근하는 것은 어떤 훈련 강좌만큼이나 중요하다. 심지어 웹 2.0 도구들의 실제적인 사용이 훈련부서들에서 계선조직들로 전이됨에 따라, 교수설계자의 역할은 새로운 웹 2.0 도구들을 가장 잘 사용하는 방법에 관하여 조직들에게 조언해 주는 것을 포함할 정도로 성장할 것이다.

웹 2.0은 또한 KM에도 시사점을 가지고 있다. 복잡하고, 중앙 집중화된 시스템들은 여전히 많은 상황들에서 적절할 수 있을지 모르지만, 더 간단한 웹 2.0 도구들과 전략들에 기초한 더 간단한 해결책들이 인기를 얻고 있음은 의심할 여지가 없다. 잘 설계된 위키는 거대한 정보저장소(repository)보다 더 많은 가치를 가질 수도 있다. 소셜 네트워크와 블로그들은 모든 이전의 도구들을 통합한 것보다 더 많이 실천공동체 내외에서 협력을 촉진할 수 있을 것이다. 그리고 물론 실제적인 획기적 발전은 모든 사람들이 이들 도구들을 사용하기 위해 학습할 수 있고 지식을 매우 쉽고 매우 신속하게 공유할 수 있다는 것이다. 최종 결과는 두 가지의 매우 다른 유형의 KM이 있을 수 있다는 것이다. 첫째, 더 정교한 조직적인 시스템들은 매우 거대한 양의 콘텐츠를 저장하고 규정된 전략들에 따라 접근과 활용을 통제할 것이다. 둘째, 더 저렴하고 대중적인 지식 공유와 협력은 더 경험적일 것이며, 더 많은 사람들이 참여하도록 독려되고, "지식흐름(knowledge stream)" 에 더 많은 개인들이 공헌하도록 할 것이다. 소셜 네트워크, 블로그, 위키, 그리고 그 외 웹 2.0 도구들이 반드시 KM도구라고 생각되지는 않지만, 사실상 그러한 도구들은 미래에 실제를 지배하게 될 것이다.

훈련전문가가 지식관리에 관심을 가져야 하는 이유

KM은 학습과 수행의 변두리에 안주하는 그저 흥미로운 도구가 아니라 학습과 수행의 핵심에 있다. KM은 혼합학습의 개념을 확대시키는 것뿐만 아니라 전통적인 훈련프로그램들에 새로운 의미를 더한다.

1. KM은 기존의 회사 내 자원을 사용한 상호작용을 보다 쉽고 강력하게 해준다. 핵심적인 사업상의 혹은 기술적인 정보들이 온라인상으로 보다 믿을 수 있고 접근 가능한 방식으로 제공됨으로써 학습자들은 이를 보다 광범위하게 활용할 수 있는 기회를 갖게 된다. 이는 학습자 안내서에 대한 의존도를 낮추고 훈련조직으로 하여금 업무도구나 문서를 일차적인 학습자료에 포함시키도록 유도한다. 이 과정에서 학습자는 자신이 업무현장에서 실제로 사용하는 지식 자원과 상호작용할 수 있게 되고, 훈련 강좌는 엄청난 실재성(authenticity)을 갖게 된다.
2. 학습자 공동체가 보다 중요해질 것이다. 형식훈련은 일회적이다. 사람들은 일주일가량 훈련을 위해 왔다가 다음 훈련이 있기 전까지는 다시 업무로 복귀한다. 온라인 훈련도 마찬가지다. 학습자들이 로그인하여 정해진 수업을 듣고 로그아웃하고 나간다. 만약 그 프로그램이 마음에 든다면 그들은 몇 번이고 이러한 과정을 반복하게 될 것이다. 그러나 이러한 일련의 활동들 **사이에**(between) 어떤 일이 일어나는가? 잘 조직된 학생(그리고 교수자)공동체는 그들이 형식교육을 받고 있지 않을 때 학습을 지속시키는 강력한 방법이 될 수 있다.
3. KM은 직원들이 (아마도 기존의 수업과는 다른 형태로) 업무현장에서 학습내용에 보다 쉽게 접근할 수 있도록 해준다. 훈련내용을 온라인상에 올리고 최신내용으로 업데이트하여 현재의 학습자들뿐만 아니라 조직 내의 모든 사람들에게 공개하는 것은 훈련조직들에게 매우 중요한 일이 될 것이다.

업무현장에서 KM은 훨씬 더 큰 효과가 있다. 업무현장에서 일어나고 있는 엄청난 양의 학습과 업무수행의 맥락에서 KM은 다음과 같은 이유로 필수 불가결한 자원이라 할 수 있다.

1. 결정적인 사업상의 혹은 기술적 정보에의 접근은 강력한 검색, 내용 관리, 인쇄 기능을 활용함으로써 언제 어디서나 빠른 시간 내에 정보를 획득하는 쉽고도 **선호되는**(preferred) 방식이다. 필요로 하는 정보가 그것을 필요로 하는 사람에게 적시에 전달

됨으로써 학습과 수행이 증진된다. 이는 기업으로 하여금 보다 유연하고 신속하게 시장에 반응하도록 돕는다.

2. 전문성에의 접근성은 명문화된 지식을 축적시킨다. 근로자들은 원거리의 실천공동체 혹은 내용전문가들로부터 경험에서 우러나는 직관 및 견해를 얻을 수 있게 된다. 새로운 협력 테크놀로지는 이러한 학습이 저장되어 조직 내에 확산되는 것을 가능케 한다.
3. KM은 훈련으로 인해 소모되는 유휴시간을 단축시켜 준다. 훈련이 완전히 대체될 수는 없겠지만, 점점 더 많은 양의 학습내용이 지원시스템, 의사결정도구, FAQ, 수행지원 등의 형태로 업무과정 속에 직접적으로 포함될 것이다. 업무과정은 보다 효율적으로 사용이 간편하게 간소화될 것이다.

KM과 학습, 특히 e-러닝 양자 간의 결합은 엄청난 장점들을 지닌 것처럼 보이지만, 여기에도 극복해야 할 문제들이 존재한다. Brandon Hall Research는 다음과 같은 네 가지 장애물을 소개하고 있다.

1. **조직적 혹은 기능적 장애.** 대부분의 조직 내에서 KM전문가들과 학습전문가들은 분리되어 있다. 그들의 목적이 매우 유사함에도 불구하고, 같은 프로젝트에 대해 이야기할 업무상의 기회가 매우 드물다.
2. **이질적인 실천공동체.** 이들 두 집단의 전문 활동(학술지, 학회, 교육) 간에는 공통점이 거의 없다.
3. **복잡하고 모호한 개념들.** KM 관련 개념들이 제대로 받아들여지려면 좀 더 명확하고 집중적으로 정의될 필요가 있다.
4. **이질적인 테크놀로지.** KM도구 및 테크놀로지(그리고 판매업자)들은 학습/e-러닝 공동체에 거의 알려지지 않았으며, 그 반대의 경우 역시 마찬가지다. 아직은 이 두 테크놀로지의 집합체를 연결하려는 노력이 부족하다.

KM과 학습/e-러닝 간의 진정한 결합이 이루어지기 위해서는 이상에서 언급된 장애물들이 극복되어야 하며, 이를 위해서는 두 실천공동체 간의 보다 긴밀한 협력이 이루어져야 한다.

지식관리의 실제

KM은 훈련과 같은 중간단계를 생략하여 믿을 수 있는 정보와 전문성에 보다 쉽고 빠르게 접근하도록 함으로써 조직의 수행을 증진시킨다. 때로는 KM이 훈련의 필요성을 줄이거나 늘리기도 한다. 여기에서의 핵심은 설계 및 실행관련 의사결정을 내려야 할 때 혹은 광범위한 혼합 해결방안을 개발하고자 할 때, KM을 고려해 보는 것이다. 〈표 16.1〉은 통신, 서비스, 금융, 석유회사의 네 가지 예를 통해 KM이 현장에서 어떻게 작용하는지를 보여주고 있다.

〈표 16.1〉 KM의 실제

문제 유형	사례 구성요소	인지적 스캐폴딩
주요통신회사들 중 하나가 국제적인 전자금융거래 업무를 처리하기 위해 은행과 전 세계적인 계약을 체결하고자 한다.	**네트워킹과 협력.** 영업부서는 하루에도 몇 번씩 회사 본부의 핵심 KM그룹에 기밀 또는 고객 관련 정보를 보내 회사 내에 결정적인 정보를 유통시킨다. 이 회사와 계약을 체결하기로 한 은행은 이에 대해 팀 전체가 항상 고객을 '정확히 파악' 하고 있는 데 대해 놀랐다고 언급하였다.	팀 구성원들은 이미 고도의 훈련을 마친 상태로, 별도의 훈련은 필요하지 않았다. 따라서 회사의 핵심적 판매/기술 훈련프로그램으로부터 훈련을 위한 자원을 지원받을 필요가 없었다.
현장기술자들이 출장 지원 시 기기 수리에 문제를 겪음으로 인해 비용 증가와 소비자 불만을 야기하고 있다.	**협력.** 훈련이나 현장지침서에서 다루어지지 않은 새로운 기술적인 문제들로 좌절을 겪고 있는 기술자들이 서로 조언과 도움을 구하는 이메일을 주고받기 시작했다.	(온라인을 포함한) 훈련 및 기술 지침서들은 유용하기는 하지만, 한계가 있었다. 각각의 독특한 문제들에 대한 추가적인 훈련을 실시하는 것은 비용이 너무 많이 지출되고, 무엇보다도 모든 기술자들을 대상으로 하기에는 너무 많은 시간이 소요되었을 것이다. 안내데스크의 직원들조차 처음으로 다루는 독특한 문제들에 대한 응답을 하는 데 곤란을 겪었다.
뉴욕에 있는 주요 금융기업의 IT 부서가 사람들이 핵심 방법 및 절차에 보다 일관성 있고 확실하게 접근할 수 있는 방법을 찾고 있다.	**지식 저장.** Y2K와 관련된 지식 감사 도중에, 회사는 대부분의 기술 관련 지식이 직원들의 '머릿속' 에 저장되어 있으며, 회사의 대응력은 해당 지식을 가진 사람을 찾아 그로 하여금 일정한 시간 내에 그 지식을 다른 사람들에게 전달하도록 하는 데 달려 있다는 사실을 알게 되었다. 회사는 재난 시 복구대책과 같은 중요한 IT절차에 대한 안전한 지식 저장 시스템을 개발하였다. 2001년 9 · 11 사태 이후에도 회사는 이 시스템 덕분에 모든 업무 기능을 신속하게 복구할 수 있었다.	적절한 반응/수행을 이끌어 내기 위해, 훈련은 주요 사업/기술적 지식에 대한 접근과 함께 이루어져야 한다. 훈련은 직원들의 지식수준을 보장하는 것은 물론 핵심 정보가 특정 개인이나 집단이 숙달하기 어려운 정보들까지도 포함하는 KM시스템에 기반하여 해당 시스템을 어떻게 사용할 것인지에 중점을 두어야 한다.
국제적인 석유회사가 고도로 정교화한 생산시설 운영의 효율성을 극대화하고자 한다. 문제 발생 시 전문가들을 현지로 파견하여 문제의 원인을 진단하고 해결하는 데 너무 많은 시간이 소요된다.	**협력 및 해결방안 기록.** 핵심전문가들을 지구 반대편으로 파견하는 것은 비용과 전문가의 희소성으로 인해 더 이상 현실적인 해결책이 될 수 없다. 회사측은 전문가들이 원거리에서도 보다 신속하게 자문을 제공할 수 있는 비디오컨퍼런싱 도구를 포함하여 지식공유를 위한 협력네트워크를 구축하였다. 또한 전문가들의 자문내용을 저장하여 지식저장고에 보관함으로써 추가적인 문제에 대한 대응시간과 해결비용을 절감시켰다.	집중적인 훈련과 고도의 현장경험이 활용 가능한 전문가의 수를 늘리는 데 도움이 되기는 하지만, 여기에는 엄청난 시간과 비용이 소모된다. KM테크놀로지를 활용하여 기존의 전문가들의 반응시간과 활용도를 높이는 편이 장기적인 훈련프로그램에 비해 필요한 지식에 실시간으로 접근하는 데 훨씬 효과적이다.

학습하기 위한 학습 – 실시간으로

훈련문화가 아닌 지식문화에 심취하면, 사람들은 보다 나은 지식탐구자 혹은 연구자가 되기 위해 학습한다. 그들은 하잘것없는 것으로부터 중요하고 타당한 콘텐츠를 구별하기 위해 학습한다. 그렇게 하는 데 있어서, 그들은 핵심적인 기술, 즉 정보를 파악하고, 접근하며, 평가하고, 효율적으로 사용하기 위한 능력을 개발한다. 일단 이러한 기술이 완성되고 효과적인 KM전략에 의해 뒷받침될 때, KM은 더 이상 훈련에 대한 부차적인, 지원적인 역할을 수행하는 것으로 간주할 수는 없다. 오히려 그 반대의 경우가 가능해진다. KM이 조직 내 정보를 확산시키는 주요한 도구가 되고, 훈련은 비록 여전히 기술 개발을 위해 중요하기는 하지만, 이를 뒷받침하는 역할을 맡을 것이다.

더 나아가, 교실에서든 혹은 온라인상에서든, 훈련 강좌를 기다리는 것은 더 이상 용납될 수 없다. 훈련 전문가들은 학습과 e-러닝에 대한 자신들의 사고의 폭을 확대하여 KM을 해결책에 포함해야 한다는 것을 잘 알고 있다. 계약을 성공시키고 기술적 문제를 해결하며 제품설계를 하고 혹은 다른 과정을 관리하기 위해 어떤 정보가 필요할 때 속도는 경쟁적인 기업의 가장 중요한 자산이다. 업무현장에서 실시간으로 일어나는 KM을 통한 학습이야말로 보다 현명하고 생산적인 기업의 필수조건인 것이다.

핵심 원리 요약

1. 오늘날 이용 가능한 정보의 양과 복잡성은 너무 방대해서 훈련(교수설계)으로만 다루어질 수는 없다. 콘텐츠에 대한 직접적이고, 잘 관리되며, 신뢰로운 접근이 필수적이다.
2. KM은 사람들이 정확한 정보에 적절한 양과 적절한 시간에, 그들이 있는 어디에서든 접근할 수 있도록 하기 위해 설계된 광범위한 일련의 전략들과 애플리케이션들이다.
3. 지식은 여러 가지 형태를 취한다. 그것은 단지 문서나 프레젠테이션만은 아니다. 그것은 또한 사람들이 상호간에 얻을 수 있는 통찰력과 전문지식이다. 이것은 협력을 KM의 필수적인 구성요소로 만든다.
4. 콘텐츠를 만들고 관리하기 위한 도구들, 특히 웹 2.0 도구들(예: 위키, 블로그, 팟캐스트, RSS, 소셜 네트워킹)은 사용하기가 더 쉬워지고, 이용 가능성도 더 보편적(universal)이다. 이것은 KM 전문가(또는 KM에 초점을 두고 있는 교수설계자)의 역할을 "테크놀로지 가능자(technology enabler)" 중의 한 사람에서 "지식설계자(knowledge architect)" 중의 한 사람으로 바꾼다.
5. "지식설계자(knowledge architect)"가 수행해야 하는 핵심적인 과제들은 가치 있는 콘텐츠를 찾아내고, 조직 · 분배하는 방법을 계획하는 것을 포함한다. 새로운 "웹 2.0" 도구들은 이것을 가속

화시켜 주고 있다.

6. 위에서 언급된 새로운 도구들은 작업장에서, 사용자가 정의한 속도, 시간, 구조로 학습할 수 있는 기회들을 더 많이 창출한다. 이것은 보다 구조화된 훈련 프로그램들("형식적인 학습")과 대비하여 "비형식적인 학습"이라고 일컬어진다. 훨씬 더 많은 학습 과제들이 형식적으로보다는 비형식적으로 발생한다. 이것은 "혼합학습"의 개념을 크게 확장시킨다.
7. ID에서의 KM과 웹 2.0의 영향은 심오하며, 교수설계자들로 하여금 교육과정과 전반적인 훈련전략들을 개발할 때 비형식적인 학습을 당연히 고려하도록 요구한다. ID의 실제는 확실히 이러한 접근방법들을 통합하기 위해 변화하고 있다.
8. 많은 사람들이 "학습 2.0(Learning 2.0)"이라고 부르는 것으로의 이러한 전환은 쉽지는 않을 것이다. 이러한 새로운 접근법들을 조직들에 도입하기 위해서는 효과적인 변화관리전략들이 필요할 것이다. 우리가 미래의 근로자들/학습자들로 하여금 단지 콘텐츠를 찾는 것이 아닌 콘텐츠의 가치를 효과적으로 평가하고 그것을 자신들의 기술과 업무 과정의 레퍼토리 속에 통합할 수 있는 능력을 갖추도록 하고자 할 때, "학습하기 위한 학습(learning to learn)" 접근법들에 다시 초점을 맞추는 것이 필수적일 것이다.

응용 문제

1. 아래 제시된 조직유형 중 하나를 골라 그 조직 내에서 수행을 지원하기 위해 사용될 수 있는 가상의 (혹은 실제) KM시스템의 예를 들어 설명하라. 이 장에서 제시된 KM시스템들과는 다른 예를 제시해야 한다. 조직의 유형들은 다음과 같다: (a) 전화응답센터, (b) 소비자상담부서, (c) 정부기관, (d) 군대부처, (e) 인력담당부서, (f) 컨설팅기관, (g) 영업담당부서
2. 1번 문제에서 제시된 조직들 중 하나를 골라 그 조직 내에 존재할 수 있는 실제 (또는 가상의) 수행문제를 밝혀내라. KM시스템의 도입과 같은 혼합학습방식이 그러한 문제의 해결에 어떻게 사용될 수 있는지를 기술하라.
3. 여러분이 1번 문제에서 언급한 조직 중 하나에서 일하고 있다고 가정해 보라. 여러분의 상사가 조직 내 KM시스템의 개발 승인을 내켜하지 않는다고 하자. 그는 KM시스템이 조직 내에서 어떤 효용성을 지닐 수 있는지를 세 가지 이유를 들어 설명할 수 있는 한 페이지 분량의 글을 작성할 것을 요구한다. 글을 작성하라!
4. 여러분이 웹 2.0 도구들이 평범하게 사용될 아주 멀지 않은 미래에 교수설계자라고 가정하라. 이 웹 2.0 도구들은 학습을 신장하기 위한 형식적인 강좌의 교수 외부에서 어떻게 사용될 수 있는가? 그리고 이러한 도구들은 학습을 신장하기 위한 형식적인 강좌설계에 어떻게 통합될 수 있는가? 각각에 관한 한 가지 예를 제시하라.

저자 정보

Marc J. Rosenberg는 학습, 이러닝, 그리고 수행증진 분야의 독립 컨설턴트이자 강연자이며, 이러닝에 관한 두 권의 베스트셀러를 저술했다.

참고 문헌

Brandon-Hall(2001). Learning management and knowledge management: Is the Holy Grail of integration close at hand? Retrieved August 22, 2010, from: http://www.jacqueslecavalier.com/linked/lkmwp-080301.pdf

Gatta, M.(2004, January). *On the road to knowledge management*(Delta Report 2726). Stamford, CT: The META Group.

Rosenberg, M.(2002, August/September). The seven myths of knowledge management. *Context Magazine*, 12-13.

제17장

비형식 학습

Allison Rossett (San Diego State University)
Bob Hoffman (San Diego State University)

비형식 학습이란 무엇인가?

다음은 Winston Churchill이 남긴 말이다. "나는 언제든지 배울 준비가 되어 있지만, 내가 항상 남으로부터 가르침을 받고 싶어 하는 것은 아니다."

Bob: 자, 바로 그겁니다. 많은 사람들이 Winston Churchill과 같죠. 그들은 경험 또는 심취할 수 있는 대상을 원합니다. 그들에게 필요한 학습은 수업보다는 생활에 가까워야 합니다.

Allison: 물론입니다. 그러나 모든 학생 또는 직원들이 자연스럽게 학습의 기회를 접할 수 있는 것은 아닙니다. 그런 경우도 있지만 그렇지 못한 경우도 많지요. 아홉 살짜리 아이들 혹은 고객서비스상담원들이 스스로 언제 무엇을 배울 것인지를 결정할 때까지 기다려야 할까요? 만약 그들이 읽기 학습이나 새로운 소프트웨어 프로그램 훈련을 거부한다면 어쩌죠? 항공우주박물관 관람 기회 따위는 무시해 버린다면요?

Bob: 음, 그러한 문제가 있을 수 있다는 점은 인정해야겠군요.

Allison: 우리는 ID 전문가들입니다. 우리의 신성한 임무는 개별 학습자들과 그들이 속한 조직이 학습 및 수행목표를 달성할 수 있도록 돕기 위한 기회를 창출하는 것이지요. 그 점에 대해서는 이의가 있을 수 없다고 봅니다.

Bob: 그러나 제 생각에는 대부분의 ID가 지나치게 계획적이고 실생활이나 업무와는 동떨어져 있어요.

Allison: 그렇다면 우리가 해야 할 일은 비형식 학습을 ID 안에 포함시켜서 학습경험의 사실성, 역동성, 자발성을 높이는 것이군요. 비형식 학습이 하나의 해결책이 될 수 있을 것 같습니다.

이것이 이 장의 목적이다. 우리는 박물관, 고등교육, 기업과 같은 다양한 환경과 웹 2.0의 맥락 내에서의 비형식 학습(informal learning)에 관해 살펴보고자 한다.

웹 2.0이란 무엇인가? 그리고 그것은 비형식 학습과 어떤 관련이 있는가? Howard Jarche(2008)는 "웹 2.0은 모든 사람들이 어떠한 특별한 프로그래밍 기술도 없이 디지털 콘텐츠를 쉽게 만들 수 있고 다른 사람들과 협력할 수 있도록 해주는, 성장하고 있는 도구들과 과정들이다."라고 기술했다. 웹이 나온 초창기에는 기술자들 또는 기술적인 전문지식을 구매할 수 있었던 사람들만이 온라인에 등장했다. 그들의 메시지들은 웹 1.0 세계를 나타낸다. 이제 우리가 웹 2.0으로 이동해 감에 따라 우리는 SAP에서 괴혈병, 표준푸들(standard poodles)에 이르기까지의 주제들에 관해 온라인에서 가르치고, 촉진하며, 거드름 피우며 이야기하고, 권고할 수 있다. 이러한 민주화가 비형식 학습을 촉진한다. 이제 위키, 블로그와 같은 테크놀로지는 복지활동, 의사소통, 협력, 접속을 더 쉽게 할 수 있도록 해준다.

비형식 학습은 신빙성이 있으며, 일반적으로 훈련프로그램을 관리하는 담당자들의 통제범위 밖에서, 교실 혹은 (온라인 교수, 비디오 컨퍼런스를 통해 전달되는 수업 등) 형식적인 원격교육을 위해 설립된 환경의 범주를 넘어 일어난다. 비형식 학습은 학습자들에게 무엇을, 어디에서, 어떻게 학습할 것인지에 관한 보다 많은 선택의 권리를 부여하며, 주로 내재적 동기에 의존한다.

비형식 학습은 여러 가지 모습을 가지고 있다. 비형식 학습은 사람들이 사업전략에 관해 서로 칸막이 한 작은 공간에서 대화를 나누거나, 탄저병에 관한 정보를 찾기 위해 지식기반을 탐색하거나, Electoral College의 감독에 대한 의견을 공유하거나, 윤리적인 딜레마에 대한 접근 방식을 비교하거나, 돌고래들이 득실거리는 풀장에 손을 쑥 집어넣을 때 일어난다. 비형식 학습은 커피를 마시는 동안, 온라인에서, 점심식사 중에, 라운지에서, 박물관에서, PDA 통해 주차장으로 가는 도중에, 그리고 이메일을 통해서도 일어난다.

몇몇 기관들에서는 통합된 교훈, 정보, 코칭, 문제가 되는 곳, 즉 업무와 근접한 곳에서의 대화 등의 가치를 강조한다는 이유로 비형식 학습보다는 "업무기반 학습(work-based learning)"이라는 용어를 선호한다. 우리가 업무현장에서 일어나는 비형식 학습에 관심을 가지고 있기는 하지만, 동시에 우리는 박물관이나 온라인 경험과 같은 다른 환경에도 흥미를 느낀다.

비형식 학습은 어떻게 작동하는가?

다음과 같은 여섯 가지의 요인들, 즉 학습성과의 특성, 경험의 특성, 기원, 학습자의 역할, 교수자의 역할, 교수설계자의 역할의 관점에서 비형식 학습에 대해 생각해 보자. 비형식 학습은 거의 모든 곳에서 존재할 가능성이 있기 때문에, 특정한 환경에 국한되지 않는다는 것에 주목하라.

학습성과의 특성. 부품정비기록을 정리해 두는 습관, 천문학에 대한 관심, 혹은 새로운 예술가의 작품을 살펴보는 경우와 같이 비형식 학습이 일어날 때에는 그만한 이유가 있기 마련이지만, 학습을 통해 달성하고자 하는 특정한 목표나 그에 상응하는 평가를 찾아보기는 어렵다. 구성주의자들이 비형식 학습에 특별한 관심을 표명하는 데 비하여 객관주의자들은 비형식 학습의 장점을 인정하면서도 학습성과나 평가에 있어서는 회의적인 것도 바로 이 때문이다.

경험의 특성. 비형식 학습은 생생하고, 감정적이며, 예측불가능하고, 고유한 경향이 있다. 사람들은 사실적이고, 사회적이며, 매력적인 경험에 기꺼이 몰두하게 된다. 비형식 학습은 참여자들을 매혹시켜야 한다. 이들이 박물관 관람이나 다른 사람들과의 온라인 대화에 흥미를 느끼지 않는다면 참여하려 하지 않았을 것이다.

기원. 비형식 학습은 어디에서 시작되는가? 전통적인 훈련과 비교하면 비형식 학습은 학습자 혹은 직원들에 의해 자발적으로 발생한다. 게이와 레즈비언인 직원들이 조직의 위계질서를 허물기 위해 서로에 대한 지원과 지지를 제공하기 위한 이익집단을 형성한다. 또 다른 집단은 그들이 직면한 위기에 대해 논의하기 위해 매달 온라인으로 회계감사를 초빙하기로 결정한다. 예술과 서핑에 심취한 사람들이 서핑보드전시회를 관람하기 위해 함께 모인다. 이러한 사례 중 일부는 조직에 의해 시작된 것도 있지만, 비형식의 필수이지는 않지만 빈번한 특성 중 하나는 참가자들의 자발적인 노력과 흥미에 의해 시작된다는 것이다.

학습자의 역할. 비형식 학습은 참가자 개개인의 참여의지와 참여도에 의존하고 있다. 가령, 대안적 처방에 관해 다른 학부모들과 이야기하기 위해 기꺼이 웹사이트에 접속하는 아버지, 시민전쟁에 관한 박물관 전시를 한 번 더 관람하기로 결정한 중학생들, 다른 영업사원들과 함께 식사하기 위해 일정을 조정한 신입 영업사원을 떠올려 보라.

교수자의 역할. 다양한 전문성을 지닌 사람들이 온라인 혹은 면대면 모임에서 만날 경우에도 비형식 학습은 일반적으로 교수자가 관여하지 않는다. 조직이 점차 비형식적 접근방식의 이점을 취함에 따라 교수자는 아이디어와 자원에 대한 사람들의 동기와 흥미를 유발하고 연결시킬 수 있을지도 모른다.

교수설계전문가의 역할. 비형식 학습은 말 그대로 비형식적이고, 즉각적이며, 자연스럽다. 그러나 외양이 그렇다고 해서 내부적으로도 계획이 필요 없는 것은 아니다. 기업, 부서, 박물관의 비형식 학습을 촉진하기 위해 훈련전문가들이 담당해야 하는 분명한 역할이 있다. 이 문제에 관해서는 이 장의 결론 부분에서 다룰 것이다.

비형식 학습은 왜 가치 있는가?

Microsoft의 학습전도사인 Bob Mosher는 *Chief Learning Officer*의 2004년 7월호에서 비형식 학습에 대한 예찬론을 펼치고 있다. Mosher는 비형식 학습의 인기를 다음과 같이 설명한다: "[인기의] 가장 큰 두 가지 [이유]는 즉각성(immediacy)과 관련성(relevancy)이다. 학습의 비형식적 방법들은 업무환경에서 쉽게 찾아볼 수 있다. 이러한 방법들은 학습자가 업무관련 자원들과 함께 즉시 효과를 확인해 볼 수 있는 테크닉으로 간주된다. 비형식 학습의 인기의 또 다른 비결은 매우 짧다는 것이다. 고급수준의 학습자들은 더 이상 형식 학습에 참여할 시간이나 예산이 없다고 말하곤 한다. 이들은 심지어는 e-러닝과 같이 즉각적인 형식 학습도 소중한 시간을 너무 많이 소비한다고 여긴다." 오늘날 Mosher는 비형식 학습과 같은 방식, 즉 "대상 정보를 여러분의 고용인들에게 가장 결정적인 '필요의 순간(moment of need)' 에 전달한다" 고 하는 LearningGuide를 이끌고 있다.

Mosher는 학교, 정부, 기업에서 일어나고 있는 두 가지 중요한 전환에 대해 이야기한다: (1) 학습과 업무의 수렴과 (2) 보다 실재적인(authentic) 접근방법. San Diego에서 학생들은 일주일간 시골을 방문하여 서로에 대해, 자연환경에 대해 학습한다. 물론 이 활동은 수많은 목적을 가지고 있고 사전에 계획된 것이지만, 학생들은 이를 교육적이며, 비형식적이고, 생동감 있으며, 개인적이고, 사실적이라 여긴다.

기업들은 더 적은 훈련과 필요한 경우에 더 많은 지원을 제공해 주는 움직임에 흥미를 느끼고 있다. Rossett과 Schafer(2007)는 사용자가 가는 곳마다 가고, 항상 거기에 있으며, 항상 수행을 도와줄 준비가 되어 있는 어떤 형태를 소개했다. 자신들의 책에서, 그들은 맞춤법 오류를 교정해 주는 주문형 지원(on demand support)과 관리자들이 내용이 충실한 수행비평을 구성하는 방법에 대해 생각할 때 그들을 도와주는 지원 간의 차이를 강조하는 조수(sidekick) 수행지원시스템과 계획자(planner) 수행지원시스템을 소개했다. 첫 번째 사례에서, 조수들은 그것들이 필요할 때와 필요한 곳에 빨간색으로 밑줄이 쳐져 우리가 단어의 철자를 재고해 보도록 한다. 이에 반해, 계획자 지원의 경우, 관리자들이 막 실제적인 비평을 수행하고자 할 때 그들이 생각해야 할 것을 기억하도록 해준다. 어느 누구도 개개인들의 이러한 지원 도구들의 사용을 평가하거나, 그것들을 요구하거나, 그것들을 사용하는 방법을 사람들에게 훈련시키지 않는다. 그것들은 거기에 있다. 그것들은 관리자들이 약간의 소란이나 방 임대만으로 일을 할 수 있도록 도와준다.

*Harvard Business Review*에 실린 논문을 통해 Brown과 Duguid(2000)는 사회집단으로부터 시작되는 학습의 가치에 대해 설명한다. 이들은 Xerox에 관한 Julian Orr의 연구를 예로 들고 있다. Orr에 따르면, 근로자의 업무과정에 대한 공식적인 기술(description)과 도구를 다루면서 발생하는 예상치 못했던 문제해결을 위한 암묵적이고 즉흥적인 대처방안들 간에 차이점이 있다.

회사규정집과 훈련에 명시된 공식적인 과정들이 정확하지 않다면, 경험이 부족한 영업사원들은 어떻게 학습할 것인가? Orr는 업무를 완수하도록 도와주는 그들의 삶 속의 비형식적인 측면에 대해 이야기한다. 예를 들어, 영업사원들은 함께 아침식사를 한다. 식사 도중에, 그들은 함께 문제해결방안을 논의하고 업무상의 실수들을 공유하며 오랜 문서나 훈련자료들을 개선해 나간다.

비형식 학습의 또 다른 매력은 개인에게 자율성을 부여한다는 것이다. 많은 기업들이 근로자들 스스로 경력을 개발하도록 강조하는 경향에 따라, 비형식 학습은 독립적인 습관을 개발하는 수단으로서 특별한 관심의 대상이 되고 있다. 어떤 영업사원은, 비록 회사가 애틀랜타에 본부를 두고 있을지라도, 싱가포르에서 일할 때 혼자서 제품들에 관해 공부할 수 있다. 어떤 학교 교장은 교육위원회에 대한 자신의 프레젠테이션 능력을 증진시키기 위해 소집단과 한 명의 코치와 함께 온라인을 통해 연구할 수 있다. 그리고 어떤 60세의 노인은 은퇴 준비에 대한 체계적인 방법들을 생각해 볼 수 있도록 도와주는 웹사이트들을 방문할 수 있다.

비형식적인 기업 경험

San Diego State University의 졸업생인 Ari Galper가 Atlanta에 소재한 UPS(United Parcel Service)에서 배달 업무를 시작하게 되었을 때, 그는 훈련의 한 장면을 연출하기에 앞서 갈색 유니폼을 입고 현장에서 일할 것이라 기대하고 있었다. 트럭에 관한 경험에 대한 질문을 받았을 때, 그는 매우 긍정적이었다. 그러한 경험이 사업에 대한 감각을 익히고 종업원과 고객의 입장에서 업무를 바라볼 수 있는 좋은 방법이라 생각했기 때문이다.

Marguerite Foxon(Rossett & Sheldon, 2001에서)은 Motorola가 다각화한 국제조직에서의 성공을 위해 높은 성장가능성을 지닌 관리자들을 훈련시키기 위해 개발한 프로그램인 GOLD프로그램에 대해 기술하고 있다. Motorola는 형식적 훈련과 일상적 업무를 이어주는 다리라 할 수 있는 실천학습(action learning)을 도입하였다. Marguerite(1999)에 따르면, 실천학습은 소집단으로 하여금 그들이 배운 내용을 실제 문제 상황에 적용하면서 동시에 학습과정에 대해 반성하게 한다.

Foxon은 이 프로젝트에 대해 "GOLD설계에 있어 우리는 훈련내용이 아무리 도전적이고 직무와 밀접하게 연관되어 있더라도 훈련만으로는 새로운 세대의 리더를 길러낼 수 없다고 판단하였다. 강좌내용과 사업상의 문제점들을 연결함으로써 훈련에 참가하는 관리자들은 새로운 학습내용을 실시간으로 실천에 옮겨볼 수 있는 완벽한 기회를 얻게 되었다"라고 말했다.

Motorola의 GOLD프로그램의 두 졸업생들은 그들의 경험에 대해 다음과 같이 이야기한다. "우리는 사업상의 문제들을 해결하기 위해 고심하면서 우리가 도전하고 있는 과제가 실제로 회사에 커다란 차이를 가져올 수 있을 것이라는 느낌을 받았다. 이것은 수업시간 내내 일들을 처리하는 '올바른' 방법에 대해 머릿속에 밀어 넣고 업무현장에는 아무런 도움도 되지 않는 다른 경영/리더십 관련 강좌들과는 근본적으로 다른 경험이었다."

실재(reality). 접속(connection). 노력(effort). 실천(action). 우연한 발견(serendipity). 이 모든 것들이 GOLD에 필수적이었다. 그것들은 또한 Whirpool Corporation의 관리자 훈련과정의 핵심이기도 하다. Michigan주 Benton Harbor의 커다란 주택에서, 신입사원들은 자사의 제품들을 실제로 사용해 보며 제품에 대해 배운다. 사원들은 그곳에 거주하면서 빨래를 하고, 전자레인지를 이용해 음식을 만들며, 식기세척기를 사용해야 한다. Steelcase사의 웹사이트에 소개된 것처럼, Whirlpool의 프로그램은 "책을 통해 학습하고 표준화된 형식으로 시험을 치르기보다는, 훈련생들은 그들의 제품이 실제로 어떻게 작동하는지 최종사용자의 관점으로 바라볼 수 있다. 이는 한 단계 진화된 훈련방식일 뿐만 아니라 단순히 제품사용 설명서를 들여다보거나 이틀에 걸친 훈련세미나에 참석해서는 결코 얻지 못할 제품에 대한 확신을 심어준다."

좋은 생각이기는 하지만, 모든 사람들이나 모든 주제들이 집에서 학습할 수는 없다. 다른 몰입적인 옵션들의 경우, 우리는 비형식 학습방, 즉 월드 와이드 웹에 의지한다. 20여 년도 채 안 되어, 그것은 지금까지 가장 강력하고, 보편적이며, 인기 있는 비형식 학습 장소가 되었다.

만약 여러분이 BW(이전의 웹)를 기억할 만큼 충분히 나이를 먹었다면, 여러분은 우리 모두가 알기를 원하거나 하기를 원했던 것 중 수백만 개는 아니지만 수천 개의 어떤 것, 예를 들어 직원 보상, 수행 분석, 또는 사업 계획을 수립하는 방법에 대해 배우기를 원했다는 것을 기억할 것이다. 그리고 여러분은 지역 도서관까지 가고, 정보를 위해 멀리 떨어진 곳에 편지를 쓰며(그리고 만약 하나의 답변이라도 온다면, 그 답변을 위해 몇 주 또는 몇 달을 기다리며), 지역 전문가들을 찾아다니고, 여러분이 얻을 수 있는 모든 책과 출판물을 철저히 조사하며, 최종적으로 여러분의 호기심을 만족시켰던 또는 여러분이 알 필요가 있었던 어떤 것을 생각해 낸 것을 기억할 것이다. 오늘날 우리 모두는 웹 덕분에 그러한 조사를 몇 분 내에 동일하게 한다. 또는 웹은 우리가 비즈니스 계획 또는 린 식스 시그마(Lean Six Sigma)에 관심을 가지고 있다는 것을 알아차려, 우리에게 해당 주제에 관한 "피드(feeds)"를 보내준다. 이것은 최상의 비형식 학습이며, 또한 아마도 웹이 최상일 것이다!

웹 2.0 또는 "소셜 네트워킹"[페이스북, 트위터, 플락소(Plaxo) 등]이 급격하게 사용됨에 따라, 비형식 학습의 필요성이 더욱 대두되었다. 도전적인 학습과 수행을 하는 사람들은 페이스북에 자신들의 조직의 실재성(presence)을 계속적으로 푸시(push)하고, 마케팅과 수행지원 정보를 트위트(tweet)한다. 특수화된 "전문" 네트워크들(링크드인, CareerBuilding.com, 플락소 등)은 고용주들과 예비 고용인들을 연결하며, 일반적으로 자신이 선택한 관심 집단들 내에서 비형식적인 네트워킹을 제공한다.

웹 2.0 전략들로 전환하는 데에는 비용이 든다. 학습조직에 속해 있는 사람은 새로운 콘텐츠를 작성하고, 업데이트하며, 트위트해야 한다. 어떤 사람은 질과 정확성을 모니터링해야 하며, 몇몇 경우, 누군가는 자유와 위험 간에 균형을 맞추기 위해 검사들과 교전을 해야 한다.

물론, 어려운 것은 가치 있는 자산을 만드는 것이다. 교수설계자들은 다음과 같은 핵심적인 질문들에 답하기 위해 정보원(sources)을 검토해야 한다. 새로운 것이 무엇인가? 색다른 것이 무엇인가? 논쟁의 여지가 있는 것은 무엇인가? 사고(thought)를 자극하는가? 조직의 전략과 어떻게 연계되는가? 독자들의 삶과 경험에 어떠한 가치를 더하는가? 콘텐츠 전문가들, PR전문가들, 교육공학자들, 기술전문 저술가들(technical writers), 변호사들, 또는 심지어 정통한 자원봉사자들(savvy volunteers)도 이 일을 할 수 있지만, 해당 조직의 메시지를 청중들에게 이야기할 것과 균형을 맞추어야 한다. 콘텐츠 제작비용이 적정 수준을 넘으면, 경상비가 된다. 웹페이지와 데이터베이스를 구축하고 유지하기 위한 기업 내 또는 아웃소싱된 IT업체도, 인쇄 제작과 우편 비용도 없고, 매체편집자들과 프로듀서들의 지속적인 양성도 필요 없다. 소셜 네트워킹 시설들은 서버들을 유지하며, 프레젠테이션을 구술하거나 공개하고, 데이터베이스를 유지하며, 콘텐츠를 후원가입자들과 연결되어 있는 모든 곳, 즉 모바일폰과 가정용 컴퓨터, 사무용 컴퓨터를 포함한 인터넷에 연중무휴로 제공한다. 어떤 사업 계획에서나 마찬가지로, 이러한 웹 2.0을 증진시키기 위한 노력들은 세심하게 조율하고 목표를 설정하기 위해 주의 깊게 평가할 때 성공할 것이다.

박물관에서의 경험

박물관에서의 경험은 비형식 학습과 어떠한 관계가 있는가? 우리는 상당한 관련이 있다고 생각한다. 비록 비형식 학습이 우리를 교실의 네 벽면 밖으로 인도하기는 했지만, 박물관은 우리를 또 다른 곳으로 안내한다. 이곳은 매우 중요한 곳이다. 이곳의 모양과 크기는 매우 다양하다. 예술박물관, 과학박물관, 자연사박물관일 수도 있다. 수족관, 식물원, 동물원도 여기서 우리가 이야기하는 박물관에 해당된다. 또는 국립공원, (예를 들어, 역사 혹은 민속 의상 또는 장난감 박물관 같은) 사회사박물관, (식민지시대의 Williamsburg와 같은) 유적박물관, 또는 (Sea World나 Disneyland와 같은) 놀이공원도 여기에 해당될 수 있다. 이상에서 살펴본 것처럼, 업무현장에서의 비형식 학습은 식당에서부터 사무실, 생산현장에 이르기까지 어디에서나 일어날 수 있다. 반면에 박물관에서의 경험은 박물관을 필요로 한다.

도대체 왜 박물관에서의 경험을 조직 내에서 일어나는 비형식 학습과 동일선상에 놓고 살펴보려 하는가? 우리는 이 두 경험이 매우 중요한 평행선상에 있다고 생각한다. 그 중 하나는 실재적인 대상(authentic objects)에 대한 우리의 관심과 관련되어 있다. 예술이 한 가지 예를 제공한다. 여러분이 다음과 같은 문제에 대해 생각하고 있다고 가정해 보자. "도대체 Leonardo Da Vinci의 Mona Lisa가 뭐가 그렇게 대단한가?" 웹브라우저를 통해 여러분은 무려 26,000개에 해당하는 Mona Lisa의 온라인 이미지들, 즉 큰 것과 작은 것, 자세한 것, 패러디, 여러분이 상상할 수 있는 모든 이미지들을 찾아보았다. 여러분은 원하는 만큼 많은 시간을 들이고, 관련된 내용을 읽어보고, 그림의 사소한 세부사항까지 살펴볼 수 있다.

이제 여러분의 지역 예술박물관에서 Mona Lisa를 전시한다는 소식을 듣게 되었다고 가정하자. 여러분은 과연 "관심 없어. 나는 Mona Lisa가 어떻게 생겼는지 알고 있다구" 또는 "컴퓨터로 공짜로 볼 수 있는 걸?" 하며 지나칠 것인가? 우리는 여러분이, 다른 지역주민들처럼, 상당한 돈을 지불하고도 실제 작품을 관람하기 위해 입장권을 구입할 것이라고 믿는다.

이는 다른 종류의 대상(object)에도 그대로 적용된다. 최근 San Diego State University에서는 미국독립선언문의 매우 드문 초기본을 유리를 통해 잠깐 구경하기 위해 많은 학생, 교수, 방문객들이 한 줄로 늘어서 있는 광경을 볼 수 있었다. 물론 이들이 독립선언문의 내용을 읽어보기 위해 몰려든 것은 아니었다. 온라인상으로나 서적으로 이보다 훨씬 읽기 쉬운 판본들이 수두룩하다. 이들이 이렇게 모여든 것은 그 내용에 대한 새로운 식견을 얻고자 함도 아니었다. 많은 이들은 다만 초기본의 존재 자체에 이끌렸던 것이다.

비형식 학습에 관한 여러 문헌들이 실재적인 객체에 매료되는 이러한 현상에 대해 논하고 있지만, 이를 완벽하게 이해한다고 주장하는 문헌은 드물다(Paris, 2002). 아마도 이에 대한 이해에 가장 근접한 예는 Nemeroff와 Rozin(2000, Evans, Mull, & Poling, 2002에서 재인용)이 '마술적(magical)' 이라 설명한 부분일 것이다. 초자연적인 의미에서 마술적이라기보다는 유명 인사나 사물에 근접함으로써 힘이나 에너지의 전이를 경험하고자 하는 인간의 사고양식을 설명하려는 명사현상(phenomenon of celebrity)의 측면에서 그렇다는 뜻이다. 비록 일시적이나마 물리적인 관계를 맺을 수 있었던 행운을 가진 사람들에게 그 유명 인사나 사물의 좋은(혹은 나쁜) 특징들의 '부스러기' 가 떨어진다는 것이다. 일부 동구권 문화에서 이러한 믿음은 'darshan' 이라는 개념으로 나타나는데, 그것은 스승의 존재로부터 가까이 있는 것만으로도 계몽을 얻을 수 있다는 원리다. 일부 서구의 종교들에서도 성물의 존재로 병이 치유되거나 다른 혜택이 나타난다는 비슷한 믿음을 찾아볼 수 있다.

마술적이든 아니든 간에, 실제적이거나 널리 알려진 대상들은 사람들로 하여금 최초의 비행을 재연한 영화를 관람하는 대신 Michigan의 Greenfield Villiage를 방문하여 Wright Cycle Shop 앞에 줄지어 늘어서도록 한다. 이는 또한 방문객들이 1720년대 스코틀랜드 신사들의 복식을 구경하기 위해 영국의 Bath 의상박물관을 찾게 되는 이유이며, 집에서 컴퓨터로 편안하게 영상을 들여다보는 대신 많은 어른들과 아이들이 인공 파도풀장에서 사물을 만져보기 위해 California의 La Jolla Birch 수족관을 찾게 만드는 힘이기도 하다.

대상은 가치 있는 경험의 필요조건이기는 하지만 충분조건은 아니다. 박물관은 이들 대상과 함께 설명과 해설에 의존한다. New York City의 시립예술박물관에 전시된 그림의 표제들, Washington DC의 자연사박물관의 각종 사인들, Conneticut의 Mystic Seaport의 오디오 투어, 또는 Los Angeles의 일본박물관의 관람안내원 등을 생각해 보라. 이들은 각각 방문객의 관람대상에 대한 이해와 감상을 돕는다. '달에서 가져온 암석표본' 이란 표제가 없다면, 돌덩이는 그저 평범한 광물의 덩어리일 뿐이다. 표제로 인하여 암석표본은 이국적이고, 특별하며, 관심을 가질 만한 대상이 되는 것이다.

사물에 대한 이러한 관심과 조직에서 일어나는 비형식 학습 간에는 어떠한 유사점이 있는가? 우리는 업무현장에서의 비형식 학습을 종종 '현직훈련(on-the-job training)' 이라 칭한다. 학습은 현장에서 발생하는 실생활 속의 상황에 좌우된다. 학습은 상사, 시장에서의 기회, 업무흐름과 관련된 실재적인 문제들에 대한 반응으로 일어난다. 이러한 상황들은 우리가 워크숍 활동의 일부로 책에서 읽는 사례나 수행공학의 예로 공부하는 원칙들과는 다르다. 이러한 상황들은 모두 사실이며 실재한다. 이들은 실제 자전거 가게, 독립선언서의 진본, 파도풀장의 생물들처럼 우리의 삶과 업무를 닮아 있다. 이러한 사물, 환경, 상황들은 '단순히(mere)' 매체를 통해 재현된 것보다 호소력을 지닌다.

박물관과 업무현장에서의 비형식 학습 간에는 또 다른 중요한 유사점이 존재한다. 관람객의 관점에서 보면, 박물관에서의 경험은 구조화되어 있지 않다. 그러나 그러한 비형식적인 환경은 박물관 관리자, 전시담당자, 교육자들의 주의 깊은 설계과정의 산물이다. 업무현장에서의 비형식 학습과 마찬가지로, 박물관의 누군가는 관람객의 요구를 분석하고, 목적을 구체화하며, 전략을 다각화하고, 결과를 평가하며, 끊임없는 증진을 위한 노력을 함과 동시에 대상이 지닌 마법을 병에 담아 넣으려 하고 있는 것이다.

박물관이 기업의 비형식 학습 전략에서 한 자리를 차지할 수 있을 것인가? 왜 아니겠는가? Illinois의 Schaumburg에 위치한 Motorola의 전자박물관은 자사의 직원과 가족들, 지역 공동체를 대상으로 하고 있다. 박물관의 목적은 직원들로 하여금 수행을 증진시키도록 하는 것보다는 정보통신기술의 중요성, 그러한 테크놀로지의 개발에 있어서의 회사의 역할, 반도체와 전자파에 대한 사람들의 이해와 인식을 증진시키기 위한 것이다.

비형식 학습을 지원하기 위해 웹을 사용하는 데 관심을 가지고 있는 조직들은 박물관이 이러한 학습도구를 얼마나 효과적으로 사용했는지를 살펴볼 수 있다. 박물관들이 자신들의 도자기에 관한 샘플들을 온라인에 게시하기 시작했을 뿐만 아니라 실제로 완전한 가상 박물관을 구축하기 시작한 것은 웹의 시대가 도래한 지 얼마 되지 않아서였다. 특히, 이러한 것들은 전체 수집품들을 지리적으로 그리고 경제적으로 멀리 떨어진 청중들에게 접근 가능하도록 만들어 주었다. 이것은 처음에는 위험한 전략인 것처럼 보일 수도 있다. 만약 우리의 모든 "상품들"이 온라인상에 있다면, 왜 그들이 우리를 방문하러 오겠는가? 우리는 그것을 거저 주어 파산하게 될 것이다!

이러한 기관들을 파괴하는 것과는 달리, 웹은 유혹물, 즉 궁극적으로 보다 더 널리 퍼져 있는 청중들—몇몇은 돈을 지불한 가입자들과 보호자들—이 웹을 통해 사고자 하는 마음이 들게 하는 광고(teaser)인 것으로 판명되었다. 그것은 대상들의 "마술(magic)"로 되돌아간다. 그렇다. 수십 세기나 된 일본의 두루마리들(scrolls)에 관한 멀티미디어 데이터베이스는 그 대상 자체보다 더 교육적일 수 있다. 여러분은 그것을 미시적으로 볼 수 있고 엑스레이 사진을 찍을 수도 있다. 여러분은 그것의 원래의 선명함을 복원하며, 그것을 여러 가지 언어로 설명하고 원래의 맥락 속에 제시할 수 있다.

그 모든 것들이 그것 자체로 그리고 저절로 만족스럽지만, 그것은 또한 대상 자체의 신비한 매력을 불러일으키는 경향이 있다. 일단 우리가 그것에 대한 모든 것을 알게 되면, 그것은 이전보다 훨씬 더 명성을 얻게 되고, 우리는 그것의 영향력 안에 서서 영광을 누리기를 원한다. 기회가 주어진다면, 우리는 모든 박물관 관장들이 안도의 한숨을 쉬도록 하는 것, 즉 우리가 방문하기를 원한다. 가상 박물관들은 많이 있지만, 오프라인 박물관들은 가상박물관들과 함께 번성해 왔다.

박물관들과 다른 공공의 비형식 학습 기관들은 또한 웹 2.0과 소셜 네트워킹 도구들에 관심을 두고 있다. 미국 뉴욕시에 있는 Metropolitan Museum of Art에서 영국에 있는 University of Manchester Museum에 이르기까지 크고 작은 박물관들은 페이스북 페이지, 트위터 계정, 다른 소셜 네트워킹 활동들을 유지하고 있다.

혜택들은 마케팅에서부터 시작된다. 전통적인 직접 전달하는 메일, 신문, 그 외 인쇄 출판물 및 라디오와 텔레비전은 몇 주 후에서야 후원자들의 관심을 받을 수 있을 것이라 생각했다. 소셜 네트워킹 참가자들은 자신들의 트위터나 업데이트에서 자신들의 기관 이름을 최소한 매일 볼 수 있기를 기대할 수 있다. 잘 구성된 유인물과 사용자생성 채팅(user-generated chat)이 있기 때문에, 몇몇 단골 가입자들은 해당 기관의 웹사이트를, 궁극적으로는 갤러리나 다른 물리적인 장소를 방문할 것으로 기대된다.

University of California 캠퍼스에 있는 한 현대미술박물관은 초기에 페이스북 페이지를 설정함으로써 소셜 네트워킹의 유행에 뛰어들었지만, 그것은 전통적인 웹페이지처럼 다루어져 월 단위로 갱신되었다. 관리가 필요하다는 것을 인식한 후, 그들은 자신들에게 새로운 소셜 네트워킹 설비들을 가장 잘 사용하는 방법을 보여준 영리하고 젊은 인턴들의 도움을 받았다. 이제 그들의 페이스북 실재성(presence)은 보다 더 빈번하게 업데이트되며, 역동적이고 신랄하고, 청중들에게 훨씬 더 흥미를 끈다.

와인 시음과 비형식 학습

개인들은 또한 건강, 투자, 그리고 와인과 같은 주제들의 경우 비형식 학습을 하고 싶어 한다. 비형식 학습이 어떻게 수업, 정보, 조언을 실제세계에 더 가깝게 제시하는지를 보여주기 위해 와인을 예로 들어보자.

와인에 대한 기초적인 온라인 교육의 예들을 찾기는 쉽다. Wine Campus(winecampus.org)는 자신들의 온라인 수업을 "현대(modem-age) 통신수업이다. 단지 더 흥미롭고 참여적이다. 그것은 인쇄된 텍스트뿐만 아니라 음성과 영상 파일들을 전송하기 위해 개인용 컴퓨터들을 사용하는 교육시스템이다. 온라인 교육을 설치한 덕분에, 제한된 시간, 원거리, 기회나 신체적 장애로 인해 혜택을 누리지 못하는 학습자들도 와인에 대해 학습할 수 있다!" 튜터로서 봉사하는 와인 전문가들과 함께, 참여자들은 거의 매 7일마다 전달되는 새로운 강의를 자신의 진도대로 학습한다.

주제는 놀랍고, 접근방법은 전통적일 수 있지만 비형식적이지 않다. 수업은 전문가들에 의해서 고안되고 전달된다. 경험은 개별화된다. 목적은 참여자들이 사전에 구체화된 산출물들을 학습하는 것이다.

이제 와인 기초를 보다 "비형식적"으로 다루는 쪽으로 가보자. San Diego State University 교육공학과 대학원생들이 Wine Know!(http://wineknow.dntcorp.net/)를 만들었다. 그들은 또한 포도, 와인 제품, 그리고 음식과 접목시키는 것에 대한 산출물들을 다루기로 약속하였다. 그들은 비록 소물리에들이 아닌 학생들이어서 그러한 점이 약점이라는 것을 인정하지만, 그들은 전문가들로부터의 메시지들을 통해 이러한 산출물들을 달성하고자 시도하고 있다. 그 샌디에고주립대학교 교육공학과 대학원생들은 어도비 캡티베이트(Adobe Captivate)를 통해 모듈들을 전달하고 있다. 참여자들은 자신들이 공부할 것과 공부할 순서를 선택할 수 있다.

모듈들보다 Wine Know!에는 더 많은 것들이 있다. 거기에는 또한 공동체가 있다. 이 교수설계자들은 자신들의 산출물들은 단지 기억을 유발하는 지식이 아닌 계속적인 친교를 필요로 함을 알았다. 여러분이 와인을 시음하고 학습해 갈 때, 여러분은 블로그나 온라인 포럼을 통해 그 경험을 공유하도록 독려되고 심지어 그렇게 하도록 기대된다. 이러한 활동들은 소셜 네트워킹과 사회적 학습을 증진시키는 데 도움이 된다. 참여자들에 의해 정의된 한 가지 당면한 사회적 문제는 다음과 같다. 샌디에고주 어디에 좋은 와인 바가 있는가?

Wine Know!와 Wine Campus 둘 다 형식적인 학습 구성요소들을 포함하고 있지만, 두 가지의 아이폰(iPhone) 애플리케이션인 Wine Steward와 Wine Guide는 전혀 형식적이지 않다. 그것들은 모두 수행지원이며, 레스토랑에서 슈퍼마켓, 주차장에 이르기까지 필요한 때, 필요한 곳에 정보를 전달하였다. Wine Steward(http://smartywine.com/)는 단지 특정 앙트레(entrée)[1]에 적합한 궁합을 찾았을 때 지원을 제공한다. 무엇이 새우 스캠피(shrimp scampi) 또는 두부 청경채 튀김(tofu stir fry)과 잘 어울리는가? 프로그램은 여러분의 입맛에 맞는 몇 가지를 추천한다. 가장 흥미로운 것은 바로 여러분의 입맛에 맞춘 것(tailoring)이라는 것이다. 그것은 단지 앙트레와 어울리는 아무 와인이 아니라 여러분에게 적합한 와인이다. 그 애플리케이션들은 여러분에게 많은 질문들을 해왔기 때문에 적합한 것을 알고 있다. 애플리케이션들은 여러분이 담배냄새 같은 것을 참을 수 있고 한 병에 50달러 이상을 소비할 의사가 있음을 알고 있다. 그것은 여러분이 그것을 요구할 때 여러분에게 전달될 맞춤형 콘텐츠/추천을 해준다. 단지 필요할 때에만 제공하는 것, 완벽한 수행지원의 예가 아닌가! 끝내주지 않는가?

비형식 학습과 훈련 및 개발 비즈니스

Howard Jarche와 Jay Cross(2009)는 오늘날의 훈련 및 개발 조직과 실제에 대해 짜증을 낸

1) [역주] 생선요리와 고기요리 사이에 나오는 요리

다. 그들은 작업장기반(workplace-based) 지원 및 교육으로 전환된 자원들, 즉 비형식적 학습과 형식적이고 스케줄이 꽉 짜인 교실사태의 급격한 감소를 초래하는 완전히 혁신적인 것을 요구한다.

우리는 그들의 요지를 볼 수 있다. 우리는 또한 전통적이고 형식적인 교수와 연계되어 있는 영향력과 전이에 의구심을 가지고 있다. 이제 보다 더 생생하고, 시의적절하며, 협력적이고, 작업장기반의 전달이 행해질 시기이다.

그것은 우리에게 교수설계자들이 이러한 보다 비형식적이고 분산된 맥락하에서 무엇을 할 것인지에 관한 질문을 제기한다. 그 전문가들이 직면하는 문제는 독특하다—어떻게 그 근본이 되는 고유한 특성을 저해하지 않으면서 비형식 학습을 증진시킬 수 있는가? Rossett과 Sheldon(2001)은 학습과 수행전문가들이 비형식 학습을 증진시킬 수 있는 몇 가지 방법들을 다음과 같이 강조했다.

찾기

여러분의 조직에서는 비형식 학습이 얼마나 많이 행해지고 있는가? 그 사례와 일화들을 적어보라. 비형식 학습을 경험하고 그로부터 혜택을 받고 있는 사람들 또는 집단들을 찾아보라. 여러분이 가장 선호하는 자체 제작된 작업보조도구, 블로그, 위키, 그리고 지식기반을 수집해 보라. 그것은 어디에서 일어나고 있는가? 언제? 그것은 어떻게 시작되었는가? 그것은 왜 지속되고 있는가? 그것은 어떠한 당면 과제들에 기여하는가? 테크놀로지는 어떠한 방식으로 연관되는가? 접근은 보편적인가? 그것은 어떻게 그렇게 많은 것들을 할 수 있는가?

학습하기

멘토들(mentors)은 어떻게 차이를 만드는가? 튜터, 우수 수행자, 코치들에 의해서 만들어지고 한 직원으로부터 다른 직원에게 전달되는 자료에는 어떠한 것들이 있는가? 이러한 비형식적 자료의 효과에 어떻게 영향을 미칠 수 있는가? 사람들이 모이는 장소는 어디인가? 그들의 관심을 모으는 구심점은 무엇인가? 온라인 공동체가 초점을 맞추는 주제들은 무엇인가? 어떤 지혜, 시행착오, 오해들이 전달되고 있는가? 여러분은 어떻게 중요한 메시지를 강조하고 잘못된 정보를 수정할 수 있는가? 재무서비스분야에 종사하는 사람들과의 모임에서, 한 거대 그룹은 부정확한 온라인 메시지들에 대한 우려를 표명했다. 분명히, 비형식적 접근법으로의 전환은 많은 좋은 것들, 그리고 우려와 모니터링을 위한 새로운 기회를 산출한다.

만약 고용인들이 고객문제나 소프트웨어의 버그를 수정하는 방법에 대해 온라인으로 채팅을 한다면, 아마도 이러한 주제들은 형식적인 수업 또는 KM시스템에서 다루어져야 할 것이다. 새로운 전 세계적인 노력에 대한 점심식사 중에 오가는 대화는 국제적인 모니터링 프로그램의 바탕이 될 수 있고, 고객불만과 관련된 일화들은 훈련강좌나 온라인 모듈로 재구성될 수 있다.

만약 고용인들이 비형식적인 대화를 위해 온라인상으로 모여든다면, 이러한 현상에 기초하여 그들의 에너지를 조직의 전략적인 목표와 일치시킬 수 있겠는가? 여러분은 Motorola가 그러했듯이, 중요한 우선순위에 집중하는 실천학습집단을 후원할 것인가? 여러분은 수행지원 도구들과 온라인 대화, e-코칭을 통해 교실의 메시지를 확장할 수 있는가? 여러분은 교실의 한계를 넘어 확장하기 위해 교수자들의 역할을 재정의해야 하는가?

존중하기

비형식 학습을 인식하고 그 가치를 인정하는 것과 조직의 구조적 성격, 관심, 사기를 변화시키는 것 사이에는 미묘한 차이가 있다. 최고경영자로부터 트럭운전수에 이르기까지 조직의 모든 차원에서 지도자의 예를 제공하라. 비형식 학습의 지도자들을 형식적인 훈련 이벤트에 참여시켜라. 그들은 가르치기를 원하는가? 그들의 아이디어들을 비디오로 촬영하여 모든 곳에 제공하라. 실시간 발표를 계획하여 언제든지 제공 가능하도록 저장하라. 먼저 질문하고 합당하다면 신뢰를 보내라. 비형식 학습에 참여하는 학습자들 중에는 그들의 공헌과 관계의 즉각성과 비밀스러움을 선호하는 이들도 있다. 어떤 이들은 조직의 승인을 바랄 것이다.

지원하기

비형식 학습에 익숙해질 수 있는 사소한 계기들을 찾아보라. 오리엔테이션이나 훈련 중 어떻게 비형식 학습의 시초를 마련할 수 있는가? 건물 내 공간을 확보할 수 있는가? 피자를 제공할 것인가? 사람들이 관심을 가질 만한 테크놀로지 전문가를 그룹에 소개할 것인가? 이러한 노력을 뒷받침하기 위해 웹사이트와 지식기반을 개발할 때가 되었는가? 비형식 집단이 보다 많은 사람들에게 자신들의 존재를 알리고 싶어하는가? 원격지에 있는 집단으로 하여금 그들의 테크놀로지 플랫폼을 업그레이드하도록 도와줄 수 있는가? 오리엔테이션의 일부로 비형식 집단을 위한 비공식적인 안내를 제공할 수 있는가? 교수자들은 자신들의 메시지가 비공식적 네트워크에서 어떤 식으로 재해석되고 있는지 알고 있는가? 비형식적인 수단을 개발과 지원에 반영하고 도입하기 위해 회로기판의 모양을 변경하라.

역할 재정의하기

만약 종업원들이 업무 중 코칭을 받을 때 왕성하게 성장하고 있다면, 그것을 좀 더 광범위하게 장려하기 위한 방법들을 고려해야 할 시점이다. 이러한 코칭(coaching)이 강좌로 형식화되고 정의될 수 있는가? 교수자의 역할은 아마도 강의나 발표보다는 현장지도 및 안내에 관한 것으로 변화해야 할 것이다. Defense Acquisition University(DAU)는 이러한 방향으로 옮겨가고 있다. 관리자들은 이러한 방식으로 전문성 계발을 촉진시킬 수 있음을 인식하고 있는가? 이는 그들의 수행평가 과정에 반영되고 있는가?

개별 고용인들은 어떠한가? 아마도 박물관들과 다른 비형식적 학습환경들의 가장 중요한 역할은 학습 자체에 관한 애정을 증진시키는 것일 것이다. 만약 우리가 학습하기 위해서 태어나고 몇몇 사람들이 형식적인 학교교육을 상당정도 포기한다면, 비형식적 학습은 이해하고 의사소통하기 위한 본래의 충동을 회복시키는 잠재력을 지니고 있다.

미래를 향하여

우리가 미래로 나아감에 따라, 우리는 형식 학습과 비형식 학습 간의 차이가 사라질 것으로 예상한다. 아직도 고객이 훈련을 요청할 때, 그 고객은 교수자와 학습자들로 가득 찬 교실을 상상한다. 오늘날 몇몇 고객들은 온라인 모듈로 나아가고 있으며, 몇몇은 그들 조직들 내에 있는 스마트한 사람들에 의해 그들에게 제시된 가능성들에 대해 생각하기 시작했다. 그들은 자신들의 아이디어들이 받아들여지고, 자극되며, 공유되기를 갈망한다.

우리가 앞으로 예상하는 것은 전문가들이 그림을 그릴 수 있는 보다 풍부해진 화폭이다. 여기에는 온라인 혹은 우주공간에서 이루어지는, 박물관과 인간관계를 망라하는 역동적인 내용과 경험이 교사와 지도자로서의 동료들에 의해 촉진되는 광경이 포함된다. 전화지도, 온라인 공동체, 지식기반 등이 교실학습을 수반할 것이다. 어느 것이 형식적인가? 어느 것이 비형식적인가? 우리가 왜 신경을 써야 하는가? 우리는 신경을 쓰지 않는다. 우리가 신경을 쓰는 것은 학습이 단지 교실에서만이 아니라 다양한 곳에서 계속적으로 일어나게 하는 전문가들과 고용인들의 능력이다. 비형식 학습은 개인들을 위한 선택권들과 조직들을 위한 결과들을 창출하는 보다 더 많고 다양한 방법들을 제시한다. 접근법들과 역할들을 통합하고 그것을 어떻게 부를 것인지는 잊어먹을 때가 아닌가?

핵심 원리 요약

1. 비형식 학습은 새로운 테크놀로지들을 가장필요한 곳, 즉 업무와 삶 가까운 곳에서 교육, 정보, 지원을 이용 가능하게 고양시켜 주기 때문에, 학습자들에게 책무성이 전이된다.
2. 비형식 학습은 사람들 내에 존재하는 경험, 협력, 지혜에 초점을 두기 때문에, 과정을 존중하는 산출물이다.
3. 비형식 학습은 형식적인 훈련에 덜 의존하고, 교수자들에게 더 많은 여지가 주어지며, 일과 삶에 교묘하게 스며들어 있는 프로그램과 사람들을 더 신뢰하기 때문에 매력적이다.
4. 테크놀로지는 오늘날 박물관들과 온라인에서, 그리고 숭고한 것(보다 더 윤리적인 결정)에서부터 우스운 것(내가 오늘밤 대접하고 있는 소시지 및 지티[2])와 궁합이 맞는 와인)까지의 다양한 주제들에 대해 사람들이 의사결정을 할 수 있도록 도와주는 모바일장치들을 통해 이용 가능한 것과 같은 생생한 경험들을 만들어 내기 때문에 보다 더 많은 비형식 학습을 가능하게 해준다.
5. 비형식 학습은 실제로 모든 것이 비형식적이지는 않다. 법적으로 인증을 받고, 관리되며, 갱신될 때, 그리고 조직들이 그것의 영향력을 확보하기 위해 변화관리를 전개해야 할 때에는 그렇지 않다.

응용 문제

1. 여러분이 대규모 자동차제조업체의 훈련부서에서 일하고 있다고 가정하라. 여러분이 속한 훈련부서는 회사 내 영업사원들의 제품에 대한 지식과 영업기술을 증진시키는 것을 주된 목표로 하여 매년 새로운 강좌들을 개발하고 있다. 여러분은 수년째 회사에 근무해 왔으며, 영업사원들의 학습내용의 대부분은 자동차 판매대리점의 다른 영업직원들과의 대화나 영업사원을 위한 연례회의 참석과 같은 비공식적인 방법을 통해 이루어진다는 사실을 알게 되었다. 이러한 점에 착안하여 여러분은 이와 유사한 비형식적인 학습경험을 증진시키기 위한 프로젝트를 시작하고자 하지만, 상사는 그러한 일에 시간을 쏟는 것을 별로 내켜하지 않는다. 여러분이 제안하는 프로젝트가 회사에 어떤 이익을 가져다줄 수 있는지 설명하는, 상사에게 보내는 한 페이지 분량의 글을 작성하라.
2. 여러분이 솔리드주립대학교(Solid State University)의 교수설계공학과의 교수이며 학과장으로부터 학과 내 대학원생들 간의 비형식 학습을 증진시킬 수 있는 일련의 전략들을 제안해 달라는 부탁을 받았다고 가정해 보자. 다음에 대해 기술하라.

---

2) [역주] 굵기가 중간 정도인 속이 빈 파스타(pasta)

a. 중점을 두어야 할 비형식 학습활동을 어떻게 선정할 것인가?
b. 여러분이 선정할 것이라 생각되는 구체적인 학습활동은 무엇인가?
c. 어떻게 각각의 활동을 지원하고 증진시킬 것인가? 기대되는 점을 자신의 말로 간략히 요약하라.

저자 정보

Allison Rossett은 샌디에고주립대학교의 교육공학과(Educational Technology) 명예교수이며, 학습, 수행, 테크놀로지 솔루션 컨설턴트다.

Bob Hoffman은 샌디에고주립대학교의 교육공학과 부교수다.

참고 문헌

Brown, J. S., & Duguid, P.(2000, May/June). Balancing act: How to capture knowledge without killing it. *Harvard Business Review, 75*(3), 73-80.

Evans, E. M., Mull, M. S., & Poling, D. A.(2002). The authentic object? A child' s-eye view. In S. Paris(Ed.), *Perspectives on object-centered learning in museums.* Mahwah, NJ: Lawrence Erlbaum.

Jarche, H.(2008, April). Skills 2.0. *Learning Circuits.* Retrieved August 22, 2010, from: http://www.astd.org/LC/2008/0408_jarche.htm

Jarche, H., & Cross, J.(2009). *The future of the training department.* Retrieved August 22, 2010, from: http://www.jarche.com/2009/10/the-future-of-the-trainingdepartment-2

Marquardt, M. J.(1999). *Action learning in action.* Palo Alto, CA: Davies Black.

Mosher, B.(2004). The power of informal learning. *Chief Learning Officer, 3*(7), 20.

Paris, S.(Ed.).(2002). *Perspectives on object-centered learning in museums.* Mahwah, NJ: Lawrence Erlbaum.

Rossett, A., & Schafer, L.(2007). *Job aids and performance support in the workplace: Moving from knowledge in the classroom to knowledge everywhere.* New York: Pfeiffer/Wiley.

Rossett, A., & Sheldon K.(2001). *Beyond the podium: Delivering training and performance to a digital World.* Alexandria, VA: American Society for Training and Development.

Surowiecki, J.(2004). *The wisdom of crowds.* New York: Random House.

제18장

비즈니스와 산업체에서의 교수설계

Monica W. Tracey (Wayne State University, Detroit)
Gary R. Morrison (Old Dominion University, Norfolk)

ID의 실천을 위한 주요한 영역들 중 하나가 사적인 영역, 즉 대부분의 기관에서 통합적인 부분인 고용인의 훈련[1]이 점진적으로 성장한 결과일 가능성이 높은 주로 비즈니스와 기업, 군대 환경 내에서 일어나고 있다. 미국에서만, 훈련 산업은 1999년에 625억 달러로 추정되던 것이 2007년에는 1,323.9억 달러의 실적이 있었다(Paradise, 2008). 특히 이러한 데이터는 직원이 100명 이상인 조직에서 공식적인 훈련에 사용된 직접비용만을 반영하고, 미국 전역에서의 비형식적, 현직훈련과 소규모회사들에서의 훈련은 무시하고 있기 때문에 단지 부분적인 수치에 불과하다. 1,343.9억 달러의 훈련비용 중 대략 40%만이 외부 교수설계자들(다시 말해서, 컨설턴트들)에게 지출되었는데, 이는 고객조직들에 의해 직접 고용되는 교수설계자 수의 감소를 초래했다(Sugrue, 2003). 더불어 이러한 성장은 미국에만 한정된 것이 아니라 전 세계적으로 나타나고 있다. 비즈니스와 기업이 전 세계적으로 지속적으로 확장되면서, 고용인의 훈련에 대한 요구도 증가하고 있다.

이러한 성장은 좀 더 지식을 갖춘 인력을 산출하는 것뿐만 아니라 점차 직원의 현장수행과 조직의 문제해결에 초점을 두고 있다. 오늘날 ID는 단순히 교수를 생산하는 것보다 훨씬 더 많은 것을 포함하고 있다. 그것은 이제 인간수행 문제를 분석하고, 그러한 문제들의 근본원인들을 확인하며, 그러한 근본원인들을 해결하기 위한 다양한 해결책들을 고려하고, 적절

1) 우리는 여기에서 '교육'과 '훈련'의 개념을 구별하지 않는다. 결과적으로, 우리는 '훈련'이라는 용어에 기술적인 훈련에서부터 임원 개발에 이르기까지 모든 유형의 전문성 개발 활동들을 포함한다.

한 해결책들을 결정하고 실행하는 것과 연계되어 있다(Rothwell & Kazanas, 2008).

놀랄 것 없이, 지난 30년간 기업 부문에서의 ID 실제가 확장되면서 ID에 대한 새로운 접근방법이 증가하고 관련된 설계자들의 역량이 증진되어 왔다. 그럼에도 불구하고, ID 실제의 대부분은 아직도 교수체제설계(Instructional Systems Designs: ISD) 모형들(예: Dick, Carey, & Carey, 2001; Morrison, Ross, & Kemp, 2011; Seels & Glasgrow, 1998; Smith & Ragan, 1999)이나 비즈니스 환경에 적합하게 특별히 수정된 비슷한 모형들(예: Rothwell & Kazanas, 2008)이 지배적이다. 대부분의 경우, 수행증진 방향은 또한 전체 작업장의 수행을 증진시키기 위한 수단으로서 새로운 역량 모델링을 사용하는 ISD에 기초하고 있다(Dubois & Rothwell, 2004).

이 장에서, 우리는 오늘날의 비즈니스 환경에서의 ID 실제의 본질을 다룰 것이다. 우리는 다음의 사항을 논의하고자 한다.

- 설계과정에서 설계팀에 있는 교수설계자들과 다른 사람들의 역할
- 비즈니스와 기업에서 ID가 지니고 있는 현행 제한점
- 이문화 간 설계(cross-cultural design), 설계 사이클 시간의 단축과 효과성 및 효율성의 증대에 대한 요구를 포함한, 기업 교수설계 · 개발의 최신 경향

기업환경에서 교수설계의 본질

기업분야에서 ID의 성장으로 ID를 행하는 것에 대한 상이한 접근방법들이 도출되어 왔다. 이 절에서, 우리는 이러한 접근방법들과 설계과정을 제한하거나 촉진할 수 있는 요인들을 살펴볼 것이다.

교수설계자의 역할

기업환경에서 교수설계자가 가지는 세 가지의 광범위한 역할이 있다. 특정 접근방법은 조직이나 프로젝트에 따라 달라질 수 있다. 각 접근방법에 관하여 검토해 보면 다음과 같다.

단독 교수설계자. 과거에, 교수설계자가 유일하게 '정규(permanent)' 팀 구성원으로 일할 수 있었던 것은 중소기업이나 소규모 프로젝트에서였다. 그러나 최근의 경제적인 상황의 변화로 인하여 훈련부서의 물리적인 규모와 예산이 줄어듦에 따라, 오늘날의 교수설계자들은 대기업 프로젝트에서 단독설계자로서뿐만 아니라 프로젝트 관리자와 매체제작자로 종사할 수도 있다. 이러한 경우에, 교과전문가(SME)는 일반적으로 교수설계자에게 교수자료를 개발하기 위해 필요한 콘텐츠를 제공하고 필요한 때에만 참여한다. 설계, 개발, 측정, 형성평

가, 수정, 실행은 일반적으로 설계자가 책임을 진다. 제작단계 동안, 설계자는 제작과정의 기술적인 측면들을 도와줄 사진사, 비디오 촬영기사, 또는 그래픽 아티스트를 고용할 수도 있지만, 전체적인 통제와 책임은 설계자 자신이 맡아야 한다. SME는 또한 교수자일 수 있는데, 그 경우 그는 해결책의 설계와 실행에 더 큰 관심과 책임을 맡을 수 있다. 몇몇 경우, 교수(instruction)의 실행은 역으로 훈련 예산의 감축으로 인해 교수설계자가 책임져야 할 수도 있다. 교수자(instructor)이기도 한 교과전문가는 해결책의 설계 및 실행에 많은 관심과 책임을 가질 수도 있다.

팀 구성원/리더. 대규모 그리고 이문화 간 프로젝트는 일반적으로 팀 접근방법을 필요로 한다. 교수설계자의 수는 한 명에서 여러 명으로 다양할 수 있고, 책임 수준도 수석 설계자에서부터 교수설계자나 공학자에 이르기까지 다양할 수 있다. 다른 팀 구성원은 교수전달에 사용되는 테크놀로지의 형태와 프로젝트의 규모에 따라 다를 수 있다. 〈표 18.1〉은 가능한 팀 구성원들의 리스트를 제공한다. 팀원들 자체는 조직의 형태와 프로젝트의 복잡성에 따라 다양하다. 일반적인 세 가지 유형의 업무팀은 가상팀(virtual teams), 협업팀(cross-functional teams), 계약자주도팀(contractor-led teams)이다.

조직의 세계화와 분산화의 증가와 함께, 대 · 중규모 조직의 프로젝트팀에 참여하거나 팀을 이끄는 교수설계자들은 동일한 물리적인 장소에 위치해 있는 팀원이라기보다는 가상팀의 일원임을 발견할 것이다. 전통적인 팀은 동일한 건물에서 일하고 물리적으로 서로 만날 수 있지만, 가상팀 구성원들은 다른 장소에 위치해 있다. 몇몇의 경우, 가상팀 구성원들

〈표 18.1〉 교수설계팀 구성원

팀 구성원	배정
교수설계자(들)	프로젝트 또는 설계 단계 동안
교과전문가	분석 단계에서 시작하여 제작까지 지속
평가자	형성평가 실시 기간 동안이나 그 이전
프로젝트 관리자	대부분 설계 준비 과정 전에 합류
텍스트 편집자	제작 기간 동안 합류
멀티미디어/컴퓨터 프로그래머	전략 설계 후나 제작 단계에서 합류
비디오/오디오 제작자	제작 단계에서 합류
각본가	전략 설계 후나 제작 단계에서 합류
그래픽 아티스트	제작 단계에서 합류
학습자들	학습자 분석에서 시작하여 형성평가까지 지속

은 동일한 일반적인 지리적 영역에 있을 수 있지만, 물리적으로 만날 수는 없다. 그러나 가상팀은 동일 국가의 다른 시간대나 전 세계의 다른 국가들의 구성원을 포함하는 것이 더 일반적이다. 가상설계팀은 요구사정, 설계 검토, 회의를 위해 전자적인 의사소통 형태를 사용해야 한다. Skype, 1-Chat, Google Docs, Microsoft의 Net Meeting, 그리고 Adobe Connect를 포함한 의사소통 도구들이 개발된 덕분에, 한때 값이 비싸다고 생각했던 가상팀의 의사소통은 이제 전화회의(conference calling)와 비디오 화상회의(video conferencing)를 통해 저렴하고 효과적으로 행할 수 있다. 오늘날의 가상팀이 가지고 있는 도전과제는 교수설계자들이 이제 전 세계의 매우 다양한 문화들에서 일하게 됨에 따라 다양한 시간대에서 비슷한 근무일에 함께 일하는 것이다.

오늘날 주요한 회사들에서의 ID 업무는 ID에 전문적인 지식을 가진 조직이나 개인에 의해 외주 제작되고 있다. 그 결과, 주요한 회사들에서 일하고 있는 많은 교수설계자들은 역할의 변화를 경험하고 있다. 그들은 이제 시간의 상당부분을 프로젝트 관리자들로서 그리고 다양한 정도의 ID에 관한 전문지식을 갖춘 계약자들을 지도하면서 소비한다. 외부설계팀에게 조직의 문화에 관해 코칭하는 것이 이러한 상황에 있는 교수설계자의 중요한 역할이다.

외부 설계자/컨설턴트. 외부 교수설계자/컨설턴트는 제품을 생산하거나 프로젝트를 이끌도록 고객 회사들에 의해 고용된다. 비록 종종 SME도 또한 외부 컨설턴트일 수 있지만, 일반적으로 교수설계팀은 SME와 종종 고객 회사에 의해 제공되는 프로젝트 관리자를 제외하고 모두 외부 구성원들로 구성된다. 현재의 경제적인 상황에 따른 결정으로 인해 회사들은 수행증진 지원을 위해 사내훈련부서를 축소하고 외부 컨설턴트를 사용하는 것을 늘리고 있다. 종종 외부 컨설턴트는 고객이 "훈련" 문제라고 볼 수 있는 것을 해결하기 위해 고용된다. 따라서 전문설계자들은 문제들과 원인들을 밝혀내기 위한 노력의 일환으로 완벽한 요구분석을 수행하기 위해 자신의 기술을 사용해야 한다. 교수설계자는 초기의 요구와 맞지 않을 수도 있는 최상의 해결책을 권고함으로써 고객과 의사소통하고 교육해야 한다. 외부 설계자/컨설턴트의 기술에는 ID 과정에서 접하게 되는 다른 사람들과의 관계를 형성할 뿐만 아니라 문제에 대한 최상의 해결책을 팔 수 있는 능력이 포함되어야 한다.

다른 사람들의 역할

고객. 새로운 프로젝트를 시작할 때 설계자들이 겪는 한 가지 문제는 주요한 의사결정 책임을 지고 있는 고객을 밝혀내는 것이다(Foshay, 1988; Morrison, 1988; Tessmer, 1988). 흔히, 하나의 ID 프로젝트에 한 명 이상의 고객이 있다. 가장 간단한 환경에서는 고객이 수행

문제를 가지고 있는 대상자의 감독자 또는 관리자이기 때문에 통상적으로 그가 문제를 "가지고" 있다. 설계자가 컨설턴트일 때, 또는 프로젝트의 자금이 문제가 될 때, 종종 고객을 밝혀내기가 더 어렵다. 예를 들어, 만약 설계자가 외부 컨설턴트로서 일하고 있다면, 두 명 이상의 고객들이 있을 수 있다. 첫 번째는 계약서에 사인할 때 **의사결정자**(decision maker)라고 부를 수도 있는, 프로젝트의 자금을 지원하는 사람이며, 두 번째는 그 문제의 소유자(owner)(예: 대상자의 관리자)다(Foshay, 1988). 한 관리자가 프로젝트의 자금을 지원하고 다른 사람이 프로젝트의 관리자로서 또는 프로젝트 전 과정에서 주요한 계약자이며 설계팀과 **의사결정자** 간에 교량자(conduit) 역할을 할 수도 있는 **의사결정에 영향을 미치는 사람**(decision influencer)일 때 훨씬 더 복잡해진다. 우리가 수행이 증진되기를 기대하는 사람 또는 **훈련생**(trainee)을 추가할 때, 고객 리스트는 넷으로 증가한다! 몇몇 프로젝트들은 어떤 사람이 외부 SME들 또는 설계검토나 결정에 영향을 미칠 수 있는 다른 사람들을 고려할 때 훨씬 더 복잡하다. 각각의 ID 프로젝트는 최소한 한 명 이상의 고객을 가지고 있을 수 있지만, 교수설계자는 설계과정과 최종산출물에 영향을 미칠 수 있는 모든 고객들을 밝혀내고 서로 간에 어떻게 그리고 언제 의사소통할 것인지를 결정해야 한다. 다양한 고객들과 그들의 책임과 기대를 밝혀내면, 교수설계자가 문제를 해결하고 예방하는 데 도움이 될 것이다.

종종 고객과 교수설계자 간에 ID 과정에 관한 인식에 있어서 차이들이 있다(Loughner & Moller, 1998). 예산범위 내에서 프로젝트를 유지하고 시간제한범위 내에서 일을 달성하고자 노력하는 과정에서, 고객들은 요구분석이나 형성평가와 같은 어떤 ID 과제들을 수행하는 것을 중요하게 생각하지 않을 수도 있다. 더 나아가, 교수설계자들은 교수설계 시 ID 과정에 관한 고객의 이해 부족으로 인해 좌절감을 경험할 수도 있다. 전체 과정과 설계 과정의 일환으로써 설계팀들이 완수해야 할 필요가 있는 각 단계의 목적과 가치에 관하여 고객을 교육시키는 것도 교수설계자와 설계팀의 역할이다.

교과내용 전문가. 고객의 책임들 중 하나는 교수자료들을 개발하기 위해 필요한 콘텐츠를 교수설계자에게 제공하는 SME를 밝혀내는 것이다(Morrison, 1988). SME가 업무를 수행하는 데 할당된 시간은 전단분석 동안의 며칠에서부터 프로젝트의 전 과정에 이르기까지 다양할 수 있다. SME가 과제분석 동안 콘텐츠를 제공하고 교수자료의 초안을 검토할 수도 있기 때문에, 적절한 SME에게 적절하게 접근할 수 있는지의 여부는 프로젝트에 매우 중요한 영향을 미친다(Foshay, 1988).

비즈니스와 기업에서의 교수설계의 제한점

종종 ID에서 실제와 이상적인 실제 간에 여러 가지 제한점들로 인해 기인되는 수행차이가 있다. 설계 과정에 영향을 미치는 다음과 같은 세 가지 유형의 제한점들이 있다. 즉, 맥락적인 제한점, 설계자 관련 문제, 그리고 프로젝트 관리 대 ID가 그것이다.

맥락적인 제한점

맥락적인 제한점들(contextual constraints)은 어떤 것이 존재하거나 발생하는 서로 관련된 조건들이며, ID에서 중요한 요인들이다(Tessmer, 1991; Tessmer & Richey, 1997). 여기에서 맥락은, 설계 프로젝트를 위한 시간과 자원들, 의사결정을 위한 통제권, 교수설계자들이 이용 가능한 도구들과 기법들을 포함하는 조직적인 환경을 포함할 수 있다. 다음에서는 설계 과정에 영향을 미칠 수 있는 세 가지 유형의 맥락적인 제한점들을 기술한다.

시간과 자원들. 시간과 자원들의 제한점에는 ID 활동을 수행하기 위한 충분한 시간부족, 고객의 지원부족, 자금부족이 포함된다. 이러한 제한점들은 ID 기능들을 수행하는 것을 어렵게 하는 환경을 초래할 수 있다. SME와 대상자들에 대한 접근을 협상하는 것, 작업환경, 콘텐츠는 시간과 자원의 제한점들을 줄이는 데 매우 결정적이다. 설계 프로젝트들은 흔히 제안요청서(request for proposals: RFP)에 응하여 작성된 제안서를 수락함으로써 시작된다. RFP에 응하여 작성된 제안서는 생산물과 비용을 구체적으로 기술함으로써 프로젝트에 대한 위험을 제한하기 위해 고객이 우선시하는 요구를 해결해야 한다(Foshay, 1988). 비록 고객은 모든 설계활동을 가치 있다고 보지 않을 수도 있지만, 제안서는 외부 설계자/컨설턴트가 최적의 ID 제품을 생산하기 위해 필요하다고 믿는 모든 활동들을 포함해야 한다. 잘 작성된 제안서는 시간과 자원의 제한점들을 줄이면서 고객과 설계자의 관계를 형성하는 데 있어 초창기의 중요한 단계다.

의사결정을 위한 통제권. 두 번째의 맥락적 요인은 ID에 관한 의사결정을 하는 동안 설계자의 통제권과 관련이 있다. 선행연구들(Tessmer & Wedman, 1992; Winer, Vasquez-Abad, & Tessmer, 1994)에 따르면, 설계에 관한 의사결정을 하는 동안 설계자들의 통제권은 무수한 설계활동에 관한 의사결정이 그들이 설계 프로젝트에 참여하기 전에 행해질 수도 있어 그렇게 좋지는 않은 것으로 나타났다.

도구들과 기법들. 마지막 맥락적인 요인은 ID모형과 같이 설계자들이 과제들을 수행하기 위해 가지고 있는 도구들과 기법들을 사용하는 것이다. 교수설계자들은 ID 활동들을 수행하는 동안 길잡이로서 ID모형을 사용하도록 훈련받았다. 그러나 이러한 도구들 대부분은 흔히 정확성과 효과성이 검증되지 않아 설계자들을 도와주기보다는 오히려 그들이 과제들을 수행하는 것을 방해할 수도 있다. 비즈니스와 기업환경에서, 교수설계자들은 설계활동을 하는 동안 일반적이고 기업에 적합한 ID모형들을 사용하지만, 그들은 내·외적인 모형타당화연구를 수행할 수 있다(Tracey, 2007; Tracey & Richey, 2007). 이러한 자료의 결과들은 궁극적으로 교수설계자가 어느 모형들이 다양한 ID 프로젝트들에 가장 잘 작동하는지를 결정하는 데 도움을 준다. 이러한 실천적인 연구기법은 궁극적으로 설계과정에서 사용된 도구들을 증진시킬 것이며, 해당 설계팀과 고객들을 위한 우수사례들로 문서화될 것이다.

설계자 관련 제한점

설계자 관련 제한점들(designer-related constraints)은 설계자들이 설계 프로젝트에 가지고 올 수 있는 제한점들이다. 이러한 제한점들에는 특정 활동의 필요성에 대한 인식, 철학적인 신념과 이론적인 관점, 설계자의 전문지식이 포함된다.

필요성에 대한 인식. 교수설계자들은 비즈니스와 기업의 고객들이 종종 학습자 특성평가, 과제분석, 추수평가를 포함한 어떤 설계활동들을 이해하지 못하고 승인하지도 않는 것을 애석해한다. 그러나 선행연구들(예: Loughner & Moller, 1998)은 교수설계자들이 필요한 때에 어떤 설계활동을 인식하지 못한 경우, 그들은 그 설계활동을 덜 수행하는 경향이 있음을 보여주었다. 그래서 우리는 고객들이 필요한 설계활동들을 수행하는 목적과 가치를 이해할 필요가 있다는 데 동의하지만, 교수설계자들 또한 고객에 의해서 부과된 제한점들을 이해하고 알아차릴 필요가 있다.

철학적인 신념/이론적인 관점. 선행연구들은 교수설계자들의 철학적인 지향(예: 모더니즘, 비판이론, 진보주의, 객관주의, 포스트모더니즘)이 교수자들이 활동을 어떤 순서로 수행하거나 또는 활동들을 모두 없애버리는 것을 안내(guide)함을 시사해 준다(Visscher-Voerman & Gustafson, 2004). 교수설계자들과 그들이 일하는 기관들은 이러한 신념들이 궁극적으로 그들을 안내할 것이기 때문에 자신들의 철학적·이론적인 신념을 확인하는 것이 중요하다. 인간이 학습하는 방법과 교수가 어떻게 생성되어야 하는지에 대한 교수설계자의 철학적 지향은 그들의 설계에 관한 의사결정을 안내할 것이다.

전문지식. 교수설계자의 전문지식(expertise)의 영향과 그것들이 설계활동들에 어떠한 영향을 미치는지에 관하여 상반된 연구들이 있지만, 전문지식은 설계활동들이 행해지는 방법에 영향을 미친다는 데에는 일반적으로 동의한다. 어떤 직업에서 정통한 수준들을 달성하는 것에 관한 최근 연구들에 따르면, 세계적인 전문가가 되기 위해서는 약 10년 동안 연습이 필요한 것으로 나타났다. 뇌가 진정한 전문가가 되기 위해서 필요한 모든 것을 받아들이기 위해서는 이 정도의 시간이 걸리는 것 같다(Gladwell, 2008). 이 시나리오에서, 오랜 시간 동안 설계를 연습해 왔던 교수설계자들은 초보자보다 강점을 지니고 있는 것 같다. 선행연구들은 초보 ID 실천가들과 전문 ID 실천가들은 교수전략에 관한 의사결정을 하며, 다른 사람들과의 상호작용과 브레인스토밍을 통해 이론들과 최신 경향들에 대해 학습한다는 것을 보여주었다(Christensen & Osguthorpe, 2004). 이러한 연구결과는 집단 상호작용이 ID 실제에서 중요한 역할을 수행하며(Tracey, Chatervert, Lake, & Wilson, 2008) 교수설계자는 어떤 프로젝트에서 혼자서도 일할 수 있지만, 그들은 다른 교수설계자들과 공식적, 비공식적인 상호작용을 통해 혜택을 얻을 수 있을 것이라는 것을 시사한다.

프로젝트 관리 대 교수설계

상당한 재정과 이정표(milestone) 및 개인을 동반한 프로젝트는 일반적으로 프로젝트 관리자로 일할 사람을 필요로 한다. 흔히 이러한 책임은 교수설계자가 사실상 프로젝트의 리더/관리자이기 때문에 교수설계자에게 넘겨지거나 그의 일로 간주된다. 예산, 스케줄, 또는 생산물들의 측면에서 프로젝트가 크면 클수록, 프로젝트를 관리하는 책임도 더 커진다. 이러한 책임이 증가함에 따라 교수설계자는 종종 ID 과제 또는 프로젝트 관리과제 완성 사이에서 선택을 해야 하는 딜레마에 직면하게 된다. ID 과정을 경시하는 것은 산출물의 질에 영향을 줄 것이며, 프로젝트 관리과정을 소홀히 하면 일정, 인원, 제작, 재정에 영향을 받을 것이다. 이러한 딜레마를 피하기 위해서 대규모 프로젝트는 일반적으로 프로젝트 관리전문가를 고용하거나 관리과제에 전념할 수 있는 선임 교수설계자에게 모든 책임을 맡긴다. 조직들이 규모를 축소함에 따라, 프로젝트 관리를 위한 책임은 흔히 교수설계자에게 주어진다.

기업 설계 · 개발에서의 경향과 쟁점

오늘날, 훈련산업에 많은 변화들이 있다. 매우 확실한 최근 경향들에는 개별 국가의 경계선을 넘어가는 기업들의 성장과 확장, 설계 사이클 시간단축에 대한 요구, 동시에 훈련 자체의 효과성 및 효율성 증가에 대한 요구가 포함된다. 그 결과, 교수설계자들은 이문화적으로(cross-culturally), 완벽한 훈련설계와 개발을 더 적은 시간 내에 수행하는 방법에 관한 문제를 해결해야 하며, 훈련이 신속하게 전달되면서 동시에 기업의 이익에 긍정적인 영향을 초래할 수 있도록 해야 한다.

이문화 간 훈련

다른 문화들을 위해 교수를 설계하는 것은 교수공학 분야에서는 새로운 이슈가 아니다(Stevens, 1969, 1970a, 1970b). 문화, 즉 모든 사람들 속에 있는 어떤 것은 사고, 감정, 잠정적인 행위(acting)의 패턴이라 정의할 수 있다(Hofstede, 1980). 문화는 모든 인간의 표현 속에 내재되어 있는 결정요인이다(Barter, Jette, & Wiseman, 2003). 이문화 간(cross-cultural) 청중을 위해 교수를 설계할 때, 교수설계자는 사회·문화적, 그리고 학습자의 문화적 요인들을 확인해야 한다.

사회·문화적 요인들. 과거에 비즈니스와 기업에서 문화적인 차이들을 살펴볼 때, 우리는 다른 나라들에 초점을 두었다. 그러나 오늘날 인구학적인 변화와 경향들은 미국과 해외에서 인구가 점점 더 인종적으로, 문화적으로 다양해지고 있음을 보여준다. 다양한 문화들을 위해 교수를 설계할 때, 기본적인 사회적 차이점들을 이해하는 것이 중요한 준거점이다. 교수설계자들은 ID 과정과 최종 ID 생산물의 성공에 영향을 미칠 수도 있는 정보를 수집하기 위해 SME들, 학습자들, 번역가들, 문화전문가들을 활용해야 한다. 기업훈련에 영향을 줄 수도 있는 사회·문화적 요인들에는 세대적이고 사회적인 유산 또는 전통; 학습을 위한 생각·가치·규칙, 문제를 해결하는 방식, 패턴·색깔·상징의 해석, 생각과 행동의 이해가 포함된다. 더 나아가, 한 교수사태 내에 무수한 사회적, 문화적 요소들이 이문화 간 노동력의 표현 속에 나타날 수도 있다. 이러한 위치에 있는 교수설계자는 문화적인 유사점들을 이용해야 하며, 동시에 문화적으로 민감한 콘텐츠와 전달을 피하기 위해 대표적인 SME들과 밀접하게 일해야 한다.

학습자의 문화적 요인들. 효과적인 ID는 자신들의 경험들을 교수사태에 가지고 오는 학습자들을 분석하고 이해하는 것을 포함한다. 이문화 간 훈련에서, 교수설계자는 초기에 학습자들에게 익숙해져야 하며, 전체 설계과정 동안 지속적으로 영향을 미치는 업무관계를 개발해야 한다. 비록 SME는 콘텐츠의 정확성을 제공하지만, 대표적인 학습자들은 교수설계자에게 대상 청중의 문화를 좀 더 근접하게 가져온다. 훈련에서 학습자의 문화적 요인들은 교수자가 학습자/교수자 역할기대, 시간과 실재적인 활동의 사용에 관한 개념, 학습자의 의사소통 스타일에 어떻게 접근하는가와 학습자들이 대인관계에 어떻게 접근하는가에 영향을 미칠 수 있다. 학습자들이 교수를 활용하는 전이환경 또한 학습자의 문화적 요인들에 의해 영향을 받는다.

이문화 간 노동자를 위한 교수설계. 이문화 간 노동자를 위한 교수를 설계할 때, 교수설계자들은 자기 자신의 문화와는 다른 또 하나의 문화적인 시각을 통해 세계를 관찰해야 하며, 동시에 자기 자신의 문화가 자신들이 ID를 실행하는 방식을 결정하는 정도를 깨달아야 한다. 교수설계자의 가치와 세계관은 교수자가 만드는 교수자료들과 맥락의 구조를 결정한다(Zhang, 2001). 전 세계 시장을 위한 효과적인 교수자료들을 개발하기 위해서, 교수설계자들이 활용할 수 있는 한 가지 접근방법은 문화적인 요소들을 제거함으로써 교수를 국제화하고(internationalize), 교수를 각각의 문화에 맞게 변형함으로써 교수를 지역화하는(localize) 것이다. 환경 분석을 시작할 때, 우리는 교수설계자들이 환경 분석의 문화적인 측면들이 교수해결책, 수행, 그리고 심지어 학습 자체에 대한 학습자의 태도에 어떻게 영향을 미칠 수 있는지를 고려해 보기를 권한다. 교수자료들이 지니고 있을 수도 있는 문화적인 영향력에 대한 민감성과 학습에 영향을 미칠 수도 있는 다양한 문화적인 요인들을 설계 내에 수용할 수 있는 능력은 제스처, 성 수용(gender acceptance), 텍스트 관례(text conventions)에서 문화적 집단의 신념을 고수하는 교수 생산물을 설계하는 것을 포함한다. 교수설계자들은 단어 선택뿐만 아니라 다른 문화들에서 다른 의미를 전달하는 삽화에 있어서의 미세한 신호들과 단서들에도 인식력이 있어야 한다.

더 좋고, 더 빠르고, 더 싸게

"더 좋고, 더 빠르고, 더 싸게"라는 표현은 비즈니스와 기업에서 일하고 있는 교수설계자에게는 새로운 것이 아니다. 이 표현은 많은 조직들이 계속적으로 변화하고 있는 사회 및 그에 대응하여 업무를 수행해야 하는 노동자와 연관된 문제들을 해결하고자 할 때 그들에게 진언(mantra)이 되어 왔다. 오늘날 교수설계자들은 입증된 ID 접근방법들의 기초를 고수하면서 교수를 "더 좋게, 더 빨리, 더 싸게" 생산하는 것과 연관된 문제들과 씨름을 하고 있다. 우리는 이제 교수설계자가 이러한 목적을 달성하는 것을 도와줄 수 있는 네 가지의 방법들을 중점적으로 다루고자 한다.

속성원형(rapid prototyping). 속성원형은 교수혁신의 분석, 설계, 개발, 평가를 돕기 위해 프로젝트 초기에 사용되는 교수산출물의 작동모형(working model)을 개발하는 것을 말한다. 기본적으로, 원형(prototypes)이란 최종산출물의 실행 가능모형이거나 단순히 산출물의 외형만을 보여주는 뼈대다. 속성원형은 두 가지 이유에서 설계 사이클 시간을 단축시킨다. 첫째로, 이 방법론들은 (a) 프로젝트 초기에 최종산출물의 작동모형을 사용하여 차후 수정에 소요되는 시간을 감소시키는 경향이 있으며, (b) 설계과제들은 프로젝트 전체를 통해 순차적이 아닌 동시적으로 완성되기 때문에 제작시간을 감소시킨다. 속성원형 ID는 프로젝트의 대부분을 차지하는 상당 정도의 공시적인(concurrent) 분석단계 때문에, 순환적인 과정이다. 결과적으로, 심지어 분석시간이 늘었지만, 전반적인 사이클 시간(그리고 특히 개발시간)은 짧아졌다. 그러한 노력은 전적으로 협력적이고 테크놀로지의 지원과 높은 수준의 교수설계자의 전문지식에 크게 의존한다.

테크놀로지기반 훈련전달. 테크놀로지는 사이클 시간문제에 대한 해결책을 제공할 뿐만 아니나, 대부분의 교수설계자들은 테크놀로지가 보다 더 효율적인 훈련전달을 촉진할 것으로 기대한다. 웹기반 훈련은 동시적(양방향 실시간 의사소통)이거나 비동시적(양방향 지연된 의사소통)일 수 있다. 웹기반 훈련은 수동적인 "페이지를 넘기는(page-turning) 접근법"과 대비해 볼 때, 연습, 피드백, 토론, 평가의 측면에서 온라인 상호작용을 필요로 할 수 있다. 웹기반 훈련은 또한 협력적인 활동들이나 자습을 필요로 할 수 있다. 기업훈련은 교수설계자들이 이러한 새로운 기법들을 마스터하기를 강요하는 웹기반 교수의 혜택을 전적으로 받아들이고 있다.

고급 평가기법. 효과적인 훈련은 흔히 작업장에서의 수행증진뿐만 아니라 조직의 산출물에서의 증진도 초래하는 과정으로 간주된다. 결과적으로, 평가는 단순히 학습이 아닌 획득된 지식의 작업장으로의 전이와 조직에의 영향력을 측정해야 한다. 조직에의 영향력평가는 복잡한 평가과정이다. 그것은 조직적인 변화(McArdle, 1990), 그리고 근본적으로는 조직이 가치 있다고 보는 것(Kaufman, Keller, & Watkins, 1996)과 관련이 있다. 대부분의 환경에서, 이러한 가치는 궁극적으로 "변화된 수행 효과의 금전적인 가치"(Fitz-enz, 1994, p.58)와 연결된다.

많은 교수설계자들은 영향력평가를 매우 어려운 과제라고 느끼지만, Brinkerhoff(2003)의 성공사례방법(Success Case Method)은 조직에 대한 훈련의 양적 · 질적인 영향력을 평가하기 위한 엄격하지만 상대적으로 간단한 접근방법을 제공한다. 이 방법은 새로운 조직의 계획이 얼마나 잘 작동하고 있는지를 평가하기 위한 신속한 접근방법으로 간주된다(Brinkeroff, 2003). 스토리텔링을 엄격하고 실제적인 평가방법과 원리들과 통합하는 것에 기초를 두고 있는 성공사례방법의 목적은 과학적인 연구결과의 신뢰도를 스토리의 정서적인 영향력과 통합하는 것이다. 이 방법은 교수설계자들이 훈련해결책들을 고차적인 수준에서 평가하는 것을 도와주며, 조직들에게 훈련이 측정 가능한 차이를 가져왔다는 유의미하고 분명한 증거를 제공해 줄 수 있다.

연구자로서의 교수설계자. 비록 교수설계자가 비즈니스와 기업에서 수많은 역할들과 책임들을 지고 있지만, 이러한 환경들에 있는 교수설계자들은 ID에 관한 성장하고 있는 지식기반에 상당한 공헌을 할 수 있다. 한때 순수한 학구적인 노력으로 생각되었던 연구는 이제 발견, 통합, 적용, 수업을 포함한 다양한 형태를 취할 수도 있다(Boyer, 1997). 교수설계자는 문제해결자이며, 그래서 성찰(reflection)은 문제해결과정에서 핵심적인 구성요소다(Schön, 1983, 1987). 성찰은 실제에 의미를 부여하고 학습에 대한 심층적인 접근을 할 수 있도록 독려한다. 교수설계자들이 자신들의 의사결정에 관해 성찰할 때, 그들은 문제를 재구성하고, 자신들의 가정들에 대해 문제를 제기하며, 상황을 다른 관점들에서 볼 수 있다. ID를 포함한 응용과학 분야들에서의 성찰은 자신과 전문성개발을 증진할 수 있을 뿐만 아니라 동시에 해당 분야의 연구기반에 공헌할 수도 있다. 교수설계자의 연구는 궁극적으로 노동자, 설계자, 그리고 조직의 수행을 증진시킬 수 있는 실제(practice)와 학문(scholarship)을 통합하는 한 예다.

결론

오늘날 ID가 가장 널리 활용되고 있는 분야는 기업환경이다. 이러한 작업환경의 복잡성과 압력은 교수설계자의 역할뿐만 아니라 많은 경우 설계과정들 자체를 결정짓는다. 효율성 증진, 훈련비용 감소, 세계화한 교수에 대한 요구는 ID의 발전을 자극하고 있다. 따라서 현재의 ID는 테크놀로지에 더 의존하고, 보다 간학문적(interdisciplinary)이며, 수행 및 조직의 증진에 대한 영향력을 지원하기 위해 더 많은 자료들을 산출한다.

핵심 원리 요약

1. **교수설계의 실천을 위한 주요 영역들 중 하나가 사적인 영역이다.** 1980년대 이후, 비즈니스, 산업체, 군대환경에서 고용인들의 훈련이 점진적으로 증가되어 왔다.
2. **오늘날 교수설계는 단순히 교수를 생산하는 것보다 훨씬 더 많은 것을 포함한다.** ID 분야는 이제 인간수행문제들을 분석하고, 그러한 문제들의 근본원인들을 밝혀내며, 근본원인들을 해결하기 위해 다양한 해결책들을 고려하고, 적절한 해결책들을 결정하고 평가하는 것과 연계되어 있다.
3. **교수설계자들이 기업환경에서 취할 수 있는 역할들에 관한 세 가지의 포괄적인 범주들이 있다.** 교수설계자는 단독설계자, 설계팀의 팀 구성원/리더, 또는 외부 설계자/컨설턴트가 될 수 있다.
4. **흔히 "훈련" 문제들을 해결하기 위해서 호출되는 외부 교수설계자/컨설턴트는 교수해결책으로는 해결될 수 없을 수 있는 근본문제들에 관하여 고객을 밝혀내고 교육할 수 있는 지식과 기술을 지니고 있어야 한다.** 종종, 외부 교수설계자는 고객이 "훈련" 문제라고 생각할 수 있는 것을 해결하기 위해 호출된다. 그 때, 전문 교수설계자는 문제와 그것의 근본원인들을 밝혀내기 위한 노력의 일환으로 완벽한 요구 평가와 분석을 수행하기 위해 자신의 기술을 사용해야 한다.

5. **교수설계에서 실재적인 실천과 이상적인 실천 간의 제한점들로 인해 종종 수행에 차이가 있다.** 설계과정에 영향을 미치는 세 가지 유형의 제한점들이 있는데 그것들은 맥락적 제한점들, 교수설계자 관련 제한점들, 그리고 프로젝트 관리 대 교수설계다.
6. **이문화 간 훈련과 더 좋고, 더 빠르며, 더 싼 결과들에 대한 요구를 포함하여, 훈련산업에서 많은 변화들이 있다.** 이러한 최신 경향들과 도전들에 대응하기 위해 교수설계자들은 우수사례들(best practices)을 확인하고, 문서화하며, 실행하기 위한 노력 속에서 실천가와 연구자의 역할을 받아들여야 한다. 이문화적 청중들을 위한 교수설계 시, 교수설계자는 사회적 요인들과 학습자의 문화적 요인들을 확인해야 한다. 오늘날 교수설계자들은 속성원형 사용, 테크놀로지기반 훈련 전달, 고급 평가기법들을 사용하여 교수를 "더 좋고, 더 빠르며, 더 싸게" 생산하는 것과 관련된 문제들을 다루고 있다.

응용 문제

한 국제적인 회사가 세계에서 가장 커다란 쇼핑몰을 건축하고 있었다. 이 쇼핑몰이 가장 깨끗하고 세계적인 수준의 서비스를 전달할 수 있도록 하기 위해, 그 회사는 미국 외부청소회사와 함께 일할 한 명의 미국 ID 컨설턴트를 고용했다. 그 컨설턴트는 쇼핑몰청결시스템을 운영할 청소직원을 위한 맞춤형 교수를 설계하고, 개발하며, 전달하기 위한 팀을 만들고 감독할 책임을 맡았다. 회사는 청소직원들이 업무과제들을 효과적으로 확인하고 실행하며, 생산성을 증진할 수 있도록 설계된 교수(instruction)를 원했다. 쇼핑몰을 청소할 노동자들은 네 나라(인도, 방글라데시, 네팔, 필리핀) 출신의 다국적 채용자들로 구성되어 있다. 그 노동자들의 읽기능력은 최소이거나 전혀 없으며, 어느 누구도 이전에 쇼핑몰을 청소해 본 경험이 없었다. 그들 모두는 모두 모회사에서 데려온 이민자들이었다. 그 학습자들은 회사에서 처음부터 고용한 노동자들로 밝혀진 40명의 팀리더들과 375명의 청소직원들이었다. 다음 질문들에 답하라.

1. 외부 컨설턴트의 역할은 무엇인가?
2. "다른" 사람들의 역할은 무엇인가?
3. 이 프로젝트에서 나타날 수도 있는 맥락적 제한점들과 교수설계자 관련 제한점들은 무엇인가?
4. 교수설계자로서, 여러분은 여러분이 밝혀낸 맥락적 제한점들과 교수설계자 관련 제한점들을 예방하거나 극복하기 위해 어떻게 할 생각인가?
5. 사회적 요인들과 학습자의 문화적 요인들을 결정하는 데 도움을 받기 위해 여러분은 어떤 질문들을 하겠는가?
6. 여러분은 이러한 이문화적 노동자들을 위한 교수를 어떻게 설계하겠는가?

저자 정보

Monica W. Tracey는 미시간주(Michigan) 디트로이트(Detroit)에 있는 웨인주립대학교의 사범대학(College of Education) 교육공학과 부교수다.

Gary Morrison은 올드도미니언대학교(Old Dominion University) 교수설계공학과 교수이며, *Journal of Computing in Higher Education*의 편집자다.

참고 문헌

Barter, Z. J., Jette, C., & Wiseman, D.(2003). Dancing numbers: Cultural, cognitive, and technical instructional perspectives on the development of Native American mathematical and scientific pedagogy. *Educational Technology Research and Development. 51*(2), 87-97.

Brinkerhoff, R. O.(2003). *The success case method: Find out quickly what' s working and what' s not.* San Francisco, CA: Berrett-Koehler.

Boyer, E. L.(1997). *Scholarship reconsidered: Priorities of the professoriate.* San Francisco: Jossey-Bass.

Christensen, R. K., & Osguthorpe, R. T.(2004). How do instructional-design practitioners make instructional strategy decisions? *Performance Improvement Quarterly, 17*(3) 45-65.

Dick, W., Carey, L., & Carey, J. O.(2001). *The systematic design of instruction*(5th ed.). New York: Addison Wesley Longman.

Dubois, D., & Rothwell, W.(2004). *Competency-based human resource management*, Palo Alto, CA: Davies-Black.

Fitz-enz, J.(1994). Yes ... you can weight training' s value. *Training, 31*(7), 54-58.

Foshay, W. R.(1988). I don' t know is on third. *Performance and Instruction, 27*, 8-9.

Gladwell, M.(2008). *Outliers: The story of success.* New York: Little Brown and Company.

Hofstede, G.(1980). *Culture' s consequences: International differences in work-related values.* Beverly Hills, CA: Sage Publications.

Kaufman, R. Keller, J., & Watkins, R.(1996). What works and what doesn' t work: Evaluation beyond Kirkpatrick. *Performance & Instruction, 35*(2), 8-12.

Loughner, P., & Moller, L.(1998). The use of task analysis procedures by instructional designers. *Performance Improvement Quarterly, 11*(3), 79-101.

McArdle, G. E.(1990). What is evaluation? *Performance & Instruction, 29*(7), 43-44.

Morrison, G. R.(1988). Who' s on first? *Performance and Instruction, 27*, 5-6.

Morrison, G. R., Ross, S. M., Kalman, H. K., & Kemp, J. E.(2011). *Designing effective instruction*(6th ed.). New York: Merrill Publishing.

Paradise, A.(2008). *State of the industry report.* Alexandria, VA: ASTD Press.

Rothwell, W. J., & Kazanas, H. C.(2008). *Mastering the instructional design process: A systematic approach*(4th ed.). San Francisco: Pfeiffer Publishing.

Schön, D.(1983). *The reflective practitioner: How professionals think in action.* London: Temple Smith.

Schön, D.(1987). *Educating the reflective practitioner.* San Francisco: Jossey-Bass.

Seels, B., & Glasgow, Z.(1998). *Making instructional design decisions*(2nd ed.). Columbus, OH: Merrill Publishing Company.

Smith, P. L., & Ragan, T. J.(1999). *Instructional design*(2nd ed.). New York: Macmillan Publishing Company.

Stevens, W. D.(1969). Sign, transaction, and symbolic interaction in culture mediation. *AV Communication Review, 17,* 150-158.

Stevens, W. D.(1970a). Formation, information, and instruction in culture mediation. *AV Communication Review, 18,* 180-185.

Stevens, W. D.(1970b). Affection and cognition in transaction and mapping in cultural space. *AV Communication Review, 18,* 440-445.

Sugrue, B.(2003). *State of the industry: ASTD' s annual review of U.S. and international trends in workplace learning and performance.* Alexandria, VA: American Society of Training & Development.

Tessmer, M.(1988). What' s on second? *Performance and Instruction, 2,* 6-8.

Tessmer, M.(1991). Back to the future: The environment analysis stage of front end analysis. *Performance and Instruction, 30*(1), 912.

Tessmer, M., & Richey, R. C.(1997). The role of context in learning and instructional design. *Educational Technology Research and Development. 45*(2), 85-115.

Tessmer, M., & Wedman, J.(1992, April). What designers do, don' t do, and why they don' t do it, *Annual Meeting of the American Educational Research Association.* San Francisco, CA.

Tracey, M. W.(2007). Design and development research: A model validation case. *Educational Technology Research and Development, 57*(4), 553-571.

Tracey, M. W., & Richey, R. C.(2007). ID model construction and validation: A multiple intelligences case. *Educational Technology Research and Development, 55*(4), 369-390.

Tracey, M. W., Chatervert, C., Lake, K., & Wilson, R.(2008). Real world projects in an advanced instructional design course. *Tech Trends, 52*(4), 24-29.

Visscher-Voerman, I., & Gustafson, K. L.(2004). Paradigms in theory and practice of education and training design. *Educational Technology Research and Development, 52*(2), 69-89.

Winer, L. R., Vasquez-Abad, J. A., & Tessmer, M.(1994, April). Enriching the layers of necessity model. *Annual Meeting of the American Educational Research Association.* New Orleans, LA.

Zhang, J.(2001). Cultural diversity in instructional design. *International Journal of Instructional Media, 28*(3), 299-307.

제19장

군대교육과 훈련환경에서의 교수설계 기회

Mary F. Bratton-Jeffery (U.S. Naval Air Warfare Center)
Arthur B. Jeffery (Camber Corporation)

미국육군이든, 영국해병대이든, 네덜란드공군이든, 독일연방군이든, 싱가포르군대이든, 호주방위군이든, 어떠한 나라에서도 군대는 기업세계와는 다른 동지애를 공유하는 개인들의 통합적이고, 헌신적이며, 기민한 집단이다. 그들의 문화는 계속적으로 존재하는 전쟁의 위협에 대항하고 자신의 목숨을 위해 타인을 신뢰하는 것이 필요하다. 자국과 해외에서 이들의 생명과 운명을 보호하는 공통적인 임무와 이러한 임무를 수행하는 책임감에도 불구하고, 오늘날 국제적인 군대를 구성하는 이들은 다양한 관심사와 목표를 가진 개인들이다. 개인의 요구에 대한 신장된 이해는 오늘날의 군대훈련에서 역동적인 변화를 초래해 왔다. 그 훈련에 관여하는 이들—아마도 교수설계자로서 여러분—은 반드시 개인의 요구뿐만 아니라 군대의 요구를 충족시키는 훈련을 제작해야 한다. 오늘날의 현역군인과 여성들은 국가에 봉사하기 위해 자원입대하지만, 그들은 보상이 되는 무언가를 기대하고 있다.

군대환경 내에서 일하는 교수설계자들의 도전에는 비효과적 교수가 파멸적인 결과를 가질 수 있는 위험성, 개인의 관심사를 고려하면서 군대 요구를 충족하는 훈련제작, 항상 변화하는 환경을 위한 설계, 테크놀로지가 변화를 수용하는 능력보다 더 빠르게 진보할 때 그것을 현명하게 사용, 군대에 대한 자신의 역할과 관계(연방 노동자 또는 계약자)를 통해 책임감 획득, 다른 훈련생산물이나 전달환경에서 용도 변경되는 개별 프로젝트 설계 등이 있다.

교수설계자들은 오늘날의 군인들의 요구를 수용하고, 현재의 군대가 미래의 군대로 나아가게 하기 위한 전환기에서 중요한 역할을 수행한다. 이러한 역할에는 학습이론과 교수전략의 지식과 이를 효과적으로 사용하는 방법, 다양한 학습환경에서 사용자의 요구를 충족시키는 최적 수준에서 테크놀로지를 활용하는 방법의 이해, 학습해결책의 결합을 창출하는 능력, 예산안을 관장하는 능력, 국제군의 문화뿐만 아니라 자국과 해외 모두의 군대문화를 이해하고 통찰하기, 의뢰인과 의사소통하는 능력이 요구된다.

이 장은 교실에서 전투환경에 이르기까지, 군대의 국제공동체 내에서의 교수설계자들과 개발자들의 주요 문제점들과 도전들에 관한 개요를 제공한다. 이 장을 읽으면서 여러분은 군대를 위한 훈련생산물을 생산하는 교수설계자와 개발자의 역할과 책임감에 대한 통찰력을 얻을 수 있을 것이다.

이 장은 군대문화와 그 문화 내에서 ID와 개발의 역할에 대한 개요로 시작한다. 그 다음 절에서는 군대의 변화하는 역할과 책임에 대해 다룬다. 그런 다음, 우리는 미래를 위한 국제군의 비전을 점검한다. 마지막으로, 군대에서 일하고 있는 교수설계자들의 역할을 설명한다. 이 장의 끝에는 군대환경에 국한되는 용어의 이해를 돕기 위해 용어 해설이 포함되어 있다.

군대문화와 그 문화에서 교수설계 및 개발의 역할

제2차 세계대전이 끝난 이후, 미국군대는 국토방위에서 세계방위로 발전하였다. 1948년에, 연합군의 안전보장위원회(United Nations Security Council)는 아랍과 이스라엘 간 휴전을 감찰하는 국제연합평화유지단(United Nations Peacekeepers)을 창설하였다. 제2차 세계대전이 끝난 10년 후에, 독일은 북대서양조약기구(North Atlantic Treaty Organization: NATO)의 회원이 되었다. 양질의 인력을 선발하고 보유하기 위한 요구를 인식하는 것은 어떤 군대조직에서나 도전과제다. 독일군 참모총장인 Volker Wieker 장군은 "우리는 자신들의 첫 번째 직업을 찾고 있는 예비지원자들에게 경쟁력 있고 매력적인 훈련 프로그램들을 지속적으로 제공해야 한다. 무엇보다도, 나는 전직 병사들이 군대를 떠난 후 '두 번째 직업' 을 시작하는 것을 도와주는 매력적인 자격부여 강좌들에 대해 말하고 있다."라고 진술했다(Federal Ministry of Defence, 2010). 2001년에 UN안전보장위원회는 19개 국가를 대표하는 군인으로 구성된 국제안보지원군(International Security Assistance Force: ISAF)의 창설을 승인했다. 이 합동군은 Kabul에서 새로운 아프가니스탄 임시위원회(Afghan Interim Authority)에게 보안과 안정성을 제공하는 임무를 맡았다(Joint Operations Command, 2004). 2009년에 ISAF는 평화노력 증진뿐만 아니라 국제공동체에 포괄적인, 민간인 군대접근법(civilian-military approach)을 구축하는 임무를 재확인받았다. 재건팀들은 공동체 참여에서 중요한 역할들을 수행한다(North Atlantic Treaty Organization, Final Communique, 3 Dec. 2008). 이러

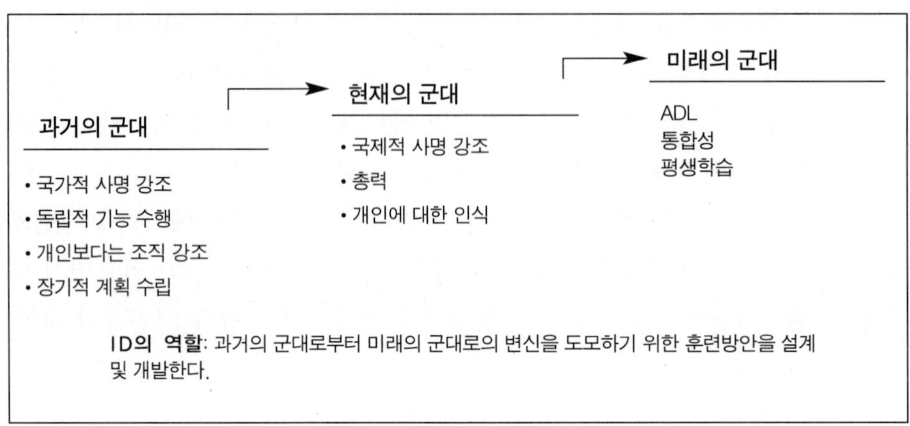

[그림 19.1] 진화하는 군대문화

한 전 세계적인 군대의 발전은 이문화들 간 그리고 세계 여러 곳에서 훈련의 필요성이 증가하고 있음을 보여준다.

그러나 전쟁에서 승리하고 안전을 제공하는 것은 군대임무의 일부분에 불과하다. 모든 NATO 동맹군은 인본주의적인 구호를 제공하는 것뿐만 아니라 평화유지 노력을 해야 한다. 이러한 노력에는 잘 훈련된 사람이 필요하고, 훈련의 범위 내에서 교수설계자는 자신의 지식과 기능을 적용할 기회를 가질 것이다.

군대환경에서 효과적으로 일하기 위해서, 교수설계자는 반드시 군대가 향후 몇 년간 겪을 변화를 이해하고 통찰해야 한다. 군대훈련은 이러한 변화와 함께 진보할 것이며, 테크놀로지의 사용과 강조는 그러한 훈련에 상당한 영향을 미칠 것이다.

교수설계자들이 함께 일하는 군대의뢰인은 자신들의 직무분야들에 있는 교과전문가들이다. 이들은 대체적으로 교수원리와 학습이론 또는 교수공학에 익숙하지 않다. 교실과 학습에 관한 이들의 지식은 자신의 학창시절의 경험에 기초하고 있다. 테크놀로지에 관한 그들의 지식은 직업에서 얻은 경험이다. 교수설계자가 이들에게 적합한 학습해결책을 제시하며, 재정적 · 환경적인 제한에 놓여있는 자신을 도와주고 어떠한 이론이나 테크놀로지를 어떻게, 언제 적용할지에 관한 최상의 방법을 제공함으로써 의뢰인의 신뢰를 얻을 수 있다. 교수설계자는 '자신의 일을 알고' 교수공학을 계속적으로 병행하도록 기대된다. 비용절감은 의뢰인 또는 ID 회사의 최대 관심사이다. 결함이 있는 설계나 테크놀로지의 불충분한 사용은 몇 천불이 낭비되는 결과를 낳을 수도 있다. 이러한 실수는 회사의 명성에 해를 주고 차기 계약을 따낼 수 없게 할 것이다.

군대의 변화하고 있는 역할과 책임

지난 몇 년간, 미국과 다른 선진국의 군대는 엄청난 책임감을 가진 거대하고, 테크놀로지적으로 복잡하며, 많은 측면들을 가지고 있고, 통합된 조직으로 성장하였다. 또한 다양한 나라들의 군대는 자국의 시민들을 보호할 뿐만 아니라 다른 나라들의 자유를 보호하고 방어하는 책임을 진다. 아울러, 인간과 약물거래, 공해상에서의 해적으로 인해, 전 세계의 해군들은 해양기반 범죄조직들과의 전투에 직면하고 있다(Royal Navy, A Global Force, 2009). 마찬가지로, 호주방위군은 국경보호, UN과 동맹연합, 제3국 배치를 포함하는 13개 이상의 작전에 배치되어 있을 뿐만 아니라 아이티 2010(Haiti 2010)과 같은 파괴적인 비극들에 대한 구조노력을 제공하고 있다(Australian Government, Global Operations, 2010).

이러한 책임의 증가는 각 국가의 육군, 해군, 또는 공군의 삶을 변화시켰다. 이러한 장기간의 전 세계적인 배치는 과거에는 없었던 개인의 삶과 전문직의 목표에 영향을 미친다. 교수설계자는 국내와 해외 모두에서 훈련과 학습기회를 지원하는 학습해결책을 제공하도록 요구받을 것이다. 군대의 변화하는 역할과 책임 및 이러한 변화에 관하여 교수설계자의 역할과 관련된 주요 문제 중 몇 가지를 다음 절에서 다룬다.

미래의 경향

모든 나라의 군대들은 몇 가지의 공통된 도전에 직면할 것이다. 교수설계자의 역할에 영향을 미칠 수 있는 이러한 도전들 중 두 가지는 다음과 같다.

- 한 국가 또는 다국적 군대의 국제적 책임
- 새로운 테크놀로지들

전 세계적인 기업들은 국제적인 공동협력을 추구한다. 교수설계자들은 의뢰인의 문화적인 다양성을 인식하고 상이한 학습자를 포용할 수 있는 훈련 또는 학습해결책을 선택해야 한다. 국제적인 군대들에 의해 구입될 수도 있는 생산물들을 설계할 때 훨씬 더 복잡해질 수 있다. 많은 미국 연합군은 무기뿐만 아니라 미국의 교수산출물과 훈련에 대한 접근을 구매한다. 독일공군과 해군전투원 및 모든 지대공미사일 조작자들은 전적으로 미국과 캐나다에서 훈련을 받는다. 다른 나라들은 교환훈련 프로그램을 제공하고 미군 훈련장소에서 합동연습을 지원한다.

새로운 테크놀로지들은 모든 전선에, 모든 비즈니스에, 모든 가정에 존재한다. 학습자들은 인터넷을 통해 전 세계의 어린이들과 수업 경험을 공유한다. 저비용의 디지털 커뮤니케이션은 클릭 하나로 국제적인 친구와 친척을 만들게 한다. 또한 이러한 새로운 테크놀로지는 상대편에서도 사용 가능하다. 보완 네트워크와 제한된 수의 적용 프로그램은 군대가 불법적인 접근을 방지하기 위해 사용하는 두 가지 방법이다. 그러나 이러한 보안솔루션들로 인해 교수설계자들은 훈련생산물들의 설계와 전달을 수정해야 할 수도 있다. 교수설계자들은 그 시스템 내에서 일하기 위해 학습해야 한다.

군대의 문제점

자금

어떠한 나라에서든 각 군대가 가지는 문제점은 훈련에 사용 가능한 자금(funding)을 어떻게 최상으로 사용하는가이다. 대부분의 경우 협상결정은 예산의 범위 안에서 이루어져야 한다. 문서로 작성된 업무보조물과 같은 낮은 테크놀로지의 훈련해결책은 가장 바람직한 방법은 아닐지라도 훈련과제를 완수하면서 재정의 범위를 넘지 않기 위해 선택되는 방법이다. 테크놀로지의 모든 기능을 사용하고자 하는 열망을 이겨내기는 힘들지만, 돈을 무분별하게 사용하면 ID 회사를 망칠 수도 있다. 교수설계자는 임무 장비가 결합된 로우테크(low-tech)와 하이테크(high-tech)를 사용한 새로운 방법을 제시하는 것을 고려해야 한다.

교수설계자는 훈련해결책의 비용을 주의 깊고 정확하게 말할 수 있어야 하며, 프로젝트의 예산을 유지하면서 대안을 제시해야 한다. 어떠한 프로젝트에 돈이 사용되든, 교수설계자는 의뢰인이 비용(cost)이나 거래(tradeoffs)를 저울질해 볼 수 있도록 도와주어야 한다.

테크놀로지의 범위

군대와 함께 일하는 교수설계자들은 간단한 종이를 사용한 주머니 크기의 업무보조물에서부터 고급 컴퓨터기반 시뮬레이션에 이르기까지 다양한 범위의 교수생산물을 개발하는 것을 지원하게 될 것이다. 보다 첨단 테크놀로지의 경우, 군대는 전투파일럿 시뮬레이션과 대규모 자동명령 및 통제훈련과 같이 상당히 정교한 시뮬레이션을 사용한다. 훈련개발자들이 이용 가능한 테크놀로지의 범위(range)는 훈련의 현실성과 효과성을 증진시키기 위한 지속적으로 증가하는 기회들을 제시해 주며, 또한 동시에 교수설계자들이 다양한 교수 및 수행요건들에 적응하기 위해 일할 때 교수설계자들에게 지속적으로 확장되는 도전들을 제시해준다.

전달환경

민간부분과 마찬가지로, 군대구성원은 전문적인 성공을 달성하고 적대적인 환경에서 살아남기 위해 새로운 것들을 지속적으로 학습해야 한다. 민간환경과 달리 군대에서 훈련은 항

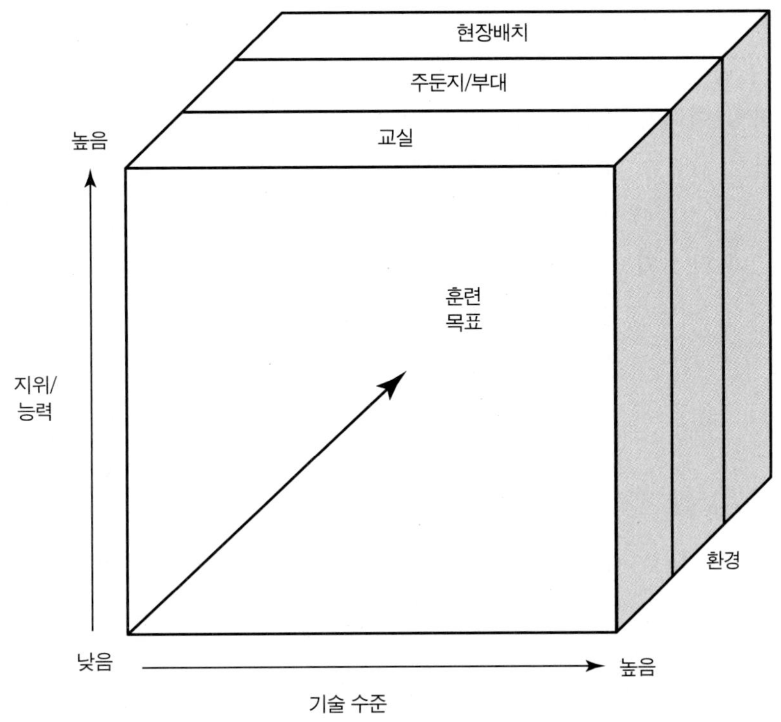

[그림 19.2] 훈련생산물의 광범위한 사용

상 중심에 놓여 있다. 새로운 직원 또는 새로운 기기 훈련을 제외하고, 민간환경에서의 훈련은 일반적으로 작업장과 분리되어 있다. 그러나 군대에서의 훈련은 직업의 일부분이며 작업장과 통합되어 있기 때문에, 민간환경보다 많은 일상적인 활동을 나타낸다. 이로 인해 군대에서의 훈련은 널리 보급되어 있으며, 훈련산출물의 질과 다양성이 아주 높다. 교수설계자는 훈련이 교실에서, 주둔지에서, 부대에서, 선박환경에서, 또는 전투상황과 같이 병사가 배치되는 어느 곳에서든지 일어남을 인식해야 한다. 이러한 변화하기 쉬운 훈련전달환경은 훈련생산물들이 모든 환경에 적응 가능해야 함을 의미한다.

설계 제한점

대규모 시스템설계는 교수설계자에게 특별한 도전을 제시하는 영역이다. 시스템이 더 크고, 더 광범위하게 분산되어 있을수록, 그 도전은 커진다. 군대를 위한 ID는 경영, 배열, 실행, 훈련강사의 전문성 등 여러 측면에서 대기업의 설계와는 다르다.

대기업의 경영철학은 일반적으로 임원의 단독적인 지도를 따른다. 군대는 다양성과 독립적인 군대의 임무범위에 자부심을 가진다. 특히 협동 영역에서 일할 때, 교수설계팀은 강력하고 서비스-구체적인(service-specific) 의견을 가지고 있는 다양한 의뢰인을 만족시켜야 할 것이다.

프로젝트의 가장 어려운 측면은 테크놀로지기반 해결책의 요소를 배열하는 것이다. 각 군은 수년간에 걸쳐 구입한 기기와 자신만의 하부구조를 가지고 있다. 대부분의 경우 교수설계자들은 기존의 시스템에서 일하면서 새로운 하드웨어와 소프트웨어를 결합할 것이다.

일단 프로젝트가 완성되고 이상적 환경에서 점검되면, 교수설계팀은 실행을 돕거나 정부실행팀에서 교수를 제공할 것이다. 실행은 교실뿐만 아니라 현장, 해외의 선박, 세계 어느 곳에서든지 다양한 환경에서 실행되기 때문에 독특한 도전이 된다.

훈련부서들과 전문강사들이 있는 대기업들과 달리, 군대는 교과전문가들을 사용하고, 그들의 '교수'를 돕는 교수자료들을 제공한다. 교수설계자는 수업계획을 절차적으로 설명하고 학습이론을 포함하는 강사훈련용 교수자료들을 제작해야 한다. 미군에는 교관이 있는데, 임기는 주로 3년 이내로 짧으며, 이들은 ID에 관한 이론을 포함하는 학습패키지의 모든 요소들을 명확하게 설명하는 교수자료들을 필요로 한다.

인력

모든 군대에서 가장 중요한 문제점은 좋은 사람들을 모집하고, 훈련시키며, 기술을 가진 군인을 보유하는 것이다. 많은 연합국의 국방기획문서는 매우 양질의 인력을 모집하고 보유하는 것이 필요함을 강조한다(Australia's Force 2020, the UK's Future Strategic Context for Defence, the U.S. Joint Vision 2020). 이러한 계획들은 또한 개인과 전문성의 성장과 같은 삶의 질을 제공해야 하는 필요성을 강조한다.

대안적인 훈련해결책

교수설계자들은 교수를 설계하는 방법과 사용할 언어의 수준을 결정하기 위해 대상학습자의 기능과 지식수준을 점검하는 데 익숙하다. 이를 위해 학습이론과 교수전략에 관한 ID 지식이 특히 중요하다. 역사적으로 훈련은 '집단'을 대상으로 설계되고 전달되어 왔다. 처음 훈련기간에 목표되는 수행을 성취하지 못한 사병은 완전학습을 할 때까지 보충수업을 받는다. 이러한 보충수업은 처음 교수가 제시된 것과 동일한 방식으로 실시된다.

교수설계자는 보충활동의 경우 동일한 정보를 동일한 형태로 또는 약간 다른 형태로 제공하기보다 완전히 다른 교수접근법들을 제시할 수 있다. 개별 학습자들로 하여금 학습옵션들을 선택하도록 하는 것은 성인학습의 기본인 학습자 통제권을 허용하는 것이다.

교수설계자들이 오늘날 이용 가능한 테크놀로지 옵션들은 교수설계자들에게 개인수준에서 다양한 교수적인 도전들을 해결하는 다양한 훈련해결책들을 추천할 수 있는 기회들을 제공한다. 예를 들어, 군대의 취사병을 위한 교실수업을 대체하는 컴퓨터기반 훈련생산물의 시나리오를 생각해 보자. 취사병들의 인종분포를 점검한 결과 상당수의 히스패닉 및 라틴계열의 인종이 이러한 직종에 많이 근무하는 것으로 나타났다. 테크놀로지 접근에 관한 연구결과, 이러한 인종집단이 다른 인종들에 비해 컴퓨터에 대한 경험을 덜 가진 상태에서 작업장에 오는 것으로 보고되었다(McGee, 2002). Hofstede의 1997년 다문화에 관한 이론적인 연구(McGee, 2002에서 인용됨)는 문화적인 측면에 기초한 교수설계 시 고려해야 할 점에 대한 웹기반 설계의 기초를 제공해 준다. 여기에는 개인성취의 최소 강조, 활발한 학습, 단순하고 직접적인 설계, 시각적인 단서의 동일하고 반복적인 사용, 행동을 취하거나 결정을 하기 전에 결과통보 등이 포함된다. 교수설계자는 의뢰인에게 팀기반 복습세션이나 실험을 제공하는 혼합된 해결책을 제시할 수도 있다. 컴퓨터 소프트웨어 프로그램이나 부수적인 자료는 그래픽의 사용을 최소화하고, 여유공간을 늘려야 한다. 시각적인 제시는 학습자가 프로그램에 주의를 가지게 하며, 직관적인 내비게이션의 특성을 도울 것이다. 그리고 마지막으로, 프로그램은 학습자가 최종결정을 내리기 전에 대안책에 접근하고 그것을 선택하도록 할 것이다. 히스패닉 및 라틴공동체에 국한된 문화에 기반한 ID에 대한 고려점을 따른 교수를 설계하는 것은 학습자의 성공가능성을 높인다.

미래를 위한 군대의 비전

안내문서

각 국가는 군대에 의해서 작성되고, 미래의 비전과 목적들을 기술하며, 정부기관에 제출한 수많은 문서들을 가지고 있다. 미국의 경우, *Quadrennial Defense Review*(QDR; 의회에 의해서 요구됨)는 평화를 증진하고, 자유를 수호하며, 번영을 증진하기 위해 미래에 요구되는 군대의 능력을 배양하기 위한 자세를 상세히 설명하고 있다(Department of Defense, *Quadrennial Defense Review*, 2010). 이 문서는 각 군의 모든 노력을 위한 비전을 수립한다. 각 군은 반드시 비즈니스를 수행하는 현재 방법을 점검하고 QDR에 제시된 수치에 맞도록 변화되어야 한다. QDR과 부합하도록 각 군대가 쓴 미래상은 군대훈련을 창조하는 교수설계자로서 일할 때 훌륭한 시작점이 된다. 여러분이 일하고 있는 군대의 특정 부서의 미래상과 계획에 익숙해지면 최상의 훈련해결책을 제공할 수 있다.

만약 여러분이 국제적인 군대와 함께 일한다면, 이러한 기획문서를 각 국가의 국방부 웹사이트를 방문하여 찾을 수 있다.

넓은 범위의 계획

비행기나 배가 설계 · 제작될 때, 테크놀로지는 그 비행기나 배의 최초계획을 능가하게 된다. 교수설계자는 '미래를 바라보고' 테크놀로지와 학습연구가 어떻게 진보하는지와 이러한 진보가 미래 훈련요구에 미치는 영향에 관한 정보를 제공할 수 있어야 한다.

미래의 군대훈련의 열쇠는 고급분산학습, 합동작전, 평생학습의 세 가지 주요영역에 놓여있다.

고급분산학습

"미국국방부가 후원하는 고급분산학습(advanced distributed learning: ADL) 사업은 세계적인 규모에서 학습도구와 수업내용의 상호호환성을 허락하는 새로운 학습환경을 확립하기 위한 정보, 기업, 학계의 공동노력의 산물이다. ADL의 비전은 개인의 요구에 맞추며, 언제 어디서나 비용효과적으로 전달되는 양질의 교육과 훈련에 대한 접근을 제공하는 것이다" (ADL, 2010, Overview, para. 1).

처음에 미국에서 시작한 ADL은 캐나다, 독일, 한국, 라틴아메리카/카리브, 노르웨이, 루마니아에 있는 ADL파트너십연구소(ADL Partnership Labs)들과 국제적인 멤버십을 가지고 있다. ID 학도들을 위해, 이들 공동연구소들은 국제적인 학습과 전문성 신장 기회를 제공한다.

합동작전

자금, 목표의 포착, 테크놀로지, 인력의 최대 장점은 협력을 통해 달성될 수 있다. 미군과 연합군은 결합된 군대, 즉 미군과 연합군이 결합된 형태로 싸운다. 이것은 훈련 또한 결합되어야 하며, 분산된 군대의 합동전투기술을 증진시키는 훈련생산물을 개발해야 함을 시사한다. 이러한 ID의 임무는 서비스 대상(예: 육군, 공군, 해군, 해병대), 연합군의 원칙(많은 국가들의 군대 및 연관된 전쟁 전략 및 기술에 관한 NATO 또는 UN 연합군의 경우), 언어 및 종교의 차이와 같은 심지어 문화적인 다양성의 측면에서 군대의 다양성을 인식하는 것이다.

평생학습

군대 리더십은 여러 이유에서 군대 요건을 넘어서는 학습을 지원하고 격려한다. 병역기간에 지속적인 학습기회는 군인들의 직업에 대한 전문성을 증진시키고 병역을 마친 후 많은 기회의 문을 열어준다. 영국은 대학교와 Open University를 통해 고급학습기회를 제공한다. 영국정부는 평생학습정책을 수립하였으며, 그 중 군대의 구성요소로는 모든 계급에게 학습할 수 있는 기회가 열려 있는 학습군대사업(Learning Force Initiative)이 있다(Serving Soldier, 2004).

유럽연합은 학생들이 '국경 없이 학습' 하도록 하는 유럽 전체의 교육개혁을 제정하였다. 유럽학점교환시스템(european credit transfer system: ECTS)은 기관 간의 학위인정을 단순화한다. 이러한 개방적인 시스템을 통해 군인인 학생들은 외국에서 병역의 의무를 하면서 자신의 학습목표를 지속할 수 있다(Germany Info, 2004).

전 미국 해군참모총장인 Vern Clark 장군의 다음의 말은 개인의 학습목적들에 대한 존중과 인식에 대한 증거를 제시한다.

> 군대 구성원들은 자신이 주고자 하는 바를 결정한다. 제복을 입은 모든 인간은 … 상당한 희생을 한다. … 지도자는 해군이 우리에게 약속한 바를 이행해야 한다. 군인들이 성공하는 데 필요한 도구를 가졌는지 확신하도록 하기 위해 나와 같은 사람들이 그 약속을 지켜야 한다고 믿는다. 우리는 그들에게 차이를 만들 수 있는 기회를 제공해야 한다. 그들은 우리가 자신이 기여할 수 있는 바를 보여줄 수 있는 기회를 제공하기를 바란다. 그들은 성장 · 개발할 수 있는 기회를 원한다.(Kennedy, 2000)

군대와 함께 일하는 교수설계자의 역할

ID 직책은 창의성, 정교함, 연구 등에 자부심을 갖는다. 이는 교수설계자가 다양한 혁신적인 해결책을 제시할 수 있고 또한 그러해야 함을 의미한다. 군대 의뢰인과 일하는 초보 교수설계자는 '은행' 이 굉장한 프로젝트를 위한 자금의 문을 열었다고 가정할 것이다. 그러나 사실은 그렇지 않다. 모든 프로젝트에 제한적인 자금은 절충을 요구할 것이다. 품질기능전개(quality function deployment: QFD)모형(Bratton-Jeffery & Jeffrey, 2003)과 유사한 기술을 사용한, 시나리오 해결 토의 매트릭스(Scenarios Solution Discussion Matrix)([그림 19.3] 참조)는 교수설계자와 의뢰인 간의 토론에 기초가 될 수 있는 절충점을 찾는 체계적인 방법론을 제시한다.

여러분이 이 절에 있는 시나리오들을 검토할 때, 여러분이 알고 있는 것을 밝혀내고, 의뢰인에게 질문할 리스트를 만들며, 교수공학 실제와 이론에 근거하여 가능한 해결책들을 열거하라. 여러분의 생각을 안내하기 위해 시나리오 해결 토의 매트릭스를 사용하라. 해결책을 점검할 때 교수설계자가 관여하는 영역을 고려하라.

기억하기: 군대 조직을 위한 훈련해결책을 설계하고 개발할 때, ID 전문가는 일반적인 설계 시 고려사항들과 함께 군대 상황에서의 독특한 인사 및 테크놀로지 관련 사항들을 함께 염두에 두어야 한다.

설계 쟁점들 \ 설계 시 고려사항	학습이론	테크놀로지 적용	혼합 처방	예산	군대 문화	의사소통
자금						
장기계획						
합동훈련						
테크놀로지 (낮음 : 높음)						
전달환경						
대안적 훈련방안						
설계 시 제한점						
동기수준						
문화적 다양성						
지식 수준						
기술 수준						
학습자의 선수경험						

[그림 19.3] 시나리오 해결 토의 매트릭스

시나리오 1: 학위완성 대 배치

예비군 하사관인 John King은 부대의 일원으로 12개월간 이라크에 파병되었다. National Guard의 대대와 함께 그의 부대는 전쟁으로 파괴된 나라의 안정과 안전을 도모하기 위한 연합군을 지원할 것이다. King 하사관의 중대는 순찰과 정보 수집을 위한 대규모 인력에 속하게 될 것이다.

King 하사관은 현재 대학에서 경영학을 공부할 때 도움을 받은 대기업에서 일하고 있다. 그는 회사에서 진급하기 위해서 학위를 반드시 마쳐야 한다. 불행하게도, 군대에 배치되는 것은 그의 노력을 방해하고 회사에서 그의 위치를 위협할 것이다. King 하사관의 머릿속을 맴도는 가장 큰 질문은 그가 현재 직업을 벗어나서 외국에서 병역의무를 수행할 때 개인적인 목표에서 무슨 일이 발생할 것인가 하는 것이다.

문제. 여러분은 배치(deployment)와 원격학습의 선택에 관한 문제를 해결하기 위해 조직된 교수설계팀의 일원이다. 조직의 요구사항을 수행하면서 개별 군인의 요구를 만족시킬 전략을 밝혀내라.

육군의 해결책. King 하사관은 병사들이 전투에서 임무를 완성하기에 충분한 교육과 기술능력을 가진 새로운 군대의 대표적인 인물이다. 육군의 훈련모형은 "훈련—경계—배치—사용(train—alert—deploy—employ)" 이다. 훈련은 전투전술들뿐만 아니라 언어, 문화적 인식, 지역적인 전문지식 교육을 포함한다(Department of the Army, FM1, June 2005). 각 군은 1990년대 말에 온라인으로 학습할 수 있는 기회를 제공하기 시작했다. 2010년에, 국방정보시스템원(Defense Information Systems Agency), 국방획득대학교(Defense Acquisition University), 그리고 ADL은 국방부(Department of Defense: DoD) 훈련을 지원하기 위해 연합지식온라인(joint knowledge online: JKO)을 개설했다. JKO의 목적은 복잡한 의사결정 기술을 위한 인지적, 영감적, 혁신적, 적응적인 사고를 자극하는 몰입적 훈련이면서, 매체가 풍부하게 사용되는 훈련을 산출하는 것이다(JKO, 2010).

시나리오 2: 미군의 합동훈련

걸프만의 보안 지원 임무를 지닌 연합태스크포스(joint task force)가 창설되었다. 그 태스크포스는 공군, 해군과 해안경비대(coast guard) 출신의 자원들로 구성된다. 해안경비대는 작전통제권을 가지고 국토안보부와 함께 일할 것이다.

민간기관, 항공, 해양 정보제공자들과의 의사소통 숙달이 훈련의 쟁점으로 밝혀졌다. 연안 경비대원들은 일반항공 및 선박뿐만 아니라 경찰 및 비상 서비스와 같은 민간기관들과의 의사소통 절차에 관해 잘 훈련되고 경험을 많이 가지고 있음에도 불구하고, 이러한 의사소통 네트워크에는 익숙하지 않다. 테스크포스 구성원들은 보완 활동의 협력을 위한 비군대적(nonmilitary) 의사소통 절차에 관한 훈련을 받을 것이다.

문제. 여러분은 여러 ID 회사뿐만 아니라 각 서비스회사의 대표로 이루어진 팀의 구성원이다. 팀은 모든 태스크포스들을 하나의 군대로 훈련시키는 방법을 찾는 임무를 맡고 있다. 어떤 다양한 방법을 사용하여 무기와 훈련평가 모두에 진보된 테크놀로지를 사용하는 가장 현실적인 훈련 시나리오를 제시할 것인가?

국방부의 해결책. 국방부는 모든 군들이 도시 환경에서 전투하도록 준비되고, 인도주의적이고 평화유지적인 노력을 수행할 수 있기를 바란다. 플로리다주(Florida) 팬핸들(Panhandle)에 위치한 Eglin 공군기지는 2,000만 달러의 도심지역 군사작전(Military Operations on Urbanized Terrain: MOUT)을 위한 도시전투와 반테러리즘 훈련센터다. 이 시설은 미군과 동맹군이 인본주의에서 즉각적인 전투로 변화하는 새로운 형태의 전쟁의 모든 측면을 훈련시키는 도시를 재연할 것이다(Blair, 2004).

결론

비록 군대환경에서 교수설계자로 일하는 것은 도전적이지만, 그것은 ID 전문가로 성장하는데 필요한 풍부한 경험을 제공한다. ID와 교수전략에 관한 지식은 강사가 주도하거나 촉진자 역할을 하는 교실, 비형식적 자율학습, 동시적 또는 비동시적 선택권을 가진 형식적인 온라인학습 강좌 혹은 이러한 모든 것이 혼합된 학습에 어떠한 방식으로든지 적용될 수 있다.

그러나 교수설계자가 군대환경에서 직면하는 많은 문제점들은 형식적 또는 비형식적인 학습 프로그램에서 학습되는 기본 정보를 넘어서는 기술을 요구한다. 아마도 가장 어려운 점은 군대 문화를 이해하고 가치를 인정하는 것일 것이다. 계급 이해에서 군대 프로토콜과 같이 ID와 직접 관련되지 않은 것들을 포함하는 가파른 학습 곡선이 있다. 또한 군대에서 일할 때 규칙을 어기는 것은 거의 불가능하며, 교수설계자는 세금납세자에게 최소의 비용과 시간으로 상당한 생산성을 도출해 내야 하는 재정적인 한계와 스케줄 관리의 난관에 직면한다. 이것은 ID 작업에 상당한 스트레스를 부과할 수 있다.

조직과 개인에 대한 요구, 재정적인 문제, 급속히 발전하는 테크놀로지 등 전문적인 요구에 관한 강조는 군대교육에서 ID를 어렵지만 보상적인 직업으로 만든다. 군대환경에서 일하는 교수설계자는 절대로 지루해하지 않으며, 충분한 시간이 주어졌을 때 분석에서 평가에 이르기까지 ID의 모든 측면에서 일할 기회를 가질 것이다.

핵심 원리 요약

1. 여러분의 고객들과 그들이 지원하는 조직들의 역할들과 책임들을 진정으로 존중하고 고맙게 여겨라. 여러분은 군대고객들은 일반적으로 매우 직접적이고 단호하다는 것을 알게 될 것이다. 종종, 여러분은 전달물들(deliverables)을 검토해 줄 SME들을 기다리고 있을 수 있다. 그것은 좌절감을 낳게 할 수도 있지만, 여러분의 SME를 임무의 첫 순위에 놓고 다른 모든 것은 부차적이라는 것을 알아야 한다. 신속하게 실행될 수 있는 예비 계획들과 대안적인 접근법들을 개발하는 것이 여러분의 ISD 도구세트(toolkit)에서 표준 도구들이 되어야 한다.
2. 미래를 위한 조직의 비전과 방향에 대해 연구하라. 여러분의 지식을 조직들이 학습할 수 있도록 도와주기 위해 사용하라. SME들이 그들 분야에서 전문가들인 것처럼, ID, 학습전략들, 학습과정을 풍부하게 하기 위한 테크놀로지의 사용 영역에서는 여러분도 그러하다. 여러분의 고객들은 정보를 조직하거나 전달하는 방법, 적절한 전략들을 선택하거나 실행하는 방법에 대한 입력(input)을 제공하고, 복잡한 교수공학의 세계를 이해할 수 있도록 도와주는 여러분에게 의존할 것이다. 졸업한 후에도, 여러분은 계속해서 전문성을 개발해야 한다.
3. 여러분의 전략들을 전달하거나 설명하기 위해 고객의 언어를 사용하라. 교수설계자로서, 여러분은 의사소통할 수 있는 능력에 관하여 여러분 스스로 자신감을 가져야 한다. 우리는 콘텐츠를 개발하기 위해 고객들의 은어(jargon)를 배우지만, 우리는 고객이 계약이나 설계접근법들에 관한 용어들을 이해하기 위해 우리의 은어를 배울 것으로 기대한다. 고객이 익숙한 비유들과 은유들을 사용하면 팀구축(team building)과 공통적인 이해를 개발하는 데 큰 영향을 미칠 것이다.

응용 문제

1. 여러분은 제3세계 국가에서 군대시스템을 위한 컴퓨터기반 훈련기회를 마련하고자 하는 기관으로부터 지원 요청을 받았다. 프로그램 실행을 위한 고려사항 및 제한점들에 관한 짧은 브리핑 자료(1~2쪽)를 준비하라. 여러분의 답변을 구조화할 수 있도록 도와줄 시나리오 해결 토의 매트릭스([그림 19.3])를 사용하라.
2. 여러분의 의뢰인은 훈련프로그램에서 테크놀로지를 활용하기를 원한다. 그러나 작동현장은 항상 전기가 공급되지는 않는다. 성공적인 프로그램을 위해 여러분이 제안할 수 있는 대안들은 무엇인가? 여러분의 생각들을 안내하기 위해 전체 범위 도표(full spectrum diagram)([그림 19.2])를 사용하라. 역량, 기술수준, 수업환경, 개발상의 문제점 혹은 제한점을 고려하여 학습결과 및 테크놀로지에 기반한 전략과 한 개 이상의 대안들을 비교 · 제시하는 표를 준비하라.
3. 여러 국가에서 민간구호활동은 군대의 주요한 임무 중 하나다. 구제노력을 수행하는 방법을 학습시킬 책임을 맡고 있는 서비스 구성원들을 도와주기 위한 일련의 웹기반 훈련자료들을 준비하라.

응급처치, 재난 혹은 기근구호, 산불과 같은 것들을 위한 검색 웹사이트들을 고려해 보라.

저자 정보

Mary F. (Frankie) Bratton-Jeffery는 국방부 조직을 위한 교수체제전문가(Instructional Systems Specialist)다.

Arthur B. Jeffery는 상공회사를 위한 국가보훈부(Veterans Benefits Administration for Camber Corporation)의 프로그램 관리자다.

참고 문헌

Advanced Distributed Learning: The power of global learning, who we are. Retrieved March 27, 2010, from http://www.adlnet.gov/About/Pages/Default.aspx!Index.cfm?fuseaction=abtad1

ADL' s First international plugfest showcases global e-learning progress, March 2004, Retrieved March 31, 2004, from http://adlnet.org/index.cfm?fuseaction=newsstory&newsid=163

Australian Government, Department of Defence. Global Operations. Retrieved March 27, 2010, from http://www.defence.gov.au/op/index.htm

Blair, K.(2004, January 13). "Eglin plans for street fight: Proposed training facility would replicate city for urban warfare." *Pensacola New Journal*, p. 1A.

Bratton-Jeffery, M. F., & Jeffery, A.(2003). Integrated models. In A.M. Armstrong(Ed.), *Instructional design for the real world: A view from the trenches*(pp. 218-244) Hershey, PA: Idea Group.

Department of the Army.(June 2005). FM 1: The Army and the Profession of Arms. Retrieved March 27, 2010, from http://www.army.mil/fmllchapter1.htrnl#section6

Department of Defense.(February, 201 0). *Quadrennial defense review report.* Retrieved March 27, 2010, from http://www.defense.gov/QDR/

Director for Strategic Plans and Policy, J5, Strategy Division.(June 2000). *Joint Vision 2020.* Washington, DC: U.S. Government Printing Office. Retrieved February 8, 2004, from http://www.dtic.mil/jointvision/jvpub2.htm

Joint Knowledge Online.(February, 2010). Courseware and Capabilities. Retrieved March 27, 2010, from http://jko.jfcom.mil/catalog.pdf

Federal Ministry of Defence. Interview with General Wieker: "We need to think in terms of what is feasible." Retrieved March 27, 2010, from http://www.bmvg.de/portal/a/bmvg/kcxml/04_Sj9SPykssy0xPLMnMz0vMOY_QjzKLd4k3cQsESUGY5vqRMDFfj_zcVP2g1Dx9b_OA_YLciHJHROVFAFwAQBQ!/delta/base64xml/L2dJQSEvUUt3QS80SVVFLzZfRF80Rzk!?yw_contentURL=%2FC1256Fl200608B1B%2FW282TE2G049INFOEN%2Fcontent.jsp

Joint Operations Command, Press and Information Centre. German contribution to the ISAF. Retrieved March 3, 2004, from http://www.operations.mod.uk/fingal/germany/isaf_english.htm

Kennedy, D.(2000, June 22). In Clark will leave legacy of progress [Electronic version]. *The flag-*

ship. Retrieved February 8, 2004, http://www.chinfo.navy.mil/navpalib/cno/covenant.html

McGee, P.(2002). Web-based learning design: Planning for diversity. *USDLA Journal, 16*. Retrieved June 27, 2004, from http://www.usdla.org/html/joumal/MAR02_Issue/article03.html

North Atlantic Treaty Organization. Final Communique. Retrieved March 27, 2010, from http://www.nato.int/cps/en/natolive/official_texts_46247.htm

Royal Navy. A Global Force 2009: Securing Britain' s future. Retrieved March 27, 2010, from http://www.royalnavy.mod.uk/upload/pdf/RNGF09_sep09_72dpi.pdf

Serving Soldier. Education for Personal Development. Retrieved March 15, 2004, http://www.army.mod.uk/servingsoldier/career/usefulinfo/epd/ss_cmd_epd_w.html

용어 해설

현역 복무(active duty). 군인이 현역 부대에 배치되어 정규군의 구성원으로서 전 시간을 근무하는 것

고급분산학습(Advanced Distributed Learning). 네트워크와 소프트웨어 솔루션에서 접근성, 지속성, 상호운용성, 재사용성의 철학을 제공하기 위해 정부, 학계, 기업이 공동으로 지원하는 연방계획

배치(deployment). 현역 군인이 미국 내에 있는 상임 거주지에서 지정된 작전 기간 동안 해외 지역으로 이동하는 것

합동작전(Jointness). 이 용어는 독립적인 미군들(공군, 육군, 해병대, 해군)이 자원, 인사, 작전임무를 공유하는 통합군으로 작전을 수행하는 좋은 예다.

연합비전 2020(Joint Vision 2020). 미래 육군의 비전과 요건들을 정의해 놓은 군대문서. 연합비전은 10년 간격으로(예: 2010, 2020, 2030) 발행된다.

전군(total force). 현역, 예비군, 주 방위군, 연방 고용인들을 포함하여 미군에서 일하는 모든 사람들

제20장

보건교육에서의 수행, 교수, 테크놀로지

Craig Locatis (National Library of Medicine)

교육과 수행공학은 다양한 상황에 적용되고 있다. 전반적인 사회적 요인들은 각각의 맥락에 영향을 끼치고, 특정 환경에서 일하는 이들은 그에 상응하는 그들만의 우선순위, 가치, 문화를 가지고 있다. 이 모든 요인들은 교육과 훈련 연구의제(agenda), 궁극적으로는 테크놀로지의 사용 및 교수개발에 영향을 끼친다. 이 장에서는 특히 의사를 비롯한 의료전문가들의 교육 및 훈련과 관련하여, 보건(health care)환경에서 수행(performance)과 교수(instruction)를 지원하는 데 있어서의 테크놀로지의 역할을 검토한다. 의학교육(medical education)을 특히 강조하는데, 그 이유는 의학에서의 많은 경향들이 다른 건강과학 학문들로 이어지기 때문이다. 비록 의료전문가에 대한 교육을 강조하기는 하지만, 환자나 소비자를 대상으로 한 건강교육과 같은 관련 분야들도 함께 다루어진다. 이 장의 목적은 몇몇 독자들에게 보건분야에서 일할 것인지의 여부를 결정하며, 만약 그들이 일하기로 결정했다면 직무인터뷰를 준비하는 출발지점을 제공하는 데 도움을 줄 수도 있는 맥락감(a sense of context)을 제공하는 것이다. 다른 사람들은 이 분야에서 여러 해 동안 일해 온 관점에서 이 분야에서의 교육과 ID의 현재의 역할에 관심을 가지고 있을 수 있다.

이 장에서는 먼저 다양한 보건분야 맥락에서의 교육활동들과 의료교육의 역사에 대하여 간단히 살펴본다. 후자는 보건분야의 교육 및 훈련에 관한 논의와 현재 테크놀로지의 활용을 촉진하는 요인들을 설명하기 위해 사용된다. 임상적 추론(clinical reasoning), 문제중심 학습(problem-based learning: PBL), 증거기반의학(evidence-based medicine: EBM)이 논의되고, 보건학 공동체에게 중요한 교육적인 쟁점들과 방법들을 확인한다.

보건교육 맥락

보건분야에서 일하면서 여러분이 우선적으로 배워야 하는 것들 중 하나는 이 분야가 매우 광범위하다는 것이다. 대부분의 사람들은 보건분야를 병원이나 의사들의 진료실과 연관시켜 생각한다. 그러나 보건분야는 단순히 의료서비스의 전달뿐만 아니라 생명과학연구까지도 포함한다. 여기에는 의사, 수의사, 치과의사, 간호사, 공중보건전문가 및 다양한 관련 분야의 전문가들이 포함된다. 최근 들어 생명공학(생물학적인 물질을 합성하기 위해 DNA와 단백질구조를 활용하는 학문)과 의학정보학(의학연구, 실무, 교육을 위해 정보통신테크놀로지를 활용하는 학문)과 같은 세부전공영역들이 유전자공학과 컴퓨터의 발전과 함께 이 분야에서 중요한 영역으로 부상하고 있다. 또한 보건분야는 앞서 언급한 의료전문가들뿐만 아니라, 해부학, 생화학, 분자생물학, 생리학, 심리학 등 다양한 관련 분야를 포함한다. 학술기관, 병원, 연구기관뿐만 아니라 정부와 같은 규제기관, 재앙들에 대응하는 기관들과 조직들, 약품생산, 유전공학, 의료기기와 연관이 있는 기업체들도 여기에 포함할 수 있다. 애완동물을 동물병원에 데려가거나 약국을 방문할 때, 식당에서 외식을 하거나 식료품점에서 장을 볼 때, 보건학(health sciences)분야에 종사하는 누군가가 직 · 간접적으로 우리의 삶에 영향을 끼치고 있다.

보건(health care)은 (1) 대학부속 의료센터 및 의과대학, (2) 정부기관, (3) 제약 및 생명공학 기업 및 사설재단, (4) 전문가단체 및 보건협회, (5) 병원, 의원 및 요양시설을 포함한 다양한 하위환경들로 구성되어 있다. 이러한 환경들 각각은 의료전문가들의 교육, 준전문가들의 훈련과 관련된 다양한 학위들과 관련이 있으며, 소비자보건 및 평생교육을 제공한다.

보건에서 교육 및 훈련을 위한 가장 명확한 하위환경이 전문대학원들이다. 의학전문대학원들은 학생들과 강좌들을 평가하고 교육과정을 개발하는 의료교육학과들, 의학적인 도해, 사진, 비디오, 멀티미디어를 평가하고 개발하는 생물의학 커뮤니케이션학과들, 그리고 컴퓨터와 정보테크놀로지의 적용과 관련된 수업과 연구를 하는 의학정보학 분야의 학과들을 가지고 있다. 의학전문대학원들은 원격의료상담과 학습을 원격의료(telemedicine) 부서를 둘 수도 있다. 의대도서관에서는 의학 연구, 임상 및 교육을 위한 컴퓨터와 정보자원을 제공하고 있다. 어떤 보건전문대학원들은 규모에 따라 유사한 부서를 1~2개 가지고 있는 경우도 있고, 여러 대학원들이 하나의 도서관을 공유하기도 한다. 보건전문대학원들은 강좌들을 제공할 뿐만 아니라 인터넷 또는 CD, DVD를 통해 전달될 상호작용적인 멀티미디어 교육프로그램들도 개발한다.

정부 보건단체, 제약회사, 병원 및 의원들은 자체적으로 직원들을 교육시키며, 외부인을 위한 훈련을 제공하기도 한다. 이러한 외부교육은 대중보건 및 다른 전문가들을 위한 최신

정보를 제공하기 위한 것이지만, 대부분은 일반대중을 대상으로 한 소비자건강교육의 성격을 갖는다.

전문협회들은 대부분 평생교육에 적극적으로 참여하고 있다. 그들은 학술대회 개최나 학술지 간행뿐만 아니라 튜토리얼(tutorials)과 사례연구 등을 온라인, 광학매체, 또는 다른 매체형태로 제작하여 제공한다. 몇몇 협회들은 보건전문가들이 출판물에서 제시된 정보를 논의할 수 있는 온라인 가상 학술지 클럽이나 전자게시판을 제공한다. 그들은 또한 일반대중들에게 자신들의 의학 전문 분야에 관한 정보를 제공한다.

소비자보건(consumer health) 및 평생교육은 다른 보건교육 및 훈련환경에도 공통적으로 적용된다. 소비자보건은 건강 및 신체적 안녕과 관련된 이슈들, 특정 질병뿐만 아니라 기술훈련(예: 응급처치법) 및 환자교육에 대한 일반적인 교육을 포함한다. 대부분의 보건전문가들은 매년 일정 시간의 평생교육을 이수하도록 되어 있으며, 거의 모든 의과대학 및 의료전문단체들은 평생의료교육(continuing medical education: CME) 프로그램을 제공한다. 때때로 워크숍이나 학술대회에 참여한 것에 대해 CME학점이 주어지지만, 대부분 온라인 교육자료들의 학습을 통해 CME학점을 획득할 수도 있다. 재훈련이나 보습훈련도 많은 준전문가들에게 요구된다!

의료교육: 간략한 역사

여러분이 보건분야에서 배우는 우선적인 것들 중 또 다른 것은 의료서비스를 제공하고 다른 의료전문가 팀을 이끄는 데 의사가 담당하는 핵심적인 역할들이다. 이러한 리더십은 직접적인 진료 외에도 관리와 다른 분야들(예: 병원 운영 및 생물의학 연구)로 확대되어 왔다. 그 결과, 의학교육에서의 경향과 표준들은 흔히 다른 영역들에까지 영향을 끼친다. 그러나 의학교육이 다른 의료전문직에 영향을 끼치는 추가적인 이유들이 있다. 의학교육 프로그램에 관한 더 많은 연구 및 평가가 있기 때문에, 보건에서 교육 및 훈련을 이끌어 왔던 경험적인 증거들 중 상당수가 의학으로부터 나온다. 다른 보건직업은 흔히 의학의 교수방법들을 모방한다. 예를 들어, 간호 및 공중보건 전문대학원들은 현재 의학 전문대학원들에서 인기 있는 사례기반 수업방법들 중에서 많은 것을 도입해 왔다. 의학교육의 진화과정을 알면, 보건분야의 문화와 테크놀로지의 역할을 이해하는 데 매우 도움이 된다.

미국에서, 의학교육은 학사학위를 받은 후 시작되며, 교육 과정(process) 자체는 세 단계, 즉 의과대학에서 여러 해로 구성된 학부교육, 레지던트 시기로 구성된 대학원 교육, 그리고 추가적인 분야들에서 지식과 자격증을 획득하거나 자기 분야에서 계속적으로 공부하는 대학원생(postgraduate)과 평생교육 단계로 나눌 수 있다. 의료교육의 역사는 또한 세 단계, 즉 과학 이전(prescientific)의 단계, 선택된 학문과 전문성을 강조하는 과학(scientific) 또는 "Flexner" 단계, 과학과 더불어 문제해결과 인지에 초점을 둔 Flexner 이후의 단계로 나눌 수 있다.

과학 이전의 단계

의료교육 분야에서 교육공학은 Leonardo da Vinci나 Andreas Vesalius 때부터 있어 왔다고 할 수 있다. 해부학적인 구조의 해부에 기초한 그들의 그림들은 추측, 미신, 또는 종교적인 믿음보다 직접적인 관찰에 기초한 의학적인 지식을 체계적으로 정리하고자 한 최초의 시도들 중 몇 가지이며, 일종의 '연구물(research works)' 일 뿐만 아니라 수업보조물(teaching aids)로서 간주될 수 있다. 비록 의학에서 "과학(science)"은 르네상스시대로까지 거슬러 올라가지만, 최소한 미국에서 의학 교육과정(curriculum)을 위한 과학적인 토대를 개발하기 위한 체계적인 움직임이 시작된 것은 바로 1900년대 초반부터다.

과학의 단계

1910년, Abraham Flexner가 카네기교육진흥재단(Carnegie Foundation for the Advancement of Teaching)에 제출한 보고서는 도제식 교육에서 형식교육에 이르기까지 의학교육의 진화과정을 문서화하였다. 'Flexner 보고서(Flexner Report)' 로 일컬어지는 이 문서에 따르면, 1700년대 후반에 설립된 미국 최초의 의과대학들은 대학교에 소속되어 있었으며, 학생들을 도제로 더 잘 준비시키기 위한 기본적인 정보를 보다 효과적으로 가르치기 위해 고안되었다. 보고서가 작성될 당시에, 대부분의 의과대학들은 교훈적 교수(didactic instruction)를 강조했고, 최소한의 시설들만 갖추고 있으며, 어떠한 병원 제휴도 없는 독립적이고 상업적인 기업들이었다. 의사들은 증상 및 간단한 처방(예를 들어, 열병에는 키니네제를 주라)의 암기만으로도 졸업이 가능했다. 해부용 실험실을 제외하면 실험실은 일반적으로 존재하지 않았으며, 생물학이나 그 당시 의학을 혁신시키고 있었던 새로운 의학 테크놀로지(예: 청진기, 온도계, X-선, 실험실 검사)에 대해서는 거의 강조하지 않았다.

Flexner 보고서는 학술 프로그램의 대학, 대학교, 병원과의 재제휴(reaffiliation) 및 과학적인 엄격성의 도입을 촉구하였다. 다음과 같은 Flexner의 핵심 관찰내용은 보고서의 후반에 보다 자세하게 기술되어 있다.

> 편의상, 의학 교육과정은 실험실에서 수행되는 업무와 병원에서 수행되는 업무의 두 종류로 구분할 수 있다. 물론 이러한 구분은 피상적인 것으로, 궁극적으로는 병원 그 자체가 일종의 실험실이라고 할 수 있다. 일반적으로, 4년에 걸친 의학 교육과정 가운데 초반의 2년은 해부

학, 생리학, 약리학, 병리학과 같은 실험실 과학에, 그리고 후반의 2년은 수술, 의학 및 산학과 같은 임상에 균등하게 할애하도록 되어 있다.(Flexner, 1910, p.57)

과학적인 엄격성과 경험주의야말로 가장 중요한 관심사였으며, 과학적인 방법은 의학 교육과정의 두 부분을 하나로 묶는 접착제였다. 과학적인 방법은 개인들을 진단하고 치료하기 위해서뿐만 아니라 생물의학적인 연구를 위해 사용할 수 있다고 가정했다.

Flexner 보고서는 "과학적인 의학(scientific medicine)"의 개념을 도입함으로써 매우 영향력 있고 혁신적인 교수와 실제(practice)였다(Bonner, 1998). 그 결과, 의학교육이 개선되기는 하였지만, Flexner가 보고서에서 제시하였던 의료교육의 모형은 지난 70년 동안 거의 변하지 않은 채 지속되어 왔다(Association of American Medical Colleges, 1984). 의도했든 의도하지 않았든, 실험실과 임상과학의 범주화는 의학 교육과정의 이분화를 초래했다.

Flexner 이후의 단계

1960년대와 1970년대에, 많은 사람들이 과학적인 콘텐츠와 임상적인 콘텐츠의 분리라고 인식했던 것에 대한 반작용으로서 문제중심학습을 위한 움직임이 시작되었다. PBL의 지지자들은 문제해결 맥락 속에서 콘텐츠를 학습하는 접근방법은 학습자들로 하여금 자신들이 알 필요가 있는 것을 결정하며, 다양한 학문들로부터 나온 정보를 종합하고, 전이 가능한 문제해결능력을 개발하며, 평생학습을 위한 효과적인 자습기술(self-study skills)을 습득할 수 있도록 해준다고 주장함으로써, 지식이 습득된 이후에 문제들을 해결하기 위해 그 지식을 적용하기보다는 문제해결의 맥락 속에서 콘텐츠를 학습하는 것을 지지했다(Barrows & Tamblyn, 1979). 이러한 목적들을 달성하기 위해 제안된 방법론이 학생들을 풍부하게 배열된 일련의 실재적인 환자사례들과 시뮬레이션화된 환자사례들에 노출시키는 것이었다(Barrows & Tamblyn, 1979). 사례들이 주어지면, 일반적으로 그룹으로 학습하는 학생들은 환자의 문제들을 정제(distill)하고, 가설들을 설정하며, 자료들을 수집해야 하며, 만약 배경지식이 부족하다면 사례와 관계있는 정보를 독자적으로 연구하고 논의한다(Barrows & Tamblyn, 1979).

PBL에 대한 관심은 1984년 미국의과대학협회(Association of American Medical Colleges: AAMC)의 의사양성을 위한 일반의료교육패널(General Professional Education of the Physician and College Preparation in Medicine, GPEP)이 『21세기를 위한 의사(Physicians for the Twenty-First Century)』라는 보고서를 발간했을 때 증대되었다(Albanese & Mitchell, 1993). 흔히 『GPEP 보고서』라 불리는 그 보고서는 PBL 교육과정, 컴퓨터와 정보 테크놀로지의 사용, 그리고 병원 외부에서의 임상적인 학습경험의 제공을 지지했다. 그 보고서는 기

술, 가치, 태도를 습득하기 이전에 사실을 기억하며, 건강증진을 희생하고서 질병의 치료를 너무 많이 강조하고, 병원에 있는 환자의 수는 대부분의 의사들이 실제로 접하는 환자의 수를 반영하지 않았다는 우려들을 담고 있다.

AAMC는 또한 1989년에 의학 교육과정에 커다란 영향을 미친 『정보화시대의 의료교육(Medical Education in the Information Age)』이라는 또 하나의 보고서를 출간하였다(Salas & Brownell, 1997). 이 보고서는 의학정보학(medical informatics)을 의학연구, 교육, 환자치료를 위해 정보 및 지식을 조직화하고 관리하는 데 필요한 지식기반 및 일련의 기법으로 정의하고, 이를 위해 데이터베이스, 의사결정 시스템, 컴퓨터기반 교육시스템의 활용을 통해 정보학을 의학교육과정에 포함시켜야 한다고 주장했다. 의학분야의 지식이 폭증함에 따라 문제해결을 가르치고, 의사들로 하여금 최신 의학지식을 갖추게 하며, 평생학습을 유도하기 위한 정보시스템의 사용이 절실해지고 있다.

AAMC의 보고서 외에도 다른 요인들이 변화에 영향을 끼쳐 왔다. 실제로, AAMC 보고서 자체는 어느 정도 임상적인 문제해결, 의학교육, 컴퓨터기반 교수법에 관한 당시의 연구 및 개발의 영향을 받았다고 할 수 있으며, 이러한 연구개발 노력들은 지금까지도 이어져 변화를 주도하고 있다.

문제중심학습과 증거기반의학

학습자들이 다양한 사례의 맥락 속에서 기초과학 및 임상과학을 배울 수 있도록 허용해야 한다는 것은 전문지식은 주로 이전의 문제해결 경험과 함수관계에 있음을 나타내는 임상적인 추론에 관한 연구에 의해 지지되고 있다. 문제해결에 관한 전문지식은, Flexner가 주장한 바와 같이, 일반적인 과학적 방법론이나 연역적인 추론보다는 기존에 접한 환자의 사례유형에 의해 좌우된다(Norman et al., 2007; Norman, 1985; Patel et al., 1989). 대신에, 그 전문지식은 환자들이 나타내는 문제들과 연계될 수 있는 특정 질병들과 질환들에 대한 풍부하고 정교한 개념적인 정보[내용-특수적(content-specific) 지식]를 습득하는 것에 의해 좌우된다(Norman, 2008b; Norman, 2005; Schmidt et al., 1990). 전문지식이 개발됨에 따라, 문제해결은 자동화되고, 공식적인 연역법(formal deduction)보다는 좀 더 패턴 인식의 문제가 된다(Norman, et al., 2007; Norman, 1985; Patel et al., 1989). 패턴 인식은 몇 가지 수준들에 관한 임상적 추론에서 중요하다. 한편으로, 패턴 인식은 심상적으로 환자들이 나타내는 증상들을 서로 다른 질병 및 상태의 발현으로 인식하고 있지만, 또한 피부염증의 특성들과 같이 환자들을 검사할 때 또는 X-선에서 나타난 이상증상과 같이 이미지들을 해석할 때 물리적인 패턴들을 보는 것을 수반한다(Norman et al., 1996).

다른 연구들 역시 PBL의 장점에 대해 보고하고 있다. 메타분석 및 문헌고찰에 따르면, PBL 방식으로 학습한 학생들은 전통적인 방식으로 학습한 학생들에 비하여 임상적 추론 시험에서 보다 좋은 성적을 받은 반면, 기초과학시험에서는 다소 낮은 점수를 받았다(Albanese & Mitchell, 1993; Vernon & Blake, 1993). PBL 방식으로 학습한 학생들은 또한 그들의 학습방식에 대해 훨씬 더 호의적인 태도를 보였다(Rideout et al., 2002; Albanese & Mitchell, 1993; Vernon & Blake 1993). 또한 PBL 방식으로 학습한 학생들은 정보를 더 잘 통합하고, 파지하며, 전이하는 경향이 있고, 더 뛰어난 자기주도적 학습기술을 가지고 있다는 연구결과도 있다(Norman, 2008a; Norman & Schmit, 1992). 전통적인 프로그램과 PBL 프로그램의 비용과 산출물이 거의 동일하고, PBL 프로그램이 훨씬 더 즐겁다고 가정할 때, 몇몇 사람들은 두 가지 접근방법들 중 하나를 선택하는 것은 임신에 있어 자연수정과 인공수정 중 하나를 선택하는 것과 비슷하다고까지 이야기한다(Norman, 1988).

임상적 문제해결에 관한 연구결과들은 학생들을 그들이 실제로 접할 수 있는 것에 관한 대표적인 일련의 사례들에 노출시키는 것을 강력하게 지지하며, 학생들이 후일 병원에서 접할 개연성이 있는 환자들은 그들의 임상적인 실습 과정에서는 대표성이 없고 불충분하기 때문에, 환자 시뮬레이션은 체계적인 문제해결 경험을 제공하고 수행을 측정하는 하나의 수단인 것으로 밝혀졌다(Norman et al., 1985; Barnett, 1989; Piemme, 1988). 컴퓨터 시뮬레이션은 활발히 연구되는 분야다(Eva et al., 1998; Luecht et al., 1998; Sandrick, 2001; Dev et al., 2002).

증거기반의학(evidence-based medicine: EBM)에 대한 가장 최근의 움직임은 부분적으로 PBL의 파생물이라 할 수 있다. EBM은 임상적 질문들을 도출하고, 관련 문헌들에서 증거를 찾아내며, 그 증거를 비판적으로 평가하고, 그 증거를 특정 환자들에게 적용하는 것을 수반한다(Evidence-Based Medicine Working Group, 1992; Craig et al., 2001; White, 2004).

EBM 움직임의 한 가지 측면은 다양한 의학적인 문제들과 관련된 연구들에 관한 신뢰할 만한 요약본들을 산출하기 위해 선행연구들에 대한 메타분석과 체제적 검토를 수행하는 것이다. 또 다른 측면은 의학 교육과정 속에 그 방법을 적용함으로써 학생들이 학습하는 동안 정보자원들을 참고하는 데 매우 익숙해지고, 그 결과 그들이 실제에서도 계속적으로 그렇게 할 수 있도록 하는 것이다(예를 들어, White, 2004; Burrows et al., 2003; Finkel et al., 2003; Wadland et al., 1999). 그러나 실시간 환자진료를 제공하는 데 시간적인 제한점들이 있고(Green, 2000), 결정적 해결책들을 위한 증거가 결여되어 있는 많은 임상적인 문제들이 있는 대학원 교육과 실습에서 EBM을 실행하는 데에는 문제들이 있다(Myrmel et al., 2004). 비록 몇몇 사람들이 EBM의 효과성에 대한 더 많은 증거가 필요하다고 주장하지만(Green, 1999), 그 접근방법은 PBL을 보완한다.

보건교육의 그 외 속성들

비록 현 추세가 교수에 대한 사례기반 문제해결 접근법과 학습과정과 보건을 제공하는 데 있어서의 증거의 사용 쪽으로 지향하고 있지만, 보건교육에 대해 살펴볼 필요가 있는 다른 중요한 사항들이 있다. 그것들은 위험부담의 역할, 이타주의와 전문가정신, 감각 지각, 과학, 그리고 보건전문가 교육과정에서의 교육적인 혁신과 관련이 있다. 이러한 요인들 중 몇 가지는 자명한 듯 보이지만, 그럼에도 불구하고 그것들은 논의할 만한 가치가 있다.

위험부담

보건전문가 교육에는 많은 위험부담(risk)이 따른다. 배운 교과, 학습한 기술, 그리고 사용한 기법들과 테크놀로지들은 생명을 위협하는 결과들을 초래할 수도 있다. 보건분야는 학습에서의 실수가 말 그대로 삶과 죽음의 문제일 수 있는 분야다. 더 나아가, 보건교육 및 실습에 있어서의 위험부담은 환자들뿐만 아니라 보건전문가들과 학생들에게도 따른다. 보건전문가들이 패션 감각에 어울리지 않는다는 이유로 의료용 장갑을 끼지 않는다면, 그들은 전염성 질병에 노출될 수 있다. 그들은 또한 일상적으로 위험한 물질들을 다룬다. 보건전문가 교육은 중요한 일이며, 그것이 임상적인 문제해결 및 의료교육 프로그램들이 지속적으로 평가되고 연구되어야 하는 한 가지 이유다.

이타주의와 전문가정신

보건전문직은 기본적으로 남을 돕는 직업이다. 사람들을 치료하고 돕는다는 생각은 보건분야에서 종사하기로 결심한 사람들에게는 단순한 수사학적인 용어 이상의 것이다. 전문가협회들과 정부기관들에 의해 발간된 히포크라테스 선서와 지침들은 행동을 위한 표준들을 설정한다. 의료전문가들은 말 그대로 직접적으로 다른 사람들을 접촉하는 이들이기 때문에 인간관계기술이나 개방된 의사소통을 통하여 신뢰를 형성하고, 환자들의 심리적인 측면을 이해할 수 있어야 한다(Stewart et al., 1999; Stewart, 1995). 이러한 건강을 돌보는 영역은 매우 중요해서 의과대학들은 정기적으로 다양한 질병들과 상황들을 연출하도록 특별히 훈련된 배우들과 일반인들을 고용하여 학생들이 이들을 면담하고 검진하도록 하고 있다. 이러한 '표준화된(standardized)' 환자들의 사용과 직업정신(professionalism)을 가르치고 평가하기 위한 다양한 방법들이 활발하게 연구되고 있다(American Association of Medical Colleges & National Board of Medical Examiners, 2002).

감각 지각

생물의학 실천가들과 연구자들의 연구는 생물의학에 대하여 관찰하고 추론하는 데 의존한다. 관찰들 중 몇 가지는 의사들과 간호사들이 혈압을 측정할 때 또는 전염병 학자들이 질병의 발병 및 확산을 도면에 기입할 때와 같이 수리적인 데이터를 포함한다. 다른 관찰들은 의사들과 간호사들이 호흡이나 심장박동을 들을 때와 같이 소리를 포함한다. 대부분 관찰들은 심전도와 같이 숫자 값들의 시각적인 표현이거나 신체검사 동안 의사들이 보는 피부상처, 병리학자가 현미경으로 확인하는 세포변질과 적응, 그리고 방사선 학자들이 해석하는 X-선 및 다른 이미지들과 같은 '원자료(raw data)' 일 수 있는 이미지들을 포함한다. 대부분의 보건전문가들에 의해 다루어지는 원자료의 감각적인 특성(sensory nature)은 생물의학 연구자들과 실천가들이 시청각과 멀티미디어 정보에 대한 노출 없이 어떻게 학습할 수 있는지를 상상하기 힘들게 만든다. 진단은 말 그대로 조직검사나 방사선검사에서 보여질 수 있으며, 이미지의 질을 판단할 때 의료전문가들보다 엄격하고 예민한 심사위원은 없을 것이다.

과학

보건서비스를 제공하는 데 있어서 감각적인 자료의 역할은 의료전문직의 과학적인 특성을 보다 강조하고 있다. 보건분야에서 수행 및 교수 시 테크놀로지를 활용하는 이들은 과학적인 배경을 가진 과학자들 및 실천가들과 같은 내용전문가들과 협력하는 경우가 많은데, 이 내용전문가들은 교수를 의료서비스 혹은 연구수행과 관련된 부수적인 업무로 여기며 다른 학자들에 비해 교수와 관련된 자존심을 내세우지 않는 편이다. 그러나 그들은 명백한 증거가 없이는 교육에 있어서 변화를 받아들이려 하지 않는다.

혁신

보건분야에서 과학에 대한 선호가 창의성의 감소나 보수주의의 옹호로 이어지는 것은 아니며, 오히려 새로운 테크놀로지와 교수방법을 사용하고자 하는 실험정신을 증진시킬 수 있다. 최근 들어 의료분야의 혁신적인 교육공학적 방법론이 주로 의과대학의 교수들과 실무전문가들에 의하여 직관적으로 개발되었다. 1960년대에 이미 데이터베이스, 전문가시스템 등 컴퓨터를 활용한 교육이 의학분야에 적용되었다(Blois & Shortliffe, 1990; Hoffer & Barnett, 1990). 또한 상호작용적인 TV 또는 위성을 이용한 원격의료 등에도 적용되었다(예를 들어, Foote et al., 1976; Park, 1974).

상담과 교육을 위한 첨단 컴퓨팅과 네트워크 테크놀로지들의 사용은 현재 보건학분야에서 활발히 연구되고 있다. 최근의 연구들로는 교육적인 대상물들을 제작하고 진단적인 활용을 위한 이미지 라이브러리를 제공하기 위해 완전한 성인남녀의 구조를 디지털로 재현하고(Ackerman, 1998; Dev & Senger, 2005; Kockro & Hwang, 2009), 발생학분야 과학자들과 교사들이 함께 연구하고 원격교육을 온라인으로 제공할 수 있는 공동 연구소를 구축하며

(Cohen, 2002), 수술계획과 훈련을 위해 3D 이미지들과 촉각피드백을 사용하는 몰입적인 가상현실환경을 개발하는 것(Sandrick, 2001; Dev et al., 2002; Mongomery et al., 2006) 등이 포함된다. 일부 혁신의 경우 대형 의료센터에서만 사용이 가능하기 때문에 널리 채택되지 못하는 경우도 있다. 그러나 전반적으로 보건분야의 일반적인 경향은 적어도 새로운 기법을 실험해 보려는 것이라 하겠다.

매우 중요한 의학교육방법론

시뮬레이션과 멀티미디어는 의학교육에서 널리 사용되는 중요한 두 가지 방법론들이기 때문에, 당연히 추가적인 논의가 필요하다.

세 가지 유형의 의학적인 시뮬레이션이 있다. 첫째, 일반적으로 컴퓨터로 제시되는 사례기반 문제해결 시뮬레이션은 학생들이 병력접수, 조사와 테스트, 가능한 진단들 고안, 그리고 가장 그럴듯한 진단선정의 과정을 경험하도록 한다. 몇몇 시뮬레이션들은 또한 학생들로 하여금 치료법들을 처방하도록 할 수도 있다. 둘째, 마네킹과 신체장치들은 간단한 신체적인 절차들, 문제해결, 또는 양자 모두를 가르친다. 가장 간단한 장치들로는 심폐소생술을 학습하고 실습하는 데 널리 활용되고 있는 리서시 앤(Resusci® Anne) 마네킹과 주사법을 실습하기 위한 상박(upper arm)모형들이 포함된다. 보다 고급의 시뮬레이터들은 수술훈련이나 내시경 검사법 학습을 위한 강제적인 피드백을 가지고 있는 컴퓨터화된 시스템들(Dev et al., 2002)에서부터 숨을 내쉴 수 있고, 심장박동과 확장되는 눈동자, 그리고 신체적인 조건들을 모방하기 위해 팽창되는 확장되는 혈관 등을 가지고 있는 매우 복잡한(그리고 비싼) 컴퓨터화된 마네킹들에 이르기까지 다양하다. 이 마네킹들과 많은 컴퓨터 문제해결 시뮬레이션들은 환자의 상태가 시간이 경과함에 따라 그리고 학생들이 취하는 행동들에 의해 변화될 수 있다는 점에서 역동적이다. 마지막으로, 대인간 기술훈련을 위해 훈련된 인간을 모방한 환자들 역시 시뮬레이션의 한 형태라고 할 수 있다. 기술들을 학습하고 적용하기 위한 보다 실재적인 맥락을 제공하기 위해 배우들의 활용과 기계적인 장치들을 통합하기 위한 노력들이 행해져 왔다(Kneebone & Baillie, 2008). 예를 들어, 주사법을 실습하기 위해 배우의 팔에 팔 모형을 끈으로 묶을 때 만약 그 배우가 몇몇 환자들이 하는 것처럼 산만한 말이나 불평을 한다면, 그 과제들은 훨씬 더 실제적이다.

시뮬레이션들은 팀뿐만 아니라 개인적인 훈련을 위해 사용된다. 마네킹은 학생들이 응급실에 있는 것과 흡사하게 그들이 팀에서 함께 일하면서 다루어야 할 조건들을 시뮬레이션하도록 프로그램화될 수 있다(Robertson et al., 2009). 몇몇 컴퓨터화된 마네킹들은 어느 모방된 조건들이 보다 더 즉각적인 처치를 필요로 하는지를 결정하기 위해 학생들이 처치해야 할 뿐만 아니라 자원을 선별적으로 분배해야 하는 재난을 당해 쇄도하는 환자들을 모방하기 위해 배치될 수도 있다. 마찬가지로, 3D 가상세계는 그룹들을 온라인에서 훈련시키기 위해 사용될 수 있다. 그것들은 Second Life와 같이 공적인 가상세계들과 비슷하지만, 실재적인 응급실이나 전체 병원을 묘사하며, 일련의 재난희생자 관리방법을 학습할 수 있는 안전하고 시뮬레이션화된 공간들이다(Hansen, 2008).

거의 모든 컴퓨터 시뮬레이션들은 오늘날 상처, 방사선 이미지들[CT, MRI, X-선, 소노그래피(sonograms)[1)]](신경병학적인 검사, 말과 걷는 모양 분석을 위해), 말하거나 움직이고 있는 환자들의 비디오, 그리고 숨소리와 심장박동 소리에 대한 오디오를 보여주기 위해 멀티미디어를 사용한다. 멀티미디어는 또한 교훈적인 자료들에 더 잘 통합되며, 공식적인 프레젠테이션에서 사용된다. 발표자의 데스크톱 컴퓨터에 있는 멀티미디어 애플리케이션들은 화상회의 시스템을 통해 원격지들에 투사되거나 공유될 수 있으며, 3D 이미지들은 해부학 구조들을 학습하는 것을 증진시켜 주며(Garg et al., 2002), 3D로 이미지화하는 것은 수술계획을 세우는 데 도움을 준다(Yoon et al., 2009; Soria et al., 2009)는 새로운 증거가 있다. 결과적으로, 수술을 가르치기 위한 고급 시뮬레이션들과 해부학을 학습하기 위한 교훈적인 프로그램들은 3D 이미지를 통합한다(Dev et al., 2002; Dev & Senger, 2005). 멀티미디어 학습 객체들(learning objects)은 매우 중요해서 미국의과대학협의회(American Association of American Medical Colleges)는 교수들에 의해 제작된 객체들이 저장되고, 검토되며, 공유될 수 있는 온라인 의학교육 포털을 만들었다(Reynolds & Candler, 2008).

수행과 교육에 영향을 미치는 주요 요인/쟁점

의료분야에서 수행, 교수(instruction) 개발, 교육공학의 적용에 영향을 미치는 가장 중요한 요인들 중 몇 가지로는 지식과 연구, 비용과 관리의료(managed care), 규제 및 표준, 융합을 들 수 있다.

지식과 연구

보건분야에서 지식은 빠르게 진보하고 있으며, 지식의 시의성(currency)과 통합성(integrity)은 매우 중요한 관심사다. 지식의 양과 속도는 정보 테크놀로지를 이 분야의 교육 및 실무의 중요한 요소로 만들었다(Salas & Brownell, 1997). 정보 테크놀로지의 비용이 지속적으로 낮아지면서 그 활용 가능성은 점차 높아지고 있다. 국립의학도서관(National Library of Medi-

1) [역주] 음파 홀로그래피(holography)에 의해 구현된 3차원의 상

cine)의 Medline 데이터베이스를 통하여 의학 학술지들이 CD-ROM으로 발간되고 있으며, 검색비용 또한 검색 건당이 아닌 연간회원제 형태로 운영되고 있다. 이것은 학생들이 의학 연구에 보다 쉽게 접근할 수 있게 해주었으며(Rapp et al., 1989), 교수들이 보다 더 최신정보를 유지하도록 압박하고 있다. 최근 인터넷의 발달로 국립의학도서관이 데이터베이스 검색을 위해 별도의 통신시스템을 지원할 필요가 없어졌으며, 온라인 검색도 모든 사람들에게 무료로 제공되고 있다. 이는 실천가들로 하여금 최신 연구정보에 관한 지속적인 관심을 갖게 하는 부담요인으로 작용할 수도 있다. 그러나 다양한 출처들로부터 나온 건강정보를 인터넷상에서 쉽게 접할 수 있게 됨에 따라, 특히 보건학 콘텐츠를 저작하고 편집하거나 선정하는 것을 더 쉽게 만들어 주는 웹 2.0 소셜 도구들의 개발로, 지식의 통합성과 시의성 문제가 심화되고 있다. 또한 보건정보를 위한 표준과 비전문가들이 의학정보의 정확성과 적절성을 판단할 수 있도록 도와주기 위한 지침들을 개발하기 위한 필요성이 증대되어 왔다(Robinson, et al., 1998). 한 가지 해결책은 의사들로 하여금 약뿐만 아니라 정보출처도 처방하도록 하는 것이다(Bader & Braude, 1998). 또 다른 해결책은 전문적으로 검토되어 온 보건정보에 대한 웹사이트들을 제공하는 것이다. 세 번째 해결책은 보건정보를 일반인들 스스로가 평가할 수 있도록 그들을 더 잘 교육시키는 것이다.

비용과 관리의료

비록 몇몇 보건직종들(예: 의학 또는 치의학)의 수업료가 높을 수는 있지만, 보건기관들에게 교육은 이익보다 비용이 더 많이 드는 사업이다. 이러한 비용은 주로 병원이나 의원에서 발생하는 수익으로부터 보전되고 있다. 특히 관리의료(managed care)의 도입과 함께, 치솟는 의료비용을 감축하기 위한 노력은 의료서비스의 전달뿐만 아니라 전문가 교육과 훈련에도 영향을 미치고 있다. 수업에 더 적은 시간을 소비하고, 환자들을 돌보는 데 더 많은 시간을 소비하며, 교수들이 병실이나 검사실에서 학생들을 코치할 수 있는 시간을 훨씬 더 감소시키는 개별 환자들과의 접촉시간을 줄이도록 교수들을 더 압박한다(American Association of Medical Colleges & National Board of Medical Examiners, 2002).

관리의료는 교수들이 수업에 대한 부담을 덜기 위한 한 가지 방법으로서 정보 테크놀로지에 대한 관심을 갖도록 촉발한 반면, 다른 사람들은 환자와 소비자 보건교육을 위한 정보 테크놀로지의 활용에 관심을 갖게 되었다. 아이러니하게도, 많은 의료보험회사들이 정보와 교육을 비용(보건에 대하여 식견이 있는 사람들은 더 적은 서비스를 필요로 하는 경향이 있음)을 조절하기 위한 수단으로 여기는 데 반해, 많은 환자들과 일반인들은 정보와 교육을 적절한 서비스를 받고 있음을 보증하는 한 가지 방법으로 본다(Bottles, 1999).

규제, 표준 및 면허제도

규제와 표준은 학습되어야 할 것을 지시하기 때문에 교육과 훈련에 영향을 미친다. 「건강보험의 편리성과 책임에 관한 법률(Health Insurance Portability and Accountability Act: HIPAA)」은 의료 정보에 대한 접근권을 제정하였으며, 교육자들과 연구자들이 어떻게 환자의 의료 기록들을 사용할 수 있는지에 영향을 미치는 프라이버시를 위한 표준을 설정하였다(DiBenedetto, 2003). 아울러, 의료분야에서 사용되는 물질들과 장비들 중 많은 것들이, 그리고 그러한 것들의 사용에 대한 절차들이 규제된다. 또한 의료인들의 자격과 의무적인 계속교육에 관한 요건들이 있다. PBL과 같은 교육개혁들이 제안되었을 때, 교육과정에서 가르치는 것과 시험에서 측정하는 것 간에 차이점들이 해결되어야 한다(Albanese & Mitchell, 1993; Vernon & Blake, 1993). PBL 운동은 면허시험에서 임상적 문제해결 능력을 측정하기 위한 더 좋은 방법을 고안하기 위한 연구들을 촉발해 왔다(Clyman, et al., 1995).

융합

융합 테크놀로지들은 보건분야를 포함한 모든 분야의 교육과 훈련에 영향을 미치고 있다. TV, 전화통신, 컴퓨터가 개발되어 나왔을 때, 이러한 다양한 양식들(modalities)을 통합한 애플리케이션들이 나왔다. 비디오 프레젠테이션을 스트리밍하고 동시에 그 프레젠테이션의 콘텐츠를 논의하는 비디오 컨퍼런스를 개최하는 것이 가능하다. 동일한 컨퍼런스 하드웨어와 소프트웨어는 의사들로 하여금 서로 원격지에서 상담을 할 수 있고 사례(case)에 대한 정보를 논의하고 그것과 관련된 정보를 찾기 위해 화이트보드와 애플리케이션 소프트웨어를 공유할 수 있도록 해준다. 학생들은 처음에는 콘텐츠를 학습하기 위해, 그런 다음 부가적인 정보를 검색하기 위해 CD-ROM이나 온라인상에 있는 별도로 분리되어 있는 데이터베이스들에 접속하기 위해 독립형(stand-alone) 컴퓨터기반 교수패키지를 사용해야 한다. 교수가 점점 더 웹 중심으로 변하고 더 많은 데이터베이스들이 웹을 통해 접근 가능해짐에 따라, 교육 및 정보자원들은 단순히 링크들을 연결해 줌으로써 통합될 수 있다. 소셜 네트워크 도구들이 연결됨에 따라, 학습자들은 학교 밖에서 함께 공부하고 다른 기관들에 있는 동료들과 협력할 수 있게 되었다. 이 도구들은 또한 보건전문가들이 환자들 및 소비자들과 의사소통하고, 환자들은 서로 간에 의사소통할 수 있는 장치들이 되었다(Eysenbach, 2008).

특히 정보자원들의 활용이 학습방법론의 일부인 PBL과 EBM에서, 교육 애플리케이션과 정보 애플리케이션 간의 경계는 매우 모호해지고 있다. 이러한 융합은 전자의료기록들이 부양자들을 도와주는 다른 시스템들과 결합될 수 있는 데까지 확대되고 있다. 예를 들어, 어떤 환자의 기록을 데이터베이스들에 연결하고 환자의 상태와 관련된 선행연구를 자동적으로 검색하거나, 그 기록을 진단과 보건에 대한 조언을 제공하는 전문가 시스템들이나 처방된 약품들 간의 상호작용에 대한 경고를 제공할 수 있는 지식기반에 연결할 수 있다. 멀티미디어 정보는 많은 전자의료기록 시스템들 속에 포함되기 시작하고 있다.

핵심 원리 요약

1. **보건학분야는 간호를 제공하는 병원, 클리닉, 진료소 이상을 포함할 정도로 매우 광범위하다.** 많은 공공, 개인, 비영리조직들은 간호를 제공하고, 건강을 증진하며, 생물의학적인 연구와 개발을 수행한다.
2. **의학분야는 다른 보건전문가들에 의해서 채택되어 온 수행방법들과 교수방법들 개발의 선두주자였다.** 의학교육은 자금지원을 더 잘 받지만, 의사들의 빈약한 교육 및 훈련과 관련된 위험부담은 더 크다. 그 결과, 의학분야는 다른 건강관리분야들보다 더 많은 교육연구와 평가가 행해져 왔다.
3. **전통적인 의학 교육과정은 기초과학과 임상실습을 분리한다.** 이러한 분리는 사람들은 생물의학을 먼저 배우고, 그후 그것을 실제에 적용하며, 가설연역적 추론은 임상적 문제해결을 안내한다는 철학에서 비롯되었다.
4. **의학과 다른 보건 직책들은 전통적인 교육과정에서 문제중심 교육과정으로 이동하고 있다.** 기초과학들은 임상적인 사례의 맥락에서 지도된다.
5. **문제중심 교육과정은 의학적인 전문지식에 관한 연구에 의해 지지되고 있다.** 이러한 연구에 따르면, 전문지식은 이전의 문제해결 경험과 함수관계에 있으며, 임상적인 문제해결은 가설연역적 추론보다 패턴 매칭과 더 정적 상관이 있는 것으로 나타났다.
6. **임상적인 문제해결의 감각적인 특성, 환자들과 상호작용하기 위해서 요구되는 대인관계 기술, 그리고 환자들 및 학생들과 관련된 위험부담은 교수방법들로서 시뮬레이션과 멀티미디어의 활용을 증대시켜 왔다.** 컴퓨터 시뮬레이션, 마네킹, 표준화된 환자들로 행동하는 실제 사람들은 임상적인 문제해결, 의학적인 절차, 대인관계 기술을 학습하기 위한 안전한 환경을 제공하기 위해 사용되었다.

응용 문제

1. 워싱턴 DC 지역주민들을 위한 일반적인 재난계획이 발표되었다. 그 계획은 DC지역에서 대규모 의료응급상황 발생 시 희생자들을 먼저 서브어번병원(Suburban Hospital)과 메릴랜드주(Maryland) 베세다(Bethesda) 근처의 미국해군의료센터(National Naval Medical Center)로 피난시킬 것을 요구한다. 만약 이 시설들이 수용인원 한계에 도달하면, 그 계획은 즉각적인 간호가 필요하지 않은 희생자들(예: 보행부상자들)을 다른 시설들 중간에 있는 미국국립보건원(National Institutes

of Health)의 임상센터(Clinical Center)로 유도하도록 요구한다. 세 기관들이 대규모 자연 또는 인공재난을 처리할 준비가 되었다는 것을 보증하기 위해 여러분은 어떤 일반적인 전략들을 제안하겠는가? 어떤 절차들과 정책들이 개발될 필요가 있으며, 그것들이 실제로 작동하는지를 어떻게 확신할 수 있는가?

2. 지난해 동안 무작위로 선정된 환자차트 샘플에서 추출된 주요병원들에서 소급감사가 행해졌다. 그 감사에서 몇 가지 의학적인 실수에 관한 출처들이 밝혀졌는데, 그것은 환자가 현재 복용하고 있는 의약품들에 관한 불충분한 문서화와 이전의 의약품과 처방된 의약품들 간의 가능한 상호작용이 포함되었다. 상당히 높은 퍼센트의 기입사항들이 불명료하게 판단되었으며, 그 사례들 중 10% 정도에서 중복의학검사가 행해졌는데, 그 이유는 그 결과들이 환자가 검사를 받았던 그 당시 차트에 기재되지 않았거나 부양자가 차트에서 검사결과를 찾을 수 없었기 때문이다. 해당 병원의 의료부장이 여러분을 사무실로 불러 그가 구매해서 활용했던 차트관리 및 유지에 관한 상업용 재고 CD-ROM 프로그램이 효과가 없었음에 틀림없다고 말했다. 그 결과, 그는 여러분이 클리닉과 병동에 있는 직원들의 시간을 너무 많이 소비하게 하지 않는 맞춤형 훈련프로그램을 개발하도록 요구한다. 여러분은 의료부장의 요구에 어떻게 대응하겠는가?

저자 정보

Craig Locatis는 미국국립보건원 국립의료도서관(National Library of Medicine) 고성능 컴퓨팅 및 통신부(Office of High Performance Computing and Communications)의 교육연구전문가 겸 프로젝트 관리자다.

참고 문헌

Ackerman, M.(1998). The visible human project. *Proceedings of the IEEE, 86*(3), 504-511.

Albanese, M., & Mitchell, S.(1993). Problem-based learning: A review of the literature on its outcomes and implementation issues. *Academic Medicine, 68*(1), 52-81.

Association of American Medical Colleges.(1986). *Medical education in the information age.* Washington, DC: Association of American Medical Colleges.

Association of American Medical Colleges.(1984). *Physicians for the twenty-first century.* Washington, DC: Association of American Medical Colleges.

Association of American Medical Colleges and the National Board of Medical Examiners.(2002). *Embedding professionalism in medical education: Assessment as a tool for implementation.* Philadelphia, PA: National Board of Medical Examiners.

Bader, S., & Braude, R.(1998). "Patient Informatics": Creating new partnerships in medical decision making. *Academic Medicine, 73*(4), 408-411.

Barnett, O.(1989). Information technology in undergraduate medical education. *Academic Medi-*

cine, 64(4), 187-190.

Barrows, H. S., & Tamblyn, R. M.(1979). *Problem-based learning in health sciences education.*(National Library of Medicine Monograph, Contract No. 1 LM-6-4721). Bethesda, MD: National Institutes of Health.

Blois, M., & Shortliffe, E.(1990). The computer meets medicine: Emergence of a discipline. In E. Shortliffe & L. Perreault(Eds.), *Medical informatics: Computer applications in health care.* Reading, MA: Addison-Wesley.

Bonner, T.(1998). Searching for Abraham Flexner. *Academic Medicine, 73*(2), 160-166.

Bottles, K.(1999). The effect of the information revolution on American medical schools. *Medscape General Medicine, 1*(7), np.

Burrows, S., Moore, K., Arriaga, J., Paulaitis, G., & Lemkau, H.(2003). Developing an "evidence-based medicine and use of the biomedical literature" component as a longitudinal theme of an outcomes based medical school curriculum: Year 1. *Journal of the Medical Library Association, 91*(1), 34-41.

Clyman, S., Melnick, D., & Clauser, B.(1995). Computer-based simulations. In E. L. Mancall & P. G. Bashook(Eds.), *Assessing clinical reasoning: The oral examination and alternative methods.* Evanston, IL: American Board of Medical Specialties.

Cohen, J.(2002). Embryo development at a click of a mouse. *Science, 297*(5587), 1629.

Craig, J., Irwig, L., & Stockier, M.(2001). Evidence-based medicine: Useful tools for decision making. *Medical Journal of Australia, 174*(5), 248-253.

Dev, P., & Senger, S.(2005). The Visible Human and Digital Anatomy learning archive. *Studies in Health Technology Information, 111*, 108-118.

Dev, P., Montgomery, K., Senger, S., Heinrichs, W. L., Srivastava, S., & Waldron, K.(2002). Simulated medical learning environments on the Internet. *Journal of the American Medical Informatics Association, 9*(5), 554-556.

DiBenedetto, D.(2003). HIPAA Privacy 101: Essentials for case management practice. *Lippencott' s Case Management, 8*(1), 14-23.

Eva, K., Neville, A., & Norman, G.(1998). Exploring the etiology of content specificity: Factors influencing analogic transfer and problem solving. *Academic Medicine, 73*(10), Sl-S5.

Evidence-Based Medicine Working Group.(1992). Evidence-based medicine: A new approach to teaching the practice of medicine. *Journal of the American Medical Association, 268*(17), 2420--2425.

Eysenbach, G.(2008). Medicine 2.0: Social networking, collaboration, participation, apomediation, and openness. *Journal of Internet Medical Research, 3*, e22.

Finkel, M., Brown, H., Gerber, L., & Supino, P.(2003). Teaching evidence-based medicine to medical students. *Medical Teacher, 25*(2), 202-204.

Flexner, A.(1910). *Medical education in the United States and Canada: A report to the Carnegie Foundation for the Advancement of Teaching*, Boston: Updyke. Reprinted in 1973 by Science and Health Publications, Bethesda, MD.

Foote, D., Parker, E., & Hudson, H.(1976). *Telemedicine in Alaska: The ATS-6 satellite biomedical demonstration; final report of the evaluation of the ATS-6 biomedical demonstration in Alaska,* Palo Alto, CA: Institute for Communications Research, Stanford University.

Garg, A., Norman, G., Eva, K., Spero, L., & Sharan, S.(2002). Is there any virtue in virtual reality? The minor role of multiple orientations in learning anatomy from computers. *Academic Medicine, 77*(10), S97-S99.

Green, M.(1999). Graduate medical education training in clinical epidemiology, critical appraisal, and evidence-based medicine: A critical review of curricula. *Academic Medicine, 74*(12), 1184-1185.

Green, M.(2000). Evidence-based medicine training in graduate medical education: Past, present and future. *Journal of Evaluation in Clinical Practice, 6*(2), 121-138.

Hansen, M.(2008). Versatile, immersive, creative and dynamic virtual 3D healthcare learning environments: A review of the literature. *Journal of Medical Internet Research, 10*(3), e26.

Hoffer, E., & Barnett, G. O.(1990). Computer in medical education. In E. Shortliffe & L. Perreault(Eds.), *Medical informatics: Computer applications in health care*. Reading, MA: Addison-Wesley.

Kneebone, R., & Baillie, S.(2008). Contextualized simulation and procedural skills: A view from medical education. *Journal of Veterinary Medical Education, 35*(4), 595-598.

Kockro, P., & Hwang, P.(2009). Virtual temporal bone: An interactive 3-dimensional learning aid for cranial base surgery. *Neurology, 64*(5, Suppl2), 216-229.

Luecht, R., Hadadi, A., Swanson, D., & Case, S.(1998). A comparative study of a comprehensive basic sciences test using paper-and-pencil and computerized formats. *Academic Medicine, 73*(10), S51-S53.

Montgomery, K., Burgess, L., Dev, P., & Heinrichs, L.(2006). Project hydra-A new paradigm of Internet-based surgical simulation. *Studies in Health Technology Information, 119*, 399-403.

Myrmel, T., Lai, D., & Miller, D.(2004). Can the principles of evidence-based medicine be applied to the treatment of aortic dissections? *European Journal of Cardia-Thoracic Surgery, 25*(2), 236-242.

Norman, G.(1985). The role of knowledge in the teaching and assessment of problem-solving. *Journal of Instructional Development, 8*(1), 7-10.

Norman, G.(1988). Problem solving skills, solving problems, and problem-based learning. *Medical Education, 22*, 279-286.

Norman, G.(2005). Research in clinical reasoning: Past history and current trends. *Medical Education, 39*, 418-427.

Norman, G.(2008a). Problem-based learning makes a difference. But why? *Canadian Medical Association Journal, 178*(1), 61-62.

Norman, G.(2008b). The glass is a little full-of something: Revisiting the issue of content specificity in problem solving. *Medical Education, 42*, 549-551.

Norman, G., Brooks, L., Cunnington, J., Shali, V., Marriott, M., & Regehr, G.(1996). Expert-novice differences in the use of history and visual information from patients. *Academic Medicine, 71*(10, Supp), S62-S64.

Norman, G., Muzzin, L., Williams, R., & Swanson, D.(1985). Simulation in health science education. *Journal of Instructional Development, 8*(1), 11-17.

Norman, G., & Schmidt, H.(1992). The psychological basis for problem-based learning. *Academic Medicine, 67*(9), 557-286.

Norman, G., Young, M., & Brooks, L.(2007). Non-analytical models of clinical reasoning: The role of experience. *Medical Education, 41*, 1140-1145.

Park, B.(1974). *An introduction to telemedicine: Interactive television for delivery of health services*. New York: Alternate Media Center at the New York University School of the Arts.

Patel, V., Evans, D., & Groen, G.(1989). Biomedical knowledge and clinical reasoning. In D. Evans & V. Patel(Eds.), *Cognitive science in medicine*, Cambridge, Massachusetts: MIT Press.

Piemme, T.(1988). Computer-assisted learning and evaluation in medicine. *Journal of the American Medical Association, 260*(3), 367-372.

Rapp, B., Siegel, E., & Woodsmall, R.(1989). Medline on CD-ROM: Summary of a report of a nationwide evaluation. In R. Woodsmall, B. Lyon-Hartmann, & E. Siegel(Eds.), *Medline on CD-ROM.* Medford, NJ: Learned Information.

Reynolds, R., & Candler, C.(2009). MedEdPortal: Educational scholarship for teaching. *Journal of Continuing Education in the Health Professions, 28*(2), 91-94.

Rideout, E., England-Oxford, V., Brown, B. Fothergill-Bourbonnais, F., Ingram, C., Benson, G., Ross, M., & Coates, A.(2002). A comparison of problem-based and conventional curricula in nursing education. *Advances in Health Sciences Education, 7,* 317.

Robinson, T., Patrick, K., Eng, T., & Gustafson, D.(1998). An evidence-based approach to interactive health communication: A challenge for medicine in the information age. *Journal of the American Medical Association, 280*(14), 1264-1269.

Robertson, B., Schumacher, L. Gossman, G., Kanfer, R., Kelley, M., & DeVita, M.(2009). Simulation-based crisis team training for multidisciplinary obstetric providers. *Simulation in Healthcare, 4*(2), 77-83.

Salas, A., & Brownell, A.(1997). Introducing information technologies into the medical curriculum: Activities of the AAMC. *Academic Medicine, 72*(3), 191-193.

Sandrick, K.(2001). Virtual reality surgery: Has the future arrived? *Bulletin of the American College of Surgeons, 86*(3), 42-43, 63.

Schmidt, H., Norman, G., & Boshuizen, H.(1990). A cognitive perspective of medical expertise: Theory and implications. *Academic Medicine, 65*(10), 611-621.

Soria, F., Delgado, M., Sanchez, F., Alona, A., Jimenez Cruz, J., Morell, E., & Uson, J.(2009). Effectiveness of three dimensional fluoroscopy in percutaneous nephrostomy: An animal model study. *Urology, 73*(3), 649-652.

Stewart, M.(1995). Effective physician-patient communication and health outcomes: A review. *Canadian Medical Association Journal, 152*(9), 1423-1433.

Stewart, M., Brown, J., Boon, H., Galajda, J., & Sangster, M.(1999). Evidence on patient-doctor communication. *Cancer Prevention and Control, 3*(1), 25-30.

Vernon, D., & Blake, R.(1993). Does problem-based learning work? A meta-analysis of evaluative research. *Academic Medicine, 68*(7), 550-563.

Wadland, W., Barry, H., Farquhar, L., & White, A.(1999}. Training medical students in evidence-based medicine: A community campus approach. *Family Medicine, 31*(10), 703-708.

White, B.(2004). Making evidence-based medicine doable in everyday practice. *Family Practice Management, 11*(2), 51-58.

Yoon, L., Catalano, O., Fritz, S., Hahn, P., & Sahani, D.(2009). Another dimension in magnetic resonance cholangiopanreatography: Comparison of 2- and 3-dimensional magnetic resonance cholangiopanreatography for the evaluation of intraductal papillary mucinous neoplasm of the pancreas. *Journal of Computer Assisted Tomography, 33*(3), 363-368.

제21장

교수설계자들과 P-12 테크놀로지 통합

Deborah L. Lowther (University of Memphis)
Steven M. Ross (Johns Hopkins University)

비록 ID 또는 교수체제설계가 일반적으로 기업, 보건, 정부, 그리고 비슷한 환경에서 성인 학습 및 수행증진과 연계되지만, 교수설계자들은 또한 학교시스템, 영리기업들, 그리고 비영리조직들과의 계약을 통해 P-12 교육의 다양한 측면들에서 활발히 공헌하고 있다. **학교시스템들**(school systems)과 협력하는 ID 업무는 특징적으로 다음과 같은 책무들의 조합들을 포함한다. 즉, 교사와 행정가의 전문성 개발 및 훈련을 관리, 설계, 개발, 평가하는 것이다. **영리**(for-profit)기업들과 비즈니스들은 통합학습시스템, 교육용 소프트웨어와 게임, 비디오, 그리고 인쇄자료들에서부터 상호작용 화이트보드, 도표로 나타내는 계산기, 클리커(clickers)(학생응답시스템)와 같은 장치들을 위한 하드웨어 지원 자료들에 이르기까지 다양한 P-12 교육을 위한 산출물들을 생산하고 검사하도록 하기 위해 교수설계자들을 고용한다. **비영리**(nonprofit)조직들은 종종 외부평가자들과 연구자들로서뿐만 아니라 학교시스템들을 구축한 사람들과 비슷한 역할들을 완수토록 하기 위해 교수설계자들을 고용한다. 교수설계자들에게 있어 주요한 P-12 교육의 중점분야는 테크놀로지 통합이다.

컴퓨터가 P-12 학교들에 처음 도입된 이래, 교수설계자들은 교사들이 학생들의 학습증진이라는 핵심초점들을 유지하면서 새로운 테크놀로지들을 교실 교수에 통합하는 과제들을 해결할 수 있도록 도와주기 위해 노력해 왔다. 이러한 생각은 다음의 인용문에 잘 반영되어 나타나 있다. "[우리]는 테크놀로지를 사용할 때 교사가 성공을 위한 가장 중요한 요소라는 것을 알았다. 그것은 컴퓨터 하드웨어나 소프트웨어도 아니다. 좋은 수업이 먼저이고, 테크놀로지는 그 다음이다!" (Russell, Sorge, & Brickner, 1994, p.8). 그러나 학교환경 외부에서 학생들이 디지털 장치들을 언제 어디에서나 접속할 수 있는 이 시점에, 교사들은 산출물지향적인 테크놀로지의 통합이 아닌 장치주도적인(device-driven) 테크놀로지의 통합을 피해야 한다. 즉, Richard Clark의 "매체비교(media comparison)" 연구에 관한 비판이 이 디지털 네이티브(digital natives)의 시대에서도 여전히 타당한가? 우리는 그렇다고 생각한다.

이 장에서, 우리는 ID나 ISD 기초에 기반하여 테크놀로지의 통합에 관한 개요를 제시한다. 그런 다음, 우리는 초점을 3개 주의 프로젝트에서 선별한, 테크놀로지를 통합한 교실의 실제들을 보여주는 영향과 연구로 옮겨간다. 우리는 현재의 실제와 21세기를 위한 학생들을 준비시킨다는 도전과제를 달성하기 위해 요구되는 것 간에 존재하는 차이에 관하여 논의하는 것으로 이 장을 끝맺는다.

테크놀로지 통합: 교수설계 기초

비록 ID에 관한 무수한 정의들이 있지만, 대부분의 실천가들과 연구자들은 ID는 학습과 수행 산출물을 달성하기 위해 다섯 단계의 ADDIE 모형(설계, 분석, 개발, 실행, 평가)에서 발견되는 구성요소들을 포함한 전략적, 연구기반 과정을 사용한다는 데에 동의한다(Molenda, Pershing, & Reigeluth, 1996). 개발과 통합 과정의 중요한 특성들이 아래에서 검토된다.

세 가지 유형의 ID 개발

ID 과정은 세 가지 유형의 개발로 분류될 수 있다: 시스템, 생산물, 그리고 교실(Gustafson & Branch, 2002). 시스템 ID(system ID)는 주로 대규모 개발과 관련되거나 포괄적인 프로그램 또는 교육과정의 용도를 변경하는 영리적인 목적을 지닌 노력의 일환이다. 생산물 ID(product ID) 또한 영리기업들에 의해 수행되지만, 주로 온라인 형태로 전달되는 자기속도(self-paced) 학습자료들을 만들기 위해 처방적인 접근방법을 사용하는 경향이 있다. 교실개발(classroom development)은 흔히 수업이나 단원 수준이며, 비공식적인 형성평가전략들이 포함된, 기존의 자료들을 수정한 자료들이나 새롭게 개발된 자료들을 사용하는 교사주도 교수에 초점을 둔다(Gustafson & Branch, 2002). 교실개발은 학교시스템들이나 비영리적 재원에 의해 아주 빈번하게 지원된다.

세 가지 유형의 ID는 흔한 P-12 테크놀로지 접근법들, 즉 통합학습시스템, 컴퓨터기반 학습, 그리고 교실수준의 테크놀로지 통합에 적용가능하다(〈표 21.1〉 참조).

시스템. 시스템 개발은 통합학습시스템(integrated learning system: ILS) 속에 포함되어 있는 컴퓨터 보조수업(computer-assisted instruction: CAI)을 만들기 위해 사용된다. ILS는 "교

〈표 21.1〉 테크놀로지 통합별 ID 개발유형 사례들

ID 개발유형 (Gustafson & Branch, 2002)	테크놀로지 통합 사례들
시스템	통합학습시스템
생산물	컴퓨터기반 학습 • 개인교수형 • 반복연습형 • 교육용 게임 • 교육용 시뮬레이션
교실	테크놀로지 통합모형들 • ASSURE(Smaldino et al., 2008) • NTeQ(Morrison & Lowther, 2010)

수를 위해 사용되는 완전한 소프트웨어, 하드웨어, 그리고 네트워크 시스템이다. 아울러, 수준별로 조직화된 교육과정과 수업을 제공하며, 학습요구들을 밝혀내고, 진도를 모니터링하며, 학생의 기록들을 유지할 수 있도록 [해주는] … 많은 도구들을 포함하고 있다" (e-Learning Glossary, 2009). ILS의 사례들로는 Carnegie Learning(Carnegie Learning, 2009), PLATO Learning(PLATO Learning, 2009), SuccessMaker(Pearson-School, 2009) 등을 들 수 있다.

생산물. 두 번째 유형의 ID 개발은 컴퓨터기반 교수(computer-based Instruction: CBI) 생산물이나 교육용 소프트웨어를 만들기 위한 생산물 개발인데, 이것은 과거 30여 년 동안 P-12 환경에서 지속적으로 행해져 왔다. 가장 흔한 생산물들로는 20,000개 이상의 소프트웨어 타이틀들을 광고하고 있는 Academic Superstore와 같은 온라인 공급자들을 통해 이용할 수 있는 개인교수용, 반복연습형, 교육용 게임 소프트웨어를 들 수 있다.

CBI가 널리 사용된다고 해서 반드시 학습이 증진되었다고 연관 지을 수 없다. 학생의 학습을 증진시키기 위한 CBI의 효과성을 검증한 메타분석 연구 결과들은 일반적으로 CBI를 사용하는 학생들이 통제집단 학생들만큼 또는 약간 더 잘 수행한다는 것을 보여준다(Dynarski et al., 2007; Kulik, 2003; Lee, 1999). 이러한 결과들은 효과적인 CBI는 증거기반 전략들(예: 적응적인 콘텐츠, 빈번한 시험, 즉각적인 피드백 등)을 사용하며, 효과적인 교사들도 그러함을 시사한다. 따라서 어떤 사람은 CBI를 위해 추가적인 비용을 지불할 만한 가치가 있는지를 의문시할 수도 있다. 한 가지 제안은 CBI를, 아래에 열거된 혜택의 예들에서 볼 수 있는 바와 같이, 교사들의 대체물로서보다는 보안물로서 사용하는 것이다(Ross & Lowther, 인쇄 중). CBI는 다음과 같은 것을 제공한다.

- 교사가 다른 학생들을 튜터링하고, 평가하며, 다른 과제들을 수행하는 동안 핵심적인 기술과 콘텐츠에 대한 학생들의 연습
- 낮은 학업성취도를 보이는 학생을 위한 교정적인 교수(remedial instruction)
- 정규수업을 성공적으로 마친 학생들을 위한 심화활동
- 방과 후나 여름 동안의 보충 교수
- 보다 심층적인 수준의 학습을 산출하거나 처음에 그것을 학습하는 데 실패한 사람들을 도와주기 위해 자료를 다른 방식으로 지도

교실. 세 번째 유형의 ID 개발은 테크놀로지가 다양한 역할들에 사용되는 교실 실행을 위해 통합수업을 설계하는 것을 포함한다. Jonassen, Howland, Marra, Crismond(2008)는 의미 있는 학습을 지원하기 위해 사용되는 테크놀로지의 다섯 가지 역할들을 제시한다.

- 지식 구축을 지원하기 위한 도구
- 구성을 통한 학습(learning by constructing)을 지원하기 위한 지식탐색을 위한 정보전달 수단
- 행동을 통한 학습(learning by doing)을 지원하기 위한 실재적인 맥락
- 대화를 통한 학습(learning by conversing)을 지원하기 위한 소셜 매체
- 성찰을 통한 학습(learning by reflecting)을 지원하기 위한 지적인 파트너(pp.7-8)

교실수준 테크놀로지 통합모형들

ASSURE 모형(Smaldino, Lowther, & Russell, 2008), 역동적 교수설계(Dynamic Instructional Design: DID) 모형(Lever-Duffy & McDonald, 2008), 탐구를 위한 테크놀로지 통합(iNtegrating Technology for iQuiry: NTeQ) 모형(Morrison & Lowther, 2010), 그리고 테크놀로지 통합계획(Technology Integration Planning: TIP) 모형(Roblyer, 2010)을 포함한 몇 가지의 이용 가능한 테크놀로지 통합모형들이 있다. 이하에서 우리는 강력한 ISD/ID 기초를 가지고 있는 두 가지 모형들, 즉 ASSURE 모형과 NTeQ 모형을 간략히 개관한다.

ASSURE 모형

테크놀로지 통합에 대해 생각할 때, ASSURE 모형이 종종 획기적인 접근법으로서 떠오른다. 컴퓨터가 처음으로 학교와 작업장에 도입되었던 1982년에 확립된 ASSURE 모형은 교사들과 훈련자들에게 교수와 피드백을 제공하는 것을 도와주기 위해 설계되었다(Heinich, Molenda, & Russell, 1982). ASSURE 모형은 최종산출물 속에 Gagné(1985)의 아홉 가지 교수사태

(Nine Events of Instruction)를 통합한 전통적인 ISD 교실과정을 따른다. 가장 최근의 ASSURE 모형(Smaldino et al., 2008)은 그 초점을 작업장 훈련보다는 P-12 테크놀로지 통합 쪽으로 전환했다. ASSURE 모형은 교사와 학생의 테크놀로지와 매체의 사용을 통합하는 수업을 체계적으로 설계하기 위해 선형적인 6단계 과정을 사용한다. 이 모형은 "효과적인 교수를 보장(assure)하고자 의도되었다" (p.87)에서 약어 ASSURE가 나왔다. 각각의 ASSURE 과정에 관하여 간략히 기술하면 다음과 같다.

학습자 분석(Analyze learners). 이 모형은 수업개발 과정을 먼저 학습산출물의 달성과 관련이 있는 것으로 보이는 학습자 특성들을 밝혀냄으로써 시작한다. 세 가지 영역으로부터의 학습자 정보가 수업개발을 안내하기 위해서 분석되고 사용되기를 권장한다: (1) 일반적인 특성, (2) 구체적인 출발점 능력(주제에 대한 지식, 기술, 태도), (3) 학습양식.

표준과 학습목표 진술(State standards and objectives). 두 번째 단계는 교육과정과 테크놀로지 표준 및 학습목표들을 진술하거나 확인하는 것이다. 교육과정 표준은 일반적으로 교사의 교육구에 의해서 채택된 표준들인데, 대부분의 경우 주와 국가적인 학생 수행기준들에 기초하고 있다. 테크놀로지 표준은 학생용 국가교육 테크놀로지 표준(National Education Technology Standards: NETS)에 제시된 주(州)의 표준을 말한다(ISTE, 2007). 학습목표들은 의도된 학습자들, 대상 행동, 수행을 위해 요구되는 조건들, 그리고 새로운 지식이나 기능이 달성되어야 하는 정도가 포함된 전통적인 형태로 진술된다.

교수전략, 테크놀로지, 매체, 교수자료 선정(Select strategies, technology, media, and materials). 교수전략, 테크놀로지, 매체, 교수전략을 선정하는 과정은 학습자의 현재의 지식, 기술, 태도를 확인하는 학습자 분석을 통해 얻어진 정보뿐만 아니라 표준과 학습목표들에서 진술된 학습자 기대에 의해서 결정된다.

테크놀로지, 매체, 교수자료 활용(Utilize technology, media, and materials). 네 번째 단계는 교사가 학생들이 학습목표들을 달성할 수 있도록 도와주기 위해 테크놀로지를 어떻게 활용할 것인지를 계획하는 것을 수반한다. 이 모형은 다음의 "5P" 과정을 따르기를 권장한다: 테크놀로지, 매체, 교수자료의 사전검토 및 준비(preview and prepare the technology, media, and materials), 학습환경 준비(prepare environment), 학습자 준비(prepare the learners), 학습경험 제공(provide the learning experience).

학습자 참여 필요(Require learner participation). ASSURE 모형은 수업 활동들에서 학습자의

참여를 필요로 한다. 참여는 고차원적인 질문이나 피드백을 통한 심리적인 참여에서부터 문제해결 집단 간의 경쟁에 직접 참여하는 것에 이르기까지 다양할 수 있다. 활동들이 학습들에게 새로운 지식이나 기술을 연습하고 적용하며 공식적으로 평가받기 전에 학습을 안내하는 피드백을 받을 수 있는 기회를 주기를 권장한다.

평가와 수정(Evaluate and revise). 마지막 단계는 테크놀로지와 매체 사용의 영향력을 포함하여, 학생의 학습목표의 달성과 전체 교수과정의 효과성 관점에서 수업을 평가하는 것이다. 그런 다음, 수업은 평가 동안 수집된 정보에 기초하여 수정되어야 한다. 평가와 수정과정은 수업이 실행될 때마다 매번 반복된다.

전반적으로, ASSURE 모형은 교사들에게 전통적인 교사주도에서부터 구성주의적인 학습자중심 전략에 이르기까지 다양한 테크놀로지와 매체를 교수에 통합하기 위한 체계적인 접근방법을 제공하기 위해 ISD 기초를 사용한다. 이와는 대조적으로, NTeQ 모형은 테크놀로지의 통합에 보다 더 초점을 둔 접근방법이다.

NTeQ 모형

1998년에 확립된, **탐구를 위한 테크놀로지 통합**(iNtegrating Technology for iQuiry: NTeQ)모형은 학생들의 도구로서의 테크놀로지의 활용에 초점을 둔 문제중심 수업을 개발하기 위해 교수설계 기초를 사용한다(Morrison & Lowther, 2010). NTeQ 수업은 문제를 전통적인 수업들에서 흔히 발견되는 시뮬레이션화된 자료들과는 대조적으로 실재적, 실제세계 자료에 기초함으로써 적절하고, 동기를 유발하며, 흥미롭게 다루고자 노력한다. 전반적인 목적은 학생들이 학습자 목표들을 달성할 수 있도록 촉진할 뿐만 아니라 성공적인 21세기의 경력을 위해 요구되는 테크놀로지적 역량을 획득하는 것이다. 컴퓨터를 활용할 수 있는 학생들과는 대조적으로, 테크놀로지적으로 유능한 학생은 학습과의 관계성 속에서 테크놀로지의 활용에 대해 개념적으로 생각할 수 있다. 다시 말해서, 이러한 개인은 컴퓨터를 문제를 해결하고, 풍부한 자료들을 제공하며, 시간을 줄이거나 늘리고, 실제세계의 사태들을 시뮬레이션화하기 위한 도구로 본다. 학생들은 여전히 컴퓨터 리터러시 기술이 필요하지만, 정보에 단순히 반응하는 패러다임을 넘어 정보를 변형하는 패러다임으로 나아가야 한다.

10단계 수업계획. NTeQ의 10단계 수업계획 과정은 [그림 21.1]에 제시되었다. 처음 다섯 단계들은 학습목표를 구체화하고, 학습을 지원하기 위해 테크놀로지(컴퓨터 기능들)가 어떻게 사용될 수 있는지를 결정하며, 학생들이 결과들의 연구, 분석, 제시과정에 참여하기 위해 필요한 실재적인 문제를 개발하는 것을 포함한다. 학생들의 활동들은 다음의 네 단계들 동안에 설계된다. 이러한 단계들에는 학생들이 컴퓨터를 사용하는 동안 완료한 활동들, 그들이 컴퓨터를 활용하기 위해서 준비해야 할 것(예: 검색 용어 리스트를 만들고, 스토리보드를 개발하는 것), 컴퓨터를 활용한 후에 종료를 위한 성찰 활동들; 어떠한 지원적인 테크놀로지를 활용하지 않은(nontechnology) 활동들이 포함된다. 마지막 단계는 학생평가 자료들을 설계하는 것이다.

새로운 수업을 실행하기 전에, 교사들은 학생들에게 보여줄 샘플생산물이나 프로토타입을 개발하는 활동을 완수하고, 발생할 수도 있는 사소한 문제들을 확인하며, 컴퓨터 사용활동 "전"과 "후"를 적절하게 계획하기 위해 얼마나 많은 시간이 필요한지를 결정하기 위해 그러한 것들을 개발해 볼 필요가 있다. 비록 대부분의 NTeQ 수업은 다양한 해결책들을 초래하는 비구조화된 문제들(ill-structured problems)에 기초하지만, 프로토타입을 제작함으로써 학생들에게 기대되는 바를 더 잘 이해할 수 있도록 해주는 한 가지의 가능한 해결책 사례를 보여줄 수 있다.

생각기록지. 또한 학생들에게 과제를 완성하기 위한 단계별 지시들을 제공하고, 학생들이 테크놀로지 활동 전, 중, 후에 고차원적인 질문들에 응답하는 것에 참여하도록 하기 위해서 "생각기록지(think sheet)"를 개발할 것을 권한다. 구체적으로, 생각기록지에 있는 질문들은 학생들의 학습을 반영하는 생산물들을 적용하고, 분석하며, 평가하고, 만들기 위해 Bloom의 디지털 분류법(Digital Taxonomy)에서 권장되는 것처럼 학생들이 테크놀로지와 다른 자원들을 사용하는 것을 안내해 준다(Churches, 2008). 전반적인 목적은 학생들이 자신들이 알고 있는 것과 학습한 새로운 정보 간에 연결을 지을 수 있도록 함으로써 정보처리를 증진하는 것이다(Jonassen et al., 2008).

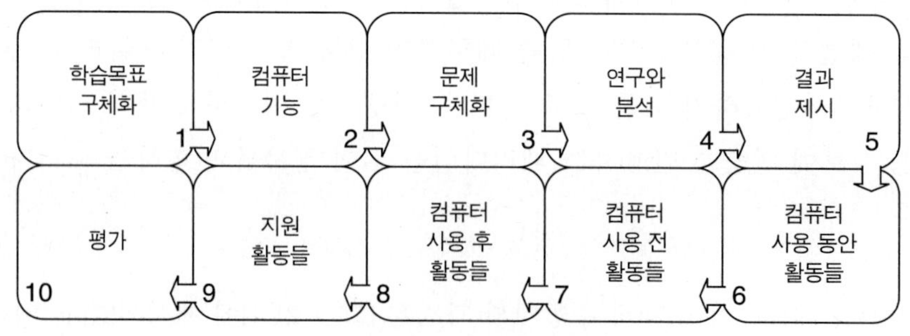

[그림 21.1] NTeQ 모형

ASSURE 모형과 NTeQ 모형은 효과적인 학생의 학습을 달성하기 위한 ID기반 전략들을 제시해 준다. 그러나 어떤 "모형(model)"의 효과성은 그것이 실행되는 맥락과 그 실행의 충실도에 따라 차이가 있다. 다음 절에서, 우리는 테크놀로지 통합의 영향, 실제, 평가를 검토한다.

테크놀로지 통합: 영향, 실제, 평가

영향

2001년의 「낙오학생방지법」[No Child Left Behind(NCLB) Act]은 미국 학교에서 최근 테크놀로지 통합의 실제에 강력한 영향을 미치고 있다. NCLB는 (a) 테크놀로지를 교육과정과 교수에 통합하기 위해 검증된 전략들을 실행하고, (b) 그러한 통합을 촉진하기 위한 양질의 전문성 개발활동들을 지원하며, (c) 테크놀로지가 학생의 성취도와 교사의 수행을 증진시키는 데 효과적인 조건들을 검토하는 데 학교와 교육구가 적극적으로 관여할 것을 명령하고 있다(U.S. DOE, 2001). 이러한 명령을 실행하기 위한 한 가지 전략이 '테크놀로지를 통한 교육신장(Enhancing Education Through Technology: Ed-Tech)' 주(州) 재정지원(U.S. DOE, 2003) 계획이었다. Ed-Tech는 요구된 산출물들을 달성하기 위해 실행되는 프로그램들의 유형측면에서 상당한 융통성을 제공했다.

실제

우리는 우리 자신들이 평가자들로서 봉사했던 3개 주(플로리다주, 미시건주, 테네시주)의 계획들의 실행 실제들을 기술한 사례들을 아래에 기술하였다.

Florida Leveraging Laptops 프로젝트는 플로리다주의 11개 교육구들에게 프로그램 운영자금을 지원했다. 각 교육구는 표준기반 교육과정을 지원하고 신장하기 위해 실제세계 프로젝트들에 랩톱(laptop)을 통합하여 사용해야 했다(Dawson, Cavanaugh, & Ritzhaupt, 2008).

미시건주의 Freedom to Learn 3개년 계획은 중학교 학생들과 교사들에게 20,000대 이상의 랩톱들을 제공했다(Lowther, Inan, Strahl, & Ross, 2009). 랩톱을 제공받은 교사들은 21세기의 지식과 기술을 획득하고 학업성취도를 증진시키기 위한 도구로서 랩톱을 사용하는 학생들에게 초점을 둔 종합적인 전문성 개발 프로그램을 이수했다.

테네시주의 EdTech Launch 프로젝트는 26개 학교, 12,400명의 학생, 900명의 교사들이 참여했다(Lowther, lnan, Strahl, & Ross, 2008). 이 프로젝트는 학생들이 비판적인 사고에 참여하고 컴퓨터를 학습증진을 위한 도구로 사용하는 수업을 만들 수 있도록 교사들을 준비시키기 위해 정규직, 현장 테크놀로지 코치들을 제공했다.

평가

테크놀로지가 학생의 성취도와 교사의 수행을 증진시키는 데 효과적인 조건들을 검토하라는 NCLB 법의 (c) 부분을 준수하기 위해 3개 주(州)의 프로젝트들에서 형성평가가 사용되었다(U.S. DOE, 2001). 3개 주들은 교실 관찰, 이해관계자 설문조사, 초점집단(focus groups) 인터뷰, 선진학교 벤치마킹, 학생의 학업성취도 결과들로부터 수집된 양적 및 질적 자료들을 제공했던 '학교증진을 위한 형성평가 과정: 테크놀로지 패키지(Formative Evaluation Process for School Improvement: Technology Package)'를 사용하기로 했다(Lowther & Ross, 2003). 연구결과들을 간략히 요약 · 제시하면 다음과 같다.

학생의 도구로서의 테크놀로지의 활용은 교사와 학생의 교실 행동을 바꾼다

3개의 프로젝트들 모두 중에서, Ed-Tech 교실에 있는 학생들은 비교집단 학생들보다 "모범사례(best practices)" 활동들에 훨씬 더 많이 참여했다. 또한 도구로서의 컴퓨터의 활용과 비판적인 사고기술의 적용을 필요로 하는 경험학습, 실무학습(hands-on learning), 독립적인 탐구/연구, 협력학습과 같은 학습자중심적인 활동들이 포함되었다(Bransford, Brown, & Cocking, 2000; ISTE, 2007; Jonassen et al., 2008; Morrison & Lowther, 2010). 그러나 비록 교실 행동들에서 상당한 차이들이 드러나기는 했지만, 교실 관찰 동안 그러한 차이들은 거의 또는 가끔씩만 관찰되었기 때문에 실행의 정도(degree)와 강조점(emphasis)은 적절했다.

만약 누군가가 NCLB와 Ed-Tech 지침들에 따라 그 3개 주의 계획들로부터 도출된 결과들을 검토해 본다면, 다음과 같은 요구사항들 대부분이 충족되었음을 알 수 있다: 적절한 컴퓨터에 대한 접근, 잘 실행된, 현장(on-site) 전문성 개발, 학생들의 테크놀로지의 활용을 믿고 정기적으로 통합하는 교사들, 긍정적인 학교 분위기 속에서의 행정가의 지원(Barron, Kemker, Harmes, & Kalaydjian, 2003). 그러나 고부담시험(high-stakes tests)에서의 학생들의 성적은 증진된 경우도 있고 그렇지 않은 경우도 있었다. 유명한 ID와 다른 교육연구자들로부터 도출된 연구결과들은 이러한 일관성이 없는 결과들에 대한 가능한 이유들을 제공해준다.

- 비록 교사들이 학생들의 테크놀로지의 고차원적인 활용을 믿고 학생들을 그러한 활용에 참여시켰다고 하더라도, 학생들은 컴퓨터를 저수준의 과제들을 행하는 데 사용

했다. 이러한 일관성 없는 접근법이 학생들의 학습에의 전반적인 영향을 제한했을 수 있다(Ertmer, Gopalakrishnan, & Ross, 2001).

- 교사들은 컴퓨터를 "주관적 규범(subjective norms)" 또는 Ed-Tech 보조금 수혜자들로서 자신들에게 부여된 기대들 때문에 주로 사용해 왔을 수 있다. 이는 개인적인 선택권이 없기 때문에 보다 혹독한 노력을 하지 않은 결과를 초래했을 것이다(Marcinkiewicz & Regstad, 1996).
- 전문성 개발의 강도(intensity), 초점(focus), 또는 양(amount)이 교사들이 교육과정 표준들을 **완전히**(fully) 성취할 수 있도록 지원해 주는 수업들을 효과적으로 개발하고 실행할 수 있도록 적절하게 준비되지 않았을 수 있다(Kleiman, 2000).
- 학업성취도를 측정하기 위해 사용된 고부담평가들은 관찰된 테크놀로지의 활용들 중 많은 것들로 인해 야기된 고차원적 학습활동들과는 대조적으로 저차원적 학습산출물들에 초점을 두는 경향이 있다(Baker, 2007).

만약 실제적인 자금들이 지원되었을 때 전반적인 테크놀로지 통합의 산출물들이 적절하다면, 우리의 P-12 학교들의 전반적인 상태를 살펴볼 때 우려들이 야기된다. 미래의 경력을 위해 오늘날의 학생들을 준비시키기 위한 테크놀로지 요건들을 충족시켜야 한다는 측면에서 볼 때 현재 우리가 위치한 곳과 우리가 위치해야 할 곳 간에는 얼마나 큰 "차이(gap)"가 있는가?

테크놀로지 통합: 차이

30여 년간 행해진 수많은 자금지원이 잘 된 테크놀로지 계획들을 살펴보면, 몇 가지 인상적인 성과들이 눈에 띈다. 모든 수준의 학생들이 대략 컴퓨터 한 대당 네 명의 학생 정도의 비율로 고속인터넷에 연결된 컴퓨터에 더 잘 접근할 수 있다(Bausell, 2008). 모든 주들이 학생의 테크놀로지 활용을 통합한 교육과정 표준들을 채택했으며, 대부분의 주들이 기준으로서 학생용 NETS를 사용하고 있다(Bausell, 2008; ISTE, 2007). 아울러, 테크놀로지를 미래 평가에 포함시킬 목적으로, 2012년에 테크놀로지 리터러시에 관한 특별한 연구를 수행하기 위해 미국 전국교육진척도평가(National Assessment of Educational Progress)가 예정되어 있다(NAEP, 2009).

그러나 다른 통계치들은 실망스러운 경향을 보여준다. 주(州) 수준에서, 2008~2009 자료에 따르면, 단지 21개 주(42%)만이 최초의 교사자격증을 받기 위해 테크놀로지 강좌를 요구하며, 단지 10개 주(20%)만이 자격증 갱신을 위해 테크놀로지 훈련이나 검사를 요구한다(Bausell, 2008). 전반적으로, 테크놀로지를 활용할 수 있는 역량에 따라 각 주(州)를 평가했을 때, 26개 주(52%)가 "B" 이하의 등급을 받았고, 12개 주가 "D" 또는 "F"로 평가되었다(Hightower, 2009). 이러한 부족 또는 차이에 관한 증거는 교육분야 이외에서도 볼 수 있다. 예를 들어, 미국상무부(U.S. Department of Commerce)의 한 보고서는 55개 미국 산업분야 중에서 교육분야가 최하위의 테크놀로지 집약분야로 평가되었음을 보여주었다(U.S. Department of Commerce, ESA, 2003). 500명 이상의 미국 고용자들을 대상으로 한 최근 설문조사 결과로부터 추가적인 증거를 얻을 수 있는데, 미국 고등학교 졸업자들은 성공적인 경력을 획득하기 위해 요구되는 21세기의 지식과 기술 중 대부분이 결여된 채로 오늘날의 노동시장에 들어가고 있는 것으로 드러났다(Casner-Lotto & Barrington, 2006).

미국 학교들은 왜 뒤처지는가? 우리는 또다시 "국가적인 위기상황(A Nation at Risk)"에 처해 있는가(U.S. National Commission of Excellence in Education, 1983). 무엇이 우리의 혁신적인 수업과 지속적인 테크놀로지의 활용을 "상당히 다르게" 보다 평균 정도로 꾸준히 유지시켜 주는가? ID 연구자들은 이러한 문제들을 조사하는 데 있어 선도적인 역할을 맡는다. 연구결과들은 테크놀로지 통합은 특히 학습자중심 학습과 같이 덜 전통적인 전략들과 통합되었을 때 무수한 장애들로 인해 지체되는 느리고 복잡한 과정임을 보여준다. 몇 가지 중요한 장애 사례들을 제시하면 다음과 같다.

- **컴퓨터와 자원에 대한 이용 가능성과 접근**(Hohlfeld, Ritzhaupt, Barron, & Kemker, 2008; Norris, Sullivan, Poirot, & Soloway, 2003),
- **기술적, 행정적, 동료의 지원**(Davis, Preston, & Sahin, 2009; Sandholtz & Reilly, 2004)
- **교사들의 신념과 태도**(Ertmer, 2005; Inan et al., 인쇄 중; Wozney, Venkatesh, & Abrarni, 2006)
- **교사들의 테크놀로지적 지식과 내용지식**(Pierson, 2001; Inan et al., 인쇄 중).

위에서 살펴본 바와 같이, 우리는 거의 10여 년 동안 이러한 장애들과 투쟁해 왔다. 다음 절에서, 우리는 오랫동안 지속되어 온 이러한 우려들을 해결하기 위한 몇 가지 권고사항들을 기술한다.

테크놀로지 통합: 21세기를 위한 준비

주요 비즈니스, 협회, 기관들 연합이 '21세기 기술을 위한 파트너십(The Partnership for 21st Century Skills)' (2009)을 구축했는데, 그것은 우리 교육시스템에서 변화를 위한 기폭제로서의 역할을 수행하고 있다. 이 파트너십의 주요 초점은 모든 고등학교 졸업자들이 성공적인 경력을 획득할 수 있다는 것을 보장하기 위해서 요구되는 지식과 기술을 밝혀내는 것이었다. 그들의 권고사항은, 아래에 기술된 바와 같이, 핵심 교과목뿐만 아니라 21세기의 기술을 숙달하는 것을 포함한, 학생 산출물에 관한 새로운 교육적인 준거틀을 요구한다.

- **핵심 교과들**(NCLB에 의해 정의된 바와 같이)
- **21세기의 교육내용:** 전 세계적인 인식(global awareness); 재정적, 경제적, 비즈니스적, 기업가적 리터러시; 시민, 리터러시, 건강과 복지에 대한 인식
- **학습과 사고(thinking) 기술:** 비판적 사고와 문제해결기술; 창의성과 혁신기술; 협력기술; 맥락적 학습기술; 정보와 매체 리터러시 기술
- **정보통신공학 리터러시:** 정보를 효율적이고 효과적으로 접근; 정보를 비판적이고 유능하게 평가; 당면한 이슈나 문제를 위해 정보를 정확하고 창의적으로 사용; 정보의 접근 및 활용과 관련된 윤리적/법적 이슈들에 관한 기초적인 이해 소유
- **삶의 기술:** 리더십; 윤리성; 책무성; 적응성; 개인적인 생산성; 개인적인 책무성; 대인관계 기술; 자기주도성; 사회적 책무성(p.1)

비록 21세기의 기술들이 별개로 열거되었지만, 목적은 이러한 새로운 역량들을 "추가(add-on)" 활동들과 강좌들로 사용하기보다 교육과정 속에 지속적으로 통합하는 것이다. 다음의 진술에서 볼 수 있는 바와 같이, 교수설계자들은 P-12 계획들과 협력하여야 할 분명한 요구가 있는데, 그것은 "교사들과 행정가들은 21세기 기술들에 대한 훈련, 도구, 숙달이 필요하기 때문이다. 테크놀로지가 광범위하게 사용되었을 때, 그것은 표준들과 평가들, 교육과정과 교수, 전문성 개발, 학습환경, 행정을 변화시킨다" (21st Century Education System Task Force, p.3).

결론

테크놀로지가 P-12 학교들에 도입된 이후, 교수설계자들은 테크놀로지의 활용을 설계하고, 개발하며, 평가하는 데 있어 주요한 역할들을 수행해 왔다. 21세기의 기술들을 도야하기 위한 "산출물지향적" 테크놀로지의 활용과 관련하여 "일련의 장점들"을 드러내 주는 이렇게 유행하고 있는 ID 해결책과 다양한 연구들에도 불구하고, 통합학습시스템과 컴퓨터기반 학습을 넘어 아직 실제에서는 널리 활용되지 않고 있다.

우리 국가가 경제적인 안정, 국제적인 경쟁, 시민들의 안녕을 보장하기 위해 세계적인 변화에 대응하고자 함에 따라, 우리 사회는 젊은이들을 교육하는 데 있어 테크놀로지를 보다 효과적이고 널리 활용하기 위한 도전에 직면해 있다. 800명의 등록된 투표자들을 대상으

로 행해진 최근의 전국적인 투표는 "21세기의 기술들과 경제적, 그리고 개인적인 경쟁 간의 연관성에 대하여 … 거의 만장일치(99%)하는 것으로" 나타났다(Partnership for 21st Century Skills, 2007, p.1). 테크놀로지 통합 모형들을 체계적으로 설계하고 타당화하며, 채택과 실행의 문제들을 해결하기 위해 P-12에 대한 연구를 확장시키고 증진시키기 위해 교수설계자들의 기술과 전문지식이 매우 요구된다.

핵심 원리 요약

1. **ID 과정은 세 가지 유형의 개발, 즉 시스템, 생산물, 교실 개발로 분류될 수 있다.** 그 명칭들이 의미하는 바와 같이, 이러한 유형들은 프로젝트의 범위 및 초점과 연관된다. 시스템 개발은 포괄적인 대규모 프로젝트들을 포함하는 반면, 생산물 개발의 범위는 보다 더 처방적이며 규모도 더 작다. 교실 개발은 교수자, 학생, 환경을 포함한다.
2. **세 가지 유형의 ID는 P-12 학교들에서 테크놀로지의 통합을 위해 널리 사용되는 접근방법들, 즉 통합학습시스템, 컴퓨터기반 학습, 교실수준의 테크놀로지 통합에 적용 가능하다.** 비록 P-12 학교들에서 다양한 테크놀로지 통합 접근법들이 사용되지만, ID의 원리들과 실제들은 그 실제들 간에 자명하다.
3. **교실수준의 테크놀로지 통합 모형들은 교사들로 하여금 교사와 학생의 테크놀로지의 활용을 포함한 수업들을 효과적으로 계획할 수 있도록 도와준다.** ASSURE 모형은 교수들에게 다양한 테크놀로지와 매체를 교수 속에 통합하기 위한 체계적인 접근법을 제공하는 반면, NTeQ 모형은 문제중심이며 학생의 도구로서의 테크놀로지의 활용에 초점을 둔다.
4. **테크놀로지 통합의 실제들은 국가 정책들과 자금지원 출처에 의해 영향을 받는다.** 2001년 이후, 「낙오학생방지법(NCLB)」은 교육자들로 하여금 검증된 테크놀로지 통합전략들을 실행하고, 양질의 테크놀로지 통합에 관한 전문성 개발을 지원하며, 테크놀로지가 학생의 성취도와 교사의 수행을 증진시키는 데 효과적인 조건들을 검토할 것을 요구했다.
5. **형성평가는 테크놀로지의 통합 노력을 검토하기 위한 효과적인 접근방법이다.** 교실 관찰, 이해관계자 설문조사, 초점집단 인터뷰, 선진학교 벤치마킹, 학생의 학업성취도를 포함하는 FEPSI-TP와 같은 방법들은 테크놀로지 통합의 효과성을 분석하기 위한 양적, 질적 자료들을 제공한다.
6. **학생들의 도구로서의 테크놀로지의 활용은 교사와 학생의 교실행동에 상당한 변화를 초래할 수 있다.** 학생의 도구로서의 테크놀로지의 활용에서 훈련을 받은 교사들의 교실로부터 수집된 관찰 자료들은 비교집단들보다 고차원적인 사고, 협력학습, 독자적인 연구를 요구하는 학습자중심적 활동들을 상당히 더 많이 행하는 것으로 드러났다. 효과적인 테크놀로지에 노출된 학생들은 통제

집단 학생들보다 표준화된 학업성취도 검사들과 다른 학습에 관한 공식적인 평가만큼이나 또는 그보다 더 잘 수행했다.

응용 문제

1. Tech-2-U 회사는 소규모 시골 초등학교에 있는 개별 6학년 학생들에게 최신 버전의 무선 랩톱들을 제공하고 있다. 그 회사는 또한 해당 학교와 커뮤니티에게 무료 무선인터넷 접속을 제공하고 있다. 학생들은 자신들의 랩톱들을 하루 24시간, 일주일 내내 계속적으로 보유한다. 개별 교사들에게 부여된 도전과제는 랩톱을 활용하는 초점이 장치주도적이 아닌 산출물지향적이라는 것을 보장하는 방법을 결정하는 것이다.
   a. 학생들이 수업목적들이나 산출물들을 달성하도록 해주는 통합수업의 특성들은 무엇인가?
   b. “장치주도적” 수업에 관하여 여러분은 어떻게 인지하는가? 장치주도적 접근법을 사용하는 것과 관련한 주요한 우려점은 무엇인가?
2. Tech-2-U는 ID 컨설턴트인 여러분에게 랩톱을 받았던 6학년 학생들을 위한 일련의 수업계획서들을 제작하라고 요구했다. Tech-2-U는 21세기의 기술들을 증진시키면서 지역공동체 문화에 초점을 둔 다학문적인 수업계획서들을 원한다.
   a. 여러분은 그 수업계획서들을 설계하기 위해 어떤 테크놀로지 통합모형을 선택하겠는가? ASSURE 또는 NTeQ? 그것을 선택한 이유는 무엇인가?
   b. 21세기의 기술들을 수업계획서들 속에 통합하는 것을 안내해 줄, 여러분이 선택한 모형의 핵심적인 단계들은 무엇인가?
3. Tech-2-U는 또한 자신들이 다른 학년들을 위해 랩톱을 지원해 주어야 하는지를 결정하기 위해 여러분에게 6학년 랩톱 프로그램에 관한 외부평가를 위한 제안요청서(RFP)를 작성하는 것을 도와달라고 요청했다.
   a. RFP 속에 포함되어야 할 중요한 요인들은 무엇인가? 형성평가 접근법이 그 RFP를 정당화해 주는가? 왜 그러하거나 그렇지 않는가? 그 RFP는 어떤 유형의 데이터를 권장하며, 그 이유는 무엇인가?
   b. 3개 주의 Ed-Tech 계획들로부터 도출된 결과들을 가이드로 사용할 때, 6학년 랩톱 프로그램으로부터 어떠한 결과들을 기대할 수 있는가?

저자 정보

Deborah Lowther는 멤피스대학교의 ICL/교수설계공학과 교수다.

Steven M. Ross는 존스홉킨스대학교의 교육연구개혁센터(Center for Research and Reform in Education) 교수 겸 선임연구원이다.

참고 문헌

21st Century Education System Task Force.(2007). *Maximizing the impact: The pivotal role of technology in a 21st century education system.* International Society for Technology in Education, Partnership for 21st Century Skills, and State Education Technology Directors Association. Retrieved January 27, 2008, from http://www.setda.org/web/guest/maximizingimpactreport

Baker, E.(2007). The end(s) of testing. *Educational Researcher, 36*(6), 309-317.

Barron, A. E., Kemker, K., Harmes, C., & Kalaydjian, K.(2003). Large-scale research study on technology in P-12 schools: Technology integration as it relates to the National Technology Standards. *Journal of Research on Technology in Education, 35*, 489-507.

Bausell, C. V.(2008). Tracking U.S. trends. *Education Week: Technology Counts, 27*(30), 39-42.

Bransford, J. D., Brown, A. L., and Cocking, R. R.(Eds.).(2000). *How people learn: Brain, mind, experience, and school.* Washington, D.C.: National Academy Press.

Carnegie Learning.(2009). Carnegie Learning. Retrieved July 18, 2009, from http://www.carnegielearning.com/

Casner-Lotto, J., & Barrington, L.(2006). *Are they really ready to work: Employers' perspectives on the knowledge and applied skills of new entrants to the 21st Century U.S. workforce.* The Conference Board, Inc., the Partnership for 21st Century Skills, Corporate Voices for Working Families, and the Society for Human Resource Management. Retrieved January 21, 2008, from http://www.21stcenturyskills.org/index.php?option=com_content&task=view&id=82&Itemid=40

Churches, A.(April I, 2008). Bloom' s taxonomy Blooms digitally, Retrieved July 7, 2009, from http://www.techlearning.com/showArticle.php?articleID=196605124

Clark, R. E.(1983). Reconsidering research on learning from media. *Review of Educational Research, 53*(4), 445-459.

Davis, N., Preston, C., & Sabin, I.(2009). ICT teacher training: Evidence for multilevel evaluation from a national initiative. *British Journal of Educational Technology, 40*(1), 135-148.

Dawson, K., Cavanaugh, C., & Ritzhaupt, A.(2008). Florida' s Leveraging Laptops initiative and its impact on teaching practices. *Journal of Research on Technology in Education, 41*(2), 143-159.

Dynarski, M., Agodini, R., Heaviside, S., Novak, T., Carey, N., Campuzano, L., Means, B., Murphy, R., Penuel, W., Javitz, H., Emery, D., & Sussex, W.(2007). *Effectiveness of reading and mathematics software products: Findings from the first student cohort.* Washington, DC: Institute of Education Sciences.

e-Learning Glossary.(2009). E-Learning glossary. Retrieved July 18, 2009, from http://www3.imperial.ac.uk/ict/services/teachingandresearchservices/elearning/aboutelearning/elearningglossary

Ertmer, P. A.(2005). Teacher pedagogical beliefs: The final frontier in our quest for technology integration? *Educational Technology Research and Development, 53*(4), 25-39.

Ertmer, P. A., Gopalakrishnan, S., & Ross, E. M.(2001). Technology-using teachers: Comparing perceptions of exemplary technology use to best practice. *Journal of Research on Technology in Education, 33*(5). Retrieved January 4, 2008, from http://www.iste.org/jrte/33/5/ertmer.html

Gagné, R. M.(1985). *The conditions of learning*(4th ed.). New York: Holt, Rinehart & Winston.

Gustafson, K. L., & Branch, R. M.(2002). *Survey of instructional development models*(4th ed.). Syracuse, NY: ERIC.

Heinich, R., Molenda, M., & Russell, J. D.(1982). *Instructional media and the new technologies of instruction.* New York: John Wiley & Sons, Inc.

Hightower, A. E.(March 2009). Tracking U.S. trends: States earn B average for policies supporting educational technology use. *Education Week: Technology Counts, 28.*

Hohlfeld, T. N., Ritzhaupt, A. D., Barron, A. E., & Kemker, K.(2008). Examining the digital divide in P-12 public schools: Four-year trends for supporting ICT literacy in Florida. *Computers & Education, 51*(4), 1648-1663

Inan, F. A., & Lowther, D. L.(In press). Factors effecting technology integration in P-12 classrooms: A path model. *Educational Technology Research and Development.*

International Society for Technology in Education(ISTE).(2007). *National Educational Technology Standards for Students: Technology Foundation Standards for all Students.* Retrieved January 21, 2008, from http://cnets.iste.org/students/s_stands.html

Jonassen, D., Howland, J., Marra, R., & Crismond, D.(2008). *Meaningful learning with technology.* Upper Saddle River, NJ: Pearson, Merrill Prentice Hall.

Kleiman, G. M.(2000, April-June). Myths and realities about technology in P-12 schools. *Leadership and New Technologies, 14.* Retrieved September 12, 2007, from http://www2.edc.org/LNT/news/lssuel4/feature 1.htm

Kulik, J. A.(2003). *Effects of using instructional technology in elementary and secondary schools: What controlled evaluation studies say. SRI Project Number P10446.001.* Arlington, VA: SRI International.

Lee, J.(1999). Effectiveness of computer-based instructional simulation: A meta-analysis. *International Journal of Instructional Media, 26*, 71-85.

Lever-Duffy, J. & McDonald, J. B.(2008). *Teaching and learning with technology.* Boston: Pearson/Allyn & Bacon.

Lowther, D. L., Inan, F. A., Strahl, J. D., Ross, S. M.(2008). Does technology integration "work" when key barriers are removed? *Educational Media International, 45*(3), 189-206.

Lowther, D. L., Inan, F. A., Strahl, D. J., & Ross, S. M.(2009, April). Do one-to-one initiatives bridge the way to 21st century knowledge and skills? Paper presented at the 2009 American Educational Research Association National Conference, San Diego, CA.

Lowther, D. L. & Ross, S. M.(2003). *Formative evaluation process for school improvement: Technology instrument suite.* Memphis, TN: The University of Memphis, Center for Research in Educational Policy.

Marcinkiewicz, H. R., & Regstad, N. G.(1996). Using subjective norms to predict teachers' computer use. *Journal of Computing in Teacher Education, 13*(1), 27-33.

Molenda, M., Pershing, J. A., & Reigeluth, C. M.(1996). Designing instructional systems. In R. L. Craig(Ed.), *The ASTD training and development handbook*(4th ed., pp. 266-293).

Morrison, G. R. & Lowther, D. L.(2010). *Integrating computer technology into the classroom*(4th ed.). Englewood Cliffs, NJ: Pearson/Merrill/Prentice Hall.

National Assessment of Educational Progress(NAEP).(2009). Schedule for the state and national assessment of educational progress(NAEP) from 2008 to 2017. Retrieved July 26, 2009, from http://nces.ed.gov/nationsreportcardlabout/assessmentsched.asp#ftnotel

Norris, C., Sullivan, T., Poirot, J., & Soloway, E.(2003). No access, no use, no impact: Snapshot surveys of educational technology in P-12. *Journal of Research on Technology in Education, 36*(1), 15-27.

Partnership for 21st Century Skills.(2009). *Partnership for 21st Century skills.* Retrieved January 7, 2008, from http://www.21stcenturyskills.org

Partnership for 21st Century Skills.(2007). *Beyond the three Rs: Voter attitudes toward 21st century skills.* Retrieved January 7, 2008, from http://www.21stcenturyskills.org

PearsonSchool.(2009). Successmaker. Retrieved July 18, 2009, from http://www.pearsondigital.com/sm21century/

Pierson, M. E.(2001). Technology integration practice as a function of pedagogical expertise. *Journal of Research on Computing in Education, 33*(4), 413-430.

PLATO Learning(2009). PLATO learning. Retrieved July 18, 2009, from http://www.plato.com/

Prensky, M.(2001, September/October). Digital natives, digital immigrants. *On the Horizon, 9*(5), 1-6.

Roblyer, M. D.(2010). *Integrating educational technology into teaching*(5th ed). Boston, MA: Allyn & Bacon.

Ross, S. M., & Lowther, D. L.(in press). Effectively using technology in education. *Better Evidence-Based Education.*

Russell, J.D., Sorge, D., & Brickner, D.(April, 1994). Improving technology implementation in Grades 512 with the ASSURE model. *THE Journal.* Retrieved July 18, 2009, from http://the-joumal.com/Articles/1994/04/01/Improving-Technology-Implementation-in-Grades-512-With-the-ASSURE-Model.aspx?Page=1

Sandholtz, J. H., & Reilly, B.(2004). Teachers, not technicians: Rethinking technical expectations for teachers. *Teachers College Record, 106*(3), 487-512.

Smaldino, S. E., Lowther, D. L., & Russell, J.D.(2008). *Instructional technology and media for learning*(9th ed.). Upper Saddle River, NJ: Pearson/Merrill Prentice Hall.

U.S. Department of Education(DOE).(2001). *No child left behind Act of 2001: Enhancing education through technology*(II-D-1&2). Retrieved August 2, 2007, from http://www.ed.gov/admins/leadlaccount/nclbreference/page_pg28.html#iidl

U.S. Department of Education(DOE).(2003). *Federal funding for educational technology and how it is used in the classroom: A summary of findings from the Integrated Studies of Educational Technology.* Washington, DC: Office of the Under Secretary, Policy and Program Studies Service. Retrieved October 11, 2007, from http://www.ed.gov/about/offices/list/os/technology/evaluation.html

U.S. Department of Commerce, Economics and Statistics Administration(ESA).(2003). *Digital economy 2003.* Washington, DC: Author. Retrieved January 17, 2008, from https://www.esa.doc.gov/reports/DE-Chap4.pdf

U.S. National Commission on Excellence in Education.(1983). *A nation at risk: The imperative for educational reform: A report to the Nation and the Secretary of Education, United States Department of Education* by the National Commission on Excellence in Education, The Commission: Washington, DC.

Wozney, L., Venkatesh, V., & Abrami, P.(2006). Implementing computer technologies: Teachers' perceptions and practices. *Journal of Technology and Teacher Education, 14*(1), 173-207.

제22장

3개국, 5개 대학교 교수설계자들의 역할

Brenda C. Litchfield, J. V. Dempsey (University of South Alabama)
Peter Albion, Jacquie McDonald (University of Southern Queensland)
Junko Nemoto (Kumamoto University)

교수설계자들은 고등교육분야에서 무엇을 하는가? 그들은 어떠한 역할들을 담당하는가? 경력을 쌓아감에 따라, 이러한 역할들은 어떻게 변하는가? 지리적으로 다른 지역에서 이러한 역할들은 얼마나 차이가 있는가? 이것들이 이 장에서 우리가 탐색하고자 하는 몇 가지 질문들이다.

우리의 접근방법은 본서의 대부분의 다른 장들과는 약간 다르다. 이 장을 일종의 서면 심포지엄(written symposium)이라고 생각하라. ID 분야에 종사하고 있는 개인들로서, 우리의 목적은 짧고 개인적인 사건들(vignettes)을 통해 교수설계자들이 무엇을 하는지를 논의하는 것이다. 그 사건들은 호주, 일본, 미국의 고등교육에서 교수설계자들이 지니고 있는 다섯 가지의 상이한 업무 책무성들을 논의한다. 비록 이들 고등교육시스템들 간에는 당연히 차이점들이 있지만, 많은 공통점들도 있다.

여러분은 교수설계자들의 삶은 고등교육분야의 다른 교원들 및 전문 직원들과 매우 비슷하다는 것을 알게 될 것이다. 특히 전통적인 조교수/부교수/정교수로의 승진의 경우, 일상적인 활동들은 다른 학과들의 교수들과는 크게 차이가 없다. 다른 것은 우리의 훈련과 전문적인 집중 연구 영역이다. 원격교육이나 교수개발(faculty development)과 같은 지원분야에 종사하고 있는 교수설계자들은 실천가들이다. 고등교육에서 교육적인 이러닝 테크놀로지들이 점점 더 많이 사용됨에 따라, 실천가들은 교원들이 교수법이 아닌 콘텐츠 관련 훈련을 받은 조직들의 성공에 보다 더 결정적인 영향을 미치고 있다.

호주, 일본, 미국의 고등교육시스템

호주, 일본, 미국에 있는 대학교들의 구조와 운영은 여러 측면에서 비슷하다. 대학교들은 학기들이 대략 15주 정도 되고, 수업부담(teaching loads)도 학기당 평균 약 세 강좌 정도 되는 대학들(colleges)로 나누어져 있다. 행정적으로, 세 개의 고등교육시스템들 모두 학장, 부학장, 학과장이 있다. 교육, 연구, 봉사의 분포도 비슷하며, 각 구성요소에 대한 기대도 비슷하다. 호주 고등교육시스템의 경우, 강좌당 학생 수는 일본과 미국보다 약간 더 많다. 3개 국가의 대학수는 〈표 22.1〉에서 보여주는 바와 같이 차이가 있다.

호주의 고등교육시스템과 일본 및 미국의 고등교육시스템들 간에는 교원의 직급(ranks) 체계에서 상당한 차이가 있다. 미국과 일본의 경우, 조교수, 부교수, 정교수의 세 가지 직급이 있다. 미국과 일본에서의 정년트랙(tenure track) 교수의 경우, 세 가지 직급이 있는데, 조교수(6~7년), 부교수(최소 3~4년), 정교수가 그것이다. 미국대학들에서 승진과 정년보장은 별개의 것들이다. 어떤 미국대학교에 들어온 특정 직급에 있는 정년트랙 교수는 그 대학교에서 일을 계속하기 위해서 특정 시간 내에 정년이 보장되어야 한다. 비록 그렇게 흔하지는 않지만, 비정년 트랙 교수를 위한 두 단계, 즉 전임강사(instructor)[1]와 시간강사(lecturer)가 있다.

일본의 경우, 정년트랙 교수와 비정년트랙 교수가 있다. 위에서 언급한 세 가지의 직급들은 전형적인 정년트랙 교수의 직급들이다. 조교수에서 부교수가 되는 데에는 약 3년에서 5년 정도 걸리며, 통상적으로 정교수까지는 약 10년 정도 걸린다. 예를 들어, 일반적으로 30세에 학술 경력이 시작되며, 35세에 부교수가 되고, 그런 다음 45세에 정교수가 된다. 그러나 그것은 학교, 학과, 그리고 다른 영향 요인들에 따라 차이가 있다. 과학 분야에 종사하는 사람들은 승진하는 데 더 오래 걸린다. 비정년트랙 교수들은 통상적으로 2~3년 정도의 계약 직책들이며, 그러한 유형의 직책들은 연장되지 않는다.

호주의 경우, 통상적으로 교수의 경력은 다섯 가지의 직급이 있다. 각 직급은 특정 단계

〈표 22.1〉 호주, 일본, 미국의 학생수

국가	대학교	학생수
호주	38	2,000만 명
일본	765(사립: 589, 지방: 90, 국립: 86)	1억 2,700만 명
미국	2,500(공립과 사립)	2억 9,500만 명

1) 몇몇 미국 대학교들은 경험이 있고 숙련된 비정년트랙 교수들을 인정하기 위해 선임강사 수준을 두고 있다.

(steps)의 수를 가지고 있다. 교원들은 해당 직급의 맨 위까지 1년에 한 단계씩 올라간다. 일반적으로 승진되기 전에 그 직급에서의 단계와 동일한 연수를 보낸다. 전형적인 직급체제는 다음과 같다.

- 강사(associate lecturer): 명예(honours) 학위 또는 우등급제(good pass) 학위(8단계)
- 시간강사(lecturer): 석사학위, 일반적인 시작 직급(6단계)
- 전임강사(senior lecturer): 박사학위+출판물(6단계)
- 부교수(associate professor): 박사학위+연간 1~2개의 출판물(4단계)
- 정교수(professor): 박사학위+상당한 연구에 대한 명성

또 하나의 중요한 차이는 호주 고등교육시스템의 경우 매우 소수만이 교수에까지 이르며, 각 학과에 단 한 명뿐일 수 있다. 미국의 경우, 정년보장을 받은 대부분의 교수들은 부교수가 되고, 이들 중 상당수는 얼마 안 되어 정교수가 된다.

연구년은 다양하다. 호주에서 흔히 사용하는 용어는 학술개발휴가(academic development leave)다. 신청은 매 3년마다 한 학기씩 할 수 있다. 신청의 성공률은 아마 60~70% 정도 되며, 책과 같은 주요 저술, 우리 프로그램들의 변화를 가져올 수 있는 모범사례들에 대한 정보를 수집하기 위해 다양한 장소 방문, 또는 가치 있는 연구 프로젝트 참여의 경우 연구비를 받는다. 일본의 경우, 연구년은 잘 구축되어 있지 않을 뿐만 아니라 상당히 다양하다. 수혜자들(항상 정교수일 필요는 없다)은 일반적으로 자신의 연구주제를 선택하고, 수혜자들 중 대부분은 연구년을 해외에서 보낸다. 미국의 경우, 일반적으로 7년 후에 한 학기 동안 봉급 전액을 받거나 봉급 반액으로 두 학기를 신청할 수 있다. 프로젝트들은 호주 시스템의 프로젝트들과 비슷하다.

Junko Nemoto(조교수, 일본)

나의 업무환경

구마모토대학교(Kumamoto University)의 ID 프로그램(Kumamoto University, 2009)은 2006년 4월 100% 온라인 프로그램으로 시작했다. 이것이 내가 이 대학교에 오게 되었던 이유다. 두 명의 신임교수들과 더불어, 나는 이 프로그램의 설계와 약 7개월의 준비 초기부터 참여하였다. 이 프로그램에는 12명의 교수가 참여하지만, 나를 포함한 단지 3명만이 정규직이며 교육공학을 전공했다. 나머지 교수들은 우리 대학원 외부의 정보공학, 교육정책, 지적재산과 같은 연계학과 교수들이다. 교수들 중에 다학문적인 교수들이 포함된 것은 이 독특

한 프로그램에서는 장점이다. 다양한 배경들을 지니고 있기 때문에, 우리는 ID의 많은 분야들에서 학생들의 다양한 유형의 연구 관심사들을 지도할 수 있다. 우리는 또한 교육공학과 정보공학 두 분야의 전문가들을 가지고 있기 때문에 교육지원시스템을 구축할 수 있다. 교육공학에 초점을 두고 있는 전문가들 중 한 사람으로서, 나는 다른 분야 출신의 교수들을 공동연구를 통해 끌어들이는 도전을 즐긴다.

나의 업무 역할과 과제

교수로 들어온 이후, 나는 교수를 설계하고 프로그램 운영을 지원하는 데 많은 시간을 소비해 왔다. 나는 연구를 하는 데 더 많은 시간을 소비하고 싶지만, 동료들과 새로운 프로그램을 구축함으로써 얻는 혜택들에 대해 고맙게 생각한다. 나는 언젠가는 기업환경에서 컨설팅을 함으로써 훈련과 ID에서의 나의 학문적인 지식과 경험을 적용할 수 있기를 원한다.

이 프로그램에서 나의 초점은 학생들이 자신들의 학습과정에 참여할 수 있도록 도와주는 학습환경을 제공하는 것이었다. 얼마 전에, 나는 학생들이 FAQ, 프로그램의 역량 리스트, 강좌 교재 리스트와 같은 정보를 가지고 자신들의 전체 학습 과정을 체크할 수 있는 학습 포털 웹사이트를 설계했다. 나의 업무책임들 중 또 하나는 우리 프로그램에서 처음으로 온라인 강좌들을 수강하는 학생들을 적응시키는 온라인 강좌를 관리하는 것이다. 비록 학생들은 이 강좌에 대해 학점을 받지는 않지만, 우리는 학생들을 온라인 프로그램을 제대로 수강할 수 있도록 준비시키는 것이 성공적인 학습경험의 핵심이라고 믿는다. 나는 특별히 이 중요한 강좌를 개발한 것에 자부심을 느낀다.

나의 정규수업 업무는 1학기에 3개 강좌, 2학기에 2개 강좌를 지도하는 것이다. 이 강좌들에는 이러닝과 ID의 기초들, 그리고 학생들이 실제 고객들을 위해 이러닝을 제안하고 개발하는 2개의 이러닝 실습과목(practicum)이 포함되어 있다. 나는 또한 2개의 연구지향 강좌들을 가르친다. 이러한 모든 강좌들은 공동으로 가르치고 있으며, 나는 모든 강좌에 대해 동일한 책임을 가지고 있다. 내년에, 나는 교수체제설계 연구이론(Instructional System Design Research Theory)에서 새로운 강좌를 개설할 예정이다. 내가 가르치는 강좌의 수가 점차 늘어나고 있으며, 그래서 나는 수업 경험을 확장해 나갈 수 있는 것에 대해 기쁘게 생각한다. 또한 내가 모든 역할들을 관리하고 수행해 나갈 수 있을지를 걱정하고 우려하는 것도 사실이다.

수업뿐만 아니라, 나는 3개년 재정지원 프로젝트인 이야기중심 교육과정(Story-Centred Curriculum)(Schank, 2007; Suzuki, Nemoto, Oyamada, & Shibata, 2008)에서 교육과정 혁신, 설계 지원, 실행에 참여하고 있다. 이 교육과정 접근방법은 여러 강좌들을 통합하는데, 그것은 통상적으로 특정 학기 내에 동시에 수강해야 하며, 여러 강좌들에 공통적으로 적용될 수 있는 실제 상황으로부터 도출된 시나리오를 가지고 있다. 나는 나의 업무환경이 전문적인 교수설계자로서 현직훈련을 받기에 이상적이라고 말할 수 있다. 그럼에도 불구하고, 나는 여전히 종종 제한된 자원들을 사용하여 짧은 시간 내에 생산물을 산출—보편적인 문제—해야 하는 것에 좌절감을 느끼곤 한다.

전문 연구자가 되기 위한 단계

우리 학생들과 동료들은 내가 더 많이 배우고 연구를 수행하도록 동기를 부여한다. 학생들이 나에게 질문을 하고 조언을 구하는 것이 더 많으면 많을수록, 나는 나의 기술과 지식을 더욱더 심화시키려고 노력한다. 나는 학생들과 논의하고, 내가 어떻게 그들의 생각들이 실현될 수 있도록 도와줄 수 있는지를 생각하는 것을 좋아한다. 우리 학생들 중 대부분은 상급의 업무 경험과 나를 고무시키는 다른 관점들을 가지고 있다. 우리 프로그램은 프로그램 자체에서 설계와 실행에 관한 실험적인 연구들의 결과들로부터 중요한 자료들을 얻고 있다. 우리는 다양한 시점에서 질문지들을 사용하여 학생들의 인식에 관한 자료들을 수집하고 있다. 나의 도전과제는 이제 이러한 연구결과들이 출판될 수 있을 때까지 계속하는 것이다. 아울러, 나는 해당 프로그램의 외부 지원을 지속적으로 확보하고자 노력하고 있다.

점차적으로, 나는 독서를 하고, 자료를 수집하며, 연구를 설계하고, 다른 연구기술들을 개발하기 위한 시간을 더 많이 확보하려고 노력하고 있다. 모든 수업과 ID 작업의 시간제한 내에서 일하고 출판과 프로그램의 지원을 야기하는 연구를 수행하는 것은 쉽지가 않다. 나의 전문적인 경력개발의 견지에서 나의 업무와 활동들을 성찰해 볼 때, 나는 내가 행해왔던 것이 나의 미래에 호의적으로 영향을 미치기를 희망한다.

조교수로서의 나의 경험 성찰

우리의 교육과정 아이디어들을 검토해 보고 그러한 아이디어들이 실행되는 것을 지켜보는 것은 값진 경험이다. 나는 전문 교수설계자이자 교수로서 현직훈련을 받는다. 다른 분야들 출신의 다른 교수들과 함께 프로젝트를 진행하는 것은 나로 하여금 다양한 관점들을 생각하고 배울 수 있게 해준다. 아울러, 우리가 개발해 온 학습환경을 통한 학생들의 학습 과정들을 관찰함으로써, 우리는 우리의 설계들에 대한 직접적인 피드백을 얻을 수 있다. 이러한 모든 것이 보상이다. 언급한 바와 같이, 나는 교수 프로젝트를 개발하고 연구를 수행하기 위한 시간을 충분히 갖지 못하여 좌절감을 느낀다. 시간을 더 잘 관리하는 것이 내가 직업적으로 더 유능하고 조화를 유지하는 데 도움이 될 것이다. 석 · 박사 학생들, 박사 후 과정 동료들, 교수들과 대학교에서 일하는 것은 나에게 의미 있다.

Jacquie McDonald(교수설계자, 호주)

많은 풋내기 교수설계자들처럼, 나는 처음에 상업적인 훈련 교수자료를 설계 · 개발하는 외부 연구비에 의해 지원된 단기계약직으로 채용되었다(1990). 내가 승진하고 종신재직권을 얻기 전에는 시간제 아르바이트, 경력 외에 다른 일, 공부를 하는 데 여러 해가 걸렸다. 나의 교육경력은 초등학교 교사로부터 시작했으며, 육아휴직 후에 고등교육 분야로 옮겼다. 나는 대학의 원격교육 맥락과 정부의 보건훈련 부문에서의 교수설계자를 포함하여, 호주의 교수설계자로서 내가 경험해 온 다양한 역할을 간략히 공유하고자 한다.

서던퀸즈랜드대학교에서 교수설계의 역할

나의 첫 번째 직책은 25년 이상 동안 원격교육을 제공해 왔으며, 7,400명 이상의 외국 학생을 포함하여 약 25,000명의 재학생을 가진 서던퀸즈랜드대학교(University of Southern Queensland: USQ) 원격 · e-러닝센터(Distance and e-Learning Centre: DeC)의 교수설계자였다. 1990년대에, USQ의 교수설계자들은 학교 밖(off-campus) 학습에만 중점을 두었으며, ID와 원격학습이론에 기초한 원격학습 교수자료들을 설계 · 개발하기 위해 교수(faculty) 내용전문가들(강의/단원 지도자들)과 DeC 팀 구성원들은 밀접한 관계를 맺으며 일했다. 이러한 교수자료들은 전통적으로 학생/내용 상호작용 접근법(Anderson, 2003)을 사용하는 독습(independent learning)을 위해 설계되어 왔다. [그림 22.1]은 교수들과 원격학습 교수자료들을 개발하는 DeC 간의 USQ 조직구조와 인터페이스를 보여준다. 교수설계자들은 새로운 강좌들 또는 주요한 수정을 하고 있는 강좌들에 관하여 다양한 교수강좌 지도자들(faculty course leaders)과 일한다.

USQ에 고용된 많은 교수들은 원격교육에 대해 거의 혹은 전혀 경험이 없으며, 다른 콘텐츠 전문기술을 위해 고용된 몇몇 교수들은 어떠한 교육적 배경도 가지고 있지 않다. 교수설계자로서의 나의 역할 중 일부는 교수 · 학습전략의 개발을 촉진하며 교수들에게 원격교육 개발과정을 소개하는 것이다. 이러한 역할은 ID모형에 대한 확고한 지식과 교수들이 새로운 원격수업으로 전환되어 가는 것을 우려하는 것에 민감하게 반응할 것을 요구한다. 이러한 역할은 원격학습 교수자료를 개발하기 위한 스케줄이 교내강좌에 제공될 교수자료를 준비하는 것보다 훨씬 더 오래 걸림에 따라 긴장을 초래할 수 있다. 이 같은 맥락에서, 교직원들과 효과적으로 상호작용하고 ID모형을 '선전할(sell)' 수 있는 능력—이것은 흔히 시간에 대해 스트레스를 받는 교직원들에게 더 많은 업무를 의미한다—은 교수설계자의 핵심 기술이다. 이 장의 다른 곳에서, Jack은 후배동료들이 '학과지식(departmentse)' 을 습득해야 한다는 것에 대해 이야기한다. 나는 실제 메시지(real message)를 경청하고(listen) 들을 수

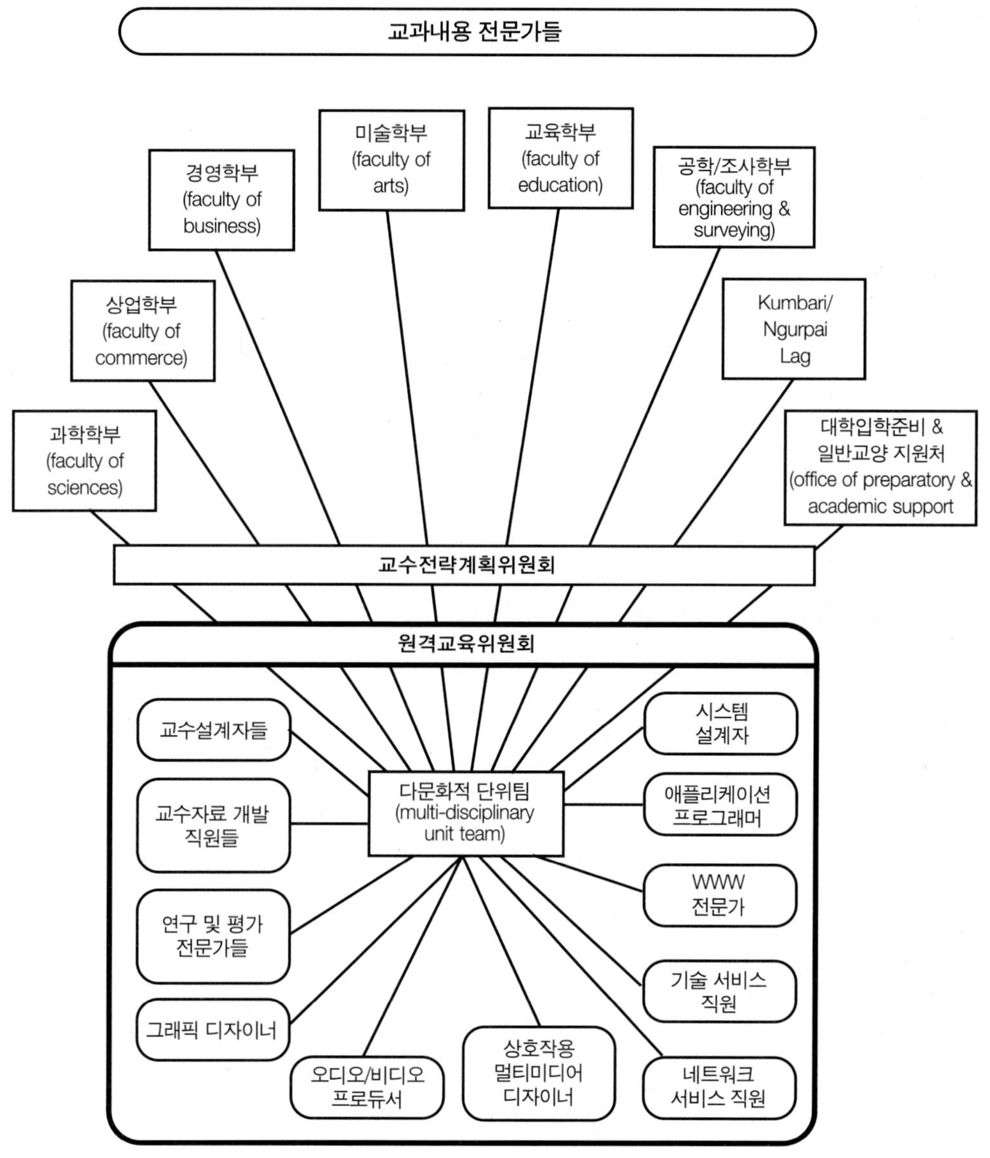

[그림 22.1] 조직구조 개관

출처: Distance and elearning Centre Visitors Guide, USQ.

있는(hear) 능력은 단지 여러분 자신의 학과에서 성공하기 위해서뿐만 아니라 많은 교직원들 간에 교수설계자로서 효과적으로 일하는 데 필수라고 생각한다. '좁은 시야(tunnel vision)'를 가지고 설계 회의에 가는 것(예: 어떠한 맥락이든 ID모형에 관한 여러분의 지식은 **적용될 것이다**)은 비생산적일 수 있다. 물론, ID모형에 관한 확고한 지식은 우리의 거래에 주어진 도구이지만, 다른 구성원들의 지식에 대한 민감성도 필수적이다.

교수설계생성자모형

내가 교수들과 일하면서 취하고자 노력한 접근방법은 "생성자(generator)" 모형이다. 나는 해당 맥락에 적절한 핵심 학습과 실행전략을 개관하는 청사진을 개발하기 위해 초기단계에서 단원지도자들(unit leaders)(교과전문가들)과 긴밀하게 일한다. ID와 긴밀하게 협력하면서, 강좌지도자들(course leaders)은 해당 강좌의 샘플 모듈(module)을 개발하고 교수설계자는 피드백을 제공한다. 일단 동의하면, 이것은 후속되는 모듈의 저술을 위한 모형(model)을 제공하며, 상세한 ID 피드백은 일반적으로 요구되지 않는다. 이 접근법은 "변혁자(transformer)" 접근법보다 더 효과적인 것으로 검증되어 왔다. 의심할 여지 없이, 우리 모두는 ID 입력을 구하기 전에 거의 완료한 교수자료를 재설계(변혁)하는 것은 힘들다는 것을 경험해 왔다. 물론, 생성자는 "이상적인(ideal)" 모형이다. 실제로, 이 접근법의 성공은 단지 모형을 실제에 적용하는 것이 아닌 맥락과 개성에 달려있다.

교수 · 학습설계자로 변화하는 교수설계의 역할

최근 호주정부의 정책들은 고등교육에서의 보다 광범위한 경향들을 반영해 준다. 그것은 지식사회(knowledge society)를 포함했으며, 교사중심 학습보다는 학생중심 학습을 점점 더 강조하고 있음을 반영했다. 그것은 또한 평생학습과 업무통합 학습(work-integrated learning)에 초점을 두고 있다. ID의 역할은 교육에 대한 학습중심 접근법(learning-centered approach)을 반영하기 위해 변화하고 있다. 이러한 변화된 초점은 "교수설계자(Instructional Designer)" 에서 "교수 · 학습설계자(Learning and Teaching Designer: LTD)로 업무 직함(title)의 변화를 유발했다.

ID 역할에서 필수적인 요소는 ID에 관한 선행연구와 교육이론 및 실제에 관한 최신정보를 갖는 것이다. 이 장의 다른 곳에서 Jack이 언급한 바와 같이, "교수들은 교수법이 아닌 콘텐츠에서 훈련을 받았다." 따라서 이러한 지식을 팀원들과 공유하고, 적절한 애플리케이션을 팀환경에 있는 강좌맥락에 유통시킴으로써 모든 팀원의 지식기반을 형성할 수 있다. ID/LTD의 역할은 초점과 후속적인 재정지원 우선순위들이 연구에서 교수 · 학습으로 전환됨에 따라 일련의 접근법들을 통과해서 이동하고 있으며, 그래서 우리는 변화하는 기관의 우선순위들을 반영하는 역할들이 할당된다.

이러한 변화의 한 가지 예가 개별 강좌지도자들과 일하는 것에서 집단 접근법으로의 변화다. 이 접근법은 종종 USQ에서 변화하고 있는 교육계획들(educational initiatives)의 요구들을 충족하는 학부들과의 개별적인 상호작용에까지 침투한다. 예를 들어, 2003년에 멀티미디어, 온라인, 학내 강좌들, 관리별 새로운 생산성 소프트웨어, 축소된 ID팀으로 이루어진 "혼합(hybrid)" 계획의 실행은 주로 개별 강좌팀들과 일하는 교수설계자들의 과거 실제

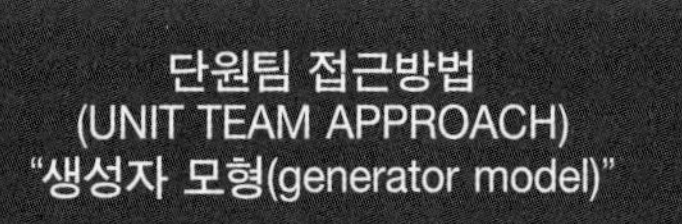

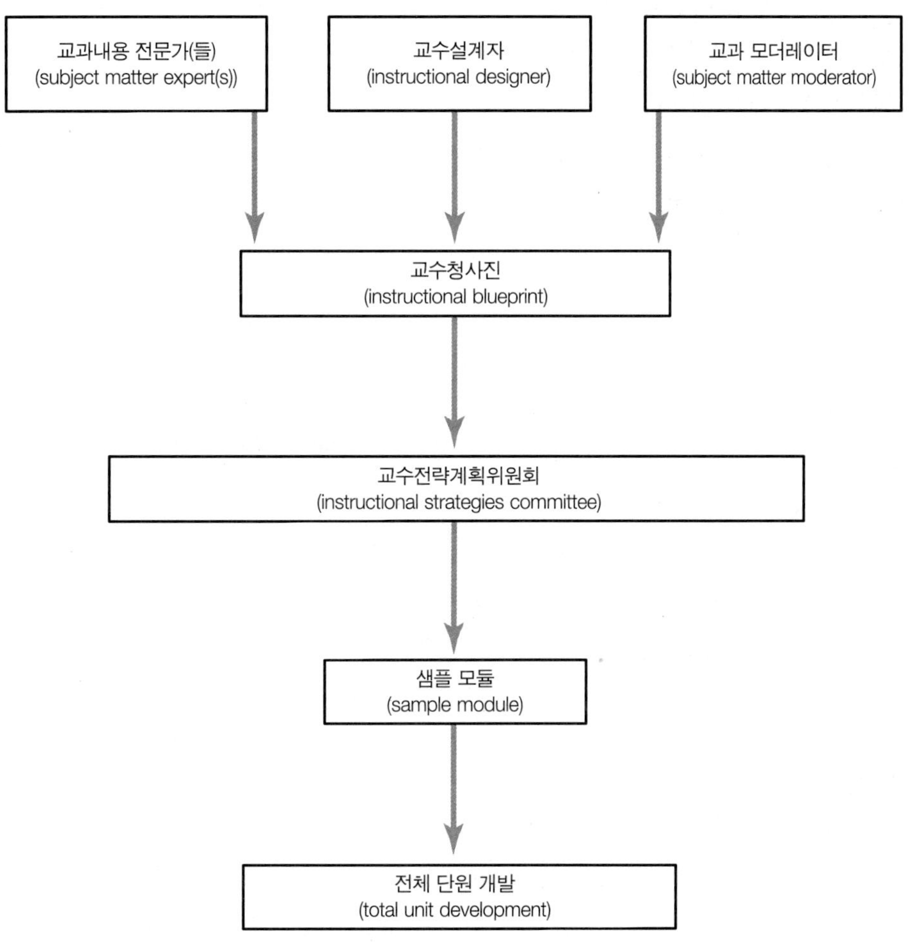

[그림 22.2] 단원팀 접근 "생성자 모형"

출처: Distance and eLearning Centre Visitors Guide, USQ.

(practice)에 대한 대안적인 접근법으로서 교수설계자들을 학부팀들과 함께 일하도록 했다. 혼합계획에 대한 학부[미국대학교의 학부(school)나 단과대학(college)과 유사한]팀 접근방법은 혼합강좌들의 설계, 개발, 평가를 촉진하기 위한 실천공동체(Wenger, 1999)의 적용을 가능하게 했다. 이것은 참여하고 있는 강좌지도자들의 전문성 개발을 촉진하기 위해 혼합이론과 실제를 그 집단과 공유하는 것을 필요로 했다. 나의 LTD의 전문성 개발요소는 사실상

증대되어 왔고, 그래서 나는 현재 USQ에서 교수 · 학습 지원을 위한 지식을 공유할 수 있는 제한된 공간과 시간을 제공하는 실천공동체(communities of practice: CoPs)의 구축을 촉진한다.

호주정부의 교수 · 학습계획들이 교수설계 역할에 미친 영향

호주 연방정부는 증진된 교수와 학습산출물들을 지원하고 고등교육의 초점을 연구에 두는 것을 균형 잡기 위한 재정지원과 정책계획들을 증대해 왔다. 호주 대학교들에서 교수 · 학습을 증진시키기 위해 2004년에 호주교수 · 학습위원회(Australian Learning and Teaching Council: ALTC)가 설립되었다. ALTC는 교수 · 학습에서 수월성을 위한 리더십 보조금, 우선 프로젝트(priority projects)[2], 자원, 장학금(Awards)[3], 교환 네트워크(ALTC Exchange)[4], 벤치마킹과 같은 다양한 프로그램들을 지원하기 위해 연간 약 2,700만 호주달러를 지원받는다.

이제 어디로 가야 하나?

여기에서 어디로 가야 하는가? 온라인 학습공동체 분야에서 박사학위를 마쳤기 때문에, 나의 LTD 역할 중 일부는 이제 USQ에서 교수 · 학습을 지원하기 위한 실천공동체의 구축을 촉진하는 것이다. ID 훈련에 기초하여, 나는 교수 · 학습 분야에서 교수강좌 지도자들(faculty course leaders)을 지원하며, ID이론을 강좌 설계, 실행, 평가에 적용하기 위해 교수들과 협력하며 일하는 나의 역할에 자신감을 느낀다.

Brenda Litchfield(교직원개발, 미국)

고등교육의 교직원개발(faculty development) 분야에 들어가기를 원하는가? 학문적으로 잘 훈련된 교수설계자로서, 여러분은 잘 준비되어 있을 것이다. 확실히, 일을 훌륭하게 잘 하고 있는 미국기관들에서 교직원개발자들로서 일하는 교수설계 · 개발자가 아닌 사람들도 있다. 그러나 교수설계 · 개발 분야에서 훈련을 받음으로써 여러분은 고등교육분야에 종사하는 교직원들이 기관의 성공적인 교수설계자, 개발자, 실행자들이 되는 데 필요한 것이 무엇인지에 관해 더 잘 이해할 수 있을 것이다.

---

2) [역주] 교육, 항만시설, 도로, 급수시설 등과 같이 국가에서 우선순위를 두어 재정지원을 하는 프로젝트

3) [역주] 호주의 다방면에 걸친 장학 프로그램을 통해 호주와 호주 이웃 국가들 간의 지식, 교육 연계, 그리고 지속적인 유대를 증진시키기 위한 목적하에 지원되는 호주장학금(Australia Awards)(http://www.ausaid.gov.au/australia-awards/Pages/default.aspx)

4) [역주] 호주 고등교육분야들 간에 전문가들의 의사소통과 협력을 지원하기 위해 2008년 5월에 시작된 교수 · 학습자원 및 시설을 제공하는 온라인 서비스(http://www.ascilite.org.au/conferences/auckland09/procs/treagus.pdf)

비록 교직원개발에 관한 몇 가지 관점들이 있지만, 여기에서 내가 중점을 두는 관점들은 몇몇 중요한 분야들, 즉 학습자와 학습맥락 분석, 교수의 설계와 개발, 혁신적인 실행방법들, 그리고 교수 · 학습의 평가에서 대학교직원들을 도와주는 교직원개발 유형이다. 체제설계의 기본적인 요소들을 사용함으로써, 나는 어떤 학과에 있는 교직원들과도 일할 수 있으며, 학습자의 학습 요구를 충족시키며 동시에 교직원의 수업 기술을 증진시키는 강좌들을 개발할 수 있도록 도와줄 수 있다. 교수설계자들의 용어들(맥락, 실행, 형성적, 출발점 행동 등)을 사용하지 않고서, 나는 교직원들이 쉽게 이해할 수 있는 방식으로 설계과정의 각 단계를 완수할 수 있다.

교직원개발부는 무엇을 하는가?

교직원개발부(faculty development offices)는 대학교마다 차이가 있다. 몇몇 미국대학교들은 센터장과 직원들이 있는 교직원개발센터들을 지원하기 위한 운영자금을 가지고 있다. 몇몇 대학교들에서는 단 한 사람만이 모든 활동을 계획하고 대부분의 워크숍을 수행하며 수업과 같은 부가적인 책무까지 맡고 있다. 또 다른 학교들은 수업기술을 증진시키는 데 관심을 가지고 있는 학내 구성원들로 조직된 자발적인 위원회를 가지고 있다. 내가 재직 중인 대학교에서는 자발적인 위원회가 원래 모든 교직원개발 활동들을 조정했다. 이 위원회는 몇 년 동안 함께 일했지만 그 프로그램의 지속적인 성공을 위해서는 이러한 과제에 전념을 다할 수 있는 사람이 필요함을 분명하게 알 수 있게 되었다. 나는 약 10년 동안 이 책무뿐만 아니라 수업책무도 맡았다. 몇 년 전에, 교수공학에서 박사학위를 받은 정규직원이 교직원개발 프로그램을 전담 · 운영하기 위해 고용되었다. 그러나 나는 여전히 그 일에 상당히 깊이 관여하고 있다.

교직원개발자들은 매일 무엇을 하는가?

주요업무는 신임교수들을 위한 오리엔테이션을 계획하고 전달하는 것이다. 이 첫 번째 도입세션 이후, 나는 신임교직원들에게 워크숍과 개별 모임을 통해 그들의 첫 해 내내 특별한 관심을 제공한다. 그 해 동안 행해지는 전형적인 워크숍에는 테크놀로지 기술, 대안적인 평가기법, 수업전달 전략, 강좌 개발, 문제해결, 비판적인 사고가 포함된다. 구체적인 수업 기술과 더불어, 교직원들은 연구비 신청계획서 작성, 학생조언, 종신재직권(tenure)과 승진 절차 및 준비, 연구 기술과 같은 주제들을 요구한다.

워크숍과 더불어, 나는 교직원들을 개별적으로 만난다. 교직원과 개별적으로 일하는 것은 나에게 그들이 수업에 대해 알고 있는 것과 그들이 알 필요가 있는 것을 분석할 수 있는 기회를 준다. 비록 나는 여러 분야에 걸쳐 다각적인 경험을 지닌 다양한 교직원 집단들과 일을 하지만, 나는 그들 각각을 교과전문가라고 보며, 거기에서부터 출발한다. 나는 그들이 자신들의 강좌에서 가장 중요한 목적과 목표들이라고 간주하는 것을 찾아내고, 그런 다음 그들이 학습자들의 관심을 지속적으로 유지하며 학습을 증진시킬 수 있는 전략과 활동을 설계, 개발, 실행할 수 있도록 도와준다. 우리는 또한 그들의 수업 기술과 학습자의 학습을 측정하기 위한 평가 도구를 개발한다. 이러한 과정을 마친 후에, 교직원들은 비록 자신들이 설계과정을 거의 연습하지는 않았지만 설계과정과 그것의 모든 구성요소들에 대해 훨씬 더 잘 이해하게 된다.

교직원개발자로서의 내 업무 중 또 다른 측면은 내가 '수업팁(teaching tips)'이라고 부르는 것에 관해 규칙적으로 이메일을 보내는 것이다. 미국 K-12 공립학교 시스템에서 교수하면서 12년 동안 살아남았기 때문에, 나는 고등교육에서 가르치는 데 성공적으로 활용할 수 있는 많은 수업팁들을 가지고 있다. 이러한 팁들은 주로 내가 여러 해 동안 경험하고 실행해 온 것들이다. 주제들로는 여러 가지 것들 중에서 학생의 이름을 익히는 방법, 파워포인트 프레젠테이션을 효과적으로 만드는 법, 수업시간 절약, 수업평가 등이 포함된다. 몇 가지 팁들은 추가자료들과 책들을 통해 얻었다. 교직원개발 분야에서의 여러 해 동안의 경험들 때문에, 나는 '고등교육에서의 수업(Teaching in Higher Education)'이라는 제목의 강좌를 가르치고 있다. 이것은 구체적으로 대학교수준에서 교수를 하고자 하는 학생들과 함께 연구하기 위해 설계된 박사수준의 강좌다.

나는 또한 교직원들을 위한 구체적인 워크숍들을 설계하기 위해 학과장들 및 학장들을 만난다. 각 학과는 서로 다른 요구들을 가지고 있어서 나는 종종 교수(instruction)를 위한 기초로서 학과의 용어(terminology)와 구체적인 예들을 사용하여 어떤 주제들을 다룰 수 있도록 워크숍들을 설계한다. 이러한 워크숍들에서, 나는 교수를 한 집단의 요구에 보다 더 직접적으로 맞춘다.

교직원개발자가 되는 데 있어 가장 힘든 부분은 무엇인가?

그것은 교직원들을 워크숍에 참여토록 하는 것이다. 많은 교직원들은 그들이 수업에 관해 도움 받기를 원하거나 도움이 필요하다는 것을 인정하기를 꺼려한다. 그들은 연구조사를 위한 통계적인 도움을 받기 위해 수학과에 가는 것을 아무렇지도 않게 생각하지만, 보다 효과적인 교수를 창출하는 방법에 대해 묻기 위해 나에게 전화를 거는 것은 꿈에도 생각지 않는다. 나는 교수들이 강의하는 것 외에 가르치는 또 다른 방법들이 있다는 것을 인식토록 하는 데에만도 많은 시간을 보낸다. 그들이 이것에 동의할 때 그리고 동의한다면, 그때 그들은 수업에 대해 더 많은 것을 배울 준비가 되었다고 할 수 있을 것이다.

교직원개발자가 되는 데 있어 가장 쉬운 부분은 무엇인가?

그것은 교수설계자가 되는 것이다. 훈련에 기초하여, 나는 가르쳐야 할 것과 그것을 가르치는 방법을 확인하는 방법들을 알고 있다. 일련의 질문들을 통해, 나는 교수들이 그것을 큰소리로 말하지 않고도 교수체제설계의 단계들을 거쳐 갈 수 있도록 안내할 수 있다. 그들은 교수를 설계하고, 개발하며, 실행하는 방법에 대한 새로운 접근법을 알게 되고, 희망컨대, 몇몇 경우에는 심지어 자신들이 배운 것을 계속해서 실천할 수도 있을 것이다.

요약

만약 여러분이 고등교육의 교직원개발 분야에서 일하고자 한다면, 여러분은 ID와 개발 분야에서의 훈련으로 인해 이미 이 직책에 있는 대부분의 사람들보다 한 발짝 더 앞서 가고 있는 것이다. 여러분의 학위는 여러분에게 교수의 모든 측면을 설계하는 방법에 관한 튼튼한 기초를 제공해 준다. 그러나 그것만이 교직원개발을 위한 모든 것은 아니다. 다양한 교직원 집단과 함께 일하는 것은 하나의 도전이 될 수도 있다. 나는 여러분에게 강좌들을 수강하고, 워크숍에 참여하며, 협상 기술, 프레젠테이션 기술, 힘든 참석자들을 다루는 법, 테크놀로지를 교육과정에 통합하는 방법과 같은 영역에서 여러분에게 도움을 줄 수 있는 사람을 찾기를 권한다. 교직원개발자로서 여러분이 더 많은 기술을 가질수록, 여러분의 업무는 더욱더 쉬워질 것이다.

여러분의 노력은 여러분이 함께 일하는 모든 사람들에게 많은 것을 의미할 것이다. 다른 사람들이 흥미로운 교수를 만들고 자신들의 수업 기술을 증진시킬 수 있도록 도와준다는 것이 그 보상감(rewarding feeling)이다. ID 분야에서 훈련을 받지 못한 사람들에게, 효과적이고 효율적인 교수를 가르치고 설계하는 것은 흔히 미스터리일 수 있다. 여러분은 그들이 그러한 미스터리를 풀 수 있도록 도와주는 사람일 수 있다.

Peter Albion(부교수, 호주)

호주의 지방대학교에 있는 교육학부(Faculty of Education)에 재직 중인 부교수로서, 나는 학문적인 경력면에서 최정점에 도달했을지도 모른다. 우리가 이 장의 서두에서 언급한 바와 같이, 우리의 학문적인 직급체제는 미국과는 다르다. 정교수(full-professor)는 아주 드물다. 학부 내 약 50명의 교수들 중 단 한 명뿐이며, 나는 7명의 부교수들 중 한 명이다. 그러한 맥락에서, 부교수가 된 것은 상당한 성취를 이룬 것이며, 대부분의 동료들처럼, 나는 강사수준에 있는 동안 종신재직권을 받았기 때문에 경력면에서 안정기에 있다고 할 수 있다. 상대적으로 소수만이 정교수가 될 수 있기 때문에, 더 높이 승진하고자 하는 전망과 관련된 어떠한 강력한 기대나 압력도 없기를 희망한다. 동시에, 부교수들은 직급상 그리고 일반적으로 수년 동안 고참(senior)이기 때문에, 그들은 학부 내 리더십에 기여할 것으로 기대된다.

우리 학부 내의 각 교수(academic)는 수업(teaching), 연구/자문(research/consultancy), 봉사/행정(service/administration)의 세 가지 광범위한 영역에서 기여할 것으로 기대된다. 이러한 영역들과 어떤 한 영역을 구성하는 구체적인 과제들 간의 균형은 교직원의 요구와 관심, 기술, 개별 교직원의 직급에 따라 다양하다. 부교수들은 오랫동안 이 대학교 혹은 다른 대학교에서 그러한 체제에 속해 있었기 때문에, 대부분 자신들의 관심사에 잘 맞는 업무 할당을 협상할 수 있다.

교육

부교수들의 수업할당량은 그들의 연구관심사와 밀접하게 관련이 있는 소규모 강좌뿐만 아니라 해당 프로그램에서 핵심이 되며 경험 있는 리더십을 요구하는 대규모 강좌들을 포함한다. 교수공학 분야에서 연구하고 있는 부교수의 경우, 강좌의 내용과 프레젠테이션 양자가 해당 분야에서의 최신의 그리고 현재의 발전을 반영할 것이라는 기대가 있다. 매일 나타나는 새롭고 업데이트된 테크놀로지들 중 전부는 아니지만 많은 테크놀로지들은 교수적 활용을 위한 잠재성을 제공한다. 가장 유망해 보이는 것들을 연구주제와 학습도구들로서 강좌들 속에 통합하는 것이 중요하다. 교육공학 분야에서 연구하고 있는 부교수들은 새로운 도구들을 익히고, 그러한 도구들의 잠재성을 평가하며, 그러한 도구들을 강좌에서 활용할 수 있도록 통합하는 것뿐만 아니라, 자신들의 수업에 새로운 접근법들을 적용해 보고자 하는 학부 내 다른 교수들에게 조언과 도움을 제공하도록 요청받을 것이다.

연구

부교수들은 경험이 풍부하기 때문에 상담과 연구에서 확고한 프로파일을 가지며, 지원자원을 사용하여 새로운 탐구노선을 확인할 수 있고, 연구물을 출판하는 데에도 생산적이며, 보다 더 많은 후배교수들과 연구학생들에게 연구리더십을 제공해야 한다. 팀과 함께 연구하고 팀을 이끄는 역량은 이 분야에서 중요한 자질이다. 다른 교직원들과 함께 참여할 수 있는 기회를 거의 제공하지 않는, 특유한 연구관심사를 추구하는 부교수는 교직원의 공통된 이익보다 자신의 개인적인 만족을 더 중요시할 소지가 있다. 자원 배분과 업무 할당에 대한 의사결정을 하는 사람들에게 그러한 인식을 심어주는 것은 부정적인 결과를 가져올 수 있다. 동료들과 함께 일할 수 있는 기회를 제공하는 것은 값어치 있는 연구를 수행할 수 있는 기회를 창출할 수 있으며, 동시에 교직원의 보다 더 넓은 연구에 공헌할 수 있다.

봉사

부교수들은 수업과 연구에서 리더십을 제공할 뿐만 아니라 행정과 봉사를 통해 학부, 대학교, 전문적인 공동체에 기여해야 한다. 전문가 공동체의 구성원들로서, 부교수들은 학술적인 출판과 학술대회를 위한 논문들을 심사할 것으로 기대된다. 그들은 또한 전문조직들의 위원회 구성원들로서 지도자 역할들을 수락할 수도 있다. 그들은 학위 프로그램을 이끌며, 학과장으로 봉사하거나 부학장과 같은 보다 주요한 행정적인 역할을 맡을 수도 있다. 이러한 것들은 학부가 효과적으로 기능하기 위해서는 채워져야 할 중요한 역할들이며, 그러한 역할은 학문적인 기능에 관한 지식과 사람들과 함께 일할 수 있는 능력을 필요로 한다. 중요한 행정적인 역할을 수행하면서 연구 프로파일을 유지하는 것은 주의 깊은 개인적인 관리를 필요로 한다.

최근 몇 년 동안 온라인 교수 · 학습에 대한 열정은 IDT 분야에 종사하는 우리들에게 대학교의 다른 부분에서 종사하고 있는 동료들과 함께 우리의 지식과 경험을 공유할 수 있는 흥미로운 기회들을 창출해 왔다. 나는 새로운 교수 테크놀로지들의 도입에 관하여 다른 학부의 동료들과 일할 수 있는 기회를 즐겨왔다.

교수공학 분야에 종사하고 있는 부교수로서의 나의 업무는 다양하지만, 대부분 학습의 증진을 위해 테크놀로지를 활용하는 것에 관한 나의 주요 관심사에 쉽게 연계할 수 있다. 이는 나로 하여금 테크놀로지와 교육 양자, 특히 그들 양자 간의 상호교차점에 관한 발전에 대하여 최신의 정보를 유지하도록 요구한다. 그러나 동시에 그것은 도전적이며 달성될 수 있다.

Jack Dempsey(정교수, 미국)

중년의 쇼크 중 하나가 거기에 있다(being there)는 것이다. 만약 여러분이 상당히 오랫동안 산다면, 여러분은 보호시설을 운영하는 피수용자 중 한 사람—혹은 피신탁자—이 될 수도 있다. 그러한 일이 나에게 일어났다. 나는 20년 이상 대학교에 재직해 왔으며, 10년 전에 정교수로 승진했다. 나는 그 업무에 관하여 10년이라는 제한된 시간 동안 경험한 것에 대해 말하고 있다. 더 나아가 정교수로 승진한 얼마 뒤에 나는 학과장이 되었다. 이제 그것은 어떤 대학교수도 주기를 싫어하는 것, 즉 시간과 에너지—둘 다 값진 것이다—로부터 많은 것을 빼앗아가는 업무다. 나는 지난 10년 중 7년 동안 학과장이었으며, 나는 그것이 다른 교수들과는 다른 정교수의 역할에 관한 나의 시각을 제시해야 한다는 것을 알고 있다.

첫째, 나는 많은 선배교수들로부터 들어왔던 말, 즉 정교수가 되는 것은 일종의 어처구니없는 결말(anticlimactic)이었다는 말에 관해 언급해야 한다. 내가 종신재직권을 받은 부교수가 되었을 때, 여러 명의 동료들과 나는 근사한 곳으로 저녁식사를 하러 갔으며 축하를 받았다. 내가 정교수로 승진되었다는 공문을 받았을 때, 나는 승진에 대해 기뻐했다. 그러나 그것은 단지 또 다른 날에 불과했다. 미국의 학계에서 종신재직권은 안전문(safe doors)의 열쇠를 갖는 것이다. 종신교수 직급은 정점(summit)이 아니라 안정기(plateau)다. 관련된 위신(prestige)과 중요치 않은 권력수준(power levels)이 있지만, 미국에서 이러한 것들은 사람들이 생각하는 것보다 덜 분명하다. Peter가 언급했던 호주의 시스템은 미국의 시스템보다 일반적으로 사회의 필요조건을 훨씬 더 많이 반영하는 것 같다.

고등교육분야의 전문적인 삶에서 성공하기 위해서는 많은 인내심이 요구된다. 나는 다른 사람의 관점에서 빗대어 말하는 것이 아닌 여러분 자신의 관점에서 말하고 있다. 여러분이 정교수가 될 때쯤에 여러분은 아마도 여러분 자신의 전문적인 삶에 더욱더 편안함을 느낄 것이다. 여러분은 아마도 조교수로서 여러분을 가장 걱정되게 했던 것 중 상당수를 고려하지 않아도 된다. 그러나 만약 승진의 대가로 주어지는 안정감만을 고려한다면 여러분은 승진의 진짜 즐거움을 잃어버릴지도 모른다. 아마도 그것은 상위의 교수직에 도달하는 것이 여러분에게 주는 한 가지, 즉 안도감(reassurance)일 것이다.

많은 확정된 정교수가 그러하듯, 나는 교수들이 선임교수가 되어감에 따라 일어나는 탈태(metamorphoses)를 지켜보는 것을 즐겨왔다. 종신재직권과 승진의 압력으로부터 자유로워짐에 따라, 그들은 어떤 다른 전문가들보다도 더 자신의 강좌를 마음대로 조정할 수 있다. 그들의 승진과 승진이 가져온 직업적인 안정 때문에 거의 모든 것이 바뀐다. 몇몇 정교수들의 경력은 매우 뛰어나고, 다른 정교수들의 경력은 상당히 견실하며, 또 다른 정교수들의 경력은 보기 흉할 정도로 추락한다. 매우 뛰어난 정교수들은 자신들의 일의 최정점에 있으며, 자신들이 이전에 행해 왔던 정도만큼 열심히 혹은 이전보다 훨씬 더 열심히 일하고, 종종 일반교양 프로그램에서 가장 귀중한 사람들이다. 보기 흉할 정도로 추락한 정교수들은 종신재직권이 부여된 평범한 재능(mediocrity) 속에서 갈팡질팡하며, 자신의 분야에서 멀어지게 되고, 대학과 관련된 책무를 회피하며, 생산적인 후배 교수들이 학과에서 승진하려고 할 때 그들에게 계속 반대표를 던진다.

정교수의 개념은 기관들마다 다르지만, 모든 정교수들은 일반교양 프로그램, 학과, 대학, 대학교 수준에서 리더십을 제공하는 것이 기대된다. 일반교양 프로그램에서 교수들의 리더십은 그들의 학문적인 관심영역에서 생산성을 유지하는 것을 포함한다. 비생산적인 정교수들은 프로그램을 추락시킬 수 있다. 이것은 연구만을 의미하는가? 아마도 그렇지는 않을 것이다. 우리의 가장 유명한 일반교양 프로그램에 있는 몇몇 선임교수들 중 상당수가 적극적으로 활동하는 연구자들이 아니라는 것은 공공연한 사실이다. 연구에 대한 기대는 기관마다 다르지만, 일반적으로 미국의 시스템에서는 융통성이 있다. 프로그램 수준에서, 정교수들의 생산성은 흔히 그들의 개인적인 장점과 더 관련이 있다. 몇몇 정교수들은 연구비를 따거나 교육적인 프로젝트를 개발하는 데 전력을 기울일 수 있으며, 또 어떤 정교수들은 자신의 분야에서 논문이나 장, 책들을 저술한다. 몇몇 대학교의 경우, 일부 정교수들은 수업에 관한 테크놀로지에 훨씬 더 많은 중점을 둘 것이다. 많은 정교수들은 규칙적으로 워크숍에 참석하거나 자신들의 일반교양 프로그램을 눈에 띄게 하는 데 도움이 되는 ID와 관련된 비즈니스에 자문을 제공해 준다. 여전히 다른 정교수들은 전문적인 조직들에서 리더십의 역할을 찾는다. 많은 학과들은 많은 프로그램들로 구성되어 있다. 몇몇 정교수들은 학과장이나 프로그램 코디네이터로 봉사한다. 거의 모든 정교수들은 학과위원회에 더 많이 참석해 왔다.

이 장의 많은 독자들은 고등교육에서 하위 직책을 생각하고 있을 수 있기 때문에, 아마도 학과정책들(departmental politics)에 대한 주의(caveat)로 이 절을 끝마치는 것이 가치 있을 것 같다. 학과들은 흔히 Hume(2003, p.5)이 '학과지식(departmentese)'이라 일컬은 어떤 언어를 채택한다. 이것은 신임 조교수에게는 외국어인 것처럼 보일 수 있다. 규모가 큰 학과의 장(長)으로서, 나는 신참교수들이 '진짜 메시지를 알아듣지(hear the real message)' 못하는 것과 관련된 선임교수의 신임교수에 대한 불만을 빈번하게 듣는다. 얼마 전에, 나는 어떤 정교수가 학과 일정을 융통성 있게 처리하기를 거부한 한 신임교수에 대해 얼마나 화가 났는지 이야기하는 것을 들었다. 해당 선임교수는 자신의 시간을 훨씬 덜 선호하는 과제(assignments)에 할애해 왔기 때문에 왜 그 신임교수가 불평하는지를 이해하지 못하겠다는 것이다. 그 선임교수는 나에게 그 신임교수의 교수회의 동안의 융통성이 없고 무뚝뚝한 태도 때문에 종신재직권과 승진에 투표하지 않을 수도 있다고 말했다. 고등교육에서 이러한 흔한 시나리오가 주는 시사점은 선임교수들은 때때로 자신들의 개인적인 관심사나 편견에 기초하여 신임교수에게 영향을 미치는 판단을 할 수도 있다는 것이다. 이 사례의 경우, 나는 신임교수가 손해를 인지할 만큼의 충분한 통찰력이 있었는지 의구심이 든다.

대부분의 다른 측면에서, 적극적인 선임교수들은 신임교수들처럼 시간을 보낸다. 우리는 고등교육의 신성한 3인조[수업(teaching), 학술적인 생산성(academic productivity), 봉사(service)]의 명령을 지키며, 이를 증진시키기 위해 노력한다. 우리는 조금씩 나이 들기 시작하는 부인과 자녀를 부양하고 있다. 우리는 조교수였을 때 은퇴를 위해 돈을 더 많이 절약했었기를 바란다. 우리는 더 좋은 집에서 살고 보험료는 더 비싸다. 또한 우리는 종종 신임교수들이 몹시 싫어하는 잘 다듬어진 편견을 가지고 있다.

나는 30년 동안 정교수로 지내온 친구들을 알고 있다. 나는 그 기간을 잘 사용해 온 정말로 훌륭한 정교수가 계속해서 달성할 수 있는 것에 의해 겸손해진다. 이러한 사람들이 나에게 보여준 또 다른 것은 그들의 뛰어난 연구 중 상당수가 주목을 끌지도 못할 것이라는 점이다. 그것이 기대된다. 정교수들은 부담(load)을 이겨낼 수 있어야 한다.

핵심 원리 요약

고등교육에서 교수설계자로서 일하는 것은 보상을 받고 힘을 발휘하는 경험이다. 여러분이 강좌들을 가르치든 교직원들과 일을 하든, 매 학기마다 다르며 상황들은 항상 변화한다. 여러분은 새로운 수업 기법들을 배우고 테크놀로지를 통합해야 한다. 여러분은 업무의 일상적인 부분으로서 기꺼이 수정하고, 만들며, 혁신하며, 여러분이 하는 것을 다른 사람들에게 설명할 것이다. 교수설계자로서, 여러분은 다른 사람들이 정보, 원리 및 개념들을 학습하고 파지할 수 있도록 도와주기 위한 교수를 설계하고 개발하도록 훈련되었다. 고등교육은 여러분에게 학생들이 학습하는 것을 도와주고 교직원들이 교수를 설계하는 방법을 학습하는 것을 도와주면서 여러분의 ID 기술들을 연습할 수 있는 흥미로운 현장을 제공할 수 있다.

1. **일상적인 용어들로 여러분이 하는 것을 설명할 준비를 하라.** 여러분과 함께 일하는 대부분의 사람들은 우리의 말을 이해하지 못할 것이다. 우리가 하는 것에 관한 여러분 자신의 간단한 설명들과 정의들을 개발하라.
2. **연구를 할 수 있는 시간을 마련하라.** 고등교육에서 가르치는 것은 힘들며 시간도 많이 소비된다. 만약 여러분이 공부를 하고 있다면, 여러분은 가르치는 것과 연구를 수행하는 것 간에 균형을 잘 이루어야 하며, 시간을 주의 깊게 배정해야 한다.
3. **멘토(mentor)를 찾아라.** 후배교수들이나 신임교수들은 고등교육에서의 생활이 요구하는 바를 찾는 데 도움을 주는 경험 있는 교직원을 찾아야 한다. 그것이 타당하다면, 도움을 요청하거나 조언을 구하는 것을 두려워하지 마라.
4. **봉사는 시간을 소비할 수도 있다.** 많은 시간을 요구하는 많은 위원회들에 속하기 쉽다. 임명은 일반적으로 선택권이 없지만 여러분은 시간을 균형 있게 사용하기 위해 학과장과 논의할 수 있다.
5. **다른 대학에 있는 교직원들과 좋은 래포(rapport)를 구축하라.** 만약 여러분이 학내 교직원들과 함께 일한다면, 좋은 의사소통 기술을 가지고 있으며, 도움이 되고, 접근 가능한 사람으로 보이는 것은 필수불가결하다. 학문들은 각기 다른 문화와 개성을 가지고 있다. 여러분은 그들 모두와 함께 어울릴 수 있어야 한다.

응용 문제

1. 여러분은 5년 동안 비즈니스와 기업에서 일한 후 방금 고용된 신임 ID 교직원이다. 여러분의 민간부문 업무에서, 여러분은 15명의 고용인들을 감독했으며, 부서의 10명의 관리자들 중 한 명이었다. 이제 여러분은 부서에서 하급직원이고, 부서장의 감독을 받으며, 다른 모든 사람들은 여러분보다 선임이다. 여러분이 첫 학기를 시작할 때, 부서장은 여러분에게 정책들에 대한 간단한 오리엔테이션과 교직원 핸드북에 대한 링크를 주었다. 아울러, 여러분은 한 명의 멘토를 배정받았

다. 멘토는 여러분이 학계(academiais)의 바다를 항해하고 여러분이 지게 될 책임에 대해 배울 수 있도록 도와줄 것이다. 여러분이 학과, 대학, 대학교에서 가질 것이라고 기대하는 역할에 관하여 철저하게 이해하기 위해 질문 리스트를 만들어라.

2. 대학교에서 여러분이 맡은 직책은 교수학습센터 교수설계직이다. 센터는 컴퍼스 내의 모든 교직원들과 보조자들에게 워크숍과 개별적인 지원을 제공하는 일을 한다. 대부분의 교직원들은 센터에서 제고하는 그러한 종류의 도움을 요청하는 것을 꺼려한다. 대부분은 강의를 콘텐츠 전달을 위한 유일한 타당한 전략이라고 간주한다. 자연과학분야의 교직원들은 특히 강의(lecture)를 좋아하며, 심지어 그들이 새로운 교수방법들을 통합하는 과제를 부여받았다 하더라도 강의와 거의 차이가 없다. 화학과 출신 새로운 조교수가 자신의 강좌를 재설계하는 방법을 논의하기 위해 여러분과 만나고 있다. 그녀는 몇 가지 새로운 전달방법을 시도해 보기를 원하지만, 여전히 강의를 완전히 포기하는 것에 대한 확신이 없다. 여러분은 첫 번째 회의에서 무엇을 다룰 것인가? 여러분은 ID, ID가 하는 것, 그리고 ID가 어떻게 작동하는지를 어떻게 설명하겠는가?

3. 새로운 조교수로서, 여러분은 바쁜 일정을 가지고 있다. 여러분은 다른 교수들보다 더 많이 가르치고 있다. 여러분은 대규모 학부 수업, 몇 개의 대학원 수업을 가지고 있고, 수많은 위원회들에 참여하고 있다. 여러분은 연구할 수 있는 시간을 찾으려고 하지만, 일과시간에는 충분한 시간이 없다. 여러분은 성적을 매기고 수업을 설계하는 데 많은 시간을 소비한다. 여러분은 연구를 위한 몇 가지 뛰어난 아이디어들을 가지고 있지만 시간을 가지고 있지 않다. 여러분은 임무들에 대해 못하겠다고 말하거나 불평하기를 원치 않지만, 무엇인가를 행해야 한다는 것을 알고 있다. 여러분의 임무들을 성공적으로 완수하고 동시에 연구일정을 유지하기 위한 어떤 계획들이 있는가? 우선순위는 무엇인가? 모든 일의 균형을 어떻게 이룰 것인가? 만약 그러한 것들에 압도되어 버린다면 무엇을 할 것인가?

저자 정보

Brenda C. Litchfield는 사우스앨라바마대학교의 교수설계학과(Instructional Design) 교수이며 교수설계 석사와 박과과정 코디네이터다.

J. V. (Jack) Dempsey는 사우스앨라바마대학교의 전자학습(Electronic Learning) 소장이며, 교수설계개발학과 교수다.

Peter R. Albion은 융통성 있는 교육과 온라인 교육 선도대학인 서던퀸즈랜드대학교의 교육학부(Faculty of Education) 부교수다.

Junko Nemoto는 구마모토대학교의 교수체제학과 조교수다.

Jacquie McDonald는 호주교수 · 학습특별회원(Australian Learning and Teaching Fellow)이며, 서던

퀸즈랜드대학교의 전임강사/교수 · 학습설계자다.

참고 문헌

Australian Learning and Teaching Council.(ALTC). Retrieved June 6, 2009, from ALTC site http://www.altc.edu.au/

Anderson, T.(2003). Getting the mix right again: An updated and theoretical rationale for interaction. *International Review of Research in Open and Distance Learning. 4*(2). Retrieved June 6, 2009, from http://www.irrodl.org/index.php/irrodl/issue/view/16

Hume, K.(2003, January 31), Department politics as a foreign language. *The Chronicle for Higher Education*, p. B5.

Kumamoto University.(2009). Kumamoto University Graduate school of instructional systems. Retrieved November 5, 2009, from http://www.gsis.kumamoto-u.ac.jp/enlindex.html

Schank, R. C.(2007). The story-centered curriculum. *eLearn, 2007*, 1.

Suzuki, K., Nemoto, J., Oyamada, M., & Shibata, Y.(2008). *Transforming an online masters degree program using story-centered curriculum: A design-based practice.* Paper presented at the Association for Educational Communications and Technology, Orlando, FL.

Wenger, E.(1999). *Communities of practice: Learning meaning, and identity.* Cambridge, UK: Cambridge University Press.

제23장

분리되지 않은 세계를 위한 복잡한 도전들을 해결하기 위한 학습개발

Jan Visser (Learning Development Institute)

우리는 흥미로운 시대에 살고 있다. 방대한 우주에서 하찮은 먼지에 불과한 우리의 세계는 Jeffrey Sachs(2007)가 말한 바와 같이 "봇물이 터지고 있다". 우주의 137억 년(WMAP, 2009)의 역사적인 배경과 대비해 볼 때, 인간이 지구상에 나타난 것은 단지 시간의 대양에서 하나의 잔물결, 즉 생물권에서 지속적으로 증가하고 있는 에너지 흐름의 비율을 통제하기 위해 특히 현대동안 엄청나게 가속화되고 있는 인간의 역량을 제외하고는 사소한 것에 불과하다. 이것은 전례 없이 복잡한 세계를 초래해 왔다(Christian, 2004; 2007). 그것은 우리가 단순히 그렇게 증대되고 있는 복잡성과 속도를 맞추는 것 이상을 행할 수 있는 방식으로 학습할 수 있는 능력들을 개발하기를 요구한다. 우리는 우리가 창출하는 변화와 현명하게 상호작용하기 위해 우리의 지능을 증진시켜야 하며 무례하게 책임을 요구하는 것들에 대한 통제가 쉽게 무너져 버릴 수 있다는 것을 잘 인식해야 한다. 단편영화 「**7분 내에 둘러보는 세계의 역사**(History of the World in Seven Minutes)」(World History for Us All, n.d.)를 살짝 보면 그러한 가속화가 얼마나 극적인가를 분명하게 볼 수 있다. 계속해서 읽기 전에 그것을 확인해 보라.

부주의, 그리고 아마도 오만이, 어떻든 우리 또는 자연이 우리의 환경에 이전보다 훨씬 더 강렬하게 간섭할 때, 우리가 만든 문제들이 자동적으로 해결될 것이라는 다소 순진한 믿음을 초래해 왔다. 그러나 그렇지 않다. 이러한 점에서 인용된 대부분은 만 년 전에 일어났던 농업혁명이다. 농업혁명은 자연이 어떤 종들(species)에게 설정한 경계를 넘어 인간의 성장을 위한 조건들을 조성했다. 매우 많은 이후의 혁신들처럼, 농업혁명은 세계를 심오하게 변화시켰다. 전체 진화사에서 지구상에 30억의 인구가 거주한 것은 1959년경 이후이지만, 그 수가 60억으로 두 배 증가하는 데에는 단지 40여 년이 지난 1999년경이며, 아직 어느 누구도 2050년경에는 90억 명 이상 될 것으로 예측되는 사람들을 지속적이고 공평하게 먹여 살릴 방법을 알지 못한다. 우리의 행동들은, 지구적 차원의 그리고 현재 세대들이 성장할수록 중요시되는 문제들 중 몇 가지만 열거하면 자원의 고갈, 지리적 지역들 안에서와 지역들 간의 전반적인 불평등, 종들의 소멸과 그로 인한 생물 다양성의 축소, 단지 부분적으로만 이해할 수 있지만 인간의 생활방식에 심각한 변화를 요구할 수도 있다는 것을 진지하게 살펴볼 필요가 있는 기후적 결과들, 그리고 세계적으로 유행하는 질병 위험의 증대를 초래해 왔다. 이런 문제들은 단지 부정적인 측면들이다.

긍정적인 측면에서 볼 때, 우리는 단순히 생물학적인 생존을 위해 보호되어야 하는 부담으로부터 우리 자신들을 해방시켰다. 우리는 미래 세대들에게 인간 학습의 필수적인 속성인 과거의 유산과 상호작용하고 구축하며, 풍부한 문화들을 향유할 수 있게 해주는 "자유" 시간을 획득했다. 그것은 우리를 엄청나게 현명하게 만들었다. 우리는 이제 전례 없는 계산 능력과 테크놀로지 수단들을 소유하고 있다. 우리는 전세계로 전달되며 엄청나게 많은 사람들이 접근 가능한 의사소통과 정보공유가 가능한 네트워크를 만들었는데, 그것은 전 세계 공동체들이 지정학적이고 문화적인 경계들을 벗어날 수 있도록 해주었다. 우리는 발생학적 구조와 상속적인 과거를 이해하는 것이 핵심임을 알았다. 우주에 견준 지구의 상대적인 가치뿐만 아니라 약함을 이전보다 훨씬 더 잘 이해하며, 마침내 호모사피엔스가 도래한 이후 인간의 삶은 지구상에서 단지 이십 만 년 정도밖에 유지되지 않았다는 것을 확실히 알고 있다. 이러한 깨달음은 우리가 배우고 있다고 말할 때 우리가 실제로 의미하는 바를 진지하게 살펴보기를 요구한다. 그것은 또한 단지 이러한 글들을 읽을 수 있고 책들을 이용할 수 있는 세계에 살고 있는 사람들만이 아닌 모든 사람들을 위해 학습을 개발하고자 할 때 진지함을 요구한다.

따라서 나는 특권이 별로 없는 사람들, 즉 대부분의 사람들의 입장에서 영감을 얻은 이야기로 시작하고, 계속해서 소위 개발도상국의 맥락에 대해 고찰할 것이다. 그런 다음, 그것을 인식하지 못한 채 교수설계자가 된 나 자신의 이야기를 하고, 학습의 의미에 대한 관찰로 결론을 짓고, 마지막으로 이 장에서 다룬 핵심 원리들과 실제들을 요약한다.

만약 모든 것이 다 실패한다면?

나는 프랑스 남쪽에 위치한 작은 마을에서 살고 있다. 시골임에도 불구하고, 나는 여러 해 동안, 100개 이상의 국가들과 그리고 매우 적절한 가격으로 전 세계의 다른 곳들과 무료 인터넷 프로토콜 전화통화를 포함하여, 거의 방해를 받지 않는 우수한 고속 인터넷 접속을 즐겨왔다. 얼마 전에, 그 시스템이 파괴되어 나를 숨도 못 쉬게 했다. 며칠 동안 지속된 이 사건은 나로 하여금 일상 활동들을 지원해 주는, 언제 어디서나 볼 수 있는 테크놀로지적 수단들—단지 사치적인 수단들로서 뿐만 아니라 우리가 필수적인 것으로 인식하는 수단들—에 우리가 얼마나 종속되어 있는지를 잘 인식하게 해주었다. 다행히도, 나는 여전히 나의 가장 중요한 의사소통 욕구를 충족할 수 있도록 해주는, 잘 작동되는 이동전화 네트워크에 접속할 수 있다.

3일 후에 그 호된 시련이 끝났으며 내 걱정거리들도 사라졌다. 그 시련들은 여전히 있나? 만약 다시 그것이 작동하지 않는다면? 이유가 무엇이든 만약 그것이 영원히 작동하지 않아야 한다면? 세계에서 경제적으로 과도하게 개발된 국가에서 살고 있는 우리가 그저 당연시했던 도구들을 전 세계 수십억 명의 사람들이 결코 자신들의 평생 동안 접해 보지도 못한다면 어떻게 될까? 그것은 그들에게 어떤 차이를 만들까? 그것은 전 세계 사람들에게 어떤 차이를 만들까?

Djo의 이야기

Djo는 18살이다. 그는 콩고민주공화국(Democratic Republic of Congo: DRC)에서 살고 있다. 그는 과학과 수학에 관심이 있다. 그는 3년 전에 나에게 엔지니어가 되기를 원한다고 말했다. 여전히 중등학교에서, 그는 나와 가끔씩 이메일을 통해 의사소통하기 시작했다. 그러한 의사소통은 그가 지난 10여 년 동안 반둔두(Bandundu) 지역[1]의 고립지역에 내가 설립하는 데 참여해 왔던 인공위성을 통한 인터넷 접속 덕분에 가능하게 되었다. 그것의 즉각적인 혜택들을 고려해 볼 때, 국제적으로 재정 지원된 그 프로젝트는 상대적으로 비쌌다. 수익자당 비용이 높은 것은 그것이 가능한 향후 확장을 위한 예비경험으로 활용되었을 때 정당화되었다. 그러나 지금까지 그것은 영문학 고전들 중 하나이며 우리가 Hochschild(1998)의 『레오폴트왕의 유령: 식민지 아프리카에서의 욕심, 공포, 그리고 영웅의 이야기(King Leopold' s Ghost: A Story of Greed, Terror, and Heroism in Colonial Africa)』에서 강압적이고 고통스럽게 떠오르는 과거인 Joseph Conrad(1902)의 『어둠의 심장(Heart of Darkness)』의 배경을 제공하는 무서운 식민지 과거를 지닌 거대한 국가의 하잘것없는 부분에 지나지 않는 것 속에서 상대적으로 적은 수의 교사들과 학생들에게만 제공되어 왔다([그림

1) 관심 있는 독자들은 그 경치가 어떠한가에 관한 인공위성 조망을 얻기 위해 구글어스(Google Earth)를 통해(4° 25' S 18° 26' E) 언급된 지역을 탐색하기를 원할 수도 있다.

[그림 23.1] 만약 Djo가 운이 좋았다면, 그는 교사와 상호작용하고 실무활동들에 참여하고 있는 이러한 아이들과 같이 과학을 배웠을 것이다(그러나 그는 운이 없었다).

23.1]).

몇 달 전에 Djo는 오랫동안 소식을 전하지 못한 것에 대한 사과와 함께 나에게 이메일을 보냈다. 그는 이야기할 것이 많지만 이야기할 수가 없다고 언급했다. 외부세계에 연결하는 그의 생명줄인 인터넷 센터가 반년 전에 문을 닫았었는데, 이제는 "제가 병원 인터넷망에 접속해 있고, 간호사와 모든 병원직원들만이 사용할 수 있기(I' m at hospital connection, and only nurse and all hospital agent can consult.)" 때문에 신속하게 접속해야 했다. Barbara Kingsolver(1998)의 소설 『포이즌우드 바이블(The Poisonwood Bible)』의 배경이 된 임무지점(mission post)처럼, 그 임무지점은 그의 마을에서 눈에 잘 띄며, 병원도 포함하고 있다.

"제가 병원 인터넷망에 접속해 있고, 간호사와 모든 병원직원들만이 사용할 수 있다(I' m at hospital connection, and only nurse and all hospital agent can consult.)". 분명히 Djo의 영어는 완벽하지 않다. 당연히 그럴 수밖에 없다. DRC의 공식언어는 영어가 아닌 프랑스어다. 그러나 프랑스어 또한 Djo의 모국어가 아니어서, 비록 그가 학교에서 받았던 교수의 일부가 프랑스어임에 틀림없지만, 그의 프랑스어 작문 실력은 영어보다 못하다. 그러나 그가 『과학기초교과서(Basic Books in Science)』(http://www.learndev.org/ScienceWorkBooks.html)를 인터넷을 통해 자유롭게 이용 가능하게 되었을 때 그의 영어는 완벽해졌다. 그의 영어를 좀 더 증진시키기 위해, 우리는 이메일 대화를 프랑스어에서 영어로 바꾸었다. 그럼에도 불구하고, 여러분은 그 시스템을 그렇게 쉽게 나무랄 수 없다. 다녔던 학교에서 최종시험을 보았을 때, 그는 좋은 점수를 얻지 못했다. 그래서 그는 집에서 떨어져 있지만 여전히 부모님이 살고 계시는 곳에서 상대적으로 가까운 학교를 왔다 갔다 하면서 마지막 연도를 보냈다. 그 결과, 그는 더 좋은 평판을 얻게 되었고, 두 번째 시도는 성공적이었지만, 원래 꿈이었던 킨샤사대학교(University of Kinshasa) 엔지니어링학부에 들어갈 정도로는 성공적이지 못했다. 대신에, 그는 의대에 가는 것으로 만족해야 했다.

그러한 것은 Djo와 같이 아주 불가능한 상황에서 배워야 하는 사람들이 처하는 어려운 입장이다. Djo의 사례도 특이한 것은 아니다. 다른 사람들 또한 참지만, 불가능한 상황에서 학습하는 것은 소수에 불과하며, 종종 커다란 개인적인 희생이 있고, 가끔씩 행운도 있다.

심지어 전 세계에서 가장 가난한 국가들도 천천히 바뀔 것이다. 상황들은 천천히 바뀐다. 내가 사하라이남 아프리카에서 40여 년 전에 일을 시작했을 때, 동일한 능력을 가진 아프리카 동료들은 매우 소수에 불과했다. 두 세대가 지난 오늘날, 국제적인 개발노력의 맥락에서 평가나 요구사정 실습에 참가할 때, 나는 습관적으로 그들 분야에서 현저하게 유능한 것이 의심스러운 여러 나라나 지역 출신의 동료들과 팀을 이룬다. 몇 명은 내 학생들이었다. 이전에는 외부의 전문지식이 개발 노력을 설계하고, 실행하며, 모니터링하거나 평가하는 데 있어 반드시 필요한 투입이었을지 모르지만, 더 이상 그렇지 않다. 사실상, 지역적인 전문지식이 종종 그러한 것들을 다루는 데 더 좋은 위치를 점하며 문화적으로도 더 적절하다. 반세기 만에 우리는 도와주는 것에서 진정한 협력 관계로 바뀌었다.

맥락에 대한 관찰

DRC에서—뿐만 아니라 다른 많은 개발도상국, 특히 아프리카에서—교실은 흔히 비좁고 썩 좋지도 않다([그림 23.2]). 그러나 학교에 가는 아이들은 어떤 의미에서 특권이 있다. 그들 친구들 중 대부분은 그러한 기회도 갖지 못한다. 제한된 자원을 가지고 있는 부모들은 빈번하게 자녀들 중에서 누구를 학교에 보내고 누구를 보내지 않을 것인지를 선택해야 한다. 가족

[그림 23.2] 여기 DRC의 시골 교실들은 대부분 썩 좋지 않다. 왼쪽: 61명의 소년과 64명의 소녀들이 앉는 좌석 배치(칠판의 왼쪽 위쪽에 있는 메모에 따르면). 오른쪽: "칠판"에 무언가를 적고 있는 학생

[그림 23.3] 학습의 공간으로 지역환경을 사용하는 교사들과 학생들

의 경제적인 이유 때문에, 일반적으로 소년들이 소녀들보다 선택될 가능성이 훨씬 더 높다.

따라서 인구의 상당비율—때때로 50% 이상—이 학교에 가지 못한다. 그 결과, 형식적인 학교교육의 기회를 증진하고 학습이 교실 밖에서 행해지는 어리거나 나이 든 사람들을 위한 형식적인 학교시스템에 대한 혁신적인 대안들을 마련하는 것에 대한 엄청난 요구들이 있다.

일단 학교에서도 문제들이 엄청나게 많다. 교사들 간의 역량들도 매우 차이가 난다. 나는 [그림 23.3]에 있는 교사들과 같은 몇몇 우수한 교사들을 우연히 만났는데, 그들은 수업 준비의 일환으로서 전날 구축했던 모형 강(river) 시스템을 실험하기 위해 학생들을 교실 밖으로 데리고 가서, 학생들로 하여금 다양한 조건들하에서의 물의 흐름을 조사하도록 하고, 학생들이 발견한 것을 서로 기술할 수 있도록 해주는 단어들에 익숙하도록 하며, 학생들이 배운 것을 그들의 마을에 위치해 있는 제방 위의 크윌루(Kwilu) 강의 실제에 연결하였다. 내가 만났던 훌륭한 교사들은 학생들이 정신과 신체 양자를 적극적으로 사용하도록 하는 그들 자신의 장비를 구축하기 위해 지역 자원들을 사용한다([그림 23.4]).

[그림 23.4] 창의적인 교사들은 지역환경에서 이용 가능한 자원들을 사용하며, 그러한 자원들을 유용한 학습도구들로 변형한다.

"교육을 위한 테크놀로지"라는 구(phrase)는 그러한 조건들에서는 완전히 새로운 의미들을 획득하지만, 그것은 사람들이 독자가 "**일반적인**(normal)" 상황들로 인식할 수도 있는 것에서 컴퓨터 시뮬레이션을 사용하는 것을 고려해 볼 수 있어 정확히 동일한 이유들 때문에 **이러한** 상황들에서 "테크놀리지를 생각하게" 하는 데 매우 적절하다. "일반적인" 것으로 간주되어야 하는 것은 솔직히 사람들이 전 세계를 여행할 때 많이 다르다. 그리고 Everett Rogers(1995)가 테크놀로지를 "바람직한 산출물을 성취하는 데 관련되는 인과관계들에서의 불확실성을 줄이는 도구적인 행동(instrumental action)을 위한 설계"(p.12)라고 정의한 것을 기억하라. 그 정의에서는 특정한 산출물을 획득하기 위해 사용되는 기계들의 **종류들**(kinds)에 대해서는 언급하지 않았다. 몇몇 상황들에서, 버려진 캔이나 대나무 조각은 효과가 있을 수 있다.

불행하게도, 위에서 주어진 수업 수월성의 예들은 많은 개발도상국가들에서는 일반적이라기보다는 예외적인 것들이다. 흔히 교사들은 기계적인 암기학습(rote learning) 습관을 독려하고 강화하는 교수법을 사용하는데, 일반적으로 그 이유는 그것이 그들 자신들이 배워왔던 방법이며 어느 누구도 이전에 그들에게 그것을 다르게 행할 수 있는 방법을 보여주지 않았기 때문이다. 아울러, 너무 분주한 교실들은 대안적인 옵션들을 시도해 보기에는 그렇게 이상적이지 못하다. 또한 교사들의 교육과정 내용에 관한 숙달은 흔히 빈약하고, 때때로 솔직히 불충분한데, 그것은 그들을 불안하게 만들며, 그로 인해 새로운 방법들을 실험해 보고자 하는 열정도 별로 없다. 교사들은 또한 박봉을 받거나 인터넷 접속은 말할 것도 없이 책과 같은 적절한 정보원에도 접근하지 못할 수 있다. 만약 교사들의 수행이 빈약하다면, 그것은 일반적으로 그들의 잘못이 아니다. 교사들은 개인적으로 습득한 능력 측면에서 그리고 많지는 않지만 그들이 일하고 있거나 구축하고 있는 환경 속에서 찾을 수 있는 것은 무엇이든 그들이 가지고 있는 것을 사용하여 그들이 할 수 있는 것을 한다. 당연히, 초등수준에서 빈약한 학습조건들은 중등과 중등 후 수준들까지 "이어지는데", 그러한 것들은 형식적인 시스템 전 과정에서 학습의 질에 영향을 미치며, 종종 비형식 시스템과 무형식 시스템을 형식적인 시스템에 연결하는 것에도 영향을 미친다. 따라서 그 문제를 해결하기 위해서는 시스템 전반에 걸친 주의가 필요하다.

설계자의 이야기

나는 교수설계자가 아닌 이론물리학자로서 삶을 시작했다. 연구자로서, 나는 원자보다 작은 수준에서 자연(nature)의 작용들에 관심을 가졌었으며, 나중에 나의 관심은 분자와 분자과정들, 특히 생태계와 관련이 있는 분자와 분자과정들과 같은 보다 복잡한 구조들로 전환되었다. 나의 다음 경력은 나의 관심을 양자와 분자에서 엄청나게 더 복잡한 인간유기체가 학습하는 세계와 조직되거나 스스로 조직하는 학습공동체로 이동시켰다. 그러나 걱정하지 마라. 나는 여러분이 교수설계자가 되기 전에 먼저 물리학자가 되어야 한다고 주장하지는 않는다. 그것은 단지 나의 개인사의 일부분에 불과하다. 다른 사람들은 매우 다양한 학문분야들에서 이 분야로 들어온다. 그것이 우리 분야를 매우 흥미롭게 만드는 것들 중 하나다. 교수설계 분야는 이미 그 자체로서도 폭이 넓지만, 그 이외에도 또한 거의 있을 법하지 않은 배경을 가진 개인들도 합류한다.

나는 물리학을 가르치는 것을 좋아했기 때문에 인간 학습에 관심을 갖게 되었다. 아울러, 나는 전혀 유추해 낼 수 없는 이유들 때문에, 나 자신과 다른 사회들과 문화들에 흥미를 갖게 되었다. 이것은 최종적으로 온전히 20년 동안을 살았고 일했던 아프리카로 나를 이끌었다. 나중에, 나는 전 세계의 여러 곳들에서보다 짧은 기간 동안 일했다.

내가 이러한 모든 일들로부터 도출한 저항할 수 없는 결론은 **학습을 위한 설계는, 학습이 중요한 영역이기는 하지만 항상 유일한 영역이 아닌, 복잡한 문제들을 해결하는 데 엄청난 노력이 필요하다**는 것이다. 초급전문가로서의 나의 첫 번째 직무를 위해 보츠와나(Botswana)에 도착했을 때, 최소한 공식적인 훈련을 받지 않았다는 의미에서, 나는 교수설계자는 아니었다. 오히려, 나는 아프리카의 칼라하리 사막(Kalahari Desert)에서 포기한 물리학자였다. 나의 주요한 과제는 지역적인 맥락에 적절한 일련의 통합된 과학 수업을 위해 보츠와나의 599명의 자격이 없거나 자격기준 이하의 초등학교 교사들 모두의 역량을 증진시키면서 교사들의 측면에서의 적극적인 교수법의 활용 및 교수 · 학습과정에서 학생들의 실무참여를 증진시키는 것이다. 아울러, 나는 중등학교들을 위한 물리학과 수학 교사들을 훈련시켰다. 내 문제들은 이미 설명했던 아프리카에 있는 보통의 학교 교사가 처리해야만 하는 것들과 다르지 않았다. 유일한 차이는 내가 그 교사들을 훈련시켜야 할 때 내가 그러한 문제들을 그 다음 높은 수준에서 직면했다는 것이다. 만약 내가 그러한 문제들을 해결하는 데 어떠한 역할을 수행한다면, 나의 첫 번째 과제는 그들의 눈을 통해 세계를 보는 것이었다. 그러한 도전은 나에게 또 다른 중요한 교훈을 가르쳐 주었다. 즉, 너무 심상치 않아서(ominous) 이해하기가 어려워 보였던 문제들을 해결하기로 결정한 것과 더불어, 나는 **듣기 위해서, 매우 주의 깊게 듣기 위해서 학습**해야 했다. 보츠와나의 경우, 그것은 나로 하여금 대부분의 사람들의 모국어이며 그 지역의 언어인 츠와나어(SeTswana)를 배워서 나의 수학 교사들이 특정한 추상적인 개념들을 습득하는 데 있어 직면하고 있는 문제들을 이해할 수 있도록 해주었다([그림 23.5]).

보츠와나에서의 일은 3년 동안이나 지속되었다. 그 후 나는 2년 동안 중동갈등과 관련한 사회적인 이슈들을 다루는 다큐멘터리 영화제작자로서 일한 이후 아프리카로 돌아와서 다음 13년 동안 모잠비크(Mozambique)에서 일했다. 나는 훨씬 더 많은 교훈들을 배웠으며, 다음과 같은 두 가지 이유들 때문에 그것들을 깊이 있게 배웠다. (1) 나는 더 많은 경험들을 하고 직업적으로도 더 성숙했으며, (2) 내가 직면하고 있었던 문제들은 훨씬 더 어렵고 복잡했다.

[그림 23.5] 텅 빈 맥주 캔들로 만든 튜브에서 일정한 음파를 생성하는 실험을 하고 있는 보츠와나에 있는 내 물리학전공 학생들 중 네 명의 학생들

나는 물리학을 전공하는 학생들에게 물리학을 가르치기 위해 물리학자로서의 나의 자격증명서들에 근거하여 고용되었으며, 처음에 에두아르도 몬델라니 대학교(Eduardo Mondlane University)의 물리학과에 임용되었다. 그러나 나는 다양한 다른 방법들로 그 대학교에 봉사할 수 있다는 것을 곧 알게 되었다. 내가 여러 해를 바쳤던 그러한 것들 중 하나가 그 나라의 중등학교들을 위한 물리학과 화학 교사들을 훈련시키는 것이었다. 이것은 매우 두드러지고 민감한 요구에 부응했다. 내가 도착했을 때, 모잠비크는 독립한 지 1년 반 정도 되었다. 그 기간 동안, 식민지 지배하에서 학교 시스템들을 운영해 왔던 거의 모든 포르투갈 기관 요원들이 그 나라를 떠났고 아무 것도 남겨놓지 않았다. 어느 누구도 그 학교 시스템들을 넘겨받을 수 있도록 훈련되어 있지 않았다. 결과적으로, 그 빈 곳들을 채울 수 있는 어떠한 모잠비크인 교사들도 없었다. 구체적인 내 임무는 내 학생들—그들 중 대부분은 심지어 자신이 교사가 되도록 요청받을 것이라고는 결코 생각지도 못했다—이 가르쳐야 할 **것**(what)보다 가르치는 **방법**(how)을 깨닫도록 도와주는 것이었다. 그것은 "물리학 교수법(didactics of physics)"이라 일컬어졌다. 쉬운 영어로, "교수법(didactics)"은 수업의 예술(art) 또는 과학(science)을 말한다. 그러나 모잠비크에서 가장 우수한 내 학생들은 자신들이 가르쳐야 할 학문들에서 어떠한 구체적인 배경도 가지고 있지 않았다. 그들은 단지 2년 동안의 훈련을 마치자마자 돌아가서 가르쳐야 할 수업들을 마쳤다. 그러나 그들이 자신들이 숙달하지 않은 내용을 가르치는 데 있어서 얼마나 기교적이고 과학적일 수 있겠는가? 그 대답은 간단하다. 그들은 그렇게 할 수 없다. 문제는 내가 말했던 것보다 훨씬 더 컸다. 다행히, 나는 상당히 자유로웠는데, 그것은 내가 그 문제를 재정의하고 그것에 따라 내 임무를 조정할 수 있게 해주었다. 그 문제를 분석한 후, 나는 나의 학생들이 배워야 할 최소한 12개의 다른 것들이 있음을 알았다(그것들을 프랑스어로 열거한 [그림 23.6] 참조—미안하지만, 어떻든 여러분은 인쇄물이 너무 작기 때문에 그것을 읽을 수 없다). 그 12개의 목표들은 학생들이 자기 자신을 문제시되는 내용들에

매우 익숙할 수 있도록 촉진하기 위해 배워야 할 물질들뿐만 아니라 사용되어야 할 방법들과 연계되었다. 그 과정에서, 나의 훈련생들은 또한 과학적인 방식으로 문제들을 다루기 위해[예를 들어, 자연 현상을 자생적인 지식 시스템에 내재되어 있는 은유들(metaphors)의 배경과 대조하여 이해하거나 해석하는 것과 반대로] 문제들이 실제로 의미하는 바를 혼자 힘으로 명료하게 해야 했다. 그들은 이것을 그들 스스로의 힘으로 명료하게 해야 했을 뿐만 아니라 그들의 미래 학생들도 그렇게 할 수 있도록 도와줄 수 있어야 했다. 다시 말해서, 세계를 접근하는 과학적인 방식과 그들이 자신이 성장했던 문화의 관점에서 그 세계를 해석하는 방법 양자에 대하여 비판적으로 생각할 수 있어야 했다. 아울러, 학생들은 지속적으로 초기 훈련 동안 자신들이 습득하기를 희망하는 기술들을 완벽하게 숙달할 필요가 있는 교사들이었다. 이것은 그들이 관여하고 그것들에 대해 비판적이고 건설적으로 코멘트하게 될 교수 · 학습과정들을 분석할 수 있어야 함을 의미했다. 마지막으로 그러나 결코 무시하지 못할 것은 그들은 학교에서 실제적인 교수자료 자원들 없이 공부했는데, 그것은 그들이 자신들의 공부환경에서 이용 가능한 것이면 무엇이든 사용하여 실제적인 교수자료 자원들 자체를 습득하고 구축하기 위해 배워야만 했다는 것을 의미했다.

나는 복잡한 문제에 관한 12개의 요소들을 서로 별개로 다루기보다는 그것들을 함께 처리하고 그 문제의 복잡성을 총체적인 방식으로 조화시키는 교수 · 학습환경을 조성하는 것이 더 나을 것이라고 단언했다. 나는 많은 아이디어들을 가지고 있었고, 그러한 교수 · 학습환경을 조성하기 위해 그 아이디어들을 사용했다. 그러나 준비할 시간이 많지 않았다. 어떻든, 나는 스스로 그것이 명확해질 것이라고 반문했다. 실제로, 그러한 환경의 조성은 내 학생들의 도움 덕분에 가능했다. 그것은 Vera John-Steiner(2000)가 "**창의적인 협력**(creative collaboration)"이라고 표현했던 과정이다. 그 문구(phrase)는 그것이 무엇인지를 정확하게 표현한다. 그것은 내가 배웠던 또 하나의 교훈, 즉 행함으로써(by doing) 배운다는 것이다. 정말로 복잡한 문제들을 직면할 때마다 여러분은 여러분이 그 문제를 함께 모색할 수 있는 다른 사람들과 어울릴 필요가 있다. 여러분의 첫 번째 시도는 완벽하지 않겠지만, 대화를 통해 야기되는 창의성은 해결책이 완벽한 모양을 갖출 때까지 여러분이 그것을 조형할 수 있도록 도와줄 것이다. 우리가 그러한 단계에 도달했을 때, 우리가 찾았던 그 해결책은 21개의 주요한 요소들로 분해할 수 있었다([그림 23.6]). 그러한 요소들 중 몇 가지는 특정 교수목표와 일대일로 대응되었지만, 아주 종종 교수 · 학습과정의 특정 요소와 관련될 수 있는 많은 교수목표들이 있었다—그리고 또한 달성해야 할 하나의 목표는 교수 · 학습과정의 여러 요소들에 의해 좌우되었기 때문에, 그 반대로도 그러했다. [그림 23.6]은 서로 다른 유형의 대응들에 관한 시각적인 표상(representation)을 보여준다.

이 모든 것들은 1980년경에 일어났다. 그 당시 전 세계로부터 고립된 국가—인터넷도 없고, 외부세계와 접속하는 것을 훨씬 더 어렵게 만들었던 명시적 · 암시적인 형태의 외국 개입이 있었던 식민지로부터 독립 후에 시민투쟁이 일어났었다—에서 우리가 했던 것을 행할 때, 우리는 성찰적인 실제(Schön, 1983)를 통해 또 하나의 흥미로운 문제, 즉 전통적으로 교사훈련 실제에서 교수법과 교과 지식을 분리하는 문제를 해결했다. 몇 년 후에, Shulman(1986, 1987)은 이론적인 수준에서 동일한 문제를 다루었으며, 나중에 Mishra와 Koehler(2006)에 의해 "기술적인 교수법적 내용 지식(technical pedagogical content knowledge: TPCK)"으로 확장된 혼합물인 "교수법적 내용 지식(pedagogical content knowledge: PCK)"이라는 말로 표현하였다.

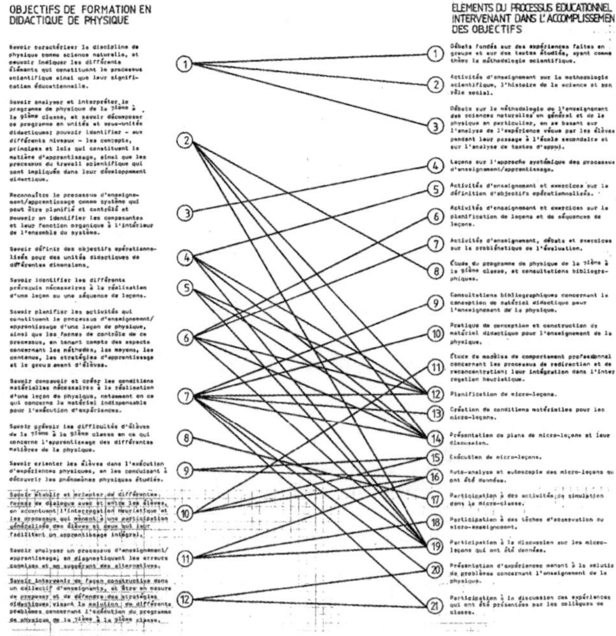

[그림 23.6] 다양한 학습목표들을 복잡한 교수절차들 또는 그 역으로 연결지음(Visser, 1981).

그리고 실제로, 그 개념도 활용되었다. 우리는 그 혼합 속에 포함된 테크놀로지를 가지고 있었다. 우리는 스튜디오 형식의 비디오 피드백을 사용하는 구성요소기술(component-skills) 훈련을 위해 Alan과 Ryan(1969)에 의해 최초로 개발된 테크놀로지인 마이크로티칭(microteaching)을 재개발했다. 우리는 그 당시에 그러한 교수자료들을 활용할 수 없었다. 그래서 우리는 집단토의 맥락에서 동료-관찰자(peer-observer) 피드백과 함께 원시적인 비디오장비만을 사용했는데, 그 장비는 전자공학과에서 임대하고 5인치 화면을 가진 휴대용 오픈식 비디오 레코더(reel-to-reel video recorder)였다. 아울러, 학생들은 이미 언급했고 지역 자원들의 창의적인 활용에 기초하며 『과학수업을 위한 새로운 유네스코 자료집(New UNESCO Source Book for Science Teaching)』(UNESCO, 1973)의 포르투갈어 번역본의 인쇄등사본으로 제공되었던 테크놀로지들을 개발하는 데 있어 적극적인 역할을 수행했다.

그 후에 나는 훨씬 더 복잡한 상황들을 접하고 그 사이에 내가 배워왔던 동일한 훌륭한 교훈들을 계속해서 적용하면서 또 다른 30여 년을 지냈다. 그러나 나는 여전히 어떠한 공식적인 방법으로 교수설계자로서 훈련을 받지 않은 채 교수설계자의 역할을 실천해 온 "단지 물리학자"에 불과했다. 대부분의 사람들은 그것을 정반대로(즉 교수설계자로서 훈련을 받은 후 교수설계자의 역할을 수행)한다. 다행히도, 모잠비크에서 1984년에 처음 만나 내가 하는 일을 지켜본 베네수엘라(Venezuela) 카라카스(Caracas) 출신의 좋은 친구인 Abraham

Zalzman은 그때 내가 하고 있었던 것이 "교수설계"라고 친절하게 말해 주었다. 그는 Robert Branson, Leslie Briggs, 그리고 Robert Gagné의 이름들을 언급했다. 그는 나에게 "그들과 접촉해 보라"고 말했다. 나는 그들의 책들을 사서 그것들을 철저하게 공부했다. 그 다음에, 나는 그들뿐만 아니라 Robert Morgan이 플로리다주립대학교(Florida State University)에서 소집한 교수설계 전문가팀의 다른 구성원들도 만났다. 내가 행해왔던 것을 완전히 인식하기 전에, 나는 그들의 프로그램에 등록했고, 1985년 가을에 수업을 시작하여 1989년에 박사학위를 받았다. 그것은 내가 그동안 익혀왔던 이론에 근거하여 과거의 실제를 성찰해 보고 새로운 실제를 개발할 수 있는 좋은 기회였다. 나 자신이 이론에 기여할 때가 되었다.

학습에 대한 관찰

여러 해 동안, 나는 다른 사람들이 배울 수 있도록 도와주었으며, 나 자신도 배워왔다. 그 과정에서, 나는 학습에 대한 몇 가지 흥미로운 것들을 발견했다. 이 장을 마무리하기 위해, 나는 내가 학습에 대해 배웠던 것에 기초하여 여러분이 성찰해 보고 논의해 볼 수 있도록 몇 가지의 관찰들(observations)을 제공하고자 한다.

관찰 1

소수의 사람들만이 "학습이란 무엇인가"라는 질문에 대하여 명쾌한 답을 줄 수 있을 것이다. 그 질문을 제기하면 흔히 침묵하고 당혹해한다. 대부분의 사람들은 학습이라고 하면 동일한 것을 의미한다고 당연시한다. 그러나 그렇지 않다. 인식은 개인들마다 차이가 있다. 인식은 우리의 경험과 특히 우리가 그러한 경험들을 얼마나 깊이 있게 성찰하느냐에 따라 다르다. 피상적인 대답은 종종 "학습은 여러분이 학교에서 하는 것이다"와 같은 것까지 이어진다. 그러나 삶 속에서 가장 의미 있는 학습경험들에 대해 물었을 때, 대부분의 사람들은 형식적인 교육 환경들 밖에서 행해졌던 실제세계 경험들을 언급할 것이다. 그들에게 살아오는 동안 학습이 얼마나 자신들에게 영향을 미쳐 왔는지에 대해 질문을 하면, 대답들은 "나는 결코 어떠한 것도 배우지 않았다"(결코 학교에 가지 않았거나 학교교육은 효과가 없었다고 생각하는 사람들의 대답)에서부터 "나는 항상 배워왔다"(자신들을 진정한 평생학습자라고 여기는 사람들의 대답)에 이르기까지 다양할 것이다. 학습을 설계하고 촉진하는 사람들의 관점에서 볼 때, 이러한 다양한 인식들을 이해하고 인정하며, 신중히 설계된 학습환경들과 비형식 학습의 세계로부터 유입된 학습환경들의 자연적인 확장들 간의 심오한 연계성을 인식하는 유의미한 학습을 생성할 수 있는 경험들을 만드는 것은 중요하다.

관찰 2

비형식 학습의 세계는 엄청나게 풍부하고 다양하지만, 여전히 교육과 연구공동체들에 의해서 크게 탐색되지 않았다. 어떠한 분야에서 일을 하든, 설계 관점은 사람들의 특정 업무 영역이 어떻게 학습활동 전반 속에 내재되는지를 인식하는 데 도움이 된다. 18명의 연구원들로 구성된 어떤 팀의 최근 연구(Visser & Visser-Valfrey, 2008)에서는 학습활동의 아름다움과 다양성을 탐색했다.

관찰 3

우리가 학습에 관해 어떻게 인식하는지는 다른 사람이 학습하도록 도와주기 위해 우리가 할 것을 결정한다. 만약 우리가 학습을 특별하게 잘 정의된 기술들을 습득하도록 이끌어 주는 과정이라고 생각한다면, 우리는 우리 자신들의 역할을 그 정적인 목적의 달성을 위해 노력하는 설계자들 또는 교사들로 제한할 것이다. 일단 그 목적이 달성되면, 학습자는 "학습을 종료"하고 우리의 업무도 끝난다. 한편, 만약 학습에 관한 우리의 비전이 역동적인 것, 학습이란 결코 끝나지 않음을 의미하는 진정한 의미에서 평생을 인정하는 것이라면, 그 때 교수설계자들과 학습촉진자들로서의 우리의 책임은 당면한 업무 목적을 달성하는 것 이상으로까지 확장된다. 우리는 해야만 할 것을 행해야 할 뿐만 아니라, 학습자로서 학습자의 상태에 관심을 가져야 한다. 우리는 생애의, 그리고 삶의 전반에 걸친 관점에서, 성찰적인 학습 실제를 통해 더 나은 학습자가 되기 위한 학습자 역량의 역동성들에 기여하는 데 관심이 있을 것이다.

관찰 4

인간들이 참여하는 학습은 인간, 사회적, 생물학적, 물리적 세계와의 대화(dialogue)에 대한 개방성의 경향을 반영한다. 우리는 집단적으로 그리고 개별적으로 생성한 변화와 상호작용을 건설적으로 점점 더 잘 하기 위해 그 대화에 참여한다(Visser, 2001). 우리의 역량을 변화에 건설적으로 상호작용할 수 있도록 신장하는 것은 우리가 직면한 도전들, 즉 이 장의 서두에서 상당히 상세하게 설명된 도전들의 관점에서, 인간의 진화에서 이 중차대한 때에, 필수적이다. 이러한 도전들에 맞서기 위해서는 우리의 습관적인 분절화된 역량들에 초점을 두는 것을 넘어가는 학습에 관한 비전이 필요하다. 그것은 훨씬 더 복잡한 문제들에 대한 반응으로 매우 고차원적인 수준의 복잡성 측면에서 학습의 가치를 인정해야 하는 비전이다. 그것은 본질적으로 하나인 세계를 가치 있게 하는 비전이다. 그런데 그것은 인간, 생물권과 무기물 자원들을 서로 매개/변형하는 지속적인 과정 속에 참여하는 배우들의 단일 공동체 속에 통합한다. 그러한 비전은 소위 개발도상국가와 선진국가들에게 동일하게 적절하다—비록 다른 시사점들을 가지고 있지만.

핵심 원리 요약

1. **복잡한 도전들을 해결하기 위한 것과 관련시켜 볼 때, 학습을 위한 설계는, 학습이 중요한 영역이기는 하지만 항상 유일한 영역이 아닌, 복잡한 문제들을 해결하는 데 엄청난 노력이 필요하다.** 설계 모형들은 설계 과정에 대한 정보를 제공해 주기 때문에 매우 가치가 있지만, 그것들의 처방들을 맹목적으로 따르지 말고 맥락 내에서 해석해야 한다. 이것은 맥락이 점점 더 복잡해질수록 점점 더 중요하다. 진지한 교수설계자를 특징짓는 속성들 중에서 우리 모두가 직면하고 있는 문제들을 해결하기 위한 의지가 중요하다.
2. **분리되지 않은 세계를 위한 "테크놀로지를 생각하기" 위해서, 우리는 우리의 사고에서 기존의 도구들을 보다 창의적으로 사용한 대안보다 가장 최근에 개발된 도구들을 사용하는 데 우선순위를 두는 습관을 없애야 한다.** 그러한 정신 습관의 변화는 가진 자들과 가지지 못한 자들 간의 격차("디지털 격차"로 잘못 밝혀진)를 줄이기 위한 다른 방법이다. 제안된 정신의 변화는 가난한 자를 위해 부자에 의해 행해진 어떤 것들보다도 모두에게 혜택을 줄 것이다.
3. **교수설계자가 가져야 할 핵심적인 역량은 듣는, 매우 주의 깊게 듣는 능력이다.** 그것은 이 분야에서는 청중분석(audience analysis)과 그 청중들이 학습할 상황들에 관한 분석을 포함하는 개념인 전단분석이라 부른다. 그러나 그것은 흔히 우리가 그것을 좋아하든 그렇지 않든 설계 보고서의 일정 부분을 채워야 하는 형식들 중 하나로 다루어졌다. 그것은 매우 유감스러운 일이다. 그 과제는 무미건조한 데이터를 수집하기 위해 예비적으로 청중과 환경을 조사하는 것보다 훨씬 더 많은 것을 수반한다. 듣는 것은 설계, 개발, 실행, 모니터링, 평가의 전 과정을 관통하는 지속적인 습관이다.
4. **창조적인 협력을 위한 기회들을 붙잡아라.** 복잡한 영역들(domains)에서 학습을 위한 설계는 흔히 학습자들을 참여시키고, 그들로부터 들으며, 그들의 창의적인 정보들의 이점을 취하는 등 협력적으로 행할 때 가장 잘 수행된다.
5. **복잡성을 고려하라.** 우리가 다루어야 할 문제들의 복잡성을 완전히 이해하기 위해서, 우리는 종종 우선 그것들을 잠정적으로 서로 분리하여 해결할 수 있는 덩어리들로 나누어야 한다. 그러나 그렇게 하면 문제해결자로 하여금 그 해결책의 조각난 부분만을 획득하도록 할 것이며, 그것은 다시 합치기 어려울 것이다. 복잡한 문제들을 다루기 위해서, 우리는 문제들의 다양함을 고려해야 하며, 그렇게 함으로써 문제들의 다양성의 모든 측면들과 총체적으로 상호작용하는 해결책들을 구안해 낼 수 있다.
6. **당면한 문제들을 해결하고자 노력하는 한편, 학습활동 전반과 그것이 내재되어 있는 인간-비인간적 맥락에서 제공되는 기회들을 인식하라.** 교수설계자의 업무는 본질적으로 형식적인 환경에서

학습을 다루는 것이다. 그러나 학습활동은 그러한 형식적인 환경들을 훨씬 넘어 엄청나게 아름다운 비형식 학습의 황무지라고 기술될 수 있는 것에까지 확대되고 있다. 형식적인 학습은 흔히 그 황무지에 의해 생성되고 재생성된 자원들을 먹고 산다. 그 자원들을 탐색하되 파괴하지는 마라.

응용 문제

비록 아래 문제들에 대해 여러분 혼자서 해결할 수 있지만, 여러분은 몇 명의 친구들이나 동료들과 협력적으로 그 문제들을 해결하고자 시도해 보고 논쟁해 보는 것이 혜택이 훨씬 더 많다는 것을 알게 될 것이다.

1. 전 세계 어디든, 여러분이 살고 있는 나라와는 전혀 다르고, 여러분이 일할 수 있는 실제적인 도전들을 찾을 수 있으며, 일하도록 요구받을 수 있는 한 나라를 선택하라. 여러분이 선택한 나라에 대해서 가능한 한 많은 것을 찾아라. 유엔개발계획(United Nations Development Programme: UNDP)이 매년 발행하는 『인간개발보고서(human development report)』(http://hdr.undp.org 참조)는 일반적으로 자료를 얻기 좋은 곳이다. 아울러, 주요한 국제개발지향 조직들과 정부기관들뿐만 아니라 BBC(http://news.bbc.co.uk/2/hi/country_profiles/default.stm)와 같은 뉴스기관들에 의해 생산된 국가 프로파일들도 추가적으로 활용하기 좋은 자료들이다.

   여러분이 선택한 국가에 대한 국제개발 원조를 받기 위해 제공될 원조에 대한 비전을 구축하는 데 기여할 것을 요청받았다고 가정해 보자. 여러분과 동료들의 전문지식 분야는 교육과 학습이다. 여러분의 연구결과에 기초하여, 여러분이 제안할 기여에 관한 2페이지짜리 보고서 초안을 작성하라. 여러분이 선택한 나라에서 학습을 위한 조건들을 증진시키는 데 목표를 두는 한편, 여러분의 전반적인 관점은 우리 모두를 위해 더 좋은 세계를 만드는 것이 중요하다는 데 있어야 한다.
2. 어떤 국가, 주(州), 시(市)도 모든 시민들의 평생학습 욕구를 충족시켜 줄 만한 완벽한 조건들을 갖추고 있지는 못하다. 대부분의 경우, 지배당국의 주요한(종종 유일한) 관심사는 학교를 갈 나이에 있는 사람들이 그들이 바라는 수준까지 적절한 학교교육을 받을 수 있도록 보장하는 것이다. 그러나 훨씬 더 많은 학습욕구와 열망을 고려해야 한다. 우리의 환경에서, 특히 이 장에서 제시한 비전의 관점에서 그리고 그 관점에서 다루어질 수 있는 이슈들의 측면에서 볼 때 의심할 여지 없이 증진될 수 있는 여지가 많다.

   여러분과 여러분의 친구들이 여러분의 읍, 구, 군, 주, 또는 국가에서의 교육과 훈련의 미래에 관하여 논의하는 공개주민회의(town hall meeting)에 참여할 계획이라고 가정해 보자. 여러분이 선택한 수준에서의 교육과 학습의 미래에 대한 창의적인 아이디어들을 개발하기 위한 중요한 협력적인 사고에 참석할 수 있도록 해주는 하나의 환경을 선택하라. 만약 여러분이 원한다면, 국가 수준을 넘어서 UN의 맥락과 같이 국제적인 수준에서 여러분이 기여하기를 원하는 어떤 것을 상상해 보라. 여러분과 여러분의 친구들은 행해질 예정인 의사결정에 실제적인 영향을 미치기를 원한다. 그러므로 잘 준비하라. 여러분이 선택한 환경에 대한 중요한 데이터를 수집하는 데 참여하라. 현재의 상황을 비판적이고 건설적으로 분석하라. 더 많이 행해질 수 있고 행해져야 할 것에 대해 논의하라. 여러분의 아이디어들을 실행하는 방법에 대한 혁신적인 아이디어들을 개발하라. 그리고 여러분의 해결책을 지지하도록 공개주민회의에 참석한 사람들에게 배포할(한 페이지짜리, 텍스트와 이미지들이 포함되어 있고 양면이 인쇄된) 브로슈어를 준비하라. 여러분의 전반적인 관점은 국가, 주, 군, 또는 시의 조건들을 증진시키면서 우리 모두를 위해 더 좋은 세계를 만드는 데 공헌하는 것이다.

3. 전 세계의 여러 나라들은 여러 가지 측면들에서 다양하다. 그들은 엄청난 부를 가지고 있는 나라에서부터 눈에 띄게 가난한 나라까지 다양하다. 그들이 지구의 자원들의 활용에 관하여 마련한 주장들도 매우 다르며, 유발된 오염의 양도 그러하다. 전염병과 질병의 확산, 인구 규모, 아동 사망률, 기대 수명, 교육과 보건에의 지출은 나라들마다 차이를 보이는 또 다른 측면들이다. "사회경제적인 세계의 이미지들(images of the social and economic world)"을 탐색하기 위해서는 http://www-personal.umich.edu/∼mejn/cartograms/를 검토해 보거나 『실제세계의 아틀라스(The Atlas of the Real World)』(Dorling, Newman, & Barford, 2008)에 있는 통계지도들을 검토해 보라. 아울러, 사람들이 세계에 대해 어떻게 느끼는지를 정의하는 이야기들이나 종교적인 준거틀들 속에 내재되어 있는 습관, 사고방식, 신념, 은유들도 마찬가지로 다양하다.

저자 정보

Jan Visser는 학습에서의 혁신을 위한 통섭학문적인 연구 · 실천공동체인 학습개발연구소(Learning Development Institute)의 회장 겸 선임연구원이며, 주요 국제개발기구들에게 자문을 제공하는 조언자다.

참고 문헌

Alan, D., & Ryan, K.(1969). *Microteaching.* Reading, MA: Addison-Wesley Publishing Company.

Christian, D.(2004). *Maps of time: An introduction to big history.* Berkeley, CA: University of California Press.

Christian, D.(2007). *This fleeting world: A short history of humanity.* Great Barrington, MA: Berkshire Publishing.

Conrad, J.(1902/1983). *Heart of darkness.* Harmondsworth, UK: Penguin.

Dorling, D., Newman, M., & Harford, A.(2008). *The atlas of the real world: Mapping the way we live.* London, UK: Thames & Hudson.

Hochschild, A.(1998). *King Leopold' s ghost: A story of greed, terror, and heroism in colonial Africa.*

Boston: Houghton Mifflin Company.
John-Steiner, V.(2000). *Creative collaboration.* Oxford, UK: Oxford University Press.
Kingsolver, B.(1998). *The poisonwood bible.* New York: Harper Collins Publishers.
Mishra, P., & Koehler, M. J.(2006). Technological pedagogical content knowledge: A framework for integrating technology in teacher knowledge. *Teachers College Record, 108*(6), 1017-1054.
Rogers, E. M.(1995). *Diffusion of innovations*(4th ed.). New York: Free Press.
Sachs, J.(2007). *Bursting at the seams.* Reith lectures 2007(audio and print). Retrieved January 1, 2010, from http://www.bbc.co.uk/radio4/reith2007/
Sch?n, D. A.(1983). *The reflective practitioner.* New York: Basic Books.
Shulman, L. S.(1986). Those who understand: Knowledge growth in teaching. *Educational Researcher, 15*(5), 4-14.
Shulman, L. S.(1987). Knowledge and teaching: Foundations of the new reform. *Harvard Educational Review, 57,* 1-23.
UNESCO(1973). *New UNESCO source book for science teaching.* Paris, France: UNESCO. Now also available at http://unesdoc.unesco.org/images/0000/000056/005641E.pdf(retrieved January 8, 2010).
Visser, J.(1981). *Notes sur la conception du programme de didactique de la physique*(Notes concerning the conception of the didactics of physics program). Paris, France: Compte rendu au fonds documentaire de l' Ecole Normale de Paris, Auteuil.
Visser, J.(2001). Integrity, completeness and comprehensiveness of the learning environment: Meeting the basic learning needs of all throughout life. In D. N. Aspin, J.D. Chapman, M. J. Hatton, & Y. Sawano(Eds.), *International handbook of lifelong learning*(pp. 447-472). Dordrecht, The Netherlands: Kluwer Academic Publishers.
Visser, J., & Visser-Valfrey, M.(Eds.).(2008). *Learners in a changing learning landscape: Reflections from a dialogue on new roles and expectations.* Dordrecht, The Netherlands: Springer.
WMAP.(2009). Website of the Wilkinson Microwave Anisotropy Probe. *How old is the universe?* Retrieved January 1, 2010, from http://map.gsfc.nasa.gov/universe/uni_age.html
World History for Us All.(n.d.). *History of the world in seven minutes*(video). Retrieved January 1, 2010, from http://worldhistoryforusall.sdsu.edu/movies/flash_large.htm

제24장

아시아 맥락에서의 교수설계 · 공학: 일본과 한국을 중심으로

Katsuaki Suzuki (Kumamoto University)
Insung Jung (International Christian University, Tokyo)

교수설계 · 공학(IDT)은 다양한 맥락들에서 개발되고 실천되어 왔다. 미국의 경우, 제2차 세계대전 동안과 이후에 그 요구들은 인간수행 능력을 재구조화하는 데 있어 합리적이고 통제가능한 방식으로 개입하는 것이었다. 이것은 IDT 분야의 토대를 마련하고 그 이후 계속적으로 구체화하는 데에 심오한 영향을 미쳤다. UK와 호주의 경우, UK 개방대학교(UK Open University)와 같은 원격교육 기관들은 원격교육을 설계하고 전달하는 데 있어 IDT 분야에서 매우 선도적인 연구를 수행해 왔다. 한국, 중국, 대만과 같은 몇몇 아시아 국가들의 경우, 학교들이 매체와 테크놀로지를 채택하도록 지원하기 위한 정부의 계획들은 특별한 분야로서의 IDT의 성장을 자극해 왔다.

이 장에서, 우리는 아시아의 두 가지 독특한 맥락들—일본과 한국—에 초점을 둔다. 서양의 시각으로 볼 때, 일본과 한국은 공통점이 매우 많은 것처럼 보인다. Latchem, Jung, Aoki, Ozkul(2008)이 관찰한 바에 따르면, 두 국가는 중국으로부터 유교, 불교, 그리고 다른 문화적 산물들을 전수받았으며, 서구의 생각들과 발명품들을 수용하거나 개조함으로써 산업 열강이 되었다. 양국은 매우 정교한 하이테크 산업들과 고도로 개발된 디지털 인프라구조들을 가지고 있다. 양국은 또한 교육과 교사들, 인간적인 접촉을 매우 존중하며, 21세기를 대비하기 위해 교육시스템들을 개혁하고자 시도해 왔다. 그러나 이 장에서 볼 수 있는 바와 같이, IDT의 개발과 활용 측면에서 볼 때, 일본과 한국은 서구국가들과 다르며 서로 간에도 아주 다르다. 그리고 각국은 독특한 도전과제들을 제시한다. 이 장에서, 우리는 이러한 차이들, 원인들, 결과들에 대한 통찰력을 제공하기 위해 각각을 상세하게 기술한다.

일본의 사례[1)]

머리말

교수 · 학습을 위한 테크놀로지적 환경을 다른 산업화된 국가들과 공유하는 산업화된 국가로서, 일본은 세계경제 지도자들 중에서 두드러진 지위를 오랫동안 유지해 왔다. 그러나 일본의 급격한 서구화와 아시아 문화의 오랜 역사를 통합하는 독특한 방식 때문에, IDT 분야는 다른 전 세계 국가들과는 다르다. IDT는 테크놀로지보다는 사람들에 더 잘 의존할 수 있다. 그것은 또한 조직이 유지되는 방식에 의존할 수 있다. 그것은 얼마나 다르며, 얼마나 비슷한가?

일본은 서구적인 시각으로 볼 때 미스터리한 국가였다. 일본은 게이샤 소녀들과 쇼군, 할복, 스키야키 노래로 알려져 있다. 또한 제2차 세계대전 전과 세계대전 동안에 한때 독재 정권이었으며, 그 후 민주주의가 된 나라로 알려졌다. 전후국가에서 선진산업국가가 되기까지의 기적 같은 회복은 그것이 어떻게 일어났는지를 찾아내고 그것으로부터 배우기를 희망하는 많은 연구자들을 매혹시켰다.

일본에서 고안되었지만 이제는 미국으로부터 수출되어 일본으로 되돌아온 기법인 총체적 품질 관리(total quality management: TQM)는 그러한 조사결과들 중 하나다. "나주의(me-ism)"라고 불리는 개인 강조와 대조되는 것으로서 "우리주의(we-ism)"라고 불리는 집단 강조, 가장 많이 팔린 책 『세계제일 일본(Japan as Number One)』(Vogel, 1980), 또는 보다 최근에, 암시적 지식 대 명시적 지식이론을 주창한 지식관리의 대가 노나까(Nonaka) 교수(Nonaka, 1994)는 많은 관심을 끌었으며, 일본의 기적을 밝혀주는 단서들로 간주되었다. 따라서 일본은 미스터리와 고정관념으로 가득 차 있다. 일본에서의 IDT의 실제는 서구세계의 그것과 얼마나 다른가? 이 절에서, 여러분은 일본에서의 IDT 상황이 여러분이 익숙해 있는 세계와 얼마나 다르거나 유사한지를 알 수 있을 것이다. 우리는 먼저 비즈니스와 기업 부문을 살펴보고, 그런 다음 학교를 살펴볼 것이다.

교수설계 · 공학이 일본에 이러닝 운동을 일으켰다

교수설계자들 또는 교육공학자들이라고 불리는 전문가들은 아주 최근까지 일본에 알려지지 않았다. IDT는 이러닝의 도래와 함께 일본 비즈니스와 기업 부문의 인적자원개발(HRD) 부문에 관심을 끌게 되었다. 2000년은 일본에서 이러닝의 시작을 나타내는 것으로 간주된다.

---

1) 이 사례는 Katsuaki Suzuki가 씀

그 맥락에서 중요한 사건은 일본경제산업성(Japanese Ministry of Economy, Trade and Industry: METI)의 산하기관인 선진학습기반컨소시엄(Advanced Learning Infrastructure Consortium: ALIC)(2001)에 의한 『이러닝 백서(E-learning White Book)』의 편집과 출판이었다. 컴퓨터기반과 웹기반 교수, 멀티미디어 활용, 인터넷기반 학습과 같은 훈련 테크놀로지들은 확고하게 자리 잡은 이후의 용어인 이러닝의 이름 아래 합병되었다. IDT는 이러닝의 질과 효과성을 증진하고 보장하기 위한 "새로운 기법"이며 핵심적인 도구로 간주되었다.

IDT는 일본 이러닝 산업에 나타났을 때 처음에는 호감이 가고 사용가능한 화면을 설계하며 학습자료들에 구조를 제공하는 것에 지나지 않음을 의미했다. 그 초점은 더 좋은 화면 배치, 글자체와 색상의 적절한 사용, 쉬운 내비게이션 기법들에 있었으며, 그 목적은 교수자료들이 프로페셔널하게 보이도록 하는 것이었다. "설계(design)"라는 단어는 사람들이 이러닝의 시각적이고 미적인 설계와 어떤 관련이 있는 것으로서의 "새로운 기법"에 관하여 생각하도록 이끄는 데 있어 확실한 역할을 수행했다. 그러나 그들은 IDT가 사용성 설계 및 시각 디자인과 어떤 점에서 다른지를 이해하지 못했다.

그 초점이 교육과 훈련에서 효과적인 결과들을 유발하기 위한 체계적인 과정으로 전환되기까지 시간이 걸렸다. 그 후에야, 훈련 요구들, 참가자들, 맥락들, 그리고 이용 가능한 자원들에 관한 분석이 IDT의 필수 단계들로서 가르쳐졌다. 2003년에, 비즈니스와 기업에서의 IDT 기초에 관한 몇 가지 훈련 프로그램들이 일본에서 제공되었다. 이러한 것들의 예들로는 교수개발에 대한 ADDIE모형(분석 → 설계 → 개발 → 실행 → 평가)을 소개하기 위한 2일간 세미나, 교수설계자의 툴킷(tool kit)을 사용하는 방법에 관한 일일 워크숍, 그리고 이러닝 교수자료의 설계와 개발의 기초에 익숙해지기 위한 5일간 워크숍 등이 포함되었다. Lee와 Owen(2000)의 『멀티미디어기반 교수설계(Multimedia-based Instructional Design)』는 2003년에 IDT에 관한 최초의 주요한 개론서로서 일본어로 번역되었다. 비록 그렇다 하더라도, 일본 독자들이 IDT가 프로젝트 관리와 어떤 점에서 다른가를 이해하는 것은 여전히 힘들었다.

일본에서 IDT 훈련자료들의 이용 가능성은 점진적으로 높아지고 있다. 예를 들어, 이 절의 저자는 2002년에 Dick과 Carey 모형에 기초한 『교수자료 설계 매뉴얼(Instructional Materials Design Manual)』이라는 개론서를 썼다. 널리 알려진 Dick, Carey, Carey 저서의 일본어 번역판은 2004년에 이용할 수 있게 되었다. 2006년에, 일본 최초의 교수체제 온라인 석사과정 프로그램이 비즈니스와 기업에 종사하는 이러닝 전문가들을 훈련시키기 위해 구마모토대학교(Kumamoto University)에 개설되었다. 일본이러닝컨소시엄(Japan e-Learning Consortium)은 2008년에 이러닝 전문가 인증 프로그램을 시작했다.

사용성 설계, 프로젝트 관리, 연구기반 교수설계 원리들이 통합된 IDT는 점차 비즈니스와 기업에서 IDT를 인식할 수 있는 고려사항이 되고 있다. 그럼에도 불구하고, 나아가야 할 또 하나의 커다란 단계는 아직 행해지지 않고 있다. 교수자료들의 설계와 개발이라는 측면에서 볼 때, IDT가 훈련과 회사의 비즈니스 전략들을 연계하는 수행공학의 개념들을 통합해야 한다는 생각은 HRD 실제에 정말로 커다란 영향을 줄 것으로 기대하기 전에 더 큰 인기를 얻어야 한다. 역설적이게도, 이 과정은 일본의 경제성장이 하락함에 따라 도움이 될 수도 있다. 경제 상황은 회사들이 불명확하고 지속적으로 변화하는 지식사회 세계에서 자신들의 역할을 수행할 수 있도록 더 잘 준비시키기 위해 더 나은 HRD의 질, 더 높은 훈련 효과성, 그리고 변화과정의 설계에 전문가들이 이전보다 더 많은 관심을 갖도록 매혹시켜 왔다.

이러닝 도래 이전의 IDT

IDT가 단지 이러닝의 도래와 함께 일본에 도입되었다는 나의 주장은 그 이전에는 매체와 테크놀로지가 훈련에서 사용되지 않았음을 의미하는 것으로 해석되어서는 안 된다. 비록 많은 훈련 프로그램들이 면대면 그룹환경에서 실제 강사들(live instructors)에 의해 수행되어 왔으며 여전히 일반적일지라도, 많은 훈련 시나리오들에서 매체와 테크놀로지가 사용되어 왔다. 특히 CD-ROM 드라이브가 모든 개인용 컴퓨터의 표준 사양이 된 이후, 이 매체를 위한 다량의 학습자료들이 소비자 시장에 출시되었다. 인터넷이 진보함에 따라, 많은 온라인 학습자료들도 시장에 출시되었다. 이러한 경향은 이러닝 인프라구조의 개발을 위한 강력한 토대를 마련했다.

한편, 대부분의 매체기반 훈련 자료들은 아직 IDT 연구기반 원리들을 충분히 활용하지 못하고 있다. 이용 가능한 자료들 중 상당수가 단지 책들이나 교수자의 말을 전자매체로 변환한 것에 불과했다. 분석과 설계의 결여, 그리고 경험기반의 주먹구구식 지침들에 거의 전적으로 의존하는 것이 IDT의 채택을 제한하는 주요한 요인으로 밝혀질 가능성이 높다. IDT가 단지 이러닝 운동의 도래와 함께 나타났던 이유는 간단하다. 일본에서 훈련받은 IDT 전문가들이 없었다. 이 글을 쓰는 시점에도, 우리는 여전히 비즈니스와 기업에서 종사할 IDT 전문가들을 배출할 수 있는 대학원 프로그램을 단 하나밖에 가지고 있지 않다. 더 나아가, 미국과는 달리, 사범대학들에서 비즈니스와 기업의 훈련을 지향하는 대학원 프로그램들은 거의 없다. 그러한 학교들에서의 초점은 학교시스템을 위한 교원들을 준비시키기 위한 교사교육에 두어져 왔다. 그러나 IDT가 일본에서 완전히 사용되지 못한 또 다른 이유는 일본 비즈니스와 기업의 HRD의 전통에 대한 보다 상세한 검토에 기인할 수 있다.

일본에서의 HRD의 비IDT(non-IDT) 특성들

일본의 거대 비즈니스 회사들은 오래전부터 교육과 훈련부서들을 두고 있지만, 훈련의 질이나 적절한 투자대비회수율에 대해서는 거의 관심이 없었다. 1980년대 후반에 붕괴될 때까지 고속으로 성장한 경제하에서는 회사들이 고용인들을 진정으로 훈련시키지 않고도 이윤을 창출할 수 있었다. 회사들의 주요한 관심사는 가능한 한 많이 생산하는 것이었다. 그들이 더 많이 생산할수록, 그들은 더 많이 팔 수 있었다. 따라서 HRD는 전적으로 고용인들의 개인적인 성장이 아닌 생산성에만 관심이 있었다.

결과적으로, 훈련기능은 오랫동안 고용인들이 매일 일을 잘한 것을 보상하기 위한 하나의 방법으로 간주되어 왔다. 그것의 이면에 있는 생각은 "일상의 잡일로부터 때때로 벗어날 수 있는 것은 좋다"라는 것이었다. 훈련을 제공하는 이면에 있는 기대는 고용인들을 원격 훈련 시설로 데려가고, 일과로부터의 소음과 복잡한 문제들로부터 빠져 나올 수 있게 함으로써 그들을 재충전한다는 것이었다. 그 결과, 고용인들은 생기가 회복된 마음 상태로 업무에 복귀한다고 생각했다. 심지어 주요회사들은 개인적인 성장을 위한 훈련 프로그램의 내용과 효과성을 기준으로 삼기보다는 유명한 휴양지역에 있는 자신들의 우수한 훈련 시설들을 알림으로써 신입사원들을 매혹시키고자 노력했다. 훈련의 내용은 그 다음날의 임무들에 즉시 적용되거나 고용인들의 업무관련 역량을 구축할 필요도 없었다. 훈련은 단지 상당히 간접적인 방식들로 미래를 위한 사고방식(mindset)을 제공하는 것으로 기대되었다.

시스템들과 전통적인 접근방법들을 비교한 후, Hannum과 Briggs(1982)는 전통적인 훈련에서는 (a) 콘텐츠는 전적으로 교수자들의 경험으로부터 나오며, (b) 교수전략들은 경험기반적이고, (c) 시험은 뜻밖의 것들로 가득 차 있으며, (d) 기대되는 시험 결과들은 정상분포하고, (e) 만약 교수(instruction)가 잘못되었다면, 그것은 훈련생들에게 더 많은 시간과 노력이 필요한 것으로 간주된다고 지적했다. Hannum과 Briggs가 기술한 전통적인 접근방법들은 여전히 오늘날도 일본에서 행해지는 훈련의 대부분을 특징짓고 있다고 말할 수 있다.

일반적으로, 일본의 회사들은 훈련부서들을 전문성을 지닌 전문가들로 구성된 조직체들이라고 생각하지 않는다. 오히려, 그들은 훈련부서에 있는 직책들은 직책들을 갖지 못한 사람들이 임시로 거쳐 가는 곳이라고 생각한다. 사람들은 경력 단계들을 따라 진급할 때, 훈련부서를 거쳐 간다. 그래서 다른 담당 업무로 이동하기 전에 훈련부서에서 2~3년 이상 머무르는 사람은 매우 드물다. 훈련부서 내에 축적된 IDT 관련 지식과 기술들이 남아 있는 경우도 마찬가지로 거의 드물다. 비록 조직들은 신임 고용인들의 훈련의 성공뿐만 아니라 그 회사에서 2년차 이상된 고용인들의 추수훈련에 대한 책임을 지고 있지만, 제공되는 훈련은 주로 직관적이며, 과거의 경험을 가장 잘 반복할 수 있는 상식적인 원리에 기초하고 있다. 훈련자들은 또한 학창시절 동안 학교에서 배웠던 방식, 특히 분필을 들고 설명하는(chalk and talk) 접근법으로부터 강한 자극을 받는다.

일본 학교들에서의 IDT

새로운 테크놀로지의 도래는 항상 IDT 분야를 학교 맥락에 도입하도록 유도하는 기회가 되어 왔다. 이것은 시청각 보조물들과 컴퓨터가 처음 나타났을 때에도 그러했다. 그것은 인터넷과 웹의 도입으로 초래된 교육기회들을 위해서도 마찬가지로 그렇다. 그러한 도전들은 교사들로 하여금 새로운 테크놀로지를 기본 수업 레퍼토리에 가장 잘 통합할 수 있는 방법과 이것이 교수(instruction)의 재설계에 어떠한 시사점들을 주는가에 대해 생각해 보도록 요구한다. 따라서 최근 일본 교실에서 IT를 활용하도록 강조하는 것은 IDT 관련 개념들과 기법들을 학교 교사들에게 전파할 수 있는 기회가 될 수 있다.

그래서 정부는 기본적인 IT관련 기술들과 IT증진교수(IT-enhanced instruction)뿐만 아니라 학교기반 IT지도자들을 위한 각종 세미나들도 제공하고 있다(Akahori, Horiguchi, Suzuki, & Nambu, 2001). 교사들이 IT관련 기술개발과 수업을 위한 모범사례들과 조언들에 온라인으로 접근할 수 있도록 하는 많은 기회들이 개발되었다. 국립교육자원정보센터(National Information Center for Educational Resources: NICER)(http://www.nicer.go.jp/)는 교사들을 위한 주요 자원들 중 하나였다. 아울러, 대학 수준의 교사인증 프로그램에서 예비교사 훈련 동안, 2학점짜리 "IT 기본(IT basics)" 강좌가 모든 교사자격증에서 필수적으로 요구되었다. 그러나 교사자격증을 위한 어떠한 정기적인 갱신도 요구하지 않기 때문에, 마음이 내키지 않거나 기술에 대해 공포증이 있는(technophobic) 교사들은 일단 그들이 자격증을 받으면 어떠한 더 이상의 훈련도 받지 않을 수 있다. IT가 특정 교과영역의 수업에 얼마나 많이 통합되어야 하는가를 구체화한 강력한 요구나 규정들도 없었다. 그래서 IT를 사용하기를 좋아하는 교사들은 IT를 효과적으로 활용하는 방법을 시도해 볼 것이고 또한 그렇게 할 수 있게 되겠지만, IT를 사용하지 않는 교사들은 이제 그들 경력의 나머지 동안 비사용자들로 남아있게 될 것이다. 따라서 교사들(그리고 그들의 교실에 있는 학생들) 사이에서의 디지털 격차는 줄어들기보다는 증대될 것이다.

모범사례들은 계속된다: 일본의 사고방식이 육성되어야 할 곳

비록 IDT가 전문분야로서 전통이 짧을지라도 많은 일본 교사들은 자신들의 수업 방식들을 창의적으로 개발해 왔다. 특정 교과영역의 교사집단들이 창출해 왔고 전통으로서 공유하고 있는 많은 방법론들이 있다. 이러한 창의적인 과정은 수업연구(lesson study)라고 널리 알려져 있다(예: Lewis, 2002). 따라서 이 과정을 통해, 일본의 수업 전통은 ID를 위한 교과목 구체적인 원리들을 형성해 왔다. 다시 말해서, 교사들은 자신들의 교과영역들에서 교수설계자들로 간주될 수 있다.

각 교과영역에서의 전통은 일본 교사들 사이에서 매우 영향력 있는 역할을 수행하기 때문에, 수업방법들은 나이 든 세대로부터 더 젊은 세대로 전수되는 경향이 있었다. 1970년대 후반까지, 소집단 교사들이 밤늦게까지 비공식적인 의사소통에 참여하는 소위 "밤샘 경계(overnight alert)"는 교사의 임무의 일부였다. 이러한 밤늦게까지의 대화는 나이 든 교사들의 지혜를 젊은 교사들과 공유할 수 있는 좋은 기회들을 마련했다. 이후에 일본 문부성은 그러한 전통의 비공식적인 공유를 공식적으로 할 수 있도록 하기 위해 1년차 교사들을 위한 멘토 프로그램을 조성해 왔지만, 학교 전통들 중에 얼마나 많은 것이 간단히 전수되고 새로운 전통들이 어느 정도나 창출되었는지를 말하기는 어렵다.

일본에서 교사가 되는 것은 매우 경쟁적인 문제이며, 교직은 여전히 커다란 존경을 요구한다. 모든 교과목에서 지역교사단체들은 심지어 사범대학과 정부의 도움 없이 양질의 활동들을 개발하는 데 중요한 역할을 한다. 일본은 교사들이 창의적이고 양질의 수업 실제들을 유지하면서 다양한 매체와 테크놀로지들을 사용하여 젊은 세대들이 효과적으로 학습할 수 있는 능력을 지속적으로 배양할 것이다.

한국의 사례[2)]

기업들에서의 IDT

어떤 한국 기업에서의 최근의 IDT 실제를 설명하기 위해, 여러분에게 1,000개 이상의 회사들, 정부기관들, 대학교들, 교사훈련기관들, 그리고 공공조직들을 위해 1,000개 이상의 이러닝 강좌들과 프로그램들을 제작해 온 우수한 이러닝 회사의 프로젝트 팀장인 이영민을 여러분에게 소개한다. 이 팀장은 IDT 석사학위를 가지고 있으며, 회사 이러닝 분야에서 10년 이상의 경험을 가지고 있다. 그녀는 다방면에 걸친 스토리보드를 작성하는 데 주력하며 소규모 이러닝 회사에서 첫 경력을 쌓기 시작했다. 그녀의 동료들 중 상당수가 몇 년 후에 회사를 떠났다—몇 명은 해외에서 IDT나 HRD 분야의 대학원 과정을 공부하기 위해서, 몇 명은 교사들이 되기 위해서, 몇 명은 대기업들의 HRD 부서들에 입사하기 위해서, 그리고 몇 명은 고등교육기관들에 있는 이러닝이나 IDT 센터들에 들어가기 위해서. 그러나 이 팀장은 일을 계속했으며, 5년 후에 선임 교수설계자가 되었고, 그 후 7년 뒤에는 프로젝트 관리 팀장들 중 한 사람이 되었다. 프로젝트 관리팀장으로서, 그녀는 몇 가지 이러닝 개발 프로젝트들을 관리하고, 의뢰인들의 요구를 사정하기 위해 그들을 만나며, 교과전문가들과 이야기하고, 과제/내용분석을 수행하며, 표준화된 스토리보드 양식들을 개발하고, 멀티미디어 개발

2) 이 사례는 Insung Jung이 씀

스케줄들을 조정한다. 아울러, 그녀는 경험이 적은 교수설계자들을 관리하며, 최종 이러닝 생산물들을 의뢰인들에게 제시한다. 그녀는 IDT와 이러닝이 최상의 질을 보장하고 이론과 연구를 반영해야 하지만, 동시에 적절한 요구와 과제분석을 수행하고 이러닝 설계에 개별화 또는 구성주의적 교수전략들을 적용하기 위한 시간과 자금이 제한되어 있다는 것도 잘 알고 있다. 그 결과, 그녀의 이러닝 강좌들 대부분은 내용을 제시하기 위해 회사의 표준화된 템플릿을 따르며, 내부 그래픽 디자이너들에 의해 제작된 비슷한 화면설계 레이아웃들을 적용하고, 약간의 추가적인 파워포인트 자료들이 포함된 주문형 비디오 강의형식을 사용한다. 그러나 이 팀장은 체계적인 IDT 절차들을 보다 더 엄격하게 적용하고 때때로 구성주의나 다른 혁신적인 접근법들을 사용한 최소한 1~2개의 모범적인 이러닝 강좌들을 개발한다.

한국에서 교수설계자로서 여러분은 다양한 맥락들에서 다양한 역할들을 수행하도록 요구받을 수 있다는 것을 깨닫는 것이 중요하다. 몇몇 환경들에서, 여러분은 스스로 다른 사람들에 의해서 실제적인 개발이 행해지기 전에 교수과정을 위한 세목들(specifications)을 도출하는 역할을 해야 할 수도 있다. 다른 환경들에서, 여러분은 강좌개발자 또는 컴퓨터나 웹테크놀로지 전문가로서 프로젝트를 철저하게 검토할 것이 기대될 수도 있다. 여러분은 몇몇 경우들에서 요구사정과 과제분석 단계들에, 다른 경우들에서는 그래픽과 화면 레이아웃 디자인에, 그리고 또 다른 경우들에서는 실제로 학습과정들과 산출물들을 평가하는 데 관여할 수도 있다. 여러분은 몇몇 기관들에서 유일한 교수설계자일 수 있으며, 다른 기관들에서는 다른 교수설계자들과 함께 또는 다학문적인 강좌개발팀들에서 일할 수 있다. 여러분의 자질들과 경험에 관한 고용자들의 기대들은 또한 교수설계자로서의 여러분에 관한 그들의 기대에 따라 다를 수 있다. 여러분은 우리가 한국에서의 교수설계자들의 역할, 업무, 상태(status)를 기술할 때 이러한 점들을 염두에 둘 필요가 있다.

이러닝 강좌들이나 프로그램들을 개발하고 전달하는 회사들은 사내 교수설계자들을 활용하거나 그 일을 프리랜서에게 아웃소싱한다. 이러한 회사들 중 한 회사에 새로 임명된 교수설계자로서, 여러분은 아마도 초기 시간의 대부분을 스토리보드를 작성하는 데 소비할 것으로 기대할 수 있다. 여러분은 형식적인 연구 동안에 경험했던 재미있는 창의적인 설계활동들에 참여하기보다, 상급의 교수설계자들이나 내용전문가들의 요구에 순응할 것이 기대된다는 것을 알게 될 것이다. 여러분은 콘텐츠 제시를 위해 회사의 표준화된 템플릿을 사용하고, 사내 그래픽 디자이너들의 빈번하게 반복되는 화면설계 레이아웃들을 적용하며, 주로 주문형 비디오강의와 파워포인트 자료를 사용하곤 할 것이다. 여러분은 수많은 프로젝트들과 프로그램들에서 압박을 받으며 일을 하고, 체계적인 IDT 절차들을 보다 더 엄격하게 적용하거나 여러분이 공부하는 동안 배워왔던 상호작용적이고 혁신적인 원리들을 적용할 만한 시간도 자금도 가지고 있지 않을 것이다. 여러분은 그러한 반복적이고 저수준의 업무가 지루하고 만족스럽지도 않다는 것을 알게 될 것이며, 놀랍지도 않게, 여러분의 동료 교수설계자들 중 약 50%가 회사를 떠나거나 IDT 분야를 영원히 떠나버린다. 그들이 이직한 후, 여러분은 그들의 자리가 부분적으로는 교수설계자들의 부족과 높은 수요 때문에 비IDT(non-IDT) 전공자들로 채워지는 경향들이 있음을 잘 알게 될 것이다. 회사들에 머물러 있는 여러분 중에는 궁극적으로는 보다 흥미롭고 도전적인 IDT 업무에 대한 학위를 따고 의뢰인들과의 보다 더 친밀한 업무접촉을 즐길 수도 있다. IDT 분야에서 더 많은 경험이나 더 많은 연구를 할수록, 여러분은 심지어 프로젝트 관리자의 위치에까지 올라갈 수도 있다.

Bonk(2004)가 언급한 바와 같이, 이러닝은 일본의 경우보다 그리고 실제로 많은 다른 나라들보다 한국 정부에 의해서 전략적으로 관심대상이 되어 왔다. Bonk는 한국의 이러닝은 이미 대량채택단계에 들어왔다고 말했다. 1980년대 후반에 기업 이러닝이 급격하게 성장함에 따라, 한국에서 IDT의 개념은 기업훈련에 보다 집중적으로 적용되어 왔다. 대규모 회사들은 IDT 분야를 전공한 교수설계자들이나 HRD 인력들을 채용하는 데 주력했다. 그들은 IDT 분야에서 석사학위나 박사학위를 가지고 있는 사람들을 상급의 교수설계자나 훈련 직책에 임명하는 경향이 있었다. 교수설계자들, HRD전문가들, 훈련관리자들은 다학문적 팀들에서 관리, 마케팅, 판매, 또는 외부 훈련회사들 출신의 훈련자들과 협력하는 삼성, LG, SK, 현대와 같은 대규모 회사들에서 매우 중시되고 보수도 잘 받았다.

Lim(2007)은 회사들에서의 이러닝의 기하급수적인 성장은 1999년 이후 기업 이러닝에 재정지원을 제공했던 고용보험법의 확대 때문이라고 생각한다. 재정지원을 받으려면 회사들은 콘텐츠, IDT와 학습자 지원의 질을 평가하는 노동부가 임명한 외부 모니터링팀에게 자사의 이러닝 프로그램들을 정기적으로 평가받아야만 한다. 이러한 정책은 한국 회사들로 하여금 이러닝의 개발과 전달에 교수설계자들을 참여시키도록 유도해 왔다.

한국에 있는 회사에서 일하는 교수설계자로서, 여러분은 수요가 많다는 것을 잘 알 수 있을 것이다. 대학교들, 특히 학부수준에서 IDT 프로그램들은 급격하게 증가하고 있는 이러닝 시장에서 요구하는 정말로 유능한 교수설계자들을 충분히 배출해 내지 못하고 있다(L. Park, 2009년 7월 5일, 이메일 인터뷰; B. Lim, 2009년 7월 13일, 이메일 인터뷰). 미국과 그 외 서방국가들과는 달리, 한국에 있는 몇몇 대학교들은 학부수준에서 IDT 프로그램을 제공하며, 매년 약 150명 정도의 대학원생들을 배출한다. 그들의 프로그램들은 IDT모형들과 이론들, 이러닝 설계와 개발, 교육매체, 동기설계, 학습이론들과 IDT, 인간자원개발, 컴퓨터 기술들을 포함하여 IDT의 다양한 측면들을 다룬다. 그러나 고용주들은 이러한 학부 프로그램의 졸업생들이 이러닝 개발의 질을 보장할 만큼 IDT를 잘 다룰 준비가 잘 되어 있지는 않다고 느낀다. S. Song(2009년 7월 18일, 이메일 인터뷰)은 이러닝 설계에 관여하는 사람들 중 5% 이상이 요구사정에서부터 평가까지 전체 체제적인 IDT 과정을 확실하게 다룰 수 있고, 약 30%는 주요한 IDT 활동들을 수행할 수 있지만 낮은 신뢰도를 가지고 수행할 수 있으며, 나머지 65%는 IDT 과정에 참여하는 데 어려움을 지니고 있다고 추정한다. 한국 이러닝 시장에 자격을 갖춘 교수설계자들을 공급하고 IDT 훈련을 증진하기 위해, 전자상거래를 증진하기 위해 설립된 정부지원기관인 한국전자거래진흥원은 2008년에 국가수준의 "이러닝 교수설계자" 인증시험제도를 만들었다. 이 제도는 입문과 고급 수준들에서 양질의 이러닝 강좌들을 개발하기 위해 필요한 IDT 지식과 기술들을 평가한다. 그러나 IDT의 개발과 이러닝 질에 대한 이 인증제도의 기여도는 아직 알 수 없다.

고등교육에서의 IDT

고등교육에서의 이러닝의 확산은 또한 IDT 인력들이 일할 수 있는 기회들을 신장시켜 왔다. 이러닝 회사들을 포함한 영리기업들이 1990년대 말과 2000년대 초반에 IDT 졸업생들을 고용하는 주요 고용주들이었지만, 이제는 고등교육기관들이 더 많은 IDT 졸업생들을 고용하고 있다. 17개의 사립 비영리 사이버대학교들과 대학들, 온라인 대학원들이 IDT 전공자들을 교수설계자들, 강사들, 또는 e-촉진자들(e-facilitators)로 고용한다. 한국에 있는 전통적인 대학교들 중 60% 이상이 이러닝 지원부서들을 가지고 있으며, IDT 졸업생들을 교수설계자들로 고용한다(Leem & Lim, 2007). 이러닝에서 IDT원리들의 광범위한 적용은 강좌들과 교수 · 학습의 질을 증진시켜 왔으며(C. Lim, 2009년 7월 11일, 이메일 인터뷰), 더 상호작용적인 접근방법들을 초래했다. 그러나 전통적인 대학교들과 사이버대학교들에 의해 제공된 소위 이러닝 강좌들 대부분은 비디오강의들(video lectures)이라는 것을 주목할 필요가 있다(Y. Im, 2009년 7월 14일, 이메일 인터뷰). 고차원적인 사고를 증진시키기 위한 이러닝은 부족하다.

한국교육공학자들은 사이버대학교와 온라인대학원들에 의해 제공되는 이러닝 강좌들이나 프로그램들을 정기적으로 인증하고 평가하는 이러닝 평가체계에 "교수체제설계 노력"을 포함시키기 위해 입법자들을 설득해 왔다.

Latchem 등(2008)은 정부 정책의 결과로 많은 한국 교육공학자들과 이러닝 연구자들 및 개발자들이 해외에서 IDT 전공으로 공부를 해왔으며, 이러닝과 다른 혁신적인 형태의 학습이 견고한 교육원리들에 의해서 운영되는 것으로 본다고 말했다. 이러한 점은 교육공학자들 대부분이 전자공학이나 컴퓨팅을 전공했고, 테크놀로지를 주요한 발동기(mover)로 간주하며, IDT 측면들을 다소 피상적으로 다루는 일본과는 대조된다. 만약 여러분이 한국의 IDT 분야에서 자격을 잘 갖추고 있다면, 여러분에게는 아주 많은 경력진로들이 열려 있다. 가능한 경력들로는 대학교들 교직원이나 강사, 한국교육학술정보원(KERIS), 한국직업능력개발원(KRIVET), 또는 한국방송통신대학교의 원격교육연구소와 같은 센터들의 연구원들, 또는 대학교 교수 · 학습센터들(CTLs), 공무원이나 한국공군을 위한 사이버훈련센터들의 교수설계자들이 포함된다.

2003년 이후, 한국 정부는 사이버대학교를 포함한 모든 대학교들에서 CTL들을 구축하는 것을 지원해 왔다. 만약 여러분이 IDT에서 석사나 박사학위를 취득한다면, 여러분은 이러한 센터들 중 하나에서 정규직을 획득할 수 있을 것이다. 여러분의 역할은 그러한 지원 시스템들이 소수 존재하는 일본과는 대조적으로 교직원과 학생들을 위한 워크숍들, 세미나들, 온라인 강좌들을 제공하며, 교직원들이 교수 · 학습 프로그램들과 정보통신공학(ICT)의 활용을 계획하고, 실행하며, 평가하는 것을 도와주는 것일 것이다. 여러분은 또한 연구와 출판을 책임지거나 그러한 활동에 참여할 수도 있다. 물론 이것은 단순히 기술자가 아닌 학문공동체의 구성원으로 인정될 때 그러하다.

학교들에서의 IDT

"교수설계"라는 용어는 인터넷이 기업훈련과 고등교육에서 잠재성을 열었던 약 10여 년 전에 통용되기 시작했다. 그러나 한국의 학교들에서 IDT는 시청각매체의 도입과 함께 1950년대에, 연구와 개발에 기초한 교육증진을 위한 체계적인 계획으로서의 "교육공학"의 개념과 함께 1960년대와 1970년대 초반에(Morgan & Chadwick, 1971), 그리고 K-12 교육에서 ICT의 통합과 함께 1980년대와 1990년대에(Mizukoshi, Kim, & Lee, 2000) 기원한다. IDT 분야에서 석 · 박사 학위를 받도록 하기 위해 1960년대와 1980년대에 젊은 교사들과 학자들을 해외에 유학시킨 한국 정책은 형식교육에서 IDT의 개념과 적용을 증진시키는 데 도움이 되었다.

교육과정과 교사훈련 프로그램들에서 ICT와 이러닝을 도입함으로써, 점점 더 많은 한국 교사들은 IDT의 원리들을 ICT의 능력에 연계시킴으로써 더 높은 수준의 학습자 만족도, 참여, 수행을 달성할 수 있다는 생각을 받아들여 왔다. UNESCO 방콕사무소(2003)가 말한 바와 같이, 한국은 국가적인 이러닝 정책들과 계획들을 수립해 왔으며, 그러한 것들을 실행할 수 있는 적절한 예산들을 제공해 왔다. 교육과정은 이러닝을 가장 효과적으로 행할 수 있도록 수정되어 왔다. 컴퓨터와 인터넷 연결은 일반적이며, 교실에서의 학생 대 컴퓨터 비율은 낮다. 만약 여러분이 교장, 부서장, 또는 교사라면, 여러분은 계속해서 ICT기술들뿐만 아니라 이러닝 개발, 온라인 협력, IDT, 지식공동체 구축분야에서 훈련을 받을 것으로 기대된다. 교사로서 여러분은 기술적, 교육적 지식과 ICT기술들을 매 3년마다 갱신할 것으로 기대된다. 구체적인 수행 지표들은 이러한 분야들에서의 여러분의 역량들을 모니터링하기 위해 사용되며, 여러분은 가르치는 교과목이나 연령집단이 무엇이든 교실활동들 중 최소한 10%가 ICT기반임을 보장해야 한다(Latchem & Jung, 2009). 현직훈련은 주로 온라인으로 제공되며, 이러한 수단들을 통하여 지식과 기술들을 습득하고 갱신하는 것은 여러분에게 이러닝과 혼합학습(blended learning)을 통해 정말로 학습되어야 할 것에 관한 매우 좋은 아이디어를 제공해 준다.

정책조사 및 연구기관들에서의 IDT

만약 여러분이 국가수준의 정책조사, 연구, 평가, 모범사례 조사, 교육에 있어서의 새로운 최첨단 테크놀로지들의 잠재성, 또는 훈련자를 훈련시키는 프로그램들과 같은 분야들에 관심이 있다면, 여러분은 K-12, 교사훈련과 고등교육분야들에서의 이러닝을 위한 자극, 계획, 인프라구조, 자원들과 인센티브들을 제공하는 것이 법으로 의무화되어 있는 기관인 KERIS에 고용될 수 있을 것이다. 여러분은 또한 기업 분야에서 이러닝을 평가 · 감사하는 KRIVET나 연구기반 교육정책들을 개발하는 한국교육개발원(KEDI)에서 일할 수도 있을 것이다. 이러한 모든 기관들은 석사나 박사학위를 가지고 있는 IDT 전공자들을 잘 활용하고 있다.

IDT에서의 연구와 실제 간의 격차 해소

IDT는 한국의 교육과 훈련에서 수용되고 전문화된 분야라고 볼 수 있지만, 여러분은 학문공동체에 관한 한 IDT 자체가 하나의 전문분야 또는 학문으로 간주되는 데에는 상당히 오랜 시간이 걸렸음을 쉽게 알 수 있을 것이다. 여러분은 또한 IDT에 관한 서구적인 개념들과 한국 문화에서의 교사, 강의, 면대면 접촉, 시험에 대한 오랫동안 간직되어 온 존경 간에 약간의 충돌이 있을 수 있음을 알 것이다. 여러분은 여전히 강의자들, 교사들, 학부모들과 심지어 기업분야에서 교수는 교사들이나 내용전문가들에 의한 강의들을 통해 가장 잘 전달된다고 믿는 사람들을 발견할 수 있을 것이다. 이것이 Lim, Leem, Jung(2003), Jang 등(2003), 그리고 Lim(2007)이 보고한 바와 같이 대부분의 기업 이러닝이 일방향적인 정보 교과서나 주문형 비디오 강의의 형태를 취하고, 상호작용, 문제해결, 또는 고차적 사고의 기회를 거의 제공하지 않는 이유다. 여러분은 또한 한국방송통신대학교와 같은 기관들에 의해 제공되는 소위 "이러닝 프로그램들"을 검토할 때, 스트리밍 비디오, 방송, 또는 CD들이 비디오 강의의 형태로 되어 있다는 것을 알게 될 것이다. 학생들은 보다 비인간적인 인터넷이나 CD기반 텍스트보다 교사나 내용전문가에 의해 녹화된 면대면 의사소통을 더 선호하는 것으로 밝혀졌다. 이것은 그들이 강의자들이 어떻게 생겼는가를 볼 수 있고, 자신들이 강의들을 이해하고, 시험을 볼 준비가 되었다고 느낄 때까지 그 녹화물들을 재생해 볼 수 있기 때문일 수 있다(Latchem & Jung, 2009; Y. Im, 2009년 7월 14일, 이메일 인터뷰). 그것은 또한 맥락, 비언어적 의사소통, 그리고 이야기하는 사람의 상태 모두가 한국어 의사소통에서는 중요하며, 물론 이러한 것들은 여전히 비디오 녹화물들 속에서 제공되기 때문에 학생들에게 중요하다. 마찬가지로, 여러분은 학생들은 논의할 준비가 덜 되어 있고 비디오강의들의 내용에 동의하지 않는다는 것을 알게 될 것이다. 이것은 실패하지 않는 학습자들의 측면에서 볼 때 정상적인 불안 때문이지만, 또한 한국 사회는 전통적으로 서방 사회들보다 훨씬 더 많은 위계가 있었고, 그 결과 교과서, 교사, 그리고 노인들을 존중하고 도전하지 않기 때문이다.

불행하게도, 한국 교육공학자들은 교수에서 그러한 문화적 차이들에 대해 주요한 연구 관심을 두지 않았다. 한국 교육공학자들은 IDT에서 세계적이거나 보다 일반화 가능한 연구와 개발을 수행하는 방법들에 더 많은 관심을 갖고 있는 반면, 일본 교육공학자들은 IDT에서 일본의 독창적인 방법을 찾는다. Lim과 Yeon(2009)은 1994년과 2006년 사이에 「한국교육공학회지」에 발간된 IDT이론들에 관한 논문들 중 단지 15%가 맥락구체적인(context-specific) 개발연구에 초점을 둔 반면, 나머지 85%는 일반적인 IDT이론들과 모형들을 논의하였음을 발견하였다. IDT의 잠재성이 한국교육과 훈련에서 완전히 실현되려면, 다양한 문화적 상황들을 고려한 더 많은 연구들이 필요하다. 서방국가들, 특히 미국에서 도출된 IDT이론들과 모형들에 대한 지나친 의존은 한국이 IDT 분야에서 세계지식 네트워크에 더 많이 기여하는 것을 저해할 수도 있다. Sinlarat(2007, p.166)이 언급한 바와 같이, IDT에서 한국이 세계의 IDT 문헌에 기여할 수 있는 엄청난 지혜와 경험을 인정하는 "생산적인 문화(producing culture)"를 개발할 시점인 것 같다.

결론

이 장에서, 우리는 일본과 한국에서 IDT를 실행하는 데 있어 흥분되는 확장과 고무적인 경향들을 보아왔다. 상황들이 장소마다 매우 차이가 나지만—이 장에서 논의된 환경들 간에도 그러한 것처럼—, 우리는 IDT의 잠재성을 달성하기 위해서 교육과 훈련기관들 및 정부가 분명한 비전, 전략적인 계획, 의무, 실행 역량이 필요하다는 것을 발견하였다. 마찬가지로, 문화를 고려하고, 교육자들과 훈련자들을 훈련하고 지원하며, IDT를 교육과 훈련에 적용하는 데 있어 기술결정론(techno-determinism)을 피하는 것이 중요하다.

핵심 원리 요약

1. IDT는 이제 일본과 한국에서 교육과 훈련 실제들에 통합된 부분으로 인식된다. 이러닝 개발은 양 국가에서 교육과 훈련에 IDT원리들을 적용하는 것을 가속화시켜 왔다.
2. 비록 일본과 한국이 많은 공통점들을 가지고 있지만, IDT는 IDT 전문가들을 지원하고 교사들이 IDT 지식과 기술들을 갖추도록 하기 위한 정부정책으로 인해 일본에서보다 한국에서 훨씬 더 확고하게 통합되고 전문화되었다.

3. 한국 학자들은 IDT에서 세계적이거나 보다 일반화 가능한 연구와 개발을 수행하는 방법들에 더 많은 관심을 갖고 있는 반면, 일본 학자들은 IDT에서 일본의 독창적인 방법을 찾는다. IDT의 잠재성이 아시아의 교육과 훈련에서 완전히 실현되려면, 다양한 문화적 상황들을 고려한 더 많은 연구가 필요하다.

응용 문제

1. 여러분이 서부유럽이나 북미출신의 ID 관리자라고 생각해 보라. 일본이나 한국에서 실행될 교수자료들을 만드는 데 있어 고려해야 할 중요한 문화적인 요인들을 찾기 위해 인터넷과 도서관을 활용하라. 이러한 요인들에 관한 문화적 민감도를 평가하는 척도를 준비하라.
2. 이 장에서 논의된 일본과 한국의 사례들을 고려해 보라. 양국의 사례들(일본과 한국)로부터뿐만 아니라 여러분 자신의 국가에서의 자신의 경험을 사용하여 비슷하거나 대조되는 것을 나타내는 표를 준비하라. 여러분의 표를 준거점으로 사용하는 이야기에서, 이러한 유사점들과 차이점들이 IDT 전문가들이 이러한 환경들에서 자신들의 업무 역할을 수행하는 방식에 어떠한 영향을 미치는지를 논의하라.

저자 정보

Katsuaki Suzuki는 일본 구마모토대학교의 교수체제대학원(Graduate School of lnstructional Systems) 학과장 겸 교수다.

Insung Jung은 일본 국제기독교대학교의 교육 · 매체 · 사회학과(Education, Media and Society) 학과장 겸 교수다.

참고 문헌

Advanced Learning Infrastructures Consortium.(2001). *E-learning Whitebook 2001/2002*. Tokyo, Advanced Learning Infrastructures Consortium(ALIC).

Akahori, K., Horiguchi, H., Suzuki, K., & Nambu, M.(2001). Development and evaluation of Web-based in-service training systems for improving ICT leadership of schoolteachers. *Journal of Universal Computer Science, 7*(3), 211-225.

Bonk, C. J.(2004). The perfect e-storm: Emerging technology, enormous demand, enhanced pedagogy and erased budgets. *The Observatory on Borderless Higher Education*. Retrieved December 10, 2009, from http://www.publicationshare.com/part2.pdf

Hannum, W. H., & Briggs, L. J(1982). How does instructional systems design differ from traditional instruction? *Educational Technology, 22*(1), 9-14.

Jang, I., Jang, S. J., Seo, Y. K, Lee, K. S., & Leem, J. H.(2003). *A monitoring report of cyber universitie.* Korea Education Research and Information Service, Seoul, Korea.

Latchem, C., & Jung, I. S.(2009). *Distance and blended learning in Asia.* New York and London: Routledge.

Latchem, C., Jung, I. S., Aoki, K., & Ozkul, A. E.(2008). The tortoise and the hare enigma in e-transformation in Japanese and Korean higher education. *British Journal of Educational Technology, 39*(4), 610-630.

Lee, W. W., & Owens, D. L.(2000). *Multimedia-based instructional design: Computer-based training, web-based training, and distance learning.* San Francisco: Jossey-Bass/Pfeiffer.

Leem, J. H., & Lim, C.(2007). The current status of e-learning and strategies to enhance educational competitiveness in Korean higher education. *The International Review of Research in Open and Distance Learning, 8*(1). Retrieved December 10, 2009, from http://www.irrodl.org/index.php/irrodl/article/view/380/763

Lewis, C. C.(2002). *Lesson study: A handbook of teacher-led instructional change.* Research for Better Schools.

Lim, C.(2007). The current status and future prospects of corporate e-learning in Korea. *The International Review of Research in Open and Distance Learning, 8*(1). Retrieved December 7, 2009, from http://www.irrodl.org/index.php/irrodl/article/view/376/761

Lim, B., Leem, J. H., & Jung, I. S.(2003). Current status of cyber education in Korean higher education and quality control: The year of 2002. *Korean Journal of Educational Research, 41*(3), 541-569.

Lim, C., & Yeon, E.(2009). Review of current studies in instructional design theory in Korea: Major trends and future directions. *Asia Pacific Education. Review, 10*(3), 357-364.

Mizukoshi, T., Kim, Y. S., & Lee, J. Y.(2000). Instructional technology in Asia: Focus on Japan and Korea. *Educational Technology Research and Development, 48*(1), 101-112.

Morgan, R. M., & Chadwick, C.(1971). *Systems analysis for educational change: The Republic of Korea,* Tallahassee: Learning Systems Institute, Florida State University.

Nonaka, I.(1994). A dynamic theory of organizational knowledge creation. *Organization Science, 5*(1), 14-37.

Sinlarat, P.(2007). *Reglobalizing Thai higher education: The path for future*(pp. 159-167). Paper presented at the 8th International Conference on Education Research, October 23-25 2007, Seoul National University, Seoul, Korea.

UNESCO Bangkok.(2003). Retrieved July 15, 2009, from http://www2.unescobkk.org/education/ict/v2/info.asp?id=11012

Vogel, E. F.(1980). *Japan as number one.* Tokyo: Tuttle.

제25장

유럽에서의 교수설계

Phil Green (Optimum Learning Ltd.)

이 장에서 나는 유럽에서의 ID에 대해 기술할 것이다. "오래된 나라들(old countries)"은 단지 조금만 여행해도 사람과 커다란 관심을 갖게 하는 땅덩어리로 빽빽하게 들어차 있다. 유럽은 사회적, 정치적, 경제적인 도전에 직면해 있으며, 문화들을 동화하기 위한 시도들은 종종 대단히 성공적이지만, 흔히 실패로 끝난다.

훌륭한 교수(instruction)에 대한 요구가 있지만, 유럽에 있는 모든 사람들이 설계를 동일한 관점에서 보지 않으며, 전통적인 방법들에 대한 강력한 반발이 있다.

상업용 제품공급업자들은 "낡은 형식으로는 다스릴 수 없는 새로운 사고방식(old wine in new bottles)"을 제공하며, "무지한 창작(ignorant reinvention)"을 지향하는 경향이 있다. 몇몇 사람들은 마술먼지(magic dust)를 추구하지만, 무기력해져 버리는 경향이 있다. 많은 수월성과 혁신 사례들이 있지만, 훈련과 표준의 결여는 ID의 신뢰성을 손상시키는 기술 격차를 초래해 왔다. 이러닝은 기초를 다지고 있지만, 여전히 그것의 매력과 유용성을 줄이는 오래된 규정과 연계될 수 있다. 다양한 형태를 가진 온라인 학습은 수행목적들을 재편성해야 한다.

변화하고 있는 요구, 이론 및 의견의 혼합물

선사시대부터 인간은 서로 접촉할 수 있는 기울어진 엄지손가락과 집게손가락을 가지고 있다는 것이 얼마나 도움이 되는지를 알았다. 인간들은 자신의 환경에서 이 독특한 장점을 이용해서 사물의 형상을 만들기 위한 도구들을 발명하고 사용해 왔다. 그들은 다른 사람들에게 조언들과 비결들을 전수했다. 그 결과, 모든 사람에게 더 편리한 삶을 제공하고 자신이 얼마나 현명한지를 뽐내고자 하는 욕구에 의해 동기화된 훈련산업이 생겨났다. 훈련자들은 그 이후 이러한 두 가지 주요한 동기들을 분리해 왔다.

인간은 언어를 개발했다. 그래서 모든 인간들은 역사의 교훈들을 공유할 수 있다. 예술은 역사들을 전하고 규칙들을 형식화하는 데 도움이 되었다. 언어들과 이미지들을 통해, 인간은 다른 사람들에게 자신이 행해왔던 것을 알려서 그들이 그것을 하도록 도와주거나 피할 수 있도록 해준다! 이러한 과정은 교육이라고 알려지게 되었다. 만약 훈련이 일들을 수행하는 방법에 대한 것이라면, 교육은 인간이 무엇이며 사회는 어떻게 작동하는지에 관한 폭로다. 교육은 인간이 살아가는 문화와 규칙을 전수하고, 받으며, 진보시키는 기본적인 기술들(읽고 쓰는 능력, 기본 계산능력, 의사소통 등)을 제공한다. "사람(homo)"이 복잡한 사회를 조직할 정도로 충분히 "지혜롭게(sapiens)" 될 때까지 몇 천 년이 걸렸다. 다른 곳에서처럼 유럽에서도 다양한 동인들(drivers)이 학습을 제공하기 위한 필요를 유발했다. 농장과 공장, 교회와 공동체, 읍과 국가는 사회적 · 정치적 통제, 박애, 동포애를 위한 요구를 만족시켰다. 산업혁명도 한 역할을 수행했다. 즉, 전쟁과 군국주의는 훈련을 위한 활력소였다. 참호에서 전투를 하던 농토나 공장들에서 일을 하던 시민들은 동일한 수준의 합의에 빠르고, 신뢰로우며, 효율적으로 도달할 필요가 있었다. 교수는 승인된 수업방법들을 통해 표준 "교육과정(curriculum)"을 제공하는 "대가들"에 의해 행해졌다. 전체시스템은 과제를 수행할 사람들을 훈련시키기 전에 당면 과제를 분석할 것으로 예측되었다. 과제들 자체는 "교묘하게 계획되고", 과정들은 정의되어 어떤 것을 "자기방식대로" 행하는 사람의 위험은 줄어든다. 교수 · 학습이 체계화됨에 따라 새로운 이론들, 실제들, 과정들이 나타났다. 동기가 한 역할을 했으며, 분명히 몇몇 사람들은 다른 사람들보다 더 빨리 학습했다. 처음에는 선택권을 거의 가지고 있지 않았을 수 있지만, 분명히 몇몇 사람들은 어떤 방식들, 그리고 다른 사람들은 다른 방식들로 배우기를 선호했다. 아마도 그것은 "프로그램 학습"의 개발을 초래했던 많은 프로그램들에 도달하기 위한 요구 및 학습자뿐만 아니라 두 가지가 충돌하곤 하는 학습과 환경의 본질에 대해 세심한 주의를 쏟아야 한다는 요구와 함께, 지속성과 선택을 위한 노력이었다.

842마일 – 유럽은 한 곳이 아니다. 그것은 여러 곳이다

역사수업은 끝났다! 지리로 이동해 보자. 2009년에 세계에서 가장 긴 골프코스가 개방되었다. 그 코스는 호주 남쪽에서 서쪽까지 842마일의 황폐한 오지를 포함한다. 여러분은 이 홀(hole)에서 저 홀로 이동하기 위해서는 버기(buggy) 이상의 것을 필요로 할 것이다. 새두나

(Ceduna)에서 칼룰리(Kalgoorlie)까지의 물웅덩이 홀마다 매번 기분 좋은 인사말인 "좋은 날 되십시오(G' Day)[1]" 라고 말하면 누군가는 확실히 이해할 것이다. 842마일! 여러분이 미국의 엘파소(El Paso)에 있다고 해보자. 시속 3마일로 하루에 8시간을 걸어보라. 여러분은 35일 이내에 포트 아서(Port Arthur)에 도착할 것이다. 만약 내가 여러분이라면, 나는 몇 가지 주식을 준비해 갈 것이다!

이제 여러분은 11월 21일에 맥도날드 레스토랑 바깥쪽에 있는 런던의 화이트홀(Whitehall)에 있다고 해보자. 동일한 842마일을 걸어보자. 여러분은 발이 젖겠지만, 상관없다. 우리는 맥도날드가 호주의 린츠(Linz)시에서 크리스마스날에 가게를 열 거라고 가정하면서 랜드스트라스(Landstra β e)에서 "점심식사(mittagessen)" 를 하기 위해 만날 수 있다. 호주에서부터 842마일을 여행하면, 여러분은 12개 이상의 독립 주들을 경유하게 될 것이다. 엘파소에서 출발한 경우, 여러분은 쉽게 텍사스주 내에서 머무를 수 있다. 호주의 경우, 여러분은 결코 골프코스를 벗어나지 못할 것이다! 그리고 한마디로 유럽에서는 학습과 수행지원을 설계하는 데 있어 도전이 있다.

유럽은 다인종적, 다민족적, 다문화적, 다언어적이다

다인종적, 다민족적, 다문화적, 다언어적인 유럽은 2009년 세계인구[2]의 12%인 5억 명의 시민들이 거주한다. 만약 이것이 여러분이 생각했던 것보다 더 많은 것 같다면, 최고절정기에는 네 명의 세계인 중 한 명이 여기에서 살았다고 말할 수 있다. 21세기의 유럽은 27개의 유럽연합 구성원들을 포함한다. 가장 빠르게 성장하고 있는 국가들은 터키(Turkey), 알바니아(Albania), 아일랜드(Ireland)다. 유럽은 또한 비즈니스가 개방되어 있다. 파리(Paris)는 세계에서 가장 커다란 회사들 중 27개 회사들을 유치하고 있으며, 두 번째가 도쿄(Tokyo), 뉴욕이 그 다음이다. 런던(London)은 네 번째로, 23개의 포춘 글로벌 500(Fortune Global 500) 회사들을 유치하고 있다. 독일의 뮌헨(Munich)과 뒤셀도르프(Dusseldorf)의 두 도시들 사이에 7개의 회사들이 유치되어 있다. 마드리드(Madrid)와 취리히(Zurich)에는 각각 7개, 로마(Rome)에는 5개의 회사들이 유치되어 있다.[3]

런던과 린츠시 사이에서, 여러분이 "하이(Hi, 안녕)" 라고 인사말을 건네면 사람들은 "빌커먼(wilkommen)", "비앵브뉘(bienvenue)", "웰컴(welcome)" 이라고 답할 것이다. 유럽집행위원회(European Commission)[4]는 23개의 공용어를 인정하지만, 거대한 도시들에서는

---

1) [역주] 회화에서만 사용되는 호주의 유명한 인사말로, Good day의 줄임형.

2) UN에 따르면, 8억 3,040만 명(http://esa.un.org/mipp/ 참조)

3) http://money.cnn.com/magazines/fortune/global500/ 2006/cities/.

4) http://ec.europa.eu/educationllanguages!languages-of- europe/index_en.htm.

말 그대로 수백 개의 언어들이 사용된다. 여러분은 영어가 가장 흔히 사용될 것이라고 가정할지 모르지만, 그렇지 않다. 다섯 명의 유럽인들 중 거의 한 명(19%)이 독일어를 제1언어로 사용한다. 러시아는 국민이 1억 4,200만 명이지만 EU에 가입하지 않아, 프랑스가 가장 거대한 영토를 차지하고 있다. 유럽인들 중 13%가 프랑스어를 사용한다. 영어(12%)는 유럽에서 기원한 언어 리스트에서 단지 세 번째에 불과하다. 런던 소재 학교들에 다니는 아동들을 조사해 본 결과, 29%가 영어를 모국어로 사용하지 않는 것으로 밝혀졌다. 영어 다음으로 가장 두드러진 언어들은 아시아계 이민자들의 언어들과, 다음으로 중동, 터키, 아프리카와 카리브해 국가들에서 태어난 부모들이 사용하는 언어들이었다.[5] 영국에서 공식문서들은 일상적으로 24개의 국제어들로 번역된다. 영국의 수도에서, 여러분은 300개 이상의 다른 구어들을 들을 수 있을 것이다. 경제적인 편의성을 위해서, 그리고 외교적, 군사적인 역사의 결과로서, 영어는 유럽의 공용어로 채택되어 왔으며, 유럽 사람들 중 50%가 그것을 제2외국어로 사용한다. 예를 들어, 네슬레(Nestlé) 또는 미국과 호주와 같이 영어를 사용하는 대국들을 포함하여 전 세계 국가들에서 거의 50만 명의 사람들을 고용하고 있는 지멘스(Siemens)와 같은 독일회사에서 그것이 ID 과정에 의미하는 바를 고려해 보기 위해 잠깐 휴식을 취하자. 여러분은 독일어를 사용하는가? 유럽은 심각한 사회적, 정치적, 경제적인 도전들에 직면해 있다. 유럽에 살고 있는 사람들은 더 오래 산다. 고령인구와 출산율의 감소를 합산해 보면, 그 총합은 커다란 문제가 된다. 교육, 훈련, 고용은 앞에 놓여 있는 도전들 중 단지 몇 가지에 불과하다. 그러한 압력들은 연금을 포함한 사회 및 복지 재원에 영향을 미친다. 평생학습은 은퇴 후 사람들에게는 매력적이지만, 70세가 넘어 일하고자 하는 사람들에게는 필수적이다.

"요람에서 무덤까지(from cradle to grave)"라는 학습의 이상은 삶의 양식이 과거와 많이 달라진 오늘날에도 여전히 유럽 전역에서 옹호되고 있다. 유럽의 대부분은 오랫동안 평화를 누려왔다. 옛날 "냉전" 시대의 동서의 분리는 지도상에서 그리고 기억으로부터 거의 사라져 버렸다. 그러나 실업은 긴 그림자를 드리우고 있다. 유럽연합(EU)에 가입하기 전에, 폴란드(Poland)와 슬로바키아(Slovakia)에서는 5명 중 1명 정도나 될 정도로 많은 사람들이 실직했다. 2009년에 영국은 여섯 가구 중 한 가구가 실직자들로 채워졌다고 보고했다.[6]

"적정규모(right-sizing)"의 경제측면에서 볼 때, 조직들에 속해 있는 사람들에게 급속하게 변화하는 상황들에 대처하도록 그들이 보다 더 능력 있고 다양한 방식으로 운영할 필요

---

5) 출처: http://www.battlebridge.com/mlc.html. Baker, P., & Evers ley, J.(Eds.).(2000). Multilingual capital. London: Battle bridge.

6) 범유럽 통계치의 출처는 http://www.eurofound. europa.eu/areas/humancapitallindex.htm이다.

가 있는 기술들을 제공하는 것은 시대를 역행하는 것이다. 학습을 위한 설계가 과거에 전략적으로 중요했다면, 그것은 분명히 미래에 정치적인 아젠다의 최상위에 도달할 것이다. 최근에, EU를 구성하는 27개 국가들 중 몇 개 국가들은 피비린내 나는 갈등을 겪거나 정치적인 스펙트럼의 반대 측면들에서 냉전 데탕트(detente)로 둘러싸였다. 기적적으로 EU는 그 구성원들에게 평화, 안전, 그리고 약간의 번영을 가져다주었으며, 공통 통화는 그들에게 쉽지 않은 경제적인 독립을 가져다주었다. 그것은 또한 폴란드와 독일, 프랑스와 영국, 스페인과 이탈리아(그리고 그 나머지)에서 태어난 사람들이 동일한 위원회실 책상에 앉고 동일한 선반들에서 나란히 일할 수 있는 상황을 초래했다. 바로 이러한 다원론은 유럽이 다른 지역들에서는 적용될 수 없는 특별한 이슈들과 기회들을 가지고 있다는 것을 의미한다.

유럽에 있는 모든 사람들이 교수설계를 동일한 관점에서 보는 것은 아니다

이 장을 준비하는 데 있어, 나는 유럽 여러 지역의 컨설턴트들, 교수설계자들, 관리자들, 논평자들을 인터뷰했다. 몇몇은 동료들이며, 몇몇은 고객들이고, 몇몇은 동료도, 고객도 아니었다. 각각은 확고한 견해를 가지고 있었지만, 혼합된 그림이 나타났다. 나는 교수설계자들이 유럽에서 무엇을 하는지; 일을 얼마나 잘 하는지; 어떤 어려운 점을 발견했는지; 어떠한 신념들과 이론들이 자신들의 실제들을 형성하는지; 자신들이 어떻게 선택되고, 안내되며, 훈련되었는지; 자신들이 끌어안아야 할 것과 피해야 할 것은 무엇인지; 자신들이 재직하고 있는 기관들에 어떠한 가치를 더했는지를 물었다. 이 마지막 질문은 가장 논란이 되었다. 많은 사람들은 교수설계자들은 엔지니어링과 소프트웨어 개발 세계로부터 차용된 시대에 뒤떨어지고 관료주의적인 "폭포수모형들(waterfall models)"[7]을 엄격하게 고수함으로써 조직들을 퇴보시킨다고 믿는다. 이러닝을 강력하게 옹호하는 사람들은 "애자일(agile)" 개발접근법에 관해 말한다. 그들은 분석가/설계자가 당초 계획했던 목표들을 최대한 근접하게 달성했다고 느낄 때까지 잠재적인 해결책을 지속적으로 실현하기 위해 함께 일하는 의뢰인들, 고객들, 그 외 이해관계자들과 함께 도출한 자문적(consultative)이고 순환적인 과정을 기술한다. "분석으로 인해 마비가 온다(paralysis through analysis)"[8]는 진부한 말이 있지만, 잘못된 유형의 분석이 적용된 경우를 제외하고 이러한 현상에 관한 어떠한 좋은 예들을 찾기 어렵다.

---

7) [역주] 순차적인 소프트웨어 개발 과정으로, 개발의 흐름이 마치 폭포수처럼 지속적으로 아래로 향하는 것처럼 보이는 데서 이름이 붙여짐(출처: http://ko.wikipedia.org/wiki/%ED%8F%AD%ED%8F%AC%EC%88%98_%EB%AA%A8%EB%8D%B8).

8) [역주] 무엇을 분석한다고 옴짝달싹 움직이지도 못하게 한 채 오랜 시간을 소비함으로써 종국에는 마비증상이 오는 것을 의미함.

ADDIE의 영향과 쇠퇴

미국에서처럼, 유럽에서 교육과정(curriculum) 설계는 20세기 초에 발간된 펜실베이니아주의 한 사람[9]의 연구로부터 많은 영향을 받아왔다. 50여 년 동안, "행동주의(behaviorism)"는 노동자들의 업무, 교수, 지원을 설계하는 기본원리였다. 그것은 또한 학교들의 교육과정에 상당한 영향을 미쳐왔다.

ADDIE 또는 비슷한 모형이 건강과 안전규칙들을 준수하는 것이 필수적인 산업체들에서 널리 실행되었다. 그러나 훈련은 가장 최근에 유행하는 이론을 지지하여 오래된 것을 내던져 버리는 습성을 가지고 있다. 테크놀로지적으로 증진된 학습은 만병통치약으로 간주되지만, 일방적인 특성을 가지고 있다. 그것은 매개되고, 독립적이며, 집단적이고, 개인적인 경험들의 혼합으로 적절하게 간주되지 않았다. 교수체제설계는 지식과 일 자체의 특성이 지속적이고 급격하게 변화하는 세계에서 장애물이라고 비난받고 있다.

어떤 "마술먼지"도 없다

"마술먼지(magic dust)" 해결책들에 대한 영원히 변치 않는 탐구가 있다. 색다르게 들리는 방법들이 발견되고, 피상적으로 점검되며, 새로운 "최상의 방법(best way)"으로 거론된다. 나는 그 예로 기능성 게임(serious games), 학습스타일, 가속학습(accelerated learning), 혼합학습, 비형식 학습을 열거할 수 있다. 주요 옹호자들은 그것들을 일하는 방식이라기보다는 진언(mantra)으로 받아들여 왔고, 그것들을 더 이상 유용하지 않거나 실제로 유해한 지점까지 희석시켜 왔다. 진단에 대해 강력하게 반박했던 사람들은 유럽 사람들을 결혼과 행동주의를 오래된 지혜로 간주하며 현대인들에게는 더 이상 적절하지도 않다는 쪽으로 몰고 갈 수도 있다! 수행기반 학습은 달성하기 불가능할 것이다. 사실, 모든 형태의 매개된(mediated) 학습과 형식학습은 너무 비대하고, 너무 느리며, 너무 비싸서 거부될 수도 있다.

방관자들은 학습과 개발에서 모든 것은 새롭고 일시적이라고 믿을 수도 있다. 혼합학습은 현재 몇 년 동안 유행해 왔으며, 몇몇 이러닝 제공자들은 혼합학습을 자신들이 고안한 것이라고 주장하고 있다. 이러한 "무지한 창작" 현상은 인간수행공학, 비형식 학습, 기능성 게임, 시뮬레이션과 함께 발생해 왔다.

모듈학습(modular learning), 개별화학습, 프로그램 학습은 컴퓨터가 개발되기를 기다리지 말았어야 했다. 1920년대에 Helen Parkhurst의 "달톤계획(Dalton Plan)"은 개별 아동을 아동의 특별한 적성과 능력에 따라 교육하고자 했다. 가르치고 테스트하기 위해 컴퓨터를

---

9) 당연히 B. F Skinner(1904~1990)를 지칭한다.

사용하는 것은 21세기에 가능했지만, Sidney Pressey의 교수기계(teaching machine)는 1920년대까지 거슬러 올라간다. 경험적, 정의적, 학습자중심 학습은 컴퓨터시대로부터 나온 것이 아니었다. 그것들은 위대한 미국의 사상가인 John Dewey와 이탈리아의 Maria Montessori와 같은 위대한 인간주의 교육자들, 스위스의 Jean Piaget, 프랑스의 Alfred Binet, 러시아의 Vygotski와 같은 인지심리학자들, 그리고 Immanuel Kant, 오스트리아 사람인 Sigmund Freud, 스위스의 정신병학자인 Carl Jung과 같은 독일 철학자들과 심리학자들에 의해 영감을 받은 유럽 전통들 덕분에 이미 있었다.

J. S. Bruner의 연구는 전후의 수업, 특히 영국 학교들에 상당한 영향을 미쳤다. 만약 어떤 학습을 너무 빨리 또는 너무 늦게 도입한다면, 그것은 시간과 노력을 낭비하는 것이라는 믿음이 있었다. Bruner는 여러분이 기본적인 아이디어들을 학습자가 완전한 개념을 형성할 때까지 지속적으로 강화시켜 주는 한 누구에게나 언제든지 가르칠 수 있다는 신념으로 이것에 도전했다. 그의 "나선형 교육과정(spiral curriculum)"은 직관적 통찰과 창의적 사고를 학습에서 매우 중요시해야 한다고 주장한다. 이러한 생각은 21세기 학습자의 특성인 위키(wikis)와 마인드매핑(mindmapping)과 같은 하이퍼링크와 네트워킹 도구들의 사용을 자연스럽게 유도한다. 그것은 연계적인 링크들의 구성을 지원한다; 그것은 세부사항들이 시간이 경과함에 따라 수정되고 확장될 수 있는 "거시적인(big picture)" 사고를 하도록 독려한다; 그것은 교육과정이 "처음부터 적절(right first time)"하거나 "천편일률적인(one size fits all)" 것을 요구하지도 않는다. 21세기의 자기주도적 학습자는 순전히 호기심과 관심이 있어 어떤 주제를 면밀히 조사하기 위해 웹 검색 도구들을 사용할 것이다. 형식적 교육과정에서, 성공에 대한 인센티브는 점수나 자격증, 또는 숙달을 즐기거나 시범 보일 수 있는 기회와 같은 약간의 외적 보상이나 인정이다. 그러나 Bruner가 남긴 강력한 유산 중 하나는 "발견학습"인데, 그것은 새로운 아이디어, 사실, 연합은 "사고(thinking)"라고 알려진 과정을 통해 현재 또는 과거의 지식으로부터 나온다는 것이다. 애석하게도, 이러한 반성적인 자기몰두(self-absorption)의 대부분이 속도를 엄격성보다 더 필수적인 것으로 여기는 현대의 수업 시스템에서 부인되었다.

온라인 학습은 흔히 빈약하게 설계되고 관리된다. 그것은 ID의 엄격성을 거의 드러내지 않는다. 비동시적인 온라인 학습 방식의 경우, 강좌를 브랜드화한 단지 몇 개의 무작위 텍스트들만이 있을 것이다. 실시간 온라인 모임은 직접 가야 하는 물리적 수고를 덜어주지만, 항상 명확한 아젠다, 유능한 리더십, 또는 기뻐하는 모습이나 감정을 가지고 있지는 않다. 그들은 시간을 낭비하고, 참석자들을 분개하게 하며, 동의되고, 유의미하며, 공유된 행동들을 도출해 내지 못한다. 가상수업과 웨비나(webinars)는 교실로부터 "사람 잡는 파워포인트(death by PowerPoint)"를 빼앗아 그것을 지루한 온라인 강의들로 전송한다. 유능한 교수설계자는 조직적인 목적들에 부합하게 교수를 설정하면서, 학습자의 요구들과 선호도들을 충족시킨다.

"온라인먼트(onlignment)"는 온라인 활동을 학습자의 욕구들 및 비즈니스의 목표들과 동기화하는 것을 기술하기 위한 신조어다. 거리(distances)와 차이(differences)는 학습자들에게 더 나은 온라인 경험을 제공하기 위한 요구를 창출해 왔다. 그래서 교수설계자들은 새로운 기술들과 방법들이 필요하다.

유럽은 좋은 ID가 필요하다.

내가 인터뷰했던 모든 사람들은 융통성 있는 교육과정을 구축하기 위한 절실한 요구가 있다는 데 동의했다. 개인들은 직업적인 기술들이 필요하지만, 또한 급변하는 사회에서 인간으로 성장할 필요가 있다.

우리가 현재 구축하는 도구들과 자료들은 이 방대한 대륙의 정치적, 이데올로기적 구조를 지지한다. 조직들에서, 그것들은 직장에서 관찰 가능하고 측정 가능한 성취를 이룰 수 있도록 도와줄 것이다. 그것들은 구조화되고 계획화될 것이다. 그것들은 형식적, 비형식적 환경들 양자에서 자기개발과 사회적, 협력적인 학습의 요구를 충족시켜 주어야 한다. 학습 도구들과 자료들을 풍부하게 선택할 수 있어야 한다는 요구가 최고조에 달하고 있다. 온라인으로 연결된 디지털 세계에서, 거리와 차이는 더 쉽게 관리될 수 있다. 너무 늦기 전에 이러한 엄청난 도전을 극복하기 위해 교수설계자들이 비전, 확신, 권위, 지식 또는 기술들을 소유할 것이라는 것은 결코 확실하지 않다.

"유치증(infantilism)"에 대한 경향

유치증과 "무기력하게 만드는(dumbing down)" 것 또한 문제다. Michael Bywater는 저서 『커다란 아기들(Big Babies)』[10]에서 우리는 "우리 문화가 점점 더 천진난만해질수록 2,500년의 서양문명을 조금씩 내던져 버리게" 될 것이라고 주장했다. 나는 유럽 사람의 관점에서 볼 때 그가 핵심을 찌르고 있음을 확실하게 알 수 있다. 트윗(tweet)으로 가득 찬 하루하루를 보내면서, 우리는 빠른 오류수정에 점점 더 사로잡히고 있다. 우리는 복잡한 것을 받아들이지 않고, 정교한 것을 거부하며, 집중하는 것을 몹시 싫어한다. 유럽은 금붕어 정도의 집중력[11]밖에 가지고 있지 않은 청중들에게 제공하는 대중매체들을 통해 주입되는, 소화하기

---

10) Nick Carr의 도발적인 "Google이 우리를 바보로 만들고 있는가?(Is Google Making Us Stupid?)" http://www .the-atlantic.com/doc/200807/google와 Michael Bywater의 책 『커다란 아기들 또는 우리는 왜 단지 성장할 수 없는가?(Big babies or Why can' t we just grow up?)』, http://www.amazon.co.uk/BigBabies- Cant-Just-Grow/dp/1862078831는 요점을 매우 설득력 있게 만든다.

11) [역주] 대략 9초 정도라고 함.

쉽도록 조리된 가치 없는 생각으로 넘쳐난다. 신문뉴스에 실리는 것은 A급 연애인의 최근 생활 또는 죽음에 관한 우울한 소문이다. 심지어 우리가 물을 마시는 병들은 젖꼭지가 달린 아기 젖병들과 점점 더 유사한 모양으로 변화했다. 우리는 손상으로부터 보호되고, 생명이나 사고(thinking)의 위험으로부터 막아주는 탈지면으로 감싸여 있다. 학습은 안전하게 에워싸인 템플릿들 내에 담겨 있어서 소비자에게 빠르게 건네진다. 학습패키지들은 빠르고(rapid) 포장되어 있을 수 있다. 그것들은 심지어 리드미컬하게 이야기될(rapped) 수도 있지만, 학습자가 몰두하지 않은 것은 확실하다. 만약 유치증으로 빠져드는 것이 더 잘 알지도 못하거나 상업적인 이기심에 의해 동기화된 교수설계자들의 실제에 의해서 가속화된다면, 하느님께서 유치증에 빠져들지 않도록 우리를 도와주실 것이다.

유럽에서 교수설계는 기술과 신뢰성 간의 격차에 직면해 있다

유럽의 교수설계자들은 다양한 배경을 가지고 있다—여기에는 어떠한 공통되는 경력이나 개발 경로도 없다. 실천가들이 전문적으로 훈련받는 것은 드물다. 몇몇(소수)은 가르치는 데 능력이 있지만 대단한 존경을 받지는 못한다. 실제로, 교육적인 능력은 일반적으로 MBA 형태로 경영대학을 나오지 않는 한 비즈니스 세계에서는 거의 적합하지 않은 것으로 간주된다. 대부분의 훈련자들과 훈련설계자들은 업무의 어떤 측면에서 우수한 수행자인 것으로 여겨져 훈련자로 임명된 경영적인 배경을 가지고 있다. 많은 경우, 이러한 그들의 역할은 계속적인 경영 책무들을 수행해야 하기 때문에, 훈련설계에서의 그들의 역할은 파트타임이며 자원들을 충분히 활용하지 못한다.

몇몇 사람들은 분석이 미숙하게 행해지거나 아주 회피되어 버리지는 않을까 걱정한다. 분석은 대단히 잘못 이해되었다. 몇몇 사람들은 한 가지 이상의 것을 분석해 보는 것은 힘들다는 것을 알아냈다. 교수설계자들이 TNA[12]에 관해 이야기할 때, 최종결과는 "T", 즉 어떤 종류의 훈련임에 틀림없다는 확실한 표시가 있다.

그 최종 결과는 신뢰성(credibility)의 차이이며, 차이가 있는 곳에서 누군가는 연결고리를 찾는다. 유럽에서 연결고리는 빠른 이러닝이다. 소프트웨어 시스템 개발자들은 학술적인 이론과 현장기반 연구에 앞서 지혜의 원천이 되어 왔다. 학습을 위한 설계의 과정의 수수께끼를 풀기 위한 일련의 과정들과 도구들이 등장했다. 학습과 동기의 심리학은 퇴장되었으며, 성공의 척도는 매력적인 학습 콘텐츠를 요구하는 지점에까지 얼마나 신속하고 효율적으로 전달될 수 있는가이다. 속도, 효율성, 매력성은 더할 나위 없는 목적들일 수 있지만, 몇몇 사람들은 그러한 것들이 학습의 적합성과 일치, 측정 가능한 수행 산출물들에 대한 그것의

12) [역주] training needs analysis(훈련요구분석)의 약자

기여에 앞서 중시되는 것에 우려를 표한다. 학습이론은 대부분 쉽게 이해되고 매혹적으로 접근 가능한 척도들과 측정과 분류들을 제공하는 원리들로 축소되었다. 예를 들어, 수업유형과 학생의 선호도들은 그것들이 Kolb와 Honey 및 Mumford와 같은 연구자들의 연구로부터 도출된 "학습유형 검사지(learning style inventories)"를 통해 쉽게 측정 가능한 것으로 나타난 이후 훈련설계자들의 정신(psyche)세계에 포함되었다. Gagné의 연구는 널리 인정을 받았으며, Malcolm Knowles(성인교육학), John Keller(ARCS모형), Howard Gardner(다중지능)의 연구 또한 그러했다. 평가는 공손하게, 그러나 항상 동시에 Kirkpatrick이라는 이름이 떠오른다. 어떠한 것, 심지어 MBTI(Myers-Briggs Type Indicator, 마이어-브릭스 유형지표)를 통한 Jung의 연구조차도 검사 후에 어떤 유형의 분류를 전달하고, 쉽게 측정할 수 있는 도구(instrument)를 이용할 수 있도록 한다는 사탕 발린 말이 될 수 있다. 의뢰인들은 또한 지연, 그들 자신의 비즈니스의 경영으로부터 분리, 또는 그들이 전략이 시작되는 테이블에 자리를 확보할 수 없었기 때문에 경향들을 제대로 인식하지 못해 신속하지만 비효과적인 해결책들을 고집하는 책임을 져야 한다.

이러닝의 지속적인 상승

내가 54년 전에 처음으로 교실에 발을 들여놓았을 때, 교사는 선택할 수 있는 도구들을 거의 가지고 있지 않았다. 24년이 지난 지금, 그 책상의 다른 쪽에서 나는 여전히 분필과 칠판, 교과서, 포스터, 연습문제집들을 사용하고 있다. 나는 레코드 플레이어와 35mm 슬라이드 프로젝터들, OHP(손으로 그린) 또는 16mm 영화 필름을 추가했을지 모른다. 만약 여러분이 복사기나 OHP를 조작할 수 있다면, 여러분은 전자명인(electronic wizard)으로 간주되었다.

컴퓨터의 시대가 왔을 때, 교육은 잠재성을 보았지만, 그 새로운 도구들을 수용하는 방법을 확신하지 못했다. 테크놀로지는 시스템분석가들과 프로그래머들의 손에 달려 있었다. 교육자들과 훈련자들은 기능이 필요하지 않은 단순한 일로 나뉘었고(deskilled) 박탈당했다고 느꼈다. UK정부는 컴퓨터기반 훈련(computer-based training: CBT)을 매우 많이 염두에 두고 교사들의 ID 기술을 개발하기 위한 계획[13)]에 재정지원을 했다. 나는 그러한 계획들이 존재하지 않는다고 확실히 말할 수는 없지만, 유럽 어디에서도 그러한 것과 비슷한 계획들은 없다고 알고 있다.

웹기반 도구들과 전자적인 보조물들이 교실에서 일상적으로 사용되는 이때에, 학습은

13) 그 계획은 "Project Author"라고 일컬어졌으며, 인력개발위원회(Manpower Service Commission: MSC)를 통해 재정지원을 받았다.

더 이상 닫힌(closed) 문들 뒤에 숨을 수 없다. 지난 5년 이상 동안, 웹을 통한 사람, 정보, 기계의 네트워킹과 George Siemens의 영향은 "연계주의(connectivism)"에 관한 많은 이야기를 초래해 왔다. 교사들은 학습자들 및 동료 교사들과 연계된다; 학습자들은 서로 연계된다; 전체 시스템은 학습 단체들(연구소나 기관일 수 있는) 안이나 외부 세계에 존재하는 정보와 학습 자극들과 연계된다. 모든 가능한 세계들 중에서 최고가 이러한 연계들이 일어나는 인프라구조와 방법을 구체화하는 전략가의 역할을 하는 숙련된 교수설계자다. 유도하는 영향력 없이 정보를 받지 못한 사람은 학습이 항상 사회적이고 협력적인 경험이라고 믿을지 모르는 위험이 있지만, 때때로 학습자와 잘 조화된 학습자료 간에, 예를 들어 책을 홀로 읽는 것 간에 연계가 있을 수 있다.

낡은 형식으로는 다스릴 수 없는 새로운 사고방식

연계주의는 한동안 우리와 함께 해왔지만, 동시에 다른 명칭들이 사용되어 왔다. 이러닝 그리고 물론 혼합학습도 마찬가지다. 내가 인터뷰했던 많은 사람들은 20세기 초반의 한 위대한 사상가의 연구를 회상할 수 있었다. 절충주의(eclecticism)의 장점들을 강조했던 때는 Edward L. Thorndike가 "최고의 교사는 책들과 적용물들(appliances)뿐만 아니라 자기 자신의 통찰력, 공감, 그리고 사람의 마음을 끄는 힘(magnetism)을 사용한다"라고 한 1912년이었다.

그리고 우리가 유럽에서 보는 설계된 교수에 관한 매우 좋은 예들의 경우, 차이를 만드는 인체공학적 사실들, 개념들, 사고들, 아이디어들과 더불어, 통찰력, 공감, 사람의 마음을 끄는 힘이 담겨 있었다. 가사를 읽고 녹음을 하는 것은 오페라에 관해 열정을 가지고 있는 누군가에게는 매우 재미있을 수 있지만, 만약 여러분이 라이브 공연에 참석하지 못한다면, 그 때 그것은 즐거움을 배가하기보다는 강요가 된다. 만약 우리가 주의하지 않으면, 우리는 영원히 대인간의 연대의 경이로움과 따스함을 잃어버릴 것이다.

2009년의 한 조사[14)]에서, 조직들 중 65% 이상에서 이러닝의 잠재적인 활용과 실행에 대한 지식이 결여되어 있으며, 55% 가까이가 그것을 실행하고 관리하기 위해 필요한 기술들이 결여되어 있다고 결론지었다. 성공적인 조직들에서, 학습과 발전은 만약 그 조직과 개인이 번영하려면 좋은 건상상태에 있기 위해 필요한 일련의 인간수행 요인들 중 하나로 간주된다. 만약 이것이 인간수행공학과 고인이 된 Tom Gilbert와 그의 계승자들의 영향처럼 들린다면, 그것은 Gilbert 때문이다. 그것은 단지 교육과정 설계와 개발 기술들이 부족하기 때

14) 2009년 2월의 성숙학습테크놀로지 벤치마킹 보고서(Towards Maturity Learning Technologies Benchmark Report)에 대하여 좀 더 알고 싶으면 http://www.towardsmaturity.org/article/2009 /0l/28/driving-business-benefits-towards-maturity-researc/를 보라.

문만은 아니다; 그것은 또한 전체시스템이 임원진에서부터 운영자, HR, 그리고 모든 수준에 있는 노동자들에 이르기까지 적용하기 위해서 매우 열심히 찾고 있는 내부의 비즈니스 상담과 수행 엔지니어링(performance engineering)의 기술들이다.

잘 구축된 자원들은 채택과 실행 절차들이 부적절하면 실패할 수 있다. 훈련은 때때로, 마치 계량기에 의한 것처럼, 물량으로 공급된다. 조직들이 수행이나 학습을 추적하는 것이 아니라 참여와 출석을 측정하기 위해, 그리고 시험 결과들을 처리하기 위해 학습자 관리 시스템을 사용하는 것은 일반적이다. 이것은 "경리담당자들(bean counters)" 에게는 적합할 수 있지만, 시험들이 부적절하고 빈약하게 설계되어 있으면, 학습과 개발은 시기가 힘들어질 때 그 힘듦을 먼저 느낄 것이다. 전이의 증거, 그리고 검사 신뢰도와 타당도의 개념들은 유럽의 학부들에서는 잘 인식되고 있지만, 기업학습이 설계되어 있는 많은 곳들에서는 전혀 그렇지 않다. 거기에는 상업적인 공급업자들뿐만 아니라 사내 팀들도 포함된다. 교수설계자들과 관리자들은 준거지향학습(criterion-referenced learning)에 관하여 들어보았겠지만, 효과적인 목표들을 구성하기 위해 함께 일하는 것은 어렵다는 것을 알고 있다. 훈련가들은 목표들을 악마를 물리치기 위한 일종의 부적으로서 또는 자신들의 직속상사에게 환심을 사기 위한 선물로서 미신에 사로잡혀 사용한다. 그 결과는 흔히 학습패키지의 서두에서 또는 내용과는 거의 상관이 없는 목표들의 "상세한 리스트(laundry list)"가 정렬되어 있는 교실에서 처음 몇 개의 슬라이드들에서 볼 수 있으며, 학습자들에게는 어떻든 흥미가 없다. 최고의 교수설계자들은 목표들을 교수전략들과 사정들을 위한 청사진으로 솜씨 있게 사용한다. 그들은 의뢰인들에게 대조시키고 연대의 장점들에 관한 높은 수준의 진술을 알리기 위한 보조물로서 또는 학습자가 그 내용이 자신들의 요구들 및 선호도들과 일치하는지를 확인하기 위한 개괄적인 자기점검으로서 제시되는 것을 제외하고는 목표들을 제시하지 않는다.

유럽에 있는 교수설계자들의 심장과 마음

유럽은 주어 모아진 누비침대커버(quilt)다. 몇몇의 경우, 학습설계의 실제는 정보를 모으고, 그것을 인체공학적으로 분류하고 순서 지으며, 그런 다음 혼합된 단어들, 이미지들, 활동들 속에 새로운 구조를 제공하는 것이다. 이것은 목표들의 위계구조들을 만들고, 규칙들을 작성하며, 스토리보드들을 시각화하는 것을 수반한다.

다른 사람들은 학습과 수행문제들을 조사하며, 해결책들을 만드는 데 강조점을 둔다. 이것은 관리자들에게 권고들과 함께 비훈련적인(non-training) 이슈들을 제기한다. 학습 장애물들을 이해하고 있는 교수설계자들은 사용성 또는 신뢰의 문제들을 극복하기 위한 대조적인 요소 속에 그래픽, 소리, 텍스트들을 사용하는 학습환경들을 조성한다. 그들은 목적에 대한 타당성을 증진하기 위해서 개발자들의 통제되지 않는 창의성과 재간을 허용하지 않는다. 그들은 템플릿화된 시스템들과 재사용 가능한 객체들의 비융통성을 극복하기 위해 창의적인 전략들을 고안한다.

나는 여러분에게 다음과 같은 Edward L. Thorndike의 말들을 권한다. "만약 기계적인 재간의 기적으로 인해 1페이지에서 지시받았던 것을 행했던 사람에게만 2페이지를 볼 수 있게 하고, 2페이지에서 지시받았던 것을 행했던 사람에게만 3페이지를 볼 수 있게 하는 식으로 어떤 책을 정렬할 수 있다면, 현재 개별교수(personal instruction)를 필요로 하는 많은 것들이 인쇄물에 의해 달성될 수 있다." 그는 그 말을 1차 세계대전 전에 썼다. 만약 그가 약간만 더 최근까지 살았더라면, 그는 위의 말에 "또는 화면"이라는 말을 추가했을 것이다.

Beatles 바로 전 시기인 40년 후, Norman Crowder는 내재적 프로그램(intrinsic programming)을 소개했다. 그것은 여전히 교수설계자가 컴퓨터가 제공할 수 있는 장점들을 제대로 인식하지 못했던 전자적인 페이지 넘기기(page-turning)의 가장 나쁜 예들 중 하나다. 기본 전제는 논리적으로 옳다. 학습 프로그램에서 다음에 제시되는 것은 학습자가 이전 연습에서 무엇을 했는가에 따라 달라진다. IBM PC는 20년 뒤에 나왔으며, Crowder는 텍스트를 사용했다. 여러분은 텍스트를 약간 읽고, 그런 다음 다지선다형 질문에 답했다. 여러분의 응답은 여러분이 다음에 어느 페이지를 볼 것인지를 결정했다. 이것은 학습자를 프로파일하고 수업지점들(teaching points)로부터 위계를 만든 ID에 따라 달랐다.

특정 학습자의 진도(progress)에 적합한 경로들을 구획하기는 쉽지 않지만, 콘텐츠 저작 및 관리시스템들이 설치된 컴퓨터들이 그러한 것을 효과적으로 할 수 있도록 해주었다.

내가 인터뷰했던 몇 사람들은 유럽에 있는 교수설계자들은 ISD모형들을 충실하게 고수한 반면, 다른 곳의 교수설계자들은 그렇게 하지 않았다고 확신했다. 대부분은 교수설계자들이 해야 할 것을 기술할 수 있지만, 상업적인 제약들 또는 방해가 된 의뢰기관들의 문화와 운영에 대해 이야기했다.

월마트의 경험: 전 세계에서 가장 거대한 소매점의 경고적인 이야기

전 세계에서 가장 거대하고 가장 성공적인 미국계 회사인 한 소매점은 전 세계에 180만 명의 고용인들과 유럽 전역에 많은 회사들을 두고 있다. 2006년에, 그 회사는 거의 10여 년을 노력한 후에 독일에서 사업을 그만두겠다고 발표했다. 누구나 월마트(Wal-Mart)의 저렴한 가격, 엄격한 주식 관리, 엄청나게 다양한 상품들에 저항할 수 있을 것이라는 것은 믿을 수 없어 보였다. 그러나 독일은 자체의 토착 할인체인들을 가지고 있어서 쇼핑하는 사람들은 자신들의 의리(loyalties)를 바꾸는 것을 거부했다.

통찰해 볼 때, 월마트의 외국 회사들을 "미국화하려고(Americanize)" 시도한 것은 잘못이었다. 월마트가 판매원들이 고객들에게 미소 짓기를 요구하는 정책을 철회했을 때, 그 추세를 완강히 저항하기에는 아마도 이미 너무 늦었을 것이다. 독일이나 영국에서 정력이 넘치는 남성은 모르는 여성으로부터의 미소에 대해 특별한 해석을 할 수 있었다. 더욱이, 많은 사람들이 여전히 최악의 집단 히스테리의 결과들에 관한 생생한 기억들을 가지고 있는 나라에서 매일 일과를 시작할 때 직원들에게 월마트의 호칭기도(litany)를 부르도록 요구하는 것은 매우 불편한 숨겨진 감정들을 갖도록 했음에 틀림없다.

"사람들은 이러한 것들이 이상하다는 것을 알았었다; 독일사람들은 정말로 그러한 방식으로 행동하지 않는다"라고 독일에 있는 300만 명의 노동자들을 대변하는 베리디(Verdi) 노동조합의 간사가 말했다.[15] 물론 ID는 비난받지 않았지만, 이와 같이 문화적인 차이들이 있는 노동자들을 지원하는 것은 정치노선을 따르거나 연필 끝을 빨면서 성스러운 영감을 기다리는 것보다 훨씬 더 많은 것을 수반한다.

유럽의 ID모형은 다른 많은 양상들(facets)을 가지고 있다. 그것은 전 세계 기관들에서 근무하고 있는 노동자들에게 직무학습을 제공한다. 그것은 노동자들의 80%가 중소규모 기업체들에서 종사하는 후기산업화시대에서 기업들의 네트워크를 유지시켜 준다. 디지털 세계는 우리에게 여기, 지금, 이 수평 평방마일의 공간에서 학습을 탐색할 수 있는 새로운 매체를 제공해 준다. 테크놀로지는 엄청나게 다양한 문화, 사회적, 인종적, 종교적 다양성, 경제적 압력들, 독특한 정치 및 입법 시스템들, 대조되는 철학, 신념들과 가치들을 함께 끌어들일 수 있고, 오늘날의 경제공동체 구성원들 중 상당수가 서로 전쟁을 했던 20세기의 역사를 뒤로 남겨놓을 수 있다. "사람들은 이러한 것들이 이상하다는 것을 알았었다; 독일 사람들은 정말로 그러한 방식으로 행동하지 않는다"는 비평은 유럽 내에서 교수전략들과 자료들을 설계하는 모든 사람들의 감각과 감성에 충격적인 경험으로 받아들여질 수 있다.

15) http://www.nytimes.com/2006/08/02/business/world business/02walmart.html?ex=1312171200&en=e05e99bb093724c5&ei=5090&partner=rssuserland&emc=rss.

핵심 원리 요약

1. **유럽은 훌륭한 교수설계를 필요로 한다.** 유럽은 다인종적, 다민족적, 다문화적, 다언어적이다. 유럽은 사회적, 정치적, 경제적인 도전들에 직면해 있다. 효과적인 ID가 도와줄 수 있다. 조밀한 인구와 혼합된 문화들은 학습을 증진하고 분배하기 위해 테크놀로지를 사용하는 것을 지지한다.
2. **전통적인 접근방법들에 맞서는 강력한 반격이 있다.** ID는 변화하는 요구들과 이론들에 대응해 왔다. 모든 사람들이 ID를 동일한 관점에서 보지 않는다. ADDIE는 비융통적인 것으로 일컬어져 왔으며, 그래서 몇몇 사람들은 보다 더 "신속하고" 순환적인 접근방법들을 선호한다.
3. **유럽에서의 교수설계는 기술들과 신뢰성의 차이에 직면해 있다.** 유치증과 무기력해지는 경향이 있다. 어떠한 "마술먼지(magic dust)"도 없다. 이러닝의 급격한 상업적인 성공은 학습해결전략들이 외국 언어들로 음역(transliteration)하는 능력을 가지고 있는 신속한 개발도구를 가지고 있는 한 누구나 그러한 전략들을 개발할 수 있다는 미신을 널리 퍼뜨려 왔다. 이러한 태도는 명확한 표준들과 자격부여를 실행함으로써 ID를 전문적으로 다루고자 하는 계획을 방해한다.
4. **이러닝은 기초를 다지고 있지만, 여전히 옛날의 규정들과 연계되어 있다.** 여전히 교사와 학생의 설교적인 모형을 강력하게 강조한다. 독습과 비형식적 학습은 널리 지원을 받지 못하고 있다. 효과적인 동시적이고 협동적인 온라인 학습을 만드는 것은 교수설계자들의 일로 보지 않는다.
5. **빠른 오류수정과 "이달의 맛(flavor of the month)" 전략들은 작동하지 않는다.** 공급자들은 "낡은 형식으로는 다스릴 수 없는 새로운 사고방식"을 제공하고 있다. 잘 고안된 ID는 학습자, 학습, 그리고 그것이 어떻게 적용될 것인지뿐만 아니라 학습이 수행되고 적용되는 물류적, 조직적, 문화적인 제약들을 고려한다.

응용 문제

1. 여러분 자신을 수송 및 물류와 관련해 안전이 매우 중요한 조직에게 맞춤형 이러닝을 상업적으로 제공하는 사람이라고 가정해 보라. 그 조직은 주요 언어가 영어, 독일어, 프랑스어, 폴란드어, 독일어, 스페인어, 이탈리아어인 16개의 분리된 유럽 국가들을 대표한다. 요구는 강력한 규제기관들의 외부 감사를 받는 다양한 주제들에 관한 연간 의무적인 훈련과 평가를 제공하는 것이다. 철도선로 옆 안전은 단지 그러한 주제들 중 하나다. 여러분의 의뢰인은 예산이 걱정스러울 정도로 적다고 암시해 왔으며, 그 요구는 84,000명의 노동자들을 위한 다음 평가가 단지 12주밖에 남아 있지 않아서 긴급하다. 여러분은 다시 상품화하고 용도를 변경하기 쉬운 약간의 사무실 보건과 안전에 관한 콘텐츠를 입수했으며, 여러분이 사내에서 개발했던 굉장한 속성 조작도구를 가지고 있다. 내일은 연휴의 첫 날이다. 여러분은 신속하고 쉬운 위험 평가를 해야 한다. 여러분은 그 프로젝트를 떠맡겠는가? 여러분은 무엇이 가장 큰 도전이라고 보는가? 여러분은 그 도전들을 어떻게 해결하겠는가? 여러분은 어떤 종류의 해결책을 제공하겠는가? 여러분은 고객에게 어떤 과정을

기술하겠는가? 여러분은 그렇게 다양한 배경의 사람들을 대상으로 지역화(localization)를 어떻게 달성하겠는가? 만약 여러분의 결정이 도와주는 것을 방해하는 것이라면, 그때 여러분은 이해관계자들에게 어떻게 정당화를 하겠는가?

2. 교수설계자들은 자신들의 역할을 단지 지식과 기술을 구축하는 사람이라기보다는 높은 수행을 하는 엔지니어들로 보는 것이 어렵다는 것을 알 것이다. 그래서 여기에 어떤 숙련된 수행 컨설턴트의 창의성을 테스트하는 해결책들을 필요로 하는 두 가지 시나리오들이 있다. 교수설계자들로서 여러분은 보기에 훈련과 관계없는 문제들을 어떻게 다루겠는가?
   a. 바쁜 사무실에서 전화벨이 울리지만 많은 전화들이 있고 어느 전화가 울리는지 쉽게 알 수 없다.
   b. 차에서 나는 소음 때문에 차 소유주가 힘들어했다. 그 소음은 가끔씩 나며, 그것을 해결할 조건들을 예측하기 어렵다. 차를 수리하러 갔지만 수리공들은 그 소음을 듣지 못했고 그 문제를 진단할 수 없다. 모든 사람들이 안심할 수 있도록 하기 위하여 차 소유주는 그 소음을 설명하고 흉내 내려고 노력했다. 서비스 접수자는 그 문제를 처리해야 한다. 행운이 있기를!

저자 정보

Phil Green은 온라인 학습에 전문성을 가지고 있는 UK기반 컨설턴트 회사인 ㈜ 온라인먼트(Onlignment Ltd.)의 공동 창업자다.

제26장

교수설계 직책에 취직하기: 개인사로부터의 교훈

Robert A. Reiser (Florida State University)

이 장의 목적은 내가 ID 분야에서 처음 직책(position)을 구하고자 할 때 배웠던 몇 가지 교훈들을 기술하는 것이다. 이러한 교훈들을 기술함으로써, 나는 ID 관련 직책에 취업하고자 하는 이들에게 유용한 정보를 제공할 수 있기 바란다.

나는 ID라는 틀을 염두에 두고 있기 때문에, '전통적인(traditional)' ID 실제들의 확고한 신봉자들을 만족시킬 수 있도록 이 장의 목적을 다시 설명해 보기로 한다(구성주의자들을 위한 부연 설명: 불쾌감을 느낄 수 있으므로 이하의 내용은 읽지 마시오). 이 장의 목표들은 다음과 같다. 이 장을 읽은 독자들은

a. 아래에 기술된 교훈들을 적용하기 위해 선택할 수 있다.
b. ID 분야에서 희망하는 직장에 취업할 수 있다.

내가 배웠던 교훈들을 기술하기에 앞서, 내가 그러한 교훈들을 배울 수 있었던 조건들에 대해 간략하게 설명하고자 한다. 첫째, 내가 교훈들을 얻게 된 것은 ID가 태동하기 전, 정확히 1975년으로 되돌아간다. 많은 사람들이 흔히 말하듯이, '시대가 그 당시에는 달랐다' 고 할 수 있지만, 그 시대에 모든 것이 다른 것은 아니었다! 둘째, 내가 이러한 교훈들을 배웠을 당시에, 나는 학교에서 교직원 자리를 찾고 있었다. 비록 교훈들 중 몇 가지는 주로 유사한 직책을 찾고 있는 사람들에게 적용될 수 있지만, 대부분의 교훈은 직책에 상관없이 여러분이 얻고자 하는 교수설계직에 적용될 수 있으리라 믿는다. 셋째, 대부분의 교훈들은 여러분이 찾고 있는 ID 직책의 유형과 상관없이 적용된다. 셋째, 나는 박사과정 중에 있을 때 이러

한 교훈들 중 대부분을 배웠다. 내가 기술할 교훈들 중 몇 가지는 박사과정 학생들을 위한 것이지만, 그 중 대부분은 우리 분야에서 직책을 구하는 데 관심이 있는 누구에게나 도움이 될 수 있으리라 생각한다.

내 교훈들의 외적 타당도에 대해 여러분이 가졌을지도 모르는 어떤 우려들을 능숙하게 처리한 만큼, 이제 여러분을 과거의 흥미진진한 시절로 인도하고자 한다. 다시 미천한 대학원생이 되어 한 걸음 한 걸음 나아가보자!

여행이 시작되다

1970년대 전반에, 흔히 사용되는 표현을 빌리자면 '어두운 터널의 끝에 서광이 비쳤고', 1975년 1월에 내게도 마침내 그 빛이 보이기 시작했다. 나는 몇 달 후면 아리조나주립대학교(Arizona State University)의 ID 박사과정을 졸업할 가능성이 상당히 높다는 것을 알았다. 그 시점에서, 나는 졸업 후 진로를 알아보기로 결정했다. 그래서 나의 구직 검색이 시작되었다.

검색 동안 내가 가장 처음 접한 구직 정보는 내 박사과정 프로그램에 있는 교수들에 의해 유지되고 갱신되는 직업책(job book)이었다. 그 책을 보며 나는 당시 유행하던 노래를 떠올렸다. "이게 전부란 말인가?" 말할 것도 없이, 그 직업책에 실린 학계에서의 교수 직책 수는 내가 예상했던 것보다 상당히 적었다. 따라서 나는 구직을 위한 다른 정보원을 찾아보기로 결정했다. 이것이 나의 첫 번째 교훈이다.

교훈 1: 교수설계 직책을 공고히 해주는 광범위한 출처들을 사용하라[1)]

IDT 분야의 대부분의 전문가단체들의 웹사이트들은 해당 직종에서의 최신 직업공모 정보를 포함하고 있다. trendsandissues.org에서 내가 추천한 사이트들로는 미국교육공학회(AECT), 미국훈련개발학회(ASTD), 국제수행증진학회(ISPI)가 포함된다. 이러한 전문가단체들 각각과 우리 분야에 있는 많은 다른 전문가단체들은 또한 해당 단체의 연례 학술대회에서 몇 가지 유형의 취업 알선을 지원하기 위한 활동들을 제공한다. 최소한, 그러한 지원은 연례 학술대회에서 채용공고 및 이력서를 게시하며, 잠재적인 고용인들이 학술대회 기간 중에 또는 추후에 일자리를 구하는 사람들을 접촉하고 인터뷰할 수 있는 수단을 제공해 준다.

IDT 분야의 최신 취업정보를 제공해 주는, 여러분이 방문할 수 있는 수많은 다른 웹사이트들이 있다. 이러한 것들로는 careerbuilder.com과 Monster.com이 포함된다. 이들 사이트들

---

1) 이 장과 관련된 인터넷 자료들은 http://trendsandissues.org에서 이용 가능하다.

에 들어갈 때 교수설계(instructional design), 교수공학(instructional technology), 또는 수행증진(performance improvement)과 같은 용어들을 사용하라. 더 나아가, 우리 분야의 많은 학위 프로그램들은 최신 취업정보를 제공하는 웹사이트들을 가지고 있다. 예를 들어, 인디애나대학교(Indiana University)에 의해 유지되는 사이트를 보라. 위에 열거된 출처들 외에도, 인쇄물과 온라인으로 이용 가능한 「Chronicle of Higher Education」이라는 주간지의 직업섹션은 고등교육에서의 직업 공고에 대한 뛰어난 정보원이다.

불행하게도, 내가 직책을 찾고 있을 때, 위에서 열거된 출처들 중 대부분은 이용할 수 없었다. 그 당시로 돌아가 보면, 인터넷이 없었다. 그러나 여러분이 들었을지도 모르는 몇 가지 소문들과는 달리, 내가 직업을 찾고 있었던 그 당시에는 인쇄기가 실제로 발명되었었다! 따라서 나는 다양한 학술지에 열거되고 학술대회에 게시된 채용공고를 살펴볼 수 있었다. 내가 이러한 직업 공고들을 통해 자리를 구할 때, 나는 몇 가지 교훈들을 배웠다.

교훈 2: 대부분의 교수설계 직책은 비즈니스 및 기업체에 있다

비록 이 교훈은 1975년 당시 나에게는 약간 놀라운 것이었지만, 오늘날에는 어느 누구에게도 놀라운 것이 아니다. 실제로, IDT 분야에서 **방대한** 대다수의 직책들은 비즈니스와 기업체에 있다.

나는 학계에서 일자리를 찾고 있었던 만큼, 나는 교훈 2에 약간 낙담했다. 그러나 이 교훈은 다음의 교훈보다 나를 낙담시키지는 않았다.

교훈 3: (또한 '교수들의 탄식'으로도 알려져 있음). 대부분의 고연봉 교수설계 직책은 비즈니스 및 기업체에 있다

이 교훈은 오늘날에도 사실이다. 내가 가르치는[플로리다주립대학교(Florida State University)] ID 프로그램 석사과정 졸업생들 대부분은 7~10년 동안 교수들로 봉직해 온 박사학위를 가지고 있는 교수들보다 고연봉인 비즈니스와 기업체들에서 자신들의 경력을 시작한다! 비즈니스와 기업체에서 일하는 교수설계가들의 평균 연봉은 매년 Training Magazine의 10월호를 통해 알 수 있다.

교훈 4: 비즈니스가 어떻게 작동하는지 배워라

교훈 2와 3에 비추어, 여러분은 비즈니스와 기업체 관련 직장을 가져야겠다고 결심할지 모른다. 만약 그렇다면, 비즈니스 및 기업들이 어떻게 움직이는지를 분명히 알아둘 필요가 있다. 플로리다주립대학교에서 많은 학생들은 경영대학에서 제공하는 조직개발(Organizational Development)과 같은 대학원 수준의 비즈니스 및 경영강좌를 통해 이러한 지식을 습득해 왔다. 여러분의 대학에도 여러분이 장차 일하게 될 기업환경에 대한 이해를 증진시켜 줄 유사한 과목들이 개설되어 있을 것이다.

교훈 5: 강력한 일련의 교수매체 제작기술을 습득하라

나는 채용 공고 목록을 살펴보면서 대부분의 고용주들이 일정 수준의 매체제작 기술을 갖춘 교수설계자들을 찾고 있음을 알게 되었다. 오늘날, 이러한 상황은 훨씬 더 두드러진다. 여러 해 동안, 교수를 전달하기 위해 빈번하게 사용된 매체는 바뀌어 왔지만(슬라이드 테이프 프레젠테이션이 더 이상 요구되지 않는다는 것이 정말로 사실인가?), 조직들은 여전히 특히 이러닝과 상호작용 멀티미디어와 같은 분야들에서 강력한 일련의 매체 제작기술을 가지고 있는 교수설계자들을 고용하고자 노력하고 있다. 우리 분야의 대부분의 프로그램들은 교수매체의 제작에 초점을 둔 다양한 강좌들을 제공하고 있다. 나의 조언은 그러한 강좌들 중 몇 가지를 수강하라는 것이다.

불행하게도, 내가 대학원생이었을 때, 나는 많은 매체 제작 강좌들을 수강하지 않았는데, 이로 인해 후에 내가 지원했던 직책들 중 몇 가지가 고려되었을 때 그 분야의 기술 결여가 나에게 불리하게 작용했다고 생각한다. 그러나 내가 아리조나대학교(Arizona State University)에 재학하고 대학원 조교로 일하며 얻은 ID 기술과 경험은 몇몇 면접요청을 받는 데 도움이 되었다. 이것이 다음 교훈이다.

교훈 6: 강력한 설계(및 분석) 기술을 습득하라

나는 교훈 5와 6이 밀접하게 관련되어 있다고 믿는다. 비록 매체 제작기술이 취업하는 데 도움이 되기는 하지만, 나는 학습목적 및 목표를 기술할 수 있는 것으로부터 형성평가를 실시하고 수집된 자료에 기초하여 교수(instruction)를 수정하는 모든 과정들에 이르기까지 강력한 일련의 설계 기술들을 갖는 것이 필수적이라고 믿는다. 더 나아가, 최근 수행증진, 특히 전단분석이 강조되면서, 요구사정, 직무분석, 교수분석 분야들의 기술을 포함한, 강력한 일련의 분석기술을 갖는 것 또한 중요하다고 믿는다. 분석에 관하여 말하자면, 만약 여러분이 가지고 있는(혹은 가지고 있지 않은) 기술들에 관한 여러분의 분석이 여러분으로 하여금 여러분이 자격을 갖추게 될 직책의 유형에 대한 우려를 초래한다면, 안심하기 바란다. 여러분은 감당해 낼 수 있을 것이다. 그리고 여러분은 앞의 말의 끝부분을 완전히 글자 그대로 해낼 수 있을 것이다. 내가 일자리를 찾고 있을 때의 경우처럼, 많은 채용 공고들이 ID 프로젝트를 관리할 수 있는 기술들을 요구하고 있었다. 여기에 다음 교훈이 있다.

교훈 7: 약간의 행정관리 기술을 습득하라

많은 ID 프로그램 졸업생들은 취업한 후 얼마 안 되어 몇 가지 유형의 관리자 역할을 떠맡게 되는 것으로 나타났다. 우리 분야의 여러 학위과정들은 이 분야와 관련한 강좌들 혹은 경험들을 제공하고 있으며, 나는 ID 프로젝트 및 인사와 관련된 행정에 있어서의 약간의 기술들과 경험을 습득하는 것이 여러분에게 대단히 유리하다고 믿는다.

교훈 8: 강력한 의사소통기술을 개발하라

효과적인 교수설계자 또는 관리자가 되기 위해서, 여러분은 다른 사람들과 분명하게 의사소통할 수 있어야 한다. 여러분은 생각을 문서와 구두 의사소통을 통해 분명하게 표현할 필요가 있다. 더 나아가, 여러분은 훌륭한 청취자가 될 필요가 있다. 여러분은 교과내용 전문가들과 설계팀의 구성원들이 말하고 있는 것을 분명하게 이해할 수 있어야 한다. 때때로, 그렇게 하기 위해서, 여러분은 분명하지 않은 점들을 명확하게 할 수 있도록 해주는 질문들을 할 필요가 있다. 여러분은 또한 훌륭한 노트필기자가 될 필요가 있다. 내가 알아내고, 나의 이전 학생들 중 상당수가 인정했던 것처럼, 이러한 의사소통기술은 우리 분야에서 성공하기 위해서는 필수적이다.

물론 훌륭한 의사소통자가 되는 것은 또한 여러분이 일자리를 찾는 동안에도 중요한 기술이다. 내가 여러 직책들에 지원하기 시작했을 때, 나는 그러한 직책들 중 최소한 몇 자리의 강력한 후보자로 내가 선택되도록 했던 문의편지들을 작성하는 데 나의 작문 능력을 활용하려고 노력했다. 나는 옛날 타이프라이터(이것은 워드프로세서가 나오기 이전 시대)를 열심히 익혀서, 많은 문의편지들을 보냈다. 그리고 내가 그 타이프라이터를 완전히 익히기 전에 나는 첫 번째 답장을 받았는데, 그것은 나를 다음 교훈으로 이끈다.

교훈 9: 여러분이 지원한 첫 번째 직장에 취직하지 못하더라도 실망하지 마라

여러분이 이 교훈을 통해 알 수 있는 바와 같이, 나는 지원한 첫 번째 직장에 취직하지 못했다. 불행하게도, 똑같은 일이 여러분에게도 일어날 수 있다. 따라서 그러한 일이 없도록 준비하라! 이 조언을 염두에 두면서, 내가 받았던 거절 편지를 곰곰이 생각하는 대신에, 나는 내가 써서 보낸 두 번째의 잠재적 고용주로부터의 답변을 간절히 기다렸다. 그리고 내가 이 교훈을 알기도 전에 답변이 왔다. 그 답변으로 인해 다음의 교훈이 나왔다.

교훈 10: 여러분이 지원한 두 번째 직장에 취직하지 못하더라도 실망하지 마라

나는 계속해서 많은 비슷한 교훈을 열거할 수 있었지만, 불운에 대해 곰곰이 생각하기보다 단지 여러 번 운이 없었다고 말할 수 있다. 그러나 내 운도 마침내 바뀌었으며, 내가 그 해

달라스(Dallas)에서 개최된 미국교육공학회(AECT) 연례학술대회에 참석했을 때 그러한 일이 일어났다.

AECT학술대회에서, 나는 구직서비스에 등록했으며, 몇 개의 프레젠테이션을 했고, 몇몇 대학교에 있는 교수들과 이야기를 나누었다(나의 은사들은 나를 계속해서 숨겨두려고 했었다는 사실에도 불구하고). 다시 말해서, 오늘날의 말로 하자면, 나는 높은 프로파일(profile)을 유지했다. 또한 내 인생에서 단 한 번, 내 프로파일이 제 기량을 발휘했다. 학술대회에서의 활동의 결과로, 나는 두 대학교로부터 취업면접 요청을 받았는데, 이것은 다음의 교훈을 이끌어 냈다.

교훈 11: 전문조직들[2]에서 적극적으로 활동하라

여러분이 전문조직의 활동적인 회원이 될 수 있는 많은 방법들이 있다. 여러분이 참여할 수 있는 가장 중요한 유형의 활동들 중 두 가지는 연례학술대회에서 논문을 발표하는 것과 그 단체 내의 다양한 집단들의 업무수행을 돕는 것이다. 전자를 위해, 여러분은 그 조직에 논문계획서를 제출할 필요가 있다(그러한 논문계획서들을 위한 요청들은 학회가 열리기 몇 달 전에 구성원들에게 보내진다). 후자를 위해, 그 조직 내에 있는 몇몇 부서의 장(head)을 접촉하고 도와주겠다고 자원하라! 그러한 제안을 거절하는 것은 드물다.

전문조직에 적극적으로 참여함으로써, 여러분은 새로운 기술들과 지식을 습득하고, 여러분의 기술들과 지식을 다른 사람들에게 보여주며, 여러분의 경력 전반에 걸쳐 여러분에게 도움을 줄 수 있는 동료들과의 네트워크를 구축할 수 있다. 내 개인적으로, 이러한 말들은 진부한 경구들은 아니다. 위에서 지적한 바와 같이, 내가 AECT에 처음 참여한 것은 두 가지의 취업면접 요청을 받을 수 있도록 해주었으며, 전문가로서의 삶 전반에 걸쳐 내가 그 조직에 계속적으로 참여함으로써 나의 경력은 너무 많아서 다 언급할 수 없을 정도로 다양하게 촉진되어 왔다.

비록 AECT학술대회에서의 나의 활동들은 두 대학교의 취업면접에 초대될 수 있도록 해주었지만, 또 다른 공헌 요인이 있었다. 그 학술대회에 참석했을 즈음에, 나는 수업 연구과제들을 작성해 오거나 연구 프로젝트들을 위해 공동 저술해 온 몇 가지 논문들을 게재했다. 나는 "게재하거나(publish) 죽거나(perish)" 세계에서 일자리를 구하고 있었기 때문에, 나의 출판기록은 주목을 끌었다. 따라서 그것이 나의 다음 교훈이다.

---

2) 여러분이 적극적으로 참여하기를 원할 수도 있는 단체들 리스트를 보려면, 이 책의 후반부에 있는 Klein, Rushby, Su의 장(章)을 참고하라.

교훈 12: 게재하라, 그리고 연연해하지 마라

사전에 따르면, 연연하다(cherish)는 "무엇인가에 애정을 가지고 매달리는 것"을 의미한다. 여러분이 수업 혹은 프로젝트를 위해 작성해 온 논문이나 보고서에 연연해하는(아니면 던져버리는 것) 대신에, 나의 충고는 그 논문이나 보고서들을 게재하기 위해 학술지에 투고하라는 것이다.

여러분의 논문을 어느 학술지에 투고해야 할 것인가? 이 책의 후반부에 있는 Klein 등의 장(章)은 우리 분야에서 게재 가능한 다양한 간행물의 목록을 제공한다. 이 게재물들에서 볼 수 있는 논문들의 유형들을 검토하고, 가장 적합하다고 생각되는 학술지에 여러분의 논문을 투고하라. 나는 내가 피력한 것을 실천하는 데 강한 신념을 가지고 있기 때문에, 나는 그 목록에 열거된 학술지들 중 상당수의 학술지들에 논문들을 투고해 왔다는 것을 밝혀두고 싶다. 그러나 내가 '게재(publish in)' 라는 단어 대신 '투고(submitted to)' 라는 단어를 사용했다는 것을 주목하라. 드문(그렇게까지 드물다고는 할 수 없겠지만!) 경우, 내 논문들은 게재불가 판정을 받았다. 다음 교훈은 여기에서 비롯된다.

교훈 13: 논문이 게재불가 판정을 받더라도 낙담하지 마라

비록 여러분의 논문이 기각되더라도, 여러분은 논문을 심사한 이들로부터 귀중한 피드백을 받게 될 것이다. 피드백의 내용이 여러분의 논문에서 건질 만한 내용이 있음을 시사하고 있다면, 그 피드백에 기초하여 논문을 수정하라. 그 뒤에 수정된 논문을 다른 학술지 혹은 기존의 학술지에 다시 투고하라. 여러분이 이 전략을 따른다면 언젠가는 논문을 게재할 수 있겠지만, 그때까지 몇 번의 게재불가 판정을 받게 되더라도 놀라지 마라!

게재불가와 관련하여, 내가 경험한 일이 있다. 이전의 에피소드를 계속하자면, 나는 그 당시에 두 대학교들에서 면접요청을 받은 상태였다. 면접요청을 받은 첫 번째는 톨레도대학교(University of Toledo)였다. 나는 두 가지 이유들 때문에 그 대학교의 이름을 언급한다. 첫째, 내가 거기에서 면접했다는 것을 집사람에게 말했을 때, 집사람의 유일한 반응이 "맙소사(Holy Toledo!)" 였다는 것을 지적하기 위한 것이다. 둘째, 그것은 여러분의 관심을 다음 교훈으로 돌리기 위한 것이다.

교훈 14: 전문지식 분야를 개발하라

종종 교수설계자를 고용하고자 하는 조직들은 우리 분야의 특정 영역에서 약간의 전문지식을 가지고 있는 누군가를 찾고 있다. 1970년대 중반에 톨레도대학교도 그러한 경우였다. 그 당시, 톨레도대학교 사범대학(College of Education)은 역량기반 교사교육 프로그램을 개발하고 실행하고 있는 중이었다. 나에게는 다행스럽게도, 역량기반 교수(competency-based instruction)는 내가 많은 역량들을 개발해 왔던 영역이었다! 실제로, 애리조나대학교에서 대학원생 시절에, 나는 역량기반 교수에 관한 강좌를 설계하는 데에 있어 한 교수님과 함께 연구했으며, 그 강좌를 몇 번 가르쳤다. 나는 또한 그 분야에서의 나의 연구를 기술한 학술대회 논문을 발표했으며, 궁극적으로 그 주제에 관한 인기 있는 책이 되었던(Sullivan & Higgins, 1983) 것의 초기 초안들을 작성하는 데 있어 나의 두 교수님들을 도와주었다. 따라서 대학원 과정에 있는 누구보다도 나는 역량기반 교수분야에서 상당히 많은 전문지식을 개발해 왔다. 그러한 전문지식을 확실하게 가진 것은 역량기반 프로그램을 개발하는 데 도움을 구하고 있는 대학교에서 면접에 나를 초청한 주요한 요인이었다.

여기에서 배운 교훈은 여러분이 학생일 때 전문지식의 한 영역을 개발함으로써, 여러분은 여러분이 어떤 일자리들에 지원할 때 다른 사람들보다 월등히 나은 위치에 있을 수 있는 기회들이 증가할 것이다. 물론 여러분이 개발하기로 결정한 영역이 향후 여러 해 동안 우리 분야 내에서 높은 수요가 있을 것 같은 영역이어야 한다는 것이 중요하다. 더 나아가, 여러분이 그 영역에서 여러분의 전문지식을 개발하는 동안 여러분은 여러분의 기술과 지식을 보여주는 약간의 실체적인 증거(여러분이 개발한 교수자료들, 여러분이 가르친 강좌들, 그리고 여러분이 발표한 논문들과 같은)를 산출하는 것이 중요하다. 나의 약력(vita)은 그러한 증거를 제공해 주었으며, 분명히 그 직책을 위해 톨레도대학교가 나를 면접하기로 초청한 한 가지 요인이었다. 면접 동안의 내 경험은 나를 다음 교훈으로 이끈다.

교훈 15: 고용면접을 준비할 때, 미래의 고용주에 대해 가능한 한 많은 정보를 찾아라

나는 톨레도대학교에서의 나의 면접을 아주 뚜렷하게 기억한다. 거기에서 내가 만났던 모든 사람들은 매우 친절했고, 그들 중 많은 사람들이 나와 내 연구에 매우 관심을 가졌다. 한 교수(그를 X교수라고 하자)는 특히 내가 약간의 전문지식이 있다고 공언해 왔던(비록 나는 그 영역을 기억하지 못하지만—그것을 완전학습이라고 하자) 한 영역에 관심이 있었다. 실제로, X교수 자신도 그 영역에서 약간의 연구를 해왔으며, 그래서 그는 나에게 그가 그 주제에 대해 최근에 썼던 논문을 읽어 보았는지를 물었다. 나는 그의 논문을 읽지 않았다고 했다. 그는 "그렇다면 완전학습에 관한 Jones의 뛰어난 문헌분석을 읽어 보았나요?" 라고 물었다. 이번에도 나는 그가 언급하고 있는 논문을 읽어 본 적이 없다고 대답해야 했다. 대화는 이런 식으로 계속되었고, 대화가 계속될수록 그 일자리를 얻지 못할 것이 점점 더 명확해졌다. 나의 예감은 정확하게 맞아 취업에 실패했지만, 대신 다음에서 설명할 두 가지 중요한 교훈을 얻게 되었다.

내가 좀 더 시간을 들여 톨레도대학교 교수진의 관심분야와 전문영역에 대해 조사했더라면, 나는 아마도 X교수가 나와 비슷한 관심분야를 가지고 있음을 알 수 있었을 것이다. 그랬다면 그 분야에서 그가 이제까지 해온 연구에 대해 살펴보았을 것이고, 그가 질문하기에 앞서 그의 논문을 언급하고 토론할 수 있었을 것이다. 그랬다면 내가 그에게 훨씬 좋은 인상을 남길 수 있었으리라는 사실은 자명하다.

여러분은 나의 실수를 거울삼아, 미래의 고용주들에 대해 알아볼 수 있는 시간을 투자하기 바란다. 그렇게 함으로써 면접 동안 여러분은 면접관들과 해당 조직에 대해 많은 것을 알고 있다는 것을 드러낼 수 있을 것이다. 이러한 행동들은 여러분이 면접하게 될 일자리를 얻을 수 있는 기회들을 높여줄 뿐만 아니라 그 조직에 대한 여러분의 지식을 높여줄 것이다. 그렇게 함으로써, 여러분은 거기에서 또는 여러분을 고용하기를 갈망하는 많은 다른 곳들 중 하나에서 일하기를 원하는지를 결정할 수 있다!

교훈 16: 관심분야의 문헌을 꾸준히 읽어라

나의 첫 번째 취업면접 일화에서 드러난 것처럼, 나는 내가 전문가라고 생각했던 한 분야의 문헌을 꾸준히 탐독하지 못했다. 여러분이 특별히 관심을 가지고 있는 분야의 문헌을 어떻게 읽어나갈 것인가? 이를 실천하는 좋은 방법 중 하나는 여러분의 관심 영역 분야의 학술지 몇 권을 골라 최근 2~3호를 살펴보는 것이다. 담당교수들에게 여러분이 살펴볼 만한 학술지들을 추천해 달라고 부탁하라.

여러분이 가장 관심을 가지고 있는 학술지들을 확인한 후에, 그것들 중 몇 개를 정기적으로 훑어보라(두세 달에 한 번이라면 좋겠지만, 적어도 나 자신의 기준으로 볼 때 1년에 한 번이라도 무방하다!). 오늘날에는 대부분의 학술지들이 온라인으로 이용 가능하기 때문에, 그러한 것들을 접근하기는 매우 쉽다. 여러분이 온라인으로 학술지들을 접근하여 볼 때, 각 호에 실린 논문의 제목을 살펴보고, 관심이 가는 논문이 있다면 초록을 읽어보라. 만약 여러분이 제목과 초록을 읽고도 여전히 관심이 있다면, 그 논문의 PDF를 만들고 향후 참고하기 위해 전자적으로 파일링하기를 원할 수도 있다(만약 여러분이 정말로 의욕에 넘친다면, 심지어 그것을 파일링하기 전에 해당 논문을 읽어 볼 수도 있다!).

1975년으로 거슬러 올라가 내가 파일링했었어야 했던 한 파일은 성공하지 못한 면접 경험들에 관한 것들이었다. 나는 톨레도대학교에 취직하지도 못했으며, 내가 면접했던 다음 대학교에서도 교수직을 획득하지 못했다. 얼마 후에 나는 연구개발센터에서 면접 요청을 받았지만 다시 한 번 일자리를 얻는 데 실패했다! 내가 유일한 면접자였기에 그 실패는 유독 실망스러웠다! 그러나 후에 내가 고용되지 못한 유일한 이유는 재정상의 문제 때문이었다는 말을 듣고 안심할 수 있었다(적어도 그것이 그들이 나에게 말했던 것이다!).

그 시점에서, 나는 몇 가지 조언을 받을 수 있는지를 알아보기 위해 애리조나대학교의 학과 교수님들과 이야기를 해보기로 결정했다. 조언을 해주는 대신에, 교수님들은 나에게 일자리를 주었기 때문에 이 결정은 현명한 결정인 것으로 판명되었다. 그들은 나를 그들 학과의 교수로 채용했다! 이 사건은 나에게 두 가지의 추가적인 교훈들을 준다!

교훈 17: 학과 교수들에게 여러분이 일자리를 구하고 있음을 알려라

교훈 18: (교훈 17의 선행조건) 학과 교수들에게 여러분이 일을 잘한다는 것을 보여주어라

여러분의 교수들은 여러분이 미처 몰랐던 채용 가능성에 대해 알고 있을 수 있다는 점 때문에 교훈 17은 중요하다. 그러나 그들이 여러분의 능력에 대해 확신하지 못한다면 그 자리에 여러분을 추천하거나 심지어는 여러분에게 그 자리에 대해 언급할 가능성은 희박해지기 때문에 교훈 18은 훨씬 더 중요하다. 한편, 여러분이 일을 잘한다는 것을 그들에게 입증하는 데 실패했다면, 교수들은 여러분이 좋은 일자리를 구하는 것을 도와주지 못할 가능성이 있다. 교수들로부터의 추천서들은 종종 최근의 졸업생이 특정 직업을 얻을 수 있는지 여부를 결정하는 데 있어 결정적인 요인이기 때문에, 여러분이 여전히 학생이라면 교훈 18에 세심한 주의를 기울이기를 당부한다(여러분이 교수라도 같은 말을 하지 않겠는가?).

내 교수님들이 나를 자신들의 동료들 중 한 사람으로 채용했을 때, 만약 또 다른 좋은 일자리 기회들이 생긴다면, 나는 그것을 추구할 것이라는 것을 알고 있었다. 따라서 나는 시야를 넓혀 애리조나대학교에서 습득해 왔던 지혜를 다른 기관들에 있는 다른 교수들 및 학생들과 공유할 수 있었다. 더불어, 나를 고용했던 계약금이 영원히 지속될 것을 기대할 수 없었다!

다행히, 나에게 지불하기 위해 사용되어야 할 애리조나주립대학교의 계약금이 바닥나기 전에 나는 플로리다주립대학교에서 이용 가능한 ID에 관한 채용 공고를 접하게 되었다. 불행하게도, 비록 직책은 매우 흥미로운 것처럼 들리지만, 그 채용 공고는 응시자들이 내가 어떠한 경험이나 훈련도 받아본 적이 없는 많은 분야들의 기술들을 가지고 있을 것을 기대하는 것으로 나타났다. 그럼에도 불구하고, 나는 그 직책에 지원해 보기로 결심했다. 당연히 나는 채용되었다! 이는 나의 마지막 교훈으로 이어진다.

교훈 19: (또한 '형성평가자의 충고'로 알려진 바 있는) 업무가 적합하지 않다면, 그것을 수정하라; 광고에서 요구하는 정확한 자격요건을 가지고 있지 않다 하더라도, 흥미를 끄는 업무에 지원하라

내가 이전에 언급한 바와 같이(교훈 14 참조), 때때로 우리 분야의 조직들은 특정 분야에서 전문지식을 가지고 있는 사람을 고용하고자 하며, 자신들의 채용 공고 속에 그 분야를 밝힐 가능성이 있다. 만약 여러분이 그 분야에서 전문지식을 가지고 있다면 확실히 여러분에게 장점이 되겠지만, 내 경험과 실제로 많은 사람들이 나에게 종종 비록 여러분이 채용 공고에서 요구했던 특정 기술들을 모두 가지고 있지 않더라도 직책에 응시해 볼 만한 가치가 있다고 말한다. 왜 고용인은 자신이 찾고 있는 기술들 중 몇 가지를 가지고 있지 않은 누군가를 고용하는가? 다음과 같은 두 가지 이유들이 있다. 그들은 고용주가 구하고 있는 기술들을 가지고 있는 적절한 후보자를 찾지 못할 수 있으며, 또 다른 후보자의 기술들이 동일하거나 더 매력적으로 보인다는 것을 알 수 있다. 그래서 채용 공지에서 구체적으로 기술한 일련의 기술들이 여러분이 가지고 있는 일련의 기술들에 비해 아주 동떨어지지 않는 한, 나는 여러분이 그 직책에 지원하기를 권한다. 내 경우, 플로리다주립대학교의 일자리를 제안받았을 때, 내가 채용 공고에서 그들이 강조해 왔던 기술들 중 몇 가지를 결여했다는 사실보다 더 가치 있는 몇 가지 기술 분야들에서 강점이 있었다는 사실을 들었다. 다행히, 플로리다주립대학교에서 나를 고용했던 사람들이 희망했었던 것처럼, 나는 일자리를 얻은 이후 그 기술들 중 몇 가지를 습득할 수 있었다.

이제 내가 이 장에서 기술한 교훈들을 처음 배운 이후 30여 년이 지났지만, 나는 여전히 플로리다주립대학교에 근무하고 있으며, 여전히 배우고 있다. 내가 기술한 교훈들을 따름으로써 여러분도 나처럼 즐길 수 있는 직업을 얻게 되기 바란다. 행운이 함께하기를!

핵심 원리 요약

1. 광범위한 기술들을 가지고 있으면 여러분의 고용 기회를 높일 가능성이 있다. 강력한 의사소통기술들뿐만 아니라 분석, 설계, 개발(매체개발), 실행, 평가, 관리를 포함한 ID 과정의 각 단계들과 관련된 기술들을 확실히 개발하라.
2. 여러분이 초점을 두기로 결정한 기술들이 현재 높은 수요가 있고 여러 해 동안 그렇게 유지될 가능성이 있는 기술들임을 명확히 하면서 ID 분야 내에서 전문지식 영역을 개발하라.
3. 고임금을 받는 직책들을 포함한 대부분의 ID 직책들은 비즈니스와 기업체에 있다. 만약 여러분이 그러한 환경에서 일하는 데 관심이 있다면, 비즈니스가 어떻게 작동하는지를 분명히 이해해야 한다. 한 개 이상의 비즈니스 강좌들을 수강하면 매우 도움이 될 것이다.
4. 여러분이 학생일 때 시작하면 ID 직업에서 적극적인 구성원이 될 수 있다. 전문조직들에 가입하고 그곳에서 적극적으로 활동하면(예: 조직의 일을 도와주며, 학회들에서 유인물들을 전달하고, 게재를 위해 논문을 투고하는 것), 다른 사람들이 여러분을 더 쉽게 알아볼 수 있도록 해주며, 여러분이 일자리를 찾고 경력을 증진하는 데 도움이 될 전문가 네트워크를 구축하는 데 도움이 될 것이다.
5. 일자리를 찾을 때 진취적이 되어라. 채용 공지를 게시하는 매우 다양한 출처들을 검색하고, 학과 교수들에게 조언과 지원을 구하며, 여러분의 기술들과 잘 매칭이 되지 않는 일련의 기술들을 요구하는 일자리들을 포함하여 해당 분야 내에서 매우 다양한 일자리들에 응시하는 것을 주저하지 말아라.
6. 일자리에 지원할 때(또는 학술대회를 위한 논문계획서들, 프레젠테이션, 또는 게재를 위한 논문

들을 제출할 때), 여러분은 몇 번의, 아마도 많은 기각을 받을 가능성이 있다. 이러한 기각들에 낙담하지 마라! 계속해서 시도하라! 그러면 성공할 가능성이 높다.

응용 문제

1. 여러분이 현재 우리 분야에서 일자리를 구하고 있다고 가정하라(아마도 여러분은 실제로 그러고 있을 것이다!). 이 장에서 확인된 취업 공고에 관한 출처들 중 최소한 세 가지 이상을 검토하고, 여러분의 관심을 끄는 일자리들을 기술한 최소한 여섯 가지 이상의 직책 공고를 찾아라. 이러한 일자리들을 위해 요구되는 것으로 가장 빈번하게 언급되는 구체적인 기술들을 열거하라. 여러분이 이들 각각의 기술들을 소유하고 있는 정도를 분석하고 여러분이 증진시킬 필요가 있다고 느끼는 분야에서 여러분의 능력들을 증진시키기 위해 취할 수 있는 구체적인 단계들을 열거하라.
2. 여러분이 관심을 갖고 있는 직책유형과 비슷한 직책들을 획득한 최근 졸업생들 중 최소 두 사람 이상을 인터뷰하라. 그들이 취업에 유용하였다고 느꼈던 요인들을 논의하기 위해 각 졸업생들에게 질문을 하라. 인터뷰를 받는 사람들에게 교훈들 중 어느 것이 그들의 성공적인 직업탐색 노력에 중요했던 요인들을 기술하는지를 나타내도록 질문할 때, 프롬프트(prompt)로서 이 장에 담겨 있는 교훈 리스트를 사용하라.

저자 정보

Robert A. Reiser는 플로리다주립대학교의 사범대학(College of Education) 명예수업교수(Distinguished Teaching Professor)이며, 교수설계학과 Robert M. Morgan 교수(Robert M. Morgan Professor of Instructional Systems)고, 연구부처장(Associate Dean for Research)이다.

참고 문헌

Reiser, R. A.(1987). Getting an instructional design position: Lessons from a personal history. *Journal of Instructional Development, 10*(1), 3-6.

Sullivan, H. J., & Higgins, N.(1983). *Teaching for competence.* New York: Teachers College Press.

제27장

비즈니스와 산업체에 취직하기

Gabrielle K. Gabrielli (Gabrielle Consulting, Inc.)
Robert K. Branson (Florida State University)

인력 시장은 매우 심하게 변화하고 있다. 경쟁은 이전보다 더 강력하고 종종 단 하나의 일자리에 수백 명의 사람들이 지원을 한다.[1] 여러분은 어떻게 그 경쟁에서 눈에 띄겠는가? 여러분은 조직 내에서 승진하기 위해 자신을 어떻게 거래(market)하겠는가? 여러분은 교육, 정부, 군대, 비영리 또는 기업체에서 일하는 것을 고려해야 하는가? 자영업자가 되는 것이 취업하는 것보다 더 좋은 선택인가? 아니면 수입을 보충하기 위해서 그리고 경험을 쌓기 위해서 해야 하는 무언가가 있는가? 이 장은 이러한 질문들에 답하고 여러분의 직업 탐색을 최적화하는 것을 도와줄 수 있는 실제적인 정보를 제공하는 데 그 목적이 있다.

2007년 12월에 시작된 경기침체는 고용 전망에 엄청난 영향을 끼쳤다. 2009년 10월 미국 노동부(U.S. Department of Labor)의 노동통계국(Bureau of Labor Statistics)은 1983년 이후 가장 높은 무직률인 10.2%의 정기적으로 조정되는 전국 비고용률을 보고했다. 이것은 바로 2년 전의 4.8%의 무직률보다 두 배 이상이나 되었다. 더 나아가, 젊은 사람들과 남성은 2009년 9월에 고용된 16~24세의 단지 46.1%로 고령자들과 여성보다 비고용에 의해 더 많은 영향을 받았다(Bureau of Labor Statistics, 2009). 경기침체는 시장이 얼마나 불확실하며, 일자리가 얼마나 안전할 수 없는지를 보여주었다. 미래 인력시장에 대한 긍정적인 전망에도 불구하고, 여러분의 기술들을 다양화하고 고용 변화들에 대해 준비함으로써 여러분의 경력을 "경기침체에도 끄떡없도록(recession proof)" 하는 것이 중요하다.

---

1) 이 장과 관련된 인터넷 자료들은 http://trendsandissues.org에서 이용할 수 있다.

이 장은 미국에서 일자리를 구하기 위해 응시하거나 독립적인 컨설턴트로 일하는 것을 고려하고 있는 직업추구자들(job seekers)을 도와주기 위해 설계되었다. 미국에서 국적, 출생일, 종교, 그리고 다른 개인정보를 이력서들과 직업 지원서들에 드러내는 것은 허용되지 않는다는 것을 주목해야 한다. 일반적으로 다른 나라들에서 그러한 개인정보를 포함시키는 것은 보다 더 허용된다.

고용기회를 위한 교육 지속

ID, 교수체제, 교육공학, 또는 비슷한 분야의 학위를 가지고 있으면, 다음과 같은 여섯 가지의 주요 환경들에서 고용기회를 제공한다.

1. 기업체
2. 비영리
3. 교육
4. 정부
5. 군대
6. 컨설팅

이러한 옵션들 중 어느 것에서도, 더 높은 수준의 교육은 여러분을 경쟁에서 더욱 눈에 띄게 하고, 더 커다란 기회들을 제공할 것이다. 교육에서, 상위수준의 학위를 갖는 것이 일반적이다. 비즈니스와 정부, 또는 비영리 환경의 경우, 여러분은 더 높은 수준의 교육을 받은 사람들과 경쟁을 하게 되겠지만, 학사학위를 가지고 있는 것이 더 일반적이다. 군대의 경우, 학사 학위는 징병된 군인들보다 임용된 장교로서의 기회들을 더 많이 제공한다. 컨설팅의 경우, 박사학위는 여러분에게 수십 년의 경험으로서도 얻지 못할 신뢰도를 제공할 것이다.

교육의 가치는 교육 달성도와 평균 소득 간에 직접적인 상관을 보여주는 자료에서 분명하게 드러난다(U.S. Census Bureau, 2009a). 대학 등록률은 2009년에 전대미문의 최고조에 도달했는데, 그것은 지역전문대학(community college) 등록률의 급상승(Fry, 2009)과 침체된 경제로 인해 가속화되었다. 같은 해, 18~24세의 성인들 중 39.6%가 고등교육기관에 등록했다(U.S. Census Bureau, 2009b). 여러분의 교육을 계속할 것인지를 고려할 때 경쟁을 지속적으로 염두에 두기 바란다.

경험 축적

만약 여러분이 여전히 학교에 다니고 있고 생계를 위해 하고자 하는 것이 결정되지 않았다면, 졸업하기 전에 여러분의 분야에서 경험을 축적할 수 있는 기회를 가져야 한다. 여러분이 추구하고 있는 작업 환경에서의 경험을 제공해 줄 인턴직, 시간제 일자리, 또는 보조역을 찾아보라. 만약 여러분의 일을 좋아하지 않는다면, 졸업할 때 그 일을 더 좋아하지 않을 가능성이 있다. 만약 가능하다면, 여러분의 분야에서 멘토를 찾아라. 임금을 받는 인턴직을 얻을 기회들이 있지만, 임금을 받지 못하는 인턴직도 여러분이 고용을 준비하는 것을 도와줄 수 있으며, 심지어 동일한 조직에서 유급직을 구할 수도 있다.

만약 여러분이 이미 고용되었다면, 이 장을 여러분의 경력 진로상 다음에 가야 할 곳에 초점을 맞출 수 있도록 도와주고, 기회들이 나타난 경우 여러분 자신을 준비하는 데 사용하라. 흔히 이야기되는 바와 같이, 일자리를 찾는 가장 좋은 시기는 여러분이 일자리를 가지고 있는 동안이다. IDT 분야의 경우, 고용의 모든 국면에서 기회들이 있다. 결정한 곳이 여러분에게 최상의 환경인지에 관한 통찰력을 얻으려면, 『여러분의 고용조건은 어떤 색깔인가? 2010: 구직자들과 경력변경자들을 위한 실제적인 매뉴얼(What Color is Your Parachute? 2010: A Practical Manual for Job-Hunters and Career-Changers)』(Bolles, 2010)의 "인생에서 여러분의 임무를 찾는 방법(How to Find Your Mission in Life)"이라는 장(章)을 읽어보기 바란다.

오늘날의 노동시장은 사람들이 훈련되고 종종 재훈련되며, 일자리들을 잃고 계속해서 다시 일자리들을 구하기 시작할 준비가 되어 있기를 요구한다. 결과적으로, 성공적인 경력을 갖기 위해서는 자기주도적인 평생학습자가 되는 것이 필수적이다. 시장성이 높은 사람이 되기 위한 가장 좋은 방법들 중 하나는 폭넓은 기술들을 갖는 것이다. 테크놀로지 기술들은 가장 커다란 수요들이 있는 분야들 중 하나다.

심리적 · 경제적 소득

어떠한 직업이든, 두 가지 형태의 중요한 소득이 있다. 경제적인 소득은 생활을 영위할 수 있는 자금(money)을 제공하지만, 심리적인 소득은 성장할 수 있는 영감(inspiration)을 제공한다. 여러분은 그것들의 중요성을 결정하기 위해서 여러분 자신의 목적들을 명확히 해야 한다. 현자(賢者)는 "당신은 일하기 위해서 사는가? 아니면 살기 위해서 일하는가?"라고 묻는다. 일과 생활의 균형에 관한 여러분의 관점에 상관없이, 특히 여러분의 시간들 중 아주 많은 시간을 일하는 데 소비할 때, 삶을 위해서 여러분이 하는 일을 즐기는 것이 중요하다. 여러분이 받아왔던 다양한 수업들에 대해 생각해 보라. 여러분은 어떤 수업들이 즐거웠는가? 여러분이 하기를 원하는 일을 하는 사람들에게 이야기해 보라. 그들에게 직업에 대해 그들이 좋아하는 것과 싫어하는 것에 대해 물어보라.

여러분은 사람들과 면대면으로 만나 일하는 것을 좋아하는가? 컴퓨터 앞에 앉아서 생산물들을 만들기를 좋아하는가? 사람들을 돕는 직종들에서 일하기를 열망하는가? 이러한 모든 요인들은 유익한 경력을 선택할 수 있도록 도와준다는 점에서 중요하다. 인터넷과 경력센터에서 연구를 수행함으로써, 여러분은 여러분의 전망에 관한 더 나은 아이디어를 얻을 수 있어야 한다.

궁극적으로, 여러분은 전문가로 남기를 원하는지 아니면 관리자가 되기를 원하는지를 결정할 필요가 있을 것이다. 산업체 졸업생들에 대한 연구는 그들이 몇 년 동안은 기술적인 업무를 행한 다음 관리자들이 될 것임을 시사해 준다. 관리자가 되면, 여러분은 더 높은 봉급을 받고, 더 커다란 책무성을 지닐 기회들을 갖는다. 자신의 경력을 관리하고 개인적인 준비를 계속할 것인지는 여러분에게 달려 있다. 그러한 준비의 주요 부분은 사회적 네트워킹을 포함하여 테크놀로지 기술들을 연마하는 것이다.

테크놀로지의 활용: 주의사항과 가능성

만약 여러분이 페이스북(Facebook)과 같은 소셜 네트워킹 계정을 가지고 있다면, 모든 사람들이 인터넷을 이용할 수 있다는 것을 유념하라. 프라이버시 설정이 콘텐츠 가시성(visibility)을 통제하는 한 가지 방법이기는 하지만, 완전히 접근할 수 있는 권한을 가진 사람들은 다른 사람들과 콘텐츠를 공유할 수 있다. 의심스러울 때, 여러분은 부모, 상사, 또는 목사가 신문에 게재된 여러분의 콘텐츠를 보기를 원할 것인지를 스스로 반문해 보라. 만약 그 대답이 그렇지 않다면, 여러분의 온라인 실재성(presence)을 깨끗이 없애라. 프라이버시 설정에도 불구하고, 여러분이 게재한 모든 것들이 잠재적인 미래 상사가 볼 수 있게 저장되어 있을 수 있다.

직업과 연결할 수 있게 해주는 보다 더 유익한 소셜 네트워킹 사이트들 중 하나는 링크드인(Linkedin)이다. 여러분의 연결을 증진하기 위해 적절한 그룹들에 가입하고, 이전 동료들이나 교수들에게 추천서들을 써달라고 요청하라. 여러분 자신을 매매(market)하려면, 긍정적인 태도와 여러분이 말하고 행한 모든 것에서 임무를 우수하게 수행한 것을 보여주어라. 그러한 모든 사이트들에서 여러분의 정보의 적절한 문법, 구두점, 철자뿐만 아니라 조직도 확실하게 하라.

잠재적인 고용주들은 종종 응시자들을 사전에 선별하기 위한 하나의 방법으로 인터넷을 사용한다. 2009년도에 행해진 연구에서 인적 자원 전문가들 중 45%가 일자리를 구하고자 하는 후보자들에 대한 소셜 네트워킹 사이트들에 게재되어 있을 수 있는 것을 조사하기 위해 검색을 수행한 것으로 밝혀졌다(Grasz, 2009). 만약 이러한 의사결정자들이 죄가 있음을 보여주는 그림들이나 다른 의구심을 자아내는 콘텐츠를 발견한다면, 여러분의 모든 교육, 기술, 역량은 여러분의 의심스러운 인터넷 실재성을 상쇄하지 못할 것이다. 한편, 최근의 한 조사에서, 고용담당자들 중 18%가 후보자를 고용하기 위해서 실제로 권장했던 소셜 네트워킹 사이트들에 있는 정보들을 발견했다고 말했다(Haefner, 2009).

또 하나의 중요한 고려사항은 여러분의 이메일 주소의 선택이다. 우리는 여러분이 구직을 위해 특별히 별도의, 전문적인 이메일 계정을 만들기를 권한다. 그러한 이메일 계정들에 등록할 수 있는 많은 무료옵션들이 있다. 자원들과 다른 도움이 되는 도구들의 전체 목록을 보려면 http://gabrielleconsulting.com/findingajob을 보라.

마지막으로, 테크놀로지와 관련하여, 여러분의 이력서(résum?)나 경력서(Curriculum Vitae: CV)를 전자적으로 저장하고 그 파일을 적절하게 명명하라. 좋은 파일명은 여러분의 이름-해당 월과 연도.pdf(YourName-Nov2010.pdf)일 것이다. 여러분이 워드프로세스 애플리케이션에서 이력서를 편집할 가능성이 높지만, 그것을 PDF나 RTF로 저장하는 것이 더 확실하다. 이것은 어떠한 버전에도 상관없고 호환성 문제들도 없음을 보장해 줄 것이다.

일자리 탐색

구직자들이 온라인에서 이용 가능한 많은 자원들이 있다. 직업 사이트들을 북마크하고 여러분의 대학교의 리스트서브(listserv)를 통해 취업 기회들을 가질 수 있도록 지속적으로 연계성을 가져라. 또한 노출(exposure), 경험, 신뢰도를 얻기 위해서 학술대회에 참석하고, 논문을 쓰며, 연구결과들을 제시하라.

가장 좋은 고용기회들은 항상 대기업들에만 있는 것이 아니다. 주요한 계약들을 가지고 있는 조직들은 종종 힘든 경제적인 시기들의 영향을 소규모 조직들보다 더 빨리 느껴서, 그들은 통상적으로 직원들을 더 적게 고용하며, 그 결과 더 작은 회사들이 더 많은 일자리를 제공한다. 컨설팅회사나 비영리조직들에 들어갈 수 있는 기회들을 간과하지 말아라. 또한 많은 회사들이 일자리를 광고보다는 전자적으로 공고하고 있기 때문에, 여러분이 선호하는 회사들의 웹사이트들을 빈번하게 방문하라. 그러한 사이트들을 적극적으로 방문하면 여러분이 일자리들을 찾는 데 도움이 될 것이다.

선발 과정 이해

여러분이 일자리를 구할 때, 장래 고용주들이 알기를 원하는 두 가지 것들이 있다.

1. 여러분이 그 일을 할 수 있는가?
2. 여러분이 관리해야 할 문제가 있는가?

첫 번째 질문은 답하기가 더 쉽다. 비록 여러분이 면접 전에 평가를 받을 것으로 기대될 수 있지만, 여러분의 이력서는 지식, 기술, 능력에 대한 가장 많은 정보를 제공한다. 예를 들어, 만약 여러분이 교수설계자 직책에 지원하고 있다면, 여러분에게 한 수업의 스토리보드를 설계하도록 요구되는 시나리오가 주어질 수도 있다. 오늘날에는 종종 수백 명의 사람들이 어떤 특정 일자리에 지원하기 때문에, 또 하나의 경향은 여러분의 응시원서가 고용 관리자에게 전달되기 전에 소프트웨어가 그것을 사전에 선별하는 것이다. 이것이 여러분의 이력서를 커스터마이징하고 응시원서와 이력서에 구하고자 하는 직책에 관한 업무 기술(description) 속에 구체적인 키워드들을 반영하는 것이 중요한 이유다.

두 번째 질문은 답하기가 더 어렵지만 중요한 질문이다. 관리자들은 20%의 고용인들을 위해 자신들의 시간의 80%를 소비한다고 말한다. 이러한 고용인들은 더 많은 관리를 필요로 하는 "문제고용인들(problem employees)"이다. 여러분이 관리해야 할 문제가 있을 것인지의 여부에 대한 가장 좋은 단서들은 여러분이 면접질문들에 답하는 과정에서 발견된다. 예를 들어, 만약 여러분이 너무 많은 개인적인 정보를 제공한다면, 그것은 여러분이 개인적인 문제들을 직장에 가지고 올 것이라는 표시가 될 수도 있다. 만약 여러분이 취업면접에 늦게 도착한다면, 그것은 여러분이 직장에도 늦게 도착할 것이라는 좋은 표시다. 여러분의 면접은 잠재적인 고용주로 하여금 여러분을 유망한 후보자로 생각하게 하거나 그렇지 않게 할 수 있다. 따라서 취업 면접을 적절하게 준비하는 것이 필수적이다. 준비하는 것을 도와주기 위해, 이 장에 있는 채용 인사들이 정말로 알고자 하는 것에 대한 샘플 질문들과 팁 리스트를 살펴보라.

구직지원서 완성

대부분의 조직들은 일반적으로 온라인 응시원서를 요구한다. 지원서들을 완전히 완성하는 것이 중요하다. 그렇지 않으면, 검증시스템이 자격을 박탈할 수도 있다. 또한 그러한 지원서들은 통상적으로 이력서나 경력서(CV)보다 더 많은 정보를 요구한다. 예를 들어, 지원서들은 고용일까지의 관리자의 이름과 고용기간을 요구할 것이다.

지원서들에 있는 질문들에 답할 때 여러분의 답변들에 주의하라. 일반적인 공간은 "남겨

놓아야 할 이유들"이 있다. "관리자들과의 성격 차이들 때문에 해고됨"과 같은 부정적인 응답은 잠재적인 고용기회를 즉각적으로 박탈해 버릴 것이다. "예산 삭감" 또는 "더 좋은 기회 탐색"과 같은 대답들이 더 수용 가능하다.

성공적인 자기소개서 작성

자기소개서는 어떤 직업응시과정에서나 필수적인 부분이다. 첨부물 첨가를 허용하지 않는 온라인 시스템과 같은 기술적인 한계들 때문에 자기소개서를 작성하는 것을 피하지 말라. 인사과에 연락해 보는 것을 포함하여, 그 한계들을 해결할 수 있는 방법들이 있다. 고용담당자의 이름, 철자, 직책을 물어보라. 인지할 수 있도록 하기 위해, 항상 그 직책을 고용하는 개인에게 보내는 ["담당자분께(To Whom It May Concern)"가 아닌] 개인화된(personalized) 소개서를 작성하라. 또한 다음과 같은 것들을 하라.

- 고려되기를 갈망하면서 그 일자리에 대한 강력한 관심과 열정을 표현하라.
- 그 조직에 관한 지식과 기술, 경험, 교육이 그들의 요구들에 얼마나 도움이 될 것인지를 나타내라.
- 여러분의 관련된 자질들과 업적들을 간략하게 요약하라. 이력서에 모든 것을 다시 기술하지 말라.
- 간결하게 작성하라. 자기소개서를 잘 조직되고 간략한 문장들로 구성하여 한 페이지 이하로 유지하라.
- 고려해 주는 것에 대해 감사하라.

효과적인 이력서 또는 경력서 작성

이력서와 경력서(CV) 간에는 몇 가지 차이들이 있다. 학계에서, CV는 여러분의 출판물, 학술대회 발표 등과 같은 모든 것에 대한 정보를 포함할 때 더 받아들여질 가능성이 높다. 이력서는 보다 더 간결한 경향이 있지만, CV는 기술들, 논문들, 그리고 심지어 개인정보를 포함한 개인 경력의 모든 측면들에 관한 세부사항들을 포함하는 경향이 있다. 학계 외부의 경우, 광범위한 CV가 다방면에 걸친 증명서들을 요구하는 직책들과 같이 전문적인 직책들에게는 더 적절할 수 있다. 한편, CV는 다른 직책유형들에는 젠 체하는 인상을 줄 수 있다.

두 문서들은 여러분의 증명서들을 예비 고용주들에게 팔아 그들이 여러분과 면접하기를 원하도록 하는 데 주요한 기능이 있다. 여러분의 이력서와 경력서가 여러분에 관한 최상의 이미지를 전달할 수 있도록 다른 사람들의 것들보다 눈에 확 띄게 하라. 그러나 만약 여러분이 그래픽 디자이너나 비슷한 직책에 응시하지 않는 한 그렇게 하기 위해 색상, 사진, 또는 다른 방법들을 사용하지 말라. 자기소개서를 항상 여러분의 직무지원서 및 이력서와 함께 작성하라.

서식들과 관련하여, Arial과 같은 산세리프체가 가장 읽기 쉽다. 이름은 최소한 18포인트 이상으로 눈에 확 띄도록 해야 하며, 나머지 텍스트들은 최소한 12포인트는 되어야 한다. 업적들에 관한 불릿 리스트(bulleted lists)를 만들고, 각 불릿은 최대한의 강한 충격과 대등한 특성들을 보장하기 위해 행위 동사로 시작하라. 이력서에 여러분의 경험, 교육 또는 몇 가지 다른 측면들 중 어느 것을 먼저 제시할 것인지와 관련하여, 항목들을 중요도 순에 따라 열거하라. 예를 들어, 박사학위를 가지고 있으면, 이력서의 맨 위쪽 근처에 교육을 제시하기를 원할 수도 있다. 만약 많은 경험을 가지고 있지만 아직 학사 학위를 받지 못했다면, 경험을 먼저 제시하기를 원할 수도 있다. 이력서를 조직하는 다음과 같은 두 가지의 주요한 방법들이 있다.

1. 각 직업별로, 연대기적으로 조직
2. 기술군별(clusters of skills)로 기술들에 기초하여 조직

만약 일자리들을 빈번하게 바꾸어 왔거나 단지 요구하는 직무기술들에 더 많은 관심을 끌기를 원한다면 기술기반(skills-based) 조직이 더 도움이 될 수 있지만, 연대기적으로 조직하는 것이 더 일반적이다.

연락처

이력서의 최상단에 여러분의 전체 이름(만약 여러분이 별명을 가지고 있다면, 그것을 괄호 안에 기입하라)을 눈에 확 띄게 제시한 다음, 다음과 같은 연락처를 제시하라.

- 주소
- 전화번호
- 이메일 주소
- 링크드인(Linkedin) URL
- (만약 여러분이 가지고 있다면) 온라인 포트폴리오

교육경력

이 부분에서는 적절한 학술 및 기술훈련을 강조하고, 다음과 같은 것들을 포함시켜라.

- 획득한 학위(들) 또는 자격증(들)

- 참여한 학교(위치 포함)
- 실제 또는 예상되는 졸업일 또는 이수 학점 시수

장래 목표(선택적)

이 부분은 간단하며, 여러분이 구하는 직책과 직접적으로 관련이 있다. 그것은 이력서에서 필수적인 부분은 아니다. 따라서 만약 여러분이 장래 목표를 포함시키기로 결정했다면, 예를 들어, "고급 테크놀로지 기술들을 사용하고 혁신적인 조직의 높은 수행팀에서 일할 수 있도록 해주는 ID 직책을 확고히 하는 것"과 같이, 그것을 강력하게 만들어라.

고용(또는 경험) 실적

고용 부분은 여러분의 관련된 경험을 강조한다. 여러분은 이 부분을 위한 제목들을 필요에 따라 변경할 수도 있다. 예를 들어, 만약 직무가 경험을 작성함으로써 누군가를 위한 요구를 광고하는 것이라면, 한 부분(section)을 "경험 작성(Writing Experience)"이라는 제목으로 만들 수도 있다. 이것은 여러분의 기술기반 이력서를 눈에 띄게 할 수 있으며, 여러분이 직무요건들에 관심을 가져왔음을 보여줄 것이다. 고용 실적 부분의 내용은 다음과 같은 것들을 포함한다.

- 직책
- 회사 또는 조직, 위치
- 고용일[가장 최근의 것을 먼저. 만약 여러분이 고용에서 커다란 차이(gaps)를 가지고 있다면, 자기소개서는 그 이유를 설명할 좋은 기회가 될 것이다. 그러나 관련이 없는 직무들을 배제하는 것을 포함하여, 요즈음에는 차이들이 있는 것을 보다 더 수용하기 때문에, 설명을 요하지 않을 수도 있다.]
- 직무임무들을 기술하고, 각 직무에서의 어떤 성취들에 초점을 둔 "강력한 단어들(power words)"을 사용하라(예: 240만 달러짜리 연구비 확충), 인적자원의사소통상 수상(earned Human Performance Communication Award). 강력한 단어들과 자원들에 관한 리스트들은 이 장의 끝부분에 있는 자원들을 참고하라.

수상 또는 활동 실적

이 부분은 여러분의 관련된 활동들과 수상실적을 강조한다. 종교적 또는 정치적인 수상들이나 활동들을 포함할 때 세심한 주의를 하라. 예비 고용주들은 몇 가지 그러한 활동들을 그들의 가치들과 그들 조직의 가치들에 대한 거래의 재료(counter)로 판단할 수 있다. 수상(honors)과 활동(activities) 실적 부분은 날짜와 다음과 같은 것들을 포함할 수 있다.

- 팀워크, 공동체, 그리고 학술수상들과 장학금들
- 학내, 국가, 또는 국제 기관들에서 보유한 리더십 직책들
- 공동체의 봉사직책들

언어능력

- 문법, 철자, 맞춤법 규칙을 제대로 따랐음을 분명히 하라.
- 불릿을 사용할 때, 대등한 구조[동사의 시제 일치와 문장 대 비문장(sentences vs. sentence fragments)]를 준수하라.

해서는 안 되는 것

- 이력서에 신원보증인들(references) 포함
- 나이, 성별, 또는 종교에 대한 어떤 참조(reference) 제시. 이것에는 적절하다면 졸업연도를 배제하는 것도 포함된다. 예를 들어, 여러분이 30년 전에 대학을 졸업한 누군가라면, 사람들은 여러분이 오늘날 이슈가 되는 연구를 하지 않고 있을 것이라 가정할 수도 있다. 대부분의 조직들은 응시원서들에서 날짜들을 요구하지만, 이러한 정보를 여러분의 이력서나 경력서(CV)에 항상 포함시킬 필요는 없다.
- 고용연도와 함께 월(month)도 포함. 그 대신에, 단지 연도들만(예: 2006~2008)을 열거하라. 학교를 다니는 동안 수입을 보충하기 위해 여름방학 동안 일을 한 것과 같이, 여러분이 매우 소수의 직업들을 거쳐왔고 경험이 거의 없을 때는 예외적이다.
- 직책과 관련이 없는 직무들 열거
- 봉급에 관한 어떤 참조 포함. 이 주제는 일자리를 제공받을 때까지 언급해서는 안 된다.

네트워킹과 관계 형성

여러분의 분야의 다른 전문가들과 네트워킹을 맺는 것은 독립적인 컨설턴트이든 정규직원이든 일거리를 찾기 위해서 할 수 있는 가장 중요한 것들 중 하나다. 관계(connections)를 형성하고 유지하려면 노력이 필요하지만, 시간과 에너지를 상당히 소비한다.

비즈니스와 전문가 간의 관계는 개인적인 접촉과 상호작용을 증진시킨다. 전문가집단들에 가입하고, 학술대회에 참여하며, 학생집단들을 조직화하는 것을 통해 그 분야에 있는 다

른 사람들과 일찍부터 관계를 맺기 시작하라. 그러한 관계들이 상호간에 충족되는 것을 보장해 주는 위원회들에 자원 봉사하라. 좋은 관계는 주고받는 기회들을 많이 제공한다.

만약 여러분이 일하고자 하는 어떤 기관에 근무하는 누군가를 알고 있다면, 그 사람에게 추천서를 써주거나 좋은 말을 해달라고 요청하라. 만약 여러분과 접촉하는 사람이 여러분에게 그들을 위해 자기소개서의 초안을 작성하도록 요구한다면 놀라지 말라. 바쁜 전문가들에 대한 호의로서, 여러분은 그렇게 할 준비가 되어 있어야 한다.

만약 여러분이 아직까지 어떠한 관계도 가지고 있지 않다면, 국제수행증진학회(ISPI)와 같은 주소 인명부를 통해 사람들을 접촉하는 것을 고려해 보라. 사람들에게 여러분이 누구이며, 여러분이 그들을 어떻게 찾았는지를 알려주는 이메일을 쓴 후, 그들의 조직에서 일자리를 구하는 것에 관한 조언을 요청하라. 만약 동일 지역에 거주하고 있다면, 여러분의 경력에 대해 말할 수 있는 누군가에게 점심을 제공하라. 링크드인(Linkedln)의 경우, 실재성(presence)을 유지하고 일자리들을 공지하는 미국교육공학회(AECT)와 같은 집단들에 가입하라. 이러한 것들이 네트워크를 형성하기 위한 매우 좋은 방법들이다.

취업면접 준비

준비는 성공의 척도다. 여러분이 자기소개서를 쓰기 전에, 회사의 전략적인 미션, 비전, 핵심 가치들, 목적들을 연구하라. 여러분의 가치들이 회사의 가치들과 일치하는지를 결정하라. 만약 그렇지 않다면, 그때 여러분은 직업에서 행복하지 않을 수도 있으며, 어떠한 재정적인 보상도 없는 가치들을 추구할 수도 있다. 다른 곳에서 더 잘 일치하는 것을 찾아라. 회사 웹사이트들은 여러분이 검색을 시작하기에 아주 좋은 곳이지만, 그 조직에 대해서 여러분이 가능한 한 많이 찾을 수 있는 효과적인 검색엔진 전략들과 소셜 네트워킹을 사용하라. 문서들을 커스터마이징하기 위해서 해당 정보를 사용하고 취업면접을 준비하라. 사전준비를 하면, 여러분을 경쟁에서 승리할 수 있도록 해줄 것이다.

한 사람 또는 한 팀의 사람들이 여러분을 면접할 수 있다. 면접관들은 두 명 이상으로 구성된 패널일 수 있다. 누가 면접을 수행할 것인지를 알아내고, 회사에서의 그들의 일과 역할들을 조사하라. 일반적으로 행정 보조원이 취업면접을 설정하기 위해 전화로 여러분을 접촉할 것이다. 이 때가 여러분이 면접관들의 이름 철자와 발음하는 법에 대해 물어볼 수 있는 좋은 때다. 그 정보는 면접 동안, 특히 여러분이 어떤 질문들을 가지고 있다면 그것들을 물어볼 때 도움이 될 수 있다.

면접과정

“여러분은 사람들에게 기술들을 가르칠 수는 있지만, 그들에게 개성을 가르칠 수는 없다.” 만약 여러분이 뛰어난 면접기술들을 가지고 있지 않다면 전 세계에 있는 모든 기술들이 여러분에게 일자리를 주지는 않을 것이다. 면접과정은 눈에 띄어야 할 여러분의 기회다. 자신감, 공손함, 친근감, 역량을 보여주고, 여러분의 뛰어난 업무 윤리를 강조하라.

취업면접 준비

취업면접을 준비하기 위해 아래 질문들을 사용하라. 어김없이 시간을 지켜야 하며, 자주 묻는 질문들뿐만 아니라 다른 질문들에 답할 준비를 하라. 취업면접에 들어가기 전에 사전 준비를 하고, 전 과정을 노트에 정리하라.

자신에 대해 말해 주십시오.
제언: 이 질문은 여러분을 편안하도록 도와주기 위한 것이지만, 여러분의 첫 번째의 언어적 인상(verbal impression)이기 때문에, 생각을 개성적으로, 자신감 있게(자만심이 세지 않게), 조직화해서 말해야 한다.

이 직책과 관련이 있다면, 여러분의 배경과 기술들을 간략하게 말씀해 주십시오.

제언: 여러분이 소유하고 있고 또한 직무 결원에서 공고한 구체적인 기술들을 살펴보면서 이 질문을 준비하라. 여러분이 그러한 기술들을 이전에 어디에서 사용했는지에 대해 생각하라. 두 개에서 세 개의 주요 기술들에 초점을 두라.

여러분의 마지막 직업의 어떤 측면들을 가장 좋아했습니까?

제언: 여러분이 구하고 있는 직업과 여러분이 이전 직업들에 대해 좋아했던 것을 대비하여 생각하라.

여러분의 마지막 직업의 어떤 측면들을 가장 싫어했습니까? 그 이유는?

제언: 여기에서 여러분이 말한 것에 주의하라. 비록 여러분의 이전 업무환경이 기능 장애를 일으켰을지라도, 여러분이 생각하기에 업무 증진을 위해 사용할 수 있는 과정들과 절차들—사람들보다는—에 더 초점을 두라. 너무 부정적이 되지 않도록 하라.

여러분이 지금까지 거쳐온 다양한 직업들에 대해 생각해 보고, 여러분이 가장 좋아한 상사와 가장 싫어한 상사의 관리 스타일들을 기술해 주십시오.

제언: 긍정적인 것에 초점을 두고, 잠재적인 새로운 상사에 대해 여러분이 할 수 있는 것을 파악하라. 만약 그 상사가 여러분이 가장 싫어하는 상사의 특성을 가지고 있다면, 이것은 문제가 될 수 있다!

여러분이 생각하기에 이전 업무에서 잘 처리했지만, 여러분이 직면했던 어려운 상황을 기술하십시오. 여러분은 그 상황을 처리하기 위해 무엇을 했습니까? 마지막 직업의 어떤 측면들을 가장 좋아했습니까?

제언: 이 질문 속에 몇 가지 생각들을 집어넣으라. 과거에 행해 왔던 것 중에서 면접관들에게 인상 깊고 여러분이 갈등이나 어려운 상황들을 다루기 위해서 취해야 할 것을 보여줄 만한 것은 무엇인가? 비슷한 질문들을 공유하기 위한 몇 가지 이야기들에 관해 생각하라.

여러분이 아주 잘 다루었다고 생각되지 않는 작업장 상황을 기술하십시오. 여러분은 그러한 상황에서 어떻게 다르게 대처할 수 있습니까?

제언: 다시 한 번, 이 질문에 많은 생각들을 집어넣어라. 여러분이 기술한 상황은 너무 부정적이지 않으며, 경험을 통해 실제로 배웠던 것에 기초해야 한다.

"만약 …한다면?"(면접관이 갈등이나 도전과 관련된 시나리오를 제공하고 여러분에게 그 문제를 어떻게 해결할 것인지를 물을 수 있다.)

제언: 잠재적인 업무환경에서 질문을 받을 수도 있는 시나리오에 대해 생각하려고 노력하라. 면접 중일 때, 그 시나리오에 관해 질문을 하는 것에 대해 편안하게 생각하거나 답변하기 전에 생각할 수 있는 시간을 요청하라.

이 직책에 대해 여러분에게 가장 호감이 가는 것과 가장 호감이 가지 않는 것은 무엇입니까? 그 이유는?

제언: 사전준비를 하라. 가장 호감이 가는 것과 가장 호감이 가지 않는 것을 업무 임무별로 배열하라.

우리가 여러분의 신원보증인들을 접촉할 때, 그들이 우리에게 여러분의 가장 큰 장점과 약점에 대해 말할 것이라고 생각하는 것은 무엇입니까?

제언: 장점들은 공석인 직책에서 요구되는 특성들을 반영해야 한다. 여러분의 약점에 대해 약간 생각해 보고, 또한 장점으로 인식될 수 있는 어떤 것을 고려해 보라(예: 여러분의 업무에 전심을 다해서, 때때로 여러분의 업무에 관한 비판을 너무 개인적으로 받아들이는 것).

5년 내에 여러분 자신이 어디에 있을 것이라고 생각합니까?

제언: 이 질문에 많은 생각들을 집어넣어라. 여러분을 5년 내에 완전히 다른 환경에서 볼 수 있을 것이라는 대답들은 피하라.

왜 여러분은 이 직책과 이 조직에서 일하기를 원합니까?

제언: 업무, 직책, 그리고 조직의 가치들과 미션에 관한 여러분의 이해와 구체적으로 연계된 코멘트에 주의를 기울여라.

여러분을 다른 후보자들과 차별화해 주는 것이 무엇이라 생각합니까?

제언: 자신감 있게, 그러나 우쭐대지는 말라. 공석인 직책에 도움이 될 수 있는, 여러분이 가지고 있는 독특한 기술들에 대해 생각하라.

우리에게 묻고 싶은 어떤 질문들이 있습니까?

제언: 항상 여러분의 면접관들에게 물어보고 싶은 최소한 한두 가지의 질문들을 가지고 있어라. 질문들을 준비해 오고, 여러분이 질문하고 싶은 어떤 질문들에 관해 면접 동안 필기하라. 이것은 면접관들에게 여러분이 사전준비를 했을 뿐만 아니라 그들이 말하는 것을 경청하고 있음을 보여준다.

이 면접과 여러분이 오늘 배웠던 것에 기초하여, 이 직책에 관한 여러분의 관심도는 이제 어느 정도 되었습니까?

제언: 여러분의 관심도는 높아야 하며, 자포자기하는 목소리여서는 안 된다. "이유"에 관한 여러분의 응답들을 기관의 미션과 가치들뿐만 아니라 여러분이 이미 대답하지 않았을 수 있는, 여러분이 그 직책에 대해 알고 있는 모든 것과 관련 지으려고 노력하라.

마지막으로, 면접관(들)이 시간을 내준 것에 감사하고 그 직책에 대한 여러분의 관심을 반복하는 것을 잊지 마라.

여러분의 대학교의 경력개발센터의 혜택들을 취하라. 여러분은 업무기회들에 대해 알 수 있을 뿐만 아니라 이력서를 제시하는 방법과 면접기술들을 연마하는 방법을 익힐 수 있다.

취업면접을 많이 하면 할수록, 점점 더 많은 공통적인 질문들을 볼 수 있고, 그것들에 답하기 위해 더 잘 준비할 수 있을 것이다. 여러분의 기술들이 조직과 직무에 얼마나 도움을 줄 수 있는지에 초점을 두라. 또한 경쟁에서 눈에 띄려면, 여러분의 응답들을 조직의 전략적인 가치들과 관련 지어야 한다.

좋은 인상 형성

여러분은 첫눈에 좋은 인상을 남길 수 있는 두 번의 기회를 갖지 못한다. 여러분의 문화에 상관없이, 사람들은 여러분이 인사하고 면접할 때 눈으로 살펴본다. 널리 알려진 지침들은 사람들은 여러분에 관한 첫 인상을 첫 30초 내에 얻을 것이라는 점을 시사해 준다. 만약 여러분이 이러한 분야들에 관한 어떤 것에 자신감이 없다면, 조언을 구하라.

누군가가 여러분에게 인사하기 위해 걸어오고 있고 여러분은 앉아 있다면, 일어서서 단호하지만 너무 힘차지 않게 악수를 하고 손을 두세 번 상하로 흔들어라. 꽉 움켜쥔 채 상하로 흔드는 것은 만약 여러분이 인사드리는 사람이 장애를 가지고 있고 꽉 움켜쥔 채 상하로 흔드는 것이 인사를 전하는 것이 아닌 한 받아들여지지 않는다. 미소를 짓고, 눈을 맞추며, 손이 너무 땀에 젖어 있지 않도록 하라.

어떠한 종류의 향수도 바르지 마라. 그것은 정신을 흩뜨릴 뿐만 아니라 어떤 사람들은 알레르기를 가지고 있을 수도 있다. 복장, 장신구, 문신, 화장에 관한 한 지나치게 보수적이다. 복장에 관한 보다 더 세부적인 사항들은 이 장의 다음 절에 언급되어 있다.

대답들은 1~2분 내로 한 후, 질문들을 기다려라. 긴장을 했다고 하더라도, 비속어, 은어, 긴장한 티를 내는 "음(urns)"과 "어(uhs)", 그 외 불안한 습관들을 피하라. 좋은 연습은 누군가가 모의 면접을 비디오 촬영해 보는 것이다. 그 비디오를 검토하며, 여러분이 말한 것과 말하는 방법뿐만 아니라 몸동작과 억양에도 세심한 관심을 기울여라. 이것을 최소한 세 번 이상 하고 여러분 자신이 매번 증진되고 있는지를 살펴보라. 대답들을 예행 연습하지만 여러분의 응답을 암기하지 않은 것처럼 들리도록 최선을 다하라.

면접관들이 일반적으로 묻는 마지막 질문들 중 하나는 여러분이 그들에게 어떤 질문들을 가지고 있는가 하는 것이다. 여러분은 항상 최소한 한두 개의 사려 깊은 질문들을 가지고 있어야 한다. 또한 면접관에 관한 지식을 가지고 면접에 임해야 한다는 것을 기억하라.

성공을 위한 복장 착용

여러분은 여러분이 가지고 있는 직무가 아닌 여러분이 원하는 직무에 맞는 복장을 입어야 한다는 말을 종종 듣는다. 비록 여러분의 취업면접이 "금요일이라 캐주얼한 복장(casual Friday)"을 착용하는 것이 가능할지라도, 직장에서 착용할 수 있는 것보다 더 예의 바르게 착용하는 것이 가장 좋다. 덩어리진 장신구, 화려한 색상, 높은 구두, 번잡한 무늬와 같이 정신을 산란하게 하는 것들은 피하라. 어떠한 상황에서도 전문적인 업무환경에서 플립 플랍하는 소리가 나는 고무제 샌들(flip-flops)과 같은 신발은 받아들여지지 않는다. 취업면접에서는 여러분이 착용하고 있는 것이 아닌 여러분이 말하고 있는 것에 강조점이 두어져야 한다.

예외를 제외하고, 남자들은 취업면접에서 정장과 넥타이를 착용해야 하며, 여자들은 스커트와 블라우스를 포함하여 비즈니스 정장을 착용해야 한다. 스커트는 무릎 밑까지 내려와야 하며, 블라우스는 목덜미 선이 깊지 않아야 한다. 남자들은 귀걸이를 착용해서는 안 되며, 가능하다면 여자들은 귀에 붙는 귀걸이들(post earrings: 딸랑딸랑 소리가 나지 않는 귀걸이들)만을 착용해야 한다.

2006년의 한 연구에서 미국에서 성인들(18~50세) 4명 중 약 1명이 문신을 하고 있는 것으로 밝혀졌다(Laumann & Derick, 2006). 단지 그것이 우리 문화에서는 보다 더 받아들여지고 있기 때문에 취업면접 시 문신들을 보여주어도 된다는 것을 의미하지는 않는다. 면접관은 문신들에 대해 편파적인 생각을 가지고 있을 수도 있거나 단지 눈에 거슬릴 수도 있어, 그 결과 여러분의 응답들에 주의를 기울이지 못할 수도 있다는 것을 명심하라. 다시 한 번, 보수적으로 생각하라.

조직과 함께 성장

승계 계획(succession planning)은 노동인구추세의 중요한 부분이 되어 왔다. 고용주들은 베이비 붐 시기에 태어난 사람들이 은퇴함에 따라 내부 인재가 빈 자리들에 승진할 준비를 하도록 하는 계획들에 우선순위를 두고 있다. 여러분은 사전에 준비를 함으로써 그 계획의 일부가 되어야 한다. 여러분의 업무에 만족하지 마라. 효율성과 생산성을 증진시키고자 하는 모범적인 고용인이 되어라.

내부후보자들은 종종 왜 외부후보자들이 그들 대신에 직책들을 위해 선정되는지를 의아하게 여긴다. 고용담당자들과의 친분으로 인해 여러분의 취업 응시원서, 이력서, 자기소개서뿐만 아니라 면접 과정의 다른 측면들에서 격식(formality)을 잃지 않도록 주의하라. 여러분도 최소한 외부응시자들이 노력하는 것만큼은 되어야 한다. 이것은 여러분이 최고후보자일 때 외부 사람을 고용할 필요가 없다는 것을 보여줄 수 있는 좋은 기회다.

독립적인 컨설턴트로 일하기

독립적인 컨설턴트로 일함으로써 얻을 수 있는 장 · 단점들이 있다. 긍정적인 측면에서 볼 때, 여러분은 여러분 자신의 시간을 설정하고, 덜 관료적으로 일하며, 더 창의적이 될 수 있다. 부정적인 것은 여러분이 전통적인 업무보다 훨씬 더 많은 시간 동안 일할 가능성이 있으며, 통상적으로 병가나 휴가 시 어떠한 보상도 받지 못한다는 것이다. 임금은 일반적으로 컨설턴트로 일하는 것이 더 낫지만, 여러분은 또한 비용을 고려해야 한다. 여러분은 자신의 건강보험을 구매해야 하며, 자신의 은퇴 계정에 투자해야 하고, 부가적인 세금을 지불해야 하며, 더 많은 서류작업을 해야 하고, 회사 구조에 대해 의사결정을 해야 한다.

여러분이 독립적인 컨설턴트일 때 또한 많은 무임금의 과제들이 있다. 여러분은 사업 제안서들을 작성하고 제안서들에 응답하는 데 많은 시간을 소비할 것이다. 아울러, 여러분은 자신을 네트워킹하고 마케팅하는 데 시간과 돈을 지출해야 한다. 마지막으로, 여러분은 견적 추정(estimation) 기술을 습득해야 한다. 여러분이 제안서를 작성하고 계약을 따낼 때, 여러분은 하도급자들을 시간별로 지불할 가능성이 있지만, 여러분은 업무별로 지급을 받을 것이다. 만약 여러분이 대체할 만한 규정들을 가지고 있지 않은 한 예상하지 못했던 비용(예: 여러분이 추정했던 것보다 더 많은 시간을 청구하는 하도급자나 과제들을 중도에 바꾸어 버리는 계약 소지인)과 여러분의 이윤은 기대했던 것보다 더 작을 수 있다.

이러한 단점들에도 불구하고, 대부분의 독립적인 컨설턴트들은 업무 시간을 조절하고, 프로젝트들을 선택할 수 있으며, 위계의 제한점 밖에서 보다 더 효율적으로 일할 수 있기 때문에 자신들의 업무들에서 더 커다란 행복을 느낀다고 한다. 만약 여러분이 창업을 고려하고 있고 현재 고용되어 있다면, 명성이 있는 회사의 하도급자로 일해 보라. 이것은 여러분에게 직장을 그만두기 전에 그 분위기들을 테스트해 볼 수 있는 기회를 제공해 줄 것이다. 또 다른 제안은 멘토를 찾는 것이다. 대부분의 비즈니스 업주들은 그들이 체험해 왔던 교훈들을 기꺼이 공유하며, 이것은 여러분이 실수들을 피하고 성공을 할 수 있도록 도와줄 것이다.

게임에서 지속적으로 머물기

마지막으로, 여러분의 경력과의 게임에서 지속적으로 머무르는 것이 중요하다. 업무에서 얼마나 행복한가에 상관없이, 여러분은 일시해고되거나 업무들을 바꾸기를 원하는 경우를 대비해야 한다. 이것에는 해당 분야에서의 발전 상황들을 지속적으로 업데이트하고, 전문조직들과 사회적 네트워킹 사이트들을 통해 관계를 지속적으로 유지하며, 여러분의 이력서나 경력서를 최신상태로 유지하는 것 등이 포함된다.

해당 분야에서의 발전상황들을 지속적으로 업데이트하기 위해서는 학위논문들을 포함한 논문들과 출판물들을 읽고, 어떤 출판물들이 여러분의 관심 분야에 가장 적절한지를 알고 있어야 한다. ASTD나 ISPI의 지역분회에 가입함으로써, 그리고 학술대회들에 논문들을 제출함으로써 잠재적인 기회들과 지속적인 연계성을 유지하라. 비록 여러분의 논문이 수락되지 않더라도, 해당 분야의 연구에 대해 배우기 위해 학술대회들에 참석하라. 등록비를 차감계산하기 위해서뿐만 아니라 값진 교제들(contacts)을 하고 그들로부터 배우기 위해 학술대회에서 자원봉사하라. 교제들을 관리하고, 그들과 지속적으로 접촉하라. 미래의 성공은 여러분의 교육과 경험에 의해서뿐만 아니라 여러분의 태도와 인내력에 의해서 결정된다는 것을 기억하라. 여러분의 기술들을 증진시키기 위해 이 장에서 제시한 기술들의 장점을 취하고 여러분이 항상 원해왔던 업무를 손에 넣을 수 있도록 준비하라.

요약: 취업면접을 준비하는 방법

면접 전에 항상 준비할 것들

- 면접시간, 날짜, 장소, 세부사항들을 확인하라.
- 여러분이 가져가야 할 것이 있는지 물어보라.
- 동일 시간대에 면접장소까지 운전하는 연습을 하여 거기에 도달하는 데 얼마나 걸리는지 어디에 주차해야 하는지를 알아두어라.
- 여러분이 면접하게 될 직책을 확인하라.
- 면접관(들)의 이름(들)의 올바른 철자(spelling)와 발음(pronunciation)을 물어보라.
- 의복과 다른 모든 것들을 밤이 되기 전에 준비하라.
- 밤 동안 휴식을 충분히 취하라.
- 면접 전 여러 시간 전에 가볍게 먹어라.

면접 복장

- 여러분이 가지고 있는 업무가 아닌, 여러분이 원하는 업무에 맞는 복장을 착용하라.
- 보수적인 측면에서 고려하라.
- 깨끗한 좋은 신발을 신고, 만약 적절하다면 윤을 내라.
- 면담자의 주의를 어지럽게 하는 어떤 것도 착용하지 마라. 과도한 장신구, 화장, 광채나는 의복, 번잡하게 하는 무늬, 또는 향수를 피하라.
- 단정하게 하라. 머리카락은 산뜻하고 격식이 있으며, 손톱은 깨끗하고 정돈이 잘 되어 있으며, 남자들의 경우에는 면도를 하거나 수염도 잘 정돈하라.
- 면접 전에 흡연을 하지 마라.

- 면접 한 시간 이내에 양치질을 하라.
- 약속 바로 전에, 여러분 자신을 마지막으로 살펴보기 위해 화장실을 들러라.

취업면접에 가져가는 것을 고려해 볼 수 있는 물건들

- 작은 수첩
- 노트패드와 펜(또는 만약 적절하다면, 랩톱컴퓨터)
- 강조되는 직책과 관련된 기술들과 경력 등을 담고 있는 인쇄된 이력서 복사본(각 면접관당 1부 + 추가 1부)
- 잠정적인 질문들에 대한 불릿 표시된 응답들
- 여러분이 면접관에게 물어보기 위해서 준비한 질문들
- 직책 및 기관에 관한 조사
- 관련 업적들에 관한 문서
- 여러분의 일에 관한 문서화된 샘플이나 다른 관련된 예들
- 신원보증인들과 추천서들

핵심 원리 요약

1. **취업기회들은 준비를 필요로 한다.** 기술, 교육, 경험을 지속적으로 현재 상태로 유지하는 것이 중요하다. 이력서나 경력서는 업데이트되고, 커스터마이즈되어야 하며, 신속하게 재생하고 제출할 수 있도록 하기 위해 전자적으로 저장되어야 하며, 항상 커스터마이즈된 자기소개서와 함께 제시되어야 한다.
2. **테크놀로지는 일자리를 구하는 데 있어 장점이 될 수도 있고 단점이 될 수도 있다.** 테크놀로지는 일자리를 구하고 응시원서를 제출하는 것을 간편하게 할 수 있도록 해주지만, 일자리를 구하는 사람들은 자신들의 온라인 실재성(online presence)을 인식해야 하며, 잠재적인 고용임원들이 인터넷상에 있는 모든 것을 볼 수 있다고 가정하라. 여러분 자신을 마케팅하기 위해 테크놀로지를 사용하라.
3. **연습은 성공적인 취업면접을 위한 핵심이다.** 대학교와 커뮤니티 경력개발센터들은 취업면접 기술들을 연습할 수 있는 좋은 기회들을 제공한다.
4. **가장 많은 노력을 한 취업후보자들은 눈에 띌 것이다.** 준비되고 가장 많은 노력을 한 구직자들은 다른 후보자들보다 눈에 띌 것이다. 내부후보자들은 외부후보자들과 동일한 정도의 격식과 노력을 해야 한다.
5. **네트워킹은 교제를 하고 유지하는 데 있어 매우 중요하다.** 학술대회, 대학교 행사, 상공회의소 행

사, 그리고 지방 ASTD와 ISPI 분회모임을 포함한 다른 행사들에서 해당 분야에 종사하는 다른 사람들과 교제를 하라. 이러한 교제들은 일자리를 제공하는 데 있어 매우 중요할 수 있다.

6. **여러분의 열정을 찾아라.** 많은 연구들에 따르면, 사람들은 자신들의 업무들에서 매우 불행하다. 하루에 매우 많은 시간들을 일하는 데 소비하기 때문에, 자신이 삶을 위해서 행하는 것을 즐기는 것이 중요하다.

응용 문제

1. 여러분이 자격을 갖추고 있고 관심이 있는 업무에 대한 취업 공지를 찾아보라. 여러분의 전문적인 경험과 학술적인 배경에 기초한 여러분의 관련 역량들을 강조하는 맞춤형 이력서를 준비하라. 취업 공지에서 사용된 키워드들을 여러분의 이력서 속에 포함시킨, 이력서와 동봉할 자기소개서를 작성하라. 여러분의 이력서와 자기소개서를 해당 분야의 세 명의 전문가들에게 보내어 피드백을 받아라.
2. 여러분의 대학교나 커뮤니티 경력개발센터에 가라. 만약 제공된다면, 모의면접에 참여하라. 만약 그렇지 않다면, 비즈니스나 기업체에서 구직 모의면접을 해보기 위해 다른 사람과 협력하라. 그 면접을 비디오 녹화한 후, 최소한 세 사람에게 여러분의 수행(performance)을 비평해 줄 것을 요청하라. 여러분은 무엇을 다르게 행해왔는가? 그 면접에서 여러분의 장점들은 무엇이었는가?
3. 잠재적인 고용임원들을 위한 온라인 실재성을 준비하라. 만약 아직 페이스북(Facebook)과 링크드인(Linkedln)에 소셜 네트워킹 계정들을 가지고 있지 않다면, 계정들을 만들어라. 만약 이미 계정들을 가지고 있다면, 모든 정보들을 주의 깊게 살펴보고 여러분의 프로파일들이 완전하고, 정확하며, 전문가적이게 하라. 전반적인 태도와 어조를 포함하여, 여러분이 전달하는 이미지가 인적자원관리 전문가들이 온라인 적격심사과정을 통해 여러분을 쉽게 확인할 수 있는 이미지들이 되도록 하기 위해 모든 콘텐츠를 주의 깊게 검토하라.

저자 정보

Gabrielle K. Gabrielli(Ph.D.)은 플로리다주립대학교와 탤러헤시 커뮤니티대학(Tallahassee Community College)에서 가르친 교육자이며, 동기, 수행, 학습을 증진시키는 데 전문성을 지니고 있는 가브리엘컨설팅(Gabrielle Consulting)의 CEO다.

Robert K. Branson은 플로리다주립대학교의 교육심리학습체제학과(Department of Educational Psychology and Learning Systems) 명예교수다.

참고 문헌

Bolles, R. N.(2010). *What color is your parachute? 2010: A practical manual for job-hunters and career-changers*. Berkeley, CA: Ten Speed Press.

Bureau of Labor Statistics.(2009). *U. S. Department of Labor, Occupational outlook handbook, 2008-09 edition.*

Fry, Richard.(October 29, 2009). College enrollment hits all-time high, fueled by community college surge, Pew Research Center. Retrieved February 18, 2010, from http://pewsocialtrends.org/pubs/747/college-enrollment-hits-all-time-high-fueled-by-community-college-surge

Grasz, J.(August 19, 2009). Forty-five percent of employers use social networking sites to research job candidates, CareerBuilder survey finds. Retrieved February 18, 2010, from http://www.careerbuilder.com/share/aboutus/pressreleasesdetail.aspx?id=pr519&sd=8/19/2009&ed=12/31/2009

Haefner, R.(2009). More employers screening candidates via social networking sites: Five tips for creating a positive online image. Retrieved February 18, 2010, from http://www.careerbuilder.com/ Article/CB-1337

Laumann, A. E., & Derick, D. J.(September 2006). Tattoos and body piercings in the United States: A national data set. *Journal of the American Academy of Dermatology, 55*(3), 413-421.

U.S. Census Bureau.(2009a). The 2009 statistical abstract. Retrieved February 16, 2010, from http://www.census.gov/compendia/statab/cats/education.html

U.S. Census Bureau.(2009b). Current population survey. February 16, 2010, from http://www.census.gov/populationlwww/socdemo/educ-attn.html

제28장

교수설계 · 공학 분야의 전문조직과 간행물

James D. Klein (Arizona State University — Tempe)
Nick Rushby (Conation Technologies)
Yuyan Su (University of Phoenix)

IDT 분야에서 유능한 전문가들은 학습, 교수, 수행증진, 매체, 테크놀로지와 같은 영역들에서 최신의 상태를 유지하고 있을 것이 기대된다(Klein, Spector, Grabowski, & de la Teja, 2004; Richey, Fields, & Foxon, 2000). 이 분야에서의 최근 발전상들에 뒤처지지 않기 위해서, 학자들과 실천가들은 논문들을 읽고, 전문조직들(professional organizations)에 가입하며, 학술대회에 참석하고, 공식적, 비공식적 네트워킹 활동들에 참여한다. 여러분은 어느 조직들에 가입하고, 어느 학술대회들에 참석하며, 어느 간행물들을 읽고, 어느 소셜 네트워크에서 여러분의 시간을 소비할 것인지를 어떻게 아는가?

이 장은 여러분들이 소비자로서 그리고 희망컨대 이 분야의 적극적인 구성원으로서 세련된 결정들을 할 수 있도록 도와주기 위해 IDT 및 관련 영역들에 속하는 기관들과 간행물들에 대한 정보를 제공한다. 이 장은 어떤 조직이나 간행물을 결정할 때 고려해야 할 요인들에 관한 간략한 개관으로 시작해서, IDT 공동체 구성원들이 관심을 가지고 있는 20개의 전문조직들과 50개의 간행물들에 대한 구체적인 세부사항들을 제시한다.

전문조직에 가입

대부분의 전문조직들은 어떤 분야의 특정 부분에 관한 관심을 촉구하는 명확하게 진술된 미션을 가지고 있다. IDT 분야에 있는 조직들은 교육공학, 수행증진과 훈련, 정보공학과 컴퓨터, 또는 학술적인 탐구(scholarly inquiry)와 같은 다양한 영역들에 초점을 두고 있다. 더 나아가, 그들은 고등교육분야에 종사하는 학자들에서부터 비즈니스와 기업체분야에 종사하는 실천가들에 이르기까지 다양한 전문가들을 대상으로 하고 있다.

전문조직에 가입하기 위한 결정은 부분적으로 조직의 초점이 여러분의 경력상의 목적들 및 관심사들에 부합하는지의 여부에 기초해야 한다. 예를 들어, 여러분의 목적이 비즈니스 환경에서 교수설계자로 일하는 것이라면, 여러분은 수행증진이나 훈련에 초점을 두는 전문조직에 가입하는 것을 고려해 보아야 한다. 만약 여러분이 고등교육분야에서 교수가 되고자 계획하고 있다면, 여러분은 학문 및 연구와 관련된 미션을 가지고 있는 기관에 가입하는 것에 대해 생각해 보아야 한다.

전문조직에 가입하기 위한 결정은 또한 각 조직이 구성원들에게 제공하는 구체적인 혜택들에 기초해야 한다. 이러한 혜택들에는 연례회의 및 학술대회, 취업 지원, 간행물 구독, 전문성 개발 기회들이 포함된다. 이러한 혜택은 해당 분야에서 능동적이고 정보에 밝은 구성원이 될 수 있도록 도와주기 때문에 중요하다. 예를 들어, 학술대회들은 여러분에게 최신의 경향들을 따라갈 수 있고, 아이디어와 문제들을 공유하며, 전문적인 관계와 교제를 형성함으로써 다른 사람들과 네트워크를 형성할 수 있는 기회를 제공한다. 아울러, 어떤 조직에 의해 출간되는 논문이나 잡지에 등록하면 여러분은 다른 사람들에 의해 사용된 최신의 이론들, 연구, 또는 기법들에 대해 지속적으로 알 수 있다.

어떤 전문조직에 가입함으로써 얻게 되는 혜택들은 회비와 대조하여 판단되어야 한다. 연회비는 작고, 명목상의 비용에서부터 수백 달러에 이르기까지 매우 다양하다. 학술대회 참가비와 간행물의 구독료 역시 상당히 비쌀 수 있다. 대부분의 전문조직들은 대학원생들을 위해 특별 할인을 제공하고 있으므로, 여러분은 재학 중 어느 것이 여러분에게 가장 적합한지를 알아보기 위해 몇몇 조직에 가입하는 것을 고려해 보아야 한다.

온라인 포럼이나 소셜 네트워킹 사이트에 가입

상대적으로 새로운 현상은 최근 몇 년 사이에 온라인 포럼과 소셜 네트워킹 사이트들이 엄청나게 나타났다는 것이다. 오늘날 이러한 포럼들과 소셜 네트워크들은 IDT를 포함하여 많은 전문분야들의 실천공동체들을 지원하기 위해 사용되고 있다. 가장 단순한 형태인 온라인 포럼은 몇 가지 공통된 관심사들을 공유하고 인터넷에 자신들의 아이디어들을 게시하고 논의하는 사람들로 구성된 느슨한 집단들에 불과할 수도 있다. 이러한 조직들은 상대적으로 짧은 기간 동안에 구성되고, 와글거리며, 하락하다가 종국에는 방치되어 버리는, 단명하는 집단들이 되는 경향이 있다. 그러나 몇몇 조직은 보다 결속력이 강하다. 진정한 소셜 네트워킹 사이트들은 잘 구조화되어 있다. 페이스북(Facebook)과 같은 몇몇 사이트들은 주로 사회적인 교제를 위해 의도되었지만 전문가 네트워크로 사용되고 있다. 링크드인(LinkedIn)과 같은 사이트들은 처음부터 전문 네트워킹을 위해 설계되었다.

최상의 네트워크들은 능숙하게 조절되어서 토론이 활성화된다. 한 가지 좋은 예가 전 세계 사람들이 IDT와 관련된 연구, 이론, 실제, 그리고 새로운 아이디어들을 논의하는 ITFORUM(http://it.coe.uga.edu/itforum)이다. 이 분야에 종사하는 리더들과 대학원생들은 때때로 토론 전에 간단하고, 초청받은 논문을 게시한다. 그 후, 그 저자는 그 네트워크상에 있는 구성원들과 논의하고, 논쟁하며, 또는 질문들에 답하기 위해 한 주 동안 전자적으로 이용 가능하다.

여러분이 온라인 포럼들과 소셜 네트워킹 사이트들에 업로드한 정보와 자료들에 대해 주의해야 한다. 여러분이 용어들과 조건들을 수락함으로써 놓칠 수도 있는 것을 알아보기 위해 용어와 조건들을 주의 깊게 읽어보라. 최소한 한 사이트는 자신들의 사이트에 업로드된 모든 자료, 사진, 그리고 다른 아이템들에 관한 소유권을 주장하고자 시도해 왔다. 다른 사이트들은 여러분이 그 사이트에서 재설계하고자 할 경우 개인적인 세부 사항들을 삭제하는 것을 어렵게(심지어 불가능하게) 만든다. 몇몇 고용주들은 자신들의 신입사원 선정과 모집과정의 일환으로 소셜 네트워킹 사이트들에 있는 기입사항들을 살펴본다. 여러분이 소셜 네트워킹 사이트에 어떤 것을 업로드하기 전에 주의 깊게 생각하라.

온라인 포럼들과 소셜 네트워킹 사이트들을 찾기에 좋은 곳은 전문조직들의 인터넷 사이트들이나 학술대회와 박람회 등에서 비슷한 생각을 가진 동료들과 이야기해 보는 것이다. 소셜 네트워크는 적극적인 구성원들에게만 좋다. 여러분이 특정 사이트에 가입하기를 원하는 이유에 대해 생각해 보라. 몇몇 토론들에 입장하고 가입함으로써 개발과 지속적인 접촉을 유지하는 것인가? 질문들을 게시함으로써 동료들로부터 지원을 얻어내는 것인가? 여러분을 리더로 특징지어 줄 관찰과 통찰력들을 게시함으로써 해당 분야에서 명성을 쌓는 것인가? 단지 한두 개의 소셜 네트워킹 사이트들을 선택하고, 그러한 사이트들에 노력을 집중하라. 적극적인 참여는 여러분이 전문적인 네트워크를 개발하는 것을 가속화시킬 수 있다. 그러나 최신의 정보를 유지하기 위해서 헌신해야 하는 시간을 과소평가하지 마라. 급속한 테크놀로지의 진화율은 더 많고 다른 유형의 온라인 포럼들과 소셜 네트워킹 사이트들이 가까운 미래에 개발될 것이라는 것을 의미한다. 그것들을 효과적으로 사용하기 위해서는 개별적인 비용효과성을 주의 깊게 살펴볼 것을 요구한다. 여러분은 다음과 같은 것을 물어보아야 한다. 즉, 얼마나 많은 노력을 기울여야 하며, 나는 얼마나 많은 것을 돌려받을 수 있는가?

어떤 학술대회들에 참여할 것인지 결정

안전성냥과 라이터들이 발명되기 전에, 교수공학자들은(그리고 다른 사람들 대부분은) 휴대용 발화장치로 부싯돌 상자를 사용했다. 부싯돌 상자는 불꽃을 일으키기 위한 부싯돌과 금속, 불꽃을 불로 만들기 위한 부싯깃으로 이루어져 있다. 만약 이 세 가지 중에서 하나라도 없다면, 여러분은 불을 지필 수 없다. 특히 여러분의 분야에 초점을 둔 전문조직들과 학술대회들은 오랜 친구들을 만나고, 기존의 아이디어들을 확인하며, 동료들이 연설하는 것을 듣기에 좋은 장소들이다. 그럼에도 불구하고, 진보는 통상적으로 사람들이 겉으로 보기에는 아무런 관련성이 없는 아이디어들 간에 연계성이 있기 때문에 일어난다. 때때로 여러분은 IDT의 또 다른 분과나 심지어 다른 학문들로부터의 새로운 아이디어들을 연계함으로써 기존의 통로들에게 급격한 충격을 줄 필요가 있다. 학술대회들과 조직들은 부싯돌 상자와 같다. 여러분의 분야와 직접적인 관련성이 없는 학술대회에 참여하는 것은 때때로 매우 계몽적이다.

학술대회들과 박람회들은 학습행사들이다. 박식한 학습자로서, 여러분은 분명한 학습목표들을 가지고 가야 하며, 그 목표들을 달성하기 위해 여러분이 어떻게 할 것인지를 미리 계획해야 한다(어찌되었건, 여러분은 교수공학자가 아닌가!). 대부분의 학술대회들은 여러분의 방문을 계획할 수 있도록 도와주기 위해 사용할 수 있는 웹사이트를 가지고 있다. 여러분이 참석하기를 원하는 세션(session)을 확인하라. 저명한 권위자들에 의한 논문 발표는 통상적으로 참석할 만한 가치가 있지만, 해당 분야에 대해 말할 만한 중요한 어떤 것을 가지고 있을 수도 있는 잘 알려지지 않은 발표자들도 무시해서는 안 된다.

더 나아가, 많은 회사들은 자신들의 전시 부스들에서 학습자료들을 실제로 시연 · 설명해 준다. 이것은 여러분에게 최첨단 생산물들을 비평할 수 있는 기회를 제공한다. 여러분이라면 그것을 그와 같은 방식으로 설계하겠는가? 그 자료들은 의도한 청중들에게 효과적인가? 그 자료들은 어떻게 개선될 수 있는가? 전시자들과 이야기하고 그들의 교수자료들을 꼼꼼하게 살펴보는 데 시간을 소비하는 것을 주저하지 말라.

어떤 간행물을 구독할 것인지 결정

특정한 전문간행물(professional publications)을 구독하기 위해 시간을 투자하려는 결정 또한 그 간행물이 여러분의 관심사들에 부합되는지 여부에 기초해야 한다. 전문조직들과 마찬가지로, 전문간행물 역시 특정한 독자를 대상으로 하는 구체적인 목적을 가지고 있다. 어떤 간행물은 연구와 이론에 관한 논문들을 출간하는 학문적인 학술논문들이며, 다른 간행물은 실무현황에 관련된 기사를 게재하는 잡지들이다. IDT 공동체가 관심을 가질 만한 간행물은 인지와 교수, 원격교육, 교수개발, 멀티미디어, 수행증진, 시각적 문해력(visual literacy)을 포함한 매우 광범위한 주제들에 중점을 두고 있다.

논문의 가치나 질은 종종 독자들의 관심사들에 의해 결정된다. 비즈니스와 기업체에 종사하는 실천가들에게 매우 유용할 수 있는 논문은 해당 분야에 종사하는 연구자들이나 학교 환경에서 일하는 IDT 전문가들에게는 거의 가치가 없는 것으로 간주될 수도 있다. 그러나 질의 문제에 답변할 때 흔히 고려되는 몇 가지 요인들은 투고논문이 외부전문가들에 의해 "무기명으로" 심사되는지, 투고논문의 채택/탈락비율은 어떠한지, 편집위원회의 명성은 어떠한지 등이다.

최근, 웹에서 찾을 수 있는 전자논문의 수가 증가하고 있다. 전자논문들(e-journals)은 여러분이 IDT 분야의 최신 경향들과 쟁점들에 관한 정보를 찾을 수 있는 좋은 출처가 될 수 있다. 그러나 몇몇 전자논문들은 동료들에 의해 심사된 인쇄논문들(peer-refereed print journals)에 의해 사용된 동일한 엄격한 표준들을 적용하지만, 다른 전자논문들은 웹상에서 출간된 정보의 정확성에 대해 덜 주의를 한다. 교육을 받은 정보 소비자로서, 여러분은 논문이 어디에서 출판되었든 상관없이 여러분이 읽은 것의 내용을 비판적으로 분석해야 한다.

IDT 분야의 전문조직들

다음에서는 IDT 분야의 구성원들이 관심을 가질 만한 20개의 전문조직에 관한 구체적인 사항들을 제공한다. 이 조직들에 대한 링크들은 http://trendsandissues.org/에서 이용 가능하다.

American Educational Research Association(AERA)은 학문탐구를 독려하고 연구결과들을 확산시킴으로써 교육을 증진시키는 데 관심을 두고 있다. 회원들은 다양한 학문분야의 교육 연구자들, 행정가들, 평가자들, 교수들, 대학원생들로 구성되어 있다. AERA는 12개 분과들과 공통된 관심사를 가진 구성원들이 특정 주제나 이슈에 관한 의견 및 정보를 교환할 수 있는 160개의 특별관심집단(special interest group: SIG)으로 구성되어 있다. IDT 분야에 관심을 가지고 있는 사람들은 흔히 C분과: 교수 및 학습(Division C: Learning and Instruction)과 교수공학 SIG(Instructional Technology Special Interest Group)에 속해 있다. AERA는 다양한 주제들에 관해 수천 개의 발표들을 하는 연례회의를 후원하고 있다. 학계에 취업하기를 원하는 사람들은 연례학술대회의 취업공지센터나 취업공지에 관한 온라인 리스트가 특히 도움이 된다는 것을 알 수 있다. AERA는 *American Educational Research Journal*, *Educational Researcher*, *Review of Educational Research*와 같은 몇 가지 학술지들을 발행하고 있다.

American Society for Training & Development(ASTD)는 작업장(workplace) 학습과 수행에 관심을 가지고 있는 사람들을 위한 조직이다. 회원들은 주로 다국적 회사들, 중소기업, 정부, 학계, 컨설팅회사들과 같은 조직들에 속해 있다. ASTD는 전 세계적으로 지역수준에서 훈련전문가들과 네트워크할 수 있는 기회를 제공하는 몇 개의 지부를 두고 있다. ASTD는 훈련과 수행분야에서 일자리를 구하는 사람들을 도와주기 위해 매년 다양한 전문학술대회 및 온라인 직업은행을 후원하고 있다. ASTD는 *T+D Magazine*, *Learning Executive Magazine*, 이러닝 활용에 초점을 둔 온라인 자원인 *Learning Circuits*를 발행하고 있다.

Association for the Advancement of Computing in Education(AACE)은 정보공학을 사용하여 지식, 이론, 그리고 교수 · 학습의 질을 증진시키기 위해 노력하는 국제조직이다. 회원들은 연구자들, 개발자들, 실천가들, 행정가들, 정책결정자들, 훈련가들, 성인교육 담당자들, 그리고 정보공학의 교육적 활용에 관심을 가지고 있는 사람들로 구성되어 있다. AACE는 교육용 멀티미디어에 관한 국제학술대회인 ED-MEDIA와 기업, 정부, 보건, 고등교육분야에서의 이러닝에 관한 국제학술대회인 E-Learn을 포함하여 매년 여러 가지의 국제학술대회를 후원하고 있다. AACE는 *Journal of Interactive Learning Research, Journal of Educational Multimedia and Hypermedia, International Journal on E-Learning*을 포함한 몇 가지 학술지들을 발행하고 있다. AACE는 또한 온라인 경력지원센터와 수천 개의 학술논문과 학술대회 논문집 등에 접근할 수 있는 디지털 도서관을 운영하고 있다.

Association for Educational Communications and Technology(AECT)는 교육공학의 활용과 교육공학의 학습과정에의 적용에 관심을 가지고 있는 전문가들을 위한 조직이다. 회원들은 교수들과 대학원생들, 학교도서관 매체전문가들, 연구자들, 그리고 비즈니스와 기업체의 교수개발자들로 구성되어 있다. 이 협회는 회원들의 특별한 관심사들을 다루기 위해 몇 개의 분과들과 위원회들을 두고 있다. IDT에 관심을 가지고 있는 사람들은 주로 ID와 개발, 연구와 이론, 훈련과 평가에 초점을 둔 분과들에 가입한다. AECT는 매년 수백 편의 논문이 발표되는 국제학술대회, 취업공지센터, 전문화된 주제들에 초점을 둔 여름 학술대회, 온라인 취업센터를 후원하고 있다. AECT는 *Educational Technology Research & Development*, *Quarterly Review of Distance Education*, *TechTrends*를 포함한 몇 개의 학술지들을 발행하고 있다.

Australian Society for Computers in Learning in Tertiary Education은 교육용 상호작용적 멀티미디어를 포함하여 고등교육분야 컴퓨터기반 교육 및 훈련에 참여하고 있는 전문가들을 위한 조직이다. 이 조직은 연례학술대회를 개최하며, 비슷한 관심사를 갖고 있는 다른 조직들과 협력을 증진하고 있다.

British Institute for Learning and Development는 영국과 전 세계의 핵심적인 기관들과

연계를 유지함으로써 네트워킹과 회원들의 집합적인 전문지식에 접근할 수 있는 기회들을 제공한다.

Canadian Network for Innovation in Education은 교육공학의 활용을 통하여 연구를 증진시키고 실제를 개선하기 위해 일하는 교육자들, 행정가들, 실천가들의 공동체다. 그것은 연례학술대회를 개최하며, *Canadian Journal of Learning and Technology*, *Journal of Distance Education*을 포함한 많은 학술지들을 발행하고 있다.

Distance Education Association of New Zealand는 교육을 위한 유연하고, 개방적인 학습시스템 분야에서의 개발, 연구, 실제를 증진하고 있다. 이 협회는 주로 뉴질랜드 내뿐만 아니라 환태평양지역 출신의 개인 또는 기관 회원들로 구성되어 있다.

Educational Research Association of Singapore는 교육의 질을 증진시키기 위한 교육 연구의 활용을 증진하고 국제연구 공동체와의 긴밀한 연계를 촉진하고 있다.

e-Learning Network는 훈련에서 테크놀로지를 활용하는 사용자들을 위한 영국조직이다. 그것의 주요목표는 일터에서의 테크놀로지기반 학습과 개발에 관한 정보원이자 우수사례가 되는 것이다.

European Association for Research on Learning and Instruction(EARLI)은 교수 및 교육 연구에 관한 아이디어들을 논의하기 위한 유럽과 전 세계 다른 나라 출신의 학자들을 위한 조직이다. EARLI는 매 2년마다 학술대회를 개최하며, *Learning and Instruction*, *Educational Research Review*, *New Perspectives on Learning and Instruction*을 발행하고 있다.

International Society for Performance Improvement(ISPI)는 인간수행공학의 활용을 통해 일터에서의 수행을 증진시키는 데 초점을 두고 있다. 회원들은 수행공학자들, 훈련감독자들, 인적자원 관리자들, ID 전문가들, 조직 컨설턴트들로 구성되어 있다. ISPI는 미국뿐만 아니라 캐나다, 남아프리카, 유럽, 중동, 호주, 뉴질랜드에 걸쳐 지역별 분회가 있는 국제적인 네트워크망을 구축하고 있다. ISPI는 매년 연례 국제학술대회와 전시회, 그리고 몇몇 기관들을 후원하고 있으며, 온라인경력센터를 통해 취업 기회들에 관한 정보들을 제공하고 *Performance Improvement Journal*, *Performance Improvement Quarterly*, *PerformanceXpress*를 발행하고 있다.

International Society for Technology in Education(ISTE)은 K-12 교육과 교사교육에서의 효과적인 테크놀로지 활용을 개선함으로써 교수-학습을 증진시키기 위한 리더십과 서비스를 제공한다. 회원들은 교사들, 행정가들, 테크놀로지 코디네이터들, 매체 전문가들, 교사교육자들로 구성되어 있다. ISTE는 18개의 SIG를 지원하고 있으며, 교육용 컴퓨팅과 공학교사 준비분야에서 프로그램의 인증을 위한 지침들을 권고하는 책임을 맡고 있다. ISTE는 매년 National Educational Computing Conference를 후원하고 있으며, *Journal of Computing in*

Teacher Education, *Journal of Research on Technology in Education*을 발행하고 있다.

International Technology Education Association(ITEA)은 테크놀로지, 혁신, 설계, 그리고 엔지니어링 교육자들의 역량을 증진한다. 회원들은 주로 북미를 중심으로 전 세계에 걸친 개인과 기관들로 구성되어 있다. ITEA는 다양한 전문능력 개발 프로그램을 수행하고 있으며, 연례학술대회를 개최하고, *Journal of Technology Education*을 발행하고 있다.

International Visual Literacy Association(IVLA)은 시각적 의사소통 양식들과 시각적 리터러시의 개념을 통한 적용분야에서의 교육, 교수, 훈련을 다루는 문제들에 관심을 두고 있다. 회원들은 교수공학, 컴퓨터 애플리케이션, 커뮤니케이션, 그리고 비즈니스를 포함한 다양한 학문출신의 연구자들, 교육자들, 아티스트들로 구성되어 있다. IVLA는 연례학술대회를 개최하며, *Journal of Visual Literacy*를 발행하고 있다.

Korean Society for Educational Technology(KSET)는 학자들과 실천가들이 교육공학 솔루션들을 만듦으로써 교수 · 학습을 증진시키는 데 초점을 두고 있다. 회원들은 학계, 기업, 정부기관에 종사하는 연구자들, 개발자들, 실천가들로 구성되어 있다. KSET는 교육공학과 관련된 쟁점들에 관한 연례 국제학술대회를 후원하고 있으며, *Educational Technology International*을 발행하고 있다.

Open and Distance Learning Association of Australia는 원격교육과 열린학습(open learning)에 관심을 갖고 있는 사람들을 위한 전문협회다. 이 협회의 목표들은 호주에서의 원격교육에 관한 실제와 연구를 개선하고, 원격교육자들 간의 의사소통을 증진하며, 원격교육분야의 다른 협회들과 연계를 유지하는 것이다. 이 협회는 *Distance Education*이라는 학술지를 발행하고 있다.

Society for Applied Learning Technology(SALT)는 교수공학 분야에서 지식을 필요로 하는 일을 하고 있는 전문가들을 위한 조직이다. SALT는 이러닝, 웹기반 훈련, 모바일 학습, 상호작용적 멀티미디어, 학습관리시스템, 교수체제설계, 수행지원시스템과 같은 광범위한 주제들을 다루는 연례회의를 후원하고 있다. SALT는 *Journal of Educational Technology Systems*, *Journal of Interactive Instruction Development*, *Journal of Instruction Delivery Systems*을 발행하고 한다.

Society for Information Technology and Teacher Education(SITE)은 교사교육분야에서 정보 테크놀로지의 활용에 관심을 가지고 있는 전문가들을 위한 연구, 학문, 협력을 증진한다. 회원들은 개별 교사교육자들과 모든 학문분야에 종사하는 교사교육자들이 소속된 조직들로 구성되어 있다. SITE는 연례 국제학술대회를 후원하며, *Journal of Technology and Teacher Education*과 *Contemporary Issues in Technology and Teacher Education*을 발행하고 있다.

Society of International Chinese in Educational Technology는 중국에서의 교육공학의 적용을 지원하고 있다. 또한 교수 · 학습을 위한 교육공학을 공부하는 중국학자들을 위한 국제적인 연계와 교류를 증진하고 있다.

IDT 분야의 전문 간행물들

다음에는 IDT 및 관련 분야들에서 발행되는 50개의 전문간행물들에 대한 구체적인 사항들을 제공한다. 각 학술지에 대한 정보는 학술지 자체에서 또는 교육분야에서 출판기회들에 관한 Cabell의 목록들 중 하나(Cabell, 2007; Cabell, English, George, & Earle, 2007)에서 수집했다. 이 장에 있는 간행물들에 대한 링크들은 http://trendsandissues.org/에서 이용할 수 있다.

*American Educational Research Journal*은 교육 분야에서의 독창적 · 실증적 · 이론적인 연구들과 분석들에 관해 보고하는, 동료평가를 거치는(peer-reviewed) 논문들을 발행하고 있다. 이 학술지는 교수, 학습, 인력개발에 관한 부문(section)을 가지고 있는데, 이 부문은 공식 · 비공식적 환경을 망라하는 모든 교육수준에서의 교수 · 학습을 검토하는 논문들을 담고 있다.

*American Journal of Distance Education*은 원격교육에 관한 연구, 이론 및 실제에 관한 논문들을 출간하는, 동료평가를 거치는 학술지다. 이 학술지는 원격으로 훈련 및 교육프로그램을 개발하고 전달하는 교육자들과 이러한 시스템들의 관리자들을 대상으로 하고 있다.

*Australian Journal of Educational Technology*는 교육공학, ID, 컴퓨터 테크놀로지의 교육적 활용, 이러닝, 그리고 관련 분야의 연구 및 리뷰 논문들을 발행하는, 심사위원의 심사를 거치는(refereed) 학술지다.

*British Journal of Educational Psychology*는 경험적 · 이론적인 연구, 사례연구, 실천연구(action research), 조사, 실험연구를 발행하는, 동료평가를 거치는 학술지다. 이 학술지의 초점은 교육에 관한 이해와 실제에 상당한 공헌을 하는 심리학적 연구에 있다.

*British Journal of Educational Technology*는 학습 테크놀로지 및 의사소통과 관련된 이론, 적용 및 개발에 관한, 동료평가를 거친 논문들을 발행하고 있다. 이 학술지는 교육, 훈련, 정보공학 분야의 전 세계 학자들 및 전문가들을 대상으로 하고 있다.

*Canadian Journal of Learning and Technology*는 학습을 위한 테크놀로지의 활용에 초점을 두는, 동료평가를 거치는 학술지다. 다루는 주제들로는 학습이론과 테크놀로지, 인지와 테크놀로지, ID이론과 적용, 온라인 학습, 교육에서의 컴퓨터 활용, 시뮬레이션과 게임, 학습과정에서의 테크놀로지의 활용에 관한 다른 측면들이 포함된다.

*Cognition and Instruction*은 인지적-교수적 연구 및 분석에 관한, 동료평가를 거친 논문들을 발행하고 있다. 이 학술지는 교수와 학습에 관한 인지적인 연구에 초점을 두고 있다.

*Computers in Human Behavior*는 심리학적 관점에서 컴퓨터의 활용을 살펴보는 이론적 연구, 연구보고서, 문헌분석 등을 발행하는 학술지다. 이 학술지는 인간과 컴퓨터의 상호작용, 컴퓨터 사용이 개인, 집단, 사회에 미치는 심리학적 영향을 다루고 있다.

*Distance Education*은 원격교육, 열린교육, 그리고 융통성 있는 교육분야에 관한 연구 및 학술자료를 발행하는, 동료평가를 거치는 국제 학술지다.

*Educational Researcher*는 광범위한 학문분야의 교육연구가들이 일반적인 관심을 가질 수 있는 학술논문들을 담고 있다. 이 학술지는 교육에서의 학문적 탐구를 보고 · 종합 · 분석하는, 동료평가를 거친 논문들을 발행하는 특집기사 부문(section)을 가지고 있다.

*Educational Technology*는 교육 및 훈련 환경에서 과학적인 지식의 연구와 실제적인 적용을 설명하는, 심사위원의 심사를 거치지 않는 논문들을 발행하는 전문잡지다. 이 잡지는 교육공학 분야와 관련된 다양한 주제들을 다루고 있다.

*Educational Technology, Research and Development*는 연구보고서, 문헌검토, 이론적 · 개념적 논문, 프로그램, 방법론, 그리고 모형에 관한 기술들을 발행하고 있는, 심사위원의 심사를 거치는 학술지다. 이 학술지는 교육공학 분야의 이론뿐만 아니라 응용이론의 실제적인 측면들에 관하여 잘 문서화한(well-documented) 논문들을 수록하는 연구부문과 학습환경의 설계 및 개발, 교육공학적 적용에 초점을 둔 개발부문의 두 부문을 가지고 있다.

*Educational Technology and Society*는 교육시스템 개발자들과 그러한 시스템을 실행하고 관리하는 교육자들에게 영향을 미치는 쟁점들에 관한, 동료평가를 거친 논문들을 발행하고 있다.

*Electronic Journal for the Integration of Technology in Education*은 테크놀로지 통합에 관한 연구결과들과 실제적인 논문들을 크게 다루는, 온라인이며 심사위원의 심사를 거치는 학술지다.

*Instructional Science*는 교수과정과 학습에 관한 본질, 이론, 실제에 초점을 둔, 심사위원의 심사를 거친 학술논문들을 발행하고 있다. 이 학술지는 학습과 인지에 관심을 가지고 있는 전 세계의 연구자들 및 전문가들을 대상으로 하고 있다.

*Interactive Educational Multimedia*는 멀티미디어에 관한 연구, 실행, 설계와 관련된, 동료평가를 거친 논문들과 초청된(invited) 논문들을 발행하고 있는 온라인 학술지다. 이 학술지는 교육용 멀티미디어, 하이퍼미디어, 학습, 설계, 수업, 교육에 적용된 새로운 테크놀로지에 관한 평가를 다루고 있다.

*International Journal of E-Learning*은 이러닝에 관한 연구, 개발, 실제에 관한, 동료평가

를 거친 논문들을 발행하고 있다. 이 학술지는 기업, 정부, 보건복지, 고등교육분야에 종사하는 전 세계적인 교육자들과 훈련담당자들을 대상으로 하고 있다.

*International Journal of Educational Technology*는 교육공학 분야의 연구논문들을 발행하고 있는, 심사위원의 심사를 거치는 온라인 학술지다. 이 학술지는 매년 두 번 온라인으로 발행되며, 접속 비용 없이 이용 가능하다.

*International Journal of instructional Media*는 교수와 훈련에서 활용되는 모든 형태의 매체에 초점을 둔 논문들을 발행하고 있는, 심사위원의 심사를 거치는 학술지다. 이 학술지는 컴퓨터 테크놀로지, 컴퓨터매개 의사소통, 원격학습, 매체연구와 같은 주제들을 고찰한다.

*International Journal of Training and Development*는 훈련에 초점을 둔 이론적, 개념적, 방법론적 연구논문들을 발행하고 있는, 심사위원의 심사를 거치는 학술지다. 이 학술지는 훈련과 관련된 정책수립 및 실행을 수행하는 전 세계의 정책당국, 대학, 기업체를 대상으로 한다.

*International Journal of Training Research*는 호주와 전 세계적으로 직업교육 및 훈련과 관련된 연구조사와 연구에 관한 리뷰들에 초점을 두는, 동료평가를 거친 논문들을 발행하고 있다.

*International Review of Research in Open & Distance Learning*은 열린학습과 원격학습 분야의 프로젝트들과 프로그램들에 관한 논문을 발간하고 있는, 심사위원의 심사를 거치는, 누구나 접속할 수 있는 e-학술지(e-journal)다. 이 학술지는 문서화된 연구를 학습이 융통성 있는 전달방식들을 통해 발생하는 방식으로 제공하고 있다.

*Journal of Computer Assisted Learning*은 학습과 지식교류를 지원하기 위한 정보통신기술의 활용에 초점을 두고 있는, 동료평가를 거치는 학술지다. 이 학술지는 전 세계의 연구자들과 실천가들을 대상으로 하고 있으며, 협동학습, 지식 엔지니어링, 열린학습, 원격학습, 네트워크화된 학습과 같은 주제들을 다루고 있다.

*Journal of Computer-Mediated Communication*은 컴퓨터매개 의사소통에 대한 정보를 확산시키는, 심사위원의 심사를 거치는 e-학술지다. 이 학술지는 이론적인 분석, 독창적인 실증연구뿐만 아니라 선행연구에 대한 고찰, 통합, 메타분석 논문들을 발행하고 있다.

*Journal of Computing in Higher Education*은 교수공학 및 교육환경과 연계된 쟁점들, 문제들, 연구에 관한 이해를 증진하는 독창적인 연구, 선행연구 고찰, 실행과 평가연구, 이론적 · 개념적 · 정책적 논문들을 발행하고 있는, 동료평가를 거치는 학술지다.

*Journal of Computing in Teacher Education*은 예비교사들과 현직교사들을 위한 컴퓨터와 테크놀로지 교육에 관여하는 교사교육자들에게 흥미 있는 실제적인 적용, 연구보고서, 이론적인 논문들을 발행하고 있는, 심사위원의 심사를 거치는 학술지다.

*Journal of Distance Education*은 원격교육 관련 쟁점에 초점에 두고 있는 학술논문들과 연구논문들을 발행하고 있다. 이 저널은 원격교육 분야에 종사하는 캐나다연구자들의 연구와 학술 활동을 증진하고 장려하며 국제적인 학술활동을 전파하기 위한 포럼을 제공하는 데 목표를 두고 있다.

*Journal of Educational Computing Research*는 교육용 컴퓨팅과 컴퓨터기반 교육과 관련된 연구보고서, 비판적 분석, 설계 및 개발연구, 고찰들을 포함한 동료평가를 거친 논문들을 발행하고 있다.

*Journal of Educational Multimedia and Hypermedia*는 교육분야에서의 멀티미디어와 하이퍼미디에 관한 연구, 개발, 적용을 논의하는, 동료평가를 거친 논문들을 발행하고 있다. 이 학술지는 이미지, 음성, 문자, 데이터의 통합을 가능하게 하는 기술적인 도구들을 사용하는 교수 · 학습에 관한 이론과 실제에 초점을 두고 있다.

*Journal of Educational Psychology*는 모든 수준의 교육과 관련된 독창적인 심리학적 연구를 발행하고 있는, 동료평가를 거치는 학술지다. 이 학술지는 종종 교육심리학과 관련된 이론적인 논문과 문헌고찰 논문들을 발행하고 있다.

*Journal of Educational Research*는 초 · 중등 및 고등교육에서의 교육학적 실제에 관한 연구를 기술하거나 통합하는, 동료평가를 거친 논문들을 발행하고 있다. 이 학술지는 교육환경에서 조작될 수 있는 변수들에 특별한 관심을 두고 있다.

*Journal of Educational Technology Systems*는 교육시스템 통합적 요소로서의 컴퓨터 테크놀로지의 활용에 관한 논문들을 발행하고 있다. 이 학술지는 상호작용적인 컴퓨터기반 시스템의 설계 및 개발, 교육시스템에서 테크놀로지를 사용하기 위한 기법들, 테크놀로지를 사용하는 교실 실제와 실험을 고찰한다.

*Journal of Instruction Delivery Systems*는 교육, 훈련, 직무수행분야에서 교수전달시스템에 관한 쟁점들, 문제들, 적용에 초점을 두는, 동료평가를 거친 논문들을 발행하고 있다. 이 학술지는 적용지향적(application oriented)이며, 학계, 비즈니스, 기업체, 군대에 종사하는 교육자들, 훈련자들, 전문가들을 대상으로 하고 있다.

*Journal of Interactive Instruction Development*는 상호작용적인 시스템 설계의 질, 효과성, 생산성의 신장에 초점을 두고 있는 실제적인 간행물(practical publication)이다. 이 학술지는 주로 훈련, 교육, 정부기관에 종사하는 관리자들과 최고위층 전문가들을 대상으로 정보사용방법을 제공한다.

*Journal of Interactive Learning Research*는 교육과 훈련분야에서 상호작용적인 학습환경에 관한 이론, 설계, 실행, 효과성, 영향력과 관련된 논문들을 발행하고 있는, 심사위원의 심사를 거치는 학술지다. 다루고 있는 논문들의 유형들에는 이론적인 관점, 연구보고서, 문

헌고찰, 학습환경에 관한 기술 등이 포함된다.

*Journal of Interactive Media in Education*은 교육분야에서의 상호작용적인 매체에 관한 이론, 연구, 실제에 관한 논문들을 발행하고 있다. 이 학술지는 개방형 동료평가를 하여, 모든 심사자의 이름과 내용이 공개된다. 따라서 제출자는 이에 대하여 적절하게 응답을 해야 하며, 독자 또한 출간 전에 제출된 것을 수정할 수 있는 기회가 있다.

*Journal of Interactive Online Learning*은 고등교육에서의 학습성과물들과 관련된 쟁점들과 관련하여 학문적, 다학문적 관점들을 포함하는 원고들, 비판적인 에세이들, 고찰들을 발행하고 있다. 이 학술지는 상호작용적인 온라인 학습과 관련된 이론, 연구, 실제에 관한 논문들을 발행하고 있는, 동료평가를 거치는 e-학술지다.

*Journal of Research on Technology in Education*은 교육용 컴퓨팅과 관련한 연구조사, 시스템 또는 프로젝트에 관한 기술 및 평가, 선행연구 통합, 그리고 이론적 또는 개념적인 입장들에 관하여 보고하는, 심사위원의 심사를 거친 논문들을 발행하고 있다.

*Journal of Technology and Teacher Education*은 교사교육에서의 정보공학의 활용에 대한 논문들을 발행하고 있는 동료평가를 거치는 학술지다. 이 학술지는 예비교사교육과 현직교사교육뿐만 아니라 교육과정과 교수, 교육행정, 교직원 개발, 교수공학, 교육용 컴퓨팅과 같은 분야의 대학원 프로그램들을 다룬다.

*Journal of Technology, Learning, and Assessment*는 테크놀로지, 학습이론, 평가가 통합된 계획들이 공유되는 다학문적인 포럼을 제공하는, 동료평가를 거치는 학문적인 온라인 학술지다.

*Journal of Visual Literacy*는 시각적인 리터러시와 의사소통에 관한 경험적, 이론적, 실제적, 또는 응용적인 측면들을 탐색하는 논문들을 발행하고 있는, 심사위원의 심사를 거치는 학술지다. 이 학술지는 다양한 분야들에서의 시각자료의 효과적인 활용에 초점을 두고 있다.

*Learning and Instruction*은 학습, 개발, 교수, 수업에 관한 경험적인 연구조사, 이론적 · 방법론적인 논문들, 문헌고찰 등을 발행하고 있는, 동료평가를 거치는 학술지다. 이 학술지의 초점은 해당 분야의 유럽인들의 연구에 있다.

*Open Praxis*는 열린학습과 원격교육분야의 전 세계적인 발전에 관한 학문적인 논문들을 발행하고 정보들을 제공하고 있다.

*Performance Improvement Journal*은 작업장에서의 인간수행공학의 실천가들을 대상으로 하는 심사위원의 심사를 거치지 않는 전문잡지다. 이 학술지는 모든 유형의 해결책들과 HPT 과정의 전체 국면들을 다루며, 모형들을 사용한 실무경험들, 해결책들, 활용지침들, 그리고 사용할 수 있는 업무보조물들뿐만 아니라 연구논문들을 발행하고 있다.

*Performance Improvement Quarterly*는 인간수행공학에 대한 문헌고찰, 연구조사, 그리고 다른 학문적인 논문들을 발행하고 있는, 동료평가를 거치는 학술지다. 이 학술지는 전단 분석, 평가와 같은 인간수행공학을 강조한다.

*Quarterly Review of Distance Education*은 원격교육에 관한 이론, 연구, 실제와 관련된 논문들을 발행하고 있는, 동료평가를 거치는 학술지다. 이 학술지는 종종 온라인 교수 설계와 관련된 쟁점들을 고찰한다.

*Review of Educational Research*는 교육과 관련된 비판적 · 통합적인 연구문헌 고찰들을 발행하고 있는, 동료평가를 거치는 학술지다. 이 학술지는 다양한 학문들로부터의 교육적 연구를 해석하고 통합하는 고찰들을 담고 있다.

*TechTrends*는 교육과 훈련분야에서의 테크놀로지의 실제적인 적용에 초점을 두고 있는, 동료평가를 거친 논문들을 발행하고 있다. 이 학술지는 교육 의사소통과 테크놀로지 분야에 종사하는 전문가들을 대상으로 한다.

*T & D Magazine*은 작업장 학습과 수행분야의 현황, 새로운 이론들과 그것들의 적용, 새로운 경향들에 관한 동료평가를 거치지 않는 논문들을 발행하고 있다. 이 잡지는 비즈니스, 정부, 학계, 컨설팅분야에 종사하는 실천가들을 대상으로 하고 있다.

*Training Magazine*은 기업체 리더들의 인터뷰와 프로필들, 특별보고서들, 독창적인 연구, 의견들, 훈련과 노동력 개발분야에서의 최신경향들과 같은 동료평가를 거치지 않는 특집기사들을 발행하고 있다.

*Turkish Online Journal of Educational Technology*는 테크놀로지와 교사 준비에 관한 이론적인 논의에 관한 논문들, 테크놀로지의 활용에 관한 현황, 교육공학에 관한 논의를 진전시켜 왔던 이전에 발행된 논문들을 발행하고 있는, 동료평가를 거치는 e-학술지다.

핵심 원리 요약

IDT는 급격하게 진화하고 있는 분야다. 표면상, 그 분야에서의 경향들은 테크놀로지 진보에 의해 촉발되는 것처럼 보인다. 그러나 교수와 다른 해결책들의 설계와 전달을 지지하는 학습과 수행의 진보가 계속되고 있다. 역량이 있는 전문가들은 해당 분야의 관련 간행물들을 읽음으로써, 그리고 학술대회들에 참여함으로써 자신들을 계속적으로 개발하는 데 상당한 시간을 투자한다. 특히 테크놀로지와 관련된 영역들에서의 사회적, 전문적인 네트워크들이 아주 빈번하고 빠르게 탄생하고, 꽃피우며, 죽기 때문에 그것들을 지속적으로 따라잡기 위해서는 의식적인 노력이 필요하다. IDT 분야의 전문가로서, 여러분은 이러한 지식을 여러분 자신에게 적용하고, 이러한 채널들의 효과적인 활용을 위한 여러분 자신의 전략들을 개발해야 한다.

1. IDT 분야의 전문가들은 학습, 교수, 수행증진, 매체, 테크놀로지와 같은 영역에서 현 상태들을 유지할 것이 기대된다.
2. 이 분야에서의 변화들에 발맞추기 위해서 학자들과 전문가들은 학술지들을 읽고, 전문조직들에 가입하며, 학술대회들에 참여하고, 공식적 · 비공식적 네트워킹 활동들에 참여한다.
3. 전문조직에 가입하거나 특정 학술지를 읽을 것인지의 결정은 그 미션이 여러분의 경력 목적들과 관심사들과 일치하는지의 여부에 기초해야 한다.
4. 어떤 전문조직에 가입함으로써 얻는 혜택들은 회비와 대비하여 비교 · 고찰되어야 한다. 혜택들에는 학술지 가입, 연례회의 또는 학술대회들, 고용지원, 네트워킹 기회들이 포함될 수 있다.
5. 온라인 포럼과 사회적인 네트워킹 사이트들에 적극적으로 참여하면 여러분의 전문 네트워크의 개발을 가속화시킬 수 있다. 이러한 자원들을 효과적으로 활용하기 위해서는 개별적인 비용-혜택에 관한 주의 깊은 검토가 필요하다.
6. 학술대회들과 전시회들은 학습사태들이다. 여러분은 분명한 학습목표들을 가지고 참석해야 하며, 여러분이 그것들을 어떻게 달성할 작정인지를 미리 계획해야 한다.
7. 교양 있는 정보 소비자로서, 여러분은 그것이 어디에서 발행되었는지에 상관없이 여러분이 읽은 것에 관한 내용을 비판적으로 분석해야 한다.

응용 문제

1. 관심 있는 한 주제를 선택한 후 그 주제에 관한 논문들을 발행해 오고 있는 간행물들을 확인하기 위해 이 장에서 열거한 간행물들을 검색하라.(되도록이면 다른 간행물들로부터) 그 주제와 관련된 몇 가지 논문들을 읽고 어느 학술지들이 가장 좋은 정보원을 제공했는지를 설명하라.
2. 여러분의 학습목표들, 여러분이 그러한 목표들을 충족하기 위해 기대하는 방법, 여러분이 행할 필요가 있는 준비, 여러분이 목표들을 달성하기 위해서 필요로 할 수도 있는 다른 자원들을 열거하고 있는 다음 학술대회를 위한 실행계획(action plan)을 작성하라(추상적인 행사를 선택하는 것보다 구체적인 학술대회를 선택한다면 더 쉽다).

저자 정보

James D. Klein은 애리조나주립대학교의 교육공학과(Educational Technology) 교수다.

Nick Rushby는 *The British Journal of Educational Technology*의 편집자다.

Yuyan Su는 포닉스대학교의 교수매체공학부(Instructional Media and Technology Department)의 선임교수설계자다.

참고 문헌

Cabell, D. W.(2007). *Cabell's directory of publishing opportunities in educational curriculum and methods.* Beaumont, TX: Cabell Publishing.

Cabell, D. W., English, D. L., George, T. W., & Earle, L. E.(2007). *Cabell's directory of publishing opportunities in educational technology and library science.* Beaumont, TX: Cabell Publishing.

Klein, J.D., Spector, J. M., Grabowski, B., & de la Teja, I.(2004). *Instructor competencies: Standards for face-to-face, online, and blended settings.* Greenwich, CT: Information Age Publishing.

Richey, R. C., Fields, D. C., & Foxon, M.(2000). *Instructional design competencies: The standards*(3rd ed.). Syracuse, NY: ERIC Clearinghouse on Information and Technology.

제29장

이러닝과 교수설계

J. V. Dempsey (University of South Alabama)
Richard N. Van Eck (University of North Dakota)

이 장은 우리가 움직이는 대상의 스냅 샷을 획득하려고 시도한 지난 10여 년 동안 세 번이나 묘사되었다. 도출된 것은 교수설계자들이 우리가 오늘날 이러닝 풍경(landscape)이라고 언급하는 것 어디에 어울리는지에 대한 수정된 생각들(notions)이다. 이 책의 제1판에서, 우리는 교수설계자들은 양질의 온라인 프로그램의 개발을 안내하는 데 있어 핵심적인 역할을 수행할 수 있다고 주장하였다. 그것은 여러 영역들, 특히 대학교에서 사실인 것으로 판명되었다. **변한** 것은 온라인으로 전달된 학습과 그렇지 않은 학습 간에 커다란 차이가 있다는 생각이다.

비록 인터넷은 원동력으로 남아 있지만, 여러 해 동안 우리는 이 장의 제목과 초점을 **온라인 학습**(online learning)에서 **분산형 학습**(distributed learning)으로, 그리고 **이러닝**(e-learning)으로 약간 바꾸어 왔다. 동시에 일어난 것은 아니지만, 테크놀로지가 힘과 사용의 용이성 측면에서 진보하고, 연구와 실천이 진화를 계속해 옴에 따라 이러한 것들 각각은 제한을 덜 받는 개념들이 되었다. 그러므로 이 장에서 수정된 내용 중 몇 부분은 동일하지만, 많은 것이 새롭고 과도기적이다. 심지어 완전히 온라인 학습으로 분명하게 제한할 수 있는 것을 논의하는 데 있어서도, 우리의 생각들은 확장되어 왔다. 가상 실천공동체와 개인용 매체의 편재적인 특징은 가장 다루기 어려운 교육자들과 행정가들을 제외하고 모든 사람들에게 영향을 미쳐왔다. 컨버전스(convergence), 가상소셜학습공동체들(virtual social learning communities)과 개인용 테크놀로지들(personal technologies)은 이러닝의 주요한 동인들이며, 이후에도 그러할 것이다. 그러나 테크놀로지에만 초점을 두는 것은 숲은 보지만 나무를 보지 못하는 실수를 저지르는 것이다. 어떠한 학습환경에서처럼, 우리의 노력들은 항상 학습산출물들을 효율적으로 달성하고, 창의적이고 군건한 설계를 준비하며, 개발 및 생산팀들에서 일하고, 실행할 수 있는 학습지원시스템들을 관리하는 데 중점을 두어야 한다. 이것이 오늘날의 이러닝에 의미하는 바를 이해하려면 우리가 테크놀로지와 원격교육과 함께 해왔던 곳을 명확하게 알 필요가 있다. 그러나 그것은 또한 우리의 접근법에 있어 21세기 학습으로의 일종의 패러다임의 전환을 필요로 한다. 이것은 많은 질문들을 야기한다. 우리는 정말로 오늘날 존재하는 바와 같이 이러닝의 개념과 기능성들(functionalities)에 좋은 수단을 가지고 있는가? 아마도 더 중요하게, 우리는 이러한 변화하고 있는 상황에 적응할 수 있는 개념적인 모형들을 가지고 있는가? 교수설계자들은 우리가 지난 몇 년 동안 가져왔던 기회들을 붙잡을 수 있는가? 또는 우리는 퇴보되는 쪽으로 나아가고 있는가? 이러한 테크놀로지와 전달의 진보에 의해 교수설계자들의 훈련에서 바뀌어야 할 것은 무엇인가? 이 장에서, 우리는 변화하고 있는 개념들을 업데이트하고 흥미로운 오늘날의 환경에서 존재하고 있고 미래에 나타날 수도 있는 새로운 도전들 중 몇 가지를 개괄적으로 제시하는 과정에서 이러한 질문들에 답하는 데 도움이 될 핵심적인 개념들을 다룰 것이다.

이러닝이란 무엇인가?

최근 몇 년 동안, 이러닝은 어떤 방식으로든 테크놀로지를 수반하는 모든 학습을 포함하는 포괄적인 용어가 되었다. 이러닝은 학습을 가능하도록 하기 위해 테크놀로지를 포함한 다양한 수단들을 사용하는 학습경험들을 함축하는 분산형 학습과는 약간 다르다. 그러나 실제 사용에 있어서, 이러한 차이는 크게 중요하지 않게 되었다. 이것은 학습 테크놀로지가 매우 급격하게 발전해서 기존의 정의들을 수정하거나 유지하고자 하는 우리의 능력을 빼앗아 가버렸기 때문이다. 여러 해 동안, 우리는 학습을 양식별(modalities)로(컴퓨터기반 교수, 멀티미디어, 혼합학습과 온라인 학습), 지리별로(원격 대 면대면), 시간별(동시적 대 비동시적)로 분리하려고 시도해 왔다. 우리는 처음에는 이렇게 하는 것에 어느 정도의 성공을 거두었지만, 2000년대 이후 급격한 변화의 속도 때문에 그러한 구별들은 별 의미가 없게 되었다. 한때 단순히 "온라인"이었던 것이 하이브리드(hybrid)(동일한 강좌에서 동시적이면서 비동시적인), 혼합(blended)(면대면과 원격학생들을 혼합), 혼합 하이브리드(blended hybrid)가 되었다. 한때 온라인이 비동시적인 텍스트를 의미했던 곳에, 약간의 이미지들과 드문 비디오는 비디오, 오디오, 애니메이션, 상호작용성을 잘(때때로 무질서하기는 하지만) 혼합하였다.

하이브리드학습, 혼합학습, 원격학습과 같은 구별 자체가 테크놀로지의 힘(power)뿐만 아니라 사용의 용이성 측면에서 발전함에 따라 매우 부적절하게 되었다. 흔히 상호 대체적으로 사용되는 온라인 학습, 웹기반 교수, 원격학습이라는 용어들을 좀 더 자세히 고려해 보라. 오늘날의 학습자들은 특정 강좌 내에서 동시적으로, 비동시적으로, 또는 동시적이면서 비동시적으로 상호작용할 수 있다. 학습자들은 서로 간에, 학습관리시스템(LMS)에서, 또는 서로 간에 LMS 상에서 상호작용할 수도 있으며, 동일한 또는 다른 지리적 위치들에서 그렇게 할 수도 있다. 이러한 교수적인 경험들은 휴대폰, 아이팟, 전화시스템, 전용 시청각 사이트들, LMS시스템들, 멀티미디어 컴퓨팅, 또는 웹에 의해 촉진될 수도 있다. 교수와 학습은 형식적이고 의도적(예: 강좌나 훈련 세미나와 같이 설계된 학습경험들)이거나 비형식적(예: 소셜 컴퓨팅과 네트워킹)이거나 심지어 완전히 우연적(예: 비교육적인 컴퓨터 게임)일 수도 있다. 한때 우리가 두세 개의 이러한 특징들/측면들을 통합한 교수(instruction)를 행해왔을지 모르지만, 오늘날의 이러닝은 그것들 중 어떤 것 또는 모두를 즉각적으로 통합할 수도 있고 필요한 경우에만 그것들을 추가하거나 제거할 수도 있다.

테크놀로지는 매우 강력하고, 사용하기도 훨씬 더 용이하며, 널리 보급되어 있기 때문에, 우리는 우리가 한때 학습객체들을 통합하기를 희망했던 것과 동일한 방식으로 콘텐츠, 매체, 교수방법들, 유형들을 혼합하고 연계시킬 수 있다. 오늘날 고등교육과 기업체 훈련 분야에서 이러닝에 관한 ID 연구와 풍부한 실험들이 통합됨에 따라, 이러한 힘과 사용의 용이성의 증대는 모든 측면에서 이전의 학습 유형들과 접근법들만큼이나 효과적인 것으로 판명된 매우 효과적인 학습을 초래했다(U.S. Department of Education, 2009). 동시적 또는 비동시적, 그리고 면대면 또는 원격 간의 구별이 희미해짐에 따라, 그것들의 정의와 명칭에 대한 요구 또한 희미해지고 있다. 학습은 학습이며, 이러닝은 단순히 한때 전송/수용/피드백 사이클이라고 했던 것에 전자적인 테크놀로지를 포함한 것이다. 시간, 공간, 그리고 테크놀로지의 컨버전스가 시사하는 바는 진보하고 있는 학습 패러다임들과 현재의 경향들을 훨씬 넘어 확장된다. 그것은 단순히 새로운 테크놀로지들에 대한 학습의 문제만은 아니다. 이러닝의 컨버전스는 우리로 하여금 ID에 관한 견해와 교수설계자들로서의 전문적인 역량을 재해석하도록 심각하게 요구하고 있다.

학습산출물 분석

가장 풍부한 학습경험들은 단순한 지식의 습득 이상을 넘어가는 것들이다. Merrill(1997)과 다른 학자들이 주장해 온 바와 같이, 정보(information)는 교수(instruction)가 아니다. 아홉 가지 교수사태(Gagné, 1985), ARCS모형(Keller, 1983)과 같이 ID에서 가장 유용한 개념적인 준거틀들은 다른 기능적인 구조들에서 적합한 것만큼이나 이러닝에서도 그러하다. Gagné

의 아홉 가지 교수사태도, Keller의 ARCS모형도 교수나 동기전략들의 본질을 제한하지는 않는다. 오히려 이러한 모형들은 교수설계자들이 의도적인 학습환경에서 강좌주제들에 적극적으로 접근할 수 있는 준거틀들을 제공한다.

일반적으로, 교수설계자의 업무는 의도적인 학습산출물들을 정돈하는 것이다. 시장에서 기대되는 기본적인 ID 기술들은 Bloom(1956)이나 Gagné(1985)의 분류학과 같이 학습산출물들을 사용하고 의도적인 학습산출물들을 달성하기 위해 분석을 할 수 있는 능력이다. 학습산출물들을 분류하고 학습이나 교수분석을 하기 위해 요구되는 방법론은 잘 설정되어 있으며, 학습자분석, 준거지향평가, 그리고 교수자료들에 관한 형성평가와 같은 기본적인 기술들처럼, 우리 분야의 많은 주요한 ID 교재들에서 지도되고 있다.

그러나 이러닝 환경들은 매우 기쁘게도 흔히 형식적인 IDT 교수(instruction)를 별로 강조하지 않는 비형식적 또는 우연적인 학습산출물들을 위한 기회들로 가득 차 있다. 지금까지 나온 어떠한 매체들보다도 더, 인터넷은 지식을 습득하거나 확장하는 데 있어 우연한 발견을 허용한다. 교수설계자들에게 있어, 이것은 이러닝의 가장 강력하고 타고난 특징일 수 있다. 의심할 여지 없이, 인터넷에서의 우연학습(incidental learning)은 대학교수, 기업체의 R&D 그룹들, 대학원생들에 의해서 체계적으로 탐색되고 연구되어야 할 풍부한 영역이다. 우리가 부가적으로 배운 것은 흔히 보다 더 지속적인 학습 활동들에 호기심을 유발하는 발화장치라는 것이다. 구성주의와 상황학습과 같은 개념적인 접근법들은 우연학습을 몇몇 사람들이 Dick과 Carey의 모형(1990)과 같이 "객관주의" 학습접근법이라고 하는 것보다 더 확고부동하게 다룬다. 그러나 교수설계자들이 이러닝 환경을 조성할 때 의도적이고 비의도적인 학습산출물들 양자를 체계적으로 설계하기 위해 그러한 개념적인 접근법들을 사용해야 한다는 것이 논리적인 것처럼 보이지만, 많은 교육자들은 이미 ID는 너무 귀찮아서 우연학습은 말할 것도 없이 의도적인 학습에서도 실제적이지 못하다고 믿는다.

아마도 학습산출물들을 분류하기 위한 Gagné의 신행동주의 분류법과 같은 것의 영향 때문에, 몇몇 교육자들(예: Gillespie, 1998)은 체계적인 ID를 감당할 수 없게 된다. 우리의 관점에서 볼 때, 이것은 이 모형들의 기원과 가능한 활용에 관한 이해의 부족 때문일 것이다. ID모형들을 이해하고 통합하기 위해 학습하는 것은 "보이는 것처럼 그렇게 쉽지는 않다." ID 교수들은 여러분에게 심지어 어떤 ID 대학원 프로그램 졸업생들도 의도적인 학습산출물들에 관한 교수분석을 신뢰롭게 수행할 수 없다고 아주 거리낌 없이 말할 것이다. ID모형들 중 대부분은 습득하는 것이 기술적으로 힘든 분석적인 절차들을 강조한다. 비록 우리가 전통적인 교수분석법들을 사용하기 위해 학습하는 것이 교수설계자의 교육에서 중요한 부분이라고 믿을지라도, 비실천가들(nonpractitioners)이 학습분석에 거의 귀찮지 않은 어떤 방법을 적용할 수 있을 것이라고 기대하는 것은 비현실적이다. 이러한 자료들이 제작되어야 하는 속도와 많은 강좌 개발자들이나 교수자들의 훈련 부족은 그러한 방법들을 적용하는 것을 허용하지 않을 것이다. 모든 강좌를 개발하기 위해 모두 동일한 역량들을 공유하고 있는 교수설계자들을 고용하는 것이 이상적이기는 하지만, 우리는 이것이 결코 가능하지도 않으며, 이러닝의 최전선에 있는 사람들에게 대안적인 방법들과 휴리스틱(heuristics)이 필요하다는 것을 인정해야 한다.

보다 더 추상적인 ID 분류학을 사용하기 위한 한 가지 대안은 우리의 산출물들을 예를 들어 식물이나 요업을 분류하기 위해 토착문화에서 사용한 것과 같은 민중분류학(folk taxonomy)(대중분류학(folksonomy) 태그들과는 관계없는)의 본질에서 더 많은 어떤 것을 고려하는 통합된 준거틀들에서 찾을 수 있다. 우리는 분류수준들을 분리되고 탈맥락적인 학습 산출물들로 간주하기보다, 그것들을 상황학습과 실제적인 맥락의 관점에서 고려할 수 있다. 결국 이것은 우리 인간들이 경험과 실제세계의 지식에 의존하여 우리 주변의 세계를 보는 관점이다. 물론 이것은 또한 초보 물리학도들이 힘과 운동의 문제를 다룰 때 뉴턴의 법칙보다는 가상적인 경험들에 의존할 때처럼 영역초보자들(domain novices)로서 우리가 겪게 되는 것들이다.

가령, 기초학습법(elemental learning approach)(Dempsey, 2010)은 학습산출물들의 설계와 평가를 위한 형식적인 분류학을 사용하기 위한 보다 통합적인 대안이다. 학습분석과 학습의 직접적인 측정에 기초하고 있는 이 모형은 전단분석법과는 대조적으로 순환적이다. 그것은 기초학습(실제적이고 시뮬레이션화된 요소들)과 종합적인(synthetic) 학습산출물들(일반적으로 탈맥락화된 절차들, 개념들, 지식)을 구분 짓는다. 다시 말해서, 실제적이고 시뮬레이션화된 요소들은 실생활 과제나 그 과제의 시뮬레이션을 (평가하거나 학습을) 수반한다. 그러나 종합적인 학습산출물들은 그렇지 않다. 생물학과 인류학뿐만 아니라 Bruner(1960)의 나선형 교육과정에서의 민중분류학의 개념에 영향을 받았기 때문에, 이 모형은 기초학습(실제적이거나 시뮬레이션화된 실제 생활) 산출물들을 중요하게 고려하고 종합적인 학습산출물들(절차, 개념, 관련 지식)을 자연적으로 일어나는 순환적인 과정 속에 통합한다. 이 모형은 또한 창의적인 콘텐츠 전문가들이 흔히 보여주는 초인적인 직관적 통찰을 더 쉽게 사용할 수 있도록 해준다. "실제세계"에서 일어난 것에 집중하는 보다 더 간단하고 더 즉각적인 ID모형들과 학습분석은 그것들 중 몇 가지가 옴짝달싹 못할 때까지 이러닝에서 계속해서 급격하게 늘어날 것이다.

기능적인 구조

학습과 ID 간의 관계는 변하지 않았다. 우리는 학습환경들과 생산물들을 만들기 위해 ID를 사용한다. 그러나 우리의 일에 영향을 미치는 과정들 또는 **기능적인 구조들**(functional architectures)은 테크놀로지와 그것이 인간의 인지와 상호작용에 미친 영향의 결과 급격하게 변화하고 있다. 우리에게 있어 기능적인 구조란 ID에 영향을 미치는 다양한 기능적인 실체들과 그것들 간의 협력과 상호작용을 의미한다. 이것들 중 상당수가 새로운 테크놀로지들의 영향을 매우 확실히 받지만, 이러한 테크놀로지들은 아마도 가장 의미 있는 새로운 사고와 상호작용 방식들을 증진시키는 수단들이다. 만약 우리가 학습의 미래에서 계속해서 유의미한 역할을 수행하려고 한다면 우리는 단지 테크놀로지 자체가 아닌 ID의 기능적인 구조들의 변화를 이해하고 받아들일 필요가 있다.

최근 몇 년 사이에 가장 커다란 경향은 커뮤니티의 강세와 목적이 있는 학습 활동들을 위한 소셜 학습 테크놀로지들을 사용한 것이다. 동료들과 거의 또는 어떠한 접촉도 하지 않고 밤늦게까지 컴퓨터 앞에 혼자 앉아서 일하는 고독한 학생이 여전히 존재하지만, 많은 현행 그리고 미래의 학습시스템들은 공유된 경험특성들을 강조할 것이다. 교수설계자들은 이러한 테크놀로지들과 이러닝 학습경험의 컨버전스가 우리가 단순히 테크놀로지를 "추가하는 것"이 아니라는 것을 의미하는지를 알아보기 위해 최근 10여 년 동안 페이스북 및 트위터와 같은 소셜 학습도구들의 급격한 신장만을 관찰해 왔다. 우리는 학습경험의 본질, 즉 학습의 기능적인 구조를 바꾸고 있다.

만약 구성주의가 이러한 상황에서 하나의 진정한 승자를 가지고 있다면, 그것은 학습과제들의 공유된 구성(shared construction), 즉 본질적으로 사회적 활동이다. 많은 이러닝 설계자들은 일련의 수행(교과서, 전자책, 위키, 웹 컨퍼런스, 매쉬업)에서 자신들이 생산물로 통합한 정보를 본다. 마찬가지로, 이러닝은 증가하고 있는 일련의 학습선택권과 공유된 경험들 중에서 학습 집단을 실천하는 과정이다. 설계팀들로서의 학습자들, 동료튜터링, 그리고 다른 협력적인 설계와 함께 ID를 하는 보다 더 빈번한 경우들은 이렇게 생산물과 과정에 중점을 두는 것이 이러닝의 기대하지 않았던 장점들 중 하나일 수 있음을 시사한다. 전통적인 교실에서는 이용할 수 없는 참여와 창의성은 잘 설계된 온라인 환경들에서는 아주 흔한 것이 되고 있다. Palloff와 Pratt(1999, p.115)에 의해 초기에 주장되었던 것과 같은 적절하게 구조화된 집단 지침들은 팀들이 어떻게 구조화되고 이끌어져야 하며, 팀의 리더는 어떠한 권한을 가져야 하고, 팀의 구성원들은 어떤 책임들을 져야 하며, 팀 프로젝트들은 어떻게 점수가 매겨지고, 중재에서 교수자의 역할은 무엇인지를 기술한다. 이것들은 소셜 게임의 규칙들이다. 이것들은 학습공동체들을 매우 생명력 있게 만들기 때문에, 교수설계자들은 만약 자신들이 생명력 있게 유지되기를 원한다면 기능적인 구조에 있어서의 이러한 변화들과 다른 변화들을 이해할 필요가 있을 것이다.

기술 [1)]

이러닝의 기능적인 구조는 또한 우리에게 학습 테크놀로지들을 "단순한 매체(mere media)" 전달 양식(modes) 또는 강좌들의 구성요소들로 간주하는 우리의 개념들을 바꾸기를 요구한다. 우리 분야는 테크놀로지가 인지와 학습을 지원하는 데 있어서 수행하는 역할을 연구해 왔지만, 우리의 전문용어(terminology)는 아마도 테크놀로지, ID, 이러닝을 구성하는 인지의 복잡성을 담아내기에는 불충분할 것이다. 그래서 훨씬 더 기술적인 은어가 우리 분야에 도입될 위험에 처해 있어서, 이러닝 테크놀로지들에 의해 이용 가능하게 된 독특한 학습 전술(tactics)을 "기술(technics)"이라고 부르자. 따라서 교수기술(instructional technics)은 특정한 학습산출물들을 획득하기 위해 설계되거나 선택된 테크놀로지를 사용하는 활동들 또는 전술들이다. 그것들은 교수전략들과 몇몇 경우 비용 절감의 필요에 의해 영향을 받거나 움직인다. 그것들은 기관의 요구들이 점진적으로 변화해 감에 따라 진부해져서 초기에 수정되거나 버려질 수 있는, 우리 ID 도구상자에 있는 새로운 도구들이다. 기술들은 기초학습 산출물들을 획득하기 위해서 가르치거나 배워야 할 것 또는 때에 관한 "전체상(big picture)"의 측면에서 전략적이지 않다. 그것들은 상황과 매체에 따라 달라진다.

교수기술은 캠퍼스 내 강의, 컴퓨터기반 훈련 모듈들, 온라인 세미나, 참고 웹사이트들, 전자책, DVD, 쓰레드된 논의(threaded discussions), 비디오 화상회의, 웹로그(weblogs), 시뮬레이션, 수행지원시스템, 그리고 학습이 달성될 수 있도록 해주는 무수한 다른 요소들의 어떠한 조합이든 가능하다. 마찬가지로, 이러닝은 동시적("실시간"으로 일어나는), 비동시적("실시간"으로 일어나지 않는), 또는 양자의 조합일 수 있다. 기술 그 자체가 우리로 하여금 학습산출물들, 매체의 "인지적으로 적절한 특성들", 학습자의 유형, 환경, 그리고 기술적으로 또는 조직문화에서 나타나는 제한점들이 무엇이든 그러한 것들에 기초하여 교수를 개념화(그리고 설계)할 수 있도록 해준다.

우리는 이러닝 시스템들에 있어서의 기술적인 변화들이 무성영화시대의 기술적인 변화와 동등하다는 것을 이 장의 이전판들에서 고찰했다. 소리가 영화(motion pictures)에서는 필수불가결한 것처럼, 제한된 수의 대역폭의 한계를 가지고 있는 더 풍부한 매체와 더 자연스럽게 운영되는 전달 시스템들은 이러닝 시스템들의 주 요소가 되어 왔다. 은유(metaphor)를 계속하여 사용하자면, 우리는 무성영화에서 "말이 많은 것(talkies)"으로 이동하고 있으며, 또는 심지어 아바타(Avatar)와 같은 3D 영화로 건너뛰고 있다. 한때 초기

---

1) 여기에서 기술(technics)은 Lewis Mumford에 의해서 경험된 것보다 더 현대적인 맥락에서 사용되었지만, 테크놀로지를 "인간이 자기 자신의 목적들을 위해 자연의 힘들을 조절하고 관리할 수 있는 인간 활동의 일부"(1952, p.15)라고 본다는 점에서는 비슷하다.

채택 여론주도자들에 의해서만 당연히 사용되었던 비디오와 오디오 화상회의를 위한 테크놀로지는 이제 너무 평범한 것이 되어서 우리는 텔레비전에서 그것의 광고를 보며, 거의 모든 고등교육기관들이 이러닝에서 동시적인 의사소통을 지원하기 위한 몇 가지 수단들을 가지고 있다. 무성영화에서 유성영화로 이동한 것과 같이, 이러한 새로운 테크놀로지들을 사용하는 기술(예: 제스처기반 컴퓨팅 또는 시각적인 데이터분석)은 평범한 것이 되었으며 성장하고 있다.

기술 대 트럭

거의 30여 년 전에, Clark(1983)은 매체는 "식료품류를 전달하는 트럭이 우리의 영양에 변화를 초래하지 않는 것처럼 학생의 성취도에 영향을 미치지 않는다"(p.446)라고 주장했다. 이것은 흔히 "단순한 운반체(mere vehicle)"의 논쟁이라고 일컬어진다. 그것에 관한 한, 이 논거는 통계적인 비교에서 이의를 제기하기 힘들다.[2] 논리적인 가정은 학습은 학습자들에게 "전달되고"(방법), 전달하는 운반체 자체(매체)는 특별히 중요하지 않다는 것이다. 마찬가지로 유명한 응답에서, Kozma는 "매체는 매체의 테크놀로지들, 상징체계들, 그리고 처리능력들의 인지적으로 적절한 특성들에 의해 차별화된다"(1991, p.179)라고 주장했다.

> Clark은 매체와 방법 간에 불필요한 분리를 한다. 매체와 방법은 보다 더 통합적인 관계를 가지고 있다. 양자는 설계의 일부분이다. 특정한 설계 내에서, 매체는 방법을 가능하게 하고 제한하기도 한다. 방법은 매체의 역량들을 이용하며 구체적인 예를 들어 나타낸다.(1991, p.205)

아마도 비디오게임과 같은 보다 더 고급 매체들을 고려할 때 이러한 견지의 논리를 알아보기가 더 쉬울 것이다. 많은 사람들이 게임은 문제 해결력을 증진한다고 주장해 왔지만, 다른 유형들의 게임과 다른 유형들의 문제들을 보다 면밀히 조사해 보면, 몇몇 게임유형들은 다른 유형들보다 특정 종류의 문제들에 더 좋을 수 있음을 분명하게 보여준다(예: Hung & Van Eck, 2010). 이러한 자극적인 학문적 논쟁은 설계된 이러닝 환경의 모든 측면들이 다 통계적으로 중요한 것이 아니라 대신에 설계의 구성요소들이 중요하다는 것을 (우리에게) 강화시켜 준다. 기교적인 설계는 사전지식을 통제된 실험들을 능가하는 방식으로 통합한다. 점점 더 많은 교수(instruction)가 "전달되거나" 심지어 의도적으로 설계되지도 않는다. 우리

---

2) Clark이 조언자였던, 거대한 미국 교육부의 메타분석 결과, 평균적으로 온라인과 혼합학습 조건들에 있는 학생들이 면대면 교수를 받고 있는 학생들보다 더 잘 수행했다(U.S. Department of Education, 2009)고 밝혀졌지만, 일반적으로 많은 매체유형과 원격교육에 관한 비교연구의 결과들은 어떠한 유의미한 차이도 없다(Russell, 2001)는 결론을 도출했다.

는 우리에게 영향을 미치는 것에 관한 어떠한 단서들도 제공해 주지 않는 역할모델들을 통해 태도를 학습한다. 우리는 오락매체들과 상호작용함으로써 우연학습 산출물들을 획득한다. 어떤 종류의 설계는 질서(order)를 만드는 것과 함수관계에 있다. 전성기의 ID는 학습이 일어날 수 있는 풍부한 환경을 만든다는 점에서 단지 질서를 만든다. 훌륭한 설계는 단기적인 학습산출물들에서 양적으로 측정할 수 있는 매우 통제된 전달방법을 미리 가정하지 않는다. 방법(전달된, 구성된, 또는 우연적인)과 매체는 학습산출물들을 구체화하지만, 어느 것도 풍부하고 잘 설계된 환경 내에서의 장기적인 학습에 영향을 미치는 독점적인 권리를 가지고 있지는 않다.

이러한 구별은 우리가 교수(instruction)를 만드는 수단으로서의 ID에서 벗어나 학습자 자신들이 그들 자신의 학습경험들을 구성하는 설계자들이 되는 학습경험의 설계 쪽으로 지속적으로 나아감에 따라 특히 중요시되고 있다. 우리의 모형들과 핵심적인 견해들(tenets)은 이러닝의 설계에 적절하지만, 산출물들, 목표들, 매체, 학습경험 자체에 대해 우리가 생각하는 방법은 점진적으로 변화해야 한다. 그래서 이것은 실제에서는 어떠한가?

기능적인 구조, 기술, 기초학습

기능적인 구조, 기술, 기초학습과 종합적인 학습산출물들을 조합하면 구성된 경험(constructed experience)으로서의 학습에 관한 현행 개념들을 반영하는 환경들을 설계하기 위한 로드맵을 제공해 준다. 실제세계(기초 산출물들)에서 일어나는 것처럼 실제적이고 맥락적인 과제들에 초점을 두면 몇 가지 것들을 성취할 수 있다. 실제적 · 맥락적인 과제들에 초점을 두는 것은 우리가 맥락적으로 내용이 빈약하고, 단순화한 학습 **컨테이너들**(containers)이라기보다는 응집력이 있고, 유의미하며, 복잡한 이러닝 **환경들**을 설계할 수 있도록 도와준다. 이것은 물론 ID 내에서는 완전히 새로운 접근법은 아니다. 우리는 항상 실제세계 학습 산출물들을 염두에 두고 시작했다. 그러나 그것은 학습환경을 학습자와 지식이 적용될 수 있는 세계의 역동적인 상호작용으로 개념화하는 새로운 방법을 허용한다. 그것은 더 이상 실제세계를 교수환경 속으로 가져오는 방법에 대한 사고의 문제는 아니다. 우리는 외부세계에 대한 연계를 지속적으로 지원하는 환경을 설계해야 한다.

마찬가지로, 이러닝 테크놀로지들을 플랫폼(예: LMS)으로서가 아니라 기술(technics)을 학습자들의 지식, 기술, 태도의 수용 또는(되도록이면) 구성을 지원하는 설계된 경험들 속에 통합하는 기능적인 구조의 일부분으로 생각하는 것이 더 낫다. 우리 IDT 사람들은 테크놀로지 도구들을 제공해 주는 사람들이 아니라 학습의 증거를 평가하고 문서화하는 중요한 기능들을 포함하여, 의도된, 그리고 의도되지 않은 방식으로 테크놀로지를 사용할 수 있도록 해

주는 환경들을 설계하는 사람들이다. 학습자들이 사용할 플랫폼, 시간, 장소, 도구들을 정의함으로써 학습자들이 다루는 분야를 "항상 감시하는(stake out)" 경향이 있다. 이것은 우리의 이러닝 환경들을 더 인위적이고, 더 융통성이 없으며, 더 부적합하고, 더 오래 지속되지 못하도록 만든다. 그것은 "단순한 운반체" 논쟁을 강력하게 강화하며, 몇몇 경우 심지어 학습산출물들을 감소시킬 수 있다.

모든 온라인 학습자들에 대한 가정(예: 그들은 캠퍼스의 수업에 참여할 수 없으며, 동시적인 학습이 너무 어렵다는 것을 안다)을 하기보다, 우리는 기초 산출물들을 반영하고, 종합적인 산출물들을 지원하며, 이러닝 학습환경 외부세계와 접촉할 수 있도록 하는 풍부하고 융통성 있는 환경들을 조성할 수 있는 기술들을 선택(그리고 학습자들이 그렇게 하도록 허용)해야 한다. 만약 학습산출물들이 상호작용을 요구한다면, 오디오/비디오 화상회의를 통한 동시적인 수업과 직접적인 참여는 웹, 아이팟, 또는 핸드폰의 재생을 통해 나중에 볼 수 있도록 일일이 명기되고 녹화될 수 있다. 협력이 필요한 경우, 학습자들은 인스턴트 메시징(instant messaging), 문자 메시지 전송(texting), 위키, 화상회의 테크놀로지와 같은 다양한 도구 중에서 자기 스스로 선택할 수 있어야 한다. 실제세계 환경에서 상호작용이 중요한 경우, 토론(discussion)을 위해 웹 화상회의 도구들과 가상세계가 이용되어야 하며, 실재성(presence)이 바람직한 경우에는 모임(meeting)이나 역할놀이(role-playing)가 이용되어야 한다. 확실히, 이러한 모든 테크놀로지들의 확산은 학습자들과 교수자들이 불안을 느끼게 한다. 요점은 다양한 테크놀로지 조합의 어포던스(affordances)와 더불어 가능한 학습산출물들(의도적이고 비형식적인)을 고려하며, 그런 다음 이러한 요인들의 장점들을 취하는 ID를 기교 있고, 융통성 있으며, 이론적으로 적합한 방식으로 만드는 것이다.

교수설계 분야와 이러닝

여러분은 소리가 없고, 불릿 표시된 파워포인트, 비성찰적인(nonreflective) 쓰레드된(threaded) 토론, 그리고 몇 개의 참고 링크들을 온라인 강좌에 포함시키고 그것을 학습 단위라고 부르는 교수자를 알고 있는가? 교실 뒤에서 칠판에 적고 있는 교수자를 찍은 유튜브(YouTube) 비디오는 어떠한가? 주로 보안이 안전하지 않은 선다형 퀴즈들로 평가되는 대학교 강좌들이나 기술 훈련 단위들을 본 적이 있는가? 우리 교수설계자들 대부분은 이러한 질문들에 "예"라고 고개를 끄덕거리며 심리적으로는 머리를 흔들곤 한다. 그러나 결코 두려워하지 마라! 대학교들과 기술인증 프로그램들의 인증자들은 오랫동안 좌절한 학습자들로부터 불평들을 들어왔다. 조직들은 교수자들과 강좌 개발자들이 유능하다고 인증받았다는 것을 보여주는 인가(accreditation)와 인증 표준을 획득하도록 강요받을 것이다. 이러한 점에서, 인가기관들은 우리 전문가들을 훈련하는 대학교들이 소홀히 해왔던 것, 즉 교수설계자들의 인증을 부수적으로 독려하고 있다. 예측컨대, 전통적인 대학교들과 주민훈련센터들은 영리대학교들의 형태로 사기업의 경쟁에 대처하는 것이 쉽지 않음을 알고 있다. 동시에, 교수설계자들을 위한 수요와 보상체계들도 증가하고 있다. 전체를 조망해 볼 때, 정보와 절차들의 조직화는 필수적인 생산과는 더 많이, "받으면 좋은" 서비스와는 더 적게 관련되어 왔다. 따라서 설계자들은 초창기보다 조직들의 임무를 달성하는 데 중대한 것으로 간주된다. 슬프게도, 교수설계자들은 정체성 위기를 겪고 있다. 다양한 이유들 때문에, 비슷한 콘텐츠를 가르치는 경향이 있는 대학원 프로그램들은 ID와 개발, 교수체제, 교수공학, 교수심리학, 교육공학, 학습공학 등 수많은 명칭들로 불리고 있다. 비실천가들이 우리가 하는 일을 알지 못하는 것은 놀라운 일이 아니다! 흔히 사용되는 용어는 (지식의 체계와 일반적인 용어인 교육용 소프트웨어/하드웨어 양자를 함축하고 있는) 교수설계 · 공학이다. 그러나 우리의 인접한 분야 외부인 기업체와 학계는 우리들 대부분이 업무에서 하고 있는 것을 언급할 때, "교수설계자"라는 용어를 수용하는 것 같다.[3] 우리 업무의 "설계자" 측면이 가장 핵심적이기 때문에, 아마도 일반인들의 지혜가 다시 한 번 만연할 것이다. 우리 분야에 대한 명칭을 인식하는 것은 사소한 것이 아니다.

이와 대조적으로, 대학원 프로그램들은 흔히 ID를 주로 과학의 관점에서 본다. 몇몇 프로그램들은 인지과학, 학습과학, 또는 조직개발에 보다 더 "과학적인" 초점을 둔다는 것을 표시하기 위해 심지어 ID와 연관이 있는 어떤 것으로부터 그들의 명칭을 바꾸고 있다. 이러한 견해는 교수설계자들은 자신들을 먼저 설계자들로 간주하고 그러한 관점에서 즐거움을 찾아야 한다는 주장들과 대조된다. 그러한 한 가지 주장은 이 책의 뒤쪽 장에서 Boling과 Smith에 의해 잘 제시되었다. 거기에서 그들은 "교수설계는 과학이 아니며 정당성을 갖기 위해 그것 자체를 과학이라고 할 필요도 없다. 우리는 우리 자신들을 설계의 전통 내에 위치시키며, 여전히 필요한 경우 과학적인 원리들과 과정들을 사용할 수 있다"라고 주장한다. 석 · 박사 프로그램들을 제공하고 있는 몇몇 프로그램들은 우리 분야의 "설계(design)" 내용에 관한 연구를 석사 수준에서 하도록 하고 있는 것으로 나타났다. 아마도 이러한 생각은 석사 프로그램들은 더 "직업적(professional)" 이어야 하며, 박사 프로그램은 더 "학문적(academic)" 이어야 한다는 것이다. 이러한 관점에 관한 신념이 무엇이든, "왜 교수설계에 관한 전문적인 훈련을 학부 수준에서는 강요하지 않는가?" 라는 질문이 제기된다. 적어도, 몇몇

---

3) 혼선을 피하기 위해, 이러닝 학습조직들이 흔히 사용하는 약어인 IDers(instructional designers, 교수설계자들)는 ITers(information technologists, 정보공학자들)와는 상당히 다르다. ITers(instructional technologists, 교수공학자들)는 다르지 않다.

영리 목적 대학교들은 현재 이러한 경향을 살펴보고, 학부 ID 프로그램을 기획하고 있다. 다시 한 번, 영리 대학교들은 더 보수적인 비영리 기관들보다 조금 더 앞서 있다. 우리 분야의 엄청나게 다양한 표준들을 제외하고, 우리는 왜 교수설계자들이 학부 수준에서 훈련될 수 없는지에 관한 어떠한 강력한 이유도 찾을 수 없다.

왜 우리 프로그램들 중 많은 것들이 기초수준의 교수설계자들을 학부 수준이 아닌 대학원 수준에서 훈련시키는가? 사회학 분야 출신인 우리 동료들 중 한 사람이 "길드(the Guild)"와 "시장(the Marketplace)"의 개념들을 사용하여 설명했다. 시장은 이러닝과 같은 분야들에서 종사할 ID 실천가들의 서비스를 요구한다. 길드(대학교들에 있는 ID 분야 교수들을 대표하고 있는)는 그 서비스들을 가능한 한 값어치 있게 만들기를 원한다. 길드는 실천가들이 실제로 시작의 특정 부분에서 요구될 수도 있는 것보다 더 높은 수준의 훈련을 받도록 요구함으로써 이것을 달성한다. 이것은 놀랍게도 최소한 단기간 동안에는 길드가 승리하는, 길드와 시장 간의 투쟁을 조성한다. 그러나 우리 동료의 은유 중 이야기되지 않은 추론은 길드는 더 높은 가치를 유지하기 위해 항상 길드의 구성원들을 상대적으로 희소하게 유지해야 한다는 것이다. 우리 분야가 성숙해 감에 따라, "길드들(Guilds)"은 많은 대학교들에서 나타나고 있으며, 그 결과 더 높은 임금을 받는 일자리들을 위해 경쟁하는 ID 대학원생의 수가 증가하고 있다. 인증을 받을 수 없게 됨에 따라, 대학원 교수설계자들의 훈련은 덜 균질화되고 있다.

ID 분야에서는 학사 학위로도 이러닝에서의 업무들처럼 많은 업무들에서 일할 수 있다. 실천가들은 이 학위로 이 분야에서 기본적인 수준의 역량은 가지고 있다고 본다. 더 나아가, 이 학위는 그 영역에서 대학원 수준의 업무에 대한 학문적인 수준들을 높일 수도 있다. 다른 분야에서 상급학위를 따고자 하는 학생들의 경우, 이 학위는 ID 원리들에 관한 기초 지식을 제공하고, ID 원리들이 중요하다는 "말을 전파"한다. 적어도 미국에서, 그것은 평생학습과 작업장 학습을 더 강조하기 위해 사범대학 학부 프로그램의 미션을 확장할 수 있다. 이것에 대해 우리가 가지고 있는 한 모델은 고등교육분야 심리학 프로그램들에서 증명되었다. 심리학 석사학위는 흔히 광고대로 석사학위다. 대학원생들은 흔히 심리학 학사학위를 가지고 이 프로그램에 들어오거나 입학 전에 개론 강좌들을 수강할 것이 요구된다. 이와는 대조적으로, 많은 ID 석사 프로그램들은 교육과정의 절반이 개론수준의 강좌들로 채워져 있다. 기초적인 지적 기능들을 주입식으로 공부시키기 때문에, 이러한 개론 강좌들 중 몇 가지는 어렵다. 그럼에도 불구하고, 어렵다는 것은 진보한다는 것과 동일하지 않다.

우리가 우리 분야를 보전하기 위해서 중요시해야 할 것은 예측가능한 미래를 위해 이러닝의 중요한 역할을 인정하는 우리 학문을 위한 실행 가능한 표준들을 설정하는 것이다. 우리가 이 분야에서 학사학위를 추구하든 그렇지 않든, 우리는 건물설계자들이나 심지어 인테리어 설계자들이 인증을 받는 것만큼이나 교수설계자들을 인증해야 한다. 이것은 한 동안 고려되어 왔던 생각이다(Bratton, 1991; Dempsey & Rasmussen, 1995). 어떤 최소한의 ID와 이러닝 기술들에 관해 인증하는 것은 적어도 개별 교수설계자가 해당 분야에서 기본적인 수준의 역량을 가지고 있다는 것을 시사한다. 인증 요건들은 전문 대학원들을 설립하도록 하는 경향이 있기 때문에, 인증은 또한 대학교 프로그램들이 교육심리학에서 최신유행들을 따를 때 기본적인 ID 기술들을 소홀히 하지 않도록 보장한다. 비록 이 분야에서 인증을 위한 표준들에 대한 인식이 거의 확산되지 않았지만, 그러한 인증노력을 위한 출발점을 구성할 수 있는 제안된 표준들[예: 훈련, 수행, 교수를 위한 국제표준기구(International Board of Standards for Training, Performance and Instruction)]이 있다. 이와 같은 노력들과 대학교들 및 다양한 전문협회들의 인증 요건들을 통합하면, ID에 관한 전문적인 실행에서 상당한 신뢰도를 도출할 수 있을 것이다. 표준들과 인증은 엄격한 직업의 특징들 중 하나이기 때문에, 우리는 이러한 논의들에 대해 신중하게 생각해 보아야 한다.

교수설계자들이 해당 분야에서 좋은 기본 교육을 받는 것이 중요한 것처럼, 그들이 그러한 교육을 계속해서 받는 것도 중요하다. 이 분야에서 상당기간 동안 종사해 온 우리들은 우리가 받은 교육의 한계를 깨닫는다. 테크놀로지의 발전은 항상 비용을 상승시키고 있다. 우리는 계속적인 재훈련 없이 어떻게 우리의 기술들이 현 상태를 유지할 수 있을 것이라 기대하는가? 대학교의 교수설계 및 평생교육부(university instructional design and continuing education unit: CEU) 프로그램들은 그들이 간호사들, 변호사들, 교사들, 그리고 다른 전문가들을 위해서 현재 하는 것처럼 설계자들을 위한 CEU 프로그램을 준비하는 과제를 수행해야 한다. 이상적으로, 평생교육의 인증과정과 승인은, 해당 분야의 대학원 컨소시엄이나 전국적인 협회가 평생교육 학업활동(coursework)을 인증하거나 적어도 승인하는 과제를 수행할 수 있도록 하는 것이 최선의 방책이다.

이러닝 환경들은 이전보다 훨씬 더 복잡하고 숙련된 교수설계자들을 더 많이 요구한다. 훨씬 더 복잡한 이러닝 시스템들이 전례 없이 빠른 속도로 나타나고 있어 어리둥절할 수도 있다. 우리가 일하는 분야는 습득 · 활용하기가 매우 어렵기 때문에, 이 분야는 좋은 시기다. 조직들은 좋은 이론적인 배경을 가지고 있는 교수설계자들의 도움과 이러닝 테크놀로지의 활용에 관한 설계자의 이해를 필요로 한다. 교수설계자들은 항상 조직에게는 고비용의 항목이다. 만약 교수설계자들이 이러닝 개발과정에서 필수적인 것으로 간주되지 않는다면, 우리는 계속적인 생존을 위협하거나 적어도 우리 분야의 잠재성을 억누를 수 있는 수요와 보수가 감소하는 것을 볼 수 있을 것이다.

Pelton(1996)은 더 새로운 연구 분야들은, 새로운 학문이 경멸적으로 여겨지고, 회의주의적으로 바뀌며, 그 후 마지못해 수용되고, 마지막으로 도유(anointment)되는 의례적인 과정을 겪는다고 이론화했다. 부분적으로 이러닝으로 인해, ID는 마지못해 수용되는 단계에 있다. 우리가 컴퓨터과학과 같은 분야들처럼 도유의 단계에 도달할 수 있을지의 여부는 우리의 역량과 전문적인 정체성을 더 확고히 확립하고자 하는 우리의 능력뿐만 아니라 우리가 변화를 어떻게 수용할 것인지에 달려 있다.

핵심 원리 요약

1. **이러닝은 어떤 방식으로든 테크놀로지를 수반하는 모든 학습을 포괄하는 광범위한 용어가 되었다.** 하이브리드학습, 혼합학습, 원격학습과 같은 구별은 테크놀로지가 힘뿐만 아니라 사용의 용이성 측면에서 발전함에 따라 매우 부적절하게 되었다. 어떤 면에서, 이것은 또한 시간(동시적, 비동시적), 장소, 플랫폼 유형(예: 모바일, 웹, 면대면)의 구별을 더 부적절하게 한다.
2. **이러닝은 두 가지의 현상들로 특징지어진다:** (a) 다양한 협력적 또는 상호작용적 기능적인 특징들과 요소들을 사용하는 기능적인 구조들과 (b) 학습산출물들에 도달하기 위해 설계되거나 선택된 테크놀로지를 사용하는 기술들
3. **기초학습 산출물들에 집중하도록 하는 것은 매체, 플랫폼, 위치, 시간의 사용을 유도하는 데 도움을 주는 학습분석과 평가에 대한 더 간단하고, 통합적이며, 순환적인 접근법을 사용하도록 독려한다.** 의도적 · 비의도적 학습의 학습산출물들을 분석하는 것이 매우 중요하지만, 전통적인 교수분석 기법들은 귀찮다.
4. **매체나 방법(전달된, 구성된, 또는 우연적인)도 잘 설계된 이러닝 환경 내에서의 장기 학습에만 영향을 미치는 것은 아니다.** 모든 설계와 마찬가지로, ID는 질서(order)를 만드는 것과 함수관계에 있다.
5. **교수설계와 이러닝 숙달도에 관한 단일의 전문적인 표준들이나 인증을 마련하면 해당 학문을 공고히 확립하고 신뢰도를 증진시킨다.** 우리는 학부의 성장과 우리 분야를 보전하기 위해 훨씬 더 많은 지원이 필요하게 될 ID 프로그램들의 인증을 예측한다.

응용 문제

1. 여러분이 IDT 분야의 학부 프로그램을 설계한다면, 교육과정을 어떻게 재개념화할 것인지를 기술하라. 석사 수준에서 학부 수준으로 옮겨야 할 것은 무엇인가? 인증은 어떻게 그리고 어디에서 수행하기 시작할 것인가? 석사학위 연구는 어떻게 다른가? 석사 프로그램과 박사 프로그램 간의 관계는 어떠한가?

2. 여러분이 이러닝 형태로 입문 IDT 강좌를 설계한다면, 여러분은 어떤 기술들(technics)을 포함할 것인지를 어떻게 결정할 것인가? 이 장에서 논의된 용어와 개념들(기초 대 종합적인 학습산출물들, 기술의 선택)을 사용하고, 기능적인 구조를 설계하고 학습자들을 위한 적절한 기술들을 선택하는 것과 학습자들 스스로가 그렇게 하도록 허용하는 설계를 하는 것이 의미하는 바를 고려하라. 그것은 설계 과정에 어떠한 영향을 미칠 것인가?
3. 여러분이 오늘날 사용되는 모든 기술들(technics)과 테크놀로지들(소셜 네트워킹, 협력, 페이스북 등)을 통합한 "21세기 학습 강좌(Twenty First-Century Learning Course)"를 설계하라는 말을 들었다고 가정해 보자. 여러분이 설계할 핵심적인 특성들은 무엇이며, 여러분은 의도적인 학습과 비의도적인 학습을 위해 어떻게 설계하겠는가?
4. 여러분이 국제적인 회사가 가상훈련 네트워크를 설치하는 것을 도와주는 컨설팅 교수설계자로 고용되었다고 가정해 보자. 여러분은 어떠한 단계들을 거칠 것인지와 이 네트워크의 실행가능성(feasibility)을 평가하고 여러분이 제안한 시스템을 개발하는 데 있어 여러분이 물어보아야 할 질문들이 무엇인지를 기술하라.
5. 인터넷을 사용하여, 분산형 학습(distributed learning)에 관한 10개의 예들을 찾아라. 다음의 각각에 관한 예들을 찾으려고 해보라(한 예는 범주들 중 몇 가지에서 모두 적합할 수도 있다).
   a. 기업체 분산형 학습
   b. 학교 분산형 학습
   c. 분산된 자원 지원
   d. 하이브리드 교실
   e. 가상 교실
   f. 물리적인 위치에 기반한 분산형 학습
   g. 가상 기관들을 통한 분산형 학습
   h. 영리 분산형 학습
   i. 자유 분산형 학습
   j. 기술기반 훈련(예: 컴퓨터 기술 훈련)
   k. 지식기반 학습(예: 제2차 세계대전 역사, 심리학 개론 등)

저자 정보

J. V. (Jack) Dempsey는 사우스앨라바마대학교의 이러닝 학과장(Director of Electronic Learning)이며 교수설계개발학과(Instructional Design and Development) 교수다.

Richard N. Van Eck은 노스다코타대학교 부교수이며 교수설계공학(Instructional Design and Technology) 프로그램 대학원 학과장이다.

참고 문헌

Bloom, B. S.(Ed.).(1956). *Taxonomy of educational objectives.* New York: D. McKay.

Bratton, B.(1991). Professional competencies and certification in the instructional technology field. In G. J. Anglin(Ed.), *Instructional technology: Past, present, and future*(pp. 227-235). Englewood, CO: Libraries Unlimited.

Brunner, J.(1960). *The process of education.* New York: Vantage.

Clark, R. E.(1983). Reconsidering research on learning from media. *Review of Educational Research, 53*(4), 445-459.

Dempsey, J. V.(2010). Elemental learning and the pyramid of fidelity. In R. VanEck(Ed.), *Gaming and cognition: Theories and practice from the learning sciences*(pp. 82-107). Hershey, PA: IGI Global.

Dempsey, J. V., & Rasmussen, K. L.(1995). Competencies and a new instructional design program. *College Student Journal, 29*(1), 2-7.

Dick, W., & Carey, L.(1990). *The systematic design of instruction*(3rd ed.). New York: HarperCollins.

Gagné, R. M.(1985). *The conditions of learning and theory of instruction*(4th ed.). Fort Worth, TX: Holt, Rinehart and Winston.

Gillespie, F.(1998). Instructional design for the new technologies. InK. H. Gillespie(Ed.), *The impact of technology on faculty development, life, and work*(pp. 39-52). San Francisco: Jossey-Bass.

Hung, W., & Van Eck, R.(2010). Aligning problem solving and gameplay: A model for future research and design. In R. VanEck(Ed.), *Interdisciplinary models and tools for serious games: Emerging concepts and future directions*(pp. 227-263). Hershey, PA: IGI Global.

Keller, J. M.(1983). Motivational design of instruction. In C. M. Reigeluth(Ed.), *Instructional design theories and models: An overview of their current status*(pp. 386-434). Hillsdale, NJ: Lawrence Erlbaum Associates.

Kozma, R. B.(1991). Learning with media. *Review of Educational Research, 61*(2), 179-211.

Merrill, M. D.(1997, November-December). Instructional strategies that teach. *CBT Solutions*, 1-11.

Mumford, L.(1952). *Art and technics.* New York: Columbia University Press.

Palloff, R. M., & Pratt, K.(1999). *Building learning communities in cyberspace: Effective strategies for the online classroom.* San Francisco: Jossey-Bass.

Pelton, J. N.(1996, November-December). Cyberlearning vs. the university: An irresistible force meets an immovable object. *The Futurist*, 17-20.

Russell, T. L.(2001). *The no significant difference phenomenon: A comparative research annotated bibliography on technology for distance education.* Montgomery, AL: IDECC.

U.S. Department of Education.(2009). *Evaluation of evidence-based practices in online learning: A meta-analysis and review of online learning studies.* U.S. Department of Education Office of Planning, Evaluation, and Policy Development Policy and Program Studies Service, B. Means, Y. Toyama, R. Murphy, M. Bakia, & K. Jones(Eds.).

학습객체

Susan Smith Nash (American Association of Petroleum Geologists)

학습객체들(learning objects)이란 많은 사람들에게 많은 것들을 의미한다. 매우 일반적인 의미로, 학습객체는 교육목적을 위해 사용될 수 있는 어떤 것이다. 책이나 전시물(display)도 학습객체라고 볼 수 있다. 그러나 그 용어는 디지털 준거틀(framework) 속에서 사용된 디지털 객체들과 결합되어 왔다. 과거에, 준거틀은 컴퓨터기반 훈련과 교육에서 사용된 경향이 있었지만, 오늘날은 다양한 유형의 모바일 학습을 포함하고 있는 이러닝과 관련된 애플리케이션 센터에서 사용된다. 학습객체들은 온라인 강좌들이 자체 제작하거나(custom-built) 외부 자원들로부터 도입한 학습객체들로 구성된 기본적인 준거틀들이나 템플릿들로 개발할 수 있을 정도로 많은 온라인 학습 프로그램들의 핵심을 형성해 오고 있다.

교수설계자들과 강좌개발자들은 온라인 강좌들을 구성할 때, 학습객체들의 사용을 지원해 왔다(Wilhelm & Wilde, 2005). 그들에게 있어, "다른 맥락들 속에 있는 디지털화된 자기완비적(self-contained) 학습 '덩어리들(chunks)' 을 모으고 재사용하며, 그것들을 일관성 있는 강좌구조 속에 모양 지을 수 있는 능력은 흥미를 자아낸다" (Wilhelm & Wilde, 2005, pp.65-66). 학습객체들 그 자체가 매우 효율적인 교수의 소재들(building blocks)이며, 그것들은 교수설계자들이 강좌들, 평가들, 그리고 다른 교수자료들을 융통성 있고, 학생들과 기관의 요구들에 민감하게 반응하는 방식으로 제작할 수 있도록 해준다. 이상적인 상황에서, 학습객체들을 사용한 강좌개발은 저렴하고 신속할 수 있다. 그것들은 온라인 강좌가 "살아있는 문서(living document)", 즉 변화하는 요구들을 충족하기 위해 쉽게 수정되고 업데이트될 수 있는 문서가 될 수 있도록 해준다(Alonso, et al., 2008). 더 나아가, 강좌개발이 흔히 전 세계의 다른 지역들에서 일하고 있는 교수설계자들, 교과내용 전문가들, 강좌구성 작가들, 교수공학자들의 팀으로 구성되어 있는 환경에서, 학습객체들은 콘텐츠가 공유되고, 대체되며, 수정되고, 재사용될 수 있기 때문에 협력하는 것을 용이하게 해준다.

왜 "객체"라고 부르는가?

"학습객체"라는 아이디어는 프로그래머들이 관계형 데이터베이스들(relational databases)부터 상호작용적인 웹사이트들에 이르기까지의 소프트웨어 프로그램들을 개발하는 최상의 방법은 그것들을 "객체들(objects)"이라고 불리는 작고, 재사용 가능한 코드덩어리들로 구축하는 것임을 발견했던 "객체지향(object-oriented)"으로부터 나왔다. 가장 작은 덩어리들, 즉 객체들은 "입자가 작은(fine-grained)" 것으로 간주되며, 프로그래머들의 핵심적인 관심사들 중 하나는 디지털 객체들이 적절한 수준의 "과립상(granularity)"을 이루었음을 분명히 하는 것이다. 그들의 의견으로, 덩어리들이 작을수록 더 좋다(Churchill, 2007). 만약 학습객체들의 입자가 작게 되어 있다면, 그것들은 많은 다른 장소들, 공통적인 것이 전혀 없는 것처럼 보이는 프로그램들에서 사용될 수 있다.

프로그래밍에 객체지향 접근법이 작동되는 방식을 시각화하기 위해, 흔히 그것들을 LEGO(TM) 소재들과 관련 짓는다. LEGO(TM) 소재들은 표준화된 모양과 크기를 가지고 있으며, 상호 교체할 수 있고, 쌓아 올릴 수 있으며, 광범위한 구조들이나 "건물들"을 만들 수 있을 만큼 충분히 작게 설계되어 있다. LEGO들은 쉽게 분해될 수 있으며, 개별 단위의 덩어리들은 커스터마이즈된 모양과 기능성의 증대를 위해 새로운 구조 속에서 그대로 보존되거나 일부가 나누어질 수도 있다. 예를 들어, 여러분은 작은 탑들과 하나의 도개교(drawbridge)를 가지고 있는 성(城)의 복제본을 구축할 수 있다. 여러분은 작은 탑을 빼내어 그것을 나중에 작은 탑을 가지고 있는 모형 레스토랑을 구축할 때 사용할 수 있다. 그 도개교는 성(城)에서 제거되어 모형공원에서 재사용될 수 있다. 가능성은 무한하다.

마찬가지로, 온라인 심리학개론 강좌는 침을 질질 흘리는 개들을 가지고 한 Pavlov의 유명한 실험에 대한 비디오를 가지고 있을 수 있다. 그 비디오는 학습객체로 간주될 수 있으며, 나중에 어떤 자극들에 반응하도록 조건화된 사람들에 대한 소비자 행동 강좌에서 재사용될 수 있다.

이러한 기술에 관하여, 어떤 사람은 학습객체들은 매우 복잡해야 한다고 생각할 수 있다. 그러나, 다행스럽게도, 그렇지 않다. 하나의 학습객체는 하나의 퀴즈나 어떤 사람의 한 컷의 정사진(Pavlov의 개에 관한 또는 Pavlov 자신에 관한 사진)만큼이나 간단할 수 있다.

커다란 학습객체들은 어떤 문제가 있는가? 몇몇 사람들은 학습객체들은 부피가 크고 자기완비적일 수 있다고 지적한다. 예를 들어, 한 시간 정도 길이의 스트리밍 매체를 활용한 강의들로 구성된 한 강좌는 커다란 학습객체들을 사용하고 있다고 간주될 수 있다. 강좌를 거대한 덩어리들로부터 구축하는 것이 좋은 생각인가? 예를 들어, MIT(http://ocw.mit.edu)의 오픈코스웨어(OpenCourseware)처럼, 왜 오픈코스웨어 프로젝트로 가서 녹화된 교실 강의들을 통합하지 않는가?

주요한 문제는 커다란 학습객체들은 수정할 수 없고, 한 강좌의 독특한 산출물들과 학습객체들 속에 쉽게 통합되지 않는다는 것이다. 몇몇 시뮬레이션과 기능성 게임들에 대해서도 동일하게 말할 수 있다. 만약 그것들이 수정할 수 없다면, 그리고 그것들 전체가 핵심적인 강좌 콘텐츠로 사용되어 왔다면, 그것들은 다루기 힘들다. 그것들은 매우 빨리 구식이 되어버리고, 흔히 문화적으로 전송될 수 없다.

설계팀은 한 교수가 일련의 수학 문제들을 해결하는 통으로 된(canned) 비디오들이나 길게 애니메이션화된 프레젠테이션을 사용해야 하는 도전에 직면할 수 있다. 만약 그 비디오가 응용, 연습, 또는 상호작용을 위한 어떠한 기회도 없이 한 시간 정도나 계속된다면, 그러한 학습객체들은 어떠한 희생을 치르더라도 피해야 한다. 대신에, 짤막한 단편들을 사용하고, 그것들을 상호작용적인 과제들과 동료 또는 협력적인 학습공동체 활동들과 함께 군데군데 제시하라.

소재로서의 학습객체를 이러닝 개발에 통합

학습객체들의 경우, 작은 것이 좋다. LEGO(TM) 조각들처럼, 작고 상호 교체할 수 있는 조각들은 매우 독특한 구조를 만들기 위해 사용될 수 있다. 학습객체들을 통합하기 시작할 때, 결국 측정 가능한 산출물들과 성공을 위해 학습환경들을 조성하고 유지하는 데 초점을 둔 신속하고, 효율적이며, 비용효과적인 방식으로 이러닝 강좌들을 개발하기 위해 설계자들 및 개발자들과 함께 일하기 위해 따라야 할 몇 개의 지침들이 있다(Nurmi & Jaakkola, 2006).

단계별 실행

이상적으로, 온라인 프로그램이나 일련의 강좌들을 통합해야 하는 책임을 지고 있는 설계팀은 기존의 강좌를 수정하려고 시도하기보다 처음부터 시작한다. 설계과정을 시작할 때 다음의 "반드시 가져야 할 것들(must-haves)"은 있어야 한다: 강좌에 관한 기술, 강좌의 산출물들, 학습객체들, 강좌교재(핵심적인 콘텐츠), 평가전략, 이러닝 학습자들의 프로필, 그리고 일련의 형태들과 기능들로 구성된 잠재적인 학습객체들에 관한 목록. 학습객체 목록들은 학습객체 레포지토리들(repositories)로부터 획득되거나 프로그래머들에 의해서 구축될 수 있다. 각각의 경우에, 사람들은 통합할 학습객체들의 유형들을 확인하고, 다양한 학습스타일들과 문화적인 민감성들을 수용하기 위해 아주 다양하게 유지해야 한다.

상호 교체 가능한 부분들

템플릿이나 강좌설계 문서를 설계할 때, 학습객체들이 어디에 삽입될 것인지에 관하여 생각하는 것이 중요하다. 핵심적인 고려사항들은 (a) 학습객체들, (b) 학습객체들과 학습객체 기능들을 일치시킴(mapping), (c) 강좌 콘텐츠와 자연스럽게 통합하는 것이다.

주문에 따라 제작 가능한

심지어 학습객체들이 교체할 수 없는 작은 코드덩어리들처럼 보일지라도, 실제로는 학습자 상호작용과 입력을 받을 수 있는 형태들, 퀴즈들, 도식들, 그리고 다른 스크립트기반 자료들을 가지고 있어서, 학습객체들을 수정하고 커스터마이즈할 수 있다. 수정은 장식적이라기보다 기능적이어야 하며, 그래서 항상 학습객체들을 지원해야 한다. 이상적으로, 수정은 측정 가능한 활동들 또는 산출물 평가를 수반할 수 있다.

표준화 가능한

표준화(standardization)는 강좌설계와 교수전략을 지칭할 수 있다. 동시에, 학습객체들의 표준화는 예측 가능한 모양, 느낌, 그리고 조작이 가능하여 통일된 실재성(presence)을 조성하는 데 도움을 줄 수 있다. 교육과정이나 일련의 강좌들 내에서 학습객체들을 표준화함으로써 얻을 수 있는 독특한 장점들이 있다. 학습자들은 편안함과 역량을 개발할 뿐만 아니라 교수자들과 지원설계자들은 수정과 확장에 대해 의사소통하는 것이 더 쉽다는 것을 알게 된다.

템플릿 친화적

템플릿과 다른 표준화된 설계 문서들을 사용하면, 설계자들과 개발자들은 학습객체들을 사용해야 할 곳과 재사용해야 할 곳을 계획할 수 있다.

학습스타일 수용

각각의 이러닝 학습자들 집단은 독특한 프로필들을 가지고 있을 수 있으며, 그들은 다른 학습스타일들보다 특정 학습스타일들을 선호할 수도 있다. 학습객체들은 학습스타일을 융통성 있게 구축할 수 있도록 해줄 수 있어서, 학습자는 자기 스타일에 가장 적합한 활동이나 양식(modality)을 선택할 수 있다. 예를 들어, 콘텐츠와 개념에 관한 오디오(mp3 파일들), 비디오, 상호작용적인 퀴즈들, 차트들, 그래프들, 그리고 다른 그래픽적인 묘사들을 포함하면, 시청각적 학습자들에게 자료를 사용할 수 있는 기회들을 제공할 수 있다. 마찬가지로, 가상세계나 시뮬레이션은 경험적 또는 운동감각적 학습자들이 가상환경을 실재적이고 촉각이 있는 환경들과 관련 지을 수 있는 기회들을 제공한다.

앞에서 언급한 바와 같이, 객체의 개념은 분산된 팀들에서의 신속한 이해와 채택을 포함한다. 객체들은 분류되고 범주화될 수 있다. 그것들은 파일로 묶이고, 분류되며, 저장되고, 접속되며, 재인되고, 공유될 수 있다(Nurmi & Jaakkola, 2006).

개발자와 사용자들이 단일의 분류설계를 고수할 때 모든 파일링(filing)과 재인기능들은 더 쉬워진다. 객체들을 분류하기 위한 몇 가지의 시도들이 행해져 왔으며, 몇 가지의 레포지토리 계획들은 일반인들이 이용 가능한 거대한 수의 객체들 또는 강좌 구성요소들을 산출해왔다. 레포지토리들 대부분은 무료로 접속 가능하지만, 다른 것들은 교과서 자원을 구매하거나 프로그램에 가입해야 이용 가능하다.

비록 많은 사람들이 표준화된 코딩, 분류, 메타태그들(meta-tags)을 개발해야 한다고 주장해 왔지만, 실제로 객체분류는 사적인 과제로 남아 있으며, 주로 YouTube(비디오)와 Flickr(이미지)와 같은 디지털 레포지토리들과 동일한 방향을 취해 왔다. 사람들은 자신만의 태그들, 자신만의 핵심어들, 그리고 심지어 자신만의 철자를 만든다. 그 결과, 사람들이 비디오나 이미지를 검색하기 위해 사용할 수도 있는 동일한 전략들이 학습객체 레포지토리들을 검색하기 위해 사용될 수 있다. Google, Bing, Ask.com과 같은 검색엔진들은 효과적일 수 있다. 또한 Technorati.com과 같은 서비스를 통해 블로그들을 검색하면 학습객체들에 관한 새로운 레포지토리들을 확인하는 데 도움이 될 것이다.

학습객체의 특성

가장 바람직한 학습객체들의 속성들(attributes)이 그것들의 핵심적인 특성들이다. 학습객체들은 다음과 같은 속성들을 가지고 있다.

상호 교체 가능한

교수설계자나 강좌개발자는 객체를 재인하고 자신의 강좌 속에 자연스럽고도 아무런 문제없이 배치할 수 있어야 한다. 만약 그 특별한 학습객체가 작동하지 않으면, 그것을 쉽게 대체할 수 있다. 예를 들어, 풍력에 관한 강좌는 사용자가 바람이 부는 날 터빈에 의해서 얼마나 많은 에너지가 생성되는지를 계산할 수 있도록 해주는 상호작용적인 애플리케이션을 가지고 있을 수 있다. 그 개발자는 자신의 사이트에 링크를 하거나 포함시킬(embed) 수 있는 애플리케이션들을 에너지부(Department of Energy) 사이트에서 그것을 획득했다. 만약 그 강좌의 학습목표들이 변경되면, 그 개발자는 그 특정 애플리케이션을 제거하고 다른 것—에너지부의 레포지토리 또는 다른 출처로부터 온—으로 대체할 수 있다.

학습효율성. 이 경우, 그 객체는 유용하며, 또한 학생들을 참여시키고 그들의 흥미를 유발함으로써 학습의 조건들을 조성한다(Gagné, 1985).

융통성 있는

양질의 학습객체는 다양한 용도를 가지고 있다. 예를 들어, 여러분이 학생들에 관한 신속한 투표를 할 수 있도록 해주는 스크립트는 교수자로 하여금 이해나 흥미의 측면에서 문제들이 어디에 있는지를 찾을 수 있도록 해준다. 우수한 학습객체는 교수자가 커스터마이즈할 수 있고, 대답들에 대한 질문들과 의견들을 만들 수 있도록 해준다. 무료투표 애플리케이션의 한 예는 Zoho poll에서 찾을 수 있다. 수많은 셰어웨어 애플리케이션들도 있다.

학습효율성. 융통성이 지닌 장점은 그것이 학생들의 구체적인 요구들을 충족시켜 주기 때문에 그들에게 동기부여가 된다는 것이다. 그들은 주장을 펼칠 수 있으며, 그들의 의견들을 공유할 수 있도록 독려되고, 그 결과 긍정심과 소속감을 느낀다(MacClelland, 1961).

플랫폼 간 호환성과 상호운용성

양질의 학습객체들은 복잡한 플러그인들을 요구하지 않으며, 많은 다른 플랫폼들과 운영체제들에서도 작동할 것이다. 여러분이 사용하고 있는 윈도우즈(Windows)의 버전이 무엇인지, 여러분이 맥(Mac) 또는 심지어 모바일기기(휴대폰)를 사용하고 있는지의 여부가 문제가 되어서는 안 된다. 만약 웹기반이라면, 그것들은 다른 브라우저들[사파리(Safari), 인터넷 익스플로러(Internet Explorer), 오페라(Opera), 파이어폭스(Firefox) 등]에서도 마찬가지로 잘 작동해야 한다.

학습효율성. 학습자들이 선호하는 테크놀로지들과 컴퓨터 애플리케이션 습관들에 맞게 조절할 수 있기 때문에, 테크놀로지에서 숙달감과 자신감을 강화할 수 있다. 학습자들은 새로운 테크놀로지에 대한 감정적인 저항감을 극복해야 할 필요가 없으며, 자신들이 좋아하고 신뢰하는 시스템들을 사용할 수 있다. 더 나아가, 학습자들은 교육용 프로그램들이 업데이트될 때마다 컴퓨터들을 바꿀 필요가 없다면 하드웨어와 소프트웨어에 최대한 투자할 수 있다.

재사용 가능한

아마도 개발자가 사용하고 있는 학습객체는 무료였을 것이다. 무료가 아니라면, 개발자는 도식들, 상호작용적인 객체들, 퀴즈들, 그 외 다른 자료들을 구입해야 했을 것이다. 어떤 경우든, 객체를 한 번 이상 사용할 수 있다면, 특히 그 객체가 커스터마이즈할 수 있고 전체 교육과정을 개발하는 데 사용할 수 있다면 좋다. 예를 들어, 환경과학에 관한 강좌는 생태계 먹이그물(food webs)에 관한 도식들을 가지고 있을 수 있다. 좋고, 재사용 가능한 학습객체는 개발자가 먹이그물의 부분들 속에 다른 요소들을 플러그인하고 그것을 각 생태계에 맞게 커스터마이즈할 수 있도록 해준다. 따라서 개발자는 해당 강좌에서 여러 번 그 객체를 사용할 수 있다. 또한 동일한 그 학습객체가 생리학, 동물학, 지구과학, 심지어 임학, 재생에너지, 수질 관리와 같은 보다 더 전문화된 강좌들에서도 사용될 수 있다.

또 다른 예는 상호작용적인 퀴즈들을 수반할 수 있다. 동일한 상호작용적 퀴즈형태는 특정 교육과정 내의 각 강좌를 위해 커스터마이즈될 수 있다. 콘텐츠는 독특하지만, 형태(form)와 기능(function)은 동일하게 유지될 수 있다. 그 결과, 퀴즈는 연속성과 통일감을 줄 수 있는데, 이는 브랜드화뿐만 아니라 교수자들 및 학습자들에게 예측 가능성과 신뢰감을 제공한다.

학습효율성. 퀴즈들과 평가와 같은 수행적인(performative) 학습객체들을 재사용하면, 학습자가 자신감을 형성할 수 있도록 도와주며, 그들에게 성공하기 위한 그들 자신의 능력을 믿도록 해준다. 학습자들은 수행적인 학습객체를 처음 사용했을 때, 그들은 당혹감을, 심지어 불안감을 느낄 수 있지만, 일단 그 과제를 완수하면, 자신감을 가지고 새로운 과제들에 접근할 것이다. 학습자들은 성공할 개연성이 더 높아질 것이며, 더 높은 지속률과 강좌이수율을 보일 것이다.

저작권을 위반하지 않고 공유 가능한

몇몇 학습객체들은 만약 그것들을 재판매하거나 상업적으로 사용하지 않는다면 무료로 사용할 수 있다. 대부분의 레포지토리들은 사용자에게 출처에 관한 링크, 감사의 글, 간략한 설명을 제공할 것을 요구한다.

학습객체를 사용하기 위해 요구되는 한 가지 표시가 페이지의 아랫부분에 있는 "크리에이티브 커먼즈(Creative Commons)" 라이선스[1]다. 만약 그것이 있다면, 그 자료는 저자가

1) [역주] 특정 조건에 따라 저작물 배포를 허용하는 저작권 라이선스 중 하나로, CCL이라고도 함.(출처: http://ko.wikipedia.org/wiki/Creative_Commons_license)

선택한 일정 수준의 저작권 보호를 받는다. 다른 레포지토리들은 상업적이어서, 그것들을 공유하는 것은 절대적으로 금지된다. 예를 들어, McGraw-Hill, Cengage, Pearson과 같은 많은 교과서 출판사들은 특정 교과서들에 기초하여 개설된 강좌들마다 거기에 대응되는 학습객체들에 관한 거대한 레포지토리들을 가지고 있다. 교수설계자들은 만약 강좌들에서 그 교과서를 필요로 한다면 그 자료들에 대한 접근권을 얻을 수도 있다. 교과서와 함께 코드를 구입한 개별 이러닝 학습자들은 학습객체들에 접근할 수도 있다.

학습효율성. 다양한 학습객체들을 가지고 있으면, 학습을 흥미롭고 동기부여된 상태로 유지할 수 있다. 교수설계자들과 교수자들은 공유 가능한 객체들의 방대한 레포지토리들에 접근함으로써 효과적, 역동적인 강좌들을 쉽게 개발할 수 있다.

학습객체는 무엇처럼 보이는가?

학습객체 레포지토리를 방문하는 개발자나 교수설계자는 학습객체들이 다양한 모양과 크기로 구성되어 있음을 쉽게 알게 된다. 몇몇 소위 학습객체들은 전혀 객체들이 아니다. 그들은 완전한 강좌들이다. 설계자가 자신들만의 목적을 위해 객체들을 사용할 만큼 그것들을 커스터마이즈할 수도 있지만, 실제로 그렇게 다루기 힘든 객체들은 사실상 객체들에 관한 모범사례나 사용을 대표할 만한 예는 아니다.

학습객체의 유형

상호교체 가능성과 재사용성이 있는, 양질의 과립상(granularity)을 가지고 있는 대부분의 학습객체들은 몇 가지의 광범위한 범주들 중 하나에 속할 것이다. 학습객체들에 관해서는 어떠한 공식적인 존재론(ontologies)도 없지만, 자신들의 강좌의 학습객체들을 객체유형들과 심상적으로 연결하고 그것들을 정확하게 서술하고자 하는 교수설계자들은 자신들의 과제가 학습객체들을 사용함으로써 대단히 다루기 쉬워졌음을 알게 될 것이다. Bloom의 분류학의 측면에서 학습객체들의 유형들을 생각하는 것은 특정 교수환경에서 그리고 Bloom의 분류학의 관점에서 어느 유형들이 가장 효과적일 것인지를 결정하는 좋은 방법일 수 있다. 〈표 30.1〉은 특정 강좌 내에서 "가장 적합한" 학습객체들을 결정하는 데 도움을 줄 수 있다.

프레젠테이션 객체. 구체적인 콘텐츠와 교과내용(예: 도식이나 교수계열)을 전송한다. 프레젠테이션 객체들(presentation objects)은 학생들이 확인하고 기술하도록 도와주는 우수한

〈표 30.1〉 다양한 유형의 학습객체들은 Bloom의 분류학 내에 있는 범주들과 대응된다.

	지식	이해	적용	분석	평가
프레젠테이션 객체	×	×	×		
연습객체	×	×	×	×	
시뮬레이션 객체		×	×		
개념모형		×	×	×	
정보객체	×	×			
맥락적 표상			×	×	×
이야기객체				×	×

방법들이다.

연습객체. 절차에 관한 연습을 허용하는 피드백이 있는 기술과 반복연습(예: 어떤 것을 측정하기 위한 도구 사용). 연습객체들(practice objects)은 학생들이 지식을 적용할 수 있도록 독려한다. 또한 서로의 절차들을 협력하고 검토하며, 경쟁하는 절차들을 평가할 수 있다.

시뮬레이션 객체. 일반적으로 실재의 과정이나 활동(예: 비행 시뮬레이터). 시뮬레이션 객체들(simulation objects)은 개념을 적용할 수 있도록 해준다. 아울러, 과정에 관한 자기 자신의 이해를 분석하고 비판하며, 어떤 결정들이나 행동들의 결과들을 평가할 수 있다

개념모형. 핵심적인 개념이나 교과내용의 복잡한 표상(representation)(예: 생태계의 도식). 개념모형들(conceptual models)은 확인하고, 기술하며, 평가하고, 요소들을 열거하며, 관계들을 논의하고, 관계를 단정한다(posit).

정보객체. 체계적인 방식으로 조직된 정보(예: 토네이도의 유형들—풍속, 속성을 바꿀 수 있고, 다른 유형들이 게시될 것이다). 정보객체들(information objects)은 확인하고, 기술하며, 기능들을 설명하고, 분류하며, 순위를 매기기 위해 사용될 수 있다.

맥락적 표상. 정보를 실제의 시나리오 속에 배치(예: 화산 폭발 또는 흐름 속에 배치된 용암의 종류들). 맥락적 표상들(contextual representations)은 처리하고, 반응들을 논의하며, 체제와 설명들을 제안하고, 다양한 작동가설들(working hypotheses)을 단정하며, 데이터를 분석한다.

이야기객체. 흔히 이야기하고, 사례연구를 설명하거나, 인과관계의 변화들 또는 순서들을 기술하기 위한 이미지들, 동시진행 텍스트(synched text), 그리고 때때로 오디오를 통합한 비디오 또는 애니메이션화된 프레젠테이션. 이야기객체들(narrative objects)은 인과성을 비판적으로 평가하고, 관계를 지으며, 정보를 통합하고, 비판하며, 경쟁하는/대안적인 설명이나 이야기를 만들고, 경험과 사전지식을 공유하고, 지식을 현재의 문제들에 적용할 수 있도록 도와줄 수 있다.

학습객체를 사용하기 위한 모범사례

여러분이 온라인 강좌들을 개발할 때 학습객체들을 사용할 경우 따라야 할 일련의 지침들을 개발하면, 초점을 유지할 수 있고, 학습객체들의 융통성과 사용범위의 장점을 취할 수 있다. 결정을 할 때 핵심적인 고려사항은 항상 강좌산출물들과 학습목표들, 그리고 학생들이 학습목적들을 달성할 수 있도록 하기 위해 학습객체들을 사용할 수 있는 방법을 포함해야 한다.

학습객체로 학습자중심 설계

강좌를 개발하기 전에, 고객이 누구일지 생각해 보는 것이 유용하다. 누가 그 강좌를 수강할 것인가? 그들의 배경은 무엇인가? 여러분은 그들의 학습선호도 또는 학습스타일들에 관한 아이디어를 얻을 수 있는 기회를 가질 수 있는가? 여러분의 고객은 독특한 학습스타일들을 가지고 있는 혼합된 개인들로 구성될 가능성이 크다. 그것을 염두에 두고, 여러분의 기대되는 학습자들을 가장 잘 수용할 수 있는 방법에 관해 생각하는 것으로 강좌 개발을 시작하라.

학습스타일들을 학습객체들에 일치시킨 후에, 학습목적들, 목표들, 산출물들에 초점을 두고 설계된 모범사례들에 관한 체크리스트를 검토해 보는 것이 유용하다.

학습스타일을 학습객체에 일치

학습자들은 개인들이며, 그래서 그들은 독특한 기술들, 장점들, 학습선호도들을 가지고 있다. 학습자들이 그들 자신의 학습스타일들을 이해할 수 있도록 도와주고, 그런 다음에 그들에게 활동들을 그들의 선호도들과 일치시킬 수 있는 기회를 제공해 주면 특히 온라인 강좌를 듣는 학습자들에게 도움이 될 것이다(Zajac, 2009).

시각적인 학습자들. 시각적인 학습자들(visual learners)의 경우, 여러분이 선택한 학습객체들이 다채롭고, 적절하며, 잘 조직화되도록 하라. 그들에게는 정보를 명확한 방식으로 제시하고, 학습자의 주의를 분산시키는 자료들을 제시하는 것을 피해야 한다(Moreno & Mayer, 2007).

청각적인 학습자들. 청각적인 학습자들(auditory learners)의 경우, 강좌콘텐츠를 들을 수 있는 기회를 주는 것이 도움이 된다. 학습객체는 대부분 mp3 파일일 가능성이 높고, 그 형태는 논쟁(debate), 토론(discussion), 또는 이야기(story)일 것이다.

운동감각적인 학습자들. 운동감각적인 학습자들(kinaesthetic learners)의 경우, 신체적인 상호작용이 중요하다. 학습객체들이 학생들의 신체, 손, 손가락과 같은 것들을 움직이고 그 운동들을 인지적인 관련성이 있는 어떤 것과 연결할 수 있도록 하라. 예를 들어, 학생들에게 스마트폰에 있는 터치화면을 사용하거나 어떤 유의미한 과제들을 위해 특정 버튼들을 누르도록 요구할 수 있다.

시청각혼합 학습자들. 시각적인 것과 청각적인 것을 함께 가지고 있는 학습객체들은 시청각혼합 학습자들(visual-auditory hybrid learners)에게는 매우 효과적일 것이다. 예를 들어, 역사강좌의 경우, 날짜들, 이미지들, 그리고 내레이터가 그 시기의 특정 지점에서 일어났던 일을 이야기하는 오디오 파일들을 열고, 그런 다음에 그것이 왜 관련되는지를 설명해 주는 클릭할 수 있는 버튼들을 포함하고 있는 역사연대표(timeline)를 사용할 수 있다.

학습객체를 사용한 동기부여 및 연계

왜 학습객체들이 학습을 위한 조건들을 형성하는 데 도움이 되는가? 그것은 학습객체들이 가지고 있는 일종의 내재적인 속성 때문은 아니다. 대신에, 그것은 학습객체들이 사용되는 방식과 관련이 있다. 기본적으로, 효과적인 학습객체는 학습자와 강좌콘텐츠를 연계지어 주고, 강좌산출물들과 연결시킬 수 있는 교량 역할을 한다. 그러한 연계들은 다음과 같이 몇 가지 종류가 있을 수 있다. 예를 들어, 정서적인 연결을 단조(鍛造)하고, 입회를 위한 요구를 충족시킬 수 있다. 또는 대안적으로, 학습자들이 강좌콘텐츠와 그들의 개인적인 경험을 연계시킬 수 있도록 해준다.

정의적인 영역: 학생들을 돌보기. 학습자의 상상력을 획득하고, 흥미를 갖게 하며, 주의를 기울이게 했던 학습객체는 학습의 조건들을 조성하는 데 도움이 되어 왔다. 그 학생은 주의를 기울일 것이다. 몇몇 학습객체들은 학습들이 집단의 일부라는 것을 느낄 수 있도록 해줄 수 있으며, 자신과 동료 학습자들 내에 새로운 수준의 믿음과 신뢰를 심어줄 수 있다.

도구들을 조직화. 몇몇 학생들이 이러닝 환경에서 가지고 있을 수도 있는 한 가지 문제는 그들에게 제시되는 모든 정보들을 이해하는 것이다. 사람들은 어떻게 혼돈에 질서를 만들 수 있는가? 학습객체들은 학생들이 그들 자신의 분류 체계들과 조직화 원리들을 개발할 수 있도록 도와줄 수 있다. 다시 말해서, 학습객체는 그들이 도식들(schemata)을 개발할 수 있도록 도와줄 수 있다.

경험학습과 문제해결 학습. 시뮬레이션들을 포함하고 있거나 성찰과 자신의 개인적인 경험에 연계할 수 있도록 해주는 학습객체들은 학습자들에게 확인과 정의와 같은 간단한 과제들을 지속하는 경험보다 더 심층적인 경험을 제공할 수 있다. 학습객체들은 개념, 그리고 통합, 평가 및 사정(appraisal)과 같은 고차원적인 인지적 과제들의 적용을 촉진할 수 있다.

학습객체들을 배치하기 전에 분석. 강좌를 검토하고 모범사례들을 따르는 과정의 일부는 학습객체들을 항상 염두에 두기 위해 학습객체들을 어떻게, 어디에 가장 잘 배치할 수 있는지에 관한 주의 깊은 분석을 수반한다.

학습객체들과 평가 간에 연속성 확립. 학습객체들과 관련된 학습자 과제들 및 활동들은 최종평가까지 자연스럽게 흘러가야 한다. 이상적으로, 학습객체들은 이러닝 학습자가 연습을 할 수 있도록 해줄 것이며, 일련의 강좌들 속에 있는 학습객체들은 모양, 느낌, 기능면에서 상당히 획일적이고, 최종평가들과 비슷하기 때문에, 학습자는 숙달감(a sense of mastery)을 느낄 것이다.

학습목표들을 학습객체들과 일치시키기. 학습목표들과 강좌산출물들 간의 연계를 고려하지 않으면, 겉모양만 번지르르하고 "재미있는(fun)" 학습객체들을 선택하기 쉽다. 잘못 선택하면, 학습에서 벗어나고 이러닝 학습자를 잘못된 방향으로 향하게 할 것이다. 그래서 자신의 결정들과 선택들을 지속적으로 점검하는 것이 중요하다.

능동적인 학습환경 육성. 작고, 과제를 수행하는 데 많은 시간이 걸리지 않으며, 상호작용을 촉진하는 학습객체들이 이상적이다. 학습자의 감정을 끌어들이는 학습객체들은 또한 학습의 조건들을 형성하기 때문에 좋다(Gagné, 1985). 크고, 부피가 큰 학습객체들(예를 들어, 한 시간 정도 길이의 비디오들)은 동기를 잃어버린, 수동적인, 산만한 이러닝 학습자들을 양산할 수 있다. 각각의 콘텐츠 덩어리가 적용, 상호작용, 대화를 수반하도록 하는 것이 좋다. 이상적으로, 사회적 학습환경들이 촉진될 것이며, 학습자들은 여러 방향[협력, 성취도(McClelland, 1961), 자기결정성, 자기효능감(Bandura, 1997)]에서 동기유발될 것이다.

(학습자 공유 및 상호작용과 함께) 학습공동체를 구축하기 위해 학습객체 사용. 매우 효과적인 학습객체들은 학습자들이 아이디어들을 교환하고, 서로의 인상을 비교 · 대조하며, 경험들을 이야기하고, 자신들의 연구결과들과 다른 사람들의 연구결과들을 비판하고, 독려하며, 통합하는 방법들을 개발하도록 촉구한다. 그러한 학습객체들은 이러닝 학습자들의 감정을 불러일으키고, 공동체의식을 단조(鍛造)하며, 자아감과 자기신뢰감을 강화하기 때문에 흥미를 느끼게 한다.

문화적 융통성을 염두에 두기. 몇몇 학습객체들은 특정 문화적인 맥락들에는 적절하지 않다. 다른 학습객체들은 문화들과 학습, 지식, 사고방식 간에 교량 역할을 한다. 매우 효과적인 학습객체들은 학습을 촉진하며, 개인들이 차이감(sense of difference) 또는 불편함을 뛰어넘거나 그들이 이전에 이국적이라고 여겼던 개인들이나 문화들에 대한 공감과 존경을 나타내도록 촉구한다. 학습객체들은 사람들에게 함께 일하는 방법을 가르칠 수 있다.

향후 재사용과 공유를 위해 학습객체 태그. 만약 설계자들과 개발자들이 학습객체들을 찾을 수 없다면, 그것들을 공유하는 것이 어렵다. 그러한 이유 때문에, 이해할 수 있는 태그들(tags)을 할당하고, 각 객체에 대해 적어도 4~5개의 메타태그들(meta-tags)을 붙이며, 그런 다음 소셜 북마킹 서비스를 통해 또는 자신의 블로그나 다른 웹 2.0 애플리케이션에서 그것을 공유하는 것이 중요하다.

학습객체 레포지토리들

많은 학습객체들은 교수자들, 교사들, 교직원들에 의해서 만들어지며, 많은 사람들에 의해 공유될 수 있는 쉐어웨어와 오픈코스웨어 레포지토리들에 업로드된다. 그것은 다른 교수자들과 관계를 형성하고 에뮬레이션(emulation)을 학습할 수 있는 좋은 기회다.

무엇이 교직원들이 공유하도록 동기유발시키는가? 몇 가지 동기들이 있는데, 그것들 모두는 현재의 공동체 사이트들, 소셜 네트워킹, 공유에 의해 강조되며 독려되고 있다. 자신들의 강좌들과 자신들이 만들었던 학습객체들에 대해 매우 긍정적인 경험들을 가지고 있는 교직원들은 자긍심을 가지고 있다. 그들은 그 학습객체 자체뿐만 아니라 창의적인 자기표현과 함께 열정과 즐거움을 공유하기를 좋아한다.

교직원들은 양질의 학습객체들은, 전통적인 "교과서와 시험" 접근법들은 할 수 없는, 학생들을 그 강좌로 돌아오게 하고 그곳에 머무르게 할 수 있다는 것을 재빠르게 인식한다. 학습자들은 지속적으로 머물며, 더 높은 졸업률과 시험점수들로 설명될 수 있는 성공을 경험한다.

교수자제작(instructor-generated) 학습객체들은 공식적인 학습객체 레포지토리들에서 찾을 수 있다. 가장 거대하고, 가장 널리 알려진 레포지토리들 중 하나가 캘리포니아주 교육부가 자금 지원하고 유지 · 관리하고 있는 '학습과 온라인 수업을 위한 멀티미디어 교육자원(Multimedia Educational Resource for Learning and Online Teaching: MERLOT)'(http://www.merlot.org/merlot/index.htm)이다.

다른 교수자제작 학습객체들은 YouTube(비디오), FotoBucket(이미지), Facebook(공유된 프레젠테이션, 파워포인트), MySpace, Flickr(이미지), 그리고 다른 공동체들과 같은 보다 더 비공식적인 레포지토리들에서 찾을 수 있다(Lorencova, 2008). 위키들과 블로그들은 흔히 저장된(archived) 자원들에 대한 링크들을 가지고 있다. 종종 피드(feed)에 가입하거나 Technorati.com 또는 del.icio.us와 같은 소셜 북마킹 서비스를 검색하고 주요 용어들과 인정된 메타태그들을 입력할 필요가 있다.

한 가지 주의할 것은 순서다. 교수자제작 객체들의 질은 상당히 차이가 있을 수 있다. 때때로 레포지토리는 특정 기준들을 가지고 있으며, 학습객체들은 해당 레포지토리에 업로드되기 전에 동료평가를 거쳐야 한다. 이것은 흔한 경우는 아니다.

동료평가된 레포지토리들은 자신의 요구에 적합한 양질의 학습객체들을 검색할 때 범위를 좁히는 데 도움을 줄 수 있다. MERLOT는 그러한 레포지토리들 중 하나며, 어느 정도 수준의 ID 통합을 보장하는 일련의 기준들을 가지고 있다(Brinthaupt, Pilati, and King, King, 2006, p.241).

학습객체 레포지토리들은 개인들의 연구물로 구성되거나, 사람들이 개발해 온 자료들을 비공식적으로 공유할 수 있는 장소일 수도 있다. 그러한 경우, 질은 매우 차이가 있을 수 있다. 교수설계자 또는 강좌개발자로서, 여러분은 해당 자료를 주의 깊게 검토할 필요가 있을 것이다. 여러분의 요구와 학습객체 자체를 일치시키고, 그것을 실행하기 전에, 사용성을 점검하라. 검토위원회(review board), 위원회(committee), 또는 레포지토리 관리자에 의해서 콘텐츠가 통제되는 학습객체 레포지토리들의 경우, 그 기준들은 더 명확해야 하며, 레포지토리에 있는 자료는 최소한 한 번의 검토를 거쳐야 한다.

콘텐츠의 질. 학습객체를 구성하는 자료는 의도된 대중에게 적합해야 하며, 적절하고, 정확하며, 최신의 정보가 제시되어야 하고, 학습자들이 새롭게 학습된 지식을 적용해 볼 수 있는 연습기회를 제공해 주어야 한다.

교수 · 학습에 대한 효과성. 학습객체는 지식을 효과적으로 전수하거나 학습자가 새로운 지식이나 기술들을 적용해 볼 수 있도록 도와주어야 한다. 객체들을 채택하기 전에, 그것의 목적을 결정해야 한다. 단지 학습객체가 유행을 따르고, 번지르르하거나 그렇지 않으면 신기하기 때문에 그것을 채택하고자 할 수도 있다. 그러나 단지 시각적으로 매력적이기 때문에 그것을 사용하는 것은 커다란 실수일 수 있다. 자료의 목적에 대해 매우 명확하게 하는 것이 더 좋다. 여러분이 학습객체를 가지고 행하고자 하는 바를 안 뒤에, 그것이 진술된 목적 이외의 가능한 활용 범위를 살펴보아야 한다. 여러분은 다른 활동들을 위해 학습객체를 사용할 수 있는가? 그 자료(학습객체)는 특정 주제나 문제를 어떻게 설명하는가? 그것은 학습자들이 확고한 문제해결기술들을 어떻게 개발하도록 도와주는가? 그것은 고차원적인 사고기술들을 개발하기 위해서 사용될 수 있는가?

사용의 용이성. 만약 학습객체들이 사용하기가 너무 힘들거나 또는 사용자가 사용하기에 너무 복잡하다면, 그것들은 효과적이지 않다. 검토자들이 학습객체들의 사용의 용이성을 평가할 때, 그들은 사용설명서, 요구되는 행동들의 복잡성, 내비게이션의 용이성, 상호작용적인 요소들이 올바르게 기능하는지의 여부를 살펴본다.

학습객체의 미래

모바일기기들과 소셜 네트워크 및 웹 애플리케이션들의 사용이 더 나은 협력과 공유를 할 수 있도록 해줌에 따라, 학습객체들의 미래는 매우 역동적으로 보인다.

교육자와 교수설계자에게 있어, 이것은 강좌들을 매우 광범위한 상호작용적인 객체들로 신장할 수 있는 무수한 기회들이 있을 것이라는 것을 의미한다. 그것은 또한 교수자제작 객체들을 만들고 공유할 수 있는 더 많은 기회들이 있을 것이라는 것을 의미한다. 그 미래는 창의적이고, 혁신적이며, 진보적인 사고를 하는 사람들에게 보상을 할 것이다. 맞춤형, 개별화 학습이 일반화될 것이며, 학생들이 자신의 속도로 진도를 나가고, 사전지식을 통합하며, 숙달도를 보여줄 수 있도록 해주는 객체들이 필요할 것이다. 적응적 학습을 통합한 학습객체들이 또한 널리 수용될 것이다. 학습객체들이 점진적으로 발전함에 따라, 학습객체 레포지토리들도 그러할 것이다. 교수자들과 설계자들이 레포지토리들을 종종 방문하며, 자신들의 강좌들에 있는 콘텐츠를 새롭게 하고 업데이트하는 것이 매우 중요하다. 우수한 레포지토리들에 대한 링크들을 참고하려면, 본서의 보충 웹사이트인 http://www.trendsandissues.org를 방문하라.

변화는 기대를 변화하게 할 것이다. 학습자들과 교수자들은 사용의 용이성, 양질의 학습객체들을 기대할 것이다. 정적인 “천편일률적인(one size fits all)” 학습은 더 이상 참고 견딜 수 없을 것이다.

모바일기기들(스마트폰, GPS)이 원격훈련과 교육분야에서 급격하게 사용되고 소셜 네트워킹이 플랫폼들 간에 공유할 수 있도록 해줌에 따라, 비공식적인 레포지토리들이 엄청나게 증가할 것이다. 객체들이 공유될 뿐만 아니라 소프트웨어가 개인들이 객체들을 만들 수 있도록 해줄 것이다. 예를 들어, Bebo.com과 같은 특정 소셜 네트워킹 사이트들은 사용자들이 자신들의 페이지들 속에 포함시킬 수 있는 통합된 애플리케이션들을 포함하고 있다. 그 애플리케이션들은 교육적인 용도를 가지고 있다. 예를 들어, 그 애플리케이션은 풍력 터빈 테크놀로지 분야의 자격증 프로그램을 제공하고 있는 직업학교들과 커뮤니티 대학들의 리스트들과 함께 풍력 터빈을 조작하는 위치들을 알려준다.

다른 애플리케이션들은 Google 지도들과 이미지들을 현장연구와 통합할 수 있다. 예를 들어, 어떤 학습객체는 위도 및 경도와 함께 바위 노두(outcrop)의 위치를 태그하고 그것을 Google 지도상에 표시할 수 있도록 구축될 수 있다.

아울러, 웹기반 투표와 퀴즈 애플리케이션은 사용자들이 코드를 자신들의 웹사이트들에 삽입하고 학습활동들과 평가를 가지고 있는 학습모듈이나 학습객체를 구축할 수 있도록 해준다.

훈련과 교육을 위해 스마트폰과 모바일기기들이 점점 더 많이 사용되고 있다. 그에 따라, 아이폰(iPhone), 블랙베리(BlackBerry), 그리고 다른 스마트폰들과 함께 사용될 수 있는 학습객체들에 대한 수요도 증가할 것이다. 일반적인 애플리케이션들은 비디오와 오디오 파일들의 형태로 된 강좌콘텐츠뿐만 아니라 퀴즈형태로 된 평가도 포함할 것이다.

손에 쥘 만한 크기의 지리정보 시스템들과 GPS좌표들을 통합한 학습 애플리케이션들은 현장연구를 수행하고 데이터를 수집하는 데 도움이 될 것이다.

핵심 원리 요약

이 장에서, 여러분은 학습객체들과 양질의 온라인 강좌들을 개발하는 데 있어서의 그것들의 유용성에 대해 학습해 왔다. 학습객체들을 사용함으로써 얻을 수 있는 장점은 여러분의 템플릿을 요구되는 특정한 학습객체들로 빽빽하게 들어찬 강좌를 개발할 때 템플릿접근법을 사용할 수 있다는 것이다. 학습객체들을 효과적으로 사용하기 위해 학습하면, 시간을 절약하고, 일관성을 증진하며, 학습목표들의 달성을 촉진할 수 있다. 학습객체들을 가장 효과적으로 사용하기 위해서는 온라인 강좌에서 사람들이 어떻게 학습하는지와 매체 및 다른 평가전략들을 사용하기 위한 최상의 접근법을 염두에 두는 것이 중요하다.

1. 디지털 교수(instruction)를 설계할 때, 학습객체들의 효과적인 활용이 어떻게 더 효율적인 강좌 개발과 보다 더 산출물중심적인 학습환경을 구축할 수 있도록 해주는지를 고려하라.
2. 학습객체들을 사용할 때, 그것들의 상호 교체가능성, 재사용성, 과립상을 최대화하는 데 초점을 두라. 흔히 학습객체들을 LEGOs와 같은 상호 교체가능한 소재들과 유사한 것으로 생각하는 것이 유용하다.
3. 학습객체들을 분류하고 조직화할 때, 학습환경들 내에서의 학습객체들의 기능을 고려하라.
4. 학습객체들을 선택할 때, 여러분의 학습자들의 학습스타일들과 선호도들을 고려하고, 학습선호도들과 학습객체들을 일치시켜라. 가능하면, 다양한 학습스타일들을 수용하기 위해 단일의 학습 목표를 달성하기 위한 다양한 학습객체들을 제공하라.
5. 여러분의 강좌의 학습목표들을 확인하고, 그 학습객체들을 사용하여 여러분 마음대로 되는 학습 산출물들을 가장 잘 성취할 수 있는 방법을 분석하라. 학습목표들을 혼란스럽게 하는 학습객체들을 사용하지 마라.
6. 학습목적들을 달성하고, 그것들에 흥미를 가짐으로써 학습자들을 동기부여하며, 사전지식과 연계시키고, 이러닝 공간을 인간성을 회복시킴(rehumanizing)으로써 학습공동체의 개발을 촉구하도록 해주는 학습객체들을 찾기 위해 학습 레포지토리들을 사용하라.
7. 학습객체가 다른 교수요소들 및 전반적인 교수전략과 얼마나 잘 맞는지를 분석함으로써 학습객체의 효율성을 평가하라.

응용 문제

1. 여러분이 웹에서 찾은, 여러분의 강좌의 학습목적들과 일치하는 디지털 객체들에 기초하여 학습객체들에 관한 작은 레포지토리를 개발하라. 여러분은 자신의 주제를 선택하거나 아래의 리스트에서 하나를 선택할 수 있다.

    - 토네이도에 대한 모든 것
    - 느와르 영화(Film Noir)에 대한 소개
    - 미국의 비만
    - 마약, 중독, 범죄
    - 녹색주택건설

    여러분의 레포지토리 속에 그래픽, 오디오, 비디오, 애니메이션들을 포함하고, 그것들을 기능과 주제에 따라 분류해야 한다. 여러분의 분류일람표를 개발해 감에 따라, 검색, 명명, 저장을 촉진할 수 있는 메타태그들을 만들어라.
2. 이 장에서, 저자는 학습객체들을 사용하기 위한 모범사례들에 관해 기술하였다. 여러분은 다음의 영역들에서 고용인들을 훈련하기 위한 회사들의 강좌들을 개발하는 데 있어 어느 모범사례들이

가장 중요하다고 생각하는가?

- 위험물질 처리
- 응급처치
- 일반적인 안전

저자 정보

Susan Smith Nash는 미국석유지질학회(American Association of Petroleum Geologists)의 교육 및 전문성개발 이사다.

참고 문헌

Alonso, F., Lopez, G., Manrique, D., & Vines, J. M.(2008). Learning objects, learning objectives and learning design. *Innovation in Education and Teaching International. 45*(4), 389-400.

Bandura, Albert.(1997), *Self-efficacy: The exercise of contra.*, New York: Freeman.

Brinthaupt, T. M., Pilati, M. L., & King, B. R.(2006). Psychology teaching resources in the MERLOT digital learning objects catalog. *Journal of Instructional Psychology, 35*(3), 240-245.

Churchill, D.(2007). Towards a useful classification of learning objects. *Education Tech Research, 55*, 479-497.

Gagné, R.(1985). *The conditions of learning*(4th ed.). New York: Holt, Rinehart & Winston.

Lorencova, V.(2008). YouTube dilemmas: The appropriation of user-generated online videos in teaching and learning. Currents, Worcester.edu. pp. 62-71.

McClelland, D.(1961). *The achieving society*. Princeton, NJ: Van Nostrand.

Moreno, R., & Mayer, R.(2007). Interactive multimodal learning environments. *Educational Psychology Review, 19*, 309-326.

Nurmi, S., & Jaakkola, T.(2006). Effectiveness of learning objects in various instructional settings. *Learning, Media and Technology incorporating Education, Communication & Information, 31*(3), 269-285.

Nurmi, S. & Jaakkola, T.(2006). Promises and pitfalls of learning objects. *Learning, Media and Technology, 31*(3), 269-285.

Wilhelm, P., & Wilde, R.(2005). Developing a university course for online delivery based on learning objects: From ideals to compromises. *Open Learning, 20*(1), 65-81.

Zajac, M.(2009). *Using learning styles to personalize online learning*. Online resource: Accessed March 26, 2010, from http://www.cren.pVuploaded-files/cren-sgh_zajac_cwis.pdf

제31장

네트워크, 웹 2.0, 연결된 학습자

Terry Anderson (Athabasca University)

21세기 초반 10여 년은 대부분의 개인적인, 상업적인, 사회적인 삶의 측면들에서 상당한 영향을 미친 네트워크화된 테크놀로지들이 전 세계적으로 폭발적으로 사용, 적용되었다. 비록 대부분의 경우, 이러한 애플리케이션들은 형식적인 교육용 애플리케이션을 위해 설계되지는 않았지만, 이러한 테크놀로지들의 사회적인 전유와 적용은 교육적 · 비형식적 학습맥락들에서 이러한 도구들이 동일하게 폭발적으로 사용되도록 하였다. 네트워크화된 시대에 고안된 이러한 도구들은 흔히 일과 사회적인 조직에 관한 보다 오래된 인식들 하에서 설립된 조직들과 기관들 속에 도입되었을 때 상당한 붕괴를 조장한다. 교육용 애플리케이션들은 여전히 주로 산업화 시대와 연관이 있는 규모의 경제(대량생산, 학습자들의 일괄처리 등)를 가지고 있는 교과서의 콘텐츠에 뿌리를 두고 있다. 그러나 교실과 온라인 맥락들 양자에서의 실제적인 전달은 훨씬 더 이전의 수공업 생산이 지닌 특성들과 한계들을 가지고 있다(Daniel, 2010). 학생들은 여전히 조그마한 교실에서 만나며, 교사들에 의해, 또는 드물게 30명이 넘는 동료집단들 속에서 온라인을 통해 지도된다. 따라서 네트워크 생산, 유지, 소유권, 그리고 지속성 모형들에 기초한 새로운 테크놀로지들의 도입은 혁신자들을 흥분시키고 지체자들(laggards)을 겁나게 한다.

이 장에서, 나는 형식적 학습에서 비형식적, 평생교육으로 넘어오는 후기수공업과 후기산업화된 공급모형들을 달성하기 위한 테크놀로지들과 적절하게 네트워크화된 테크놀로지들에 대한 형식교육을 위한 잠재성을 개관한다.

새로운 테크놀로지들은 교사들과 학습자들을 위한 새로운 교수법들, 학습활동들, 역할들을 요구한다. 그러므로 나는 네트워크화된 그리고 소위 웹 2.0(Web 2.0)이라는 테크놀로지들의 적용을 고안하고 안내하기 위한 연합주의 교수법과 네트워크 및 집합적인 모형들을 검토한다.

웹 2.0의 정의

모든 새로운 아이디어들과 새로운 테크놀로지들의 도입이 공통적으로 그러하듯, 흔히 효과적인 적용이 환영적이고, 명칭이 효과적인 활용을 도와주기보다는 종종 오히려 혼란을 주는 시기가 있다. John Dewey는 1922년에 독자들에게 다음과 같이 요청했다.

> 어떤 중요한 발명 또는 발견에 관한 역사를 고찰해 보라. 그러면 여러분은 새로운 행동방식이나 관찰을 가능하게 할 정도의 충분한 지식이 있었지만 그것을 실현하는 방법에 관한 어떠한 결정적인 정보나 교수(instruction)도 없는 시기를 찾을 수 있을 것이다.(Dewey, 2009 [1922], p.3)

우리는 현재 이러한 역사 속에서 살고 있다.

심지어 웹의 최초 설계자인 Tim Berners-Lee도 웹 테크놀로지에서 이러한 발전을 기술하기 위해 새로운 별칭에 대한 필요성에 의문을 제기했지만, 그 용어는 인기 있고 기술적으로 사용되기 시작했다. 웹 2.0은 두 가지 방향들 중 하나로 다양하게 정의되어 왔다. 2세대 웹의 기술적인 역량에 초점을 둔 첫 번째 정의는 일반적으로 발행인 Tim O' Rielly(O' Reilly, 2005)가 한 것으로 인정된다. 그는 웹 2.0을 일련의 상업용, 오락용, 교육용 애플리케이션들을 위한 플랫폼이라고 기술한다. 그는 집단지성[주요한 예로서 위키피디아(Wikipedia)처럼], 여러 애플리케이션에 의한 공통된 데이터의 사용(예를 들어, 수천 개의 다른 애플리케이션들 속에 통합된 Google 지도), 애플리케이션들의 신속한 발매와 결코 완전하게 개발되지 않은 애플리케이션들, 그리고 경량화된 프로그램 모델들—그것들 모두는 풍부한 사용자 경험들을 산출한다—을 이용하기 위한 웹 2.0의 역량에 주목한다(O' Reilly, 2005). 웹 2.0에 관한 두 번째 정의들은 일반적으로 웹과 네트워크들에 대해 생각하기 위한 안내 휴리스틱(guiding heuristic)으로서의 기능에 초점을 둔다. Hoegg, Meckel, StanoevskaSlabeva, Martignoni(2006)는 웹 2.0은 테크놀로지가 아닌 "모든 웹 2.0 서비스들의 목적은 참여자들의 집단지성을 공동으로 극대화하는"(p.12) 철학이라고 주장한다. Scholtz(2008)는 웹 2.0은 실제로 1960년대의 저항문화 언어로 가장하고 있는, 단지 기업의 영향력하에 있는 이데올로기에 기초를 두고 있다고 주장한다. 명칭에 관한 논쟁에도 불구하고, 웹 2.0이라고 자칭한, 3,000개 이상의 무료로 사용할 수 있는 애플리케이션들이 이용 가능하고, 많은 오락과 상업적 활용, 학습 애플리케이션들을 위해 사용되고 있다(go2web20.net 참고).

웹 2.0의 핵심 어포던스들과 네트워킹 테크놀로지

이 절에서, 나는 교육적인 사용을 위한 웹 2.0 테크놀로지들의 핵심 어포던스들에 관해 상술한다. Gibson(1977)은 테크놀로지의 어포던스들을 테크놀로지에 적용함으로써 가능해진 일들이라고 설명했다. 이것들은 설계자들에 의해서 테크놀로지 속에 구축된 설계 역량들에 의해서만큼이나 사용자의 지식, 경험, 맥락에 의해서 조건화된다. 어포던스들은 그것들의 융통성이 애플리케이션들의 개발을 안내했던 사용사례들과는 아주 거리가 멀 수도 있는 새로운 방식들로, 그리고 사용자들에 의해서 그것들을 활용할 수 있도록 해줌에 따라 교육에서의 웹 2.0 애플리케이션들에 대해 생각하게 하는 특히 유용한 방식이다.

웹 2.0 도구들은 가치를 창출하기 위해 개인과 집단의 기여를 활용한다. 초창기의 컴퓨터보조 교수 또는 교육용 게임들과는 달리, 웹 2.0 애플리케이션들은 학습자들과 교사들에 의해 사용됨에 따라 가치가 증대되고 있다. 예를 들어, 일반적인 유형의 웹 2.0 애플리케이션들은 다양한 웹사이트들과 자원들을 만들 수 있도록 해주는 도구들이다. 웹 2.0 이전에, 사용자들은 개별 웹 브라우저들에 있는 지속적으로 길어지는 "북마크(bookmark)" 리스트들을 유지했다. 북마킹은 개인들이 인터넷상에서 이용할 수 있는 무수한 정보출처들을 조직화할 수 있도록 해주었지만, 이 리스트들에 관한 다른 사람들의 선택, 주석, 평가로부터 통찰력을 제공하지는 않았다. Diigo, CiteULike, Delicious, Brainify 등과 같은 웹 2.0 애플리케이션들은 개별적인 자원 수집을 위해 이러한 동일한 역량을 제공하지만, 사용자가 자원들을 확인하고 재인하기 위해 핵심어들(태그들)을 저장하고 추가할 때, 이러한 리스트들은 다른 사람들에 의해서 생성된 리스트들과 합쳐질 수 있다. 따라서 애플리케이션의 가치는 다른 사람들의 합쳐진 입력 때문에 증대된다. 이것은 다른 사용자들에 의해 웹 자원으로 여겨지는 가치와 태그들에 기초하여 주석을 달고, 논의하며, 분류하고, 자원들을 선택함으로써 가장 인기 있는 사이트들을 찾을 수 있게 해준다. 이러한 협력적인 태깅(tagging)은 학급별, 프로그램별, 기관별, 학문별, 전문분야별로, 또는 일반공공별로—그렇게 함으로써 다양한 방식들로 정보를 가치 매기고 분류할 수 있도록 해주는—제한될 수 있다.

웹 2.0 도구들은 또한 그룹 협력과 집단적인 사용에 매우 효과적이다. 예를 들어, 위키와 사이트 주석(annotation) 도구들, 협력적인 블로그들은 사용자들이 잘못된 콘텐츠에 관한 코멘트, 추가, 편집, 또는 삭제를 통해 팀 작업에 가치를 더할 수 있도록 해준다. 더 나아가, 웹 2.0 애플리케이션들은 일반적으로 이전 버전들에 대한 변동사항들을 기록하고 이전 버전으로 되돌리기 하는 것을 지원하는 도구들을 가지고 있다. 집합되고 수집된 정보는 음성, 비디오, 텍스트 해설과 더불어 그래픽을 허용하는 음성스레드(Voice Thread)와 같은 도구들이 보여주는 바와 같이, 텍스트에 한정되지는 않는다.

개방된 세계를 만들고 제공하면서 학습자들이 습득한 기술들과 태도들은 네트워크화된 인공물(artifacts)들에 대한 그들의 공헌들만큼이나 중요하다. 위키피디아(Wikipedia), 공개 교육자원(open educational resource: OER) 레포지토리들과 같은 사용자제작 사이트들의 성공은 학생들과 교사들의 지적인 공헌들을 공유하기 위한 역량과 의지를 개발하기 위한 기회와 필요성을 제기해 왔다. 이것은 Bauwens(2005)가 "국가소유기업들에 의한 영리 또는 공적인 생산과는 다른, 세 번째 유형의 생산으로서, 그것의 생산물은 시장을 위한 교환가치가 아니라 사용자들의 공동체를 위한 사용자 가치다"라고 언급한 새로운 유형의 동료 대 동료 경제(peer-to-peer economy)에 경험을 제공하고 가치를 창출한다.

웹 2.0 도구들은 교실의 닫힌 문들 또는 등록된 학생만을 허용하는 벽으로 둘러싸인 정원들, 로그인에 의해서만 가능한 강좌사이트들의 한계를 넘어 잠재적으로 학습을 개방한다. John Dewey(1904)로부터 시작하여 오늘날까지 계속되고 있는 형식교육에서의 학문적인 이론과 도제형태 훈련의 적절한 혼합에 대해 상당한 논쟁이 있어 왔다(Schon, 1991; Shulman, 1998). 웹 2.0 애플리케이션들은 일반적으로 제도적으로 보호되는 공간의 한계들 외부에 위치하고 있어, 교사와 강좌에 등록한 사람들뿐만 아니라 다른 사람들에 의한 입력, 권한, 비판, 논평을 허용한다. 물론, 이것은 교사 통제와 프라이버시 문제들(뒤에서 논의됨)을 야기하지만, 형식교육에 관한 담론에 대해 전문가들과 다른 공동체들로부터 의견을 수렴할 수 있는 여지와 기회를 제공해 준다. 웹 2.0 도구의 사용은 잠재적으로 교실들을 개방할 뿐만 아니라 그것들이 또한 전문가집단들과 협회들에 의해서 광범위하게 사용되었기 때문에 학생의 견해에 대한 전문가적인 실행을 개방한다(CCH, 2008). 이러한 테크놀로지들에 관한 또 하나의 창의적인 예가 학습자들이 모험을 하며 기존의 탐험가들, 박물학자들, 그 외 다른 전문가들의 활동들에 적극적으로 참여할 수 있도록 해주는 모험학습(adventure learning)(Doering, 2006)이다.

교육플랫폼으로서의 웹 2.0 – 교육학적 시사점들

웹 2.0은 많은 교육자들, 특히 자신들을 혁신자들과 초기채택자들이라고 보는 하이테크 애호가들의 관심을 끌어 왔다. 2008년 영국교육통신기술청(British Educational and Technology Communications Agency: Becta) 보고서는 웹 2.0을 사용하면 다음과 같은 것을 할 수 있다고 언급하면서 교육에서의 웹 2.0 애플리케이션들에 관한 예들을 제공한다.

- 학습자들이 학습에 관하여 더 많은 통제권을 가지며, 자신들이 커스터마이즈한 정보,

자원, 도구, 서비스에 접근할 수 있는 새로운 기회들을 제공할 수 있다.
- 보다 더 광범위한 표현 역량을 독려할 수 있다.
- 보다 더 협력적인 업무, 공동체 형성, 대화와 지식공유 방식들을 촉진할 수 있다.
- 실재적인(authentic) 청중에게 매력적인 학습자 성취들을 위한 환경을 제공할 수 있다.(Crook & Harrison 2008, p.11)

이러한 모든 애플리케이션들은 실재적인 과제와 청중, 다양한 관점들, 협력, 인공물들(artifacts)의 생산에 초점을 두는 구성주의 학습 철학들과 교수법들을 반영하고 있다(Jonassen, Peck & Wilson, 1999). 마찬가지로, 웹 2.0 도구들은 효과적인 활용을 안내하는 새로운 교수법들을 고무시키고 요구한다. 그것들을 사용하는 데 있어서 핵심은 교사들과 학습자들에게 제공되는 웹 2.0 테크놀로지들에 의해서 제공되는 자유다. Jon Dron(2007)은 저서 『이러닝에서의 통제와 제약(Control and Constraint in E-Learning)』에서 원격교육과 관련하여 새로운 테크놀로지들을 Michael Moore(1980)에 의해 개발된 더 오래된 교류통제이론(theory of transaction control)과 관련 지었다. Dron은 "교류통제이론은 학습경로(learning trajectory)의 핵심적인 체제적 특성은 선택의 수준과 속도, 누가 맨 먼저 그 선택들을 할 것인가, 그리고 그러한 선택들이 나중의 선택이나 다른 사람의 선택들을 얼마나 제한할 것인가라고 주장한다"(p.18)고 지적한다. 휴타고지이론들(theories of Heutagogy)(Hase & Kenyon, 2000)(방대한 학습자원 시대에서의 평생교육), 근접교수법(Pedgagogy of Nearness)(Mejías, 2007)(면대면과 온라인 학습 간을 손쉽게 이동하는 결과), 그리고 교육에서의 복잡성이론(complexity theory)(Horn, 2008)(발현, 불확실성, 그리고 "혼란의 끝"에서의 생산적인 작업)은 웹 2.0과 그것의 형식적, 비형식적 학습에의 잠재적인 영향에 관한 새로운 역량들과 이론적인 이해들을 이야기한다.

새로운 "넷 원주민의(net native)" 교수법들이 지닌 가장 영향력 있는 점은 George Siemens(2005)에 의한 연계주의(connectivism)의 개발과 Stephen Downes(2007)에 의한 이러한 연계된 지식에 관한 이론들의 인식론적인 토대를 마련했다는 것이다. Siemens는 내가 간단한 해석을 덧붙인 연계주의의 여덟 가지 원리들을 열거한다.

- **학습과 지식은 의견들의 다양성에 의존한다.** 웹 2.0 대화들의 개방성과 지속성은 이러한 의견의 다양성을 이끌어 내고, 분배하며, 저장하는 다수의 그리고 다중매개된(multi-mediated) 형태들을 제공한다.
- **학습은 구체적인 노드들 또는 정보 자원들을 연계하는 과정이다.** 네트워크이론과 일맥상통하게(Galloway, 2007; Jones, 2004), 연계주의는 형식적, 비형식적 학습 네트워크들 양자에서 형성되고 구성되는 연계의 기능과 다양한 링크들(약한, 강한, 부재의

결합)에 초점을 둔다.

- **학습은 비인간적인(nonhuman) 수단들 속에 있을 수 있다.** 이러한 논쟁적인 주장은 학습의 정의를 요구한다. 명백한 행동주의자들은 학습은 기계에서는 증명하기 힘들 수 있는 행동에서의 변화임에 틀림없다고 주장하지만, Siemens가 주장하고자 한 요지는 인지적인 도구들과 보철학(prosthetics)으로서의 기계의 유용성이 증가하고 있다는 것이다.
- **더 많이 알고자 하는 능력은 현재 알고 있는 것보다 더 중요하다.** 이것은 다시 현재의 역량보다는 능력에 관한 연계주의적 사고와 능력에 초점을 두게 한다.
- **계속적인 학습을 촉진하기 위해서는 연계를 양육하고 유지하는 것이 필요하다.**
- **분야들 간의 연계들, 아이디어들, 그리고 개념들을 볼 수 있는 능력이 핵심적인 기술이다.** 이것과 이전의 원리들은 사람들, 도구들, 자원들과 정보를 연계 짓는 것의 중요성을 반복한다.
- **현재성(정확하고 최신의 지식)은 모든 연계주의 학습활동들의 목적이다.** 연계주의는 네트워크화된 사회와 문화를 특징짓는 보다 더 빠른 지식의 생성, 분배, 적용을 찬양한다.
- **의사결정 그 자체가 학습 과정이다.** 변화하는 현실의 렌즈들을 통해 학습할 것과 유입되는 정보의 의미를 선택하는 것을 볼 수 있다. 이 마지막 원리는 사회적으로 구성되고 문화적으로 제한된 지식의 본질을 포스트모던 담론과 더불어 지속적으로, 평생교육의 필요성과 동일한 맥락에서 인정한다.

저자는 교육활동들에서 상호작용의 중요하고 결정짓는(defining) 역할에 대해 오랫동안 주장해 왔다. 저자는 또한 교실과 원격교육에서의 상호작용의 유형들과 기능들을 구별하려고 시도해 왔다(Anderson, 2003a, 2003b). 교육에서의 상호작용의 중요한 기능과 관련하여, 웹 2.0 도구들의 핵심적인 교육적 활용들은 학생-학생, 학생-교사 간의 상호작용에 초점을 둔 것들이라는 것은 별로 놀랍지 않다. 이러한 상호작용에 초점을 둔 애플리케이션들은 일반적으로 소셜 소프트웨어 또는 소셜 네트워킹 소프트웨어라고 알려져 있다. 소셜 네트워킹 시스템들(예: Facebook, Ning, Elgg)은 "학생들, 그들의 친구들과 동료 노동자들, 교사들이 연계를 공유하는 다른 사용자들을 찾고 학습 또는 사회적 지원을 위해 이러한 연계를 사용할 수 있는 공개 또는 반공개(semi-public) 프로필을 구성하기 위해 그들에 의해 교육적으로 사용되는" (Boyd & Ellison, 2007) 웹기반 애플리케이션들이다. 소셜 소프트웨어의 교육적 활용에 관한 주요한 어포던스들에는 사회화(socializing), 자원들과 아이디어들의 공유(sharing), 체제(sojourning)(함께 일하는 것)가 포함된다(Anderson, 2008). 대부분의 개인들에게 있어 사회화는 형식적, 비형식적 학습 맥락들에서 행해지는 여러 업무에 대한 즐거움과 동기를 증진한다(Sanders & Wiseman, 1990). 아울러, 사회적 상호작용은 다른 과제들을 달성하기 위한 개인 및 공동체의 역량을 증진시키기 위해 사용되는 사회적 자본을 개발할 수 있도록 해준다(Ellison, Steinfield & Lampe, 2007; Sebastion, Namsu, & Kerk, 2009). 이러한 사회적 경험의 부족은 또한 사회적 상호작용을 지원하지 않는 형식교육의 독습모형들(independent study models)과 연관이 있는 높은 중도탈락률을 줄이기 위한 연구에서 핵심적인 변수다(Kember, 1995; Rovai, 2003; Tinto, 1987; Woodley, 2004).

증거기반

이전 절에서는 현재 상황을 개선하고 형식교육에서의 새롭고 더 개방적인 학습과 학습활동들을 지원하는 웹 2.0 테크놀로지들의 잠재성 또는 적어도 전망을 구체적으로 기술했다. 이러한 어포던스들이 효과적으로 사용될 수 있고 사용되고 있는 증거가 있는가? 어떤 새롭고 특히 매우 적응성 있는 교육적 해결책(intervention)이 다 그러하듯, 다양한 교육적 맥락들에서 효과적으로 활용되었다는 연구증거는 그렇게 많지 않다. 더 나아가, 그러한 연구들 중 대부분은 그들의 경험들이 더 많은 주류 교수들에게 일반화되지 않을 수도 있는 열성적인 초기채택자들과 혁신자들에 의해서 수행되어 왔다.

형식적인 강좌들 외부에서 웹 2.0 그리고 특히 소셜 네트워킹 도구들을 사용하는 것이 형식적인 학습에의 참여를 증진시키는지 또는 감소시키는지를 결정하기 위한 일련의 연구들이 시도되어 왔다. 텍사스주 대학생들을 대상(n=2,603)으로 한 2007년 연구에서, Sebastion, Namsu, Kerk(2009)는 "페이스북 사용의 강도와 학생들의 삶에 대한 만족도, 사회적 신뢰도, 시민참여(civic engagement), 정치적 참여 간에는 정적 상관관계"(p.875)가 있음을 밝혀냈다. 연구자들(Ellison et al., 2007; Govani & Pashley, 2005; Sebastion et al., 2009)은 동일한 기관에 참여하고 있는 학생들은 페이스북을 사용함으로써 사회적 자본의 개발을 증진시킴을 밝혀냈다. Ellison 등은 또한 "지속적 사회적 자본(maintained social capital)"—"이전에 거주했던 공동체의 구성원들과 지속적으로 연계를 유지하는 어떤 사람의 능력을 평가하는 사회적 자본의 한 특질"(2007, p.1143)—이 증대되었음을 보고하였다. 오늘날, 사회적 네트워킹 도구들은 비형식적인 학습 활동들을 지원하기 위해 아주 흔하게 사용되고 있다. 미국 학부생들을 대상으로 한 2008년의 연구에서, Salaway, Caruso, Nelson은 "비록 MSU 응답자들 중 단지 10%만이 자신들이 배정된 강좌 연습의 일환으로 페이스북을 사용해 왔지만, 대략 반 정도가 스터디그룹이나 모임을 정하기 위해 페이스북을 사용해 왔으며, 반 이상이 수업이나 학교과제를 논의하기 위해 그것을 사용해 왔다"(p.28)고 보고하였다. Selwyn(2009)은 페이스북에서 행한 활동들의 유형을 결정하기 위해 900명 이상의 영국학부생들의 로그(log)활동들을 검토했다. 학부생들은 다양한 사회적 상호작용, 논평, 그리고 사적 · 개인적인 질문들을 행한 것으로 밝혀졌다. 그는 다음과 같이 결론지었다.

> 페이스북은 학생들이 학교공부, 교직원, 학문적인 관례들 및 기대들과의 관계 속에서 흔히 경험하는 "역할 갈등"이 상대적으로 닫힌 "비밀의(backstage)" 영역에서 해결될 수 있는 준비된 공간을 제공하는 것 같다. 그래서 소셜 네트워킹 서비스들은 형식교육에의 직접적인 참여를 증진시키기보다 학습자들을 발전시키고, 성찰할 수 있도록 하며, 그들이 정체성 신장과 갈등을 공유할 수 있도록 도와준다.(Selwyn, 2009, p.157)

이러한 연구들은 웹 2.0 도구들이 형식교육에 학생들의 실제 삶과 비형식적 학습경험들을 통합하는 데 어떠한 도움을 주는지를 보여준다.

일련의 비형식적인 오락, 정보수집 및 공유 활동들을 위한 형식교육 외부에서 웹 2.0 도구들이 광범위하게 활용되는 것은 많은 연구자들로 하여금 웹 2.0은 형식적인 맥락들 외부의 학습에 가장 광범위하게 영향을 미쳐왔을 수 있다는 결론에 이르게 했다. 다른 연구자들은 형식교육에서 웹 2.0 도구들이 실행하는 것과 관련한 도전들, 형식교육적 맥락들과 비형식 학습 맥락들 양자에서 동일한 도구들이 사용될 때 태도, 활용, 그리고 효과 간에 발생하는 불일치를 지적해 왔다(Wiley, 2007). Clark, Logan, Luckin, Mee, Oliver(2009)는 "특히 교육과정은 웹 2.0 및 그것과 관련된 테크놀로지들에 의해서 제공되는 잠재성들과 학교 환경에서 그것들을 활용하는 것을 금지하기보다는 독려하는 기술들에 대해 보다 더 융통성 있는 반응을 촉진할 수 있도록 전개될 필요가 있다"(p.68)고 주장한다.

형식적인 학습의 구성요소로서의 웹 2.0 도구들의 활용에 관한 연구보고서들은 매우 불충분하다. Abbitt(2007)은 교육과정과 관련하여 학생에게 제공된 웹 자원들을 위한 태깅(tagging)과 투표시스템의 의무적인(부가된) 활용을 소개했다. 그는 "그 활동의 인지된 가치를 평가한 결과, 93%가 이 활동은 그들에게 그렇게 하지 않았으면 찾지 못했을 수 있는 웹 기반 자원들을 소개해 주었다고 응답했다. 더 나아가, 84%가 그들의 미래 수업경력에 유용할 수 있는 자원들을 찾았다고 응답했다"(p.447)라고 보고했다. 단일사례연구에서, Lockyer와 Patterson(2008)은 사진태깅시스템인 Flickr의 사용과 관련된 쟁점들을 검토했으며, "형식교육 환경에서 소셜 네트워킹 사이트를 사용함으로써 참여자들의 긍정적인 학습산출물들과 경험들을 실현했다"는 것을 밝혀냈다. 이 초기의 일화적인 증거는 웹 2.0 도구들은 형식적인 학습의 구성요소들로서 사용될 수 있지만, 이것이 도구들의 활용과 형식적 · 비형식적 학습의 기술들을 통합하기 위한 수단으로서 사용되는 것을 제외하고, 형식적인 학습에 얼마나 영향을 미치는지에 관한 최신의 증거들은 거의 없음을 시사해 준다.

영국 고등학교들에서의 웹 2.0의 활용에 관한 2008년의 연구에서, Crook와 Harrison은 다양한 긍정적인 효과들을 보고했지만, 이러한 혜택들은 그 도구들이 효과적으로 사용될 때에만 나타난다고 주의를 주었다. 그러나 그들은 무엇이 효과적인 사용을 만들어 내는지에 관한 정보들을 제대로 제공해 주지 않았다. 그들은 다음과 같이 보고하였다.

> 웹 2.0은 수업에서 임시적인 공헌자들 또는 특별한 요구들을 지닌 많은 학습자들을 참여시키며, 다른 매체들과 청중감(sense of audience)을 통해 표현할 수 있도록 하고 더 많은 자원들에 대한 접근과 말하고 제시하는 데 있어서 자신감과 기술을 획득할 수 있는 능력을 제공함으로써 학습자들의 자연적인 호기심을 지원했다.
>
> "언제 어디에서나" 웹 2.0을 이용할 수 있는 이용 가능성은 또한 매우 동기유발되고, 학습자들의 자율성을 신장하며, 개방형(open-ended) 과제들을 통한 확장된 학습을 독려할 수 있다. 출판(publication)은 학습자의 책임감, 참여, 그리고 청중에 관한 인지(awareness of audience)가 신장되는 것을 느끼게 해준다. 온라인 출판은 몇몇 교사들에 의해 동료 평가의 핵심적인 요소로 사용되었으며, 세부사항에 더 많은 관심을 갖도록 했으며, 일의 질을 증진시켰다.(Crook & Harrison, p.5)

빈약한 정도의 연구기반(research base)에서 볼 때, 테크놀로지들이 형식적인 강좌들에서 사용될 때, 웹 2.0 전도사들의 흔한 열정적인 주장들을 타당화하기 위해서는 많은 연구들이 필요하다고만 결론지을 수 있다. 동시에, 만약 우리가 새로운 테크놀로지들을 이전시대들을 위해 제한했던 맥락들에서 생각하고, 사용하며, 평가하는 실수를 피하려면, 온라인과 교실 사용에서의 새로운 학습유형들을 강조하고 평가하는 연구가 필요하다(McLuhan, 1964).

형식교육에서 웹 2.0을 사용하는 데 있어서의 도전

형식교육 맥락들에 어떤 새로운 테크놀로지를 효과적으로 채택하려면 많은 도전들에 직면하게 된다. 이 장의 첫 절에서, 나는 그 잠재성과 전망을 개관하였다. 다음으로, 우리는 도전들에 초점을 둔다. 이러한 도전들 중 대부분은 닫힌 맥락들에서 수십 년의 형식교육을 통해 교사들과 학습자들에 의해 개발된 심상적인 태도로부터 유래한다.

프라이버시

대부분의 형식적인 학습활동은 교실의 닫힌 문들 뒤나 접근이 제한된 학습관리시스템에서 행해진다. 웹 2.0 도구들을 이러한 닫힌 환경들 속으로 가져오면 흔히 그것들의 힘과 효과성이 크게 감소한다. 예를 들어, 블로그는 닫힌 LMS 맥락들에서 사용될 수 있지만, 그것들은 학생이 접속을 통제할 수 있고 더 많은 대중들에게 글을 쓰며, 교사나 학급보다 훨씬 더 많은 청중으로부터 논평이나 반응들을 받을 때 더 효과적이다. 마찬가지로, 소셜 북마크들이나 협력적인 문서들을 학급 내에서 만드는 것은 유용하지만, 그 문서가 전 세계 공동체에 의해 추가되고, 순서 매겨지며, 태깅할 수 있도록 개방될 때 가치가 추가된다—위키피디아나 Brainify와 헌신적인 학생 자원 사이트들의 성공에 의해서 입증된 바와 같이. 마지막으로, e-포트폴리오는 한 강좌 내에서 사용하는 것이 제한되어 왔지만, 성찰을 위한 매우 귀중한 보조도구가 될 수 있으며, 그 결과들이 잠재적인 고용주들, 가족구성원들, 동료들, 그리고 잠재적인 신입생들에게 노출되었을 때 사회적 자본을 생성할 수 있다.

나는 형식교육의 보호벽들(가상적인 또는 실제적인) 내에서는 잘 행해지는 어떠한 학습 활동들도 없다고 주장하지는 않지만, 실제로 이러한 학문의 자유를 위한 역량은 맨 처음 대학교를 만들기 위한 결정적인 자극제였다(Norton, 1909). 그러나 한 개인의 프라이버스 권리는 다른 사람의 언론과 표현의 자유를 숨막히게 할 수도 있다. 프라이버시 문제들은 웹 2.0 도구들의 교육적 활용에 대한 가장 파괴적인 도전들을 제시할 듯하다. 많은 학생들과 교수들은 그들의 가장 세련되고 동료평가를 거친 연구를 배포하고 공유하는 데 있어 편안하지 않다. 최종산출물을 공유하는 것에 대한 이러한 저항은 인터넷상에 공개된 자료들을 회수하거나 제거하는 것을 거의 불가능하게 만들었던 웹 검색엔진들의 매우 오래된 "저장(memory)" 에 의해 강화되었다. 그것은 연속적인 코멘트 없이 있는 그대로를 보여주는 파티 사진들일 뿐만 아니라 역사적으로 작가들에게 해를 끼쳐왔던 유행하고 있는 패러다임적 사고의 외부에서 학술연구 결과를 편견을 가지고 배포하는 것이다.

개인적인 자료와 공헌에 대한 접근은 형식교육 맥락에서는 통상적으로 시스템 소프트웨어에 의해서 통제되며 시스템 관리자들에 의해서 설정된다. 웹 2.0 애플리케이션들에서, 개인들은 통상적으로 접근에 관한 그들 자신의 한계를 설정할 수 있도록 허용된다. 나는 모든 맥락들에서 모든 사용자들에게 작동하는 단 한 세트의 허가들(permissions)만이 있다고는 믿지 않는다. 따라서 나는 모든 공헌들에 관하여 매우 섬세한 통제를 제공하는 Elgg(약어가 아니라 스위스의 마을 이름을 따왔음)와 같은 도구들의 사용을 지원함으로써 저자가 누가 그 정보에 접근할 수 있는지를 결정할 수 있도록 한다. 이러한 접근은 저자만이 접근할 수 있을 정도로 안전할 수 있지만, 저자는 쉽게 친구들에게, 급우들에게, 그리고 기관에 등록했거나, 인터넷에 공개되었거나, 웹 검색엔진들에 의해서 인덱스된 사람들에게 접근할 수 있도록 확장할 수 있다. 우리는 경험을 통해 시스템 관리자들, 학습자들, 교사들이 웹 2.0 활동들을 위한 적절한 수준의 접근을 설정할 때 증대된 지식, 기술, 실제가 필요하다는 것을 알고 있다.

지속성

형식교육에서, 우리는 학습을 학기 또는 다른 시간을 기술하는(time-delineated) 용어들로 묶는 데 익숙하다. 각 용어는 교육요목들을 통해 새로운 여행을 시작한다. 이와는 대조적으로, 만약 웹 2.0 도구들이 사용된다면, 이전 학습자들의 산출물들과 상호작용들이 왜 뒤따르는 동료들과 공유될 수 없는지에 대한 어떠한 논리적인 이유가 없다. 따라서 웹 2.0 도구들의 한 가지 특징인 다른 사람들의 노력을 수합하고 연구물을 축적하는 것이 허용되어야 한다. 그러나 이러한 인공물들의 재사용은 소유권, 저작권, 프라이버시 문제들을 야기한다. 다행히도, 크리에이티브 커먼스(Creative Commons)는 소유권을 보유하는 동안 학생들이 자신들의 연구물을 라이선스할 수 있는 도구들을 제공하지만, 이러한 해결책은 종종 형식교육에 참여하고 있는 우리들 대부분이 이해하기 어렵거나 쉽게 결정할 수 없는 것들이다.

지원

형식교육에서 웹 2.0을 사용하는 것과 관련하여, 소수의 혁신자들과 초기채택자들은 그들의 학습환경들을 지원하는 책임을 맡고 있는 시스템 관리 직원들과의 중요한 전쟁들을 경험해 보지 않았다. 대부분의 형식교육시스템들은 통제와 지원에 기초하고 있다. 많은 사람들은 일주일 내내 24시간 동안 헬프데스크(helpdesk)를 지원하는 것을 온라인 교육의 질에 매우 중요한 것으로 생각한다(Choy, McNickle & Clayton, 2002). 그러나 구글(Google)과 페이스북(Facebook)은 헬프데스크 서비스들을 제공하지 않고 3억 명 이상의 적극적인 사용자들에게 서비스들을 제공한다. 대부분의 기관용 컴퓨팅 서비스들은 애플리케이션들을 업그레이드하고 이주(migrating)하기 위한 잘 구조화된 계획들과 시스템들을 가지고 있는 반면, 웹 2.0 개발자들은 지속적이고 일정하지 않은 업그레이드와 공개풍조를 따른다. "일찍 공개하고, 빈번하게 공개하고, 여러분의 고객들에게 들으라"라는 웹 2.0 개발자들의 진언(mantra)은 대부분의 형식교육 컴퓨터서비스 부서들의 실제와는 거의 부합하지 않는다. 마지막으로, 앞에서 언급한 바와 같이, 프라이버시와 보안위협들은 컴퓨터운영을 책임지고 있는 사람들로 하여금 위부 검토나 입력을 허용하는 어떤 애플리케이션도 위협으로서 그리고 학습기회로서는 아주 드물게 보게 한다.

대중의 분류학

교육자들과 행정가들이 이러한 도전들을 다룰 수 있도록 도와주기 위해, Jon Dron과 나(Dron & Anderson, 2007, 2009)는 우리가 대중의 분류학(taxonomy of the many)이라고 일컫는 개념적인 모형을 구축해 왔다. 이 모형에서([그림 31.1] 참조), 세 수준의 집합체들이 기술된다. 첫 번째는 학습자들과 교사들이 프라이버시(패스워드로 통제되는)와 권한(교사에게 부여된)에 관하여 명확한 이해를 가지고 운영하는 익숙한 집단이다. 이 모형은 오늘날의 형식교육의 주류이며, 학습관리시스템들에 의해서 아주 효과적으로 지원된다. 두 번째 수준은 네트워크이며, 보다 더 유동적인 멤버십, 불시에 나타나는 통제, 지속성, 그리고 상대적으로 낮은 수준들의 상호작용이 뒤따르는 갑작스러운 감정의 격발로 나타나는 참여로 특징지어진다. 대부분의 웹 2.0 도구들은 네트워크 애플리케이션들로 분류될 수 있다. 마지막으로, 우리는 집합체, 스티그머직 신호전달(stigmergic signaling)[개미들과 같은 몇몇 사회적인 생물들이 다른 동료들이 해석하고 생동하는 환경 속에 신호들(페로몬 흔적들)을 남길 수 있는 능력을 기술하는 생물학적 용어], 데이터 마이닝을 통해 사용자들이 우리가 인터넷과 다른 공적인 공간들을 사용할 때 우리가 남긴 흔적들로부터 학습할 수 있도록 해주는 집합적인 도구들(collective tools)의 사용에 관하여 기술한다. 이 논문들의 내용을 반복하지 않기를 원하지만, 우리는 그것에 관한 모형과 우리의 논의가 교사들이 어떠한 종류의 학습활동들이 집단, 네트워크, 집합적인 도구들에서 가장 잘 작동하고, 웹 2.0 도구들이 집단기반 교육적 맥락들에서 실행되기 위해서 도전해야 할 것들을 어떻게 증명해 줄 것인지를 결정할 수 있도록 도와줄 것이라 믿는다.

미래에 대한 전망

웹 2.0 별칭의 성공은 웹 3.0, 4.0, 5.0, 그리고 그 이상의 후속적인 공고를 거의 보장해 왔다. 비록 이들 후자의 명칭들을 거의 이해하고 있지 못하지만 웹 3.0은 일반적으로 시맨틱 웹(semantic web)[1](Tim Berner-Lee의 독창적인 아이디어들 중 하나)과 관련된다(Berners-Lee, Hendler & Lassila, 2001). 시맨틱 웹 애플리케이션들은 조직화되고 공식적으로 메타태그된 자료들에 의존하는데, 기계들은 이 "스마트한" 데이터를 사용하여 읽고, 처리하고, 논리적인 추론들을 할 수 있다. 2004년으로 거슬러 올라가, 나는 시맨틱 웹의 교육적인 활용에 대한 글을 썼지만(Anderson & Whitelock, 2004), 다른 사람들과 마찬가지로 온톨로지의 태깅도구들을 조직하고 개발하기 위해 요구되는 시간과 노력, 그리고 그 자체를 조직할 수 있는 정보를 위해 필요한 애플리케이션들을 간과했다. 그러나 우리는 어느 시점에서 교육과 훈련에서 사용될 가능성이 있는 실제세계의, 시맨틱 웹 애플리케이션들이 도래하고 있음을 보고 있다(Hendler, 2009). 우리는 네트워크 개발은 교육을 포함한 대부분의 형식적인 기관

1) [역주] 현재의 인터넷과 같은 분산환경에서 리소스(웹 문서, 각종 파일, 서비스 등)에 대한 정보와 자원 사이의 관계-의미 정보(Semanteme)를 기계(컴퓨터)가 처리할 수 있는 온톨로지 형태로 표현하고, 이를 자동화된 기계(컴퓨터)가 처리하도록 하는 프레임워크이자 기술이다.(출처: http://ko.wikipedia.org/wiki/Semantic_Web)

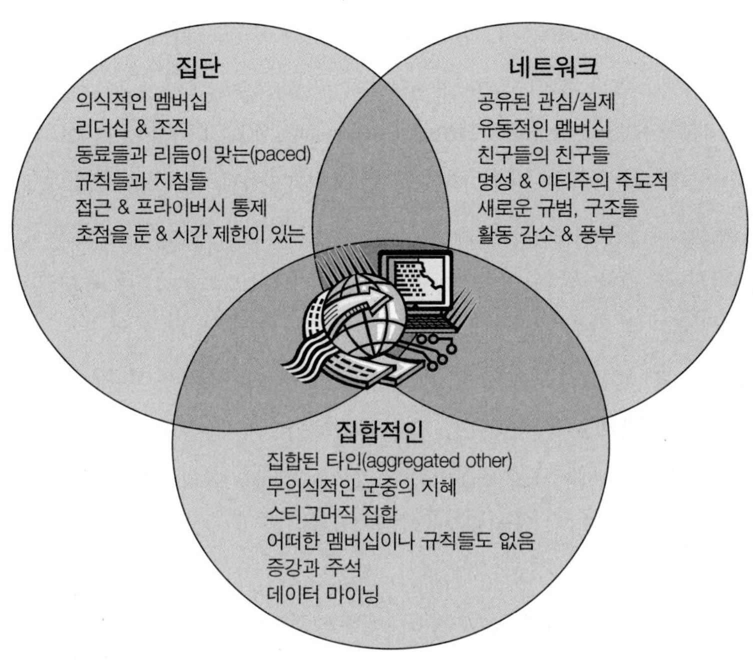

[그림 31.1] 대중의 분류학

들에서 지속적으로 개발들을 촉구하고 붕괴를 조장할 것이라는 것을 가정할 수 있다.

웹 2.0은 경량화되고, 쉽게 접근할 수 있으며, 저비용의 학습 애플리케이션들을 사용할 수 있게 해준다. 학습자들은 그들의 모든 학습활동들을 그들이 임시적으로 등록한 학교들을 포함하여 어떤 단일의 조직에 의해 정의된 맥락들 속에서 관리하고 실행하는 것에 만족해하지 않을 것이다. 설계자들은 학습자들이 개인적인 학습환경들(personal learning environments: PLEs)을 개발하고, 커스터마이즈하며, 효과적으로 사용하는 활동들과 맥락들을 만들어야 할 것이다. 형식교육의 서비스들과 활동들을 일관성 있고 개별화된 실제 삶의 맥락들 속에 혼합하고 통합함으로써, 우리는 평생학습의 모험을 위해 학생들을 더 효과적으로 그리고 아마도 더 효율적으로 준비시킬 수 있을 것이다.

결론

원격, 혼합, 캠퍼스기반(on-campus-based) 모형들에서의 형식 학습을 지원하기 위해 인터넷을 사용하는 것이 전 세계 모든 나라들에서 급격하게 증가하고 있다. 그러나 그것은 제도적으로 통제되고 교사가 프로그래밍한 학습관리시스템들에 의해 제공되는 닫힌 환경들을 통해 압도적으로 사용되고 있다. 이러한 닫힌 시스템들의 문화와 관습적인 사용은 개방되고, 참여적이며, 연계되고, 지속적이며, 일반적으로 개별 사용자들에 의해서(학교 행정가들이나 교사들에 의해서가 아닌) 통제되는 웹 2.0과는 정반대로 가고 있다. 따라서 그들은 붕괴적인 결과들을 초래한다(Christensen, Horn & Johnson, 2008). 현재의 제도적인 정책들과 LMS시스템들은 장학, 통제, 프라이버시 제한을 극대화하는 데 우선순위를 두고 있다. 이러한 제한들은 불행하게도 형식적인 강좌들 외부에서의 연계의 가능성과 잠재적인 혜택들을 극소화하고 있다. 학습과 교육 간의 건강하지 못한 분기(bifurcation)를 강요함으로써, 형식교육에서 웹 2.0에의 접근과 학습자통제를 제한하는 것이 일반적이다.

이러한 도전들에도 불구하고, 웹 2.0 도구들은 형식 학습과 비형식 학습을 통합할 수 있는 기회들을 제공하고, 촉매제로 작용하며, 그렇게 함으로써 평생학습 기회들을 가질 수 있는 통로로 사용될 것이다. 새로운 교수법들, 특히 연계주의는 웹 2.0의 어포던스들을 활용하는 학습활동들과 평가들의 사용을 독려하기 위해 설계되었다. 그러나 웹 2.0 도구들과 관련된 잠재적인 가치가 현행 교육시스템들 내에서 실현될 수 있는지와 실현할 수 있는 방법을 결정하기 위해서는 훨씬 더 창의적인 연구들이 요구된다. 웹 2.0 테크놀로지는 형식교육 정책과 절차를 파괴할 것이며, 따라서 우리는 만약 매우 현명한 지도자들에 의해서 조정되지 않으면 조직들은 "조직들이 자기 자신들을 와해시킬 수 없기 때문에, 모든 혁신들이 하나의 인정하는 혁신—조직의 과정들, 가치들, 경제적인 모형에 적합한 혁신—속으로 구체화될"(p.74) 것이라고 한 Christensen, Horn, Johnson(2008)의 경고에 주의해야 한다.

핵심 원리 요약

1. 웹 2.0 도구들과 특히 소셜 네트워킹 도구들로 분류되는 것들은 선진국에서 대부분의 시민들에 의해서 일상적으로 사용될 정도로 널리 퍼져있다. 사용되는 주요한 애플리케이션들은 사회적, 오락적, 그리고 정보 트롤링(trolling)을 위한 것이다. 그러나 이러한 비형식적 도구들은 또한 학생들이 서로 연계하고, 사회적 자본을 구축하는 것을 도와주기 위해 형식교육의 참여자들에 의해서 사용되었으며, 성찰적이고 의미를 창출하는 도구들로 사용될 만큼 중요하다.
2. 웹 2.0 도구들은 닫힌 교실 그리고 패스워드가 있어야 접근이 가능한 강좌 사이트들의 제한된 공간에서 불편하게 앉아 있어야 하는 경계선을 도약할 수 있게 해준다. 그러나 형식적인 경계선들의 외부에서 학습을 할 수 있는 이러한 역량은 실재적인 학습활동들, 증대되고 더욱더 다양한 청중들, 그리고 강좌의 경계선들을 넘어 형식교육에 참여할 수 있도록 해준다.
3. 웹 2.0 도구들의 개방성과 지속성은 새로운 청중들, 새로운 참여자들, 그리고 형식학습시스템들과 활동들에 관하여 새로운 비판을 할 수 있도록 해준다.

4. 웹 2.0 도구들에 내재되어 있는 개방성은 학생들이 다른 사람들에 의해 원하지 않았던 개요(overview)에 노출될 수 있는 잠재성을 가지고 있으며, 그들이 넷(Net) 실재성과 사회적 자본을 구축할 수 있도록 허용됨에 따라 동시에 프라이버시에 대한 우려를 야기한다. 웹 2.0 애플리케이션들은 캠퍼스 내에서 그리고 온라인 학습을 전달하기 위한 대부분의 학습관리시스템들에서 발견되는 익숙한 집단기반(group-based) 학습모형보다 네트워크 조직모형들(network organizational models)에 기반하여 구축된다. 개인들과 학습자원들을 연계하는 네트워크들은 교실과 형식교육적 맥락들을 넘어 쉽게 확장되는 융통성 있는 학습을 허용한다.
5. 오락, 사회적 · 상업적 활동들을 위해 웹 2.0 애플리케이션들이 광범위하고 점증적으로 활용되고 구성주의 및 연계주의 학습교수법들을 지원하기 위한 웹 2.0 애플리케이션들의 역량은 그 애플리케이션들이 형식교육을 증대하고 지원하기 위해 학생들과 교사들에 의해 채택될 것이라는 것을 보장한다. 웹 2.0 애플리케이션들은 몇몇 경우 이미 비형식과 평생학습의 주요 애플리케이션들이 되었다.

응용 문제

1. 여러분은 학생들을 교육적인 잠재성을 지닌 새로운 웹 2.0 도구들 중 몇 개에 노출시키는 데 관심이 있다. 그러나 여러분이 학생들이 접근하기 원하는 사이트들은 현재 학교의 IT부서에 의해 봉쇄되어 있다. 교장이 IT부서가 이러한 도구들에 공개적으로 접근하는 것을 허용하도록 납득시킬 수 있는 사례를 만들어라. 그 사례는 교육학적인 이론적인 근거(rationale)와 여러분이 프라이버시를 통제하고 여러분의 학생들에 의해서 적절하게 사용될 것이라는 것을 보장해 주는 수단을 담고 있어야 한다.
2. 여러분은 오픈소스 도구들을 사용하는 학교 전체에서 사용할 수 있는 소셜 네트워크를 성공적으로 공개했다. 그러나 여러분은 학생들로부터 단지 놀이를 위해서 그 소셜 네트워킹을 사용하며, 그것을 페이스북상에서만 하고, 따라서 최근에 대부분의 시간을 학교 네트워크에서 보낸다는 불평들을 들어 왔다. 동시에, 몇몇 학부모들은 아이들이 그 사이트를 사용하는 데 있어 어떤 교육적인 면도 찾아볼 수 없다고 주장하고 있다. 화면 캡처와 음성주석을 사용하여, 여러분이 이러한 새로운 도구의 교육적 · 사회적 가치를 설명하는 음성스레드(voicethread.com)를 만들어라. 학부모들과 학생들이 여러분의 음성스레드 논의에 반응할 수 있도록 충분히 초대해야 한다.

저자 정보

Terry Anderson은 캐나다의 개방대학교인 아사바스카대학교의 교수이자 원격교육연구소장(Canada Research Chair in Distance Education)이다.

참고 문헌

Abbitt, J.(2007). Exploring the educational possibilities for a user-driven social content system in an undergraduate course. *Journal of Online Learning and Teaching, 3*(4). Retrieved March 2010 from http://jolt.merlot.org/vol3no4/abbitt.htm

Anderson, T.(2003a). Getting the mix right: An updated and theoretical rational for interaction. *International Review of Research in Open and Distance Learning, 4*(2) Retrieved from March 2010 from http://www.irrodl.org/index.php/irrodl/article/view/149/708

Anderson, T.(2003b). Modes of interaction in distance education: Recent developments and research questions. In M. Moore & W. Anderson(Eds.), *Handbook of distance education*(pp. 129-144). Mahwah, NJ: Erlbaum.

Anderson, T.(2008). Social software technologies in distance education: Maximizing learning freedom. In E. T. M. Haughey & D. Murphy(Eds.), *International handbook of distance learning*(pp. 167-184). Bingley, UK: Emerald.

Anderson, T., & Whitelock, D.(2004). The educational semantic web: Visioning and practicing the future of education. *Journal of Interactive Media in Education, 1*. Retrieved March 2010 from http://www-jime.open.ac.uk/2004/1

Bauwens, M.(2005). Peer to peer and human evolution: Peer to peer as the premise of a new mode of civilization. *Integral Visioning*. Retrieved March 2010 from http://integralvisioning.org/article.php?story=p2ptheory1

Berners-Lee, T., Hendler, J., & Lassila, O.(2001). The semantic web, *284*, 34-43.

Boyd, D. M., & Ellison, N. B.(2007). Social network sites: Definition, history, and scholarship. *Journal of Computer Mediated Communication, 13*(1), 210.

CCH.(2008). *Professionals and Web 2.0*. Sydney: Wolters Kluwer. Retrieved November 2009 from www.cch.com.au_FDocLibrary_Fcch_professionals_web20_whitepaper_final.pdf

Choy, S. C., McNickle, C., & Clayton, B.(2002). *Learner expectations and experiences. Student views of support in online learning*. Adelaide: National Centre for Vocational Education Research. Retrieved March 2010 from http://eprints.qut.edu.au/archive/00007250/

Christensen, C., Horn, M., & Johnson, C.(2008). *Disrupting class: How disruptive innovation will change the way the world learns*. New York: McGraw-Hill.

Clark, W., Logan, K., Luckin, R., Mee, A., & Oliver, M.(2009). Beyond Web 2.0: Mapping the technology landscapes of young learners. *Journal of Computer Assisted Learning, 25*(1). Retrieved March 2010 from http://www3.interscience.wiley.com/cgi-binifulltext/121640394/HTMLSTART

Crook, C., & Harrison, C.(2008). *Web 2.0 technologies for learning at Key Stage 3 and 4*. London: BECTA. Retrieved March 2010 from http://partners.becta.org.uk/upload-dir/downloads/page_documents/research/web2_ks34_summary.doc

Daniel, J.(2010). *Mega-schools, technology and teachers: Achieving education for all*. New York: Routledge.

Dewey, J.(1904). The relation of theory to practice in education. In *The third yearbook of the National Society for the Scientific Study of Education*(pp. 9-30). Chicago: University of Chicago Press.

Dewey, J.(2009 [1922]). Education as engineering. *Journal of Curriculum Studies, 41*(1), 1-5.

Doering, A.(2006). Adventure learning: Transformative hybrid online education. *Distance Educa-*

tion, 27(2), 197-216.

Downes, S.(2007). *An introduction to connective knowledge.* Paper presented at the Media, Knowledge & Education-Exploring new Spaces, Relations and Dynamics in Digital Media Ecologies, Proceedings of the International Conference held on June 25-26, 2007.

Dron, J.(2007). *Control and constraint in e-learning: Choosing when to choose.* Hershey, PA: Information Science Reference.

Dron, J., & Anderson, T.(2007). *Collectives, networks and groups in social software fore-learning.* Paper presented at the Proceedings of World Conference on E-Learning in Corporate, Government, Healthcare, and Higher Education Quebec. Retrieved March 2010 from www.editlib.org/index.cfm/files/paper_26726.pdf

Dron, J., & Anderson, T.(2009). How the crowd can teach. InS. Hatzipanagos & S. Warburton(Eds.), *Handbook of research on social software and developing community ontologies*(pp. 1-17). Hershey, PA: IGI Global Information Science.

Ellison, N., Steinfield, C., & Lampe, C.(2007). The benefits ofFacebook "Friends:" Social capital and college students' use of online social network sites. *Journal of Computer-Mediated Communication, 12*(4), 1143-1168. Retrieved March 2010 from http://www.blackwell-synergy.com/doi/full/10.1111/j.1083-6101.2007.00367.x

Galloway, A. T. E.(2007). *The exploit: A theory of networks.* Minneapolis: University of Minnesota Press.

Gibson, J.(1977). The theory of affordances. In R. Shaw & J. Bransford(Eds.), *Perceiving, acting and knowing: Toward an ecological psychology*(pp. 67-82). Hillsdale: Lawrence Erlbaum.

Govani, T., & Pashley, H.(2005). *Student awareness of the privacy implications while using Facebook.* Unpublished manuscript.

Hase, S., & Kenyon, C.(2000). From andragogy to heutagogy. *UltiBase.* Retrieved March 2010 from ultibase.rmit.edu.au/Articles/dec00/hase2.htm

Hendler, J.(2009). Web 3.0 emerging. *Computer, 42*(1), 111-113. Retrieved March 2010 from http://www.ostixe.com/memoria!files/publicaciones/Junio/web 3.0 emerging.pdf

Hoegg, R., Meckel, M., Stanoevska-Slabeva, K., & Martignoni, R.(2006). Overview of business models for Web 2.0 communities. *Proceedings of GeNeMe,* 23-37. Retrieved March 2010 from http://www.alexandria.unisg.ch!EXPORT/DL/Katarina_Stanoevska/31412.pdf.

Horn, J.(2008). Human research and complexity theory. *Educational Philosophy and Theory, 40*(1).

Jonassen, D., Peck, K., & Wilson, B.(1999). *Learning with technology: A Constructivist perspective.* Upper Saddle River, NJ: Prentice Hall.

Jones, C.(2004). The conditions of learning in networks. In L. Dirckinck-Holmfeld, B. Lindstrom, B. Svendsen, & M. Ponti(Eds.), *Conditions for productive learning in networked learning environments.* Aalborg: Aalborg University/Kaleidoscope.

Kember, D.(1995). *Reconsidering open and distance learning in the developing world.* Englewood Cliffs, NJ: Education Technology.

Lockyer, L., & Patterson, J.(2008). *Integrating social networking technologies in education: A case study of a formal learning environment.* Paper presented at the Proceedings of the Eighth IEEE International Conference on Advanced Learning Technologies. Retrieved March 2010 from http://ro.uow.edu.au/cgi/viewcontent.cgi?article=1074&context=edupapers

McLuhan, M.(1964). *Understanding media: The extensions of man.* Toronto: McGraw-Hill.

Mejías, U.(2007). *Networked proximity: ICTs and the mediation of nearness.* Columbia University,

New York. Retrieved November 2008 from http://blog.ulisesmejias.com/wp-content/uploads/2007/12/mejias_networked_proximity.pdf

Moore, M.(1980). Independent stu' dy. In R. Boyd & J. Apps(Eds.), *Redefining the discipline of adult education.* San Francisco: Jossey-Bass(pp. 16-31).

Norton, A.(1909). *Readings in the history of education: Medieval universities.* Cambridge: The University Press.

O' Reilly, T.(2005). *What is Web 2.0. Design patterns and business models for the next generation of software:* O' Reilly Media. Retrieved January 2008 from www.oreillynet.com/pub/a/oreilly/tim/news/2005/09/30/what-is-web-20.htm

Rovai, A.(2003). In search of higher persistence rates in distance education online programs. *Internet in Higher Education, 6*(1), 1-16.

Salaway, G., Caruso, J., & Nelson, M.(2008). *Social networking sites. The ECAR study of undergraduate students and information technology.* Boulder, CO: EDUCAUSE Center for Applied Research.

Sanders, J. A., & Wiseman, R. L.(1990). The effects of verbal and nonverbal teacher immediacy on perceived cognitive, affective, and behavioral learning in the multicultural classroom. *Communication Education, 39*, 341-353.

Scholz, T.(2008). Market ideology and the myths of Web 2.0. *First Monday, 13*(3).

Schon, D.(1991). *The reflective practitioner: How professionals think in action.* Avebury: Ashgate Publishing.

Sebastion, V., Namsu, P., & Kerk, F. K.(2009). Is there social capital in a social network site?: Facebook use and college students' life satisfaction, trust, and participation. *Journal of Computer-Mediated Communication, 14*(4), 875-901. Retrieved March 2010 from http://dx.doi.org/10.1111/j.1083-6101.2009.01474.x

Selwyn, N.(2009). Faceworking: Exploring students' education-related use of Face book. *Learning, Media and Technology, 34*(2), 157-174.

Shulman, L. S.(1998). Theory, practice, and the education of professionals. *The Elementary School Journal, 98*(5), 511-526.

Siemens, G.(2005). A learning theory for the digital age. *Instructional Technology and Distance Education, 2*(1), 3-10. Retrieved October 2005 from http://www.eleamspace.org/Articles/connectivism.htm

Tinto, V.(1987). *Leaving college: Rethinking the causes and cures of college attrition.* Chicago: University of Chicago Press.

Wiley, D.(2007). Online, self-organizing social systems. In R. Luppicini(Ed.), *Online learning communities*(pp. 289-298). Charlotte NC: IAP.

Woodley, A.(2004). Conceptualizing student dropout in part-time distance education: Pathologizing the normal. *Open Learning, 19*(1), 47-63.

제32장

풍부한 매체의 현명한 사용

Ruth Colvin Clark (Clark Trainig & Consulting)
Richard E. Mayer (University of California, Santa Barbara)

여러분은 사람들이 멀티미디어 훈련 환경들에서 학습하는 것을 도와주기 위해 비디오, 애니메이션, 오디오와 같은 풍부한 매체(rich media)를 어떻게 사용할 수 있는가? [그림 32.1A], [그림 32.1B], [그림 32.1C]에서 보여주는 번개에 관한 수업에 대하여 세 가지 접근법들을 고려해 보자.

세 개의 그림들 모두는 비슷한 이해들을 구축하기 위해서, 다시 말해서, 번개가 어떻게 형성되는지를 이해할 수 있도록 하기 위해 설계된 멀티미디어 지도서들(tutorials)에서 가져

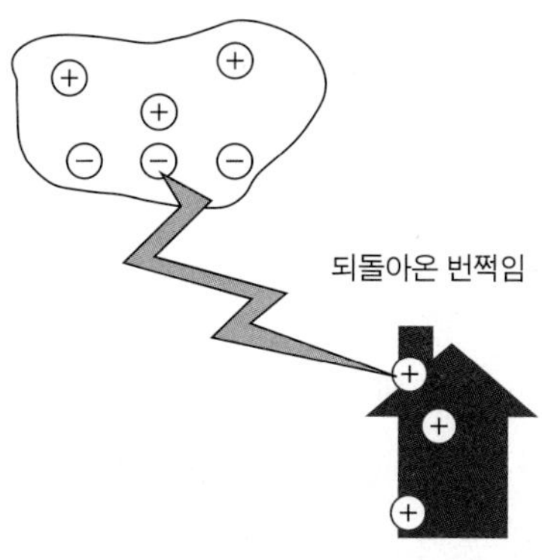

[그림 32.1A] 선화와 화면 텍스트를 사용하여 번개가 어떻게 형성되는지를 설명해 주는 수업 장면

[그림 32.1B] 애니메이션화된 그림과 오디오 내레이션을 사용하여 번개가 어떻게 형성되는지를 설명해 주는 수업 장면

"금속 비행기들은 번개를 매우 잘 전도하지만, 그들은 번개가 어떠한 저항도 받지 않고 오른쪽으로 통과했기 때문에 거의 손상을 입지 않았다."

[그림 32.1C] 흥미 있는 번개에 관한 사실들을 추가하여 번개가 어떻게 형성되는지를 설명해 주는 수업 장면

왔다. 예제 1A는 인쇄된 교과서로 제시된 단어들로 설명된 단순한 간단한 선화(line drawing) 그래픽들을 사용했다. 이와 대조적으로, 예제 1B는 더 풍부한 매체, 다시 말해서, 오디오로 제시된 단어들로 설명된 애니메이션화된 그래픽들을 사용했다. 몇몇 사람들은 번개 정보에 관한 주제를 다소 무미건조한 것으로 볼 수 있기 때문에, 수업 1C는 번개가 비행기들에게 어떠한 영향을 미치는지에 관한, 여기에서 보여주는 것과 비슷하게 흥미를 유발하기 위해 비디오와 함께 몇 가지 이야기들을 추가했다. 예제 1B와 1C는 애니메이션, 오디오, 비디오를 포함한 풍부한 매체를 사용한 반면, 예제 1A는 애니메이션이나 비디오보다는 정지 그래픽을, 그리고 오디오보다는 인쇄된 텍스트를 사용한다. 아울러 1A와 1B는 단지 사실들을 고수한 반면, 1C는 번개에 관한 흥미 있는 이야기들을 추가했다. 여러분은 이 세 가지의 수업 예제들 중 어느 것이 학습에 더 효과적이라고 생각하는가? 이제 다음의 선택지들 중 하나를 선택해 보자.

가장 양질의 학습은 다음 중 ~일 것이다:

_____ A. 다른 수업들보다 더 간단한 매체를 사용했기 때문에 수업 1A

_____ B. 과학적인 과정을 설명하기 위해 애니메이션을 사용했기 때문에 수업 1B

_____ C. 흥미 있는 이야기들이 번개정보 학습에 대한 동기를 유발했기 때문에 수업 1C

_____ D. 세 개의 수업들 모두 번개가 어떻게 형성되는지에 대한 동일한 내용을 포함하고 있기 때문에 학습에는 어떠한 차이도 없다.

풍부한 매체의 어떤 특성들이 학습을 증진시키며, 어떤 특성들이 학습을 방해하거나 또는 비용효과성을 추가하지 않는가? 이것들이 이 장에서 우리가 탐색하고자 하는 질문들이다.

2007년에, 미국 비즈니스는 직원훈련에 1,000억 달러 이상을 투자했다(Paradise, 2009). 이러한 상당한 투자에 대한 회수율을 최대화하기 위해, 교수 프로그램 개발자들은 멀티미디어 설계를 결정할 때 효과가 있었던 것에 관한 증거를 고려하는 것이 현명하다. 이 장에서 우리의 목표는 어떻게 풍부한 매체의 특성을 인간 학습과정을 최대한 도모하기 위한 방식으로 사용하는지에 관한 지침들(guidelines)을 요약하는 것이다.

풍부한 매체의 모순

우리는 풍부한 매체를 비디오, 애니메이션, 오디오와 같은 고급미디어(high-end media)를 통합한 교수 프로그램들이라고 정의한다. 인터넷과 인트라넷 테크놀로지의 대역(band-width)은 이제 과거보다 더 많은 고급미디어를 전달할 수 있도록 해준다. 사실 현재의 테크놀로지는 학습자들이 정보를 동화할 수 있는 심리학적인 역량보다 훨씬 더 많은 정보를 학습자들에게 전달할 수 있는 역량을 가지고 있다. 이것이 바로 우리가 '풍부한 매체의 모순(the paradox of rich media)' 이라고 부르는 것이다. 풍부한 매체는 인간학습과정들을 지원하는 방식으로 사용되는 정도까지만 학습자들에게 혜택을 줄 것이다.

세 가지의 교수 구성요소들

우리들 모두는 비효과적이었던 컴퓨터와 교실 훈련사태들에 참여해 왔다. 그것들은 많은 정보들을 제시해 주었을지 모르지만, 학습을 촉진하는 방식은 아니었다. 이와는 대조적으로, 우리는 학습자들이 학습목표들을 달성할 수 있도록 도와주었던, 컴퓨터나 교실을 통해 전달된 많은 강좌들에 관해 알고 있다. 교수(instruction)의 질은 훈련이 컴퓨터로, 학습장(work-book)으로, 또는 교실에서 전달되었는지의 여부에 의해 좌우되지는 않는다. 많은 연구들은 상이한 매체로 전달된 수업들을 통한 학습을 비교해 왔다. 예를 들어, 한 수업은 컴퓨터로 전달되고, 비슷한 수업은 면대면 교실에서 전달된다. 사실상, 아주 많은 매체비교연구들은 메타분석이 그 산출물들을 통합해 왔다고 보고했다. Bernard와 동료들(2004)은 면대면 교실에서의 학습과 몇 가지 유형의 전자 원격학습을 통한 학습에 관한 350개 이상의 비교에서, 중앙치 효과크기(median effect size)가 0에 가깝다는 것을 밝혀냈다. 다시 말해서, 교실이나 전자적인 전달을 통한 학습 간에는 어떠한 실제적인 차이들이 없다. 만약 전달 매체가 학습

〈표 32.1〉 세 가지의 교수(instruction) 구성요소들

구성요소	설명	예
교수양식	모든 교수의 기본적인 의사소통 요소들: 그래픽, 텍스트, 오디오	선화(line drawing) 애니메이션 오디오 내레이션 텍스트
교수방법	선택, 조직화, 통합의 학습 과정들을 촉진하는 교수 구성요소들	예 연습 비유 피드백
전달매체	교수를 전달하는 장치들	교수자 컴퓨터 책

을 초래하지 않는다면, 무엇이 학습을 초래하는가?

우리는 교수전문가들이 노동자 학습을 계획할 때 고려해야 하는 세 가지의 주요한 구성요소들을 제안한다: 교수양식(instructional modes), 교수방법(instructional methods), 전달매체(delivery media). 우리는 이것들을 〈표 32.1〉에 요약했다. 세 가지의 구성요소들 중, 교수양식과 교수방법이 학습에 가장 크게 영향을 미친다. 이 장에서 우리는 텍스트, 오디오, 그래픽을 포함한 교수양식들에 주로 초점을 둘 것이다.

테크놀로지중심 교수 대 학습자중심 교수

컴퓨터와 의사소통 테크놀로지들에서의 놀랄 만한 진전을 감안해 볼 때, 교수설계자들에게 "우리가 교수를 설계하기 위해 어떻게 풍부한 매체를 사용할 수 있는가?"라고 묻고 싶을 수 있다. 이것은 우리가 테크놀로지의 역량들(풍부한 매체의 이용 가능성과 같은)로 시작하고 이러한 역량들을 수용하기 위해 교수를 설계하기 때문에 ID에 대한 **테크놀로지중심 접근법**을 반영하고 있다. 가령, 테크놀로지중심 접근법을 취할 때, 우리는 비디오와 애니메이션을 통합한 역량을 사용하여 수업을 설계하는 방법들을 찾을 수 있다.

20세기 전반에 걸친 테크놀로지중심 접근법의 실망스러운 역사를 간단히 살펴보자(Cuban, 1986, 2001). 1920대에, 무성영화는 교육을 혁신할 수 있는 최첨단 테크놀로지라고 칭해졌다. 1930대와 1940년대에, 라디오는 전 세계의 전문가들을 교실로 불러들이기 위한 방법으로서 권장되었다. 1950대에, 교육용 텔레비전은 교육의 미래에 대한 열쇠—영화와 라디오의 장점들을 통합—로서 제공되었다. 1960년대와 1970년대에, 컴퓨터기반 프로그램 교

수가 곧 교사들을 대치할 것이라는 주장들이 있었다. 각각의 경우에서, 사태들의 사이클은 비슷했다: 최첨단 테크놀로지가 교육을 변형시킬 것이라는 강력한 주장들, 다음으로 몇몇 교육적 상황들에서의 열정적인 실행, 그리고 최종적으로 새로운 최첨단 테크놀로지는 성공적이지 못했다는 결론.

ID에 대한 테크놀로지중심 접근법은 무엇이 잘못되었나? 테크놀로지중심 접근법이 가지고 있는 주요한 문제는 사람들이 학습하는 방법에 대해 알려진 것을 포함하여 학습자를 고려하지 않는다는 것이다. 이와는 대조적으로, ID에 대한 학습자중심 접근법의 경우, 그 초점은 학습자의 자연적인 학습과정을 촉진하는 방법에 있다. 풍부한 매체는 정반대로보다는 학습자들의 요구들에 부응할 수 있도록 조절되어야 한다. 간단히 말해서, **학습자중심 접근법**을 취할 때, 우리는 "인간 학습을 도와주기 위해 풍부한 매체를 어떻게 조절할 수 있는가?" 라고 묻는다.

이 장의 주요한 논지는 풍부한 매체는 인간이 학습하는 방법에 대해 우리가 알고 있는 것, 그리고 교수효과성과 관련한 연구 증거들과 일관성 있는 방식들로 사용해야(또는 사용하지 말아야) 한다는 것이다. 다시 말해서, 교수설계자들은 풍부한 매체의 사용에 대해 학습자중심 접근법을 취해야 한다. 학습자중심 접근법을 취하는 것은 학습을 불러일으키는 교수를 설계하는 것을 수반한다. 이러한 접근법의 한 가지 중요한 측면은 **증거기반 실제**(evidence-based practice)—교수 실제는 연구증거에 기반해야 한다는 생각—의 실행이다.

증거기반 실제를 행해야 하는 이론적인 근거는 무엇인가? 교수적인 결정들은 의견들, 일시적인 유행들, 이데올로기, 전문가의 조언, 증명서들, 또는 테스트되지 않은 모범사례들에 기초할 수 있다. 그러한 접근법이 지니고 있는 문제점은 그것들이 효과적인 교수를 이끌어 줄 것이라고 믿어야 할 이유가 거의 없다는 것이다. 이와는 대조적으로, 증거기반 접근법을 취하면, 우리는 다양한 학습자들과 가까이에 있는 학습목표들에 잘 작동하는 것으로 여겨지는 교수방법들과 양식들을 사용하고자 한다.

인간이 학습하는 방법

학습은 어떻게 행해지는가? 이것은 학습과학(science of learning)분야에 종사하는 연구자들에 의해서 다루어지는 핵심적인 질문이다. 간단히 말해서, 학습과학은 학습이 행해지는 방법에 관한 과학적인 연구에 관심을 두고 있다. 결과적으로, 교수과학(science of instruction)은 그러한 학습과정들을 촉진하는 양식들과 방법들을 제안해야 한다.

[그림 32.2]에서 요약한 바와 같이, 두 개의 기억시스템들, 즉 작동기억과 장기기억은 인간 학습 과정들을 형성한다. 작동기억은 의도적인 학습을 포함한 모든 의식적인 사고의 중

심이다. 그러나 그것은 제한적인 기억용량을 가지고 있다. Miller(1956)가 처음으로 명료화한 정보의 '**7 ± 2의 정보 덩어리**' 라고 잘 알려진 한계는 작동기억에 적용된다. 따라서 효과적인 교수전략들은 작동기억의 제한적인 용량을 수용해야 한다. 학습하는 동안 작동기억의 제한적인 용량에 부과된 정신적 작업(mental work)의 양은 인지부하(cognitive load)라고 불린다. 많은 최근의 연구들은 특정 교수방법들이 인지부하에 어떻게 영향을 미치는지를 검토해 왔다(Clark, Nguyen, & Sweller, 2006; Sweller, van Merriënboer, & Paas, 1998; Sweller, 1999).

이와는 달리, 장기기억은 스키마(schemata)라고 불리는 조직화된 구조들로 구성된 영구적인 대용량의 정보 저장소다. 그러나 장기기억은 어떠한 정보처리 역량들도 가지고 있지 않다. 작동기억과 장기기억 간에는 상호작용이 있는데, 관련된 지식이 장기기억에 더 많이 저장될수록 작동기억은 더 많은 양의 정보를 흡수할 수 있다. 따라서 장기기억에 관련된 정보를 거의 가지고 있지 않은 초보학습자들은 더 많은 경험을 지닌 학습자들보다 인지부하에 훨씬 더 많은 영향을 받기 쉽다. 그것이 교수를 설계할 때 학습자의 사전지식이 왜 고려되어야 할 중요한 개인차인지에 대한 이유다.

기억시스템의 또 다른 측면은 시각/그림정보를 처리하는 채널과 청각/음성정보를 처리하는 채널이 분리되어 있으며, 각각은 인지부하의 제한을 가지고 있다는 것이다. 그래픽들은 시각/그림채널에서 처리되며, 구화(spoken words)는 청각/음성채널에서 처리된다. 인쇄된 단어들은 시각/그림채널에서 먼저 처리된 후 청각/음성채널에서 처리되도록 변환될 것이다.

교수환경으로부터의 콘텐츠를 [그림 32.2]에서 요약했던 장기기억에 있는 새로운 지식과 기술들로 변환하기 위한 다음과 같은 세 가지의 중요한 과정들이 있다.

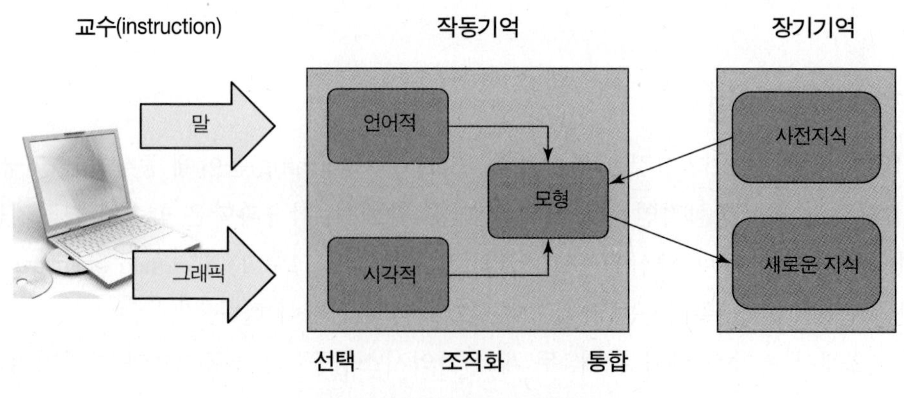

[그림 32.2] 인간학습과정모형

〈표 32.2〉 교수설계에서의 인지부하

부하의 유형	설명	예
외재적	빈약한 교수설계 결정들에 의해서 부과된 부적절한 정신적(mental) 부하	혈액이 순환하는 방법과 같은 과정들을 설명하기 위해 복잡한 시각물들을 사용
본유적	복잡한 교수 콘텐츠로 인해 야기되는 정신적 부하	기억에서 다양한 요소들을 동시에 조작해야 하는, 복잡한 학습목적들
생성적	조직화와 통합화의 과정을 지원하는, 그렇게 함으로써 학습을 초래하는 적절한 정신적 부하	학습자들이 콘텐츠의 의미를 이해할 수 있도록 도와주는 설명적인 시각물들을 사용

선택—교수환경으로부터 작동기억으로의 화살표들은 학습자가 들어오는 정보 중 몇 개에 주의를 하며, 심화된 정보처리를 위해 그것을 작동기억으로 전이하는 것을 나타낸다.

조직화—작동기억 내에 있는 화살표들은 학습자가 들어오는 자료를 일관성 있는 언어적, 시각적 표상들로 심상적으로 조직화하는 것을 나타낸다.

통합—장기기억에서 작동기억으로의 화살표들은 학습자가 모형을 형성하기 위해 서로를, 그리고 새로운 지식과 기술들을 형성하기 위해 장기기억으로부터 활성화된 관련된 사전지식과 심상적으로 통합하는 것을 나타낸다.

학습자가 학습하는 동안 적절한 선택, 조직화, 통합에 관여할 때 유의미한 학습이 일어난다. 이러한 과정들은 부분적으로 학습자의 **메타인지지식**(metacognitive knowledge)—학습을 관리하는 방법에 관한 지식—과 학습자의 **동기**(motivation)—동기는 목표지향적 활동을 개시하고 유지한다—에 의해 통제된다.

교수설계 시 직면하는 주요한 도전은 작동기억에 대한 과부하 없이 적절한 인지적 정보처리—선택, 조직화, 통합—를 증진시키는 것이다. 세 가지 유형의 인지부하는 〈표 32.2〉에 요약되어 있다.

빈약한 ID는 의미 있는 학습을 위해 요구되는 제한된 정보처리 용량을 약화시키는 **외재적 정보처리**(extraneous processing)를 행할 수 있다. 따라서 중요한 교수목적은 외생적인 정보처리를 줄이는 것이다. 학습되어야 할 복잡한 자료는 들어오는 자료를 심상적으로(mentally) 표상하기 위해 요구되는 높은 수준의 **본유적 정보처리**(essential processing)(예: 주로 선택과 초기 조직화)를 요구할 수 있다. 따라서 중요한 교수목적은 학습자들이 본질적인 정보처리를 관리할 수 있도록 도와주는 것이다. 마지막으로, 학습자는 들어오는 자료를 이해하기 위해서 요구되는 노력을 다하도록—즉, **생성적 정보처리**(generative processing)(예: 주로 조직화와 통합)에 참여하도록—동기화되어야 한다. 따라서 최종적인 교수목적은 생성적 정보처리를 증진하는 것이다. 전반적으로, 설계자들은 외재적 정보처리를 줄이고, 본유적 정보처리를 관리하며, 생성적 정보처리를 증진하는 교수 프로그램들을 추구한다.

요컨대, 특히 교수설계자들에게 적절한 학습에 대한 세 가지의 연구기반 원리들은 다음과 같다.

이중채널(dual-channels) 원리—사람들은 시각/그림 정보와 청각/언어 정보를 처리하는 별개의 채널들을 가지고 있다.

제한된 용량 원리—사람들은 각 채널에서 한 번에 적은 양의 정보만을 처리할 수 있다.

능동적인 학습 원리—유의미한 학습은 학습자가 들어오는 정보의 적절한 측면들에 주의를 기울이고, 자료를 일관성 있는 인지적 표상 속으로 심상적으로 조직화하며, 그것을 장기기억으로부터 활성화된 기존지식과 심상적으로 통합하는 것을 포함하여, 학습하는 동안 적절한 인지적인 정보처리에 참여할 때 일어난다.

노동자를 위한 학습 프로그램들을 개발할 때, 여러분이 증거와 인간 학습과정이라고 생각하는 우리의 제안을 설명하기 위해, 우리는 멀티미디어 훈련에서의 시각물들과 단어들의 최상의 사용과 관련한 몇 가지 질문들에 초점을 둔다.

질문 1: 시각물은 학습을 증진시키는가?

시각물들(visuals)은 만들기가 어려울 수 있으며, 수업 개발과 전달에 대한 시간, 비용, 대역폭(bandwidth)을 추가할 수 있다. 시각자료에 투자를 하면 어떤 혜택이 있는가? Mayer와 그의 동료들(2009)은 단어들만 가지고 의사소통하는 여러 수업들과 단어들과 시각물들을 사용하여 동일한 내용을 전달하는 여러 수업들을 통한 학습을 비교했다. 예를 들어, 자전거의 펌프들이 작동하는 방법을 설명하는 수업은 다음과 같은 단어들을 사용했다.

> 연접봉(rod)을 잡아당길 때, 공기가 피스톤을 통과하고, 피스톤과 배출구밸브 사이에 있는 영역이 채워진다. 연접봉을 밀어 넣을 때, 주입구밸브가 닫히고, 피스톤은 공기가 배출구밸브를 통과하도록 밀어낸다.

[그림 32.3]에 있는 버전은 동일한 단어들을 사용하고 간단한 시각적인 예시삽화를 추가했다.

학습자들은 각 버전에 무작위로 배정되었으며, 학습 후에 검사를 받았다. 브레이크, 펌프, 발전기, 번개, 수학에 초점을 둔 11개의 연구에서, 시각물들을 가지고 있는 버전들이 더 나은 학습을 증진했다. 시각물들을 추가함으로써 얻을 수 있는 학습 혜택은 중앙치 효과크기가 1.39로 높게 나타났다. 그것은 평균적으로 텍스트를 가지고 학습한 집단의 점수들이 만약

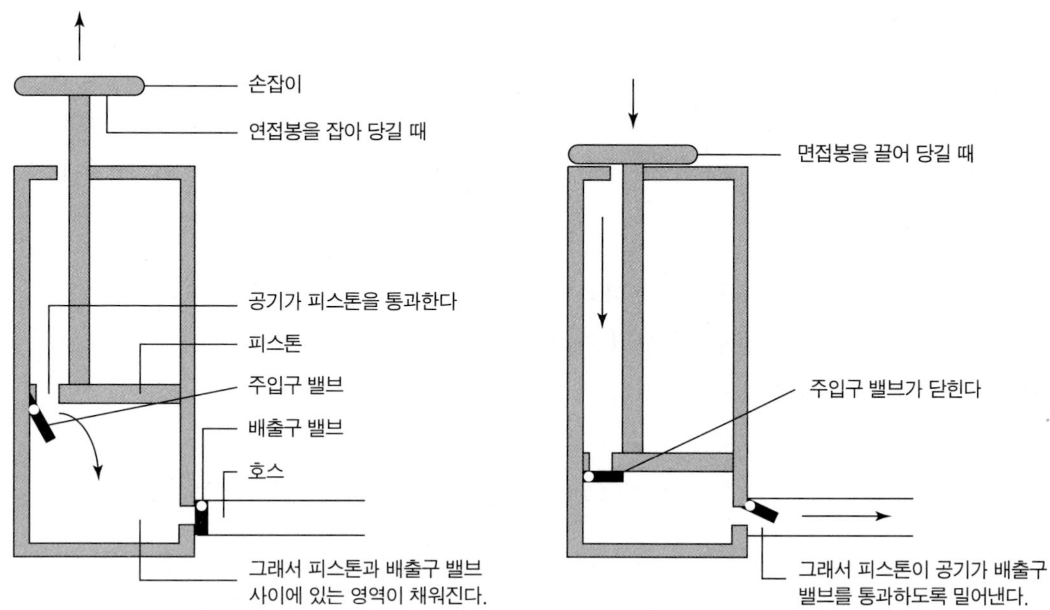

[그림 32.3] 시각물들과 단어들을 사용하여 자전거 펌프들이 작동하는 방법을 설명하는 수업

시각적인 요소가 추가된다면 거의 1.5표준편차 정도로 증진될 것이라는 것을 의미한다.

시각물들의 학습력(learning power)에 대한 심리학적인 이유는 우리가 이전에 논의했던 작동기억의 이중채널 특성들과 관련이 있다. 단어들과 시각물들을 포함하고 있는 수업들은 뇌에 의미를 구축할 수 있는 두 가지의 기회들—하나는 단어들로, 두 번째는 대응되는 이미지들로—을 제공하고, 학습자들이 그것들 간을 연계 지을 수 있도록 독려한다.

질문 2: 시각물은 누구의 학습을 증진시키는가?

우리는 시각물에 펌프들이 작동하는 방법에 관한 언어적인 설명을 추가했을 때 학습이 증진되었음을 알 수 있었다. 어떤 학습자들은 다른 학습자들보다 시각물들로부터 더 많은 것을 얻을 수 있는가? 몇몇 훈련자들은 개인이 가장 잘 학습할 수 있는 방법에 영향을 미치는 시각적, 언어적 학습스타일들이 있다고 믿는다. 여러분은 자신이 시각적 학습자라고 믿는가 아니면 청각적 학습자라고 믿는가?

실제로, 몇몇 학습자들은 시각물들로부터 다른 학습자들보다 더 많은 혜택을 받지만, 이러한 개인적인 차이들은 "학습스타일들(learning styles)"과 거의 관련이 없다. 다음의 실험을 고려해 보자. 자기방어 재판에서 한 배심원에게 준 판사의 지시 두 버전들이 Brewer, Harvey, Semmler(2004)에 의해서 검토되었다. 한 버전은 전통적으로 판사들이 주는 오디오만으로 된(audio-only) 버전이었다. 두 번째 버전은 오디오에 순서도들과 삽화들과 같은 시각물들이 추가되었다. 두 가지 유형의 학습자들이 두 버전들 중 하나에 무작위로 배정되었다: 대부분의 배심원들과 비슷한 법률 초보자들과 법대생들. 오디오 또는 오디오-비디오 버전 중 하나를 검토한 후에, 개인들은 이해도 검사를 받았다. 그 결과들은 [그림 32.4]에 제시되었다.

[그림 32.4]에 있는 그래프를 보고, 다음에서 가장 타당한 결론(들)을 선택하라.

____ A. 초보자들이 시각물들로부터 가장 혜택을 많이 받았다.

____ B. 전문가들이 시각물들로부터 가장 혜택을 많이 받았다.

____ C. 전문가들과 초보자들 모두 시각물들로부터 혜택을 받았다.

____ D. 초보자들은 시각물들에 접근함으로써 전문가 수준들에까지 상승했다.

초보자들이 시각물들로부터 가장 혜택을 많이 받았으며, 실제로 시각물들을 가지고 있는 법률적 지시에 관한 그들의 이해는 법대생들의 이해와 거의 동일한 수준에까지 도달했다. 그들의 사전지식 때문에, 법대생들은 시각물들 없이 오디오 지시를 효과적으로 이해할 수 있었다. [그림 32.4] 자료들에 대한 질문들의 정답은 A와 D다.

Mayer와 Gallini(1990), Kalyuga, Chandler와 Sweller(1998, 2000)에 의해 보고된 연구들은 Kalyuga(2005)가 일컬은 전문지식 역전효과(expertise reversal effect)의 기초가 되었다. 전문지식 역전은 초보자들에게 도움이 되는 교수양식이나 방법이 전문가들에게는 도움이 되지 않으며, 몇몇 경우 실제로 전문가의 수행을 떨어뜨릴 수 있다는 사실을 말한다. 앞에서 언급한 바와 같이, 학습자의 사전지식은 ID에서 고려해야 할 중요한 개인차다.

학습스타일에 관해서는 어떻게 생각하는가? Kratzig와 Arbuthnott(2006)은 학습자들에게 자기 자신의 학습스타일(시각, 청각, 또는 운동감각)을 평가하도록 요청했다; 각 학습자는

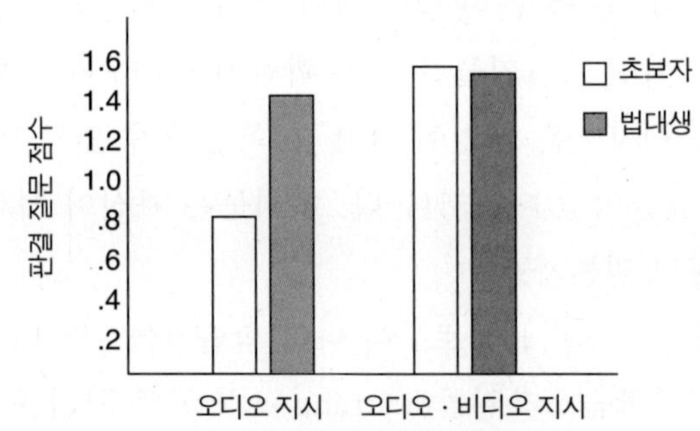

[그림 32.4] 시각물들이 초보자와 전문가에게 미친 영향

출처: Brewer, Harvey, Semmler(2004)에 의해 보고된 자료를 수정함

표준 학습스타일 검사지를 사용하여 검사를 받았다; 그리고 그들의 시각적, 청각적, 운동감각적 기억들을 검사했다. 그런 다음, 그 연구팀은 자기평가, 검사지 평가, 기억검사들 간에 상관들 또는 관계들을 살펴보았다. 그들은 측정치들 중 어느 것 간에 아무런 관계가 없음을 알았다. 다시 말해서, 자신들을 시각적 학습자들이라고 분류했던 학습자들은 학습스타일 검사지에서 시각적인 학습자들로 조사되지도 않았으며, 더 높은 시각적인 기억도 보여주지 않았다. 그 보고서는 "학습스타일이론과는 대조적으로, 사람들은 모든 세 가지의 감각적인 양식들(modalities)을 사용하여 효과적으로 학습할 수 있음을 보여준다."(p.241)고 결론짓는다. 마찬가지로, Massa와 Mayer(2006)가 언어에 기초한 또는 그림에 기초한, 전자학에 관한 수업을 언어형인 사람들(verbalizers)과 시각형인 사람들(visualizers)에게 제시했을 때, 그들은 수업 버전과 학습자의 인지적인 스타일의 일치가 학습을 증진시켰다는 어떠한 증거도 찾지 못했다. 전반적으로, 수업들을 학습자의 학습스타일들과 일치하도록 설계해야 한다는 것에 관한 어떠한 강력한 증거도 없다.

질문 3: 더 풍부한 시각물이 학습에 더 좋은가?

풍부한 시각물은 상대적으로 더 상세하거나 더 복잡하다. 예를 들어, [그림 32.5]의 버전 A에서 볼 수 있는 것과 같은 3차원 시각물은 버전 B에서 볼 수 있는 바와 같은 간단한 선화(line drawing)보다 심장을 통해 혈액이 순환하는 것에 관하여 더 풍부하게 보여준다.

[그림 32.1B]에서 볼 수 있는 바와 같이, 번개가 어떻게 형성되는지에 관한 애니메이션화

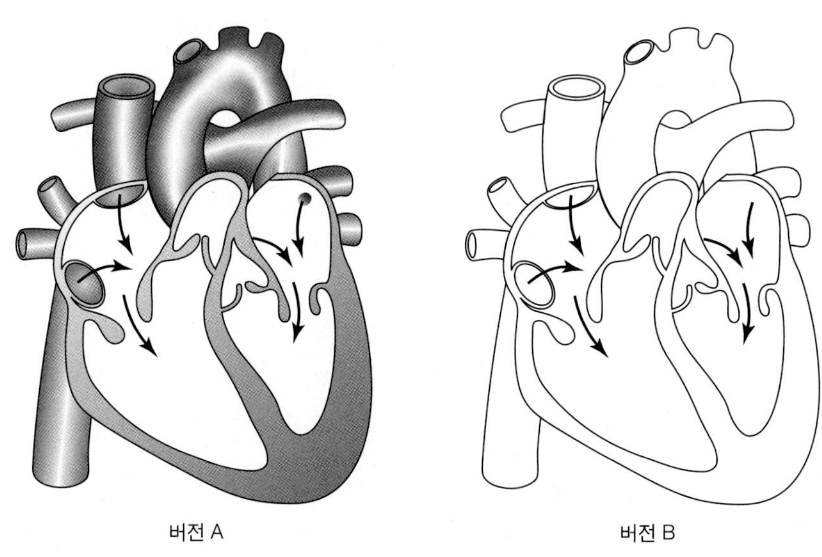

[그림 32.5] 심장의 혈액순환에 관한 복잡한 시각물과 간단한 시각물

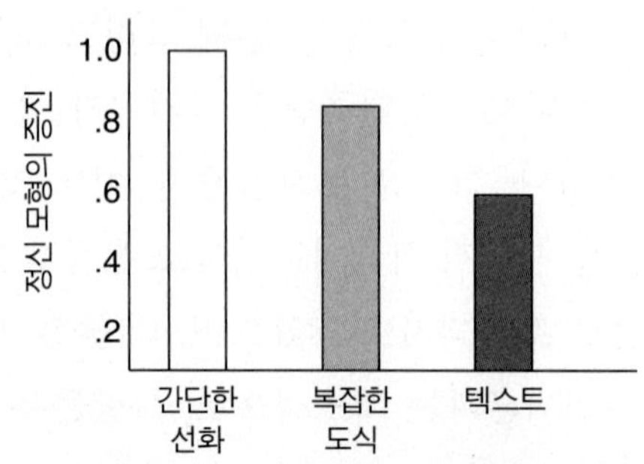

[그림 32.6] 텍스트, 간단한 시각물, 복잡한 시각물을 통한 학습

출처: Butcher(2006)의 자료에 기초함

된 묘사는 [그림 32.1A]에서 볼 수 있는 바와 같은 일련의 정화들(still drawings)보다 더 풍부하다. 교실 수업에 관한 비디오는 교사와 관련된 학생의 상호작용을 설명해 주지만 외재적인 배경 정보를 생략한 동일한 교실의 애니메이션보다는 더 풍부하다. 일반적으로, 더 풍부한 시각물은 더 빈약한 시각물보다 생산하는 데 더 많은 비용이 들고 시간도 더 많이 소비되며, 전달하기 위해 더 큰 대역폭을 필요로 한다. 우리는 풍부한 그래픽의 효과성에 대한 어떤 증거를 가지고 있는가?

A. 선화(line drawings) 대 3D 그림

Butcher(2006)는 세 가지의 수업 버전들로 순환이 어떻게 작동하는지에 관한 이해를 비교했다: 텍스트만, 간단한 선화, [그림 32.6]에서 볼 수 있는 바와 같은 더 복잡한 도식. Butcher는 논의와 뒤따라오는 질문과 일관성 있게 텍스트에 시각물을 추가하면 순환에 관한 이해가 증진됨을 밝혀냈다—간단하고 복잡한 시각물은 어떠한 시각물도 없는 것보다 더 효과적이었다. 그러나 두 개의 시각물들을 비교했을 때, 더 간단한 선(line) 도식이 3D 그래픽보다 더 효과적이었다.

B. 정지그래픽(still graphics) 대 애니메이션

여러분이 번개가 어떻게 형성되는지를 가르치고 싶어한다고 가정해 보자. 여러분은 [그림 32.1A]와 [그림 32.1B]에서 예시해 주는 바와 같이, 일련의 정지물들(stills)이나 애니메이션을 사용할 수 있다. 번개 형성과 같은 변화하고 있는 물리적인 요소들을 수반하는 과정을 가르칠 때 애니메이션이 더 효과적일 수 있다는 것은 직관적인 것 같다. 그러나 애니메이션화된 버전을 통한 학습과 일련의 정지그래픽을 통한 학습을 대비하는 몇몇 수업 주제들(예: 브레이크가 어떻게 작동하는가, 화장실을 어떻게 물로 씻어낼 것인가, 번개는 어떻게 형성되는가)을 비교했을 때, Mayer, Hegarty, Mayer, Campbell(2005)은 일련의 정지그래픽들이 애니메이션화된 버전들만큼이나 또는 더 양질의 학습을 초래했음을 발견했다.

학습을 위한 애니메이션의 부정적인 효과들에 대한 많은 잠재적인 이유들이 있다. 첫째, 애니메이션은 많은 시각적, 청각적 정보들을 순간적으로 제시한다. 따라서 우리가 앞에서 기술했던 작동기억의 제한된 용량에 과부하를 걸기 쉽다. 둘째, 애니메이션들을 볼 때, 우리들 중 대부분은 "게으르고 비활동적인" 모드로 들어가도록 조건화된다. 우리는 심상적으로 수동적이 된다. 그러나 일련의 정지물들을 볼 때, 우리는 우리 머릿속에서 시각물들을 살아 움직이도록 하는 데 정신적인 노력을 투자한다. 아이러니하게도, 덜 집중적인 매체 제시(예: 텍스트로 기술된 일련의 정지물들)는 더 많은 매체 집중적인(media-intensive) 접근법(예: 오디오로 기술된 애니메이션)보다 더 흥미를 끌 수 있다.

효과적인 애니메이션을 위한 조건

우리가 정지물들을 지지하여 애니메이션들을 가치가 없다고 간주하기 전에, 우리는 애니메이션들이 효과적일 수 있는 몇 가지 조건들을 고려해볼 필요가 있다. 앞에서 요약 · 제시했던 연구들에서, 교수목적들은 화장실 또는 번개와 같은 어떤 것이 어떻게 작동하는지에 관한 이해를 확립하는 것이었다. 둘째, 애니메이션들은 학습자가 그것들을 멈추거나 일시 정지할 수 있는 어떠한 기회도 없이 실행되었다. 셋째, 복잡한 제시(display)에서 학습자가 적절한 시각적인 특성들에 주의를 하도록 유도하기 위해 추가되는 원이나 화살표와 같은 단서들이 전혀 없었다. 사실상, 애니메이션이 다음과 같은 때에 더 효과적일 수 있음을 보여주는 몇 가지의 예비 연구들이 있다.

1. 학습되어야 할 과제가 종이접기 종이를 접거나 장식 매듭을 매는 것과 같은 신체적인 절차들을 수반할 때(Ayres, Marcus, Chan, & Qian, 2009; Wong et al., 2009),
2. 학습자가 프레젠테이션의 속도를 조절할 수 있을 때(Mayer & Chandler, 2001),
3. 애니메이션이 관련된 부분들로 학습자의 관심을 이끄는 화살표와 채색과 같은 단서를 주는 것을 포함하고 있을 때(deKoning, Tabbers, Rikers, & Paas, 인쇄 중)

C. 애니메이션 대 비디오

여러분이 제품을 파는 방법, 또는 교실에서 교수기법을 실행하는 방법과 같은 몇 가지의 대인관계 기술들을 설명하기를 원한다고 가정해 보자. 여러분은 텍스트 이야기(narratives), 애니메이션, 비디오를 사용하여 예들을 보여줄 수 있다. Moreno와 Ortegano-Layne(2008)은 교생들이 세 가지 형태들로 제시된 교실 예들로부터 어떻게 수업원리들을 학습했는지를 비

교했다: 이야기식의 텍스트(narrative text) 설명, 애니메이션, 비디오. 우리가 지금까지 논의해 왔던 연구와 일치하게, 그들은 두 개의 시각적인 양식들, 즉 애니메이션과 비디오가 텍스트 설명보다 더 나은 학습을 초래했음을 발견하였다. 그러나 애니메이션 버전은 비디오 버전과 동일한 또는 더 나은 학습을 초래했다. Moreno와 Ortegano-Layne은 애니메이션은 비디오 사례 속에 내재되어 있는 많은 외재적인 시각적 잡음을 추려내서 학습자들이 교수목적에 가장 적절한 정보에 초점을 둘 수 있도록 도와준다고 주장했다.

최근의 증거는 간단한 선화나 정지그래픽과 같은 더 빈약한 시각화(visualization) 형태들이 복잡한 도식 또는 애니메이션과 같은 더 풍부한 시각화 형태보다 흔히 더 효과적임을 시사해 준다. 많은 경우, 더 풍부한 표상은 작동기억 용량에 과부하를 주거나 학습자가 프레젠테이션의 부적절한 특성들에 관심을 갖도록 하여 이해하는 것을 더 어렵게 만들 수도 있다. 연구물이 계속해서 축적되어 감에 따라, 우리는 곧 더 풍부한 표상들이 가장 효과적일 수 있는 조건들을 추천하기 위해 사용할 수 있는 연구결과들을 가질 수 있을 것으로 기대한다. 학습목적(예: 과정에 관한 이해 형성 대 물리적인 절차 모방)과 시각적인 처치들(예: 일시정지를 조정할 수 있거나 조정할 수 없는 애니메이션)과 같은 요인들은 우리로 하여금 더 풍부한 형태의 매체들을 가장 잘 사용하는 방법에 관하여 더 정밀한 처방을 할 수 있도록 이끌 것이다. 당분간, 우리는 많은 상황들에서 여러분이 시각적인 표상을 선택해야 할 때 더 간단한 옵션이 더 비용효과적이고, 더 적은 대역폭을 부과하며, 더 복잡한 버전만큼이나 또는 그것보다 더 나은 학습을 유도할 수 있다고 주장한다.

질문 4: 동기를 위해 추가된 시각물은 학습을 증진시키는가?

때때로 풍부한 매체 요소들은 동기적인 목적들을 위해 추가된다. 근로자 학습 주제들은 흔히 상당히 무미건조한 경향이 있기 때문에, 흥미로운 이야기들과 시각물들을 추가하면 고급 매체를 사용하면서 성장한 젊은 세대에게는 호감을 줄 수 있다. 예를 들어, [그림 32.1A]와 [그림 32.1B]에서 보여준 번개에 관한 평범한 기술을 고수하기보다, 그 수업은 [그림 32.1C]에서 보여준 바와 같이 번개를 맞은 비행기에 대한 이야기처럼 번개에 대한 시각물들과 이야기들로 재미가 더해질 수 있다. 이야기들이나 주제들과 같은 형태의 풍부한 매체를 추가하면 학습이 증진되는가?

1990년대 초반에, Garner와 그녀의 동료들(Garner et al., 1991; Garner, Brown, Sanders, & Menke, 1992)은 그들이 매혹적인 상술(seductive details)이라고 명명했던 것의 부정적인 효과들을 밝혀냈다. 그들의 연구들에서, 매혹적인 상술은 호기심을 불러일으키고자 했던 교수자료들 속에 삽입된 텍스트 정보로 구성되었다. 수업에서 매혹적인 상술은 통상적으로 일반적인 주제와 관련되어 있지만, 주요한 교수목적에는 부적절하다. Harp와 Mayer(1997)는 멀티미디어 수업들에 매혹적인 텍스트뿐만 아니라 매혹적인 시각물들을 추가함으로써 얻는 학습효과들을 평가했다. 예를 들어, 번개가 어떻게 형성되는가에 관한 수업 전체에서, 그들은 번개가 골프 치는 사람을 쳤을 때 무슨 일이 벌어지며, 번개가 비행기들에 미치는 영향과 같은 간단한 토론들을 통합했다. 학습자들은 매혹적인 삽화들이 포함되어 있는 수업 버전들을 그러한 상술(details)이 생략된 수업들보다 훨씬 더 흥미로운 것으로 평가했다. 그러나 이러한 재미를 더한 수업들은 학습을 엄청나게 떨어뜨렸다. 여섯 개의 다른 연구들에서, 매혹적인 정보가 생략된 수업들은 매혹적인 정보를 가지고 있는 수업들과 비교했을 때, 높은 1.66의 효과크기를 가진, 105%의 중앙치 학습증가(median learning gain)를 보여주었다.

Harp와 Mayer(1998)는 매혹적인 상술은 학습자를 산만하게 하며(주의집중에 부정적인 영향), 심상모형의 구축을 방해하고(조직에 부정적인 영향), 또는 부적절한 사전지식을 활성화함(통합에 부정적인 영향)으로써 그것들의 부정적인 효과들에 영향을 미칠 수 있다. 주제와 관련되지만 학습목적에는 부적절한 그림들과 단어들을 추가하는 것이 갖는 매우 부정적인 효과들은 Mayer의 결론의 토대다: "흥미로운 단어들과 그림들을 추가하는 경우, 이 연구는 작을수록 더 좋다—다시 말해서, 어떤 시스템이 어떻게 작동하는지에 대한 학습은 더 적은 자료가 제시되었을 때 증진될 수 있다—는 것을 보여준다" (Mayer, 2009, p.97).

질문 5: 오디오나 텍스트에 단어로 설명된 시각물을 넣는 것이 학습에 더 좋은가?

이전 절들에서, 우리는 단어들에 적절한 시각물을 추가함으로써 혜택을 얻을 수 있음을 보여주는 여러 연구들을 검토했다. 그러나 "청각적인 학습자들(auditory learners)" 은 어떠한가? 우리는 시각물을 오디오로 기술하는 것 대 화면상의 텍스트(on-screen text)로 기술하는 것의 장점들에 대한 어떤 증거를 가지고 있는가?

시각물들을 오디오 내레이션으로 설명하라

이 장의 2002년 버전에서, 우리는 시각물들을 화면상의 텍스트로 기술하기보다 오디오 내레이션으로 기술했을 때 학습에 더 효과적임을 보여주는 증거를 요약했다. 우리가 우리의 논의를 업데이트할 때, 우리는 오디오 내레이션뿐만 아니라 그것의 활용과 관련된 몇 가지의 경계적인(boundary) 조건들의 혜택들에 관한 훨씬 더 많은 증거를 가지고 있다.

매우 많은 연구들이 텍스트 속에 제시된 단어들에 의해 기술된 시각물들을 통한 학습과 우리가 현재 추천을 위해 훨씬 더 강력한 증거를 가지고 있는 오디오 내레이션 속에 제시된 단어들에 의해 기술된 시각물들을 통한 학습을 비교해 왔다. Ginns(2005), Lowe와

Sweller(2005), Moreno(2006)에 의해서 출판된 이 문제에 관한 연구문헌 고찰들은 시각물들이 오디오 내레이션으로 설명될 때 학습이 더 효과적이라는 그들의 연구결과들과 일치한다. 교수연구 심리학자들(instructional research psychologists)은 이 원리를 "양식효과(modality effect)"라고 부른다. 양식효과는 수학, 전자공학, 번개, 브레이크, 환경과학 게임을 포함한 광범위한 콘텐츠와 교육적인 행위자들(agents)의 설명에서 고찰되어 왔다(Mayer, 2009). 더 나아가, 양식효과는 실제 교실의 현장 검사들에서 문서화되어 왔다(Harskamp, Mayer, Shure, & Jansma, 2007).

만약 여러분이 작동기억의 이중채널 특징들에 관한 우리의 논의를 회상한다면, 여러분은 오디오 내레이션이 왜 더 효과적일 수 있는지를 알 수 있다. 우리가 [그림 32.2]에서 요약했던 바와 같이, 작동기억은 언어적(청각), 시각적 채널을 가지고 있다. 그림들이 오디오 형태에서 단어들로 설명될 때, 정보는 작동기억의 청각과 시각 채널들로, 그리고 작동기억의 용량한계들을 최적화하는 방식으로 나누어진다. 이와는 대조적으로, 그래픽들이 텍스트 속에 제시된 단어들에 의해서 기술될 때, 모든 콘텐츠는 작동기억의 시각적인 센터로 향하여 과부하를 초래한다.

많은 연구들이 애니메이션 형태에서 빠르게 움직이는 복잡한 시각물들을 기술하기 위한 오디오 내레이션의 장점들을 제시했다. 양식효과는 교수내용이 간단하고, 단어들이 익숙하며, 또는 전달 속도가 느리거나 계속 버튼을 사용하여 학습자에 의해 통제될 때, 덜 두드러질 수 있다. 우리는 양식효과가 가장 적용가능한 조건들을 개선하기 위한 미래 연구를 기대한다.

실천가로서, 여러분이 이러닝에서 텍스트와 오디오를 사용할 계획이라면 다음의 문제들을 염두에 두라. 오디오 형태로 제시된 정보는 순간적이다. 몇몇 상황들에서, 화면상의 텍스트(on-screen text)는 기억을 지원하는 데 더 적절하다. 예를 들어, 훈련연습을 위해 화면을 통해 지시들을 내릴 때, 텍스트는 학습자들이 연습을 하는 동안 계속해서 그것을 참고할 수 있기 때문에 더 효과적이다. 아울러, 시각물들을 기술하기 위해 오디오 내레이션이 사용될 때마다, 재생버튼을 통해 그것을 검토할 수 있는 기회를 제공해야 한다. 마지막으로, 양식효과는 오디오 내레이션에서 사용되는 언어가 유창해야 함을 가정한다. 비원어민들(non-native-speakers)은 내레이션이 화면상의 텍스트보다 더 많은 인지부하를 가중시킨다는 것을 알게 될 것이다.

테크놀로지중심 교수 대 학습자중심 교수: 요지

위키(wikis)나 트위터(Twitter)와 같은 소셜 미디어에서 세컨드 라이프(Second Life)와 같은 가상세계에 이르기까지, 각각의 새로운 테크놀로지적 혁신은 많은 매우 낙천적인 학습 주장들(claims)을 야기한다. 그러나 지난 60여 년의 미디어의 혁신과 우리가 여기에서 요약해 왔던 증거로부터의 교훈은 보다 제한적인 관점을 시사한다. 우리가 이 논문에서 요약해 왔던 연구들을 통해 볼 수 있는 한 가지 주제는 다음과 같다: 종종 적을수록 더 좋다. 그리고 더 빈약한 매체가 학습에 더 효과적일 수 있다. 왜 그러한가? 인간의 뇌는 쉽게 과부하되는 구조로 진화해 왔다. 둘째, 광고의 목적들이나 비디오게임들의 목적들과는 달리 학습의 목적들은 새로운 지식과 기술들을 확립하기 위한, 노력이 드는 정보처리에 의존한다. 간단히 말해서, 우리는 여러분이 한계를 수용하고, 인간기억의 강점들을 강화하며, 최신의 테크놀로지적 혁신을 주장했던 학습 만병통치약들에 관한 회의적인 관점을 유지하는 학습자중심 교수관(learner-centered view of instruction)을 수용하기를 권한다.

핵심 원리 요약

1. 멀티미디어 교수를 설계할 때, 인간기억의 강점들과 한계들뿐만 아니라 여러분이 교수양식들(instructional modes)을 사용하고자 할 때 증거를 고려하라.
2. 초보자들의 학습을 지원하기 위해 적절한 시각물들을 사용하라.
3. 여러분의 목적이 이해를 확립하는 것일 때, 3차원 시각물들이나 애니메이션들과 같은 더 복잡한 선화, 또는 정지물과 같은 표현들보다는 더 간단한 시각물들을 사용하라.
4. 인지부하가 낮은 상황들을 제외하고는 오디오 내레이션을 사용하여 시각물들을 설명하라. 오디오를 사용하면 인지부하가 추가될 것이다(예: 학습자들이 원어민들이 아닐 때).
5. 학습스타일들보다 학습자의 사전지식에서의 차이들을 수용할 수 있도록 교수양식들과 교수방법들을 조절하라.

응용 문제

1. 사람들이 연습장비를 사용하여 피트니스 훈련을 수행하는 방법을 학습하는 것을 도와주기를 원한다고 가정하라. 일련의 정지도식들, 애니메이션, 또는 비디오를 사용하는 것이 더 좋은가? 인쇄된 텍스트나 구화텍스트, 또는 어떠한 텍스트도 없는 것을 사용하는 것이 더 나은가? 연구증거와 인지학습이론의 관점에서 여러분의 답변을 정당화하라.
2. 사람들이 어떤 바이러스가 어떻게 새로운 감기 변종을 초래하는지를 학습하는 것을 도와주기를 원한다고 가정하라. 여러분은 화면상의 텍스트와 더불어, 그 과정을 6단계로 묘사하는 파워포인트를 개발해야 한다. 여러분의 상사는 그 수업은 무미건조한 프레젠테이션에 재미를 더할 수 있

는 프레젠테이션이 되도록 하기 위해 바이러스들에 대한 흥미로운 이야기들을 포함해야 한다고 요구했다. 학습이 어떻게 행해지는지에 관한 증거와 여러분의 이해에 기초하여, 여러분은 상사에게 어떻게 응답하겠는가?

3. 여러분은 훈련장비를 사용하는 방법 대 바이러스가 어떻게 감기를 초래하는지에 관한 수업을 위해 시각물들, 텍스트, 오디오를 사용하는 데 있어 어떠한 차이들을 고려해야 하는가? 여러분은 바이러스들에 관한 개념이 생소한 학습자들 대 그 주제에 관한 배경정보를 가지고 있는 학습자들을 위해 어떠한 차이들을 고려해야 하는가? 우리가 논의한 증거들에 기반하여 바람직한 학습산출물들에서의 차이들에 기초하여 교수처치들을 비교하고 대조하라.

저자 정보

Ruth Colvin Clark은 종업원 학습전문가들을 위한 증거기반 실제에 초점을 두고 있는 Clark 훈련 및 컨설팅(Clark Training & Consulting) 회장이다.

Richard E. Mayer는 캘리포니아대학교 산타바바라의 심리학과(Psychology) 교수다.

참고 문헌

Ayres, P., Marcus, N., Chan, C., & Qian, N.(2009). Learning hand manipulative tasks: When instructional animations are superior to equivalent static representations. *Computers in Human Behavior, 25*, 348-353.

Bernard, R. M., Abrami, P. C., Lou, Y., Borokhovski, E., Wade, A., Wozney, L., Wallet, P. A., Fisher, M., & Huang, B.(2004). How does distance education compare with classroom instruction? A meta-analysis of the empirical literature. *Review of Educational Research, 74*, 379-439.

Brewer, N., Harey, S., & Semmler, C.(2004). Improving comprehension of jury instructions with audio-visual presentation. *Applied Cognitive Psychology, 18*, 765-776.

Clark, R. C.(2008). *Building expertise: Cognitive methods for training and performance improvement*(3rd ed.). San Francisco: Pfeiffer.

Clark, R. C., Nguyen, F., & Sweller, J.(2006). *Efficiency in learning*. San Francisco: Pfeiffer.

Cuban, L.(1986). *Teachers and machines: The classroom use of technology since 1920*. New York: Teachers College Press.

Cuban, L.(2001). *Oversold and underused: Computers in the classroom*. Cambridge, MA: Harvard University Press.

deKoning, B. B., Tabbers, H. K., Rikers, R. M. J. P., & Paas, F.(In press). Attention guidance in learning from a complex animation: Seeing is understanding? *Learning & Instruction*. DOI 10.1016/j.learninstruc.2009.02.010.

Garner, R., Alexander, P., Gillingham. M., Kulikowich, J., & Grown, R.(1991). Interest and learning from text. *American Educational Research Journal, 28*, 643-659.

Garner, R., Brown, R., Sanders, S., & Menke, D.(1992). Seductive details and learning from text. In K. A. Renninger, S. Hidi, & A. Krapp(Eds.), *The role of interest in learning and development*(pp. 239-254). Hillsdale, NJ: Erlbaum.

Ginns, P.(2005). Meta-analysis of the modality effect. *Learning and Instruction, 15*, 313-332.

Harp, S. F., & Mayer, R. E.(1997). The role of interest in learning from scientific text and illustrations: On the distinction between emotional interest and cognitive interest. *Journal of Educational Psychology, 89*, 92-102.

Harp, S. F., & Mayer, R. E.(1998). How seductive details do their damage: A theory of cognitive interest in science learning. *Journal of Educational Psychology, 90*, 414-434.

Harskamp, E., Mayer, R. E., Suhre, C., & Jansma, J.(2007). Does the modality principle for multimedia learning apply to science classrooms? *Learning and Instruction, 18*, 465-477.

Kalyuga, S.(2005). Prior knowledge principle in multimedia learning. In R. E. Mayer(Ed.), *The Cambridge handbook of multimedia learning*(pp. 325-338). New York: Cambridge University Press.

Kalyuga, S., Chandler, P., & Sweller, J.(1998). Levels of expertise and instructional design. *Human Factors, 40*, 1-17.

Kalyuga, S., Chandler, P., & Sweller, J.(2000). Incorporating learner experience into the design of multimedia instruction. *Journal of Educational Psychology, 92*, 126-136.

Kratzig, G. P., & Arbuthnott, K. D.(2006). Perceptual learning style and learning proficiency: A test of the hypothesis. *Journal of Educational Psychology, 98*, 238-246.

Lowe, R., & Sweller, J.(2005). The modality principle in multimedia learning. In R. E. Mayer(Ed.), *The Cambridge handbook of multimedia learning*(pp. 147-158). New York: Cambridge University Press.

Massa, L. J., & Mayer, R. E.(2006). Testing the ATI hypothesis: Should multimedia instruction accommodate verbalizer-visualizer cognitive style? *Learning and Individual Differences, 16*, 321-336.

Mayer, R. E.(2009). *Multimedia learning*(2nd ed.). New York: Cambridge University Press.

Mayer, R. E., & Chandler, P.(2001). When learning is just a click away: Does simple user interaction foster deeper understanding of multimedia messages? *Journal of Educational Psychology, 93*, 390-397.

Mayer, R. E., & Gallini, J. K.(1990). When is an illustration worth ten thousand words? *Journal of Educational Psychology, 82*, 715-726.

Mayer, R. E., Hegarty, M., Mayer, S., & Campbell, J.(2005). When static media promote active learning: Annotated illustrations versus narrated animations in multimedia learning. *Journal of Experimental Psychology: Applied, 11*, 256-265.

Mayer, R. E., & Moreno, R.(1998). A split-attention effect in multimedia learning: Evidence for dual processing systems in working memory. *Journal of Educational Psychology, 90*, 312-320.

Miller, G. A.(1956). The magical number seven plus or minus two: Some limits on our capacity for processing information. *Psychological Review, 63*, 81-97.

Moreno, R.(2006). Does the modality principle hold for different media? A test of the methods-affects-learning hypothesis. *Journal of Computer Assisted Learning, 22, 149-158.*

Moreno, R., & Ortegano-Layne, L.(2008). Do classroom exemplars promote the application of principles in teacher education? A comparison of videos, animations, and narratives. *Educational Technology Research and Development, 56*, 449-465.

Paradise, A.(2009). *ASTD 2008 State of Industry Report.* Alexandria, VA: American Society for

Training and Development.

Sweller, J.(1999). *Instructional design in technical areas.* Camberwell, Australia: ACER Press.

Sweller, J., van Merrienboer, J. J., & Paas, F. G.(1998). Cognitive architecture and instructional design. *Educational Psychology Review, 10,* 251-296.

Wong, A., Marcus, N., Ayres, P., Smith, L., Cooper, G. A., Paas, F., & Sweller, J.(2009). Instructional animations can be superior to statics when learning human motor skills. *Computers in Human Behavioral, 35,* 339-347.

제33장

게임…그리고…학습

Valerie J. Shute (Florida State University)
Lloyd P. Rieber (University of Georgia)
Richard Van Eck (University of North Dakoda)

게임과 학습을 구별하는 사람은 둘 중 어느 것에 대해서도 기본적인 것도 모른다.

—Marshall McLuhan

이 장에서, 우리는 게임과 학습 간의 …들을 연결하는 것을 목표로 하고 있다. Gee (2008)는 게임 설계는 우리에게 학습에 대해서 가르칠 것을 많이 가지고 있고, 오늘날의 학습이론은 우리에게 더 양질의 게임들을 설계하는 것에 대해 가르칠 어떤 것을 가지고 있다고 주장했으며, 우리는 그것에 동의한다. 이 두 영역들 사이에 이미 위치한 하나의 연계는 형성적인 피드백—어떤 학습노력의 결정적인 부분(예: Shute, 2008), 그리고 도전을 조절하고 피드백을 줌으로써 다른 플레이어들(players)이 게임이 도전적이며 노력이 결실한다고 느끼는 양질의 게임설계에서 핵심적인 구성요소—이다.

이 장에서 우리의 주제는 (a) 학습은 능동적, 목적지향적이며, 맥락화되어 있고, 흥미로울 때 가장 효과적이며(예: Bransford, Brown, & Cocking, 2000; Bruner, 1961; Quinn, 2005; Vygotsky, 1978) 따라서 (b) 교수환경들은 상호작용적, 지속적인 피드백을 제공하고, 주의를 끌고 유지하며, 적절하고 적응적인 수준의 도전들—다시 말해서, 양질의 게임들의 특성들—을 가지고 있어야 한다. 마찬가지 얘기지만, Gee(2003)는 양질의 게임의 비밀은 3D 그래픽들이나 부가적인 기능들이 아니라, 각 수준이 플레이어의 능력들의 외부한계들 근처에 있는, 모든 지점에서 행할 수 있을 정도로 어려운 게임의 **기저구조**(underlying architecture)라고 주장해 왔다. 마찬가지로, 심리학자들(예: Falmagne, Cosyn, Doignon, &

Thiery, 2003; Vygotsky, 1987)은 최상의 교수(instruction)는 학생의 역량 한계선을 맴도는 것이라고 오랫동안 주장해 왔다. 보다 더 최근의 보고서들(예: Thai, Lowenstein, Ching, & Rejeski, 2009)은 잘 설계된 게임들은 일련의 중요한 교육영역들에서 기술들의 개발을 지원하기 위한 **변형적인(transformative) 디지털 학습도구들**로서 작동할 수 있다. 간단히 말해서, 잘 설계된 게임들은 다양한 내용영역들과 분야들에서 유의미한 학습을 지원할 수 있는 잠재성을 가지고 있다.

게임들이 왜 교실에서 보다 더 광범위하게 사용되지 않는가? 시간 제약, 게임들의 비용, 처방적인 안내의 부족이 그것에 대한 가능한 이유들이지만(예: Charsky, 인쇄 중; Van Eck, 2007), 한 가지 주요한 장애물은 게임들과 학습에 대한 훌륭한 연구가 부족하다는 것이다(Van Eck, 2008). 다른 유형들의 교수시스템들과 비교했을 때, 현재 게임 환경들이 학습에 미치는 일련의 영향들, 그리고 게임의 설계와 실행을 위한 상응하는 이론 및 실제의 부족을 검토한 실험적인 연구는 극소수다.

Salen과 Zimmerman(2004)은 저서 『놀이의 규칙(Rules of Play)』에서 게임(game)을 "플레이어들이 규칙들에 의해 정의된 인공적인 갈등에 참여하는, 양을 측정할 수 있는 산출물을 도출하는 시스템"(p.80)이라고 정의했다. 갈등, 규칙, 산출물들과 더불어, Prensky(2001)는 일련의 필수적인 게임요소들 속에 목적들, 피드백, 상호작용, 표현(또는 이야기)을 포함시켰다. 앞의 것들을 포함하여, 교육용 게임이 "가지고 있어야 할 특성들(must haves)"에 관한 우리의 리스트에는 (a) 갈등 또는 도전(다시 말해서, 해결되어야 할 문제), (b) 참여규칙들, (c) (흔히 많은 하위 목적들을 포함하고 있는) 달성해야 할 특별한 목적들 또는 산출물들, (d) 지속적인 피드백(대부분은 암시적이지만, 명시적으로 인지적/정의적일 수 있다), (e) 환경 내에서의 상호작용, (f) 흥미로운 이야기가 포함된다. 이러한 게임요소들은 실제로 우리가 이 장의 끝부분쯤에는 명확하게 되기를 희망하는, 기초가 되는 양질의 ID와 매우 유사하다.

이 장은 교수체제설계(ISD)에 관한 책에 포함되어 있기 때문에, 우리의 초점은 교육목적을 위해 설계된 게임들에 있다. 구체적으로, 우리는 논의의 범위를 **학습이나 기술 습득을 지원하기 위한 상호작용적인 디지털 게임들**로 제한한다. 우리는 이러한 시스템들을(우리의 교육적 초점을 강조하기 위해서) 교육용 게임들이라고 하고, 그것들을 플레이하는 사람들을 학생들이라고 표현하겠다.

이 장은 세 개의 주요한 부분들로 구성되어 있다. 첫째, 게임들을 매우 흥미 있게 그리고 그렇게 함으로써 교수운반체들로서 적합하게 만드는 게임들에 대한 이론들과 게임들의 특징들을 기술한다. 둘째, 요지를 예를 들어 설명하기 위해 한 사례연구를 사용하여, 게임들이 학습을 지원하도록 하기 위해 게임들에서 요구되는 구조적인 요소들(architectural elements)과 기능성(functionality)을 살펴본다. 셋째, 잠행평가(stealth assessment)—게임을 하는 동안 재미나 몰입의 상태를 깨버리지 않고 학습을 평가할 수 있도록 해주는 증거기반 방법과 일련의 도구들—에 대해 기술한다. 우리는 게임과 학습 연구의 미래에 대한 한 가지 견해로서 결론을 맺는다.

게임과 놀이 이론

무엇이 게임을 놀이보다 재미있게 만드는지에 관한 질문은 무엇이 농담을 재미있게 만드는지에 대한 질문과 매우 유사하다. 어떤 수준에서, 우리 모두는 그 답을 알고 있지만, 적어도 그것을 잘 표현하는 것은 의외로 어렵다. 텔레비전 쇼 '**스타트렉: 다음세대**(Star Trek: The Next Generation)'의 한 에피소드에서, 부함장 데이터(Commander Data)는 "무엇이 어떤 것을 재미있게 만드는가?"라는 질문에 직면하기로 결정했다. 인간이 되기를 갈망했던 인조인간으로서, 이 질문은 그에게는 매우 까다로운 것이었으며, 그는 "재미있게"를 모든 생각할 수 있는 규칙들로 나눔으로써 프로그램화된 기계 또는 매우 분석적인 공학자의 실력으로 그것에 답하려고 시도했다. 부함장 데이터는 "재미있게"에 대한 엄청나게 커다란 "만약 ~한다면(if/then)" 구조(다시 말해서, 만약 내가 이렇게 말하면, 그것을 말하고, 이러한 방식으로 계속하면, 그것은 재미있다)를 생각해 내려고 잘못 시도했다. 이와는 대조적으로, Garrison Keillor의 말을 바꾸어 설명하면, 가장 훌륭한 대답은 어떤 것은 단지 사람들이 웃기 때문에 재미있다. 우리는 부함장 데이터의 잘못된 시도에 대해 낄낄거리며 웃을 수 있지만, ISD분야에 있는 사람들은 재미있고 또한 학습을 유도하는 게임을 설계하는 방법을 이해하려고 시도하기 위해서 비슷한 규칙기반(rule-based) "공학(engineering)" 경로를 따르는 것 같다. 재미있는 것에 관한 Keillor의 정의와 비슷하게, 게임은 만약 사람들이 그것을 가지고 노는 것을 즐거워하면 재미있는 것이다. 더 구체적으로, 우리는 게임이 플레이어 속에 있는 놀이현상(play phenomenon)을 유발한다면, 그 게임은 흥미롭거나 재미있다고 주장한다. 그래서 우리는 놀이 현상을 이해하기 위해서 약간의 시간을 보내야 한다. 다행스럽게도, 교육학, 심리학, 사회학, 인류학과 같은 많은 학문들에서 놀이에 관한 많은 연구들이 행해져 왔다.

놀이를 교육용 게임의 목적으로 만들려면 대부분의 설계자들에게 바로 학습자중심적이고 구성주의적인 패러다임의 전환이 필요하다. 이러한 패러다임을 이해하려면, 여러분은 단순히 게임을 하는 것과 "즐기고 있는(at play)" 것 간의 차이를 이해할 필요가 있다. 전자는 교사가 학생들에게, 또는 훈련자가 일련의 고용자들에게 명령을 해서, 이 참여자들은 의무적으로 "게임을 할(play the game)" 수 있다. 다시 말해서, 어떤 사람은 처음부터 끝까지 그들의 행동이나 수행을 보고 추적할 수 있으며, 심지어 한 번 또는 그 이상 게임에서 승리했다고 말할 수 있다. 그러나 이 개인들은 결코 "즐기고 있는(at play)" 것은 아니다. 즉, 그것은 그들이 결코 놀이가 행해지는 개념적인 인지적 또는 문화적 공간에 들어가지 않았음을 의미한다(Huizinga, 1950).

그래서 놀이(play)란 무엇인가? 이 장을 읽고 있는 모든 사람들은 이미 놀이가 무엇인지를 알고 있으며, 비록 여러분이 많은 성인들이 그러한 것처럼, 그것을 기술하기 위해 "놀이"라는 단어를 사용하는 것을 반대할 수도 있지만, 여러분 자신도 아마 지난 24시간 내에 그것을 경험했을 것이다. 그것은 아마도, 만약 여러분이 여러분의 일을 좋아한다면 그것은 일하는 중에 일어났을 수도 있지만, 여러분의 여가시간 동안에 일어났을 것이다. 그것은 확실히 여러분이 하기를 원했던 어떤 것이었으며, 여러분은 그것을 자발적으로 행했다고 말할 것이다. 여러분은 내재적으로 동기화된 행동이어서 그것으로부터 "무언가를 얻는 것(getting something)"에 대해서는 걱정하지 않았을 것이다. 여러분은 또한 어떤 것을 능동적으로 그리고 아마도 신체적으로 행했다. 마지막으로, 여러분은 여러분 자신에 관해 또는 전 세계에서의 여러분의 위치에 관해 의식하지 못하는 상태에 있었지만, 오히려 그 활동에 완전히 빠져 있었다고 느꼈다. 이 상태는 또한 위험들로부터 완전히 자유로운 상태에 있다는 느낌을 전달했다. 여러분은 다른 행동방식들 또는 사고방식들로 새로운 것들을 시도하거나 실험해 보는 것이 자유스럽다고 느꼈다—결국, 그것은 단지 놀이이다. 시간에 관한 여러분의 인식은 아마도 사라져 버렸을 것이며, 여러분은 아마도 그 활동을 끝마쳤을 때 시간이 얼마나 많이 흘렀는지를 알고서는 깜짝 놀랐을 것이다[놀이에 관한 공식적인 정의들과 특성들을 알고 싶으면, Pellegrini, 1995; Rieber, 1996; Sutton-Smith, 1997 참고]. 여러분들 중 몇 사람은 정원 가꾸기, 목공예, 사진, 그림, 또는 어떤 공예와 같은 취미활동에 참여하는 동안, 놀이를 경험했을 수도 있다. 다른 사람들은 아들이나 딸을 돌보거나 서로 간에 교제를 하는 동안 놀이를 경험했을 수도 있다. 그러나 다른 사람들은 책을 읽고, 악기를 연주하며, 또는 비디오게임을 하는 동안 놀이를 경험했을 수 있다. 운이 있는 몇 사람들은 책의 장(章)을 쓰는 동안 놀이를 경험해 왔다.

교육자들과 다른 교육 이해관계자들[예: 학부모들, 주(州) 입법자들]은 재빠르게 묻는다—놀이는 어떤 면에서 유익한가? 그것은 약간의 생산적인 산출물 또는 결과를 이끄는가? Jean Piaget의 연구는 그러한 질문들에 대한 중요한 출발점이다(Phillips, 1981; Piaget, 1951). Piaget는 놀이(play)와 모방(imitation)은 인지발달을 위한 핵심적이고 본유적인 인간의 전략들이라고 느꼈다. 놀이를 함으로써, 아동은 새롭게 형성된 개념이 그들이 이미 알고 있고 이해하고 있는 것 내에 적합하도록 만들기 위해 그 개념을 연습할 수 있다(동화). 아동이 새로운 사태, 활동, 아이디어, 또는 의식을 경험하거나 접할 때, 완전히 새로운 심상모형들을 구축하기 위해 모방이 사용된다(조절). 그 아동은 순서 바르게 균형 잡힌 세계를 달성하기 위해 계속적으로 이러한 방식으로 행하지만, 지속적으로 변화하고, 변환되는 환경에 직면할 것이다. 동화와 조절의 심리적 과정들이 전 생애 동안 계속되는 것과 마찬가지로, 놀이 또한 그러하며, 모방은 아동기부터 성인기까지 인간을 위한 중요한 인지적 도구들로 계속 남는다.

놀이와 명확하게 일치하지는 않지만, 분명히 같은 맥락에 있는 다른 선행연구의 예들이 있다. 자기규제학습에 관한 연구(Zimmerman, 1990, 2008)가 하나의 예인데, 그것은 특히 개인이 내재적으로 동기화된 활동들 내에서 목적들을 달성하기 위해 능동적으로 행하는 것을 강조하고 있다. 그러나 Csikszentmihalyi(1990)에 의해 제안된 몰입이론(flow theory)의 속성들은 특히 게임 설계의 맥락에서 볼 때 놀이의 속성과 가장 유사하다. 예를 들어, 몰입이론은 불안과 지루함을 지속적으로 피하기 위해 도전을 최적화하기 위한 필요성을 다룬다. 몰입을 유도하는 활동들은 분명한 목적들을 가지고 있으며, 또한 어떤 사람이 그러한 목적들에 도달할 것인지의 여부에 대한 명확하고 일관성 있는 피드백도 가지고 있다. 또 하나의 중요한 몰입의 속성은 명확하고 의도적, 지속적인 주의를 요구하는 몰입의 상태에 도달하기 위해 노력을 해야 한다는 것이다.

심리학자 Brian Sutton-Smith(Sutton-Smith, 1997)는 그가 놀이의 수사학(rhetorics of play)이라고 일컬었던 놀이에 대해 생각할 수 있는 많은 방법들을 제안했다. 교육자들에게 이러한 수사학들 중 가장 매혹적인 것은 놀이는 생산적인 어떤 것을 야기한다는 생각(즉, 진보로서의 놀이)이다. 그러나 Sutton-Smith는 "능력들을 전달"하는 데 있어서의 놀이의 애매성에 대해 언급한다. 비록 놀이는 대체로 좋은 것이라고 믿는 것에 대해 관심을 끄는 이유들이 있지만, 긍정적인 결과들을 직접적으로 놀이 덕분이라고 생각하는 데 있어 매우 주의를 해야 한다. 긍정적인 산출물들과 놀이가 동시에 발생한다는(즉, 상관적인 효과들) 증거가 있지만, 놀이가 이러한 산출물들을 도출했다고는 말할 수 없다. 놀이가 지니고 있는 또 하나의 애매성은 그것 자체를 경험하는 것이 보상일 수 있으며, 놀이로부터 무엇인가를 얻는다는 목적이 오도된다는 것이다. 그러나 놀이 상태(state)의 실재성(presence)은 적어도 그 사람이 인지적, 사회적 성장을 계속해서 경험하기에 좋은 상태에 있다는 증거가 될 수 있으며, 이것만으로도 놀이를 어떤 학습환경을 위한 목적으로 삼을 만한 아주 충분한 이유가 될 수 있다.

인간의 삶의 사이클에서 놀이와 그것의 역할에 관한 발달이론은 유명한 아동심리학자인 David Elkind(2007)로부터 나왔다. 그의 이론은 Brian Sutton-Smith의 이론과는 상당히 다르다. Elkind의 이론은 전 생애 동안 모든 인간의 인지와 행동의 근원이 되는 세 가지의 본능적인 욕구들을 단정한다: 사랑, 일, 놀이. 사랑(love)이란 자신의 욕망, 감정, 정서를 표현하기 위한 인간의 기질을 말한다. 일(work)이란 물질적, 사회적 세계들의 요구들에 적응하기 위한 인간의 기질을 말한다. Piaget의 놀이를 모방한 놀이(play)는 그 세계에 자신의 자아를 적응시키고 새로운 학습경험들을 창출하고자 하는 인간의 욕구다.

복잡한 사회시스템 속에서 조화롭게 사는 잘 순응된(well-adjusted) 사람이 되기 위해서, 사람들은 이러한 세 가지 요소들 각각의 요구들과 목적들을 전 생애 동안 점진적으로 바꾸면서 균형을 이루어야 한다. 예를 들어, 우리의 경험들을 지배하는 놀이로 삶을 시작하지만, 나아가 초등학교 저학년을 지나면서 일이 우리를 지배한다. 비록 감소하기는 하지만, 사랑과 놀이는 사라지지 않으며, 일을 지원하는 역할을 수행한다. 청소년기에는 사랑이 지배하지만, 다시 한 번 사랑을 지원하는 다른 두 가지가 있다. 사랑, 일, 놀이는 청년기에 완전히 분리되지만, 각각은 다른 것들과의 통합 속에서 발현될 수 있다. 사랑, 일, 놀이를 삶의 전 과정 동안 여러 지점들에서 서로 조화롭게 하는 것은 중요한 목적이며, 학부모들과 교사들(그리고 교수설계자들)이 촉진하기 위해 일해야 하는 것이다. 사랑, 일, 놀이 간에 균형을 이루는 것은 몰입 동안의 심리학적 성장에 관한 Csikszentmihalyi의 개념과 비슷하다(Csikszentmihalyi, 1990). 개인은 독특한 정체성을 가진(차별화), 동시에 다른 사람들 및 사회적 집단들과 연계된 감정을 가진(통합) 독특한 개인이 되고자 하는 요구를 균형 맞춤으로써 더 복잡하거나 진보하게 된다. 더 나아가, 사랑, 일, 놀이 간의 관계에 관한 Elkind의 이론은 공통의 목적이나 의도를 가지고 있는 다른 사람들과 창의적이고 효과적으로 일할 수 있는 능력이 훨씬 더 값어치 있는 "21세기" 기술들에 관한 오늘날의 관심사를 쉽게 보여줄 수 있다.

이 장은 학습을 위한 디지털 또는 컴퓨터 게임들에 대해 기술하고 있다. 이 영역에서 연구를 수행하고 있는 사람들 사이에서 유행하고 있는 관심사는 대규모 다중사용자 온라인 롤플레잉 게임(Massively Multiplayer Online Role Playing Game) 또는 MMORPGs와 같은 몰입형 게임들에 쏠리는 경향이 있다. 이러한 매우 시각적, 지속적인 가상세계들의 기저를 이루는 테크놀로지는 매우 몰입적이며, 이러한 "하이-테크(high-tech)" 게임환경들의 기술적인 복잡성이 증가할 수 있는데, 그것은 우리가 현재는 심지어 상상할 수조차 없는 새로운 게임장르들과 상호작용모형들을 초래할 것이다. 그러나 사이비(would-be) 교육용 게임설계자들이 게임의 기본이 어떤 단일게임의 특정 테크놀로지의 외부까지 확장되는 것을 이해한다면, 하이-테크뿐만 아니라 게임에 대한 디지털 게임의 로우-테크(low-tech)[예: 비디지털(nondigital)]에서 미들-테크(middle-tech)(예: 하이-테크 예들까지의 디지털 게임에서의 범위) 접근법들을 고려하는 것이 좋을 것이다. 게임에 테크놀로지를 주입하는 정도에 상관없이, 우리는 놀이현상이 항상 나타나기를 바란다.

교육용 게임과 관련하여 학습과 놀이를 위한 이론적인 기초를 다졌기 때문에, 우리는 다음으로 ID 시스템의 관점에서 볼 수 있는 구조적인 이슈들을 검토한다.

게임 구조 – 사례연구

우리가 기술해 왔던 학습원리들과 구조적인 요소들을 설명하기 위해, 신화적인 도시가 직면하고 있는 생태학적인 문제 맥락에서 과학적인 문제해결기술들을 가르치기 위해 교육용 게임의 설계에 관한 한 가지의 사례연구를 제시한다. 공간이 부족하여 여기에서 상세히 논의할 수 없기 때문에, 보다 상세한 기술은 다른 곳에서 보기 바란다(Van Eck, Hung, Bowman, & Love, 2009 참고). 그 대신에, 양질의 게임과 학습에 관한 우리의 주요한 주제와 관련되어 있기 때문에 설계과정의 가장 중요한 요소들 중 몇 가지에 초점을 둔다. 우리는 게임의 설계를 가능하게 했던 이론과 모형들을 다루는 것에서부터 시작하여 그러한 이론들과 모형들이 어떻게 구체적인 게임의 구조적인(architectural) 요소들을 유도해 왔는지를 기술한다. 마지막으로, 우리는 이 장의 첫 부분에서 개관적으로 다루었던 학습원리들이 일반적으로 게임 전 과정 동안 어떻게 다루어지는지를 논의한다.

우리가 아래에서 기술하는 게임에서, 학생들은 신화적인 도시 내에서 일련의 아홉 가지의 환경적인 "미스터리들(mysteries)"을 해결하고자 하는 도제(apprentice) 환경과학자의 역할을 취한다. 각 시나리오에서, 플레이어는 개별 공동체 구성원들, 게임 내(in-game) 멘토, 환경전문가 위원회, 공동체 위원회와 함께 상호작용한다.

이론과 모형

문제해결은 주로 맥락구체적(context-specific)이고 영역구체적(domain-specific)(예: Bransford, Franks, Vye, & Sherwood, 1989; Brown, Collins, & Duguid, 1989)이어서, 한 영역에서의 문제해결은 흔히 다른 것들로 전이되지 못한다. 그러나 여러 문제들 간의 반복적인 연습은 특정 영역 내에서의 문제해결을 증진시킬 수 있다(Gagné, Wager, Golas, & Keller, 2005). 양질의 게임들은 흥미롭고 상호작용적이기 때문에, 잠재적으로 반복적인 문제해결 연습을 제공할 수 있다. 아울러, 게임들은 흔히 일반적으로(Gee, 2007; Van Eck, 2006), 그리고 구체적으로 과학과 같은 영역들에서(Gaydos & Squire, 인쇄 중) 상황적인 문제해결의 예들로 인용되었기 때문에, 과학적인 문제해결 기술들을 증진할 수 있는 게임을 설계할 수 있어야 한다. Van Eck과 동료들은 그러한 게임을 설계하고자 시도했다(Van Eck et al., 2009).

그러한 노력은 이론과 ID원리들에 의해서, 그리고 게임들의 익살맞은 (놀이)성질에 민감한 방식으로 수행되어야 한다. 연구자들(예: Hung, 2006; Jonassen, 1997, 2000, 2002;

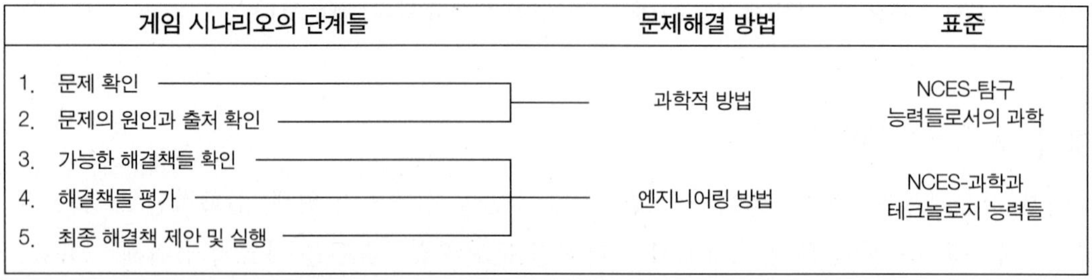

게임 시나리오의 단계들	문제해결 방법	표준
1. 문제 확인 2. 문제의 원인과 출처 확인	과학적 방법	NCES-탐구 능력들로서의 과학
3. 가능한 해결책들 확인 4. 해결책들 평가 5. 최종 해결책 제안 및 실행	엔지니어링 방법	NCES-과학과 테크놀로지 능력들

[그림 33.1] 게임의 단계들을 과학적 문제해결에 따라 배열

Jonassen & Hung, 2008)은 효과적인 문제들을 설계하기 위한 문제유형들과 모형들에 관한 묘사와 정의 양자에서 진보해 왔다. 이러한 게임을 위해 교수설계자들이 직면했던 첫 번째 도전은 과학적인 문제해결이 의미하는 바와 각 게임의 시나리오를 위해 효과적인 문제들을 설계하는 방법을 밝혀내는 것이었다.

과학적 문제해결. 과학적인 탐구는 두 가지 유형의 문제해결 과정들 또는 방법들로 구성되어 있다: "과학적인(scientific)" 방법과 "엔지니어링(engineering)" 방법(Society for Science and the Public, 2008 참고). 과학적인 방법은 그 문제 자체에 대한 정보를 모으고 질문들에 답하기 위해서 사용되며, 엔지니어링 방법은 그 문제에 대한 해결책들을 설계하고, 실행하며, 평가하기 위해서 사용된다. 설계자들은 국가과학교육표준(National Science Education Standards, 1996)과 더불어 이들 두 가지 접근법들을 뒤에서 보다 더 상세하게 기술될 과학적인 문제해결을 위한 모형 속에 통합했다([그림 33.1] 참고).

문제 설계. 문제기반 학습(PBL)을 위한 핵심적인 도전들 중 하나는 양질의 문제들을 설계하는 것이다(예: Lee, 1999). 그 다음에, 이것은 다른 문제 유형학들(typologies), 그것들에 부수적인 인지적인 정보처리 요구들, 각 문제유형이 게임 플레이의 다른 유형들에 의해 가장 잘 지원될 수 있는 방법에 관한 이해를 요구한다(이 주제에 관하여 더 자세히 알고 싶으면, Hung & Van Eck, 인쇄 중; Jonassen, 2000 참조).

설계자들은 효과적인 문제들의 체계적인 설계를 가이드하기 위해 3C3R 모형(Hung, 2006)과 그것의 적용을 위한 9단계 과정(Hung, 2009)을 채택했다. 3C3R 모형은 내용(content), 맥락(context), 연계(connection)(핵심 구성요소들)로 구성되어 있다. 그런데 연계는 주로 내용지식, 지식맥락화, 지식통합의 적절성과 충분성(sufficiency)에 관한 문제들에 관심을 두고 있다. 3C3R 모형은 또한 주의 깊고 유의미한 참여를 촉진하기 위한 탐구(researching), 추론(reasoning), 성찰(reflecting)을 포함하는 정보처리 구성요소들이라고 불리는 것을 구성한다. 3C3R 모형과 9단계 설계과정은 타당화되어서(Goodnough & Hung,

2008), 게임을 위해 설계된 문제들의 질이 높다는 것을 보장한다.

이론에서 실제로

우리는 게임설계자들이 과학적인 문제해결을 구조화하고 그 게임 내에서 문제들을 설계하기 위해 사용했던 이론들과 모형들을 명료하게 설명했다. 우리는 이제 이 장의 시작부분에서 개관했던 학습원리들과 과학적인 문제해결을 위한 이론과 모형에 의해 구체화된 단계들이 어떻게 게임 내에서 구체적인 구조적인 요소들을 이끌었는지에 관하여 기술한다. 우리는 독자들에게 이 리스트는 총망라한 것이 아니며, 게임과 학습에 관한 많은 선행연구들이 있어서 참고해야 함을 일러둔다. 여기에서 우리의 목적은 원리들 중 몇 가지를 학습을 증진시키기 위해 설계된 게임환경 내에서 사례를 들어 설명하는 것이다.

학습은 목적지향적이어야 한다. Jonassen(2002)에 따르면, 모든 양질의 문제들은 두 가지의 특성들을 공유한다. 첫째, 문제들은 몇 가지 종류의 목적이나 미지의 것(unknown)을 가지고 있다. 목적/미지의 것은 새로운 지식의 생성을 필요로 한다. 둘째, 모든 문제들은 해결하는 데 있어 학습자들에게 약간의 가치가 있다. 문제들과 마찬가지로, 게임들은 학습자들에게 새로운 지식을 생성할 것을 요구하는 목적/미지의 것을 가지고 있다. 게임들(최소한, 양질의 게임들)은 또한 그 목적을 달성하는 데 있어 학습자에게 가치가 있다. 그래서 문제해결에 초점을 둔 게임은 정의상 목적지향적일 것이다.

우리의 사례에서 게임 설계자들은 각각이 자체의 목적과 해결전략들을 가지고 있는, 해결해야 할 일련의 아홉 가지 문제들을 구체적으로 기술했기 때문에, 각 문제는 목적지향적이다. 이 문제들/시나리오들은 플레이어가 과학자들의 내부 그룹의 입문자가 되는, 그 게임의 전반적인 목적을 달성하는 수단들이며, 따라서 게임 자체는 목적지향적이다. 마지막으로, 다른 플레이어들은 다른 목적 지향성들(예: 수행 대 숙달)을 가지고 있기 때문에, 그 문제들을 해결하는 데 몇 가지의 다른 전략들이 가능하다. 예를 들어, 플레이어들은 공동체의 연못에 관한 PH 문제를 해결하는 것과 같은 추가적인 탐구(quests)를 할 수 있다. 이 부수적인 질문들에 대한 성공적인 해결책들의 수와 유형에 따라, 플레이어는 Water Wizard 또는 Earth Engineer와 같은 다른 상들을 수상할 수 있다. 따라서 숙달목적 지향적 학생들은 다양한 탐구들을 추구할 수 있는 데 반해, 수행목적 지향적 학생들은 사회적 보상들을 가능한 한 빠른 시간 내에 성취할 수 있는 최적의 경로들을 추구할 수 있다. 그 문제들 자체에 중심을 두고 있지는 않지만, 그러한 특성들은 플레이어들 간에 다양한 목적지향성들을 허용한다.

학습은 맥락화되어야 한다. 플레이어가 교육용 게임에서 학습하도록 요구되는 모든 것은 적절하고 맥락화되어 있어서 플레이어들이 사용되지 않는 것을 학습해서도 안 되며, 그들이 학습할 수 없는 것을 사용해서도 안 된다. 따라서 교육용 게임들은 맥락화된 학습을 사용한다. 우리의 사례연구 게임에서, 과학적인 문제해결은 일련의 규칙, 명제, 또는 휴리스틱을 학습하기보다는 도시에서 시민들이 직면하는 실제 문제들을 해결하는 맥락 속에서 학습되어서, 플레이어들/학습자들은 그들이 현재 직면하고 있는 문제와 관련이 있을 때만이 학습하도록 요구된다. 예를 들어, 플레이어들은 어떤 지방학교에서 학습장애자들이 증가하고 있는 이유를 이해하고자 할 때까지 납과 다른 독성요소들의 신경학적인 영향들에 대해서는 알 필요가 없다.

학습은 적극적이고 상호작용적이어야 한다. 게임들에서의 도전들과 같이, 21세기의 문제들은 분산적(distributed), 순환적인(iterative) 형태로 해결된다. 그러한 문제들은 흔히 비구조화되어 있고(ill-structured) 비선형적이어서, 다양한 출처들로부터 정보를 수집할 것을 요구한다. 문제들 자체는 또한 복잡한 형태로 거의 제시되지 않지만, 대신에 흔히 몇 가지 요소들이 빠져 있다. 이 사례연구에서 게임을 위한 문제들은 처음에는 완전한 사례로 설계되었으며, 그런 다음에 핵심적인 요소들이 제거되었다. 빠져있는 조각들은 시장, 리포터, 신경과 전문 의사, 학교 교장, 멘토, 과학자들 위원회, PDA, 기술매뉴얼들과 참고자료들을 포함하여, 다양한 자원들 속에 분산되었다. 그 문제들을 해결하려면 플레이어는 게임 전 과정 동안 다른 자원들을 찾아야 한다. 자원들은 그 플레이어가 있었던 곳과 그가 현재 어떠한 정보를 소유하고 있는가에 따라 다른 유형의 정보들을 제공한다. 따라서 그 게임은 상호작용을 위한 다양한 기회들을 제공하며, 플레이어가 문제를 해결하기 위해 적극적으로 참여할 것을 요구한다. 이것은 상업용 게임들의 공통적인 특성이며, 학습자는 적극적인 참여자라는 것을 확실하게 한다.

학습은 적응적인 도전과 지원을 제공해야 한다. 상이한 수준의 전문지식에 따라 다양한 수준의 도전과 지원을 제공하기 위해서, 설계자들은 그 게임에 있는 아홉 가지 문제들의 복잡성은 증대하고 지원은 줄이는 세 가지 수준들로 조직화했다. 처음 세 개의 게임 시나리오들(수준 1)은 달성하기가 가장 쉽고 지원을 가장 잘 제공하도록 설계되었다. 수준 2와 수준 3을 위한 문제들(각 수준은 세 가지의 시나리오들을 포함하고 있음)은 점차적으로 더 복잡해지고, 학습자들로부터 더 많은 기여를 요구하며, 더 적인 지원을 수반한다.

그 문제들처럼, 지원도 분산되고 맥락화된다. 설계자들은 학습자들이 자신들의 자립능력을 넘어가는 수준을 달성하기 위해 요구되는 최소한의 지원을 제공하기 위해 Vygotsky

(1978)의 스캐폴딩(scaffolding) 개념을 채용했다. 스캐폴딩은 생태과학자들의 위원회와 대화, 멘토/조언자와 다른 캐릭터들과의 상호작용, PDA, 그리고 다양한 텍스트들과 참고문헌들을 포함하여, 그 게임 내에 많은 형태들을 취한다. 도전과 지원 또한 그 게임 내에 있는 행동패턴들과 행동들(우리가 이 장의 마지막 절에서 언급하는 증거모형과 마찬가지로)은 지원이나 도전옵션들을 촉발할 수도 있다는 점에서 적응적이다. 예를 들어, 마지막 행동 이후 너무 많이 경과된 시간과 게임의 최종분지들을 반복적으로 탐색하는 것은 멘토 또는 생태학자들의 위원회가 초기에 호출한 것들로부터 의사소통을 촉발할 수 있다. 마찬가지로, 짧은 기간 내에 최적의 경로들을 완수하면 멘토로부터의 지원을 더 적게 제공받고 각 시나리오를 위해 허용된 시간이 단축될 것이다.

학습은 피드백을 통합해야 한다. 게임에 있는 모든 행동들은 몇 가지 형태의 피드백들을 초래하지만, 그 피드백의 본질은 또다시 맥락화된다. 학교 운동장에서 토양 샘플들을 얻을 때, 위치와 확인 번호를 나타내는 깃발표식들(flag markers)을 해두어 나중에 검사실로부터 되돌아온 샘플 결과들을 확인하기 위해 사용한다. 캐릭터들에게 말하는 것은 항상 부가적인 정보(플레이어가 그것들이 제자리에 있다는 것을 알고 있는 경우)나 "나는 내가 이미 말했던 것에 추가할 것을 아무 것도 가지고 있지 않다"와 같은 미리 준비된 응답(학습자가 이동해야 할 시간을 알고 있는 경우)으로서 몇 가지 유형의 응답을 초래한다. 핵심은 피드백은 직접적인 대답들이나 교수보다 맥락화된 힌트들과 단서들을 제공한다는 것이다. 그래서 피드백은 게임 이야기, 문제, 환경에 맥락적으로 민감하다.

통합

우리는 설계자들이 게임구조를 명확하게 표현하기 위해 이론들과 모형들을 어떻게 사용했는지를 기술하고, 이 장의 서두에서 개관했던 학습원리들이 게임에서 어떻게 내재화되었는지에 관해 논의했다. 이제 이미 기술했던 문제해결 과정과 학습원리들을 좀 더 구체적으로 설명하기 위해(납 중독에 대한) 첫 번째 시나리오의 시작단계에 관하여 기술한다. 이 단계는, [그림 33.1]에서 제시한 바와 같이, 과학적 문제해결 모형에서 열거된 다섯 가지 단계들 중 첫 번째다.

문제 확인. 시나리오는 "증가하고 있는 학습장애?"라는 TV 뉴스로 시작한다. 그 뉴스는 학교들에서 증가하고 있는 학습장애자들에 대해 이야기한다. "몇몇 사람들은 학습장애자들이 증가하고 있다고 말하지만"(저명한 지역교육자의 말 인용), "다른 사람들은 항상 있어 왔던 것을 더 잘 검출하고 있다고 말한다"(시장의 말 인용). "만약 장애가 증가하고 있다면, 무엇이 그 증가를 초래하고 있는가?"(신경과 전문의사의 말 인용). "몇몇 사람들은 그 문제는 아주 복잡하며, 우리가 보고 있는 것은 실제로 ADHD의 증가라고 말한다"(시장의 말 인용). 그 게임의 멘토는 플레이어를 접촉하고, 가능한 다음 단계들에 대한 기본적인 힌트들을 제공한다. 그 플레이어는 리포터로부터 정보원들의 이름들과 부가적인 배경정보를 얻는다. 이 배경정보로부터, 플레이어는 다른 사람들에게 말을 함으로써 더 많은 자료들을 수합하기 위한 계획을 고안한다. 한 학교의 교육자를 추적해 감에 따라, 플레이어는 학습장애자들의 수가 증가해 왔다는 것과 특수요구 교육과정(special needs curricula)에의 등록률이 더 높아진 것 같다는 것을 알게 된다. 다른 교육자와 학교장을 연달아 만난 후에, 플레이어는 증가되지 **않았다**는 말을 듣는다. 시장은 그것은 단지 더 나은 검사의 결과이며, 학교는 실패에 대한 변명으로서 더 높은 학습장애 사례들을 보고하고 있다고 믿고 있다. 뉴스에서 인용된 신경과 전문의사는 원인들에 관한 어떠한 자료나 정보도 없으며, 심지어 그 연구를 보지 못했기 때문에 문제가 있는지도 몰랐다고 말한다. 각 대화는 나중에 참고하기 위해 플레이어의 게임 내 PDA에 있는 노트와 사실들에 기록된다. 일단 플레이어가 관련된 모든 사람들과 이야기를 한 후, 멘토는 상태 보고서를 요청하기 위해 플레이어를 접촉한다. 플레이어는 PDA 노트에 있는(이전 대화들로부터의) 자료들과 사실들을 선택하고 정보 리스트를 관련성 순서대로 배치함으로써 상태 보고서를 전달한다. 응답으로, 멘토는 생태과학자들의 위원회에 여행을 할 만한 것 같다고 말한다.

그런 다음, 플레이어와 멘토는 생태과학자들을 방문하러 간다. 이 모임 동안, 위원회는 플레이어가 (게임을 위한 문제를 생성할 때 3C3R 모형에 의해 결정된 것으로서) 그 문제의 핵심적인 측면들에 대하여 비판적으로 생각할 수 있도록 하기 위해 설계된 일련의 질문들을 한다. 플레이어는 다시 한 번 핵심적인 사실들을 확인하고 그것들에 대해 상대적인 가중치들을 할당함으로써 자신이 수합했던 자료들에 대해 선택권이 있어야 한다. 과학자들은 플레이어에 의해서 확인되지 않았던 핵심적인 요인들에 대해, 그리고 확인되었지만 그 문제와 관련이 없는 요인들에 대해 질문들을 한다. 플레이어는 정보를 비판적으로 생각할 수 있도록 설계된 일련의 가능한 대화 응답들(학습자들이 자기 자신의 질문들을 생성하는 것만큼이나 효과적인 것으로 여겨져 왔던 상업용 게임들의 공통된 특징)로부터 선택을 해야 한다. 만약 플레이어가 이 과정을 성공적으로 수행하면, 위원회 구성원들은 의논하기 시작하지만, 그들의 대화는 엿들을 수 없다.

그 위원회가 말할 때, 핵심적인 사실들이 플레이어의 PDA에 제시된다. 플레이어의 접근법, 플레이어가 이야기하고자 하는 사람, 플레이어가 제대로 실행하고 있는지를 스스로 알 수 있는 방법을 확인해야 하는 플레이어와 함께, 그 시나리오는 계속된다. 그런 다음, 플레이어는 부가적인 자료들을 수집하기 위해 위원회의 본부들을 떠난다: 한 교육자는 특수학급들의 등록률이 증가했음을 보여주는 반면, 다른 교육자는 보여주지 않는다. 학교장은 전반적인 증가가 있었지만, 그것은 일반적인 인구를 반영한다고 말한다. 만약 플레이어가 두 교육자들에게 이미 말했다면, 특정 학교의 변화들에 관하여 교장에게 추가적인 질문들을 한다. 다음의 질문들은 학교장에게 플레이어가 "일련의(cluste)" 사례들로부터 특정한 학교를 밝혀내기 위해 사용할 수 있는 학교별 발병률에 관한 보고서를 제공해 준다. 신경과 전문의사와 연달아 대화를 한 후에, 플레이어는 중독으로부터 신경학적인 결과까지의 기간을 배우고, 만약 플레이어가 교육자들과 학교장에게 말한다면, 특정 학교들에 대한 추가적인 일련의 질문들이 제시된다. 그런 다음, 플레이어는 위원회로 되돌아오며, 그 과정은 계속된다.

이것은 대략 첫 번째 단계의 반 정도 되며, 다섯 단계 모형에서 각각의 계속적인 단계는 비슷한 형태로 진행된다. 여기에서 기술된 것은 단지 최적의 경로이며, 게임 플레이 경험의 모든 가능한 요소들을 포함하지는 않았다는 것에 주목해야 한다.

이 사례연구는 ISD로부터의 이론과 실제가 양질의 교육용 게임들의 설계에 얼마나 중요한지를 보여준다. 우리가 다루고자 하는 게임과 학습 연구에 관한 한 가지의 최종적인 측면은 평가 문제다. 즉, 이론적인 기반에 기초한 교육용 게임을 설계하고 개발할 때, 우리는 실제로 게임들이 중요한 역량들 또는 내용과 관련된 심층적이고 유의미한 학습을 야기하기 위한 목적을 성공적으로 달성했는지를 어떻게 결정할 수 있는가? 우리는 이제 교육용 게임들 내에서 중요한 평가의 문제, 구체적으로 학생들이 얼마나 진보하고 있는지를 게임의 즐거움을 방해하지 않으면서 정확하고 역동적으로 측정하기 위해 의도된 잠행평가(stealth assessment)로 주의를 돌린다.

게임들에서의 평가

게임들에서, 플레이어들이 환경과 상호작용할 때, 상이한 게임구체적인(game-specific) 변수들의 값들은 변한다. 예를 들어, 전투에서 상처를 입으면 활력이 줄어들고, 보물이나 다른 물체를 발견하면 여러분의 재화의 목록이 증가한다. 아울러, 게임들에서 주요한 문제들을 해결하면 앞에서 언급된 사례연구에서 기술된 생태과학자들의 위원회로부터 동의의 표현을 얻는 것과 같이 플레이어들이 순위를 획득하거나 "레벨업"할 수 있도록 해준다. 어떤 사람은 이러한 것들은 모두 게임에서의 "평가"—활력, 개인적인 재화, 순위—라고 주장할 수 있다. 그러나 이제 교육적으로 적절한 변수들을 게임에서의 상이한 과립상(granularity)의 수준들에서 모니터링하는 것을 고려해 보자. 활력상태를 점검하는 것과 더불어, 플레이어들은 그들의 시스템적인 사고(systems-thinking), 창의성, 팀워크 기술들을 점검할 수 있는데, 이러한 역량들 각각은 성분을 이루고 있는 지식과 기술요소들로 더 깊이 분리된다. 만약 그러한 기술들의 가치들이 너무 낮다면, 플레이어는 그것들을 촉진하기 위해 행동을 취할 필요가 있다고 느낄 가능성이 높다.

학습을 지원하기 위한 게임들을 사용하거나 설계하기를 원하는 교육자들이 직면하는 하나의 주요한 도전은 시간상 특정 시점에서, 다양한 수준들에서, 그리고 게임의 흐름(그리고 참여와 학습)을 방해하지 않고 **타당한 추론**—학생이 알고 있고, 믿고 있으며, 할 수 있는 것에 대한—을 하는 것이다. 평가의 질과 유용성을 증대하기 위한 한 가지 방법은 타당한 평가의 설계를 특징짓고 일련의 지식과 기능들로부터 학생들의 역량 수준들의 실시간 예측치들을 산출할 수 있도록 해주는 증거중심 설계(evidence-centered design: ECD)를 사용하는 것이다(Mislevy, Steinberg, & Almond, 2003). 학생에 대한 정확한 정보는 (a) 시의적절하고 대상에 적합한 피드백을 전달하기 위해서뿐만 아니라 (b) 몰입이론과 Vygotsky의 근접발달영역(ZPD)에 따라 학생의 기능 수준의 정점(cusp)에 적절한 새로운 과제나 탐구를 제시하기 위한 기초로 사용될 수 있다. ECD는 조금 뒤에 좀 더 상세하게 기술될 것이다.

학교환경들(그리고 다른 곳)에서 학습을 지원하기 위해 교육용 게임들을 사용하는 목적을 달성하려면, 우리는 평가가 타당하고, 신뢰로우며, 또한 매우 눈에 띄지 않도록(참여를 그대로 유지하기 위해) 보장할 필요가 있다. 그것이 "잠행평가"가 도입되어야 할 곳이다(Shute, Ventura, Bauer, & ZapataRivera, 2009 참고). 게임을 하는 동안, 학생들은 복잡한 과제들을 수행하고, 우리가 평가하기 원하는 바로 그 기술들 또는 역량들(예: 구체적인 과학적 탐구기술들)을 끌어내는 동안 자연스럽게 풍부한 행동의 계열들(sequences)을 산출한다. 따라서 기능들(skills)을 평가하기 위해서 요구되는 증거는 플레이어들의 게임 자체와의 상호작용들(즉, 놀이의 과정들)에 의해 제공되는데, 그것은 교육과 훈련환경들 내에서 규범(norm)을 구성하고 있는 활동의 산출물(들)과 대조될 수도 있다.

이러한 일련의 증거를 사용하여 학생들의 지식, 기능들, 이해(뿐만 아니라 신념, 감정, 다른 학습자 상태들과 특성들)를 평가하기 위해 평가에서 사용되는 전통적인 측정모형들을 위한 문제들을 제시한다. 첫째, 전통적인 평가들에서 각 질문에 대한 답변은 독립적인 데이터 점수로 간주된다. 이와는 대조적으로, 게임에서 일련의 상호작용들 내에서의 개별적인 행동들은 흔히 서로 매우 의존적이다. 예를 들어, 어떤 사람이 특정 게임의, 시간상 한 시점에서 행한 것은 나중에 후속되는 행동들에 영향을 미친다. 둘째, 전통적인 검사에서, 질문들은 흔히 어떤 특정 지식이나 기능을 획득하기 위해 설계되었다. 그 질문에 올바르게 답하는 것은 어떤 사람이 어떤 사실, 즉 하나의 질문—하나의 사실을 알고 있을 수 있다는 증거다. 그러나 한 탐구(각각의 대답이나 행동이 구체적인 사실, 개념, 또는 기능에 관한 현재의 숙달도에 대한 계속적인 증거를 제공하는 곳) 내에서의 일련의 행동들을 분석함으로써, 교수 환경들은 학습자들이 전반적으로 알고 있는 것과 모르는 것을 추론할 수 있다. 현재 우리는 게임 내에서의 학습자들의 상호작용들로부터 도출되고 있는 증거들로부터 얻어진 전체 기능들과 능력들을 평가하기를 원하기 때문에, 이러한 능력들을 추론하기 위한 행동들을 분석하는 방법들은 그렇게 명확하지 않다. 앞에서 주장했던 바와 같이, ECD는 이러한 문제들을 다룰 수 있다.

증거중심 설계

ECD가 기반하고 있는 기본적인 아이디어들은 Messick(1994)로부터 나왔으며, 그 후 Mislevy와 동료들(예: Mislevy & Haertel, 2006; Mislevy, Almond, & Lukas, 2004; Mislevy, et al., 2003)에 의해 형식화되었다. 증거기반 평가를 포함하고 있는 게임은 대상이 되는 지식과 기능들(다시 말해서, 역량들)에 대한 증거를 가지고 있는 학생들로부터 행동을 유도할 수 있어야 하며, 부가적으로 평가의 목적에 관하여 그 증거의 원리에 기반한 해석들을 제공해야 한다. 이러한 변수들과 그것들의 관계들을 이해하는 것은 일반적으로 평가 설계, 그리고 구체적으로 ECD의 정수에 도달하는, Messick(1994)가 제안한 일련의 질문들에 답하는 한 가지 방법이다.

역량모형. 어떠한 지식과 기능들이 평가되어야 하는가? 가설 평가는 몇 가지 목적들(예: 점수 부여, 진단, 추후 교수를 위한 안내)을 위한 추론들을 제공하는 것을 의미한다. 역량모형(competency model: CM) 속에 있는 변수들은 일반적으로 "노드들(nodes)"이라고 불리며, 추론이 기초하는 일련의 지식과 기능들을 기술한다. "학생모형(student model)"이라는 용어는 CM의 학생예시(student-instantiated) 버전—프로파일 또는 보고 카드와 같이, 단지 보다 더 정제된 입도(grain size)[1]—을 나타내기 위해 사용된다. 학생모형에서 가치들은 CM에서 각 변수에 관한 학습자 수준에 대한 현재의 신념을 말한다. 예를 들어, 앞에서 기술된 사례연구에서, 학생이 환경적인 문제에 대한 가설을 진술하려고 매우 애쓰고 있었다고 가정해 보자. "과학적 탐구(scientific inquiry)" 역량모형에서 관련된 노드는 "가설생성(hypothesis generation)"일 것이며, p(현재의 증거들이 주어진다면, HypothGen은 낮다) = 0.85(일련의 세 개의 변별적인 수준들, 즉 낮음, 중간, 높음을 추정)로서 추정될 수 있다. 이러한 기능 수준은 진단과 교수지원을 위해 대체로 적절한 입도다.

증거모형. 어떠한 행동들이나 수행들이 그러한 역량들을 드러내 주는가? 증거모형(evi-

1) [역주] 알맹이의 크기를 수치로 표시한 것

dence model: EM)은 학습자의 상호작용 방법을 표현하며, 특정 문제에 대한 반응들은 CM 변수들에 대한 증거를 구성한다. EM은 두 가지 질문들에 답하려고 시도한다: (a) 어떠한 행동들 또는 수행들이 대상이 되는 역량들을 드러내 주는가? (b) 그러한 행동들과 CM변수(들) 간의 기능적인(또는 통계적인) 연계는 무엇인가? 기본적으로, 증거모형은 특정 과제 상황(다시 말해서, 학습자 수행자료)에서 관찰들이 왜 그리고 어떻게 CM 변수들에 대한 증거를 구성하는지에 대한 주장을 펼친다. 위의 가설 생성 추정에서, 증거모형은 입력으로 학습자 응답 또는 일련의 행동들에 주어진 역량당 확률들을 계산한다.

과제모형. 어떠한 과제들이 증거를 구성하는 그러한 행동들을 유도해야 하는가? 일반적인 평가 설계에서 사용되는 과제모형(task model: TM) 변수들은 수행을 유도하기 위해서 사용될 상황들의 특성들을 기술한다. TM은 학생이 역량들과 관련된 지식측면들에 대한 증거를 제공하기 위해 상호작용하는 상황들을 특징짓고 구성하기 위한 준거틀을 제공한다. 과제구체화(task specifications)는 학습자가 행하기 위해서 무엇을 물어야 하는지, 어떤 종류의 반응들이 허용되는지, 어떠한 유형의 형식들이 이용 가능한지 등을 설정한다. 과제들이나 탐구들의 주요한 목적은 (관찰할 수 없는) 역량들에 대한 (관찰할 수 있는) 증거를 유도하는 것이다. 예를 들어, 게임들에서, 우리는 과제모형 대신에 "행동모형(action model)" 이라는 용어를 사용한다. 이것은 우리가 학생들의 행동계열성(action sequences)을 역동적으로 모델링하고 있다는 것을 나타낸다. 이러한 행동계열성은 증거와 추론을 도출하기 위한 기초를 형성하며, 일반적인 평가들 중에서 보다 더 간단한 과제 반응과 비교될 수 있다. 게임상황에서 행동모형은 행동들의 계열성과 각 행동의 성공지표들을 정의한다. 행동들은 학생들이 탐구를 완수하기 위해서 또는 문제를 해결하기 위해서 행하는 것들을 의미한다. 계속해서 가설생성 예를 들어보면, 그 게임은 학습자가 자신의 가설뿐만 아니라 그것을 점수 매기기 위한 채점표들을 입력할 수 있는 수단들을 가질 필요가 있다. 잠행평가가 행해지는 게임들에서, 특정 학생을 위한 역량모형은 역량모형 변수들을 위한 확률분포로서 표현되는, 대상이 되는 기술의 제 측면들에 대한 신념을 역동적으로 축적하고 기술한다(Almond & Mislevy, 1999; Shute et al., 2009). 증거모형들은 학생들이 그러한 기술들에 대한 증거를 제공하고 그 증거가 역량모형 변수들에 얼마나 좌우되는지를 정신측정학적 모형에 표현할 수 있다고 말하거나 행동한 것을 확인한다(Mislevy, 1994). 과제 또는 행동모형들은 요구되는 증거를 떠올릴 수 있는 상황들을 표현한다. 그러한 역량과 증거모델링 노력들에서 사용되어 온 한 가지 효과적인 도구가 베이지안 네트워크(Bayesian networks)다. 즉, 베이지안 네트워크는 신념값들(예: 학습자 역량들에 관한)을 업데이트하고 증진시키기 위해 확률적인 추론을 사용함으로써 불확실성을 다루기 위해 학생모형들 내에서 사용될 수 있다. 학생모형들을 위한 베이지안 네트워크 실행의 예들은 Conati, Gertner, VanLehn(2002), Shute, Graf와 Hansen (2005), VanLehn 등 (2005)에서 볼 수 있다.

요컨대, 자동화된 데이터 수집과 분석도구들과 더불어 게임 속에 직접적으로 내재되어 있는 잠행평가들을 정교하게 만들기 위해 ECD와 베이지안 네트워크를 사용하면, 학생들의 역량상태들에 관한 타당한 증거를 수집할 수 있을 뿐만 아니라 학생들의 학업(또는 "놀이(play)") 생산물들을 관리하는 것과 관련한 교사들의 업무량을 줄여줄 수 있다. 만약 특정 게임이 사용하기 쉽고 통합적이며 자동화된 평가도구들을 제공한다면, 그 때 교사들은 일련의 교육적으로 가치 있는 기능들 전 영역에서 학생 학습을 지원하기 위해 게임을 사용하기를 더 많이 원할 것이다. 잠행평가는 교사들이 현재 학교에서는 지원되지 않는 교육적으로 가치 있는 기능들의 학습을 재미있고 흥미로운 방식으로 촉진할 수 있도록 도와주기 위해 만들어졌다. 물론 그것은 또한 게임놀이(gameplay)에 참여했던 학생들의 몰입상태를 촉진하기 위해 만들어졌다.

요약과 결론

이 장에서의 우리의 목적은 게임과 학습 간의 …들을 연결하기 시작하는 것이었다. 그 목적을 달성하기 위해, 교실과 같은 전통적인 환경들과 비교했을 때, 우리는 잘 설계된 게임들이 사람들에게 학습을 더 잘 받아들이는 환경을 어떻게 제공할 것인지에 관하여 기술했다(Piaget의 이론들과 SuttonSmith의 이론들에 관한 이전의 논의 참고). 우리는 문제해결, 참여 규칙, 목표 또는 산출물, 피드백, 상호작용, 줄거리(story line)를 포함하여 "잘 설계된" 게임을 구성하는, 우리가 양질의 ID에 연계했던[예: 교수(instruction)를 위한 피드백과 기회 제공하기] 일련의 요소들을 수집했다. 다음으로, 교육용 게임 내에서 그러한 요소들 대부분을 예를 들어 설명해 주는 한 사례연구를 제시했다. 마지막으로, 교육적인 맥락들에서 사용되어 온 게임들의 가능성들(odds)을 최대화하기 위해 과정들과 산출물들을 교육적으로 가치 있는 역량들에 명시적으로 연결하는 것의 중요성을 언급했다. 잠행평가에 관한 마지막 절은 게임놀이 동안 교육적으로 가치 있는 기능들의 정확하고, 역동적인 평가와 진단의 필요성을 강조하기 위해 의도되었다. 우리는 이러한 역량들의 모니터링과 측정의 관점에서 레이더 밑에서 작동하는 동안 잠행평가가 교수적인 결정들을 얼마나 지원할 수 있는지를 논의했다. 이러한 관계들에 관한 도식은 [그림 33.2]를 보라.

이 장은 새로운 역량들을 지원하고, 사회적 구성주의 학습이론, 몰입이론, 놀이이론, ID 원리들, 잠행평가를 통합하는 학습을 위한 게임모형(gaming-for-learning model)의 시작이라고 볼 수 있다. (미래 연구를 구성하는) 그러한 모형을 불러일으킴으로써, 우리는 구체적

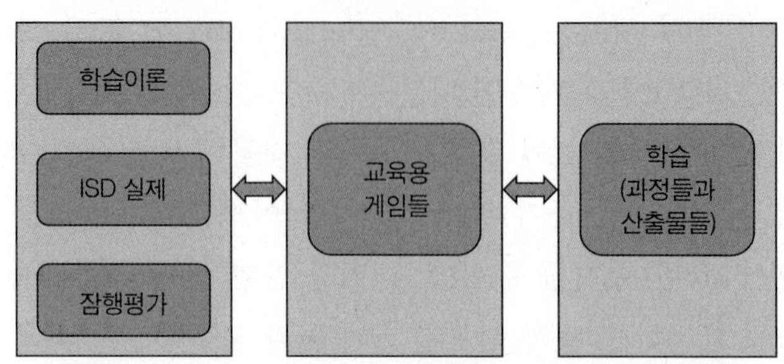

[그림 33.2] 게임들과 학습에 관련된 요인들 간의 관계들

인 게임설계 요소들, 그리고 서로 간의, 학습자(들) 간의, 지원되는 내용과 역량들 간의 상호작용을 확인할 수 있다. 예를 들어, 피드백의 유형과 시기(timing)는 학습자들 또는 학습자 유형들에 따라 상이하게 영향을 미치는가? 목적들을 상세하게 설명하거나, 그들을 불시에 나타나도록(emergent) 또는 유도되도록(induced) 설계하는 것이 더 좋은가? 목적들에 대한 그러한 결정은 학습자 또는 교수될 콘텐츠에 따라 좌우되는가? 학습을 극대화하기 위해 게임에서 모니터링하기 위한 역량들의 최상의 입도(grain size)는 어느 정도인가? 그리고 마찬가지로, 우리는 어떻게 도전수준과 학습자의 역량수준(예: 달성할 수 있는 최정점에서)을 최적으로 일치시킬 수 있는가? 이러한 연구 질문들 중 대부분을 위해, 학습이론은 학생들의 게임 중 경험들을 촉진하며 교육용 게임들 내에서 그리고 게임들로부터 학습을 증진시키는 설계 요소들을 알려줄 수 있을 것이다. 학습을 위한 게임모형 자체는 무엇이, 누구를 위해서, 어느 정도로, 어떤 조건들하에서, 그리고 어떤 역량들이나 영역들을 위해서 작동하는가와 같은 일반적인 질문들에 답하는 다양한 교육용 게임들을 설계하고 분석하기 위해 사용될 수도 있다.

결론적으로, 잘 설계된 게임들은 학습—특별히 현재는 교육용 시스템에 포함되어 있지 않지만 21세기에 성공하기 위해서 필요한 새로운 역량들(예: 다양한 팀들 내에서의 생산적인 업무처리, 복잡한 문제들의 확인과 혁신적인 해결책들을 사용한 해결, 효과적인 의사소통, 비판적인 사고, 테크놀로지의 효율적인 사용, 시스템 역동성 이해, 증거기반 추론에 참여)과 관련하여—을 지원하기 위한 잠재적으로 강력한 운반체(vehicle)다. 솔직히 게임환경들이 학습에 미치는 일련의 효과들을 검토하는 실험연구들은 극소수에 불과하다(예: Van Eck, 2007). 우리는 새로운 게임과 학습 연구의 흐름은 그 연구에 정보를 제공하고, 제공받을 수 있는 ISD 분야와 매우 관련이 있고 중요하다고 믿는다.

우리는 처음에 그랬던 것처럼 다음과 같은 적절한 인용으로 끝을 맺는다.

"따라서 게임들은 교육을 위한 가장 오래되고 유서 깊은 운반체다. … 우리는 어미 사자들이 새끼들에게 칠판을 통해 강의하는 것을 보지 못한다; 우리는 나이 든 사자들이 후손을 위해 자서전을 쓰는 것을 보지 못한다. 이러한 관점에서, '게임들이 교육적인 가치를 가질 수 있는가? 라는 질문은 터무니없게 된다. 신기한 개념, 검증되지 않은 일시적인 유행, 전통의 위반자는 바로 게임들이 아니라 학교들이다."

—Chris Crawford

핵심 원리 요약

1. 양질의 게임들은 플레이어들에게 놀이 현상을 촉발한다.
2. 모든 양질의 학습 활동들처럼, 학습을 위한 양질의 게임들은 능동적이고, 목적지향적(플레이어들에게 가치 있는 목적들을 가지고)이며, 맥락화되고, 적응적인 도전과 지원을 할 수 있도록 설계되어야 한다.
3. 학습을 위한 양질의 게임들을 설계하기 위한 기본들은 단일 게임을 위한 어떤 구체적인 테크놀로지의 범위를 넘어 영향을 미친다.
4. ID와 문제중심학습의 원리들은 학습을 위한 양질의 게임들의 설계를 지원하고 정보를 제공할 수 있다.
5. 학습을 위한 양질의 게임들은 플레이어들에게 시의적절하고 대상에게 적합한 피드백을 전달하고 학생의 기능 수준의 상위 경계선에 있는 새로운 게임 과제들을 제시할 수 있도록 해주는 증거기반 설계를 유도하는, 실시간, 방해되지 않는(잠행) 평가를 할 수 있는 기회들을 제공한다.
6. 공통적인 목적을 위해 다른 사람들과 창의적이고 효과적으로 일할 수 있는 능력은 양질의 게임들에서 강조되고 있는 중요한 21세기 기능(skill)이다.

응용 문제

1. 여러분의 집이나 교실에서 발견되는 일상적인 물건들(예: 종이컵, 종이 클립, 탁구공 등)을 사용하여 비디지털(nondigital) 게임을 설계해 보라. 한두 명의 친구들에게 그것을 가지고 놀라고 요청한 후, 그들에게 그 게임은 어떤 재미가 있는지를 물어보라. 그들에게 그 게임을 개선할 수 있는 아이디어들에 대해 물어보라. 그들의 아이디어들과 여러분이 생각하는 아이디어들 중 어떤 것을 사용하여, 그 게임을 재설계하고 다른 집단의 친구들에게 이 새로운 버전을 가지고 놀아보라고 요청하라. 그 게임은 더 재미있는가? 여러분이 경험했던 설계 과정을 열거하거나 차트로 만들어

보라. 그 게임은 학습의 어떤 가치를 가지고 있는가? 만약 그렇지 않다면, 무엇을 놓쳤는가?

2. 게임들과 양립할 수 있다고 생각하는 하나의 학습이론을 선택하라. 여러분은 어떤 종류의 게임[MMORPG, 퍼즐게임, 모험게임, 1인칭 사냥꾼(first-person shooter) 등]이 가장 양립할 수 있다고 생각하는가? 그 이유는? 특정 게임을 위해 그 이론을 채택함으로써 얻을 수 있는 설계 시사점들은 무엇인가? 여러분의 이론에 따라 설계된 게임에서 구체적인 설계 요소의 한 가지 예를 들어라.
3. 이 장의 게임구조 사례연구에서, 저자들은 개발 중인 게임의 구조 중 몇 가지를 기술했다. 여러분은 그 게임이 효과적인 것만큼 재미도 있음을 보장하기 위해 무엇을 해야 하는가? 여러분이 참여를 평가하고 설계를 수정할 다른 청중들과 메커니즘들을 포함하여, 참여를 평가하기 위한 형성적인 평가 프로토콜(protocol)을 설계하라.
4. 구조사례연구에서 기술된 게임을 사용하여, 게임 속에 구축될 수 있는 잠행평가에 대한 한 가지 접근법을 기술하라. 게임수행을 어떤 방식 또는 방식들로 수정하기 위해 그 접근법이 몇 가지 학습산출물들과 어떻게 배열되어야 하고, 그것을 어떻게 측정할 수 있으며, 그 접근법이 평가를 위해 어떻게 사용될 수 있는지를 구체적으로 답하라.

저자 정보

Valerie J. Shute는 플로리다주립대학교의 교수체제(Instructional Systems) 프로그램 부교수다.

Lloyd P. Rieber는 조지아대학교의 사범대학 학습 · 설계 · 테크놀로지학과의 교수 겸 수업과 테크놀로지에서의 혁신(Innovation in Teaching and Technology)의 소장이다.

Richard Van Eck는 노스다코타대학교의 교수설계 · 공학 프로그램 부교수이자 대학원 주임교수다.

참고 문헌

Almond, R. G., & Mislevy, R. J.(1999). Graphical models and computerized adaptive testing. *Applied Psychological Measurement, 23*(3), 223-237.

Bransford, J., Brown, A. L., & Cocking, R. R.(2000). *How people learn: Brain, mind, experience, and chool*(expanded ed.). Washington, DC: National Academies Press.

Bransford, J. D., Franks, J. J., Vye, N. J., & Sherwood, R. D.(1989). New approaches to instruction: Because wisdom can' t be told. In S. Vosniadou & A. Ortany(Eds.), *Similarity and analogical reasoning*(pp. 470--497). New York: Cambridge University Press.

Brown, J. S., Collins, A., & Duguid, P.(1989). Situated cognition and the culture of learning. *Educational Researcher, 18*, 32-42.

Bruner, J. S.(1961). The act of discovery. *Harvard Educational Review, 31*(1), 21-32.

Charsky, D.(in press). Making a connection: Where game design meets instruction design. In R.

Van Eck(Ed.), *Gaming and cognition: Theories and perspectives from the learning sciences.* Hershey, PA: IGI Global.

Conati, C., Gertner, A., & VanLehn, K.(2002). Using Bayesian networks to manage uncertainty in student modeling. *User Modeling & User-Adapted Interaction, 12*(4), 371-417.

Csikszentmihalyi, M.(1990). *Flow: The psychology of optimal experience.* New York: Harper & Row.

Elkind, D.(2007). *The power of play: How spontaneous, imaginative activities lead to happier, healthier children.* Cambridge, MA: Da Capo Lifelong.

Falmagne, J.-C., Cosyn, E., Doignon, J.-P., & Thiery, N.(2003). The assessment of knowledge, in theory and in practice. In R. Missaoui & J. Schmidt(Eds.), *Lecture notes in computer science:* Vol. 3874: 4th International Conference on Formal Concept Analysis(pp. 61-79). New York: Springer-Verlag.

Gagné, R. M., Wager, W. W., Golas, K. C., & Keller, J. M.(2005). *Principles of instructional design*(5th ed.). Belmont, CA: Wadsworth/Thomson Learning.

Gaydos, M., & Squire, K. D.(in press). Citizen science: Designing a game for the 21st century. In Richard Van Eck(Ed.), *Interdisciplinary models and tools for serious games: Emerging concepts and future directions.* Hershey, PA: IGI Global.

Gee, J.P.(2003). *What video games have to teach us about learning and literacy.* New York: Palgrave Macmillan.

Gee, J. P.(2007). Games and learning: Issues, perils and potentials. In J.P. Gee(Ed.), *Good video games and good learning: Collected essays on video games, learning and literacy*(pp. 129-174). New York: Palgrave/Macmillan.

Gee, J. P.(2008). Video games, learning, and "content." In C. Miller(Ed.), *Games: Purpose and potential in education.* Boston: Springer.

Goodnough, K., & Hung, W.(2008). Designing effective problems: Evaluation of 3C3R 9-step design process, *Interdisciplinary Journal of Problem-Based Learning, 2*(2), 61-90.

Huizinga, J.(1950). *Homo Ludens: A study of the play element in culture.* Boston: Beacon Press.

Hung, W.(2006). The 3C3R model: A conceptual framework for designing problems in PBL. *Interdisciplinary Journal of Problem-Based Learning, 1*(1), 55-77.

Hung, W.(2009). The 9-Step process for designing PBL problems: Application of the 3C3R model. *Educational Research Review, 4*(2), 118-141.

Hung, W., & VanEck, R.(in press). Aligning problem solving and gameplay: A model for future research & design. In R. VanEck(Ed.), *Interdisciplinary models and tools for serious games: Emerging concepts and future directions.* Hershey, PA: IGI Global.

Jonassen, D. H.(1997). Instructional design models for well-structured and ill-structured problem solving learning outcomes. *ETR&D, 45*(1), 65-94.

Jonassen, D. H.(2000). Toward a design theory of problem solving. *ETR&D, 48*(4), 63-85.

Jonassen, D. H.(2002). Integration of problem solving into instructional design. In R. A. Reiser & J. V. Dempsey(Eds.), *Trends and issues in instructional design & technology*(pp. 107-120). Upper Saddle River, NJ: Merrill Prentice Hall.

Jonassen, D. H., & Hung, W.(2008). All problems are not equal: Implications for PBL. *Interdisciplinary Journal of Problem-Based Learning, 2*(2), 6-28.

Lee, J.(1999). Problem-based learning: A decision model for problem selection, *Proceedings of selected research and development papers presented at the National Convention of the Association for Educational Communications and Technology, Houston, TX.*

Messick, S.(1994). The interplay of evidence and consequences in the validation of performance assessments. *Education Researcher, 32*(2), 13-23.

Mislevy, R. J.(1994). Evidence and inference in educational assessment. *Psychometrika, 59*, 439-483.

Mislevy, R. J., & Haertel, G. D.(2006). Implications of evidence-centered design for educational testing. *Educational Measurement: Issues and Practice, 25*(4), 6-20.

Mislevy, R. J., Almond, R. G., & Lukas, J. F.(2004). *A brief introduction to evidence-centered design*(CSE Report 632). San Francisco, CA: Center for Research on Evaluation, Standards, and Student Testing.(ERIC Document Reproduction Service No. ED483399)

Mislevy, R. J., Steinberg, L. S., & Almond, R. G.(2003). On the structure of educational assessment. *Measurement: Interdisciplinary Research and Perspective, 1*(1) 3-62.

National Science Education Standards.(1996). Washington, DC: National Academies Press.

Pellegrini, A. D.(Ed.).(1995). *The future of play theory: A multidisciplinary inquiry into the contributions of Brian Sutton-Smith*. Albany: State University of New York Press.

Phillips, J. L.(1981). *Piaget' s theory: A primer*. San Francisco, CA: W.H. Freeman.

Piaget, J.(1951). *Play, dreams, and imitation in childhood*. New York: W.W. Norton & Company.

Prensky, M.(2001). *Digital game-based learning*. New York: McGraw-Hill.

Quinn, C.(2005). *Engaging learning: Designing simulation games*. San Francisco: Pfeiffer.

Rieber, L. P.(1996). Seriously considering play: Designing interactive learning environments based on the blending of microworlds, simulations, and games. *Educational Technology Research & Development, 44*(2), 43-58.

Salen, K., & Zimmerman, E.(2004). *Rules of play: Game design fundamentals*. Cambridge, MA: MIT Press.

Shute, V. J.(2008). Focus on formative feedback. *Review of Educational Research, 78*(1), 153-189.

Shute, V. J., Graf, E. A., & Hansen, E.(2005). Designing adaptive, diagnostic math assessments for individuals with and without visual disabilities. In L. PytlikZillig, R. Bruning, & M. Bodvarsson(Eds.), *Technology-based education: Bringing researchers and practitioners together*(pp. 169-202). Greenwich, CT: Information Age Publishing.

Shute, V. J., Ventura, M., Bauer, M. I., & Zapata-Rivera, D.(2009). Melding the power of serious games and embedded assessment to monitor and foster learning: Flow and grow. In U. Ritterfeld, M. Cody, & P. Vorderer(Eds.), *Serious games: Mechanisms and effects*(pp. 295-321). Mahwah, NJ: Routledge, Taylor and Francis.

Society for Science and the Public.(2008). *International rules for precollege science research: Guidelines for science and engineering fairs*. Washington, DC: Society for Science and the Public.

Sutton-Smith, B.(1997). *The ambiguity of play*. Cambridge, MA: Harvard University Press.

Thai, A., Lowenstein, D., Ching, D., & Rejeski, D.(2009). *Game changer: Investing in digital play to advance children' s learning and health*. New York: The Joan Ganz Cooney Center at Sesame Workshop.

VanEck, R.(2006). Building intelligent learning games. In D. Gibson, C. Aldrich, & M. Prensky(Eds.), *Games and simulations in online learning: Research & development frameworks*. Hershey, PA: Idea Group.

Van Eck, R.(2007). Six ideas in search of a discipline. In B. Shelton & D. Wiley(Eds.), *The educational design and use of computer simulation games*. Boston: Sense.

VanEck, R.(2008). COTS in the classroom: A teacher' s guide to integrating commercial off-the-shelf(COTS) games. In R. Ferdig(Ed.), *Handbook of research on effective electronic gaming in education.* Hershey, PA: Idea Group.

VanEck, R., Hung, W., Bowman, R., & Love, S.(2009). 21st century game design: A model and prototype for promoting scientific problem solving. *Proceedings of the Twelfth IASTED International Conference on Computers and Advanced Technology in Education: Globalization of Education Through Advanced Technology.* Calgary, Canada: ACTA Press.

Van Lehn, K., Lynch, C., Schulze, K., Shapiro, J. A., Shelby, R., Taylor, L. Treacy, D. Weinstein, A., & Wintersgill, M.(2005). The Andes physics tutoring system: Lessons learned. *International Journal of Artificial Intelligence and Education, 15*(3), 1-47.

Vygotsky, L. S.(1978). *Mind in society: The development of higher mental processes.* Cambridge, MA: Harvard University Press.

Vygotsky, L. S.(1987). *The collected works of L. S. Vygotsky.* New York: Plenum.

Zimmerman, B. J.(1990). Self-regulated learning and academic achievement: An overview. *Educational Psychologist, 25*(1), 3-17.

Zimmerman, B. J.(2008). Investigating self-regulation and motivation: Historical background, methodological developments, and future prospects. *American Educational Research Journal, 45*(1), 166-183.

제34장

가상세계에서의 설계

J. V. Dempsey (University of South Alabama)
Rebecca Reese (University of South Alabama)
Stasia Weston (University of South Alabama)

Craig(가명)는 얼마 전에 우리의 ID 대학원 수업들을 수강했던 미국해안경비대 직원이다. Second Life(SL)에서 오리엔테이션을 마친 후에, 그와 그 수업을 듣는 학생들에게 이 3D 가상세계에서 방문할 곳들에 관한 일련의 링크들이 주어졌으며, 단지 그 환경을 탐색하고 인상을 보고하도록 요청되었다. 다음은 그의 인상이다.

> 나는 SL를 고충실도(high-fidelity) 매체형식이라고 보았다. 나는 실제로 SL를 상호작용을 위한 장소로 보지 못했다. SL상의 어느 곳을 가든, 나는 거의 혼자 있었다. 나는 한 박물관에 가고 싶었으나 주변에 어떠한 다른 아바타들(avatars)도 없었다. 나는 주위를 돌면서, "요지가 뭐야? 나는 이 아바타를 만들었고, 그것을 책상에 맞도록 만들고 있는 중이며, 파워포인트 또는 비디오를 보고 있다. 나는 인터넷 어디에서도 그것을 할 수 있었다." 고 생각한다.
>
> 어제, 나는 출현(epiphany)을 경험했다. 나는 박물관에 있었으며, 그 소녀가 상공을 날았다. 그래서 나는 아마도 소녀 주변을 따라갈 것이며, 그것의 혜택들에 관한 한 가지 아이디어를 얻을 것이라고 생각했다. 잠시 뒤에 소녀가 나에게 다가왔으며, 대화를 시작했다. 나는 그것—나는 지금까지 결코 누구와도 온라인으로 이야기해 본 적이 없었다—에 대해 약간 긴장을 했다. 나는 대화가 어떻게 진행될지 잘 알지 못했다. 그러나 우리는 서로 소개를 했고, 우리가 거기에서 행하고 있는 것에 대해 이야기했으며, 나는 그녀가 정말로 이 SL 비즈니스에 들어와 있다는 것을 깨달았다.
>
> 그래서 나는 그녀에게 "요지가 뭐예요? 당신은 SL에서 무엇을 하나요?" 라고 물었다.

그녀는 "뭐, 나는 너를 경주장으로 데려갈 수 있으며, 우리는 차들을 몰 수 있어. 또는 나는 너에게 달이나 아프리카 사바나가 어떠한지를 보여줄 수 있어." 라고 말했다.

그래서 나는 "나를 어디든지 데려가 줘. 나에게 무엇이든 보여줘." 라고 말했다.

그 작동 방식은 그녀가 어딘가에 가고, 나에게 그녀가 SL에 있었던 곳으로 텔레포트(teleport)하기를 제안하는 문자를 보냈다. 그런 다음, 예를 들어 자동차 경주장에서, 그녀가 경주용 차를 가지고 나와서, 나는 그녀에게 "너는 이것을 어떻게 하니?" 라고 물었다. 그리고 그녀는 우리가 거기에 서 있는 동안 그것을 나에게 설명했으며, 그것은 정말로 상호작용적이었다.

그녀가 말했던 첫 번째 것들 중 하나는, 추측컨대 내가 신출내기처럼 보였기 때문에, "만약 네가 나와 함께 많은 시간을 보낼 수 있다면, 너는 너의 외모를 바꿀 수 있다." 였다. 그래서 우리가 했던 첫 번째 것은 쇼핑을 가는 것이었다. 그러나 그것은 내가 SL에 대해 이러한 통찰력을 가졌던 곳이다. 실제세계의 교수자도 없이, 그것은 단지 또 하나의 매체다. 아바타 뒤에 있는 실제사람이든 또는 인공지능을 사용하는 미래에 있든, 그것은 SL에게는 핵심이다.

우리가 쇼핑을 갔을 때, 그녀는 내 아바타를 볼 수 있어서 여러분이 가상환경 밖에 있는 것처럼 행동할 수 있었다. 그녀는 나에게 나의 오른쪽에 있는 상자를 집어 들라고 요청했고, 나는 내 왼쪽을 둘러보았는데, 그녀는 "아니. 내 오른쪽. 거기 바닥 위에 있잖아" 라고 말했다. 그녀는 내가 무엇을 행하고 있는지를 정확하게 알고 있었기 때문에 즉각적인 피드백을 제공할 수 있었다. 충실도(fidelity)는 몇몇 곳에서는 매우 좋았고, 다른 곳들에서는 아직 없었다. 나는 충실도 중 몇 가지가 아직도 작동할 필요가 있는 2차원의 물고기가 수영했던 해양수족관에 갔다.

그녀는 뉴저지 출신이라고 말했다. 그래서 원격 사용자들이 어떻게 함께 모일 수 있는지를 보여주기 위해 나를 집으로 데려갔다. 우리는 런던 출신인 그녀의 친구들 중 한 명을 만났으며, 나는 알라바마주 모바일(Mobile, Alabama)에서 일하고 있다. 그래서 우리는 모두 일하고 있다. 나는 그 활동에 몰입되었다. 일단 내가 그 사람과 상호작용하면, 나는 내가 의도했던 것보다 약 두 시간 이상 동안 가상세계에 있는 것을 발견한다. 시간이 휙 지나갔다.

Craig의 첫 번째 단독모험은 SL에서의 많은 초기경험들 중 대표적인 것이었다. Craig의 경우, 가상의 3D 실재성(presence)은 충분하지 않았다. 그는 가상유령마을들(virtual ghost towns)이 아무리 훌륭하다 할지라도 그것들을 탐험해야 하는 지점을 보지 못했다. 그가 보다 더 식견이 있는 누군가와 사회적인 상호작용을 전개했을 때, 그의 경험은 변화했다. 그는, 비록 그 역할이 분명히 그녀의 공식적인 역할은 아니었지만, 그 아바타를 "교수자

(instructor)"라고 말했다. 이 "교수자" 및 원격 장소들과 시간대들 출신의 그녀 친구들과의 사회적 상호작용은 그의 학습경험의 핵심이었다. Craig의 새로운 친구가 했던 첫 번째 활동들 중 하나는 그로 하여금 자신을 "신출내기(newbie)"(문외한)로 밝혀진 어떤 것으로부터 SL 사용자들의 새로운 동족 집단과 관련이 있는 옷들로 그의 아바타의 옷들을 바꾸도록 독려한 것이었다. 시뮬레이션화된 환경의 가상적인 실재성은 또한 중요했다. 상자의 위치에 대한 그들의 상호작용은 명시적인 환경적 단서들을 가지고 있는 가상세계 외부에서는 더 복잡하다. 3D 수족관에 있는 2D 물고기에 대한 코멘트에서 설명된 바와 같이, 환경의 충실도가 문제가 됐지만, 그것은 덜 핵심적이었다. 몰입적인 경험을 Craig가 "고충실도 매체양식"이라고 말했던 것 속으로 들어가도록 부추겼던 것은 바로 사회적 상호작용이었다.

가상세계의 정의

가상세계들(virtual worlds: VWs) 또는 다중사용자 가상환경들(multiuser virtual environments: MUVEs)은 실제세계 객체들과 상호작용들을 시뮬레이션하고 다중사용자들이 전 세계에서 동시적으로 이용할 수 있는 3D 가상환경들에 의해 특징지어진다(Dede, Dieterle & Clarke, et al., 2007). 가상세계들의 주요한 특성들로는 다음과 같은 것들이 포함된다.

- 많은 사람들이 동시에 들어갈 수 있는 공유된 온라인 공간
- 사용자들이 이동해 오거나 거쳐 갈 수 있는 공간(2D 또는 3D)의 가상적인 표상(representation)
- 사용자들은 주변환경들과 즉각적으로 상호작용하거나 그것들을 변경할 수 있다.
- 그 세계는 사용자가 로그인하였든 그렇지 않든 상관없이 존속한다.
- 공동체들과 집단들이 장려된다.

가상세계들의 예들로는 Second Life, Reaction Grid, Active Worlds, The Sims Online, IMVU, Blue Mars, 그리고 그 외 많은 세계들을 들 수 있으며, 이것들은 공적으로 또는 사적으로 소유되고 있다.

가상세계들과 다른 온라인 게임들 간의 하나의 공통적인 차이점은 가상세계들은 일반적으로 처음부터 사용자들이 달성해야 할 일련의 구체적인 목적들을 가지고 있지 않다. 또한 대부분의 온라인 게임들과는 달리, 가상세계들은 사용자들이 자신들의 환경들을 정의하거나 수립—필요에 따라 도구들과 객체들을 만들거나 추가—할 수 있는 상황을 제공한다. 가상세계에 들어간 후, 사용자들은 목적들과 목표들을(역할놀이나 시뮬레이션화된 시나리오와 같이) 수립할 수 있다. 가상세계 프로그램 자체는 사용자들에게 목적들을 부과하지 않는

다—그 목적들은 특정 요구나 목적을 충족하기 위해 사용자가 만든다(user-created). Aldrich(2009)는 매우 상호작용적인 가상환경들(highly interactive virtual environments: HIVEs)의 연속선을 따라 통일적인 관점(unifying viewpoint), 순위게임들(placing games), 시뮬레이션들(simulations), 가상세계들을 제공한다. 그러나 그는 많은 기관들이 가상세계들을 구매하고 있는데, 그것은 실제로 가상세계에서 양질의, 충실한 시뮬레이션을 달성하기 위해 시뮬레이션이 엄격한 설계와 실행을 확보할 때 기관들은 시뮬레이션이 전달될 것이라고 생각하기 때문이라고 지적한다. 그는 우리에게 가상세계들과 시뮬레이션들은 관련되어 있지만, 동일한 의미는 아니라는 것을 주지시킨다.

가상세계들은 다양한 목적을 달성하기 위해 사용될 수 있다. 몇몇 가상세계들은 3D 채팅방들에 지나지 않는다. 현재는 소멸된 Google Lively는 이러한 역할을 수행했지만, 부분적으로 단순한 3D 채팅 이상의 더 많은 옵션들을 원하는 사용자들 때문에 단명했다. 다른 사용자들은 장애들이나 많은 유형의 질병들을 가지고 있는 사람들이 집들이나 병원들 외부의 공동체에 참여할 수 있도록 해준다는 점에서 가상세계들의 유용성을 지적한다(Frenkel, 2009; Moore, Wiederhold, Wiederhold, & Riva, 2004). 여전히 다른 사람들은 가상세계들을 학생들에게 카트리나(Katrina) 또는 앤드류(Andrew)처럼 대형 허리케인들과 같은 자연재해들 뒤의 이산 중에 대학교와 지속적인 유대감을 제공하는 수단으로 본다(Pope, 2007). 전 세계의 다양한 국가들에까지 이르는 더 커다란 가상세계들은 몰입형 언어와 문화뿐만 아니라 고고학적, 역사적 연구들에 유용한 가상여행 도구들로 활용될 수 있다. 그들 자신의 경제와 화폐를 가지고 있는 가상세계들은 실제세계의 비즈니스에 필요한 거대한 투자를 할 필요 없이 비즈니스를 운영하는 방법을 배우기 원하는 사람들에 의해 사용될 수 있다. MIT, 텍사스대학교(University of Texas), 서던캘리포니아대학교(University of Southern California)와 같은 학교들 모두는 비즈니스와 마케팅 학생들을 훈련시키기 위해 가상세계들을 사용하고 있다.

학습을 지원하기 위한 가상세계들의 강점과 도전

선행연구에서 가상세계들의 강점들과 도전들에 관한 방만한 리스트들은 비교적 흔히 볼 수 있다. 그러한 리스트들 중 대부분이 일화적(anecdotal)이다. 우리의 동료들에 의해 완성되지 않았기 때문에, 우리는 우리 자신의 적당히 한정된 리스트를 제공해 왔다. 〈표 34.1〉에서, 우리는 이러한 요인들에 관한 연구증거를 권위 있게 주장하거나 제공하는 출처들을 인용해 왔다. 그러나 가상세계들에 관한 많은 속성들이 급변하는 현재나 가까운 미래의 테크놀로지에 따라 어느 정도 좌우된다는 것은 매우 분명하다. 더 중요하게도, 가상세계들은 확장적인 요소들을 가지고 있다. 그것들은 상상력에 대한 실제적인 장애들의 제한을 덜 받는다. 아마도 오늘은 아니지만 확실히 내일에는, 여러분이 꿈을 꿀 수 있다면, 그것은 달성될 수 있다. 물리적으로 해롭거나 위험한 결과들을 제거하는 것은 절차적인 훈련과 기초교육(grounded education)의 매력적이고 필요한 구성요소다. 비판적 기능들(critical skills)은 동시적 또는 비동시적 풀이된 예들(worked examples) 속에서 모방되고 실제세계의 환경들로 전이되기 전에 저렴한 3D 환경에서 실행될 수 있다. 가상세계들에서 학습자의 물리적인 위치는 거의 중요하지 않지만, 전 세계적이고 문화적인 통합은 종종 중요하다.

구체적으로 테크놀로지와 관련된 도전들(예: 대역폭의 한계)은 강력하게 다루어지고 있어서 단기적으로 불편한 것으로 간주될 수 있다. 가상유령마을들(어떠한 아바타들도 없는 VW환경)과 같은 것들은 이러한 유형들의 혁신들이 적용되어야 하는 장기적인 도전들이다. 결과적으로, SL에 매우 흥미를 가지고 있는 많은 교육자들과 연구자들의 초점은 가상적인 사회적 실재성이나 시뮬레이션의 구성 측면들과 관련되어 있다.

〈표 34.1〉 가상세계들의 몇 가지 강점과 도전

강점	도전
• 경험학습/역할놀이(Jarmon, et al., 2009) • 몰입(Bardzell & Odom, 2008) • 사회연구(Castronova & Falk, 2009) • 온라인 학습을 위한 플랫폼(Kemp, et al., 2009) • 가상적인 사회적 관계들을 통한 세계관의 다양성(Steinkuehler & Williams, 2006) • 능동적인 저비용 시장 시스템(Malaby, 2006) • 학습과제들에 대한 학생의 불안감 감소(Hansen, 2008) • 소셜 네트워킹과 공동체 구축 참여(Dawley, 2009) • 환경을 구축/구성하는 능력 • 게임과 같은(game-like) 놀이(Global Kids, 2007) • 텍스트에서 시청각 양식들(modalities)로 이동 • 환경적인 오디오와 음성채팅 • 저렴한 비용 • 개성을 가지고 실험 • 학습사태들과 활동들의 머시니마(machinima)(가상세계 필름 캡처)(Global Kids, 2007)	• 강좌들에서 통합하기 위해 필요한 준비(Boulos, Hetherington, & Wheeler, 2007; Berge, 2008) • 부적절한 행동과 중독(Boellstorff, 2008; Bugeja, 2007) • 학생들이 과제를 지속하도록 하고, 방해받지 않도록 하는 것(Hansen, 2008) • 시스템 버그들과 고장시간(Brandon, 2007) • 가상유령마을들(Schroeder, Huxor, & Smith, 2001) • 기술적인 분담금 상승 • 기술적인 문제들–대역폭, 방화벽, 접근, 음성 대 텍스트(Berge, 2008) • 동시적인 상호작용(항상) 또는 가상세계들에 대한 물리적인 반응 요구 • 필수적인 가상세계의 메커니즘들에 대한 오리엔테이션(Bedford, Birkedal, Erhard, Graff, & Hempel, 2006; Boulos, Hetherington, & Wheeler, 2007; Lui, 2006; Bennet, 2008) • 제한된 경험적인 지원(Hansen, 2008) • 다양한 유형의 인터페이스들(또는 뷰어들)은 신입자들을 혼란스럽게 만들 수 있음 • 공개된 교실들에서의 비통스러운 활동들은 학습 시간 외에 시간을 가질 수 있음(Bugeja, 2007) • 주류 접근성 소프트웨어와의 통합 부족(Boulos, Hetherington, & Wheeler, 2007; Kemp & Livingstone, 2006)

가상세계들에 매우 흥미를 가지고 있는 많은 교육자들과 연구자들의 초점은 가상적인 사회적 실재성이나 시뮬레이션의 건축 측면들과 관련되어 있는 경향이 있다. 가상세계들에서 협력은 만연되어 있다. 사회적 불안과 사회적 경계들은 더 낮다. 사회적 참여, 역할 모델링, 역동적인 피드백은 VWs에서 학습경험들에 관한 가장 좋은 예들에서 대부분 명백하게 나타난다. 마찬가지로, 최상의 가상세계들에서 이용할 수 있는 도구들은 저렴하게 또는 어떠한 비용도 들지 않고 독창적인 건축을 가능하도록 해준다. 중요하게도, 시뮬레이션 건축들은 실제적으로 무한대로, 어떠한 추가적인 재생산 비용 없이, 재생산할 수 있다. 현재, 이 시뮬레이션 건축들은 교육과 ID를 위한 이점들이 즉각적으로 보이는 영역들이다. 가상세계들은 더욱더 창의적인 관점들이 경험될 수 있도록 해주는 실험실들이다. 몇몇 사람들이 믿는 것처럼, 만약 어떤 설계자(그래픽 설계자, 교수설계자, 구조설계자, 소셜 설계자, 인테리어 설계자, 기계설계자 등)의 공통적인 일이 질서(order)를 만드는 것이라면, 가상세계들은 몇 가지 가정들로 시작한다. 만약 가정들이 선택되면, 설계자들은 다시 시작하여 시간과 노력을 거의 손실하지 않고 완전히 새로운 설계에 관한 개념들을 조사할 수 있다. 그 환경은 매우 사회적이어서 실제로 상상적인 아이디어들이 떠오를 때, 우리는 그것들을 채용하기 위해 바이러스처럼 급격하게 전파될 것으로 기대할 수 있다. 간단명료하게, 가상세계들은 또한 그 방법들과 수단들을 가지고 있다.

덜 독려되는 관점은 가상세계들의 게임 측면들을 강조하고 전자게임들을 선행연구에서 증진된 산출물들을 위한 제한된 양적 지원들과 연계하는 기술적으로 까다로운 사람들(curmudgeons)의 수가 증가하고 있는 것으로 나타난다. 이러한 개인들 중 몇 사람은 일반적으로 기술적인 또는 과학적인 콘텐츠 영역들에서 컴퓨터기반 자습(self-study) 교수자료들에 대해 연구하거나 이론화하는 데 오랜 경험을 가지고 있다. 가상세계들과 교육용 비디오게임들의 종합적인 가치를 보기 위해 임상적인 시도들과 비교 연구들에의 강조는 "증거는 게임들은 누구에게 어떤 다른 방법들을 더 빨리, 덜 비싸게 학습될 수 없는 어떤 것을 가르치지는 않는다는 것을 분명하게 보여준다."(p.58)고 주장한 Clark(2007)에 의해 예를 들어 설명되었다.

Clark의 "어떤 다른 방법들"이 종합적인 학습산출물들(탈맥락화된 절차들, 개념들, 또는 지식)인지 아닌지에 관한 논쟁은 단지 드문 이러한 비판들의 한 가지 특징이다.

가상 관광여행(virtual tourism)은 교육자들이 SL과 같은 가상세계들에 익숙해지는 매우 흔한 방법이다. 이것은 새로운 환경이다. 실제로 시뮬레이션들을 직접 보고, 듣고, 경험하는 것을 대체할 만한 것은 없다. 가상세계 환경들과 기초학습(elemental learning) 산출물들의 어포던스들을 설계하기 위해, 교수설계자들은 학습자들이 실제로 거기에서 무엇을 할 수 있는지를 이해하고 관찰해야 한다. 어떤 탐색에서나 마찬가지로, 실제 또는 시뮬레이션화된 계획(planning)은 중요하다. 이러한 과정을 조직화하는 것을 도와줄 수 있는 많은 범주적인 도식들(schemes) 중 하나는 특이하게 명명된 SaLamander Project에 의해서 사용되었다. 이 협력적인 교육자들 집단은 SL에 아홉 가지 유형의 학습자 참여에 관한 예들을 제공했다(〈표 34.2〉). 비록 SaLamander Project에 의해 현재 제공되고 있는 예들의 수와 활용성은 상당히 제한적이기는 하지만, 참여의 유형들을 설명하기 위해 다양한 예들을 사용하는 일반적인 접근법은 SL과 같이 엄청난 가상세계에서 특히 유효하다. 교수설계자들이 한동안 예제 카테고리들을 탐색하는 것은 복잡한 개념들을 습득하기 위한 뛰어난 방법이라고 알려져 왔다(Merrill, Tennyson, & Posey, 1992). 가상학습환경들의 예들을 이러한 방식으로 분류하는 것은 확실히 교육자들이 "우리는 교육에서 가상세계들을 어떻게 사용할 수 있는가?"라는 질문에 접근할 수 있도록 도와주는 하나의 접근법이다.

예를 들어, SL에 있는 UC Davis의 가상환각 프로젝트(UC Davis Virtual Hallucinations Project)에 의해 제공되는 경험학습 심(sim)[1]을 살펴보자. 이 시뮬레이션은 두 명의 특정한 정신분열증(schizophrenia)을 가진 사람들의 실제세계 경험들에 기초했다. 설계자들은 그 환자들의 경험들을 재생산하기 위해 인터뷰와 설계 피드백을 사용했다. 방문아바타들은 청각 또는 시각적인 정신분열증 경험하기를 선택할 수 있다. 설계 접근법은 무질서한 사고의 증상들을, 경찰에 의해서 추적된 불합리한 감정 등을 재창조함으로써 경험학습 참여를 사용

〈표 34.2〉 SaLamander Project 위키에서 제공하는 학습자 참여 유형

경험적인	학습자들은 경험이나 현상의 재창조에 몰입된다.
역할놀이	특별한 오락 목적들에 사용하기 위해 의도된(또는 유용한) SL 구축
진단적	퀴즈들, 프롬프트들, 또는 다른 평가방법들을 통해 그들의 지식을 규명하는 질문들을 함으로써 학습자들을 참여시키는 SL 구축
문제해결	학습자가 문제나 어떤 종류를 해결하고자 하는 의도를 가진 SL 구축
시범	SL은 시범을 포함하며, 정보의 제시는 박물관, 미술관, 프레젠테이션 등에서처럼 제공된다.
협력적인	SL은 일정 수준의 협동과 협력을 요구하거나 독려하는 장소들과 활동들을 제공한다.
구성적인	SL은 학습자가 객체들을 만들고 사물들을 스스로 구축하는 데 참여할 수 있는 학습 장소들과 활동들을 가지고 있다.
기능(skill) 형성	SL 학습장소들은 기능들(실제세계 또는 SL)을 개발하는 데 초점을 둔다.
게임	SL 학습은 학습자를 정의된 규칙들, "재미" 요소들, 그리고 불확실한 산출물을 가지고 있는 목적 지향적, 구조화된 과제에 참여시킨다.

1) "심(sim)"은 다양한 의미들을 가질 수 있다. 이 사례에서, 우리는 가상세계에서의 제한된 지역 또는 장소라고 지칭한다. 몇몇 사례들에서, 그것은 시뮬레이션이 존재하는 하드웨어를 말한다.

한다. 주요한 설계 의도는 참여자들에게 밀려들어오는 정신분열증이 어떠할 것인지에 관한 느낌을 제공하는 것이다. 비록 이 시뮬레이션과 비슷한 관점을 가지고 있는 다른 것들이 몇 년간은 유치해 보일 수 있지만, 간단한 기술들(descriptions)보다 "실물(real thing)"에 더 가까운 것은 바로 교육적으로 창의적인 환경이다. 아무리 불안전하더라도, 그 환경은 학습자들을 다른 사람의 구체적인 경험들 대 그러한 경험들의 언어적 설명과 직접적으로 관여하는 가상세계의 명확한 예다.

이론적인 기반

새롭고, 불가사의하며, 놀랄 만한 학습환경에 직면했을 때, 우리들 대부분은 거기에서 어떻게 학습하는지를 설명해 주는 완전히 새로운 이론들을 찾는다. 질문—만약 여러분이 갑자기 우주정거장으로 이주되고, 효과적인 학습환경을 조성해야 하는 문제에 직면한다면, 여러분은 인간들이 어떻게 학습하는지에 관한 완전히 새로운 이론들을 개발하고자 시도하겠는가? 아마도 그렇지 않을 것이다. 대부분의 사례들에서, 인간은 지구에서 학습했던 것처럼 우주에서도 학습을 한다. 그러나 여러분은 특이한 환경의 이점을 취할 수 있는 모형들을 채용하거나 수정하려고 시도할 것이다. 그것이 현재 가상세계에서 일어나고 있는 것이다. 설계자들은 인간이 어떻게 학습하는지를 설명하는 학습이론들[예: 정보처리, 신경언어학, 게슈탈트(Gestalt), 또는 행동주의 학습]을 사용하고 있다. 마찬가지로, 그 학습과정을 안내하는 응용모형들[예: 경험학습, 하이퍼탐구(HyperInquiry), 사회적 실재성 모형들]은 가상세계 학습환경을 구조화하는 데 목표를 둔 처방적인 애플리케이션들을 위해 점진적으로 채택되거나 생성되고 있다. 아래는 가상세계에서 교육자로서의 여러분의 일을 위한 네 가지의 기초들 또는 이론적인 기반들이다: 사회적 학습, 게슈탈트, 적극적인 탐구, 상황학습.

사회적 학습

가상세계는 인간들이 자신들의 아바타들을 통하여 대리로 사는; 그들이 다른 아바타들에 의해 모델링된 행동들을 관찰함으로써 학습하는; 즐겁거나 교란시키는 반응들이 관찰될 수 있는; 태도들이 몰입적인 역할놀이의 영향을 받을 수 있는 장소다. 이러한 활동들 모두는 사회적 학습의 핵심적인 역할을 강조한다. 많은 이론가들이 사회적인 세계에서 사회적 학습에 관한 학습 적용 또는 연구를 위한 경로(path)를 명확하게 말해왔다. 예를 들어, Albert Bandura(1977, 1986)의 이론들은 공격성, 도덕적인 이탈, 사회적인 인지, 자기효율성과 관련된 학습활동들을 위한 기초다.

약간 다른 접근법은 알려져 왔던 것을 사회적 구성주의 또는 사회적(또는 집단) 상호작용 때문에 발생하는 학습으로 그룹화하는 것이다. 사회적 구성주의는 이론인지 아니면 철학인지의 여부에 관한 약간의 불일치가 있다. 그럼에도 불구하고, 그것은 Vygotsky(1978)와 Piaget(1995)의 뛰어난 연구에 강력한 뿌리를 두고 있다. 가상세계들에서의 사회적 학습을 위한 보다 더 심화된 기초적인 자원들은 Lave와 Wenger(1991; Wenger, McDermott, & Snyder, 2002)에 의해 제안되고 개발된 실천공동체의 개념들 속에서 발견할 수 있다. 설계자로서 여러분은 관심 집단들과 지식과 기능들을 공유하도록 독려함으로써 사람들이 서로 학습할 수 있도록 독려하는 방법들을 증진함으로써 가상세계에서의 실천공동체를 지원할 수 있다. 그 아이디어는 학습이 일어나고 사람들이 전문적, 개인적으로 발전하는 것은 바로 사회적 환경 속에서 실제적 또는 시뮬레이션화된 과제들을 위한 정보와 기능들을 공유하는 과정을 통해서라고 보는 것이다.

게슈탈트

억제할 수 없는 지각은 가상세계들의 커다란 현상이다. 여러분의 아바타는 특이하고 종종 현실을 뛰어넘는 방식들로 시각적으로 상호작용할 수 있다. 1세기 전에 형성된 게슈탈트이론은 직접적으로 교육을 안내하여 오지는 않았지만, 항상 교육에 영향을 미쳐왔다. 게슈탈트이론은 일치하지 않는 요소들이 의미를 창출하기 위해 심상적으로 통합되어야 하는 가상세계들에서는 변화될 수 있다. 게슈탈트는 알고리즘보다는 통찰력에 의해서 더 안내된다. 불변성(invariance)과 프레그난츠의 법칙(law of prägnanz)[2]과 같은 게슈탈트 원리들은 몰입형 경험의 그러한 결정적인 부분인 지각을 보내준다. 게슈탈트이론은 시각적인 지각에만 한정되지는 않는다. 여러 해 전에, Max Wertheimer(1959)는 문제해결과 관련된 사고(thinking)는 생산적(통찰력을 사용하여 문제해결)임과 동시에, 재생산적(사전지식과 이미 알고 있는 것에 기초하여 문제해결)이라고 주장했다. 게슈탈트이론은 총체적이며, 전체가 부분들의 합보다는 더 크다는 옛날 격언에 기초하고 있다. 그것은 설명적인(explanatory) 이론과 대비되는 것으로서, 기술적인(descriptive) 것으로 간주된다. 게슈탈트는 Gibson(1977)의 어포던스이론(Theory of Affordances)과 Mayer(2005)의 멀티미디어 학습이론(Multimedia Learning Theory)의 특정 측면들을 포함한, 가상세계들에 적용 가능한 많은 이론들에 영향을 미쳐왔다.

---

2) [역주] 독일어 prägnanz가 '좋은 형태' 란 의미를 지니고 있어 '좋은 형태 법칙' 이라고도 불리며, '충만성의 법칙' 이라고도 불림. 형태를 최대한 단순하면서도 의미가 충만하도록 지각한다는 형태주의 심리학의 한 원리임.(출처: http://cogpsych.org/dict/dict.cgi?cmd=view_iterm & iterm=Pragnanz)

적극적인 탐구

가상세계들은 본질상 발견과 탐구를 특징으로 한다. 이러한 환경들은 Dewey(1910)에 의해 증진된 흥미를 강조하는 경험학습의 개념과 특히 Bruner(1961)에 의해 주장된 적극적인 발견(active discovery)과 영감(intuition)의 이론에 어울린다. 보다 더 자유스러운 형태의 발견(예: 교육적인 보물찾기)과 더불어, 가상세계들은 구조화된 탐구(Dempsey & Litchfield, 2001) 또는 문제중심학습(Norman & Schmidt, 2000) 내에서 잘 어울릴 수 있다.

ID는 발견, 탐구, 그리고 적극적 학습과정들에 관한 비방자들을 가지고 있다. Gagné, Mayer, Clark, Sweller(Gagné, 1966; Kirschner, Sweller, & Clark, 2006; Mayer, 2004)는 보다 구성주의적인 전략들(예: 풀이된 예들의 사용)을 지지하여 학습과정에서 초기에 이러한 접근법들을 조롱한 저명한 교수설계자들이다. 한편, 가상세계들은 단지 매우 구조화된 효율성지향적인(efficiency-oriented) 지침서들이나 가상세계 저자들이 자신들의 증거를 도출했던 선형적인 컴퓨터기반 훈련 환경들은 아니다.

상황인지

1990년대 이후 적극적인 학습이론으로 잘 확립된 상황인지(situated cognition)는 학습은 그것이 사용되는 사회적, 문화적, 그리고(흔히) 물리적인 맥락 속에 "상황화되어야(situated)" 한다고 주장하는 상대적으로 통합적인 이론이다(Brown & Collins, 1989). Harmon(2008)에 따르면, 가상세계들은 학습자들이 가상세계에 훨씬 더 근접하게 조정된 상황들과 상호작용하는, 전이를 훨씬 더 쉽게 성취할 수 있도록 해주는 "상황화된 실재성(simulated authenticity)"을 허용한다. 가상세계들을 실제세계 활동들의 시뮬레이션들을 위한 전달시스템으로 사용하는 것의 중요성은 활동들이 비용들이 엄청나게 들거나 참여자들을 유해한 상황들 속에 놓을 때 분명해진다. Harmon은 또한 가상세계들을 사용함으로써 각 사용자의 경험은 개별화되고, 따라서 전체 수업은 정확히 동일한 시나리오나 산출물을 따라갈 필요도 없다고 주장한다. 개별화는 학습을 훨씬 더 유의미하게 만들어 준다. 가상세계들의 도래는 개인들이 지리적, 문화적으로 다양한 집단들 간에 지식과 학습 경험들을 공유할 수 있도록 해주었다.

개인들이 학습하는 방법들은 사용되는 전달시스템들과 함께 발전해 왔다. 테크놀로지 분야의 급속한 발전은 가상세계들이 교육과 훈련 환경들을 위한 가장 새로운 플랫폼들 중 하나로 사용될 수 있도록 지원한다. 학습이론들과 연계하여 가상세계들을 적용하면 지식 습득을 위한 가장 효과적인 방법들을 탐색하는 데 있어서 새로운 가능성들을 제공해 줄 것이다.

교수설계를 위한 가상세계의 어포던스

기초학습(elemental learning)(Dempsey, 2010)을 독려하는 가상세계들에는 많은 어포던스들(행동 가능성들)이 있다. 기초학습은 학습자가 실제(real) 또는 사실적인(actual) 과제들(사실적인 요소들) 또는 실재(reality)의 실제적인 유사물들(practical approximations)(시뮬레이션화된 요소들)을 수행할 때 나타난다.

학술대회, 비즈니스 모임들, 근무시간, 판매 프레젠테이션, 철학 수업, 연구초점집단, 상담시간, 비즈니스 환영회, 음악콘서트, 그리고 외국어로 상호작용하는 것은 모두 가상세계들에서 일어날 수 있는 사실적인 과제들의 예들이다. 때때로 이러한 과제들은 예를 들어 여행비용을 없앨 수 있기 때문에 비용 효율성의 증대를 가져올 수 있다.

가상세계들 내에서도 마찬가지로, 멀리 떨어져 있는 고고학적인 발굴, 암수술, 비행기여행, 역사적인 법률 제정, 신체(body)과정들, 그리고 원자연쇄반응들은 실재 요소들을 학습의 어포던스들이 수많은 이유들 때문에 실제적이지 않은 방식으로 다루어지는 방식으로 시뮬레이션할 수 있다.

가상세계들은 오디오와 가까운 미래에는 다른 감각적인 출력들을 포함하여, 우리가 모방된 물리적인 세계의 어떤 측면들이든 "느낄(feel)" 수 있는 실제세계에서 하곤 하는 방식과 아주 유사하게 행동할 수 있도록 해주는 3D 환경들을 제공해 준다. 이러한 도구들을 교육자로 사용하기 위해서는 창의적이고 설계자적인 사고가 필요하다.

새로운 세계들에 대한 약간의 생각

우리 대학교의 인문학 세미나에서, 스페인 출신의 교환학자가 30여 명의 교육자들에게 그녀의 대학교에서 SL 가상세계 플랫폼을 사용하여 개발하고 있었던, 많은 재정지원을 받은 프로젝트에 관해 발표하였다. 이러한 세미나들을 진행해 감에 따라, 그 대화는 우리가 우리의 일상적인 강좌들에서 가상세계들을 어떻게 사용할 수 있는지로 이동했다. 그러한 발표들 중 몇 가지는 SL에 대한 오리엔테이션을 하는 데 몇 시간을 보냈으며, 몇몇 경우에는 "가상공간 내 내부세계(in-world)[3]"에서 행해졌다. 발표자들은 자신들의 연구에 통합하기 위한 교육적인 기회들을 모색하고 있는 창의적인 초기채택자들이었다. 그러나 모든 발표자들이 가상세계를 당혹스럽게 느끼도록 했다. SL에서 더 많이 경험했던 우리들 중 몇 사람은 우리가 접해 왔거나 설계하고 있는 흥미로운 교육적인 경험들에 관한 몇 가지 구체적인 예들을 제

---

3) [역주] 'in-world'는 아직까지 명확하게 번역되어 사용되는 용어는 아니다. 인터넷상에서는 그냥 '인월드'라고 사용하는 경우가 대부분이나, 본 역서에서는 그 용어가 지닌 의미를 살려 가상공간 내에 존재하는 또 다른 내부세계 또는 영역을 지칭하는 의미로 '가상공간 내 내부세계'라고 칭한다.

공했다. 그런 후, 질문들이 제기되었다. "당신은 SL에서 얼마나 많은 시간을 보냅니까? 당신은 대학교로부터 어떤 지원을 받습니까? SL은 교육적인 혜택들이 있습니까?" 우리가 알고 있는 대부분의 교육자들은 "사용법을 터득하기 위해" 가상세계들에서 많은 시간을 보내고 있다고 말한다. 많은 사람들이 자신들의 기관들로부터 많은 지원(또는 저항)을 받지 못한다. 가상세계들에서의 경험을 가지고 있는 우리들 중 많은 사람들은 "가치가 있습니까?" 라는 질문에 대한 답변이 '매우 가치가 있다' 부터 '전혀 가치가 없다' 는 양극의 연속선상의 어딘가에 있음을 알 수 있다.

가상세계들은 교육과 훈련에 상당한 영향력을 미칠 개연성이 높은, 미성숙 단계에 있는 교육적인 테크놀로지들이다. 비록 그러하다 하더라도, 가상세계들은 보다 더 성숙한 학습환경들에 적용된 동일한 측정기준들에 의해서 "가치가 매겨지지는" 않는다. 만약 그것들이 비용효과적이려면, 교육적 또는 다른 혁신들은 다른 속도로 비용효과적인 방향으로 나아간다. 심지어 시간, 돈, 또는 기회에 의해 측정되는 대성공들이 서서히 나타나기 시작하며, 주요 이데올로기적 혁신자들이 보다 더 주의 깊은(그리고 당혹해하는) 초기채택자들에게 길을 내주어 속도가 붙고, Rogers(2003)의 혁신채택곡선을 따라 위쪽으로 상향된다.

채택곡선의 이 초기 지점에서, 매우 참여적인 설계자들만이 가상세계들을 선도적인 교육적 테크놀로지의 한 옵션이라고 생각하고 있다. 많은 다른 사람들이 여러 교육적인 심들(sims)을 방문했을 수도 있으며, 그러한 곳들에서 어떻게 행해지고 있는가에 관한 어떠한 단서도 얻지 못했을 수도 있다. 많은 경우, 참여하고 있는 학습자들(아바타들)이 그렇게 많지 않았다—가상유령마을 효과. 흔히 그곳에 있었던 아바타들은 새로운 테크놀로지와 싸웠다. 아마도 우리는 새롭고 익숙하지 않은 가상현실과 싸우고 있는 아바타들로부터 "아하" 의 순간들일 수 있는 것을 발견할 수 있을 것이다. 아마도 우리는 그것이 우리의 학습계(learning universe)에 흔적을 남겨 몇 가지의 이동하는 표적에 관한 스냅사진들을 찍을 수 있을 것이다. 그것은 훌륭한 설계자들이 하는 것이 아닌가?

핵심 원리 요약

1. 가상세계들 또는 다중사용자 가상환경들은 실제세계 객체들과 상호작용들을 시뮬레이션하고 다중사용자들이 전 세계에서 동시적으로 이용할 수 있는 3D 가상환경들에 의해 특징지어진다 (Dede, Dieterle & Clarke, et al., 2007; Nelson, Ketelhut & Clarke, 2005).
2. 가상세계들의 특성들을 정의하면 다음과 같은 것들이 포함된다.
   - 많은 사람들이 동시에 들어갈 수 있는 공유된 온라인 공간이다.

- 사용자들이 이동해 오거나 거쳐 갈 수 있는 공간의 가상적인 표상을 제공한다.
- 사용자들은 주변환경들과 즉각적으로 상호작용하거나 그것들을 변경할 수 있다.
- 사용자가 로그인하였든 그렇지 않든 상관없이 존속한다.
- 공동체들과 집단들이 장려된다.

3. 교육을 위해 가상세계들을 사용함으로써 얻을 수 있는 핵심적인 강점들로는 다음과 같은 것들이 포함된다—심지어 원격교육 상황에서도 면대면 접촉감, 위험부담이 없는 시뮬레이션, 역할놀이와 리허설, 3D 설계, 몰입적인 학습 제공.
4. 가상세계들을 사용할 때 교육자들이 직면하는 도전들에는 교실과 학습자료들을 가상환경에 만들기 위해 요구되는 학습곡선, 학습자들을 방해하지 않고 자유롭게 그리고 과제에 집중하도록 유지하는 것, 기술적인 문제들, 그 주제에 관한 제한적인 경험적인 연구가 포함된다.
5. 교육에서 가상세계들을 사용하는 것은 구성주의, 사회적 학습, 게슈탈트, 적극적인 탐구, 상황인지와 같은 학습이론에 기반을 두고 있다.
6. 가상세계들은 설계자들에게 흥미로운 어포던스들을 제공하지만, 여전히 주류와는 거리가 멀며, 관련된 모든 사람들에게 "가치로운" 가상학습환경을 창출하기 위해서는 열정, 시간, 에너지가 필요하다.

응용 문제

1. 여러분은 최근에 온라인 테크놀로지들을 의과생 훈련에 통합하기 위해 의과대학의 강좌들을 재설계하는 직위에 채용되었다. 여러분의 상사는 여러분에게 가상세계들을 재설계의 일부로 사용하는 것을 검토해 보도록 요구한다. 여러분이 학생훈련에서 가상세계를 사용할 수 있는 방법들을 설명하고 가상세계를 미래의 의사들과 간호사들을 훈련하는 데 사용해 왔던 다른 대학들의 예들을 제공하라.
2. 여러분은 거대한 군대계약회사를 위해 일한다. 그 회사는 원래 여행시간과 비용을 줄이기 위한 가상회의에 사용하기 위해 구입한 가상세계에 몇 가지의 가상적인 자산의 심들(sims)을 가지고 있다. 회사 임원들은 현재 그것을 위한 비용을 지불할 만한 가치가 있는지를 궁금해하고 있다. 그들은 여러분에게 와서 회사가 또한 훈련 목적들을 위해 가상세계들을 사용할 수 있는 어떤 방법이 있는지를 묻는다. 군대계약자가 가상세계로부터 얻을 수 있는 몇 가지의 잠재적인 활용들을 개관하라. 구체적인 예들을 사용하고, 여러분의 제안들에 대한 근거를 제시하라.
3. International Society for Technology in Education이나 University of South Alabama in Second Life에서 제공되는 것들과 같은 가상세계에 관한 인월드(in-world) 교육여행에 참가하라. 여러분의 경험들에 대한 성찰문(최소 500단어)을 준비하라. 여러분이 가상세계들이 구체적인 학습산출물들을 증진시키기 위해 어떻게 사용될 수 있는지를 이해할 수 있도록 도와주었던 어떤 구체적인 예들을 강조하라.

저자 정보

J. V. (Jack) Dempsey는 사우스앨라바마대학교의 전자학습부(Electronic Learning) 소장이며, 교수설계개발학과(Instructional Design & Development) 교수다.

Rebecca Reese는 사우스앨라바마대학교의 교수설계개발학과 박사과정생이며, 온라인학습연구소(Online Learning Lab)의 선임교수설계자(Senior Instructional Designer)다.

Stasia Weston은 사우스앨라바마대학교의 교수설계개발학과 박사과정생이며, 온라인학습연구소의 선임교수설계자다.

참고 문헌

Aldrich, C.(2009). Virtual worlds, simulations, and games for education: A unifying view. *Innovate, 5*(5). Retrieved November 13, 2010, from http://www.innovateonline.info/index.php?view=article&id=727 retrieved.

Bandura, A.(1977). *Social learning theory.* Englewood Cliffs, NJ: Prentice Hall.

Bandura, A.(1986). *Social foundations of thought and action: A social cognitive theory.* Englewood Cliffs, NJ: Prentice Hall.

Bardzell, S., & Odom, W.(2008). The experience of embodied space in virtual worlds: An ethnography of a second life community. *Space and Culture, 11*(3), 239.

Bedford, C., Birkedal, R., Erhard, J., Graff, J., and Hempel, C.(2006). Second Life as an educational environment: A student perspective. Proceedings of the First Second Life Education Workshop(pp. 25-27). San Francisco: CA.

Bennett, J.(2008, July 10). Living a second life online. *Newsweek.* Retrieved from http://www.newsweek.com/id/147784

Berge, Z. L.(2008). Multi-user virtual environments for education and training? A critical review of "Second Life." *Educational Technology Magazine, 48*(3), 27-31.

Boellstorff, T.(2008). *Coming of age in Second Life: An anthropologist explores the virtually human.* Princeton, NJ: Princeton University Press.

Boulos, M. N., Hetherington, L., & Wheeler, S.(2007). Second Life: An overview of the potential of 3D virtual worlds in medical and health education. *Health Information and Libraries Journal, 24*(4), 233-245.

Brandon, B.(2007, October 15). Virtual world-building: Designing environments for learners. *Learning Solutions Magazine.* Retrieved from http://www.learningsolutionsmag.com/articles/123/virtual-world-building-designing-environments-for-learners

Brown, J. S., & Collins, A.(1989). Situated cognition and the culture of learning. *Educational Researcher, 18*(1), 32-42.

Bruner, J. S.(1961). The act of discovery. *Harvard Educational Review, 31*(l), 21-32.

Bugeja, M. J.(2007). Second thoughts about Second Life. *Chronicle of Higher Education, 54*(3), C2-C4.

Castronova, E., & Falk, M.(2009). Virtual worlds: Petri dishes, rat mazes, and supercolliders. *Games and Culture, 4*(4), 396-407.

Clark, R. E.(2007, May-June). Learning from serious games? Arguments, evidence, and research suggestions. *Educational Technology, 47*, 56-59.

Dawley, L.(2009). Social network knowledge construction: Emerging virtual world pedagogy. *On the Horizon, 17*(2), 109-121.

Dempsey, J. V.(2010). Elemental learning and the pyramid of fidelity. In R. VanEck(Ed.), *Gaming and cognition: Theories and practice from the learning sciences*(pp. 82-107). Hershey, PA: IGI Global Publishers.

Dempsey, J. V., & Litchfield, B. C.(2001). HyperInquiry: Surfing below the surface of the web. In B. H. Kahn(Ed.), *Web-based training*(pp. 229-234). Englewood Cliffs, NJ: Educational Technology Publications.

Dewey, J.(1910). *How we think*. Boston: D. C. Heath.

Frenkel, K. A.(April 3, 2009). Therapists use virtual worlds to address real problems. *Scientific American*. http://www.scientificamerican.com/article.cfm?id=therapists-use-virtual-worlds

Gagné, R.(1966). Varieties of learning and the concept of discovery: A critical appraisal. In L. S. Shulman & E. R. Keislar(Eds.), *Learning by discovery: A critical appraisal*. Chicago: Rand McNally.

Gibson, J. J.(1977). The theory of affordances. In R. Shaw & J. Bransford(Eds.), *Perceiving, acting, and knowing*(pp. 67-82). Hillsdale, NJ: Lawrence Erlbaum Associates.

Global Kids.(2007). Global Kids, Inc.'s best practices in using virtual worlds for education. http://o1pglobalkids.org/pdfs/BestPractices.pdf

Hansen, M. M.(2008). Versatile, immersive, creative and dynamic virtual 3D healthcare learning environments: A review of the literature. *Journal of Medical Internet Research, 10*(3): e26.

Harmon, S. W.(2008). A theoretical basis for learning in massivel multiplayer virtual worlds. *Journal of Educational Technology Development and Exchange, 1*(1), 29-40.

Jaeger, B., & Helgheim, B.(2009). Role play study in a purchase management class. In J. Molka-Danielsen and M. Deutschmann(Eds.), *Learning and teaching in the virtual world of Second Life*. Trondheim, Norway: Tapir Academic Press.

Jarmon, L., Traphagan, T., Mayrath, M., & Trivedi, A.(2009). Virtual world teaching, experiential learning, and assessment: An interdisciplinary communication course in Second Life. *Computers & Education, 53*, 169-182.

Kemp, J., & Livingstone, D.(2006). Putting a Second Life "metaverse" skin on learning management systems. Proceedings of the First Second Life Education Workshop(pp. 13-18). San Francisco: CA.

Kemp, J. W., Livingstone, D., & Bloomfield, P. R.(2009). SLOODLE: Connecting VLE tools with emergent teaching practice in Second Life. *British Journal of Educational Technology, 40*(3), 551-555.

Kirschner, P. A., Sweller, J., &, Clark, R. E.(2006). Why minimal guidance during instruction does not work: An analysis of the failure of constructivist, discovery, problem-based, experiential, and inquiry-based teaching. *Educational Psychologist, 41*(2), 75-86.

Lave, J., & Wenger, E.(1991). *Situated learning: Legitimate peripheral participation*. New York: Cambridge University Press.

Lui, C.(2006). Second Life learning community: A peer-based approach to involving more faculty members in Second Life. Proceedings of the First Second Life Education Workshop(pp. 6-10).

San Francisco: CA.

Malaby, T.(2006). Parlaying value: Capital in and beyond virtual worlds. *Games and Culture, 1*(2), 141-162.

Mayer, R. E.(2004). Should there be a three-strikes rule against pure discovery learning? The case for guided methods of instruction. *American Psychologist, 59*(1), 14-19.

Mayer, R. E.(2005). *The Cambridge handbook of multimedia learning*. New York: Cambridge University Press.

Merrill, M.D., Tennyson, R. D., & Posey, L. O.(1992). *Teaching concepts: An instructional design guide*. Englewood Cliffs, NJ: Educational Technology Publications.

Moore, K., Wiederhold, B. K., Wiederhold, M.D., & Riva, G.(2004). Panic and agoraphobia in a virtual world. *CyberPsychology & Behavior, 5*(3), 197-202.

Norman, G. R., & Schmidt, H. G.(2000). Effectiveness of problem-based learning curricula: Theory, practice and paper darts. *Medical Education, 34*(9), 721-728.

Piaget, J.(1995). *Sociological studies*. London: Routledge.

Pope, J.(June 11, 2007). UNO virtual campus to be used after storms. Times-Picayune. http://www.nola.com/education/t-p/index.ssf?/base/news-3/118154136884290.xml&coll=1

Rogers, E. M.(2003). Diffusion of innovations(5th ed.). New York: Free Press.

Schroeder, R., Huxor, A., & Smith, A.(2001). Activeworlds: Geography and social interaction in virtual reality. *Futures, 33*(7), 569-587.

Steinkuehler, C. A., & Williams, D.(2006). Where everybody knows your(screen) name: Online games as "third places." *Journal of Computer-Mediated Communication, 11*(4), 885-909.

UT Dallas.(2007, November 18). *Avatars help asperger syndrome patients learn to play the game of life*. http://www.utdallas.edu/news/2007/11/18-003.html

Vygotsky, L.(1978). *Mind in society*. London: Harvard University Press.

Wenger, Etienne, McDermott, Richard, & Snyder, William M.(2002). *Cultivating communities of practice*. Boston: Harvard Business Press.

Wertheimer, M.(1959). *Productive thinking*. New York: Harper.(First edition published 1945)

제35장

직업윤리: 실제에 적용된 규칙들

Sharon E. Smaldino (Northern Illinois University)
J. Ana Donaldson (Walden University)
Mary Herring (University of Northern Iowa)

종종, 특정 분야의 전문가들은 자신들의 분야에서의 전문가적인 행동을 규제하는 강령(code)이나 규칙들(rules)을 인식하지 못하거나 명확하게 이해하고 있지 못하다. 이러한 문제를 해결하기 위해, 많은 전문조직들은 그들 구성원들이 실천하기를 기대하는 윤리적인 강령들을 만들어 왔다. 윤리강령(code of ethics)은 모든 전문가들이 자신들의 실제 내에서 스스로 행하는 지침들과 규칙들을 제공하며, 전문가협회에 의해 모니터링된다. 교수설계 · 공학 분야의 한 전문가로서 여러분의 실제에 영향을 미치기를 희망하는 실제적인 윤리강령의 한 예를 더 명시적으로 탐색하는 것은 바로 조직적인 직업윤리강령(code of professional ethics)에 관한 이러한 생각을 염두에 두도록 하기 위한 것이다.

윤리적 실제: IDT 분야의 필수 요소

미국교육공학회(AECT)는 전문가적인 실제에서 학회의 영향력을 가이드하기 위해 사용되는 교육공학 분야의 정의[1]를 제정해 왔다. 구성원들이 IDT 분야 내에서의 자신들의 역할을 정의해 온 것은 바로 이 정의를 통해서다. AECT의 구성원들에 의해서 정기적으로 수행되어 온 IDT 분야의 정의의 진화를 검토해 보면, 윤리(ethics)는 계속적으로 반복된 용어이지만,

1) AECT의 정의는 교육공학(educational technology)분야를 말한다. 그러나 이 책에서 사용된 용어와 보다 더 근접하게 표현하기 위해, 이 장에서 우리는 교수공학(instructional technology)이라는 용어를 사용한다.

비록 그것은 구성원들의 실제 내에서 기대되어 왔지만, 최근까지도 실제 정의 속에 포함되지 않았었다. "현재의 정의는 윤리적인 실천(ethical practice)을 우리의 직업적인 성공에 필수적인 것으로 간주한다. 왜냐하면 해결되어야 할 윤리적인 고려 없이, 성공은 불가능하기 때문이다" (AECT Definition and Terminology Committee, 2008, p.3).

가장 최근의 AECT 정의는 그 정의 속에 윤리적인 실천을 포함했다: "교육공학이란 적절한 공학적인 과정과 자원을 창출하고, 활용하며, 관리함으로써 학습을 촉진하고 수행을 증진시키는 것에 관한 연구와 윤리적인 실천이다." (AECT Definition and Terminology Committee, 2008, p.1). 그러나 심지어 윤리적인 실천에 대한 구체적인 근거가 덧붙여지기 전에, AECT는 처음부터 구성원들이 ID 실제들에 참여할 때 고수할 것으로 기대되었던 윤리강령의 실행을 구축하고 지원하는 데 있어 리더(leader)였다.

AECT 직업윤리강령

AECT 윤리강령(AECT Code of Ethics)은 설정된 일련의 규칙들에 따라 교수공학에서의 직업적인 실제를 증진시키기 위한 학회의 욕구의 산물이다. 윤리적인 실천의 중요성에 관한 아이디어는 학회 자체의 형성시기에 설정되었다. 그 당시에, 직업적인 강령이 설정되었을 뿐만 아니라, 학회의 상임위원회가 부칙에 기록되었다. 이 위원회의 역할은 높은 수준의 직업표준들(professional standards)을 유지하기 위해 구성원들을 위한 윤리강령을 정기적으로는 명확하게 표현함으로써 학회에 봉사하는 것이다. 더 나아가, 그 위원회는 윤리적인 수행과 관련된 개인의 행동과 관련하여 제기된 우려를 다루는 책임을 맡고 있다. 공청회 과정을 통해, 그 위원회는 해당 강령을 위반한 것으로 밝혀진 구성원을 학회로부터 견책하거나, 자격정지하거나, 쫓아낼 수 있는 힘을 가지고 있다. 구성원들은 어떤 결정에 항의할 수 있는 권리를 가지고 있다. IT전문가들이 그들의 실제에서 설정된 윤리강령을 준수하도록 하는 것이 그 위원회의 책무다.

직업에 대한 의무(commitments)에서 중요한 것은 변화들이 직업 내에 있는 기업체의 영역 내에서 일어날 때 그 직업을 증진시키는 것이 여러분의 책무임을 이해하는 것이다. 이것은 전문가로서 여러분이 교수의 설계와 테크놀로지의 사용 시 그 직업 전체에 혜택을 주는 방식들로 가장 잘 참여하는 방법을 필수적으로 고려할 필요가 있음을 의미한다. 이러한 직업상의 이득은 테크놀로지 도구들 자체에 관하여 더 잘 이해하는 것일 수 있다. 또는 그것은 학습환경들의 구조 내에서 도구들의 사용을 통합하는 방법을 조사하는 것일 수도 있다. 그리고 그것은 학습을 촉진하기 위해 테크놀로지 도구들을 사용할 때 산출물들을 조사하는 것을 포함할 수 있다. 여러분의 행동들이 실제적인 방식으로 그 직업에 기여해 왔다는 것을 보장하는 것이 궁극적으로 IT전문가로서의 여러분의 책무다.

AECT 직업윤리강령(AECT Code of Professional Ethics)은 구체적인 범주별로 정의된 세 부분들로 나누어져 있다: 개인, 사회, 직업. 그것들은 의무의 맥락에서 기술되고, 직업의 사회적 위상을 구체적으로 표현하며, 구성원들의 수행기대들에 관한 유형들을 언급한다. 우리는 이 장의 맥락 내에서 일반적인 용어들로 각 절을 검토할 것이다. 온라인 http://www.aect.org/About/Ethics.asp에서 찾을 수 있는 AECT 직업윤리강령에서 개괄한 바와 같은 구체적인 표준들을 읽는 것은 IT전문가로서의 여러분의 책무다.

개인에 대한 의무

AECT 윤리강령의 첫 번째 절은 전문가적인 관점에서 개인에 대한 의무를 다룬다. 보다 더 심층적으로 고려하기 위해서, 이 절에 있는 아홉 가지 지표들(indicators)은 IT전문직과 관련하여 세 가지 범주들로 묶을 수 있다: 다양성, 테크놀로지와 자원, 개인적인 권리.

다양성. 문화적으로 서로 영향을 미치며 기술들이 급격하게 변화하는 오늘날의 세계에서, 다양성(diversity)은 전 세계 공동체 내에서 직업으로서의 우리의 일자리에 관한 인식의 한계를 넘어간다. 다양성의 개념은 또한 학습하는 방법과 교수를 설계하고 만드는 방법에까지 확장된다. AECT 직업윤리강령은 개인들이 다양한 자원들로부터 그들 자신의 용어들에 관한 지식을 습득할 수 있게 해주는 실제를 권장한다. 학습목적에 도달하기 위한 여행은 최종 목적지까지 많은 경로들을 가지고 있을 수 있다는 것을 염두에 두는 것이 중요하다. 이 개념에 관한 한 가지 예가 교수자가 주장했던 아이디어들과는 다를 수 있는 다양한 아이디어들에 관한 공개토론을 할 수 있도록 해주는 학습상황을 만드는 의무(obligation)다. 다양성과 관련하여 인식해야 할 또 다른 영역은 개인들을 부정적으로 고정시키는(stereotype) 이미지들이나 토론을 사용하는 것을 피하는 것에 관한 개념이다. 초등학교 교실에서 여자 교사를 또는 실험실에 있는 남자 과학자들을 배타적으로 사용하는 것은 피해야 할 뿐만 아니라 문젯거리가 되는 윤리적인 실천으로 인식될 필요가 있다.

테크놀로지와 자원. IT전문가들로서, 우리는 종종 ID 과정의 일부분으로 실행되는 테크놀로지 및 자원들(technology and resources)과 관련하여 의사결정을 하도록 요구받는다. 기대된 바와 같이, AECT 직업윤리강령은 또한 테크놀로지와 관련된 교육 자원들의 선택, 실행, 평가와 관련한 선택들과 관련된 문제들을 다룬다. 고려되어야 할 질문들로는 다음과 같은 것들이 포함될 수 있다: 이 선택된 자원들은 학습자가 진술된 교수목적들을 달성할 수 있음을 보장하여, 테크놀로지 활용을 위한 모든 대안책들이 고려되어 왔고, 평가결과들이 올바르게 보고되어 왔으며, 평가결과들은 수정을 위한 제안들을 도출해 왔는가? 테크놀로지를 다룰 때, 건강과 안전에 관한 우려들이 가장 중요하다. 교수환경에 있는 모든 학습자들이 학습하기에 안전한 환경을 가질 수 있도록 보장하는 것이 중요하다. 윤리적인 쟁점들을 몇 가지만 열거하면, 인체공학적으로 올바른 워크스테이션의 필요, 발작을 유발하지 않는 CRT 스크린, 색맹인 학생들의 요구를 충족하기 위한 안전 지시문들(safety instructions)이 포함된다. 이러한 지표들을 지지한 한 예가 "인체공학적으로 조절 가능한 워크스테이션들을 설치해" 왔던 L. L. Bean에서 찾을 수 있는데, "… 각 고용인의 이동 초기에, 그 워크스테이션은 그 개인의 미리 기록된 인체공학적 측정치에 따라 자동적으로 조절된다" (Tavani, 2007, p.315).

사적인 권리. 이 절 내에 있는 지표들 중 세 번째 범주로는 사적인 권리(personal rights)라고 명명될 수 있는 것의 다양한 측면들을 살펴본다. 사적인 권리에 대해 생각하는 한 가지 방법은 그 분야 내에 있는 개인뿐만 아니라 다른 동료들의 직업적인 권리와 "고객들(clients)"의 직업적인 권리의 측면에서 그 권리를 고려하는 것이다. IT전문가는 프라이버시에 관하여 모든 개인들을 도덕성의 준거틀 내에서 다룰 필요가 있다. 그리고 다른 어떤 것보다도, IT전문가는 다양한 직업과 세계 공동체 내에서 또 하나의 사적인 권리를 침해하는 방식으로 행동하지는 않을 것이다. IT전문가들에게 널리 알려져야 할 하나의 황금과 같은 조언은 사람들 앞에 있을 때 여러분이 논의하고 있는 사람의 동료가 가까이에 앉아 있는 것처럼 행동하라는 것이다.

사회에 대한 의무

직업윤리강령의 두 번째 부분은 사회적인 관점에서 교수공학의 실천을 다룬다. IT전문가들은 정기적으로 직업적인 활동들에서 선택 기회들을 가지고 있다. 이러한 활동들은 흔히 작업장 외부에 있는 다른 사람들과 함께 일하는 것을 수반할 수 있다. 사회적 윤리(societal ethics)는 개인들과 집단들이 서로 관계를 갖는 방법을 형성할 수 있도록 도와준다. 윤리적인 원리들을 따름으로써, 개인들은 학습자들 및 동료들과 상호작용하는 것과 관련하여 사회적 질서를 유지할 수 있도록 도와줄 수 있다(Yeaman, Eastmond, & Naper, 2008). 여섯 가지 지표들은 세 가지의 범주들로 묶일 수 있다: 표상, 사적인 이익, 직업적인 봉사.

표상. 그 강령은 직업적인 활동들과 경험의 표상(representation)은 전문가의 전문지식과 경험에 관한 문서에서 성실하고 솔직할 것을 요구한다. 또한 그 원리들은 사람들은 사실, 연구결과, 또는 개인적인 의견의 출처가 문서화되어 있든 개인 간의 의사소통이든, 그것을 분명하게 추정해야 한다는 것을 지시한다. 형식적 또는 비형식적 환경에서 직업상의 정보의 공유와 그것이 조직에 미치는 영향을 고려할 때 주의를 해야 한다. 현장방문 후 집으로 돌아오는 비행기에서 누군가와 직업적인 자문에 관하여 논의하는 것은 여러분과 고객 간에 동의가 있을 때 적절하지 않을 수도 있다. 또한 조직 내에서 의사소통의 경로를 확인하고, 그것을 고수하라.

사적인 이익. 사적인 이익(personal gain)을 위한 기회들이 IT전문가로서의 여러분에게 제공되었을 때, 사적인 활동들과 직업상의 활동들 간을 정확하게 서술하는 데 주의하라. 많은 기관들은 사적인 보상을 제공하는 활동들을 확인한다; 이러한 지침들은 항상 준수되어야 한다. 여러분이 지불한 근무지 밖의(off-site) 워크숍에 참여하기 위해 법정 병가들을 사용하는 것은 적절하지 않다. 사적인 이익을 위해 고용주나 협회를 희생시켜서는 안 된다. 아울러, 선물이나 보수는 만약 그 의도가 직업상의 판단에 영향을 미치는 것으로 인식될 수 있다면 받지 말아야 한다. 흔히 공공기관에서 일하는 사람들은 구체적인 선물의 값을 제한하는 말을 들을 수 있다.

직업적인 봉사. 협회와의 일(work)은 여러분이 연례 학술대회와 같은 활동들을 지원할 때 여러분을 외부업체들에게 기부금을 부탁하는 위치에 놓을 수 있다. 사회에 대한 의무의 원리들은 우리로 하여금 조직에 대한 서비스를 간청할 때 약속했던 의무들을 엄격하게 준수할 필요가 있음을 상기시켜 준다. 그렇게 하지 않으면 모든 미래의 협상들을 위태롭게 하고, 조직의 기능을 붕괴시킬 수 있다. 또한 교수공학의 적용에 대한 의사결정은 그것의 효과적인 활용을 증진하고 그 활용으로부터 기인했을지도 모르는 부정적인 영향력을 최소화해야 한다. 예상되는 산출물들이 실행 전에 고려되어야 하며, 그것들이 분명하게 표현되어야 한다. 예를 들어, 전문적인 계획서작가(grant writer)는 보조금 파트너들과 의도된 산출물들에 대해 의사소통을 해야 하며, 테크놀로지를 선택하기 이전에 사용해야 하고, 계획서를 제출하기 전에 구매해야 한다. 테크놀로지의 실행은 모든 참여자들에게 신뢰할 수 있고 효과적인 혜택들을 보장해야 한다.

직업에 대한 의무

IT전문가로서, 여러분은 주도적이고 책임감 있는 직업구성원이 되기 위한 방법들을 검토함으로써 직업상의 의무를 해결해야 한다. Tavani(2007)는 해당 분야의 실천가들 사이에서 윤리적인 실천에 관한 전반적인 이해에 공헌하도록 하는 것은 어떤 직업에서나 의무라고 주장한다. 그렇게 하려면, 범주 3: **직업윤리강령의 직업에 대한 의무**(Commitment to the Profession of the Code of Professional Ethics) 내에서 직업적인 상호작용, 연구 및 전파, 저작권과 관련된 책무라는 세 가지의 주요한 주제들(themes)을 나타내는 열 가지의 지표들이 있다.

직업상의 상호작용. 직업윤리강령의 직업상의 상호작용 측면에 관한 전반적인 의도는 여러분이 교수설계 · 공학직의 다른 구성원들과 그리고 더 구체적으로는 AECT의 구성원들과 관계를 가질 수 있는 방법들을 고려하는 것이다. 이 범주 속에는 다른 사람들에 대해 적절한 행동으로 간주되는 행동들과 직접적인 관계가 있는 것이 있다.

본질적으로, 개인은 동료들로서 그리고 AECT 구성원들로서 다른 사람들과의 상호작용의 적절성에 대한 의식적인 의사결정을 해야 할 책무가 있다. 여러분은 의사결정 과정의 일환으로서 여러분의 행동들에 대한 결과들뿐만 아니라 여러분이 다른 전문가들에 대한 윤리적인 행동에 관여할 때 다른 사람들에게 주는 혜택들을 고려할 필요가 있다. 여러분은 여러분의 협회가 다른 전문가들에게 영향을 미칠 수 있는 특정 방식으로 행동하는 것이 언제 그 직업에 가장 좋은지를 결정해야 하는 때가 있을 수 있다. 이러한 결정은 특정 개인이라기보다는 그 직업 전체에게 가치 있는 것으로 간주된다.

전문가가 AECT 직업윤리강령에 의해 당연히 취해야 할 것으로 의무화된 한 가지 역할은 다른 사람들의 부적절한 행동들을 AECT 윤리위원회(AECT Ethics Committee)에 보고하는 것이다. 이것은 흔히 불쾌한 책무이지만, 그 직업을 대표하는 모든 사람들 간에 질을 보장하기 위해서는 가치 있고 중요한 것들 중 하나라고 간주될 필요가 있다. 개인 정보의 프라이버시에 관하여 신중함을 유지하라. IT전문가로서, 여러분은 AECT 윤리위원회에게 이러한 것들을 알리는 것이 다른 사람에 대한 복수나 그 사람을 망신시키기 위한 시도라고 보지 말고, 오히려 그 분야에 참여하고 있는 모든 사람들이 모든 AECT 구성원들 그리고 직업 전체에 의해서 수용되는 직업상의 가치들과 실천들을 포용한다는 것을 보장하기 위한 노력이라고 이해할 필요가 있다.

연구와 전파. 아울러, 개인들의 직업에 대한 의무는 연구가 구성원들의 지식과 기능들 및 우리 분야의 이론적인 준거틀(framework)을 진보시킬 수 있는 방법들에 의해 측정된다. AECT 직업윤리강령에는 명확하게 진술되어 있지 않지만, 개인은 연구가 승인된 표준들 내에서 수행된다는 것을 보장하기 위해 대학교의 기관윤리심의위원회(Institutional Review Board: IRB)와 같은 심의위원회의 관리를 받을 것이라는 것이 가정된다. 더 나아가, 해당 직업에 관해 전반적인 지식을 얻을 수 있는, 그러나 참여자들에게 위험을 가하지 않는 탐구에 참여하는 것은 그 개인의 책무라고 간주된다. 다시 말해서, IT전문가로서, 여러분은 참여자들의 보호를 연구 계획과 실행의 일부로서 보장해야 한다.

학문적인 탐구에 참여하는 구성원은 AECT의 모든 구성원들이 해당 분야를 전반적으로 이해하는 데 도움을 줄 수 있는 연구결과들을 공유할 의미가 있다. 이러한 지식을 공유할 수 있는 다양한 방법들이 있다. 예를 들어, 여러분의 연구결과들은 학술대회에서의 발표, 학술지에 논문 게재, 교과과정에서 또는 훈련현장에서 다른 사람들을 가르치는 것 등을 통해 전파될 수 있다. 연구결과들을 공유하기 위한 이러한 전문적인 동료 간의 협력관계를 통해 얻을 수 있는 상호 혜택은 해당 직업 내에서 지식을 진보시키기 위해 사용될 수 있다.

저작권과 관련된 책무들. 직업에 대한 의무에서 명확하게 표현된 것이 저작권법(copyright law)의 준수와 해당 법률의 규정들을 다른 사람들에게 알리기 위한 책무의 보장이다. 저작권법을 엄격하게 준수하는 것이 이 표준에서 핵심이다. 이에 관한 한 가지 예가 멀티미디어 제품에서 이미지 출처들을 적절하게 인용하거나 학생의 과제에서 바꿔쓰기(paraphrasing)와 표절하기(plagiarizing) 간의 차이점을 확인할 수 있도록 하는 것이다. 이러한 의무는 전문가가 저작권에 관한 미묘한 차이와 그것이 다양한 유형의 상황들에서 어떻게 적용되는지에 대해 알 수 있도록 해준다. 다른 사람에게 알려주어야 한다는 요구는 그것이 법률적인 문제들을 준수하기 위한 의무임을 수반하기 때문에, 여러분에게 우려를 초래할 수 있는 직업윤리강령의 일부분이다. 다른 사람들에게 저작권을 준수하기 위한 그들의 의무들에 관해 알려주는 것은 본질적으로 교육적인 것으로 해석되는데, 이는 여러분이 저작권의 위반을 목격할 때 개인에게 현재의 문제에 대해 알려주어야 할 뿐만 아니라 그 사람이 저작권 규범들에 대한 근본적인 이유를 이해할 수 있도록 도와주기 위해 노력해야 하는 것이 IT전문가로서의 여러분의 의무임을 시사한다.

윤리적인 역량 개발

IT전문가의 경우, AECT 직업윤리강령은 가이드로 인식될 수 있다. "그 윤리강령은 일상의 실제를 위한 방향과 오늘날의 실천가가 직면할 수 있는 다양한 문제들에 관한 윤리적인 시사점들을 이해하고 해석하기 위한 기초를 제공한다" (Seels & Richey, 1994, p.107). IT전문가들로서, 우리는 새롭고 진보된 테크놀로지들에 관한 우리의 지식을 설계 및 실행 준거들의 통합과 균형을 맞추려고 노력해야 한다. 역동적인 테크놀로지 환경에서, 사이버 테크놀로지에 영향을 끼치고 있는 도덕적, 법률적, 사회적인 문제들과 관련한 결과들을 고려하지 않는 얼굴이 없는 개인이 되기 쉽다(Tavani, 2007).

디지털 자원들과의 상호작용들에 대한 접근이 테크놀로지가 폭발적인 증가로 확장됨에 따라, IT전문가의 한 가지 역할은 복잡한 문제들에 대해 가르치고 이러한 중요한 개념에 관하여 논의해 보도록 독려하는 것이다. 비록 IT전문가가 교육환경에 있지 않을 수 있지만, AECT 직업윤리강령은 다른 사람들의 교육적인 요구들을 만족시키기 위한 의무를 제안한다.

IT책무들에 대해 학습할 때, Clark(1995)는 윤리적인 역량들(ethical competencies)을 개발하고 이해하기 위해 필요한 몇 가지 요소들을 제안했다. 첫 번째 단계는 윤리적인 쟁점들이 포함된 상황들을 다룰 때 접할 수도 있는 문제들(pitfalls)을 확인하는 것이다. 윤리적인 딜레마에 관한 한 가지 예는 온라인 강좌에서 토론을 독려하기 위해 학생인 체하고 있는 교수의 상황을 다루는 것이다. 그 문제는 교수의 의도가 학생들을 대화에 참여하도록 독려하기 위한 하나의 방법으로 인식될 수 있지만, 실제로 학생들에게 자기 자신을 오전(misrepresentation)한 것이라는 것이다. 때때로 우리는 어떤 것을 행하지 않는 방법(how not to do)에 관한 예들을 통해 가장 잘 학습할 수 있다. Clark는 더 심층적인 인식을 강화하기 위해 비윤리적인 예들을 사용할 것을 권장한다. 앞에서 언급된 학생인 체한 교수의 시나리오는 이러한 유형의 전략을 사용한 예다.

Clark에 의해 지지된 핵심적인 아이디어들 중 하나는 윤리에 관한 공개대화의 필요성이다. 윤리적인 고려들은 IT학습과정에 통합될 필요가 있으며, 저작권의 적법성과 공정한 사용 문제들에 대한 논의의 한계를 넘어갈 필요가 있다. 몇몇 대학교들은 이 연구분야를 구체적으로 다루는 대학원강좌들을 개발해 오고 있다. "비록 한 학기를 직업 표준들에 관한 연구에 할당하는 것이 어려워 보일 수 있지만, 잘 조직화되고 구조화된 강좌는 그들의 직업적인 삶에서 윤리적인 실천을 이해하고 참여하는 데 있어 학생의 요구를 충족시킬 수 있다" (Smaldino, 2008, p.100).

Clark에 의해 밝혀진 최종적인 요소는 윤리적 역량을 달성하는 분야 속에 있다. Clark는 이러한 역량을 윤리적인 자기검토(self-examination)의 촉진(encouragement)이라고 정의한다. 정의상, 윤리는 우리가 우리의 가치를 실제에 부여하기 때문에 매우 주관적인 요소일 수 있다. 우리가 행해야 하는 윤리적인 결정들 중 대부분은 흑백(black-and-white)이 아니다; 그것들은 특징이 없고 분명하지 않다. 종종 그러한 결정들을 하기는 어렵다. Clark는 결정한 후에, 어떻게 그러한 결정에 이르게 되었는지를 성찰해 보아야 한다고 주장한다. 그는 이러한 성찰적인 활동은 우리가 다른 윤리적인 결정들에 이르는 방법을 변경할 수 있다고 지적한다. 따라서 Clark는 우리의 행동들로부터 학습하고 IT전문가들로 성장하기 위해 우리로 하여금 이러한 변형적인 성찰과정에 참여하기를 권장한다.

우리가 Clark의 역량리스트에 추가하고자 하는 마지막 구성요소는 윤리적인 실천에 관한 명시적인 모델링 또는 멘토링의 핵심적인 요소다. 학생들, 교수자들, 그리고 활동하고 있는 IT전문가들로서, 우리는 우리의 실천이 우리 분야를 반영한다는 것을 인식할 필요가 있다. 우리가 AECT 직업윤리강령을 사용하는 것은 우리를 하나의 직업으로 인정하는 것이며, 계속해서 우리를 차별화하는 것이다.

핵심 원리 요약

1. **직업윤리강령은 직업에서의 윤리적인 실천을 증진한다.** 그 윤리강령을 검토함으로써, 전문가는 그것이 어떻게 일상적인 실제에 적합하게 변화하는지를 확인할 수 있다.
2. **새로운 AECT 정의는 처음으로 윤리적인 실천이라는 용어를 포함시켰다.** 윤리적인 실천을 이 분야의 정의에 추가함으로써, AECT는 전문가를 위한 윤리적인 실천의 중요성을 두드러지게 다루었다.
3. **AECT 윤리위원회의 역할은 그 윤리강령의 준수를 모니터링하기 위한 하나의 방법이라고 기술되어 왔다.** 분명히, 전문조직이 실천강령을 개발하기 위한 시간을 가졌을 때, 실행을 위한 전달수단이 필요하다.
4. **윤리강령이 실제로는 어떠한지를 인식하는 것이 중요하다.** 윤리강령의 구성요소들에 관한 분석은 실행이 실제로는 어떠한지를 인식할 수 있는 기회를 제공한다.
5. **윤리적인 역량들을 위한 지침들을 제공하는 것은 IT전문가가 윤리강령을 일상적인 실제에 통합하도록 도와주기 위한 수단이다.** 윤리강령에 관한 지식은 IT전문가의 책무들을 탐색해 보는 것으로는 충분하지 않고, 그것이 실제 속에 통합되어야 한다.

응용 문제

1. **사이버공간에서의 의사표현의 자유**(장소: 사립대학). Leslie Brown 박사는 자신의 새로운 테크놀로지 소개(Introduction to Emerging Technology) 강좌를 위한 블로그를 시행해 왔다. 그녀의 의도는 학생들에게 그 강좌 내에서 토론 주제들에 관한 자신들의 견해들을 표현할 수 있는 포럼을 제공하는 것이다. Brown 박사는 비록 블로그 항목들(entries)을 강좌 내에서 토론을 위한 가이드들로 사용하지만, 학생의 블로그 항목들을 점수 매기지는 않는다. 그녀는 또한 비록 포스팅(posting)을 한 학생들을 확인할 수 있는 방법을 가지고 있지만, 그들에게 익명으로 포스팅할 수 있는 옵션을 제공한다. 최근에, 몇 개의 학생포스팅들은 가상세계들에서의 저작권 문제들과 관련하여 매우 논란을 일으켜 왔다. 대학 집행부들은 그 포스팅들과 그것들이 대학교에 어떻게 영향을 미칠지에 대하여 우려하고 있다. 집행부는 Brown 박사에게 그 블로그를 더 이상 사용하지 말라고 요청했다. 또한 그들은 익명으로 포스팅한 학생들의 이름들을 요청했다.

Brown 박사는 자신의 강좌를 위한 블로그의 사용에 대해 무엇을 해야 하나? 그녀는 집행부에 학생들의 이름들을 제공해야 하나? 그녀는 학생들이 아이디어들을 교환할 수 있도록 하기 위해서 어떠한 대안들을 가질 수 있는가?

2. **작업장 프라이버시**(장소: Small Business 회사). Jane과 Hal은 Small Business 소유주가 그 회사의 정보시스템 관리자가 이메일 메시지들이 전송되기 전에 그것들을 검토해 보는 어떤 소프트웨어를 설치했다는 것을 알았다. 그들은 이 모니터링 시스템은 Small Business의 고객들에게 배포되고 있는 이메일들의 양과 유형들을 관리하는 것이라는 설명을 들었다. Jane과 Hal은 그 이메일 모니터링 소프트웨어가 정말로 고용인들의 이메일 특권에 관한 어떤 사적인 활용을 모니터하기 위해서 설계되었는지를 걱정한다.

   Small Business는 Jane과 Hal에게 그들의 이메일 메시지들이 사적인 활용을 위해서 모니터되고 있지 않다는 것을 확인시키기 위해 그들에게 어떤 정보를 제공할 수 있는가? 그 공학자는 그 소프트웨어를 설치하는 것에 동의해야 하는가? Jane, Hal, 그리고 정보시스템 관리자는 이러닝 시스템 모니터링 소프트웨어의 활용과 관련하여 어떤 자원들을 가지고 있는가?

3. **지적 소유권 문제**(장소: Somewhere 대학교). Joel은 자신의 교수평가에 대하여 걱정하고 있는 정년트랙 교직원이다. 그는 Somewhere 대학교에서 일하기 시작한 이후 웹 페이지 설계에 관한 강좌를 지도해 왔다. Joel은 과거에 자신의 학생들 중 몇 명이 기존의 웹 페이지들로부터 코드(code)를 자유롭게 "차용해(borrowed)" 왔다는 것을 알았다. 그는 이러한 행동은 바뀔 필요가 있지만, 또한 학생들이 성공하는 것은 긍정적인 교수평가를 초래할 것이라는 것을 믿기 때문에 자신의 학생들이 성공하기를 원한다는 것을 알았다. Joel은 학생들에게 자신들의 과제들에서 부적절한 "차용된" 코드의 사용에 대하여 어떻게 자신의 가이드를 진술할 수 있는가? 학생들에게 저작권과 지적 소유권에 대해 소개해야 하는가? 학생들이 기존의 웹 페이지들로부터 코드를 "차용"했을 때, 그는 어떠한 벌칙을 도입해야 하는가?

4. **표절**(적용: 교과서). Carl Smythe 박사는 동료 Jane Black 박사와 견습교사들을 위한 새로운 수업전략들에 관한 안내서(guidebook)로 활용될 책을 출판하기 위해 협력했다. 이 안내서는 교사들을 위한 전문협회를 통해 출간되었다. 널리 배포되지는 않았지만, 그것은 저작권 날짜와 ISBN번호를 가지고 있었다. Black 박사는 또한 주요 교과서 출판 회사에 의해 출판된 수업전략들에 대한 교과서를 저술하기 위해 다른 동료(또한 Smythe 박사를 아는 사람)와 협력했다. 그 교과서가 출판되었을 때, Smythe 박사는 그 안내서의 많은 부분들이 그 교과서의 한 장에서 약간 바꿔 쓰기 되었고, 몇몇 이미지들은 정확하게 동일하다는 것을 알았다. 비록 그 안내서에 Smythe 박사와 Black 박사에 대한 인용이 있었지만, 그 교과서 저자들은 직접적으로 인용된 교재를 알아차릴 수 있도록 하기 위한 인용부호도 사용하지 않았으며, 그들이 그 안내서로부터 복사했던 이미지들을 사용하는 것에 대한 허락도 받지 않았다.

   Smythe 박사는 두 출간물들 모두에서 공동 저자였던 Black 박사와 일했기 때문에, 그는 이 문제를 어떻게 접근해야 하는가? Smythe 박사는 교과서 표절 문제와 관련하여 어떠한 자원들을 가질 수 있는가? 이러한 일이 다시는 발생하지 않도록 하기 위해 그 안내서의 향후 판들(editions)은 어떤 단계들을 취해야 하는가?

저자 정보

Sharon E. Smaldino는 노던일리노이대학교의 사범대학 교사교육(Teacher Education)학과의 LD & Ruth G. Morgridge 학과장이다.

J. Ana Donaldson은 월든대학교의 기금교수(Contributing Faculty)이며, 2011~2012 학년도 AECT 회장 당선자다.

Mary Herring은 노던아이오와대학교의 사범대학 부교수이며, 임시 부학장이다. 또한 그는 AECT의 차기 회장이었다.

참고 문헌

AECT Definition and Terminology Committee.(2008). In A. Januszewski & M. Molenda(Eds.), *Educational technology: A definition with commentary.* New York: Lawrence Erlbaum.

Code of Professional Ethics.(n.d.). *Association for Educational Communication and Technology website.* Retrieved January 24,2011, from http://www.aect.org/About/Ethics.asp

Clark, C. M.(1995). *Thoughtful teaching.* London: Cassell.

Seels, B., & Richey, R.(1994). *Instructional technology: The definition and domains of the field.* Washington, DC: Association for Educational Communications and Technology.

Smaldino, S.(2008). Classroom strategies for teaching ethics. InS. L. Moore(Ed.), *Practical approaches to ethics for colleges and universities*(pp. 87-101). San Francisco, CA: Jossey-Bass.

Tavani, H. T.(2007). *Ethics and technology: Ethical issues in an age of information and communication technology*(2nd ed.). Hoboken, NJ: John Wiley & Sons.

Yeaman, A. R., Eastmond, Jr., J. N., & Naper, V. S.(2008). Professional ethics and educational technology. In A. Januszewski & M. Molenda, (Eds.), *Educational technology: A definition with commentary.* New York: Lawrence Erlbaum.

제36장

다양성과 접근성

Joél P. Lewis (University of South Alabama)
Stephen M. Sullivan (University of South Alabama)

우리가 이 장을 쓰기 시작했을 때, 우리는 몇몇 저자들이 사용하는 다양성이 단순히 차이점들(differences)과 통합(inclusion)을 지칭하는 용어라는 것을 확인했다(예: Konrad, Prasad, & Pringle, 2006). 이것이 우리가 이 장에서 채택한 관점이다. 우리의 다양성(diversity)에 관한 관점은 또한 상이하고 적합하지 않았던 학습환경들에 대한 적응 과정에서의 우리의 개인적인 경험들에서 기인했다. 우리[Joel(아프리카계 미국 여성)과 Stephen(시각장애가 있는 남자)]의 경우, 다양성은 우리가 우리의 삶의 전 과정에서 소중하게 간직해 왔던 개념이다.

실제로, 엄청나게 다른 학습자들이 어떻게 성장해 가며, 다양성이 인간이 학습하는 방법에 어떠한 영향을 미치는지에 대해 탐색할 것이 더 많다. 다양성을 더 적절하게 통합한 설계 고려사항들을 염두에 두고 교수를 만들면, 그 실제를 해결하는 데 도움이 된다. 따라서 이 장의 두 가지 목적들은 (a) 보편적 설계(universal design: UD)가 보조공학들(assistive technologies)과 다문화주의(multiculturalism)와 관련되어 있음에 따라 UD를 위한 설계적인 고려사항들을 제시하고, (b) 가능한 한 많은 학습자들을 포함하는 총체적인 전략의 통합적인 부분으로서 다양식 교수모형(model of multimodal instruction)을 제안하는 것이다.

보편적 설계

많은 교육학자들은 접근(access)의 문제들에 초점을 두고 있으며, 교수와 학습에 대한 보편적 설계의 핵심적인 원리들을 채택해 왔다(Pliner & Johnson, 2004). 원래 건축학 분야에서 기원한 UD는 휠체어 사용자인 건축가 Ronald Mace가 시작했다. 건물이나 공동체에서의 신체적인 장애들로 인한 그의 개인적인 경험은 그에게 이러한 문제를 검토하기 위한 독특한 관점을 제공했다. 예를 들어, 화장실 문들은 휠체어가 통과할 수 있을 만큼 충분히 넓지 않았으며, 수도꼭지들은 앉아 있는 위치에서 손을 뻗어서도 도달할 수 없었고, 경사로들은 너무 높아서 뛰어넘을 수 없었다. 그는 만약 건축가들이 설계 과정에서 무제한의 접근을 고려했다면, 미래에 수정할 필요가 없어서 더 비용효과적인 시설을 만들 수 있도록 해줄 것이라고 결론지었다. 실천가들은 물리적인 공간들을 새롭게 건설할 때, 접근성(accessibility) 특성들을 통합하여 건설할 때 드는 비용을 기존의 구조를 변경할 때 드는 비용과 비교해 볼 때, 비용도 더 작게 들고, 효과성도 더 높음을 발견하였다(Hitchcock, Meyer, Rose, & Jackson 2002). 이러한 비용에 관한 시사점들은 교육과정과 교수의 설계에서도 동일하다(Rose, Harbour, Johnston, Daley, & Abarbanel, 2006).

UD는 교수 내에서의 다양성과 통합의 혜택들을 강조하기 위해 개발되었다(Hyter & Tumock, 2005). 그것은 나중에 개인적인 적응을 통해 편의를 제공하기보다 처음부터 다양한 사람들의 요구들을 해결해 주는 설계를 함으로써 장애들을 최소화하는 데 초점을 둔다(Rose et al., 2006). UD에 초점을 둔 계획들로는 교수를 위한 보편적 설계(Universal Design for Instruction: UDI), 중등 후 교육센터(Center on Postsecondary Education: CPE), 코네티컷장애대학교 교육심리학과(Disability University of Connecticut Department of Educational Psychology: CPED), 보편적 교수설계(Universal Instructional Design: UID)(Silver, Bourke, & Strehom, 1998), 그리고 모든 개인들, 특히 장애인들을 위한 학습 기회들을 확대하기 위해 연구하는 비영리 연구 및 개발기관인 응용특수공학센터(Center for Applied Special Technology) 또는 CAST에 의해 개발된 보편적 학습설계(universal design for learning: UDL)가 포함된다. UD의 개념이 교육분야로 확장된 개념인 UDL의 옹호자들은 결함이 있는 것은 바로 교육과정이지 학습자들이 아니라고 주장한다(Rose & Meyer, 2002; CAST, 2002). 이러한 관점을 고려해 보면, 학습자들에 관한 총체적인 분석이 다양한 교수의 설계와 개발에서 핵심적인 요소다. Dick, Carey, Carey(2001)에 따르면, ID 과정에서 기본적인 단계는 대상자의 확인과 분석이다. 시간과 다른 자원들의 부족 때문에, 교수설계자들은 때때로 학습자들의 특성들을 추정하고 이 단계를 건너뛰어 버린다. 그러나 학습자들에 대해 추정하는 것은 교수전달에서 불필요한 문제들을 야기할 수 있다(Dick et al, 2001).

예를 들어, 12포인트로 인쇄된 문서들을 사용하여 학습자의 읽기수행을 측정하려고 시도하는 것은 최소한의 시각적인 예민함(acuity)만을 가지고 있는 학습자에게는 부적절할 수 있다. 이러한 평가는 그 학습자가 12포인트로 된 글씨체를 볼 수 없다는 것을 시범 보이는 데에만 성공했다. 그래서 "만약 그 학습자가 그 검사를 볼 수 없다면, 그 도구는 그 학습자의 읽기능력을 어떻게 가능하게 측정할 수 있는가?"라는 질문이 제기된다. 이 예가 보여주는 바와 같이, 결함이 있는 것은 바로 그 검사이지 그 학습자가 아니다. 학습자분석을 통해, 그 학습자의 특이한 시각적 예민함이 밝혀지면, 그 평가에 대한 조정들이 쉽게 행해질 수 있을 것이다. 이 장은 교수설계자들이 존재할 수 있는 다양한 학습자특성들에 능동적으로 대처할 수 있도록 자원을 제공하기 위해 설계되었다. 대부분의 학습자들을 포함시키기 위한 총체적인 전략으로서 다중표상, 표현, 참여수단들을 활용하여 다양식교수(multimodal instruction)를 개발하는 데 강조점이 두어진다.

다양성/보조공학

세계보건기구(WHO, 2009)에 따르면, 전 세계에서 약 7억 5,000만 명의 사람들이 장애를 지니고 살고 있으며, 그들 중 80%가 개발도상국가들에서 살고 있다. 이러한 증가하고 있는 통계치는 적절한 ID 기법들의 사용을 위한 시사점들을 가지고 있다. 장애를 지닌 학습자들을 고려해 볼 때, 교수설계자는 세 가지의 주요한 요인들을 인식해야 한다: 장애의 발현, 장애가 학습에 미치는 영향, 그리고 장애(disability)로 인해 나타난 장애물들(barriers)을 극복하기 위해 개인들에 의해 사용되는 테크놀로지. 가장 나중의 요인을 먼저 고려해 보면, 일반적으로 장애를 지닌 사람들에 의해 사용되는 대부분의 테크놀로지는 보조공학(assistive technology: AT)이라고 명명된다. AT는 장애를 지닌 사람들이 그들의 환경에서 장애물들을 극복할 수 있도록 도와주기 위해 특별하게 설계된 장치들이나 소프트웨어를 지칭한다(Rose et al., 2006). 『2004년 보조공학법(The Assistive Technology Act of 2004)』은 AT를 "상업적으로 습득되었든, 수정되었든, 또는 커스터마이즈되었든 상관없이, 장애를 지닌 개인들의 기능적인 능력들을 증대, 유지, 또는 증진시키기 위해 사용되는 어떤 품목, 장비, 또는 생산시스템" (Assistive Technology Act of 2004, 2004, p.118)이라고 정의한다.

AT는 일반적으로 학습자들에게는 비싸고, 다루기 곤란하며, 유리되어 있지만(Simoncelli & Hinson, 2008), 그것들의 유용성은 특히 장애가 심한 경우에는 무시될 수 없다. 설계자들로서, 이용할 수 있는 AT의 유형들, 그것들이 어떤 집단을 위해서, 그리고 어떤 제한점들을 최소화하기 위해 설계되었는지를 아는 것이 중요하다. 〈표 36.1〉은 구체적인 장애집단들과 특성들, 그들이 일반적으로 사용하는 테크놀로지의 유형들, 그리고 각 집단을 위한 설계 제안점들을 개괄적으로 보여준다. 다음 절들은 장애집단들, 특성들, 그리고 AT들에 관한 보다 더 상세한 기술(descriptions)을 제공한다.

장애의 유형

장애는 네 가지 범주들로 나누어질 수 있다: (a) 시각장애, (b) 청각장애, (c) 지체장애, (d) 인지장애. 이러한 범주들은 부분적으로 Crow(2008)에 기초한다. Crow는 온라인 맥락에 초점을 두었지만, 이러한 범주들은 이 특정 환경에 제한될 필요는 없다. 시각장애는 시각적 예민함, 시각의 영역, 또는 전맹, 법적인 맹, 저시력, 색맹을 초래하는 시각적인 지각의 손실을 초래하는 어떤 조건을 포함한다. 전맹(total blindness)(거의 혹은 전혀 빛을 지각하지 못함)은 지금까지 맹(blindness) 중 가장 희소한 형태다. (안경을 착용하고) 최대교정시력을 가지고 있는 법적인 맹(legal blindness)은 더 좋은 눈이 20/200보다 더 나쁘거나 20도 이하의 시야각(visual field)을 말한다. 저시력(low vision)은 책을 읽거나 요리를 하는 것과 같은 하나 이상의 삶의 기본적인 기능들에 불리하게 영향을 미치는 어떤 시각의 손실을 말한다. 색맹(color blindness)은 색깔을 인식하지 못하는 것이며, 일반적으로 예민함 또는 시야각의 제한을 수반하지 않는다(American Foundation for the Blind, 2007).

시각장애의 유형에 따라 시각적으로 장애가 있는 사람들을 위한 많은 소프트웨어 솔루션들이 있다. 화면낭독 소프트웨어(screen reader software)는 일반적으로 전맹인 사람들에 의해서 사용된다. 그것은 개인이 화면에 있는 정보를 큰소리고 읽어주고 컴퓨터를 작동하기 위한 필요한 지시문들을 제공하는 소프트웨어 음성합성장치(voice synthesizer)를 들음으로써 컴퓨터를 사용할 수 있게 해준다. 이 소프트웨어를 사용할 때, 모든 명령어들은 키보드를 사용하여 입력된다. 정상적인 시각을 지닌 사람들도 보고, 마우스를 가리키며(point), 컴퓨터를 내비게이션하기 위해 클릭할 수 있지만, 화면낭독 소프트웨어를 사용하는 시각장애인은 듣고, 키들을 누르며, 다시 듣는다. PC 이외에, 이러한 개인들은 재생가능한 점자 디스플레이(refreshable Braille display), 노트정리자(note taker), 또는 다른 휴대 가능한 사용자 에이전트(user agent)를 사용할 수 있다.

법적인 맹으로 간주되는 사람은 화면확대 소프트웨어(screen magnification software)나 화면을 양분할 수 있는 기능들을 가지고 있는 폐쇄화면 텔레비전(closed circuit television: CCTV)을 사용할 수 있다. 이러한 부류에 속하는 사람은 단지 키보드를 사용함으로써만 내비게이션하는 전맹인 동료들과 비교했을 때, 보다 더 표준방식으로 컴퓨터를 사용한다. 비록 그들이 전맹인 동료들처럼 키보드에 제한되어 있지는 않지만, 법적인 맹인 사람들은 필요할 때면 언제든지 키치기(keystrokes)를 배워두면 도움이 된다. 이것은 다양한 항목들을 클릭하는, 시간을 소비하는 검색을 없애준다. 제한된 시각이 있든 없든, 개인이 키치기를 더 잘 알면 알수록, 그는 검색해야 할 것이 더 줄어든다.

청각장애에는 농(deaf)과 난청(hard of hearing)의 범주들이 포함된다. 전맹처럼, 농 또는 전혀 들을 수 없는 것은 매우 드물다. 난청에는 경증에서부터 중증에 이르기까지 다양한 정도의 청력 손실이 포함된다. 농은 일반적인 장애 이상이다; 농인 사람들은 자체의 언어, 전통, 믿음을 가지고 있다. 농도 모든 오디오정보에 동일하게 접근할 수 있어야 한다. 텍스트 원고는 실시간 텍스트 자막을 대치하지 못한다. 어떤 사람이 행동이 전개될 때 그것을 듣고 봄으로써 혜택을 받는 것과 마찬가지로, 농인들도 들을 수 있는 부분을 읽고 있을 때 제시되는 것에 관한 이미지를 떠올릴 수 있으면 동일하게 혜택을 받을 수 있다.

지체장애에는 자연적인 환경에서 움직임에 어떤 어려움들이 있는 것이 포함되는데, 그것은 관절염(arthritis), 뇌성마비(cerebral palsy), 근위축증(muscular dystrophy), 척추손상(spinal cord injury), 다발성 경화증(multiple sclerosis), 외상성 뇌손상(traumatic brain injury), 또는 척추파열(spina bifida)과 같은 질환들이다. 이러한 질환들을 지닌 사람들은 손들을 제한적으로 사용할 수 있는 경우처럼 경도에서부터 수족을 전혀 움직일 수 없는 사지마비에 이르기까지 다양한 범위의 변이성(variability)이나 장애의 수준을 가지고 있다. 지체장애를 지닌 사람들의 경우, 이용할 수 있는 다양한 소프트웨어 패키지들이 있다: 단어예측(word prediction), 눈동자추적(eye gaze), 음성인식(voice recognition).

다른 적응적인(adaptive) 대체물들로는 마우스스틱(mouth stick), 개조된 포인팅장치들(pointing devices), 대체키보드(alternative keyboards), 또는 빨고 부는(sip and puff) 장치들이 포함될 수 있다.

인지장애들로는 학습장애(learning disabilities), 자폐증(autism), 외상성 뇌손상, 뇌성마비, 간질(epilepsy), 정신질환(mental illness), 또는 신경학적인 장애(neurological impairments)가 포함된다. 이전의 집단들과 마찬가지로, 장애의 수준들은 광범위하지만, 대부분의 사례들은 경도에서 중간정도까지로 간주될 수 있다. 이러한 사람들을 위한 소프트웨어는 주의력, 기억, 지각, 처리과정, 문제해결에서의 결핍과 같은 광범위한 지각적인, 그리고 다른 인지적인 요인들의 필요를 해결하기 위해 본문의 정보를 확인하고 그 정보를 다양한 방식들로 제시한다. 이러한 소프트웨어를 사용함으로써, 학습자들은 그 자료를 자유롭게 조작하고 전이(transfer)를 최대화하면서 학습 장애물들을 최소화할 수 있다.

이러한 범주들에는 많은 중복적인 사례들이 존재한다. 예를 들어, 외상성 뇌손상과 뇌성마비는 지체와 인지장애 범주들 아래에 열거되어 있다. 다른 예들로는 하반신불수이며 난청인 사람, 자폐증이 있으며 법적인 맹인 아동, 또는 천부적인 재능이 있지만 학습장애를 지닌 여성 등이 있다. 〈표 36.1〉은 위에서 열거된 범주들을 설명하며, 또한 각 집단을 위한 적응(adaptations)과 설계 제안점들(design suggestions)을 제공한다.

개인들을 다룰 때, 어떤 하나의 솔루션이 모든 사례들에서 작동하는 것은 아니다. 사실상, 어떤 솔루션도 항상, 심지어 정확히 동일한 장애 사례들에서도 작동하지는 않는다. 다양성을 고려할 때, 교수설계자들은 각 대상 집단 내에서 각 학습자가 학습하는 방법에 영향을

〈표 36.1〉 장애 범주별 적응과 설계 제안점들

장애 범주	일반적인 기술	적응	설계 제안점들
시각장애	전맹 법적인 맹 색맹	지팡이, 장애인 보조 동물, 화면읽기 소프트웨어, 재생 가능한 점자디스플레이, 확대 장치들, 전자적, 광학적인 화면확대 소프트웨어, 크게 인쇄된 자료	• 모든 그래픽 항목들에 대해 alt 태그를 사용하라. • 복잡한 표나 프레임의 사용을 제한하라. • 헤딩(headings)에 적절하게 라벨(label)을 붙여라. • 스킵 내비게이션 버튼을 제공하라. • 중요한 콘텐츠 정보를 전달하기 위해 배경 이미지를 사용하는 것을 피하라. • 대안적인 텍스트 전용 버전을 제공하라. 자료들을 불필요하게 어지럽게 하지 마라. • 이탤릭체와 세리프체(serif)(자연스럽지 않은)의 사용을 피하라. • 배경과 텍스트, 그래픽과 내비게이션 도구들 간에 고대비를 사용하라. • 가능하면, 기본적인 검은색과 흰색, 회색을 사용하라. • 색상 인식이 필요한 중요한 교수정보 제시를 피하라.
청각장애	농 난청	폐쇄자막 비디오전화기, TDD, 전화 릴레이, 보청기, FM 시스템, 포켓톡커(Pocket talker), 확성 전화기	• 모든 오디오, 비디오, 또는 다른 매체의 텍스트 자막을 사용하라. • 다른 학생들이 일반적으로 들을 수 있는 비디오, 녹화물, 또는 다른 오디오에 대한 텍스트 원고(script)를 제공하라. • 필요한 단서들을 위한 시각과 청각 공지를 제공하라. • 강의나 초청강연과 같은 현장발표를 위해 수화해석자를 제공하라.
지체장애	농 난청	마비 외상성 뇌손상, 척추 파열, 불능, 근위축증 단어예측 소프트웨어, 눈동자 추적 소프트웨어, 음성 인식 소프트웨어, 마우스 스틱, 대체 키보드, 포인팅 장치들이나 빨고 부는 장치들	• 동시적 또는 실시간 채팅을 제한하라. • 손으로 조작하는 것을 많이 요구하는 시뮬레이션과 게임들을 피하라. • 시간이 정해진 과제들을 피하라. • 시간이 정해진 과제들을 제한하라. • 팀워크와 집단 활동들을 통합하라. • 이동 장치를 위한 넓은 공간을 제공하라. • 『1990년 미국장애인법(Americans with Disabilities Acts of 1990)』에 기술된 바와 같이, 표준(standard) 신체적 접근성을 준수하라.
인지장애	학습장애 자폐증 정신지체 뇌성마비 외상성 뇌손상	광학문자인식 소프트웨어	• 팝업 창의 사용을 피하라. • 웹 페이지들을 내비게이션하기 쉽게 만들어라. • 콘텐츠 자료의 논리적인 흐름을 제시하라. • 항상 페이지 제목과 순차적인 헤딩을 사용하라. • 모든 텍스트 비율을 쉽게 보고 구별할 수 있을 정도로 크게 만들어라. • 반짝거리는 화면상 객체들의 사용을 피하라. • 필요한 경우 여러 번 할 수 있도록 하라. • 중요한 개념들을 강조하라. • 음성과 비디오를 동시에 제공하라.

미칠 수 있는 독특한 일련의 상황들을 초래한다는 것을 인식해야 한다.

Stephen Sullivan의 이야기

나는 유전질환인 양측 백내장(bilateral cataracts)을 가지고 태어났다. 백내장은 기본적으로 빛이 맹을 초래하는 망막에 도달하는 것을 차단하는, 눈 속에 있는 흐릿하거나 불완전한 렌즈다. 망막을 외과수술로 제거한 후, 나는 최고 교정시력이 한 쪽은 20/200이고, 다른 쪽은 20/300인 법적인 맹이다. K-12 교육 내내(특히 저학년 내내), 나는 일반 교과서들의 인쇄본을 읽을 수 있었다; 나는 단지 정말로 가깝게 보아야만 했다. 그 책이 내 코와 페이지로부터 단지 .5인치 정도 떨어져 있을 때, 나는 다른 학생들 중 누구나와 마찬가지로 큰소리로 읽을 수 있었다. 그러나 내가 이와 같이 읽는 것을 보는 것은, 비록 나는 참여할 수 있고 계속할 수 있었지만, 나의 선생님들을 불편하게 만들었다. 내가 4학년이었을 때, 내 선생님은 내가 크게 인쇄된 책들을 사용하는 것이 가장 좋을 것이라고 결정했다. 이러한 책들은 매우 두꺼워서, 나는 그것들을 사용하기를 원치 않았다. 예를 들어, 크게 인쇄된 내 역사책은 실제로 5~6권이나 되었다. 학급 동료가 1페이지를 넘길 때, 나는 그 페이지를 10번 이상 넘겨야 했다. 나는 그 귀찮은 페이지 넘기기를 계속하려고 시도하면서 콘텐츠에 주의집중을 하고 수업으로부터 어떤 것을 습득하는 것이 매우 어렵다는 것을 알았다. 내가 읽으라고 지명되었을 때, 나는 흔히 나 자신이 틀린 페이지에 있음을 발견하곤 했다. 그러나 이런 일은 내가 일반적인 책(regular book)을 사용하고 있을 때에는 거의 일어나지 않았다. 내 인생에서 내가 경험한 가장 좋지 않았던 학년이 4학년이었다.

교실에서 나에게 두 번째로 큰 문제는 칠판에 쓰여 있거나 교실 앞쪽에 제시되어 있는 것을 볼 수 없었다는 것이다. 내가 앞줄에 앉아 있는 한, 나는 항상 그럭저럭 볼 수 있었다. 나는 만약 내가 토론에서 모든 참석자들이 이야기하는 것을 가깝게 듣고 정말로 주의집중을 하면, 실제로 토론되고 있는 것을 보는 것은 다른 사람들이 생각하는 것처럼 필요하지는 않다는 것을 일찍 알게 되었다. 나는 또한 만약 내가 결코 칠판이나 OHP 위에 있는 것을 읽을 수 없다는 것에 대해 아무 말도 하지 않고 다른 모든 사람들이 그러는 것처럼 일반적인 방향을 정기적으로 보면, 내 학급동료들과 선생님은 나의 시각장애에 대해 곧 잊어버리고, 나는 다른 모든 사람들처럼 수업에 자유롭게 참여할 수 있다는 것을 일찍 배웠다.

내 교육과 직업경력 과정 동안, 내 경험들은 다른 환경들에 적응하는 방법과 학습 과정에서 나와 관련이 있는 다른 사람의 지각들이 나의 학습경험에 어떻게 영향을 미치는지를 가르쳐 주었다. 나는 나의 장애가 아닌 교수 콘텐츠에 초점이 두어지기를 원한다. 그러나 만약 나와 내 요구들이 어떻게 수용되어야 하는지에 관한 토론이 시작된다면, 그 주의집중은 콘텐츠로부터 떠나 버린다. 나는 특별하거나 구별하는 것 없이 학습환경의 일부분이 되기를 원한다. 다르게 학습하는 사람이 토론이나 관심의 주제가 되지 않고 표준학습환경 내에서 통합을 경험할 수 있게 해줄 수 있다. 이것이 행해지는 방식은 옵션들을 통해서다. 학습자들에게 시력이 제한되어 있어 듣든, 또는 AT들을 사용하여 읽든, 그들 자신의 방식으로 학습할 수 있는 옵션을 제공하라. 프레젠테이션과 평가에서 변이(variation)를 제공하라. 처음부터, 학생이 휠체어를 타든, 또는 영어를 제2외국어로 사용하여 말을 하든 상관없도록 교수를 설계하라. 각 학습자는 학습과정(process)에 기여하고, 유의미한 활동들에 참여하며, 지식을 실제세계 상황들에 적용하고, 전반적인 학습경험으로부터 동일하게 혜택을 볼 수 있는 동일한 기회를 가져야 한다.

다문화주의

다문화주의(multiculturalism)란 여러 해 동안 서서히 발전해 온 용어다. 그것은 개인의 동일시(identification)와 다양한 문화들에 대한 노출의 표상(representation)에 뿌리를 두고 있다. 그것은 한 특정 집단이나 인구통계학적 집단에 대한 개인들의 친밀감(belonging)보다는 그들의 복잡성(complexity)에 더 초점을 둔다. 이 장에서, 우리는 다문화주의를 일반적으로 다른 특성들을 지닌 사람들이 서로 상호작용하고, 학습하며, 존재하는 방법의 한 표상이라고 말한다. 우리는 모든 학습자들은 다문화적이라고 가정한다.

ID에 대한 문화의 관련성(relevance)은 사람들 간의 인식된 차이들과 교수자들이 이러한 차이들이 학습에 어떻게 영향을 미칠 것이라고 생각하는지에 따라 좌우된다(Rogers, Graham, & Mayes, 2007). 다문화주의를 교수(instruction) 속에 통합하는 것은 교수설계자들에게 자기 자신의 문화를 성찰하고, 문화가 교수에 미치는 영향을 검토하며, 교수를 위한 시사점들을 고려해 볼 것을 요구한다.

성찰(reflection)하는 것은 개인주의가 사회에 미친 영향의 우월성, 문화적 환경에의 몰입, 외부인으로서의 희박한 경험과 같은 몇 가지 이유 때문에 쉽지 않을 수도 있다(Bucher, 2000). 문화에 따라, 개인주의는 칭송을 받거나 회피되는 특성이다. 예를 들어, 교수설계자들은 조직의 다양성에 관한 비전에 관한 인식을 증가시킴으로써, 독자에게 학습이나 콘텐츠의 장애물들을 밝혀낼 수 있는 기회를 제공함으로써, 철저한 학습자 분석을 수행함으로써, 학습환경의 다문화적 요인들에 관한 피드백을 권유함으로써 다문화주의에 대한 민감성을 검토할 수 있다.

학습자들의 다문화적 관점들은 교수와 학습환경 설계의 산출물들에, 특히 프레젠테이션에서 변이(variation)를 위한 기회들을 만드는 전달 유형들에 영향을 미친다. 예를 들어, 촉진자주도교수(facilitator-led instruction)에서, 몇몇 학습자들은 상호작용하고 자유롭게 말하는 것이 다른 학습자들보다 더 어렵다는 것을 알게 될 수도 있다. 활동들의 유형은 모두 통합적(inclusive)이어야 하지만, 각 학습자가 학습과정(process)에 기여할 수 있는 기회를 갖도록 보장해 주어야 한다. 〈표 36.2〉는 다문화주의를 다른 전달 유형들 속에 통합하기 위한 몇 가지 고려사항들을 기술한다.

언어, 문화적 해석, 사회적 규범, 콘텐츠의 균형은 교수설계자들이 문화적으로 편향된 콘텐츠, 보조공학, 민감성 훈련의 전략적인 관리자들이 되기를 요구한다. 가장 기본적인 형태로서 언어(language)는 어떤 사람에게는 간단할 수 있지만 다른 사람에게는 애매모호할 수 있다. 언어의 전달방법, 방언, 강세, 스타일, 그 외 많은 요인들은 콘텐츠와 지식의 적용을 이해하는 데 있어 복잡성을 증대한다. 그러므로 교수설계자는 문화적으로 편향된 언어가 사용되지 않고, 학습자들 간에 편안함(comfort)이 유지되도록 보장해야 한다.

ID를 고려할 때 문화적 경험의 해석은 필수적이다(Guild, 2001). 우리는 다른 사람이 경험한 것을 어떻게 아는가? 다른 문화들에 대해 아는 것이 우리의 업무인가? 교수설계자의 역할에 관한 제한된 관점을 넘어가는 움직임은 현재와 미래의 독자들이 지닐 가능성이 있는 한계점들과 문화들에 관한 고려들을 포함해야 한다. 이해관계자들은 모든 학습자들의 도전에 대해 문화적으로 감응하기 쉽고 적응적인 비판력(criticalness)에 대해 교육되어야 한다.

〈표 36.2〉 전달유형별 고려사항

전달유형	고려사항
자기교수(self-instruction)	● 성찰을 위한 기회를 만들어라. ● 언어옵션들을 제공하라. ● 성공적인 완료를 위한 권고들을 하라.
촉진자주도	● 편의시설을 위한 시설점검표를 활용하라. ● 다양한 집단들을 만들어라. ● 과제와 평가에서 융통성을 허용하라.
온라인(교수자주도)	● 상호작용을 학생들의 집단별로 다양하게 하라. ● 공동체의식을 형성하기 위해 테크놀로지를 활용하라. ● 과제의 형식에서 옵션들을 제공하라. ● 토론에 관한 지침들을 설정하라.
컴퓨터기반	● 언어옵션들을 제공하라. ● 민감성 진술문(sensitivity statements)이나 훈련을 포함하라.
현직훈련	● 관찰(shadowing)을 포함하라. ● 문제해결에서 민감성을 요구하는 상황들을 제시하라.

사회적 규범(social norms) 또한 ID에 있어서 다문화주의에 대한 도전들을 제시한다. 특정 집단을 위한 표준화된 활동들이나 실천들은 학습자의 태도와 교육적인 관점들을 위한 토대를 형성한다. 예들을 사용하고 학습자들과 의사소통할 때, 모든 사회적인 규범을 아는 것은 중요하지 않지만, 정치적인 단정, 개인적인 의견, 또는 논쟁이 되는 주제들은 만약 훈련이 그러한 유형의 토론을 보장하지 않는다면 언급을 피하는 것이 중요하다. 학습자들에게 민감성을 지니고 의사소통하는 것을 교수하고, 문화적 감응성(responsiveness)을 증진할 때, 개인적이든 온라인이든, 이러한 유형들의 논의들을 위한 지침들을 설정하는 것이 필수적이다(Rogers et al., 2007).

콘텐츠와 맥락 간의 초점을 균형 잡는 것은 심지어 다문화주의를 고려하지 않고 교수를 설계하는 데 있어 하나의 도전일 수 있다. 파지(retention)를 증진하고 특이한 학습자들의 요구들을 충족하는 학습자 경험을 창출하는 것은 **천편일률적인 접근법**(one size fits all approach)은 효과적이지 않을 수도 있음을 시사한다(Rogers et al., 2007). 획일성과 다양성에 어떤 불일치가 있는가? 사람들은 어떻게 어떤 문화의 특성들이 어떤 집단을 정형화하거나 온전히 추론될 때를 아는가(Guild, 2001)? 독특한 학습스타일들이 특정 집단에 적합하다는 가정은 현실을 반영하지 않을 수 있다. 콘텐츠와 맥락이 균형 잡힌 문화적으로 민감한 훈련을 설계하고자 할 때, 먼저 콘텐츠의 범위, 기술적인 주입(infusion)의 정도, 다문화주의의 복잡성을 결정하라. 다음으로, 광범위한 학습자 분석, 그것이 훈련 목표들에 미치는 영향, 적절한 전달 유형을 고려하라.

다문화주의를 교수에 통합하기 위해 사용되어 온 몇 가지 설계 요소들은 또한 학습 과정의 다른 요소들에 기여할 수 있다. Rogers, Graham, Mayes(2007)에 따르면, 실제적인 시뮬레이션, 관련 자원, 증진된 피드백을 위한 기회들이 포함될 수 있다. 내용영역 내에서, 다음과 같은 것을 피하라: 전통, 남성/여성 관계에 대한 언급, 교사-학생 관계, 의복, 일상적인 활동, 시간의 활용. 적절한 경우, 현장 방문과 다문화적 설계팀들은 문화감(a sense of culture)을 형성하는 중요한 요소들이다(Rogers et al.). 형성평가 동안 다양한 검토자 집단들의 활용은 통합을 점검하기 위한 또 하나의 방법을 제공한다. 융통성은 적극적인 참여와 정확한 평가를 달성하는 데 핵심이다.

Joél Lewis의 이야기

나는 미국에 노예들을 데리고 온 최후의 아프리카 노예선인 Clotilde의 노예인 Cudjoe Lewis의 7대 후손이다. 상속 재산이 풍부한 가족에서 성장했기 때문에, 나는 어렸을 때 생일을 축하하기 위해서 그리고 우리의 조상들에 관해 배우기 위해서 매월 조부모님의 집에 가곤 했던 것을 기억한다. 가족의 모든 어린이들은 어른들이 이야기하는 것을 들었으며, 모양을 그려 예술작품을 만들었고, 나무막대기들로 악기를 만들었다. 나는 이러한 경험들과 다른 경험들이 내가 문화적인 동질성을 유지하면서 다른 문화들에 적응하는 과정(Butcher, 2000)인 문화이식(transculturation)을 할 수 있도록 도와주었다고 확신한다. 이것은 내가 대부분 아프리카계 미국인으로서, 또는 여성으로서, 또는 심지어 학생으로서의 상황들에서 확인되었는지의 여부에 상관없이 필요불가결한 것이었다. 나는 성인이 되기도 전에 내가 얼마나 다문화적이었는지, 그리고 나의 성격들 중 대부분이 내가 누구인지, 나의 세계관을 어떻게 형성해 왔는지를 이해하기 시작했다.

내 인생의 다양한 단계들에서, 나는 다문화주의가 내 교육에 얼마나 영향을 미쳐 왔는지를 회상할 수 있다. 초등학교에서, 언어는 나의 수행에 분명히 하나의 장애물이었다. 몇몇 검사 질문들은 내가 단어들이 다른 의미를 지녔다고 생각했기 때문에 혼란스럽게 했다. 예를 들어, 내 문화에서 "bright"는 밝은 피부색을 지닌 사람을 기술하기 위한 단어로 해석될 수 있지만, 한 시험에서 "bright"는 높은 지능을 지닌 사람을 언급할 수 있다. 중 · 고등학교 교육기간 내내, 나는 나의 인종적 정체성에 대해 의문을 제기하기 시작했다. 나는 약 60%의 백인, 37%의 아프리카계 미국인, 그리고 3%의 아시아계 미국인들로 구성된 학교들을 다녔다. 나는 고급 우등 과정들에 있는 것에 대해 매우 흥분했고 자랑스럽게 생각했다. 그러나 나는 흔히 내가 왜 그러한 교실들에 있는 몇몇 소수민족들 중 한 명이며, 특수교육 강좌들은 낮은 사회경제적 지위를 지닌 아프리카계 미국인 학생들로 압도적으로 구성되어 있는지에 관해 어리둥절했다. 무엇이 나를 정규교실들에 있는 나의 친구들 또는 특수교육 교실들에 있는 학생들과 다르게 만들었는가? 이러한 실제는 나로 하여금 나의 교육과 직업 경력의 가능성이 어떠할 것인지를 증명하도록 준비시켰다.

다른 학습환경들에서, 나의 성(gender)은 교수가 전달되는 방법과 내가 학습하는 방법에서 주요한 역할을 수행했다. 여러분들 대부분의 경우처럼, ID는 나의 첫 번째 경력이 아니다. 나는 요리법(culinary arts) 학위를 가지고 있으며, 그 당시 남성지배적인 분야인 레스토랑 비즈니스에서 일했다. 요리 교육 동안, 여성들은 빵 굽기와 디저트와 같은 분야들로 진출했다. 한편, 남성들은 고기와 얼음(ice) 분야에서 일하도록 독려되었다. 비록 나는 얼음조각들을 다루는 방법을 배웠다고 확신하였지만, 나의 여성동료들 중 대부분은 보다 더 남성지향적인 과제들 중 어떤 것을 하도록 독려되지도 않았고 실제로 하지도 않았다. 레스토랑 관리자로서의 나의 훈련에서, 다문화주의와 관련되어 있는 업무 과제들 외부에 많은 도전들이 있었다. 고용인들 중 대부분은 멕시코와 미국의 다른 지역들 출신이었다. 몇몇은 영어를 제2외국어로 사용했다. 어떤 고용인들은 여성 관리자에게 익숙해 있지 않았다. 내가 받았던 훈련은 내가 이러한 도전들을 극복할 수 있도록 가르치지 않았다. 그러나 나는 다른 언어들과 문화들을 이해하는 것이 관리자로서의 나의 성공에 그리고 팀으로서의 우리의 성공에 필수불가결한 것임을 재빨리 배웠다.

나는 내 경험들이 내가 다문화주의의 중요성을 인식하는 교수설계자가 되도록 영감을 불어넣어 주었다고 믿는다. 나는 그것이 학습자뿐만 아니라 설계자에게 어떻게 영향을 미칠 수 있는지를 직접 알고 있다. 내가 강좌들을 설계할 때, 학생들뿐만 아니라 나 자신에게 다문화주의에 대해 설명한다. 그들 대부분의 경우, 나는 그들이 지금까지 경험해 본 적이 있는 최초의 아프리카계 미국인 교수다. 다문화주의가 학습 과정의 중요한 자산으로 포함되고 간주되는 학습환경을 조성하는 것이 나의 책무다. 아래의 다양식모형(multimodal model)은 가능한 한 많은 학습자들이 성공할 수 있도록 최대한의 기회를 제공하기 위해 신체적, 인지적, 문화적 다양성을 위한 통합적인 학습환경들을 조성하기 위한 설계 시사점들을 포함한다.

다양식 다양성모형

교육과정과 교수는 다른 배경들, 학습 스타일들, 능력들, 장애들을 지닌 학생들이 흥미를 갖도록 하는 접근 가능한 대체물들을 포함해야 한다(Simoncelli & Hinson, 2008). 구체적으로, UDL은 다양한 학습 요구들을 해결하기 위해 혁신적인 테크놀로지들을 사용한다(Meo, 2008). 다양식(multimodal) 교재들과 방법들은 모든 학습자들을 위한 광범위한 기초(base)를 제공한다(Pliner & Johnson, 2004). UDL의 많은 측면들이 중요하기는 하지만, UDL의 세 가지 기본적인 원리들이 있다: (1) 다중표상수단(multiple means of representation), (2) 다중표현수단(multiple means of expression), (3) 다중참여수단(multiple means of engagement)(Rose & Meyer, 2002).

다중표상수단은 학습자들에게 제시되고 학습의 "내용(what)"이라고 할 수 있는 정보와 관련이 있다(Rose & Meyer, 2002). 이것은 교수자가 새로운 아이디어들을 소개하고, 사전지식을 연결하며, 중요한 특성들을 강조하는 방법과 같은 것을 포함한다(Rose et al., 2006). 학습자에게 가능한 한 많은 형식(formats)이나 양식(modes)으로 된 교수자료를 소개하고 프레젠테이션하는 것은 나중에 조절을 위한 요구를 상당히 줄여줄 것이다. 예를 들어, 어떤 슬라이드나 다른 프레젠테이션 자료를 나중에 다운로드할 수 있도록 온라인을 통해 이용 가능하도록 만들고, 명확하고 조직화된 유인물들을 제공하며, 부드럽고 읽기 편한 크기의 글자체를 사용하고, 배경과 텍스트 또는 이미지들 간에 고대비를 제공하면 대부분의 시각적인 지각의 문제들을 제거할 수 있을 것이다. 이것은 또한 시력 충돌과 지루한 노트 정리의 필요성을 줄여줄 것이다. 이것은 많은 다양한 학습 관심사들에 대한 어려움들을 줄일 수 있을 뿐만 아니라 모든 학습자들이 보다 더 적극적인 학습환경에 참여할 수 있도록 해준다.

다중표현 또는 수행(performance) 수단은 학습의 "방법(how)"이라고 할 수 있다(Rose & Meyer, 2002). 학습자가 학습해 왔던 것을 가장 잘 표현하는 방법은 이용 가능한 양식들의 옵션들과 융통성에 따라 좌우된다. 그러한 지원들은 검사 양식, 프로젝트 생산 또는 프레젠테이션, 집단 활동, 기말 보고서 등으로 구성된다. 표현에 영향을 미치는 두 번째 요인은 학습집단, 검토 시간, 피드백 기회와 같은 학습을 위한 대안적인 지원들의 실재다(Rose et al., 2006). 높은 융통성과 다양한 옵션들을 고려함으로써, 학습자 표현의 측면들은 학습 성공률은 더 높고 필요한 조절은 더 작게 발생하도록 한다.

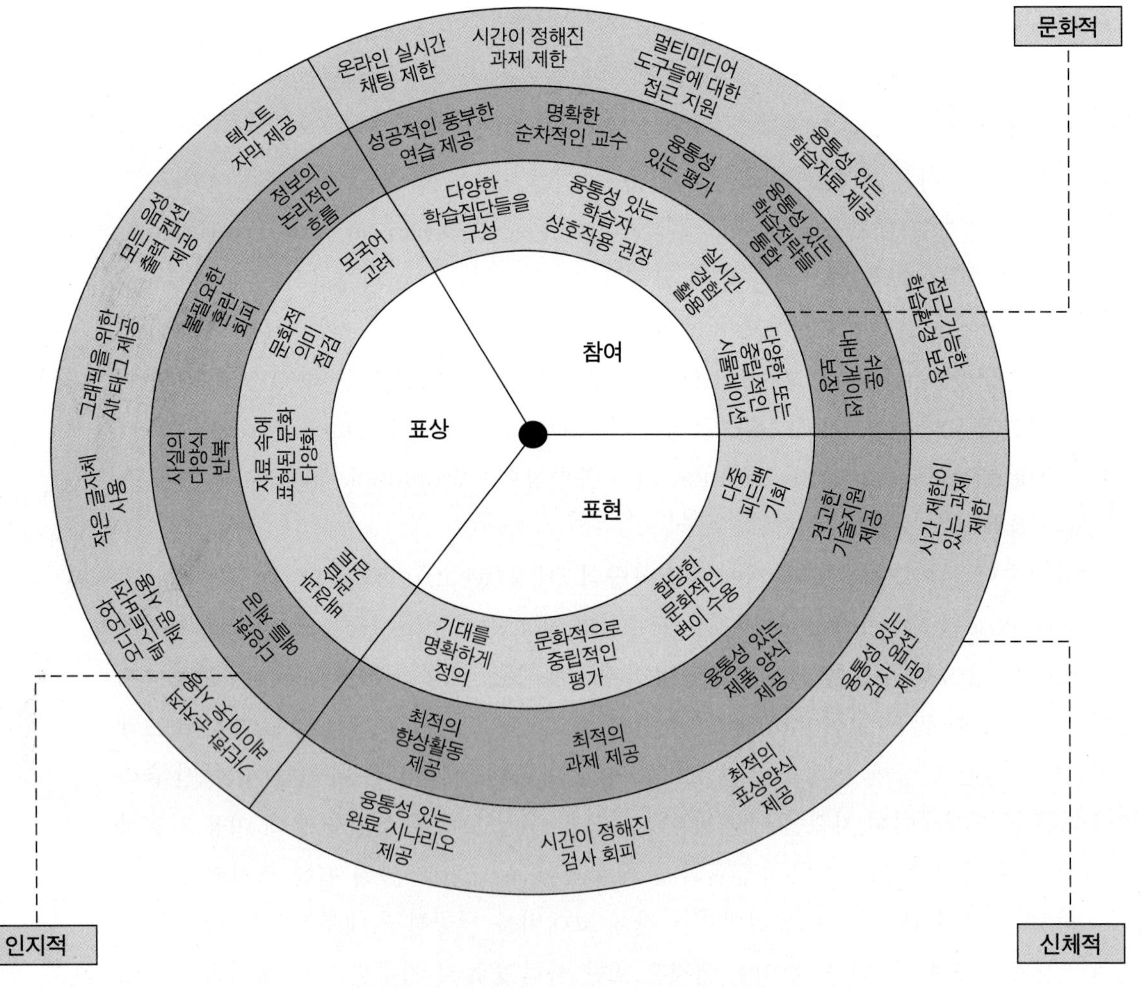

[그림 36.1] 다양식 다양성모형: 교수설계에 다양한 학습자들을 포함하고자 할 때 사용할 수 있는 전략들. 이 모형은 신체적, 인지적, 문화적 다양성을 UDL의 세 가지 원리 영역들 속에 통합한다: 표상, 표현, 참여수단.

다중참여수단은 학습의 "이유(why)"라고 할 수 있다(Rose & Meyer, 2002). 학습자들은 학습하는 방법들에서 광범위하게 다른 것처럼, 학습에 동기화되고 참여하는 것에 있어서도 차이가 있다(Rose et al., 2006). 대상 학습자집단들과 그들이 공통적으로 가지고 있는 것을 고려하는 것은 효과적인 교수를 설계하는 데 있어 주요한 요인이다. 다양한 학습자 참여를 촉진하기 위한 몇 가지 유용한 전략들로는 자료를 실제 삶의 경험들과 관련 짓고, 명확하고 간명한 지시문들을 제공하며, 다양한 문화적 등가물들을 사용하고, 융통성 있는 교수 시나리오들을 제공하며, 풍부한 학습자 입력을 수집하는 것을 포함한다([그림 36.1]).

결론

효과적인 교수를 위한 한 가지 좋은 유추는 퀼트다. 퀼트는 패턴들로 구성된 다른 많은 재료 조각들로 구성되고, 사각형으로 잘리며, 함께 꿰매어 붙인 이불이다. 각 사각형은 오늘날의 학습자들의 마크업이며, 그들의 요구들을 충족하기 위해 필요한 설계의 유형을 나타낸다. 많은 사각형으로 된 자료들은 비슷해 보이지는 않지만 완전한 퀼트를 만들기 위해서는 함께 꿰매 붙여야 한다. 퀼트의 각 패턴이 다르고 다채로운 것처럼, 독자(audience)도 다르고 독특하다. 하나의 사각형이 퀼트에서 빠져 있으면, 그것은 완전하지 않다. 각 독자는 학습과정에서 값어치 있으며, 동일하게 중요하다. 교수설계자의 역할은 모든 퀼트의 사각형들을 전략적으로 함께 가져와서 그것들을 확실한 교수설계전략들과 연계하는 것이다. 다양성을 ID에 통합할 때 다문화주의, 지체장애, 인지장애를 고려하는 것이 중요하다. 문화, 지체장애, 인지장애는 학습에서 보다 더 큰 평등을 제공하는 것을 통합적으로 지원한다.

학습자들이 피드백을 제공할 만큼 상호작용하고 편안하게 느낄 수 있는 기회들은 다문화주의를 교수에 통합하는 데 있어서 중요한 전략들이다. 정상적인 민감성과 수용을 마련하기 위해, 참여에 대한 설계 접근법은 독자가 학습환경에서 상호작용하는 방법, 학습 경험의 관점, 학습산출물들에서의 인지된 학업성취를 결정한다. 학습자들은 목표들을 나타내는 다양한 훈련과 평가유형들이 필요하다. 이러한 것들은 또한 상호작용을 할 수 있도록 해주어야 한다. 학습자들은 그들의 장애들과 학습에 대한 인지된 도전들을 의사소통할 수 있는 환경 속에 존재해야 한다. 우리의 사회가 지속적으로 변화하는 세계 속에서 도전들에 직면함에 따라, 개인적인 관점들을 반영해 주고, 다양성을 포용하며, 모든 학습자들의 요구들을 충족시켜 주는 것이 교수설계자들의 역할이다.

핵심 원리 요약

1. **실행이 시작된 후에 추가적인 조절을 위한 필요성을 없애기 위해 설계 과정의 시작부터 보편적 설계를 실행하라.** 다양한 학습자들을 위한 교수를 설계하기 위해서는 교수설계자들은 개인적인 차이점들과 학습에서의 평등을 실현하기 위해 이용할 수 있는 적응적인 테크놀로지들에 관해 알 필요가 있다.
2. **문화적 민감성, 융통적인 학습자 상호작용, 실제적인 학습경험을 증진시키는 학습환경을 조성하라.** 학습에서의 문화적 장애물들을 확인하고, 학습자들의 요구들을 미리 예측하며, 적절한 설계 시사점들을 결정하기 위해 준비하라.
3. **모든 교수자료를 접근 가능하게 만들어라.** 어떤 비디오나 오디오 자료들도 자막이 제공되어야 하며, 어떤 오디오 단서들(cues)에 관한 시각적인 표시들 또는 다른 필요한 오디오 특성들을 포함하여 모든 오디오들에 대하여 텍스트 원고들을 제공해야 한다.
4. **명확하고 간단한 내비게이션과 가독성을 보장하는 정보의 논리적인 진행을 제공하기 위한 레이아웃에 초점을 두고 있는 교수자료를 조직하라.** 텍스트를 만들 때, 크기, 가독성(명확한 글자체), 색상대비를 고려하라. 그래픽, 내비게이션 도구, 헤딩, 버튼과 같은 텍스트가 아닌 항목들에 대해 대안적인 텍스트 태그들을 붙여라. 가능하면, 완전한 텍스트 버전들을 제공하라. 깜빡거리는 팝업, 복잡한 그래픽, 복잡한 표와 프레임의 사용을 제한하라.
5. **가능하면, 표현을 위한 융통성 있는 교수 대체물을 제공하라.** 평가, 필수적인 교수과제들 또는 활동들에 엄격한 시간제한을 두는 것을 제한하라. 가능하면 언제든지, 융통성 있는 시간제한 정책들을 통합하라. 실시간 채팅을 제한하라.

응용 문제

1. 여러분은 지방 대학교의 겸임교수다. 다음 학기의 교육과정과 교수에 관한 정책변화가 시행되었다. 그 대학교의 모든 강좌들은 이제 다중표상수단, 다중표현수단, 다중참여수단의 세 가지 UDL 원리들을 사용하여 개발되어야 한다. 여러분은 교실에서의 테크놀로지의 활용을 필요로 하는 미래 교사들을 위해 300 수준의 교육매체 강좌를 가르치고 있다. 구체적으로, 여러분은 이러한 미래 교사들에게 미래의 K-12 학생들을 가르칠 때 블로깅(blogging), 파드(pod)와 비디오캐스팅, 소셜 네트워킹 등과 같은 온라인 환경의 기본요소들과 활동들을 활용하는 방법을 가르치게 될 것이다.
   a. 여러분은 다양한 학습자들의 요구들을 충족시키기 위해 강좌를 어떻게 설정하겠는가? 여러분은 표상, 표현, 참여의 단계들에서 다양식(multimodal) 활동들을 어떻게 통합하겠는가?
   b. 여러분은 미래 교사들을 위한 테크놀로지 강좌에 다문화주의를 통합하기 위해 어떤 디자인 시사점들을 실행하겠는가?

2. 루이지애나주, 뉴올리안즈시는 흔히 매년 6월 1일부터 11월 1일까지의 기간 동안 위험한 허리케인들로부터 위협을 받는다. 여러분은 그 시가 2005년 8월에 허리케인 카트리나(Katrina)로 인해 황폐화되었다는 것을 기억할 것이다. 많은 사람들은 무엇보다도 심각하게 결함이 있었던 피난계획 때문에 생명을 잃었다. 이러한 일이 다시는 결코 일어나지 않도록 보장하기 위한 노력의 일환으로, 시 계획자들과 시민안전 공무원들은 또 다른 재앙적인 허리케인이 발생할 경우를 대비하여 혁신적이고 주목할 만한 피난계획을 마련해 왔다. 여러분은 피난계획에 대해 일반인들에게 교육시킬 일련의 시민훈련 세미나들을 개발하고 실행하기 위해 고용되었다.
   a. 여러분이 문화와 신체적/인지적 장애들에 관한 정보를 수집했다는 것을 보장하기 위해 학습자 분석에서 어떤 질문들을 할 것인가?
   b. 여러분은 문화적으로, 경제적으로, 교육적으로, 그리고 그 이외에 다른 다양한 특성을 지닌 사람들을 고려하는 세미나들을 어떻게 준비하겠는가?
   c. 여러분은 가능한 한 가장 많은 사람들이 참여할 수 있는 세미나들에서 정보를 제시하기 위해 어떠한 전략들을 사용하겠는가?

저자 정보

Joél P. Lewis는 사우스앨라바마대학교의 교수설계개발학과(Iinstructional Design and Development) 조교수다.

Stephen M. Sullivan은 알라바마농맹연구소(Alabama Institute for Deaf and Blind)의 적응적 테크놀로지 전문가(Adaptive Technology Specialist)이며 사우스앨라바마대학교의 교수설계개발학과 박사과정생이다.

참고 문헌

American Foundation for the Blind.(2007). Glossary of eye conditions. Retrieved July 18, 2009, from http://www.afb.org/seniorsite.asp?SectioniD=63&DocumentlD=2139

Assistive Technology Act of 2004, STAT 1711 § 3(2004).

Bucher, R. D.(2000). *Diversity consciousness.* Upper Saddle River, NJ: Prentice Hall.

CAST.(2002). *Universal design for learning guidelines version 1.0.* Wakefield, MA: Author.

Crow, K. L.(2008). Four types of disabilities: Their impact on online learning. *TechTrends, 52*(1), 51-55.

Dick, W., Carey, L. C., & Carey, J. O.(2001). *The systematic design of instruction*(5th ed.). New York: Longman.

Guild, P. B.(2001, October). Diversity, learning style, and culture. *New Horizons for Learning.* Retrieved July 5, 2009, from http://www.newhorizons.org/strategies/styles/guild.htm

Hitchcock, C., Meyer, A., Rose, D., & Jackson, R.(2002). *Technical brief Access, participation, and progress in the general curriculum.* Peabody, MA: National Center on Accessing the General Curriculum. Retrieved December 1, 2009, from http://www.cast.org/ncac/index.cfm?i=2830

Hyter, M. C., & Tumock, J. L.(2005). *The power of inclusion.* Mississauga, Ontario: Wiley.

Konrad, A. M., Prasad, P., & Pringle, J. K., (2006). *Handbook of workplace diversity.* Great Britain/British Isles: Sage Publications.

Meo, G.(2008). Curriculum planning for all learners: Applying universal design for learning(UDL) to a high school reading comprehension program. *Preventing School Failure, 59*(2), 21-30.

Pliner. S. M., & Johnson, J. R.(2004). Historical, theoretical, and foundational principles of universal instructional design in higher education. *Equity and Excellence in Education, 37*, 105-113.

Rogers, P. C., Graham, C. R., & Mayes, T. C.(2007). Cultural competence and instructional design. *Education Tech Research Development, 55*(2), 197-217.

Rose, D. H., Harbour, W. S., Johnson, C. S., Daley, S. G., & Abarbnell, L.(2006). Universal design for learning in postsecondary education: Reflections on principles and their application. *Journal of Postsecondary Education and Disability, 19*(2), 135-151.

Rose, D. H., & Meyer, A.(2002). *Teaching every student in the digital age: Universal design for learning.* Alexandria, VA: Association for Supervision and Curriculum Development.

Silver, P., Bourke, A. B., & Strehom, K. C.(1998). Universal instructional design in higher education: An approach for inclusion. *Equity & Excellence in Education, 31*(2), 47-51.

Simoncelli, A., & Hinson, J. M.(2008). College students with learning disabilities personal reactions to online learning. *Journal of College Reading and Learning, 38*(2), 49-62.

World Health Organization.(2009). Data and statistics. Retrieved December 2, 2009, from http://www.who.int/topics/disabilities/en/

제37장

변화하고 있는 설계의 본질

Elizabeth Boling (Indiana University)
Kennon M. Smith (Indiana University)

이 장의 제목에도 불구하고, 우리는 사실상 설계의 본질(nature)은 변화하고 있지 않다는 견해를 갖고 있다. 변화하고 **있는** 것은 학문들 간의 연구를 위한 주제로서의 설계와 설계 실제에 관한 많은 전통적인 분야에서 나타나고 있는 설계에 관한 개념에 쏟아지고 있는 관심이다. 다음으로, 그러한 변화들은 우리가 하는 것(what we do)의 본질에 관한 교육공학 분야에서의 장기간에 걸친 논의들을 명료화해 주고 그러한 논의들에 대해 에너지를 제공하고 있다. 결국 수십 년 동안, 교육공학 분야에서의 주류 견해는 우리는 과학(science)(비록 현존하지 않는 것에 대해 방어적으로 절충적이거나 연약한 것으로 양자택일적인 이론 기반을 가지고 있는 것)이라는 것이었다. 그 시기 동안 이러한 견해에 의문을 제기하는 목소리들이 정기적으로 있어 왔으며, 때때로 자극적인 논쟁이었지만 일반적으로 주류 견해에 대해 심각하게 도전하는 것으로 간주되지 않았다. 또는 그러한 목소리들은 매체설계자들이나 생산전문가들에게만 관심이 있는 것으로는 간주되어 왔다. 그러나 여러 학문분야의 학자들이 설계의 본질을 다시 생각하고 그것의 연구에 진지한 관심을 돌릴 때, 설계에 관한 새로운 견해들이 또한 교육공학 내에서 합체하고 있다.

교육공학 분야에서의 기존의 설계에 관한 개념

교육공학 분야의 선행연구들을 검토해 보면, 설계(design)라는 용어는 빈번하고 일관성 없게 사용됨을 알 수 있다. Seels와 Richie(1994)는 그 단어의 몇 가지 일반적인 활용들을 밝혀냈다. 이러한 것들 중, 아마도 현재 교육공학 분야에서 가장 널리 알려진 "설계(design)"의 개념은 교육공학 분야의 과학적인 견해와 연결 지어진 과정중심적인 ADDIE형(ADDIE-type) 모형에서 단계들 또는 개념들 중 하나라는 것이다. 그러나 우리가 이러한 견해가 변화하고 있으며 변화해야 한다는 주장을 계속해 감에 따라, 우리는 설계라는 용어를 보다 더 포괄적인 의미로—학습과 수행을 증진시키기 위해 요구되는 전체적인 노력을 포괄하는 것으로—사용할 것이다.

우리가 설계에 관한 우리의 이해를 틀 짓는 방식은 교육공학 분야에서의 설계에 관한 연구와 실제를 위해 상당한 중요하다. 지난 50여 년 동안, ID 업무를 안내하기 위한 체제기반 과정모형들(systems-based process models)을 개발하는 데 엄청난 양의 노력이 투자되어 왔다. 현재 수백 개의 그러한 모형들이 있다. 이 모형들은 ID 사고(thinking)와 일(work)에 관한 우리의 이해를 틀 짓는 데 있어서 매우 널리 퍼지고 영향력을 미쳐 왔기 때문에, 때때로 그것들은 우리의 설계지식을 구체화(embodiment)한 것으로 간주된다. Dick(1997)은 "우리의 모형들은 우리 분야에 대한 많은 공헌자들의 연구와 절차들을 요약해 준다는 관점에서 우리에게 매우 유용했다. 우리의 모형들에서 묘사된 바와 같이, 우리의 이론은 연속적인 "만약 ~한다면(if-then)" 진술문들로서 간주될 수 있다"(p.47). 다시 말해서, 설계["우리가 하는 것(what we do)"의 보다 더 큰 의미에서]는 과정(process)과 동등한 것으로 널리 간주되었다.

물론, 교육공학은 1960년대와 1970년대 동안 과정모형들이 나타났던 유일한 설계 분야는 아니다(예를 들어, Alexander, Ishikawa, & Silverstein, 1977; Jones, 1970 참고). 과정모형들 또는 설계를 위한 도구들로서 사용되었던 개념적인 모형들은 "일어날 것으로 보이는 명시적인 활동들의 논리적인 구조를 통해 설계에서 작동 중인 창의적인 문제해결과정을 기술하기 위한 시도로서"(Rowe, 1991, p.45) 이 당시에 많은 설계 분야들에서 나타났다. Rowe가 "설계의 전체 과정은 분명하고 명시적으로 진술되고, 적절한 자료들이 수집되며, 매개변수들(parameters)이 설정되고, 이상적인 인공물(artifact)이 산출될 수 있다고 믿어졌다"(p.49)고 말할 때, 그것은 이 분야에 있는 독자들에게는 익숙하게 들릴 수 있다. 아마도 우리에게 덜 익숙한 것은 실제적인 설계활동들에서 관찰된 복잡성들에 관한 장기간의 논의 후에 다음과 같이 진술했던 그의 결론일 것이다.

> 거의 모든 사례들에서, 과정이 목적 그 자체로서 추구되었던 규범적인 영역에까지의 기술(description)을 넘어서는, 그 단계는 처참한 실패를 초래했다. 그 과정을 고안하기 위한 시도들은 관찰된 매우 섬세하고 심오한 문제해결행동과 심오함과 비교했을 때 공허하게 이행되었다. (p.111)

이와는 대조적으로, 과정모형들과 과정모형의 한 **구성요소**로서의 설계에 관한 널리 퍼진 이해는 교육공학 분야에서 매우 안정적으로 유지되어 있다. 실제로, Branch(2009)는 최근까지 ADDIE(분석, 설계, 개발, 실행, 평가)를 각 단계가 "그 과정에서 다음 단계로 입력되기 전에 검사되는 … 전달가능한 …을 생성하는"(p.4) "생산물 개발 패러다임"(p.1)이라고 설명한다. 그래서 그는 전체 교과서를 "공통적인 기초가 되는 구조[ADDIE]를 공유하는 일련의 모형들"(p.5)—다시 말해서, 단계화된 과정모형들—주변에 집중시킨다.

많은 설계 분야들에서 설계에 관한 이러한 모형기반(model-based)을 이해하기 위해 외관상 동시에 일어나는 개발을 위한 가능한 동기부여들을 검토해 보면 교육공학에서 이러한 견해의 지속성을 설명하는 데 도움이 될 것이다. 전통적인 설계 분야들에서 과정모형들에 관한 초점의 이동에 관한 분석에서, Cross(2007)는 최소한 그 활동 중 몇 가지는 현대의 설계를 "산업화 이전, 수공업 지향적인 설계—과학적 지식에 기초한—와 다른 것으로"(pp.119-121) 구축하고자 하는 노력들의 가장 긍정적인 측면들인 "설계를 과학화하고자 하는 열망들"에 기인한다고 주장했다. 설계를 과학적으로 행하기 위한 노력과 더불어, 우리는 만약 설계가 과학적이지 않다면, 그것이 타당성이 있다는 어떤 주장들도 근거를 가지고 있지 않다고 우려한다. Merrill, Drake, Lacy와 ID2 연구집단(ID2 Research Group)(1996)은 이러한 후자의 견해를 다음과 같이 표현했다.

> 교수공학은 단지 철학은 아니다; 그것은 협력에 의해 달성된 일련의 절차들도 아니다; 그것은 일련의 과학적인 원리들과 교수 경험들과 환경들을 개발하는 데 이러한 원리들을 실행하기 위한 테크놀로지다. … 일반적으로 교육공학과 구체적으로 ID의 구조에 관한 많은 것들이 과학의 바위(rock)라기보다는 상대주의의 모래(sand) 위에 구축되었다. 새로운 패러다임의 바람들(winds)이 불고, 오래된 패러다임들의 모래들(sands)이 이동함에 따라, 교육공학의 구조는 사이비과학(pseudo-science)과 신화의 나락으로 빠져 들어간다. 우리는 새로운 패러다임들과 "현실들(realities)"의 움직이는 모래들에 맞서 확고하게 서 있다. 우리는 그 모래에 한계를 두어 왔다. 우리는 교수과학의 바위 위에 구축된 ID의 테크놀로지를 대범하게 재요구한다. (p.7)

우리의 관점에서 볼 때, 그러한 주장은 과학과 비과학(not-science) 간의 잘못된 선택을 불러일으킨다. 우리는 ID는 과학도 아니며, 정당성을 보유하기 위해서 그 자체를 과학으로 생각할 필요도 없지만, ID는 그것은 자기 자신을 설계의 전통 내에 위치시킬 수 있으며, 여전히 필요한 경우 과학적인 원리들과 과정들을 이용할 수 있다고 믿는다.

교육공학 분야에서의 설계관 확장

교육공학 내의 몇몇 학자들은 설계에 관한 우리의 견해를 과정-모형기반(process-model-based) 과학의 견해를 넘어 확장해야 한다고 주장해 오고 있어서, 우리는 여기에서 몇 가지 주목할 만한 예들을 검토한다. 1983년 초반에, Kerr는 설계자들이 일할 때 그들이 실제로 행하고 있는 것을 발견하기 위한 경험적인 시도를 했으며, 우리 분야는 다른 설계 분야들과의 연계를 검토해 볼 필요가 있다고 결론 내렸다. 거의 10여 년 후에, Lawson의 『설계자들이 생각하는 방법(How Designers Think)』(1980)으로부터의 준거틀을 사용한 Murphy(1992)는 일반화된 설계의 특성들과 우리가 우리 분야에서 다루고 있는 문제들의 특성들을 비교했으며, 그 두 가지는 동일하다고 주장했다. 그는 동료들에게 "설계의 세계로부터 보고 학습하라는"(p.282) 탄원서를 보냈다. 1997년에, Davies는 "목적들을 결정하면서 영향력 있는 프로토타입들을 설계하고 동시에 적절한 교과내용도 확인하며"(p.41), 설계 과정들에서 실제 세계의 대혼란을 인정하기 위해 설계 활동들에서의 급진적인 병행(parallelism)을 요구했다. 종합해 보면, Davies의 권고들은 만약 우리의 정체성을 과학이라고 본다면 과정모형의 중심적인 위치가 심각하게 침해되었음을 시사한다. Wilson(2005a, 2005b)은 이 분야의 "실천가의 관점들을 아는 것과 행하는 것의 다른 방법들에 대한 진보적 경로이론(high-road theory)의 범람과 과학의 특권에 대한 해독제로", 그리고 ID "그 자체가 논리적인 노력의 분야"(2005b, p.11)라고 부르는 것을 고려해 볼 필요가 있다고 말함으로써 이러한 개념들을 더 심화시켰다. 이 분야의 기초에 대한 그의 확장은 "흔히 간과되었던 설계의 측면들 … 의미의 도덕적, 가치적 층위들과 우리 업무의 미학적 측면"(2005a, p.15)을 통합하기 위한 우리의 설계관(view of design)의 확장을 시사한다.

Smith(2008)는 우리가 이 분야에서 설계를 어떻게 이해해야 하는지에 관한 의견을 결정하기 위해 그 분야에서 간행된 정의들과 가장 많이 사용되는 교과서들, 우리가 어떻게 인식되기를 원하는지를 가장 잘 표현하고 있는 문서들을 검토했다. 그녀는 다음과 같이 결론지었다.

> 교육공학에서 설계에 관한 이상화된 표현들은 설계를 과정지향적인 것, 체계적인 일로서 수행되는 것, 모형들에 의해 제시되는 것, 이론에 기초한 것, 자료에 근거한 것, 세분화와 전문화로 특징지어지는 것, 그리고 문제해결에 초점을 두는 것으로 특징지어지는 경향이 있다.(Smith & Boling, 2009, p.3)

그 후, 그녀는 전략에만 초점을 두기보다는 설계의 모든 핵심적인 측면들에 초점을 둘 필요성; 선례(precedent)를 이 분야의 지식기반으로서 개발하고 사용할 필요성; 의사결정에서 설계자의 판단과 역할의 중요성; 설계를 탐색적, 아울러 문제주도적(problem-driven)으로 보는 것의 바람직함; 그리고 현재의 분석-통합접근법(문제를 분석하고, 그것의 구성요소들에 대한 반응들을 선택하며, 이것들을 해결책 속에 통합하는)을 증대하기 위해 설계에 대한 추론-분석접근법(설계활동을 구체화하기 위해 목적들이 가정되고 사용되며, 그것의 결과가 이해를 증진한다는 관점에서 계속적으로 분석되는)뿐만 아니라 이 견해의 시사점들과 제한점들도 논의했다.

Rowland(2008)는 교육공학 설계의 개념을 "설계와 연구가 서로를 … 공식적인 교차점들을 가지고 있는 … 독립적인 탐구들로 바뀌는" "교육적인 맥락들을 위해 완전히 개발된 탐구시스템" (p.7)으로 탐색해 왔다. 이 관점에서, 설계는 전통적으로 인정되는 연구와 동일하게 구축되며 그것과 함께 기능하는 논리적인 지식의 형태로서 간주된다; 그 두 가지는 교육에서의 진정한 혁신들을 산출하기 위해 함께 작동하곤 한다. 이러한 저자들 모두가 비록 그들이 과정관(process view)에 집중하고 복잡하고 변덕스러운 인간 상황들을 해결하기 위한 그것의 한계점들에 의문을 제기하지만 설계에서 합리적인 것을 완전히 배제할 것을 주장해 왔다.

ISD에서 과정지향(process orientation)에서 벗어날 것을 요청하는 주장들은 아주 최근까지 두 가지의 관련된 가정들에 의해 부분적으로 어려움을 겪어 왔다: 첫째, 과정지향은 진지하고 과학적인 연구를 위한 선행 조건이라는 것과 둘째, 예술(art)은 과학(science)과 반대된다는 것. 예술과 과학은 Dick과 Rowland 간의 1995년의 논쟁을 확인할 수 있는 *Educational Technology*에서 주요한 또는 유일한 전통이라는 견해를 볼 수 있다. ISD의 몇몇 비평가들로부터 주도권을 잡은 Dick은 만약 누군가가 과학적으로 실천하지 않는다면, 그 사람은 예술적으로 실천해야 한다는 가정과 함께, 그리고 아마도 그 결과로 초래되는 엄격성 또는 신뢰도의 결여와 함께, "체계적인(systematic)" (또는 과학적인) 설계에 맞서 "창의적인(creative)" (또는 예술적인) 설계를 옹호했다.

우리는 예술 대 과학의 가정에 직접적으로 이의를 제기하며, "과학으로서의 과정모형" 가정에 대한 요구를 고려하지 않는다. 이러한 전통들을 대립적으로 보기보다, 예술과 과학을 몇 가지의 근본적인 공통점들을 가지고 있는—특히 무엇보다 중요한 진실들을 위한 검색과 **설계**를 "궁극적인 **특색**(the ultimate particular)—구체적인 설계[의 예]" (p.33; 원문에 이탤릭체로 되어 있음)—을 위한 검색에 의해 촉발되는 앎에 관한, 지식구축에 관한 자체의 방법들을 가지고 있는(Nelson & Stolterman, 2003)—별개의 전통들로 보는 것이 가능하다.

다양한 설계 활동들에 중심을 두고 그 활동 모두를 "설계"라고 특징짓는 설계관은 우리가 ISD에서 하는 모든 것(예를 들어, 설계연구나 분석, 프로토타입 평가, 생산)을 설계의 일부라고 기술한다(Nelson & Stolterman, 2003). 설계전통이 이러한 방식으로 인식될 때, 비록 설계가 과학을 사용하고 과학에 의존하지만, 과학이 설계를 사용하고 설계에 의존한다 하더라도 설계는 과학과는 다르다—그리고 과학과 동등하게 존재한다(Baird, 2004; Gibbons, 2000; Nelson & Stolterman, 2000; Rust, 2004). 이러한 관점에서, 설계하는 것(designing)은 설계자(들)의 도구들이 아니라 설계자(들)이 긴장을 결과들 속에서 해소하는 주요한 동력인 가능성들과 제한점들을 구성하고 있는 복잡한 개념적인 공간 내에서 구체적이지만 포괄적으로 기술될 수 없는 목적들을 향한 행동으로 간주된다(Boling, 2008; Cross, 2007; Goel & Pirolli, 1992; Lawson, 2005).

과정이라기보다 공간으로서의 설계의 개념적인 모형에서, 많은 "변하지 않는 특성들"은 설계하는 것을 다른 문제해결 형태들과 구별한다(Goel & Pirolli, 1992, p.395). 이러한 것들은 부분적으로 시작과 목적 상태들에 관한 불완전한 정보로 요약되며, 하나를 다른 것; 다양한 유형들의 다양한 제한점들, 그것들 중 어느 것도 문제나 그것의 해결책을 완전하게 정의하지 않는다; 서로 영향을 미치지만 설계자가 그것들을 구조화할 때를 제외하고 본질적으로 구조화되어 있지 않은 상호 관련된 부분들; 그리고 수십 분이나 수십 시간이 아닌 수십 일이나 수십 년 동안 지속되고 있는 설계 문제들로부터 야기되고 있는 척도의 복잡성들로 변형하기 위한 불변의 규칙들도 없다(pp.401-402).

단일의, 일반적인 과정모형—또는 일련의 구체적인 과정모형들—이 목적 상태로부터 최종 상태로 변형되기 위해 요구하는 방향을 제공할 수 없는 그러한 설계공간에서, 여러 학문분야 학자들은 광범위한 설계지식을 위한 새로운 가치를 형성하고 있다. 그들은 설계노하우, 설계지식, 설계교수법을 연구하고 있으며(Lawson and Dorst, 2009), 설계의 본질을 학문분야들을 초월하는 것으로 인식하고 있다(Durling, Rust, Chen, Ashton & Friedman, 2009; Goel & Pirolli, 2007). 설계사고(design thinking)는 다른 사고방식들과 구별되는 것으로서 간주되며, 실제로 가치가 있다(Brown, 2008; Cross, 2007). 설계 지식과 행동은 논리적이고 중요한 연구대상들로 간주되며, 설계는 지식구축의 독특한 형태라고 볼 수 있다(Boling, 2008; Dorst, 2008; Lawson, 2002; Stolterman, 2008).

교육공학 내의 설계관점들과 도구들에서의 새로운 변화

학자들이 설계에 관한 연구에 몰두함에 따라, 우리는 전문가들이 이 분야에서 학자들이 개발하고 가르치는 설계를 위한 도구들을 사용하지 않는다는 것을 깨닫게 되었다(Cox & Osguthorpe, 2003; Rowland, 1992; Stolterman, McAtee, Royer & Thandapani, 2009; Visscher-Voerman & Gustafson, 2004). 설상가상으로, 이러한 도구들은 ISD를 가르치는 데 있어 우리를 효과적으로 지원할 것으로 기대되지만(Dick, 1995), Lawson과 Dorst(2009)는 그러한 도구들은 실제로 설계노하우의 개발을 좌절시킬 수도 있다고 주장한다. 교육공학 분야 내에 있는 개인들과 집단들은 최근 몇 십 년 동안 널리 유행해 왔던 설계 도구들과 설계 관점들보다 더 다양한 도구들과 관점들을 확립하고 있다. 이 분야에 있는 학자들은 전통적인 설계분야와 새로운 설계분야들(예: 건축학, 제품생산, 인간-컴퓨터 상호작용 설계, 소프트웨어 설계)의 아이디어들을 재빠르게 채용하고 있으며, 그것들을 기존의 아이디어들과 통합하기 위해 노력하고 있다.

원리기반 설계

몇몇 학자들은 원리들을 자신들의 설계 연구에서 핵심적인 관심사로 받아들여 왔다. Silber는 2007년에 설계가 설계 학문분야들 간에 공통성들을 공유하는 전문화된 사고 유형을 요구하며, 그러한 사고는 과정모형에서 담아내거나 또는 그러한 모형을 통해 가르칠 수 없다는 아이디어뿐만 아니라 설계 연구자들에 의해 제시된 아이디어들 중 대부분을 분명하게 통합한 것을 제시했다. 그의 결론은 "ID는 전문적인 교수설계자들이 비구조화된(ill-structured) 문제들을 해결하기 위해 사용하는 일련의 원리들과 휴리스틱스다"(p.10)라는 것이다. 그래서 그는 "교수설계자들이" 대략적으로 ADDIE(그가 또한 하나의 모형으로 정의한)에 의해 제시된 개념들로 조직화된 "ID 문제들을 정의하고 해결할 때 염두에 두어야 하는 원리들"에 관하여 여섯 페이지를 할애한다. Reigeluth와 Carr-Chellman(2009)은 비록 많이 확장된 견해이지만, 비슷한 견해를 취한다. 그들은 다양한 저자들로부터 교수이론들 또는 "일련의 목적지향적, 규범적, 인공적인 과학(artificial-science) 원리들"(p.19)을 권유해 왔다. 그들은 이러한 이론들을 "교수의 다양한 측면들과 관련이 있는"(pp.8-9) 유형들—사태, 분석, 계획, 구축, 실행, 평가—로 조직화하고, 그것들을 교수에 대한 다양한 접근법들(직접교수, 문제중심 교수, 시뮬레이션)과 관련이 있는 집단들 속에 제시한다. Merrill(2009)은 또한 효과적인 설계를 특징짓는 제한된 수(다섯 개)의 제1원리들을 밝혀냄으로써 설계원리들의 기초에 초점을 두어 왔다: 즉, 그 원리들은 설계 동안 행해진 이동(moves)을 위한 지침(guidance)이라기보다 설계의 산출물들 속에서 달성되는 목적들이다.

문제해결로서의 설계

Jonassen(2008)은 설계를 주로 비슷한 자료들에 의해서 알려졌으나 순환적인 과정이라는 견해를 지닌 원리들을 선택하고 적용하는 것으로 Silber(2007)의 모형을 반대한다. 이 과정에서, 설계자들은 제한점들—기술적, 경제적, 정치적/조직적, 학습자 관련(learner-related), 그리고 물리적(p.23)—에 대응하며, 그들이 의사결정의 사이클을 반복할 때, 새로운 제한점들을 창출하는 "제안된 해결책들을 기술하는 설계모형"(p.24)을 구축한다. 이러한 설계모형에서, 설계자들의 편견과 믿음은 다른 제한점들과 동등하게 의사결정에 영향을 미친다

(p.23). 그의 모형은 설계의 산출물에 영향을 미치고 그런 다음 후속적인 이동에 의해 영향을 받는 훈련된 이동을 실행하기 위해 판단 능력을 사용하는 설계자들에 의해서 지속적으로 형성, 재형성되는 설계공간의 개념과 많은 공통점을 지니고 있는 것 같다.

설계 용어들과 층위들

Gibbons(2000)는 교육설계자들[그는 "공학자들(technologists)" 이라는 용어를 사용한다]이 사용하는 지식과 그 지식이 표현되는 방법과 관련한, 다양한 설계 실제 분야들, 특히 엔지니어링과 건축학으로부터 도출된 쟁점들을 탐색해 왔다. 그는 설계의 **과정**보다 설계의 **산출물**에 초점을 둔 설계관을 제시한다. 이 관점에서 볼 때, ID는 각각이 독특한 설계목적들, 구인들, 이론적인 원리들, 설계과정들에 의해 특성화된 층위들의 시스템(a system of layers)이다(p.23). 이러한 설계관과 관련하여, Gibbons와 Brewer(2005)는 다양한 분야들에서의 설계는 "각 층위 내에서 설계를 완료하기 위해 사용되는 일련의 구조들과 구조화하는 규칙들을 제공 … [하는] … 설계 용어들(design languages)들의 확인과 사용" 으로부터 혜택을 받는다고 설명한다. 그들은 그 분야 내의 설계 용어 연구에 관한 프로그램으로부터 얻을 수 있는 다양한 혜택들을 열거한다.

설계에서의 미학

Wilson(2005b)은 미학(aesthetics)을 ID에서의 두 가지의 새로운 "실천의 기둥들(pillars of practice)" 중 하나(p.10)라고 명명했으며, "교수설계자들이 자료의 설계자들이지만, 그들은 또한 **경험**의 설계자들이다" , 그리고 이 속에서의 그들의 목적은 학습자들을 위한 "강화된 즉각적인 경험의 수준들" 을 창출하는 것을 도와주는 것이라고 설명했다(p.15; 원본에 이탤릭체로 되어 있음). Parrish(2009)는 주로 Dewey의 미학에 관한 설명의 재검토에 기초하여, 이 아이디어를 광범위하게 상술해 왔다. 미학적 경험들은 "몰입적이고, 의미가 부여되었으며, 일관성 있고 완전하다고 느끼는 경험들" 이다(p.511). 이러한 경험들의 질은 설계에 매력을 더할 수 있지만 궁극적으로는 학습자들을 교수의 실제적인 요점으로부터 빗나가게 할 수도 있는 장식적인 겉치레가 아니라 학습을 위한 결정적인 동인으로 여겨진다. Parrish는 설계과정에 초점을 두기보다 그러한 질을 달성하기 위해서는 설계자의 측면에서 상상력과 공감이 필요하다고 말한다(p.254).

에이전시와 설계 캐릭터

Schwier, Campbell, Kenny(2007)는 설계자들을 "대인간, 전문적인, 기관의, 그리고 사회적인 차원들" (p.2)을 포함하는 새로운 모형 내에서 작동하는 "능동적, 윤리적, 정치적, 그리고 영향력 있는" (p.1) 변화행위자들(change agents)이라고 기술함으로써 설계자들 자체에 초점을 둔다. 그 분야에 있는 설계자들이 자신들과 그들의 실제를 어떻게 인식하는지에 관한 그들의 연구에서, 그들은 "전통적인 ID[교수설계]의 기술적, 체계적인 경계들을 넘어가는 변형과 용기에 관한 많은 이야기들을 들었다" (p.3). 그들의 에이전시 모형(model of agency)은 윤리적인 실행, 사람들과 직업에 대한 책무, 중요한 사회적 영향력에 대한 기여를 강조한다. 그들의 연구결과들은 캐릭터(character)를 설계의 중심에 두는 학자들의 견해들과 일치한다(Nelson & Stolterman, 2000). Osguthorpe와 Osguthorpe(2007)는 역사적, 심리학적, 사회적, 철학적인 기초들을 포함하는 확장된 준거틀 안에서 의식과 개인적인 믿음을 논의함으로써, 설계자들의 캐릭터와 관련된 문제들을 탐색한다.

Boling(2008)은 설계자들의 필수적인 자질들을 다룬다. 그녀는 인간매개자(human instrument)에 관한 개념(Lincoln & Guba, 1985)에 의지하며, 설계자 또는 설계팀은 포괄적으로 알지 못하는 상황들에서 행동할 정도로 복잡하고 호의적인 유일한 매개자라고 단정한다. 이 매개자는 기존의 설계 속에 내재되어 있는 지식을 인식하고 그것들을 유형의 형태(객체나 경험)로 바꾸고; 설계 공간을 왜곡하지 않고 적절하게 그리고 통합적으로 행동하며; 불확실성과 위기를 처리하고; 주어진 문제를 바꾸는 데 자신감이 있으며; 다양한 형태의 설계판단(design judgment)을 신뢰롭고 효과적으로 표현할 수 있어야 한다. 이러한 것들 중 어느 것도 일련의 원리들 또는 과정 도식인 알고리즘에서 축소될 수 있는 기술은 아니다.

수행증진

이 분야에 있는 많은 사람들은 이제 설계의 과정을 위한 본질적으로 과학적인 방침을 유지하면서 설계의 산출물들의 확장(교수자료들과 경험들로부터 수행 해결책들에 이르기까지)을 증진한다. 그러나 인간수행공학(HPT)에 관한 기술들(descriptions)은 설계의 산출물들에서의 이러한 확장은 활동으로서의 모형중심 설계관(model-centric view of design)에 압력을 가해왔음을 분명히 한다. 우리는 1995년에 설계 과정과 관련한 문제들은 선형적인(linear) 대 순환적인(iterative) 것으로서가 아니라 "'결정주의(determinism)' 대 '결단성(definedness)'"으로 틀지어져야 한다고 말했던, 그리고 "나는 인간수행공학 분야가 그러한 우려로부터 성장했다고 믿는다" (p.22)고 주장했던 Rowland와 의견을 같이한다. 다시 말해서, 그것은 HPT를 설계의 개념을 처음부터 다시 생각하고 확장하기 위한 노력들의 결과로 볼 수 있다.

설계의 본질에 관한 새로운 관점의 시사점

이 분야에서 설계의 핵심으로서의 과정모형들에 의존하는 것을 대치하기 위해 어떠한 단 하나의 관점도 새롭게 만들어지고 있지는 않다. 그리고 우리는 이것이 적절하다고 주장한다. 더 포괄적이고, 더 복잡한 설계관이 교육공학 분야에서 요구되는 것 같지만, 이러한 관점을 단 하나의 통합적인 설계모형 또는 이론 속에 담아내고자 하는 우리의 집단적인 노력을 소비하는 것은 낭비일 수 있다. 만약 누군가가 설계는 몇몇 다른 전통의 부분집합 또는 실제적인 적용이 아닌 타당한(그리고 복잡한) 전통이라는 관점을 받아들인다면, 우리는 하나의 분야로서 우리가 하는 설계에 주는 많은 시사점들을 얻을 수 있다.

과학적 지식의 구축과 설계 지식의 구축 간을 우리가 현재 하는 것보다 더 주의 깊게 구별하라.

우리는 단 하나의 맥락에서 단 하나의 설계를 연구하고, 그런 다음 그 연구로부터 다른 모든 설계들 또는 그러한 일반적인 형태의 다른 모든 설계들로 일반화하려고 시도하지 않는다. 우리는 맥락 속에서 보다 더 개별적인 설계들을 연구하며, 그러한 설계들에 관한 풍부한 기술(descriptions)을 그 분야에 있는 모든 설계자들의 전문지식에 대한 값진 공헌들로서 전파한다.

몇 가지 유형의 지식과 지식 구축을 우리가 현재 하는 것과는 다르게 평가하라.

각 설계자에 의해 경험되고 설계되는 데 있어 구체적이고 일반적인 목적들을 위해 이용되는 독특한 노력체인 선례는 구체적인 예다. 우리는 설계자들에게 여전히 적절한 이동을 위해 너무 많은 원리들(이론들)을 가지고 있는 반면 진정한 전문지식을 구축하기 위한 예들은 거의 가지고 있지 있다. 한 영역에서 상황화된(situated) 기교 또는 기술은 또 하나의 예다. ID 모형은 유기적으로 구성된 전략과 실제 교수 간의 차이를 메우지는 않는다; 그렇게 하기 위한 지식이 제시되어 왔지만, 다른 분야들에서처럼 우리 분야에서도 눈에 보이지 않았으며(Siess, 2008), 실행 가능한 연구영역으로 인식될 필요가 있다.

학문분야와 설계에서의 판단을 위한 표준들에 대해 더 학습하고 그 분야에서 표준들을 설정하기 위해 노력하라.

설계를 실행하기 위한 올바른 방법 또는 다른 종류의 설계산출물들을 생산하기 위한 명확한 원리들을 밝혀내기 위해 노력하는 대신에, 우리는 설계에서 단련된 판단과 행동의 매개변수들을 정의하곤 한다. 그러한 매개변수들은 설계공간을 인식하고 형성하며 그것 내에서 적절한 과정들과 원리들을 사용하기 위한 책무를 설계자들과 설계팀에게 부과한다. 우리는 현재

극단적으로 단순화한(또는 때때로 경솔하게 결정된) 모형들을 의미 있는 행동으로 바꾸는 힘든 일을 남겨 놓음으로써 이러한 책무를 설계자들에게 부과하지만, 그 일은 현재 기껏해야 이상적인 과정으로 사용되어 왔던 것을 방해하는 제한점들에 대한 반응으로 독창적인 회피 수단들을 고안하는 것으로, 그리고 최악의 경우에는 표준 또는 이상적인 모형으로부터 떳떳하지 못한 일탈로 간주된다.

교수설계자로부터 더 광범위한 역량들을 기대하라.

단지 우리의 설계 지식 덕분으로 우리가 제공하는 것이 사람들이 전에 가지고 있었던 것보다 더 좋을 수 있을 것이라는 것은 우리가 제공하고 있는 것이 상당히 좋다는 것, 또는 우리가 우리 자신을 가장 큰 의미에서 설계의 보증인들(guarantors of design)—우리가 일한 것에 대해 우리가 행한 결정들, 우리가 그 일을 하는 방법, 그리고 우리가 만들어 낸 것에 관한 모든 결과들에 책임을 지는—로 보는 것을 의미하지 않기 때문이다(Nelson & Stolterman, 2003). 그러한 책무는 교수이론에 관한 인지적인 이해, 어떤 과정을 따를 수 있는 능력, 그리고 심지어 공감할 수 있고, 생산적인 교과전문가와 인터뷰할 수 있는 능력을 훨씬 너머 준비하는 설계자들을 필요로 한다. 우리에게 있어, 이것은 학생들이 우리가 하는 것의 매우 단순화된 표상으로 시작하는 것이 "초보자에게 어떤 과정을 가르치기 위한 합리적인 전략" (Dick, 1995)이라는 널리 퍼진 견해를 의문시해야 한다는 것을 의미한다. Lawson과 Dorst(2009)는 다음과 같이 말한 "델프트공과대학(TUDelft) 산업설계공학부의 창시자들 중 한 명인" Wim Groeneboom을 인용한다.

> [설계방법들의] 커다란 불이익은 이러한 종류의 수업을 통해 우리는 학생들의 완벽하지 못한 것을 제거한다는 것이다. 그것은 설계를 설명하는 빠르고 효과적인 방법이지만, 치명적이다. 학생들은 불확실성을 다루는 것을 배워야 하며, 우리는 이러한 종류의 수업으로 그것을 제거한다. … 결국, 나는 불확실성을 다루는 것이 우리 설계 직업의 핵심이라고 말하고 싶다. (p.33)

결론

과학이 우리가 하는 것(과학이 우리의 전체 정의로서 또는 협력적인 전통으로서 간주될 것인지의 여부)에서 어떤 부분을 수행할 것인지에 대한 주장들이 계속될 것으로 기대되지만, 교육공학 분야에 있는 우리는 이 시점에서 우리 자신을 과학의 한 지류로서 또는 과학기반 예술로서보다는 설계 전통의 한 부분으로 정의하기 위한 선택을 가지고 있다. 만약 우리가 이러한 선택을 하지 않기로 한다면, 우리는 과정중심관(a process-centric view) 또는 "과학화된 설계(scientised design)" (Cross, 2007, p.119)의 한계점들이 실천과 연구의 분야로 나아가기 위한 우리의 노력을 왜곡하거나 방해할 것이라는 위험을 무릅쓴다. Dorst(2008)가 지적한 바와 같이, 과정모형들이 만들어졌을 때, 설계의 다른 중요한 측면들(특히 설계의 대상, 설계자, 그리고 설계의 맥락)이 "배제되어" 버린다(p.5). 이것은 구체적인 문제들을 야기한다; 전문 설계자들은 학자들이 개발한 방법들이나 도구들을 사용하지 않으며, 설계에 영향을 주는 (디지털 매체처럼) 커다란 변화들을 파악하는 것이 어렵게 된다(p.7). 우리가 복잡한 설계의 본질을 탐색하고 이해하는 데 뒤처질 정도로, 다른 실천분야들은 우리가 우리 분야에서 중요하다고 고려하는 관심사들을 집어 들어서 머지않아 그것들을 우리 자신이 할 수 있는 것보다 더 효과적으로 해결할 것이다.

그러나 설계 전통에서 활동 중인 구성원들로서, 우리는 우리들 간에 초점과 산출물들에서의 어떤 차이들에도 불구하고 기본적인 특성들에 관한 광범위한 기초를 공유하는 다양한 공동체의 일부가 된다. 그러므로 우리는 현재 설계(design)와 설계하는 것(designing)에 관한 연구가 급격히 증가하는 것으로부터 혜택을 받고, 차례로 다른 사람들에게 최근 10여 년 동안 구축된 설계의 실제에 관한 우리 자신의 단련된 견해에 관한 실질적인 혜택을 제공할 수 있다. 우리는 단지 이것들 중 하나를 "옳은 것(the right one)"이라고 선택함으로써 이러한 논의들을 끝맺지 않고 우리가 사용하는 도구들과 과정들에 대한 논의들에 참여할 수 있다. 우리는 이것들을 설계하는 것의 실제와 혼동하지 않을 수 있기 때문에 학습과 교수에 관한 이론들에 대하여 생산적으로 주장할 수 있다. 우리는 과학적으로 연구하기 위해 그러한 연구들을 모든 설계 시 지지되지 않는 주장들로 왜곡하지 않고 설계의 개별적인 산출물들을 연구할 수 있다. 우리는 우리가 개발한 원리들을 모두 우리들 힘만으로 설계를 할 수 있는 보편적인 진리들로서보다는 설계자들을 위한 도구들로 사용할 수 있다. 그리고 우리는 우리가 하는 것에 관한 논리적인 과학적 연구에 참여할 수 있는데, 그럼으로써 우리가 오늘날 달성할 수 있는 것을 훨씬 넘어 학습과 수행에서 증진을 거둘 수 있을 것이다.

핵심 원리 요약

1. ID는 과학도 아니며, 정당성을 보유하기 위해서 그 자체를 과학으로 생각할 필요도 없다; 우리는 우리 자신을 설계 전통 내에 위치시킬 수 있으며, 여전히 필요한 경우 과학적인 원리들과 과정들을 이용할 수 있다.
2. 과정모형들은 ID 사고와 일에 관한 우리의 이해를 틀 짓는 데 있어서 매우 널리 퍼지고 영향력을

미쳐 왔기 때문에, 때때로 우리의 설계 지식의 구체화로 간주된다.

3. 전문가들은 학자들이 이 분야에서 개발하고 가르치는 설계를 위한 도구들(과정모형들과 처방적인 이론들)을 사용하지 않으며, 그러한 도구들이 수업을 위한 주요한 전달수단으로 사용될 때, 실제로 설계 전문지식을 개발하는 것을 좌절시킬 수도 있다.
4. 이 분야에 있는 학자들은 설계에 관한 전통적이고 새로운 분야들로부터 아이디어들을 재빨리 채택하고, 그것들을 기존의 아이디어들과 통합하기 위해 노력하고 있다. 어떠한 단 하나의 관점도 이 분야 내에서 설계의 핵심으로서의 과정모형들에의 의존을 대치하기 위해 새롭게 만들어지고 있지는 않으며, 그것은 적절하다.
5. 우리의 설계 지식 덕택으로 우리가 제공하는 것이 사람들이 이전에 가지고 있었던 것보다 더 좋을 수 있을 것이라고 보는 것은 우리가 제공하고 있는 것이 상당히 좋다는 것을 의미하지 않는다. 우리가 복잡한 설계의 본질을 탐색하고 이해하는 데 뒤처져 있을 정도로, 다른 실천분야들은 우리가 우리 자신의 분야에서 중요한 것으로 고려하는 관심사들을 끌어 올리고, 머지않아 그것들을 우리 자신들이 할 수 있는 것보다 더 효과적으로 해결할 것이다.

응용 문제

1. 교육공학에서의 새로운 매체(New Media in Ed Tech)에 관한 대학원 강좌를 가르치는 여러분의 교수자는 여러분을 근처도시에 있는 비디오게임 설계상사에 방문하도록 데리고 갔다. 그 방문 동안, 여러분의 수업은 거기에서 제작된 교수 구성요소들에 초점을 두었으며, 여러분들 중 어느 누구도 듣기를 기대했을 수도 있는 용어들—과제분석, 교수전략 등—을 언급하지 않았다는 것을 알았다. 여러분이 그들이 사용하는 과정에 대해 물었을 때, 그 답변들은 애매모호한 것 같았으며, 그 설계자들은 과정을 논의하는 것을 참을 수 없었다. 그것은 마치 그들이 설계했던 각 게임의 설계과정을 더듬어 나가는 것 같았다. 게임플레이어로서, 여러분은 게임들 속에 있는 교수(instruction)가 정말로 좋다는 것을 안다; 여러분은 몇 가지 다른 것들과 비교했을 때 재빠르게 이 게임들 중 몇 개를 플레이하는 것을 배워 왔으며, 개별지도 요소들을 게임플레이 속에 통합하기 위해 사용되었던 전략들을 칭찬해 왔다.

   어떤 요인들이 설계자들이 효과적인 교수를 만들기 위해 체계적인 과정을 사용하지 않고도 효과적인 교수를 설계하는 데 기여하며, 그러한 요소들은 서로 어떻게 관련되는가?
2. 여러분은 다양한 고객들을 위한 교수를 개발하는 작은 컨설팅그룹에서 일한다. 최근에 여러분은 그들이 "동일한 옛날 훈련모듈들"이라고 명명한 것에 실망해 왔던 한 잠재적인 고객을 만난다. 그녀는 높은 수준의 동기, 자기확신, 그리고 혁신적인 사고를 위해 고용된 새로운 MBA들이 거대한 금융회사들이 근로 의욕을 떨어뜨리지 않고 주요한 위기들을 회피하기 위해 사용해야 하는 안전장치들을 사용—그리고 주의—하기 위해 훈련받고 있는 약간 복잡한 학습 상황들을 접근하기 위한 신선한 방법을 찾고 있다. 그들은 풍부한 자금을 가지고 있으며, 매우 많은 집단들이 생산한

표준 훈련과 같이 보거나 느끼지 못하도록 도와줌으로써 여러분을 독려해 왔다.

이 분야에서 나타나고 있는 하나 이상의 새로운 관점들을 사용하여, 여러분은 이 프로젝트를 어떻게 해결하겠는가? 여러분은 이 고객이 제시하고 있는 설계공간에 관한 여러분의 견해를 어떻게 구조화하고, 여러분에게 주어진 것과 같은 문제를 틀 짓거나(frame) 다시 틀 짓겠는가(reframe)? 그 고객의 요구 중 어느 측면이 전통적인 ISD 관점을 사용하여 해결하기가 가장 어려운가?

저자 정보

Elizabeth Boling은 인디애나대학교 블루밍턴(Indiana University Bloomington)의 사범대학(School of Education) 교수체제공학과(Instructional Systems Technology) 부교수이며, 대학원부학장(Associate Dean for Graduate Studies)이다.

Kennon M. Smith는 인디애나대학교 블루밍턴의 예술과학대학(College of Arts and Sciences) 인테리어디자인학과(Interior Design) 조교수다.

참고 문헌

Alexander, C., Ishikawa, S., & Silverstein, M.(1997). *A pattern language: Towns, buildings, construction.* New York: Oxford University Press.

Baird, D.(2004). *Thing knowledge: A philosophy of scientific instruments.* Berkeley: University of California Press.

Boling, E.(2008). The designer as human instrument. Presented as part of a panel organized by D. Jonassen; *Design is not systematic: Alternative perspectives on design*: Annual Meeting of the Association for Educational Communications and Technology.

Branch, R. M.(2009). *Instructional design: The ADDIE approach.* New York: Springer.

Brown, T.(2008, June). Design thinking. *Harvard Business Review,* 84-92.

Cross, N.(2007). *Designerly ways of knowing.* London: Springer-Verlag.

Cox, S., & Osguthorpe, R. T.(2003). How do instructional design professionals spend their time? *TechTrends, 47*(3), 45-47.

Davies, I. K.(1997). Paradigms and conceptual ISD systems. In Charles R. Dills & Alexander J. Romiszowski(Eds.), *Instructional development paradigms*(pp. 31-44). Englewood Cliffs, NJ: Educational Technology Publications.

Dick, W.(1995). Instructional design and creativity: A response to the critics. *Educational Technology, 35*(4), 5-11.

Dick, W.(1997). Better instructional design theory: Process improvement or reengineering? *Educational Technology, 37*(5), 47-50.

Dorst, K.(2008). Design research: A revolution-waiting-to-happen. *Design Studies, 29*(1), 4-11.

Durling, D., Rust, C., Chen, C., Ashton, A., & Friedman, K.(2009). *Undisciplined! Proceedings of the Design Research Society Conference 2008*: Sheffield-Hallam University.

Gibbons, A. S.(2000). *The practice of instructional technology.* Presentation at the Annual Conference of the Association for Educational Communications and Technology; Denver, CO.

Gibbons, A. S., & Brewer, E. K.(2005). Elementary principles of design languages and design notation systems. In J. M. Spector, C. Ohrazda, A. Van Schaak, & D. Wiley(Eds.), *Innovations in instructional design: Essays in honor of M. David Merrill.* Mahwah, NJ: Lawrence Erlbaum.

Goel, V., & Pirolli, P.(1992). The structure of design problem spaces. *Cognitive Science, 16*(3), 395-429.

Gold, R., & Maeda, E.(2007). *The plenitude: Creativity, innovation and making stuff.* Cambridge, MA: The MIT Press.

Jonassen, D.(2008). Instructional design as design problem solving: An iterative process. *Educational Technology, 48*(3), 21-26.

Jones, J. C.(1970). *Design methods: Seeds of human futures.* London: Wiley-Interscience.

Kerr, S. T.(1983). Inside the black box: Making decisions for instructional design. *British Journal of Educational Technology, 14*(1), 45-58.

Lawson, B.(1980). *How designers think*(1st ed.). London: Architectural Press.

Lawson, B.(2005). *How designers think*(3rd ed.). London: Architectural Press.

Lawson, B., & Dorst, K.(2009). *Design expertise.* Oxford: Elsevier.

Lincoln, Y., & Guba, E.(1985). *Naturalistic inquiry.* Newbury Park, CA: SAGE Publications, Inc.

Merrill, M. D.(2009). First principles of instruction. In C. M. Reigeluth and A. Carr-Chellman(Eds.), *Instructional-design theories and models: Building a common knowledge base*(Vol. Ill). New York: Routledge.

Merrill, M. D., Drake, L., Lacy, M. J., Pratt, J., & the ID2 Research Group.(1996). Reclaiming instructional design. *Educational Technology, 36(5), 5-7.*

Murphy, D.(1992). Is instructional design truly a design activity? *Educational and Training Technology International, 29*(4), 279-282.

Nelson, H., & Stolterman, E.(2000). The case for design: Creating a culture of intention. *Educational Technology, 40*(6), 29-35.

Nelson, H. G., & Stolterman, E.(2003). *The design way: Intentional change in an unpredictable world: Foundations and fundamentals of design competence.* Englewood Cliffs, NJ: Educational Technology Publications.

Osguthorpe, R. R., & Osguthorpe, R. D.(2007). Instructional design as a living practice: Toward a conscience of craft. *Educational Technology, 47*(4), 13-23.

Parrish, P.(2009). Aesthetic principles for instructional design. *Educational Technology Research and Technology, 57*(4), 511-528.

Reigeluth, C. M., & Carr-Chellman, A.(Eds.).(2009). *Instructional-design theories and models: Building a common knowledge base*(Vol. III). New York: Routledge.

Rowe, P.(1991). *Design thinking.* Cambridge, MA: The MIT Press.

Rowland, G.(1992). What do instructional designers actually do? An initial investigation of expert practice. *Performance Improvement Quarterly, 5*(2), 65-86.

Rowland, G.(1995). Instructional design and creativity: A response to the criticized. *Educational Technology, 35*(5), 17-22.

Rowland, G.(2008). Design and research: Partners for educational innovation. *Educational Technology, 48*(6), 3-9.

Rust, C.(2004). *Design enquiry: Tacit knowledge and invention in science.* Art and Design Research Centre Working Paper: Sheffield-Hallam University. Accessed September 15,2009, from http://www.archive.org/stream/DesignEnquiryTacitKnowledgeinventioninScience/DesignEnquiry_djvu.txt

Schwier, R., Campbell, K., & Kenny, R.(2007). nstructional designers' perceptions of their agency: ales of change and community. In M. J. Keppell Ed.), *Instructional design: Case studies in communities of practice.* Hershey, PA: Information Science Publishing.

Seels, B. B., & Richie, R. C.(1994). *Instructional technology: The definition and domains of the field.* Washington, DC: Association for Educational Communications and Technology.

Silber, K.(2007). A principle-based model of instructional design: A new way of thinking about and teaching ID. *Educational Technology, 47*(5), 5-19.

Siess, D.(2008). Measuring information design. *Information Design Journal, 16*(3), 250-258.

Smith, K. M.(2008). *Meanings of "design" in instructional technology: A conceptual analysis based on the field's foundational literature*(Doctoral dissertation, Indiana University, 2008). Dissertation Abstracts International 69-08, 3122A.

Smith, K. M., & Boling, E.(2009). What do we make of design? Design as a concept in educational technology. *Educational Technology, 49*(4), 3-17.

Stolterman, E., McAtee, J., Royer, D., & Thandapani, S.(2009). Designerly tools. In: *Undisciplined! Design Research Society Conference 2008,* July 16-19, 2008, Sheffield Hallam University, Sheffield, UK.

Visscher-Voerman, 1., & Gustafson, K. L.(2004). Paradigms in the theory and practice of education and training design. *Educational Technology Research and Development, 52*(2), 69-89.

Wilson, B. G.(2005a). Broadening our foundation for instructional design: Four pillars of practice. *Educational Technology, 45*(2), 10-15.

Wilson, B. G.(2005b). Foundations for instructional design: Reclaiming the conversation. In J. M. Spector, C. Ohrazda, A. Van Schaak, & D. Wiley(Eds.), *Innovations in instructional design: Essays in honor of M. David Merrill.* Mahwah, NJ: Lawrence Erlbaum.

제38장

상이한 수준의 교수안내가 갖는 혜택에 대한 논쟁

Richard E. Clark (University of Southern California)
Michael J. Hannafin (University of Georgia)

완전히 안내된 교수방법들을 위한 사례[1)]

Richard Clark

이 장에서는 학습자들에게 제공되어야 하는 교수안내(instructional guidance)의 양에 대한 증거기반 논쟁(evidence-based debate)을 기술한다. 한편으로, 그 주장은 최상의 증거가 형식교육과 비즈니스 훈련 양자의 설계에서 사용된 가장 인기 있는 교수전략들 중 하나는 약속한 대로 수행되지는 않는다는 결론에 이르도록 할 것이다. 질문한 교수에 대한 그 접근법은 만약 학생들이 최소에서 중간 정도의 안내(minimal to moderate guidance)를 제공받고, 그런 다음 어떤 과제를 수행하거나 문제를 해결하기 위한 방법을 구안하거나 발견하도록 도전을 받는다면, 그들은 가장 잘 학습할 것이라는 가정에 기초한다. 다른 쪽은 완전히 안내된 교수(fully guided instruction) 옹호자들이다. 완전히 밝히는 것에 관심이 있기 때문에, 나는 비록 다른 쪽에서 시작했지만 완전한 안내(full guidance)를 지지하는 증거들을 몹시 좋아한다.

이 절은 논쟁의 주체인 ID모형들에 관하여 기술하는 것으로 시작한 후, 각 관점을 지지하는 증거에 관한 개요를 제공한다. 마지막으로, 논의들은 학습 전이에 관한 모형들의 영향

1) 여기에서 기술된 프로젝트나 노력은 부분적으로 미국 육군 연구, 개발, 엔지니어링 사령부(U.S. Army Research, Development, and Engineering Command: RDECOM) 연구비의 후원을 받았다. 표현된 진술과 의견은 미국 정부의 지위 또는 정책을 반드시 반영하지는 않으며, 어떠한 공식적인 승인을 받았을 것이라고 추론하지 말아야 한다.

력과 적응할 수 있는(adaptable) 학습에 대한 문제에 집중된다.

최소에서 중간 정도의 안내를 사용하는 설계모형

최소에서 중간 정도의 안내는 구성주의(Duffy & Jonassen, 1992); 실천공동체(Brown & Duguid, 1991); 문제중심학습(Schwartz & Bransford, 1998); 탐구학습(Papert, 1980); 협력학습(van der Linden, Erkens, Schmidt, & Renshaw, 2005); 스캐폴딩(Pea, 2004); 몰입적인 훈련(Psotka, 1995); 기능성 게임(Clark, 2007); 그리고 발견학습(Shulman & Keisler, 1966)을 포함하여 널리 알려진 많은 ID 접근법들을 규정하는 요소다. 이 세기에서 그것의 기원은 아마도 발견학습(discovery learning)의 혜택들을 위한 주장들을 지지하기 위해 1900년대 초기에 Piaget의 아동발달이론(Piaget, 1928 참고)을 사용했던 Jerome Bruner(1961)의 연구에까지 거슬러 확장된다. Savery와 Duffy(2001)는 과학과 수학을 가르치는 것에 대한 논의에서 그들이 "우리는 학습자가 … 지시된 대로 과학적인 절차를 수행 … 하기를 원하기보다 과학적인 문제해결에 참여하기를 원한다"(p.4)—그리고 더 나아가, "교사들의 역할은 학생의 사고를 요구하는 것이지, 그 사고를 절차화하는(proceduralize) 것이 되어서는 안 된다"(p.5)고 주장하면서 최소안내 접근법을 분명하게 기술했다.

Savery와 Duffy는 강력한 비전을 제공하지만, 반세기 전에 발행된 것들에서부터(Shulman & Keisler, 1966) 최근에 발행된 것들에 이르기까지(예: Mayer, 2004; Kirschner, Sweller, & Clark, 2006) 발견학습 접근법들을 위한 연구와 평가 증거에 관한 종합적인 검토는 최소에서 중간 정도의 안내가 완전히 안내된 교수만큼 효과적 또는 효율적이지 않다는 것을 분명하게 보여준다.

완전히 안내된 교수모형

직접교수(direct instruction)(Klahr & Nigam, 2004), 안내된 경험학습(guided experiential learning)(Clark, 2009), 명시적인 교수(explicit instruction)(Gersten et al., 2009)라고도 불려왔던 완전히 안내된 교수(fully guided instruction)는 "학생들이 학습하기 위해서 요구되는 개념들과 절차들뿐만 아니라 인간의 인지구조에 적합한 학습전략 지원을 완전히 설명하는 정보를 제공하는 것"이라고 기술되어 왔으며, 그들은 학습을 "장기기억에서의 변화"(Kirschner, Sweller, & Clark, 2006, p.75)라고 정의한다. Sweller, Kirschner, Clark(2007)이 설명한 바와 같이, "장기기억"은 주제적인 스키마들 속에 조직화된 개념적인 지식과 절차적인 지식 양자를 위한 특수화된 기억 저장고를 가지고 있다. Gersten 등(2009)은 교실에서 완전히 안내된 교수(그들은 그것을 "명시적인 교수"라고 부름)를 다음과 같은 방식으로 사용한다고 기술한다: "(a) 교사는 문제를 해결하기 위한 단계별 계획(전략)을 시범 보였다; (b)

그 계획은 문제를 해결하기 위해 특수화된 문제이며, 일반적, 휴리스틱한 안내는 아니었다; (c) 학생들은 교사가 시범 보인 동일한 절차/단계들을 사용하도록 활발히 독려되었다" (p.1228). Clark(2009)은 안내된 교수를 위해 요구되는 학습전략 지원은 "1. 과제를 수행하거나 일련의 문제들을 해결하는 방법(결정들과 행동들)과 시기(조건들)에 관한 정확하고 완전한 시범을 제공해야 하고; 2. 적응적인 전이가 필요할 때, 안내는 또한 학습자들이 낯선 상황을 다루기 위한 절차에 적응할 수 있도록 해주는 다양한 연습과 선언적인 지식을 제공해야 한다; 3. 안내는 전이환경에서 만날 수 있는 문제들과 과제들을 나타내는 그러한 문제들과 과제들의 부분 그리고 전체 과제에 관한 즉각적인 피드백이 뒤따르는 강요된 개인적인 적용연습을 요구한다." (p.161, 원문에 이탤릭체로 되어 있음)고 설명했다.

두 가지 부류의 설계모형들을 위한 증거

최소에서 중간 정도 수준의 안내를 옹호하는 사람들은 증거로서 제공된 구체적인 연구들을 찾아왔다. 그러나 Hmelo-Silver(2004)가 설명한 바와 같이, "대부분의 연구들은 고등교육, 특히 의학교육에 제한되어 왔다. K-12 학생들을 대상으로 한 연구는 거의 없다. 그 연구의 대부분은 사례연구, 사전-사후검사, 또는 통제된 실험들보다 준실험 설계들을 사용해 왔다" (p.260). Romiszowski(2006)는 많은 구성주의 학자들 사이에서 통제된 실험들을 지양토록 하는 철학적인 쟁점들에 관한 매우 통찰력 있는 코멘트를 제공한다. 최소안내를 지지하여 제공되는 다양한 연구들이 지니고 있는 주요한 어려움은 몇몇 연구들에서는 사전 그리고 사후검사를 사용함에도 불구하고 안내가 체계적으로 변화하지 않는다는 것이다. 만약 우리가 최소안내가 학습자들이 학습하는 것을 도와준 어떤 처치에 관한 사례연구 또는 사전-사후 실험을 통해 학습한다면, 우리는 더 많은 안내가 학습자들이 더 적은 시간에 상당히 더 많이 학습할 수 있도록 도울 수 있는지 알기가 쉽지 않다.

Mayer(2004)는 안내가 다양하며, 발견학습에 대한 증거가 일관성 있는, 그리고 모든 연령, 모든 과제들, 모든 맥락들을 위한 완전히 안내된 교수를 지지하는, 지난 50년간의 실험실과 현장기반 실험들에 관한 역사적인 검토를 제공했다. 그는 교수설계자들은 대부분의 학습이 학습자들이 문제들을 해결하고 새로운 과제들을 다루기 위한 사전지식에 의존하는 것을 요구하기 때문에 구성주의와 발견학습에 매료되었다고 상세한 이유를 덧붙였다. 그러나 그는 이러한 관찰은 완전히 안내된 교수보다 발견학습이 더 우수하다는 것을 보여주는 증거는 아니었다고 주의를 주었다. Kirschner, Sweller, Clark(2006)에 의해 행해진 재검토(review)는 Mayer와 동일한 결론에 도달했다. 그들은 자신들의 재검토를 지난 수십 여년간의 학교에서의 수학과 과학교육연구와 의학교육에서의 내과 의사들의 교육에 초점을 두었다. 학교에서 어려움을 가지고 있는 학생들을 도와주기 위한 다양한 전략들을 비교하는 최근의 메타분석 실험연구들에서도 비슷한 결론을 찾을 수 있다; Gersten 등(2009)은 수학을 학습하는 데 어려움을 가지고 있던 학생들을 가르치기 위해 사용된 다양한 대체로 "명시적인" 교수방법들에 관한 메타분석을 하였다. "명시적인"에 관한 그들의 정의는 다른 연구들에서 사용된 정의들과 비슷했다: "(a) 교사는 문제를 해결하기 위한 단계별 계획(전략)을 시범 보였다; (b) 이 단계별 계획은 일련의 문제들을 위해 구체적이어야 했다(일반적인 문제해결 휴리스틱 전략과 반대되는); (c) 학생들은 교사가 시범 보인 동일한 절차/단계들을 사용하도록 요구되었다" (p.1210). 그들은 명시적인 수학교수를 위한 효과크기(effect size)가 1.22라고 보고했다(검사된 다른 교수 접근법들보다 검사점수에서 평균 30% 이상 상승). Gersten 등(2009)은 명시적인 교수를 완전히 실행한 것으로 보인 연구에만 초점을 두었을 때, 그 효과크기는 1.78로 상승했는데, 그것은 학습이 대략 46% 정도 상승한 것이다.

또한 더 많은 성공적인 ID모형들이 안내된 교수를 강조하는 것 같다. 예를 들어, Merrill(2002, 2006)은 증거기반 ID모형들의 공유된 특성들을 기술해 왔으며, 가장 효과적인 모형들은 완전히 안내된 교수를 권장함을 발견하였다.

안내에 관한 실험들의 설계

논쟁에 관하여 면밀히 분석해 보면, 불일치들(disagreements) 중 대부분이 안내실험들을 설계하기 위한 다른 전략들에서 유래할 수 있음을 보여준다. 발견학습 옹호자들은 그들의 견해를 지지하는 실험들을 가리킨다(예를 들어, Savery & Duffy, 2001; Hmelo-Silver et al, 2007; Schmidt, Loyens, van Gog, & Paas, 2007). 그러나 최소에서 중간 정도의 안내를 지지하기 위해 제공된 그 연구들은 오류가 있다는 강력한 주장들이 행해져 왔다. Sweller, Kirschner, Clark(2007)은 이들 연구들에서 중간 정도의 안내는 통상적으로 더 효과적이지만, 단지 아무런 혹은 거의 안내를 제공하지 않는 것과 비교했을 때만이라고 지적한다. 그러나 최소에서 중간 정도 수준의 안내들이 완전히 안내된 교수처치들과 비교될 때, 완전한 안내가 거의 항상 더 효과적이다. 이러한 연구결과에 대한 예외가 학습자들이 학습되는 과제에 대한 구체적인 방대한 사전지식과 더 높은 일반적인 능력점수들[Kalyuga, Ayres, Chandler, Sweller(2003)에 의해 기술된 "전문지식 역전효과(expertise reversal effect)" 그리고 더 높은 적성을 가진 학습자들이 흔히 덜 명시적인 교수로부터 더 많은 혜택을 받았다고 보고했던 Cronbach와 Snow(1977)에 의해 기술되었던 적성-처치 효과들을 말함]이다.

Sweller, Kirschner, Clark(2007)은 비교연구들은 "한 번에 한(관련된) 변수를 교체하는 것이 적절하게 통제된 실험의 필수적인 특성인 경쟁하는 교수절차들의 임의추출되고, 통제된 검사들" (p.115)을 지원해야 한다고 결론지었다. 현재 당면한 문제와 관련된 한 가지 변수는 학습을 위해 가장 좋은 안내의 양(amount)이다. 이러한 점에서, 최소, 그리고 불완전한 시범들, 모형들, 휴리스틱들, 또는 풀이된 예제들(worked examples)은 불필요하고 때때로 학습자에게 엄청난 양의 부적절한 인지부하를 부과한다는 많은 증거들이 있다(Mayer, 2004; Sweller, 2006).

완전한 안내는 적응할 수 있는 학습과 전이를 저해하는가?

더 적은 안내를 주창하는 몇몇 옹호자들은 학습은 완전한 안내를 받으면 더 좋을 수 있지만, 부수적이고 바람직하지 않은 결과가 그 결과로서 발생하는 학습의 적응성(adaptability)을 감소시킬 수 있다고 주장한다(Savery & Duffy, 2001). 우려점은 절차적인 학습은 교수 동안 일어났던 것들과 다른 상황들을 다루기 위해 채택될 수 없는 맥락화된, 고정된, 자동화된 지식을 초래한다는 것이다. 많은 사람들이 절차화된 사고(proceduralized thinking)에 대한 비슷한 우려점들을 표명해 왔지만, 증거는 그들의 경고를 지지하지 않는다.

전문지식과 전이에 관한 많은 연구들은 절차에 관한 지식은 저해하지 않지만, 대신에 융통성 있는 적응을 지지한다(예를 들어, Blessing & Anderson, 1996; Cooper & Sweller, 1987; Feldon, 2007; Hatano & Inagaki, 2000 참고)는 결론을 지지한다. 이러한 관점의 근원에 있는 주장은 사람들이 학습해 왔던 것을 새로운 상황들에 적응시키는 방법을 학습하기 위해서 그들은 어떤 것을 단계별로 행하는 방법을 먼저 학습해야 한다는 것이다. 전문지식의 개발에 관한 연구의 논의에서, Feldon(2007)은 "자동화된 기술들을 위한 습득과 전이에 관한 주의 깊은 경험적인 연구들은 새로운 단서들과 상황들에 대한 자동화된 절차들의 제한된 전이는 발생할 수 있음을 보여준다. 더 나아가, 복잡한 기술들은 본질적으로 많은 독특한 하위기술들의 모음들이기 때문에, 어떤 특정한 수행은 세 가지의 가능한 경로들 중 하나를 대표할 수 있다. 이러한 경로들은 (1) 완전히 자동화된 과정들, (2) 자동화되고 의식적으로 매개된 하위기술들의 순차적인 실행, 또는 (3) 자동적이고 의식적인 요소들의 동시적인 실행이다"(p.97)라고 결론짓는다. 이러한 맥락에서, Feldon의 "제한된(limited)"이라는 단어의 사용은 지식영역들 간의 "가장 먼(farthest)" 학습의 전이를 배제하고자 의도되었다. 이러한 제한점은 심지어 어떤 지식영역에서 최상위의 전문가들도 그들의 지식을 다른 지식영역들로 전이할 수 없다는 증거 때문에 중요하다(Singley & Anderson, 1989). 따라서 복잡한 기술들의 습득은 일반적으로 부분적으로 이미 습득되고 자동화된, 새로운 학습을 지원하는 일련의 기초가 되는 하위기술들(절차적인 지식의 형태로)을 가지고 있는 학습자에게 의존적이다. 이러한 절차적인 지식은 학습하는 동안 항상 작동한다; 만약 그것이 나타나지 않으면, 학습자들은 결코 전이를 경험하지 못할 가능성이 매우 높다.

Feldon(2007)은 우리가 절차들을 학습하고 자동화할 때, 우리는 그것들을 "사고(thinking)" 없이 적용할 수 있지만, 우리는 우리가 절차들을 적용하는 조건들을 확장하고 다양화함으로써 새로운 문제들을 해결하기 위해 "하위기능들(sub-skills)"(더 큰 절차들의 덩어리들)을 의식적, 개념적인 지식을 조정하기 위해 사용한다고 계속해서 주장한다. 자동화된 절차들 없이, 절차를 위한 적용조건들의 확장과 연관된 신기함(novelty)을 다루는 것과 관련이 있는 복잡성은 "인지과부하(cognitive overload)"를 초래하고 수행을 저해하는 것으로 알려져 왔다(Sweller, 2006).

연구는 또한 많은 교수전략들이 학습의 전이를 증진시키기 위해 완전히 안내된 교수를 성공적으로 통합해 왔음을 보여주고 있다. 전이에 관한 선행연구를 집중적으로 검토한 후, Perkins와 Grotzer(1997), 그리고 Clark과 Blake(1997)는 융통성은 새롭고 도전적인 문제들의 해결을 촉진하는 방식으로 가르칠 수 있다고 주장한다. 그들은 성공적인 프로그램들에서 사용되어 왔던 전략들을 기술한다. De Corte(2003)는 기존의 기술들을 적응시키는 것(orienting)(문제 틀 짓기)과 자기 판단은 학생들에게 가치가 있었던 산출물들과 연계된 동기적인 메시지들에 의해 수반되는 매우 새로운 문제들과 과제들의 다양한 실제를 포함한 지침들에 따라 가르칠 수 있는 새로운 문제들로 보았으며, 성공적으로 전이하기 위해 필요한 특성들의 개발을 촉진하는 학습환경의 다양한 측면들에 관한 기술(description)을 제공하기 위해서 이러한 검토들과 다른 검토들을 요구했다. 이러한 지침들은 적응적인 전문지식을 개발하는 데 있어 성공적인 것으로 보였던 새로운 훈련 설계 시스템들의 핵심적인 특성들을 분석했던, 그리고 비슷한 설계특성들을 권장했던 Merrill(2006)에 의해 제안된 비슷한 리스트를 반영한다.

그것은 더 많은 과제 관련된 사전지식과 상위수준의 일반적인 능력을 지닌 학생들이 매우 새로운 문제들을 다루기 위하여 새로운 학습에 적응하고자 도전했을 때 더 적은 안내로부터 혜택을 받았을 수 있는 경우일 수 있다. 이러한 상황은 전문지식 역효과에 관한 논의에서 기술된 완전히 안내된 교수에 대한 예외를 나타낸다. 교수방법들과 적성들에 관한 Cronbach와 Snow(1977)의 검토 이후, 우리는 가장 높은 수준의 사전지식을 가지고 있는 가장 유능한 학생들의 극히 일부가 교수 동안 더 낮은 수준의 안내로부터 혜택을 받는다는 것을 알게 되었다. 그러나 우리의 관심은 완전한 안내와 "인간의 인지구조와 일관성이 있는 학습전략 지원"을 필요로 하는 대다수의 학생들에게 초점을 두어야 한다(Kirschner, Sweller, & Clark, 2006, p.75).

발견학습은 덜 효과적이라는 증거에도 불구하고 왜 그렇게 인기 있는가?

발견학습 접근법들은 "천편일률적인(one size fits all)" 강의와 교과서 교수가 일반적인 교사 중심 교실의 문제점을 상당히 해결해 주기 때문에 부분적으로 성공적이었을 수 있다. 이것은 예를 들어 대부분의 대학교들이 교육과정의 전부 또는 일부를 위해 몇 가지 형태의 문제중심학습을 채택해 온 의학교육에서(Albanese & Mitchell, 1993; Papa & Harasym, 1999), 그리고 더 새로운 수학과 과학교수의 대부분이 발견학습 방법들을 포함하는 K-12교육에서(Gollub, Berthanthal, Labov, & Curtis, 2002; Handelsman, et al., 2004) 경험해 왔다. 그것은 또한 많은 교수연구자들과 설계자들이 상위수준의 사전지식과 일반적인 능력을 지녔으며, 해결책들을 발견하기 위하 도전들로부터 많은 것을 습득해온 학생들이었기 때문에, 그들은 개인적인 경험에 의해 확신하게 된 경우일 수 있다. 발견학습 옹호자들은 자신들이 학습했던 방법에 대한 믿음과 학교교육의 경험의 결과 자신들이 품게 된 분개에 근거하여 그것을 일반화할 수도 있다. 그 이유가 무엇이든, 유일한 합리적인 미래 강좌는 전부가 아닌 매우 소수의 학생들을 위해 완전히 안내된 교수방법들에 관한 ID에 초점을 둘 것이다. Kirschner, Sweller, Clark(2006)은 다음과 같이 결론내렸다.

> 최소안내를 사용하는 교수와 관련된 반세기의 옹호 이후, 그 기법을 지지하는 어떠한 연구체(a body of research)도 없는 것 같다. 통제된 연구들로부터 도출된 어떤 증거가 있는 한, 그것은 초보자에서 중간 수준의 학습자들의 교수 동안 구성주의기반 최소안내보다는 직접적이고 강력한 교수안내를 변함없이 지원한다. 심지어 상당한 사전지식을 가지고 있는 학생들의 경우, 학습하는 동안 강력한 안내는 안내되지 않는(unguided) 접근법들과 동일하게 효과적이라는 것이 아주 빈번히 발견된다. 안내되지 않는 교수는 보통 덜 효과적일 뿐만 아니라 학생들이 오개념들 또는 불완전하고 조직화되어 있지 않은 지식을 습득할 때 부정적인 결과들을 초래할 수도 있다는 증거가 있다(pp.83-84).

학습과 설계가 직접교수를 수반하지 않을 때: Clark에 대한 답변

Michael J. Hannafin

Clark은 완전히 안내된 교수 옹호자들로부터의 연구결과들과 최소안내를 적용한 연구들의 연령, 과제들, 맥락들에서 실망스러운 연구결과들과 약한 증거를 대비한다. 그는 발견학습을 강조하지만, 그 주장은 일반적으로 광범위한 안내를 제공하는 설계들과 대조적으로 최소에서 중간 정도의 안내를 제공하는 설계들에 적용된다는 것을 인정한다. Clark은 "학생들이 최소에서 중간 정도의 안내가 제공되면, 그런 다음에 과제를 수행하거나 문제를 해결하는 방법을 구안하거나 발견하도록 자극되면 그들은 가장 잘 학습할 것이라는 가정" 에 이의를 제기한다.

셰익스피어(Shakespeare)의 Marc Antony의 말로 바꾸어 설명하면, 나는 Clark을 칭찬하기 위해서 오지도(반드시) 않고, 그를 매장하려고 시도하지도 않는다. 그의 입장을 지지하는 상당한 경험적인 증거가 있다. 실제로, 그와 다른 사람들은 동일한 설득과 함께 다른 곳에서 비슷한 주장들과 우려들을 해왔다(예를 들어, Clark & Feldon, 2005; Kirschner, Sweller, & Clark, 2006; Mayer, 2004, 2005 참고). 예를 들어, 인지부하연구와 이론은 흔히 완전히 안내된 교수를 경감하고 최소로 안내된 교수에 반대하는 것으로 인용된다(Kirschner, 2002).

그러나 많은 사람들은 우리가 그러한 연구가 모든 유형의 학습에 대한 결정적인 증거를 제공한다고 가정할 수 없다고 주장한다. Bannert(2002)는 인지부하의 외적인 관리에 초점을 두는 것에 의문을 제기했으며, "향후 연구는 적절한 ID에 의해 그들을 지원하기 위해서뿐만 아니라 학습자들이 높은 [인지부하] 또는 심지어 과부하를 다룰 수 있도록 하기 위해서, 그들이 [인지부하]를 다루는 방법에 더 집중적으로 초점을 두어야 한다"(p.140)고 주장했다. Ton de Jong(2010)은 인지부하연구와 이론에 관한 통합된 영향력을 인정했지만, 결론들을 지지하기 위해 사용된 방법론들을 비판했으며, 실제세계 환경들에 대한 연구실 또는 협소하게 정의된 현상들의 외적 타당도에 의문을 제기했다. 그는 "커다란 도전은 다중표상들로부터의 학습 … 자기설명(self-explanations) … 탐구학습 … 협력학습 … 또는 게임기반 학습과 같은 메커니즘들을 산출하는 집약적인 지식을 위한 부하감소 접근법들(load-reducing approaches)을 찾는 것일 것이다"라고 결론지었다. 그래서 모든 권위자들이 다양한 유형의 학습에 대한 현재의 인지적인 원리들의 적용가능성을 확신하지 않는다.

나는 직접교수(direct instruction)를 위한 연구, 이론, 그리고 설계와 다른 유형의 학습들을 지원하기 위한 점증하고 있는 요구 간의 차이점들에 기초하여 최적으로 안내된 학습을 위한 사례를 제시한다. 나는 이러한 학습목적들을 나와 다른 사람들이 연구한 것들과 구별하기 위해 Clark이 사용한 용어들, 즉 교수(instruction)와 ID를 참고한다. 내가 제시하는 사례와 맥락은 중요하고 유용하지만 많은 학습목적들을 지원하기 위한 가장 적절하고 유일하며 보편적인 틀이라고 할 수 없는 교수와 ID보다 학습과 설계에 초점을 둔다.

약간의 배경 정보

IT포럼 인터뷰(Hannafin, 1996)에서 기술된 나의 개인적인 폭로는 잘 알려진 교수 옹호자들과의 일련의 채팅을 통해 드러났다. 나는 연구용 쥐들을 조건화했고 처음부터 행동주의 원리들을 교수(instruction)로부터의 학습에 적용했던 엄격한 행동주의자로 출발했다. 내가 우리 아이들이 성장하는 것을 지켜보았을 때, 나는 그들이 비형식적인 일상 경험들을 통해 얼마나 많이 학습했는지에 매료되었다. 나는 생성적인 언어발달, 개념적인 비약, 선천적인 호기심과 같은 현상들에 대한 분명한 행동주의적 설명이 부족했으며, 그래서 나는 점차적으로 설명을 위해 인지적인 관점들을 받아들였다. 계속해서, 나는 그러한 학습이 어떻게 그리고 왜 일어났는지를 설명해 주었던 인지적인 접근법들을 서서히 발전시켰다. 나는 점차 외적인 요건들(목적들, 정의된 과제들을 위한 수행기술들)에 의해 정의되었거나 제한된 형식적인 학습에 대해 관심을 덜 갖게 되었다. 나의 초기의 관심사들은 어린아이들을 관찰하는 것에 의해서 영감을 받았지만, 이러한 현상들은 연령수준, 학습목적, 가정, 일터, 학교에서의 일상적인 학습 모두에서 분명했다. 현재 이용할 수 있는 독립적이고 주로 비구조화된(ill-structured) 웹 자원들의 수와 범위의 증가는 흔히 명시적인 외적 안내가 결여된 곳에서의 학습을 제공한다.

나의 관심사들을 플로리다주립대학교(Florida State University)의 한 동료와 논의한 후, Walter Dick은 나의 초점이 본질적으로 교수적이지 않았다고 주장했다. Dick은 명확한 학습 산출물들의 결여, 학습 계열성들과 활동의 최소 관리(Clark의 용어로, 완전한 안내의 결여), 그리고 학습이 교수를 위한 기준으로서, ID를 위한 요건들로서 객관적으로 평가될 수 있는지 여부에 관한 명확한 증거의 결여를 열거했다. 이러한 정의요건들하에서, 나는 내가 교수 또는 ID 자체에 초점을 두지 않았다는 것에 동의했다. 그러나 만약 교수가 아니라면, 그때 이러한 설계활동들과 과정들은 무엇이었는가? 그것들은 왜 그리고 어떻게 나타나는가?

Clark은 개인적인 관점들은 경험적인 증거의 결여 때문에 최소로 안내된 접근법들이 부당하게 인기를 유지할 수 있을 것이라고 주장하지만, 나는 그 근거들은 훨씬 더 깊고 더 광범위하다고 말하고 싶다. 이러한 관심들을 유지하고 성장시키는 ID 분야 내 그리고 그것을 넘어서 많은 다른 요인들이 있다. 예를 들어, NRC(1996)의 국가과학교육표준(National Science Education Standards)은 학습들은 객체들과 사태들을 기술하고, 질문을 하며, 지식을 습득하고, 자연적인 현상에 관한 설명들을 구안하고, 그러한 설명들을 다른 방식들로 검사해야 한다고 지적한다. 많은 설계자들에게 있어, ID모형들과 도구들은 미리 명시적으로 밝혀지지 않은(그리고 흔히 밝혀질 수 없는) 그러한 산출물들에 있어 주로 부적합하거나 부적절한 것으로 증명되어 왔다. 그러한 경우, 역동적인 산출물들도 과제 자체의 본질도 미리 구체화될 수 없다; 따라서 완전히 안내된 교수에 대해 요구되는 조건들은 알려질 수 없다. 학습을 지시하기보다 안내하기 위해서 대안적인 설계 접근법들이 요구된다.

나의 점진적인 변화, 그리고 학습을 지시하기보다 안내하고 촉진하는 데 초점을 두고 있는 모형들을 연구하고 개발하는 다른 사람들의 점진적인 변화는 우리가 연구하는 학습유형(들), 그리고 그러한 학습을 지원하기 위한 원리들을 주의 깊게 연구하고, 검사하며, 정련하는 것의 중요성, 그러한 학습을 지원하기 위한 방법들과 모형들의 점진적인 정련(refinement)에서의 변동을 의미한다. 이러한 근거(grounded) 설계 실제의 탄생은 간단했다; 방법들과 인식론은 손댈 수 없을 정도로 결합되어 있다. 우리는 근원적인 기초들, 가정들, 그리고 설계들을 그것들과 연계된 연구와 이론—행동적으로, 인지적으로, 또는 구성주의적으로 영감을 받았든 상관없이—과 함께 인식하고, 설명하며, 정렬(align)할 필요가 있다(Hannafin, Hannafin, Land, & Oliver, 1997). 완전히 안내된 직접적인 교수를 구축하는 데 적합한 전략들은 지시된(directed) 학습연구와 이론에 의해 지식이 넓어지고, 그것들로부터 기인한다; 역으로, 탐구나 발견을 증진시키기 위해 설계된 전략들은 모든 유형의 학습에 보편적으로 적용될 수 없는 다른 이론과 연구에 의해 넓어지고, 그것들로부터 기인한다.

최적으로 안내된 학습을 위한 사례

처음부터 명확하게 하기 위해, 나는 Clark의 결론들과 주장들이 직접교수와 관련될 때 동의하지만, 최소한으로 그리고 최적으로 안내된 교수를 연구하는 사람들은 교수에 초점을 두지 않고, 최소안내 자체를 강조하지도 않는다고 주장한다; 오히려 그들은 학습목적들이 직접교수나 교수설계자들의 학습목적들이 아닌 곳을 적응적으로 안내한다. 많은 접근법들이 다른 유형의 학습들을 지원하기 위해 개발되어 왔는데, 몇 가지는 잘 문서화되고 지원되었지만, 다른 것들은 그렇지 않았다. 나는 발견학습, 학생중심학습, 탐구중심학습을 포함하여, 학습 산출물들이 명시적으로 사전에 정의되지 않은 완전히 안내된 직접교수와 ID들에 관한 Clark의 설명들 간의 차이점들을 강조하기 위해 **최소로 안내된 교수**(minimally guided instruction) 대신에 **최적으로 안내된 학습**(optimally guided learning)을 사용한다. 그 목적은 필요할 때 개인적인 지식, 기능, 이해에 따라 최소한으로 안내하는 것이 아닌 오히려 최적으로 안내하는 것이다. 나는 학습목적, 수단, 또는 목적과 수단이 흔히 교사나 설계자와 같이 외적인 행위자들에 의해 교묘하게 계획되기(engineered)보다는 주로 개인들에 의해 매개되는(mediated) 환경을 연구한다. 나는 개인들이 많은 웹기반 학습에서 일반적인, 비구조화된 환경에서 어떻게 학습하는지, 그리고 학습하기 위한 그들의 노력을 지원하기 위한 환경을 설계하는 방법을 연구한다.

학습이 설계의 목적이기 때문에, 우리는 우리가 의미하는 학습이 어떤 유형의 학습인지를 명확하게 할 필요가 있다. 권위자들은 일반적으로 학습은 행동(지식, 기능, 태도 등)에서 상대적으로 지속적인 변화를 수반하며, 많은 다른 환경들(예: 지시적인, 자유학습, 대리적으로[관찰적으로], 의도적으로, 비의도적으로)에서 일어난다는 데 동의한다. 외적 학습에 대한 직접교수는 형식교육과 훈련환경들에서 성공적으로 활용되어 왔지만, 앵커드교수(anchored instruction), 자기주도적 학습(self-directed learning)과 같은 대안들과 명시적인 외적 구조들을 아주 많이 활용하지 않고 학습하고자 하는 개인적인 노력에 관심을 두지 않았다. 훈련과 형식적인 학교교육은 전통적으로 구체적으로 정의된 지식과 기능을 강조하고 평가해 왔다. 교수와 ID는 지시적인 학습을 지원하기 위한 중요하고 유용한 방식을 제공하는 준거틀들을 발전시켜 왔다. 그래서 나는 완전히 안내된 직접교수가 외적 학습 요건들을 지원하는 데 아주 적합하다는 것을 기꺼이 인정하지만, 이러한 동일한 방법들과 모형들은 주로 형식적인 환경들[예: 지구온난화나 Jefferson의 조상과 관련된 논쟁에 관한 독립적인 후속기사(follow-up)]과 비형식적인 환경들[예: 가정정원(home garden) 만연의 원인들이나 개인적인 재정에 관한 최근의 세금법률들의 영향을 학습(Hannafin & Land, 1997)] 내에서 그리고 그 환경들 간에 웹을 사용하는 데 있어 더욱더 동시적이고 자기주도적이 되어 왔던 학습을 지원하는 데 매우 부적절하다.

Clark은 발견학습 연구와 실제의 "위험들"과 단점들을 기술한다. 비슷한 주장들이 학생중심학습, 탐구중심학습, 자기주도적 학습을 포함하여, 구성주의적으로 영감을 받은 학습전략들과 환경들을 위해 제시되어 왔다. 그는 완전히 안내된 직접적인 교수는 거의 모든 사례들에서 더 우수한 수행을 초래한다는 주장을 지지하는 예들을 열거한다. 그러나 이러한 접근법들의 목적, 가정, 학습맥락은 정말로 직접교수로부터의 학습에 기초한 것들과 동등한가? 어떤 학생이 통제된 조건들하에서 탐구하고 발견하기 위한 드문 기회를 제공받을 때, 학습의 대부분은 외적으로 안내되지만, 우리는 학습 또는 수행에서 엄청난 증진을 기대해야 하는가? McCaslin과 Good(1992)은 그러한 학습에의 참여를 꺼리는 것을 "자기동기화되고(self-motivated), 적극적인 학습자들을 배출하기 위해 설계된, 의도된 현행 학교 교육과정은 비록 요구되지는 않지만 단순히 복종을 촉구하는 교실 경영정책들에 의해 심각하게 훼손되었다"(p.4)고 말함으로써 고분고분한 인지(compliant cognition)라고 특징지었다. 그들은 중요한 교육학적인 변화들에 적응하고 실행하기 위해 교사들과 학생들 둘 다 지속적인 기회들과 지원이 필요하다고 주장한다.

이와는 대조적으로, 대부분의 통제된 중재연구들은 존속 기간이 짧고, 상당한 즉각적인 교육학적 변동과 학습 변동을 요구하며, 학생들이 "새로운" 접근법을 가진 재능을 개발할 수 있는 확장된 지원이나 기회들을 제공하지 않는다. 교사들과 학생들은 확실히 그들이 가장 익숙해져 온 방법들에 의지한다. 지속적인 실행들이 효과가 있어 왔다는 연구들에서, 상위수준의 기능들에 관한 교사규정과 학생수행 측면에서 상당한 증진들이 있었다고 보고되어 왔다(예를 들어, Borko, 2004; Cognition and Technology Group at Vanderbilt, 1992; Fennema et al., 1996; Fischman et al., 2003; Schneider et al., 2005; Stein et al., 1996 참고).

왜 그렇게 많이 관심을 갖는가?

나는 최적으로 안내된 학습이 다른 유형의 학습들보다 본질적으로 더 중요하다고 주장하지 않는다; 그러나 나는 그것은 본질적으로 다르며, 직접교수방법들과 모형들을 사용하여 만족스럽게 지원될 수 없고, 이제 매우 널리 유행하고 있으며, 그것이 다른 목적들을 향해 나아가고자 노력하기 때문에 쉽게 묵살되거나 무시될 수 없다고 주장한다. 나는 모든 최소로 안내된 접근법들이 효과적인 것으로(또는 효과적인 것으로 판명될 가능성이 있는 것으로) 판명되지는 않았다는 것에 동의한다. 여전히, 설계와 실행을 위한 강력하고, 경험적으로 타당화된 준거틀들을 결여하고 있지만, 안내된 학습은 우리가 쉽게 그것의 성장을 무시할 수 없는 형식적인, 그리고 비형식적인 환경들 양자에서 매우 널리 퍼지고 있다. 우리는 그것들의 잠재성들과 위험들을 더 잘 이해하고, 적절한 설계 준거틀들과 모형들을 만들고 강화하기 위한 기회를 잡기 위해 안내된 학습과 연관이 있는 목적들과 가정들뿐만 아니라 방법들과 수단들을 연구할 필요가 있다.

Clark은 대중성(popularity)을 "천편일률적인" 것에 대한 불만족 또는 형식적인 학교교육에 대한 개인적인 좌절들에 의해 영향을 받아 유발되는 것으로 특징지었다. 나는 사회과학 공동체 내에서, 그러나 더 중요하게 그것 외부에서 발전된 테크놀로지뿐만 아니라 인식론적, 교육학적 관점들에서의 진보들은 흥미와 성장을 촉진하고 지속시켜 왔다고 주장한다. 테크놀로지는 정보와 자원들을 개별적으로 만들고, 접근하며, 조작하고, 사용하기 위한 굉장히 더 많은 옵션들을 제공해 왔다. 몇 가지 예들을 열거해 보자.

전통적인 학교들 및 훈련 환경들과는 달리, 물리적인 공간과 시간은 더 이상 이용 가능성 또는 접근을 제한하지 않는다. 개인들은 어디에서나, 언제든지, 그리고 거의 어떤 형태로든 학습목적들을 추구할 수 있고, 추구한다. 이용할 수 있는 자원들과 도구들의 수가 기하학적으로 증가해 왔으며, 이제 특정 위치들에 한정되어 이용할 수 있기보다는 전 세계에 분포되어 있다. 전통적인 교사들, 교과서들, 그리고 물리적인 학교들과 도서관들과는 대조적으로, 실제 그리고 가상의 많은 행위자들(agents)은 조언과 정보, 무한한 디지털 자원들에 대한 접근, 그리고 정보, 지식, 원천 문서들에 관한 가상의 레포지토리들을 제공한다. 흔히 특정 연구분야들에만 영향을 미쳐왔던 과거의 혁신들과는 달리, 테크놀로지는 우리 삶의 거의 모든 측면에 침투되어 왔으며, 일상 활동에 편재하고 통합되어 왔다. 사람들은 요구되는 정보를 위해 웹에 접근하는 것을 포함하여, 일상의 것들을 성취하기 위해 테크놀로지를 자발적으로 사용한다. 사실상, 형식과 비형식 교육현장들 간의 구분은 전통적인 학교와 작업장 환경에서의 수업과 학습을 위한 우리의 방법들과 모형들을 병합함으로써 희미해져 왔다. 이것은 소셜 네트워킹의 성장과 가속화된 사회적으로 매개된 의사소통들을 촉발하고 초래해 왔다. 최근에, 학교들과 상업적인 교육이해집단들은 그들의 전통들을 지지하여 이러한 강력한 경향들에 저항해 왔는데, 그것은 학교들과 출판사들이 해결의 일부라기보다 문제의 일부라는 우려를 넌지시 강화할 수 있다.

전통적인 교수와 ID 관점들은 일반화할 수 있는 원리들을 추구하는 것으로부터 영향을 받아온 반면, 다른 학문분야들 내에 있는 힘들(forces)은 학습하는 것이 중요하다고 간주되는 것과 그러한 학습이 어떻게 지원되어야 하는지에 영향을 미쳐왔다. Clark이 주장한 바와 같이, 학습 관점들은 다른 힘들(과학, 수학, 의학교육 등)에 의해서 형성되어 왔다. 예를 들어, 국가연구위원회(National Research Council)의 **국가과학교육표준**(National Science Education Standards)(1996)은 "과학을 행하는 것", "증거를 가지고 주장들을 정당화하는 것", 그리고 "과학자처럼 생각하는 것"을 강조한다. 전미수학교사위원회(National Council of Teachers of Mathematics)(2000)는 판단(estimation)추정과 수학적인 사유(mathematical reasoning)를 강조하며, 전미사회과위원회(National Council for Social Studies)(1994)는 학생들은 정보를 습득하고 데이터를 조작할 뿐만 아니라 정책들, 주장들, 이야기들을 개발하고 제시할 것을 규정한다. 그래서 우리는 사회과학적 관점들과 관련된 연구와 이론을 개발하고 적용하는 경향이 있지만, 다른 분야들은 그들의 우선순위들을 나타내는 다른 가치들, 표준들, 실천들을 개발하고 적용한다. 우리는 모든 학문분야들과 연구분야들이 기초적인 것들을 배제하는 한 우리의 가치들과 신념들을 받아들이고 적용할 것이라고 합리적으로 기대할 수 있는가?

Clark의 주장에 대한 몇 가지의 제고

최적으로 안내된 학습에 관한 연구들은 오류가 있는가?

Clark은 최소로 안내된 교수를 연구하기 위해 사용된 방법론들은 흔히 오류가 있다고 주장한다. 나는 많은 발행된 보고서들에서의 부적절한 엄격성에 관한 비판들에 동의하지만, 또한 그 우려는 방법론들 자체의 목적들과 기능들에서의 차이들과 관계가 있다고 생각한다. 연구된 문제들과 제안된 질문들은 경험적인 엄격성을 위한 "표준" 기준들을 충족한 것으로 기술된 방법론들과는 다른 방법론들을 필요로 한다. 이것은 연구문제들을 적절한 방법론들과 매칭하는 것보다 못한 본질적인 오류다. 이와는 대조적으로, 제기된 질문들을 해결하지 못하는 방법들과 표준들을 적용하거나 표준 방법론들을 적용하지 않는 경우 연구결과들을 단순히 가치를 떨어뜨리는 것은 부적절한 것 같다. 최근 몇 년 사이에, 미국국립과학재단(National Science Foundation)(2004, 2009)은 양적, 질적 연구자들을 포함한 다학문적 팀들에 의해서 생성되고, 재단의 초점과 관련된 쟁점들을 점검하는 데 있어 질적인 탐구의 엄격성을 개선하기 위해 설계된 일련의 보고서들을 발행했다. 마찬가지로, 설계연구방법들의 도래는 수업과 학습 고객들과 맥락들로부터 확장되고 그것들과 직접적으로 관련된 접근법들에 대한 패러다임들에서의 지속적인 변동을 나타낸다.

증거는 완전히 안내된 것이 최소로 한내된 것보다 더 효과적임을 시사하는가?

만약 우리가 기준은 외적으로 정의된 산출물들이어야 한다는 Clark의 전제를 받아들인다면, 증거는 실제로 이러한 결론을 지지한다. 내가 주장해 온 바와 같이, 그 문제는 전제 자체에 있다. 설계의 경우, 직접적이고, 완전히 안내된 교수와 최적으로 안내된 학습 접근법들 양자는 평가들이 학습접근법들의 초점과 일치할 때 더 우수한 결과들을 산출해야 한다. 안내된 학습 패러다임들은 직접적, 완전히 안내된 교수의 산출물들 및 과정들과는 다른 산출물들과 과정들을 값어치 있게 여기고 증진한다. 그래서 변화를 위한 동력은 그 분야 내에서 배타적으로 있지 않고, 오히려 변화하고 있는 표준들과 기대들에 대한 반응 속에 있다. 최적으로 안내된 학습지원이 그러한 표준들에 따라 제공된다고 가정할 때, 어떤 유형의 평가들이 학생의 학습과 수행을 가장 잘 측정하는가? 일반적으로 말해서, 최적으로 안내된 학습을 지원받고 있는 학생들은 외적으로 정의된 형식적인 지식과 지적 기능들에 관해서는 직접교수를 받고 있는 학습들만큼 잘 수행하지는 못한다; 역으로, 직접적인, 완전히 안내된 교수를 받고 있는 학생들은 과학자들처럼 사고하거나 수학적으로 사유하는 것에 관한 평가에서 최적으로 안내된 학습을 받고 있는 학생들만큼 잘 수행하지는 못한다.

발행된 연구들은 일반적으로 사용된 다른 방법들과 일치하는 척도들을 사용하여 수행을 평가하지는 않는다. 척도들이 교수방법에 더 가깝게 맞추어져 있을 때, Wenglinsky(1998)는 테크놀로지 통합이 4학년과 8학년의 수학성취도에 미친 영향을 점검하는 전미교육진척도평가(National Assessment of Educational Progress: NAEP) 자료에 관한 분석에서 문제중심과 탐구접근법들 간에 강력하고 정적인 관계가 있다고 보고했다. Wenglinsky(2004/2005)는 계속해서 다음과 같이 결론지었다: “학생들이 복잡한 문제들을 해결할 수 있도록 도와주기 위해 컴퓨터들을 사용하고, 그렇게 함으로써 고차원적인 사고기능들을 자극하는 것이 학생들에게 일련의 일상적인 과제들을 연습하는 데 컴퓨터들을 사용하는 것보다 더 큰 혜택들을 산출했다” (p.30). 달리 표현하자면, 컴퓨터들이 학생들이 문제해결에 참여하고 수학과제들을 탐구하기 위해 사용될 때, 컴퓨터들은 그러한 과제들에 대한 완전히 안내된 반복연습(drill and practice)보다 더 효과적으로 수행되었다. 실제로, 설계가 학생들을 적극적으로 지원할 때 다양한 학습산출물들에 역점을 두어 다루는 것이 가능할 수도 있다. 그래서 실행 초점과 효과성이 판단되는 표준들 간의 관계는 중요하지만, 일반적인 연구들에서는 거의 차별화되지 않았다. 실질적인 효과들은 추정된 방법 자체의 단점들과는 대조적으로 방법과 척도들 간의 정렬을 검토해 봄으로써 가장 잘 조사될 수 있다.

우리는 학생들은 인간의 인지구조에 기초한 완전한 안내가 필요하다고 가정할 수 있는가?

다시 한 번, 만약 우리가 직접교수로부터의 학습에 관한 인지적인 요건들이 안내된 학습을 위한 것과 동일하다고 가정한다면, 그 때 그 주장은 합리적인 것 같다. 그러나 이것은 몇 년 동안 논쟁의 핵심 요점이었다. 연구자들과 이론가들은 직접교수와 안내된 학습의 인지적인 요구들 간에 수많은 차이점들을 기술해 왔다(예를 들어, DeSchryver & Spiro, 2009; Hannafin & Hill, 2007; Hannafin & Land, 1997; Hannafin, West, & Shepherd, 2009; Hill & Hannafin, 1997, 2001; Land & Hannafin, 2000 참고). Hannafin, Hannafin, Gabbitas(2009)는 외적으로 지시된 학습과 사전지식과 연계된 학생중심학습 간의 인지적인 요구들, 인지부하의 할당과 관리, 신념들과 성향들의 영향, 스캐폴딩(안내)을 구별했다. 우리는 "초기의 개념들을 대체하기 위해 규범적인 관점을 부여하기보다, 학생중심 접근법들은 학습자들이 초기의 개념들을 검사하고 정련할 때 그들의 초기의 가정들을 도전하는 데 있어 학습자들을 안내한다"(p.772)는 것을 알았다. 개방형(open-ended) 학습을 위한 일련의 인지적인 요구들을 기술하는 데 있어, Land(2000)는 "학습자들이 … 일관성 있는 설명들을 구안하고 배경지식을 거의 가지고 있지 않을 때 자기규제하는 것을 도와주기 위해 전략들이 요구된다."(p.76)고 결론지었다. 그래서 학습자 변수들은 설명될 필요가 있다는 것은 명확하지만, 인지적인 구인들이 인지구조에 관한 현재의 이해에 기초하여 다루어질 수 있거나 다루어져야 한다는 것은 덜 명확하다.

맺는말

우리는 전환 테크놀로지(shifts technology)를 자세히 조사해 볼 필요가 있으며, 학습과 교수법에 관한 대안적인 관점들은 우리가 가르치고 학습하는 방법을 우리가 생각하고, 제공하며, 평가하는 방법 속에서 야기해 왔다. 우리는 교수하는 방법뿐만 아니라 개인들이 어떻게 학습하며, 테크놀로지가 학습에 어떻게 영향을 미치는지 간에 기본적인 관계들을 재검토해 볼 필요가 있다. 그러나 우리는 광고하는 데 있어 진실을 필요로 한다: 비지시적 학습(nondirected learning)에 기초가 되는 연구기반은 직접교수를 위한 연구만큼 그렇게 견고하지 않다.

직접교수에 기초가 되는 연구 기반은 비교될 만한 학습환경에 적용했을 때 주요하고 설득력이 있다. 만약 문제가 직접교수가 산출물기반(outcome-based) 학습을 위해 더 좋았는지의 여부라면, 어떠한 논쟁도 없다; 그러나 그것은 쟁점이 아니다. 우리는 산출물기반 교수를 위해 효과적인 것으로 증명된 전략들을 효과적이지 않은 학습에 합리적으로 적용할 수 있는가? 만약 그렇지 않다면, 그 때 무엇이 행해질 수 있는가? 우리는 산출물들을 획득하기 위한 명시적인 구조들과 안내가 불가능하고, 실행할 수 없으며, 또는 바람직하지 않은 학습을 지원하려고 노력한다. 그 대답들은 아직 확정될 수 없지만, 중대되는 요구를 추구하고 답하기 위한 필요가 분명히 있다.

Hannafin에 대한 Clark의 답변

Mike Hannafin은 우리 분야의 연구는 완전히 안내된 직접교수가 가장 효과적인 접근법이라는 주장을 잘 지원한다는 데 동의하는 것 같다. 그러나 그는 직접교수는 사람들이 "외적인 학습 요건들"에 직면했을 때만 작동한다는 데 동의한다. 그런 다음, 그는 발견, 탐구, 구성주의적 접근법들이 부적절한지에 대해 애매모호하게 말하며, 어떤 지지되는 증거도 없이 "직접적인, 완전히 안내된 교수를 받고 있는 학생들은 과학자처럼 사고하거나 수학적으로 사유하는 것에 관한 평가들에서 최적으로 안내된 학습을 받고 있는 학생들만큼 수행하지 못하곤 한다"고 주장한다. 그러한 것들은 나에게는 수학과 과학에서 "외적인 학습 요건들"처럼 들린다. 그러나 반세기 동안의 일관성 있는 증거가 직접교수는 가장 좋은 접근법이라는 것 때문에 목적들이 외적으로 또는 내적으로 생성되는지의 여부는 어떠한 실질적인 차이도 없다. 이것은 이 논쟁을 위한 기초를 형성하는 선행연구 검토 논문들—Kirschner, Sweller, Clark(2006), 그리고 다른 논문들(예를 들어, Mayer, 2004; Sweller, Kirschner, & Clark, 2007; Clark, 2009)—의 결론들이었다.

Hannnafin의 주요 주장은 본질적으로 외적으로 부여된 학습목적들은 "자기주도적인" 학습과는 심리학적으로 매우 다르며, 그래서 학습목적들이 내적으로 생성된 상황에 있는 학습자들은 그들이 교수될 수 있는 맥락 속에 있지 않다는 것이다; 오히려 학습목적들은 단지 "학습하기 위한 학습자들의 노력들을 지원하는 설계환경들"을 제공받을 수 있다. 몇몇 학생들은 그들이 학습하라고 강요될 때와 그들이 학습하기 위해서 선택할 수 있을 때 다르게 느낀다는 것에 동의하기는 쉽다. 그러나 Hannafin이 제기한 쟁점은, 그가 주장한 바와 같이 다른 유형의 학습들에 대한 것이 아니며, 그것은 실제로 다른 학습자들에 의해 경험된 동기적인 역동성(motivational dynamic)에 차이가 있다.

완전히 안내된 교수는 학습목적들의 출처에 상관없이 학습을 위해 필요한 내적인 인지적 과정들을 외적으로 지원하기 위한 성공적인 시도다. 목적들의 동기적인 영향력에 관한 연구[예를 들어, Locke와 Latham(2002)에 의한 이 연구에 관한 30여 년의 관점 참고]는 목적들의 외적 또는 내적 출처는 학습과제들을 포함하여 어떤 과제에 참여하고자 하는 동기에 영향을 미치지 않는다는 것을 분명히 보여준다. Pintrich와 Schunk(2002)는 이 연구에 관한 광범위한 관점을 제공하며, 학생들이 학습에 참여할 것인지에 대한 결정들에 영향을 미치는 세 가지 변인들이 있다고 주장한다: 가치(values), 자기효능감(self-efficacy), 감동성(emotionality). 그들은 목적들의 기대된 해택들에 부여된 가치는 학생들이 학습에 참여할 것인지를 선택하는지의 여부에 커다란 영향을 미친다고 한 많은 연구들을 지적한다. 모든 학생들은 학교교육 동안 부여된 외적 목적들 중 몇 가지를 가치가 결여된 것으로 인식하는 것 같다. 그것은 또한 우리가 생성하고 추구하기로 결정한 목적들에 대해 우리가 일관성 있게 가치를 부여하는 경우일 수 있다. 나는 나의 정원을 파괴하고 있는 곤충들의 출몰을 처리하는 방법을 찾기 위해 인터넷에 접속할 때 매우 동기화되어 있다. 내가 찾고자 한 것(그리고 그래서 내가 가장 가치를 두는 것)은 그러한 해충들을 빨리, 안전하게, 그리고 비싸지 않게 제거하는 방법에 관한 완전히 안내된 교수다. 나는 효과적인 안내를 사용하기 위해 매우 동기화되었다. 나는 누군가 이미 안전하고 효과적인 해충제거 방법을 찾았음에도 불구하고 해충들을 제거하기 위한 방법을 구인하기를 원치 않는다. 간단히 말해, 외적인 목적들을 위한 최적의 안내는 또는 자기선택된(self-chosen) 목적들을 위해서도 최적이다.

나는 훨씬 더 많은 연구가 요구되는 쟁점을 제기한 것에 대해 Hannafin에게 감사드리고 싶다. 우리는 우리 관심의 대부분을 주요한 동기적인 쟁점들을 무시하는 한편, 학습과 교수의 인지적인 요소들에 두는 경향이 있다. 동기는 학습에 참여하고 지속하고자 하는 우리의 결정뿐만 아니라 우리가 얼마나 많은 정신적인 노력을 투자해야 하는지에 영향을 미친다. 동기는 만약 초보학습자들이 완전한 안내를 거절하고 어떤 목적을 달성하기 위한 방법을 구안하기 위한 자신들의 능력에 대하여 자신만만해하지 않는 한 학습을 최대화하도록 유도하는 교수의 형태에 영향을 미치지 않는다.

가장 좋은 연구 증거는 만약 거기에 학습해야 할 어떤 것이 있다면 완전히 안내된 교수가 가장 좋은 선택임을 보여준다. 만약 우리가 모든 질문에 대한 대답을 알지 못하기 때문에 학습해야 할 것이 아무 것도 없다면, 그 때 요구되는 활동은 학습이 아니라 새로운(기발한, 독특한) 지식을 생성하는 것이다. 만약 여러분이 개방된 마음으로 나의 결론에 대한 증거를 제공하는 연구 논평들(reviews)을 읽는다면, 나는 여러분이 동의할 것이라고 확신한다.

최종적인 주의

많은 교수연구자들은 ID 분야는 주로 이데올로기적으로 초점을 둔, 기교기반(craft-based) 양식(mode)에 고정되어 있다는 우리의 공유된 인식 때문에 이 주장을 뒷받침하기 위해 노력해 왔다. 우리 분야에 있는 훨씬 더 많은 사람들이 자기 잇속만 차리는(self-serving) 신념들과 의견들을 지지하여 불편한 증거를 회피하고 있다(예를 들어, Clark & Estes, 1998, 2008 참고)—그리고 그 리스트는 몇몇 유명한 대학교 프로그램들에 있는 교수들을 포함한다. 지난 반세기 이상 동안 많은 연구자들에 의해 수집된 확실한 증거는 우리의 널리 알려진 설계 전략들과 열정들 대부분은 근거가 없거나 더 나쁨을 분명하게 보여준다. 우리는 이러한 의

견기반(opinion-based) 전략들 중 몇 가지가 사람들이 어떤 것을 배우려고 시도하기 전에 그들보다 더 무지하게 되도록 할 수 있다는 증거를 회피한다(예를 들어, Clark, 1982; Clark et al., 2010 참조). 어느 누구도 이 문제는 분명한 증거를 인정하는 것에 대한 의도적인 거절의 결과라고 의심하거나 주장하지 않는다. 그 원인은 소수의 사람들만이 학습과 교수에 관한 복잡한 연구를 주의 깊게 검토하기 위해 요구되는 노력을 투자하기 위해 필요한 동기나 훈련을 가지고 있기 때문일 가능성이 높다. 우리의 교수공학과 교수체제 대학원 과정들에서의 연구훈련(research training)에 대한 모호함이 확실히 그러한 문제를 초래한 주요 요인이다. 그러나 우리는 다른 직업들처럼 증거기반 실제에 의존해야 하는 또는 우리에게 의존하는 사람들에게 해를 초래할 위험성이 있는 분야를 선택해 왔다.

Clark에 대한 Hannafin의 답변

Clark은 직접교수 전략들에 대한 그의 주장을 반복하고, 학습과 설계분야 내에서의 주요한 변화들 그리고 우리가 설계해 주는 사람들의 가치들과 신념들을 무시한다. 그는 우리는 "자기 잇속만 차리는 신념들과 의견들을 지지하여 불편한 증거를 회피하고 있고, … 소수의 사람들만이 학습과 교수에 관한 복잡한 연구를 주의 깊게 검토하기 위해 요구되는 노력을 투자하기 위해 필요한 동기나 훈련을 가지고 있다"고 말한다. 그는 다른 접근법들을 추구하는 사람들을 나쁜 개인적인 경험들에 의해 이끌려 가는 존재라고 비난한다: "ID 분야는 주로 이데올로기적으로 초점을 둔, 기교기반 양식에 고정되어 있다." 그는 대학원 프로그램들에 있는 교수들 간에 연구훈련에 대한 무관심(또는 결여)이 미래 설계자들의 잘못 안내된 준비에 기여한다고 지적하지만, 사용할 수도 없고 가치도 없는 곳에 최대로 안내된 교수를 널리 적용해야 한다고 주장한다. 아마도 만약 그가 이러한 주장들을 "더 큰 소리로(louder)" 반복한다면, 그 쟁점들은 쉽게 사라져 버릴까? 그는 "만약 여러분이 개방된 마음으로 … 연구논평들을 읽는다면, 나는 여러분이 동의할 것이라고 확신한다."고 결론짓는다. Clark은 자신의 입장에 헌신하고 있지만, 아마도 자신의 조언에 신중해야 할 것이다.

학습과 설계의 세계는, 비록 몇몇 사람들이 아직도 그것을 인정해야 하지만, 점진적으로 발전해 왔다. Clark은 정말로 모든 유형의 학습을 포함하는가? 탐구, 문제해결, 발견학습 과제들뿐만 아니라 모든 학습용 게임들, 온라인 협력활동, 프로젝트기반(project-based) 학습, 시뮬레이션, 도구, 그리고 Second Life와 같은 가상세계들에서의 설계들? 우리는 우리가 접하는 모든 학습 문제와 요구에 대한 **해결책**을 가지고 있지 않다. 잘 알려진 설계자들은 학습 목적, 연구하는 영역, 고객들의 교수-학습 관점들, 그리고 설계모형과 관계없이 동일한 전략을 채택하는가? 나는 우리는 그렇지 않으며, 그렇게 해서도 안 된다고 생각한다.

지난 20여 년 동안, ID 분야는 광범위한 학문적인 논쟁으로 곤경에 처해 왔다[예를 들어, Jonassen(1991)의 설계를 위한 객관주의 대 구성주의에 관한 시사점들과 Merrill 등(1996)의 ID에 관한 변호와 재주장(reclaiming) 참고]. 찬성론자들은, 비록 이성적이지는 않지만, 자신들의 특별한 관점에 관한 필연적인 교정을 강력하게 주장했으며, 다른 입장들을 개진한 사람들의 신뢰성, 지혜, 동기에 대해 의구심을 제기한다. 이러한 학문적인 의견교환들은 궁극적으로 "믿지 않는 사람들(nonbelievers)"을 설득하거나 학습과 설계분야를 발전시키는 데 거의 기여를 하지 못했다. 익숙하지 않은가?

설계 결정들은 구체적인 학습요건들에 관한 평가와 그것들에 대한 고려와 관계없이 행해질 수는 없다. 최대한의 안내는 설계를 안내하는 맥락적인 요건들과 학습목적들과 관계없이 본질적으로 어떤 다른 단일의 접근법만큼이나 효과적이다. 어떤 사람이 논쟁하지만 인정되거나 이해되지 않는 이론과 연구를 단호하게 버리는 것은 논쟁의 목적들을 위해서는 편리하지만, 전적으로 합리적이거나 실제적이지는 않다. 설계방법들은 개별적인 편견들 또는 신념들을 구체화하기 때문에 채택되어 사용되지는 않는다.

교수와 학습 요구들은 때때로 간단하지만, 흔히 그렇게 간단하지만은 않다. 인터넷에 관한 Clark의 예에서, 그는 "내가 찾고자 한 것(그리고 그래서 내가 가장 가치를 두는 것)은 그러한 해충들을 빨리, 안전하게, 그리고 비싸지 않게 제거하는 방법에 관한 완전히 안내된 교수다"라고 말했다. 이것은 그의 선호(preference)일 수 있지만, 그는 자기주도적 학습을 위한 사례로 들었다. 그는 그것들을 어떻게 찾는가? 그가 직접교수 자원들을 찾을 수 없고, 다양한 자원들로부터 해석을 해야 할 때는 어떻게 되는가? 그가 찾는 최대로 안내되고 정확한 정보가 존재하지 않을 때는 어떻게 되는가? 그는 다른 자원들의 정확도와 정당성을 어떻게 평가하고 결정하는가? 일관성이 없거나 모순된 정보는 어떻게 해석되고, 이것은 그의 이해에 어떻게 영향을 미치는가? 이러한 것들은 나에게는 학습자중심 활동들처럼 들린다.

흔히, Clark의 예에서처럼, 우리는 각 개인들이 이미 얼마나 많이 또는 적게 알고 있으며, 그 지식이 현재의 학습목적에 얼마나 적절한지, 또는 다른 학습요구들이 어떻게, 언제, 어디에서 표출될 것인지를 판단하기 위해 각 개인들의 독특한 학습요구들을 사전에 적절하게 예측할 수는 없다. 능력, 학습목적들 또는 엄청난 차이들이 나타나는 자연스러운 상황들에서의 그러한 엄청난 차이들을 지원하기 위해 최대안내(maximum guidance)를 **사전에** 설계하는 것은 그렇게 쉽지 않다. 이와는 반대로, 실패한 지시적인 학습 접근법들은 실제로 학습목적들이 국가표준들에서 확인되는 과정을 지원하기 위한 노력들을 자극해 왔다[예를 들어, Linn 등(2003)의 웹기반 탐구과학환경(Web-based Inquiry Science Environment: WISE)에서의 연구, 개발, 설계 원리들과 Jasper Woodbury의 문제해결 수학시리즈들(problem-solving mathematics series)(Young, 1993)에서 학습을 상황화하기 위해 교수를 정착시키는(anchoring) 것에 관한 Bransford의 연구 참조]. 현재와 미래의 교수설계자들은 최대안내를 하는 직접교수에 의해서만 지원되었던 학습보다는 다른 종류의 학습들을 지원해야 한다.

증거를 정확하게 설정

Clark은 최대로 안내된 직접교수는 모든 유형의 학습들에서 나타난다고 말한다. 나의 주장은 대안적인 관점들이나 접근법들에 대한 하나의 관점 또는 접근법의 본질적인 우수성(또는 열등성)에 관한 것이 아니다. 실제로, 다른 것들을 이해하려고 시도하지도 않은 채 어떤 단 하나의 관점을 맹목적으로 찬성하는 것은 단지 설계에 대한 우리의 능력을 제한할 수 있다. 오히려, 우리는 다른 학습목적들이 존재한다는 것을 인정하며, 설계와 학습에 관한 이러한 관점들의 시사점들을 이해하고, 특정 학습 요구와 가장 일치하고 적절한 전략들을 확인해야 한다. 우리는 모든 접근법들을 받아들이거나 사용할 필요는 없지만, 그것들을 먼저 이해해야 한다.

Clark은 또한 지시적인 학습연구들로부터 생성된 경험적인 증거는 모든 유형의 학습에 적용된다고 주장한다. 이것은 설계결정들을 안내하는 상황들과 가정들이 흔히 엄청나게 다르기 때문에 거의 불가능하다. 그들의 주장과 일치하는 관점들, 방법들, 연구결과들을 재해석함으로써, 비평가들은 다른 관점들을 가지고 있는 존경할 만한 이론가들, 연구자들, 실천가들에 의해서 발전된 잘 세워진(well-founded) 관점들과 연구결과들을 버려 버린다. 예를 들어, Clark은 최대안내보다 더 적은 모든 것을 최소안내로 총괄하여 말하지만, 지지자들에 의해 옹호되지 않는다. Hmelo-Silver, Duncan, Chinn(2007)은 Kirschner, Sweller, Clark(2006)의 **최소안내**라는 용어의 사용에 이의를 제기했다: "문제중심학습(problem-based learning: PBL)과 탐구학습(inquiry learning: IL)은 최소로 안내된 교수접근법들이 아니라 오히려 학생의 학습을 촉진하기 위해 방대한 스캐폴딩과 안내를 제공한다"(p.99). 최적의 안내는 학습산출물들이 명시적으로 사전에 정의되지 않거나 정의될 수 없는 곳에서 요구된다.

마지막으로, Clark은 "우리 분야에 있는 훨씬 더 많은 사람들이 자기 잇속만 차리는 신념들과 의견들을 지지하여 불편한 증거를 회피하고 있다"고 경고한다. 그가 전개하는 입장을 고려할 때 이 말을 주의 깊게 검토하라. 그는 "소수의 사람들만이 학습과 교수에 관한 복잡한 연구를 주의 깊게 검토하기 위해 요구되는 노력을 투자하기 위해 필요한 동기나 훈련을 가지고 있다. … 우리의 교수공학과 교수체제 대학원 프로그램들에서의 연구훈련에 대한 무관심은 확실히 그러한 문제를 초래하는 요인이다"고 말함으로써, 다른 사람들의 준비와 동기를 의문시한다. 그는 자신의 충고를 무시한 프로그램들은 "우리에게 의존하는 사람들에게 해를 초래할 위험성이 있다"고 결론짓는다.

아이러니하게도, Clark의 경고들은 그 자신의 입장에 대해서 가장 적절한 것들일 수 있다. 다른 관점들의 시사점들을 고려하고자 하는 자극은 훈련에 관한 무관심도 결여도 아니며, 오히려 설계에 대한 대안적인 관점들, 방법들, 신념들과 접근법들이 존재한다는 것을 인정하는 것이다. 현재와 미래의 설계자들은 이러한 관점들을 이해해야 하고, 그것들의 잠재적인 시사점들을 평가해야 하며, 단지 그것들을 버려 버려서는 안 된다. 여러분의 이해들을 제한하기보다는 균형을 맞춤으로써 여러분의 의견들을 알려라. [균형을 맞추고자 하는 사람들을 위해, Duffy와 Jonassen(1992), 그리고 Tobias와 Duffy(2009)의 편집본(edited volume)의 여러 장들은 (직접교수를 포함하여) 다른 관점들의 옹호자들뿐만 아니라 비판론자들에 의해서 저술되었다.] 옹호자들에 의해서뿐만 아니라 비판론자들에 의해서 개진된 모든 관점들을 개방된 마음으로 이해할 필요가 있다.

결론

이 본문은 설계자들이 내가 이 분야에 들어왔을 때보다 훨씬 더 역동적인 문제들을 준비하기 위해 필요하다. 우리는 설계전문가들을 급격하게 변화하고 있는 분야의 도전들뿐만 아니라 다양한 관점들, 가치들, 수행표준들을 준수할 수 있도록 준비시켜야 한다. 그러한 도전들은 우리가 단지 학습목적들, 요구들, 요구조건들과 일치하지 않거나 모순된 접근법들을 부과하는 것이 아닌, 우리 고객들의 목적들, 요구들, 요구조건들의 다양성을 인식하고, 이해하며, 다루기를 요구한다.

학습과 설계분야는 기로에 서 있다. 현재와 미래의 설계자들은 우리가 지원하기로 가정한 학문분야들을 우리가 단지 얼마나 많이 또는 적게 확장할 것인지를 개인적으로 그리고 공동으로 결정할 것이다. 고객들의 요구들과 이러한 요구들을 지원하기 위해 준비하는 많은 설계자들도 점진적으로 변화해 왔다. 설계를 안내하기 위해 요구되는 연구가 분명히 나타나고 있지만, 이것은 우리가 고객들에 의해 정당함을 인정받고, 받아들여지지 않을 뿐만 아니라 설계를 하는 사람들에 의해 지지되지도 않는 진위가 의심스럽게 "검증된" 전략들을 사용해야 함을 암시하는가? 우리는 실제를 안내하기 위해 요구되는 이론과 연구를 촉진시키거나 과거의 실제들이 어떠한 경우에든 충분히 강력하고 설득력이 있다고 가정할 수 있는가? 만약 우리가 후자라고 생각한다면, 우리는 중요한 발전들로부터 고립되고 우리가 다른 방법으로 지원하곤 하는 사람들로부터 훨씬 더 격리될 위험에 처할 수 있다.

역사가들과 정치가들은 만약 우리가 역사로부터 배우지 않는다면 우리는 그것을 반복하게 되어 있다는 것을 상기시키기를 좋아한다. 우리의 과거 역사는 현재와 미래의 설계의 도전들을 이해하고 지원하는 데 있어 중요하지만, 역사는 우리의 전체 미래가 아니다. 우리는 연구, 이론, 실제의 진보를 통해 학습해 왔다: 모든 것은 점진적으로 발전해 왔으며, 계속해서 발전할 것이다. 학습과 설계를 이해하는 데 있어 독단적인 견해보다는 균형을 추구하라. 우리는 발전들이 어떻게, 어디에서, 언제 우리를 새로운 도전들을 이해하고 대처할 수 있도록 안내할 것인지를 검토해 볼 필요가 있다. 그러나 우리는 핵심적인 질문들과 학습 및 설계 요구들을 먼저 이해하지 않고서는 우리가 정답들을 가지고 있다고 가정할 수 없고 가정해서도 안 된다.

핵심 원리 요약(Richard E. Clark)

1. 반세기의 연구를 통해 얻은 증거는 완전히 안내된 교수는 어떤 교과목에서나 초보자부터 중간 정도 수준의 학습자들의 학습을 지원하기 위한 가장 효과적이고 효율적인 방법이라는 결론을 가장 잘 지지한다.
2. 가장 높은 수준의 학습과제 구체적인(learning -task-specific) 사전지식과 고차적인 일반능력을 가지고 있는 약간의 학생들은 완전히 안내된 교수로부터 많은 혜택을 받지 못하는 경향이 있지만, 대신에 그들 자신의 방식으로 학습하도록 허용되었을 때 가장 혜택을 받는 것 같다.
3. 교수설계자들은 학생들에게 과제를 수행하거나 일련의 문제들을 해결해야 할 때 그리고 방법에 관한 정확하고 완벽한 시범들의 형태로 학습 안내를 제공하기 위한 가장 효과적인 방법들에 익숙해야 한다.
4. 설계자들은 또한 모든 학생들에게 그들이 학습해 왔던 것을 전이할 환경을 나타내는 실재적인 (authentic) 문제들에 대해 시범을 보여 왔던 것에 관한 교정적인 피드백을 실천하고 받을 수 있는 기회들을 제공해야 한다.
5. 완전한 안내는 학생들이 성공해 감에 따라 시간이 지날수록 점진적으로 줄어들 수 있지만, 만약 학생들이 학습 문제들을 경험한다면 본래대로 행해져야 한다.

핵심 원리 요약(Michael J. Hannafin)

1. 설계방법들과 전략들은 보편적이지는 않지만, 다른 분야들과 학문분야들의 다른 목적들, 가치들, 관점들에 의해 매개된다.
2. 어떤 단 하나의 설계 방법론도 모든 학습 목적들의 다양성과 복잡성에 대처할 만큼 충분히 견고하지는 않다.

3. 현재와 미래의 설계자들은 최대안내된 직접교수에 의해 적절하게 지원될 수 있는 학습목적들을 넘어서 많은 종류의 학습목적들을 지원해야 한다.
4. 구체적인 산출물들이 사전에 확인되지 않거나 확인될 수 없는 곳에, 학습자중심 설계들은 독특한 개별적인 학습목적들을 획득할 수 있도록 도와준다.

응용 문제

1. 다음의 학습목적들 각각에 대해, 여러분이 "적절하다고" 추천할 수 있는 전략(들)을 밝히고, 여러분의 변호의 이유를 제공하라.
   a. 20쌍의 한 자리 숫자들을 최소 95%의 정확도로, 3분 내에 곱셈하는 계산의 정확도를 시범 보일 수 있다.
   b. 나치의 유대인 대학살에 대한 다른 역사적인 증거와 평가들을 보고하는 3개 이상의 웹 자원들의 완전무결성과 정확도를 비교하고 대조할 수 있다.
   c. 개인적인 관심사에 기초하여, 대기오염과 연관이 있는 하나의 구체적인 문제나 원인들을 밝혀내고, 그 문제가 어떻게 해결되어야 하는지를 제안할 수 있다.
   d. 학생들의 경제적, 경력상의, 그리고 개인적인 목적들에 기초하여, 개별 학생들이 2년제 대 4년제 대학교육의 상대적인 혜택들을 평가할 수 있도록 도와주기 위해 설계된 일련의 지침들을 준비할 수 있다.
2. Hannafin이 제안했던 학습목적들 중 하나를 골라잡고, 여러분이 그것과 관련된 두 개의 수업들을 설계해 왔다고 가정하라: 완전히 안내된 접근법을 사용하는 것과 Hannafin의 핵심적인 원리들에 보다 더 일치하는 것.
   a. 완전히 안내된 수업에 관한 간략한 설명을 작성하라. 여러분이 그 학습목적과 관련된 각 과제를 수행하는 때와 방법을 어떻게 완전히 보여줄 수 있는지를 기술하라. 또한 학생들에게 각 과제에 관한 연습과 피드백을 제공하기 위한 기초로서의 실제적인 문제들을 어떻게 사용할 것인지를 기술하라.
   b. Hannafin에 의해 기술된 원리들에 보다 더 일치하는 수업에 관한 간략한 설명을 작성하라. 이 대안적인 설계는 어떻게 다르며, 왜 그러한지를 기술하라.
   c. 이제 두 버전들 중 하나에 무작위로 할당된 두 집단의 학습자들에게 그 수업의 두 버전들에 관한 예비검사를 한다고 가정하라. 학습자들은 교수(instruction)로부터 혜택을 받기 위한 적절한 사전지식을 가지고 있지만, 배워야 할 교과목에 익숙하지 않다고 가정하라. 가능하다고 생각되는 여러분의 실험 결과들을 간략히 기술하라. 여러분이 기술했던 가능하다고 생각되는 결과들을 초래하였다고 생각하는 그 수업들의 특징들에 관해 논의하라.
3. 이제 선행 연구들을 검색하고 가능하다고 생각되는 여러분의 연구 결과들과 관련한 여러분의 추측을 타당화하는 증거(의견들이나 주장들이 아닌, 잘 설계된 연구로부터의 증거)를 찾아라.

- 완전히 안내된 접근법을 주장하는 증거를 위해, 여러분은 다음 책을 읽을 수 있다: Kirschner, P., Sweller, J., & Clark, R. E.(2006). Why minimally guided learning does not work: An analysis of the failure of discovery learning, problem-based learning, experiential learning and inquiry-based learning. *Educational Psychologist, 41*(2), 75-86와 Sweller, J., Kirschner, P. A., Clark, R. E.(2007). Why minimally guided teaching techniques do not work. *Journal of Educational Psychology, 43*(2), 115-121.
- 대안적인 접근법을 지지하는 증거를 위해, Hannifin 박사가 인용한 논문들 중 한 개 이상을 읽어라.

그 연구에 관한 여러분의 분석 결과를 간략히 기술하라.

저자 정보

Richard E. Clark은 서던캘리포니아대학교의 교육심리 · 공학과(Educational Psychology and Technology) 교수 겸 외과임상연구교수(Clinical Research Professor of Surgery)이며, 또한 인지공학센터(Center for Cognitive Technology) 소장으로 일하고 있다.

Michael J. Hannafin은 조지아연구연합(Georgia Research Alliance)의 테크놀로지증진 학습분야의 저명한 학자(Eminent Scholar)이며, 그가 또한 학습 · 수행지원연구소(Learning and Performance Support Laboratory) 소장으로 일하고 있는 조지아대학교의 교육심리 · 교수공학과(Educational Psychology and Instructional Technology) 교수다.

참고 문헌

Albanese M., & Mitchell, S.(1993). Problem-based learning: A review of the literature on its outcomes and implementation issues. *Academic Medicine, 68*(1), 52-81.

Bannert, M.(2002). Managing cognitive load-recent trends in cognitive load theory. *Learning and Instruction, 12*, 139-146.

Blessing, S. B., & Anderson, J. R.(1996). How people learn to skip steps. *Journal of Experimental Psychology: Learning, Memory and Cognition, 22*(3), 576-598.

Borko, H.(2004). Professional development and teacher learning: Mapping the terrain. *Educational Researcher, 33*(8), 3-15.

Brown, J. S., & Duguid, P.(1991). Organizational learning and communities of practice: Toward a unifying view of working, learning, and innovation. In M. D. Cohen, & L. S. Sproull(Eds.). *Organizational learning*(pp. 59--82). London: SAGE Publications.

Bruner, J. S.(1961). The act of discovery. *Harvard Educational Review, 31*(1), 21-32.

Clark, R. E.(1982) Antagonism between achievement and enjoyment in ATI studies. *Educational*

Psychologist, 17(2), 92-101.

Clark, R. E.(May-June, 2007). Learning from serious games? Arguments, evidence and research suggestions. *Educational Technology,* 56-59.

Clark, R. E.(2009). How much and what type of guidance is optimal for learning from instruction? InS. Tobias & T. M. Duffy(Eds.), *Constructivist theory applied to instruction: Success or failure?*(pp. 158-183). New York: Routledge, Taylor and Francis.

Clark, R. E., & Blake. S.(1997). Analyzing cognitive structures and processes to derive instructional methods for the transfer of problem-solving expertise. In S. Dijkstra & N. M. Seel(Eds.), *Instructional Design Perspectives. Volume II, Solving Instructional Design Problems*(pp. 183-214). Oxford: Pergamon.

Clark, R. E., & Estes, F.(1998) Technology or craft: What are we doing? *Educational Technology, 38*(5), 5-11.

Clark, R. E., & Estes, F.(2008). *Turning research into results: A guide to selecting the right performance solutions*(2nd ed.). Greenwich, CT: Information Age Publishers.

Clark, R., & Feldon, D.(2005). Five common but questionable principles of multimedia learning. In R. Mayer(Ed.), *The Cambridge handbook of multimedia learning*(pp. 97-115). New York: Cambridge University Press.

Clark, R. E., Yates, K., Early, S. & Moulton, K.(2010). An analysis of the failure of electronic media and discovery-based learning: Evidence for the performance benefits of guided training methods. In K. H. Silber & R. Foshay(Eds.), *Handbook of training and improving workplace performance, Volume I: Instructional design and training delivery*(pp. 263-297). New York: John Wiley and Sons.

Cognition and Technology Group at Vanderbilt.(1992). The Jasper series as an example of anchored instruction: Theory, program description, and assessment data. *Educational Psychologist, 27*(3), 291-315.

Cooper, G., & Sweller, J.(1987). Effecdts of schema acquisition and rule automation on mathematical problem solving transfer. *Journal of Educational Psychology, 79*(4), 347-362.

Cronbach, L. J., & Snow, R. E.(1977). *Aptitudes and instructional methods.* New York: Irvington.

De Corte, E.(2003). Transfer as the productive use of acquired knowledge, skills, and motivations. *Current Directions in Psychological Science, 12*(4), 143-146.

DeJong, T.(2010). Cognitive load, educational research, and instructional design: Some food for thought. *Instructional Science, 38*(2), 105-134.

DeSchryver, M., & Spiro, R.(2009). New forms of deep learning on the web: Meeting the challenge of cognitive load in conditions of unfettered exploration in online multimedia environments. In R. Zheng(Ed.), *Cognitive effects of multimedia learning*(pp. 134-152). New York: Information Science Reference.

Duffy, T. M., & Jonassen, D. H.(Eds.).(1992). *Constructivism and the technology of instruction: A conversation.* Hillsdale, NJ: Lawrence Erlbaum Associates.

Feldon, D.(2007). The implications of research on expertise for curriculum and pedagogy. *Educational Psychology Review, 19*, 91-110.

Fennema, L., Carpenter, T., Franke, M., Levi, M., Jacobs, V., & Empson, S.(1996). A longitudinal study of learning to use children' s thinking in mathematics instruction. *Journal for Research in Mathematics Education, 27*(4), 403-434.

Fishman, B. J., Marx, R. W., Best, S., & Tal, R. T.(2003). Linking teachers and student learning to improve professional development in systemic reform. *Teaching and Teacher Education,*

19(6), 643-658.

Gersten, R , Chard , D. J., Jayanthi, M, Baker, S. K., Morphy, P., & Flojo, J.(2009). Mathematics instruction for students with learning disabilities: A meta-analysis of instructional components. *Review of Educational Research, 79*(3), 1202-1242.

Gollub, J. P., Berthanthal, M., Labov, J., & Curtis, C.(Eds).(2002). *Learning and understanding: Improving advanced study of mathematics and science in U.S. high schools.* Washington, DC: National Academies Press.

Handelsman, J., Egert-May, D., Beichner, R., Bruns, P., Change, A., DeHaan, R., Gentile, J., Lauffer, S., Stewart, J., Tilghman, S., & Wood, W. B.(2004). Scientific teaching. *Science, 304*, 521-522.

Hannafin, M. J.(1996). Open-ended learning environments. ITFORUM. Retrieved November 29, 2010, from http://itechl.coe.uga.edu/itforum/paper14/paper14.html,

Hannafin, M. J., Hannafin, K. M., & Gabbitas, B.(2009). Reexamining cognition during student-centered, web-based learning. *Educational Technology Research and Development, 57*, 767-785.

Hannafin, M. J., Hannafin, K. M., Land, S., & Oliver, K.(1997). Grounded practice and the design of constructivist learning environments. *Educational Technology Research and Development, 45*(3), 101-117.

Hannafin, M. J., & Hill, J.(2007). Resource-based learning. In M. Spector, M. D. Merrill, J. van Merrienboer, & M.P. Driscoll(Eds.), *Handbook of research on educational communications and technology*(3rd ed., pp. 525-536). Mahwah, NJ: Erlbaum.

Hannafin, M. J., & Land, S.(1997). The foundations and assumptions of technology-enhanced, student-centered learning environments. *Instructional Science, 25*, 167-202.

Hannafin, M., West, R., & Shepherd, C.(2009). The cognitive demands of student-centered, web-based learning: Current and emerging perspectives. In R. Zheng(Ed.), *Cognitive effects of multimedia learning*(pp. 194-216). New York: Information Science Reference.

Hatano, G., & Inagaki, K.(2000). *Practice makes a difference: Design principles for adaptive expertise.* Presented at the Annual Meeting of the American Educational Research Association. New Orleans, Louisiana: April 2000.

Hill, J., & Hannafin, M. J.(1997). Cognitive strategies and learning from the World-Wide Web. *Educational Technology Research and Development, 45*(4), 37--64.

Hill, J., & Hannafin, M. J.(2001). Teaching and learning in digital environments: The resurgence of resource-based learning. *Educational Technology Research and Development, 49*(3), 37-52.

Hmelo-Silver, C. E.(2004). Problem-based learning: What and how do students learn? *Educational Psychology Review, 16*(3), 235-266.

Hmelo-Silver, C. E., Duncan, R. G., & Chinn, C. A.(2007). Scaffolding and achievement in problem-based and inquiry learning: A response to Kirschner, Sweller and Clark, (2006). *Educational Psychologist, 42*(2), 99-107.

Jonassen, D.(1991). Objectivism versus constructivism: Do we need a new philosophical paradigm? *Educational Technology Research & Development, 39*(3), 5-14.

Kalyuga, S., Ayres, P., Chandler, P., & Sweller, J.(2003). Expertise reversal effect. *Educational Psychologist, 38*, 23-31.

Kirschner, P. A.(2002). Cognitive load theory: Implications of cognitive load theory on the design of learning. *Learning and Instruction, 12*, 1-10.

Kirschner, P., Sweller, J., & Clark, R. E.(2006). Why minimal guidance during instruction does not work: An analysis of the failure of constructivist, discovery, problem-based, experiential, and inquiry-based teaching. *Educational Psychologist, 41*(2), 75-86.

Klahr, D., & Nigam, M.(2004). The equivalence of learning paths in early science instruction:

Effects of direct instruction and discovery learning. *Psychological Science, 15*, 661-667.

Kuhn, D.(2007). Is direct instruction an answer to the right question? *Educational Psychologist, 42*(2), 109-113.

Land, S.(2000). Cognitive requirements for learning with open-ended learning environments. *Educational Technology Research and Development, 48*(3), 61-78.

Land, S., & Hannafin, M. J.(2000). Student-centered learning environments. In D. H. Jonassen & S.M. Land(Eds.), *Theoretical foundations of learning environments*(pp. 1-23). Mahwah, NJ: Erlbaum.

Linn, M., Clark, D., & Slotta, J.(2003). WISE design for knowledge integration. *Science Education, 87*, 517-538.

Locke, E. A., & Latham, G. P.(2002). Building a practically useful theory of goal setting and task motivation. *American Psychologist, 57*(9), 705-717.

Mayer, R.(2004). Should there be a three-strikes rule against pure discovery learning? The case for guided methods of instruction. *American Psychologist, 59*(1), 14-19.

Mayer, R.(2005). Cognitive theory of multimedia learning. In R. Mayer(Ed.), *The Cambridge handbook of multimedia learning*(pp. 31-46). New York: Cambridge University Press.

McCaslin, M., & Good, T. L.(1992). Compliant cognition: The misalliance of management and instructional goals in current school reform. *Educational Researcher, 21*(3), 4-17.

Merrill, M. D.(2002). First principles of instruction. *Educational Technology Research and Development, 50*(3), 43-59.

Merrill, M. D.(2006). Hypothesized performance on complex tasks as a function of scaled instructional strategies. In J. Elen & R. E. Clark(Eds.) *Handling complexity in learning environments: Research and theory*(pp. 265-282). Oxford, GB: Elsevier Science Ltd.

Merrill, M., Drake, L., Lacy, M., Pratt, J. & ID2 Research Group.(1996). Reclaiming instructional design. *Educational Technology, 36*(5), 5-7.

National Council for the Social Studies.(1994). *Expectations of excellence: Curriculum standards for social studies.* Washington, DC: Author.

National Council of Teachers of English.(1996). *Standards for the English language arts.* Urbana, IL: Author.

National Council of Teachers of Mathematics.(2000). *Principles and standards for school mathematics.* Reston, VA: Author.

National Research Council.(1996). *National science education standards.* Washington, DC: National Academy Press.

National Science Foundation.(2004). *Workshop on the scientific foundations of qualitative research.* Retrieved December 6, 2009, from http://www.nsf.gov/pubs/2004/nsf04219/nsf04219.pdf

National Science Foundation.(2009). Workshop on interdisciplinary standards for systematic qualitative research: Cultural anthropology, law and social science, political science, and sociology programs. Retrieved December 6, 2009, from http://www.nsf.gov/sbe/ses/soc/ISSQR_workshop_rpt.pdf

Papa, F. J., & Harasym, P. H.(1999). Medical curriculum reform in North America, 1765 to the present: A cognitive science perspective. *Academic Medicine, 74*(2), 154-164.

Papert, S.(1980). Mindstorms: Children, computers, and powerful ideas. New York: Basic Books.

Pea, R.(2004). The social and technological dimensions of scaffolding and related theoretical concepts for learning, education and human activity. *Journal of the Learning Sciences, 13*(3), 423-451.

Perkins, D. N., & Grotzer, T. A.(1997). Teaching intelligence. *American Psychologist, 52*(10), 1125-1133.

Piaget, J.(1928). *Judgment and reasoning in the child.* New York: Harcourt.

Pintrich, P. R., & Schunk, D. H.(2002). *Motivation in education: Theory, research and applications*(2nd ed.). Upper Saddle River, NJ: Merrill.

Psotka, J.(1995). Immersive training systems: Virtual reality and education and training. *Instructional Science, 23*, 405-431.

Romiszowski, A. J.(September-October, 2006). Constructivism revisited: Progress in ever-decreasing circles. *Educational Technology,* 61-63.

Savery, J. R., & Duffy, T. M.(June 2001). *Problem-based learning: An instructional model and its constructivist framework.* Center for Research on Learning and Technology technical report No. 16-01.

Schmidt, H. G., Loyens, S. M. M., van Gog, T., & Paas, T.(2007). Problem-based learning is compatible with human cognitive architecture: Commentary on Kirschner, Sweller, and Clark, (2006). *Educational Psychologist, 42*(2), 91-97.

Schneider, R. M., Krajcik, J., & Blumenfeld, P.(2005). Enacting reform-based science materials: The range of teacher enactments in reform classrooms. *Journal of Research in Science Education, 42*(3), 283-312.

Schwartz, D. L., & Bransford, J. D.(1998). A time for telling. *Cognition and Instruction, 16*, 475-522.

Shulman, L., & Keisler, E.(Eds.).(1966). *Learning by discovery: A critical appraisal.* Chicago: Rand McNally.

Singley, M. K., & Anderson, J. R.(1989). *Transfer of cognitive skill.* Cambridge, MA: Harvard University Press.

Stein, M. K., Grover, B. W., & Henningsen, M.(1996). Building student capacity for mathematical thinking and reasoning: An analysis of mathematical tasks used in reform classrooms. *American Educational Research Journal, 33*, 455-488.

Sweller, J.(2006). How the human cognitive system deals with complexity. In J. Elen & R. E. Clark(Eds.), *Handling complexity in learning environments: Research and theory.* Oxford, UK: Elsevier Science Ltd.

Sweller, J., & Cooper, G. A.(1985). The use of worked examples as a substitute for problem solving in learning algebra. *Cognition and Instruction, 2*, 59-89.

Sweller, J., Kirschner, P. A., & Clark, R. E.(2007). Why minimally guided teaching techniques do not work: A reply to commentaries. *Educational Psychologist, 42*(2), 115-121.

Tobias, S., & Duffy, T. M.(Eds.).(2009). *Constructivist instruction: Success or failure?* New York: Routledge.

van der Linden, J. L., Erkens, G., Schmidt, H., & Renshaw, P.(2005). Collaborative learning. In R. J. Simons, J. L. van der Linden, & T. Duffy(Eds.), *New learning*(pp. 33-48). Dordrecht: Kluwer Academic Press.

Wenglinsky, H.(1998). *Does it compute? The relationship between educational technology and student achievement in mathematics.* Retrieved November 26, 2008, from http://searcheric.org/ericdc/ED425191.htm

Wenglinsky, H.(2004/2005). Technology and achievement: The bottom line. *Educational Leadership, 63*(4), 29-32.

Young, M.(1993). Instructional design for situated learning. *Educational Technology Research and Development, 41*(1), 43-58.

에필로그

편집자들은 본서의 서론에서 IDT 분야에 있는 전문가들은 IDT 분야의 본질을 분명하게 기술할 수 있어야 한다고 말했다. 본서를 다 읽고 난 현 시점에서 여러분은 이 분야에 익숙하지 않은 사람에게 이 분야에 관한 분명한 기술을 제공할 수 있겠는가? 이 분야에 대한 여러분의 시각은 무엇인가?

편집자들이 방금 제시한 질문들에 답하는 것을 두려워 마라. 여러분도 지금쯤이면 알아야 하겠지만, IDT 분야에는 많은 다양한 측면(facets)이 있으며, 이 분야는 다양하게 정의되어 왔기 때문에 그 질문들에는 '바른(right)' 답이 없다. 본서의 각 장을 쓴 IDT 전문가들을 포함하여, IDT 전문가들은 IDT 분야의 본질에 대해 매우 다양한 견해들을 가지고 있으며, 우리가 아는 한 어떠한 견해도 '옳은(correct)' 견해라고 할 수 없다. 지금까지 여러분은 본서를 공부해 왔고, 희망컨대, IDT 분야의 본질에 대해 많은 것을 배워왔기 때문에 그 논쟁(debate)에 합류할 준비가 잘 되어 있을 것이다. 물론 여러분의 관점은 시간이 흐름에 따라 변화할 것이다. 그러나 편집자들은 지금이(now) 여러분이 배워왔던 것에 관해 성찰해 보고 여러분의 관점을 다른 사람들에게 표현해 볼 좋은 때라고 생각한다.

그렇다면, 지금 친지들에게 전화해서 그들에게 우리 IDT 분야가 어떤 것이라고 말하라. 아마도 그들은 마침내 여러분이 배우고 있는 IDT가 무엇인지를 정확하게 이해할 것이다. 그러나 심지어 그들이 여러분이 무슨 말을 하고 있는지 이해하지 못할지라도 그들은 여러분으로부터 무언가를 듣는 것을 즐기지 않겠는가?

찾아보기

ㄱ

가상세계 606
가속학습(accelerated learning) 450
가치 198
감각기억(sensory memory) 77
개념모형들(conceptual models) 533
개별화교수체제(personalized system of instruction) 148
개별화통합교육시스템(personalized integrated educational system: PIES) 155
거대스키마(enterprise schema) 83
검토자(reviewers) 227
게슈탈트 612
게임(game) 582
경제순환(economic cycle) 241, 244
경험학습 536
고급분산학습(advanced distributed learning: ADL) 350
공급(supply) 238
과정중심관(a process-centric view) 660
과정평가(process evaluation) 184
과제공간(task space) 150, 151
과제모형 596
과제분석방법론 56
과제중심적 교수전략 38, 39
관련성(relevance) 116, 125, 166
관리(management) 218
관리기술 219
교과내용 전문가(subject matter expert: SME) 225, 331
교수(instruction) 35, 73, 144, 150, 563
교수개발(instructional development) 55
교수공간(instructional space) 150
교수공학(instructional technology) 17, 19, 20, 22, 26, 651
교수공학위원회 19
교수과제분석(instructional task analysis) 59
교수매체(instructional media) 18, 25, 26, 44
교수방법(instructional methods) 564
교수법적 내용 지식(pedagogical content knowledge: PCK) 423
교수사태들(instructional events) 59
교수설계(instructional design) 19, 25, 29, 33, 44, 55, 60
교수설계 · 공학(instructional design and technology) 25
교수설계생성자모형 400
교수설계자(instructional designers) 224, 400
교수설계전문가 312
교수안내(instructional guidance) 665
교수양식(instructional modes) 564
교수용 텔레비전 49, 50
교수자제작(instructor-generated) 538
교수적인 해결책들(instructional interventions) 23
교수체제(instructional system) 60
교수체제설계(instructional systems design: ISD) 55, 259

교수 프로젝트 관리 231
교수 · 학습설계자(Learning and Teaching Designer: LTD) 400
교수해결책 63
교육공학(educational technology) 17, 21
교직원개발부(faculty development offices) 403
구성주의 84, 90, 92, 100, 514, 666
구성주의적 학습접근법 99
구성주의적 학습환경 85
구성주의 학습이론 21
국제수행증진학회(International Society for Performance Improvement: ISPI) 262
규준지향검사(norm-referenced tests) 58
근접발달영역(zone of proximal development: ZDP) 108
기능성 게임(serious games) 450
기초학습법(elemental learning approach) 513

ㄴ
내재적 동기 149, 163
논쟁(argumentation) 136
놀이(play) 584
놀이의 수사학(rhetorics of play) 585
놀이현상(play phenomenon) 583

ㄷ
다문화주의(multiculturalism) 632, 639
다양성(diversity) 623
다중사용자 가상환경들(multiuser virtual environments: MUVEs) 606
다중참여수단(multiple means of engagement) 643, 645
다중표상수단(multiple means of representation) 643
다중표현수단(multiple means of expression) 643
대규모 다중사용자 온라인 롤플레잉 게임(Massively Multiplayer Online Role Playing Game) 586
대중의 분류학(taxonomy of the many) 553
독습(independent study) 160
동기 162, 170
동기설계 161
디지털 매체 55

ㅁ
맥락적 표상들(contextual representations) 533
맥락평가(context evaluation) 184
메타인지지식(metacognitive knowledge) 567
메타태그(metatag) 293
명시적 지식(explicit knowledge) 290
명제적 지식(propositional knowledge) 114
모듈학습(modular learning) 450
목표기반 시나리오(goal-based scenarios) 133
몰입이론(flow theory) 585, 597
문제공간(problem space) 137
문제기반 학습(PBL) 588
문제중심학습(problem-based learning: PBL) 93, 129, 134, 684
문제해결 124, 125
문제해결 학습 536
물결모양(pebble-in-the-pond) 36
물결모양 ID모형 37, 39
미국교육공학회(Association for Educational Communications and Technology: AECT) 19, 20, 47, 621
미국수행개발학회(American Society for Training and Development: ASTD) 263

ㅂ
반응 186
발견되지 않은 지식(undiscovered knowledge)

291
발견학습 670
밴더빌트대학교(Vanderbilt University) 107
변화관리전략 283
보건(health care) 359
보조공학(assistive technology: AT) 634
보조 프로젝트 관리자(assistant project managers: APMs) 225
보편적 설계(universal design: UD) 632
본유적 정보처리(essential processing) 567
부호화(encoding) 77
분산지능(distributed intelligence) 108
분산형 학습(distributed learning) 509
블로그(blogs) 301, 302
비교수적(non-instructional) 62
비구조화된(ill-structured) 문제 95, 137
비형식 학습(informal learning) 310, 311
비효율성(inefficiency) 239

ㅅ
사례(case) 130
사례기반 추론(case-based reasoning) 132, 133
사례기반학습(case-based learning) 132
사례연구(case studies) 132
사회적 구성주의 116
사회적 학습 611
산출평가(product evaluation) 184
상보적 수업(reciprocal teaching) 117
상태(state) 163
상황성(situationalities) 146
상황인지 613
상황적 리더십(situational leadership) 221
상황학습 92, 109
상황학습이론(situated learning theory) 73, 79
생각기록지(think sheet) 382
생성적 정보처리(generative processing) 567
선례(antecedents) 75
선화(line drawing) 562
설계(design) 649, 660
설계기반연구(design-based research) 110
성공사례방법(success case method: SCM) 190
성찰(reflection) 338
소셜 네트워크 302
소셜 네트워킹 315
소셜 미디어 63
소셜 학습 테크놀로지 514
속성원형(rapid prototyping) 336
수업(teaching) 33
수행(performance) 252
수행 엔지니어링(performance engineering) 456
수행증진 657
수행증진과정(performance improvement process: PIP) 259
수행지원(performance support) 271, 273, 276, 280, 282
수행지원도구 63
수행지원시스템 274, 280, 282
수행컨설턴트(performance consultant: PC) 255
스키마이론(schema theory) 78
스키마타(schemata) 78
시각교수운동(visual instruction movement) 18, 46
시각교육운동 46
시각물들(visuals) 568
시뮬레이션 527
시뮬레이션 객체들(simulation objects) 533
시청각교수 17, 18
시청각교수운동(audiovisual instruction movement) 46
시청각교육국(Department of Audiovisual Instruction) 19

시청각통신(audiovisual communications) 17
실재성(presence) 476, 528, 605
실제성(authenticity) 116, 125
실천공동체(communities of practice) 81, 294, 666
실천학습(action learning) 314
실험학교(lab school) 112
심상(imagery) 78

ㅇ

암기학습(rote learning) 419
암묵적 지식(tacit knowledge) 290
애니메이션 572
앵커드교수(anchored instruction) 81, 93, 109, 674
양식효과(modality effect) 576
업무 인터페이스(work interface) 273
역량모형 595
연계주의(connectivism) 455
연습객체들(practice objects) 533
오픈코스웨어(OpenCourseware) 527
온라인 포럼 495
온라인 학습(online learning) 509
완전학습(mastery learning) 148
완전히 안내된 교수(fully guided instruction) 665, 680
외재적 강화 168
외재적 동기 163
외재적 정보처리(extraneous processing) 567
요구사정(needs assessment) 32, 184, 185
원리기반 설계 655
웹 2.0 301, 302, 310, 315, 544, 551, 554
웹 2.0 도구 282, 545, 546
웹 2.0 애플리케이션 545
위계적 분석과정(hierarchical analysis process) 59
위키피디아(Wikipedia) 302
유추적 부호화(analogical encoding) 132, 135
의도적인 학습환경 94
의뢰인(client) 226
의지 164, 165
의학교육(medical education) 358
이러닝 510, 514
이야기객체들(narrative objects) 534
인간수행공학운동(human performance technology movement) 24
인간수행증진(human performance improvement: HPI) 251, 256
인간수행증진운동 62
인적자원(human resources) 298
인적자원개발(human resource development: HRD) 257
인지부하(cognitive load) 173, 566
인지부하이론 78, 79
인지심리학(cognitive psychology) 62, 105
인지적 구성주의 116
인지적 도제 94
인지적 스캐폴딩 138
인지주의 학습이론 21
일반체제이론(general systems theory) 29
일상적(또는 조직적) 지식[common(or organizational knowledge) 291
입력평가(input evaluation) 184

ㅈ

자기교수(self-instruction) 73
자기소개서 479
자기주도적 학습(self-directed learning) 674
자기진도(self-pacing) 57
자동화(automation) 78
자신감(confidence) 167
자원희소성(resource scarcity) 235
작동기억(working memory) 77
잘 구조화된 문제 133
장기기억(long-term memory) 77
장인-도제모형(master-apprentice model) 258

재스퍼 우드버리의 모험(Adventures of Jasper Woodbury) 109
재인(retrieval) 77, 132
전단분석(front-end analysis) 방법론 260
전달매체(delivery media) 564
전문지식 역전효과(expertise reversal effect) 570
전자상거래(e-commerce) 297
전자수행지원시스템(electronic performance support system: EPSS) 271
전체과제(whole-task) 39
전체과제 접근법 35
절충주의(eclecticism) 455
접근성(accessibility) 295, 300, 633
정보공학(information technology) 298
정보처리이론(information processing theory) 76, 79
정보처리학습이론 77
정보통신공학 리터러시 387
정지그래픽(still graphics) 572
제1교수원리(First Principles) 144
조직개발(organizational development: OD) 257
조직학습(organizational learning) 289
주의(attention) 77
주의분산효과(split-attention effect) 79
준거지향검사(criterion-referenced tests) 58
준거지향측정(criterion-referenced measures) 58
준거지향학습(criterion-referenced learning) 456
증거기반 논쟁(evidence-based debate) 665
증거기반의학(evidence-based medicine: EBM) 364
증거모형 595
증거중심 설계(evidence-centered design: ECD) 594
지능형 튜터링시스템(intelligent tutoring systems) 106
지식관리(knowledge management: KM) 289
지원직원(support staff) 228
지적 소유권 문제 630
직접교수(direct instruction) 99, 666, 672
질문하기(questioning) 136

ㅊ

참여로서의 학습(learning as participation) 80
창의적인 협력(creative collaboration) 422
체계적 교수(systematic instruction) 60
체계적 교수설계(systematic instructional design) 19
체제(system) 29
체제개발(system development) 60
체제접근(systems approach) 55, 56
촉진자주도교수(facilitator-led instruction) 639
총체적 동기설계 171
총합평가(summative evaluation) 60, 181
최소로 안내된 교수(minimally guided instruction) 674
최소로 안내된 학습환경 85
최적으로 안내된 학습(optimally guided learning) 674
최종사용자(end users) 227

ㅋ

커뮤니케이션 이론 48
컨설턴트 488
컴퓨터 51, 62
컴퓨터기반 교수(computer-based Instruction: CBI) 378
컴퓨터기반 시뮬레이션 151
컴퓨터기반 지식관리시스템 62
컴퓨터기반 훈련(computer-based training: CBT) 300
컴퓨터보조수업(computer-assisted instruction:

CAI) 50, 377
컴퓨터지원 의도적 학습환경(computer-supported intentional learning environment: CSILE) 80, 117
코칭(coaching) 323

ㅌ

테크놀로지중심 접근법 564
템플릿 528
통합학습시스템(integrated learning system: ILS) 377
투자대비회수율(ROI) 202, 207

ㅍ

페이스북(Facebook) 302, 550
평가(evaluation) 182
표절 630
표준화(standardization) 528
풀이된 예들(worked examples) 79
프라이버시 551
프레젠테이션 객체들(presentation objects) 532
프로그램 교수(programmed instruction: PI) 57, 259
프로그램 교수운동(programmed instruction movement) 56
프로그램 교수자료 57
프로젝트 관리 219
프로젝트 관리자 229

ㅎ

학교박물관(school museum) 45
학습(learning) 74, 75, 91, 173, 187, 685
학습객체들 525
학습과제분석(learning task analysis) 59
학습과학(learning sciences) 94, 105, 110, 116
학습관리시스템 280
학습동기 165, 166, 168
학습된 무력감(learned helplessness) 167
학습산출물(outcomes) 76
학습스타일 528
학습위계 59
학습자공동체접근법(community-of-learners approach) 81
학습자중심 교수(student-centered instruction) 33
학습자중심 접근법 565
학습자중심 학습환경(learner-centered learning environments) 116
행동수정모형(behavior engineering model) 259
행동수정의 원리 75
행동적 교수목표(behavioral objectives) 58, 76
행동주의 29, 79
행동주의 학습이론 21, 75, 76
현장수행(on-the-job performance) 62
현직훈련(on-the-job training: OJT) 282, 317
협력(collaboration) 294
형성평가(formative evaluation) 57, 60, 181, 184
형식교육 551
형태(form) 531
호환성 300
혼합학습(blended learning) 300, 301
후기산업화시대 교수패러다임 151
훈련 300
훈련(training) 299
희소성 237

기타

10단계 접근법 39
8년 연구(Eight-Year Study) 58
ADDIE 31, 32, 35
ADDIE 모형 377

AECT 21
AECT 위원회 23
AECT 윤리강령(AECT Code of Ethics) 23, 622
ARCS 모형 171
ASSURE 모형 379
CIPP 평가모형 183
e-러닝 301, 312
Flexner 보고서(Flexner Report) 361
ID모형 30, 61
Kirkpatrick의 훈련평가모형 186
KM 시스템 293, 296
NTeQ 모형 381
ROI 방법론 199
ROI 분석계획(ROI analysis plan) 204
Rossi 모형 185
Second Life(SL) 604

| 역자 소개 |

노 석 준

전남대학교 교육학과(교육학사)
전남대학교 대학원 교육학과(교육학석사)
인디애나대학교 교수체제공학과(교육이학석사)
인디애나대학교 교수체제공학과(Ph. D)
현) 성신여자대학교 사범대학 교육학과 교수
szroh@sungshin.ac.kr

교수설계 · 공학의 최신경향과 쟁점, 3판

Trends and Issues in Instructional Design and Technology, 3/e

발행일 | 2014년 3월 19일 초판 발행
저 자 | Robert A. Reiser, John V. Dempsey
역 자 | 노석준
발행인 | 홍진기
발행처 | 아카데미프레스
주 소 | 413-756 경기도 파주시 문발동 출판정보산업단지 507-9
전 화 | 031-947-7389
팩 스 | 031-947-7698
웹사이트 | www.academypress.co.kr
이메일 | info@academypress.co.kr
등록일 | 2003. 6. 18. 제406-2011-000131호
ISBN | 978-89-97544-43-1 93370

값 32,000원